# Michel Foucault

VIDA E OBRA DO JUSFILÓSOFO

2020

Guilherme Roman Borges



ALMEDINA

**MICHEL FOUCAULT**
VIDA E OBRA DO JUSFILÓSOFO

AUTOR: Guilherme Roman Borges

DIRETOR ALMEDINA BRASIL: Rodrigo Mentz
EDITORA JURÍDICA: Manuella Santos de Castro
EDITOR DE DESENVOLVIMENTO: Aurélio Cesar Nogueira
ASSISTENTES EDITORIAIS: Isabela Leite e Marília Bellio

DIAGRAMAÇÃO: Almedina
DESIGN DE CAPA: Roberta Bassanetto

ISBN: 9786556271057
Novembro, 2020

Dados Internacionais de Catalogação na Publicação (CIP)
(Câmara Brasileira do Livro, SP, Brasil)

---

Borges, Guilherme Roman
Michel Foucault : vida e obra do jusfilósofo /
Guilherme Roman Borges. -- 1. ed. -- São Paulo :

Almedina, 2020.
ISBN 978-65-5627-105-7

1. Filosofia francesa 2. Foucault, Michel,
1926-1984 3. Foucault, Michel, 1926-1984 - Vida
social e política I. Título.

20-44508 CDU-194

---

Índices para catálogo sistemático:

1. Foucault : Obras filosóficas 194

Maria Alice Ferreira - Bibliotecária - CRB-8/7964

**Universidade Católica de Brasília - UCB**
Reitor: *Prof. Dr. Ricardo Pereira Calegari*
Pró-Reitora Acadêmica: *Prof.ª Dr.ª Regina Helena Giannotti*
Pró-Reitor de Administração: *Prof. Me. Edson Cortez Souza*
Diretor de Pós-Graduação, Identidade e Missão: *Prof. Dr. Ir. Lúcio Gomes Dantas*
Coordenador do Programa de Pós Graduação em Direito: *Prof. Dr. Maurício Dalri Timm do Valle*
Editor-Chefe do Convênio de Publicações: *Prof. Dr. Marcos Aurélio Pereira Valadão*

Este livro segue as regras do novo Acordo Ortográfico da Língua Portuguesa (1990).



EDITORA: Almedina Brasil
Rua José Maria Lisboa, 860, Conj.131 e 132, Jardim Paulista | 01423-001 São Paulo | Brasil
editora@almedina.com.brwww.almedina.com.br

*God knows we've equal personality*
*Why should men face the dark while women stay*
*To live and laugh and meet the sun each day"*

(Nora Bomford – Drafts)

*À minha amada filha **Ana**, à sua feliz realização existencial, à coragem e à robustez de seu devir-mulher.*

# APRESENTAÇÃO

O presente trabalho é produto das pesquisas iniciadas ainda no final dos anos 1990, no âmbito da Faculdade de Direito da UFPR, então orientadas por Katie Silene Cáceres Argüello e Celso Luiz Ludwig. Naturalmente, ambos de alguma forma estarão presentes nos interstícios deste ensaio.

Trata-se de um texto que procura localizar o saber foucaultiano dentro da quadratura da ciência jurídica, sem fazer dele um teórico do direito, como talvez ele mesmo rejeitaria, sem também o manter no âmbito estritamente da filosofia ou da sociologia. É uma forma de diálogo, tentando ver nos seus escritos filosóficos um Foucault preocupado com questões jurídicas, ou questões teóricas que dialogam com a justeórica, eis porque, uma espécie de balanço de um *jusfilósofo*.

Parte dessas linhas já foram apresentadas à banca de respeitados professores nos tempos de graduação, dentre eles, além dos que guiaram as pesquisas, Ricardo Marcelo Fonseca e Silvino Assmann, os quais também deixaram suas marcas com as críticas feitas. Também algumas ideias já foram reproduzidas em artigos esparsos, mas aqui condensadas e interelacionadas.

Entretanto, agregam-se aqui discussões que hoje caminham para entender de que modo o pensamento foucaultiano pode servir não apenas para discutir um "*ethos*" dentro do *direito oficial*, e suas raízes gregas tradicionais (temas estes aprofundados em outras pesquisas, especificamente doutorais), mas desconstituir este mesmo direito e deixar vir um *direito inoficial* (temas investigados hoje em pesquisas pós-doutorais sobre a descoloniação do direito brasileiro).

Em suma, pensar um *Michel Foucault jusfilósofo*, seja para evidenciar as matrizes gregas do pensar jurídico, seja para entender de que maneira sua *atitude crítica* nas ciências humanas servem como revisão da episteme jurídica, abrindo caminho para desnudar a *hybris do punto cero*, a objetividade e a abstração da *teoria do direito brasileiro*, tão fria quanto artificial, como diria Santiago Castro-Gómez.

# PREFÁCIO

## 1. A proposta

É com grande satisfação que recebi o convite para prefaciar este livro de Guilherme Roman Borges. Desde logo posso dizer que a obra é importante e diferente contribuição para a reflexão do saber no campo do direito, em especial da filosofia e da teoria do direito.

Em sua Introdução o autor indica o objetivo do livro: investigar a importância da obra de Foucault, especialmente na sua interface jurídica. O objetivo central vem desdobrado em alguns aspectos que revelam a complexa polêmica a ela inerente, na medida em que as reflexões do filósofo tocam o campo jurídico, direta ou indiretamente, e as inevitáveis reações de todos os lados. Projeta também os potenciais leitores: os que apenas querem se iniciar no pensamento foucaultiano e aos que já possuem um certo conhecimento e buscam novas reflexões sobre e a partir de sua obra. Elegeu, para tanto, quatro interfaces que podem ser endereçadas: a aspectos da vida do pensador, à fase do saber, à fase do poder, e à fase do sujeito.

Cada uma dessas interfaces pode ser vista como uma densa reflexão de Foucault, e ao mesmo tempo sobre a obra foucaultiana. Isso pode ser confirmado, certamente, pelo leitor. No entanto, vejo que o sentido de cada interface tem em vista, principalmente talvez, nessa publicação, uma outra interface manifesta ou pressuposta, que é a interface jurídica. Ou dito de outra maneira, tem como horizonte a provocação do campo jurídico. Tal destaque se expressa no próprio título do livro Foucault jusfilósofo. Algo como a mostrar que cada interface tem muito a dizer ao Direito, mas ao mesmo tempo, o Direito passa a ter muito a dizer a partir de cada interface. Nesse caso, como sendo a condição de possibilidade de outro discurso jurídico. E que pode talvez ser discurso jurídico outro.

## 2. A vida

Em uma Breve Biografia Guilherme apresenta momentos da vida de Foucault desde seu nascimento, com destaque à formação do início ao doutoramento, com ênfase à atividade de professor, conferencista e escritor, com menção à convivência com colegas pensadores, e com realce à participação política e sua práxis social e cultural engajada, até, por fim, referência à luta pela vida diante da saúde abalada.

A presença, ainda que breve, de aspectos da vida de Foucault, parece importar muito – portanto, para além da notícia – por permitir impressões, quanto à sua elegância e de seu estilo brincalhão, por exemplo, quando em auditório superlotado na PUC-RJ, todos vestidos descontraidamente, apareceu Foucault de terno e gravata, e de imediato anunciou: agora que vocês já sabem que tenho uma gravata, posso tirá-la!". Assim era Foucault, testemunha Roberto Machado . Para logo a seguir "afirmar que apresentaria hipóteses possivelmente inexatas, falsas, incorretas...". Assim era Foucault, provocativo, na vida e na academia. A notícia inesperada da morte de Foucault, "me deixou mudo ao telefone, tonto, sem chão", confessa Roberto Machado, porque se "uma morte é sempre cruel", a de Foucault, "jovem, no auge da criatividade, é revoltante"! Sentimento que se estende a tantos que tiveram contato com a vida e obra do pensador. Nos diz ainda: "Penso em sua importância para mim, por seus livros, seus artigos, suas aulas, suas conferências, suas atitudes, seu afeto. Sua obra mudou minha vida. Desde que comecei a estudá-la, passei a pensar diferente". Essa impressão é paradigmática pelo que se estende a tantos!

Saber alguma coisa sobre suas viagens, locais, culturas, situações, contextos, interlocutores principais, acontecimentos, ambientes, circunstancias acadêmicas e existenciais ajudam a compreender Foucault e seus pensamentos: "Além disso, suas entrevistas e palestras dão a impressão de que ele é um quando fala na França, outro quando nos Estados Unidos, e ainda outro quando no Japão, na Tunísia ou no Brasil (...). Se nos Estados Unidos e na Europa ele é outro, é porque lá as pessoas pensam diferente, e ele quer atingir aquelas pessoas de modo específico (...)".

O filósofo Michel Foucault sempre estava disposto ao combate, à luta, mesmo nos enfrentamentos de militância das ruas, detido algumas vezes pela polícia, fazendo declarações à imprensa, se manifestando em eventos estudantis, enfim, sempre correndo riscos – pois, toda coragem é física! Para exemplificar, no Brasil, em plena ditadura militar, no Rio de Janeiro, afirmou que "se os brasileiros realmente quisessem, derrubariam o regime militar! Se todos dissessem não, o poder não funcionaria!"; em São Paulo, na USP, em assembleia de protesto contra a prisão de estudantes, professores e jornalistas, Foucault anunciou a suspensão do curso que ministrava, afirmando entre outras coisas que "Uma universidade que não é plenamente livre não passa de uma empresa de servilismo. Não dá para lecionar sob o tacão das botas; não dá para falar dos muros das prisões; não dá para estudar quando as armas ameaçam. (...) Presto minhas homenagens à sua coragem e me associo de bom grado às decisões que vocês possam tomar para conseguir que a justiça não seja uma palavra ultrajada". Roberto Machado informa que o pronunciamento do filósofo "foi corajosamente publicado no Jornal EX de novembro de 1975, com o título 'Uma aula de Fucô', e foi para os arquivos da repressão".

As informações quanto aos interlocutores de Foucault, tem em vista os assuntos que auxiliam a compreensão de sua obra, mais especialmente os que contribuem, pelos acordos e desacordos, para repensar o discurso jurídico e o discurso filosófico, como assevera Guilherme: "se se escolhem Sartre, Heidegger, Arendt, Derrida, é porque as temáticas que os integram e os separam de Michel Foucault servem aos questionamentos futuros da interlocução com o discurso jurídico (cuidado de si, liberdade, loucura), dessa maneira, inúmeros autores são renegados, como Deleuze, Blanchot, Hyppolite, não porque não foram importantes para Foucault, mas porque ao trabalho que se apresenta não se mostraram diretamente relacionados com a base teórica e a delimitação de seu pensamento na questão jurídica".

Assim, imagino que aspectos biográficos podem ser um pedaço do fio condutor na leitura do livro do Guilherme.

## 3. O saber

A organização do texto tem na fase do saber um dos seus momentos, bastante recorrente nos estudos e publicações da obra de Foucault, com diferentes nomeações (fase, etapa, dimensões, áreas, campos, eixos e outras). O que se pretende dizer é que há um conjunto de textos e reflexões que constituem uma arqueologia do saber. O recorte proposto na obra consiste, nesta questão do saber, mostrar a relação das ideias foucaultianas com o discurso jurídico, especialmente nos temas da: historiografia na história e na história do direito; crítica às ciências humanas e a conformação do direito ante tais ciências; psicanálise e discurso jurídico; discurso, arquivo, episteme e disciplinas com a definição de um discurso jurídico. Enfim, trata-se de um olhar e dizer do e sobre o discurso jurídico, nos termos da interpelação do próprio Foucault, e também o que pode ser visto e dito através de Foucault.

O saber como uma linha a mais para o fio condutor do e no pensamento de Foucault e na leitura deste livro.

## 4. O poder

O livro se organiza em sua textura com mais este momento, a fase do poder. A determinação central desta dimensão mostra a visão de microfísica e normalização na constituição de um biopoder, em vista também da reflexão jurídica. É também tema da loucura, do criminoso, dos manicômios e das prisões, e a ordem do discurso jurídico nestes assuntos. Nesse eixo do poder, o autor enfrenta de igual modo a recepção e o modo da recepção das teorias foucaultianas na teoria do processo e na teoria da decisão. E, por fim, a questão da norma e do Estado, na perspectiva jurídica. Como na fase do saber, também aqui o autor não se limita às incursões da reflexão de Foucault sobre o discurso jurídico, mas mostra a presença foucaultiana no campo do direito.

Essa é certamente uma parte do fio condutor da leitura tanto de Foucault como deste livro de inestimável ajuda na compreensão da realidade em geral e da realidade jurídica dos tempos atuais, especialmente nos conflitos das relações de poder da estrutura e da conjuntura do Brasil de hoje.

## 5. O sujeito

A fase do sujeito ou a fase da ética configura o momento da considerada concepção mais madura de Foucault. Neste momento o foco da reflexão recai sobre o sujeito, sua autoconstituição e novas possibilidades de existência, a partir das experiências que o sujeito faz de si, no cuidado de si, na relação consigo, e mesmo na perspectiva de um devir, movimento de ultrapassagem do mesmo ao outro. Essa reflexão no deslocamento para o eixo do sujeito tem o olhar voltado para a a reflexão na configuração de um novo sujeito de direito, com destaque a alguns temas: "sexualidade e a repressão jurídica aos crimes contra os costumes, na formação de um sujeito permeado por sua expressão sexual; a posição de Foucault em relação à ética, à amizade e à noção de moral no discurso jurídico; por fim, preocupa-se com a posição do intelectual, do autor, da educação e toda a sua importância para o ambiente jurídico".

A questão do sujeito é decisiva e perpassa as diversas fases do pensamento de nosso filósofo, bem como o modo de distribuição dos diversos temas do livro de Guilherme.

O fio condutor – os quatro momentos – é organizado e orientado pela especificidade da questão jurídica – ou de outro modo –, a interpretação, a leitura feita pelo Guilherme de alguma maneira se condiciona pela reflexão jurídica manifesta na obra de Foucault e pela reflexão jurídica latente que olhares e dizeres foucaultianos atualizam a partir das obras, dos ditos e escritos de Foucault. Filosofia e Teoria do Direito feita e a fazer! O livro de Guilherme é uma das possibilidades que opera tal movimento. Muitas potencialidades a serem atualizadas estão sugeridas neste livro. Não sei se é a mais correta, mas gostaria de indicar tal possibilidade de leitura. Assim, mais do que uma reflexão que tem por objeto a obra de Foucault (embora esta seja uma outra possibilidade), o livro pode ser visto como instrumento ou um conjunto de ferramentas para se ver, pensar, e principalmente gerar uma atitude diferente no campo da práxis jurídica.

A dimensão instrumental do pensamento de Foucault – o que me parece não deixa de ser foucaultiano! – pode materializar o desejo, e hoje a necessidade, de fazer alguma coisa diferente da rasteira e superficial vigência do presente. O livro apresenta o autor Foucault em exame de sua vasta produção, inclusive em item "revisando os livros", que permite ao leitor, iniciado ou não, intelecção e compreensão de seu pensamento, com o que o escrito cumpre, entre nós, mais essa importante tarefa. No entanto, sublinho a importância instrumental – ideias, conceito, categorias, provocações, suspeitas – na condição de um conjunto de ferramentas, agora, apontadas na direção do horizonte jurídico. Tudo isso a permitir e possibilitar outro discurso jurídico e outra prática: um jurídico outro!

Nessa perspectiva, o leitor encontrará neste livro de Guilherme Roman Borges um vasto e profundo campo para inovadoras reflexões tão necessárias nesse tempo de agravamento da injustiça! À leitura!

**Celso Luiz Ludwig**
Prof. de Filosofia do Direito
UFPR e UNINTER

## SUMÁRIO

## IV – O "Sujeito" como Obra Final

# Introdução
# Conhecer Michel Foucault para pensar o direito

Os questionamentos sobre determinados temas, como subjetividade, poder, ética, sexualidade, saber e discursos constituíram sempre, sobretudo de algumas décadas para os dias de hoje, questões indispensáveis de serem postas, refletidas e investigadas no ambiente científico, sejam elas de cunho filosófico, sociológico, histórico, psicanalítico, jurídico, etc. Indagações que não se colocam à toa, desconectadas do mundo, mas, pelo contrário, que se projetam na dimensão humana, na sua história, no seu progresso e no seu desenvolvimento; no seu retrocesso e no seu desgaste; na sua aniquilação e na sua superfície.

Analisar a vida do brilhante intelectual francês, Michel Foucault, como tantos e poucos outros, especialmente no seu cruzamento com o discurso jurídico, é colocar-se naquele trilho de angústias e insatisfações, de presenças e calmarias; é endireitar-se no caminho, mas ao mesmo tempo; é dobrar a cada esquina, separar-se a cada bifurcação, interromper-se na curva.

Tendo em vista essa árdua tarefa de pesquisar tais temas, especialmente no universo filosófico e jurídico, é imensamente importante escolher paradigmas teóricos, para melhor refleti-los e desvendá-los, evitando-se, assim, inúmeras incoerências e inexistências de marcos, de estratégias de abordagem, e, para tal propósito, aprouve-se eleger Michel Foucault. É sobre este magnífico intelectual, como diria Annie Guedez, um "fenômeno cultural, o sinal individual de uma evolução do campo intelectual de nossa sociedade",[1] que teve sempre um jeito peculiar de viver, que amava pintura, poesia, Bach, Mozart, literatura, como o romance *Au-dessous du Volcan*, mas detestava, segundo Jacqueline Verdeaux, a natureza, pois não via graça em quadros feitos de sol reluzente e

[1] GUEDEZ, Annie. **Foucault**. (trad. Edson Braga de Souza). São Paulo: Edusp, 1977, p. 96-97.

céus bonitos;[2] ao mesmo tempo, uma pessoa sarcástica, fiel em suas amizades,[3] obstinada, extremamente culta, de personalidade forte, riqueza intelectual e erudição indiscutível, que acabou por marcar o mundo acadêmico do séc. XX, que se pretende adiante traçar algumas linhas e alguns horizontes.

O texto que se espraia a seguir objetiva antes do que qualquer imposição de questionamentos mais alvissareiros, investigar a importância da obra de Foucault especialmente na sua interface jurídica, isto é, sobretudo no liame que se vislumbra, quando as teorias deste filósofo tocam o universo jurídico, direta ou indiretamente, causando furor a inúmeros filósofos, e indubitáveis críticas de incontáveis juristas. Procura-se, sempre que possível, não simplesmente traçar os argumentos de Foucault a respeito de um determinado tema jurídico, mas permitir um diálogo, uma interlocução, por vezes um monólogo, com os próprios juristas, isto é, permitir que a teoria foucaultiana seja posta à prova e contraposta às reflexões jurídicas, a fim de que se possa, assim, antes de tão-somente estudar o conjunto de sua obra e de suas investigações, aplicar o pensamento deste filósofo no ordenamento jurídico, para que realmente se verifique o impacto de suas indispensáveis concepções jurídico-filosóficas, encontrando-se, talvez, um jusfilósofo.

O objetivo se coloca desde o início: atingir a leitores diversos, dos que apenas querem se introduzir no pensamento foucaultiano, aos que já possuem um certo conhecimento, e desejam buscar novas correlações, deixando-se, certamente, aqueles leitores já "experimentados" de lado, posto que a esses nada se poderia, de fato, contribuir além dos originais, muito menos com este texto. Para tanto, acreditou-se por bem indagar a presença de Foucault em quatro interfaces, as quais podem por sua própria história ser definidas, como muitos já o fizeram; de sua vida, de sua fase do saber, de sua fase do poder, e, por fim, de sua fase do sujeito:

a) A primeira, procura iniciar por uma abordagem mais planificada, passando pela sua vida (tendo como referência, especialmente, os clássicos livros de Didier Eribon, David Macey, Hervé Guibert, e as cronologias reunidas por Daniel Defert e François Ewald), pelos intelectuais que lhe foram "essenciais" na fundação de seu pensamento, pelos autores contemporâneos que se ocuparam das mesmas temáticas, objetivando delimitar o pensamento de Foucault

[2] ERIBON, Didier. **Michel Foucault.** (trad. Hildegard Feist). São Paulo: Companhia das Letras, 1990, p. 61.

[3] ERIBON, Didier. **Michel Foucault**..., p. 272. "É um dos traços constantes de sua vida: muitas vezes brigar com gente a qual estava ligado. Ele exige fidelidade absoluta na amizade e nunca perdoa o que considera uma traição. Há muitos nomes que ninguém deve pronunciar diante do filósofo."

(logo, ir até aonde é possível pensar alguns assuntos sem que se recaia em contradições e distanciamentos desnecessários), e por uma breve síntese de suas principais publicações. Quer-se situar o pensamento de Foucault dentro dos rumos históricos que a humanidade, nos avanços e significativos retrocessos, passou durante sua vida no séc. XX; compreender cada publicação de Foucault, cada alteração de rumo em suas pesquisas; cada mudança de enfoque, cada tropeço e saltos gnoseológicos, enfim, quer-se localizar Foucault, tentar-lhe traçar um mapa dentro de sua própria genealogia, encontrar nele próprio uma orientação e um método arqueológicos. Procura-se ir não a uma detalhada biografia, cujo leitor teria que se dedicar exaustivamente a tal feito, mas tampouco se pretende fazer uma biografia pontualmente datada, que não só vai de encontro aos próprios ensinamentos de Foucault, quanto não serve à nada. É preciso trazer certas nuances, certos envolvimentos de Foucault, certas guinadas teóricas representadas por sua vida pessoal.

Do mesmo modo, seguem-se os resumos de todas as "obras" de Michel Foucault, isto é, trazem-se pequenos instrumentos de introdução do leitor ao conjunto da obra do intelectual francês, permitindo assim, que o leitor que por ventura não tenha lido todos os seus livros, não tome por mímese uma única obra como se o todo fosse, e então interprete erroneamente o pensamento foucaultiano, que por sua própria natureza altera-se texto a texto. O objetivo é único e despretensioso: permitir uma visão global das obras, ainda que de maneira inicialmente superficial, sem críticas ou considerações essencialmente pessoais, apenas tracejando conceitos básicos e reproduzindo as ideias principais de Foucault, bem como trazendo, sempre que possível, com base nas leituras de todas as suas entrevistas, o impacto de suas obras na França e no mundo no momento em que foram publicadas.[4]

Quanto às interlocuções com os autores, as metas se alongam um pouco, e partem em busca da delimitação do pensamento foucaultiano em relação aos autores com os quais lhe serviram de base, de fundamento, e, em relação àqueles que com ele viveram, dialogaram ou apenas contribuíram para responder a seguinte pergunta: até aonde vai o pensamento de Michel Foucault? ou melhor, o que há de Foucault em determinados temas que não de outros autores? O fim é evidente: encontrar os contornos das ideias

[4] Para tanto, a pesquisa que resultou neste ensaio, cuidou para que fossem lidas as principais revistas francesas e mundiais nas quais Foucault publicou, sendo que, de algumas, como *Critique*, *LesTemps Modernes* e *Esprit*, todos os volumes foram visto enquanto ele viveu, afim de que o pensamento foucaultiano fosse compreendido com mais veracidade e atenção.

foucaultianas. Os autores então resgatados não são aleatoriamente escolhidos, mas planejados e direcionados de acordo com as temáticas que adiante servirão de pano de fundo para repensar o discurso jurídico e o discurso filosófico, isto é, se se escolhem Sartre, Heidegger, Arendt, Derrida, é porque as temáticas que os integram e os separam de Michel Foucault servem aos questionamentos futuros da interlocução com o discurso jurídico (cuidado de si, liberdade, loucura), dessa maneira, inúmeros autores são renegados, como Deleuze, Blanchot, Hyppolite, não porque não foram importantes para Foucault, mas porque ao trabalho que se apresenta não se mostraram diretamente relacionados com a base teórica e a delimitação de seu pensamento na questão jurídica.

b) A segunda, enlaça desde o início, na questão do saber, as ideias foucaultianas e o discurso jurídico, abordando o tema da historiografia na história e na história do direito; as críticas às ciências humanas e ao posicionamento do direito como tais ciências; a relação entre a psicanálise e o incipiente debate com o discurso jurídico; e, finalmente, a conceituação do discurso, do arquivo, da episteme e das disciplinas na interceptação com a definição de um discurso jurídico. O objetivo se estende além da simples reflexão dentro da obra de Foucault, procura-se, sempre que possível, inicialmente, investigar a obra foucaultiana, no que tem de original, no seu próprio zelo, para em seguida, encontrar a relação com o discurso jurídico, no que o próprio Foucault interpelou, e naquilo que pode ser visto através do "olhar" foucaultiano.

c) A terceira, demora-se com a questão do poder, sua visão de microfísica e normalização à constituição de um biopoder, suas alterações ao longo de seus livros, e sua reflexão jurídica; quer-se também demonstrar a construção ou desconstrução da noção de louco e de criminoso em Foucault, bem como dos manicômios e das prisões e o tratamento dado pelo discurso jurídico a estes temas; envereda-se, ainda, pela presença das teorias foucaultianas numa teoria do processo, em especial do processo penal, e a busca da verdade e do convencimento do juiz; e, por fim, a questão da norma e do Estado, numa qualificação jurídica. Não se cogita, tão-somente, do que Foucault disse ou pôde dizer por suas reflexões sobre o discurso jurídico em seu curto período de vida, mas, indo além de seu próprio discurso, procura-se situar sua obra já nas argumentações jurídicas, nos sistemas jurídicos de pensamento, nos seus reflexos para uma teoria do Direito.

d) A quarta e última perspectiva, já numa interpretação mais madura de Foucault, preocupa-se com a questão do sujeito, sua autoconstituição e a reflexão de suas teorias para a configuração de um novo sujeito de direito; a perspectiva da sexualidade e a repressão jurídica aos crimes contra os costumes, na formação de um sujeito permeado por sua expressão sexual; a posição de Foucault em relação à ética, à amizade e à noção de moral no discurso jurídico; por fim, preocupa-se com a posição do intelectual, do autor, da educação e toda a sua importância para o ambiente jurídico.

Assim, deseja-se, ora através de um seco corte de navalha, fazer um simples "retalho em bisel" na leitura foucaultiana, provocando leves escoriações e deixando a desnuda sua derme, seus encalços mais superficiais, suas interpretações mais significativas e evidentes, suas reflexões mais singulares e cotidianas, suas polêmicas mais notórias e usualmente debatidas; mas também, ora através do impacto de um punhal, tenta-se, quando a ignorância do autor não se demonstra, atingir as regiões mais profundas do pensamento foucaultiano, embrenhar-se em suas incoerências e, mais, em seus ávidos interstícios e pensamentos, nas suas regiões cavitárias, com o intuito de produzir lesões e feridas, mais que lesões, escavações na beleza e nas entranhas de suas ricas reflexões.

Através desse caminho tortuoso, reconhece-se, inevitavelmente, que estudar Foucault é sempre muito difícil, haja vista que foi passo a passo uma personalidade marcante, tanto amado por uns, como também, tanto criticado por outros. Todavia, furtar-se a tal empreendimento significa não simplesmente condená-lo ao ostracismo filosófico, mas, negar-lhe a palavra indispensável em torno do jurídico, isto é, destituir-lhe de seus signficados para a história da própria humanidade e especialmente para a comunidade filosófico-jurídica brasileira, sobretudo, se se evidenciam às vezes que ele esteve neste país para proferir palestras e conferências, ganhando adeptos e respeitado público.

Mas, ao mesmo tempo, que resgatar-lhe se faz como um imperativo, diante da Ciência do Direito, esquecê-lo não se propõe tão-somente como um relapso na constituição histórica da filosofia, mas antes, um relapso com um intelectual que se preocupou com temas tanto pormenorizados e com realidades tanto diminuídas, como do Irã, dos *magrebins*, dos negros, etc. Esquecê-lo significa, também, não valorizar seus encantos pelos intelectuais brasileiros, como dissera certa vez num entrevista a G. Fellous, ao resgatar suas vindas ao Brasil, que teria sido o lugar, juntamente com a Tunísia, onde havia encontrado os estudantes mais apaixonados e ávidos por conhecimento.[5] É em respeito a essa

[5] FELLOUS, G. **La philosophie structuraliste permet de diagnostiquer ce qu'est "aujourd'hui"**. Dits et Écrits (org. Daniel Defert et François Ewald). v. 1 Paris: Gallimard, 1994, p. 584. M.F. "Il n'y a probablement qu'au Brésil et en Tunisie que j'ai rencontré chez les étudiants tant de sérieux et

observação de Foucault, de seu reconhecimento aos pesquisadores brasileiros, e à toda sua vasta contribuição para o ambiente filosófico e jurídico que se estendem estas singelas páginas.

tant de passion, des passions si sérieuses, et ce qui m'enchante plus que tout, l'avidité absolue de savoir." [trad. do autor. "M.F.: Foi provavelmente sobretudo no Brasil e na Tunísia que eu encontrei nos estudantes tanta seriedade e tanta paixão, paixões tão sérias, e o que mais me encanta, a avidez absoluta de saber."]

# I – Michel Foucault e suas Implicações

# 1.
# Uma breve biografia

Paul-Michel Foucault, assim chamado pelos pais em homenagem à tradição do nome de seu avô,[6] nasceu em 15 de outubro de 1926, na cidade de Poitiers, e faleceu em 25 de junho de 1984, na cidade de Paris. Sua vida foi marcada por um itinerário de estudos, aulas, cursos e livros, que acabaram por lhe dar *status* de um dos maiores pensadores do séc. XX, e, sem dúvida, um dos intelectuais mais ativistas, ousados e autênticos que as academias francesas puderam presenciar.

Naquela data, filho de Anne Malapert e Paul Foucault, nasce Michel Foucault no casarão branco construído em 1903 pelos pais de Anne, depois de 1 ano e 3 meses do nascimento de sua irmã Francine, de quem teve grande proximidade e amizade durante sua vida. Alguns anos mais tarde teria outro irmão, chamado Denys.

Foucault cresce num ambiente confortável, com todas as regalias que muitos franceses não possuíam, embora quando adulto venha a negar grande parte dessa situação, tendo uma vida singela e muitas vezes sem gastos. Seu pai, cirurgião de renome na cidade e professor de anatomia na Escola de Medicina; sua mãe, filha de um importante cirurgião de Poitiers e igualmente professor da mesma Escola, dão a Foucault as condições necessárias à sua formação intelectual.

Sua família, que na época vai residir no "castelo", assim chamado por muitos vizinhos, em Vendeuvre-du-Poitu, é muito rica, tendo ainda terras e fazendas na região. Entretanto, teve um educação muito rígida, pois, embora a família

[6] MACEY, David. **Michel Foucault**. (trad. Pierre-Emmanuel Dauzat) Paris: Gallimard, 1994, p. 25. "... Paul Foucault, né en 1893, il était fils et petit-fils de médecins, qui tous deux se prénommaient Paul. Son grand-père fut le mouton noir de la dynastie." [trad. do autor. "Paul Foucault, nascido em 1893, filho e neto de médicos, todos com o prenome Paul. Seu avô foi o grande 'patriarca' da dinastia."]

de Foucault não fosse dedicada excessivamente à igreja, a ela ía aos domingos, chegando ele muitas vezes a ser coroinha nas missas. Sua personalidade, marcada pela solidão, pelo estudo obsessivo, pelo espírito ativo, pela ironia, auto-exigência, e ao mesmo tempo por uma eloquência e uma autoridade na fala, constrói-se nessa época e nos anos de ensino superior.

Foucault, aos quatro anos, no dia 27 de maio de 1930, acompanhando a sua irmã, principia seus estudos no liceu público e jesuíta Henri-IV, fazendo a pré-escola e o primário, quando de lá egressa em 1940, e vai cursar o secundário no colégio Saint-Stanislas, onde, embora fosse uma instituição símbolo da "Resistência" e de devoção ao Marechal Pétain, filhos de empresários e pequenos industriais estudavam. O período inicial de seus estudos não demonstra muito de seu talento, tem notas regulares, dificuldades em matemática, mas suas notas em francês, história, grego e latim o compensam. No entanto, bons professores o acompanham nestes anos, em especial De Montsabert, um monge beneditino que ensinava história aos alunos de Saint-Stanislas, com quem aprendeu a apreciar Carlos Magno, fazendo-lhe recuperar o estímulo pelos estudos. Obtém prêmios "d'excellence" em redação, inglês, história, latim, e literatura francesa.

Em 1943, na *terminale* (terceiro ano do ensino médio), quando se prepara para o *Baccalauréat* ("vestibular") Foucault tem pela primeira vez contato com a filosofia, através de Dom Pierrot, o qual vislumbra desde o início o potencial do futuro filósofo, dizendo-lhe que suas características eram de orientação cartesiana, pois a filosofia lhe seria sempre um objeto de curiosidade e orientação do conhecimento.[7] Concomitantemente aos estudos de filosofia no instituto Saint-Stanislas, por intermédio de sua mãe, Foucault passa a ter um reforço extra-classe, com Louis Girard, estudante do segundo ano da Faculdade de Filosofia, que em muito lhe contribuirá. No final do ano, Foucault termina a *troisième* em segundo lugar de filosofia na turma, mas não se sai muito bem no *Bac,* obtendo somente as notas suficientes para concluir o ensino secundário.

Na dúvida instigada pelo Dr. Foucault (com quem o intelectual terá grandes desavenças durante a vida, pela sua constante ausência familiar) entre cursar medicina e dedicar-se aos seus gostos, em especial a história e a literatura, Foucault a custo consegue convencer a família, e decide preparar-se para ingressar na École Normale Supérieure da Rue d'Ulm, em Paris, onde grandes filósofos lá estiveram ou ainda estudavam, como Sartre, Hyppolite, Althusser, Jules Vuillemim. Para tanto, cursa, durante dois anos, os preparatórios

[7] ERIBON, Didier. **Michel Foucault**..., p. 25.

*Hypokhâgne* e *Khâgne*, no liceu de Poitiers, tendo como professores Gaston Dez e Jean Moreau-Reibel. Época em que Foucault desperta seu gosto por Bergson, Platão, Descartes, Kant e Spinoza. Entretanto, em 24 de maio de 1945, após apresentar-se no hotel Fomé, na Académie de Poitiers para realizar as provas escritas, Foucault é eliminado já nesta etapa, por obter o 101º lugar, quando somente os cem primeiros se classificavam para as provas orais. Após a decepção, deixa Poitiers, distancia-se da família, mas não totalmente, em especial de sua mãe, quem visita quase todas as férias.

Chegando a Paris, no outono de 1945, matricula-se no liceu Henri-IV, um dos mais prestigiados da França, disposto a passar novamente pela bateria de testes. Sua vida lá é difícil, por ser um jovem provinciano, sem embargo sua condição financeira, sofre certo preconceito, tendo de se isolar um pouco do convívio social, mas não totalmente, graças à instalação de sua irmã na cidade, com quem passará a frequentar alguns cinemas no intervalo dos estudos. Entre os professores do Henri-IV, estavam Emmanuel Le Roy Ladurie, Jean Boudout, mas especialmente, Jean Hyppolite, que prepara os alunos para a prova de filosofia. Hyppolite, contemporâneo de Sartre e Merleau-Ponty, marca profundamente Foucault, que anos mais tarde, em 1970, ao substituí-lo na cátedra do *Collège de France*, por ocasião da morte daquele em 1968, expressará sua gratidão com o pronunciamento *L'Ordre du Discours* em agradecimento aos ensinamentos desse grande hegeliano.

Apesar das dificuldades, Foucault termina muito bem o curso preparatório, com a menção "aluno de elite", e não enfrenta problemas nos testes. As provas escritas foram tranquilas e em julho de 1946 é aprovado em quarto lugar geral, após as provas orais, cuja banca era formada por Pierre-Maxime Schuhl e Georges Canguilhem. Agora *normalien*, Foucault, juntamente com outros 38 estudantes, passa a viver no edifício da École Normale Supérieur, cujo ingresso marcará significativamente sua vida acadêmica, mas especialmente sua vida pessoal, pois inúmeras vezes terá crises psicológicas, sendo agressivo com os outros conscritos, ironizando de qualquer modo aqueles que dele se aproximassem, culpando-se pelas saídas noturnas e clandestinas, dada a repressão da época, para encontros homossexuais, etc., todas experiências trágicas que demonstraram, segundo os médicos e os alunos da própria instituição, um certo desequilíbrio psicológico, até a sua tentativa de suicídio em 1948.

Apesar das atribulações psicológicas pelas quais Foucault, e tantos outros, passa na École Normale Supérieure, esse período marca seu encontro, além da filosofia, com a psicologia e a psicanálise. Assiste às aulas de Daniel Lagache, Julian Ajuriaguerra, Jean Hyppolite, Jean Wahl, Sartre e Merleau-Ponty.

Passados os anos, na École, Foucault obtém em junho de 1949 seu diploma de estudos superiores, defendendo sua monografia sobre Hegel, com o título "A constituição de um transcendental histórico na 'fenomenologia do espírito' de Hegel". Continuando na *École Normale Supérieure*, Foucault insiste em assistir às aula de psicologia, até obter, alguns anos mais tarde, o diploma de psicologia patológica. É com essa importante passagem pelo curso de psicologia, que permite Foucault lançar-se, além de inúmeras amizades, como a de Jacqueline Verdeaux, que o incentiva a escrever o prefácio para o livro que ambos traduzem de Binswanger "*Traum und Existenz*", a inspirar-se para redigir *Histoire de la Folie*. Nesse período, Foucault realiza, ainda, trabalhos num hospital psiquiátrico, aplicando os testes de psicologia experimental, e numa prisão. Em seguida, começa, então, a se preparar para a *agrégation* (teste necessário para exercer a profissão de professor).

Neste período conhecerá Louis Althusser, e através deste, em 1950, adere ao PCF (Partido Comunista Francês), juntamente com outros vários *normaliens*. Nesta época a École Normale Supérieure vira um centro ativista da máxima esquerda, encabeçados, sobretudo, por Sartre, Jean d'Ormesson, Jean Charbonnel, Claude Mauriac e Maurice Clavel, bem como pelo partido *Rassemblement Democratique Révolutionnaire*. Entretanto, essa aproximação com o partido comunista é desde o início um pouco turbulenta, pois Foucault deseja militar na célula do partido, e não no sindicato dos alunos, como assim o impuseram. Muitos afirmam que Foucault sempre dizia, apesar da proximidade de seus escritos com o poder político, que jamais nascera com a alma militante, o que certamente nunca o levou efetivamente a embates políticos diretos, senão raras vezes. No mesmo ano de seu ingresso no partido comunista, Foucault é reprovado na *agrégation*, pois embora houvesse sido aprovado nas provas escritas, esbarra na banca da prova oral, cujos integrantes eram Pierre-Maxime Schuhl e Georges Davy. Apesar de uma curta fase de crise, em junho do ano seguinte Foucault obtém êxito, após discorrer horas sobre Bergson, Spinoza e sobre sexualidade, numa banca constituída por Georges Davy, Jean Hyppolite e Georges Canguilhem.

Agora *agrégé*, Foucault vai lecionar num liceu, de Thiers, recebendo então uma bolsa do CNRS (Centre National de Recherches Scientifiques), indo residir no 16ᵉ arrondissement de Paris. Entretanto, Foucault conquista a antipatia geral, sobretudo em virtude de um suposto envolvimento mal resolvido com um dos bolsistas, e decide tornar-se assistente em 1952 na Universidade de Lille. Um pouco antes de ensinar nesta instituição, a pedido de Althusser, no outono de 1951, Foucault começa a dar aulas, que irão até a primavera de 1955, na École Normale Supérieure. Seu público é numeroso e suas aulas agradam a todos, pela eloquência e pelo vasto conhecimento. É nesse período que Foucault, ou *le Fouk's*, como muitos o chamavam, ainda sob as vanguardas do PCF, organiza um grupo de *normaliens*, formado por Paul Veyne, Jean-Claude Passeron, Maurice Pinguet, e outros, para discutir as questões políticas da época. No entanto, como visto, seu envolvimento com o PCF não é muito intenso, e em 1953, segundo alguns por virtude da condenação à homossexualidade pelo partido, deixa-o, um pouco antes de partir para a Suécia, em 1955.

Nesse período, que antecede seu "exílio", Foucault se aproxima da poesia de René Char e da literatura, em especial de Bataille e Blanchot, esta que nele manterá forte influência até o final dos anos sessenta, quando será substituída pela visão política do mundo, como adiante se desenvolverá. A partir de outubro de 1952, já com 26 anos, Foucault, por sugestão de Jules Vuillemin, amigo de Althusser, inicia seu curso sobre a psicologia e história da psicologia em Lille, onde ficará até a partida para a Suécia. Nesse período escreve *Maladie Mentale et Personnalité*, e conhece ainda vagamente Gilles Deleuze.

Em 26 de agosto de 1955, Foucault, a convite de Georges Dumézil, professor do *Collège de France*, parte para Uppsala, uma cidade a setenta quilômetros de Estocolmo, na Suécia. Muitos afirmam que sua retirada da França ocorre em virtude da vida social e cultural parisiense,[8] porém, passa lá três difíceis e depressivos anos, haja vista o clima excessivamente frio da cidade e a forte repressão à homossexualidade, dada a sua fundação puritana. Muito embora, nesses anos, dá a sua primeira entrevista, em fevereiro de 1956, para o jornal local, e faz vários amigos, compartilhando jantares e bebedeiras. Entretanto, dedica-se muito às suas aulas na universidade, que versam, para desespero e incômodo de alguns alunos, sobre a concepção de amor na literatura francesa do marquês de Sade, sobre o teatro francês contemporâneo, sobre a experiência religiosa na literatura francesa de Chateubriand e Bernanos, e sobre Racine. Não se reserva às aulas, dedicando-se a organizar serões sobre filmes e a dirigir pequenas peças teatrais, feitas pelos alunos. Nesses anos, em Uppsala, Foucault recebe na *Maison de France*, grandes nomes para dar

[8] PIEL, Jean. **Foucault à Uppsala**. Critique: Revue générale des publications françaises et étrangère, Paris, n. 471-472, p. 748-752, août/septembre, 1986. "Michel Foucault avoue avoir eu toujours 'peu d'attrait pour la vie sociale et culturelle française', et c'est, ajoute-t-il, 'la raison pour laquelle il a quitté la France en 1955." [trad. do autor. "Michel Foucault confessa ter tido sempre pouca atração pela vida social e cultural francesa, e, esta é a razão pela qual ele deixou a França em 1955."]

palestras: Jean Hyppolite, Albert Camus, Alberto Moravia, e Roland Barthes[9]. Sua estada em Uppsala marca, também, seus escritos sobre a *Histoire de la Folie*, e indiretamente sobre a clínica,[10] pois lá redige quase completamente sua tese. Entretanto, busca defendê-la na própria universidade de Uppsala, mas não obteve acolhimento, o que acaba por decepcioná-lo e de consequência a incentivá-lo a deixar a Suécia.

Após passar o mês de junho de 1958 em Paris, Foucault regressa rapidamente a Uppsala, arruma suas malas, e parte em outubro do mesmo ano para Varsóvia, na Polônia, onde exercerá, a pedido de Dumézil, que conhecia o chefe do serviço de ensino francês no exterior, Philippe Rebeyrol, ex-*normalien*, as mesmas funções de leitor.[11] Fica em Varsóvia até o final de 1959, e segundo muitos, sua retirada teria sido, como sempre, por causa de um envolvimento mal resolvido como um jovem que trabalhava na polícia. Em seguida, decide ir a Hamburgo, na Alemanha, onde exercerá a tarefa de leitor, no instituto cultural francês, até o ano de 1960. Em Hamburgo, Foucault termina sua tese, e decide voltar no verão deste ano a Paris para mostrá-la a Jean Hyppolite, a fim de que este seja seu orientador *pro forma*, uma vez que ela já estava escrita.

Em Paris, Foucault consegue uma vaga na faculdade de Clermont-Ferrand, para ser auxiliar de ensino (*maître de conférence*), já que ainda não havia defendido a sua tese. Receberá, nesse retorno à França, inúmeros convites para ser novamente leitor, em Tóquio, em Roma, em Nova York, mas ele não os aceita, pois já tem em vista o *Collège de France*, embora aceite vários deles, para dar palestras, sobretudo na Tunísia, onde estará durante o estouro do movimento

[9] PIEL, Jean. **Foucault à Uppsala.**, p. 751. "Quels furent les invités? Le plus souvent des écrivains: Albert Camus lors de son prix Nobel, Alberto Moravia, Claude Simon, alors au début de sa gloire scandinave mais déjà très apprécié à Uppsala, Marguerite Duras, Pierre Mendès France, et bien entendu Roland Barthes qui étai un invité presque habituel." [trad. do autor "Quais foram os convidados? Os mais frequentes foram os escritores: Albert Camus, por ocasião de seu prêmio Nobel, Alberto Moravia, Claude Simon, então no início de sua glória escandinava, embora já muito apreciado em Uppsala, Marguerite Duras, Pierre Mendès France, e, especialmente Roland Barthes que foi um dos convidados mais habituais."]

[10] PIEL, Jean. **Foucault à Uppsala.** ..., p. 750. "Pendant la journée, Foucault fréquentait beaucoup la bibliothèque où il avait découvert de très riches fonds de textes scandinaves, allemands, italiens et français, relatifs à l'histoire de la clinique. [trad. do autor. "Durante a sua estadia, Foucault frequentava muito a biblioteca onde havia descoberto ricos textos escandinavos, alemães, italianos e franceses, relativos à história da clínica."]

[11] O leitor (*lecteur*), cargo existente em alguns países, tinha a função de divulgar a cultura de um país em outro, a serviço daquele. Cabia a pessoas com notável conhecimento histórico, cultural e linguístico, razão pela qual Foucault fora escolhido.

de maio de 1968. Nesse ano decide, então, defender a sua tese, e ao pedir a Hyppolite para ser seu orientador, este lhe nega o pedido, por ocupar-se excessivamente no período com a direção da École Normale Supérieure. Entretanto, como era preciso defender uma tese principal e uma complementar, que Foucault redigira com o tema a Antropologia de Kant, Hyppolite aceita orientá-lo na tese complementar (que nunca será publicada por Foucault), mas o encaminha para Georges Canguilhem, seu ex-aluno, então professor na Sorbonne, para que orientasse Foucault na tese principal.

Inicialmente, Canguilhem escuta Foucault falar suas teorias sobre a loucura e lhe diz, laconicamente, que se isso fosse realmente verdade, as pessoas já saberiam. No entanto, vai para casa, lê com atenção e vê a maravilha do texto, aceitando ser seu orientador, dando-lhe apenas algumas dicas, as quais Foucault escuta mas em nada modifica seu texto, pois tinha o medo de alterar a forma literária em que este fora escrito. Canguilhem, então, em 19 de abril de 1960, escreve um relatório, necessário segundo a tradição, para dar a autorização a Foucault, perante a Sorbonne, para apresentar a sua tese, quando acaba por reconhecer a cultura e a originalidade de suas ideias.[12] Com a autorização de Canguilhem, Foucault vai em busca de um editor, entretanto, ao fazer contato com a Gallimard, com a qual sempre sonhara ter seus livros publicados, sofre inicialmente uma certa hostilidade, em virtude do tema não ter tanta aceitação no mercado. Apesar do desconforto inicial, Foucault consegue, para após a sua defesa, publicar sua tese pela Plon, embora esta lhe renda uma certa indiferença pelo público, como ser verá adiante.

No dia 20 de maio de 1961, as 13h30, na sala Louis-Liard, onde usualmente se faziam as grandes defesas de teses, Foucault realiza sua sustentação oral, perante um público de mais ou menos 100 pessoas, e uma banca composta por Henri Gouhier, presidente, Georges Canguilhem, e Daniel Lagache. Antes de iniciar suas argumentações sobre a loucura, conforme manda o rito, Foucault começa pela apresentação de sua tese complementar sobre a "Antropologia de Kant", diante de uma banca composta por Jean Hyppolite e Maurice de Gandillac. Nessa pequena e ao mesmo tempo grande defesa, Foucault traz à tona seu vocabulário que ficará célebre, ou seja, fazer uma "arqueologia do texto kantiano", mas se restringe tão-somente a apresentá-la. Em seguida, após um breve intervalo, inicia-se a espetacular defesa de Foucault, deixando

[12] CANGUILHEM, Georges. **Reported from Mr. Canguilhem on the manuscript filed by Mr. Michel Foucault, in order to obtain permission to print his principal thesis for the doctor of letters**. Critical Inquiry, Chicago, v. 21, n. 02, p. 276-281, winter, 1995.

o público impressionado com a demonstração de sua cultura. Após algumas duras intervenções de Daniel Lagache, sobretudo no que se refere às falhas sobre informações médicas e psiquiátricas, e de Henri Gouhier, sobre o tratamento excêntrico dado a alguns textos, Foucault obtém o título de doutor em letras pela Sorbonne, com a "menção honrosa".

Então doutor, no outono do ano seguinte, Foucault é nomeado inicialmente professor assistente na Universidade de Clermont, a pedido de Jules Vuillemin, amigo de Merleau-Ponty e Althusser, e em 1º de maio de 1962, assume a titularidade da cátedra de filosofia, embora acabe ensinando psicologia, e fique conhecido como "dândi", em virtude de suas vestimentas pouco usuais. Nesse período, Foucault já esboça alguns de seus ensinamentos que constituiriam, futuramente, *Les Mots e les Choses*. Ainda professor de Clermont-Ferrand, Foucault, juntamente com outros intelectuais como Jules Vuillemin e Franand Braudel, participa da elaboração da reforma universitária em 1965, comandada por Christian Fouchet, ministro da Educação, o que causa certo desconforto no ambiente acadêmico. Segundo Didier, seria talvez desta reforma também, de que Foucault teria participado, é que teria se originado o movimento de maio de 1968.

Suas aulas, apesar de se dedicarem às questões consideradas por ele mais importantes, como direito, sexualidade, psicanálise, linguagem e ciências humanas, e mesmo sendo adorado e muitas vezes aplaudido pelos alunos, Foucault, dada a sua arrogância e ao seu jeito excêntrico de viver, bem como a aproximação amorosa com Daniel Defert, deixa Clermont no final do ano letivo de 1965-1966, para ir a Túnis.[13] Por falar de suas crises amorosas, questão tão renegada por seu biógrafo Didier Eribon, que o fizera com magistral competência a fim de preservar a imagem deste brilhante intelectual, algumas passagens demonstram essa turbulência em sua vida, desde a tentativa de suicídio na École Normale Supérièure até seus mais íntimos romances, que o fizeram deixar algumas vezes as instituições em que lecionara. Poucos de seus relacionamentos homossexuais vieram à tona, nomes como Jean Barraqué, músico em Paris, Stéphane, provavelmente, no livro de Guibert, referência a Daniel Defert,[14] seu assistente desde Clermont Ferrand, com quem vivera

[13] David Macey afirma, retomando as palavras de Daniel Defert, que o relacionamento deste com Foucault não era visto em meados de 1963 com bons olhos na sociedade francesa e nos meios universitários em particular. Ver: MACEY, David. **Foucault**..., p. 164.

[14] MACEY, David. **Michel Foucault**..., p. 473. "À *l'ami qui ne m'a pas sauvé la vie* tient à la fois du roman autobiographique et du roman à clés. Dans le philosophe 'Muzil', on reconnaît sans mal Foucault, Daniel Defert pourtant quant à lui le nom de 'Stéphane' ... " [trad. do autor. "Em *para*

parte de sua vida e seus últimos anos, e a quem gostaria de ter lhe deixado toda a herança[15], tendo em vista o período nefasto de repressão em que vivera. Segundo David Macey, Foucault e Daniel Defert viveram juntos muito tempo, desde o contato em 1963 até os anos da morte do grande intelectual. Defert, foi, sem dúvida, a grande paixão de Foucault, tanto que misteriosamente na edição resumida de 1964 de *Histoire de la Folie* a dedicatória feita a Eric-Michael Nilsson havia desaparecido, e seu relacionamento com Roland Barthes se tornara complicado.[16] Macey arrisca afirmar que uma das razões para Foucault não ter aceito o convite para ensinar no Japão foi a presença intensa de Daniel Defert.

Sua homossexualidade esteve ligado frequentemente à "perversão sexual". A "perversão sexual", muitas vezes presente na vida de Foucault, como ressalta Guibert Hervé (ao referir-se sobre a morte de Muzil, seu personagem fictício substitutivo para o intelectual francês, quando foram encontrados chicotes, algemas, freios e roupas de couro no seu armário, ou mesmo das inúmeras orgias, que participava nas saunas próximas à Paris)[17] tem fundamental relevância em sua vida, e, importante expressão em suas orientações literárias e filosóficas, a ponto de proclamar seu desprezo, como ressalta Didier Eribon, "pelos que não são adeptos das ideias do marquês (Sade)".[18] Ganha, inclusive, uma certa repressão, quando dá suas aulas sobre Sade em Uppsala. Narra Hervé inúmeras odisséias de Foucault nas saunas ao redor de Paris, quando voltava de seus seminários, e nos bares que visitava, como *Le Keller*, no

*um amigo que não me salvou a vida* demonstra ao mesmo tempo um romance autobiográfico e um romance que coloca em cena personagens e fatos reais à sua fantasia. No filósofo 'Muzil', reconhece-se certamente Foucault, entretanto a Daniel Defert o nome Stéphane ..."]

[15] GUIBERT, Hervé. **Para um amigo que não me salvou a vida.** (trad. Mariza Campos da Paz) 2 ed. Rio de Janeiro: José Olympio, 1995, p. 61. "Stéphane tinha imediatamente exibido o único testamento autógrafo de Muzil que o deixava a salvo de uma intrusão da família no apartamento, mas os termos do testamento eram muito vagos e não designavam Stéphane como um herdeiro evidente. Tranquilizei-o, dizendo que Muzil nos últimos meses havia consultado um tabelião, cujo endereço lhe forneci. Stéphane voltou dessa entrevista com o tabelião de mãos abanando: o testamento existia, e em seu favor logicamente, mas era apenas um rascunho estabelecido pelo tabelião depois de sua conversa com Muzil, que nunca mais tinha voltado para assinar a cópia passada a limpo, e como ainda por cima o testamento não era de seu próprio punho não tinha nenhum valor jurídico. Stéphane teve que negociar com a família a obtenção do apartamento com os manuscritos que nele se encontravam em troca do abandono dos direitos autorais e do direito moral que não lhe eram devidos."

[16] MACEY, David. **Foucault**..., p. 164.

[17] GUIBERT, Hervé. **Para um** ..., p. 18.

[18] ERIBON, Didier. **Michel Foucault** ..., p. 45.

12º arrondissement.[19] Além de seus relacionamentos homossexuais, Foucault sofre, infelizmente, alguns empecilhos na vida acadêmica, em especial quando quiseram nomeá-lo subdiretor do ensino superior no ministério da educação, tendo-lhe sido recusado em virtude de sua opção sexual.[20]

No fim do ano de 1965, quando ainda estava em Clermont, Foucault vem pela primeira vez ao Brasil, a São Paulo, para se encontrar com seu amigo Gérard Lebrun, e entregar-lhe seu manuscrito de *Les Mots et les Choses*, para escutar suas críticas. Alguns anos antes de deixar Clermont, Foucault publica em 1963 *Naissance de la Clinique* e *Raymond Roussel*. Nesse período, verifica-se uma importante e indispensável influência literária de Foucault, através de autores, como ser verá adiante, Blanchot, Bataille e Klossowski, e de constantes aparições para discutir romances e poesias em revistas específicas, ano em que se torna editor da Revista *Critique*, juntamente com Roland Barthes, Michel Deguy e Jean Piel.

Após as publicações, Foucault estréia no rol dos filósofos de renome, aos trinta e oito anos de idade, com seu livro *Les Mots et les Choses*. A tal obra, como se verá adiante, inúmeras críticas e elogios despertam o público, mas fazem de Foucault uma febre de consumo nos meios filosóficos e fora deles. É nesse período que Foucault se envolve em alguns dissídios com Sartre e outros intelectuais, mas que acabam sendo resolvidos. Com essa glória, após desligar-se de Clermont, Foucault vai a Túnis ensinar na Faculdade de Letras e Ciências Humanas, sobre literatura, filosofia, psicologia, e, principalmente, pintura, rendendo-lhe uma platéia lotada, sobretudo de jovens. Nesse ano tem certa desavença com Paul Ricoeur, que tinha sido convidado para ir a Túnis falar sobre linguagem, mas também se preocupa com a elaboração de *Archéologie du Savoir*, que está pronto ao partir da cidade em 1969. Em Túnis, Foucault percebe a agitação intelectual de maio de 68, e decide voltar alguns dias a Paris, para participar.

A participação de Foucault no movimento revolucionário estudantil é incisiva, apesar das críticas de ser gaullista e não estar em Paris durante o acontecimento, demonstrando muitas vezes reprovar a atitude do governo dos estudantes, ao considerar os saques, os incêndios, as greves, as suspensões nas aulas, as balbúrdias na rua, uma própria vergonha ao marxismo, que passava a unir nacionalismo, racismo e esquerdismo (especialmente trotskista). Aliás, nesse sentido salienta Pierre Billouet, que Foucault ao longo da vida seria

[19] GUIBERT, Hervé. **Para um ...**, p. 18-19.

[20] ERIBON, Didier. **Michel Foucault.**, p. 139.

inúmeras vezes condenado politicamente, ora gaulista, ora anarquista, ora gauchista, ou marxista e antimarxista.[21] Ele mesmo afirma numa entrevista concedida a Paul Rabinow um mês antes de sua morte: "Eu penso, de fato, ter-me localizado um após a outro, e às vezes simultaneamente, sobre a maior parte dos espaços do tabuleiro político: anarquista, esquerdista, marxista barulhento (*tapageur*) ou oculto, nihilista, antimarxista explícito ou reservado, tecnocrata ao serviço do gaulismo, neoliberal."[22] Muitos de seus alunos são presos em Túnis, e Foucault pede ao embaixador da França que interfira no movimento, a fim de evitar as prisões excessivas e as torturas que estavam sendo realizadas contra os alunos. Apesar da recusa de intervenção, Foucault abriga em sua casa alguns estudantes fugitivos das prisões, e os ajuda na impressão dos folhetos panfletários. Foucault também interfere nos processos judiciais de estudantes após o verão de 1968, sendo até agarrado e espancado por policiais à paisana que o interceptam numa estrada que levava a Sidi Bou Said, na Tunísia, como uma advertência das autoridades tunisianas, só não sofrendo mais por causa de seu prestígio internacional. Embora tenha retornado a Túnis em 1971, para interferir junto ao Ministro do Interior a favor de estudantes presos, Foucault percebe a indiferença política, e resolve não voltar mais ao país.

No outono de 1968, Foucault deixa Túnis, e vai residir em Paris, para ensinar no departamento de psicologia criado em Nanterre, a pedido de Didier Anzieu. Embora tenha sido eleito e nomeado para Nanterre, Foucault recebe nova proposta, pela qual acaba se decidindo, para ocupar a recém-criada cadeira de Filosofia em Vincennes, em 1º de dezembro de 1968. Nessa época, Foucault também tem dúvida em saber se corria o risco de assumir uma cadeira na *Sorbonne*, a pedido de Aron meio a contragosto, ou se preferia ir para o *Collège de France*, que no momento não apreciava muito as pessoas que dela faziam parte. Foucault então se decide pelo *Collège de France*, segundo orientação de Canguilhem.

[21] BILLOUET, Pierre. **Foucault: figures du savoir**. Paris: Les Beles Lettres, 1999, p. 12. "Et les positions militantes de l'intellectuel Foucault ne semblent pas faciles à unifier puisque l'on a pu le dire gaulliste, anarchiste, gauchiste, marxiste, antimarxiste." [trad. do autor. "E as posições militantes do intelectual Foucault não parecem fáceis de serem unificadas, já que se pode dizê-lo gaulista, anarquista, esquerdistas, marxista, antimarxista."]

[22] RABINOW, Paul. **Polémique, politique et problématisations**. Dits et Écrits (org. Daniel Defert et François Ewald). Paris: Gallimard, v. 4, 1994, p. 593. "Je crois en effet avoir été localisé tour à tour et parfois simultanément sur la plupart des cases de l'échiquier politique: anarchiste, gauchiste, marxiste tapageurs ou occulte, nihiliste, antimarxiste explicite ou caché, technocrate au service du gaullisme, néolibéral" [trad. do autor.]

A Universidade de Vincennes, da qual Foucault se encarrega, foi criada após as revoltas de maio de 1968, a pedido do deão da Sorbonne, tendo a ajuda de Georges Canguilhem, Emmanuel Le Roy Ladurie, Roland Barthes e Jacques Derrida para organizá-la. Com a sua criação, Foucault encabeça um grupo de renomados professores, como Jean-Claude Passeron, Robert Castel, Jacques Droz e Michel Serres. No comitê de recrutamente de professores, Foucault chama Judith Miller, filha de Lacan, Alain Badiou, Jacques Rancière, François Regnault e, especialmente, François Châtelet. Apesar do bom começo, logo se iniciam os tropeços ainda derradeiros de 68, chegando a polícia a invadir o local, então tomado pelos alunos, com bombas de gás lacrimogênio, levando inúmeros professores e alunos presos, inclusive Foucault. Mesmo assim, Foucault continua sua luta contra os desvairios da repressão do governo, e protesta diante de uma gigantesta platéia, juntamente com Sartre, contra as medidas disciplinares em Vincennes, que resultou na explulsão e perseguição de inúmeros estudantes. Após os encalços, Vincennes progride, e Foucault ministra aulas sobre epistemologia das ciências da vida e sobre Nietzsche. Muitas vezes irá responder a perguntas de jornalistas, como em *Le Piège de Vincennes*[23], sobre a sua visão do departamento de Vincennes, sua refutação ao ensino da filosofia voltado exclusivamente para a política, como se fazia até então com o marxismo. Nesse período, Foucault, revoltado com o movimento estudantil ultra-esquerdista, distancia-se gradativamente dos alunos, e, desanimado com Vincennes, resolve preparar a sua campanha para o *Collège de France*. Mas durantre o período de sua carreira com vistas ao instituto, Foucault retorna à política, agora como um filósofo engajado. É também nesses anos, que suas reflexões começam a tomar outro rumo, em busca de *Archéologie du Savoir*, embora muitas vezes promova, como em fevereiro de 1969, palestras que trazem suas marcas anteriores, tal qual *Qu'est-ce qu'un auteur?*.[24]

Entregando nas mãos de François Châtelet o departamento de filosofia, Foucault deixa Vincennes, para ingressar no prestigiado *Collège de France*, sobretudo, a partir dos esforços de Dumézil, Hyppolite, Vuillemin e Braudel. A sua candidatura foi um pouco conturbada, pois a instituição era muito conservadora, e as teorias de Foucault um pouco distintas do que se esperava normalmente. Com a criação da carreira de filosofia, no dia 30 de novembro

[23] LORIOT, Pierre. **Le piège de Vincennes: entretien avec Michel Foucault**. Dits et Écrits (org. Daniel Defert et François Ewald). Paris: Gallimard, v. 2, 1994, p. 67-74.

[24] FOUCAULT, Michel. **Qu'est-ce qu'un auteur?** Dits et Écrits (org. Daniel Defert et François Ewald). v. 1 Paris: Gallimard, 1994, p. 789-821.

de 1969, os professores do *Collège de France* se reuniram para decidir quem ingressaria como titular, tendo concorrido Paul Ricoeur, com a proposta da criação da cadeira de filosofia da ação, Yvon Belaval, com a cadeira já tradicional de história do pensamento racional, e Michel Foucault, na cadeira de história dos sitemas de pensamento. Apesar das dificuldades da apresentação para o concurso à cadeira, por 25 a 10 votos, em segunda votação, é criada, por defesa de Vuillemin, a cadeira de história dos sistemas de pensamento. Então, cinco meses após a criação, no dia 12 de abril de 1970, Foucault é escolhido por 24 a 15 votos como o novo titular da cadeira de história dos sistemas de pensamento. Assim, no dia 2 de dezembro de 1970, Foucault pronuncia sua magistral aula inaugural, intitulada *L'Ordre du Discours*,[25] para uma platéia que se empilhava para ouvi-lo reconhecer, sobretudo, a importância de seu grande mestre Jean Hyppolite. Período em que a prestigiada instituição recebe Raymond Aron, no dia 1º de dezembro de 1970, e Georges Duby, no dia 4 dos mesmos mês e ano.

Após a sua magnífica aula inaugural, reportada até mesmo no renomado *Le Monde*, Foucault inicia suas aulas, onde restará como catedrático por quatorze longos e produtivos anos, até o ano de sua morte. Segundo Didier Eribon, todas às quartas-feira, na sala 8, inicialmente à tarde e depois às nove horas da manhã, por cerca de duas horas Foucault pronuncia seus cursos, para um público de mais de 500 pessoas que se aglomeram em busca de seus ensinamentos, tornando-se um verdadeiro acontecimento cultural da vida parisiense[26] (na época, exigia-se que o professor cumprisse uma carga horária anual de 24 horas – doze de aulas e doze de seminários). Nessas aulas Foucault, por obrigação da instituição, mostra, durante doze horas anuais, as linhas de sua pesquisa e as conclusões que chegou durante o ano. É nesse espaço que Foucault coloca à prova e à discussão suas novas obras dos anos 70, em especial, *Surveiller et Punir* e os volumes de sua *Histoire de la Sexualité*,

[25] FOUCAULT, Michel. **L'ordre du discours**. Paris: Gallimard, 1971, p. 21. [trad. br. **A ordem do discurso**. (trad. Laura Fraga de Almeida Sampaio). 5ed. São Paulo: Loyola, 1999, p. 19.]

[26] ERIBON, Didier. **Michel Foucault**., p. 206. Ver também MACEY, David. **Michel Foucault**..., p. 261. "Les cours hebdomadaires de Foucault attiraient fréquemment bien plus d'auditeurs que n'en pouvait accueillir l'amphitéâtre, au point que l'on dut installer dans la salle voisine des postes de télévision. De même que la 'fête mobile' du séminaire de Lacan, auquel il arriva à Foucault d'assister, c'était une attraction pour le Tout-Paris mais s'y pressaient également nombre de visiteurs étrangers" [trad. do autor. "Os cursos semanais de Foucault chamavam frequentemente muito mais ouvintes que o próprio teatro acomodava, a tal ponto que era preciso instalar numa sala vizinha aparelhos de televisão. Assim como a 'fête mobile' do seminário de Lacan, ao qual Foucault chegara a assistir, era uma atração por toda a Paris, mas igualmente a inúmeros estrangeiros."]

especialmente aos alunos do *Collège de France*, visto que adorava trabalhos em grupo e pesquisas coletivas, tal como admirava nas universidades americanas. Foucault tem somente dois pesquisadores preenchendo a função de assistente titular, François Ewald, durante os anos de 1977 a 1980 e Éliane Allo, de 1981 até 1983.

Concomitantemente com os cursos ministrados no *Collège de France*, Foucault realiza outras atividades, aproveitando para viajar ao Brasil, ao Japão, ao Canadá e aos Estados Unidos, e para criar, no dia 8 de fevereiro de 1971, na capela Saint-Bernard, na Montparnasse, o prestigiado grupo *GIP – Groupe d'Information sur les Prisons*, como se verá adiante, formado inicialmente por ele, Pierre Vidal-Naquet, historiador da Grécia Antiga, e Jean-Marie Domenach, diretor da revista *Esprit*, com o objetivo de tornar pública a situação das prisões na França. Esse grupo também suscita o reingresso de Foucault no ambiente político, bem como altera significativamente suas linhas de pesquisa, que vão dos campos discursivos para os ambientes institucionais, a ver-se pelos resumos de seus cursos anuais no *Collège de France*, que passam a versar sobre os seguintes temas: as teorias e instituições penais (1971/1972);[27] a sociedade punitiva (1972/1973);[28] o poder psiquiátrico (1973/1974);[29] os anormais (1974/1975);[30] a defesa da sociedade (1975/1976);[31] segurança, território e

[27] FOUCAULT, Michel. **Théories et institutions pénales**. Dits et Écrits (org. Daniel Defert et François Ewald). Paris: Gallimard, v. 2, 1994, p. 389-393. [trad. br. **Teorias e instituições penais**. Resumo dos cursos do Collège de France (1970-1982). (trad. Andréa Daher e Roberto Machado). Rio de Janeiro: Jorge Zahar, 1997, p. 17-25]

[28] FOUCAULT, Michel. **La société punitive**. Dits et Écrits (org. Daniel Defert et François Ewald). Paris: Gallimard, v. 2, 1994, p. 456-470. [trad. br. **A sociedade punitiva**. Resumo dos cursos do Collège de France (1970-1982). (trad. Andréa Daher e Roberto Machado). Rio de Janeiro: Jorge Zahar, 1997, p. 25-45]

[29] FOUCAULT, Michel. **Le pouvoir psychiatrique**. Dits et Écrits (org. Daniel Defert et François Ewald). Paris: Gallimard, v. 2, 1994, p. 675-686. [trad. br. **O poder psiquiátrico**. Resumo dos cursos do Collège de France (1970-1982). (trad. Andréa Daher e Roberto Machado). Rio de Janeiro: Jorge Zahar, 1997, p. 45-59]

[30] FOUCAULT, Michel. **Les anormaux**. Dits et Écrits (org. Daniel Defert et François Ewald). Paris: Gallimard, v. 2, 1994, p. 822-828. [trad. br. **Os anormais**. Resumo dos cursos do Collège de France (1970-1982). (trad. Andréa Daher e Roberto Machado). Rio de Janeiro: Jorge Zahar, 1997, p. 59-69] e FOUCAULT, Michel. **Os anormais**. (trad. Eduardo Brandão) (org. François Ewald, Alessandro Fontana, Valerio Marchetti e Antonella Salomoni) São Paulo: Martins Fontes, 2001, 479p.

[31] FOUCAULT, Michel. **Il faut défendre la société**. Dits et Écrits (org. Daniel Defert et François Ewald). Paris: Gallimard, v. 3, 1994, p. 124-130. [trad. br. **É preciso defender a sociedade**. Resumo dos cursos do Collège de France (1970-1982). (trad. Andréa Daher e Roberto Machado). Rio de Janeiro: Jorge Zahar, 1997, p. 69-79] e FOUCAULT, Michel. **Em defesa da sociedade**. (trad. Maria Ermentina Galvão) São Paulo: Martins Fontes, 1999, 382p.

população (1977/1978);[32] o nascimento da biopolítica (1978/1979);[33] o governo dos vivos (1979/1980);[34] subjetividade e verdade (1980/1981);[35] e a hermenêutica do sujeito (1981/1982),[36] e das publicações sucessivas de *Moi, Pierre Rivière, ayant égorgé ma mère, ma soeur et mon frère*, em 1973, e *Surveiller et Punir*, em 1975. Apesar do estrondoso movimento do GIP, e dos valiosos dados obtidos, como se verá adiante, este se auto dissolve, para a infelicidade de Foucault. Entretanto, a luta de Foucault não cessa mais, e após a dissolução do movimento de reforma dos sistemas penitenciários, ingressa em lutas incisivas, participando de debates e passeatas, como sua insatisfação contra a pena de morte. Este é o momento em que Foucault se torna definitivamente uma personalidade pública, conhecendo pessoalmente grandes nomes, como o ilustre filósofo Jean-Paul Sartre e o grande escritor Jean Genet, mas também são os anos em que Foucault ingressa na sua realização concreta como intelectual, envolvendo-se em diversas lutas contra os crimes de racismo, como de Djellali Ben Ali e de Mohamed Diab. Neste último, em particular, quando Foucault protestava diante do Rex, no dia 16 de dezembro de 1972, sofreu inúmeras agressões físicas pela CRS, chegando a ser preso e levado ao Beaujon para averiguar a sua identidade. Nesses anos Foucault se aproxima, pelo GIP e pelas lutas

[32] FOUCAULT, Michel. **Sécurité, territoire et population**. Dits et Écrits (org. Daniel Defert et François Ewald). Paris: Gallimard, v. 3, 1994, p. 719-724. [trad. br. **Segurança, território e população**. Resumo dos cursos do Collège de France (1970-1982). (trad. Andréa Daher e Roberto Machado). Rio de Janeiro: Jorge Zahar, 1997, p. 79-87]

[33] FOUCAULT, Michel. **Naissance de la biopolitique**. Dits et Écrits (org. Daniel Defert et François Ewald). v. 3 Paris: Gallimard, 1994, p. 818-825. [trad. br. **Nascimento da biopolítica**. Resumo dos cursos do Collège de France (1970-1982). (trad. Andréa Daher e Roberto Machado). Rio de Janeiro: Jorge Zahar, 1997, p. 87-99]

[34] FOUCAULT, Michel. **Du gouvernement des vivants**. Dits et Écrits (org. Daniel Defert et François Ewald). Paris: Gallimard, v. 4, 1994, p. 125-129. [trad. br. **Do governo dos vivos**. Resumo dos cursos do Collège de France (1970-1982). (trad. Andréa Daher e Roberto Machado). Rio de Janeiro: Jorge Zahar, 1997, p. 101-106.]

[35] FOUCAULT, Michel. **Subjectivité et vérité**. Dits et Écrits (org. Daniel Defert et François Ewald). Paris: Gallimard, v. 4, 1994, p. 213-219. [trad. br. **Subjetividade e verdade**. Resumo dos cursos do Collège de France (1970-1982). (trad. Andréa Daher e Roberto Machado). Rio de Janeiro: Jorge Zahar, 1997, p. 107-117]

[36] FOUCAULT, Michel. **L'herméneutique du sujet**. Dits et Écrits (org. Daniel Defert et François Ewald). Paris: Gallimard, v. 4, 1994, p. 353-366. [trad. br. **A hermenêutica do sujeito**. Resumo dos cursos do Collège de France (1970-1982). (trad. Andréa Daher e Roberto Machado). Rio de Janeiro: Jorge Zahar, 1997, p. 117-133] e FOUCAULT, Michel. **L'herméneutique du sujet**. (org. François Ewald, Alessandro Fontana e Frédéric Gros) Paris: Gallimard – Seul, 2001, 540p.

anti-racismo, dos maoístas,[37] tanto que chega a participar das reuniões dos seus comitês 'Verdade-Justiça', espalhados pela França. Junto com os maoístas, Foucault irá enfrentar inúmeros embates sociais, como o crime de Bruayen--Artois, em que Pierre Leroy teria assassinado uma jovem de dezesseis anos e comovido a cidade por uma maior repressão.

No final de 1972 e começo do ano seguinte, Foucault, juntamente com grandes intelectuais como Claude Mauriac, Pierre Victor, Serge July, Alexandre Astuc, e, especialmente Jean-Paul Sartre, participa da criação do prestigiado jornal *Libération*,[38] com o objetivo de dar 'palavra ao povo'[39] e, conforme as palavras do próprio Foucault, lutar pelas condições operárias, a fim de lhes resgatar a mais completa experiência de suas lutas, uma espécie de 'crônica da memória operária'.[40] Com a ajuda financeira desses membros, criam-se por toda a França comitês de *Libération*, mas apesar do entusiasmo de Foucault,

[37] Em especial ver o debate de Michel Foucault, Gilles Deleuze e Pierre Victor sobre a criação de um tribunal popular para julgar a polícia. FOUCAULT, Michel; DELEUZE, Gilles; VICTOR, Pierre. **Sur la justice populaire: débat avec les maos.** Dits et Écrits (org. Daniel Defert et François Ewald). Paris: Gallimard, v. 2, 1994, p. 340-369. [trad. es. **Sobre la justicia popular: debate con los maos.** Michel Foucault: un diálogo sobre el poder. (trad. Miguel Morey) Madri: Alianza, 1997, p. 20-58.]. [trad. br. **Sobre a justiça popular.** Microfísica do poder. (trad. Roberto Machado) 13 ed. Rio de Janeiro: Graal, 1998, p. 39-68.]

[38] É oportuno observar que, na época do aparecimento do "*Libe*", além do *Le Monde*, e das revistas especializadas, antes mesmo da criação do "*L'Obs*" e o *Le Nouvel*, não havia nenhuma revista de esquerda propriamente dita, ou melhor, uma revista crítica que referendasse os acontecimentos intelectuais e políticos que sobrepujassem a mera cotidianidade. Convém que se verifiquem, especialmente, os volumes das décadas de sessenta, setenta e oitenta da consagrada, e, mais lida à época, revista francesa *Paris Match*, cujos temas eram exclusivamente de direita ou amenidades. Se se analisarem os números dos anos em que Foucault vivenciou seu período como intelectual claramente engajado, desde o ingresso no *Collège de France* (que por sinal só tem uma referência nesses anos) não há qualquer menção ao seu nome neste periódico, nem sequer nos movimentos de maio de 68, quando regressava de seu "exílio". Não há qualquer menção à sua existência, nem sequer aos movimentos do GIP ou contra as práticas racistas. Por exemplo, ao trazerem à lume as questões da Guerra do Vietnã, da Argélia, do movimento estudantil ou mesmo da Revolta de Attica, nenhuma menção é feita ao seu nome, ou de outros intelectuais. O único que recebe alguma referência, por ser sincero, tão-somente uma, é Jean-Paul Sartre, mas não como ativista, e, sim, juntamente com outros clássicos da literatura: André Gide, Albert Camus, René Char, Beauvoir, etc., como escritores renomados. Isso demonstra, certamente, que, ao contrário do que usualmente se fala, o parisiense desses anos não era totalmente politizado, posto que, a tão ovacionada revista, dedicada aos lançamentos da moda e à figura exclusiva de Monsieur Chirac, nem sequer tratava de temas de tamanha importância, razão que explica a necessidade que sentiram esses intelectuais de criarem uma revista para "dar voz ao povo".

[39] ERIBON, Didier. **Michel Foucault** ..., p. 234.

[40] FOUCAULT, Michel. **Pour une chronique de la mémoire ouvrière.** Dits et Écrits (org. Daniel Defert et François Ewald). Paris: Gallimard, v. 2, 1994, p. 399-400.

sua participação no *Libération* é rápida, tendo em vista os desentendimentos com alguns de seus membros, que estariam divulgando mentiras e notícias sem fundamentos, o que muito o incomodava. Em seguida, na segunda metade da década de 70, Foucault resolve dedicar-se somente em escrever para a revista *Le Nouvel Observateur*.

É no início dos anos setenta que Foucault faz suas viagens aos Estados Unidos. Lá esteve, a convite do departamento de francês da universidade de Buffalo, no norte do estado de Nova York, próximo das cataratas do Niágara. Suas primeiras conferências nesse país, proferidas em francês, têm pequeno público, chegando a menos de 100 pessoas, e, tratam, sobretudo, a cerca da troca, da moeda e da história da verdade a partir de uma análise da justiça na Grécia antiga. Em sua segunda estadia, no ano de 1972, Foucault também visita o estabelecimento penitenciário de Attica, próximo a Buffalo, a convite de John K. Simon,[41] e profere palestras sobre Manet. A partir de sua boa acolhida, Foucault retorna inúmeras vezes aos Estados Unidos; em 1973 pronuncia conferências em Nova York; em 1975, a convite de Leo Bersani, diretor do departamento de francês em Berkeley, lá pronuncia palestras as quais representam as linhas gerais de sua obra *La Volonté de Savoir*;[42] em 1975, participa ainda em Nova York de um colóquio sobre a sexualidade nas dependências do *Teacher's College*, entrando em contato com Ronald Laing,[43] um dos fundadores do movimento antipsiquiátrico. Mais tarde, em 1979, em Stanford, Foucault também pronuncia palestras sobre o 'poder pastoral', intituladas *Omnes et singulatim: vers une critique de la raison politique*[44]. Segundo Didier Eribon, o número de professores de filosofia em suas palestras era muito reduzido, pois acreditavam que o seu pensamento era 'argumentativo demais'.[45] O fim da década de setenta marca uma amizade entre Foucault e os intelectuais americanos Hubert Dryfus e Paul Rabinow, professores de Berkeley, que estavam realizando um livro sobre Foucault. Com eles o filósofo francês passa várias

[41] SIMON, John. K. **À propos de la prison d'Attica**. (trad. F. Durand-Bogaert) Dits et Écrits (org. Daniel Defert et François Ewald). Paris: Gallimard, v. 2, 1994, p. 525-536.

[42] A propósito, ver SLUGA, Hans. **Foucault à Berkeley: l'auteur et le discours**. Critique: Revue générale des publications françaises et étrangère, Paris, n. 471-472, p. 848-867, août/septembre, 1986.

[43] Roland Laing foi quem fez a tradução de *Les Mots et les Choses* para a língua inglesa, ver: [trad. ing. FOUCAULT, Michel. **The order of things: an archaeology of the human sciences**. (trad. R. D. Laing) London: Tavistock Publications Limited, 1970, 387p.].

[44] FOUCAULT, Michel. **Omnes et singulatim: vers une critique de la raison politique**. Dits et Écrits (org. Daniel Defert et François Ewald). Paris: Gallimard, v. 4, 1994, p. 134-161.

[45] ERIBON, Didier. **Michel Foucault** ..., p. 291.

horas discutindo e concedendo entrevistas, até mais tarde, 1982, publicarem *Michel Foucault, beyond structuralism and hermeneutics*[46](livro que chegou a ultrapassar a própria vendagem dos livros de Foucault) Quando retorna na década de 80, já proferindo suas palestras em inglês, em Berkeley, falando sobre *Vérité et Subjectivité,*[47] e em Los Angeles, dedicadas à suas pesquisas de historiadores, seu público é numeroso, chega a quase duas mil pessoas. Apesar de seu carisma, continua a sofrer duras críticas, em especial do historiador Peter Gay e do etnólogo Clifford Geertz. Foucault é adorado pelos universitários americanos, para os quais se coloca à disposição em suas horas no Dwinelle Hall, no departamento de francês, e os Estados Unidos agradam muito a Foucault, primeiro, em razão das bibliotecas, nas quais passa suas horas preparando sua obra sobre a sexualidade, em segundo, porque afirmava que a liberdade sexual de São Francisco, ao contrário de Paris, era extraordinária. Lá fala abertamente sobre amizade, homossexualidade, sadomasoquismo e drogas,[48] por isso insiste em retornar a esse país, pensando, até mesmo, fugir de Paris para morar na California.

Nesse período, na primavera de 1973, Foucault retorna ao Brasil, tal ele mesmo dissera, como um "missionário"[49] aos cuidados das universidades brasileiras, mas, especialmente, a cargo da *Alliance Française.*[50] Inicialmente,

[46] DREYFUS, Hubert; RABINOW, Paul. **Michel Foucault: un parcours philosophique, au-delà de l'objectivité et de la subjetivité**. (trad. Fabienne Durand-Bogaert) Paris: Gallimard, 1984, 364p. [tr. bras. **Michel Foucault: uma trajetória filosófica, para além do estruturalismo e da hermenêutica**. Rio de Janeiro: Forense, 1995, 224p.]

[47] FOUCAULT, Michel. **Subjectivité et vérité.** Dits et Écrits (org. Daniel Defert et François Ewald). Paris: Gallimard, v. 4, 1994, p. 213-219. [trad. br. **Subjetividade e verdade**. Resumo dos cursos do Collège de France (1970-1982). (trad. Andréa Daher e Roberto Machado). Rio de Janeiro: Jorge Zahar, 1997, p. 107-117]

[48] Este é um dos relatos que Didier Eribon afirma ter Foucault se envolvido, ainda que brevemente, com o consumo de drogas, narrando um incidente em que Foucault fora atropelado por um carro em julho de 1978, consoante as palavras de Paul Veyne, por haver cheirado ópio.

[49] MACEY, David. **Michel Foucault** ..., p. 335. "Son deuxième voyage dans ce pays fut en partie le fruit d'invitations d'institutions brésiliennes; mais Foucault voyagea également sous les auspices de l'Alliance Française, pour laquelle il était 'en mission': techniquement, comme il se plaisait à le rappeler, il était un 'missionnaire'." [trad. do autor. "Sua segunda viagem ao Brasil foi, em parte, fruto dos convites das instituições brasileiras; mas Foucault viajou igualmente sob os cuidados da Aliança Francesa, pela qual ele estava 'em missão': tecnicamente, como ele se agradava em recordar, ele era um 'missionário'."]

[50] Aqui há um dissenso total, desde os autores até os clássicos biógrafos, pois Didier Eribon (ERIBON, Didier. **Michel Foucault.**, p. 289.) afirma que Foucault teria vindo a convite da PUC-RJ, e somente em 1976 teria retornado aos cuidados da Aliança Francesa a Salvador, Recife e Belém; em contrapartida, David Macey (MACEY, David. **Michel Foucault** ..., p. 335.) afirma que a segunda

Foucault passa cinco dias no Rio de Janeiro, de 21 a 25 de maio, proferindo cinco grandes conferências, na Pontifícia Universidade Católica sobre o tema *A Verdade e as Formas Jurídicas*[51], como se verá adiante. Em seguida, Foucault vai a Belo Horizonte, ficando somente três dias, dando palestras informais na *Alliance* e no Departamento de Filosofia da Universidade Federal de Minas Gerais sobre o tema 'doença mental e instituições psiquiátricas' e 'instituições psiquiátricas e antipsiquiatria'. Seu público foi sempre numeroso, no Rio de Janeiro era composto essencialmente por filósofos e em Belo Horizonte por psiquiatras e psicanalistas. Seu objetivo principal, como informa David Macey, foi denunciar o 'poder-saber" que exerciam os profissionais da saúde mental através de seus diagnósticos, de suas prescrições e da normalização de seus comportamentos, antes mesmo de estudar as soluções de mudança oferecida pela antipsiquiatria.[52] Sua estadia, apesar de alguns encalços, como a excessiva publicidade realizada pelos meios de comunicação, foi agradável a todos. Foucault, em Belo Horizonte, apreciara muito as ruas, os bares, e, especialmente, a 'caipirinha'. Fez também visitas a hospitais psiquiátricos e discutira com seus diretores. Por fim, visitou Ouro Preto, Belém, Salvador, Recife, Brasília, palestras na Universidade Federal do Pará, e, inevitavelmente, a Amazônia.[53]

viagem de Foucault já teria sido aos cuidados da Aliança Francesa, ainda que para proferir palestras na PUC-RJ, e tampouco menciona sua estada no Brasil em 1976. Convém destacar, em contrapartida, para complicar um pouco mais a interpretação dos fatos, que, segundo a compilação feita por Daniel Defert e François Ewald, *Dits et Écrits*, há uma conferência anexada ao terceiro volume, que data de outubro de 1974, segundo os autores, proferida na cátedra de Medicina Social na Universidade Estadual do Rio de Janeiro, intitulada *L'Incorporation de l'Hôpital dans la Technologie Moderne*, ver: FOUCAULT, Michel. **L'incorporation de l'hôpital dans la technologie moderne**. (trad. D. Reynié) Dits et Écrits (org. Daniel Defert et François Ewald). v. 3 Paris: Gallimard, 1994, p. 508-521.; e consta, ainda, uma conferência no quarto volume da compilação intitulada *Les Mailles du Pouvoir*, que consoante os autores teria sido proferida na Universidade Federal da Bahia em 1976, e publicada a primeira parte no ano de 1981 na Revista Barbárie número 4, e a segunda parte, no mesmo periódico, mas no número seguinte do verão de 1982, ver: FOUCAULT, Michel. **Les mailles du pouvoir**. (P. W. Prado Jr.) Dits et Écrits (org. Daniel Defert et François Ewald). Paris: Gallimard, v. 4, 1994, p. 182-201; 317-318.

[51] FOUCAULT, Michel. **A verdade e as formas jurídicas**. Rio de Janeiro: Nau, 1996, 160p. [trad fr. **La vérité et les formes juridiques**. (trad. J. W. Prado Jr.) Dits et Écrits (org. Daniel Defert et François Ewald). Paris: Gallimard, v. 2, 1994, p. 538-646.]

[52] MACEY, David. **Michel Foucault** ..., p. 336.

[53] Para melhor compreender a passagem de Foucault pelo Brasil, e seu impacto na filosofia pátria, bem como de sua pessoa, convém colher as falas de dois grandes intelectuais brasileiros (em entrevista a mim concedida em 14 outubro de 2003, no V Simpósio Brasileiro de Direito Constitucional – coordenado por Flavio Pansieri, presidente da ABDConst –, no Teatro Guairá, em Curitiba, Paraná): a do ilustre Prof. Titular Tércio Sampaio Ferraz Júnior, meu orientador na USP, e do renomado Prof.

Titular Celso Lafer, ex-Chanceler, os quais tiveram contato com Foucault durante dois momentos decisivos: Tércio, quando era então professor na PUC-RJ, no mesmo ano de *A Verdade e as Formas Jurídicas*, e Lafer, que o recepcionou na sua vinda ao Brasil. Eu lhes perguntei se poderiam falar um pouco sobre o que sentiram de suas experiências com Michel Foucault. Então, assim responderam:
***Tércio Sampaio***: Foi uma experiência muito interessante. Eu me lembro que um dia, o Professor Joaquim Falcão, que era o diretor da Faculdade de Direito da PUC-RJ, me procurou e disse que estava vindo uma pessoa muito importante, para falar sobre um tema que interessava a nós que estudavamos direito, no entanto estava sendo convidado pela Faculdade de Letras, mas nós deveríamos escutá-lo. A esta altura eu já conhecia Foucault por conta do método genealógico, conhecia *As Palavras e as Coisas*, enfim, conhecia o pensador e o escritor, mas não o conhecia pessoalmente. Ele uma figura impressionante, hoje, talvez não se possa imaginar isso, mas quando ele veio com a aquela interpretação – o que ele fez na PUC foi *A Verdade e as Formas Jurídicas* –, aquela análise psicanalítica do Édipo, puxando para o lado do poder, eu me lembro que ouve um encantamento geral, um encantamento particularmente meu, eu achei fantástico aquele modo de abordar, eu nunca tinha visto aquilo antes, porque Édipo para mim era um objeto psicanalítico em outros termos, jamais havia pensado naquilo, e além do mais também me impressionou o modo como ele ligava tal interpretação a um problema de metodologia das Ciências Humanas. Eu tinha lido o que ele havia escrito em *As Palavras e as Coisas*, mas ali ele estava sendo inventivo. Um pouco diferente. Ele era um homem fascinante, um bom orador, falava com muita fluência, com muita precisão. O texto, pelo que me informaram depois, ele o reviu e foi traduzido, mas era um texto com muita espontaneidade, claro que era um texto lido até certo ponto, pois ele tinha notas, etc., mas ele era um homem que falava com muita espontaneidade. No trato particular, falei muito pouco com ele, pois estava sempre muito cercado, já que era a celebridade, ali. Depois converdamos. Mas dava para perceber que era um sujeito cativante, cativava o público e cativava individualmente. Ele era muito amigo de um professor meu, da Faculdade de Filosofia, o Gerard Lebrun. Os dois eram muito amigos. Eu me lembro que o Lebrun ficou muito triste quando ele morreu. Ele tinha muito respeito pelo Foucault. Entretanto, o meu contato com ele foi em 1969, quando, quem me indicou para o ler foi o Professor Porchat. Porchat, sabendo que eu estava dando aulas de metodologia e ciências humanas, me perguntou sobre *As Palavras e as Coisas* do Foucault. Eu não o conhecia, aí então tive o meu primeiro contato com a sua obra.
***Celso Lafer***: Eu tomei conhecimento de Foucault pela Dona Gilda de Mello e Souza, que era Professora do departamento. Foi ela que me chamou atenção também sobre *Les Mots et les Choses* e de toda a sua importância. Eu o li e reli com muito gosto. Depois eu me lembro de outras coisas dele, que me impressionaram, sobretudo *Surveiller et Punir*, que tratava do problema penal, de uma nova filosofia penal, tratava, em suma, de temas que eram relevantes do ponto de vista da filosofia do direito, da reflexão. Foucault depois passou a ser muito utilizado pela PUC-RJ. Em algumas ocasiões eu tive oportunidade de participar, juntamente com o Tércio, que deu aulas lá. Fizeram aquelas publicações, sobre o saber jurídico, suas formas, e eu li isso tudo com muita referência. E eu conheci pessoalmente Foucault quando ele veio ao Brasil e deu uma grande conferência na Universidade de São Paulo, conferência essa em parte organizada pelo Lebrun, que foi professor de Tércio lá e que era muito amigo de Foucault. Os dois eram professores jovens e vieram para um período inicial aqui na Faculdade de Filosofia. Inclusive o Lebrun veio várias e várias vezes, uma pessoa de alta qualidade, inclusive integrou a minha banca de titularidade, que aliás fez uma excelente arguição. Esta conferência de Foucault foi uma grande cena. Era um excelente orador e também era uma figura estranha do ponto de vista da aparência física. Primeiro aquela aparência estranha, na qual se destacava a cabeça – esse argumento forte que o caracterizava, este olhar

No seu retorno a Paris, Foucault, apesar da tristeza em relação ao *Libération*, continua sua constante vida ativista, indo a Madri junto com outras ilustres personalidades, como Yves Montand, Claude Mauriac, Costa-Gavras, Laudouze, e Daniel Defert, à Polônia, etc., para protestar contra os abusos da polícia e do Poder Judiciário. Desses anos de manifestações, surgem grandes amizades para Foucault, especialmente de Bernard Kouchner, Simone Signoret e Yves Montand. Essa sua relação tumultuada com as instituições carcerárias e a luta pela justiça lhe rende um livro, intitulado *Surveiller et Punir*,[54] o qual publicara na primavera de 1975. Este livro obteve grande repercussão, a contar-se pelas páginas publicadas em diversos periódicos, em especial, *Le Monde* e *Magazine Littéraire*, entretanto, mal estava fazendo sucesso, Foucault escreve e decide publicar no ano seguinte seu primeiro ensaio sobre a sexualidade, intitulado, *Histoire de la Sexualité I: La Volonté de Savoir*. Esse livro, como se verá adiante, inicia o último projeto bibliográfico de Foucault, e reprenta uma crítica dura aos freudianos do pós-maio de sessenta e oito, e a ideia de 'hipótese repressiva' que existiria no capitalismo, visto que a sociedade burguesa teria realizado ao longo de sua trajetória uma constante repressão à sexualidade dos indivíduos.

diferente – (...) ele tinha algo que muito me impressionou. Então nós fomos jantar na casa de Antônio Cândido e de Dona Gilda, Lebrun, Foucault e eu. E aí eu conversei realmente com ele. A conversa foi muito interessante. Ele estava discutindo o problema da investigação na Europa. E eu me lembro de ter dito a ele: olha se você está preocupado com este tema da investigação, uma área que você deveria pesquisar era a investigação portuguesa dos séc. XV e XVI, pois a expansão ultramarina portuguesa é uma expansão feita com base em acúmulo de informações baseadas na experiência. Eu mencionei o tema da experiência em Camões, Esmeraldo de situ orbis, Duarte Pacheco Pereira, Pedro Nunes, João de Castro, em Garcia da Orta, sobre as drogas da Índia, para mostrar, enfim, a diferença que tantos analistas demonstram, como Sérgio Buarque de Holanda, que é a visão distinta de espanhóis e portugueses. Havia no lado dos portugueses uma preocupação com o que pode ser chamada de "cultura material." E ele achou aquilo que eu disse pertinente, interessante, etc. Depois eu os deixei de carro, Lebrun e Foucault no destino que eles me pediram. Claro que depois eu acompanhei o livro de Merquior, que era muito meu amigo, e eu o lia, pois era um sujeito muito inteligente e muito polêmico. Depois eu vi naturalmente numa perspectiva distinta a avaliação que fazia Rouanet sobre o Foucault a partir de um outra visão. Eu nunca li muito as coisas dele sobre sexualidade e história da sexualidade, alguma coisa sobre a história da loucura, pois cheguei a ler *Histoire de la Folie à l'âge classique*. Eu acho que ele é um pensador poderosamente original, que tem uma capacidade de ver de maneira diferente, que é extremamente interessante. Claro que eu me sinto desconfortável com aquilo que é, enfim, a morte do sujeito, que é o que ele propõe, justo eu que sou um neo-iluminista, um humanista – que não é a minha linha, mas eu acho admirável o que ele nos propõe como campo de discussão e reflexão. *Les Mots et les Choses* é um grande livro, assim como *Surveiller et Punir*.

[54] FOUCAULT, Michel. **Vigiar e punir** . (trad. Raquel Ramalhete) 11 ed. Petrópolis: Vozes, 1994, 280p.

Este é o momento da vida de Foucault que lhe parece resumir toda a sua trajetória intelectual, desde a publicação de *La Volonté de Savoir* até *Souci de Soi*, e marcará os últimos anos de sua vida, no seu projeto arqueogenealógico e suas críticas aos discursos em geral. Apesar da recepção favorável da imprensa, que permite Foucault se explicar em inúmeras entrevistas, sua repercussão no ambiente acadêmico não foi tão fácil. Ele sofre duras críticas, pois como diria Didier Eribon, Foucault não poderia "esperar que aqueles que ele assim maltratava fossem lhe dizer obrigado."[55] No ano seguinte à sua publicação, textos significativos são lançados contra Foucault, como o livro de Jean-Paul Aron e Roger Kempf *Le Pénis ou la Démoralisation de l'Occident*, e, principalmente, em 1977, o livro de Jean Baudrillard *Oublier Foucault*,[56] que procura diminuir o filósofo em toda a sua produção, mas ao qual Foucault lança uma única resposta: "Para mim o problema seria me lembrar de Baudrillard. Basta colocar qualquer palavra ao lado de meu nome e qualquer um faz sucesso de livraria"[57].

Ao mesmo tempo em que obteve posteriormente significativa repercussão, chegando a quase 100 mil exemplares em 1989, em razão das críticas sofridas, Foucault ingressa num período de crise pessoal, e resolve desvirtuar um pouco seus projetos, que seriam futuramente retomados, para dedicar-se a outros temas, como o livro *Herculine Barbin, dite Alexina B.*[58], publicado em 1978 pela Gallimard, na coleção *Les Vies Parallèles*, tratando sobre a vida de um hermafrodita francês Alélaïde Herculine Barbin, e o livro *Les Désordres des Familles*, publicado em 1982, na coleção *Archives* da editora Gallimard-Julliard, sobre uma série *lettres de cachet*, documento extraídos dos arquivos da Bastilha.

Nesse mesmo ano em que publica *Herculine Barbin, dite Alexina B.*, Foucault viaja ao Japão, pois pretendia se iniciar na prática do 'Zen', e lá passa a fazer aulas de meditação, juntamente com Christian Polac, adido cultural da embaixada francesa, no templo Seionji em Uenohara, no Estado de Yamanashi, com o mestre Omori Sogen. Essa passagem de Foucault pelo tempo 'zen' é descrita pelo adido num periódico chamado *Umi*, na edição de agosto e setembro deste ano.[59] O interesse de Foucault pelo Japão e pelo 'zen' recai, sobretudo, em seu questionamento sobre a racionalidade ocidental e seus

[55] ERIBON, Didier. **Michel Foucault**...., p. 255.

[56] BAUDRILLARD, Jean. **Oublier Foucault**. Paris: Éditions Galilée, 1977, 88p. [tr. bras. **Esquecer Foucault**. Rio de Janeiro: Rocco, 1984, 99p.]

[57] ERIBON, Didier. **Michel Foucault**...., p. 256.

[58] FOUCAULT, Michel. **Herculine Barbin dite Alexina B**. Paris: Gallimard, 1978, 160p.

[59] POLAC, Christian. **Propos recueillis. Michel Foucault et le zen: un séjour dans un temple zen**. Dits et Écrits (org. Daniel Defert et François Ewald). v. 3 Paris: Gallimard, 1994, p. 618-624.

limites.[60] Indignava-se com o fato do homem ocidental ter uma mentalidade muito distinta da oriental, e assim afirmara: "O que mais me interessa, é a própria vida no templo zen, saber a prática do zen, seu exercício, suas regras. Pois eu penso que uma mentalidade totalmente diferente da nossa se forma através da prática e o exercício no templo zen".[61]

No final da década de setenta, Foucault também retoma seus estudos sobre as doutrinas cristãs da confissão nos séculos XVI e XVII, bem como sobre a gestão das populações e as formas do poder nos séculos XVIII e XIX. Nesse período, Foucault se envolve novamente nas lutas políticas, em defesa sobre a realidade 'ordinária' da União Soviética, a tal ponto de organizar debates entre os dissidentes dos países do Leste e grandes intelectuais franceses, como Jean-Paul Sartre, Raymond Aron, André Glucksmann e Simone de Beauvoir. Envolve-se, também, em defesa dos *boat people,* refugiados vietnamitas que fugiam de seu país. Foucault vai brigar junto às autoridades francesas para lhes exigir que aumentem o números de refugiados autorizados a se instalar na França. Nessas lutas, Foucault faz parte de comitês como "Um barco para o Vietnã" e "Contra a pirataria".

Nesse período, Foucault viaja ao Irã, num projeto jornalístico aos cuidados do diário italiano *Corriere della Sera,* juntamente com sua equipe, composta por Thierry Voeltzel, André Glucksmann e Alain Finkielkraut. Foucault sempre se envolvera com o mundo do jornalismo, desde *Libération,* passando pelo GIP, até o jornal italiano, pois defendia constantemente que deveriam os intelectuais e os jornalistas trabalharem no cruzamento de ideias e fatos para que se estabelecesse uma ideal relação entre a terra e os livros.[62] O envolvimento

[60] ERIBON, Didier. **Michel Foucault**...., p. 289.

[61] POLAC, Christian. **Propos recueillis**..., p. 618. "Ce qui m'intéresse le plus, c'est la vie elle-même au temple zen, à savoir la pratique du zen, ses entraînements et ses règles. Car je pense qu'une mentalité totalement différente de la nôtre se forme à travers la pratique et l'entraînement au templo zen." [trad. do autor.]

[62] FOUCAULT, Michel. **Les 'reportages'd'idées**. Dits et Écrits (org. Daniel Defert et François Ewald). v. 3 Paris: Gallimard, 1994, p. 706-707. "Le monde contemporain fourmille d'idées qui naissent, s'agitent, disparaissent ou réapparaissent, secouant les gens et les choses. Et cela non seulement dans les cercles intellectuels ou dans les universités de l'Europe de l'Ouest: mais à l'échelle mondiale et, parmi bien d'autres, des minorités ou des peuples que l'histoire jusqu'à aujourd'hui n'a presque jamais habitué à parler ou à se écouter. Il y a plus d'idées sur la terre que les intellectuels souvent ne l'imaginent. Et ces idées sont plus actives, plus fortes, plus résistantes et plus passionnées que ce que peuvent en penser les politiques. ... Les intellectuels travailleront avec des journalistes au point de croisement des idées et des événements." [trad. do autor. "O mundo contemporâneo fervilha de idéias que nascem, agitam-se, desaparecem ou reaparecem e que abalam as pessoas e as coisas. Isso não ocorre apenas nos círculos intelectuais ou nas universidades

de Foucault com o Irã já teria começado em meados da década de sententa, quando, junto com Sartre, Gilles Deleuze, Leonel Jospin, François Mitterrand, Simone de Beauvoir, entre outros assinavam protestos do Comitê pela Defesa dos Prisioneiros Políticos Iranianos. Foucault se envolve, sobretudo, com Ahmad Salamatian, iraniano exilado em Paris desde 1965, pertencente ao movimento da Frente Nacional, partido de centro-esquerda de Teerã. Em 1978, após voltar do Irã, Foucault cumpre seu projeto jornalístico, descrevendo a situação que lá avistara, em quatro grandes artigos: *L'armée. Qaund la terre tremble,*[63] *Le chah a cent ans de retard,*[64] *Téhéran: la foi contre le chah*[65] e *Retour au Prophète* (publicado na França sob o título À quoi rêvent les iraniens?),[66] nos quais destaca a situação de atraso do país, em razão do despotismo e da corrupção do xá. Entretanto, Foucault retorna a Teerã, quando fervilhavam as ideias de uma revolução, cuja liderança era encabeçada pelo atiatolá Khomeini, que estava exilado em Neauphles-le-Château, próximo a Paris. Segundo Didier Eribon, a existência de uma revolta sem intervenção internacional era algo que intrigava Foucault, especialmente em seus estudos sobre como o poder produzia suas relações.[67]

Novamente, quando retorna do Irã, Foucault volta a escrever outros quatros artigos, descrevendo a importância de Khomeini para os iranianos em *Une révolte aux mains nues,*[68] *Défi à l'opposition,*[69] *La révolte iranienne se propage*

da Europa ocidental, mas também em escala mundial e sobretudo nas minorias às quais até hoje a história não havia dado o hábito de falar ou de se fazer ouvir. Há mais idéias na terra do que os intelectuais imaginam. Essas idéias são mais ativas, mais fortes, mais resistentes, mais apaixonadas do que os políticos pensam ... Os intelectuais trabalharão com jornalistas no cruzamento das idéias e dos fatos."]

[63] FOUCAULT, Michel . **L'armée, quand la terre tremble**. Dits et Écrits (org. Daniel Defert et François Ewald). v. 3 Paris: Gallimard, 1994, p. 662-669.

[64] FOUCAULT, Michel. **Le chah a cent ans de retard**. Dits et Écrits (org. Daniel Defert et François Ewald). v. 3 Paris: Gallimard, 1994, p. 679-683.

[65] FOUCAULT, Michel. **Téhéran: la foi contre le chah**. Dits et Écrits (org. Daniel Defert et François Ewald). v. 3 Paris: Gallimard, 1994, p. 683-688.

[66] FOUCAULT, Michel. **À quoi rêvent les iraniens?** Dits et Écrits (org. Daniel Defert et François Ewald). v. 3 Paris: Gallimard, 1994, p. 688-694.

[67] ERIBON, Didier. **Michel Foucaul**t...., p. 266.

[68] FOUCAULT, Michel. **Une révolte à mains nues**. Dits et Écrits (org. Daniel Defert et François Ewald). v. 3 Paris: Gallimard, 1994, p. 701-704.

[69] FOUCAULT, Michel. **Défi à l'opposition**. Dits et Écrits (org. Daniel Defert et François Ewald). v. 3 Paris: Gallimard, 1994, p. 704-706.

*sur les rubans des cassettes,*[70] e *Le chef mysthique de la révolte,*[71] neste último assim descreve o movimento do povo de Teerã: "É a insurreição de homens de mãos nuas que querem erguer o fardo terrível que pesa sobre cada um de nós, porém mais especialmente sobre eles, esses trabalhadores do petróleo, esses camponeses nas fronteiras dos impérios: o fardo da ordem do mundo inteiro. É, talvez, a primeira grande insurreição contra o sistema planetário, a forma mais moderna de revolta. E a mais louca."[72]

O envolvimento de Foucault na questão do Irã foi, na época, como afirma Didier Eribon, mau compreendido, pois poucos teriam lido na íntegra essa série de artigos redigidos para o jornal *Corriere della Sera*, visto que jamais foram traduzidos, e não entendiam como Foucault teria tanto se fascinado pelas características da revolução iraniana, uma espécie de revolução que escapava à política, ou, de qualquer modo, às categorias políticas ocidentais,[73] preferindo acusá-lo de estar "a favor" do Irã.[74] Numa entrevista a Pierre Blanchet e Claire Brière, intitulada *L'esprit d'un monde sans esprit,*[75] por ocasião da publicação do livro *Iran: la révolution au nom de Dieu*, bem como na entrevista *Inutile de se soulever,*[76] publicada no *Le Monde*, de 11 e 12 de maio de 1979, e em

[70] FOUCAULT, Michel. **La révolte iranienne se propage sur les rubans des casettes**. Dits et Écrits (org. Daniel Defert et François Ewald). v. 3 Paris: Gallimard, 1994, p. 709-713.

[71] FOUCAULT, Michel. **Le chef mystique de la révolte de l'Iran**. Dits et Écrits (org. Daniel Defert et François Ewald). v. 3 Paris: Gallimard, 1994, p. 713-716.

[72] FOUCAULT, Michel. **Le chef mystique** ..., p. 716. "C'est l'insurrection d'hommes aux mains nues qui veulent soulever le poids formidable qui pèse sur chacun de nous, mais plus particulièrement, sur eux, ces laboureurs du pétrole, ces paysans aux frontieres des empires: le pois de l'ordre du monde entier. C'est peut-être la première grande insurrection contre les systèmes planétaires, la forme la plus moderne de la révolte et la plus folle." [trad. do autor.]

[73] FOUCAULT, Michel. **Une pudrière appelée islam**. Dits et Écrits (org. Daniel Defert et François Ewald). v. 3 Paris: Gallimard, 1994, p. 759-761.

[74] ERIBON, Didier. **Michel Foucault**..., p. 268.

[75] BLANCHET, Pierre; BRIÈRE, Claire. **L'esprit d'un monde sans esprit: entretien avec Michel Foucault**. Dits et Écrits (org. Daniel Defert et François Ewald). v. 3 Paris: Gallimard, 1994, p. 743-755.

[76] FOUCAULT, Michel. **Inutile de se soulever?** Dits et Écrits (org. Daniel Defert et François Ewald). v. 3 Paris: Gallimard, 1994, p. 794. "Les intellectuels, ces temps-ici, n'ont pas très bonne 'presse': je crois pouvoir employer ce mot en un sens assez précis. Ce n'est donc pas le moment de dire qu'on n'est pas intellectuel. Je ferais d'ailleurs sourire. Intellectuel, je suis. Me demanderait-on comment je conçois ce que je fais, je répondrais, si le stratège est l'homme qui dit: 'Qu'importe telle mort, tel cri, tel soulèvement par rapport à la grande nécessité de l'ensemble et que m'importe en revanche tel principe général dans la situation particulière où nous sommes', eh bien, il m'est indifférent que le stratège soit un politique, un historien, un révolutionnaire, un partisan du chah ou de l'ayatollah; ma morale théorique est inverse. Elle est 'antistratégique': être respectueux quand une singularité se soulève, intransigeant dès que le pouvoir enfreint l'universel. Choix simple,

sua resposta a J. Broyelle, publicada em *Le Matin*,[77] Foucault perde longas palavras refutando àqueles que o agrediram. Com o retorno de Khomeini, e o aumento das prisões, execuções e atos sangrentos, Foucault volta também, em fevereiro de 1979, a ser o alvo das críticas. Refuta-as novamente, em especial mostrando a todos as conversas que teve com os líderes islâmicos em Teerã, quando lá esteve.[78]

Apesar das críticas contundentes que sofrera em razão de suas conclusões equivocadas da condução política do Irã após a queda do xá, ou mesmo do seu livro *La Volonté de Savoir*, que para muitos teria o abatido profundamente, levando a pensar até numa morte intelectual do grande filósofo, Foucault continua seus trabalhos, modificando completamente sua obra sobre a história da sexualidade. Seus último anos intelectuais vão ser dedicados a essa reestruturação e escrita dos livros que compõe aquele tema de sua pesquisa. Para isso, deixando a Biblioteca Nacional, Foucault passa seus dias na Biblioteca do Saulchoir, na Rue de la Glacière, no 13º arrondissement, onde poderia, então, longe da burocracia, encontrar os textos necessários sobre o início do cristianismo.

No começo da década de 80, portanto, Foucault se dedica exaustivamente às suas reflexões, mas evitava publicá-las, pois em razão do âmbito social que alcançou seus primeiros textos, o filósofo se questionava sobre a função de seus escritos. Entendia que uma obra não poderia alcançar um público distinto para a qual fora escrita, pois então deixava de ter "efeitos de saber" para ter

ouvrage malaisé: car il faut tout à la fois guetter, un peu au-dessous de l'histoire, ce qui la rompt et l'agite, et veiller un peu en arrière de la politique sur ce qui doit inconditionnellement la limiter. Après tout, c'est mon travail; je ne suis ni le premier ni le seul à le faire. Mais je l'ai choisi." [trad. do autor. "Hoje em dia os intelectuais não têm muito bom 'cartaz': acho que posso usar essa palavra num sentido bastante preciso. Portanto não é hora de dizer que não se é intelectual. Eu provocaria sorrisos. Eu sou intelectual. Se me perguntassem como concebo o que faço eu responderia: se o estrategista é o homem que diz: 'que importa tal morte, tal grito, tal revolta em comparação com a grande necessidade do conjunto e que importa tal princípio geral na situação específica em que nos encontramos', pois bem, para mim tanto faz que o estrategista seja político, historiador, revolucionário, partidário do xá ou do aiatolá; minha moral teórica é inversa. É 'antiestratégica': ser respeitoso quando uma singularidade se levanta, intransigente quando o poder infringe o universal. Escolha simples, tarefa difícil: pois é preciso ao mesmo tempo ver um pouco abaixo da história o que a rompe e a agita e vigiar um pouco atrás da política o que deve limitá-la incondicionalmente. Afinal, é meu trabalho: não sou nem o primeiro nem o último que o faz. Mas eu o escolhi."]

[77] BROYELLE, Claude. **Michel Foucault et l'Iran**. Dits et Écrits (org. Daniel Defert et François Ewald). v. 3 Paris: Gallimard, 1994, p. 762.

[78] FOUCAULT, Michel. **Lettre ouverte à Mehdi Bazargan**. Dits et Écrits (org. Daniel Defert et François Ewald). v. 3 Paris: Gallimard, 1994, p. 780-782.

“efeitos de opinião”, segundo Didier Eribon. Nesse período, Foucault vai em busca de uma editora, ficando em dúvida entre a Seuil, coordenada por seu amigo François Wahl, e a Gallimard, esta que havia lhe publicado suas últimas obras, mas com a qual não queria fechar contrato, em virtude de sua briga com o editor chefe Pierre Nora. No entanto, em razão do patrocínio que a Gallimard havia oferecido a René Allio para a consecução de seu longa metragem *Moi, Pierre Rivière, ayant egorgé ma mère, ma soeur et mon frère*, Claude Gallimard exige sua publicação, e, Foucault, a contragosto, entrega seus manuscritos.

Foucault vive um momento paradoxal, quando François Miterrand vence as eleições presidenciais, fazendo a esquerda vibrar, pois ao mesmo tempo em que se recusara a assinar os manifestos em favor desse candidato socialista, afirmando que as pessoas já tinham capacidade suficiente para decidirem seus votos, alguns dias após as eleições sai às ruas, especialmente no dia 10 de maio de 1981, dando apoio ao novo governo, conforme publica no *Libération* seu texto intitulado *Est-il donc important de penser?*[79] Entretanto, após essa manifestação pró governo, e tendo sido cogitado para ocupar cargos como de conselheiro em Nova York ou mesmo de diretor da Biblioteca Nacional, Foucault se distancia rapidamente do governo,[80] especialmente com o golpe de Estado na Polônia.

[79] FOUCAULT, Michel. **Est-il donc important de penser?** Dits et Écrits (org. Daniel Defert et François Ewald). Paris: Gallimard, v. 4, 1994, p. 178-179. “Trois choses me frappent. Depuis une bonne vingtaine d’années, une série de questions ont été posées dans la société elle-même. Et ces questions longtemps n’ont pas eu droit de cité dans la politique «sérieuse» et institutionnelle. Les socialistes semblent avoir été les seuls à saisir la réalité de ces problèmes, à y faire écho – ce qui n’a sans doute pas été étranger à leur victoire. Deuxièmement, par rapport à ces problèmes (je pense sourtout à la justice ou à la question des immigrés), les premières mesures ou les premières déclarations sont absolument conformes à ce qu’on pourrait appeler una «logique de gauche». Celle pour laquelle Mitterrand a été élu. Troisièmement, ce qui est le plus remarquable, les mesures ne vont pas dans le sens de l’opinion majoritaire. Ni sur la peine de mort, ni sur la question des immigrés, les choix ne suivent pas l’opinion la plus courante.” [trad. do autor. “Três coisas me impressionam. Há bem uns vinte anos uma série de perguntas têm sido formuladas no interior da sociedade. E durante muito tempo essas perguntas não tiveram direito de cidadania na política ‘séria’ e institucional. Parece que os socialista foram os únicos que captaram a realidade desses problemas, que lhes fizeram eco – o que sem dúvida contribuiu para sua vitória. Em segundo lugar, com relação a esses problemas (estou pensando sobretudo na justiça ou na questão dos imigrantes), as primeiras medidas ou as primeiras declarações são absolutamente conforme ao que se poderia chamar de uma ‘lógica de esquerda’. Aquela pela qual Mitterrand foi eleito. Terceiro, o que é mais notável, as medidas não seguem a opinião da maioria. Nem sobre a pena de morte, nem sobre a questão dos imigrantes, as escolhas não seguem a opinião mais comum.”]

[80] FOUCAULT, Michel. **Est-il donc** ..., p.179-180. “Il me semble que cette élection a été éprouvé par beaucoup comme une sortie d’événement-victoire, c’est-à-dire une modification du rapport

No dia 13 de dezembro de 1981, o general polonês Jaruzelski determinou uma violenta repressão ao movimento sindical Solidariedade, deixando vários intelectuais estarrecidos, sobretudo Foucault e Pierre Bourdieu. Por ocasião desse ato de violência, ambos voltam a se encontrar, pois já haviam estudado no mesmo período na École Normale Supérieure, e tinham vários pontos em comum, como se diziam discípulos de Georges Canguilhem, e a contribuição de Foucault no começo de 1981 para que Bourdieu fosse eleito ao *Collège de France*. Resolveram redigir, pela primeira vez juntos, um manifesto de indignação, publicado no *Libération* sob o título *Les rendez-vous manqués*, o qual recebera apoio de inúmeras personalidades francesas como: Marguerite Duras, Patriche Chérau, Simone Signoret, Yves Montand, Claude Mauriac, Bernard Kouchner, Jorge Semprún, Claude Sautet.[81] Apesar das restritas assinaturas, após a publicação no *Libération*, outras pessas aderiram, como o cineasta Jean-Louis Comolli, o historiador Pierre Vidal-Naquet, a socióloga Jeaninne Verdès-Leroux, e alguns dias após, 50 mil parisienses saíram às ruas para protestar contra o golpe de Estado polonês. Em contrapardia, sofreram também pesados ataques do Partido Socialista, em especial Leonel Jospin. No dia 22 de dezembro de 1981, organizado por Jack Lang, ministro da cultura, e Jean-Pierre Faye, Foucault participa, apesar de sua inicial irritação por não ter sido oficialmente convidado, na *Opéra de Paris*, de uma vasta manifestação de apoio ao povo polonês, reunindo 2 mil convidados.

entre gouvernants et gouvernés. Non pas que les gouvernés ont pris la place des gouvernants. Après tout, il s'est agi d'un déplacement dans la classe politique. On entre dans un gouvernement de parti avec les dangers que cela comporte, et cela, il ne faut jamais oublier. Mais ce qui est est en jeu à partir de cette modification, c'est de savoir s'il est possible d'établir entre gouvernants et gouvernés un rapport qui ne sera pas un rapport d'obéissance, mais un rapport dans lequel le travail aura un rôle important. ... Il faut sortir du dilemme: ou on est pour, ou on est contre. Après tout, on peut être en face et debout. Travailler avec un gouvernement n'implique ni sujétion ni acceptation globale. On peut à la fois travailler et être rétif. Je pense même que les deux choses vont de pair." [trad. do autor. "Parece-me que essa eleição foi vista por muitos como uma espécie de acontecimento-vitória, quer dizer, uma modificação da relação entre governantes e governados. Não que os governados tenham tomado o lugar dos governantes. Afinal, ocorreu um deslocamento dentro da classe política. Entramos num governo de partido, com os perigos que isso implica, e não podemos esquecer isso nunca. Porém o que está em jogo a partir dessa modificação é saber se é possível estabelecer entre governantes e governados uma relação que não seja de obediência, mas na qual o trabalho tenha um papel importante. ... Precisamos sair do dilema: ou somos a favor, ou somos contra. Afinal, podemos estar de frente e em pé. Trabalhar com um governo não envolve nem sujeição nem aceitação global. Podemos ao mesmo tempo trabalhar e ser indóceis. Até acho que as duas coisas são parelhas."]

[81] ERIBON, Didier. **Michel Foucault**...., p. 277.

Esse é, sem dúvida, o momento em que Foucault acaba se afastando definitivamente do governo, embora tenha François Mitterrand tentado o seu apoio em outras vezes, e rompendo também com os socialistas, a tal ponto de dizer que não mais leria, incentivando também seus alunos, o jornal *Le Monde*, haja vista que o seu diretor, Jacques Fauvet, criticara outrora os intelectuais. Diante das críticas de Jospin e Fauvet, Foucault diz que não se calaria, e, assim que pudesse, gostaria de lhes responder as agressões: "Desde Domingo, eu não pude expressar na imprensa e nos meios de comunicação uma indignação que não fui o único a sentir e a me contentar, esta noite, com uma breve resposta aos Srs. Jospin e Fauvet. Se me derem a ocasião e o lugar para desenvolver o que eu quero dizer, eu teria algumas questões a trazer e respostas a dar."[82]

Marca-se, então, a aproximação de Foucault e de outros intelectuais franceses, Pierre Bourdieu, Alain Touraine, Jacques Julliard, Pierre Rosanvallon, Henri Cartan e Laurent Schwartz com o movimento sindical polonês, em especial a CFDT, para difundirem as informações políticas e judiciárias sobre a situação da Polônia, e para condenar o golpe de força. É, portanto, o momento em que Foucault e outros se associam à luta do povo polonês, sob o logotipo do *Solidarnosc*, chegando até a ir à Polônia com os *Médecins du Monde* (é o retorno de Foucault 25 anos após sua estada em Varsóvia). Foucault se envolve diretamente com a causa, e passa a participar de inúmeras reuniões acadêmicas, que reuniam centenas de estudantes na faculdade de Jussieu, a fim de discutir os rumos das relações Leste-Oeste, bem como nos comitês criados pelos poloneses de Paris. Essa participação de Foucault com o povo polonês vai até a sua morte, tanto que no verão de 1983, segundo Didier Eribon, pensa em escrever um livro sobre ou contra os socialistas.[83]

Foucault, então, distancia-se inexoravelmente dos socialistas, a ponto de criticá-los a cada dia seu desconhecimento da 'arte de governar'. É também o momento, meados de 1983, em que Foucault passa a se reunir com outros intelectuais: Bernard Kouchner, André Glucksmann, Pierre Blanchet, Claire Brière, Michelle Beauvillard, etc. para discutirem os problemas do oriente, em especial, a Polônia, o Líbano, o Afeganistão, e outros países. Esse grupo que

[82] FOUCAULT, Michel; VIDAL-NAQUET, Pierre. **Les réponses de Pierre Vidal-Naquet et de Michel Foucault.** Dits et Écrits (org. Daniel Defert et François Ewald). Paris: Gallimard, v. 4, 1994, p. 210. "Depuis dimanche, j'ai eu trop de mal à pouvoir exprimir dans la presse et dans les médias une indignation que je n'étais pas le seul à ressentir pour me contenter, ce soir, d'une réponse brève à M.M. Jospin et Fauvet. Si on me donne l'occasion et la place pour développer ce que je veux dire, j'aurai bien des précisions à apporter et des répliques à donner." [trad. do autor.]

[83] ERIBON, Didier. **Michel Foucault** ..., p. 284.

teve significativa participação, não resiste muito após a morte de Foucault. Seu lado intelectual permanece ativo, pois Foucault continua a redigir seus trabalhos sobre a história da sexualidade, e seus cursos no *Collège de France* passam a tratar sobre os prazeres do corpo. Sua mágoa com a publicação de *La Volonté de Savoir* desaparece, e seus escritos que saem poucos dias antes de sua morte, o reconciliam com a crítica.

Os últimos anos, em especial os últimos meses de Foucault, antes de cair desmaiado no dia 2 de junho de 1984, na sala de seu apartamento da Rue de Vaugirard,[84] foram marcados por uma luta incansável contra o vírus que lhe retirou a vida, e que o impediu de concluir seu projeto sobre a história da sexualidade. Em virtude do silêncio literário de quase 8 anos (que lhe rendeu várias críticas de seu fim intelectual), e diante do seu inevitável e conhecido fim, Foucault trabalha com os últimos vestígios de sua força vital, para concluir este projeto.

Com o desmaio repentino, Foucault é levado para uma clínica no 15° arrondissement, restando ali alguns dias, quando em 9 de junho do mesmo ano é transferido para o hospital Salpêtrière, cujos documentos e cuja história tanto o instigaram para o desenvolvimento de sua tese sobre a loucura. Certamente, nesses dias, surgem inúmeras dúvidas se Foucault sabia ou não da de sua condição de aidético: alguns diziam que sim, como Paul Veyne, seu aluno, pois tentara se distanciar dos amigos e proteger os familiares[85], outros, entretanto afirmam o contrário, haja vista que a doença era desconhecida até mesmo para a grande maioria dos médicos e que ainda assim já organizava viagens para o próximo ano. Para Didier Eribon, Foucault sabia, tinha plena consciência de que estava com AIDS, por isso queria terminar urgentemente seus escritos sobre a sexualidade.[86]

Sua luta contra a AIDS foi agonizante ao longo dos anos, segundo Guibert Hervé, quem lhe referiu em seu livro e foi seu vizinho de apartamento, pois foi lhe consumindo pouco a pouco, como é peculiar da doença, que até então

[84] GUIBERT, Hervé. **Para um** ..., p. 53. "Muzil desmaiou na cozinha antes do longo fim de semana de Pentecostes, Stéphane encontrou-o inanimado no meio do sangue. Sem saber que era precisamente o que Muzil tinha querido evitar, deixando-o afastado de sua doença. Stéphane chamou logo o irmão de Muzil, que o transportou para perto da casa dele, no hospital Saint-Michel."

[85] GUIBERT, Hervé. **Para um** ..., p. 15. "'Stéphane está doente de mim, me dei conta finalmente de que sou a doença de Stéphane, não importa o que eu faça vou continuar sendo durante toda a vida dele, a não ser que eu desapareça; o que único meio de livrá-lo da sua doença, estou certo disso, seria me suprimir'."

[86] ERIBON, Didier. **Michel Foucaul**t...., p. 305.

era tão-somente conhecida como uma espécie de "câncer que só atingiria os homossexuais".[87] A agonia era vista pela destruição de inúmeros originais, ora são ora já em virtude da doença que lhe atingia o cérebro, como forma os escritos sobre Manet,[88] e quase os escritos sobre a História da Sexualidade.[89] Descobriu estar com a doença pouco tempo antes de sua morte, provavelmente um ano antes, quando frequentava as reuniões de uma associação humanitária numa clínica dermatológica. Hervé narra esse momento doloroso a Foucault, que recebera a notícia lúcido e seguro: "O assistente me contou no ônibus que sua entrevista com o dono da clínica dermatológica tinha sido logo após os resultados dos exames transmitidos a Muzil, e comentados diante dele pelo patrão e colega. O olho de Muzil nesse instante, tinha revelado o dono da clínica dermatológica ao assistente que me transmitia isso meses mais tarde, tornara-se mais fixo e acirrado do que nunca; com um gesto da mão cortou logo toda a discussão: 'Quanto tempo?', tinha perguntado. Era a única coisa que lhe importava, para o seu trabalho, para acabar seu livro"[90]. Sua luta se traduzia, sobretudo, pelo desespero de se ver impossibilitado de concluir sua obra, que ano mais tarde iluminava o mundo, deixando ausente um manuscrito interminável, que era a conclusão de sua história da sexualidade *Les aveux de la Chair* (recentemente publicado no final de 2018, do modo como se encontrava).[91]

Sabendo ou desconhecendo as razões sobre a tosse constante e as correntes enxaquecas que lhe prejudicam o trabalho, no dia 25 de junho de 1984, após alguns dias de melhora e após ter recebido cinco dias antes o terceiro volume editado da história da sexualidade,[92] às 13h15, falece Paul-Michel Foucault, para a tristeza da maioria dos franceses e grande parte do mundo, que foi

[87] GUIBERT, Hervé. **Para um** ..., p. 15. "Jantando sozinho com Muzil, contei-lhe logo no dia seguinte o alarme divulgado por Bill. Ele chegou a cair do sofá, contorcendo-se num acesso de riso: 'Um câncer que só atingiria os homossexuais, não, é muito bonito para ser verdade, é de morrer de rir!'"

[88] GUIBERT, Hervé. **Para um** ..., p. 17.

[89] GUIBERT, Hervé. **Para um** ..., p. 23. "Na véspera de sua partida para a Andaluzia, Muzil me convocou a sua casa e me disse com solenidade apontando duas grossas pastas cheias de papel colocadas lado a lado na sua mesa: 'São meus manuscritos, se me acontecer alguma coisa durante essa viagem, eu lhe peço para vir aqui e destruir todas as duas."

[90] GUIBERT, Hervé. **Para um** ..., p. 20.

[91] GUIBERT, Hervé. **Para um** ..., p. 56. "Disse-lhe que havia retomado o meu manuscrito sobre os cegos, e vi no seu olhar uma ponta de sofrimento apavorado, consciente da sua impotência para retomar o seu manuscrito, cujo último volume continuava no plano."

[92] DEFERT, Daniel; EWALD, François. **Chronologie**. Dits et Écrits (org. Daniel Defert et François Ewald). v. 1 Paris: Gallimard, 1994, p. 65.

influenciado por suas ideias. Neste dia, e nos que o sucederam, inúmeros jornais, como o *Le monde,* o *Le Matin,* o *Libération,* e a revista *Le Nouvel Observateur* dedicam suas páginas à morte deste grande filósofo. Nos artigos desses periódicos, suscita-se a morte em virtude da AIDS, boatos correm, mas a questão é sufocada pelo grandiosidade de sua figura.

Na tarde de 29 de junho de 1984, Foucault é sepultado no cemitério de Vendeuvre, distante dos fãs que haviam se reunido no Salpêtrière para prestar as últimas homenagens, junto exclusivamente da família. Em sua lápide, sob desejo de sua mãe, por ter medo de que esquecessem anos mais tarde a importância de seu filho, são colocado estes escritos: "Paul-Michel Foucault. Professor no Collège de France. 1926-1984".[93]

[93] GUIBERT, Hervé. **Para um** ..., p. 63. "Essa mãe fez questão de encomendar uma lápide tumular sobre a qual se indicaria o nome da instituição prestigiosa onde Muzil dava cursos no fim de sua vida, Stéphane tinha lhe dito: 'Mas, afinal, todo mundo sabe', e ela: 'Por certo que todo mundo sabe agora, mas dentro de vinte ou trinta anos não se pode garantir nada apenas com os livros."

# 2.
# Revisando os livros

Para melhor se introduzir no pensamento deste ilustre intelectual, antes de se indagar o escopo deste ensaio, qual seja, a relação possível e realizada entre Foucault e o discurso jurídico, é oportuno fazer uma breve síntese e análise críticas das principais obras deste autor, seus principais textos que o levaram à glória do mundo acadêmico. Apesar do próprio Foucault ter certa vez afirmado que não se deveria fazer escolhas, pois se deveria tudo ler e tudo estudar, certamente alguns textos se ausentarão da análise que se empreenderá adiante, por essas razões inevitáveis.

Alguns livros poderiam estar aqui, embora nunca tenham sido publicados ou escritos, como *Le Noir et la Surface*, sobre Manet, que Foucault chegou a assinar o contrato com Jérôme Lindon, diretor das edições de Minuit[94], ou mesmo *Histoire de l'Hystérie*, para o qual também assinou contrato em fevereiro de 1964, para ser publicado pela editora Flammarion e a Nouvelle Bibliothèque Scientifique, dirigida por Fernand Braudel, previsto para o outono de 1965[95]; também poderiam estar presentes um livro nada comum que seria intitulado *L'Idée de Décadente*, para o qual também Foucault firmara um contrato a fim de publicá-lo; um livro já denominado *La Tête des Socialistes*, quando se envolvera com a luta do povo polonês, sobre o destino do socialismo, mas que jamais foi publicado (seria um conjunto de entrevistas feitas com Didier Eribon);[96] um livro intitulado *La Vie des Hommes Infâmes*, que ficou tão-somente como um artigo;[97] um livro projetado em 1964, para o qual firmara um contrato sobre "*les embastillés*", na coleção *Archives*, intitulado *Les Fous: Michel Foucault raconte,*

[94] ERIBON, Didier. **Michel Foucault** ..., p. 178.
[95] ERIBON, Didier. **Michel Foucault** ..., p. 149.
[96] MACEY, David. **Michel Foucault**..., p. 458.
[97] ERIBON, Didier. **Michel Foucault** ..., p. 257.

*du XVII^e au XIX^e siècle, de la Bastille à Sainte-Anne, le voyage au bout de la nuit*;[98] ou mesmo seu escrito, mas infelizmente inacabado, *Les Aveux de la Chair*, que ficara por ser concluído e integraria o último volume da sua clássica obra sobre a história da sexualidade (puliblicado em 2018, do modo com se encontrava).

Outros, entretanto, foram escritos, mas aqui deixaram de ser analisados, pois inúmeros ensaios e artigos são excluídos da investigação que agora se constrói, numa espécie de um incurso primordial e insatisfatório na obra foucaultiana, isto é, numa pesquisa sobre suas principais publicações, as quais carregaram o peso de se tornarem, na grande maioria, as verdadeiras obras do autor. Textos como *Titres et Travaux*; *Ceci N'est Pas Une Pipe*; *Nietzsche, Freud e Marx*; *La Pensée du Dehors, Theatrum Philosophicum, Nietzsche, La Généalogie, L'Histoire*; que no Brasil, a maior parte se tornou livro, deixam de ser adiante "vistoriados", seja por sua menor importância, se assim puder ser dito sem uma ofensa direta ao pensador, seja porque não foram devidamente revisados por Foucault a fim de lhes empregar a devida correção de notas bibliográficas ou a possível "sistematicidade" de seus livros de grande respeito, já que, como dissera numa espécie de testamento em caso de acidente, resgatados por Daniel Defert e François Ewald, que não gostaria de obras póstumas.[99]

Apesar disso, há um, no entanto, que não pode escapar ao "inquérito" seguinte, intitulado *A Verdade e As Formas Jurídicas*, que, apesar de não ser um livro, na acepção específica e material da palavra, foi segura e necessariamente investigado, talvez, por duas razões principais: por um lado, a importância significativa da obra, porque foi esta, sem sombra de dúvida, mesmo tendo em mente *Surveiller et Punir*, o ensaio mais significativo para os juristas, em especial, processualistas penais, porque foi onde Foucault mais tangenciou e mais se aproximou do discurso jurídico, tema que fundamenta a presente análise; por outro, em virtude da singular relação com a filosofia e a ciência jurídica brasileira, haja vista que se compõe de palestras proferidas na PUC do Rio de Janeiro, no ano de 1973.

[98] MACEY, David. **Michel Foucault**..., p. 453.

[99] DEFERT, Daniel; EWALD, François. **Chronologie**. Dits et Écrits (org. Daniel Defert et François Ewald). v. 1 Paris: Gallimard, 1994, p. 13-64. "Michel Foucault avait rédigé avant de partir pour la Pologne, en septembre 1982, un testament de vie à ouvrir 'en cas d'accident' ne comportant que trois recommandations dont: 'La mort, pas l'invalidité', et: 'Pas de publication posthume'." [trad. do autor. "Michel Foucault redigira antes de partir para a Polônia, em setembro de 1982, um testamento em vida para ser aberto 'em caso de acidente' e possuía somente três recomendações: 'A morte, não a invalidez', e: 'Nenhuma publicação póstuma'."]

De consequência, os textos que podem ser considerados as grandes obras de Foucault, ou ao menos aqueles que ele escreveu com vistas à publicação, e ao conhecimento de todos os seus leitores, que passarão a ser analisados, são: *Maladie Mentale et Psychologie; La Naissance de la Clinique; Raymond Roussel; Les Mots et les Choses; L'Archéologie du Savoir; L'Ordre du Discours; Hisoire de la Folie à l'Âge Classique; A Verdade e as Formas Jurídicas; Moi Pierre Rivière, ayant égorgé ma mère, ma soeur et mon frère; Surveiller et Punir; Histoire de la Sexualité: La Vonlonté de Savoir; Le Désordre des Familles: lettres de cachet des archives de la Bastille; Histoire de la Sexualité: L'Usage de Plaisirs*; e *Histoire de la Sexualité: Le Souci de Soi*. Estes livros, enfim, marcam a trajetória de Foucault, um autor cujo objetivo primordial não era simplesmente questionar o poder, de sua forma conceitual, mas questionar o próprio sujeito,[100] partindo da construção da doença mental na sociedade e nas ciências, passando pela história da loucura, pela formação dos saberes, em seguida sobre a vigilância e as punições, a ideia de um poder como disciplina, a constituição, o governo dos outros e de si, e, por fim, de dispositivos da sexualidade, que marcaram a história da humanidade.

Justamente por não terem sido por ele escritos propriamente se não transcritos por seus alunos, ou mesmo para manter a sua poderosa escrita, que, segundo muitos, era de uma poética incomparável, ou enfim, por ele mesmo ter dito que não gostaria de obras póstumas sendo publicadas, não se analisarão aqui nesta introdução às suas obras os cursos posteriormente organizados e publicados, assim como o último volume da sexualidade, mas evidentemente hoje absolutamente relevantes para pensar Michel Foucault: *Leçons sur la volonté de savoir* (1970-71), *Théories et institutions pénales* (1971-72), *La société punitive* (1972-73), *Le pouvoir psychiatrique* (1973-74), *Les Anormaux* (1974-75), *Il faut défendre la société* (1975/76), *Sécurité, territoire, population* (1977-78), *Naissance de la biopolitique* (1978-79), *Du gouvernement des vivants* (1979-80), *Subjectivité et vérité* (1980-81), *L'Herméneutique du sujet* (1981-82),

[100] FOUCAULT, Michel. **Pourquoi étudier le pouvoir: la question du sujet**. DREYFUS, Hubert; RABINOW, Paul. Michel Foucault: un parcours philosophique, au-delà de l'objectivité et de la subjetivité. (trad. Fabienne Durand-Bogaert) Paris: Gallimard, 1984, p. 297-308. "Je voudrais dire d'abord quel a été le but de mon travail ces vingt dernières années. Il n'a pas été d'analyser les phénomènes de pouvoir, ni de jeter les bases d'une telle analyse. J'ai cherché plutôt à produire une histoire des différents modes de subjectivation de l'être humain dans notre culture (...) Ce n'est donc pas le pouvoir, mais le sujet, qui constitue le thème général de mes recherches." [trad. do autor. "Gostaria de dizer, inicialmente, qual é o objetivo de meu trabalho nestes últimos vinte anos. Não foi o de analisar os fenômenos de poder, nem de lançar as bases de uma análise deste tipo. Procurei, sim, produzir uma história dos diferentes modos de subjetivação do ser humano em nossa cultura (...) Não é, pois, o poder, mas o sujeito, que constitui o tema geral de minhas investigações."]

*Le gouvernement de soi et des autres I* (1982-83), *Le gouvernement de soi et des autres II: le courage de la vérite* (1983-84).[101]

## 2.1. Doença Mental e Psicologia (1954)

Antes de partir para Uppsala, Foucault publica em 1954 *Maladie Mentale et Personnalité*, uma obra modesta, segundo Didier Eribon, que sai como o 12º volume da coleção *Initiation Philosophique* da *Presse Universitaire de France*, dirigida por Jean Lacroix, por influência de Louis Althusser.[102] Apesar de se tratar da primeira e singela obra de Foucault, já foi alvo de publicidade, a ver-se pela contracapa da Revista *Les Études Philosophiques*, que trouxe no mesmo ano a propaganda de sua edição, com o preço de 240 Francos.[103] É neste livro que aparece pela primeira vez o termo arqueologia, quando se refere ao que a psicanálise nomeia de "estágios arcaicos" da evolução do indivíduo.[104] O livro inicial, *Maladie Mentale et Personnalité* é proibido por Foucault de ser reeditado, e ele dá uma nova versão denominada *Maladie Mentale et Psychologie*, em 1962, após a publicação de *Folie et Déraison*. Segundo Didier Eribon, a segunda versão é alterada em grande parte em relação a primeira, sobretudo no final, pois a segunda parte, intitulada "As condições reais da doença", torna-se "Loucura e cultura"; e os capítulos da desta parte, denominados de "O sentido histórico da alienação" e "A psicologia do conflito", tornam-se, respectivamente, "A constituição histórica da doença mental" e "A loucura, estrutura global".[105]

Muitos críticos afirmam que *Maladie Mentale et Psychologie* é um livro de indecisão do autor, o que merece certas restrições nas leituras, entretanto, como afirma Chaim Samuel Katz, na revisão da tradução brasileira, certamente há uma indecisão, no que diz respeito ao oferecimento de perspectivas "num

[101] Não foi publicado o curso do biênio 1976-77, momento em que Roland Barthes era eleito para o *Collège de France* com seu discurso de resposta a Foucault *Comment vivre ensemble* e ano em que concluía seu primeiro volume da História da Sexualidade, outubro de 1976, *La volonté de savoir*. Segundo André Berten, simplesmente houve uma interrupção, sem alguma justificativa propriamente dita. (BERTEN, André. *Michel Foucault: sécurité, territoire, population - compte rendu*. In.: Revue Philosophique de Louvain, v. 103, n. 4, p. 677, 2005.)

[102] ERIBON, Didier. **Michel Foucault.**, p. 81.

[103] Contracapa (*La Quatrième Couverture*) de **Les Études Philosophiques**, Paris, Presses Universitaire de France, a. 9, n. 1, 1954.

[104] ERIBON, Didier. **Michel Foucault.**, p. 82.

[105] ERIBON, Didier. **Michel Foucault.**, p. 83.

vivido aceito como real único e uniforme, mas contém a decisão de ir além, de procurar as condições cada vez maiores nas quais se pode apresentar uma patologia mental, e cujo exame possibilitará, dialeticamente, uma nova prática teórica."[106]

Ao contrário de *Maladie Mentale et Personnalité*, o livro dá azo à psicologia que foge à análise das dimensões interiores da doença, sob suas condições objetivas e exteriores. Procura Foucault distanciar-se da perspectiva que adotara na sua primeira edição, em especial sobre o aspecto prático da doença (não se pode esquecer, que na edição deste texto inicial, como visto, Foucault estava mergulhado numa vivência clínica, época em que, cursando as disciplinas de psicologia na École Normale Supérièure, bem como realizando estágio em clínica de tratamento a doentes mentais e aplicando testes psicológicos a doentes mentais, sob influência de sua amiga Jacqueline Verdeaux, dava-lhe dimensões da relação louco-instituição), quando analisara o internamento dos dementes como modelo de reestruturação do espaço social e da arquitetura burguesa que 'reinava' no séc. XVIII. Essa perspectiva, quase uma década mais tarde será retomada em parte, com sua tese *Folie et Déraison*, quando Foucault utilizará tal ensaio. Afirmam alguns intérpretes da obra de Foucault, que *Maladie Mentale et Psychologie* seria o início dos seus passos pela história da loucura no ocidente, bem como os textos nessa tese não utilizados teriam dado ensejo à *La Naissance de la Clinique*, e a *Raymond Roussel*.

*Maladie Mentale et Psychologie* surge como questionamento, tendo em vista uma investigação eminentemente sobre áridos aspectos, segundo Katz, "neuro-sócio-psico-existencial" da análise da doença sob suas inúmeras aparições em nível estrutural. Insere-se, sem sombra de dúvida, já numa dimensão que futuramente será analisada e desenvolvida por Foucault sob a égide do conceito de arqueologia, uma vez que questiona os argumentos e os enunciados que se estabelecem em torno da doença mental, e, em especial da loucura, por detrás de suas formas contínuas no tempo e de suas reais relações entre o homem louco e o homem normal: "Gostaríamos de mostrar que a raiz da patologia mental não deve ser procurada em uma 'metapatologia' qualquer, mas numa certa relação, historicamente situada, entre o homem e o homem louco e o homem verdadeiro."[107] Ao contrário de *Maladie Mentale et Personnalité*,

[106] KATZ, Chaim Samuel. *in* FOUCAULT, Michel. **Doença mental e psicologia.** (trad. Lilian Rose Shalders) 6 ed. Rio de Janeiro: Tempo Brasileiro, 2000, sobrecapa.

[107] FOUCAULT, Michel. **Doença mental e psicologia.** (trad. Lilian Rose Shalders) 6 ed. Rio de Janeiro: Tempo Brasileiro, 2000, p. 8.

quando então concluía que a fuga a esta análise estrutural da doença como organização espacial da burguesia residiria numa reunificação do homem, isto é, numa afirmativa de que o homem deveria ser uno, visto sob o plano da personalidade, o que certamente acabava caindo em contradição com sua análise crítica do antropologismo kantiano, *Maladie Mentale et Psychologie* procura concluir sob a perspectiva de uma análise estrutural, em que a teoria, entende-se como dever-ser, que os loucos e anormais serão sempre vistos sob relações entre técnicas, costumes e saber científico, eis as teorias da psicologia, como foco principal e não a personalidade, enquanto inexistir um modo de perquirir a doença mental de outra forma 'eficiente'.

Resumidamente, a obra se encontra estruturada da seguinte maneira: após fazer uma simples introdução ensaiando que seu objetivo principal foi tentar refletir dois grandes questionamentos, quais sejam: a localização da doença no domínio psicológico e a relação entre a patologia mental e a patologia orgânica, Foucault faz uma breve historiografia sobre o percurso da "patologia" física e mental; sob um aspecto formal trata das dimensões psicológicas da doença, sob suas diferentes configurações, isto é, a correlação da doença com a sua evolução, sua individualidade e sua própria formação e existência: por fim, encerra Foucault traçando um paralelo entre a loucura, numa abordagem da constituição histórica e estrutural da doença mental, e a cultura.

Detalhando-se, pode-se afirmar que na primeira parte de *Maladie Mentale et Psychologie* abre-se uma argumentação indispensável para se repensar a figura do doente mental dentro da história da civilização, isto é, segundo Foucault, a patologia geral e abstrata que sempre regeu o estudo das doenças mentais e orgânicas se apresentou ao longo de sua historiografia em duas etapas principais. Num primeiro estágio, houve uma metapatologia, isto é, a partir de uma ideia de totalidade orgânica e psicológica, a medicina mental se utilizava da mesma sintomatologia e nosografia que a medicina orgânica a fim de estudar os sintomas, a evolução, os efeitos, e as variantes das doenças mentais. Deste modo, através da reflexão sobre Bleuler e Kraepelin, afirma Foucault que a metapatologia emprestava a metodologia e o conceito abstrato de doença orgânica, como uma entidade específica indicada pelos sintomas que a manifestam à doença mental, a partir da definição de uma unidade real, em que se privilegiavam as reações globais dos indivíduos. Por essa concepção, dividia-se, assim, as doenças mentais segundo a amplitude das perturbações da personalidade, originando duas classes distintas: as psicoses, enquanto um distúrbio do pensamento e as neuroses, enquanto uma deficiência parcial da personalidade. Nesse sentido, então, a personalidade constitui-se no elemento central onde se desenvolve a doença.[108]

Num segundo momento, impõe-se a necessidade de se distinguir a metodologia e o saber empregados pela patologia orgânica e a patologia mental, utilizando-se como ponto de partida a necessidade de se admitir que a doença mental, ao contrário da orgânica, exige métodos de análise diferentes, estruturas lógicas e sociais diferentes, visto que somente no âmbito da linguagem é que ambas podem comutarem sentidos e reflexões. Essas diferenças, segundo Foucault, a partir das orientações de Goldstein, ocorrem em três ordens: no campo da abstração, pode-se dizer que ambas deveriam ser necessariamente separadas, visto que a medicina mental, ao contrário da orgânica com o auxílio da fisiologia, jamais conseguiu demonstrar a coerência da vida psicológica com base na coesão do organismo; no âmbito dos critérios de normalidade, isto é, na relação entre o normal e o patológico, tem-se que a passagem dessa tênue linha, diferentemente do que ocorre na medicina orgânica, na mental não se dá de forma tão linear e nem permite uma análise precisa dos processos, mas tão-somente uma apreciação qualitativa que ocasiona todas as confusões; e na esfera da relação entre o doente e o meio, quer dizer, na definição do indivíduo doente, percebe-se que a aproximação entre a medicina orgânica e a medicina mental, além de permitir a criação do "histérico", faz com que o doente se torne o centro de todas as sugestões sociais, vista a dimensão que sua personalidade alcança para o grupo. Assim, a partir das críticas a uma "metapatologia", entende Foucault que seria indispensável ao estudo da patologia mental, que essa se desligasse de quaisquer referências à patologia orgânica, posto que a unidade existente seria tão somente de cunho teórico, estimativo e artificial.

No que tange às dimensões psicológicas da doença mental, Foucault as reflete sob três vertentes principais: a evolutiva, a histórica e a existencial. Num eixo evolutivo, Foucault afirma que é justamente através da análise da evolução da doença que se permite identificá-la e definir seus sintomas e suas causas remotas. A partir do momento em que o indivíduo é atingido por uma doença mental, suas funções primárias são abolidas, e nesse vazio funcional aparecem reações exageradas e tornadas, muitas vezes, de violência, acentuando automatismos de repetição e o deixando a delirar em seus monólogos. Aparece, assim, uma situação de regresso à vida infantil, em que as funções complexas, instáveis e voluntárias são substituídas por funções simples, estáveis e

[108] FOUCAULT, Michel. **Doença mental e ...**, p. 15.

automáticas. Desse modo, através de uma análise dos sintomas, percebe-se que a doença mental faz o indivíduo atingir estágios arcaicos de sua evolução, uma espécie de processo regressivo que se desencadeia. Para evidenciar essa regressão operada pela doença mental, Foucault retoma os ensinamentos da neuro e da psico-patologia de Jackson, em que a evolução da doença seria uma das dimensões através das quais se teria acesso ao fato patológico; as lições das formas evolutivas da neurose de Freud, quando esse engendra um raciocínio a partir da história da libido pela qual todos os indivíduos passariam (a fase do erotismo bucal, o estágio sádico-anal, a fase do espelho e a fase da escolha objetal ou do complexo de édipo) – é nesse particular, por sinal, que Foucault fala pela primeira vez no termo *archéologie*, quando afirma que a neurose seria uma arqueologia espontânea da libido –; e conclui a partir dos questionamentos sociológicos de Janet, através dos quais a doença se evidenciaria como uma queda de energia psicológica que impediria os homens adoentados de ter um convívio social, regredindo aos comportamentos sociais primitivos, em que o diálogo, o universo simbólico seriam destruídos e no lugar apareceria uma patologia da crença, em que o critério social da verdade, quer dizer, acreditar no que os outros creêm, deixaria de ter sentido e valor para o doente. Todavia, embora retome esses ensinamentos, Foucault os critica, afirmando que através de uma análise somente regressiva não seria possível libertá-la dos mitos que envolvem a doença mental, tais como o de que o doente voltaria a ser uma criança. Essa regressão seria, portanto, tão-somente um dos aspectos descritivos e estruturais da doença.

Num eixo da individualidade da doença mental, quer dizer, de sua história individual, Foucault afirma que para se compreender a patologia mental seria indispensável procurar visualizar a relação entre o passado e o presente que ela proporciona. Esse enlace entre presente e passado, segundo Foucault, teria sido o erro originário da psicanálise, por não tê-lo efetivamente compreendido, deixando, assim, uma faceta da doença mental esquecida, e subordinada aos ditames gerais da patologia. Entende o autor que, tal como fizera Freud, a melhor compreensão da doença mental se daria não exclusivamente sobre aspectos macro psicológicos, mas, em especial, do devir psicológico, em que por uma historiografia da patologia se poderia chegar ao seu cerne, isto é, através de um exame psicanalítico, poder-se-ía compreender, na individualidade que a doença mental comporta, a relação que o seu passado ocuparia no presente, de tal modo que muitas das neuroses e paranóias pessoais deveriam ser investigadas nos traumas e fixações ocorridas em momentos anteriores da vida, fosse na adolescência, fosse na infância. Conclui Foucault, após analisar alguns casos clínicos vistos pela teoria freudiana, que os medos, e, sobretudo as angústias ocasionadas pela doença mental permitiam unir o passado e o presente, dando-lhes uma unidade de sentido, em que o conteúdo arcaico do passado seria, então, significativo no presente, e vice-versa. Instaura-se, assim, segundo Foucault, um ciclo vicioso, "o doente se protege por meio de seus atuais mecanismos de defesa contra um passado cuja presença secreta faz surgir a angústia; mas, por outro lado, contra a eventualidade de um angústia atual, o sujeito se protege apelando para proteções outrora instauradas no decorrer de situações análogas ... é neste círculo que reside a essência das condutas patológicas".[109]

Por fim, num terceiro eixo, Foucault entende que a virtualidade da doença mental não poderia ser vista exclusivamente sob seu aspecto evolucionista e de sua história individual, de seu devir psicológico, mas indispensável seria interrogá-la na sua própria existência. Isto é, para compreender a patologia mental não se poderia restar somente num âmbito estrutural, que se destinaria tão-só a fazer uma causalidade evolutiva da doença ou sua história biográfica, mas seria preciso apreender os conjuntos como totalidades, cujos elementos não poderiam ser dissociados, por mais dispersos que estivessem na história, em uma espécie de compreensão da situação do homem no mundo. "Não basta dizer que o mêdo da criança é a causa das fobias no adolescente, mas é preciso reencontrar, sob êste aspecto originário e sob êstes sintomas mórbidos, o mesmo estilo de angústia que lhes confere sua unidade significativa."[110] Seria necessário, segundo Foucault, a partir de uma metodologia fenomenológica, reunir, apreender de pronto, e penetrar na reflexão da doença, compreendê-la em todas as suas faces, mas, sobretudo, na aresta em que o próprio indivíduo adoentado apreende o seu sentido. É, pois, preciso investigar a maneira pela qual um sujeito aceita ou recusa sua doença, o modo pelo qual a interpreta e dá significação às suas formas mais absurdas, às suas fugas espaço-temporais. Nesse sentido, reflete Foucault: "A doença pode ser percebida com um status de objetividade que a coloca a uma distância máxima da consciência doente ... É esta preeminência dos processos orgânicos no campo de consciência do doente e na maneira pela qual êle apreende sua doença que constitui a gama dos sinais histéricos, os sintomas psicossomáticos, ou suas preocupações hipocondríacas que se encontram tão frequentemente na psicastenia ou em

[109] FOUCAULT, Michel. **Doença mental e ...**, p. 51.
[110] FOUCAULT, Michel. **Doença mental e ...**, p. 56.

certas formas de esquizofrenia."[111] Assim, entende Foucault, a partir das concepções de Minkowski e de Binswanger, que para se desvendar a patologia mental indispensável é analisar seu aspecto existencial, quer dizer, encontrar a própria consciência do indivíduo de sua doença, visto que, a doença mental, independentemente de sua forma, ou dos graus de subtração que comporta, implica sempre numa consciência da doença; e jamais consiste na abolição total das referências ao normal, tanto ao familiar quanto ao estranho.

Enfim, num primeiro momento da obra foucaultiana, convém esclarecer, que Foucault principia na análise aspectos evolucionista, existencial e individualista da doença, sobretudo através da interpretação da obra Über Psychoanalyse: Beiträge zur Psychologie des Liebeslebens[112] de Freud; e numa segunda parte a doença mental sob sua especificidade da psicopatologia geral, na visualização do aspecto evolucionista na dimensão psicológica da doença, abordando, através das leituras de Jackson, de Janet e de Freud, a neurologia e a psicopatologia, como forma de compreensão das interpretações científicas da doença. Por fim, antes de ingressar no campo histórico da doença mental e da delimitação na sua estrutura do conceito de loucura, analisa Foucault a partir de uma perspectiva existencial, a presença do "anormal", como ser no mundo, buscando fugir constantemente das relações com a teoria de Heidegger.

A segunda e última parte se caracteriza através de duas análises, quais sejam: a questão da loucura e da cultura e a constituição histórica da doença mental, por tentar responder a uma pergunta que Foucault deixa em aberto nas primeiras linhas, quer dizer, a partir do momento que o insano passa a ter uma espécie de subjetividade latente, cujo elemento central seria a fuga e o abandono do mundo real, seria indispensável, por conseguinte, tentar perquirir justamente esse mundo que o cerca, para se reconhecer o *status* do enigmático, isto é, procurar responder a seguinte questão: "Não há na doença todo um núcleo de significações que releva do domínio no qual ela apareceu – e inicialmente o simples fato de que ela aí é caracterizada como doença?"[113] Nessa perspectiva, entende Foucault que é preciso investigar a produção do conceito de patologia e de loucura dentro da história da civilização, como um elemento cultural. Para além da evolução orgânica, da história psicológica ou da individualidade da doença, as verdadeiras raízes de seus males

[111] FOUCAULT, Michel. **Doença mental e ...**, p. 59.

[112] FREUD, Sigmund. **Cinco lições de psicanálise: constribuições à psicologia do amor**. (trad. Durval marcondes *et alli*) Rio de Janeiro: Imago, 1997, 112p.

[113] FOUCAULT, Michel. **Doença mental e ...**, p. 69.

estaria em outra parte do devir psicológico, que levasse em conta a história da humanidade. Entende Foucault que a construção do conceito de doente mental está intimamente ligado à sua própria formação cultural, de tal modo que, cada comunidade ou cada sociedade, a partir de sua experiência, formata o conceito de anormal segundo seus próprios valores, e segundo seus estágios civilizatórios. Nesse sentido conclui sobre a importância e não contingência do fato patológico: "É deixar de lado, sem dúvida, o que há de positivo e de real na doença, tal como se apresenta numa sociedade. Há, de fato, doenças que são reconhecidas como tais, e que têm, no interior de um grupo, status e função; o patológico não é mais então, em relação ao tipo cultural, um simples desvio; é um dos elementos e uma das manifestações dêste tipo."[114] Assim sendo, conclui inicialmente Foucault, que a doença mental, longe de ser um objeto exclusivo da psicologia ou da psicanálise, seria um fenômeno cultural, arraigado dentro de cada civilização.

Todavia, embora seja um fenômeno cultural, Foucault se interroga: "como chegou nossa cultura a dar à doença o sentido do desvio, e ao doente um status que o exclui?"[115] A essa questão procura responder na penúltima parte de sua obra referente à constituição histórica da doença mental. Afirma que o termo loucura, como doença mental, foi criação recente do Ocidente, sobretudo a partir da medicina positiva, visto que até então, como na época das inquisições da Idade Média e até mesmo do Renascimento, era considerado simplesmente um "possuído", um doente ignorado, preso no interior da rede rigorosa de significações religiosas e mágicas. Faziam-se festas no séc. XV para congregar loucos, como demonstram a iconografia da *Nave dos Loucos* de Bosch, da *Margot a Louca* de Breughel, os escritos de *Navis de Brant* ou o *Elogio da Loucura* de Erasmo. Ressalte-se, entretanto, que apesar desse tratamento religioso dado aos loucos, já teriam sido criados nessa época os primeiros estabelecimentos reservados aos loucos, como em Saragossa na Espanha e depois na Itália. Foi, em especial, com a objetividade de um olhar médico sereno e finalmente científico, que se procurou desligar a loucura de fenômenos sobrenaturais, e torná-la um objeto a ser estudado, longe de suas manifestações irreconciliáveis. Todavia, afirma Foucault que, apesar do nascimento do "louco" ter se dado efetivamente com a medicina, não se pode dizer que isso ocorrera de forma tão natural, com o simples objetivo de buscar o desenvolvimento da medicina, mas em especial para garantir a própria Igreja Católica, em virtude

[114] FOUCAULT, Michel. **Doença mental e ...**, p. 73.
[115] FOUCAULT, Michel. **Doença mental e ...**, p. 75.

das perseguições operadas pelos defensores do reinado protestante de Luís XIV. Para provar que os comportamentos dos loucos, como todas as explosões violentas dos humores ou dos espíritos, não eram fruto do diabo, o que evidentemente era refutado pelos protestante, mas fenômenos do êxtase, da inspiração, do profetismo, da possessão pelo Espírito-Santo, é que a Igreja Católica convoca os médicos para lhes mostrar a objetividade que deveria ser analisados. Essa trama do poder político, um episódio apenas lateral, ajudou significativamente a definir o conceito de doente mental no Renascimento. No entanto, somente a partir do séc. XIX, embora já presente no séc. XVII, é que o mundo da loucura vai tornar-se o mundo da exclusão. É nesse período que se criam estabelecimento para internação que não eram simplesmente destinados a receber os loucos, mas toda um conjunto de indivíduos diferentes entre si: inválidos, pobres, velhos na miséria, mendigos, "desempregados opiniáticos", portadores de doenças venéreas, libertinos de toda espécie, eclesiásticos em infração, pais de famílias dissipadores, etc..., todos aqueles que, em relação à ordem da razão, da moral e da sociedade, davam mostras de alteração. Na França, em especial, destacam-se os hospitais: *Hôpital Général, Bicêtre* e *Salpêtrière*. Em suma, Foucault afirma que essas casas de tratamento não tinham vocação médica alguma, pois não se era admitido para ser tratado, mas porque não se podia ou não se devia mais fazer parte da sociedade.[116] Todavia, salienta ainda Foucault que o internamento do louco não se conservara mais do que um século, com o objetivo primordial de manter silenciosa a loucura, visto que no final do séc. XVIII, novamente a inquietude familiar volta a ser abalada pela reaparição do louco nas paisgens urbanas. É nesse período, portanto, em especial com os reformadores de 1789, na busca incessante de suprimir o internamento como símbolo da antiga opressão e restringir na medida do possível a assistência hospitalar como sinal da existência de uma classe miserável, é que se buscou formular novas formas de cuidar da anormalidade. Entretanto, resgatar a liberdade aos loucos seria um perigo ainda maior, razão pela qual surge a necessidade de contê-los penalmente, impondo-lhes sanção, e, pior, sanção aos que são responsáveis pelos loucos e animais perigosos. É por essa razão que as antigas casas de internamento foram substituídas e reservadas exclusivamente aos loucos. Portanto, os hospitais psiquiátricos, os "asilos ideais", sob a influência de Pinel na França, Tuke na Inglaterra, e Wagnitz e Riel na Alemanha, surgem como símbolos de um duplo advento: o de um humanismo e o de uma ciência finalmente positiva. Surgem, assim,

[116] FOUCAULT, Michel. **Doença mental e ...**, p. 79.

as ideias de controle social e moral, como metodologia através da qual, pela culpa, busca-se reinculcar no doente mental os sentimentos de dependência, de humildade, de culpa, de reconhecimento da vida moral, e familiar, etc. Deste modo, todo um saber médico "sádico" e "moralizador" é instaurado na ciência médica, e o repensar do "louco" torna o homem são uma "espécie psicologizável". Surge, desta maneira, uma psicologia da loucura que levada até à sua raiz seria não o domínio da doença mental e consequentemente a possibilidade de seu desaparecimento, mas a destruição da própria psicologia e o reaparecimento desta relação essencial, não psicológica porque não moralizável, que é a relação da razão com a desrazão.

Por fim, Foucault ainda acrescenta, na última parte de seu ensaio, a loucura como estrutura global, afirmando que a própria tentativa de se buscar um estudo da doença mental através da psicologia seria uma forma de torná-la uma "loucura alienada", sendo que a melhor maneira seria, um dia, tentar fazer um estudo da loucura como estrutura global, isto é, da loucura liberdade e desalienada, restituída de certo modo a sua linguagem de origem; seria preciso mostrar como a própria cultura chega a se exprimir positivamente nos fenômenos que ela rejeita, como a loucura. E ao final resume: "... pode-se dizer que as dimensões psicológicas da doença não podem, sem algum sofisma, ser encaradas como autônomas. Certamente, pode-se situar a doença mental em relação à gênese humana, em relação à história psicológica e individual, em relação às formas de existência. Mas não se deve fazer destes diversos aspectos da doença formas ontológicas se não se quer recorrer a explicações míticas, como a evolução das estruturas psicológicas, a teoria dos instintos ou uma antropologia existencial. Na realidade, é somente na história que se pode descobrir o único *a priori* concreto, em que a doença mental toma, com a abertura vazia de sua possibilidade suas figuras necessárias."[117]

Em suma, seu objetivo primordial consiste em demonstrar que por muito tempo se procurou encontrar, através de um "metapatologia", num campo teórico, a existência comum de conceitos, fenômenos, sintomas e causas entre as doenças mentais e as doenças orgânicas, utilizando-se termos por vezes equivocados e insensatos; e num campo social, pela similitude de interpretações, a necessidade de exclusão, através do repouso confinado, tal como se exige por razões de segurança na disseminação de doenças infecto-contagiosas de cunho orgânico, do doente mental, usualmente, do louco e do anormal. Por meio de uma análise estrutural, Foucault intenta buscar conteúdos recorrentes

[117] FOUCAULT, Michel. **Doença mental e** ..., p. 96.

por detrás das formas variáveis, isto é, indaga-se sobre as diversas situações do homem diante do mesmo fato, questiona-se sobre a impossibilidade de se pensar uma ciência explicativa das doenças mentais, em virtude de se estar ainda buscando o próprio embasamento teórico dessas doenças e suas causas, enfim, reflete como os conceitos de "louco" e de "anormal" foram paulatinamente sendo encetados e constituídos pelas teorias e os discursos de uma medicina mental. Deste modo, deslocou o centro de atenção concedida à constituição da personalidade, para endireitar-se sobre o próprio discurso psicanalítico, suas intervenções e suas atualizações das neuroses, quer dizer, não mais sobre a personalidade, mas sobre o lugar da verdade da personalidade.

## 2.2. História da Loucura na Idade Clássica (1961/72)

A obra *Folie et Déraison. Histoire de La Folie À L'âge Classique* foi publicada inicialmente no outono de 1961, pela *Plon*, sob influência de Philippe Ariès, uma vez que havia sido rejeitada na editora *Gallimard* em razão do parecer de Brice Parain, apesar da opinião favorável de Roger Caillois. Entretanto, em 1972, sob o título exclusivo de *Histoire de La Folie À L'âge Classique*,[118] a obra é republicada pela Gallimard, com algumas correções, em especial, no prefácio, haja vista o momento político em que saíra. Segundo muitos autores, em especial Pierre Billouet, as alterações no prefácio, evidenciadas pela sua supressão e uma singela e significativa explicação, teriam sido em virtude da aproximação que seu pensamento sofrera ao movimento estruturalista, sobretudo após a publicação de *Les Mots et Les Choses* e *Archéologie du Savoir*, o que sempre angustiara a Foucault: "... entretanto, a recusa do estruturalismo, após *Archéologie du Savoir*, conduz Foucault a não reproduzir, na reedição de 1972, o prefácio inicial, no qual tratava de fazer um estudo estrutural do conjunto histórico ..."[119]

Trata-se de um livro fruto de sua tese doutoral defendida em 20 de maio de 1961, na *Faculté de Lettres de la Sorbonne*, perante uma banca composta por

[118] FOUCAULT, Michel. **Folie et déraison. Histoire de la folie à l'âge classique**. Paris: Plon, 1962, 309p. [trad. br. **História da loucura na idade clássica**. (trad. José Teixeira Coelho Netto) 6 ed. São Paulo: Perspectiva, 2000, 551p.] Obs.: A tradução brasileira citada neste trabalho, que doravante aparece, refere-se à publicação aparecida em 1972 pela Gallimard, e não à depositada em 1961 na Plon, razão pela qual o prefácio, como afirmado, só se encontra no original.

[119] BILLOUET, Pierre. **Foucault: figures** ..., p. 36. "Toutefois le refus du structuralisme, après l'Archélogie du savoir, le conduit à ne pas reproduire, dans la réédition de 1972, la Préface initiale, où il s'agissait de faire une étude structurale de l'ensemble historique ..." [trad. do autor]

Henri Gouhier, presidente, Georges Canguilhem, relator, e Daniel Lagache, como visto acima. Muitos dizem ter Foucault, desde o início de seus estudos na École Normale Supérieure, grande proximidade com a loucura, dado o seu equilíbrio psicológico ser já na época muito frágil. A incerteza de seu estado emocional, segundo Didier Eribon[120], parecia instigá-lo ainda mais aos estudos dos limites entre o normal e louco. Essa foi, na época da publicação, uma das nefastas causas de crítica de seus opositores, consoante Elisabeth Roudinesco: "Outra versão: por que esse filósofo elegante, filho de médico, se interessava tanto pela loucura, se ele próprio não tinha querido seguir uma carreira na área da psiquiatria? Por que tanta violência e tanta rebelião, por que tal transgressão? Não estaria esse homem traspassado por uma experiência do desvio que o levava a se identificar com loucos imaginários para melhor romper com uma corporação da qual escolhera não fazer parte? Sabia-se que Foucault tentara o suicídio, sabia-se que era homossexual, sabia-se que tentara durante três semanas fazer análise, sabia-se, enfim, que frequentara os loucos do hospital Sainte-Anne e que acompanhara, para obter seu diploma em psicopatologia, numerosas apresentações de doentes. Pensou-se, então, que seu livro era uma autobiografia camuflada."[121]

Seus manuscritos são redigidos, como visto, em sua estadia em Uppsala, e quando Foucault a deixa em 1958, já a tem quase completa.[122] Tal a importância de Uppsala, que chega a pensar em defendê-la na própria Suécia, e só não o faz, por causa das considerações desfavoráveis do professor Lindroth, do departamento de medicina e filosofia do renascimento, em 10 de agosto de 1957, a quem procurara para a leitura.[123] Entretanto, no seu retorno a Paris no verão de 1960, vai à procura de Jean Hyppolite, e posteriormente de Georges Canguilhem para orientá-lo. Sua tese tinha inicialmente o seguinte nome *L'Autretour de la Folie*, numa referência à citação de Pascal, que abre o prefácio[124]

120 ERIBON, Didier. **Michel Foucault**., p. 42. "Seus últimos livros são um pouco sua ética pessoal, conquistada sobre si mesmo."

121 ROUDINESCO, Elisabeth. **Leituras da história da loucura (1961-1986)**. Foucault: leituras da história da loucura. (trad. Maria Ignes Duque Estrada) Rio de Janeiro: Relume-Dumará, 1994, p. 07-32.

122 ERIBON, Didier. **Michel Foucault**., p. 94.

123 ERIBON, Didier. **Michel Foucault**., p. 95.

124 FOUCAULT, Michel. **Folie et déraison. Histoire de la folie à l'âge classique**. Paris: Plon, 1962, p. 07. "Pascal: 'Les hommes sont si nécessairement fous que ce serait être fou par un autre tour de folie de n'être pas fou'. (...) Il faut faire l'histoire de cet autre tour de folie, de cet autre tour par lequel les hommes, dans le geste de raison souveraine qui enferme leur voisin, communiquent et se reconnaissent à travers le langage sans merci de la non-folie ..." [trad. do autor. "Pascal: 'Os homens

mas muda seu nome para torná-la mais científica em *Folie et Déraison. Histoire de la Folie à l'Âge Classique.*[125]

Após a defesa e a publicação pela Plon, no ano de 1962, Foucault recebe inúmeros elogios, vastas críticas[126] (como de Henri Baruck; que acreditava não ter Foucault percebido as consideráveis melhorias trazidas por Pinel na defesa das doenças mentais; de J. Miller, médico americano que lhe impunha a culpa por muitos esquizofrênicos terem sido largados nas ruas de Nova York; e Gladys Swain, que insistia sobre o papel da subjetividade e não mera objetividade do louco na teoria pineliana)[127] e, o pior para ele, a indiferença

são tão necessariamente loucos que seria ser louco por um outro 'modo' de loucura não ser louco'. (...) É necessário fazer a história deste outro percurso pelo qual os homens, em seu gesto de razão soberana, que enclausura seu vizinho, comunicam e se reconhecem através da linguagem impiedosa a não-loucura ..."] Obs.: Convém colher aqui, certamente mais correta e perfeita, mas um pouco sugestiva, a tradução feita por Edson Braga de Souza, em torno do termo *'autre tour'*, razão pela qual se preferiu a opção livre ora como 'percurso' ora como 'modo': "Os homens são tão necessariamente loucos, que não ser louco seria ser louco sob um outro disfarce de loucura". *in* GUEDEZ, Annie. **Foucault**. (trad. Edson Braga de Souza). São Paulo: Edusp, 1977, p. 15. Igualmente, aprouve-se adotar o termo 'modo', ao invés de outras duas excelentes traduções, mas um pouco complicadas, feita por Maria Ignes Duque Estrada em: MAJOR, René. **Crises de razão, crises de loucura ou "a loucura" de Foucault**. Foucault: leituras da história da loucura. (trad. Maria Ignes Duque Estrada) Rio de Janeiro: Relume-Dumará, 1994, p. 39. "... esse outro truque da loucura, de não ser louca..."; e por Maria Cristina Franco Ferraz *in* [trad. br. **Cogito e história da loucura**. Três Tempos Sobre a História da Loucura (org. Maria Cristina Franco Ferraz). Rio de Janeiro: Relume Dumará, 2001, p. 14.] "... outro acesso de loucura."

125 ERIBON, Didier. **Michel Foucault**., p. 101.

126 Muitos autores, segundo Elisabeth Roudinesco, procuraram incessantemente demonstrar que Foucault teria feito uma história fantasiosa da loucura, uma vez que não constava dos arquivos da história da psiquiatria. Seria tão somente uma brilhante construção literária, mas irresponsável sob o ponto de vista científico, além de desrespeitar todos aqueles acadêmicos e funcionários dos manicômios, que todos os dias deveriam enfrentar os loucos de camisa-de-força. Mas o que, para a psicanalista, era evidente que estavam todos errados, visto que Foucault tinha visto algo que os historiadores da psiquiatria não podiam ver. Ver: ROUDINESCO, Elisabeth. **Leituras da história** ..., p. 16-17.

127 BILLOUET, Pierre. **Foucault: figures** ..., p. 38. "Henri Baruck, qui inscrit ses réformes de médecin-chef de la maison nationale de Charenton (en 1931) dans la droite ligne de la libération pinélienne, pense que Foucault appartient à un courant qui, ne tenant pas 'assez compte des améliorations considérables apportées par Pinel dans la défense des malades mentaux', veut 'ressusciter l'ancienne folie pour revenir aux fous d'avant Pinel, formant un groupe hétérogène et aliéné de la collectivité humaine'. Un célèbre médecin américain met 'sur le compte de l'influence déplorable des idées de Foucault l'augmentation du nombre de schizophrènes laissés en liberté dans les rues de New York'. A un autre niveau, Gladys Sawain insiste sur le rôle de la subjectivité pinélien de la folie, ce qui invaliderait l'exclusion objectiviste diagnostiquée par Foucault." [trad. do autor.: "Henri Baruck, que inscreve suas reformas de médico-chefe da casa nacional de Charenton (em 1931) na exata linha da liberação pineliana, pensa que Foucault é adepto de uma corrente que,

de grandes publicações científicas, em especial, *Les Temps Modernes* e *Esprit*, desde o âmbito filosófico até o político. Segundo Didier Eribon, Foucault teria argumentado que tal silêncio sobre sua publicação era fruto de um "manto de chumbo que a força do Partido Comunista e da ideologia marxista fazia pesar sobre os comportamentos intelectuais",[128] e assim afirma em entrevista a Alessandro Fontana: "Creio que havia três razões para isto. A primeira é que o problema dos intelectuais marxistas na França – e nisto desempenhavam o papel que lhes era prescrito pelo P.C.F. – era de se fazer reconhecer pela instituição universitária e pelo *establishment*; portanto, deviam colocar as mesmas questões que eles, tratar dos mesmos problemas e dos mesmos domínios. (...) Aquilo que eu havia tentado fazer neste domínio foi recebido com um grande silêncio por parte da esquerda intelectual francesa."[129] E no mesmo sentido, numa entrevista concedida a D'Eramo enquanto escrevia *Surveiller et Punir*, em 1974, afirmou claramente que o grande problema do seu pouco sucesso em *Histoire de la Folie*, na sua primeira edição, era em virtude de não tratar de temas marxistas e políticos, ao contrário do que ocorreu com a segunda edição, cujo campo político era favorável aos problemas dos manicômios ou mesmo ao contrário do que ocorrera em *Les Mots et les Choses*, em que ressalta por vezes a construção da economia de Marx: "Eramo – *Histoire de la Folie* é política? Michel Foucault – Sim, agora. Isto é, quando *Histoire de la Folie* foi publicada na França, em 1961-1962, não teve uma só revista ou um só grupo político que dela falaram. Veja bem. Em nenhuma revista marxista, em nenhum jornal de esquerda, nada. Os únicos que falaram foram Barthes e Blanchot, importantíssimos, evidentemente, mas mais na literatura do que na política. Quando eu escrevi um texto sobre a formação da medicina clínica, um livro político, pelo que entendo, ninguém comentou, ninguém mesmo. Em contrapartida, quando, em *Les Mots et Les Choses* eu disse que Marx havia buscado em Ricardo seus conceitos econômicos, então ... O que ocorreu? A fronteira política mudou

não tendo 'conta suficiente das consideráveis melhorias trazidas por Pinel na defesa dos doentes mentais', quer 'ressuscitar a antiga loucura para voltar aos loucos de antes de Pinel, formando um grupo heterogêneo e alienado da coletividade humana'. Um célebre médico americano põe 'sob o compto da influência deplorável das idéias de Foucault o aumento do número de esquizofrênicos postos em liberdade nas ruas de Nova Iorque'. Em um outro nível, Gladys Sawain insiste sobre o papel da subjetividade pineliana da loucura, o que invalidaria a exclusão objetivista diagnosticada por Foucault."]

[128] ERIBON, Didier. **Michel Foucault**., p. 124.

[129] FONTANA, Alessandro; PASQUINO, P. **Vérité et pouvoir**. Dits et Écrits (org. Daniel Defert et François Ewald). Paris: Gallimard, v. 3, 1994, p. 142. [trad. br. **Verdade e poder**. Microfísica do poder. (trad. Roberto Machado) 13 ed. Rio de Janeiro: Graal, 1998, p. 2.]

seu traço, e, agora, os temas como a psiquiatria, o internamento, a medicalização de uma população se tornaram problemas políticos. Em virtude do que ocorreu nesses dez últimos anos, os grupos políticos foram obrigados a integrar esses domínios em suas ações, e, assim, nós nos reunimos, eles e eu, não porque eu tivesse mudado, – eu não me gabo, gostaria de mudar – , mas porque, nesse caso, eu posso dizer com segurança que foi a política que veio até a mim, ou, preferencialmente, que colonizou esses domínios que eram já quase políticos, embora não fossem reconhecidos como tais."[130]

Sua obra, entretanto, é comentada por grandes nomes, como Maurice Blanchot, Roland Barthes, Michel Serres, Robert Castel, Gaston Bachelard, sobretudo, Fernand Braudel, e alguns periódicos como *Le Monde* e *Times Literary Supplement*, que asseguram a importância da pesquisa que, anos mais tarde, após as manifestações de maio de 68, foi devidamente reconhecida. Embora tenha ocorrido uma discórdia com Jacques Derrida, seu ex-aluno, como se verá no tópico à parte. Apesar das críticas incisivas a Michel Foucault, Alain Ranaut e Luc Ferry em seu livro *La Pensée 68: Essai sur l'Anti-Humanisme Contemporain* afirmam que teria sido *Histoire de la Folie* o primeiro grande ensaio que possibilitou o desenrolar dos movimentos de 68: "A *História da Loucura*, obra inaugural do pensamento 68."[131]

Pode-se dizer, em rápidas palavras, que os objetivos defendidos por Foucault em sua tese visam a demonstrar que a razão teria uma história paralela à

[130] D'ERAMO, M. **Prisons et asiles dans le mécanisme du pouvoir: entretien avec Michel Foucault.** (trad. A. Chizzardi) Dits et Écrits (org. Daniel Defert et François Ewald). Paris: Gallimard, v. 2, 1994, p. 524. "E. – *Histoire de la Folie* est politique? M.F. – Oui, mais maintenant. C'est-à-dire que, quand l'*Histoire de la Folie* a été publiée en France, en 1961-1962, il n'y a pas eu une seule revue ou un seul groupe possédant des intérêts politiques qui en ait parlé. Vous voyez bien. Dans aucune revue marxiste, dans aucun journal de gauche, rien. Les seuls qui en aient parlé ont été Barthes et Blanchot, très importants tous deux, bien sûr, mais plus en littérature qu'en politique. Quand j'ai écrit un texte sur la formation de la médecine clinique, un livre politique selon moi, personne n'en a parlé, vraiment personne. En contrapartie, quand, dans *Les Mots et Les Choses*, j'ai dit que Marx avait pris chez Ricardo ses concepts économiques, alors ... Que s'est-il produit? La frontière politique a changé son tracé, et, maintenant, des sujets comme la psychiatrie, l'internement, la médicalisation d'une population sont devenus des problèmes politiques. Après ce qui s'est passé lors des dix dernières années, les groupes politiques ont été obligés d'intégrer ces domaines à leur action, et ainsi nous nous sommes rejoints, eux et moi, non pas parce que j'avais changé – je ne m'en vante point, je voudrais changer -, mais parce que, dans ce cas, je peux dire avec fierté que c'est la politique qui est venue vers moi ou plutôt qui a colonisé ces domaines qui étaient déjà quasi politiques, mais n'étaient pas reconnues comme tels." [trad. do autor]

[131] FERRY, Luc; RENAUT, Alain. **Pensamento 68: ensaio sobre o anti-humanismo contemporâneo.** (trad. Roberto Markenson e Nelci do Nascimento Gonçalves) São Paulo: Ensaio, 1988, p. 108.

história da loucura, isto é, que foi justamente dessa necessidade que se impôs à razão em conhecer do desatino, é que a loucura sempre teve seu espaço por ela definido e estigmatizado. Desse modo, não pretende Foucault simplesmente traçar uma historiografia da loucura ao longo do tempo, mas, antes de tudo, pretende demonstrar quais foram as diferentes maneiras pelas quais se fizeram as diversas experiências da loucura, e qual o seu posicionamento dentro do discurso político, histórico, científico e social, isto é, como se deu essa prescritiva medicalização do enquadramento da loucura nos padrões da desrazão, e como os homens estiveram sempre presos a esse modo de conceber os doentes mentais, os seus comportamentos e as suas produções. Procura, através de densas páginas, demonstrar como o comportamento dos loucos foi percebido, interpretado, localizado, utilizado e julgado pelos homens de maneiras tão diversas, em tantas épocas distintas. Seu objetivo, como ele mesmo afirma, é fazer uma arqueologia da alienação,[132] uma arqueologia de seu banimento, e de sua camisa de força imposta pela razão, e o mesmo dissera no prefácio da primeira edição: "Eu não quis fazer a história desta linguagem (da psiquiatria sobre a loucura); antes uma arqueologia deste silêncio."[133] Em suma, nas suas orientações de prefácio, procura encontrar na história o grau zero da loucura, quer dizer, o lugar onde ela é uma experiência indiferenciada e única, uma experiência ainda não vivida da própria separação, que a Psicanálise, após os internamentos, fará por aparecer.[134]

O que pretende Foucault, nesta obra, indo um pouco além, é demonstrar que o modo como hoje se compreende a loucura é distinto do passado, e é indispensável buscar compreender as verdadeiras razões pelas quais os homens atuais estão tão intimamente ligados ao pensar a loucura a partir de sua exclusão pela razão, quer dizer, é necessário mostrar que a razão procurou sempre subjugar a loucura, estabelecendo verdades, e que, o modo atual como se repensa a loucura, sob o olhar médico, não se trata de um olhar que comporta necessariamente a verdade do louco, nem tampouco comporta um

[132] FOUCAULT, Michel. **Folie et déraison. Histoire de la folie** ..., p. 87. [trad. br. **História da loucura** ..., p. 81.]

[133] FOUCAULT, Michel. **Folie et déraison. Histoire de la folie** ..., p. 09. "Je n'ai pas voulu faire l'histoire de ce langage; plutôt l'archéologie de ce silence." [trad. do autor.]

[134] FOUCAULT, Michel. **Folie et déraison. Histoire de la folie** ..., p. 07. "Tâcher de rejoindre, dans l'histoire, ce degré zéro de l'histoire de la folie, où elle est expérience indifférenciée, expérience non encore partagée du partage lui-même." [trad. do autor: "Encontrar na história este grau zero da história da loucura em que ela é experiência indiferenciada, experiência ainda não vivida da própria separação."]

saber acabado, completo e correto da ciência, mas que, no fundo, é falho, incompleto, e se destina a apreciar apenas algumas facetas de um problema que é muito maior, por envolver questionamento nos mais diversos campos do saber, como a neurologia, a genética, a ecologia, a sociologia, etc. Nas certeiras palavras de Inês Araújo Lacerda, quando Foucault reflete a maneira como o conceito de louco foi construído, está por certo, buscando a responder a algumas indagações e formular respostas antes críticas que satisfativas: "Somos melhores ou piores que nossos antepassados? Conseguimos minorar o sofrimento do doente mental e de sua família? Melhoraram em certa medida as condições infernais dos hospícios, mas a alienação do louco no saber médico permanece firme. As alternativas terapêuticas da psiquiatria (hospital-dia, convívio familiar, controle dos choques elétricos, denúncias quanto ao abuso de intervenções cirúrgicas como a lobotomia, critérios para o uso de drogas) decorrem do novo modo de relacionar o saber médico com as novas solicitações e apelos, por vezes pressões sociais, éticas e institucionais."[135]

O livro divide-se, formalmente, em três partes principais: a primeira se refere ao modo como a loucura foi historicamente interpretada, concentrando-se, especialmente, na passagem da loucura da idade média, tendo como referência os textos literários, as pinturas e as peças teatrais, à idade clássica e os seus internamentos, quer dizer, da passagem dos leprosários para as casas de correção (reflete-se, essencialmente, tendo em vista a inexistência de perigo que representava para a sociedade e para a economia, sobre a maneira que o louco foi tratado na Renascença, impondo-lhe a *prisão das naus*), sob os títulos: *A Grande Internação, O Mundo Correcional, Experiências da Loucura, Os Insensatos*; a segunda se concentra na necessidade instituída pelo poder régio de segregar os loucos, para deles se utilizar no trabalho, reprimindo-lhes e controlando seu dia (reflete, sobretudo, a fase de *internamento* dos loucos, assim como de todos os demais que não estivessem enquadrados na sociedade, como os pobres, os degenerados, os vagabundos, os libertinos, etc.), sob os títulos: *O Louco no Jardim das Espécies, A Transcendência da Loucura, Figuras da Loucura, Médicos e Doentes*; por fim, numa terceira e última parte, genericamente, indaga-se sobre o modo como a razão impôs silêncio à loucura e a desligou da desrazão, e como os internamentos foram se restringindo aos loucos e se transformando em instrumentos de exclusão motivada (preocupa-se com a relação entre o discurso científico e o aprisionamento racional da loucura, com vistas à exclusão através dos *asilos*): sob os títulos: *O Grande Medo, A Nova Divisão, Do Bom Uso*

[135] ARAÚJO, Inês Lacerda. **Foucault e a crítica do sujeito**. Curitiba: Ed. da UFPR, 2000, p. 33-34.

*da Liberdade, O Nascimento do Asilo, O Círculo Antropológico*. Entretanto, sob o ponto de vista da temática a ser abordada, pode-se dizer que a divisão maior consiste em três tópicos principais: a) o modo como os loucos eram vistos na alta idade média e a sua consequente exclusão nas naus; b) a constituição dos hospitais gerais no renascimento e os grandes internamentos; c) a medicina psicopatológica e os hospitais no controle e 'reeducação' dos loucos.

a) A primeira parte se abre com o tópico intitulado *Stultifera navis*, no qual Foucault procura fazer uma breve reflexão sobre o modo como a lepra desapareceu e cedeu lugar aos loucos, como elemento a ser retirado do convívio familiar e social. Para o pensador francês, os maiores leprozários, situados, sobretudo, ao redor de Paris, *Saint-Germain* e *Saint-Lazare*, ocuparam da Alta Idade Média ao final das Cruzadas o posto de lugares reservados a abrigar os anormais, que, segundo a Igreja Católica, representavam os excomungados divinos. Entretanto, após o controle da lepra pelas autoridades locais, entre os séculos XIV e XVII existe um período de latência, que vê paulatinamente sendo os antigos estabelecimentos reservados aos leprosos serem substituídos pelas casas de internamento (que muitas vezes se estabelecem dentro dos próprios muros dos antigos leprosários, herdando os seus bens) a fim de abrigar, então, os excomungados do poder régio, com o mesmo sentido que aqueles possuíam, quer dizer, o objetivo da exclusão: "Aquilo que sem dúvida vai permanecer por muito mais tempo que a lepra, e que se manterá ainda numa época em que, há anos, os leprosários estavam vazios, são os valores e as imagens que tinham aderido à personagem do leproso; é o sentido dessa exclusão, a importância no grupo social dessa figura insistente e temida que não se põe de lado sem se traçar à sua volta um círculo sagrado. (...) Desaparecida a lepra, apagado (ou quase) o leproso da memória, essas estruturas permanecerão. Frequentemente nos mesmo locais, os jogos da exclusão serão retomados, estranhamente semelhantes aos primeiros, dois ou três séculos mais tarde. Pobres, vagabundos, presidiários e 'cabeças alienadas' assumirão o papel abandonado pelo lazarento, e veremos que salvação se espera dessa exclusão, para eles e para aqueles que o excluem. Com um sentido inteiramente novo, e numa cultura bem diferente, as formas subsistirão – essencialmente, essa forma maior de uma partilha rigorosa que não é a exclusão social, mas reintegração espiritual."[136] Todavia, é nesse ínterim que o louco possui

[136] FOUCAULT, Michel. **Folie et déraison. Histoire de la folie** ..., p. 16-17. "Ce qui va rester sans doute plus longtemps que la lèpre, et se maintiendra encore à une époque où, depuis des années déjà, les léproseries seront vides, ce sont les valeurs et les images qui s'étaient attachées

uma dinâmica distinta, já que são os acometidos por 'doenças venéreas' que ocupam inicialmente os leprosários. Apesar de muitos de 'cabeça alienada' serem segregados nos leprosários, essa exclusão efetivamente só ocorre com a constituição dos hospitais gerais e os internamentos, quando necessariamente o louco passa a ser objeto 'domesticável' para o capitalismo, e atentatório para a sociedade.

Antes, porém, ainda no final da Idade Média e no começo do Renascimento, os loucos adquiriram, em avanços e retrocessos, uma personalidade distinta, que ora era enaltecida pelas obras primas da pintura e da literatura, ora servia ao divertimento da população, sendo somente isolados em casos extremos, quando apresentavam risco aos demais habitantes dos feudos. É nesse período que Foucault apresenta e interpreta a existência das chamadas *Nau dos Loucos*, ou também *Narrenschiff*, como na obra de Brant, de 1497, as quais se constituíam em estranhos barcos que ficam navegando sem rumo nos rios da Renânia e dos canais flamengos. Eram barcos que tinham por objetivo levar os loucos de um lugar certo a outro nenhum, com o objetivo primordial de excluí-los das vidas pacatas dos indivíduos. Ao contrário de encarcerá-los, colocavam-nos nestes barcos, como se fossem heróis em busca de sua verdade, tal como as obras de Jacop van Oestvoren *Blauwe Schute*, de Josse Bade *Stultiferae naviculae scaphae fatuarum mulierum*, e de Sumphorien Champier *Nau dos Prinícpes e das Batalhas da Nobreza*, quer dizer, eram barcos destinados a levar os loucos para longe, "torná-lo prisioneiro de sua própria partida", fazê-los prisioneiros no interior do exterior, prendê-los em sua própria passagem.[137] Ao

au personnage du lépreux; c'est le sens de cette exclusion, l'importance dans le groupe social de cette figure insistante et redoutable qu'on n'écarte pas sans avoir tracé autour d'elle un cercle sacré. (...) La lèpre disparue, le lépreux effacé, ou presque, des mémoires, ces structures resteront. Dans les mêmes lieux souvent, les jeux de l'exclusion se retrouveront, étrangement semblabes deux ou trois siècles plus tard. Pauvres, vagabonds, correctionaires et 'têtes aliénées' reprendront le rôle abandonné par le ladre, et nous verrons quel salut est attendu de cette exclusion, pour eux et pour ceux-là même qui les excluent. Avec un sens tout nouveau, et dans une culture très différente, les formes subsisteront – essentiellement cette forme majeure d'un partage rigoureux qui est exclusion sociale, mais réintégration sprirituelle." [trad. br. **História da loucura** ..., p. 06-07.]

[137] FOUCAULT, Michel. **Folie et déraison. Histoire de la folie** ..., p. 22. "... confier le fou à des marins, c'est éviter à coup sûr qu'il ne rôde indéfiniment sous les murs de la ville, c'est s'assurer qu'il ira loin, c'est le rendre prisonnier de son propre départ. (...) Il est prisonnier au milieu de la plus libre, de la plus ouverte des routes: solidement enchaîné à l'infini carrefour. Il est le Passager par excellence, c'est-à-dire le prisonnier du passage (...) Il n'a pas vérité et pas patrie que dans cette étendue inféconde entre deux terres qui ne peuvent lui appartenir." [trad. br. **História da loucura** ..., p. 11-12. ".. confiar o louco aos marinheiros é com certeza evitar que ele ficasse vagando indefinidamente entre os muros da cidade, é ter a certeza de que ele irá para longe, é torná-lo

mesmo tempo em que a loucura fica aprisionada nas 'barcas loucas', ela é foco de inúmeras discussões familiares, tomando as paisagens privadas. A loucura se torna personagem, encena nos palcos e se retrata nas pinturas, como o louco se torna o Bobo, ou o Simplório. Surgem, nesse período, as chamadas Festas dos Loucos, em Flandres e no Norte da Europa, bem como as sátiras de Corroz *Contre Fou Amour*, a pintura de Jerônimo Bosch *A Cura da Loucura* e a *Nau dos Loucos*, e a de Brueghel *Dulle Grete*, bem como a clássica obra de Erasmo de Roterdã *O Elogio da Loucura*. A loucura é, portanto, um elemento cultural, uma experiência, em substituição às batalhas dos tempos greco-romanos, e o sentimento da morte e do nada na Alta Idade Média.

b) A segunda parte do livro leva ao aparecimento das casas de correção e dos hospitais gerais, numa análise refletida sob o surgimento do capitalismo. Segundo Foucault, a liberação da loucura ao discurso poético, literário e às figuras da pintura, durante o Renascimento, vai paulatinamente sendo silenciada na época clássica, através da presença da razão como elemento de interpretação do louco. Apesar ainda da existência do profano na loucura, ela começa a ser gradativamente separada da razão, e considerada um verdadeiro erro, uma espécie de ofuscamento e perturbação da razão por "negros vapores da bílis", tal a compreensão de Descartes.[138] Nesse sentido, já no séc. XVI, a loucura é excluída pelo sujeito que duvida, e só retornará a ter parcialmente seu sentido com Hegel em *Die Phenomenologie des Geist*. É, assim, que a loucura passa a ser vista pela razão como forma exilada, quer dizer, a loucura passa a ser colocada fora do domínio no qual o sujeito possui seus direitos à verdade, sua própria razão.

Nesse compasso, uma vez excluída pelo sujeito que pensa, pelo próprio racionalismo, eis o que Descartes compreendia, já que estava ao lado do sonho e de todas as formas de erro, a loucura exige também um tratamento diferenciado do que fora dado na Idade Média, razão pela qual surgem, então, os grandes internamentos. No dia 07 de maio de 1657, segundo determinações do Édito Real, o Hospital Geral é criado, com o objetivo primordial de, igualmente aos leprosários, excluir todos aqueles que estavam longe das razões da sociedade, desde vagabundos, pobres, desempregados, correcionários até

prisioneiro de sua própria partida (...) É um prisioneiro no meio da mais livre, da mais aberta das estradas: solidamente acorrentado à infinita encruzilhada. É o passageiro por excelência, isto é, o Prisioneiro da passagem (...) Sua única verdade e sua única pátria são essa extensão estéril entre duas terras que não lhe podem pertencer."]

[138] FOUCAULT, Michel. **Folie et déraison. Histoire de la folie** ..., p. 49. [trad. br. **História da loucura** ..., p. 45.]

os insanos.[139] Os principais exemplos dessas casas de internamento foram: as *Workhouses* na Inglaterra e as *Zuchthäusern* na Alemanha. Trata-se de um lugar em que a loucura não experimenta mais seu lugar de passagem, mas de aprisionamento. "A experiência clássica da loucura nasce. A grande ameaça surgida no horizonte do século XV se atenua, os poderes inquietantes que habitavam a pintura de Bosch perderam sua violência. Algumas formas subsistem, agora transparentes e dóceis, formando um cortejo, o inevitável cortejo da razão. A loucura deixou de ser, nos confins do mundo, do homem e da morte, uma figura escatológica; a noite na qual ela tinha os olhos fixos e da qual nasciam as formas do impossível se dissipou. O esquecimento cai sobre o mundo sulcado pela livre escravidão de sua Nau: ela não irá mais de um aquém para um além, em sua estranha passagem; nunca mais ela será esse limite fugidio e absoluto. Ei-la amarrada, solidamente, no meio das coisas e das pessoas. Retida e segura. Não existe mais a barca, porém o hospital."[140]

O Hospital Geral não detém apenas poderes administrativos burocráticos e policiais, mas também poderes judiciários em relação a esses excluídos, pois os julga e executa suas penas. Tornam-se verdadeiros instrumentos do Estado, que começa a aparecer no absolutismo francês, para abarcar os contingentes das crises econômicas, evitando os desempregos e possibilitando mão-de-obra barata. A loucura está aí marcada pela ética do trabalho, estando muito próxima da inutilidade social; é vista como a própria história individual

[139] Foucault traz em anexo ao seu livro uma brochura anônima de 1676, sobre o Édito Real que deu origem ao surgimento do Hospital Geral, lá demonstrando que não se destinavam exclusivamente aos loucos, mas aos pobres e mendigos: "Proclamou-se pelas Homilias de todas as Paróquias de Paris que o Hospital Geral seria aberto a 07 de maio de 1657 para todos os pobres que nele quisessem entrar de vontade própria, e da parte dos magistrados proibiu-se, através de pregão público, que os mendigos pedissem esmolas em Paris. (...) Nesse dia, Paris mudou de aspecto, a maior parte dos mendigos se retirou para as Províncias, os mais sábios pensaram em ganhar a vida com seu próprio esforço. Sem dúvida foi um ato da proteção de Deus para essa grande obra, pois nunca se poderia acreditar que tudo seria tão pouco trabalhoso e terminasse tão bem." *in* FOUCAULT, Michel. **História da loucura** ..., p. 533-534.

[140] FOUCAULT, Michel. **Folie et déraison. Histoire de la folie** ..., p. 50. "L'expérience classique de la folie naît. La grande menace montée à l'horizon du XVe siècle s'atténue, les pouvoirs inquiétants qui habitaient la peinture de Bosch ont perdu leur violence. Des formes subsistent, maintenant transparentes et dociles, formant cortège, l'inévitable cortège de la raison. La folie a cessé d'être, aux confins du monde, de l'homme et de la morte, une figure d'eschatologie; cette nuit s'est dissipée sur laquelle elle avait les yeux fixés et d'où naissaient les formes de l'impossible. L'oubli tombe sur le monde que sillonnait le libre esclavage de sa Nef: elle n'ira plus d'un en-deça du monde à un au-delà, dans son étrange passage; elle ne sera plus jamais cette fuyante et absolue limite. La voilà amarrée, solidement, au milieu des choses et des gens. Retenue et maintenue. Non plus barque mais hôpital." [trad. br. **História da loucura** ..., p. 42.]

do desatino, que libera a razão imoral e a inocência da besta. A loucura é o não-ser, a ausência da razão. Paulatinamente, a linha entre a loucura, a 'desrazão' social e a sanidade começa a ser traçada, e os pobres e os vagabundos começam a ser excluídos das práticas dos internamentos. O médico, apesar de estar presente, é chamado somente quando o louco está em ataques, e para evitar que ataque outros, porém o internamento continua a ser uma prática jurisdicional-administrativa de internamento. Cria-se uma terapêutica da cumplicidade entre a medicina e a moral, para tratar os doentes, através das sangrias e, dos banhos e da confissão. "... o Hospital Geral não é um estabelecimento médico. É antes uma estrutura semijurídica, uma espécie de entidade administrativa que, ao lado dos poderes já constituídos, e além dos tribunais, decide, julga e executa. (...) o Hospital Geral é um estranho poder que o rei estabelece entre a polícia e a justiça, nos limites da lei: é a terceira ordem da repressão (...) É uma instância da ordem, da ordem monárquica e burguesa que se organiza na França nessa mesma época."[141]

c) Por fim, num último estertor, com o nascimento de uma psicopatologia, representada pela psiquiatria, pela psicologia e pela psicanálise, Foucault indaga a ciência positiva sobre a loucura e o surgimento dos asilos, isto é, diante da separação dos loucos e dos pobres, com o nascimento de um olhar médico no final do séc. XVIII, a loucura ingressa na época clássica da indissociável relação entre a loucura internada e a loucura tratada. Nesse sentido, destaca Foucault, que os asilos são criados, e as novas práticas de internamento são engendradas, com o intuito de tratar dessa nova visualização da loucura, desse, como dito *autre tour* da loucura. Trata-se de uma nova divisão, isto é, a exclusão continua a existir, mas a loucura rompe seus laços com o internamento, e passa a ser isolada nos asilos. "A loucura não rompeu o círculo do internamento, mas se desloca e começa a tomar suas distâncias. Dir-se-ia uma nova exclusão no interior da antiga ..."[142] As correntes destinadas a acalmar os loucos bestados vão gradativamente sendo substituídas pelas camisas de força, eis o fato da liberação dos acorrentados de *Bicêtre*, não mais com o objetivo de conter-lhes a animalidade, mas de limitar sua liberdade e seu espaço social.

[141] FOUCAULT, Michel. **Folie et déraison. Histoire de la folie** ..., p. 56. "... l'Hôpital général n'est pas un établissement médical. Il est plutôt une structure semi-juridique, une sorte d'entité administrative qui, à côté des pouvoirs déjà constitués, et en dehors des tribunaux, décide, juge et exécute. (...) l'Hôpital général est un étrange pouvoir que le roi établit entre la police et la justice, aux limites de la loi: le tiers-ordre de la répression." [trad. br. **História da loucura** ..., p. 50.]

[142] FOUCAULT, Michel. **Folie et déraison. Histoire de la folie** ..., p. 392. [trad. br. **História da loucura** ..., p. 384.]

É o momento em que a consciência política do internamento, antes do que filantrópica, demonstra-se nas crises do internamento e no aparecimento dos asilos. Em substituição aos olhares dos jurados dos Tribunais do Juri, que se dedicavam a condenar os loucos por seus crimes, e, dessa maneira os excluir, tal como às medidas administrativas dos hospitais gerais, os asilos aparecem no limiar do novo século, trazendo consigo a loucura na sua forma vigiada e tornada objeto, quer dizer, trazendo consigo os olhares de uma medicina positiva, que faz da loucura seu centro de conhecimento, e, ao mesmo tempo em que a liberta, aprisiona-a, objetivando, assim, pela primeira vez, o próprio homem. Nesse sentido, Foucault ressalta que a pscianálise jamais impõe um debate, mas exclusivamente um monólogo com a loucura, o olhar absoluto do vigilante.[143] É através do aparecimento da psicologia que a verdade do homem pode vir à tona, e formular a terrível e excludente distinção entre loucura, então como problema médico, e razão. Esse período é marcado pelo aparecimento das casas de reclusão na Inglaterra, e, principalmente na França, com o aparecimento dos hospitais de *Bicêtre* e de *Salpetrière*, mas, sobretudo, pelo aparecimento de Pinel e de Tuke. A medicina mental positiva liberta os loucos de sua animalidade e das correntes, evidentemente, mas os aprisiona dentro de sua objetivação (eis aqui o centro das críticas que Foucault faz ao mito de Pinel, quando afirma que as ideias do psiquiatra acabariam por determinar o próprio entendimento da loucura, e que, é causa de inúmeros desentendimentos com outros intelectuais). Nesse compasso, à medida que a loucura é internada para ser objetivada pelo olhar médico, é, ao mesmo tempo, transformada numa experiência trágica, quer dizer, a loucura se transforma como elemento transgressor da realidade, impondo aos homens o encontro consigo, com sua essência e sua verdade.

Com a psicologia, inúmeras práticas são desenvolvidas para tratar dos doentes mentais, como levar o louco a percepções artificiais da realidade, para que, através do choque 'desperte' sua razão, ou como dá-lo aos passeios e aos retiros, para que se reencontre com sua natureza. É no asilo que as práticas disciplinares, permitidas pelo saber, aparecem no gérmen que Foucault mais tarde desenvolverá em *Surveiller et Punir*. O médico, portanto, assume um papel indispensável de levar os doentes mentais à suas próprias razões, conduzindo-os através da ordem jurídica e moral. Esse tratamento, que engloba não

[143] FOUCAULT, Michel. **Folie et déraison. Histoire de la folie** ..., p. 259. [trad. br. **História da loucura** ..., p. 482.]

mais o espaço religioso,[144] mas moral, permanece no olhar médico da loucura, através da psicologia e da psiquiatria até o advento da psicanálise por Freud, quando, então, retira da objetividade do positivismo médico a condenação moral existente na loucura. Marca-se o momento em que a loucura passa a estar presa aos ditames da razão, e só então por ela é que poderia expressar-se ou reduzir-se ao silêncio.[145] Induz-se ao surgimento de uma 'círculo antropológico', isto é, para Foucault, a verdade do louco está presa ao determinismo da vontade médica, e ao reconhecê-la, perde-a no mesmo instante, pois ao fazê-lo, objetivando-a, torna-se não mais simplesmente a sua própria verdade, isto é, a verdade do alienado, mas a verdade do racional. Nesse sentido, a verdade do homem acaba por ser a loucura, a não-razão, presa pela própria razão, de tal modo que, o louco e o homem dizem a si suas próprias verdades, e o homem para indagar sua verdade, precisa fazer-se objeto, aprisionando, assim, sua razão em seu determinismo e seus condicionamentos. Desta maneira, para se conhecer o que o homem é, sua posição de sujeito, reflete Foucault, é indispensável saber o que o homem não é (o que se apresenta em sua loucura), o que o separa, através do conhecimento médico, da sua negação, de sua loucura.

## 2.3. O Nascimento da Clínica (1963)

Após alguns anos da publicação silenciosa de *Maladie Mentale et Personnalité* e dos esboços de *Folie et Déraison*, Foucault inaugura seu mundo acadêmico em 1963 com dois grandes livros, *Naissance de la Clinique*[146] e *Raymond Roussel*, um sobre a história da medicina e oriundo dos textos inutilisados de sua

[144] FOUCAULT, Michel. **Folie et déraison. Histoire de la folie** ..., p. 267. "L'asile, domaine religieux sans religion, domaine de la morale pure, de l'uniformisation éthique. Tout ce qui pouvait conserver en lui la marque des vieilles différences vient à s'effacer. (...) L'asile doit figure maintenant la grande continuité de la morale sociale. Les valeurs de la famille et du travail, toutes les vertus reconnues, règnent à l'asile...." [trad. br. **História da loucura** ..., p. 486. "O asilo, domínio religioso sem religião, domínio da moral pura, da uniformização ética. Tudo o que nele podia conservar a marca das velhas diferenças acaba por sumir. As últimas recordações do sagrado se extinguem. (...) O asilo deve figurar agora a grande continuidade da moral social. Os valores da família e do trabalho, todas as virtudes reconhecidas, imperam no asilo..."]

[145] FOUCAULT, Michel. **Folie et déraison. Histoire de la folie** ..., p. 09. "Le langage de la psychiatrie, qui est monologue de la raison *sur* la folie, n'a pu s'établir que sur un tel silence." [trad. do autor. "A linguagem da psiquiatria, que é monólogo da razão sobre a loucura, não pode se estabelecer senão sobre tal silêncio."]

[146] FOUCAULT, Michel. **Naissance de la clinique**. 6 ed. Paris: Presses Universitaire de France, 2000, 214p. [trad. br. **O nascimento da clínica**. (trad. Roberto Machado) 5 ed. Rio de Janeiro:

pesquisa maior sobre a loucura, e outro sobre crítica literária e vindo das relações sobre um escritor seguido pelo psiquiatra, do *Collège de France*, Pierre Janet. Este livro insere-se na trajetória filosófica de Foucault em busca de um esboço posteriormente concretizado de seus estudos sobre a saúde, a população, a sexulaidade, a bio-política;[147] e de uma crítica, que se evidenciará na obra seguinte, às Ciências Humanas, demonstrando como o nascimento da medicina moderna contribuiu para a racionalidade contemporânea e para a formação de uma estrutura política e sua forma de poder característica. Dizem, alguns, consoante as palavras de Didier Eribon, que tal livro teria sido escrito numa espécie de retorno às origens, dada a morte de seu pai, então médico famoso, no ano de 1959,[148] e que não teria recebida tanta repercussão, embora muito impressionasse a Lacan, como se verá adiante.[149]

A obra, apesar de por vezes negligenciada, foi bem recebida pelos críticos na França, em compensação, nos Estados Unidos, para muitos autores, tratou-se de uma obra horrível e entediante, consoante as palavras de Roger Hahn, que doze anos após a sua publicação, resenhou-o, com muito mau tom, para o famoso periódico *American Journal of Sociology*: "*Naissance de la Clinique* (1963), de Michel Foucault, é um livro terrível. É terrivelmente aborrecedor em virtude do estilo impressionístico; a defeituosa construção, o esforço proposital de criar novos conceitos através da manipulação da linguagem tradicional, e o desejo continuamente forçado de transcender o banal. É também

Forense Universitária, 1998, 241p.] [trad. in. **The birth of the clinic: an archaeology of medical perception**. (trad. A. M. Sheridan Smith) Nova York: Pantheon Books, 1973, 215p.]

147 BILLOUET, Pierre. **Foucault: figures du savoir**. Paris: Les Beles Lettres, 1999, p. 53. "L'évolution du jugement de Foucault sur son livre est solidaire d'une modification de sa compréhension de la médecine, du cours que prend son propre travail. La médecine continue à l'intéresser après le livre de 63, abusivement négligé par les commentateurs. En effet les thèmes de la santé, de la population et finalement de la sexualité, que l'on trouve dans le livre de 1975 et dans les cours des années suivantes sur la bio-politique, viennent directement de la différence du normal et du pathologique comme fondement da la médecine clinique, comme modèle des sciences humaines, et comme idée directrice des normalisations disciplinaires." [trad. do autor: "A evolução do julgamento de Foucault sobre o seu livro é solidária de uma modificação de sua compreensão da medicina, do curso que segue seu próprio trabalho. A medicina continua a interessá-lo após o livro de 63, abusivamente negligenciado pelos críticos. De fato, os temas da saúde, da população e finalmente da sexualidade, que se encontram no livro de 1975, e nos cursos dos anos seguintes sobre a bio-política, vêm diretamente da diferença do normal e do patológico como fundamento da medicina clínica, como modelo de ciências humanas, e como idéia diretora das normalisações disciplinares."]

148 ERIBON, Didier. **Michel Foucault**., p. 156.

149 ERIBON, Didier. **Michel Foucault**., p. 158.

terrivelmente perceptivo e sugestivo, pelo seu modo difícil de expressar. Relendo-o, eu tive a sensação de participar do ato momentâneo de criação, repleto de flashes de beleza, mas capaz de interpretações não contraditórias e totalmente diferentes."[150]

*Naissance de la Clinique* é um livro escrito num estilo um tanto poético, que esboça o método arqueológico de Foucault, bem como uma erudição inigualável, caminhado facilmente entre os conceitos médicos, filosóficos e históricos, sofrendo um pouco a influência heideggeriana, sobretudo do método fenomenológico, ao falar de uma história do ser, uma história do sujeito-para-a-morte. Algumas visões interpostas e esboçadas nesta obra sofrerão mais tarde algumas mudanças por parte de Foucault, pois, se não alteradas, pelo menos foram retiradas de seu objetivo principal, muitas vezes para dar a possibilidade de uma análise de uma biopolítica. Após a publicação do livro *Les Mots e Les Choses,* um novo conceito de "clínica" se demonstra, pois esta não passa a ser vista mais como uma ramificação ou mesmo a própria medicina moderna como ciência, tal como frenologia, a microbiologia, mas sobretudo, uma função discursiva. A medicina passará a ser lida como uma prática social, econômica, política e histórica. Certamente, alguns conceitos apenas são esboçados nessa obra, como a ideia de disciplina, de discurso e de arqueologia, ficando, inevitavelmente, inúmeros questionamentos e outros aprofundamentos para serem realizados mais tarde.

Foucault, diante da ruptura que se deu nas ciências biológicas no início do século XIX com a formação da medicina moderna, procura demonstrar a racionalização que se processou no conhecimento médico, e a sua vital importância para a transformação do conhecimento científico. Afirma que tal alteração, antes de ser uma modernização dos instrumentos técnicos utilizados, ou mesmo um refinamento dos conceitos, foi, sem dúvida, uma mudança nos objetos, nas instituições, nos conceitos e nos métodos.[151] Com a medicina

[150] HAHN, Roger. **Book review: 'The birth of clinic: an archaeology of medical perception**. Review American Journal of Sociology, Chicago, Ed. University of Chicago, v. 80, n. 6, p. 1503, may 1975. "Michel Foucault's *Naissance de la Clinique* (1963) is a terrible book. It is terribly annoying because of the impressionistic style, the faulty construction, the willful effort to create new concepts by manipulating traditional language, and the forced desire continually to trascend the banal. It is also terribly perceptive and suggestive, in ways that are hard to express. In reading it again, I had the sense of participating in a momentous act of creation full of flashes of beauty but capable of totally different, noncontradictory interpretations." [trad. do autor.]

[151] FOUCAULT, Michel. **Naissance de la clinique**. 6 ed. Paris: Presses Universitaire de France, 2000, p. 53. "Non seulement le nom des maladies, non seulement le groupement des symptômes n'étaient pas les mêmes; mais ont varié aussi les codes perceptifs fondamentaux qu'on appliquait

moderna um novo modo surgiu de se olhar as relações estabelecidas entre doentes e médicos, doentes e familiares e cientistas, dando-se origem a novas formas de conhecimento e práticas institucionais. Formas que permitiram a passagem, assim como da História Natural à Biologia, da Medicina Clássica à Medicina Moderna, antes meramente argumentativa, agora anátomo-clínica e classificatória.

Nessa alteração epistemológica que se processou no conhecimento médico, novas configurações institucionais ocorreram, isto é, novas formas de se tratar o conhecimento prático, novos modos de tratamento físico abriram o plano da *praxis* da *ars medicare*, como o nascimento do hospital, antes mero órgão de assistência ao pobre e de preparação para a morte, em que se privilegiava a "salvação", agora passa a ser o lugar destinado ao exercício da cura e do ensino da medicina, abrindo-se espaço para a "saúde".

Com a medicina moderna, o saber médico desliza de uma análise abstrata das doenças, para a uma análise mais concreta, inserindo-se como conhecimento que se produz sobre o corpo doente, e não sobre a alma ou o corpo da doença. Nesse compasso, em que o corpo ganha ênfase na doença, surge concomitantemente à medicina moderna, uma medicina do espaço social, um biopoder que se opera no nível estatal, transformando a doença, antes mero intruso a ser extirpado da individualidade, em problema político e de administração urbana, que atinge as cidades e as suas instituições. Duas são, portanto, as vitais alterações que permitiram o surgimento de um novo olhar médico, qual sejam, a nova epistemologia da medicina e o rearranjo espacial operado pela transformação dos hospitais.

Antes de ingressar na descrição do papel de transformação da disposição dos hospitais, Foucault procura investigar o visível o e invisível das doenças e do poder sobre o corpo dos doentes, ou seja, busca, através de um olhar arqueológico, demonstrar como a medicina clássica saiu de uma interrogação sobre pergaminhos molhados e membranas, para chegar a um novo olhar médico, que parte de outra linguagem para analisar a doença. Entende o autor, que passou a existir uma nova disposição do olhar médico, o qual passou a

au corps des malades, le champ des objets auxquels s'adressait l'observation, les surfaces et profondeurs que parcourait le regard du médecin, tout le système d'orientation de ce regard." [trad. br. **O nascimento da clínica**. (trad. Roberto Machado) 5 ed. Rio de Janeiro: Forense Universitária, 1998, p. 59. "Não apenas mudaram o nome das doenças e o agrupamento dos sintomas; variaram também os códigos perceptivos fundamentais que se aplicavam ao corpo dos doentes, o campo dos objetos a que se dirigia a observação, as superfícies e profundidades que o olhar do médico percorria, todo o sistema de orientação deste olhar."]

analisar o "dizível" das doenças, de acordo com os conteúdos visíveis. Houve, uma mudança no nível da linguagem, pois "o que mudou foi a configuração surda em que a linguagem se apóia, a relação de situação e de postura entre o que fala e aquilo de que se fala".[152] Não houve, enfim, uma alteração dos conceitos, mas simplesmente a descoberta de uma positividade da medicina moderna, ou seja, de tal modo que a relação entre visível e invisível passou a fazer parte do olhar e da linguagem médicos. A clínica, que surge com a medicina moderna, passa a ser a nova experiência do médico com o perceptível e o enunciável, entre a doença e o organismo, entre a linguagem e a patologia. Surge, no âmbito do saber, uma reestruturação e reorganização da doença.

Não chegando à medicina do século XX, operada pela anátomo-clínica, um tanto mais especializada, Foucault permance, pela importância de sua ruptura, nas suas análises da clínica ou "protoclínica", que objetivou estabelecer o espaço de configuração da doença em harmonia com o espaço de localização do mal no corpo. O olhar médico, antigamente, não se dirigia diretamente ao corpo, ao visível, mas aos intervalos de natureza, às lacunas, e às distâncias entre os signos, à doença, de tal modo, como afirma Foucault, que "o espaço do corpo e o espaço da doença têm liberdade de se deslocar um com relação ao outro".[153] A doença, com o novo olhar médico, ganha uma espacialização terciária, isto é, ganha uma dimensão social, passa a ser o centro de estudos e de atuações políticas.[154] Antes tratada em casa, onde era seu lugar natural,

[152] FOUCAULT, Michel. **Naissance de** ..., p. VII. "Ce qui a changé, c'est la configuration sourde où le langage prend appui, le rapport de situation et de posture entre ce qui parle et ce dont on parle." [trad. br. **O nascimento** ..., p. IX.]

[153] FOUCAULT, Michel. **Naissance de** ..., p. 8. "L'espace du corps et l'espace de la maladie ont l'atitude de glisser l'un par rapport à l'autre." [trad. br. **O nascimento** ..., p. 9.]

[154] FOUCAULT, Michel. **Naissance de** ..., p. 15. "... la maladie est le lieu des dialectiques diverses: institutions hétérogènes, décalages chronologiques, luttes politiques, revendications et utopies, contraintes économiques, affrontements sociaux. En elle, tout un corps de pratiques et d'institutions médicales font jouer les spatialisations primaire et secondaire avec les formes d'un espace social dont la genèse, la structure et les lois sont de nature différente. Et pourtant, ou plutôt pour cette raison même, elle est le point d'origine des mises en question les plus radicales. Il est arrivé qu'à partir d'elle, toute l'expérience médicale bascule et définisse pour ses perceptions les plus concrètes des dimensions et un sol nouveaux." [trad. br. **O nascimento** ..., p. 16. "... a doença é, porém, o lugar de dialéticas diversas: instituições heterogêneas, decalagens cronológicas, lutas políticas, reivindicações e utopias, pressões econômicas, afrontamentos sociais. Nela, todo um corpo de práticas e instituições médicas articula as espacializações primária e secundária com as formas de um espaço social de que a gênese, a estrutura e as leis são de natureza diferentes. A partir dela, a experiência médica oscilou e definiu, para suas percepções, dimensões mais concretas e um novo solo."]

com a "doçura dos cuidados espontâneos", a doença sofrerá uma intervenção mais fria e inóspita, quando passa a ser tratada pelos hospitais; há uma espécie de espacialização institucional da doença.[155]

De outro lado, Foucault analisa o aparecimento do hospital como tecnologia médica e de medicina hospitalar, pois argumenta que antes do hospital se tornar, a partir do século XVIII, uma instituição destinada a correlacionar doentes e ciência médica, num surgimento eminentemente terapêutico, o hospital era essencialmente uma instituição de assistência aos pobres, uma "institucionalização da miséria", uma forma de impedir que existissem focos de desordem econômico e social[156], e, especialmente, de separação e exclusão social, pois o pobre portador de doença seria ainda mais perigoso, estigmatizando-o, portanto, na sua condição de miséria. Tanto que os montanheses no período revolucionário empinavam seus gritos "não mais indigentes, não mais hospitais"[157]. Nesse sentido, o hospital já existia desde muito tempo, embora a medicina como ciência não estivesse presente ou fosse nada mais que uma prática não hospitalar, e se destinava não como meio de cura, haja vista que várias expedições de médicos a ordens dos imperadores demonstravam que inúmeras vezes os hospitais mais produziam patologias do que curas, mas como meio de assistir material e espiritualmente os pobres, numa espécie de último sacramento. Para ser possível o aparecimento dessa concepção dos hospitais, resgata Foucault a existência dessas expedições, que através de seus inquéritos demonstraram a imensa relação entre o olhar médico e os doentes, bem como entre estes e a arquitetura dos hospitais. Relocamentos entre doentes eram realizados, pois se percebiam que os doentes hospitalizados por febre não poderiam ser dispostos nos mesmos leitos dos acometidos por qualquer ferida, sob perigo de contágio, bem como não poderiam restar juntos parturientes e doentes com feridas, porque o risco de mortalidade aumentava.

[155] FOUCAULT, Michel. **Naissance de** ..., p. 19. [trad. br. **O nascimento** ..., p. 21.]

[156] FOUCAULT, Michel. **Naissance de** ..., p. 15-16. "L'hôpital, comme la civilisation, est un lieu artificiel où la maladie transplantée risque de perdre son visage essentiel. Elle y rencontre tout de suite une forme de complications que les médecins appellent fièvre des prisons ou des hôpitaux: asthénie musculaire, langue sèche, saburale, visage plombé, peau collante, dévoiement digestif, urine pâle, oppression des voies respiratoires ..." [trad. br. **O nascimento** ..., p. 17. "O hospital, como a civilização, é um lugar artificial em que a doença, transplantada, corre o risco de perder seu aspecto essencial. Ela logo encontra nele um tipo de complicação que os médicos chamam febre das prisões ou dos hospitais: astenia muscular, língua seca, saburra, rosto lívido, pele pegajosa, diarréia, urina descorada, opressão nas vias respiratórias....."]

[157] FOUCAULT, Michel. **Naissance de** ..., p. 66. "Plus d'indigents, plus d'hôpitaux" [trad. br. **O nascimento** ..., p. 75.]

Mas antes de se operar essa mudança no olhar médico, e, sem dúvida da medicina e das instituições, os hospitais representavam, nas argumentações do autor, verdadeiros lugares de mortes coletivas, "morredouros"[158], cujos leitos não eram tratados por médicos, mas por leigos, geralmente religiosos e caridosos, que buscavam ajudar aos doentes, isto é, pobres, a fim de que obtivessem a salvação eterna. Resumia-se num lugar de transição entre a vida e a morte, de separação entre a população e os indivíduos perigosos à saúde geral. Nessa vertente, permaneceram os hospitais, sobretudo o Hospital Geral, até o século XVIII, como lugares de internamento, onde se misturavam loucos, doentes, devassos, prostitutas, como forma de exclusão, assistência e transformação espiritual. Os hospitais tinham, portanto, fundamental relevância para a disposição política do Estado, pois se tornavam indispensáveis à estrutura social, como forma de proteção, "proteção das pessoas sadias contra a doença; proteção dos doentes contra as práticas das pessoas ignorantes."[159]

Nessa perspectiva, a experiência hospitalar, como o conjunto de observações no interior do hospital para registrar as constâncias, as generalidade e os elementos particulares das doenças[160], inexistia na formação do médico, cujo ritual se restringia a uma simples leitura dos poucos livros e de transmissão de receitas. Eis porque o momento da "crise" ou do "surto" era de suma importância, pois era somente ali que o médico interferia sobre o doente e a doença.

Estavam, portanto, apartados médico, hospital e medicina, e um dos grandes fatores para a transformação dos hospitais como assistência para os hospitais terapêuticos, não foi simplesmente a busca de uma melhora da atuação dos hospitais, mas, sobretudo, a anulação dos efeitos negativos e nocivos ao desenvolvimento de novas patologias[161], bem como o controle da desordem

[158] FOUCAULT, Michel. **Naissance de** ..., p. 16. "Et puis, peut-on effacer les fâcheuses impressions que fait sur un malade, arraché à sa famille, le spectacle de ces maisons qui ne sont pour beaucoup que 'le temple de la mort.'" [trad. br. **O nascimento** ..., p. 17. "... e, além disso, pode-se apagar as desagradáveis impressões que causam ao doentes, afastado de sua família, o espetáculo dessas casas que não são para muitos senão 'o templo da morte'."]

[159] FOUCAULT, Michel. **Naissance de** ..., p. 41. "Protection des gens sains contre la maladie; protection des malades contre les pratiques des gens ignorants." [trad. br. **O nascimento** ..., p. 45.]

[160] FOUCAULT, Michel. **Naissance de** ..., p. 4. "La maladie est perçue fondamentalement dans un espace de projection sans profondeur, et de coïncidence sans déroulement." [trad. br. **O nascimento** ..., p. 4. "A doença é percebida fundamentalmente em um espaço de projeção sem profundidade e de coincidência sem desenvolvimento."]

[161] FOUCAULT, Michel. **Naissance de** ..., p. 18. "L'hôpital, créateurs de la maladie par le domaine clos et pestilentiel qu'il dessine, l'est une seconde fois dans l'espace social où il est placé." [trad. br. **O nascimento** ..., p. 20. "O hospital, criador de doença, pelo domínio fechado e pestilento que representa, também o é no espaço social em que etá situado.."]

institucional e de ordem econômico-social. Tanto é evidente, que destaca Foucault ter começado essa busca pela ordem hospitalar, surgindo os primeiros regulamentos, justamente nos hospitais marítimos e militares[162], onde a desordem reinava, haja vista o tráfico de mercadorias trazidas das colônias.

Com o surgimento de uma tecnologia política, denominada disciplina, que Foucault mais tarde irá traçar, aparece, além de levar os hospitais para a periferia dos centros urbanos a fim de isolar o nefasto aos olhos da população, a necessidade de existirem nos hospitais formas diferentes de rearranjo estrutural, como leitos individuais, a fim de que o hospital se torne um meio de intervenção sobre o doente. Surge, enfim, uma medicina que passa a atuar nos hospitais, pois o médico não era mais um simples religioso, mas o ator principal da organização hospitalar. Os médicos passam a acompanhar a vida dos doentes, e sua presença se afirma no cotidiano dos hospitais, antes destinadas aos abastados, quando íam pessoalmente às suas casas. Os médicos ganham, enfim, uma dimensão institucional, e, por conseguinte, política.[163] Surgem junto com os médicos, em virtude de uma alteração na medicina, uma nova hierarquia nos hospitais, compostas por enfermeiros, alunos, assistentes, etc., bem como uma nova visão dos doentes, que passam a ser identificados por pulseiras, formam-se bancos de dados e registros, transformando o hospital, não em simples terapia, mas, sobretudo, em cadastro documental, de acúmulo de saber e informação.

Nesse contexto, o saber médico sai dos artigos e grandes tratados para fazer parte do dia-a-dia do hospital, e o ensino médico deve passar obrigatoriamente pelas práticas hospitalares, surgindo então a "clínica", como espaço

[162] FOUCAULT, Michel. **Naissance de** ..., p. 57. "C'est dans les hôpitaux militaires que l'enseignement clinique fut d'abord organisé; le Règlement pour les hôpitaux établi en 1775 porte en son article XIII que chaque année d'étude doit comprendre un 'cours de pratique et clinique des principales maladies qui règnent parmi les troupes dans les armées et garnisons'." [trad. br. **O nascimento** ..., p. 64. "Foi nos hospitais militares que se organizou primeiramente o ensino clínico; o regulamento para os hospitais estabelecidos em 1775 reza, em seu art. XIII, que cada ano de estudo deve compreender um curso de prática e de clínica das principais doenças que reinam entre as tropas nos exércitos e guarnições.."]

[163] FOUCAULT, Michel. **Naissance de** ..., p. 33-34. "La première tâche du médecin est donc politique: la lutte contre la maladie doit commencer par une guerre contre les mauvais gouvernements: l'homme ne sera totalement et définitivement guéri que s'il est d'abord libéré." [trad. br. **O nascimento** ..., p. 37. "A primeira tarefa do médico é, portanto, política: a luta contra a doença deve começar por uma guerra contra os maus governos; o homem só será total e definitivamente curado se for primeiramente liberto...."]

de organização do hospital e lugar de formação e transmissão de saber.[164] A medicina, dentro de uma espaço hospitalar individualizado, que singulariza os doentes e as suas doenças, passa a auscultar, através do corpo do doente, a doença, e leva o ensino dos bancos escolares ao cotidiano hospitalar, ao campo concreto[165]. A clínica passa a ser o elemento de acumulação positiva, isto é o constante olhar sobre o doente, a atenção milenar[166]; passa a ser uma determinada maneira de dispor a verdade adquirida e apresentada, tornando o doente um caso, um caso a ser estudado; tornando-se, então, pedagógica, dizendo respeito à instrução dada pelos professores aos alunos.[167] A clínica, assim, estabelece um novo código de saber, não sendo mais um mero olhar de um observador, mas o de um médico apoiado e justificado pela instituição, que passa a ter poder de decisão e intervenção.

Surge, desse modo, um novo olhar médico, um olhar clínico "como um ato perceptivo subentendido por uma lógica das operações", um olhar analítico, que abre cadáveres, uma nova observação clínica, uma anátomo-clínica a partir de Bichat e Broussais no século XIX, conjugando um domínio hospitalar, da prática, e um domínio pedagógico, do conhecimento[168]; um olhar que escuta e um olhar que fala, permitindo um equilíbrio entre a palavra e o espetáculo[169]; surge, enfim, uma nova epistemologia da doença, uma nova análise do visível e do invisível, uma nova luminosidade, que permitiu a formação de uma medicina clínica, e, portanto, de uma importante disposição do saber.[170]

[164] FOUCAULT, Michel. **Naissance de** ..., p. 31. "Le lieu où se forme le savoir, ce n'est plus ce jardin pathologique où Dieu avait distribué les espèces, c'est une conscience médicale généralisée, diffuse dans l'espace et dans le temps, ouverte et mobile, liée à chaque existence individuelle, mais aussi bien à la vie collective de la nation, toujours éveillée sur le domaine indéfini où le mal trahit, sous ses aspects divers, sa grande forme massive." [trad. br. **O nascimento** ..., p. 35. "O lugar em que se forma o saber não é mais o jardim patológico em que Deus distribui as espécies; é uma consciência médica generalizada, difusa no espaço e no tempo, aberta e móvel, ligada a cada existência individual, mas também à vida coletiva da nação, sempre atenta ao domínio indefinido em que o mal trai, sob seus aspectos diversos, sua grande forma."]

[165] FOUCAULT, Michel. **Naissance de** ..., p. 68. [trad. br. **O nascimento** ..., p. 77.]

[166] FOUCAULT, Michel. **Naissance de** ..., p. 53. [trad. br. **O nascimento** ..., p. 59.]

[167] FOUCAULT, Michel. **Naissance de** ..., p. 60. [trad. br. **O nascimento** ..., p. 68.]

[168] FOUCAULT, Michel. **Naissance de** ..., p. 111. "Il n'y a donc pas de différence de nature entre la clinique comme science et la clinique comme pédagogie." [trad. br. **O nascimento** ..., p. 125. "Não existe, portanto, diferença de natureza entre a clínica como ciência e a clínica como pedagogia ."]

[169] FOUCAULT, Michel. **Naissance de** ..., p. 116. [trad. br. **O nascimento** ..., p. 131.]

[170] FOUCAULT, Michel. **Naissance de** ..., p. 202. [trad. br. **O nascimento** ..., p. 229.]

## 2.4. Raymond Roussel (1963)

A obra *Raymond Roussel*,[171] editada em 1963 pela Gallimard, na coleção *Le Chemin*, trata-se de um ensaio de valor único em toda a bibliografia de Michel Foucault, em virtude, sobretudo, da temática literária que ascende em sua pesquisa. É o momento em que Foucault vai lentamente deixando sua perspectiva da psicologia para trás, e começa a antever os horizontes das palavras e do discurso, que fará parte de suas orientações a partir da metade da década de sessenta. Entretanto, não se trata de um rompimento total, já que a sua obra havia sido esboçada em *Folie et Déraison*, quando Foucault se propôs a reescrever o discurso da loucura a partir de sua própria linguagem; e os textos de Roussel serviam-lhe ao propósito. A loucura de Roussel, se verdadeira ou não, tal como defendera mas não a curara seu psiquiatra Janet, permitiu a Foucault reeditar a vida deste autor, que não receberá, embora tenha lutado incessantemente, o acolhimento do público.[172]

Foucault inicia seu estudo argumentado o fato de Roussel aparentemente respeitar a ordem das cronologias em sua obra – começa tratando de temas da juventude e segue em linha reta até a maturidade, refletida, para o autor, nas *Nouvelles Impressions d'Afrique*. Mas isto não ocorre no que se refere à distribuição do discurso e ao seu espaço interior: eles têm sentido contrário e, num primeiro plano, e em grandes caracteres, o procedimento organiza os textos iniciais; em seguida, em estágios mais cerrados, alguns mecanismos são apenas indicados, como ocorre nas *Nouvelles Impressions d'Afrique* e no *Locus Solus*.[173]

Mas é ao final de sua vida apenas que Roussel resolve estender a sua obra e, diante dela, tenta, em seu último livro, *Comment j'ai écrit certains de mes livres*, publicado somente após a sua morte (póstumo e secreto), de certa forma, explicar o que fez durante toda sua vida, tal como afirma Foucault na seguinte passagem do primeiro capítulo: "O *'comment'* inscrito por Roussel na frente de sua obra final e reveladora nos introduz não apenas no segredo de sua

[171] FOUCAULT, Michel. **Raymond Roussel**. (trad. Manoel Barros da Motta e Vera Lucia Avellar Ribeiro) Rio de Janeiro: Forense Universitária, 1999, 147p.

[172] FOUCAULT, Michel. **Pourquoi réédite-t-on l'œuvre de Raymond Roussel? Un précurseur de notre littérature moderne**. Dits et Écrits (org. Daniel Defert et François Ewald). v. 1 Paris: Gallimard, 1994, p. 421-424.

[173] Há uma versão do primeiro capítulo de *Raymond Roussel* em francês, publicada no verão de 1962, em *Lettre Ouverte*, e reproduzida na coletânia *Dits et Écrits*, sob a seguinte referência: FOUCAULT, Michel. **Dire et voir chez Raymond Roussel**. Dits et Écrits (org. Daniel Defert et François Ewald). v. 1 Paris: Gallimard, 1994, p. 205-215.

linguagem, mas no segredo de sua relação com tal segredo, não para nos guiar aí, mas para nos deixar pelo contrário desarmados, e num embaraço absoluto quando se trata de determinar esta forma de reticência que manteve o segredo nesta reserva de um golpe desatado."[174] Porém, embora, ao que parece, a intenção de Roussel tenha sido a de fornecer parâmetros que simplificassem a leitura de seus textos, que desvendassem o seu segredo, o que se pode concluir, segundo Foucault, é que ou o segredo é irreconhecível, ou apenas tornou ainda mais difícil o seu acesso. O livro oculta muito mais do que desvela a sua revelação prometida, ele oculta, com o pretexto de revelar (como Roussel já havia feito em outros de seus textos), "a verdadeira força subterrânea de onde jorra a linguagem."[175]

E a linguagem de Roussel, para Foucault, é oposta à palavra iniciática. Vale dizer, ela não aponta na direção de que existe um segredo. Pelo contrário, ela aponta no sentido da incerteza em existir um segredo, em não existir nenhum, ou existirem vários e, caso existam, quais são. Ele não promete nada. De qualquer forma, a obra, na opinião de Foucault, "impõe sistematicamente uma inquietude informe, divergente, centrífuga, orientada não para o mais reticente dos segredos, mas para o desdobramento e a transmutação das formas mais visíveis: cada palavra é, ao mesmo tempo, animada e arruinada, preenchida e esvaziada pela possibilidade de que haja uma segunda – esta ou aquela, ou nem uma nem outra, mas uma terceira, ou nada"[176].

A partir destas considerações iniciais, Foucault parte para uma análise mais pormenorizada da obra de Roussel, apontando, de início, as figuras que de uma forma geral vão estar sempre presentes na obra do autor, quais sejam, aprisionamento e liberação, exotismo e criptograma, suplício pela linguagem e salvação por esta mesma linguagem, soberania das palavras cujo enigma constrói cenas mudas... Além disso, atenta para o fato de que Roussel, de regra, sempre vai utilizar-se de uma série de palavras idênticas que dizem coisas diferentes, com significados diferentes. A ambiguidade das palavras é bastante utilizada, não só como recurso, mas também como limite. Por isso é que Foucault entende que a experiência de Roussel situa-se num "espaço tropológico" do vocabulário, isto é, um espaço em que as palavras não nascem enquanto figuras canônicas, mas sim, em verdade, abre-se um verdadeiro vazio na linguagem, completamente suscetível de armadilhas. E as figuras

[174] FOUCAULT, Michel. **Raymond** ..., p. 02.
[175] FOUCAULT, Michel. **Raymond** ..., p. 06.
[176] FOUCAULT, Michel. **Raymond** ..., p. 09.

que ele constrói neste vazio são o que Foucault chama de "inverso metódico das figuras de estilo"[177]. A linguagem utilizada por Roussel sempre procura dizer duas coisas com as mesmas palavras, com um impiedoso círculo que reconduz necessariamente as palavras ao seu ponto de partida. Por exemplo, em seus textos, muitas vezes a frase inicial abre vários círculos no tempo e no espaço que, após, torna-se também a frase final – a frase epônima se repete. E, entre este início e este fim, algo de importante se produz no estatuto da linguagem, alguma coisa indecisa e difícil de situar.

E, além de uma linguagem ambígua, Roussel muito se utiliza da repetição. Mas não apenas de mera repetição, senão que repetição fundada em pequenas diferenças que induzem paradoxalmente à identidade. A rima tem aqui papel importante. Trata-se de verdadeiro metagrama, que pode ser perfeitamente observado em *Chiquenaude*, no qual não só o jogo de palavras semelhantes é muito bem utilizado, mas também o já mencionado retorno à frase inicial.

A técnica de Roussel, seu procedimento, no entanto, renova-se ou evolui, como se pode observar a partir das *Nouvelles Impressions d'Afrique*. As frases homônimas não mais se localizam no início e no final do texto, mas sim estão nele inseridas. Há lacunas entre as palavras. Assim, seu objetivo agora é organizar, de acordo com um discurso menos aleatório, o mais inevitável dos acasos. A frase epônima é desconhecida e o retorno não há mais – ela está pulverizada. O acaso serve a destruir e reconstruir as palavras. A linguagem aleatória e necessária de Roussel, neste sentido, como toda linguagem literária, revela-se como uma "destruição violenta da satisfação cotidiana, mas matém-se indefinidamente no gesto hierático deste assassinato", e "como linguagem cotidiana, ela repete sem trégua, mas esta repetição não tem como sentido recolher e continuar; ela guarda o que repete na abolição de um silêncio que projeta um eco necessariamente inaudível"[178].

Como resultado, então, tem-se máquinas de reprodução que ocultam muito mais do que mostram o que devem mostrar. "Visibilidade irradiante onde nada é visível"[179]. São máquinas bifurcadas e maravilhosas, pois repetem numa linguagem absolutamente compreensível e coerente, uma linguagem que em verdade é muda e destruída ou ainda, repete apenas por imagens uma história com sua longa narrativa – o "sistema ortogonal de repetições"[180]. Em

[177] FOUCAULT, Michel. **Raymond** ..., p. 13.
[178] FOUCAULT, Michel. **Raymond** ..., p. 38.
[179] FOUCAULT, Michel. **Raymond** ..., p. 43.
[180] FOUCAULT, Michel. **Raymond** ..., p. 44.

suma, o que se diz é que todos os aparelhos de Roussel (aí compreendidas as maquinarias, as figuras de teatro, as reconstituições históricas, entre outros) são, de uma forma mais ou menos visível, com mais ou menos densidade, não apenas repetições de sílabas ocultas ou figurações de uma história a descobrir, senão que a imagem de seu próprio procedimento, aferível apenas com a leitura de seu último texto, *Comment j'ai écrit certains de mes livres*, em verdade a última de suas máquinas, capaz de tornar visível todas as outras utilizadas durante toda a sua obra. Para Foucault, Roussel não é apenas o engenheiro destas máquinas todas, mas é também as próprias máquinas. E estas máquinas "não fabricam o ser, elas mantêm as coisas no ser"[181]. E mais: elas transformam as narrativas de Roussel numa linguagem simplificada tal qual a que se encontra nos contos infantis e tal proximidade com o extraordinário aproxima Roussel de um de seus ídolos, Julio Verne.

Além disso, estes aparelhos, encenações, adestramentos e proezas exercem em Roussel duas grandes funções míticas: unir e reencontrar (há figuras que unem, há figuras que reecontram e há, entre elas, um verdadeiro curto-circuito pelo seu entrecruzamento), que dão origem a dois grandes espaços míticos: "o espaço rígido, barrado, involucrado, da pesquisa, do retorno, do tesouro (é o espaço dos Argonautas ou do labirinto), e o espaço comunicativo, polimorfo, contínuo, irreversível da metamorfose, ou seja, da mudança à vista, dos percursos instantaneamente transpostos, das afinidades estranhas, das substituições simbólicas (é o espaço da besta humana)"[182]. Para Roussel, enfim, a metamorfose sempre teve por objetivo fazer triunfar a vida ou enganar a morte, embora acabe repetindo, como sói acontecer, também o seu contra senso, ou seja, a passagem da vida para a morte.

Há textos, porém, que não fazem parte daqueles aos quais se referiu Roussel em seu último livro. Há textos absolutamente estranhos ao procedimento. São cinco textos publicados entre a época *Chiquenaude* e a época *Impressions*: dois deles (*l'Inconsolable* e *les Têtes de Carton*), ao que parece, escritos antes de estruturado o procedimento, e três deles (*la Vue, la Source* e *le Concert*) escritos quando já funcionava o mecanismo da repetição. Não obstante, não se pode negar que a linguagem de Roussel foi sempre dupla, com rima, com (em verso) ou sem procedimento (em prosa). Isso não implica dizer, todavia, que estes outros textos não foram submetidos a um outro procedimento: a ausência do procedimento pode significar a presença de um outro (ou outros)

[181] FOUCAULT, Michel. **Raymond** ..., p. 63.
[182] FOUCAULT, Michel. **Raymond** ..., p. 67.

procedimentos, mas também pode significar a ausência de qualquer um deles. O que é certo é que com o conhecimento do procedimento se pode identificar tudo aquilo que a ele não pertence.

Diante disso, assevera Foucault sobre a linguagem de Roussel: "não é que sua linguagem tivesse querido ocultar alguma coisa; é que, de um extremo ao outro de sua trajetória, ela encontrou sua constante morada no duplo oculto do visível, e no duplo visível do oculto. Longe de fazer, como a fala dos iniciados, uma divisão essencial entre o divulgado e o esotérico, sua linguagem mostra que o visível e o não-visível indefinidamente se repetem, e que esse desdobramento do mesmo dá à linguagem seu signo: o que a torna possível desde a origem entre as coisas, e o que faz com que as coisas só sejam possíveis através dela"[183].

No penúltimo capítulo do livro, dedica-se Foucault a um exame detalhado do livro *Nouvelles Impressions d'Afrique*, também, segundo ele, alheio ao procedimento, porém em verso. Na verdade, constituem o repetido nascimento das antigas e são novas porque mais jovens que as primeiras, uma vez que acabam por contar o nascimento destas.

Para terminar, Foucault encerra suas considerações afirmando que Roussel criou sua própria geometria (as coisas, as palavras, o olhar, a morte, o sol e a linguagem) e tornou possível que dele se falasse a partir de sua própria linguagem. "Ele abriu à linguagem literária um estranho espaço, que se poderia dizer linguístico, se dela ele não fosse a imagem invertida, a utilização sonhadora, encantada e mítica. Se isolamos a obra de Roussel desse espaço (que é o nosso), não mais podemos reconhecer nela nada além das arrojadas maravilhas do absurdo, ou floreados barrocos de uma linguagem esotérica, que quereria dizer 'outra coisa'. Se, ao contrário, a reintegramos, Roussel aparece tal como definiu a si próprio: o inventor de uma linguagem que só diz de si, uma linguagem absolutamente simples em seu ser desdobrado, de uma linguagem da linguagem, encerrando seu próprio sol em seu desfalecimento soberano e central"[184].

183 FOUCAULT, Michel. **Raymond** ..., p. 105.

184 FOUCAULT, Michel. **Raymond** ..., p. 147.

## 2.5. As Palavras e As Coisas (1966)

Publicada em abril de 1966, pela *Gallimard*, a obra *Les Mots et Les Choses*, apesar da complexidade teórica, esgotou-se nas livrarias em poucos meses, levando Foucault a um lugar de destaque no cenário acadêmico até então lhe renegado, vez que ainda não havia obtido a cátedra no *College de France* ou mesmo tido uma dimensão e atuação políticas. Inicialmente, pensava Foucault em chamá-la *La Prose du Monde* ou *L'Ordre des Choses*, tanto que as edições inglesa e alemã levaram esse nome: *The Order of Things* e *Die Ordnung der Dinge*[185], que Foucault sempre acreditou ser o nome mais apropriado, mas desiste, e prefere dar-lhe o nome com o qual ficou conhecida.

A obra clássica de Foucault, apesar do vocabulário estreito e da magnitude do texto, tem imediato sucesso nas livrarias francesas, e no mundo, destacando-o como um filósofo internacional. Em menos de três meses, uma nova tiragem saiu, e assim ano após ano, chegando a vendas respeitadas no mundo comercial, provocando, nas palavras de Didier, repercussões de elogios, como as de Jean Lacroix, Robert Kanters, François Châtelet e Louis Aragon, mas ecos críticos, como do cineasta Jean-Luc Godard, e do marxismo extremado, de Jeannette Colombel e Jacques Milhau[186], que o rotularam como de direita.[187] O sucesso é vasto, apesar de muitas vezes, após a sua publicação, o próprio Foucault ter afirmado que esta seria a sua pior obra, tanto que, tal como fizera em *Maladie Mentale et Personnalité*, chegou a pedir ao editor Pierre Nora que não mais a editasse.[188]

Seu objetivo primordial não desejou, como qualquer ciência poderia tê-lo feito, uma verificação de uma determinada cultura e seus códigos e dispositivos, nem tampouco analisar o nascimento das Ciências Humanas, mas sim, demonstrar que para o saber existe uma ordem na disposição das coisas, ou seja, um discurso de cada época. Partindo de uma análise do pensamento ocidental a partir do séc. XVI, Foucault procura analisar o percurso privilegiado do saber e suas configurações desde esse momento, que mais tarde, fornecendo-lhe as bases, possibilitou o aparecimento das Ciências Humanas.

[185] [trad. ing .FOUCAULT, Michel. **The order of things: an archaeology of the human sciences.** (trad. R. D. Laing) London: Tavistock Publications Limited, 1970, 387p.] [trad. al. **Die ordnung der dinge**. Frankfurt-Main: Suhrkamp, 1969.]

[186] ERIBON, Didier. **Michel Foucault**., p. 160 e 166.

[187] ERIBON, Didier. **Michel Foucault**., p. 168.

[188] ERIBON, Didier. **Michel Foucault**., p. 173.

É uma espécie de olhar sobre a própria cultura ocidental, como se ela fosse a todos tão distinta e estrangeira como a cultura dos nhambiquaras.[189]

*Les Mots et Les Choses*, partindo de uma metodologia que se diz, como subtítulo, arqueológica, mostra o caminho da constituição dos saberes e dos discursos que permearam o pensamento humano ao longo dos séculos. Seu objetivo principal é realizar uma crítica às filosofias antropologizantes, tais como a fenomenologia, o positivismo e o marxismo, que ao procurarem analisar a verdade do homem na sua própria existência, nas ciências positivas, ou mesmo na sua autodeterminação histórica pela produção, acabam em respostas paradoxais, e não conseguem fugir ao duplo empírico-transcendental. Para empreender essa visão, tentando a fuga do referido binômio, e chegar a uma crítica incisiva às ciências humanas, Foucault evidencia e analisa a formação dos saberes até o fim do século XVI, numa era que ele nomeou de "era da semelhança", passando pelo conhecimento associado às suas imagens, "era da representação", e, por fim, a "era da história", em que o saber moderno produziu as ciências humanas.

A "era da semelhança" consiste para Foucault no espaço temporal que marca o conhecimento até o início de 1600, em que Deus tinha o papel central na vida dos homens, e todos os questionamentos passavam pela sua presença. Nesse período, o conhecimento se produzia por uma episteme imbuída de analogias e correlações, em que as palavras estavam intimamente ligadas às suas imagens, isto é, às suas coisas. Os conhecimentos eram constituídos por uma mistura instável de saber racional, de noções derivadas das práticas da magia e de toda uma herança cultural, cujos poderes de autoridade a redescoberta de textos antigos havia multiplicado.[190] Havia uma determinação intrínseca

[189] ERIBON, Didier. **Michel Foucault e seus contemporâneos**. (trad. Lucy Magalhães) Rio de Janeiro: Jorge Zahar, 1996, p. 128.

[190] FOUCAULT, Michel. **Les mots et les choses: une archéologie des sciences humaines**. Paris: Gallimard, 1966, p. 47. "Par la même nécessité, ce savoir devait accueillier à la fois et sur le même plan magie et érudition. Il nous semble que les connaissances du XVIe siècle étaient constituées d'un mélange instable de savoir rationnel, de notions derivées des pratiques de la magie, et de tout un heritage culturel dont la redécouverte des texts anciens avait multiplié les pouvoirs d'autorité. Ainsi conçue, la science de cette époque apparaît dotée d'une structure faible; elle ne serait que le lieu libéral d'un affrontement entre la fidélité aux Anciens, le goût pour le merveilleux, et une attention déjà éveilée sur cette souveraine rationalité en laquelle nous nous reconnaissons." [trad. br. **As palavras e as coisas.** (trad. Salma Tannus Muchail) 6 ed. São Paulo: Martins Fontes, 1992, p. 48. "Graças a mesma necessidade, esse saber devia acolher, ao mesmo tempo e no mesmo plano, magia e erudição. Afigura-se-nos que os conhecimentos do século XVI eram constituídos por uma mistura instável de saber racional, de noções derivadas das práticas da magia e de toda uma herança cultural, cujos poderes de autoridade a redescoberta de textos antigos havia multiplicado.

entre coisas e palavras, de tal modo que a sua cisão inexistia (uma estrutura frágil), e a precisão era o único meio existente. A semelhança, segundo as palavras do autor, desempenhou um papel construtor no saber da cultura ocidental, pois conduziu a exegese e a interpretação dos textos, organizando o jogo de encaixe dos símbolos, em que o céu se repetia na terra, e a pintura imitava o espaço.[191] Esse recorte do saber, que gravou este período da civilização humana, produzia o saber a partir da similitude, e o fazia através de quatro figuras essenciais: a *convenientia*, a *aemulatio*, a *analogia*, e o *jogo das simpatias*.

Pela *convenientia*, o saber se demonstrava por aproximar as coisas umas das outras, porque convenientes, emparelhando-as, comunicando suas formas, suas figuras, seu parentesco, suas extremidades, (diria, Foucault, suas bordas e suas franjas), articulando e entrelaçando suas propriedades, suas influências e paixões. Pela convenientia, o lugar de similitude onde as coisas se encontravam as aproximava, sua vizinhança era compartilhada, suas alterações no tempo e no espaço as identificavam. As coisas eram convenientes à medida que possuíam uma mesma ordem semelhante de conjunção e ajustamento, a continuidade era intrínseca, não havia ponto de ruptura, tudo era natural e encadeado, as coisas seguintes seguiam rigorosamente as antecedentes, tudo era encadeado e os elos universais, pois, como dizia Foucault, havia tantos peixes na água quanto sobre a terra animais ou objetos produzidos pela natureza ou pelos homens.[192]

Outra forma de similitude, diria o autor, era a *aemulatio*, uma espécie de conveniência espacial, que aproximava as coisas à distância, um espelho através do qual as coisas dispersas no mundo se correspondiam, em que,

Assim concebida, a ciência dessa época aparece dotada de uma estrutura frágil: ela não seria mais do que o lugar liberal de um afrontamento entre a fidelidade aos Antigos, o lugar liberal de um afrontamento entre a fidelidade aos antigos, o gosto pelo maravilhoso e uma atenção já despertada para essa soberana racionalidade na qual nos reconhecemos."]

[191] FOUCAULT, Michel. **Les mots** ..., p. 32. "Jusqu'à la fin du XVIe siècle, la ressemblance a joué un rôle bâtisseur dans le savoir de la culture occidentale. C'est elle qui a conduit pour une grande part l'exégèse et l'interprétation des textes: c'est elle qui a organisé le jeu des symboles, permis la connaissance des choses visibles et invisibles, guidé l'art de les représenter. Le monde s'enroulait sur lui-même: la terre répétant le ciel, les visage se mirant dans les étoiles, et l'herbe enveloppant dans ses tiges ses secrets qui servaient à l'homme. La peinture imitait l'espace." [trad. br. **As palavras** ..., p. 33. "Até o fim do século XVI, a semelhança desempenhou um papel construtor no saber da cultura ocidental. Foi ela que, em grande parte, conduziu a exegese e a interpretação dos textos: foi ela que organizou o jogo dos símbolos, permitiu o conhecimento das coisas visíveis e invisíveis, guiou a arte de representá-las. O mundo enrolava-se sobre si mesmo: a terra repetindo o céu, os rosto mirando-se nas estrelas e a erva envolvendo nas suas hastes os segredos que servia ao homem. A pintura imitava o espaço."]

[192] FOUCAULT, Michel. **Les mots** ..., p. 34. [trad. br. **As palavras** ..., p. 35.]

longinquamente, o rosto seria o êmulo do céu, os olhos como as estrelas porque espalham a luz sobre os rostos como os astros na obscuridade, e o intelecto humano o êmulo, imperfeito, de Deus. É uma espécie de reflexo, que percorre o silêncio dos espaços, que aproxima as coisas, não simplesmente as refletindo, mas as interagindo, dando-lhes a posse recíproca, em que o semelhante envolve o semelhante, não em meros elos como na *convenientia*, mas em círculos concêntricos, refletidos e rivais.[193] Uma espécie de reflexo de uma coisa sobre outra, como as estrelas sobre as ervas e o céu sobre a terra.

Pela analogia, que se superpõem à *convenientia* e à *aemulatio*, a *similitude* se demonstra pelas diversas ligações e aproximações que se estabelecem entre as figuras do mundo, como as relações firmadas entre os animais e as plantas (estas, segundo o autor, animais de ponta cabeça, que se sustentam com a boca ou as raízes entranhada na terra)[194], relações de parentescos; fala tanto do afrontamento das semelhanças através do espaço, quanto dos ajustamentos e dos liames; aproxima as coisas não simplesmente distintas mas as coisas invisíveis, isoladas entre si; busca pontos de apoio, como o apêndice das asas de um pássaro e o dedo polegar dos homens, ou como a natureza e os homens, em que as veias são grandes rios; os ossos, rochedos; a carne, gleba; a bexiga, mar; e os sete membros principais, sete metais que se encontram no fundo das minas. Pela analogia, o conhecimento existe a partir das relações de semelhança que podem ser auferidas entre as coisas, pois as marcas de um animal se demonstram nos mesmos traços nos homens e nas plantas.

Por fim, na era da semelhança, a similitude se aufere pelo *jogo das simpatias*, isto é, há uma relação de simpatia que liga as coisas e lhes dá movimento uniforme, uma mesma lei de transformação, que as homogeneíza e as assemelha, mas que, embora tenha a potência de torná-las idênticas umas às outras, de misturá-las e fazê-las desaparecer na sua individualidade, não se as permitem igualarem, porque existe uma contra-força, uma antipatia[195], que as repele e as distancia.

[193] FOUCAULT, Michel. **Les mots** ..., p. 36. "Les anneaux de l'émulation ne forment pas une chaîne comme les elements de la convenance: mais plutôt des circles concentriques, réféchis et rivaux." [trad. br. **As palavras** ..., p. 37. "Os elos da emulação não formam uma cadeia como os elementos da conveniência: mas, antes, círculos concêntricos, refletidos e rivais."]

[194] FOUCAULT, Michel. **Les mots** ..., p. 36. "La vieille analogie de la plante à l'animal (le végétal est une bête qui se tient la tête en bas, la bouche – ou les racines – enfoncée dans la terre." [trad. br. **As palavras** ..., p. 38.]

[195] FOUCAULT, Michel. **Les mots** ..., p. 39. "C'est pourquoi la sympathie est compensée par sa figure jumelle, l'antipathie. Celles-ci maintient les choses en leurs isolement et empêche l'assimilation."

Todavia, afirma Foucault, no começo do século XVII, este modo de conhecer por similitude se tornou insuficiente para explicar o mundo, pois, a semelhança, que se remetia a uma outra similitude, e assim por diante, só se constituindo em conhecimento pelo acúmulo de todas as similitudes, tornava-se, inevitavelmente, um saber cujas fundações eram movediças, posto que a correlação rígida que se estabelecia entre o signo e o que ele indicava passava a ser sempre a mesma coisa, de tal modo que o jogo e a natureza se fechavam sobre si mesmos, redobrados e inacessíveis.

Surge, portanto, a "era da representação", que grava a história do início do séx. XVII até meados do séc. XVIII, insurgindo-se contra a anterior união entre palavras e coisas. Foucault destaca haver uma descontinuidade na ordem empírica do saber, posto que nessa época os seres passam a ser estudados, catalogados, classificados, postos em categorias, em que a linguagem começa a traduzir o mundo. As palavras servem agora para ordenar, calcular e representar estes seres. Surgem, portanto, diferentes discursos: o da Gramática Geral, o da História Natural e o da Análise das Riquezas. A *Gramática Geral* impõe a natureza do signo, para ser hábil a representar as coisas do mundo, para formular juízos e relações de identidade. Ela é "o estudo da ordem verbal na sua relação com a simultaneidade que ela é encarregada de representar. Por objeto próprio ela não tem, pois, nem o pensamento nem a língua: mas o discurso entendido como sequência de signos verbais."[196] Dessa maneira, as palavras são vistas como próprias do pensamento, e não exteriores a ele, a linguagem, serve, portanto, à representação. O verbo diz o que é, o substantivo e o adjetivo representam, e as coisas ganham seu espaço definido, ganham um "nome". Assim, a ciência da gramática permite o exercício das taxinomias e das classificações. A *História Natural* permite o aparecimento de uma história dos seres vivos, uma vez que as palavras e as coisas estão serparadas. O animal e a planta ganham um espaço no quadro classificatório do saber, e são igualmente classificados conforme suas diferenças. Por fim, a *Análise das Riquezas* permite o surgimento das noções de preço, tempo, valor, comércio, circulação, renda, etc. A moeda serve a representar o signo da mercadoria e não da produção propriamente dita, que não época ainda não existia.

[trad. br. **As palavras** ..., p. 40. "Eis por que a simpatia é compensada por sua figura gêmea, a antipatia. Esta mantém as coisas em seu isolamento e impede a assimilação."]

196 FOUCAULT, Michel. **Les mots** ..., p. 97. "La Grammaire générale, c'est l'étude de l'ordre verbal dans son rapport à la simulataneité qu'elle a pour charge de représenter. Pour objet propre, elle n'a donc ni la pensée ni la langue: mais le *discours* entendu comme suite de signes verbaux." [trad. br. **As palavras** ..., p. 98.]

Em seguida, salienta Foucault, que à era da representação nasce uma nova ordem do saber, a "era da história", isto é, é o momento em que a história afasta a representação, e permite o aparecimento de três novs ciências: a *filologia*, a *biologia* e a *economia política*. Nesse momento, essas disciplinas têm a história, tal o pensamento central de Hegel, como elemento central de suas análises; o tempo e o trabalho servem a disntinguir os indivíduos, no modo como vivem, como são, como produzem. Dessa maneira, a linguagem dirige-se a si mesma, não como identidade nem tampouco como representação do mundo. É o aparecimento das teorias de Kant e o duplo fundamento empírico-transcendental do homem. Surgem as metafísicas, o posivitismo, as filosofias de vida. A *Biologia* estabelece seus princiapais conceitos: órgão, tecido e função, assim, para classificar os indivíduos não basta representá-lo, é preciso vê-los nas suas singularidades históricas, ter a vida como instrumento de análise. É o surgimento da anatomia, de Lamark e Darwin, e da biologia de Lineu. Segundo Didier Eribon, o capítulo de *Les Mots et Les Choses* dedicado à Lineu deve-se à suas caminhadas, com seus alunos, em Uppsala.[197] A *Filologia* destacou, para além do signo representativo da linguagem – ela cuida das variações históricas da linguagem – suas descontinuidades gramaticais. Assim, a linguagem deixa de ser mera representação ou identidade e passa a permitir, com o surgimento da linguística e da lógica, o nascimento da crítica, da linguagem como objeto de conhecimento, da linguagem como um "ser" próprio. A linguagem, com Nietzsche e Freud, especialmente, torna-se também objeto de estudo e de interpretação. Por fim, a *Economia Política* marca o surgimento da ideia de produção e a valorização do conceito vivo do homem e a sua inserção histórica. Marx e Ricardo estabelecem um novo modo de pensar a economia, e o saber da época passa a ser visto não como representação, mas como a possibilidade de finitude do homem e do tempo.

Em seguida, Foucault passa a refletir a figura do "homem" propriamente dita. Destaca o autor que o homem, como duplo empírico-transcendental, teria nascido no limiar do séc. XVIII e séc. XIX, fruto dos novos saberes que a modernidade permitiu nascer. É tanto sujeito quanto objeto do conhecimento. Somente nessa "era história" é que o homem pode nascer como objeto de conhecimento, como objeto de saberes positivos, posto que na "era da representação" não poderia conhecer a si mesmo no mesmo tempo em que representava as coisas. Surgem, nesse instante, em torno do homem, as ciências da vida, a *Biologia*, do trabalho, a *Economia Política*, e da linguagem,

[197] ERIBON, Didier. **Michel Foucault.**, p. 96.

a *Filologia*, capazes de torná-lo objeto de um conhecimento. As analíticas da finitude aparecem e encontram no homem a sua própria história, e demonstram que o homem tem um fim e só pode ser conhecido por meio de formas e procedimentos finitos: a economia que se utiliza exclusivamente da produção; a biologia que se utiliza da vida; e a filologia que o reduz ao sujeito falante da linguagem. Dessa maneira, destaca Foucault que este é o momento em que as analíticas de finitude substituem as metafísicas do infinito, rompendo com a era da representação e da identidade. A gramática, a análise das riquezas e a história natural, que analisam o corpo, suas mutações e suas respostas ao mundo garantem o aparecimento de outras ciências, que vêem o próprio homem, produtor da natureza e conhecimento. Assim, o homem começa a buscar por sua origem, pela evolução das coisas. Reconhece Foucault a existência de um "sono antropológico", em que na reduplicação do empírico-transcendental, teria a Antropologia caído num sono: finitude da consciência e do indivíduo.[198]

O homem começa a se tornar, portanto, um objeto de conhecimento, mas as analíticas da finitude cedem lugar, no séc. XX, às ciência humanas, que só se tornaram possíveis a partir de uma dobra interna do saber ocidental, fazendo com que a biologia abrisse espaço para a *Psicologia*, a economia política para a *sociologia* e a filologia para a *Crítica Literária*. É justamente esse o fato questionado por Foucault no nascimento das *Ciências Humanas*, o fato de terem tomados os conceitos das filosofias da finitude para se explicar o que seria o homem. Desdobram-se, assim, três domínios de saber: a matemática e a física, as ciências da vida, do trabalho e da linguagem, e a reflexão filosófica do homem, e não num domínio próprio. Para Foucault, as *Ciências Humanas* estariam presas aos vícios de uma era da representação, embora tenham partido para outros fundamentos: a norma, a regra e o sistema, o que as leva no interstício de ora serem empíricas, ora interpretadoras. Dessa maneira, afirma que as *Ciências Humanas* teriam um lugar específico no saber do séc. XX, mas não uma natureza científica, já que seria impossível colocar o homem concomitantemente como homem e discurso. Nesse sentido, as *Ciências Humanas* teriam perdido seu objeto quando abandonaram as ciências da vida, do trabalho e da linguagem, tornando-se incapazes de compreenderem o homem em sua existência, ao reduzirem não suas atitudes, mas seu ser em objeto de conhecimento, ao mesmo tempo em que se inscreveram na genealogia da relação saber e poder, por exercerem uma forma de subjetivação.

[198] FOUCAULT, Michel. **Les mots** ..., p. 351. [trad. br. **As palavras** ..., p. 357.]

Para Foucault, o papel perverso das *Ciências Humanas* seria justamente o fato de não servirem para conhecer o homem, mas para constituí-lo. Em outro compasso, destaca que teriam existidos ciências essencialmente críticas do homem: *Psicanálise, Etnologia*, e *Linguística*. "A psicanálise e a etnologia ocupam, no nosso saber, um lugar privilegiado. Não certamente porque teriam, melhor que qualquer outra ciência humana, embasado sua positividade e realizado enfim o velho projeto de serem verdadeiramente científicas; antes porque, nos confins de todos os conhecimentos sobre o homem, elas formam seguramente um tesouro inesgotável de experiências e de conceitos, mas, sobretudo, um perpétuo princípio de inquietude, de questionamento, de crítica e de contestação daquilo que, por outro lado, pôde parecer adquirido."[199] Essas ciências críticas, capazes de furtarem as analíticas da finitude, valorizam o inconsciente, afirmando que o importante não seria tentar descobrir o que o homem seria em si, o seu significado, a sua representação, mas o que ele não seria, a sua morte empírica e transcendental.

## 2.6. A Arqueologia do Saber (1969)

O livro *L'Archéologie du Savoir*[200] foi inicialmente publicado em 1969, pela editora *Gallimard*, numa época em que Foucault já havia conseguido considerável sucesso acadêmico. Trata-se, segundo considerações de Didier Eribon,[201] de um ensaio que procura responder a inúmeras autocríticas foucaultianas em relação à obra *Les Mots et les Choses*, bem como às variadas leituras errôneas que dela fizeram. Uma maneira singular de findar com os mal-entendidos, e se livrar de vez da alcunha do estruturalismo, cujo desenho do almoço estruturalista, de Maurice Henry, aparecido na *La Quinzaine Littéraire* de 1º de julho de 1967, estampou-lhe ao lado de Jacques Lacan, Roland Barthes e Claude Lévi-Strauss. O feito de Foucault, ao publicar *L'Archéologie du Savoir* foi, sem

[199] FOUCAULT, Michel. **Les mots** ..., p. 385. "La psichanalyse et l'ethnologie occupent dans notre savoir une place privilégiée. Non point sans doute parce qu'elles auraient, mieux que toute autre science humaine, assis leur positivité et accompli enfin le vieux projet d'être véritablement scientifiques; plutôt parce qu'aux confins de toutes les connaissances sur l'homme, elles forment à coup sûr un trésor inépuisable d'expériences et de concepts, mais surtout un perpétuel principe d'inquiétude, de mise en question, de critique et de contestation de ce qui a pu sembler, par ailleurs, acquis." [trad. br. **As palavras** ..., p. 391.]

[200] FOUCAULT, Michel. **Arqueologia do saber**. (trad. Luiz Felipe Baeta Neves) 6 ed. Rio de Janeiro: Forense, 2002, 239p.

[201] ERIBON, Didier. **Michel Foucault** ..., p. 173.

dúvida, memorável, e tal como outros tantos escritos, inscreve-se na rota de um pensamento que inaugura a historiografia tradicional e os horizontes acadêmicos, até então marcados seguramente pelo tradicionalismo e pelos efeitos de linearidade, continuidade e secularidade. O modo como o saber passa a ser pensado por Foucault a partir de 1969, salvo em sua aula inaugural no *Collège de France*, sofrerá significativas influências desta obra, especialmente a partir de sua metodologia arqueológica. Segundo Eribon, Foucault sabia dos riscos em escrever *L'Archéologie du Savoir*, pois seria intitulado como sucessor de Sartre.[202]

Foucault se pronunciou inúmeras vezes afim de explicar o contexto em que sua obra surgira e o alcance que ela pretendia ter realizado, a ver-se, por exemplo, em abril de 1969, logo após a sua publicação, quando o autor concedera uma entrevista, intitulada *Michel Foucault explique son dernier livre*, a J.-J. Brochier, da *Magazine Littéraire*, afirmando que o seu livro estaria ao lado do trabalho dos estruturalistas, mas nas suas considerações"[203]. Nessa mesma entrevista, afirma que se trata de um livro de leitura bastante difícil, em virtude de sua redação, que lhe exigiu um trabalho anormal.[204] De outro lado, é possível verificar, também, que Foucault tinha plena consciência de onde estava querendo chegar ao escrever *L'Archéologie du Savoir* e do exato lugar em que a obra se localizava no seu pensamento em relação às obras anteriores, especialmente, quando argumenta numa entrevista em 1971, um pouco antes de dar a sua aula inaugural no *Collège de France*, aos intelectuais brasileiros José Guilherme Merquior e Sérgio Paulo Rouanet. Nessa entrevista, após ser perguntado se a análise em *L'Archéologie du Savoir* não seria a mesma de *Les Mots et Les Choses*, mas num nível reflexivo, Foucault respondera que seria exatamente isso, e, acrescentara, "Digamos que na *Histoire de la Folie* e na *Naissance de la Clinique* eu ainda era cego para o que fazia. Em *Les Mots et les Choses*, um olho estava aberto e o outro, fechado: donde o caráter um pouco trôpego do livro, num certo sentido teórico demais, e em outro sentido insuficientemente teórico. Enfim, na *Archéologie*, tentei precisar o lugar exato de onde eu falava."[205]

[202] ERIBON, Didier. **Michel Foucault** ..., p. 179.

[203] BROCHIER, J.-J. **Michel Foucault explique son dernier livre: entretien avec Michel Foucault**. Dits et Écrits (org. Daniel Defert et François Ewald). v. 1 Paris: Gallimard, 1994, p. 779.

[204] BROCHIER, J.-J. **Michel Foucault explique** ..., p. 777.

[205] MERQUIOR, José Guilherme; ROUANET, Sérgio Paulo. **Entrevista com Michel Foucault**. O homem e o discurso: a arqueologia de Michel Foucault. Rio de Janeiro: Tempo Brasileiro, 1971, p. 19. [trad. fr. **Entretien avec Michel Foucault**. Dits et Écrits (org. Daniel Defert et François Ewald). Paris: Gallimard, v. 2, 1994, p. 158. "Disons que, dans l'*Histoire de la folie* et dans la *Naissance*

É importante destacar que esta obra teve como precursoras duas grandes intervenções dentro das teorias de Foucault, a saber: *Réponse à une question*[206] e o debate com o *Cercle d'Épistémologie*,[207] isto é, o nascimento de *L'Archéologie du Savoir* é marcado pelas inquietudes suscitadas em torno das obras precedentes, uma forma de resposta às objeções de Sartre e de ataque ao humanismo do mundo moderno, como se verá adiante. Trata-se, portanto, de um livro explicativo, razão pela qual não teve muito eco, nem mesmo para Foucault, consoante as palavras de Pierre Billouet.[208]

O livro se divide em três grandes partes, que se dedicam a formular uma teoria em torno de sua arqueologia do saber e suas práticas, a fim de demonstrar a referência linguística e as modalidades de subjetivação operadas pelos instrumentos desse saber, especialmente as formações discursivas, os jogos estratégicos entre conceitos e arquivos, e os elementos modais que permitiram uma nova historiografia. Num primeiro capítulo, Foucault examina as questões em torno do "discurso", isto é, sua conceituação, suas formações, seus objetos, suas modalidades enunciativas e suas estratégias, sua unidade; num segundo, as modalidades enunciativas propriamente ditas são analisadas, quer dizer, o enunciado e o arquivo são postos em cena, buscando-se defini-los, demonstrar seus espaços de atuação, suas espécies, suas raridades, e suas descrições; por fim, num terceiro capítulo, formuladas as regularidades discursivas, os enunciados e os arquivos, passa-se a uma dimensão histórica, isto é, envereda-se por investigar a descrição arqueológica, a historiografia das ideias, o conceito de originalidade, regularidade, descontinuidade, mudanças, transformações, e, acima de tudo, a relação que a ciência desenvolve com o saber. A conclusão é, sobretudo, original, e Foucault a faz por diálogo, quer dizer, estabelece a existência de um Outro, e delimita seu pensamento, demonstrando sua alternativa filosófica proposta, ao menos, em 1969.

Para Foucault, é indispensável refletir a história do saber sob uma nova veste, e, se assim não for possível despi-lo para cobri-lo de outra forma, que

*de la clinique*, j'étais encore aveugle à ce que je faisais. Dans *Les Mots et les Choses*, un oeil était ouvert et l'autre fermé; d'où le caractère un peu boiteux du livre: en un certain sens trop théorique, et en un autre sens insuffisamment théorique. Enfin, dans *L'Archéologie du Savoir*, j'ai essayé de préciser le lieu exact d'où je parlais."]

206 FOUCAULT, Michel. **Réponse à une question**. Esprit, Paris, n. 5, p. 850-874, mai 1968. [trad. br. **Resposta a uma questão**. Revista Tempo Brasileiro: Epistemologia, Rio de Janeiro: JUERP, n. 28, p. 57-61, jan./mar. 1972.]

207 FOUCAULT, Michel. **Sur l'archéologie des sciences: réponse au cercle d'épistémologie**. Dits et Écrits (org. Daniel Defert et François Ewald). v. 1 Paris: Gallimard, 1994, p. 696-731.

208 BILLOUET, Pierre. **Figure du savoir** ..., p. 115.

se estabeleça um método capaz de denudá-lo ao menos de suas certezas, de suas seguranças, de seus controles sobre sua origem e sobre seu destino. Nesse sentido, afirma que a busca pelo saber e pela formulação histórica tradicional foi sempre uma história fundamentada em peripécias políticas, em regulações constantes, em continuidades seculares, em movimentos de acumulação e saturações lentas, em sucessões lineares, em camadas sedimentares diversas, na pesquisa dos começos silenciosos, na eterna regressão aos primeiros precursores, uma história essencialmente diacrônica e causal. Todavia, um nova leitura precisaria ser estabelecida, especialmente a partir das considerações de Gaston Bachelard e de Georges Canguilhem, com suas teorias dos atos e liminares epistemológicos, bem como dos deslocamentos e das transformações conceituais.

O que Foucault procura fazer é demonstrar que o acúmulo indefinido dos conhecimentos não é contínuo; está sujeito a maturações variadas e distanciamentos empíricos outros, fundamentados num novo tipo de racionalidade; que os conceitos não estão num constante refinamento progressivo, nem tampouco numa racionalidade continuamente crescente em estados de gradiente e abstração; que os acontecimentos e suas consequências não se distribuem da mesma forma; que a obra de um intelectual não é linear, estando sujeito a fracassos e retrocessos; etc.. É preciso fazer escansões mais radicais, cortes efetuados em busca de uma transformação teórica. Necessário é, numa obra literária, não encontrar sua alma, a sensibilidade de uma época, tampouco os grupos, as escolas, as gerações, os movimentos, mas a estrutura própria de um obra, de um livro, de um texto, etc. "O problema não é mais a tradição e o rastro, mas o recorte e o limite; não é mais o fundamento que perpetua, e sim as transformações que valem como fundação e renovação dos fundamentos".[209]

O objetivo, portanto, de uma nova historiografia, deve ser o da descontinuidade, da indagação pelos arranjos na ordem do saber, a valorização das rupturas, dos cortes, das mutações, das transformações, e não a linearidade das ideias, eis o ponto de ruptura com a metodologia tradicional, em suma, Foucault resume em sua introdução: "A história do pensamento, dos conhecimentos, da filosofia, da literatura, parece multiplicar as rupturas e buscar todas as perturbações da continuidade, enquanto que a história propriamente dita, a história pura e simplesmente, parece apagar, em benefício das estruturas fixas, a irrupção dos acontecimentos."[210] Nesse mesmo sentido, atesta

209 FOUCAULT, Michel. **Arqueologia do** ..., p. 06.
210 FOUCAULT, Michel. **Arqueologia do** ..., p. 06.

Foucault que uma alteração no campo dos documentos também se operou na própria história, embora sempre a eles se tenha mantida presa. Seu objetivo fora tentar cotidianamente reconstituir o passado, e definir as unidades, os conjuntos, as séries, as relações entre as vidas e os dizeres dos homens, mas jamais conseguiu se livrar de sua imensa "massa documental".

Para realizar uma historiografia avessa à noção de continuidade, globalidade e causalidade, Foucault impõe a necessidade de se pensar em 'epistemes', isto é, em configurações que permitem um determinado saber existir numa determinada época, especialmente a partir da noção de que os objetos cognoscíveis não são fontes pré-existentes de conhecimento, mas sim 'acontecimentos'. É através da noção de acontecimento, isto é, o conjunto de informações que uma determina época é capaz de dizer sobre algo em virtude dos arranjos que possui entre as consequências discursivas e as condições não discursivas, que Foucault rompe com a historiografia tradicional à sua originalidade e se impõe na linha crítica ao pensamento kantiano. Nesse sentido, entende Foucault que a relação causal entre sujeito e objeto, especialmente no pensamento historiográfico, perde prestígio a favor da relação entre validade e invalidade das proposições sobre um determinado acontecimento, em virtude da relação de atos linguísticos, isto é, o binômio sujeito/objeto deixa de ser pensado sob o binômio verdadeiro/falso, possível/impossível, certo/errado, para ser visualizado, a partir de jogos linguísticos, sob o binômio validade/invalidade.

É a partir dessa compreensão historiográfica, bem como da noção de acontecimento, que Foucault rejeita a noção de referência, cotidiana da causalidade sujeito/objeto, fundamentada essencialmente sobre as proposições, e retoma o paradigma linguístico através da formulação da noção de enunciado, ou seja, o abandono da proposição significa o igual abandono da noção de referência, própria daquelas e sua noção de identidade entre signo e pensamento, mas, ao mesmo tempo, significa a possibilidade de existência da arqueologia, que passa a ser pensada sob a noção de enunciados. Os enunciados nada mais seriam que a unidade do discurso, isto é, eles estabelecem uma condição de existência, da qual derivam as frases, as proposições lógicas, etc; não são meras estruturas, mas unidades que se diferem das anteriores; não se sujeitam a limites e relações de dependência, mas são parâmetros capazes de dizer se a frase, a proposição, o ato de linguagem estão certos ou errados, quer dizer, é uma função que cruza um domínio de estruturas e de unidades possíveis, permitindo que estas venham à tona.[211]

211 FOUCAULT, Michel. **Arqueologia do** ..., p. 98-99.

Como dito, a formulação em torno do conceito de enunciado, fundante do acontecimento, e, também referência do discurso, permite Foucault dar possibilidade de existência à própria arqueologia, que a partir da noção de arquivo, derivado do enunciado, reloca o pensamento historiográfico para a noção de 'monumentos', isto é, de acontecimentos que estão na superfície, e não na região profunda e obscura dos fatos, dos 'documentos'. Dessa maneira, o autor expurga a noção de interpretação, instrumento epistemológico capaz de ir às profundezas dos documentos para lhes encontrar um sentido presente, numa nítida influência nietzscheana de que a interpretação seria manifestação da vontade de saber, e, por conseguinte, de poder, e valoriza o método arqueológico, capaz de detectar na superficialidade das coisas, dos monumentos, o que estava no campo da invisibilidade.

Doravante, Foucault concede uma significativa autonomia para o discurso, que a partir de um método genealógico, permite compreender a episteme, o saber de uma época, que não é posto então no binômio verdadeiro/falso do cotidiano discurso científico. Para Foucault, os enunciados formariam os discurso e suas práticas, que, por sua vez, formariam a episteme capaz de informar o saber de uma determinada época. Dessa maneira, o arqueólogo na compreensão histórica não busca pelo eterno jogo do certo e do errado, mas pela dimensão discursiva que atravessa um determinado acontecimento, pelas descontinuidades, pelas rupturas, pelas involuções do conhecimento. O progresso deixa de ter nítido significado para ceder lugar ao conjunto das práticas discursivas que informam a episteme. Nada pode ser universalmente compreendido, tudo está inserido em práticas, em discursos, e, portanto, cada acontecimento tem sua singularidade epistêmica e histórica. A descrição dos acontecimentos discursivos e de seus enunciados permite que o homem seja retirado de sua sustentação, posto que as grandes sínteses realizadas na história teria tido sempre o objetivo de fundar o homem, por isso é que privilegiavam uma história contínua, capaz de lhe garantir sempre o que lhe é seu.

Nesse sentido, o método arqueológico, ao destacar os enunciados está necessariamente relevando as singularidades de cada episteme, a inexistência de uma unidade: "Não há razão para espanto por não se ter podido encontrar para o enunciado critérios estruturais de unidade; é que ele não é em si mesmo uma unidade, mas sim uma função que cruza um domínio de estruturas e de unidades possíveis e que faz com que apareçam, com conteúdos concretos, no tempo e no espaço."[212] Dessa maneira, para definir a particularidade do

[212] FOUCAULT, Michel. **Arqueologia do** ..., p. 99.

enunciado, Foucault o contrapõe as figuras usualmente utilizadas pela história global. i) O enunciado não é uma *frase gramatical*, isto é, sempre que existe uma conjugação verbal, uma estimativa, um gráfico há sempre enunciado, jamais um frase propriamente dita (o que caracteriza as frases é a sua estrutura sintática, sua formação de signos linguísticos). Assim, cita o exemplo das teclas da máquina de escrever: "A, S, D, F", que no teclado são apenas um conjunto de letras dispostas na mesma carreira, mas que num manual de datilografia seriam um enunciado e não uma frase gramatical, uma vez que trazem um conteúdo aquém da mera correlação linguística. ii) O enunciado não é uma *proposição lógica*, pois muitas vezes cada proposição lógica pode conter diversos enunciados, importando sempre o contexto, o referencial, a historicidade da prática discursiva, e não seus critérios de certa/incerteza, validade/invalidade, erro/falsidade. iii) O enunciado não é um ato de fala, tal como os analistas assim o definem, tem simplesmente um valor ilocucional, independentemente de ter sido pronunciado. Não importam quais são suas manifestações ditas: juramento, promessas, preces, ordens, afirmações, etc.; mas o domínio em que age, suas situações, seu funcionamento. O ato de fala comporta vários enunciados, e necessariamente a um sujeito definido, ao autor que o pronunciou, enquanto que o enunciado diz respeito a um lugar vazio a ser preenchido pelo sujeito.[213]

Foucault salienta que o enunciado se situa para além da língua; é, pois, sua própria condição de existência, embora não única e nem tampouco suficiente. Está no encontro desses três elementos diferenciadores: o ato de fala, a frase gramatical e a proposição lógica, configurando um suporte material e referencial à língua e não uma estrutura propriamente dita. Dessa maneira, o enunciado é gravado pelo seu caráter institucional e pelos objetos que se constituem para um determinado saber, isto é, localizado circunstancialmente de acordo com a situação e o sujeito que preenche o seu espaço, e não de acordo com uma localização fixa, tal as proposições lógicas. É dotado de uma materialidade, ora dito, ora traduzido, ora impresso, ora conjugado, razão pela qual pode ser sempre determinável, embora seja ambivalente em seus usos práticos. Dessa maneira, ainda que venha a ser exterioridade de maneira diversa, ora por uma determinada pessoa, numa dado contexto, e outrora por outra noutro contexto, certamente será diferente, em razão da alteração do contexto, isto é, tangencia-lhe a característica de não possuir um sujeito gramatical ou mesmo lógico, já que o lugar do sujeito é vazio e pode ser ocupado

[213] FOUCAULT, Michel. **Arqueologia do** ..., p. 92.

por pessoas diversas. Assim, de acordo com que o utiliza, o modo como o faz, e contexto em que o exerce o faz sempre distintamente. Ao enunciado são prescindíveis a correção gramatical, as regras lógicas de construção e o autor da fala.

Dessa maneira, Foucault parte em busca da constituição do discurso, cujo enunciado é a sua unidade. Salienta o autor que o discurso seria formado por quatro domínios fundamentais: o domínio de objetos, o sujeito do enunciado, a disposição de conceitos e os temas ou as estratégias com uma materialidade repetível. Nesse sentido, afirma que as práticas discursivas formam saberes, e que o importante não seria pensar na cientificidade de um enunciado mas no que uma determinada época pode constituir como objeto para um saber no nível discursivo. O discurso está, assim, relacionado ao poder, em que as proibições determinam o seu funcionamento através de práticas, as quais relacionam elementos por vezes totalmente distintos: instituições, técnicas, grupos sociais mas que se entrelaçam e formam as instâncias do saber. Em razão de sua raridade, disputas e lutas surgem para dominar o discurso, que por sua vez contém o poder social o poder político, o poder econômico, o poder institucional. O poder das práticas discursivas tem uma função essencialmente positiva, na formação de discursos, sobretudo os científicos, que fazem de seu objeto sua condição de existência. Por fim, na análise do saber, Foucault começa a esboçar o método genealógico na descrição e na crítica da trajetória das transformações discursivas, reservando o espaço das ordens do saber e da formação discursiva de uma época à arqueologia. Nesse sentido é que Foucault afirma que as práticas discursivas estariam sempre remetidas a outras práticas, razão pela qual jamais são autônomos.

## 2.7. A Ordem do Discurso (1975)

Em meio a barreiras formadas por viaturas de polícia e fileiras de CRS, de viseiras baixas e cassetetes em punhos, aglomerados no *Quartier Latin*, em frente ao salão da Sorbonne, refluxo ainda do movimento de 68,[214] Foucault pronuncia no dia 2 de dezembro de 1970, sua aula inaugural no *Collège de France*, intitulada *L'Ordre du Discours* (publicada em 1971, pela Gallimard), na nova cátedra, em substituição à história da filosofia do hegeliano Jean Hyppolite, denominada de *Histoire des Systèmes de la Pensée.*

[214] ERIBON, Didier. **Michel Foucault** ..., p. 197.

Neste pronunciamento, muito caro a Foucault, pois estava ingressando num instituto extremamente conservador em sua metodologia de ensino, salvo raras exceções, procurou tornar público o seu reconhecimento e os seus agradecimentos para com seus grandes mestres, que outrora fizeram muitas vezes parte de suas bancas nos concursos da École Normale Supérieure e da *Agrégation*, e que, de alguma forma, influenciaram-lhe as ideias: Georges Canguilhem, Dumézil e Jean Hyppolite.

Este texto guarda especial relevância na obra de Michel Foucault, sobretudo, porque consagra sua própria estrutura de pensamento, e suas colocações produzidas e publicadas na obra *Les Mots et Les Choses*. Representa, essencialmente, um marco em seu caminho de autor, pois insere questionamentos que o acompanharão pela vida inteira.

Dividido o texto em três partes fundamentais, que podem ser extraídas desde o início, Foucault traça caminhos que vão desde a uma auto-apresentação, passando por uma reflexão sobre seus próprios princípios e métodos filosóficos, até chegar a uma derradeira homenagem ao seu grande professor Jean Hyppolite.

Para Foucault, neste texto, partindo da suposição de que as sociedades dispõem de meios para controlar e interditar a produção discursiva, o discurso encontra inúmeros modos de controle e redistribuição pela exclusão social. Tal procedimento, entende o autor, opera-se pela seleção realizada pelo objeto, pelo rito de circunstâncias e pelo direito privilegiado do sujeito falante, o que proporciona uma luta pela sexualidade e pela política, relacionando-se, então, desejos e poder num mesmo discurso. A partir dessa tríplice conjunção, objeto, circunstância e sujeito, criam-se através do discurso três sistemas essenciais de exclusão social: a loucura (o discurso se relaciona a quem pode e é permitido utilizar-se da interdição do louco), a palavra proibida (o discurso não se destina, como se quisera, para desvendar tabus), e a distinção entre o verdadeiro e o falso (o discurso não a opera de forma arbitrária, modificável, mas interroga qual a forma exterior dada à verdade, quem pode dizê-la e a quem).[215]

Ao contrário daqueles dois primeiros sistemas, da palavra proibida, e da loucura, em que o poder da vontade de verdade parece estar mais às claras, o mesmo não ocorre com o binômio verdadeiro/falso, que por suas próprias

[215] FOUCAULT, Michel. **L'ordre** ..., p. 21. "Des trois grands systèmes d'exclusion qui frappent le discours, la parole interdite, le partage de la folie et la volonté de vérité..." [trad. br. **A ordem** ..., p. 19. "Dos três grandes sistemas de exclusão que atingem o discurso, a palavra proibida, a segregação da loucura e a vontade de verdade..."]

características, reveste-se esta vontade de verdade de uma fantasia de impessoalidade, e intangibilidade. Pelo dizer do verdadeiro, afirma Foucault, houve uma própria alteração da verdade, deixando de ser aquela reconhecida por Platão existente no ato ritualizado, eficaz e justo, para encontrar-se no lugar simplemente do dito, desde o seu sentido, sua forma, seu objeto e sua relação com sua referência.

Esta importante alteração do conceito do enunciado verdadeiro para o próprio enunciado encontrou sempre, ao longo da história, o respado institucional, fossem dos laboratórios, das bibliotecas, dos conselhos de sábios, das publicações especializadas, etc.[216] Em virtude deste apoio das instituições, o discurso do verdadeiro se legitimou ao longo do tempo, em contraposição a outros discursos, não sendo capaz de reconhecer (eis aqui a influência nietzscheana) a necessidade de que todo discurso tem de exprimir seu desejo e liberar seu poder, isto é, sua vontade de verdade, que acaba por encobrir, ela mesma, a própria verdade que persegue.

Esta verdade almejada, para Foucault, ainda neste texto guarda um véu de negatividade, pois embora mais tarde reconhecerá o autor o caráter muitas vezes positivo e produtivo da verdade, como fará na obra *Histoire de La Sexualité*, em que o discurso produz verdade, e não se destina exclusivamente a proibir e repreender pelo poder, resta-lhe ainda um escopo essencial, pois se demonstrou sempre, ao longo da história, como uma prodigiosa máquina de exclusão.[217] É por isso que Foucault afirma que frequentemente as grandes mutações científicas podem ser ligadas não simplesmente às consequências de grandes descobertas, mas à aparição de novas formas na vontade de verdade.[218]

216 FOUCAULT, Michel. **L'ordre** ..., p. 19. "Or cette volonté de vérité, comme les autres systèmes d'exclusion, s'appuie sur un support institutionnel: elle est à la fois renforcée et reconduite par toute une épaisseur de pratiques comme la pédagogie, bien sûr, comme le système des livres, de l'édition, des bibliothèques, comme les sociétés savantes autrefois, les lavoratoires aujourd'hui." [trad. br. **A ordem** ..., p. 17. "Ora, essa vontade de verdade, como os outros sistemas de exclusão, apóia-se sobre um suporte institucional: é ao mesmo tempo reforçada e reconduzida por todo um compacto conjunto de prátias como a pedagogia, é claro, como o sistema dos livros, da edição, das bibliotecas, como as sociedade de sábios outrora, os lavoratórios hoje."]

217 FOUCAULT, Michel. **L'ordre** ..., p. 22. "Ainsi n'apparaît à nos yeux qu'une vérité qui serait richesse, fécondité, force douce et insidieusement universelle. Et nous ignorons en revanche la volonté de vérité, comme prodigieuse machinerie destinée a exclure." [trad. br. **A ordem** ..., p. 20. "Assim, só aparece aos nossos olhos uma verdade que seria riqueza, fecundidade, força doce e insidiosamente universal. E ignoramos, em contrapartida, a vontade de verdade, como prodigiosa maquinaria destinada a excluir"]

218 FOUCAULT, Michel. **L'ordre** ..., p. 18. "... les grandes mutations scientifiques peuvent peut-être se lire parfois comme les conséquences d'une découverte, mais elles peuvent se lire aussi comme

Esta verdade, que perpassa os discursos do verdadeiro, exprime, antes mesmo de seu suposto objetivo, um discurso, e pelo qual se exprime, que pressiona e coage outros discursos, e estabelece complexas regras e graves exigências para que outras proposições quaisquer, intentando alcançar o patamar do verdadeiro, devem cumprir, a fim de pertencerem a uma disciplina e serem catalogadas como verdadeiras ou falsas. Nesta perspectiva, ao cientista se lhe impõe um ofício fundamental, valorizar outros discursos, classificando-os como verdadeiros ou não, e os redistribuindo no interior das disciplinas.

Foucault afirma que "estar na verdade" é seguir obedecendo às regras impostas por uma polícia discursiva, que se reafirma em cada um de seus próprios discursos. Para se "estar na verdade", necessário é estar-se aceito pelo discurso científico, eis o que foi imposto, então, aos pretendentes à cientificidade das disciplinas dos séc. XVI e XVII, a economia, a literatura, o direito penal. Esta polícia discursiva demonstra-se facilmente por um daqueles modos de controle e redistribuição da exclusão social, especialmente, o ritual, pois impõe aos intervenientes nos discursos, uma série de exigências, a fim de que retomem o lugar do verdadeiro, como determinados gestos, comportamentos, conjunto de signos utilizados, circunstâncias, um sentido fixo das palavras, os efeitos que se dirigem aos intervenientes, e os limites de seu próprio valor coativo. Por essa razão, envereda Foucault, as sociedades discursivas têm como escopo primordial a conservação e a produção de mais discursos, são sociedade eminentemente difusas e coativas, pois o discurso se demonstra como uma violência que se exerce sobre as coisas.

A partir dessa análise, Foucault entende que uma das possíveis saídas estaria em desenvolver um programa de investigação, como o modelo crítico e genealógico[219] (mais tarde desenvolvido em *Surveiller et Punir*, ao avaliar os

l'apparition de forme nouvelles dans la volonté de vérité." [trad. br. **A ordem** ..., p. 16.]

[219] FOUCAULT, Michel. **L'ordre** ..., p. 71. "Ainsi doivent alterner, prendre appui les unes sur les autres et se compléter les descriptions critiques et les descriptions généalogique. Le part critique de l'analyse s'attache aux systèmes d'enveloppement du discours; elle essaie de repérer, de cerner ces principes d'ordonnancement, d'exclusion, de rareté du discours. Dison, pour jouer sur les mots, qu'elle pratique une désinvolture appliquée. La part généalogique de l'analyse s'attache en revanche aux séries de la formation effective du discours: elle essaie de le saisir dans son pouvoir d'affirmation, et j'entends par là non pas un pouvoir qui s'opposerait à celui de nier, mais le pouvoir de constituer des domaines d'objets, à propos desquels on pourra affirmer ou nier des propositions vraies ou fausses." [trad. br. **A ordem** ..., p. 69. "Assim, as descrições críticas e as descrições genealógicas devem alternar-se, apoiar-se umas nas outras e se completarem. A parte crítica da análise liga-se aos sistemas de recobrimento do discurso; procura detectar, destacar esses princípios de ordenamento, de exclusão, de rarefação do discurso. Digamos, jogando com as palavras, que ela

efeitos de verdade no sistema penal), que a partir de uma análise dos discursos, que privilegiasse um estudo detalhado, erudito, que auscultasse nas formações discursivas o controle dos enunciados, aos poderes fundantes, utilizasse outros princípios de análise, como o princípio do "tratocamento", que estudaria a formação das maneiras de exclusão; o princípio da descontinuidade, ao investigar os discursos como práticas descontínuas justapostas, contrapostas e que se excluem; o princípio da especificidade, ao entender o discurso como violência que se impõe aos outros; e o princípio da exterioridade, ao buscar as condições externas de possibilidade dos discursos e não o seu núcleo.

## 2.8. A Verdade e as Formas Jurídicas (1973)

A obra *A Verdade e as Formas Jurídicas*[220], publicada originalmente em 1973, pelo Departamento de Letras da Editora da PUC-RIO, traduzida por Roberto Machado e Eduardo Jardim Morais do texto francês, posteriormente editado na coletânia *Dits et Écrits*, sob o título *La Vérité et Les Formes Juridique*, traz, em verdade, como exposto inicialmente, um conjunto de cinco conferências e uma mesa redonda realizadas por Michel Foucault na Pontifícia Universidade Católica do Rio de Janeiro, entre os dias 21 e 25 de maio de 1973, numa das corriqueiras vezes que esteve no Brasil.[221]

Sob o ponto de vista da posição desta obra nos escritos de Foucault, é evidente que não se pode esperar o mesmo dinamismo e a mesma profundidade que outrora se encontraram nos escritos sobre as palavras e as coisas ou mesmo na edição posterior sobre a vigilância e a punição, pois são linhas, que apesar de fundamentadas no vasto conhecimento que Foucault possuía do

pratica uma desenvoltura aplicada. A parte genealógica da análise se detém, em contrapartida, nas séries da formação efetiva do discurso: procura apreendê-lo em seu poder de afirmação, e por aí entendo não um poder que se oporia ao poder de negar, mas o poder de constituir domínios de objetos, a proprósito dos quais se poderia firmar ou negar proposições verdadeiras ou falsas."]

220 FOUCAULT, Michel. **A verdade e as formas jurídicas**. Rio de Janeiro: Nau, 1996, 160p. [trad fr. **La vérité et les formes juridiques**. (trad. J. W. Prado Jr.) Dits et Écrits (org. Daniel Defert et François Ewald). Paris: Gallimard, v. 2, 1994, p. 538-646.]

221 O ilustre Prof. Tércio Sampaio Ferraz Júnior, que teve a oportunidade de assistir às conferências feitas por Foucault no Rio de Janeiro, certa vez destacou que os pontos mais marcantes de suas falas foram, sem dúvida, o poder retórico e a eloquência como se expressara, a marcante e visível erudição de seus pensamentos, bem como o instigante enlace que o intelectual francês fora capaz de fazer entre suas idéias (certo do lugar aonde queria chegar). [Aula proferida em 21 de abril de 2003, na Pós-Graduação da Faculdade de Direito do Largo São Francisco.]

ambiente filosófico, estão longe de ter um plano epistemológico claramente denifido, fechado e completo, visto não se tratar de um livro propriamente dito, quer dizer, com todas as revisões e todo o desgaste intelectual que se despende. Do mesmo modo, sob o ponto de vista jurídico, certamente inúmeros questionamentos que Foucault realiza na obra *A Verdade e as Formas Jurídicas* acabam por ser singelos e superficiais, em especial, no que tange às práticas processuais propriamente ditas ao longo da história, isto porque, a leitura empreendida sobre a *inquisitio* resguarda um período e um espaço muito curtos da história das práticas inquisitoriais, sobretudo nos estudos de processo penal, não podendo tomá-las como únicas e perfeitas, visto que outros autores, especializados, como Franco Cordero,[222] fizeram-na de forma mais complexa e diferenciada. Em contrapartida, não se pode esquecer que as palavras de Foucault nesse texto têm um conteúdo retórico, por tratar-se de um conjunto de conferências, o que impede a sua tão habitual profundidade nos questionamentos, bem como sob a análise jurídica, são indispensáveis os seus aportes históricos, em especial sobre as práticas judiciárias e a referência, pela primeira vez em seus textos, sobre as *lettres de cachet*, devendo-se, deixar de lado, qualquer falta de preciosismo técnico, visto que Foucault era um filósofo, e não um jurista, e o que deve ressaltar de bom são suas argumentações e seus acréscimos críticos. Não se pode esquecer, antes de se fazer uma crítica mais afoita, que o próprio Foucault já se desculpara, no início de suas conferências: "O que gostaria de dizer-lhes nestas conferências são coisas possivelmente inexatas, falsas, errôneas, que apresentarei a título de hipótese de trabalho; hipótese de trabalho para um trabalho futuro. Pediria, para tanto, sua indulgência e, mais do que isto, sua maldade. Isto é, gostaria muito que, ao fim de cada conferência, me fizessem perguntas, críticas e objeções para que, na medida do possível e na medida em que meu espírito não é ainda rígido demais, possa pouco a pouco adaptar-me a elas; e que possamos assim, ao final dessas cinco conferências, ter feito, em conjunto, um trabalho ou eventualmente algum progresso."[223]

[222] CORDERO, Franco. **Guida alla procedura penale**. Torino: Utet, 1986, 485p. Ver especialmente as interpretações do autor nas páginas 43 a 73.

[223] FOUCAULT, Michel. **A verdade** ..., p. 07. [trad fr. **La vérité** ..., p. 538. "Ce que j'aimerais vous dire dans ces conférences, ce sont des choses peut-être inexactes, fausses, erronées, que je présenterai à titre d'hypothèses de travail, d'hypothèses en vue d'un travail futur. Je demande votre indulgence et, plus que cela, votre méchanceté. J'aimerais en effet beaucoup que, à la fin de chaque conférence, vous me posiez des questions, me fassiez des critiques et des objections pour que, dans la mesure du possible et dans la mesure où mon esprit n'est pas encore trop rigide, je puisse peu

A coletânia *A Verdade e as Formas Jurídicas* é uma obra que se aproxima, para muitos, da epistemologia de Lakatos e de Khun, pois igualmente busca indagar como as instituições extralógicas influenciaram no conhecimento. Em suma, pode-se dizer, ao que mais se aproxima ao discurso jurídico, é que tais conferências têm como objetivo central analisar os três modelos de determinação da verdade, sobretudo, a partir das práticas judiciárias, ao longo da história: a prova, o inquérito, e o exame. A prova se trata do exercício do direito grego, em Homero, e do direito germânico, vigente até o séc. XIII na Europa, para a busca da verdade, em que os sujeitos conflitantes eram submetidos a uma prova, isto é, a uma luta física ou social, que só vai ser alterada, quando surge a participação de um terceiro na resolução dos conflitos, como visto em Édipo-Rei, de Sófocles. Com a indagação ou o inquérito, nascidos na Idade Média, surge um novo modo de obtenção de verdade, pois se origina, concomitantemente, uma nova forma de resolver litígios, de se exercer o poder, sem haver, ainda, uma racionalização da prova. Com o Renascimento, o inquérito se torna a forma geral do conhecimento, a Ciência Empírica. Por fim, com o aparecimento do exame, em substituição ao inquérito, surge um novo modo de obtenção da verdade, concomitantemente a uma nova forma de poder, isto é, um poder disciplinar. O exame, surge num contexto em que, no final do séc. XIX e começo do séc. XX, Cesare Beccaria e Jeremy Bentham separam o crime dos seus aspectos morais e religiosos. Dessa separação, aparece o entendimento de que não basta mais o simples castigo da infração ou a tortura para a obtenção da verdade, pois o crime gera um dano social, o que impõe uma necessidade de castigar uma infração que futuramente poderia vir a acontecer. Surgem, enfim, novas formas de vigilâncias, em que o exame se qualifica, por excelência, como o modelo ideal de busca da verdade, através do controle, ou seja, da vigilância de algo para ver se cumpre ou não as regras.

A primeira conferência, por se tratar de uma análise metodológica de suas outras palestras, pode assim ser didaticamente dividida: numa metodologia abstrata do livro, em que o autor esboça os pontos principais que pretende abordar, e numa metodologia estrita, em que o autor apresenta a esteira de suas reflexões, o pensamento epistemológico a partir de Nietzsche.

Numa metodologia abstrata, Foucault aborda os seguintes pontos centrais de suas reflexões: um objeto imediato; "a formação de um certo número de

à peu m'adapter à ces questions, et que nous puissions ainsi, à la fin de ces cinq conférences, avoir accompli ensemble un travail ou éventuellement quelque progrès."]

domínios do saber a partir das relações de força e de política na sociedade"[224], e um objeto mediato: a defesa de que "as condições políticas, econômicas de existência não são um véu ou um obstáculo para o sujeito de conhecimento mas aquilo através do que se formam os sujeitos de conhecimento e, por conseguinte, as relações de verdade."[225]

Além de ser possível apontar suas principais pesquisas, que formam o conteúdo essencial do livro: a) A primeira, na compreensão de que os sujeitos não foram, ao longo da história, simplesmente determinados pelas práticas sociais, tal como pensava Marx, mas sobretudo, foram constituídos, fundados por práticas de controle e de vigilância (talvez uma influência althusseriana da constituição material dos homens). As práticas sociais não simplesmente determinam material e socialmente o sujeito e seus domínios do saber, mas o constituem como um novo sujeito de conhecimento; b) A segunda reflexão apontada quer buscar o que está por detrás do discurso; quer ver o discurso não meramente com um "conjunto de fatos linguísticos,"[226] senão como algo além, como jogos estratégicos de poder, de ação e reação. (A busca pelo caráter ideológico dos discursos). O discurso como exercício de poder, e não meros fatos da linguagem, dotados de regras sintáticas e semânticas; c) Por fim, a terceira linha de pesquisa quer mostrar que o sujeito fora, desde de Descartes, o centro do saber numa razão moderna, mas que a partir do surgimento da Psicanálise, é preciso vê-lo sendo constituído pela história. Há uma determinação histórica do sujeito. Dessa maneira, o sujeito deve ser "fundado e refundado" na história, a partir do discurso (visto enquanto conjunto de estratégias de poder).

A reelaboração da Teoria do Sujeito a partir de sua constituição histórica. A partir de tais linhas de pesquisa, tem-se a busca da constituição dos sujeitos pelas práticas históricas, pelos discursos estratégicos de poder e pelas práticas sociais, na qual Foucault se empenha pela história interna da verdade, deflagrada enfaticamente pelas práticas judiciárias. Em *A Verdade e As Formas Jurídicas*, uma vez escolhidas as práticas judiciárias como as práticas sociais

224 FOUCAULT, Michel. **A verdade** ..., p. 26. [trad fr. **La vérité** ..., p. 552. "... la formation d'un certain nombre de domaines de savoir à partir des rapports de forces et des relations politiques dans la société."]

225 FOUCAULT, Michel. **A verdade** ..., p. 27. [trad fr. **La vérité** ..., p. 552-553. "... les conditions politiques, économiques d'existence ne sont pas un voile ou un obstacle pour le sujet de connaissance, mais ce à travers quoi se forment les sujets de connaissance, et donc les relations de vérité."]

226 FOUCAULT, Michel. **A verdade** ..., p. 09. [trad fr. **La vérité** ..., p. 539. "... ensemble régulier de faits linguistique..."]

que mais se responsabilizam pela constituição dos sujeitos, Foucault busca a origem da verdade a partir de tais práticas, na tentativa de compreender a constituição histórica do sujeito.[227]

Ao longo da história, a busca pela verdade, talvez estritamente a busca pelo sujeito do conhecimento nas práticas judiciárias, enuncia-se através do inquérito, o qual viria a influenciar e orientar até mesmo as reflexões científicas e filosóficas.[228] O inquérito, além de contaminar o questionamento pela verdade nas várias práticas do saber, constituiu, de maneira ainda mais importante, as formas de controle social e política das origens da sociedade capitalista. Dessa maneira, Foucault, na resolução das problemáticas de suas pesquisas, tenta construir uma genealogia do inquérito, para a constituição histórica da verdade e do sujeito de conhecimento.

A partir dessa primeira conferência, indispensável introdução metodológica, segue-se a segunda conferência, em que Foucault reflete o inquérito na Grécia, a partir da obra edipiana de Sófocles; na sequência a terceira conferência, em que o autor se questiona sobre o inquérito na Idade Média, e por fim, seguem-se a quarta e quinta conferências, em que Foucault conclui a influência do inquérito na busca pela verdade nas Ciências e na Filosofia, a partir do que ele chama de "ciência do exame".

Numa metodologia estrita do livro, ressalta-se a tentativa de abordar o *telos* e o meio epistêmico de suas reflexões, Foucault se apoia em Nietzsche, para o qual somente este conseguiu fazer uma análise histórica da formação do sujeito. Foucault, inicialmente, resumindo as reflexões de Nietzsche, entende que para este, os neokantianos estariam profundamente enganados, para os quais o tempo e o espaço jamais poderiam preexistir ao sujeito, além de serem formas de conhecimento. Radicalmente oposto aos neokantianos, Nietzsche afirma que o conhecimento, num determinado tempo e espaço datados foi essencialmente criado, passou por um invenção (*Erfindung*), e não teve origem (*Ursprung*).

Nietzsche, ao negar a *Ursprung*, afirma que a religião, a poesia e o ideal – moral - foram inventados, e não estavam simplesmente dados no mundo, como pensavam os neokantianos. Essa invenção que propõe Nietzsche, diz Foucault, é, por sinal, uma ruptura, jamais uma origem (relendo Bachelard). Afirma Nietzsche que o conhecimento (religião, poesia e moral) não teve origem, mas

[227] FOUCAULT, Michel. **A verdade** ..., p. 11. [trad fr. **La vérité** ..., p. 540.]
[228] FOUCAULT, Michel. **A verdade** ..., p. 12. [trad fr. **La vérité** ..., p. 541.]

foi inventado por um processo de ruptura, por "obscuras relações de poder".[229] E por ser inventado e não ter origem o conhecimento, não está inserido na natureza humana, não é um instinto humano, nem sua simples sublimação ou seu requinte, mas uma luta de instintos, um jogo de mútua aniquilação, um efeito dos instintos, um "estado de tensão ou de apaziguamento entre os instintos".[230] Dessa maneira, defende Nietzsche que o conhecimento não é natural ao homem, é, pois, inventado, é contra-natural. E por ser contra-natural, distintamente do kantismo e o neokantismo, não pode haver uma relação ideal das condições do sujeito e do objeto.

Entre objeto e sujeito, entre instinto e conhecimento, não há uma situação ideal, senão de luta, de violência, de dominação, de poder[231], como se verá adiante. Não há entre o sujeito, o conhecimento e o objeto uma relação de identidade, de unidade, de beatitude, como quisera Platão, ou de aniquilação das paixões, como Spinoza, mas pelo contrário, uma relação de tensão, de não-harmonia (já que Nietzsche desconsidera a existência de Deus, elemento de equilíbrio em Descarte), da composição e compensação entre instintos – rir, deplorar e destruir – visto que o conhecimento é uma ação repulsiva e destrutiva do objeto, e não de aproximação como sempre se quis.[232] Somente o ódio, a hostilidade, e o afastamento do objeto, nessa luta entre conhecimento e instinto, entre conhecimento e coisa, numa guerra de impulsos é que se produz o conhecimento. Há, portanto, na invenção do conhecimento entre sujeito e mundo uma relação de ódio, de subserviência, de luta e poder ("sistema precário de poder").[233] Só há conhecimento quando surge entre sujeito e objeto uma relação de luta.

Por isso, conclui Nietzsche que o conhecimento está muito mais próximo das relações de poder, portanto dos políticos, do que dos filósofos, nessa leitura foucaultiana. Nas mesmas linhas, afirma Nietzsche que o conhecimento é sempre perspectivo, parcial, oblíquo não porque a coisa em si não poder ser conhecida, como queria Kant, como caráter da natureza humana; mas porque envolve sempre relações de poder, visto que se mostra como caráter

[229] FOUCAULT, Michel. **A verdade** ..., p. 15. [trad fr. **La vérité** ..., p. 544. "... d'obscures relations de pouvoir ..."]

[230] FOUCAULT, Michel. **A verdade** ..., p. 17. [trad fr. **La vérité** ..., p. 545. "... état de tension ou d'apaisement entre les instincts."]

[231] FOUCAULT, Michel. **A verdade** ..., p. 18. [trad fr. **La vérité** ..., p. 546.]

[232] FOUCAULT, Michel. **A verdade** ..., p. 21. [trad fr. **La vérité** ..., p. 548.]

[233] FOUCAULT, Michel. **A verdade** ..., p. 22. [trad fr. **La vérité** ..., p. 549. "... système précaire de pouvoir."]

estratégico de poder. Dessa maneira, conclui, em princípio Foucault, o conhecimento é sempre generalizante, é sempre um desconhecimento, pois ignora as diferenças, assimila-as entre si.[234] A partir dessa leitura de Nietzsche, Foucault quer, portanto, evidenciar o objeto central de sua obra: a constituição do sujeito a partir das práticas judiciárias, uma vez que o conhecimento, os domínios do saber e a verdade são reflexos das relações de poder, da luta instintiva e principalmente, da recíproca repulsa entre sujeito e objeto.

Eis, portanto, o objetivo central do livro nas palavras de Foucault: "O que pretendo mostrar nestas conferências é como, de fato, as condições políticas, econômicas de existência não são um véu ou um obstáculo para o sujeito de conhecimento mas aquilo através do que se formam os sujeitos de conhecimento e, por conseguinte, as relações de verdade. Só pode haver certos tipos de sujeitos de conhecimento, certas ordenas de verdade, certos domínios de saber a partir de condiçòes políticas que são o solo em que se formam o sujeito, os domínios de saber e as relações com a verdade. Só se desembaraçando destes grandes temas do sujeito de conhecimento, ao mesmo tempo originário e absoluto, utilizando eventualmente o modelo nietzscheano, poderemos fazer uma história da verdade."[235]

A segunda conferência procura analisar o poder político na Grécia Antiga, através da obra Édipo-Rei, tragédia de Sófocles, para enfim, construir o modelo de busca da verdade nas práticas judiciárias gregas. A reflexão sobre essa obra, em crítica à interpretação dada por Freud, constitui um modo de se demonstrar como se realizava, naquele período, um tipo peculiar de relação entre poder político e conhecimento, mas que ainda, apesar de tanto tempo, a civilização atual não conseguiu se libertar totalmente.[236]

234 FOUCAULT, Michel. **A verdade** ..., p. 25. [trad fr. **La vérité** ..., p. 552.]

235 FOUCAULT, Michel. **A verdade** ..., p. 27. [trad fr. **La vérité** ..., p. 552. "Ce que je prétends montrer dans ces conférences, c'est comment, en fait, les conditions politiques, économiques d'existence ne sont pas un voile ou un obstacle pour le sujet de connaissance, mais de à travers quoi se forment les sujets de connaissance, et donc les relations de vérité. Il ne peut y avoir certains types de sujets de connaissance, certains ordres de vérité, certains domaines de savoir qu'à partir de conditions politiques qui sont le sol où se forment le sujet, les domaines de savoir et les relations avec la vérité. Ce n'est qu'en nous débarrassant de ces grands thèmes du sujet de connaissance – en même temps originaire et absolu –, en utilisant éventuellement le modèle nietzschéen que nous pourrons faire une histoire de la vérité."]

236 FOUCAULT, Michel. **A verdade** ..., p. 31. "Parece-me, que há realmente um complexo de Édipo na nossa civilização." [trad fr. **La vérité** ..., p. 554." Il me semble qu'il y a réellement un complexe d'Œdipe dans notre civilisation."]

Através de Édipo-Rei, Foucault entende que a sua narrativa, é, por si própria, um relato histórico de uma pesquisa da verdade, que obedece diretamente às práticas judiciárias gregas. Momento esse que permite o surgimento da verdade obtida através de um sistema de juramento, isto é, uma verdade que se estabelece por uma espécie de jogo, de um desafio lançado de um adversário ao outro: a busca pelo conflito. "Eis a velha e bastante arcaica prática da prova da verdade em que esta é estabelecida judiciariamente não por uma constatação, uma testemunha, um inquérito ou uma inquisição, mas por um jogo de prova. A prova é característica da sociedade grega arcaica."[237]

Pela análise realizada por Foucault de Édipo-Rei, extrai-se o entendimento de que as relações políticas derivam de uma busca do conhecimento motivada pela vontade de poder, naquela mesma interferência nietzscheana, guiada por instintos, isto é, por deuses que permitiam aos homens desfrutar-se do poder quando assim desejassem, mas que poderiam igualmente ser punidos, e lhes usurpados. Foucault, através de uma narrativa e uma interpretação detalhada do caminho percorrido por Édipo, demonstra que o que se localiza atrás do saber é, essencialmente, a luta pelo poder, pois o destino guardava para Édipo a potência ou a impotência, de acordo com as descobertas e as escolhas que realizasse para agir, paulatinamente, num jogo das metades, segundo o autor. "Parece-me que esse mecanismo da verdade obedece inicialmente a uma lei, uma espécie de pura forma, que poderíamos chamar de lei das metades. É por metades que se ajustam e se encaixam que a descoberta da verdade procede em Édipo."[238] Nesse sentido, consoante as palavras de João da Cruz Gonçalves Neto, "a luta, enfim, é de Édipo consigo mesmo: o poder já era seu".[239] Nesse sentido, em conclusão à segunda conferência, a verdade segundo a interpretação foucaultiana passa a ser o resultado da luta dos instintos em busca de dominação, um reflexo da relação entre saber e poder. Relação essa que, divinizada pela luta interna do rei, Édipo, por medo de perder o governo da cidade pela descoberta de sua verdade, que já estava escrita pelos deuses, demonstra

[237] FOUCAULT, Michel. **A verdade** ..., p. 31. [trad fr. **La vérité** ..., p. 556. "Voilà la vieille et très archaïque pratique de l'épreuve de la vérité, où celle-ci est établie judiciairement non pas par une constatation, un témoin, une enquête ou une inquisition, mais par un jeu d'épreuve. L'épreuve est caractéristique de la société grecque archaïque."]

[238] FOUCAULT, Michel. **A verdade** ..., p. 34. [trad fr. **La vérité** ..., p. 557. "Il me semble que ce mécanisme de la vérité obéit initialement à une loi, à une espèce de forme pure, que nous pourrions appeler la loi des moitiés. C'est par moitiés qui s'ajustent et s'emboîtent que procède la découverte de la vérité dans Œdipe."]

[239] GONÇALVES NETO, João da Cruz. **O poder do caos: a verdade e as formas jurídicas. Uma abordagem crítica**. Revista Fragmentos de Cultura, Gioânia, v. 10, n. 6, p. 1112, nov./dez. 2000.

o que Foucault procurou diagnosticar como a relação intríseca entre a vontade de saber de uma época e sua produção das relações de poder, essas internas, e não antinômicas. Eis portanto, o objetivo de sua análise: "o que gostaria de mostrar é que, no fundo, Édipo representa na peça de Sófocles um certo tipo do que eu chamaria saber-e-poder, poder-e-saber."[240]

A terceira conferência, é marcada, sobretudo, pela constituição do processo, que se operou ao longo do séc. V em Atenas, de racionalização da prova, isto é, pelo surgimento de regras para elaboração e demonstração da verdade. Juntamente com a racionalização das provas, outras construções culturais gregais vêm à tona, a retórica, como a arte de persuadir ganha seu espaço; o inquérito surge, por excelência, como um novo tipo de conhecimento, que através das testemunhas, garante a consecução de uma descoberta grega jurídica da verdade; e o soberano, que passa a compor o centro da sociedade, uma vez que a noção de Estado, tal como se conhece hoje, inexistia.

A partir da análise aplicada, e não meramente histórica, da obra de Sófocles, Foucault demonstrará que nesse período, especificamente no final do séc. XII, surgem novas formas de compreensão da relação entre o poder judiciário e a formação da verdade, demonstrada, sobretudo, num quádruplo aspecto: 1) surge um novo modelo de justiça, não mais fundado na contestação entre indivíduos e a livre aceitação, um poder externo, que estabelece as regras de justiça, o fim da autotutela;[241] 2) aparece um personagem totalmente novo, sem precedentes no Direito Romano, a figura do 'procurador', uma espécie de representante do soberano, e, que, havendo algum delito ele se apresenta como representante de um poder lesado pelo único fato de ter havido um delito, em substituição à vítima;[242] 3) surge uma noção absolutamente nova,

[240] FOUCAULT, Michel. **A verdade** ..., p. 48. [trad fr. **La vérité** ..., p. 567. "Ce que j'aimerais montrer, c'est qu'au fond Œdipe, représente dans la pièce de Sophocle un certain type de ce que j'appellerais savoir-et-pouvoir, pouvoir-et-savoir."]

[241] FOUCAULT, Michel. **A verdade** ..., p. 65. [trad fr. **La vérité** ..., p. 579. "Une justice qui n'est plus contestation entre des individus et libre acceptation par ces individus d'un certain nombre de règles de liquidation, mais qui, au contraire, va s'imposer d'en haute aux individus, aux adversaires, aux parties. Dès lors, les individus n'auront plus le droit de résoudre, régulièrement ou irrégulièrement, leurs litiges; ils devront se soumettre à un pouvoir extérieur à eux, lequel s'impose comme pouvoir judiciare et pouvoir politique. "]

[242] FOUCAULT, Michel. **A verdade** ..., p. 65-66. [trad fr. **La vérité** ..., p. Apparaît un personnage totalement nouveau, sans précédents dans le droit romain: le procurateur. (...) Dès qu'il y a crime, délit ou contestation entre deux individus, il se présente comme le représentant d'un pouvoir lésé par le seul fait qu'un délit ou un crime a eu lieu. (...) Ce phénomène, absolument nouveau, va permettre au pouvoir politique de s'emparer des procédures judiciaires. Le procurateur, donc, se présente comme le représentant du souverain lésé par le tort.]

a ideia de 'infração', com essa noção, o crime cometido não mais se restringe às pessoas envolvidas, mas o próprio soberano, quando afirma que também fora lesado;[243] 4) inventa-se uma nova forma "diabólica", o 'Estado', ou melhor, o soberano, que não somente é a parte lesada, mas exige a reparação. Não se exige mais, tão-somente, como no direito feudal ou no direito germânico, a reparação do lesado, da vítima, mas, também, a reparação da ofensa que cometeu contra o soberano, o Estado, a lei.[244]

Essa transformação na concepção do processo, segundo Foucault, operou-se por uma nova visão da prova, em especial, com o surgimento da indagação ou do inquérito: "... que se inventou no Direito dessa época foi uma determinada maneira de se exercer o poder e de saber , uma condição de possibilidade de saber, cujo destino vai ser capital no mundo ocidental. Essa modalidade de saber é o inquérito..."[245] O inquérito, portanto, teria surgido de um dupla vertente, ou seja, uma administrativa e outra religiosa. Para o Foucault, o inquérito era um determinado modo de ver o poder se exercer, isto é, era uma forma de saber, não simplesmente um conteúdo, que se demonstrava como verdadeira expressão do poder. Esse inquérito, portanto, que teria se introduzido no sistema jurídico a partir da Igreja, isto é, a partir da época carolíngia, eclesiástica, surgiu de uma fonte inspirada na luta religiosa pelo alcance da verdade, e, acabou por reestruturar todas as práticas judiciárias da Idade Média. A partir desse momento, o modelo de prova utilizado pelo

[243] FOUCAULT, Michel. **A verdade** ..., p. 66. [trad fr. **La vérité** ..., p. 580. "Une notion absolument nouvelle apparaît: l'infraction. Tant que le drame judiciaire se déroulait entre deux individus, la victime et l'accusé, il ne s'agissait que du tort qu'un individu avait fait à l'autre. La question était de savoir, s'il y avait eu tort, qui avait raison. À partir du moment où le souverain, ou son représentant, le procureur, dit: 'Moi aussi j'ai été lésé par le tor', cela signifie que le tort n'est pas seulement une offense d'un individu à l'autre, mais aussi l'offense d'un individu à l'État."]

[244] FOUCAULT, Michel. **A verdade** ..., p. 67. [trad fr. **La vérité** ..., p. 580. "Il y a encore une dernière découverte, une dernière invention aussi diabolique que celle du procureur et de l'infraction: l'État, ou, mieux, le souverain (puisqu'on ne peut pas parler d'État à cette époque), est non seulement la partie lésée, mais celle qui exige la réparation. Quant un individu perd le procès, il est déclaré coupable et doit encore une réparation à sa victime. Mais cette réparation n'est absolument pas celle del'ancien droit féodal ou de l'ancien droit germanique. Il ne s'agit plus de racheter sa paix, en rendant des comptes à son adversaire. On va exiger du coupable non seulement la réparation du tort fait à un autre individu, mais ausse la réparation de l'offense qu'il a commise contre le souverain, l'État, la loi."]

[245] FOUCAULT, Michel. **A verdade** ..., p. 62-63. [trad fr. **La vérité** ..., p. 577. "Ce qui a été inventé dans cette réélaboration du droit est quelque chose qui ne concerne pas tant les contenus que les formes et les conditions de possibilité du savoir. Ce qu'on a inventé dans le droit à cette époque, c'est une manière déterminée de savoir, une condition de possibilitie du savoir, dont le destin va être capital dans le monde occidental. Cette modalité de savoir est l'enquête ..."]

regime feudal, ou seja, as provas sociais, as provas verbais, as provas mágico-religiosas, e as provas físicas ou corporais, como os ordálios, são substituídas pelo inquérito. Segundo Foucault a ideia tradicional de prova desaparece, embora ainda restem algumas manifestações de tortura, mas deixa de ter o seu valor, para se valorizar o inquérito, que assim resume o autor "O inquérito é precisamente uma forma política, uma forma de gestão, de exercício do poder que, por meio da instituição judiciária, veio a ser uma maneira, na cultura ocidental, de autentificar a verdade, de adquirir coisas que vão ser consideradas como verdadeiras e de as transmitir. O inquérito é uma forma de saber-poder. É a análise dessas formas que nos deve conduzir à análise mais estrita das relaçoes entre os conflitos de conhecimento e as determinaçòes econômico-políticas."[246]

A quarta conferência, Foucault procura demonstrar quais as formas de práticas penais que caracterizaram a sociedade do final do séc. XVIII e início do séc. XIX, suas relações inerentes de poder, e conformação dos sujeitos, que permitiu a formação de uma 'sociedade disciplinar'. "... gostaria de mostrar quais são as formas de práticas penais que caracterizam essa sociedade; quais as relações poder subjacentes a essas práticas penais; quais as formas de saber, os tipos de conhecimento, os tipos de sujeito de conhecimento que emergem, que aparecem a partir e no espaço desta sociedade disciplinar que é a sociedade contemporânea."[247] Essa sociedade disciplinar, alguns fatores permitirão-lhe o seu surgimento: 1) a infração deixa de ter qualquer relação com a falta moral ou religiosa, pois a falta é uma infração à lei natural, à lei religiosa, à lei moral e o crime ou a infração penal é a ruptura com a lei, lei jurídica; 2) uma nova noção de criminoso, visto que o criminoso passa a ser visto como um inimigo interno, um indivíduo que no interior da socieda rompeu com o pacto que havia teoricamente sido estabelecido; 3) a legislação penal deixa a ideia de utilidade social, para ajustar-se ao indivíduo; 4) a insuficiência

[246] FOUCAULT, Michel. **A verdade** ..., p. 78. [trad fr. **La vérité** ..., p. 588. "L'enquête est précisément une forme politique, une forme de gestion, d'exercice du pouvoir, qui, à travers l'institution judiciaire, est devenue, dans la culture occidentale, une manière d'authentifier la vérité, d'acquérir des choses qui vont être considérées comme vraies, et de les transmettre. L'enquête est une forme de savoir-politique. C'est l'analyse de ces formes qui doit nous conduire à l'analyse plus stricte des relations entre les conflits de connaissance et les déterminations économico-politiques."]

[247] FOUCAULT, Michel. **A verdade** ..., p. 79. [trad fr. **La vérité** ..., p. 588. "J'aimerais montrer quelles sont les formes des pratiques pénales qui caractérisent cette société; quelles sont les relations du pouvoir sous-jacentes à ces pratiques pénales; quelles sont les formes de savoir, les types de connaissance, les types de sujet de connaissance qui émergent, qui apparaissent à partir – et dans l'espace – de cette société disciplinaire qu'est la société contemporaine."]

de uma teoria penal colocada por Beccaria, para assegurar o controle dos indivíduos, demonstra a fragilidade do sistema judiciário, e, por conseguinte, a formação de uma instituição penal que não se resguarda exclusivamente às mãos do poder judiciário, mas a toda uma rede de virtualidade punitivas, como a polícia, as instituições de vigilância e correção, etc.

Para Foucault, com o surgimento do *Panopticon*, que será analisado tantas vezes em outros textos, demonstra-se uma nova espécie de poder, uma idade, consoante as palavras do autor, de "ortopedia social", um poder de controle social, e não simplesmente punitivo, um modelo que ele nomeia de "panoptismo", em que o procedimento pelo qual se buscava saber o que havia ocorrido, através do inquérito, dá lugar ao exame.[248] Neste período, ressalta Foucault, através das *lettres-de-cachet*, ordens do rei a uma pessoa, individualmente, obrigando-a a fazer alguma coisa, acrescenta-se um poder de aprisionar, como forma de punir, mas, sobretudo, de corrigir. É nesse contexto, portanto, em meios aos novos sitemas de controle social, estabelecidos pelo poder, pela classe industrial, pela classe dos proprietários, tomados dos controles de origem popular, resguardada uma vertente autoritária, que surgiu a sociedade disciplinar.

A quinta conferência analisa, um pouco mais a fundo, a questão do panoptismo, isto é, como se demonstra a sociedade atual como uma sociedade panóptica, cujo objetivo é vigiar os indivíduos e sobre eles exercer um poder de punição e recompensa em forma de correção. Essa sociedade, que segundo Foucault se opõe a uma teoria legalista ou social, desenvolvida pelo panoptismo, tem como objetivo primordial a formação e a transformação dos indivíduos em função de algumas normas, para corrigi-los e torná-los corpos dóceis, juntamente com as fábricas, os hospitais psiquiátricos e as escolas.

[248] FOUCAULT, Michel. **A verdade** ..., p. 87-88. "Entramos assim na idade do que eu chamaria de ortopedia social. Trata-se de uma forma de poder, de um tipo de sociedade que classifico de sociedade disciplinar por oposição às sociedade propriamente penais que conhecíamos anteriormente. É a idade de controle social. (...) O panoptismo é uma forma de poder que repousa não mais sobre um inquérito mas sobre algo totalmente diferente, que eu chamaria de exame" [trad fr. **La vérité** ..., p. 593-594. "Nous entrons ainsi dans l'âge de ce que j'appellerais l'orthopédie sociale. Il s'agit d'une forme de pouvoir, d'un type de société que je désigne comme société disciplinaire par opposition aux sociétés proprement pénales que nous avions connues auparavant. C'est l'âge du contrôle social. (...) Le panoptisme est une forme de pouvoir qui repose non plus sur une enquête, mais sur quelquer chose de totalement différent que j'appellerai l'examen."]

## 2.9. Eu, Pierre Rivière, que degolei minha mãe, minha irmã e meu irmão (1973)

Em 1973, Michel Foucault publica, pela editora Gallimard-Julliard, na coleção *Archives*, a obra *Moi, Pierre Rivière, ayant egorgé ma mère, ma soeur et mon frère*, resultado de um estudo coletivo, realizado num curso anual do *Collège de France*, do qual participaram, Blandine Barret-Kriegel, Gilbert Burlet-Torvic, Robert Castel, Jeanne Favret, Alexandre Fontana, Georgette Legée, Patricia Moulin, Jean-Pierre Peter, Philippe Riot e Maruvonne Saison, sobre os pareceres médicos e legais, bem como sobre os depoimentos e os testemunhos referentes ao caso do joven Jean Pierre Rivière, que no ano de 1836, em Aunay e Saint-Agnan, teria degolado sua mãe, sua irmã e seu irmão em casa.

A análise empreendida por Foucault na obra *Moi, Pierre Rivière, ayant egorgé ma mère, ma soeur et mon frère*, que a princípio poderia não ter qualquer razão de ser dentro de sua contribuição como autor, embora negasse isso, certamente despertou seu interesse, como ele mesmo afirmara a Gauthier, pelo fato do esquecimento que os homens repetiram a um caso, que na época, teve especial repercussão, visto que os grandes médicos, como Esquirol, sobre ele se interessaram; mas, sobretudo, em virtude da impossibilidade dos homens em tratar de um caso que ficara mal resolvido na história, repleto de enigmas: "O que me interessara nos documentos Rivière, era o fato de que, mesmo com a relativa ressonância de seu crime, ele caíra no completo esquecimento em tão pouco tempo após o seu caso. Apesar dos grandes médicos da época tivessem se interessado no seu caso, ele desaparecera da jurisprudência médica. Ninguém mais comentara: ele colocara aos médicos da época um enigma, que ninguém dentre eles pudera resolver, e ele se encontrava senão quando se pudia dispor do conjunto de peças processuais e, melhor ainda, do próprio memorial de Rivière. Publicar o livro era recolocar a questão Rivière, relançar Rivière às pessoas de hoje, após cento e cinquenta anos de psiquiatria, da descoberta da psicanálise, da generalização da medicina penal, da criminologia: eis novamente, o que você tem a dizer sobre isso?"[249]

[249] GAUTHIER, G. **Le retour de Pierre Rivière.** Dits et Écrits (org. Daniel Defert et François Ewald). v. 3 Paris: Gallimard, 1994, p. 114. "Ce qui m'avait intéressé dans les documents Rivière, c'était le fait que, justement, il était complètement tombé dans l'oubli très peu de temps après son affaitre et malgré le relatif retentissement du crime. Bien que les grand médecins de l'époque se soient intéressés à son cas, il avait entièrement disparu de la jurisprudence médicale. Plus personne n'en avait parlé: il avait posé aux médecins de l'époque une énigme que n'avait pu résoudre aucun d'entre eux, et il se trouvait qu'on pouvait disposer de l'ensemble des pièces du procès et, mieux

O objetivo principal da análise do caso deste rapaz, resume-se, segundo as palavras do próprio Foucault, no estudo "da história das relações entre psiquiatria e justiça penal. (...) Creio que, se decidimos publicar esses documentos, todos esses documentos, é fazer de algum modo o plano dessas lutas diversas, restituir esses confrontos e essas batalhas, reencontrar o jogo desses discursos, como armas, como instrumentos de ataque e defesa em relações de poder e de saber. (...) Reunimos um certo número de notas: algumas dizem respeito ao saber psiquiátrico que opera nas análises dos médicos; outras, ao aspecto jurídico do caso (as circunstâncias atenuantes, a jurisprudência do parricídio); outras, às relações entre os extratos documentários (depoimentos, relatórios, pareceres); outras, à narração dos crimes",[250] ou seja, o objetivo central foi traçar as "vozes", consoante Helena Lúcia,[251] de cada discurso, e como cada um construiu sua versão sobre o fato ocorrido, e conservou, cada qual à sua natureza, um produto de verdade.

A repercussão da obra do dossiê de Rivière, certamente, não foi tão grande quanto aos livros que consagraram Foucault, entretanto, dado o seu renome internacional, foi de grande valia para o meio acadêmico, cultural e psicanalista, como ele mesmo dissera certa vez a François Châtelet.[252] A partir de sua análise, um filme dirigido por René Allio sobre a vida de Rivière, encenado

encore, du Mémoire de Rivière lui-même. Publier le livre était reposer la question Rivière, relancer Rivière aprés cent cinquante ans de psychiatrie, la découverte de la psychanalyse, la généralisation de la médecine pénale, de la criminologie, c'était dire au gens de maintenant: le revoilà, qu'est-ce que vous avez à en dire?". [trad. do autor.]

[250] FOUCAULT, Michel. **Eu, Pierre Rivière, que degolei minha mãe, minha irmã e meu irmão**. (trad. Denize Lezan de Almeida) 4 ed. Rio de Janeiro: Graal, 1988, p. IX-XV.

[251] HELENA, Lúcia. **Resenha ao livro: 'Eu, Pierre Rivière, que degolei minha mãe, minha irmã e meu irmão'**. Revista Linguagem do Instituto de Letras, São Paulo, v. 2., n. 2, p. 111-112, 1979.

[252] CHÂTELET, François. **Pourquoi le crime de Pierre Rivière?** Dits et Écrits (org. Daniel Defert et François Ewald). v. 3 Paris: Gallimard, 1994, p. 106. "F.C. – Michel Foucault, vous qui avez participé au dossier, que pensez-vous du film de René Allio? Comment avez-vous pris la transposition en images de ces personnages que vous avez vus apparaître progressivement à partir des textes?. M.F. – Je n'ai aucunement participé à l'élaboration du film. Ce n'est pas que je m'en désolidarise, au contraire, mais mon jeu, en publiant ce texte, était de dire à qui voulait, médecins, psychiatres, psychanalystes, commentateurs, cinéastes, hommes de théâtre ...: 'Faites-en ce que vous voulez' René Allio en a fait quelque chose de bien, de grand." [trad. do autor. "F.C. – Michel Foucault, você que participou do dossiê, o que você pensa do filme de René Allio? Coomo você recebe a transposição em imagens das personagens que você viu aparecer progressivamente a partir dos textos?. M.F – Eu não participei em nenhum momento da elaboração do filme. Mas isso não quer dizer que não me solidarisei, ao contrário, mas o meu objetivo, ao publicar esse texto, foi jutamente de dizer a quem quisesse, médicos, psiquiatras, psicanalistas, comentadores, cineastas, pessoas do teatro...: 'Façam com o isso o que quiserem'. René Allio o fez algo muito bom, algo grande."]

pelo grande ator Claude Hérbert, que tanto agradou a Foucault, embora não tivesse participado de sua consecução, foi lançado no mundo cinematográfico francês em meados da década de setenta, alcançando, em certa parte, um respeitável público.

A obra, inicialmente descritiva, agrupa, não de modo processual, mas simplesmente cronológico, os pareceres, as petições, os depoimentos e os laudos que compuseram o processo criminal de Pierre Rivière, començando pelo relatório do Juiz de Paz; depois o laudo dos médicos que constataram a morte; em seguida pelo primeiro depoimento de Rivière à Câmara das Instruções Criminais do Tribunal da Circunscrição de Vire; o depoimento das testemunhas; o segundo depoimento de Rivière; a apresentação perante a Câmara de Acusação; o Auto de Acusação; os artigos de periódicos; o memorial escrito por Rivière; os pareceres médico-legais sobre a condição psicológica do acusado; o novo interrogatório de Rivière perante o Tribunal do Juri; notícias sobre o processo nos periódicos; o relatório do Ministro da Justiça ao Rei; a sentença de pena de morte; os recursos; a substituição da pena de morte pela de prisão perpétua; e a aceitação.

Em seguida, após a apresentação do processo que resultou na condenação de Rivière, os participantes das pesquisas fazem suas considerações. Foucault, especialmente, analisa o memorial de Rivière a fim de demonstrar as transformações no texto e na narrativa do assassino. Destaca a função dos jornais e dos livros e suas espécies de discursos, que fazem mudas as relações entre o familiar e o notável, o quotidiano e o histórico.[253] Trata-se de uma maneira de tornar públicos esses relatos que representavam à época do séc. XIX, um saber popular, uma forma de confronto com os recém-criados códigos, com a ilegalidade. O relato de Rivière representa algo além da mera confissão, mas a batalha surda desenrolada em torno dos direitos, do Estado, uma forma de se contrapor contra o juiz. "Pierre Rivière foi o sujeito desse memorial num duplo sentido: ele é aquele que se lembra, que se lembra de tudo impiedosamente; e ele é aquele cuja memória chama o crime, horrível e gloroso, ao lado de tantos outros crimes. Faz ao mesmo tempo, da maquinaria da narrativa-assassinato, o projétil e o alvo; foi lançado, pelo jogo do mecanismo, no assassinato real, o que o colocou na posição fatal do condenado. Ele foi enfim num duplo sentido o autor de tudo isto: autor do crime e autor do texto."[254] Foucault, assim, destaca especialmente a função discursiva do texto, posto que para ele Rivière

[253] FOUCAULT, Michel. **Eu, Pierre Rivière, que degolei minha mãe** ..., p. 216.
[254] FOUCAULT, Michel. **Eu, Pierre Rivière, que degolei minha mãe** ..., p. 220.

havia executado o crime em dois níveis: o real e o da prática discursiva e do saber que a ela estava ligado. Fez a lei jogar no seu texto, era o objeto de um processo e de um exame médico que o dizia louco. Assim, os autores, nas suas particularidades, continuam analisar os outros documentos do caso Rivière.

## 2.10. Vigiar e Punir: História da Violência nas Prisões (1975)

*Surveiller et Punir: nassaince de la prision* foi publicado em 1975 pela editora Gallimard, e se consagrou como o ápice dos questionamentos formulados por Foucault durante os anos precedentes em seus cursos no *Collège de France*, em especial, *Théories et institutions pénales* (1971/1972)[255] e *La société punitive* (1972/1973).[256] Ademais, esse livro de Foucault representou toda uma revolta empreendida contra o sistema carcerário francês, através de sua intensiva atuação no *Groupe d'Infromation sur les Prisons*, que se verá adiante. Demonstrando a crise institucional e os objetivos primordiais das prisões ao longo da história, representados pela produção da delinquência, Foucault encerra o debate sobre os olhos de um poder que se utilizou sempre de discursos de reeducação e de discursos políticos para legitimar práticas de exclusão social, tal como se fizera com os loucos nos hospícios.

A repercussão do livro, consoante as palavras de vários autores renomados foi muito grande, sobretudo em razão da síntese que a obra trazia de suas últimas pesquisas. Didier Eribon, afirma que foi de 'considerável sucesso',[257] David Macey, diz ter sido bem acolhida pelo público,[258] Pierre Billouet sustenta que *Surveiller et Punir* foi objeto de análises e críticas em diversos periódicos, até mesmo pelos historiadores, Aguillhon, Chartier, Farge, Léonard, Perrot e

[255] FOUCAULT, Michel. **Théories et institutions pénales.** Dits et Écrits (org. Daniel Defert et François Ewald). Paris: Gallimard, v. 2, 1994, p. 389-393. [trad. br. **Teorias e instituições penais.** Resumo dos cursos do Collège de France (1970-1982). (trad. Andréa Daher e Roberto Machado). Rio de Janeiro: Jorge Zahar, 1997, p. 17-25]

[256] FOUCAULT, Michel. **La société punitive.** Dits et Écrits (org. Daniel Defert et François Ewald). Paris: Gallimard, v. 2, 1994, p. 456-470. [trad. br. **A sociedade punitiva.** Resumo dos cursos do Collège de France (1970-1982). (trad. Andréa Daher e Roberto Machado). Rio de Janeiro: Jorge Zahar, 1997, p. 25-45]

[257] ERIBON, Didier. **Michel Foucault.**, p. 219.

[258] MACEY, David. **Michel Foucault...**, p. 410. "Le livre avait reçu un bel accueil et avait, tout naturellement, retenu l'attention des historiens de métier." [trad. do autor. "O livro recebera uma bela acolhida e, naturalmente, retirara a atenção de historiadores profissionais."]

Revel.[259] Entretanto, a maior repercussão, sem dúvida, foi no âmbito da política carcerária, pois com a sua publicação surgiram inúmeros questionamentos sobre a abertura das prisões, através da mídia, dos livros, da desdisciplinarização [*dé-disciplinarisation*], etc.

Aquém de sua vasta recepção política e acadêmica, o livro de Foucault, visto como o 'estudo de um problema', objetivou, em especial, não uma simples história de um período, mas uma apresentação da *ratio* que fora colocada em lei com a reforma do sistema penal francês. Nesse sentido, muito bem acrescenta Billouet: "Um efeito de *Surveiller et Punir* será a distância que Foucault começa a ter com os textos de Sade. Nos seus três primeiros livros, Sade é uma testemunha da resistência à normalisação. A partir de 1975 ele se torna um 'sargento do sexo', e no ano seguinte el será analisado como sintoma. Deve-se também notar que em 1977, Foucault modificou sua atitude puramente crítica, já que ele decidiu responder favoravelmente a uma comissão governamental encarregada de estudar uma reforma do código penal e de participar dos debates em curso. Em 1978, Foucault estima que *Surveiller et Punir* monstrou 'um desbloqueio tecnológico da produtividade do poder' a partir dos séculos XVII e XVIII, uma 'nova economia do poder'. Ele não faria a história da instituição prisão, mas a história do pensamento da punição, das mudanças na problematisação das relações entre delinquência e castigo. Ele faria genealogicamente a 'ontologia histórica de nós mesmos nas relações a um campo livre do poder, no qual nós nos constituímos em sujeitos em vias de agir sobre os outros."[260]

Fundamentado nas lutas contra a instituição carcerária, presentes na época, com esse livro Foucault as amadurece, e se consagra como um historiador do presente, conforme a suas próprias palavras: "É desta prisão, com todos os

[259] BILLOUET, Pierre. **Foucault: figures** ..., p. 134-135.

[260] BILLOUET, Pierre. **Foucault: figures** ..., p. 140. "Un effet de *Surveiller et Punir* sera la distance que Foucault commence à prendre avec les textes de Sade. Dans ses trois premiers livres, Sade est un témoin de la résistance à la normalisation. A partir de 1975 il devient un 'sergent du sexe', et dans l'année suivante il sera analysé comme symptôme – Il est aussi à noter qu'en 1977, Foucault a modifié son attitude purement critique, puisqu'il a décidé de répondre favorablement à une commisssion gouvernementale chargée d'étudier une 'réforme' du code pénal et de participer aux débats en cours. En 1978, Foucault estime que *Surveiller et Punir* a montré 'un déblocage technologique de la productivité du pouvoir' à partir des XVII$^{e}$-XVIII$^{e}$ siècles, une 'nouvelle économie du pouvoir'. Il ne ferait pas l'histoire de l'institution prison mais l'histore de la pensée de la punition, des 'chagements dans la problématisation des rapport entre délinquance et châtiment'. Il ferait généalogiquement l'ontologie historique de nous-mêmes dans nos rapports à un champ du pouvoir où nous nous constituions en sujets en train d'agir sur les autres." [trad. do autor.]

investimentos políticos do corpo que ela reúne em sua arquitetura fechada que eu gostaria de fazer a história. Por puro anacronismo? Não, se entendemos com isso fazer a história do passado nos termos do presente. Sim, se entendermos com isso fazer a história do presente."[261]

Nesse livro Foucault procurou demonstrar como um certo tipo de poder exercido sobre os indivíduos, através da educação, da formação de suas personalidades, era correlato no Ocidente ao nascimento não simplesmente de uma ideologia, mas, sobretudo, de um regime de tipo liberal. Foucault destaca também o papel significativo das ciências humanas, especialmente através do discurso penal moderno.[262] David Macey destaca que os objetivos de Foucault eram de apresentar uma história correlativa da alma moderna e de uma nova estrutura e configuração do poder de julgar, uma espécie de genealogia do atual complexo científico-judiciário, no qual o poder de punir encontra seu apoio.[263]

Foucault, ao contrário de uma simples descrição da prisão numa historiografia tradicional, estabelece, através de um método genealógico, uma crítica política da sociedade moderna, especialmente a partir de meados do século XVIII, interpretando diversos problemas como a individualização, a disciplinarização dos indivíduos, a normalização dos corpos, a formação dos poderes e das relações com a administração pública, etc. Seu objetivo, ele resume no início da obra: "A história dessa microfísica do poder punitivo seria então uma genealogia ou uma peça para uma genealogia da 'alma' moderna."[264] Por entre o seu percurso epistemológico do sistema carcerário, Foucault também reflete as técnicas punitivas e os dispositivos de controle social que se formaram desde aquela época nas fábricas, nas escolas e também nos hospitais,

[261] FOUCAULT, Michel. **Vigiar e punir**. (trad. Raquel Ramalhete) 11 ed. Petrópolis: Vozes, 1994, p. 35.

[262] Sobre os objetivos de Foucault ao publicar *Surveiller et Punir*, ver entrevista concedida a Roger Pol Droit, em fevereiro de 1975, para o *Le Monde*. DROIT, Roger Pol. **Des supplices aux cellules: entretien avec Michel Foucault**. Dits et Écrits (org. Daniel Defert et François Ewald). Paris: Gallimard, v. 2, 1994, p. 716-720.

[263] MACEY, David. **Michel Foucault**..., p. 339. "L'objectif de Foucault est de présenter 'une histoire corrélative de l'âme moderne et d'un nouveau pouvoir de juger; une généalogie de l'actuel complexe scientifico-judiciaire où le pouvoir de punir prend ses appuis, reçoit des justifications et ses règles, étend ses effets et masque son exorbitante singularité." [trad. do autor. "O objetivo de Foucault é apresentar 'uma história correlativa da alma moderna e de um novo poder de julgar; uma genealogia do atual complexo científico-jurídico onde o poder de punir fundamenta seus apoios, encontra suas justificações e suas regras, estende seus efeitos e oculta sua exorbitante singularidade."]

[264] FOUCAULT, Michel. **Vigiar e** ..., p. 31..

demonstrando, assim, que a sociedade passou a ser reconhecida como uma "sociedade disciplinar", cujo objetivo primordial era formar indivíduos dóceis, úteis e formatados, através da invenção de uma tecnologia de vigilância, de controle, de identificação dos indivíduos, de esquadrinhamento de seus gestos, de sua atividade, de sua eficiência. Perguntado por Roger Pol Droit, por que a prisão e não outra instituição, Foucault afirmou que "desde os séculos XVI e XVII, havia no exército, nas escolas, nos hospitais, nas seções das indústrias uma tecnologia do poder final e quotidiano, do poder sobre os corpos. A prisão é a última figura desta idade das disciplinas."[265]

Através dessa perspectiva, Foucault procura explicar, aquém das interpretações dos fatores sociais e econômicos, que a sociedade moderna se delimitou como uma sociedade que propugnava pela exclusão do diferente, do louco, do criminoso, especialmente através das disciplinas, isto é, conjuntos regulares de saber, que se qualificam como uma modalidade anatômica de exercício do poder, através de técnicas, procedimentos, aplicações, etc. Todavia, é inevitável deixar de ressaltar que não se trata de uma obra que propõe soluções, que estabelece um juizo ideal, ou que vai de encontro à pena privativa de liberdade, mas de uma obra analítica, sob a metodologia genealógica, cujo objetivo é demonstrar, primeiro, que a punição tem uma função essencialmente social; segundo, que as ciências humanas desempenharam o papel indispensável para buscar o conhecimento necessário para o conhecimento da alma do criminoso; terceiro, que a punição não é exclusivamente jurídica, mas uma estratégia eminentemente política, um jogo das tramas do poder para que a classe dominante se conserve; quarto, que o corpo passou a ser o elemento de atuação do poder, especialmente através da disciplina; e quinto, que o poder e o saber, tal como já havia sido esboçado no discurso do *Collège de France*, estão intimamente relacionados, tecem pontos de atuação, estratégias de inclusão e exclusão, etc. Dessa maneira, o livro se divide didaticamente em quatro grandes partes, que representam os questionamentos históricos de Foucault envolvidos ao redor da crise carcerária: o suplício, a punição, a disciplina e a prisão.

O *suplício* é o capítulo em que Foucault procura demonstrar a centralização do poder nas mãos do rei, posto que sempre que o indivíduo realizasse algum ato que violasse diretamente o soberano, fosse em sua particularidade, fosse

[265] DROIT, Roger Pol. **Des supplices** ..., p. 717. "... depuis les XVI^e^ et XVII^e^ siècles, à l'armée, dans les collèges, les écoles, les hôpitaux, les ateliers. Une technologie du pouvoir fin et quotidien, du pouvoir sur les corps. La prison es la figure dernière de cet âge des disciplines." [trad. do autor.]

em seus bens, haveria um castigo, como forma a punir e educar o "desviante". Inicia o autor destacando que no século XVII todo o invíduo que fosse condenado precisaria ser exposto. Havia a necessidade de tornar público que o ato praticado por todo aquele que ofendesse o soberano seria punido severamente aos olhares da população. Por fatores ainda religiosos, Foucault demonstra que a condenação estava baseada essencialmente pela grande prova que era a confissão, e, após torturas, servia de fundamento para que o juiz proferisse a sentença condenatória. O suplício fazia aparecer a "verdade" escondida na justificação do poder régio. "O corpo supliciado se insere em primeiro lugar no cerimonial judiciário que deve trazer à luz a verdade do crime."[266] Nesse sentido, o suplício era uma forma de relacionar o indiciado à prática do ato que lhe havia sido imputado, e sua tristeza e a sua agonia permitiam que o público visualizasse a intervenção atroz do rei, restituindo-lhe incessantemente a ilegitimidade do poder que detinha. "O suplício faz correlacionar o tipo de ferimento físico, a qualidade, a intensidade, o tempo dos sofrimentos com a gravidade do crime, a pessoa do criminoso, o nível social de suas vítimas. Há um código jurídico da dor; a pena, quando é supliciante, não se abate sobre o corpo ao acaso ou em bloco; ela é calculade de acordo com regras detalhadas: número de golpes de açoite, localização do ferrete em brasa, tempo da agonia na fogueira ou na roda, tipo de mutilação a impor."[267] Entretanto, essa prática acabou sendo condenada pela reforma humanista no final do século XVIII, e pelo próprio povo, que não via mais no supliciado um coitado, cujo corpo sofrera a afirmação do soberano, mas um mártir, que passava a ser vangloriado pelas multidões.

Os humanistas franceses, portanto, propõem o fim da exibição e do espetáculo dos suplícios, e passam a incitar o surgimento de outras formas de interdição, especialmente por uma justiça administrativa, embora seja um processo lento, que nem mesmo os jacobinos conseguiram mantê-lo, ao terem resgatado o uso de instrumentos de exibição do corpo supliciado, tal a guilhotina que matara o rei deposto. É assim que os suplícios começam a perder seu espaço, e as marcas de ferro, o corte da língua do blasfemante cedem lugar ao castigo não como arte das sensações, mas como uma economia dos direitos suspensos, à prisão, à reclusão, aos trabalhos forçados, à multa, etc.[268] A pena

[266] FOUCAULT, Michel. **Vigiar e ...**, p. 35.
[267] FOUCAULT, Michel. **Vigiar e ...**, p. 34.
[268] FOUCAULT, Michel. **Vigiar e ...**, p. 16.

começa a ser dimensionada não pelo suplício como técnica de sofrimento, mas como a perda de um bem ou de um direito.

A *punição* é o capítulo em que Foucault investiga o modo como a sociedade criou formas de retribuição pelo ato do criminoso aos seus indivíduos. A pena, com a reforma da primeira metade do século. XIX do sistema carcerário se dissocia de um complemento de dor física, mas que ainda se instrui no corpo: "Permanece, por conseguinte, um fundo 'supliciante' nos modernos mecanismos da justiça criminal – fundo que não está inteiramente sob controle, mas envolvido, cada vez mais amplamente por uma penalidade do incorporal."[269] E, nesse sentido, acrescenta Foucault que a punição nas suas formas mais duras não se exerce mais no corpo físico, mas na alma, sobre o coração, o intelecto, a vontade, as disposições. É o momento, também que muitos crimes, como a blasfêmia, que deixou de ser crime, e outros, como o contrabando e o furto domésticos lhe foram retirada a gravidade criminosa. É o momento que a população começa a crescer, e a burguesia, recém posta no poder pela Revolução Francesa (destaque-se que é sobre essa realidade que Foucault se concentra, para evitar críticas infundadas, como geralmente dos autores norte-americanos) sente a necessidade de ver suas propriedades protegidas. Foucault salienta para o aparecimento de subdivisão nas ilegalidades: a *ilegalidade de bens*, essencial das classes pobres, que tem a punição mais severa, por ser aquela usualmente praticada contra a burguesia e seu patrimônio; e a *ilegalidade de direitos*, típica dos burgueses, que possuíam a possibilidade de desviar seus próprios regulamentos e suas próprias leis, "de fazer funcionar todo um imenso setor da circulação econômica por um jogo que se desenrola nas margens da legislação,"[270] divisão essa que nada mais era, portanto, do que uma oposição de classes.[271] Surge até uma especialização judiciária decorrente dessa separação das ilegalidades: para os bens e classe popular restam os roubos, os tribunais ordinários e os castigos; para os direitos e burguesia restam as fraudes, as evasões fiscais, as operações comerciais irregulares e as jurisdições especiais com transações, acomodações, multas atenuadas, etc.

Essa reforma institui um novo modo de olhar a criminalidade, ainda gravada pelas diferenças de classe. Nesse sentido, não se tratou de uma reforma essencialmente humanitária, mas do surgimento de técnicas especializadas e mais aprimoradas para punir, e o direito de punir se deslocou do soberno à

[269] FOUCAULT, Michel. **Vigiar e** ..., p. 20.
[270] FOUCAULT, Michel. **Vigiar e** ..., p. 80.
[271] FOUCAULT, Michel. **Vigiar e** ..., p. 80.

defesa da sociedade.[272] É a época de Beccaria, e a arbitrariedade das torturas cede lugar a um modelo mais regular e eficaz na punição dos criminosos. Nesse sentido, a punição seguia ao tipo de ilegalidade que estava acometida; não era mais exercício insano do soberano, caracterizada por ser unforme e modulada unicamente pela gravidade da falta,[273] mas a pena gravada de acordo com a natureza do crime a o agente. Criam-se regras para quantificar a pena, isto é, através de uma técnica dos sinais punitivos, os reformadores estabelecem uma semiotécnica para o poder de punir: a regra de quantidade mínima; a regra da idealidade suficiente; a regra dos efeitos laterias; a regra da certeza perfeita; a regra da verdade comum (é o aparecimento do inquérito para a íntima convicção do juiz); e a regra da especificiação ideal. A confissão deixa de ser a rainha das provas para ingressar um novo regime de busca pela verdade, o exame, a prova empírica, os laudos, as perícias científicas que começavam a ganhar espaço. Todavia, destaca Foucault que a prisão exercia um duplo papel na sociedade do final do século XVIII, ao mesmo tempo que servia para proteger os que possuíam patrimônio, era claramente questionada pelos reformadores, que nela visualizavam uma forma de trazer prejuízos à sociedade, em razão dos custos e dos vícios que fermentava.

A *disciplina* investiga o exercício do poder nos dispositivos, especialmente no controle dos presos, de suas atividades, da normalização, etc. O século XIX vê o surgimento, já com a formação de uma disciplina penal, da pena quantificada cientificamente, com base em atenuantes e circusntâncias judiciais. O desenvolvimento das ciências humanas contribui para que o criminoso deixe de ser visto como mero corpo supliciado, para ser um lugar de investigação do saber. Sobre ele, embusca da verdade, debruçam-se psicólogos, psiquiatras, educadores, a fim de trazerem elementos para que o juiz exerça o poder *legal* de punir. Essa época marca o aparecimento das prisões, como um novo dispositivo pelo qual o poder passa a ser exercido, e a sociedade verificada sob um novo olhar, já no começo do capitalismo. Por isso, a duração da pena só passava a ter sentido em relação a uma possível correção e a uma utilização econômica dos criminosos corrigidos. Ademais, as prisões passam a ser separadas entre homens e mulheres, para estabelecer regimes de trabalhos diferenciados. Nesse sentido, Foucault defende que o crescimento demográfico e o crescente desenvolvimento do capitalismo exigem uma nova modalide de se ingerir sobre os corpos. A prisão, como aparelho administrativo, é uma

272 FOUCAULT, Michel. **Vigiar e** ..., p. 83.
273 FOUCAULT, Michel. **Vigiar e** ..., p. 102.

fiel máquina para modificar espíritos.[274] Se antes a violência e o suplício se destinavam ao corpo, agora a ele se destinam as forças produtivas. O indivíduo passa a ser importante sob o ponto de vista não só político, mas econômico, razão pela qual é transformado em corpo dócil e útil pelas prisões, juntamente com outros dispositivos de atuação: fábricas (que regulam o tempo dos trabalhadores), hospitais (e seus regulamentos), escolas (a disseminação do código dos sinais),[275] forças armadas (e a disciplina rígida), etc. Nesse período, esses dispositivos passam a induzir à obediência, e o 'tempo' se torna um dos elementos mais importantes para a disciplina do corpo. "O corpo disciplina é a base de um gesto eficiente."[276] Há regras no controle da atividade: horário, elaboração temporal do ato, corpo e gestos correlacionados, articulação corpo-objeto, utilização exaustiva, etc.[277] Mas, sobretudo, há recursos para o bom adestramento, para que a disciplina fabrique indivíduos, como uma técnica específica de um poder que toma os indivíduos ao mesmo tempo como objetos e como instrumentos de seu exercício, isto é, o olhar hierárquico, a sanção normalizadora e a sua combinação num procedimento específico: o exame (que inverte a economia da visibilidade no exercício do poder; que faz a individualidade entrar num campo documentário; que com sua técnicas documentárias faz de cada indivíduo um caso).[278]

Inserindo-se sobre o corpo, Foucault então afirma que a disciplina produz quatro tipos principais de individualidades: a *celular*, em razão do jogo da repartição espacial; a *orgânica*, pela codificação das atividades; a *genética*, pela acumulação do tempo, e a *combinatória*, pela composição das forças.[279] Essas práticas disciplinares nas prisões teriam seus fundamentos já nas práticas militares, todavia, uma significativa distinção seria que, a partir do séc. XVIII, o tempo se reconhece como valor indispensável na sociedade disciplinar. Nesse sentido, em busca de uma sociedade ideal para governar, disciplinada e dócil, para conseguir fazer exercer a vigilância, a norma, e o exame, elementos todos cerimonializados, cria-se toda uma nova arquitetura na sociedade, em que a ostentação dos palácios cede lugar às estruturas definidas e planejadas das prisões. A arquitetura destacada por Foucault é aquela representda pelo Panoptico de Bentham, que em 1791, estabeleceu um tipo ideal, "um laboratório

[274] FOUCAULT, Michel. **Vigiar e** ..., p. 111.
[275] FOUCAULT, Michel. **Vigiar e** ..., p. 150.
[276] FOUCAULT, Michel. **Vigiar e** ..., p. 139.
[277] FOUCAULT, Michel. **Vigiar e** ..., p. 136-141.
[278] FOUCAULT, Michel. **Vigiar e** ..., p. 166-170.
[279] FOUCAULT, Michel. **Vigiar e** ..., p. 150.

de poder":[280] na periferia uma construção em anel; no centro uma torre; esta possui grandes janelas que se abrem para a parte interior. A construção periférica é dividida em celas, cada uma ocupando toda a largura da construção. Estas celas têm duas janelas: uma se abrindo para o interior, permite que a luz atravesse a cela de um lado a outro. Basta então colocar um vigia na torre central e em cada cela trancafiar um louco, um doente, um condenado, um operário ou um estudante. Devido ao efeito de contraluz, pode-se perceber da torre, recortando-se na luminosidade, as pequenas silhuetas prisioneiras nas celas periféricas. Em suma, inverte-se o princípio da masmorra; a luz e o olhar de um via captam melhor que o escuro que, no fundo, protegia. O efeito do panoptico é destacado por Foucault: "induzir no detento um estado consciente e permanente de visibilidade que assegura o funcionamento do poder. Fazer com que a vigilância seja permanente em seus efeitos, mesmo se é descontínua em sua ação; que a perfeição do poder tenda a tornar inútil a atualidade de seu exercício; que esse aparelho arquitetural seja um máquina de criar e sustentar uma relação de poder independente daquele que o exerce."[281]

Foucault relaciona o aparecimento da sociedade disciplinar às orientações do 'poder público' no século XVII, quando as cidades eram fechadas e vigiadas em razão da peste, especialmente por um policiamento espacial.[282] Nesse momento, a razão moderna impõe-se a definir os anormais como todos aqueles que lhe fogem ao seu juízo, tal como destacara Foucault em *Folie et Déraison*, assim, os anormais precisam ser punidos, não simplesmente através das leis, mas através do exercício das "normas", isto é, recursos que regulam os indivíduos e os inserem nos padrões da sociedade. Estabelecem-se tecnologias do poder, que numa microfísica se inserem nos corpos e lhes determinam a individualidade e a própria liberdade. Assim, para além do poder jurídico, que permanece nas estruturas, Foucault destaca a existência um outro poder, capaz de produzir verdades sobre os indivíduos nas suas relações com o saber, e cujo eixo reside nas formas já citadas da vigilância, da norma e do exame. Esse novo modelo de poder que surge entre os séculos XVII e XVIII é o poder disciplinar, capaz de se infiltrar nas relações mais ínfimas e disciplinar o corpo individual e social, o que já o poder soberano não conseguira mais fazer em razão da pobreza e do crescimento populacional excessivo. Surge, portanto, uma "antomia política", que permitiu o próprio desenvolvimento do

[280] FOUCAULT, Michel. **Vigiar e** ..., p. 180.
[281] FOUCAULT, Michel. **Vigiar e** ..., p. 177-178.
[282] FOUCAULT, Michel. **Vigiar e** ..., p. 173.

capitalismo, através da sujeição e da disciplinarização através de instituições, aparelhos e normas dos corpos, e garantiu a ordem e o equilíbrio social tão desejado à época. Dessa maneira, ao mesmo tempo em que o direito existe na estrutura estatal, a disciplina atua com a mesma força nas tramas sociais.

Enfim, a *prisão* é o capítulo em que Foucault se dedica a criticar a existência das prisões, o modo como atuam, as formas de delinquência que produzem, a constituição de saberes e poderes de atuação sobre o corpo do indivíduo. Nesse sentido, salienta que a prisão é um dispositivo recente como pena, datado do período dos códigos napoleônicos, mas que se constituiu há muito tempo fora do aparelho judiciário. A prisão é momento que marca o acesso à humanidade na história da justiça penal.[283] Para Foucault, a prisão, no seu duplo fundamento: jurídico-econômico e técnico-disciplinar vem por atender às necessidades das disciplinas, do poder disciplinar, a partir do instante em que a privação de liberdade se transforma em técnica dos indivíduos, como "empresa de modificação dos indivíduos". Do mesmo modo, salienta o autor que a reforma da prisão é contemporânea a ela mesma, é uma espécie de 'programa' capaz de assegurar a sua máquina. Para tanto, destaca que vários inquéritos começaram a ser realizados a fim de melhorar as suas instalações. Tornou-se, dessa maneira, um aparelho disciplinar exaustivo, 'onidisciplinar', incessante e despótico, capaz de levar os encarcerados à educação total pelos princípios do isolamento (pena individual e isoladora para evitar que realize associações misterioras para conspirar na criminalidade); do silêncio (para que o indivíduo encontre na sua clausura a sua consciência moral, o remorso); do trabalho (para que retribua a recompensa do estado); etc.

Nesse sentido, criam-se novas regras para modificar e controlar o preso: a modulação da pena e a justa duração da pena.[284] É uma forma silenciosa de corrigir o delinquente, ao contrário de outros aparelhos estatais: "A prisão, essa região mais sombria do aparelho de justiça, é o local onde o poder de punir, que não ousa mais se exercer com o rosto descoberto, organiza silenciosamente um campo de objetividade em que o castigo poderá funcionar em plena luz como terapêutica e a sentença se inscrever entre os discursos do saber. Compreende-se que a justiça tenha adotado tão facilmente uma prisão que não fora entretanto filha de seus pensamentos. Ela lhe era agradecida por isso."[285] Tornam-se verdadeiros 'quartéis do crime'. Dessa maneira,

[283] FOUCAULT, Michel. **Vigiar e** ..., p. 207.
[284] FOUCAULT, Michel. **Vigiar e** ..., p. 218.
[285] FOUCAULT, Michel. **Vigiar e** ..., p. 227.

a técnica carcerária ultrapassa os trâmites do poder jurídico e ingressa na própria transformação do preso, criando a figura do "delinquente", objeto essencialmente científico: médico e penal. Os laudos periciais surgem como forma de legitimar o discurso penal.

Desse modo, embora a prisão fosse solicitada pela massa da população, ela não recupera o indivíduo 'criminoso', mas pelo contrário, contribui para a constituição da delinquência, e agrava a admissão desigual de ilegalidades, em razão de seu dispositivo de diferenciação e normalização. Tal como o era anteriormento, a prisão vem por agravar as desigualdades sociais, transformando-se em rígida pena para os crimes de menor potencial ofensivo, geralmente praticados pelas classes mais baixas, e mais tênue, em relação às classes mais altas, que muitas vezes nem sofrem as penas. "A prisão fabrica também delinquentes impondo aos detentos limitações violentas; ela se destina a aplicar as leis, e a ensinar o respeito por elas; ora, todo o seu funcionamento se desenrola no sentido do abuso de poder. Arbitrário da administração: corrupção, medo e incapacidade dos guardas; exploração por um trabalho penal, que nessas condições não pode ter nenhum caráter educativo. Foucault, então, atesta o fracasso das prisões.[286] Elas, ao contrário de seu propósito, tornam-se visíveis, marcadas, úteis e irredutíveis as ilegalidades: "é a forma da delinquência propriamente dita. (...) Nesse sentido, o sistema carcerário substituiu o infrator pelo 'delinquente'."[287] A prisão torna possível, ou melhor, favorece a organização de um meio de delinquentes, solidários entre si, hierarquizados, prontos para todas as cumplicidades futuras"[288] Nesse sentido, em razão da imensa quantidade de desvios que começam a ser canalizados, as ciências humanas criam para Foucault todo um arcabouço capaz de auxiliar os dispositivos disciplinares. A psiquiatria e a psicologia, sobretudo, teria de fato sido o próprio resultado dessa disciplina, a partir da noção de controle da normalidade. "Mas os controles de normalidade eram, por sua vez, fortemente enquadrados por uma medicina ou uma psiquiatria que lhes garantiam uma forma de 'cientificidade'; estavam apoiados num aparelho judiciário que, de maneira direta ou indireta, lhes trazia sua caução legal."[289]

Dessa maneira, atesta Foucault que as técnicas de disciplinamento das prisões acabou se espalhando pela sociedade, aos hospitais, às escolas, à

[286] FOUCAULT, Michel. **Vigiar e** ..., p. 240.

[287] FOUCAULT, Michel. **Vigiar e** ..., p. 243-244.

[288] FOUCAULT, Michel. **Vigiar e** ..., p. 235.

[289] FOUCAULT, Michel. **Vigiar e** ..., p. 259..

administração pública, às empresas privadas, etc. formando um "arquipélago carcerário:"[290] escolas, casas correcionais, hospícios, orfanatos, penitenciárias, locais de usura, vilas operárias, etc. Surge o adestramento coletivo, a modelagem do corpo, técnicas de comportamento, em que a técnica da instituição penal é levada para o corpo social inteiro, produzindo severos efeitos: o estabelecimento de uma gradação lenta, contínua e imperceptível que permite passar como que naturalmente da desordem à infração; o carcerário, com seus canais, permite o recrutamento dos grandes delinquentes; consegue-se tornar natural e legítimo o poder de punir, baixando pelo menos o limite de tolerância à penalidade; uma nova disposição de lei, um misto de legalidade e natureza, de prescrição e constituição, a norma; um desejo furioso de parte dos juízes de medir, avaliar, diagnosticar, reconhecer o normal e o anormal; realiza-se ao mesmo tempo as captações reais do corpo e sua perpétua observação; a solidez da prisão "essa pequena invenção desacreditada desde o nascimento."[291]

Dessa maneira, encerra Foucault, não apontando para o fim total das formas de punição, mas para algo distinto, que ele hesita em dizer, já que seu objetivo é tão somente trazer críticas às suas estruturas, e não ser um "conselheiro", como sempre alertou: "Portanto, se há um desafio político global em torno da prisão, este não é saber se ela será não corretiva; se os juízes, os psiquiatras ou os sociólogos exercerão nela mais poder que os administradores e guardas; na verdade ele está na alternativa prisão ou algo diferente de prisão. O problema atualmente está mais no grande avanço desses dispositivos de normalização e em toda a extensão dos efeitos de poder que eles trazem, através da colocação de novas objetividades."[292]

## 2.11. História da Sexualidade I: A Vontade de Saber (1976)

A história da sexualidade, segundo Didier Eribon, era para ser uma obra composta inicialmente por quatro volumes, tendo como último e quarto livro, embora o primeiro deles escrito, o chamado *Histoire de la Sexulalité IV: Les Aveux de la Chaire*. Todavia, o manuscrito sobre a sexualidade na era do cristianismo se tratava de um trabalho inédito, e encontrava (até recente publicação) em posse de sua família, já que o próprio Foucault, alguns dias antes de sua

[290] FOUCAULT, Michel. **Vigiar e** ..., p. 260.
[291] FOUCAULT, Michel. **Vigiar e** ..., p. 267.
[292] FOUCAULT, Michel. **Vigiar e** ..., p. 268.

morte, pedira que jamais fossem publicadas obras póstumas, tampouco seu volume já escrito. A enfermidade provocada pela AIDS impusera a Foucault a impossibilidade de fazer a revisão bibliográfica de seus escritos, ao contrário do que fizera até poucos dias antes de ser internado em relação aos títulos de *Usage du Plasir* e *Souci de Soi.*

Mas antes de Foucault remodelar o seu projeto para quatro volumes, a primeira edição de *Histoire de la Sexualité: La Volonté de Savoir* informava mais outros seis volumes, que seriam assim intitulados: *La Chair et le Corps; La Croisade des Enfants; La Femme, la Mère et l'Hystérique; Les Pervers;* e *Populations et Races,* o que leva a indicar que o trabalho foi seguramente, ou, quem sabe, tragicamente alterado, restringindo-se a examinar as diferentes formas de subjetivação no período grego, romano e moderno. Isso se verifica, também, em virtude da temática que Foucault estava tratando na segunda metade da década de setenta, especialmente, sobre a sexualidade infantil (curso dado em Berkeley no ano de 1975),[293] sobre segurança, poder e população (curso dado no *Collège de France* no biênio de 1977/1978), e sobre o nascimento da biopolítica (curso na mesma instituição dado no biênio seguinte). Em *Herculine Barbin dite Alexina B.*, dois anos da publicação de *La Volonté de Savoir,* Foucault, incentivado pela análise das chamadas "personalidades obscuras", ainda faz referência a um outro volume que dedicaria à história dos hermafroditas,[294] mas esse também nunca fora escrito.

Entretanto, os quatro volumes ficaram realmente consolidados, vindo à tona os três primeiros. O primeiro deles, de um projeto que se poderia chamar de uma genealogia da sexualidade foi tornado público em 1976, pela *Gallimard,* intitulado, então, *Histoire de la Sexualité I: la Volonté de Savoir,*[295] sem dúvida o único livro de Foucault que trazia já no título sua influência nietzscheana. Para Didier Eribon, trata-se de um texto cortante, vigoroso, repleto de ironia.[296] É um livro em que Foucault se posta contra a corrente, gerando-lhe terríveis críticas, como o livro de Jean-Paul Aron e Roger Kempf *Le Pénis ou la Démoralisation de l'Occident,* mas, principalmente, o livro de Jean Baudrillard

[293] SLUGA, Hans. **Foucault à Berkeley: l'auteur et le discours**. Critique: Revue générale des publications françaises et étrangère, Paris, n. 471-472, p. 848-867, août/septembre, 1986.

[294] FOUCAULT, Michel. **Herculine Barbin** ..., p. 131.

[295] FOUCAULT, Michel. **História da sexualidade I: a vontade de saber**. (trad. Maria Thereza da Costa Albuquerque) 13 ed. Rio de Janeiro: Graal, 1999, 152p.

[296] ERIBON, Didier. **Michel Foucault**., p. 255. "Aquele texto que Foucault, com espantosa economia verbal, faz, talvez, 'o pensamento se mexer mais."

*Oublier Foucault*,[297] e um pequeno entusiasmo na imprensa (ao contrário de *Les Mots et les Choses* e *Surveiller et Punir*), o que deixou Foucault, de certa forma, um tanto chateado.[298] Igualmente à França, a sua edição americana em 1979 também gerou críticas. Tal como o criticara Roger Hahn, por ocasião da publicação inglesa de *Naissance de la Clinique*, como visto outrora, Edith Kurzweil, num artigo publicado na revista *Theory and Society*, em novembro de 1979, fizera serveras considerações sobre a edição inglesa de *Historie de la Folie I: La Volonté de Savoir*, concluindo: "A aceitação do leitor de *História da Sexualidade* dependerá de até aonde vai a sua tolerância em relação à análise e às abstrações textuais estruturalistas. Sem dúvida, as aliterações de Foucault e suas metáforas parecem soar melhor do que ter sentido. *Insigths* brilhantes são misturados com mistificações."[299]

Ademais, *La Volonté de Savoir*, juntamente com as posteriores entrevistas concedidas por Foucault à revista *Le Nouvel Observateur*, bem como as revistas homossexuais *Gai Pied*, de Paris, e *The Advocate*, de Los Angeles, traz a lume sua homossexualidade, encoberta por tantos anos. A partir de 1976, sua obra é integrada nos debates das comunidades homossexuais, bem como se torna fruto de inúmeras discussões do conservadorismo francês e americano, como de D. Halperin e J. Miller.

Essa trilogia, portanto, tal como *Surveiller et Punir*, insere-se numa perspectiva que Foucault começa a desenvolver em meados da década de sessenta, com o objetivo primordial de desagregar as teorias do poder do movimento marxista, que havia tomado conta dos franceses, sobretudo nas três décadas anteriores, e a revalorizar a posição do sujeito, antes inquirida sob formas indiretas, quer dizer, de subjetivação. Trata-se de uma obra de transição, uma vez que Foucault modifica consideravelmente o plano de seu projeto, rompendo com a psicanálise lacaniana presente em *Les Mots et les Choses*, reelaborando a problemática e mudando seu estilo. As considerações sobre a sexualidade, imprimida em *La Volonté de Savoir*, constitui uma significativa ruptura com inúmeros assuntos anteriormente pesquisados por Foucault, especialmente, o

[297] BAUDRILLARD, Jean. **Oublier Foucault**. Paris: Éditions Galilée, 1977, 88p. [tr. bras. **Esquecer Foucault**. Rio de Janeiro: Rocco, 1984, 99p.]

[298] MACEY, David. **Michel Foucault**..., p. 362 e 516.

[299] KURZWEIL, Edith. **Abstract: the history of sexuality**. Theory and Society: Renewal and Critique in Social Theory. New York: Washington University, v. 8, n. 3, p. 425, nov. 1979. "The reader's acceptance of *The History of Sexuality* then, will depend upon his tolerance for structuralist textual analysis and abstractions. Undoubtedly, Foucault's alliterations and metaphors at times make better sound than sense. Brilliant insigths are mixed with mystifications." [trad. do autor.]

abandono da literatura, como testemunha de uma experiência reprimida pela normalização moderna. Dessa maneira, a partir do ano de 1976, Foucault vai paulatinamente abandonando o seu estilo poético de escrita, para centrar-se num estudo mais rígido, que é o da antiguidade greco-romana.

A obra *Histoire de la Sexualité I: la Volonté de Savoir* se divide, formalmente, em cinco capítulos intitulados: *Nous, vitorians*, *L'Hypothèse Repressive*, *Scientia Sexualis*, *Le Dispositif de la Sexualité* e *Le Droit de Mort et Pouvoir sur la Vie*, os quais procuram defender a seguinte temática central: o poder, ao contrário do que fora visto até *Surveiller et Punir*, não é exclusivamente repressivo, existindo, portanto, inúmeras formas de manifestações positivas, especialmente nos saberes que se referem ao corpo, aos indivíduos, ao comportamento sexual, dessa maneira, a sexualidade, distintamente do que sempre se pregou no discurso psicanalítico, não foi preferencialmente reprimida, mas, pelo contrário, foi colocada em discurso tanto cotidiano quanto institucionalizado, e obrigada outrora a se confessar nas Igrejas, e agora nos divãs. Dessa maneira, apesar da existência de mecanismos de coibição, a sexualidade ganhou uma certa verbalidade, posto que, embora censurada em algumas falas, foi convertida na essência em liberdade de expressão. A sexualidade, vista então como um dispositivo, um conjunto de estratégias de poderes e saberes, não pode ser vislumbrada como algo reprimido pelo Ocidente, mas, sim, como relações de forças dispostas em situações discursivas, familiares, pedagógicas, laborais, etc., que através das modernas técnicas de saber médico e psicanalítico se oferecem à normalização e à discursividade. Nessa perspectiva, o Estado, através de um biopoder, contribui no controle da população, e, por conseguinte, no controle da sexualidade, razão pela qual esta se torna, de fato, num dispositivo estratégico de controle da vida privada.

O texto se inicia por uma reflexão sobre a teoria referente à repressão moderna do sexo. Segundo Foucault, o único lugar em que o sexo se apresentaria normal seria no quarto dos pais, posto que para além, nos *rendez-vous* e nas casas de saúde, em virtude do puritanismo e da lei penal, a sexualidade seria considerada ilegítima, e externamente se lhe havia sido imposto um tríplice decreto: interdição, inexistência e mutismo.[300] Nesse sentido, afirma Foucault que esse tipo de interpretação, especialmente realizada por Freud, seria uma espécie de "comodismo", e que estaria por servir a própria estrutura do capitalismo, já que esse, na sua essência protestante, segundo a interpretação weberiana, dependeria do controle e da coibição da sexualidade para o

300 FOUCAULT, Michel. **História da sexualidade I: a vontade** ..., p. 10.

seu próprio desenvolvimento. Todavia, as linhas foucaultianas entendem que a sociedade estaria vivendo, de fato, uma verdadeira hipocrisia, posto que se falava cotidianamente de sexo, ao mesmo tempo que se lhe impunha um silêncio. Nessa perspectiva, não se impondo diametralmente oposto à existência de uma repressão, deixa desde já os seus objetivos claros, em forma de três perguntas: "A questão que gostaria de colocar não é por que somos reprimidos mas, por que dizemos, com tanta paixão, tanto rancor contra nosso passado mais próximo, contra nosso presente e contra nós mesmos, que somos reprimidos?" "A mecânica do poder e, em particular, a que é posta em jogo numa sociedade como a nossa, seria mesmo, essencialmente, de ordem repressiva?." E nesse mesmo sentido, questiona-se quanto à capacidade crítica do discurso da psicanálise: "o discurso crítico que se dirige à repressão viria cruzar com um mecanismo de poder, que funcionara até então sem contestação, para barrar-lhe a via, ou faria parte da mesma rede histórica daquilo que denuncia (e sem dúvida disfarça) chamando-o repressão?"[301]

Na *hipótese repressiva*, Foucault salienta que sempre se defendeu ter a sociedade burguesa imprimido ao sexo mutismos e silêncios, todavia, nos últimos três séculos, Foucault argumenta que teria havido algo totalmente diverso, uma verdadeira "explosão discursiva".[302] Nesse sentido, teria existido uma fermentação discursiva, uma multiplicação dos discursos sobre o sexo no próprio campo do exercício do poder, uma espécie de incitação institucional a se falar do sexo e a falar dele cada vez mais. Para Foucault, este projeto de "colocação do sexo em discurso" se formou numa tradição ascética e monástica, e que o séc. XVII teria feito dele uma regra para todos.

A pastoral cristã, segundo o autor, foi responsável por inscrever como dever fundamental a tarefa de fazer passar tudo o que se relaciona com o sexo pelo crivo interminável das palavras. Nesse sentido, afirma que "a interdição de certas palavras, a decência das expressões, todas as censuras do vocabulário poderiam muito bem ser apenas dispositivos secundários com relação a essa grande sujeição: maneiras de torná-la moralmente aceitável e tecnicamente útil."[303] Era preciso dizer tudo, desde os olhares impuros até os próprios pensamentos consentidos sobre o sexo. Para além da incitação do pudor vitoriano, Foucault destaca que a partir do séc. XVIII nascera uma incitação política, econômica e técnica sobre falar do sexo, sob uma forma de análise, contabilidade,

[301] FOUCAULT, Michel. **História da sexualidade I: a vontade** ..., p. 14 e 15.
[302] FOUCAULT, Michel. **História da sexualidade I: a vontade** ..., p. 21.
[303] FOUCAULT, Michel. **História da sexualidade I: a vontade** ..., p. 24.

classificação, especificação, etc. por pesquisas quantitativas ou causais. Dessa maneira, o discurso sobre o sexo deixa o campo exclusivamente moral para ingressar na racionalidade, sendo colocado em público, através de procedimentos de gestão e discursos analíticos, transformando-se numa questão de "polícia" (como majoração ordenada das forças coletivas e individuais). "Polícia do sexo: isto é, necessidade de regular o sexo por meio de discursos úteis e públicos e não pelo rigor de uma proibição."[304]

O sexo se torna, portanto, uma questão de ordem pública, através do aparecimento da população como problema econômico, surgindo uma série de dispositivos para controlar a natalidade, a idade do casamento, os nascimentos legítmos e ilegítimos, a precocidade e a frequência das práticas contraceptivas. Através da economia política da população forma-se toda uma teia de observações sobre o sexo. Para Foucault, surgem grandes campanhas sistemáticas, em que o comportamento sexual dos casais é visto como uma contuda econômica e política deliberada. Dessa maneira, tal como se viu no séc. XIX e XX os racismos encontrarem seus fundamentos, o Estado passa a controlar a prática do sexo de seus indivíduos, nesse sentido, toda uma teia de discursos e saberes tornam o sexo um objeto de disputa pública. Igualmente o sexo das crianças, que aparantemente teria se ficado no silêncio, defende o autor que de fato o oposto teria ocorrido, falava-se de outra maneira, nos colégios, sobretudo. O espaço da sala, a forma das mesas, o arranjo dos pátios de recreio, a distribuição dos dormitórios, os regulamentos elaborados para a vigilância do recolhimento e do sono, tudo fala da maneira mais probilxa da sexualidade das crianças nas escolas do séc. XVIII. Além do mais, destaca que o sexo do colegial se transforma num problema de ordem pública, que fazem professores, pedagogos, médicos, conselhos de famílias, autoridades a se voltarem para os alunos e lhes dar recomendações. Havia na época exames e aulas ministradas aos alunos sobre sexualidade. Por isso afirma: "Seria inexato dizer que a instituição pedagógica impôs um silêncio geral ao sexo das crianças e dos adolescentes. Pelo contrário, desde o século XVIII ela concentrou as formas do discurso neste tema; estabeleceu pontos de imputação diferentes; codificou os conteúdos e qualificou os locutores."[305] Dessa maneira, a partir do séc. XVIII o sexo das crianças e dos adolescentes passou a ser um importante foco em torno do qual se dispuseram inúmeros dispositivos institucionais e estratégias discursivas, um feixe de relações de poder.

[304] FOUCAULT, Michel. **História da sexualidade I: a vontade** ..., p. 28.

[305] FOUCAULT, Michel. **História da sexualidade I: a vontade** ..., p. 31-32.

Foucault destaca que, além dos conventos e das educações sexuais, outros inúmeros dispositivos também fizeram o sexo falar: a medicina, que no séc. XVIII e séc. XIX, por intermédio das doenças dos nervos, e a psiquiatria, pelas "extravagâncias". Na métade do séc. XIX surge uma jurisdição miúda dos pequienos atentados, dos ultrajes de pouca monta, das perversões sem importância, uma série de controles das condutas sexuais. Há a constituição de toda um disciplina: diagnósticos, relatórios, terapêuticas que cuidam do sexo e irradiam os seus discursos. "Desde o século XVIII o sexo não cessou de provocar uma espécie de erotismo discursivo generalizado"[306] "Há um incitação ao discurso, regulada e polimorfa"[307] E nesse sentido, conclui incialmente Foucault que as sociedades modernas não cuidaram, portanto, de condenar o sexo a permanecer na obscuridade, mas, pelo contrário, condenaram-no a dele falar, valorizando-o como segredo.

Para o autor, o séc. XVIII e XIX provocaram dois fenômenos diversos: de um lado um movimento centrífugo em relação à monogamia heterossexual, isto é, o campo das práticas e dos prazeres continuava a apontá-la como regra interna; e de outro o movimento de se interrogar a sexualidade das crianças, dos loucos, dos criminosos, é o prazer dos que não ama o outro sexo, os devaneios, as obsessões, as pequenas manias ou as grandes raivas.[308] No âmbito jurídico, Foucault destaca dois fatos curiosos: de um lado, se no séc. XIX houve uma severidade da repressão pelos códigos em relação aos delitos sexuais, mas ao mesmo tempo a Justiça deixava a cargo da medicina positiva cada vez mais, atenuando suas manifestações; de outro, havia uma série de instâncias de controle e vários mecanismos de vigilância instalados pela pedagogia ou pela terapêutica, que contribuíam para a sua repressão. Dessa maneira, Foucault destaca que não somente teria existido uma repressão no âmbito central, da penalidade, mas de maneira difusa, por um outro mecanismo de poder, que se utiliza de táticas diferentes, pelo "adestramento".

Nesse momento, criam-se figuras específicas para a medicina, denominados "perversos", por um poder médico que exerce um controle maior que o próprio poder jurídico: exibicionistas, fetichistas, zoófilos e zooerastas, automonossexualistas, mixoscopófilos, ginecomastos, presbiófilos, invertidos sexoestéticos, mulheres disparêunicas, etc. "A mecânico do poder que ardorosamente persegue todo esse despropósito só pretende suprimi-lo,

306 FOUCAULT, Michel. **História da sexualidade I: a vontade** ..., p. 34.

307 FOUCAULT, Michel. **História da sexualidade I: a vontade** ..., p. 35.

308 FOUCAULT, Michel. **História da sexualidade I: a vontade** ..., p. 39.

atribuindo-lhe uma realidade analítica, visível e permanente: encrava-o nos corpos, introdu-lo nas condutas, torna-o princípio de classificação e de inteligibilidade e o constitui em razão de ser e ordem natural da desordem."[309] Nesse sentido, Foucault salienta que o poder se responsabiliza pela sexualidade, e assume o dever de "roçar" os corpos, acariciá-los com os olhos, intensificar regiões, eletrizar superfícies, etc... Cuida de uma sensualização do poder, que ganha impulso no seu exercício e no controle vigilante.

Dessa maneira, uma série de fatores começa a disseminar o exercício de um poder dispositivo: "O exame médico, a investigação psiquiátrica, o relatório pedagógico e os controles familiares podem, muito bem, ter como objetivo global e aparente dizer não a todas as sexualidades errantes ou improdutivas mas, na realidade, funcionam como mecanismos de dupla incitação: prazer e poder."[310] Foucault começa a visualizar um efeito positivo do poder, que se insere nos corpos e fazem prazer e poder se relacionarem em "perpétuas espirais". Surgem, portanto, sexualidades múltiplas, as da idade (do lactente ou da criança); dos gostos ou práticas (invertido, gerontófilo, fetichista), as de relacionamento, etc., e as perversões, constituindo correlatos de procedimentos precisos de poder. Dessa maneira: "Prazer e poder não se anulam; não se voltam um contra o outro; seguem-se, entrelaçam-se e se relançam. Encadeiam-se através de mecanismos complexos e positivos, de excitação e de incitação."[311] Esse é o momento, especialmente no séc. XIX, que surge uma *scientia sexualis* em contraposição a uma *ars erotica* do Oriente. Assim, o sexo acaba sendo tomado por uma conhecimento científico, de ordem biológica e médica, e toda uma série de relações entre o sexo e a sua verdade que a medicina faz falar começa a ser estabelecidas. O objetivo dessa ciência sexual é a de desenvolver no decorrer dos séculos a verdade do sexo, que, em função de uma forma de saber-poder, estabelece incitações e segredos.

Nesse sentido, a ciência sexual faz a confissão seu procedimento de verdade principal. Ao retomar da Idade Média sua estrutura, reporta-a ao séc. XIX como exercício individual do poder na busca pela "verdade". "A confissão é um ritual de discurso onde o sujeito que fala coincide com o sujeito do enunciado; é também, um ritual que se desenrola numa relação de poder, pois não se confessa sem a presença ao menos virtual de um parceiro, que não é simplesmente o interlocutor, mas a instância que requer a confissão, impõe-na,

[309] FOUCAULT, Michel. **História da sexualidade I: a vontade** ..., p. 44.
[310] FOUCAULT, Michel. **História da sexualidade I: a vontade** ..., p. 45.
[311] FOUCAULT, Michel. **História da sexualidade I: a vontade** ..., p. 48.

avalia-a e intervém para julgar, punir, perdoar, consolar, reconciliar."[312] A confissão acaba por interligar a verdade e o sexo na sua individualidade. É a forma por excelência da produção do discurso verdadeiro sobre o sexo. Doravante, criam-se procedimentos cada vez mais específicos de confissão, verdadeiros "arquivos" dos prazeres do sexo, e esquemas de regularidade científica, através dos quais a vontade de saber relativa ao sexo, que caracteriza o Ocidente moderno, faz funcionar os rituais da confissão: a codificação clínica do 'fazer falar'; o postulado de uma causalidade geral e difusa; o princípio de uma latência intrínseca à sexualidade; o método da interpretação; e a medicalização dos efeitos da confissão. É nesse momento em que a *scientia sexualis* nasce, que a "sexualidade" se desenvolve lentamente como um domínio de verdade específica, através dos discursos.

Com a ciência sexual, criam-se vastos dispositivos que a fazem separar de uma *ars erotica* e produzir discursos de poder, mas que ao invés de reprimir funcionaram a discursar, num exercício positivo: "Entretanto, o postulado inicial que gostaria de sustentar o mais longamente possível é que esses dispositivos de poder e de saber, de verdade e de prazeres, essses dispositivos tão diferentes da repressão, não são forçosamente secundários e derivados; e que a repressão não é sempre fundamental e vitoriosa. Trata-se, portanto, de levar a sério esses dispositivos e de inverter a direção da análise: ao invés de partir de uma repressão geralmente aceita e de uma ignorância avaliada de acordo como que supomos saber, é necessário considerar esses mecanismos positivos, produtores de saber, multiplicadores de discursos, indutores de prazer e geradores de poder."[313]

Em seguida, Foucault se pergunta sobre o "que somos" na constituição do sexo, e, para tanto, investiga uma série de domínios que procuram compreender as relações de poder e a determinação dos instrumentos que permitem analisar o sexo. Nesse sentido, salienta o autor que usualmente a relação entre poder e sexo foi buscada numa análise política do poder na história do Ocidente. Essa relação seria marcada pelos seguintes traços: uma relação negativa, de rejeição, exclusão, recusa, barragem, ocultação e mascaramento; uma instância da regra, já que o poderia ser, seria essencialmente aquilo que dita a lei, no que diz respeito ao sexo; um ciclo da interdição, uma não aproximação, um não ter prazer, um não falar, etc; uma lógica da censura, através do afirmar o que não é permitido, do impedir o que se diz, e o negar do que

[312] FOUCAULT, Michel. **História da sexualidade I: a vontade ...**, p. 61.
[313] FOUCAULT, Michel. **História da sexualidade I: a vontade ...**, p. 71.

existe; e uma unidade do dispositivo, em que o poder sobre o sexo se exerce do mesmo modo em todos os níveis. Todavia, entende Foucault que esse modo de buscar a sexualidade, na relação entre sexo e poder, está baseada numa concepção jurídica de poder, centrado exclusivamente no enunciado da lei e no funcionamento da interdição, cuja explicação reside numa causa geral e tática: somente mascarando uma parte importante de si mesmo que o poder é tolerável Nesse espaço, o direito é visto como o lugar do poder, até mesmo nas revoluções do séc. XVIII, e, para Foucault, "é esta representação jurídica que continua presente nas análises contemporâneas sobre as relações entre poder e sexo (...) permanecemos presos a uma certa imagem do poder-rei, do poder-soberania que os teóricos do direito e a instituição monárquica tão bem traçaram."[314]

Dessa maneira, originalmente Foucault estabelece que "é preciso construir uma analítica do poder que não tome mais o direito como modelo e código".[315] O autor defende que é preciso se desvencilhar de uma representação jurídica e negativa do poder, renunciar a pensá-lo como lei, para pensá-lo como uma tecnologia do sexo, uma função positiva, isto é, "pensar o sexo sem a lei e o poder sem o rei". Assim, resume sua "analítica do poder": "A análise em termos de poder não deve postular, como dados inciais, a soberania do Estado, a forma da lei ou a unidade global de uma dominação; estas são apenas e, antes de mais nada, suas formas terminais. Parece-me que se deve compreender o poder, primeiro, como a multiplicidade de correlações de força imanentes ao domínio onde se exercem e constitutivas de sua organização; o jogo que, através de lutas e afrontamentos incessantes as transforma, reforça, inverte; os apoios que tais correlações de força encontram umas nas outras, formando cadeias ou sistemas ou a contrário, as defasagens e contradições que as isolam entre si; enfim, as estratégias em que se originam e cujo esboço geral ou cristalização institucional toma corpo nos aparelhos estatais, na formulação da lei, nas hegemonias sociais."[316] O poder onipresente, "que está em toda parte", tem, portanto, na sua função positiva uma série de características: não é algo que se adquire, arrebate ou compartilhe, mas que se exerce a partir de vários pontos; as relações de poder não se encontram em posição de exterioridade com respeito a outros tipos de relações, mas lhes são imanentes; que o poder

[314] FOUCAULT, Michel. **História da sexualidade I: a vontade** ..., p. 86-87.

[315] FOUCAULT, Michel. **História da sexualidade I: a vontade** ..., p. 87.

[316] FOUCAULT, Michel. **História da sexualidade I: a vontade** ..., p. 88-89.

vem de baixo, não há o princípio das relações de poder; que as relações de poder são intencionais e não subjetivas; que onde há poder há resistência.

É essa análise, portanto, segundo Foucault, que se deveria fazer para compreender o poder, especialmente através de quatro regras: a regra da imanência, das variações contínuas, do duplo condicionamento e da polivalência tática dos discursos. Nesse sentido é que a sexualidade deve ser também visualizada, como estratégia, com múltiplos objetivos, como uma relação de saber, poder e sexo a partir do séc. XVIII. Há uma histerização do corpo da mulher, uma pedagogização do sexo da criança, uma socialização das condutas de procriação, uma psiquiatrização do prazer perverso, há, em suma, a constituição de um *dispositivo de sexualidade*, em que as relações entre saber e poder estabelecem um domínio sobre o sexo. Sistemas de matrimônio (como a aliança), de fixação e desenvolvimento dos parentes, de transmissão dos nomes e dos bens, isto é, um dispositivo que tem por objetivo: "não o reproduzir, mas o proliferar, inovar, anexar, inventar, penetrar nos corpos de maneira cada vez mais detalhada e controlar as populações de modo cada vez mais global."[317] Nascera, assim, no séc. XVIII, uma tecnologia do sexo nova, independente da temática do pecado, mas algo leigo e ao mesmo tempo do estado, através da intervenção da pedagogia, da medicina, da economia, da jurisprudência. O final do séc. XIX, por exemplo, segundo Foucault, viu nascer um controle judiciário e médico das perversões, em nome de uma proteção geral da sociedade e da raça, caracterizando uma difusão do dispositivo da sexualidade no corpo social. É o momento em que a psicanálise aparece para relacionar a lei e o desejo, isto é, a teoria da repressão acaba recobrindo imediatamente o dispositivo da sexualidade.

Dessa maneira, o sexo acabou se tornando, através do dispositivo da sexualidade, um saber público, relacionado às técnicas de saber médico e jurisprudencial, direcionado à normalização. O Estado, portanto, começa a gerir a sexualidade dos indivíduos, especialmente através do exercício de um biopoder, um poder sobre a vida, sobre o deixar viver e o deixar morrer, sobre a administração do sexo. Assim, o dispositivo da sexualidade serve ao sucesso do capitalismo, a partir do instante que permite controlar o indivíduo e a população, através de uma tecnologia do sexo.[318]

317 FOUCAULT, Michel. **História da sexualidade I: a vontade** ..., p. 101.
318 FOUCAULT, Michel. **História da sexualidade I: a vontade** ..., p. 133.

## 2.12. Herculine Barbin dita Alexina B. (1978)

Em 1978, enquanto Foucault amargurava uma crise pessoal em razão das críticas incisivas que sofrera com a publicação de seu primeiro ensaio sobre a sexualidade, decide editar, como visto, um livro intitulado *Herculine Barbin dite Alexina B.*, uma espécie de prefácio que lhe serviria de norte para um futuro livro a integrar-se em sua *Histoire de la Sexualité*, no qual refletiria a questão dos hermafroditas (termo aqui mantido, mas que hoje mais bem tratado por intersexo). "A questão das vidas estranhas, que são parecidas a de Herculine Barbin e que colocaram tantos problemas à medicina e ao direito, sobretudo desde o século XVI, será tratada num volume da *Histoire de la Sexualité*, consagrado aos hermafroditas."[319] Este livro inaugura a coleção *Les Vies Parallèles*, que a editora Gallimard decide criar, mas que não vai muito além, tendo somente mais um livro, nomeado *Le Cercle Amoureux d'Henry Legrand*, publicado em 1979.[320]

O objetivo desse livro editado por Foucault fica claro em sua apresentação, quando destaca a necessidade que os antigos tinham de procurar traços comuns, para reconhecer-lhes a mesma vitória de vida. "Os antigos gostavam de traçar paralelos entre as vidas dos homens ilustres; ao longo dos séculos essas sombras exemplares se faziam ouvir. As linhas paralelas, eu sei, são feitas para se unir no infinito. Imaginemos outras linhas que divergem indefinidamente. Sem ponto de encontro, sem lugar que as acolha. Muitas vezes não tiveram outra ressonância que não a de sua condenação. Seria preciso captá-las na força do movimento que as separa; seria preciso, talvez, reencontrar o sulco instantâneo e brilhante que elas deixaram ao se precipitar rumo a uma escuridão onde 'não se fala mais nisso' e onde todo 'renome' se perdeu. Seria como o oposto de Plutarco: vidas a tal ponto paralelas que ninguém mais pode reuni-las."[321]

[319] FOUCAULT, Michel. **Herculine Barbin** ..., p. 131. "La question des étranges destinées, qui sont semblables à la sienne et qui ont posé tant de problèmes à la médecine et au droit surtout depuis le XVI$^{e}$ siècle, sera traitée dans un volume de l'Histoire de la Sexualité consacré aux hermaphrodites." [trad. do autor.]

[320] FOUCAULT, Michel. **Présentation in Herculine Barbin**. Dits et Écrits (org. Daniel Defert et François Ewald). v. 3 Paris: Gallimard, 1994, p. 499-502.

[321] FOUCAULT, Michel. **Herculine Barbin** ..., contracapa.. "Les Anciens aimaient à mettre en parallèle les vies des hommes illustres; on écoutait parler à travers les siècles ces ombres exemplaires. Les parallèles, je sais, sont faites pour se rejoindre à l'infini. Imaginons-en d'autres qui, indéfiniment, divergent. Pas de point de rencontre ni de lieu pour les recueillir. Souvent elles n'ont eu d'autre écho que celui de leurs condamnation. Il faudrait les saisir dans la force du mouvement qui les sépare: il faudrait retrouver le sillage instantané et éclatant qu'elles ont laissé lorsqu'elles

Em entrevista ao jornalista italiano E. Guicciardi, em agosto de 1978, Foucault comenta seu projeto sobre o hermafroditismo, começado com *Herculine Barbin dite Alexima B.*, destacando que fazer uma historiografia dos hermafroditas ao longo da civilização significava buscar explicar a condenação de dois fenômenos distintos, mas necessariamente imbricados: o hermafroditismo e a homossexualidade. Assim são suas palavras sobre o livro: "Entre outros aspectos que eu gostaria de destacar, há o fato bastante curioso que, na iconografia e na literatura do século XVI, o hermafroditismo se econtrava ligado à Reforma, isto é, à dualidade da religião cristã: é a imagem emblemática de um mundo no qual duas religiões, a católica e a reformada, encontravam-se reconciliadas. De outro lado, pode ser, também, a expressão simbólica da dualidade do papado e do Império. No século XVII, ao contrário, o tema do hermafroditismo se liga diretamente ao erotismo, em particular à descoberta do erotismo do adolescente, este ser de transição, indefinido. No século XIX, entre as novas significações atribuídas ao hermafroditismo, numa perspectiva mistico-religiosa, nos encontramos aquele do casal primordial. A religião católica é a única na qual se não encontra o casal divino, uma deusa ao lado de um deus: esta lacuna será preenchida por alguns sectos para-cristãos ou não cristãos que se proliferavam no curso do século anterior. Que se refere, por exemplo, ao positivismo de Auguste Comte, que, assim que se transforma em religião, instaura o casal religioso homem-mulher. (...) Tal é um dos principais aspectos que uma história do hermafroditismo deveria elucidar: como se chegou a essa condenação de dois fenômenos perfeitamente distintos, aquele do hermafroditismo e aquele da homossexualidade."[322]

se sont précipitées vers une obscurité où 'ça ne se raconte plus' et où toute 'renommée' est perdue. Ce serait comme l'envers de Plutarque: des vies à ce point parallèles que nul ne peut plus les rejoindre." [trad. do autor.]

322 GUICCIARDI, E. **Le mystérieux hermaphrodite: entretien avec Michel Foucault**. (trad. C Lazzeri) Dits et Écrits (org. Daniel Defert et François Ewald). v. 3 Paris: Gallimard, 1994, p. 625. "Entre autres aspects que je voudrais mettre en lumière, il y a le fait assez curieux que, dans l'iconographie et dans la littérature du XVI^e siècle, l'hermaphrodisme se trouve lié à la Réforme, c'est-à-dire à la dualité de la religion chrétienne: c'est l'image emblématique d'un monde dans lequel les deux religions, la catholique et la réformée, se trouveraient réconciliées. D'autre part, il peut être aussi l'expression symbolique de la dualité de la papauté et de l'Empire. Au XVII^e siècle, au contraire, le thème de l'hermaphrodisme se relie directement à l'érotisme, en particulier à la découverte de l'érotisme de l'adolescent, cet être de transition, indéfinissable. Au XIX^e siècle, parmi les nouvelles significations attribuées à l'hermaphrodisme, dans une perspective mystico-religieuse, nous trouvons celui du couple primordial. La religion catholique est la seule dans laquelle on ne rencontre pas de couple divin, une déesse à côté d'un dieu: cette lacune sera comblée par certaines sectes para-chrétiennes ou non chrétiennes qui proliféraient au cours du

Segundo Foucault, através deste livro, o que se procurou mostrar foi que a ideia de um indivíduo pertencer a um sexo determinado só surgira com as construções doutrinárias dos médicos e dos juristas no século XVIII, de tal modo que, na civilização moderna, havia uma correspondência rigorosa ente o sexo anatômico, o sexo jurídico e o sexo social, a fim de classificar as pessoas em duas colunas na sociedade: homens e mulheres. Seu objetivo em *Herculine Barbin dite Alexina B.* foi também demonstrar que o problema do desejo estava intimamente ligado à pré-determinação do sexo que a pessoa assumiria quando adulta, o que demonstrava sua grande complexidade, tendo em vista o caso dos hermafroditas.[323]

Em suma, nesse livro Foucault, através de escritos originais, enlaça a vida de Adélaïde Herculine Barbin, 1838-1868, um hermafrodita francês que viveu o conflito entre a sua dupla sexualidade física e a moral católica, que perpassa as comunidades onde nasceu e foi educado, este em colégios religiosos. A. Tardieu, quem primeiro tornou pública parte da vida de Adélaïde Barbin, atribuiu-lhe o pseudônimo de Camille, também utilizado por Michel Foucault quando da publicação completa do manuscrito, que narra as experiências desse hermafrodita.

Camille no início de sua infância morava num hospital na pequena cidade Saint-Jean-d'Angély, que tratava de doenças sexuais e ao mesmo tempo abrigava crianças órfãs da comunidade. Sua internação, aos sete anos de idade neste asilo, ocorreu por um ato de caridade do administrador da instituição, que buscava salvá-la da miséria em que se encontrava sua família após a morte fulminante de seu pai. Sua vida, nesta época, foi marcada pela convivência com crianças doentes e abandonadas, por gritos de dor e de agonia, porém igualmente pelo carinho que recebia dos visitantes do hospital e de seus funcionários. Uma das religiosas que ali trabalhava e convivia com Camille, irmã

siècle dernier. Que l'on se réfère, par exemple, au positivisme d'Auguste Comte, qui, lorsqu'il se transforme en religion, instaure le couple religieux homme-femme (...) Tel est l'un des principaux aspects qu'une histoire de l'hermaphrodisme devrait élucider: comment est-on parvenu à cette condamnation de deux phénomènes parfaitement distincts, celui de l'hermaphrodisme et celui de l'homosexualité." [trad. do autor.]

323 GUICCIARDI, E. **Le mystérieux** ..., p. 624-625. "Mais, en réalité, peut-on soutenir que chacun dispose d'un vrai sexe et que le problème du plaisir se pose en fonction de ce prétendu vrai sexe, c'est-à--dire du sexe que chacun devrait assumer, ou découvrir, s'il est occulté par une anomalie anatomique? Tel est le problème de fond soulevé par le cas d'Herculine." [trad. do autor. "Entretanto, na realidade, pode-se sustentar que cada um dispõe de um sexo verdadeiro e que o problema do prazer se coloca em função deste sexo pretendido, isto é, do sexo que cada um deveria assumir, ou descobrir, se ele é ocultado por uma anomalia anatômica? Este é o problema de fundo levantado pelo caso de Herculine."]

S.., conseguiu sua transferência para o Convento das Ursulinas, onde poderia realizar sua primeira comunhão e receber a tão sonhada educação.

Em tal Convento, Camille partilhou da companhia de jovens ricas e nobres, que retribuíam sua simpatia com afetuosa amizade. Também foi esse o cenário de sua primeira paixão, que nasceu aos doze anos, logo que avistou Léa, filha de um conselheiro da Corte Real de... A moça tinha 16 anos, era de uma graça modesta, sem ser bonita, era naturalmente charmosa, no entanto portadora de dolorosas marcas de uma doença que atacava as adolescentes. Nesta época, Camille também não gozava de boa saúde e assim como seu amor vivia sob os cuidados das dedicadas religiosas que as cercavam.

Os encontros secretos e apaixonados das duas moças aconteciam na enfermaria e também no vestiário do pensionato. Todavia, não teriam longa duração já que acabariam sendo descobertas pelas religiosas e devidamente punidas em nome dos bons costumes cristãos. A saúde débil de Léa provocou sua morte prematura e um doloroso sofrimento no seio de sua família e na alma de sua companheira Camille, que só superou sua perda quando mais tarde encontrou nova paixão.

Após realizar sua primeira comunhão, Camille partiu do pensionato para reencontrar sua mãe, que morava em La Rochele, numa casa de família, onde foi recebida amistosamente pelos seus cinco membros: um chefe mais velho, senhor de Saint-M, que personificava os valores da honradez e da lealdade; sua filha caçula, Madame R , e suas três netas. Permaneceu ao lado de sua mãe por três anos até que Saint-M, seu grande bem-feitor, a enviou para a Escola Normal de Oléron, onde completaria seus estudos. Assim, aos dezessete passaria a viver no que chamou de santuário da virgindade.

Sentia-se realmente diferente de suas companheiras, que nesta idade já desenvolviam as "graças femininas". Entretanto, sua aparência pálida e masculinizada não a impediria de conquistar a amizade e admiração de suas colegas. Neste ambiente, não levou muito tempo para que conhecesse o novo amor de sua vida, Thécla, uma garota de dezoito anos de quem logo se tornou inseparável. Após demonstrações públicas do afeto, que ligava as jovens moças, viria a punição católica, não por meio de castigos físicos, mas de palavras que exortavam as virtudes de um comportamento recatado e sempre pela boca de queridas e doces freiras, como a irmã Marie-des-Anges.

Ainda na Escola, Camille passou pela cena mais traumática de sua vida, quando numa noite de tempestade, assustada com a fúria dos ventos e da chuva, começou a gritar e a correr pelo dormitório. Somente quando encontrou a irmã Marie-des-Anges no corredor, é que percebeu a sua nudez e se cobriu de vergonha ao verificar que todos as suas companheiras observavam assustadas seu corpo deformado. Apesar de todos esses incidentes, terminou seus estudos e se formou com um bom conceito na Escola Normal, o que rapidamente lhe rendera o convite para ministrar aulas num pensionato de sua cidade natal, administrado pela senhora P.... e sua irmã senhorita Sara. Foi recebida de braços abertos tanto pela senhora P..., que no início a tratou friamente e mais tarde a acolheu como uma filha, como por Sara, que inicialmente a quis como irmã e mais tarde a desejou como amante.

O ardente caso de amor entre Camille e Sara não tardou muito a acontecer e durou alguns anos, sob os olhos da mãe desta e sob sua ingênua ignorância. Essas duas jovens desafiaram todos os preceitos religiosos que ensinavam aos seus alunos do pensionato, os quais não raro se viam embaraçados com os gestos de amor entre suas mestres. O romance acabou quando a mãe de Sara pediu ao médico local que examinasse Camille e descobriu o seu segredo. Sem uma conversa franca com aquela que a recebeu como filha e tomada de vergonha, Camille preferiu abandonar seu amor e sofrer sozinha. Ademais, resolveu retornar para junto de sua mãe, que a ajudou providenciar, por meio de um advogado, a mudança de seu estado civil (nome).

Apesar de ter sucesso na sua empreitada, Camille, agora, com vinte e dois anos e chamada Senhor de Bonnegens, continuava a sofrer com o preconceito das pessoas de sua comunidade. Foi por esse motivo que escolheu mudar-se para Paris, ainda com a ilusão de um possível anonimato. Mas seus sonhos de uma vida normal logo foram desfeitos, pois onde se estabelecia havia sempre alguém para lembrar-lhe de sua aberração física. Na mais profunda solidão e após um degradante processo de auto-condenação, desencadeado por sua rigorosa educação religiosa, acabou se suicidando e foi encontrada com o manuscrito que deu origem ao texto publicado por Michel Foucault.

## 2.13. A desordem das Famílias (1982)

Em 1982, Michel Foucault e Arlette Farge publicam um título nomeado *Le Désordre de Familles: Lettres de Cachet des Archives de la Bastille* pela Éditions Gallimard, Julliard numa coleção denominada *Archives*, dirigida pelo consagrado Pierre Nora e o não menos estimado Jacques Revel.[324] Tratou-se de um livro,

[324] FOUCAULT, Michel; FARGE, Arlette. **Le désordre des familles: lettres de cachet des archives de la Bastille**. Paris: Gallimard, 1982, 363p.

organisado com a ajuda das assistentes Christiane Martin e Éliane Allo, que não teve um verdadeiro sucesso de público, passando, até certa maneira, despercebido pela crítica, tanto que muitos livros que até hojem se escrevem ou são resumidos pelos autores releitores da obra de Foucault o deixam de lado constantemente, a ponto de nem se quer citá-lo. A própria Arlette Farge chegara a dizer, certa vez, que era um livro que continha excessivos textos, e pouco do próprio Foucault.[325] No final do mesmo ano, entretanto, Arlette Farge e Michel Foucault tiveram a oportunidade de expor sua obra, numa entrevista com Y. Gersant ao *L'Express*, intitulada *L'âge d'or de la lettre de cachet*, onde refletem seus claros objetivos de inserirem seus escritos numa reflexão sobre a história do pensamento: "O que nos interessa é a história do pensamento que exista, de um lado, uma análise dos comportamentos, e de outra, uma história das ideias; para nós, há pensamento por todos os lugares."[326]

É preciso afirmar que Foucault e a Arlette Farge não se conheciam pessoalmente até a ocasião da publicação, embora ambos já se respeitassem mutuamente e tivessem a comum admiração pelo clássico historiador Philippe Ariès. Tudo começou, segundo David Macey,[327] em 1980, quando Arlette Farge, uma jovem historiadora que acabava de traçar seus escritos sobre Jean-Sébastien Mercier, homem da vida parisiense do séc. XVIII, recebera um pacote de fotocópias contendo transcrições dos arquivos da Bastilha, enviados por Michel Foucault. Farge, que ainda não havia assistido aos seminários de Foucault, malgrado tivesse imenso respeito pela obra do filósofo *Surveiller et Punir*, na qual Foucault a havia citado por duas passagens o livro *Vol d'aliments à Paris au XVIII^e^ siècle*, escrito pela historiadora em 1974. Juntamente com os documentos, Farge recebera uma carta de Foucault, na qual o filósofo mostrava que havia ficado admirado com a beleza daqueles textos, e tinha a intenção de publicá-los, tal como se encontravam, a fim de ressucitar a memória popular. Farge, após um relativo período de hesitação, respondeu a Foucault, que reconhecia a necessidade de publicá-los, mas não antes de fazer uma carta de introdução e explicação. Foucault, ao telefonar para a historiadora, disse-lhe que concordava com suas ideias, e lhe pedia que trabalhassem juntos, embora ele em Paris, e ela em Belle-île. Destaque-se, que muitos dos documentos

325 MACEY, David. **Michel Foucault**..., p. 455. "Arlette Farge explique son relatif échec par le fait que l'ouvrage contenait trop de textes, et trop peu de Foucault" [trad. do autor. "Arlette Farge explica seu relativo revés pelo fato que a obra continha textos demais, e muito pouco de Foucault."]

326 HERSANT, Y. **L'âge d'or de la lettre de cachet: entretien avec Michel Foucault et Arlette Farge**. Dits et Écrits (org. Daniel Defert et François Ewald). Paris: Gallimard, v. 4, 1994, p. 351.

327 MACEY, David. **Michel Foucault**..., p. 453-455.

inutilizados pelos pensadores na obra *Le Désordre de Familles*, com a concessão de Foucault, para homenagear Ariès, foram utilizados por Arlette Farge em seu volume para a contribuição à *L'histoire de la vie privée*.

O texto *Le Désordre de Familles* organizado por Foucault e Arlette Farge encontra seus vestígios em outro artigo, que teria planos de se tornar livro mas nunca o foi, que era *La Vie des Hommes Infâmes*,[328] publicado nos *Les Cahiers du Chemin*, em 15 de janeiro de 1977. Nesse texto, Foucault procura reunir alguns documentos para intepretar a vida de "homens obscuros", isto é, de pessoas cujas vidas passaram despercebidas, e cujo único contato com a realidade era quando pediam ao rei para que intercedesse contra outros infelizes, colocando-lhes ordens em suas vidas, o que se fazia através das *ordres du roi*, mas, principalmente, das *lettres de cachet*.

Em várias passagens desse artigo, Foucault revela seus objetivos: "É uma antologia existencial. Vidas de algumas linhas ou de algumas páginas, de infelicidades e de aventuras sem nome, reunidas num punhado de palavras. (...) É para encontrar alguma coisa como essas existências relâmpagos, como poemas vivos, que eu me impus certas simples regras: que se tratem de personagens tendo existidos realmente; que essas existências tenham sido ao mesmo tempo obscuras e infelizes; que elas sejam contadas em algumas páginas ou melhor, em algumas frases, tão breves quanto possíveis (...) Eu quis que se tratassem sempre de existências reais, que se pudesse lhes dar um lugar e uma data; que atrás de seus nomes, os quais nada dizem, atrás dessas rápidas palavras, que podem ser na maioria das vezes falsas, mentiras, injustas ou exageradas, que tenham tido os homens que viveram e que morreram, mostrassem sofrimentos, perversidades, ciúmes, vociferações. (...) Eu também quis que esses personagens fossem eles mesmos obscuros, que ninguém lhes tivesse dado a menor atenção; que eles não tenham sido dotados de nenhuma dessas grandezas que são estabelecidas e reconhecidas – aquelas do nascimento, da riqueza, da santidade, do heroísmo ou do gênio; que pertencem a essas milhares de existências que foram destinadas a serem passadas despercebidas; que tenham tido em suas infelicidades, e seus amores, e em seus ódios algumas coisas de cinza e de ordinário aos olhos dos que se estimam de hábitos dignos de serem contados; que, entretanto, tenham sido atravessadas de inúmeros ardores, que tenham sido animadas por uma violência, uma energia, um excesso na perversidade, na vilania, na baixeza, na teimosia ou

[328] FOUCAULT, Michel. **La vie des hommes infâmes**. Dits et Écrits (org. Daniel Defert et François Ewald). v. 3 Paris: Gallimard, 1994, p. 237-252.

no azar que lhes davam aos olhos de seu ambiente social; e à proporção de sua mediocridade, uma espécie de grandiosidade espantosa ou pitoresca. (...) Vidas que são como se elas não tivessem existidos, vidas que não sobrevivem senão do encontro com um poder que somente quis lhes destruir ou ao menos apagá-las; vidas que só nos vêm pelo efeito de múltiplos acasos, eis os infâmes dos quais eu quis reunir alguns restos. (...) Suas infâmias não são senão uma modalidade de *fama* universal."[329]

Nesse ensaio, Foucault também lança pela primeira vez, após as conferências proferidas no Rio de Janeiro, supra analisados na obra *A Verdade e As Formas Jurídicas*, os seus objetivos em relação às *lettres de cachet*. Afirma que representavam a "vontade expressa e particular do rei de enclausurar um de seus sujeitos, fora das vozes da justiça regular, uma resposta a essa demanda vinda de baixo".[330] Do aparecimento do texto, levariam-se, ainda, seis anos para vir a reconstrução teórica em *Le Désordre de Famillies*.

[329] FOUCAULT, Michel. **La vie des hommes** ..., p. 237-243. "C'est une anthologie d'existence. Des vies de quelques lignes ou de quelques pages, de malheurs et des aventures sans nombre, ramassés en une poignée de mots. Vies brèves, rencontrées au hasard des livres et des documents. (...) C'est pour retrouver quelque chose comme ces existences éclairs, comme ces poèmes vies, que je me suis imposé un certain nombre de règles simples: qu'il s'agisse de personnages ayant existé réellement; que ces existences aient été à la fois obscures et infortunées; qu'elles soient racontées en quelques pages ou mieux quelques phrases, aussi brèves que possible (...) J'ai voulu qu'il s'agisse toujours d'existences réelles; qu'on puisse leurs donner un lieu et une date; que derrière ces noms qui ne disent plus rien, derrière ces mots rapides et qui peuvent bien la plupart du temps avoir été faux, mensongers, injustes, outranciers, il y ait eu des hommes qui ont vécu et qui sont morts, des souffrances, des méchancetés, des jalousies, des vociférations. (...) J'ai voulu aussi que ces personnages soient eux-mêmes obscurs; que rien ne les ait prédisposés pour un éclat quelconque, qu'ils n'aient été dotés d'aucune de ces grandeurs qui sont établies et reconnues – celles de la naissance, de la fortune, de la sainteté, de l'héroïsme ou du génie; qu'ils appartiennent à ces milliards d'existences qui sont destinées à passer sans trace; qu'il y ait dans leurs malheurs, dans leurs passions, dans ces amours et dans ces haines quelque chose de gris et d'ordinaire au regard de ce qu'on estime d'habitude digne d'être raconté; que pourtant ils aient été traversés d'une certaine ardeurs, qu'ils aient été animés par une violence, une énergie, un excès dans la méchanceté, la vilenie, la bassesse, l'entêtement ou la malchance qui leur donnait aux yeux de leur entourage, et à proportion de sa médiocrité même, une sortes de grandeur effrayante ou pitoyable (...) Des vies qui sont comme si elles n'avaient pas existé, des vies qui ne survivent que du heurt avec un pouvoir qui n'a voulu que les anéantir ou du moins les effacer, des vies qui ne nous reviennent que par l'effet de multiples hasard, voilà les infamies dont j'ai voulu rassembler ici quelques restes. (...) Leurs infamie n'est qu'une modalité de l'universelle *fama*." [trad. do autor.]

[330] FOUCAULT, Michel. **La vie des hommes** ..., p. 246. "La lettre de cachet qui se donnait comme la volonté expresse et particulière du roi de faire enfermer l'un de ses sujets, hors des voies de la justice régulière, n'était que la réponse à cette demande venue d'en bas." [trad. do autor.]

No seu curso de 1980-1981, no *Collège de France*, intitulado *Subjectivité et Vérité* Foucault já anunciava a publicação desse volume, e dizia que se encaixaria, juntamente com outros estudos sobre a 'razão de estado' e da 'arte de governar', ou seja, sobre clausura e disciplinas, em sua análise maior que era a 'governabilidade', uma espécie de análise que teria como objeto central o cruzamento de dois temas essenciais: de um lado, a história da subjetividade através do estudo das separações operadas na sociedade em nome da loucura, da doença, da delinquência e seus efeitos sobre a constituição de um sujeito racional e normal; de outra banda, a governamentalidade, vista como crítica necessária às conceituações correntes do poder, e entendê-lo como domínio de relações estratégicas entre indivíduos ou grupos, cuja questão central seria a conduta do outro ou dos outros. Tais suas palavras: "os estudos já publicados sobre o enclausuramento e as disciplinas, os cursos dedicados à razão de Estado e à 'arte de governar', o volume em preparação, em colaboração com Arlette Farge, sobre as *lettres de cachet* no século XVIII constituem elementos dessa análise da 'governamentalidade'."[331]

A obra *Le Désordre de Familles* se divide em três partes principais: uma primeira, que traz uma apresentação do surgimento e da utilização das *lettres de cachet*, intitulada *La discorde des ménages*, escrita essencialmente por Arlette Farge; uma segunda, intitulada *Parents et enfants*, que porta exemplos de inúmeras cartas de pedido de confinamento familiar datadas de meados do século XVIII até o início do *Ancien Régime*, bem como uma pequena introdução, de autoria principal de Foucault, e, por fim, uma terceira e última parte, denominada *Quand on s'adresse au roi*, uma espécie de balanço do uso, do fim e dos abusos na expedição das *lettres de cachet*.

Na primeira seção, Foucault, ou talvez melhor, como visto na interpretação de Macey, Arlette Farge explica o surgimento e o interesse da organização da obra *Le Désordre de Familles*, afirmando que o livro teria surgido de uma análise minuciosa dos documentos denominados *Archives de la Bastille*, contidos na *Bibliothèque de l'Arsenal*. Sustenta também que o percurso da obra gira em torno da definição e do uso das chamadas *lettres de cachet*, instrumentos "direcionados

[331] FOUCAULT, Michel. **Subjectivité et vérité**. Dits et Écrits (org. Daniel Defert et François Ewald). Paris: Gallimard, v. 4, 1994, p. 214. "... les études déjà publiées sur l'enfermement et les disciplines, les cours consacrés à la raison d'État et à l'"art de gouverner', le volume en préparation, avec la collaboration d'A. Farge, sur les lettres de cachet au XVIIIe siècle constituent des éléments dans cette analyse de la 'gouvernementalité.'" [trad. br. **Subjetividade e verdade**. Resumo dos cursos do Collège de France (1970-1982). (trad. Andréa Daher e Roberto Machado). Rio de Janeiro: Jorge Zahar, 1997, p. 110-111.]

tanto ao comissário de polícia, quanto ao palácio do rei para obter do soberano uma 'ordem' de restrição da liberdade do indivíduo (que pode ser uma residência forçada, um exílio, mas o mais comum, um confinamento)"[332] A *lettre de cachet* era "uma carta escrita por ordem do Rei, referendada por um secretário de Estado e lacrada com o selo do Rei,"[333] requerida tanto pelo próprio rei, quanto pela polícia, e, sobretudo, nas *lettres de cachet de famille*, pelos membros da família. Com seu uso, a vida pública e a vida privada se confundiam através da ordem do rei. Segundo as palavras de Foucault, o procedimento de expedição era simples: primeiro, aquele que desejasse iria até um escritor público ou ao policial e relatava as suas infelicidades familiares; em seguida, este, juntamente com o inspetor geral de polícia íam até o local, faziam interrogatórios e colhiam testemunhos dos vizinhos e dos parentes, regindo após um dossiê, relatando os fatos; esse relatório era enviado ao secretário do rei, que obtinha a assinatura real e de determinava o cumprimento do mandado de prisão. Procedimento esse todo de despesas da parte requerente. Ainda nessa primeira parte, Foucault colhe inúmeras cartas de que demontram esses pedidos de prisão familiar.

Na segunda parte, *Parents et enfants*, Foucault (uma vez que Arlette Farge dizia se recusar a ingressar nas discussões demasiado profundas entre maridos e esposas, para não discutir essencialmente as questões feministas) traz novas *lettres de cachet*, que marcam um período muito específico, que foi de 1728 a 1758, momento em que se viu proliferarem e se tornarem frequentes os pedidos de intervenção da autoridade administrativa, especialmente na relação entre os pais e os seus filhos. Essa reunião de *lettres de cachet* traz importantes conclusões: primeiro, que as principais intervenções se deram em razão da discórdia familiar entre os pais e os filhos, quando estes tinham entre vinte e vinte e cinco anos; também demonstram a tensão familiar que surgia naquela época, talvez hoje não muito diferente, entre a necessidade de liberdade juvenil e a autoridade paterna;[334] que as casas representavam

[332] FOUCAULT, Michel; FARGE, Arlette. **Le désordre** ..., p. 9. "... des suppliques adressées soit au lieutenant de police, soit directement à la Maison du roi pour obtenir du souverain un 'ordre' resteignant la liberté de l'individu (il peut s'agir d'une résidence forcée, d'un exil, mais le plus souvent d'un enfermement)." [trad. do autor.]

[333] FOUCAULT, Michel; FARGE, Arlette. **Le désordre** ..., p. 364. "... une lettre écrite par ordre du Roi, contresignée par un secrétaire d'État et cachetée du cachet du Roi" [trad. do autor.]

[334] FOUCAULT, Michel; FARGE, Arlette. **Le désordre** ..., p. 157. "On peut retenir cependant que la période où les enfants ont entre vingt et vingt-cinq ans constitue la 'phase critique'. Sans doute est-ce le moment où le système de dépendance est déjà assez distendu entre enfants et parents pour que ceux-ci ne se sentent plus en mesure de faire jouer immédiatement leur autorité

lugares de guerra, de extrema violência e de selvageria, ao contrário do que se poderia imaginar de uma sociedade essencialmente religiosa;[335] que os conflitos familiares eram, sim, 'conflitos limítrofes', quer dizer, conflitos que representam o limiar da separação entre dependência/independência, entre expulsão definitiva e reabsorção completa entre pais e filhos;[336] que a punição através do confinamento era, ela mesma, uma lição, uma promessa de docilidade às crianças e um perdão ou um esquecimento para os pais; e que havia uma espécie diferenciada de 'ética parental', isto é, a partir da existência das *lettres de cachet* na relação pais e filhos, ressalta um importante modelo, este que não é simplesmente uma expressão autêntica dos profundos sentimentos familiares, mas uma esquema prescritor de bons comportamentos parentais, tal como o que poderia ser considerado um bom pai ou uma boa mãe;[337]

Na terceira e última seção, Foucault faz uma análise, inicialmente, dos abusos na utilização das *lettres de cachet*, sobretudo pela polícia, que as usa quando não há provas suficientes e para poder passar fora da jurisdição. Afirma

et d'exercer eux-mêmes châtiments ou mesures de rétorsion; mais où cependant ils considèrent qu'ils sont toujours en droit de contrôler la conduite de leurs enfants, parce qu'ils sont jusqu'à un certain point responsables et qu'elle relève encore sinon de leurs souveraineté, du moins de leur magistère..." [trad. do autor. "Pode-se reter, entretanto, que o período no qual os filhos entre vinte e vinte e cinco anos constitui a 'fase crítica'. Sem dúvida é o momento quando o sistema de dependência está já muito distendido entre filhos e pais, pois esses não se sentem mais de fazer valer sua autoridade e de exercer eles mesmos castidos ou medidas de retorsão; mas onde eles consideram que estão sempre no direito de controlar a conduta de seus filhos, porque eles são até certo ponto responsáveis e que ela revela ainda senão de sua soberania, ao menos de seu magistério."]

[335] FOUCAULT, Michel; FARGE, Arlette. **Le désordre** ..., p. 163. "À l'autre pôle des motifs d'internement, apparaît la conduite des enfants dans l'espace intérieur de la famille. La maison, das nombre de dossiers, apparaît comme un lieu de guerre, de violence extrême, et de sauvagerie. Deux thèmes reviennent sans cesse, liés le plus souvent l'un à l'autre: insultes, cris, menaces, coups d'un côté, et de l'autre, vol, rapine, argent extorqué par la ruse ou par la force." [trad. do autor. "No outro pólo de motivos de internamento, aparece a conduta dos filhos no interior do espaço familiar. A casa, em inúmeros dossiês, aparece como um lugar de guerra, de violência, de selvageria. Dois temas incessantemente vêm à tona, dando lugar ora a insultos, cris, ameaças, golpes e ora a roubos, furtos, e dinheiro extorquidos por força ou por ardis."]

[336] FOUCAULT, Michel; FARGE, Arlette. **Le désordre** ..., p. 165.

[337] FOUCAULT, Michel; FARGE, Arlette. **Le désordre** ..., p. 171. "Ces textes ne doivent pas être lus, de toute façon, comme l'expression authentique de sentiments profonds. Ils manifestent plutôt l'existence d'un modèle, d'un schéma prescrivant le bon comportement parental: ce qu'on estime devoir être dit pour pouvoir être considéré comme un bon père ou une bonne mère." [trad. do autor. "Estes textos não devem ser lidos, de qualquer modo, como expressão autêntica de profundos sentimentos. Eles manifestam preferencialmente a existência de um modelo, de um esquema que prescreve o bom comportamento parental: este que se estima dever ser dito por poder ser considerado como um bom pai ou uma boa mãe."]

que o seu uso permitia que a soberania política se inscrevesse até o nível mais elementar das relações sociais, de sujeito a sujeito, de modo que, a sua disseminação no seio social fazia com que a administração se constituísse fora da justiça, arbitrária, e, irresponsável, e existisse um "engajamento" da instituição familiar sobre o grande aparelho administrativo. Constata que a partir do momento em que a soberania real se torna arbitrária, a ponto de inúmeros filhos ficarem longos anos encarcerados por pequenas desavenças familiares, e a justiça não fazer mais parte do Poder Judiciário, mas a cargo da Administração, em nome de novas liberdades começa a ruir o sistema *lettres de cachet*-aprisionamento; e, com o aparecimento de uma tendência política liberal, que passa a se embater com a monarquia, o espírito e o fundamento da prática das *lettres de cachet* perdem seu espaço sob as vestes do medo da tirania e da arbitrariedade.

## 2.14. História da Sexualidade II: O Uso dos Prazeres (1984)

O livro *Histoire de La Sexualité II: L'Usage des Plaisirs* foi lançado em 1984, pela editora *Gallimard*, juntamente com *Histoire de La Sexualité III: Le Souci de Soi*, volumes de Foucault que procuram fazer uma trajetória em torno da sexualidade. Dessa maneira, *L'Usage des Plaisirs* constitui, a após ter Foucault se preocupado com os loucos, os doentes, os falantes, os trabalhadores, os criminosos, a nova preocupação, comumente associada a uma perspectiva subjetiva ou ética. Foucault inicia *L'Usage des Plaisirs* traçando, brevemente, os objetivos de seu livro, mas, também, demora-se um pouco na tentativa de explicar os rumos que suas pesquisas estavam tomando a partir de então, bem como a relação da obra na trajetória de seu pensamento e nas metas que petendia desenvolver. Certamente é o momento do balanço de sua vida intelectual e acadêmica, uma vez que a sua publicação coincidiria com o ano de sua morte, e, como já visto anteriormente, Foucault teve a oportunidade de receber os primeiros exemplares cinco dias antes de seu triste fim no leito do *Salpetrière*.

Deixa claro que a intenção de escrever sobre o uso dos prazeres tinha por objetivo não simplesmente fazer uma historiografia das diversas manifestações da sexualidade, quer dizer, não queria reconstituir uma história das condutas e das práticas sexuais, nem tampouco das suas manifestações científicas ou evolutivas, mas, antes, desfamiliarizando-se com a sua existência, traçar o campo de experiência da sexualidade, isto é, a formação dos saberes que a ela se referem, os sistemas de poder que regulam e determinam suas práticas, e as formas pelas quais os indivíduos podem e devem se reconhecer como sujeitos dessa sexualidade. Em suma, seu quesito maior era a análise a partir da investigação do desejo ou do sujeito desejante; de como se permitiu aparecer como "homem do desejo", quer dizer, de como se fez a base nos jogos de verdade na relação de si para si e na constituição de si mesmo como desejo; dedicou-se, portanto, em fazer uma "história do homem de desejo".

Para tanto, afirma que seria preciso demonstrar que, através de uma arqueologia das próprias formas de problematização e de uma genealogia de sua formação a partir das práticas e de suas modificações em torno da verdade, a sexualidade foi distintamente manifestada nas diversas épocas. Seria necessário investigar que nos textos gregos clássicos (*L'Usage des Plaisirs*) e nos textos latinos, especialmente, (*Le Souci de Soi*), a partir da análise dessa arqueogenealogia da sexualidade, havia um conjunto de práticas reflexivas e voluntárias através das quais os homens não somente se fixavam a regras de condutas, como procuravam se transformar, modificar-se em seu ser singular e fazer de sua vida uma obra que fosse portadora de certos valores estéticos e respondesse a certos critérios de estilo,[338] isto é, uma "arte da existência", ou, melhor dizendo, uma "tecnologia de si".

Entretanto, no mesmo compasso, entende Foucault que seria oportuno demonstrar que com a ascensão do cristianismo e a constituição de um poder pastoral, as técnicas de si teriam perdido importância e sentido (*Les Avewx de la Chair*). Tais são suas palavras: "Na moral cristã do comportamento sexual, a substância ética não será definida pelos *aphrodisia*, mas por um campo dos desejos que se escondem nos arcanos do coração e por um conjunto de atos cuidadosamente definidos em sua forma e em suas condições; a sujeição não tomará a forma de uma *savoir-faire*; mas de um reconhecimento da lei e de uma obediência à autoridade pastoral; portanto, não é tanto a dominação perfeita de si por si, no exercício de uma atividade de tipo viril, que caracterizará o sujeito moral, mas sim a renúncia de si e uma pureza, cujo modelo deve ser buscado do lado da virgindade."[339] Em suma, alerta Foucault que seu objetivo neste volume, bem como no seguinte, a partir da seleção de textos, é demonstrar que as atividades e os prazeres sexuais teriam sido problematizados através das "técnicas de si", estabelecendo critérios de uma "estética da existência,"[340]

[338] FOUCAULT, Michel. **História da sexualidade II: o uso dos prazeres.** (trad. Maria Thereza da Costa Albuquerque) 8 ed. Rio de Janeiro: Graal, 1998, p. 15.

[339] FOUCAULT, Michel. **História da sexualidade II: o uso** ..., p. 85.

[340] FOUCAULT, Michel. **História da sexualidade II: o uso** ..., p. 16.

e que essa estética, constituída na Grécia Clássica, teria sido produzida por um modo peculiar de "atividade sexual", isto é, uma atividade consagrada pela temperança, pela educação dos prazeres e pelo domínio de si e dos outros.

A obra se divide em duas partes principais, apesar de formalmente existirem cinco capítulos distintos: 1) uma, que se dedica a desconstruir conceitos universais de que a moral sexual do cristianismo teria se oposto à moral sexual do paganismo, isto é, procura evidenciar que, de fato, teria ocorrido uma simples, mas também significativa alteração não tanto do "comportamento sexual", mas antes do modo como a sexualidade era constituída, inicialmente como arte de viver e de se conduzir, e, posteriormente, como arte do desejo – destruir a oposição entre o paganismo supostamente tolerante e o ascetismo cristão;[341] 2) outra, que demonstra e procura formular como a sexualidade grega era pensada não em terno do "desejo", mas no que diz com o "prazer", isto é, como os gregos constituíram semelhantes formas de relacionamentos sexuais aos cristãos, tais como a proibição da homossexualidade, da poligamia, da infidelidade, etc., sob fundamentos diversos, quer dizer, como "artes de viver", como "condutas sexuais", pautadas, distintamente, não no divino, mas, segundo princípios exigentes e austeros no modo de como "usar os prazeres". Para tanto, na análise do comportamento e da moral sexual dos gregos, Foucault se dedica a demonstrar que os clássicos não em busca de formular códigos de condutas obrigatórias, mas objetivando organizar comportamentos em torno de princípios e modular singularmente a conduta sexual, ao invés de uma rígida moral, firmaram formas de temperança e de domínio de si, a partir de três grandes artes de conduzir a vida, isto é, três "técnicas de si": a Dietética, a Econômica, e a Erótica.

O livro, nessas duas perspectivas, busca analisar, portanto, a problematização dos prazeres, isto é, a partir de sua metodologia já consagrada, Foucault procura "pensar diferentemente" o modo como a sexualidade fora constituída e construída pela historiografia tradicional. Seu objetivo é demonstrar que a alteração ocorrida em torno do comportamento sexual dos gregos pagãos para os latinos cristãos, usualmente enraizada pelo surgimento de proibições e interdições de caráter divino, de fato, deveu-se muito mais a um deslocamento da sexualidade a partir de práticas e decifração de si, de uma "estética de seu uso" para a existência uma sexualidade a partir do conceito de "desejo", operada por uma hermenêutica purificadora.

[341] BILLOUET, Pierre. **Foucault: figures** ..., p. 170.

Segundo Foucault, os temas referentes ao ato sexual, normalmente afetos ao cristianismo, como: virgindade, monogamia, heterossexualidade, etc., também teriam existido na época clássica, mas diferentemente da ética cristã, não relacionados ao "desejo", mas, sim, ao "prazer". Foucault entende que, apesar da ética cristã ter se distanciado sensivelmente da ética clássica, a ver-se especialmente no que tange ao comportamento sexual, já que, enquanto os cristãos teriam delimitado o percurso legítimo, desqualificando as relações entre indivíduos do mesmo sexo e conjugando o ato sexual ao mal, ao pecado e à morte, contrariamente, os pagãos teriam exaltado a homossexualidade, o ato sexual investido de significações positivas, a poligamia (diferenças fundamentadas essencialmente na ética cristão da abstinência sexual rigorosa, da castidade permanente e da virgindade), havia semelhanças que não poderiam ser recusadas no curso da história.

Para Foucault, apesar dessas divergências, e sem embargo o rigorismo como o ato sexual fora constituído pelo cristianismo, a filosofia moral da Antiguidade também permitia que existisse uma certa associação entre a atividade sexual e o mal, bem como a presença de regras de monogamia procriadora, a condenação de relações do mesmo sexo e a exaltação da continência. Estavam presentes, portanto, no pensamento grego ou greco-romano alguns temas referentes à sexualidade, que mais tarde constituiriam a ética cristã e a moral das sociedades europeias modernas. Entretanto, a diferença consistia quepara os clássicos, o comportamento sexual, bem como a atividade de suas práticas, estaria constituído num outro domínio, diferente do "desejo" dos cristãos, mas no "prazer", isto é, no domínio de uma prática moral, no bom "uso dos prazeres". É, portanto, em torno do comportamento sexual dos gregos, em busca de demonstrar a existência de uma tecnologia de si, que Foucault se envereda.

Através do conceito de *aphrodisia*, isto é, da relação dos atos de prazer com um campo agonístico de forças difíceis de serem dominadas, o comportamento sexual deveria estar relacionado a um verdadeiro "domínio de si", em que o sujeito seria mais forte do que ele mesmo no uso do poder que exerceria sobre os outros, operacionalizado através de condutas e estratégias de medida, de tempo, de quantidade, de oportunidade, etc. Ao evidenciar a existência dos *aphrodisia* gregos, numa íntima relação com a mesa, com os prazeres da apetite e da comida, Foucault salienta que os gregos afirmavam a necessidade de se saber dominar estes atos, gestos, contatos, que proporcionavam uma forma de prazer, não para evitar o controle do espírito pelo desejo (temor característico da experiência cristã da carne), mas para evitar o poder surdo, ágil e temível das manifestações da sexualidade que controlam os homens.

Eis a diferença entre a moral pagã e a cristã, segundo Foucault: "É verdade que na educação e no exercício da temperança recomenda-se desconfiar dos sons, imagens e perfumes. Mas não porque a importância que se lhes dá seja a forma mascarada de um desejo, cuja essência consistiria em ser sexual; e sim porque existem músicas que por seus ritmos são capazes de enfraquecer a alma, porque existem espetáculos que são capazes de tocar a alma como um veneno e porque tal perfume, tal imagem, são de molde a evocar a 'lembrança da coisa desejada'."[342]

Salienta Foucault, enfim, que para os gregos, na experiência dos *aphrodisia*, não interessava diretamente quais os desejos, quais os atos, e quais os prazeres moralmente aceitos pela sociedade, mas sim, a relação, a dinâmica que relacionava ato, desejo e prazer num aporte circular, em que o desejo levava ao ato, que era ligado ao prazer, e, por conseguinte, o prazer que suscitava o desejo. Em suma, o que interessava à reflexão ética rega da sexualidade eram com que força se poderia ser levado pelos prazeres e pelos desejos, quais os seus limites e seus sucessos. O fundamento, portanto, deveria ser repensado em torno de duas variáveis: uma quantitativa, que dizia respeito ao grau de atividade, ao número e à frequência dos atos; e outra sobre o papel ou a polaridade, isto é, o que o homem desenvolvia na relação sexual, que levava às respostas sobre a cesura entre a sexualidade masculina e a feminina. Essa preocupação com os *aphrodisia*, entende Foucault, levava os gregos a se questionarem sobre aquilo que chamavam de *chresis aphrodision*, isto é, o "uso dos prazeres", quer dizer, a eles interessava não estabelecer um código sistemático tal fizera o modelo canônico, que traçava os limites entre o divinamente permitido e suas interdições, mas, sim, estabelecer as condições e as moralidade de um uso, isto é, a maneira pela qual um indivíduos dirige sua vida sexual. Havia para os gregos todo um conjunto de preocupações que levavam os indivíduos a estabelecerem qual o regiam de sexualidade eles deveriam se impor, quer dizer, quais as condições com que ele realizava seus atos sexuais e qual a importância que a eles dava em sua vida.

A reflexão sobre o uso dos prazeres não estaria, assim, submetida a um rígido código de leis e costumes, mas a uma tripla estratégia: a *necessidade*, isto é, o ato e o prazer deveriam estar fundamentados por uma necessidade provocada pelo desejo; o *momento*, quer dizer, era indispensável se reconhecer o momento oportuno para a prática do ato sexual, dever-se-ia responder

[342] FOUCAULT, Michel. **História da sexualidade II: o uso** ..., p. 40-41.

à pergunta: "quando convém?"[343]; e o *status*, ou seja, a arte de usar o prazer deveria se modular levando em consideração aquele que a usa, conforme seu estado, quer dizer, a conduta sexual escolhida pelo agente, no uso de seus prazeres, estaria pautada na idade, no sexo, na condição dos indivíduos, nas suas obrigações e nas suas interdições.

O "bom uso dos prazeres", com base na necessidade, no controle do momento e do *status*, não seria, tal o cristianismo, um forma de austeridade e sujeição dos indivíduos a uma mesma forma, a uma mesma lei universal, mas sim, uma *techne*, uma prática de um "saber-fazer", que levava em conta princípios gerais, capazes de guiar o sexo no seu próprio momento, de acordo com o seu contexto, e em função de seus próprios fins. Dessa maneira, o sujeito ético era aquele que, no uso de sua temperança [*sophrosune*] e no domínio de si, e de seus atos, era capaz de modular sua atividade sexual conforme sua necessidade, seu momento e seu *status*. "Portanto, não é universalizando a regra de sua ação que, nessa forma de moral, o indivíduo se constitui como sujeito ético; é, ao contrário, por meio de uma atitude e de uma procura que individualizam sua ação, que modulam e que até podem dar um brilho singular pela estrutura racional e refletida que lhe confere."[344]

No caminho do "uso dos prazeres", que diferenciou gregos e cristãos, uma historiografia tão única não pode ser assim formulada, pois, segundo Foucault, a evolução usual e comum de uma exterioridade pagã a uma interioridade cristã, quer dizer, de uma interiorização progressiva da regra, do ato e da falta, não se pode reduzir a tal fato, posto que foi antes uma reestruturação das formas de relação consigo e uma transformação das práticas e das técnicas de apoio dessa relação. Através do resgate do termo *enkrateia*, quer dizer, atitude, Foucault demonstra que os gregos estavam constantemente preocupados com a atitude, isto é, como condição de temperança necessária à moral dos prazeres para o bom uso que se poderia deles fazer. Nesse sentido, afirma que para os sábios gregos, o bom uso dos prazeres estava intimamente relacionado a uma dinâmica de uma dominação de si por si, e ao esforço que ela exigiria. Dessa maneira, havia toda uma *askesis* sob diferentes formas na modulação do comportamento sexual, quer dizer, havia exercícios, meditações, provas de pensamentos, exames de consciência, controles de representações, que passaram a constituir as disciplinas de ensino, indispensáveis para a direção das almas.[345]

343 FOUCAULT, Michel. **História da sexualidade II: o uso ...**, p. 55.

344 FOUCAULT, Michel. **História da sexualidade II: o uso ...**, p. 59.

345 FOUCAULT, Michel. **História da sexualidade II: o uso ...**, p. 69.

Nessa perspectiva, a partir do controle próprio das atitudes, Foucault afirma que para o gregos, a temperança, como estado que se tende a alcançar pelo exercício do domínio de si e pelo condicionamento na prática dos prazeres, seria caracterizada como uma liberdade, quer dizer, "embora seja tão importante governar desejos e prazeres, e apesar do uso que se faz deles constituir um alvo moral de tal preço, não é para conservar ou reencontrar uma inocência de origem; não é, em geral – salvo, evidentemente, na tradição pitagórica – para conservar uma pureza; é para ser livre e poder permanecê-lo."[346] A temperança, portanto, seria vista como uma dos aspectos da "soberania sobre si", de tal forma que o mais real dos homens seria aquele "rei de si mesmo". Deste modo, a liberdade passa a ser vista não como negação de escravidão, mas como poder de exercício sobre si, estando no limiar da moral dos prazeres. A intemperança, por conseguinte implicaria na passividade típica das mulheres, de tal modo que haveria um estado de não-resistência, isto é, uma posição de fraqueza e de submissão em relação à força dos prazeres. A temperança, essencialmente masculina, permite ao homem encontrar-se com a sua verdade, e, logo, ao contrário de uma hermenêutica do desejo, tal os moldes cristãos, observa-se toda uma estética de existência do mundo grego. "Deve-se entender, com isso uma maneira de viver cujo valor moral não está em sua conformidade a um código de comportamento nem em um trabalho de purificação, mas depende de certas formas, ou melhor, certos princípios formais gerais no uso dos prazeres, na distribuição que deles se faz, nos limites que se observa, na hierarquia que se respeita."[347] Desse modo, Foucault afirma que a reflexão moral da Antiguidade em torno dos prazeres não se orientava em direção de uma codificação de atos, tampouco para uma hermenêutica do sujeito, mas, antes, para uma estilização da atitude e uma estética da existência.

Após fazer essas considerações sobre a delimitação do que se poderia denominar o "comportamento sexual" dos gregos, em semelhanças e discrepâncias à ética sexual cristã, Foucault passa a analisar diretamente no séc. IV quais teriam sido as "técnicas de si" desenvolvidas no pensamento grego, estudadas pela medicina e a filosofia, capazes de lhes modular singularmente a conduta sexual, sem que se tornasse um sistema inexorável de preceitos e sanções ao corpo e à alma desviante, isto é, através de três grandes tecnologias, apoiando-se em práticas existentes e reconhecidas, que chamara de "artes de se conduzir", especificamente a *Dietética*, a *Econômica* e a *Erótica*, Foucault

[346] FOUCAULT, Michel. **História da sexualidade II: o uso** ..., p. 73.
[347] FOUCAULT, Michel. **História da sexualidade II: o uso** ..., p. 82.

procura demonstrar o modo como os gregos travavam o conhecimento com a sua sexualidade, num domínio de si e dos outros, como "estilizavam" as suas condutas.

A *Dietética* se define como a prática de si através da qual os gregos procuravam dar forma à sua conduta, especificamente, a partir do regime, isto é, ela se apresentava aos clássicos como uma tecnologia de si e se evidenciava como uma arte da relação cotidiana do indivíduo com o próprio corpo. Era, pois, uma forma de temperança em que o indivíduo deveria fazer um uso comedido e oportuno dos *aphrodisia*, quer dizer, através de uma atenção centrada na questão do momento oportuno ao sexo e na correlação entre os estados variáveis do corpo e das propriedades das estações, manifestavam-se o medo da violência, o temor do esgotamento e o duplo cuidado com a sobrevivência do indivíduo e a manutenção da espécie. Para tanto, Foucault se dedica ao estudo do regime em geral, da dieta dos prazeres, dos risco e perigos, bem como do ato sexual, do dispêndio de energia vital e na ascensão da morte. Através de exercícios, do cuidado com os alimentos, com as bebidas, com os sonos, com as relações sexuais (*aphrodisia*), impunha-se um dever de cuidado, de temperança, quer dizer, de medidas para o bom uso do corpo em busca dos prazeres. Do mesmo modo, uma série de traços deveriam ser observados com vistas ao regime dos prazeres, tais como o problema das relações sexuais e dos exercícios, o contexto de suas práticas, a frequência, a sua existência, etc., e não propriamente, tal os cristãos, a posição natural, as práticas indevidas, o coito interrompido, a contracepção, etc.[348] Nesse sentido, afirma Foucault: "O ato sexual não é considerado como uma prática lícita ou ilícita, segundo os limites temporais no interior dos quais ele se inscreve: ele é encarado como uma atividade que, no ponto de intersecção entre o indivíduo e o mundo, o temperamento e o clima, as qualidades do corpo e as da estação, pode provocar consequência mais ou menos nefastas, e portanto deve obedecer a uma economia mais ou menos restritiva. É uma prática que demanda reflexão e prudência."[349] A *Dietética* também se apresenta como o cuidado com as necessidade da prática sexual, isto é, quais os efeitos benéficos e nefastos para o corpo humano, quer dizer, o enfraquecimento, a perda de sêmen, os problemas causados à bexiga, aos rins, aos pulmões, aos olhos, à medula espinhal, etc.; a progenitura, a dieta dos pais, a embriaguez. Por fim, a *Dietética* leva os indivíduos no encontro do domínio do próprio corpo no comportamento

348 FOUCAULT, Michel. **História da sexualidade II: o uso** ..., p. 104-105.

349 FOUCAULT, Michel. **História da sexualidade II: o uso** ..., p. 106.

sexual, especialmente, através da relação entre o sexo e a ideia consagrada da qualificação ética. Entende Foucault que seria um erro acreditar que no pensamento grego somente haveria uma valorização positiva do ato sexual, já que, muitas vezes, os próprios gregos o assemelhavam a incapacidade do domínio do corpo e de si: "A reflexão médica e filosófica descreve-o como capaz de ameaçar, por sua violência, o controle e o domínio que convém exercer sobre si; de minar, pelo esgotamento que provoca, a força que o indivíduo deve conservar e manter; e como uma marca da mortalidade do indivíduo ao mesmo tempo em que assegura a sobrevivência da espécie."[350]

Por outro lado, a *Econômica* se demonstrava, enquanto "arte de se conduzir", como a prática do governo doméstico, isto é, como a relação do indivíduo na estilização de sua conduta; como a arte da conduta do homem enquanto chefe de família. Para tanto, Foucault parte para investigar a sabedoria do casamento, a casa de Isômaco e as três políticas da temperança. Nesse sentido, afirma, que a fidelidade recíproca não se constituía para os gregos, já que o adultério só haveria para o ordenamento jurídico no caso de infração da mulher casada que tivesse relação com um homem que não fosse o seu esposo. Entretanto, havia uma forma de obrigação do homem para com a mulher e vice-versa, de tal forma que a mulher não deveria ter relacionamento fora do casamento, posto que estava sob o domínio do marido, enquanto este deveria se manter nas relações sexuais do casamento porque seria a mais bela maneira de exercer seu poder sobre a mulher. Dessa maneira, uma espécie de fidelidade se estabelece parcialmente, mas não sob o fundamento divino, e, sim, como exercício do domínio de si, quer dizer, enquanto arte de bem conduzir-se e conduzir seus prazeres. Por fim, depois de estabelecer a relação da mulher como dona de casa e as responsabilidades do marido em Isômaco, Foucault encerra a *Econômica* salientando que, nos textos clássicos do séc. IV e início do séc. III, o estado de casamento exigia da parte do homem igualmente uma certa forma de moderação sexual, que a obra foucaultiana resgata sob três políticas da temperança: da passagem platônica consagrada nas *Leis* às regras e às obrigações do casamento (permite evidenciar o sistema de regulação autoritária das condutas no quadro de um cidade ideal); o desenvolvimento de Isócrates sobre o modo com que Nicocles conduzira sua vida de homem casado (permite caracterizar o estilo de vida pessoa de um autocrata respeitoso de si e dos outros); e um tratado de *Econômica*, que foi atribuído a Aristóteles (permite definir para qualquer homem os princípios úteis para

350 FOUCAULT, Michel. **História da sexualidade II: o uso ...**, p. 115.

dirigir a casa). O objetivo se resume num "duplo monopólio sexual", quer dizer, procura localizar a atividade sexual unicamente na relação conjugal, e a estabelecer uma simetria, mas, ao mesmo tempo, distingue entre homens e mulheres diferentes formas de técnicas de si: "A temperança nos moralistas gregos da época clássica era prescrita aos dois parceiros da vida matrimonial; mas ela concernia, em cada um deles, a um modo diferente de relação consigo. A virtude da mulher constituía o correlativo e a garantia de uma conduta de submissão; a austeridade masculina inscrevia-se numa ética da dominação que se limita."[351]

Por fim, a última arte de se conduzir, com vistas ao bom uso dos prazeres, destacada por Foucault é a *Erótica* que se estabelece como a prática da corte no comportamento amoroso, isto é, como a arte da conduta recíproca entre o homem e o rapaz na relação de amor. Para tanto, investiga Foucault a existência de uma relação problemática em torno do ato sexual, a questão da honra de uma rapaz e o objeto do prazer. Dessa maneira, para os gregos, ressalta o texto foucaultiano que a oposição entre um homem temperante e senhor de si e aquele que se entregava aos prazeres era muito mais importante, do ponto de vista moral, do que as divergências entre as categorias sexuais, isto é "ter costumes frouxos consistia em não saber resistir nem às mulheres nem aos rapazes, sem que este último caso fosse mais grave do que o outro." Isso significa dizer que o comportamento homossexual e bissexual era comum, já que amar os rapazes era uma prática livre, isto é, não somente pelas leis, mas também pela opinião pública. Através do resgate da *Erótica*, Foucault demonstra que o respeito devido à virilidade do adolescente e ao seu *status* futuro de homem livre, numa percepção do tempo diversa, não se trataria simplesmente para o homem ser senhor de seu prazer; mas, sim, de saber de que maneira se poderia dar à liberdade do outro no domínio que se exerce sobre si mesmo e no amor verdadeiro que se tem por ele.[352] Para concluir, Foucault faz uma reflexão em torno do verdadeiro amor, afirmando que os textos "Fedro" e o "Banquete", demonstrariam através de quatro passagens principais, a passagem de uma erótica a uma ascese erótica do sujeito: a) passagem da questão da conduta amorosa à interrogação sobre o ser do amor; b) passagem da questão da honra do rapaz para a questão do amor da verdade; c) passagem da questão da dissimetria dos parceiros para a questão da convergência do amor; d) passagem da virtude do rapaz amado para o

[351] FOUCAULT, Michel. **História da sexualidade II: o uso** ..., p. 163.
[352] FOUCAULT, Michel. **História da sexualidade II: o uso** ..., p. 219.

amor do mestre e para a sua sabedoria. Dessa maneira, encerra Foucault sua obra sobre as diferentes artes de usar os prazeres dos gregos, na busca pela prática e o conhecimento de si no comportamento sexual, sob duas conclusões principais: de um lado, que a exigência grega de austeridade não seria a forma particular capaz de guardar a função intemporal da interdição ou a forma permanente da lei, mas uma "estética da existência"; de outro, que a história da ética deve ser compreendida como a elaboração de uma forma de relação consigo, capaz de permitir ao indivíduo de se constituir como sujeito de uma conduta moral.

## 2.15. História da Sexualidade III: O Cuidado de Si (1984)

O último volume, ao menos publicado, da reconstituição da história da sexualidade empreendida por Foucault fora intitulado *Le Souci de Soi*, e apareceu para o mundo acadêmico no ano de 1984, juntamente com o volume anterior pela editora *Gallimard*. Isso significa dizer que, a partir da análise dos derradeiros textos gregos do séc. II, bem como dos escritos latinos subsequentes, Foucault se dedica a investigar o aparecimento de uma outra maneira de constituir a si mesmo como sujeito moral de suas próprias condutas sexuais, distintas da moral dos prazeres anterior, e, também, igualmente diversa da moral da carne, a qual marca os anos cristãos posteriores.

O objetivo de Foucault é claro: uma vez analisada, já em 1976, a constituição subjetivo-ética na *modernidade* e na *contemporaneidade*, embora portando elementos críticos em torno da repressão, que se distanciam sensivelmente dos dois volumes seguintes (posto que não se deve esquecer o momento político que se vivia, e, nem tampouco, que talvez nem o próprio Foucault tivesse os horizontes de seu trabalho "concluído" oito anos mais tarde); uma vez estudada a constituição subjetivo-ética no período primordial *clássico*, marcado pelas preocupações de um comportamento sexual regido por princípios particulares que, não sendo códigos rígidos, foram sublinhados pela temperança, pelo bom uso dos prazeres, e, especialmente, pelo domínio de si e dos outros; uma vez estudada a constituição ético-subjetiva no período *cristão*, referente ao modelo de austeridade sexual empreendido pelas leis morais de um poder pastoral, e toda a codificação e delimitação de condutas em torno do trinômio lícito-legítimo-divino (presentes no volume inédito em vida, já referido e publicado em fins de 2018 apenas, *Les Aveux de la Chair*, mas que, embora reservados somente à família, permitem transcender seu conteúdo através dos cursos oferecidos por Foucault no *Collège de France* e deste volume)[353]; convém, então, estudar um rito de passagem, quer dizer, Foucault se dedica a refletir sobre a conduta sexual que marcou o período *latino*, e todas as suas características peculiares que gravaram a transição de uma moral dos prazeres a uma moral do desejo.

Foucault, sendo fiel à sua metodologia arqueológica e descontinuísta da história, entende que os temas da austeridade, característicos do período cristão, tais como a virgindade, a monogamia, a heterossexualidade, embora apresentados sob vestes distintas, já encontravam seus fundamentos no período clássico. Todavia, a diferença é grande, pois, embora a conduta e a atividade sexuais apresentassem particularidades por sua forma e efeitos malignos, elas não seriam na época um mal em si mesmo; embora o casamento fosse o lugar natural e racional da atividade sexual, não era condição formal e indispensável para que ela deixasse de ser um mal aos desperdícios vitais; embora a atividade sexual dificilmente pudesse encontrar seu lugar seguro no amor pelos rapazes, tampouco poderia tal fato ser condenado por um imperativo moral como antinatural. Em suma, apesar do período final clássico apresentar uma modalidade de conduta sexual considerada o gérmen da moralidade cristã, a distância é significativa, posto que um estilo de conduta sexual distinta é vivenciada em torno dos cuidado de si. No mesmo compasso, os textos latinos permitem Foucault verificar a existência de um estilo de conduta sexual também distanciado do estilo anterior, fulcrado, como visto, no bom uso dos prazeres. Para o autor, o domínio de si como domínio dos outros, numa "arte de existência", teria sido modificado nos dois séculos seguintes, de tal modo que, se antes *Dietética*, *Econômica*, e *Erótica* representavam "artes de se conduzir" como controle dos excessos e o domínio da atividade sexual em torno da formação desejo-ato-prazer, haveria, então, um novo estilo de existência, não tão livre, não tão absorto nos prazeres, mas nem tanto rígido sob leis universalizáveis; formando o que denomina de "cuidado de si".

Foucault procura demonstrar que uma "arte de existência" específica foi constituída neste período, marcado, sobretudo, pelo clássico texto de Artémidore, intitulado *La Clef des Songes*. Essa arte da existência do cuidado de si não se dedica tanto aos limites e aos excessos aos quais os indivíduos poderiam se entregar na condução sexual para o bom uso dos prazeres, mas procura demonstrar a fragilidade do indivíduos face os diversos males e problemas suscitados eventualmente pela atividade sexual; do mesmo modo, concentra-se

[353] FOUCAULT, Michel. **História da sexualidade III: o cuidado** ..., p. 146.

sobre a necessidade e a importância de se desenvolver práticas e exercícios pelos quais os indivíduos podem manter um controle sobre si e atingir um "puro gozo de si".[354]; isto é, o objetivo não é tanto as diversas formas de interdição, mas, antes, a presença de uma arte de existência que gira em torno do cuidado de si, do vínculo que se pode estabelecer em torno de si e com os outros, dos procedimentos e das práticas cotidianas que permitem os indivíduos a exercerem e estabelecerem um controle sobre si próprio, quer dizer, a maneira pela qual se pode estabelecer a "plena soberania sobre si". Para tanto, ainda dentro dos temas e princípios gerais investigados e desenvolvidos na experiência moral dos *aphrodisia,* Foucault se concentra, para construir teoricamente, o que as práticas sexuais da época permitiram, formas de uma "arte da existência do cuidado de si", especialmente através da análise do papel do matrimônio, do regime dos prazeres e do corpo, do monopólio e do vínculo conjugal na questão feminina, e da erótica em torno do amor pelos rapazes.

Para Foucault, em relação aos textos dos séculos anteriores, teria existido uma nova configuração do casamento e do casal, de mobo que uma nova maneira de se refletir na relação com a mulher e com os outros parssou a vigorar, isto é, uma nova "estilística da existência".[355] Nessa perspectiva, Foucault entende que o casamento no período clássico era um ato exclusivamente privado, um negócio entre o pai da moça e o futura marido, independente dos poderes públicos, destinada somente a assegurar a permanência do *oikos.* Todavia, esse casamento foi sendo paulatinamento publicizado, isto é, deixou de ter seu lugar restrito nas instituições familiares, para se tornar uma instituição cívica, com o aparecimento da figura do funcionário ou do padre, para sancionar o ato. Esse é, certamente, o período em que as leis passam a figurar dar conta do casamento, especialmente a *lex adulteriis,* que marcou o domínio da autoridade pública sobre a instituição matrimonial. Há, portanto, progressivamente, a presença da autoridade através da institucionalização do casamento, e, por conseguinte, uma nova definição para a sua figura, que marca o homem como sujeito moral da casa e da cidade. "Ora, se é verdade que a relfexão moral sobre a boa conduta do casamento tinha, por muito tempo, procurado seus princípios numa análise da 'casa' e de suas necessidades intrínsecas, compreende-se o surgimento de um novo tipo de problemas, em que se trata de definir a maneira pela qual o homem poderá constituir-se enquanto

[354] FOUCAULT, Michel. **História da sexualidade III: o cuidado de si.** (trad. Maria Thereza da Costa Albuquerque) 4 ed. Rio de Janeiro: Graal, 1985, p. 239.
[355] FOUCAULT, Michel. **História da sexualidade III: o cuidado** ..., p. 77.

sujeito moral na relação de conjugalidade."[356] Nesse sentido, interpreta Foucault que o período do séc. II viu nascer mudanças na prática matrimonial ou mesmo no jogo político, de tal modo que as condições em que se afirmava a tradicional ética do domínio de si foram transformadas: passava a existir um vínculo estreito entre a superioridade que se exerce sobre si próprio, aquela que se exerce no contexto da casa, e, enfim, a que se exerce no campo de uma sociedade agonística; e era justamente a prática da superioridade sobre si que passou a garantir o uso moderado e racional que se podia e devia fazer da casa e da política.

Marca-se, assim, para o autor, que o problema de si mesmo, o desenvolvimento da cultura de si no decorrer do período helenístico e o apogeu de reelaboração de uma ética do domínio de si foi significativo, de tal modo que, a reflexão sobre o uso dos prazeres, que até então se relacionava à estreita correlação entre os três domínios: sobre si, sobre a casa e sobre os outros, foi transformada, em virtude de uma crise das formas de subjetivação, numa dificuldade do sujeito em se constituir como sujeito moral de suas condutas, e num esforço para encontrar na aplicação a si o que poderia lhe permitir sujeitar-se a regras e finalizar a sua existência.[357]

Quanto ao regime dos prazeres e do corpo, salienta Foucault que havia na época, especialmente para a medicina, um propósito de que os prazeres sexuais tinham tanto valorações positivas, como a questão do sêmen e do esperma (substâncias preciosas para a formação da natrureza, da vida, da transmissão da vida, etc.), quanto negativas, já que representa a perda da substância vital, pelas doenças, mutas vezes pela responsabilidade de crises epiléticas, etc. Os prazeres aparecem, portanto, sob dois grandes cuidados: a violência involuntária da tensão, e o dispêndio indefinido que esgota, o que leva a conclusão de que os atos sexuais deveriam ser submetidos a um regime extremamente cauteloso. Para tanto, quatro variáveis devem ser observadas no regime dos prazeres: a) o regime dos *aphrodisia* na atividade procriadora (visto que há momento mais favoráveis à procriação que outros); b) a idade dos indivíduos (posto que não se deveriam praticar atos sexuais nem muito cedo e nem quando muitos idoso); c) o momento favorável (devendo-se observar que o ato sexual deveria ser melhor realizado no inverno e na primavera, embora houvesse discussões); d) e os temperamentos individuais (já que há naturezas aptas ao coito mais do que outras, por serem mais ou menos quentes e

[356] FOUCAULT, Michel. **História da sexualidade III: o cuidado** ..., p. 87.
[357] FOUCAULT, Michel. **História da sexualidade III: o cuidado** ..., p. 101.

úmidas). Foucault também demonstra a atenção que surgira nesse período da civilização helênica em relação ao trabalho da alma, afirmando que havia três fontes principais que impediam a temperança, e, por conseguinte, impediam o bom uso dos prazeres e do domínio de si, que precisariam ser controlados: a) o movimento do desejo; b) a presença das imagens eróticas; c) o apego demasiado ao prazer.

No que tange à mulher, à erótica em torno do amor pelos rapazes, defende Foucault que teria existido uma nova definição de coexistência entre marido e mulher, posto que o casamento não seria mais pensado somente como fuma forma matrimonial, mas, sobretudo, como vínculo conjugal, tornando-se uma verdadeira "arte de viver"definida pela relação universal quantos aos valores e específica na intensidad e na força. O casamento é tanto o lugar da procriação, quanto da comunidade de vida, quanto do exercício dos prazeres. Trata-se de uma nova "arte de constituir a dois uma nova unidade".[358] Nesse sentido, defende Foucault que a mulher começa a ter um destaque, já que é condição essencial de existência, e a conjugalidade se faz como uma nova forma de domínio de si, a partir do instante em que o indivíduo se preocupa consigo, quando deve necessariamente casar, bem como quando dá à sua vida de casamento uma forma refletida e um estilo particular, a partir da reciprocidade. Dessa maneira, a arte da conjugalidade se constitui como parte indispensável da cultura de si: "Esse estilo, com a moderação que ele exige, não é definido unicamente pelo domínio de si e pelo princípio de que é preciso governar-se a si próprio para poder dirigir os outros, ele se define também pela elaboração de uma certa forma de reciprocidade"[359]

Se antes o adultério era simplesmente era uma condenação jurídica e uma reprovaçào moral a título da injustiça que era feita por um homem àquele cuja mulher ele desencaminhava, diferentemente do que hoje se percebe, no fim do período clássico, o adultério passa a ser visto uma fraqueza que homem deveria limitar, tanto mais porque a mulher o tolera por uma concessão e por sua honra, tornando-se uma prática indispensável em ser evitada para o bom regime dos prazeres. O adultério é condenado, mas não por ferir o outro, nem tampouco, como no período cristão, por ser crime e pecado, mas por não representar o cuidado de si como liberdade, e, consequentemente, como mau uso dos prazeres e de intemperança. Por fim, destaca Foucault que em relação ao prazer dos rapazes uma significativa alteração também passou a ocorrer,

[358] FOUCAULT, Michel. **História da sexualidade III: o cuidado** ..., p. 162.
[359] FOUCAULT, Michel. **História da sexualidade III: o cuidado** ..., p. 165.

que muito aproximava do gérmen da repressão católica: "Começa-se assim a desenvolver-se uma Erótica diferente daquela que teve seu ponto de partida no amor pelos rapazes, mesmo se, tanto numa como na outroa, a abstenção dos prazeres sexuais desempenha um papel importante: ela se organiza em torno da relação simétrica e recíproca entre o homem e a mulher, em torno do alto valor atribuído à virgindade e da união total em que vem a completar-se."[360]

[360] FOUCAULT, Michel. **História da sexualidade III: o cuidado** ..., p. 228.

# 3.
# A fundação do seu pensamento

Os textos e os livros de Michel Foucault desde a sua primeira produção em 1954 até sua última obra em 1984 e posteriores entrevistas, que vieram a ser publicadas na coletânia do *Dits et Écrits*, permitem extrair, além de um importante capítulo da história da filosofia ocidental, inúmeras vozes que ecoaram no pensamento deste audaz intérprete da modernidade. Vastas foram as influências que as teorizações foucaultianas recepcionaram, das mais diversas áreas do conhecimento, Psicanálise, Filosofia, Psicologia, Psiquiatria, História, Linguística, etc., porém poucos autores exerceram papéis significativos na construção de sua teoria sobre as relações entre saber e poder.

Certos autores falaram mais alto, produziram sentidos, emprestaram conceitos e métodos, outros nem tanto, embora, sem dúvida, todos pudessem estar aqui vislumbrados, ora constituindo a personalidade acadêmica de Michel Foucault, ora simplesmente permitindo uma aproximação de suas pesquisas intelectuais. Nesse sentido, aprouve-se para verificar a análise do pensamento foucaultiano seis bases epistemológicas principais: Nietzsche, na sua essencialidade na análise genalógica, Bachelard e Canguilhem, nas suas orientações para o método arqueológico, Heidegger, pela sua investigação em torno da liberdade e do cuidado de si, e, sem dúvida, Kant, pela releitura da ontologia do presente. Dessa maneira, pode-se melhor evidenciar as bases do pensamento kantiano, isto é, os pontos chaves para compreender o seu pensamento: arqueologia, genealogia, liberdade e subjetivação, e atitude crítica. Outros, todavia, como Georges Dumézil, Jean Hyppolite, Georges Bataille e Maurice Blanchot, embora fundamentais para a compreensão do solo epistemológico foucaultiano, não serão diretamente analisados, seja porque Foucault se distanciou teoricamente, como de Jean Hyppolite, em virtude de sua perspectiva hegeliana, fruto de crítica do autor, seja porque acabou abandonando suas perspectivas literárias, como em Bataille e Blanchot, não permitindo, assim, que uma interpretação que busca temas relacionados à área filosófica e jurídica possa ser revisitada.

Não estão sendo renegadas as suas relações com esses autores, mas, apenas, deixando-se de lado alguns nortes que foram pelo próprio Foucault abandonados, e que, neste ensaio, não interessam diretamente. De qualquer forma, é certo que não há como esquecer a vívida relação que Michel Foucault estabelecera com Georges Dumézil. Foucault, desde o início, tem acesso às obras de Georges Dumézil, por intermédio do Professor Dieny, que ensinava história antiga no curso preparatório Henry-IV, durante o ano de 1945.[361] Todavia, apesar das constantes obras lidas por Foucault, o grande encontro entre os dois intelectuais só se dá na primavera de 1956, na Maison de France, quando Foucault, aos 29 anos, trinta anos mais novo que Dumézil, chega à Uppsala, para lá lecionar.[362] Desde então, a relação é profícua, sendo que, por exemplo, Foucault, por convite de Dumézil, que em 1954, quando estava à procura de um leitor de francês para o departamento de línguas românicas na Suécia, a pedido do professor Falk, encontrou-se com Raoul Curiel, que lhe disse conhecer um jovem de grande inteligência e cultura geral, extremamente apropriado para o cargo, fazendo referência a Foucault.[363] Como afirma Didier Eribon, "Não há dúvida de que Dumézil terá uma importância fundamental para a evolução do pensamento de Foucault"[364]. O próprio Foucault, no prefácio na *Histoire de la Folie*, reconhece o papel indispensável de Dumézil em sua obra. É por causa de Dumézil, como visto, que Foucault igualmente é indicado para o cargo de leitor em Varsóvia.[365], e quase obtém o direito de publicar sua tese pela Gallimard, mas mesmo com o seu peso não conseguira, em virtude de uma política interna da editora.[366] Dumézil tem grande importância, também, na eleição de Foucault para o *Collège de France*, pois se encarregou, mesmo tendo saído da instituição e estando lecionando nos Estados Unidos, de escrever inúmeras cartas para dar referências e promover a candidatura de Foucault.[367]

No campo acadêmico, a ligação é evidente, entretanto, faz-se antes pela literatura que pela filosofia propriamente dita, o que acaba por impedir que

[361] ERIBON, Didier. **Michel Foucault**., p. 32

[362] ERIBON, Didier. **Michel Foucault**., p. 85.

[363] ERIBON, Didier. **Michel Foucault**., p. 86.

[364] ERIBON, Didier. **Michel Foucault**., p. 87.

[365] ERIBON, Didier. **Michel Foucault**., p. 98.

[366] ERIBON, Didier. **Michel Foucault**., p. 115.

[367] ERIBON, Didier. **Michel Foucault**., p. 198.

nessas linhas se dedique um estudo mais aprofundado (tal como fizera em quatro capítulos Didier Eribon),[368] sobre suas origens estruturalistas, isto é, que impede que se abre um tópico à parte para essa relação tão significativa de Foucault, já que a questão literária em Foucault não interessa aqui diretamente, não como campo epistemológico propriamente dito, por tratar-se de um ensaio "filosófico-jurídico". Todavia, convém alertar que essa relação efetivamente existiu, e foi uma das mais importantes. Saliente-se, apenas a título ilustrativo, que é possível perceber a influência de Dumézil, em Foucault, quando este, em sua obra *A Verdade e As Formas Jurídicas*, ao analisar a relação do tirano com a verdade, especialmente, como supra referido, a partir de Édipo-Rei, de Sófocles, demonstra que um tema importante para aquele autor era a relação entre saber e poder que se estabelecia nas sociedades indo-europeias, e que permaneceu, de um certo modo até os dias de hoje, revelada pela interferência de um poder político mágico, isto é, um poder político que se deixava influenciar pelo saber dos deuses, e que conferia certa vitalidade à ação política. Destaque-se que é especialmente essa relação poder mágico-religioso e saber dos deuses,[369] que Foucault se apoiará para demonstrar, por exemplo, a ruptura nesse elo, que o permitirá analisar e destruir tal mito, que se constituiu desde Platão, de que entre saber e poder há uma antinomia, isto é, de que para ter saber é preciso renunciar ao poder, pois poder político e verdade pura obtida pela ciência não podem caminhar lado a lado. Visão essa, que Foucault, como se verá adiante apoiado em Nietzsche, demonstrará que, na verdade, saber e poder político estão interligados. Entretanto, não convém, como dito, abrir-se um parágrafo específico.[370]

368 ERIBON, Didier. **Michel Foucault e seus contemporâneos** ..., p. 65-110.

369 FOUCAULT, Michel. **A verdade** ..., p. 49-50. "Saber e poder eram exatamente correspondentes, correlativos, superpostos. Não podia haver saber sem poder. E não podia haver poder político sem a detenção de um certo saber especial. É esta forma de poder-saber, que Dumézil, em seus estudos sobre as três funções, isolou, ao mostrar que a primeira função, a do poder político, era a de um poder político mágico e religioso. O saber dos deuses, o saber da ação que se pode exercer sobre os deuses ou sobre nós, todo esse saber mágico-religioso está presente na função política." [trad fr. **La vérité** ..., p. 569. "Savoir et pouvoir étaient exactement correspondants, corrélatifs, superposés. Il ne pouvait pas y avoir de savoir sans pouvoir. Et il ne pouvait pas y avoir de pouvoir politique sans détention d'un certain savoir spécial. C'est cette forme de pouvoir-savoir que Dumézil, dans ses études sur les trois fonctions, a isolée, montrant que la première fonction, celle du pouvoir politique, était celle d'un pouvoir politique magique et religieux. Le savoir des dieux, le savoir de l'action qu'on peut exercer sur les dieux ou sur nous, tout ce savoir magico-religieux est présent dans la fonction politique."]

370 Para que se estude uma relação mais detalhada da influência de Dumézil sobre Foucault, convém que se verifiquem: BONNEFOY, C. **L'homme est-il mort?**. Dits et Écrits (org. Daniel Defert

Do mesmo modo, o Jean Hyppolite (1907-1968), chamado por Foucault e tantos outros de "Le maître Hippal", filósofo francês que dedicou sua vida a estudar Hegel (em especial *Génèse et structure de la "Phénomenologie de l'esprit"*), teve vasta referência em Foucault, desde o preparatório para ingresso na Rue d'Ulm, até a sua sucessão no *Collège de France*. Inúmeros foram os autores que compuseram o seu auditório: Alexrandre Koyré, Georges Bataille, Pierre Klossowski, Jacques Lacan, Raymond Aron, Maurice Merleau-Ponty, Eric Weil e André Breton. Hyppolite, juntamente com Jean Wahl e Henri Lefebvre, teve vasta importância, sobretudo em virtude do fim da guerra, ao resgatar Hegel de seu romantismo, e ressaltar a questão da vida e da morte da filosofia.[371] Nos anos de 1951 a 1954, Foucault discute, constantemente, problemas de psicologia com Hyppolite, especialmente em 1954, quando este se torna diretor da École Normale Supérieure.[372] Hyppolite é também o orientador *pro forma* de Foucault na defesa de sua tese complementar sob o tema a "Antropologia de Kant".[373] Hyppolite aparece ainda mais uma vez significativamente na vida de Foucault, quando aquele escreve uma carta de recomendação à Universidade de Clermont-Ferrand, para aceitar o jovem filósofo como professor auxiliar na cátedra de filosofia.[374], e, em espcial, alguns anos mais tarde, quando Hyppolite, após ingressar no ano de 1963 no *Collège de France*, articula igualmente a entrada de Foucault..[375] Em Túnis, Foucault emocionado convida Jean Hyppolite para dar palestras sobre Hegel.[376] Hyppolite também contribui muito, juntamente com Braudel, Dumézil e Vuillemin, para que Foucault consiga a candidatura ao *Collège de France*, embora não tenha participada da votação, pois morrera quase dois anos, no dia 27 de outubro de 1968.[377]

Entetanto, apesar de Michel Foucault ter redigido um significativo texto sobre a importância de Jean Hyppolite, publicado na *Revue de Métaphysique et de Morale*,[378] no segundo trimestre de 1969, em virtude da morte do grande

et François Ewald). v. 1 Paris: Gallimard, 1994, p. 540-544.; e CHAPSAL, Madeleine. **Entretien avec Michel Foucault**. Dits et Écrits (org. Daniel Defert et François Ewald). v. 1 Paris: Gallimard, 1994, p. 513-518

371 ERIBON, Didier. **Michel Foucault**., p. 34-35.

372 ERIBON, Didier. **Michel Foucault**., p. 83.

373 ERIBON, Didier. **Michel Foucault**., p. 111.

374 ERIBON, Didier. **Michel Foucault**., p. 136.

375 ERIBON, Didier. **Michel Foucault**., p. 138.

376 ERIBON, Didier. **Michel Foucault** ..., p. 177.

377 ERIBON, Didier. **Michel Foucault**., p. 198.

378 FOUCAULT, Michel. **Jean Hyppolite. 1907-1968**. Revue de métaphysique et de morale, Paris, a. 74, n. 2, p. 129-136, avril/juin 1969.

intelectual hegeliano, o que reconhece certamente a importância do pensador para as letras francesas, do mesmo modo não convém ser neste texto averiguado com mais paciência, por tratar-se de um autor fundamental para Foucault sob o ponto de vista pessoal, embora tenha o próprio Foucault lutado a vida inteira, ou, ao menos no início de seus estudos, para romper com aquela tendência hegeliana que dominava os ares estudantis de Paris. Nesse sentido, apesar de um grande filósofo, e, de fato, importante para Foucault, não será aqui investigado com maior afinco dada a fuga do pensamento foucaultiano às suas orientações.

Nesse mesmo sentido, não se analisarão, ainda, outros dois grandes intelectuais, Bataille et Blanchot, aos quais Foucault dedicou inúmeros elogios, além de dois grandes artigos, publicados na *Critique.* Como bem destaca Didier Eribon, "Blanchot certamente é uma das fontes fundamentais para compreender a obra de Foucault"[379]. As leituras de Foucault das obras de Bataille e Blanchot já começaram na École Normale Supérieure, quando as lia, na descoberta da homossexualidade, como forma de transgressão, de experiência limite.[380] Entretanto, é sobretudo nos anos cinquenta, a partir de sua retirada do partido comunista, que o entusiasmo de Foucault pela literatura tem espaço. Como afirma o biógrafo, por vezes Foucault comentou que nesse período gostaria de ser como Blanchot, especialmente quando se encantava por suas crônicas escritas regularmente a partir de janeiro de 1953 na *Nouvelle Revue Française.*[381] Didier Eribon ressalta o fato de que o texto inúmeras vezes citado na aula inaugural *L'Ordre du Discours*, intitulado "*O Inominável*", de Samuel Beckett, foi foco de questionamentos de Blanchot.[382] Foucault e Blanchot jamais se conheceram diretamente, senão trocaram uma única vez algumas palavras[383], como afirma

[379] ERIBON, Didier. **Michel Foucault**., p. 72.

[380] ERIBON, Didier. **Michel Foucault**., p. 43.

[381] ERIBON, Didier. **Michel Foucault**., p. 71.

[382] ERIBON, Didier. **Michel Foucault**., p. 72.

[383] BLANCHOT, Maurice. **Foucault como o imagino**. (trad. Miguel Serras Pereira e Ana Luísa Faria). Lisboa: Relógio d'Água, 1986, p. 17. "Para ser exacto, devo dizer que não tive relações pessoais com Michel Foucault. Nunca o encontrei, excepto uma vez, no pátio da Sorbonne durante os acontecimentos de Maio de 68, talvez em Junho ou Julho (mas dizem-me que ele não estava lá), e dirigi-lhe então algumas palavras, ignorando ele quem lhe estava a falar (digam o que disserem os detractores de Maio, foi um belo momento esse, em que cada um podia falar com qualquer outro, anónimo, impessoal, homem entre os homens, acohido sem outra justificação para além da de ser um outro homem). É verdade que durante esses acontecimentos extraordinários, eu dizia muitas vezes: Mas porque é que Foucault aqui não está? – restituindo-lhe assim o seu poder de atracção e considerando o lugar vazio que ele deveria ter poupado. Ao que me respondiam com uma observação que não me satisfazia: ele continua um pouco reservado; ou então: está no estrangeiro.

o próprio escritor no livro *Foucault, tel que je l'imagine*, embora Foucault tenha analisado a obra de Blanchot num artigo em 1966, três anos após a morte do autor, denominado *La Pensée Du Dehors*,[384] no qual faz novas e significativas referência a Bataille e Blanchot e igualmente à literatura de Klossowski, no artigo *La Prose d'Actéon*;[385] e, do mesmo modo, este tenha comentado os livros de Foucault *Histoire de La Folie* e *Raymond Roussel*.[386]

A sua importância transcende o âmbito intelectual, chegando às relações de amizades, a ponto de Blanchot, alguns anos mais tarde, quando Foucault busca um editor para a sua tese, antes de defendê-la, tendo seu pedido negado na *Gallimard*, teria Maurice Blanchot intervindo, posto que na época fazia parte do corpo editorial, e tivesse dado seu parecer favorável.[387] Blanchot recebe igualmente muito bem a sua obra *Raymond Roussel*, no ano de 1963.[388] De outro lado, por ocasião da morte de Bataille, Foucault escreve numa edição especial da revista *Critique*, da qual aquele tinha sido o seu fundador, o artigo *Préface à la Transgression*[389], e escreve uma apresentação das *Oeuvres Complètes de Bataille*.

Entretanto, estes textos que marcam a importância de Bataille et Blanchot em Foucault, *Préface à la Transgression* e *La Pensée du Dehors* não serão investigados diretamente aqui, primeiro, porque se referem à temática da literatura, que, igualmente na recusa de Dumézil, fogem ao objeto deste estudo, ademais, como o próprio Didier Eribon afirmara, apesar de ser possível verificar no texto dedicado a Bataille algumas das orientações foucaultianas para a arqueologia da sexualidade, trata-se de um texto muito distante da orientação futura de suas pesquisas, pois ainda analisa a sexualidade sob a perspectiva da proibição e da transgressão.[390] De qualquer forma, a importância desses dois autores no pensamento foucaultiano, que se dedicaram a escrever inúmeras obras para a

Mas, precisamente, muitos estrangeiros, até remotos japoneses, estavam lá. Foi assim, talvez, que perdemos a ocasião de nos encontrarmos."

384 FOUCAULT, Michel. **La pensée du dehors**. Critique: Revue générale des publications françaises et étrangère, Paris, v. XXII, n. 229, p. 523-546, juin 1966. [trad. br. **O pensamento do exterior**. (trad. Nurimar Falci) São Paulo: Princípio, 1990, 76p.]

385 FOUCAULT, Michel. **La prose d'Actéon**. Dits et Écrits (org. Daniel Defert et François Ewald). v. 1 Paris: Gallimard, 1994, p. 326-337.

386 ERIBON, Didier. **Michel Foucault**., p. 73.

387 ERIBON, Didier. **Michel Foucault**., p. 115.

388 ERIBON, Didier. **Michel Foucault**., p. 152.

389 FOUCAULT, Michel. **Préface à la transgression**. Critique: Revue générale des publications françaises et étrangère, Paris, v. XIX, n. 1963, p. 751-769, août/septembre, 1963.

390 ERIBON, Didier. **Michel Foucault**., p. 153.

revista *Critique*, da qual Bataille foi fundador na década de quarenta e Foucault mais tarde viria assumi-la, não serão de modo algum renegadas nas investigações que neste ensaio se propõem, posto que se fará de maneira difusa, especialmente pela interpretação que elas encontram na obra nietzscheana, aqui analisada. Aliás, o próprio Foucault, numa entrevista concedida a Gérard Raulet, para a *Revue Telos*, na primavera de 1983, intitulada *Structuralisme et poststructuralime* salienta porque estes autores teriam sido importante: "eu li Nietzsche por causa de Bataille e eu li Bataille por causa de Blanchot"[391]. De fato, o que ligava todos era a raiz nietzcheana.

Dessa maneira, buscou-se tão-somente analisar os fundamentos filosóficos de Michel Foucault, ao menos os autores que lhe foram indispensáveis para a configuração inicial de seu pensamento, no delineamento dos nortes de suas pesquisas históricas e filosóficas, através de Nietzsche, Bachelard, Canguilhem, Heidegger, Freud, Lacan e Kant.

## 3.1. Friedrich Nietzsche lido pela verdade e pelo poder

Se de um lado, Foucault se distancia de muitos predecessores, o mesmo não ocorreu em relação a Nietzsche,[392] pensador que teve papel definitivo nas suas reflexões, pois como diria Richard Rorty "Mas, como diz Descombes, o Foucault americano é um Foucault muito consumido de nietzscheanismo, o Foucault francês o é completamente."[393]

Sua paixão por Nietzsche, como salienta Didier Eribon, surge um pouco tempo depois da Rue d'Ulm, quando se interessa por psicanálise e psicologia.[394] É precisamente no ano de 1953, quando instigado por uma certa antipatia com o marxismo, que Foucault começa a ler Nietzsche.[395] Na última

[391] FOUCAULT, Michel. **Structuralisme et post-structuralisme.** Dits et Écrits (org. Daniel Defert et François Ewald). Paris: Gallimard, v. 4, 1994, p. 437. "... j'ai lu Nietzsche à cause de Bataille et j'ai lu Bataille à cause de Blanchot." [trad. do autor: ]

[392] FOUCAULT, Michel; DELEUZE, Gilles. **Introduction générale aux œuvres philosophiques complètes de F. Nietzsche.** *in* Dits et Écrits (org. Daniel Defert et François Ewald). v. 1 Paris: Gallimard, 1994, p. 564. "... Nous souhaitons que le jour nouve ... soit celui du retour à Nietzsche..." [trad. do autor "Nós desejamos que o próximo dia seja aquele do retorno a Nietzsche."]

[393] RORTY, Richard. **Essays on Heidegger and others.** v. 2 Cambridge: Cambridge University Press, 1997, p. 193. "But, as Descombes says, the American Foucault is Foucault with most of the Nietzscheanism drained away. The French Foucault is the *fully* Nietzschean one."[trad. do autor.]

[394] ERIBON, Didier. **Michel Foucault.**, p. 45.

[395] ERIBON, Didier. **Michel Foucault.**, p. 66.

página de sua primeira obra *Maladie Mentale et Psychologie* Foucault reconhece a importância do pensamento de Nietzsche, em especial, para repensar a formação do conceito de loucura pela patologia mental.[396]

Afirmam, alguns de seus ex-alunos de Lille, que lá grande parte de suas aulas versavam sobre Nietzsche.[397] Igualmente versaram suas aulas sobre Nietzsche enquanto ensinava em Vincennes, no final da década de sessenta. É nesse período que Foucault se inspira ainda mais na obra do autor revolucionário, e redige *Nietzsche, la Généalogie, l'Histoire*.[398] O próprio autor, numa entrevista concedida a Gérard Raulet na primavera de 1983 para a *Revue Telos*, intitulada *Structuralisme et Poststructuralisme*, afirmou que seu encontro com as obras de Nietzsche teria sido ao acaso.[399]

Nietzsche contrariamente à base da epistemologia francesa, que infra se questionará, afirma que não há uma teoria do conhecimento propriamente dita, ou seja, não existe no atual estágio da ciência, falava do final do século retrasado, um teoria que se constituisse puramente na relação cognitiva a ser estabelecida entre sujeito e objeto ou mesmo entre o sujeito e sua objetivação, visto que, como aponta Roberto Machado[400], a solução do problema não estaria efetivamente na ciência, mas senão, em outros ramos, através dos quais se pudesse driblar preconceitos e obstáculos que ao cientista se colocam.

Deixando-se de lado, neste ensaio por se tratar de outro questionamento ainda mais profundo, a problemática trazida por Granier, acerca do paradoxo que haveria em sua filosofia, entre a 'imanência ontológica e o estatuto concedido à história'[401], que ensejaria, sem sombra de dúvida, capítulo a parte da história do pensamento filosófico a ser examinado, é indispensável análisar

[396] FOUCAULT, Michel. **Doença mental e** ..., p. 98.

[397] ERIBON, Didier. **Michel Foucault**., p. 75.

[398] ERIBON, Didier. **Michel Foucault**., p. 192.

[399] FOUCAULT, Michel. **Structuralisme et post-structuralisme**. Dits et Écrits (org. Daniel Defert et François Ewald). Paris: Gallimard, v. 4, 1994, p. 431 e 437. "J'ai lu Nietzsche un peu par hasard ... Je disais tout à l'heure que je me demandais pourquoi j'ai lu Nietzsche: j'ai lu Nietzsche à cause de Bataille et j'ai lu Bataille à cause de Blanchot." [trad. do autor: "Eu li Nietzsche um pouco ao acaso ... Eu dizia há pouco que eu me perguntava por que eu li Nietzsche: eu li Nietzsche por causa de Bataille e eu li Bataille por causa de Blanchot."]

[400] MACHADO, Roberto. **Nietzsche e a verdade**. Rio de Janeiro: Graal, 1999, p. 7.

[401] GRANIER, Jean. **Le problème de la vérité dans la philosophie de Nietzsche**. (col. dirigida por Paul Rocœur e François Wahl) Paris: Éditions du Seuil, 1966, p. 400. "Mais un autre fait nous donne à réfléchir: c'est le curieux antogonisme qui existe dans la philosophie de Nietzsche, entre l'affirmation de l'immanence ontologique et le statu octroyé à l'histoire." [trad. do autor "Mas um outro fato nos leva a refletir: é o curioso antogonismo que existe na filosofia de Nietzsche, entre a afimação da imanência ontológica e o estatuto concedido à história."]

algumas reflexões realizadas por Nietzsche, a fim de se afigurar, mais tarde em Foucault, a sua importância presente e inquestionável.

Para este pensador alemão do final do século, tão renegado por muitas correntes filosóficas, e, certamente, tão mal interpretado por grandes filósofos, a começar por Habermas, em sua obra *Der Philosophische Diskurs der Moderne*, que o considera irracionalista, dentre inúmeras outras críticas, como adiante se argumentará, rompe com inúmeros conceitos trazidos pelo iluminismo e pela influência do marxismo no início do século XIX

Nietzsche procura desmistificar o papel da racionalidade no cenário das ciências, criticando seu perspectivismo, e seus modos de aparição no pensamento científico. A razão ganha aspecto relevante para Nietzsche, que tece nela suas críticas mais ferozes e audazes, embora, não a renegue nas reflexões. Nesssa evolução crítica do pensamento nietzscheano ao modo de operação da racionalidade ocidental moderna, uma importante relfexão de Nietzsche deve ser extraída, sobretudo, no que se refere à história e suas constituições de poder e verdade que perpassam pela sua estruturação, que acabaram por influência Foucault.[402] Para este pensador, a história e seus historiadores buscou sempre, em suas narrativas, a origem das coisas, a *Ursprung*, ao invés de ter buscado a criação, a *Erfindung*, isto é, procurou narrar factualmente, reconstruindo seu percurso ao longo do tempo, descrevendo os acontecimentos desde a sua origem, ao invés de procurar interpretá-los desde o momento em que foram capturados pelo olhar do historiador, ou seja, desde o momento de sua criação. Segundo Nietzsche, a história a ser "reconstituída" pelo olhar do historiador deveria, de fato, ser a história "constituída" desde o momento em que foram criadas, pois a história, vista sob os olhares de algo criado e não originado, é permeada por uma vontade de poder, uma vontade de dominação, que foi criada e inventada pelos homens a fim de se assenhorar dos outros em sua plenitude, presente, passado, futuro.

Essa vontade, presente nos homens, de se assenhorar, de obedecer e ao mesmo tempo dominar, que formará o pensamento de Foucault, já esboçada em Etienne La Boétie[403], que via no estado futuro a dominação dos dominados,

[402] FOUCAULT, Michel. **A verdade e as formas jurídicas**. Rio de Janeiro: Nau, 1996, p. 14-15. [trad fr. **La vérité et les formes juridiques**. (trad. J. W. Prado Jr.) *in* Dits et Écrits (org. Daniel Defert et François Ewald). Paris: Gallimard, v. 2, 1994, p. 543-544]

[403] BORGES, Clara Maria Roman. **Jurisdição e amizade, um resgate do pensamento de Etienne La Boétie**. Crítica à teoria geral do direito processual penal (org. Jacinto Nelson de Miranda Coutinho) Rio de Janeiro: Renovar, 2001, p. 101. " ... com La Boétie o poder de um só sobre os outros foi dado ao tirano por nosso desejo de sermos tiranos também."

ganha relevo na obra nietzscheana, claramente visível, quando Zaratustra, seu personagem imortal, descendo para ensinar às gentes a mística do super-homem, após permanecer solitário um decênio nas montanhas, percebe imediatamente o que ainda ocorre nas vilas, e diz "As gentes já não são ricas nem pobre, ambas as coisas são demasiado incômodas. Quem quer ainda governar? Quem quer ainda obedecer? Ambas as coisas são demasiado incômodas"[404]

Observando os homens e refletindo, Zaratustra diz às gentes que a vontade de igualdade pregada por alguns na sociedade, nada mais representa que um "delírio tirânico da impotência que grita em vocês por igualdade: as suas mais secretas apetites de tiranos se camuflam assim em palavras de virtude", e continua, "... assim, porém, eu lhes aconselho, meus amigos: desconfiem de todos em quem o impulso de castigar é poderoso! ... desconfiem de todos aqueles que falam muito de sua justiça. Em verdade, em suas almas não falta somente mel. E quando denominam a si próprios 'os bons e os justos', não esqueçam que para serem fariseus nada falta a eles, a não ser – potência!"[405].

Foucault se deixa influenciar, na formulação do conceito de poder e dominação, pelas constatações que Nietzsche faz sobre a vida dos homens, sobre o vivente: "...Mas para entenderem minha palavra de bem e mal: para isso que lhes dizer ainda minha palavra da vida, e do modo de todo vivente. Ao vivente eu persegui, segui os maiores e os menores dos caminhos, para conhecer seu modo. Com espelho de mil faces captei ainda seu olhar, quando sua boca estava fechada: para que seu olho me falasse. E seu olho me falou. Mas, onde encontrei vida, ali ouvi falar a obediência. Todo vivente é um obediente. E isto em segundo lugar: Manda-se naquele que não pode obedecer a si próprio. Tal é o modo do vivente. Isto, porém, foi o que ouvi em terceiro lugar: mandar é mais difícil que obedecer. E não apenas porque aquele que manda carrega o fardo de todos os que obedecem, e facilmente esse fardo o esmaga: ... Apareceu-me uma tentativa e um risco em todo mandar; e, sempre que

[404] NIETZSCHE, Friedrich. **Also sprach Zarathustra**. München: Carl Hanser Verlag, 1994, p. 284. "Man wird nicht mehr arm und reich: beides ist zu beschwerlich. Wer will noch regieren? Wer noch gehorchen? Beides is zu beschverlich." [trad. do autor.]

[405] NIETZSCHE, Friedrich. **Also sprach** ..., p. 357. "Ihr Prediger der Gleichheit, der Tyrannen--Wahnsinn der Ohn-macht schreit also aus euch nach "Gleichheit": eure heimlichsten Tyrannen-Gelüste vermummen sich also in Tugend-Worte! ... "also aber rate ich euch, meine Freunde: miβtraut allen, in welchen der Trieb, zu strafen, mächtig ist!" ... "Das ist Volk schlechter Art und Abkunft; aus ihren Gesichtern blickt der Henker und der Spürhund. Miβtraut allen denen, die viel von ihrer Gerechtigkeit reden! Wahrlich, ihren Seelen fehlt es nicht nur an Honig. Und wenn sie sich selber 'die Guten und Gerechten' nennen, so vergβt nicht, daβ ihnen zum Pharisäer nichts fehlt als – Macht!" [trad. do autor .]

manda, o vivente arrisca a si próprio no mandar. Sim, mesmo quando manda em si próprio: também aqui tem ainda de pagar pelo mando. Por sua própria lei ele tem de se tornar juiz e vingador e vítima. Mas como isso acontece?, perguntei-me. O que persuade o vivente, para que obedeça e mande e, mandando, ainda exerça o obediência.? Ouçam agora minha palavra, ó sábios dos sábios! Examinem com seriedade se me insinuei no coração da própria vida, e até as raízes de seu coração!. Onde encontrei vida, ali encontrei vontade de potência; e atém mesmo na vontade daquele que serve encontrei vontade de ser senhor. Somente, onde há vida, há também vontade: mas não vontade de vida, e sim, - assim lhes ensino – vontade de potência!"[406].

Essa vontade de poder-potência, como afirma Wolfgang Müller-Lauter, que a filosofia de Nietzsche deixa às claras nos homens, não é mera faculdade abstrata ou uma vontade "em si", mas, sobretudo, é uma vontade dirigida a um fim, um fim de dominação, eis o que se esboça nos aportes nietzscheanos de Foucault: "... a vontade de poder não é um caso especial do querer, uma vontade "em si" ou "como tal" uma pura abstração: "ela não existe factualmente. Todo querer é, segundo Nietzsche, querer-algo. Esse algo-posto, essencial em todo querer é: poder. Vontade de poder procura dominar e alargar incessantemente seu âmbito de poder. Alargamento de poder se perfaz em processos de dominação. Por isso querer-poder [*Machtwollen*] não é apenas "'desejar', aspirar, exigir". A ele pertence o "afeto do comando". Comando e execução pertencem a uma vontade de poder. Assim 'um *quantum* de poder ...

406 NIETZSCHE, Friedrich. **Also sprach** ..., p. 370-372. "Aber damit ihr mein Wort versteht vom guten und Bösen: dazu will ich euch noch mein Wort vom Leben sagen und von der Art alles Lebendigen. Dem Lebendigen ging ich nach, ich ging die gröβen und die kleinsten Weg, daβ ich seine Art erkenne. Mit hundertfachem Spiegel fing ich noch seinen Blick auf, wenn ihm der Mund geschlossen war: daβ sein Auge mir rede. Und sein Auge redete mir. Aber wo ich nur Lebendiges fand, da hörte ich auch die Rede vom Gehorsame. Alles Lebendige'ist ein Gehorchendes. Und dies ist das zweite: dem wird befohlen, der sich nicht selber gehorchen kann. So ist es des lebendigen Art. Dies aber ist das dritte, was ich hörte: daβ Befehlen schwerter ist, als Gehorchen. Und nicht nur, daβ der Befehlende die Last aller Gehorchenden trägt, und daβ leicht ihn diese Last zerdrückt: - Ein Versuch und Wagnis erschien mir in allem Befehlen; und stets, wenn es befiehlt, wagt das Lebendige sich selber dran. Ja noch, wenn es sich selber befiehlt: auch da noch muβ es sein Befehlen büβen. Seinem eignen Gesetze muβ es Richter und Rächer und Opfer werden. Wie geschieht dies doch! So fragte ich mich. Was überredet das Lebendige, daβ es gehorcht und befiehlt und befehlend noch Gehorsam übt? Hört mir nun meine Wort, ihr Weisesten! Prüft es ernstlich, ob ich dem leben selber ins Herz kroch, und bis in die Wurzeln seines Herzens!. Wo ich Lebendiges fand, da fand ich Willen zur macht; und noch im Willen des Dienenden fand ich den Willen, Herr zu sein..... Nur, wo Leben ist, da ist auch Wille: aber nicht Wille zum Leben, sondern – so lehre ich's dich – Wille zur Macht!." [trad. do autor .]

é designado por meio do efeito que ele exerce e a que resiste."[407]. Das palavras de Müller-Lauter, exímio intérprete do pensamento nietzscheano, é preciso compreender que a história em Nietzsche, não é mera narração, ou, quando pior, mera descrição de fatos (eis a crítica de Nietzsche, aos ecos em Foucault, contra a historiografia tradicional, contra a explicação macanicista do mundo)[408], a história é o meio que se põe como saber, um meio de interpretação conceitual dos fatos, que busca e se constitui por uma vontade de poder, ou seja, interpretar e 'historiografar', nessa linha, é, pois, reexaminar a vontades de poder, e, sobretudo, constituir-se enquanto própria vontade de potência.

Nas palavras desse autor: "... todo saber é, para Nietzsche, ex-posição, todo saber desse saber é ex-posição da ex-posição. Podemos dizer também, segundo o que foi por nós considerado: em sua variedade, as ex-posições são interpretações de vontades de poder; que elas o são, isso é, do mesmo modo, interpretação. Deverá ser discutido a seguir o que isso afirma mais precisamente, e quais consequências resultam daí. Precisamos por diante dos olhos, em primeiro lugar, a extensão do conceito de interpretação de Nietzsche. Todas as vontades de poder ex-põem, interpretam. Assim por exemplo, também as percepções perspectivas do anorgânico são interpretações. E não apenas todas as percepções, todo conhecimento e todo 'saber' são ex-posições, mas também todos os feitos e formações, sim, todos os acontecimentos. Assim, por exemplo, trata-se de 'uma interpretação .. na formação de um órgão.' A vontade de poder interpreta, isso significa que ela limita, determina graus, diferenças de poder ... em verdade a própria interpretação é um meio para se tornar senhor sobre algo"[409].

Concepção essa, que Foucault buscará: "... interpretar é se apoderar por violência ou sub-repção, de um sistema de regras que não tem em si significação essencial, e lhe impor uma direção, dobrá-lo a uma nova vontade, fazê-lo entrar em um outro jogo e submetê-lo a novas regras."[410] Para Foucault, o

[407] MÜLLER-LAUTER, Wolfgang. **A doutrina da vontade de poder em Nietzsche**. (trad. Oswaldo Giacoia Junior) São Paulo: Annablume, 1997, p. 54-55.

[408] MÜLLER-LAUTER, Wolfgang. **A doutrina** ..., p. 125. "Torna-se claro, depois disso, que, contra o positivismo, Nietzsche pode trazer a campo: 'não há fatos, apenas interpretações".

[409] MÜLLER-LAUTER, Wolfgang. **A doutrina** ..., p. 123-124.

[410] FOUCAULT, Michel **Nietzsche, la généalogie, l'histoire**. *in* Dits et Écrits (org. Daniel Defert et François Ewald). Paris: Gallimard, v. 2, 1994, p. 146. "... interpréter c'est s'emparer, par violence ou subreption, d'un système de règles qui n'a pas en soi de signification essentielle, et lui imposer une direction, le ployer à une volonté nouvelle, le faire entrer dans un autre jeu et le soumettre à des règles secondes." [trad. br. **Nietzsche, a genealogia, a história**. *in* Microfísica do poder. (trad. Roberto Machado) 13 ed. Rio de Janeiro: Graal, 1998, p. 26.]

intérprete em Nietzsche é aquele que deve ir para além da hipocrisia e das máscaras, sendo um 'bom escavador dos baixos fundos', no entanto, ressalta ainda o autor, que "não há um signficado original nas interpretações, pois as mesmas palavras não são senão interpretações, ao longo da sua história, antes de converterem em símbolos" já consagrados. "E por isso também que para Nietzsche o intérprete é o verídico; é o verdadeiro não porque se adorna duma verdade adormecida que apregoa a vozes, mas que pronuncia a interpretação que toda a verdade tem como função recobrir."[411]

A presença de Nietzsche ainda é mais forte em Foucault, quando se está a falar do caráter normalizador que o poder exerce na sociedade, ou seja, o poder de alguns que se insere nos corpos dos outros, limita condutas, condiciona comportamentos, estipula passos, traça caminhos, um poder, nas palavras de François Ewald, cujo objetivo maior é constituir homens submissos e dóceis, para resguardar o caráter dominador da ordem pública[412].

É preciso manter o estado de dominação, para que se conserve o sentimento de potência de alguns, é necessário que os corpos rebeldes sejam normalizados, para que a potência de poucos se incremente e a vontade se sacie. Tal é o resgate evidente que Foucault faz de Nietzsche, quando este, na *Gaia Ciência* afirma: "Com o fazer bem e o fazer mal exercemos nossa potência sobre outros – mais não queremos com isso! Com o fazer mal, sobre aqueles a quem ainda temos de fazer sentir nossa potência; pois a dor é um meio muito mais suscetível para isso do que o prazer: - a dor sempre pergunta pela causa, enquanto o prazer é propenso a ficar junto de si próprio e não olhar para trás. Com o fazer bem e o bem-querer, sobre aqueles que de algum modo já dependem de nós (isto é, estão habituados a penar em nós com suas causas); queremos aumentar sua potência, porque assim aumentamos a nossa, ou queremos mostrar-lhes a vantagem que há em estarem sob nossa potência – assim

[411] FOUCAULT, Michel. **Nietzsche, Freud e Marx.** *in* Dits et Écrits (org. Daniel Defert et François Ewald). v. 1 Paris: Gallimard, 1994, p. 572. "... Il n'y a pas pour Nietzsche un signifié originel. Les mots eux-mêmes ne sont pas autre chose que des interprétations, tout ou long de leur histoire ils interprètent avant d'être signes ... C'est pourquoi aussi l'interprète chez Nietzsche, c'est le véridique; il est le véritable, non pas parce qui'il s'empare d'une vérité en sommeil pour la proférer, mais parce qu'il prononce l'interprétation que toute vérité a pour fonction de recouvrir." [trad. br. **Nietzsche, Freud e Marx**. (trad. Jorge Lima Barreto e Maria Cristina Guimarães Cupertino) São Paulo: Landy, 2000, p. 59.]

[412] EWALD, François. **Presentation: justice, discipline, production**. Les Temps Modernes, Paris, p. 979, 1987. "...la sécurité y fonctionne ...comme dépendante du pouvoir disciplinaire qui s'y exerce, comme instrument de production d'hommes dociles."

ficam mais satisfeitos com sua situação e, contra os inimigos de nossa potência, mais hostis e mais prontos para o combate."[413]

As leituras de Nietzsche ganham grande relevo dentro da dinâmica do discurso jurídico, como se *infra* argumentará, em outras questões aquém das já citadas, tendo em vista que algumas delas, para este autor, conduzem a reflexões exaustivas, de uma visão do princípio fundamental sobre o qual se debruça o direito, qual seja, o princípio de justiça, tomado a partir da mesma orientação dada a sua historiografia, em que reconhece as influências da vontade de verdade e de poder.[414] A questão da justiça se coloca como um equilíbrio entre forças, uma compensação, uma troca[415], que se estabelece dentro

[413] NIETZSCHE, Friedrich. **Die fröhliche wissenschaft**. München: Carl Hanser Verlag, 1994, p. 45-46. "Mit Wohltun und Wehtun übt man seine Macht an andern aus – mehr will man dabei nicht! Mit Wehtun an solchen, denen wir unsere Macht ers fühlbar machen müssen; denn der Schmerz ist ein viel empfindlicheres Mittel dazu als die Lust – derschmerz fragt immer nach der Ursache, während die Lust geneigt ist, bei sich selber stehenzubleiben und nicht rückwärts zu sachauen. Mit Wohltun und Wohlwollen an solchen, die irgendwie schon von uns abhängen (das heiβt gewohnt sind, an uns als ihre Ursachen zu denken); wir wollen ihre Macht mehren, weil wir so die unsere mehren, oder wir wollen ihnen den Vorteil zeigen, den es hat, in inserer Macht zu stehen, - so werden sie mit ihrer Lage zufriedener und gegen die Feinde unserer Macht feindseliger und kampfgereiter sein." [trad. do autor.]

[414] MORONI, Enrico. **Nietzsche e la giustizia**. Rivista Internazionale di Filosofia del Diritto, Milano, Giuffrè, s. 4, n. 53, p. 152-153, 1976. "Nietzsche ha presentato com particolare decisione, che si avverte próprio nelle sue riflessioni sulla giustizia, il problema della forza. Dagli scritti giovanili in avanti si può affermare anche dalla variazione semantica verso l'accentuazione quanto la questione infuria: dice forza, violenza, potenza, senso di sentimento della potenza, volontà di potenza" [trad. do autor "Nietzsche apresentou com particular decisão, que se adverte nas suas próprias reflexões sobre a justiça, o problema da força. Dos escritos juvenis anteriores, pode-se afirmar também a variação semântica sobre a acentuação quanto à questão de fúria: diz força, violência, potência, sentido de sentimento de potência, vontade de potência."]

[415] MORONI, Enrico. **Nietzsche ...**, p. 165. 'La giustizia è dunque compensazione e scambio, in base al presupposto di una posizione di forza all'incirca pari, così la vendetta rientra originariamente nella sfera della giustizia, è uno scambio. Così pure la gratitudine. Il punto di vista è quello di una intelligente conservazione di sé. Il diritto perciò non è un fine ma un mezzo creato dalla saggezza per impedire uno spreco di forza inutile fin tanto che vi è uguaglianza di potenza. Per Nietzsche base della giustizia è l'equilibrio tra le forze, un concetto che ha contato molto nella dottrina del diritto e della morale più antica." [trad. do autor "A jutiça, portanto compensação e troca, em base ao pressuposto de uma posição aproximadamente semelhante de força, do mesmo modo que a vingança reingressa originariamente na esfera da justiça, é uma troca. Igualmente à gratidão. O ponto de vista è aquele de uma inteligente conservaçào de si próprio. O direito por isso não é um fim mas um meio criado pela sabedoria para impedir um desperdício inútil de força, tanto que aqui é a igualdade de potência. Para Nietzsche a base da justiça é o equilíbrio entre as forças, um conceito que encontrou muito na doutrina do direito e da moral mais antiga."]

do estado, em razão do abandono do estado primitivo em que o homem se encontra nos primórdios.[416]

Outra questão fundamental da qual Foucault se debruçará no pensamento de Nietzsche, diz respeito ao conceito de verdade, esta resultante da visão que se atribuiu, acima, ao conceito de interpretação. Para Nietzsche, toda interpretação traz consigo uma ideia de falsidade, visto que é perspectiva, visto que é determinada por uma vontade de poder. Na visão de Müller-Lauter "a perspectiva de toda interpretação torna-se um problema que, por fim, ricocheteia sobre o próprio filosofar de Nietzsche, quando pensamos que entre as inumeráveis interpretações de um texto, não há 'nenhuma interpretação correta'. Não temos qualquer direito de admitir um 'conhecer absoluto': 'o caráter perspectivo, enganoso, pertence à existência.' Então, toda explicação [*Deutung*] do mundo é também uma interpretação perspectivamente enganosa, a mecanicista não menos que aquela que compreende todo acontecer do mundo como o caos de vontades de poder cooperantes e combatentes. Em consequência disso, 'o' mundo, concebido como soma de forças, seria uma interpretação perspectiva do mundo, ao lado de inúmeras outras."[417]

O perspectivismo sempre acompanhou a ideia de interpretação para Nietzsche, pois como diria Jean Granier, 'a noção do perspectivismo se imbrica naquela de interpretação, e, frequentemente, Nietzsche as usa como sinônimo."[418] Desse modo, surge para Nietzsche outra razão de existência, a verdade,

[416] MORONI, Enrico. **Nietzsche** ..., p. 184. "L'uomo che era 'selvaggio, libero, divagante', ora rinchiuso nei 'terribili bastioni' dell'organizzazione statale, rivolge quegli stesse istinti contro se stesso..." [trad. do autor "O homem que era selvagem, livre, divagante, ora recluso nos terríveis bastiões da organização estatal, revira aqueles mesmos instintos contra si mesmo."]

[417] MÜLLER-LAUTER, Wolfgang. **A doutrina** ..., p. 126.

[418] GRANIER, Jean. **Le problème** ..., p. 314-315. "La notion du perspectivisme s'imbrique dans celle d'interprétation. Souvent, Nietzsche les donne pour synonymes. Cependant, l'idée d'interprétation, non seulement précise et complète celle de perspectivisme, mais imprime à la problématique de la connaissance une nouvelle orientation. Le perspectivisme, en effet, évoqueait des images liées à la sphère perceptive, donc à la situation de l'homme dans l'espace. L'interpretation se rattache à une autre sphère d'images: ainsi, on appelle 'interprète', l'homme qui a pour profession de traduire le contenu d'une langue dans une autre langue, cette traduction exigeant de sa part un effort personnel pour découvrir des équivalences adéquates, sans que jamais on puisse affirmer que la traduction soit une reproduction absolument fidèle du texte ... De ces quelques exemples, se dégage alors l'idée que l'interprétation suppose une initiative créatrice de la part de celui qui interprète..." [trad. do autor "A noção do perspectivismo se imbrica naquela da interpretação. Quase sempre, Nitzsche os dá por sinônimos. Entretanto, a ideia de interpretaçao não somente precisa e completa aquela do perspectivismo, mas imprime à problemática do conhecimento de uma nova orientação. O perspectivismo, com efeito, invocava as imagens ligadas à esfera perspectiva, então à situação do homem no espeaço. A interpretação se religa a uma outra esfera de imagens: assim,

a partir da interpretação do mundo, para o qual, segundo as palavras daquele autor, "assenta na intensificação do poder. Sob esse critério para entender a verdade fica colocada a 'infinita interpretabilidade do mundo'. Nele deve fazer prova de si 'toda interpretação como um sintoma de crescimento ou de declínio'. Se uma explicação serve à intensificação do poder, então ela é, no mencionado sentido, mais verdadeira do que aquelas que simplesmente conservam a vida."[419].

A questão da verdade aparece em Nietzsche como a crença, que funda a ciência, a qual parte da ideia de que nada mais interessa, senão o conceito de verdadeiro. Essa crença na verdade reproduz, inevitavelmente, uma vontade de potência, ou seja, uma vontade de assenhorar-se, pelo simples fato de querer possuir a verdade. Para Machado, "... a crítica da ciência só pode ser eficazmente realizada como questionamento da vontade de verdade, o que significa situar-se do ponto de vista da vontade de potência. Se a questão do conhecimento não pode ser elucidada limitando-se a seu interior é porque na base do conhecimento está a vontade e porque a vontade de verdade expressa sempre um determinado tipo de vontade de potência."[420], posicionamento este, também esboçado em Jean Granier[421].

As aproximações de Foucault a Nietzsche são ainda mais extensas, dedicando inúmeras vezes partes de seus escritos em nome deste "*Nietzsche, Freud e Marx*", "*Nietzsche, la génalogie et l'histoire*", "*A Verdade e as Formas Jurídicas*", etc. Foucault vai fundamentar em Nietzsche o seu conceito de genealogia, como a tática para ascultar os saberes a partir de sua própria discursividade. Acrescenta Foucault, a genalogia é meticulosa, pacientemente documentária, demora-se com a singularidade dos acontecimentos, distante de uma finalidade monótona; exige a minúcia do saber, um grande número de materiais acumulados; ocupa-se de pequenas verdades inaparentes, opondo-se não à história, mas ao meta-histórico de idealizações, à visão da origem [*Ursprung*][422].

chama-se 'intérprete, o homem que tem por profissão traduzir o conteúdo de uma língua em uma outra língua, esta tradução, exigia de sua parte um esforço pessoa para descobrir as equivalências adequadas, sem as quais jamais se pode afirmar que a tradução seja uma reprodução absolutamente fiel ao texto .... Destes alguns exemplos, libera-se então a ideia de que a interpretação supõe uma iniciativa criadora da parte daquele que interpreta."]

419 MÜLLER-LAUTER, Wolfgang. **A doutrina** ..., p. 126-127.

420 MACHADO, Roberto. **Nietzsche** ..., p. 75.

421 GRANIER, Jean. **Le problème** ..., p. 408.

422 FOUCAULT, Michel **Nietzsche, la généalogie, l'histoire**. *in* Dits et Écrits (org. Daniel Defert et François Ewald). Paris: Gallimard, v. 2, 1994, p. 136-137. "La généalogie ne s'oppose pas à l'histoire comme la vue altière et profonde du philosophe au regard de taupe du savant; elle s'oppose au

Com os paralelos empregos nietzscheanos de *Ursprung* [*Entestehung – emergência; Herkunft – proveniência*], busca-se demonstrar que na base de toda origem, está por trás a invenção [*Erfindung*]. Tentando demonstrar essa invenção, é que o genealogista se encarrega de estabelecer seu método histórico, sua arqueologia, pois buscar pela origem, diz Foucault, é buscar aquilo que era imediatamente, aquilo mesmo, tomando por acidentais quaisquer peripécias que puderam ter acontecido, as astúcias, os disfarces. À genealogia cabe tirar as máscaras, desvelar lutas, relações de poder; cabe procurar pelo que há atrás das coisas, do *iceberg*, a que se refere Veyne, sua ausência de essência das coisas, construídas ao longo do tempo, seja pelas paixões dos homens, seja pela ausência de Verdade[423]. O que existe na origem, não é a regularidade, a linearidade, a identidade, mas a discórdia entre as coisas, o disparate, a imperfeição, sendo a isso, que busca a genealogia. Ela se estende nas meticulosidades e nos acasos existentes em todos os começos; capta os acontecimentos da história, seus abalos, suas surpresas, as vacilantes vitórias, as derrotas mal digeridas[424], suas rachaduras, suas resistências, suas intensidades, seus desfalecimentos, seus sentimentos, consciências, instintos. Diz Foucault, "a genealogia não pretende recuar no tempo para restabelecer uma grande continuidade para além da dispersão do esquecimento; sua tarefa não é a de mostrar que o passado ainda está lá, bem vivo no presente, animando-o ainda em segredo, depois de ter imposto a todos os obstáculos do percurso uma espécie de o início, ..., ao contrário, manter o que se passou na dispersão que lhe é própria; é demarcar os acidentes, os ínfimos desvios – ou ao contrário, as inversões completas – os erros, as falhas na apreciação, os maus cálculos que deram nascimento ao que existe e tem valor para nós; é descobrir que na

contraire au déploiement métahistorique des significations idéales et des indéfinies téléologies. Elle s'oppose à la recherche de l'"origine'." [trad. br. **Nietzsche, a genealogia, a história**. *in* Microfísica do poder. (trad. Roberto Machado) 13 ed. Rio de Janeiro: Graal, 1998, p. 16. "A genalogia não se opõe à história como a visão altiva e profunda do filósofo ao olhar de toupeira do cientista; ela se opõe, ao contrário, ao desdobramento meta-histórico das significações ideais e das indefinidas teleologias. Esta se opõe à pesquisa da 'origem'."]

423 FOUCAULT, Michel **Nietzsche, la généalogie, l'histoire**. *in* Dits et Écrits (org. Daniel Defert et François Ewald). Paris: Gallimard, v. 2, 1994, p. 139. "La vérité, sorte d'erreur qui a pour elle de ne pouvoir être réfutée, sans doute parce que la longue cuisson de l'histoire l'a rendue inaltérable." [trad. br. **Nietzsche, a genealogia, a história**. *in* Microfísica do poder. (trad. Roberto Machado) 13 ed. Rio de Janeiro: Graal, 1998, p. 16. "A verdade é uma espécie de erro que tem a seu favor o fato de não poder ser refutada, sem dúvida porque o longo cozimento da história a tornou inalterável."]

424 FOUCAULT, Michel **Nietzsche, la généalogie, l'histoire**. *in* Dits et Écrits (org. Daniel Defert et François Ewald). Paris: Gallimard, v. 2, 1994, p. 140. [trad. br. **Nietzsche, a genealogia, a história**. *in* Microfísica do poder. (trad. Roberto Machado) 13 ed. Rio de Janeiro: Graal, 1998, p. 19.]

raiz daquilo que nós conhecemos e daquilo que nós somos – não existem a verdade e o ser, mas a exterioridade do acidente."[425].

Para Nietzsche, a genealogia é também designada por *Wirkliche Historie*, ou seja, uma história efetiva, um sentido histórico, que se preocupa em criticar a história tradicional, a qual reintroduz um ponto de vista supra-histórico, uma história que tem por função essencial colocar-se dentro de sua própria totalidade, que permite ao homem reconhecer-se em toda a parte, bem como dar conta de todo o passado, uma espécie de verdade eterna, "uma alma que não morre, uma consciência sempre idêntica a si mesma"[426]. A história efetiva, de Nietzsche, na esteira de Foucault, busca escapar da metafísica para tornar-se um instrumento privilegiado da genealogia; é um olhar que distingue, reparte, dispersa, deixa operar as separações e as margens, dissocia, não se apoiando em qualquer constância, ao reintroduzir o descontínuo em seu próprio ser. Essa história efetiva, em sendo um olhar perspectivo, inverte a relação normalmente feita entre a irrupção do acontecimento e a necessidade contínua; ela faz "ressurgir o acontecimento no que ele pode ter de único e agudo. É preciso entender por acontecimento não uma decisão, um tratado, um reino, ou uma batalha, mas uma relação de forças que se inverte, um poder confiscado, um vocabulário retomado e voltado contra seus utilizadores, uma dominação que se enfraquece, se distente, se envenena e uma outra que faz sua entreada, mascarada. As forças que se encontram em jogo na história não obedecem a uma destinação, nem a uma mecânica, mas ao acaso da luta."[427]

[425] FOUCAULT, Michel **Nietzsche, la généalogie, l'histoire**. *in* Dits et Écrits (org. Daniel Defert et François Ewald). Paris: Gallimard, v. 2, 1994, p. 141. "La généalogie ne prétend pas remonter le temps pour rétablir une grande continuité par-delà la dispersion de l'oubli; sa tâche n'est pas de montrer que le passé est encore là, bien vivant dans le présent, l'animant encore en secret, après avoir imposé à toutes les traverses du parcours une forme dessinée dès le départ. Rien qui ressemblerait à l'évolution d'une espèce, au destin d'un peuple. Suivre la filière complexe de la provenance, c'est au contraire maintenir ce qui s'est passé dans la dispersion qui lui est propre: c'est repérer les accidents, les infimes déviations – ou au contraire les retournements complets – les erreurs, les fautes d'appréciation, les mauvais calculs qui ont donné naissance à ce qui existe et vaut pour nous; c'est découvrir qu'à la racine de ce que nous connaissons et de ce que nous sommes il n'y a point la vérité et l'être, mais l'extériorité de l'accident." [trad. br. **Nietzsche, a genealogia, a história**. *in* Microfísica do poder. (trad. Roberto Machado) 13 ed. Rio de Janeiro: Graal, 1998, p. 22.]
[426] FOUCAULT, Michel **Nietzsche, la généalogie, l'histoire**. *in* Dits et Écrits (org. Daniel Defert et François Ewald). Paris: Gallimard, v. 2, 1994, p. 146. [trad. br. **Nietzsche, a genealogia, a história**. *in* Microfísica do poder. (trad. Roberto Machado) 13 ed. Rio de Janeiro: Graal, 1998, p. 26.]
[427] FOUCAULT, Michel **Nietzsche, la généalogie, l'histoire**. *in* Dits et Écrits (org. Daniel Defert et François Ewald). Paris: Gallimard, v. 2, 1994, p. 148. "... elle fait resurgir l'événement dans ce qu'il peut avoir d'unique et d'aigu. Événement: il faut entendre par là non pas une décision, un

É nessa esteira do pensamento nietzscheano que Foucault, como se argumentará adiante, construirá inevitavelmente as suas teorizações sobre a genealogia, sobre a historiografia, sobre, especialmente, o poder e seus efeitos de produção do 'verdadeiro'. A incursão de Foucault em Nietzsche, sem sobre de dúvida, é a mais vertical entre todas as suas influências teóricas, constitui sua base, e fundamenta sua metodologia. Nietzsche representa para Foucault, antes mesmo de lhe oferecer tacitamente conceitos para serem apropriados, a raiz e o caminho para a produção de sua moderna concepção microfísica do poder e do saber, que insculpiram na cultura humana, além de críticas, significativas modificações no modo de pensar o conhecimento científico e as relações sociais.

## 3.2. Gaston Bachelard, Georges Canguilhem e as bases epistemológicas

Na tradição filosófica do pensamento francês, inúmeros são os autores que se preocuparam em refletir a perspectiva histórica do caminho percorrido pela própria filosofia, assim como pela produção do conhecimento científico, no entanto, nomes como Gaston Bachelard, Alexandre Koyré, Jean Cavaillès e Georges Canguilhem obtiveram postos de destaque, haja vista a influência que provocaram em diversas escolas no séc. XX. Tais autores se obstinaram ao estudo da consecução dos conhecimentos científicos dentro dos saberes humanos numa perspectiva filosófica, mas, sobretudo, numa perspectiva que levou em consideração a história como referência de análise. Um estudo que, para além da mera indagação dos meios e das metas utilizados, aplicados e esperados na ciência, buscou avaliar a ciência a partir de sua própria cientificidade. Esse estudo, conceituado como epistemologia, que tradicionalmente era legado da própria ciência, passou a fazer parte da filosofia, que sob um ponto de vista externo, acreditou que a possibilidade de reflexão privilegiaria outras formas de análise. Ao contrário de outros estudos exclusivamente históricos ou filosóficos, a epistemologia permitiu a investigação da história

traité, un règne, ou une bataille, mais un rapport de forces qui s'inverse, un pouvoir confisqué, un vocabulaire repris et retourné contre ses utilisateurs, une domination qui s'affaiblit,, se détend, s'empoisonne elle-même, une autre qui fait son entrée, masquée. Les forces qui sont en jeu dans l'histoire n'obéissent ni à une destination ni à une mécanique, mais bien au hasard de la lutte." [trad. br. **Nietzsche, a genealogia, a história**. *in* Microfísica do poder. (trad. Roberto Machado) 13 ed. Rio de Janeiro: Graal, 1998, p. 28.]

das ciências a partir de seu fundamento precípuo, a sua própria historicidade. Nessa linha, a tese central consagrada na epistemologia francesa estabeleceu que a filosofia das ciências possuía uma dimensão história, quer dizer, que a epistemologia era, por excelência histórica, bem como a própria história deveria ser epistemológica.[428]

Nessa perspectiva, embora a epistemologia francesa parta, segundo Roberto Machado, para construir a história das ciências, privilegiando a racionalidade como questão fundamental, não significa que seja, em si, uma crítica da ciência, mas, sobretudo, uma crítica do 'negativo' da .razão, isto é, uma crítica dos acontecimentos que se processam no âmbito da ciência, que desempenham e demonstram o valor destrutivo da racionalidade, quais sejam: a análise da superação dos obstáculos, o desaparecimento dos preconceitos, o desaparecimento dos mitos, das falácias, das ilusões criadas pelas racionalidades parciais e seletistas, dentre outros. A epistemologia francesa, em síntese, é uma elucidação das *démarches* características da ciência, é, em si, uma análise da cientificidade. Preocupa-se com a investigação dos procedimentos de produção do conhecimento científico. Faz uma história do progresso da vida e não da vida diretamente. Privilengiando-se, neste ensaio, as obras dos dois principais epistemólogos franceses que influênciaram o pensamento foucaultiano, Gaston Bachelard e Georges Canguilhem,convém traçar algumas linhas.

Em relação a Bachelard o contato de Foucault não o é tão intenso como em relação a Canguilhem, entretanto, suas teorias lhe foram de significativa importância. Foucault conheceu Bachelard a partir de Jacqueline Verdeaux, psicóloga com a qual estudou Binswanger, ainda no período da École Normale Supérieure.[429] Entretanto, embora ambos não estreitem muito a relação pessoal, Bachelard ainda aparece mais uma vez de maneira indispensável na vida de Foucault, quando e grande estudioso das ciências naturais lhe telefonara para demonstrar o imenso prazer que havia sentido a ler a tese de Foucault sobre a loucura, bem como o convidara, segundo Didier Eribon, para um encontro afim de conversar tecer sobre elas consideraçõres. No entanto, a idade os distanciava imensamente, sem embargos as teorias seguirem rumos similares, cada qual na sua envergadura e no seu âmbito de análise.[430]

[428] MACHADO, Roberto. **Ciência e saber: a trajetória da arqueologia de Foucault**. 2 ed. Rio de Janeiro: Graal, 1981, p. 9 "A epistemologia é uma reflexão sobre a produção de conhecimentos científicos que tem por objetivo avaliar a ciência do ponto de vista de sua cientificidade."

[429] ERIBON, Didier. **Michel Foucault**., p. 58.

[430] ERIBON, Didier. **Michel Foucault**., p. 127.

Em relação ao outro epistemólogo francês a relação se deu totalmente difernte. A primeira vez que Foucault tem contato com Georges Canguilhem, então professor da faculdade de letras de Toulouse, foi, como visto, em meados de 1946, quando realizou a prova oral para ingresso na École Normale Supérieure.[431] Em seguida, Foucault e "Cang", como era chamado pelos *normaliens*, encontram-se novamente por conselho de Hyppolite, que fala a Foucault para pedir a Canguilhem para que este fosse seu orientador na defesa de sua tese. Embora tivesse certa antipatia, com a resposta afirmativa do filósofo, Foucault começa a ler suas obras, em especial *Le normal et le Patologique*, e reconhece a sua verdadeira importância. Foucault inúmeras vezes valorizará a presença marcante de Canguilhem em seus textos, em especial nos livros *La Naissance de la Clinique* e *Histoire de la Folie*, e sobretudo no seu discurso de posse no *Collège de France*, em dezembro de 1970 (*L'Ordre du Discours*).[432] Após a morte de Foucault, em janeiro de 1988, Canguilhem realiza um seminário, intitulado *Foucault Philosophe*, quando reunirá intelectuais do mundo inteiro, como Roberto Machado, para falar sobre a obra de Foucault.[433] Canguilhem terá seu reconhecimento em 1955, quando sucede Gaston Bachelard na Sorbonne. Para muitos, Canguilhem, com suas teorias sobre renovação do discurso teórico da filosofia, da sociologia e da psicanálise, numa fuga às filosofias do sujeito, teria sido considerado o precursor do estruturalismo, numa história estrutural das ciências[434].

Canguilhem tem sua maior manifestação, quando é indicado, por Jean Hyppolite, para ser orientador de Foucault na sua defesa da tese, já pronta, sobre a loucura, perante a Faculdade de Letras da Sorbonne. Em seu relatório, reconhece claramente as brilhantes ideias de Foucault, afirmando: "O Sr. Foucault Foucault trata durante trabalha em seu escopo com densas visões (...) O estilo é incisivo: nunca pesquisando para uma volta de frase para si mesmo nem jamais tratando-a novamente. Nós estamos verdadeiramente diante de uma tese, que renova não unicamente as ideias mas também as técnicas para compreensão e apresentando dos fatos com respeito à história da psiquiatria (...) Quanto à documentação, monsieur Foucault releu e reviu, leu e explorou pela primeir vez uma quantidade considerável de arquivos. Um historiador profissional não deixará de olhar com simpatia o esforço feito

[431] ERIBON, Didier. **Michel Foucault.**, p. 39.
[432] ERIBON, Didier. **Michel Foucault.**, p. 112.
[433] ERIBON, Didier. **Michel Foucault.**, p. 113.
[434] ERIBON, Didier. **Michel Foucault.**, p. 113-114.

por um jovem filósofo para ter acesso de primeira mão aos documentos. Por outro lado nenhum filósofo poderá censurar o Sr. Foucault por haver alienado a autonomia do julgamento filosófico submetendo-o às fontes da informação história. Ao trabalhar com sua considerável documentação, o pensamento de Sr. Foucault conservou sempre um rigor dialético resultante em parte de sua simpatia pela visão hegeliana da história e de sua familiaridade com a Fenomenologia do Espírito. A originalidade desse trabalho consiste na retomada, em nível superior, da reflexão filosófica de um material que até então os filósofos e os historiadores da psiquiatria deixaram à livre disposição dos psiquiatras interessados, em geral, por questão de moda ou de convenção, na história ou na pré-história de sua especialidade. (...) Creio, portanto, poder concluir, na convicção que tenho da importância das pesquisas do Sr. Foucault, que seu trabalho merece ser defendido perante uma banca da faculdade de letras e proponho ao senhor deão que autorize a impressão."[435]

Por consequência, Canguilhem integra, assim, a banca, juntamente com Gouhier e Laplanche, que avalia Foucault em sua defesa. É o momento sublime da relação intelectual entre ambos, pois Canguilhem faz grandes considerações, auxiliando-o na sua sustentação oral.[436] Ademais, por ocasião

[435] CANGUILHEM, Georges. **Reported from Mr. Canguilhem on the manuscript filed by Mr. Michel Foucault, in order to obtain permission to print his principal thesis for the doctor of letters**. Critical Inquiry, Chicago, v. 21, n. 02, p. 276-281, winter, 1995. "Mr. Foucault treats throughout a work whose density views with its scope (...) The style is incisive: never searching for a turn of phrase for itself but neither, on occasion, retreating from one. We are truly in th presence of a *thesis*, which renews not only the ideas but also the techniques for understanding and presenting the facts regarding the history of psychiatry (...) As for documentation, Mr. Foucault on the one hand reread and reviewed but on the other hand read and made use for the first time of a considerable quantity of documents from the archives. A professional historian could not help but be sympathetic with the effort made by a young philosopher to access primary sourcers. On the other hand, no philosopher will be able to reproach Mr. Foucault for having alienated the autonomy of philosophical judgment in submission to sources of historical knowledge. While putting its considerable documentation into play, the thought of Mr. Foucault maintained form beginning to end a dialectical vigor that comes in part from his sympathy with the Hegelian vision of history and from his familiarity with the *Phenomenology of Mind*. The originality of this work inheres essentially in its revision at the superior level of philosophical reflection of a mater until now abandoned by the philosophers and the historians of psychology to the sole discretion of those among psychiatrists whom – most often in keeping with fashion or convention – the history or the prehistory of their 'specialty' interested. (...) I thus believe myself able to conclude, convinced as I am of the importance of Mr. Foucault's research, that his work merits coming to a defense before a jury of the faculty of letters and the human sciences, and, as far as I am concerned, I recommend that the dean authorize its publication." [trad. do autor.]

[436] ERIBON, Didier. **Michel Foucault**., p. 118.

da publicação de *Les Mots et les Choses*, Canguilhem escreve, como bem ressalta Didier Eribon,[437] um texto de grande importância histórica, em que defende Foucault das acusações infantis dos sartrianos.[438]

Bachelard fala da historicidade do conhecimento científico, como forma de opor-se a Max Scheler.[439] E também fala em *La Vocation Scientifique et l'Âme Humaine* que "uma evolução não serve propriamente para falar de uma história. Ao contrário, o desenvolvimento da ciência representa uma histórica eminente, uma história que cada vez mais se desvencilha dos acidentes em razão de uma dialética"[440]. Nesse sentido, é importante ressaltar que Bachelard parte de um perspectiva diversa da oferecida por Foucault, uma vez que formula suas teorias, enquadrando-se nas chamadas disciplinas da natureza, ou como expõe Roberto Machado, nas ciências da natureza, tais como a física, a matemática e a química. Inicia Bachelard, antes mesmo de refletir seu objeto central, o modo como se desenrola o progresso científico, afirmando que a epistemologia exige-se enquanto um racionalismo regional, desclassificando, assim, qualquer pretensão de formular um racionalismo geral. Gaston Bachelard em sua obra filosófica parte de uma necessidade em se distinguir entre o que vem a ser na filosofia, a filosofia em si e a filosofia das ciências, para poder fundar todo o pensamento da episteme moderna.

O novo espírito científico surge nos instantes em que a ciência passa a ser questionada sob um enfoque puramente científico, e outro puramente filosófico, ou seja, no momento em que o filósofo da ciência preocupa-se com o estudo dos princípios gerais, enquanto que o cientista se preocupa com os resultados particulares. Portanto, dentro dessa nova perspectiva, surge o que Bachelard propõe como a formação de dois grandes obstáculos epistemológicos, os quais acabam por enfraquecer o sistema: o geral em contraposição ao particular. "Dois obstáculos epistemológicos contrários que limitam todo o pensamento: o geral e o imediato"[441]

[437] ERIBON, Didier. **Michel Foucault.**, p. 169.

[438] CANGUILHEM, Georges. **Mort de l'homme ou épuisement du cogito?** Critique: Revue générale des publications françaises et étrangère, Paris, n. 242, p. 599-618, juillet 1967.

[439] BACHELARD, Gaston. **Essai sur la connaissance approchée.** 4 ed. Paris: Jean Vrin, 1973, p. 15.

[440] BACHELARD, Gaston. **La vocation scientifique et l'âme humaine.** Recontre Internationale de Genève: L'homme devant la science. Neuchatel: La Baconnière, 1952, p. 23. "Une évolution n'est pas à proprement parler une histoire. Au contraire, le développement de la science represente une histoire éminent, une histoire que de plus en plus se débarrasse des accidents au profit d'une dialectique." [trad. do autor]

[441] BACHELARD, Gaston. **A filosofia do não: filosofia do novo espírito científico.** 3 ed. Lisboa: Presença, 1984, p. 9.

O geral, enquanto obstáculo epistemológico, é estudado pelos filósofos das ciências, os quais estão preocupados com o *a priori* da aplicação das teorias científicas; contudo, o imediato, enquanto obstáculo epistemológico, tem-se questionado pelos próprios cientistas, que estão constantemente preocupados com a aplicação e o estudo das ciências. Dessa maneira, Bachelard começa a fundar suas teorizações a respeito do que viria a ser um obstáculo epistemológico, e sua posição dentro da formulação do novo espírito científico, bem como da progressão das ciências. Obstáculo epistemológico, de modo simplificado e se exceptuando o universo matemático, consoante Bachelard, é o momento em que as teorias, acerca de um mesmo objeto, tornam-se insuficientes para a compreensão da realidade. Ou seja, obstáculo epistemológico forma-se quando, num dado momento da pesquisa científica ou da reflexão filosófica, chega-se a um ponto em que a linha de análise não mais é capaz de dar conta da realidade, tendo em vista a complexidade do real, ou seja, vistas as novas dúvidas que esse impõem ao cientista, frente à inexistência de ferramentas eficientes. A noção de obstáculo epistemológico, que funda o novo espírito científico, tenta açambarcar o porquê de um certo momento, não mais ser possível seguir em frente com as teorizações filosóficas e as práticas científicas. Tentando-se chegar a uma conclusão, Bachelard, diante dos obstáculos epistemológicos do *a priori* e do *posteriori*, propõe a necessidade de uma alternância entre empirismo e racionalismo, de modo a ser somente possível a compreensão desses, quando refletidos em relação.

Na episteme moderna, para que seja possível a superação desse obstáculo, cuja caracterização será em seguida explicada, é preciso ter claramente em mente, que "o empirismo precisa ser compreendido; o racionalismo precisa ser aplicado."[442] A superação desse obstáculo, portanto, é através da noção de que ambos estados gnoseológicos fundamentam-se nessa polaridade, mutuamente. Pois é necessário pensar na linha de que "empirismo e racionalismo é o complemento efectivo da outra."[443]

O obstáculo surge inesperadamente, assim que as lacunas teóricas ou práticas estendem-se por todo a estrutura do sistema, de forma a corromper as bases epistemológicas, desembocando numa impossibilidade de desenvolvimento e progresso epistêmico, funcional, representativo e criacional. Quando se atinge um estágio em que a realidade torna-se logo demasiada intensa, diante da ineficiência instrumental das teorias e das práticas, é porque

[442] BACHELARD, Gaston. **A filosofia** ..., p. 9

[443] BACHELARD, Gaston. **A filosofia** ..., p. 10.

precisamente, quando não há desvio epistêmico, alcançou-se um obstáculo epistemológico. O alcance de obstáculos gera a anteriormente citada criação pela imprevisibilidade, pelo acaso, pelo caos, os quais, ainda que não estejam questionando apenas o universo artístico, também levam a profundas mudanças estruturais e funcionais, também no universo da filosofia e no universo das ciências humanas ou naturais. Os obstáculos epistemológicos, muitas vezes, podem surgir, não pelo alcance de certo empecilho na linha de teorização, mas sim, pelo "simples" fato de estarem a filosofia da ciência e filosofia em si num descompasso catalisador de evolução.

Assim afirma Bachelard: "os conceitos científicos não atingiram todos o mesmo estágio de maturidade; muitos permanecem ainda implicados num realismo mais ou menos ingênuo; muitos são ainda definidos na orgulhosa modéstia do positivismo."[444] Consoante Bachelard, é preciso, no progresso científico, ao contrário do progresso moral, do progresso social, do progresso poético, considerar o seu discurso numa certa hierarquia de conhecimentos.

Postar o conhecimento científico numa rígida hierarquia intelectual, é ter em mente, que num tempo improvável qualquer, a formação de um obstáculo epistemológico pode obstruir todo o desenvolvimento da cadeia científica. Essa obstrução pode ocasionar, o que frequentemente ocorre, um período em que as teorias permanecem estáticas, extasiadas frente a uma única crítica, geralmente, dessa crítica positiva ou negativamente corruptora do sistema filosófico e científico. A formação de pontos, em que se funda uma espécie de vácuo epistêmico, tem permeado visivelmente toda a filosofia e toda a ciência desde períodos longínquos do questionar e descrever humanos.

Todavia, os obstáculos epistemológicos não aparecem exclusivamente no mundo filosófico-científico, pois muitas vezes se apresenta na própria construção histórica, ao acreditar que as teorias cíclicas retornam no exato instante, que certos pontos, em que o homem se paralisou diante da realidade, atribulado por um obstáculo, talvez não epistemológico, mas à guisa do pensamento marxista, no momento em que as relações de produção estavam em descompasso com as forças produtivas. O cientista há que se postar sempre de fora com uma espada, como diria o poeta Vinícius de Moraes, ou seja, há que por suas teorias à prova, para que num dado instante não chegue tão facilmente aos obstáculos epistemológicos. Como afirma Karl Mannheim[445],

444 BACHELARD, Gaston. **A filosofia** ..., p. 20. "...O que faz com que, examinada nos seus elementos, a filosofia do espírito científico não possa ser uma filosofia homogênea".
445 MANNHEIM, Karl. **Ideologia e Utopia**. 4 ed. Rio de Janeiro: Guanabara, 1993, p.29.

as teorias necessitam estar sempre em constantes exames e críticas, a fim de que não se descontrolem e produzam anomalias, em virtude da demasiada especificidade do pensamento.

Em virtude da especificidade dos cientistas e atualmente dos filósofos, a facilidade de se atingir os presentes obstáculos epistemológicos tem aumentado, tendo em vista que a generalidade inibe, ou distancia, o ponto em que as teorias se saturem, e não mais sejam capazes de explicar ou descrever a realidade. É preciso ter-se em mente, como afirmara Émile Durkheim[446], que a especialização é um processo sem fim, constante e progressivo. O fim de todo obstáculo epistemológico há de ser sempre uma ruptura, um corte epistemológico, como se a extinção desse obstáculo enquanto problema ou também enquanto elemento que oxigena o sistema, fosse a saída mais adequada. Se o corte epistemológico é a maneira ideal de fuga do sistema, sem ser o puro abandono da linha teórica que se seguia, isso cabe às digressões filosóficas, mas se redime no ponto de maior relevância.

A filosofia do não, bachelardiana, expõe a necessidade de um corte epistemológico, e principalmente, de uma "dialetização das noções, ..., que se apresenta como nunca plenamente acabada, mas sempre em marcha"[447]. Segundo Abbagnano[448], "... a ruptura foi um termo introduzido pelas filosofias existencialistas. Para Jaspers, a ideia de ruptura, que ocorre no mundo real, acontece quando se busca uma totalidade absoluta, que pretende abarcar o todo em sua visão, chegando a uma multiplicidade de perspectivas. Para Heidegger, tendo em vista a ciência e a natureza, a ruptura do mundo se faz na ciência e na técnica.

Em Bachelard, a filosofia do não retoma a velha e citada bivalência da negação, vista enquanto caráter positivo, e enquanto caráter negativo, como diria o autor: "A filosofia do não surgirá pois, não como uma atitude de recusa, mas como uma atitude de conciliação."[449] A ruptura, no contexto bachelardiano, ocorre a partir do momento em que se chega a um obstáculo epistemológico, e partir de então, surge a necessidade de se romper com a ordem epistêmica

[446] DURKHEIM, Émile. **Da divisão do trabalho social**. São Paulo: Martins Fontes, 1995.

[447] CESAR, Constança Marcondes. **Relativismo, ceticismo e antidogmatismo em Gaston Bachelard**. Revista Brasileira de Filosofia. São Paulo, v. 41, n. 176, p. 450, out./dez. 1994.

[448] ABBAGNANO, Nicola. Ruptura. **Dicionário de Filosofia**. 2 ed. São Paulo: Martins Fontes, 1998, p. 862.

[449] BACHELARD, Gaston. **A filosofia do não**..., p. 17. "Entre os dois pólos do realismo e do kantismo clássicos nascerá um campo epistemológico intermediário particularmente activo. A filosofia do não surgirá pois, não como uma atitude de recusa, mas como uma atitude de conciliação."

vigente, como forma de sobrepujar tal obstáculo. O corte epistemológico consiste, portanto, numa ruptura com a linha de pensamento, a qual fundava as teorizações, que, devido à insuficiência técnico-cognitiva de conhecimento da realidade, propõe um ponto de negação. Dessa maneira, após o alcance do obstáculo epistemológico, há a necessidade de se criarem novos instrumentos de conhecimentos da então complexa realidade, para tanto, rompe-se, ou melhor, nega-se a estrutura anterior, estabelece-se um ponto de não retorno, e se funda uma nova linha de pesquisa. O estabelecimento de um ponto de não-retorno significa romper com as teorizações que se seguiam, criar uma nova metodologia de análise acerca de um mesmo objeto, porém, ao mesmo tempo em que significa negar a ordem anterior, o pensamento anterior, significa também, ter a estrutura das teorias precedentes, apenas como base fundamental de uma nova linha epistemológica, sem que essa informe o sistema. Portanto, a ruptura epistemológica impõe uma negação dos questionamentos anteriores, formulando novos questionamentos, com novas técnicas e instrumentos epistemológicos, tendo como apoio o esboço da cadeia anterior de raciocínio.

Bachelard criou o termo ruptura epistemológica, tentando explicar e clarificar esse processo não linear do conhecimento científico, descobrindo que a ciência não se cria e nem se faz linearmente, porém por saltos. Bachelard chegou à conclusão de que algo deveria impedir o transcorrer da ciência; algo que a fizesse, em seu conhecimento, processar-se por saltos. O primeiro grande corte[450] é o que se estabelece entre o conhecimento comum e o conhecimento científico (sobretudo a partir da física e da química)[451], pois inúmeras são as dificuldades e os obstáculos epistemológicos que tal ruptura insiste em recriar, todavia, passado esse primeiro momento, outros cortes se sucedem,

450 BACHELARD, Gaston. **Le rationalisme appliqué**. 2 ed. Paris: Presses Universitaires de France, 1962, p. 110. "Pour montre l'opposition de la connaissance commune et de la connaissance scientifique nous pouvons évoquer les difficultés qu'éprouve la connaissance scientifique à se déprendre des grandes valeurs, des valeurs d'univers qui gouvernent les connaissances communes." [trad. do autor "Para mostrar a oposição do conhecimento comum e ao conhecimento científico podemos invocar as dificuldades que experimenta o conhecimento científico a se desprender dos grandes valores, dos valores do universo que governam os conhecimentos comuns."]

451 BACHELARD, Gaston. **Le rationalisme** ..., p. 103. "Les sciences physiques et chimiques, dans leur développement contemporain, peuvent être caractérisées épistémologiquement, comme des domaines de pensées qui rompent nettement avec la connaissance vulgaire." [trad. do autor "As ciências físicas e químicas, dentro de seu desenvolvimento contemporâneo, podem ser caracterizadas epistemologicamente como os domínios dos pensamentos que rompem nitidamente com o conhecimento vulgar (comum)"]

já dentro do próprio conhecimento científico. Retornando à razão existencial da ruptura, à guisa das corridas hípicas, a ciência deve ultrapassar uma barreira, que a impede de seguir em frente; essa barreira ficou conhecida como: "obstáculo epistemológico". Esse obstáculo é o estorvo com que a ciência se depara ao descobrir que os conceitos, os procedimentos e os instrumentos utilizados não mais são suficientes e capazes de explicar os resultados que surgem ou os que se estão buscando. Chegando-se a esse obstáculo, há que se encontrar uma saída para a ciência conseguir transpô-lo, sejam novas teorias que se ramifiquem ou novas bases teóricas. Verificando que simplesmente novas teorias não são capazes de sobrepujá-lo, Bachelard desenvolve um novo método, pois sendo inovador, de se formular uma nova base teórica, que rompa com a linha teórica anterior, e se torne original.

Para Bachelard, é necessário, em dado obstáculo, que se diga não a toda teoria existente e se elabore novas teorias, novos métodos e tecnologias. Nesse momento ocorre a então "ruptura epistemológica", a qual nega toda a teoria existente, parte para uma nova teoria, que não possua características em comum com a anterior, contudo ainda utilize a teoria anterior como base. Um caso típico que recorre a fim de se evidenciar como se processa o corte epistemológico, lembra-se de Maria Lúcia de Arruda Aranha e Maria Helena Pires Martins que resgatam o grande exemplo de Copérnico, que ao formular sua teoria heliocêntrica, rompe com toda a teoria anterior. Essa teoria pregressa, desenvolvida por Aristóteles e aperfeiçoada por Ptolomeu (séc. II), por ser geocêntrica, afirmava ser a terra o centro do universo e não o sol, como expôs Copérnico. O monge Nicolau (1473-1543), então, nega toda a teoria do geocentrismo, faz uma ruptura epistemológica (lembrar-se da inexistência do termo na época), cria a teoria do heliocentrismo, mas utiliza a teoria anterior como base, pois preserva alguns conceitos, como: órbitas circulares, universo finito e céu das estrelas fixas.[452]

Torna-se mais fácil, talvez simplista e medíocre, porém didático, a comparação da teoria de obstáculo e ruptura epistemológicos de Bachelard ao exemplo da formação dos galhos nas árvores. De um caule central saem ramificações (teorias), dessas surgem novas ramificações (teorias), e assim por diante. Chega-se a um momento, em que o caule central não mais aguenta, sendo necessário o surgimento de outro galho em outra abscisão (nova base), para que suporte novas teorias, e se possível, em maior número que o anterior

[452] ARANHA, Maria Lúcia de Arruda. **Filosofando: introdução à filosofia**. 2 ed. São Paulo: Moderna, 1995, p. 162-165.

(ou mais galhos). A teoria dos obstáculos e cortes epistemológicos tem sido utilizada em grande parte da episteme moderna, ao fundar uma nova forma de compreender a evolução e a revolução que se operam no campo científico. "...O progresso científico manifesta sempre uma ruptura, perpétuas rupturas, entre o conhecimento comum e o conhecimento científico..."[453]

A certa altura de sua pesquisa, principalmente no campo da matemática, Bachelard questiona os paradigmas de Kuhn, o qual insiste na teoria de que as descobertas científicas se baseiam nos paradigmas e suas explicações, além de negar a teoria popperiana, ao propor que as teorias necessitam mais de serem desenvolvidas do que criticadas. Para Kuhn, o progresso das ciências se faz por acumulação de descobertas. Mais tarde, como um efeito das teorias bachelardianas, o próprio Kuhn define que é a partir da teoria dos cortes epistemológicos de Bachelard que surge a "revolução científica". Para ambos, toda revolução científica ocorre quando o cientista descobre que os paradigmas disponíveis não mais explicam um fenômeno ou um acontecimento novo, sendo necessário que se crie um outro paradigma. Portanto, neste instante, a negação, como forma de ruptura epistemológica, chega ao ponto em que adquire um caráter positivo, ao propiciar um acontecimento fantástico para a ciência, o de revolução científica.

A revolução científica, diante da teoria dos obstáculos e cortes epistemológicos, leva o homem, enquanto cientista e enquanto filósofo, ao que Pascal refletiria como "o silêncio desses espaços infinitos me apavora.", e que o poeta Paulo Leminski[454] relembraria. Bachelard resgata a noção de tempo nas transformações científicas, e assim diz: "Os progressos científicos começaram por ser lentos, muito lentos. Quanto mais lentos são, mais contínuos parecem."[455]

453 BACHELARD, Gaston. **O materialismo racional**. Rio de Janeiro: edições 70, 1990, p. 241.

454 Leminski, Paulo. **O silêncio de Pascal**. in Folha de São Paulo, 27, jul. 1985, Folha Ilustrada apud in Filosofando "O silêncio desses espaços/ infinitos me apavora"/os pensamentos estraçalhados de/ Pascal/ são a crise de uma consciência/ excepcional/ no limiar de uma nova era/ o místico de Pascal/ contempla o céu estrelado/ numa vã espera de vozes/ o céu calou-se/ estamos sós no infinito/ deus nos abandonou/ "daquela estrela à outra/ a noite se encarcera/ em turbinosa vazia desmesura/ daquela solidão de estrela"/ (leopardi via haroldo de campos) / nenhum ufo/ no close contact of the third kind/ a solidão "cósmica" de Pascal/ é o pendant do vazio/ de sua classe social/ cuja hegemonia está para terminar/ os germes da revolução francesa/ que vão derrubar a nobreza/ e colocar a burguesia no poder/ já estão no ar/ Pascal ouve nos céus/ o tremendo silêncio/ de uma classe que já disse/ tudo que tinha de dizer/ pela boca da história."

455 BACHELARD, Gaston. **O materialismo**..., p. 244. "Os progressos científicos começaram por ser lentos, muito lentos. Quanto mais lentos são, mais contínuos parecem. E como a ciência sai lentamente do corpo dos conhecimentos comuns, crê-se ter a certeza definitiva da continuidade do saber comum do saber científico."

Com a ideia de revolução científica, e sua função dentro da comunidade acadêmica, surge um novo questionamento, mais de cunho filosófico e radicalmente ontológico, que de cunho propriamente científico. De onde vem a ilusão de progresso e evolução?, mas que não diz respeito à epistemologia crítica.

Antes de se tentar traçar breves caminhos no modo de conceber a historiografia das ciências em Foucault, buscando desmistificar essa visão de progresso, através de método arqueológico, há que se questionar e refletir um pouco mais sobre a história em si, sobre a visão historiográfica pela qual perpassa a epistemologia francesa crítica. Para tanto, apraz-se investigar-se o pensamento de Georges Canguilhem,[456] um dos maiores representantes dessa corrente, um dos mais importantes pensadores para Michel Foucault, do qual, ele mesmo afirma, ter se utilizado de muitos conceitos.

Para Canguilhem, a epistemologia é um discurso verificado sobre um determinado setor da experiência. Faz como objeto (tese) fundamental que a filosofia das ciências possui uma dimensão histórica. Daí surge a evidente identificação entre a epistemologia história e a história epistemológica. Na esteira de Roberto Machado, a epistemologia de Canguilhem é uma história do conceito e não da teoria ou da ciência. A história epistemológica, enquanto história filosófica das ciências, opõe-se à história tradicional (uma história que legitima a novidade do presente à procura de precursores para as teorias atuais; simples crônicas dos acontecimentos, celebra datas, relata descobertas, traça biografias). Para a história epistemológica, a ciência não é um objeto natural, dado, mas uma produção cultural, um objeto construído, produzido. Para este modo de perceber a história, é na ciência que se encontra a questão da verdade, mas isso não quer dizer que toda proposição científica seja verdadeira, pois todo erro tem uma positividade para Bachelard. Desse modo, para se fazer uma história das ciências e se compreender a questão da verdade, é preciso fazer também uma história dos erros, das tentativas, dos impasses. A história epistemológica é uma história conceitual, pois entende que há uma normatividade interna no discurso.

A epistemologia parte, no pensamento de Bachelard e de Canguilhem, segundo as leituras de Roberto Machado, de três elementos centrais, quais sejam o conceito, a descontinuidade e a recorribilidade. O conceito, para a história epistemológica, é uma definição, uma denominação, não meras palavras,

[456] Sobre a relação entre Foucault e Canguilhem, convém ler: DAVIDSON, Arnold I. **Georges Canguilhem on Michel Foucault's Histoire de la folie**. Critical Inquiry, Chicago, v. 21, n. 02, p. 275-276, winter, 1995.

dotada de sentido capaz de interpretar as observações e as experiências, através da qual o discurso científico expressa a sua racionalidade e sua norma de verdade, não conhecendo fronteiras epistemológicas, e, junto com outras, formulam questões, não soluções, constituem teorias. Para a epistemologia só a partir dos conceitos é que se podem compreender as *démarches* das ciências. A epistemologia, que se fundamenta no conceito, valoriza a ciência como processo, a ciência no domínio do operatório. A história epistemológica, a partir dos conceitos, procura destruir os mitos e as ilusões criados pelas histórias das teorias, pela historiografia tradicional. Ao contrário da história social, tem seu objeto construído pela história das ciências (não é dado, nem se encontra no real ou nem na ciência), parte e se realiza na interrelação conceitual (relação entre conceitos de uma mesma teoria, ciência ou de ciências distintas), reconstitui o contexto (isto é, a síntese em que o conceito se encontra inserido), bem como a intenção diretriz das experiências ou observações. Questão de suma importância é que a história epistemológica articula o conceito e as práticas econômicas e sociais. (Canguilhem exemplifica isso, quando afirma que a biometria e a psicometria só se constituíram a partir de práticas não científicas – exércitos nacionais, escolas primárias obrigatórias) razões científicas/razões técnicas e razões econômicas/razões políticas. Enfim, a história epistemológica, embora valorize elementos não científicos, jamais abandona o nível do discurso; em crítica às histórias descritivas, só é capaz de definir a racionalidade das teorias e interpretar as observações e as experiências, em razão das interrelações conceituais. A descontinuidade parte da ideia de que a história das ciências é a história de um progresso do conhecimento ...[457] Essa tese vai ser negada em Foucault, ao menos em seu conteúdo, pois, embora permaneça a descontinuidade, substitui-se o objetivo, isto é, nega-se o progresso da razão, mas prevalece a percepção de que o tempo nas ciências foge à continuidade[458].

457 MACHADO, Roberto. **Ciência e saber: a trajetória da arqueologia de Foucault**. 2 ed. Rio de Janeiro: Graal, 1981, p. 32.

458 FONTANA, Alexandre; PASQUINO, P. **Entretien avec Michel Foucault**. (trad. C. Lazzeri) *in* Dits et Écrits (org. Daniel Defert et François Ewald). Paris: Gallimard, v. 3, 1994, p. 143. "Cette histoire de discontinuité m'a toujours um peu surpris. Il m'a semblé que, dans certaines formes de savoir empiriques comme la biologie, l'économie politique, la psychiatrie, la médecine, etc., le rytme des transformations n'obéissait pas aux schémas doux et continuistes du développement qu'on admet d'ordinaire. Mon problème n'a pas été du tout de dire: eh bien voilà, vive la discontinuité, on est dans la discontinuité et restons-y, mais de poser la question: comment peut-il se faire qu'on ait à certains moments et dans certains ordres de savoir ces brusques décrochages, ces précipitations d'évolution, ces transformations qui ne répondent pas à l'image tranquille et continuiste qu'on s'en fait d'ordinaire". [trad. do autor "Esta história de descontinuidade sempre me surpreendeu um

A descontinuidade, partindo da ideia de progresso, estabelece que na história das ciências há um objeto não dado, um objeto cujo inacabamento é essencial, pois parte da ideia de que os erros, os desencontros constituem a história, sem dar a ela um conteúdo linear, o que permite o desenvolvimento e a transformação das sociedades.[459] O erro tem uma positividade, tem o mesmo direito na história que a verdade, eis o momento de ruptura, que há pouco se esboçava em Bachelard. Os conteúdos da história estão continuamente em transição, mas não uma transição silenciosa e objetiva, dirigida a fim que se constituiu sobre passos metodológicos exatos e quantitativamente mais evoluídos, mas uma transição dialética, ruptural, heterogêna, de superação, situada no nível dos conceitos. Cita Canguilhem (exemplo resaltado por Machado) que o conceito de movimento reflexo na fisiologia representa expressa literalidade de que a história não é contínua, pois inicialmente havia o pensamento de que tal movimento era em sua essência derivado de instintos e sentimentos. Mais tarde, Descartes estabelece que este movimento era fisiológico e estrutural, sem alma, e puramente mecânico. Depois, ainda, vem Marshal Hall, afirmando que o movimento reflexo era bilateral, pois havia no fundo uma alma medular, e, por fim, Wilis formular o conceito mais próximo do atual, ao imaginar a contração muscular como uma explosão de pólvora de canhão acesa pelo nervo funcionando como bota-fogo, por decorrência de fatores químicos. Constata, Canguilhem, que o conceito de Hall, mesmo após a leitura cartesiana, era ultrapassado, mas constitui uma parte da história científica, sem a qual provavelmente não teria Wilis formulado o seu conceito, o que demonstra, que a história deve dar atenção aos erros, deve igualmente colocá-los à disposição do tempo e dos livros, eis a história epistemológica

pouco. Ela me pareceu que, em várias formas de saberes empíricos, como a biologia, a economia política, a psiquiatria, a medicina, etc., o ritmo das transformações não obedeciam aos esquemas fáceis e continuitas do desenvolvimento que se admite ordinário. Meu problema não foi de modo algum dizer: Eh, bem, viva a descontinuidade, estamos na descontinuidade e nela ficamos, mas de colocar a questão: como se pode fazer quando se tenha em certos momentos e em certas ordem de saber estes brucos rompimentos, estas precipitações de evolução, estas transformações que não respondem à imgem tranquila e continuita que se faz ordinária. "]

[459] Foucault, Michel. **Revenir à l'histoire**. *in* Dits et Écrits (org. Daniel Defert et François Ewald). Paris: Gallimard, v. 2, 1994, p. 281. "Le structuralisme et l'histoire contemporaine sont des instruments théoriques grâces auxquels on peut, contre la vieille idée de la continuité, penser réellment la discontinuité des événements et la transformation des sociétés." [trad. do autor "O estruturalismo e a história contemportâneos são instrumentos teóricos graças aos quais se pode, contra a velha ideia de continuidade, pensar realmente a descontinuidade dos acontecimentos e a transformação das sociedades."]

em sua descontinuidade.[460] Enfim, a recorribilidade, característica essencial que distingue a epistemologia histórica das outras historiografias, pois para aquela, a história das ciências tem um caráter essencialmente normativo, e, portanto, tem por principal objetivo julgar a ciência e seu passado, evitando-se, assim, retornos sem nexos e sem atividade axiológica. Por essa determinação, ao historiador, diz Machado, cabe colocar-se numa posição valorativa, capaz de julgar, específica e genericamente, o conhecimento científico do passado, com base em sua atualidade, a partir da epistemologia, criticando os critérios de cientificidade válidos universalmente para todos os tempos; bem como não aceitar um tempo único e homogêneo da ciência, ou seja, uma história recorrente é uma história " que se esclarece pela finalidade do presente sem por isso, do mesmo modo que ele, pregar o retorno a mentalidades pré-científicas e, neste caso preciso, a práticas de taumaturgia médica."[461]

## 3.3. Martin Heidegger como cuidado e liberdade

Visualizar nas obras de Foucault o pensamento de heidegger certamente não é uma tarefa tão simples quanto perceber suas raízes bachelardianas ou, sobretudo, nietzscheanas, entretanto, como o próprio intelectual francês afirmou um pouco antes de sua morte, numa entrevista em 29 de maio de 1984, Heiddeger lhe foi sempre um filósofo "essencial",[462] apesar de jamais lhe ter dedicado um artigo específico. Suas leituras sobre Heidegger já se iniciam no período da École Normale Supérieure, o que o leva a apreender a língua

[460] MACHADO, Roberto. **Ciência** ..., p. 44. "O que interessa fundamentalmente a Canguilhem não é analisar o momento em que o conceito começa a fazer parte de uma teoria científica ou permite experiências científicas, mas estabelecer as filiações descontínuas que constituem sua história desde o momento de seu nascimento"

[461] MACHADO, Roberto. **Ciência** ..., p. 54.

[462] Sobre a questão da essencialidade de Heidegger em Foucault, convém ler excelentes artigos: FORST, Rainer. **Endlichkeit, freiheit, individualität: die sorge um das selbst bei Heidegger und Foucault**. Ethos der Moderne: Foucaults Kritik der Aufklärung. (org. Eva Erdmann, Rainer Forst e Axel Honneth) Frankfurt: Campus Verlag, 1990, p. 146-186.; e TERNES, José. **Analítica da finitude: Kant, Heidegger, Foucault**. Revista Φιλοσοφος, Goiás, Ed. da UFG, v. 3, n. 2, p. 47-59, jul./dez. 1998.; e numa perspectiva já outrora anunciada: BERNAUER, James. **Por uma política do espírito de Heidegger a Arendt e Foucault**. Revista Síntese Nova Fase, Belo Horizonte, v. 21, n. 66, p. 319-336, jul./set. 1994.; e DREYFUS, Hubert L. **Sobre el ordenamiento de las cosas. El ser y el poder en Heidegger y en Foucault**. Michel Foucault, filosófo. (trad. Alberto Luis Bixio) Barcelona: Gedisa, 1999 p. 87-104.

alemã.[463] Anos mais tarde, numa entrevista concedida à revista *Les Nouvelles Littéraires*, publicada em 28 de junho de 1984, relembrará a importância de Heidegger sobre o seu devir filosófico.[464] A importância também se verifica já enquanto aluno, quando Foucault assiste inúmeras vezes na Rue d'Ulm às aulas de Jean Beaufret, que foi o destinatário da *Carta sobre o Humanismo*.[465]

A relação a ser estabelecida entre Heidegger e Foucault pode se dar de diversar maneiras, muitos autores, com bem o faz Sandra Coelho Souza, em seu livro *A Ética de Michel Foucault: a Verdade, o Sujeito, a Experiência*[466] numa perspectiva essencialmente literária, a partir da concepção de autor, na constituição de uma ética, ou, então, a partir da noção de *Mit-sein*, como vislumbra o ilustre Professor Francisco Guerrero Ortegas em dois momentos: na obra *Amizade e Estética da Existência em Foucault* e num importante artigo intitulado *A questão da intersubjetividade em Michel Foucault*[467] Todavia, aprouve-se por melhor estabelecer uma relação entre o conceito de cuidado em Heidegger, como *Sorge*, e a denifição de "cuidado de si" expressa por Foucault, bem como em torno do conceito de liberdade como cuidado do comportamento no mundo.

Apesar das significativas diferenças entre o conceito foucaultiano de poder e as impressões heideggerianas, em princípio se poderia rejeitar qualquer aproximação entre os autores, todavia, havia dois temas que lhes despertaram a mesma atenção: a questão do cuidado de si, da administração de si; e a questão da liberdade. Ambos os autores, seja a explicação do "ser-aí" e seu cuidado no mundo para a consecução da liberdade, seja a explicação do "si" e o cuidado como requisitos para o bom uso dos prazeres e da temperança, bem como para o exercício das práticas de liberdade, aproximam-se numa significativa medida.

O tema do cuidado ou da cura de si aparece em Heidegger, incialmente em *Sein und Zeit*, intrinsecamente ligado à realização do ser, da presença, e da existência. Por presença, não se deve entender a simples existência da

[463] ERIBON, Didier. **Michel Foucault**., p. 44.

[464] BARBEDETTE, Gilles; SCALA, André. **Le retour de la morale** (entretien avec Michel Foucault). Dits et Écrits (org. Daniel Defert et François Ewald). Paris: Gallimard, v. 4, 1994, p. 696. "Certainement, Heidegger a toujour été pour moi le philosophe essnetiel." [trad. do autor. "Certamente, Heidegger sempre foi para mim o filósofo essencial."]

[465] ERIBON, Didier. **Michel Foucault**., p. 46.

[466] SOUZA, Sandra Coelho de. **A ética de Michel Foucault: a verdade, o sujeito, a experiência**. Belém: Cejup, 2000, 846p.

[467] ORTEGA, Francisco Guerrero. **A questão da intersubjetividade em Michel Foucault**. Revista Φιλοσοφος, Goiás, Ed. da UFG, v. 1, n. 2, p. 03-24, jul./dez. 1996.

manifestação material do ser humano, pelo *Dasein*, o ser-aí, o être-là, o esser-ci, está-se falando no processo de constituição ontológica do homem, ser humano, humanidade. É na pre-sença que o homem constrói o seu modo de ser, a sua existência, a sua história. A pre-sença não é algo simplesmente dado que ainda possui de quebra a possibilidade de poder alguma coisa. Primariamente, ela é possibilidade de ser. Toda a pre-sença é o que ela pode ser e o modo em que é a sua possibilidade. A possibilidade essencial da pre-sença diz tudo, à possibilidade de ser para si mesma, em função de si mesma. Na compreensão, a pre-sença projeta o seu ser para possibilidades. Esse ser para possibilidades, constitutivo da compreensão, é um poder-ser que repercute sobre a pre-sença enquanto aberturas, mas que se ausenta de uma unidade.

Heidegger, no sexto capítulo de sua magistral obra, atenta-se especialmente ao tema do *Cuidado como ser da pre-sença* [*Die Sorge als Sein des Daseins*].[468] Para o autor alemão, *Sorge* teria uma dupla definição: de um lado, seria a possibilidade de toda relação de se relacionar consigo própria, de outro, seria a estrutura capaz de totalizar o ser-aí, bem como a unidade das estruturas. Se o ser-aí era apenas uma possibilidade, isto é, mera existência, mera compreensão e não menos que um projeto a ser realizado, colocado no mundo, seria necessário que essas três dimensões lhe tivessem uma unidade para o seu exercício. O cuidado, assim, é o modo como o ser se dá no mundo em sua totalidade, em sua cotidianidade da pre-sença, é o modo de desentranhamento do ser da pre-sença.[469]

Nesse sentido, o cuidado permite a correlação entre os seus domínios: o ser na existência, o ser na faticidade e o ser caído, isto é, representa a unidade de toda estrutura do ser-aí. Enquanto a metafísica anterior se preocupava em colocar a unidade das estruturas do ente no sujeito, na alma, no espírito, no eu, Heidegger se dedicou a repensar uma nova dimensão para que o ser-aí se compreendesse na sua totalidade, em que toda a sua estrutura ganhasse uma unidade: o cuidado.

Dessa maneira, o cuidado, e aí Heidegger não se distancia drasticamente de outros filósofos, não se trata de uma capacidade ou de uma habilidade do homem, mas exclusivamente uma estrutura formal, que o define na sua existência e na relação com os demais entes ônticos, por isso o cuidado é

468 HEIDEGGER, Martin. **Sein und zeit.** 13 ed. Tübingen: Max Niemeyer Verlag, 1976, 437p. [trad. br. **Ser e tempo.** (trad. Márcia de Sá Cavalcante) v. 1. 7 ed. Petrópolis: Vozes, 1998, 325p. e **Ser e tempo.** (trad. Márcia de Sá Cavalcante) v. 2. 6 ed. Petrópolis: Vozes, 1998, 262p.]

469 HEIDEGGER, Martin. **Sein und** ..., p. 182. "Dessen Sein enthüllt sich als die Sorge." [trad. br. **Ser e** ..., p. 245. "Esse ser desentranha-se como *cura*"]

definido como uma estrutura ontológico-exstencial do ser-aí; é a copertinência essencial da existência e da facticidade em relação à presença.[470] Para demonstrar a fundamentação pré-ontológica da pre-sença a que se refere o cuidado, Heidegger examina especialmente a anedota latina de Higino. A história se refere ao *Cura*, que certa vez estava atravessando um rio e avistou um pequeno bloco de argila. Após alguns segundos, pegou esse bloco e começou a lhe dar forma, no entanto, não sabia direito o que gostaria de criar. Nesse instante, Júpiter se aproxima do rio e *Cura* lhe pede ajuda, para saber o que criava. Júpiter, de pronto deu espírito à sua coisa, mas lhe exigiu que lhe desse seu nome a sua criação. Ambos ficaram disputando sobre o nome a ser dado, já que havia sido *Cura* que o houvera criado e Júpiter que lhe houvera dado o espírito, nesse momento, a Terra se opõe na disputa e diz que lhe fosse dado o seu nome, já que ela é que havia dado a argila para conferir a substância da coisa. Como a disputa se prolongava, pediram para que Saturno intercedesse e desse a sentença definitiva. Saturno, então, decide que Júpiter, por haver lhe dado o espírito, o receberia na morte; que a terra, por haver lhe dado o corpo, receberia o corpo; e que o *Cura*, por haver lhe dado a forma, teria o direito sobre a coisa enquanto vivesse; quanto ao nome seria *Homo*, porque vindo da terra (*humus*).[471] Com essa fábula, Heidegger, ao demonstrar o fundamento pré-ontológico, leva à conclusão de que o homem seria formado de corpo e espírito, e o cuidado seria o responsável pelo ser-aí humano por toda sua existência. Nesse sentido, o ser-aí intregrando o mundo, o ser-aí-no-mundo só seria realizável em virtude de seu cuidado, que, embora incompleto, já que é mera estrutura formal, também lhe dá possiblidade de seu tempo.

Dessa maneira, o cuidado em *Sein und Zeit* se apresenta como a estrutura formal ontológico-existencial do ser-aí, da pre-sença, da possibilidade de realização no mundo do ser, mas também se apresenta como o responsável pelas manifestações do ser no mundo, sua identidade, seu domínio sobre o corpo e o espírito, a unidade da existência. Todavia, a questão em torno do cuidado e da afirmação do ser, aparece em Heidegger, talvez então até mais próximo das considerações foucaultianas, em seu célebre discurso proferido na solenidade

[470] HEIDEGGER, Martin. **Sein und** ..., p. 181. "Das Dasein existiert faktisch. Gefragt wird nach der ontologischen Einheit von Existenzialität und Faktizität, bzw. der wesenhaften Zugehörigkeit dieser zu jener." [trad. br. **Ser e** ..., p. 243. "A pre-sença existe de fato. O que se questiona é a unidade ontológica da existencialidade e da facticidade, a copertinência essencial destas com relação àquela."]

[471] HEIDEGGER, Martin. **Sein und** ..., p. 197-198. [trad. br. **Ser e** ..., p. 263-264.]

de sua posse na Reitoria da Universidade de Freiburgo do Brisgóvia, em 27 de maio de 1933, intitulado *Die Selbstbehauptung der deutschen Universität*.[472]

Este texto, sem embargo todas as críticas que sofreu ao longo da história, por demonstrar claramente a ligação de Heidegger com o nazismo (relação esta que ficou comprovada por suas já consagradas frases, como: "A cultura não conta ... olhe as suas admiráveis mãos" – referindo-se a Hittler – ou mesmo, "Não tome princípios e ideias como regra de seu ser. Só o Fuehrer é ele mesmo a realidade e a lei da Alemanha de hoje e de amanhã"), traz no seu bojo filosófico algumas contribuições importantes. Em busca da liberdade, entende Heidegger, a despeito de seus obscuros ideais, que a única maneira de consegui-la, especialmente no âmbito institucional, tal como pretendia que o fosse na Universidade de Freiburg, seria que os indivíduos cuidassem de si, isto é, que a 'administração-de-si' [*Selbstverwaltung*] fizesse parte do cotidiano de suas vidas, e a própria Universidade se lhe constituísse uma administração de si. Nesse sentido, Heidegger, após discorrer brevemente sobre seu destino como reitor na referida Universidade, e, principalmente, sobre a sua necessidade de defender uma missão espiritual [*Auftrag geistigen*] na condução do destino do povo alemão e de sua história, envereda-se para questionar a *Selbstverwaltung*. De início, indaga-se se os professores e os alunos estariam completa e necessariamente enraizados na essência da universidade alemã, quer dizer, se essa essência teria uma força autêntica hábil a dar contornos ao seu *Dasein* e promover sua autonomia.

Por *Selbstverwaltung*, entende Heidegger que os indivíduos se devem dar a tarefa de, ao mesmo tempo, determinar os seus caminhos e o modo de sua realização, para que possam nela ser o que devem realmente ser. Nesse sentido, afirma que para ser, antes é preciso ter sobre si o próprio conhecimento, definido numa relação em direção ao futuro, quer dizer, para que se tenha a verdadeira capacidade da administração-de-si indispensável é que ocorra um repensar sobre seu *Dasein*. "A administração-de-si só é consistente quando fundamentada na reflexão sobre si".[473] Resgatando o dever da juventude, sob vestes políticas, insiste Heidegger de que a constituição desse *Dasein* próprio, deveria se fazer por uma juventude estudantil que cedo deveria se arriscar na

[472] HEIDEGGER, Martin. **Die selbstbehauptung der deutschen universität**. Frankfurt am Main, Verlag Vittorio Klostermann, 1990, 21p.

[473] HEIDEGGER, Martin. **Die selbstbehauptung** ..., p. 2. "Selbstverwaltung besteht nur auf dem Grunde der Selbstbesinnung." [trad. do autor]

idade adulta e expandir seus quereres sobre a sorte futura da nação, obrigando-se a um serviço do saber, para que encontrem suas liberdades.

Nesse discurso da reitoria, enfrentando especificamente os problemas da universidade alemã em busca da essência da ciência, através dos três serviços: trabalho, militar e científico, Heidegger questiona que a única possibilidade de atingir o saber seria através da luta entre a vontade de essência do corpo docente, que se deveria fortalecer até alcançar a simplicidade e a amplitude do saber sobre a essência da ciência, e o corpo discente, que se deveria dirigir para alcançar a mais alta clareza e disciplina do saber, podendo, então, dar à ciência sobre o povo e seu Estado a forma da essência da ciência, de tal modo exigente e determinante. Nesse compasso, apesar das significativas mudanças que devem ser operadas, o que ressalta na leitura heideggeriana neste pequeno ensaio é a necessidade da luta, do conflito como forma de encontrar uma saída para que a ciência se construísse na sua essência, para que as pessoas se constituíssem na sua legislação espiritual [*geistigen Gesetzgebung*], e para que os indivíduos e a própria instituição, cuidando de seu *Dasein*, afirmassem a si próprios, com vistas a uma livre "administração de si". Eis as palavras de Heidegger: "Só a luta mantém aberta a oposição e implanta no todo da corporação de professores e alunos aquela determinação fundamental a partir da qual a afirmação-de-si, que é definitória-de-si, autoriza a resoluta determinação de si, em vista de uma autêntica administração-de-si."[474]

Nesse sentido, o cuidado e a administração de si permitem que o ser exista em sua unidade do mundo, e alcance a sua liberdade. A liberdade em Heidegger deve ser pensada a partir da capacidade que o ser tem em se abrir para as coisas que estão no mundo, e nesse sentido estaria relacionada à verdade que o ser desvela. Heidegger salienta em *Vom Wesen der Wahrheit* que o ser é livre e se abre às coisas de acordo com a espécie do ente, mas, sobretudo, pelo modo como se comporta. É o modo como o homem faz de sua pre-sença, por seu trabalho e sua ação que se poder ver aberto ao mundo, e exercitar a sua liberdade. "O comportamento está aberto ao ente. Toda relação que está aberta é comportamento. O estado de abertura do homem é sempre distinto, segundo a espécie do ente e o modo de comportamento. Todo trabalho e execução, toda ação e todo cálculo está e se mantém em aberto de um âmbito,

[474] HEIDEGGER, Martin. **Die selbstbehauptung**..., p. 17. "Der Kampf allein hält den Gegensatz offen und pflanzt in die ganze Körperschaft von Lehrern und Schülern jene Grundstimmung, aus der heraus die sich begrenzende Selbstbehauptung die entschlossene Selbstbestimmung zur echten Selbstverwaltung ermächtigt." [trad. do autor]

dentro do qual o ente, no que é e como é, coloca-se propriamente e se torna expressável."[475].

Nesse sentido, a liberdade para Heidegger não é simplesmente o entendimento comum colocado em circulação pelo homem, nem uma propriedade ou um direito (e aqui se aproxima na fundamentação que propicia a Sartre), tampouco a possibilidade para fazer ou deixar de fazer algum coisa; não é negativa ou positiva, mas diz respeito ao modo como o homem se mostra como ente, nesse sentido: "a liberdade antes de tudo isso é o compromisso com o desvelamento do ente como tal."[476] Seis anos após a publicação de *Vom Wesen der Wahrheit*, Heidegger torna público outro significativo texto, rediscutindo a questão da liberdade, intitulado *Vom Wesen des Grundes*. Nesse sentido, relaciona a liberdade com a transcendência do ser-aí, da pre-sença e a coloca como o fundamento dos fundamentos. "A liberdade como transcendência não é, contudo, apenas uma 'espécie' particular de fundamento, mas a origem do fundamento em geral. Liberdade para o fundamento."[477] E adiante, quando requestiona o tema em torno da problemática da verdade, afirma: "A liberdade é o fundamento do fundamento."[478] O lugar de destaque à liberdade faz repensar a questão da verdade, como condição de sua existência. O comportamento aberto para a manifestação do ente se faz possível na conformidade de um enunciado com seu objeto, a razão da verdade. Todavia, sem ingressar diretamente no tema da verdade, para evitar desvios inoportunos, é preciso centrar-se na liberdade heideggeriana como a possibilidade de deixar-ser [sein-lassen] o ente, que este possa surgir para os outros e se revele em sua pureza. É a possibilidade de vinculação e obrigação e que permite o ser se projetar no mundo, ultraprassar-se e se fundar. A liberdade garante

[475] HEIDEGGER, Martin. **De la esencia de la verdad**. (trad. N. Smilg; J. Rodríguez; M. J. Frápolli e J. A. Nicolás) Teorías de la verdad en el siglo XX. (org. Juan Antonio Nicolás e María José Frápolli ) Madri: Tecnos, 1997, p. 405-406. "Él comportamient está abierto al ente. Toda relación que está abierta es comportamiento. El estado de apertura del hombre es siempre distinto, según la especie del ente y el modo de comportamiento. Todo trabajo y ejecución, toda acción y cálculo está y se mantiene en lo abierto de un ámbito, dentro del cual el ente, en lo que es y cómo es, se pone propiamente y se vulve representable." [trad. do autor.]

[476] HEIDEGGER, Martin. **De la esencia de la verdad**..., p. 409. "La libertad antes que todo esto es el compromiso, com el desvelamiento del ente como tal." [trad. do autor.]

[477] HEIDEGGER, Martin. **A essência do fundamento**. (trad. Artur Morão) Lisboa: edições 70, 1988, p. 86-87. "Die Freiheit als Transzendenz ist jedoch nicht nur eine eigene 'Art' von Grund, sondern der Ursprung von Grud überhaupt. Freiheit ist Freiheit zum Grunde." [trad. ed. bilíngüe]

[478] HEIDEGGER, Martin. **A essência do fundamento**. (trad. Artur Morão) Lisboa: edições 70, 1988, p. 104-105. "Die Freiheit ist der Grund des Grundes." [trad. ed. bilíngüe]

ao ser projetar suas possiblidades de si mesmo, que diante da privação e da sobrelevação permite o ser-aí se relacionar, e se abrir ao mundo segundo seus comportamentos. Nesse sentido, a liberdade em Heidegger está relacionada à sua unidade da presença.

Nessa perspectiva, portanto, a ideia do cuidado e da administração-de-si, bem como da luta no campo político, a ver-se pelos estudantes e professores, estão presentes na obra heideggeriana, como requisitos indispensáveis para que o *Dasein* admitisse a constituição do sujeito e abrisse espaço para a liberdade. Do mesmo modo, a leitura foucaultina do cuidado de si, inspirado na tradição grega, traz significativas contribuições para aproximar Heidegger e Foucault, em torno de uma mesma problemática, resgatando-se, assim, a essencialidade do filósofo alemão. A questão da liberdade está presente no pensamento foucaultiano associada a outro tema de fundamental importância, que diz respeito ao cuidado de si. Embora adiante este texto se atente mais detalhadamente na constituição das práticas de liberdade e da ética da amizade, convém tecer algumas considerações sobre o cuidado e as tecnologias de si, como exercício indispensável para a constituição de sujeitos livres e autênticos.

Igualmente as considerações de Heidegger e suas formulações sobre a constituição do *Sorge,* bem como da necessidade da retomada da plena consciência e existência da pre-sença do ser, isto é, de seu *Dasein,* expressada pelas teorizações acerca da *Selbstverwaltung,* como condição imprescindível para a *Freiheit,* as reflexões foucaultianas sobre o cuidado consigo mesmo parecem caminhar no mesmo sentido, quer dizer, o sentido em que a trajetória do percurso pelo completo domínio de si grego atinge os horizontes de uma constituição não imanente e soberana, mas procedimental, exercitável e dinâmica. Esse espaço como movimento, esse *ethos* que leva ambos pensadores a se aproximarem e os tornarem cúmplices de um mesmo exercício filosófico crítico é a liberdade. É, pois, em torno da reflexão sobre a liberdade, ora como administração de si, ora como cuidado de si, que caminhos filosófico-políticos tão diversos, mas tão contíguos, às vezes, aproximam Martin Heidegger e Michel Foucault.

A reflexão crítica de Foucault sobre a liberdade passa, sem dúvida, pela problemática da constituição ética dos indivíduos, mas, indo um pouco além da mera constituição de um direito, que o legado contratualista deixou aos constitucionalistas modernos, vai ao nível de suas práticas, estas relacionadas diretamente com sua noção microfísica de poder. Por ora, entretanto, convém que se atenha ao tema exclusivo da liberdade, já que a relação entre o sujeito-poder em Foucault como resistência e o ser-poder em Heidegger, tal como afirma Michel Karkeits,[479] consoante demonstra a resenha de discussões realizadas no famoso encontro *Michel Foucault, Philosophe*, é inapropriada, e só pode ser realizada se se operar um salto gnoseológico impossível.

Se a problemática da liberdade aparecia em Heidegger como a possibilidade do ser no mundo, na escolha de seus comportamentos e dos entes no seu cuidado, em Foucault aparece sob vestes similares, que embora distantes nas arestas, nos limites, trazem a geometria intrínseca de seus fundamentos. A liberdade em Foucault adquire outros níveis: está relacionada ao cuidado de si, isto é, o indivíduo seja realmente livre, é indispensável que exerça sobre si um domínio, uma soberania, através do bom uso dos prazeres e da temperança. Nesse sentido, como se verá adiante, em capítulo que se abre à parte, a liberdade é uma ética, e se exercita através de práticas, práticas subjetivantes que conduzem o homem em sua vida.

Foucault também formula a constituição da liberdade, quando está analisando a ética sexual dos gregos, especialmente, quando elaboradas as exigências de uma *aphrodisia*, da *chresis e* da *enkrateia* como modulações singulares do comportamento sexual em torno do bom uso dos prazeres, e não em torno do desejo, tal os cristãos. Nesse sentido, afirma que a liberdade no pensamento clássico, não seria tão-somente como a existência de uma independência da *polis*, de tal modo que os cidadãos seriam por si mesmos elementos sem individualidade e nem tampouco interioridade. Dessa maneira, a liberdade, que seria necessário constituir e preservar seria aquela dos cidadãos no seu conjunto, mas, igual ou ainda mais importante, a liberdade para cada um, uma certa forma de relação do indivíduo para consigo. "É claro que a constituição da cidade, o caráter das leis, as formas de educação, a maneira pela qual os chefes se conduzem são fatores importantes para o comportamento dos cidadãos; mas, em troca, a liberdade dos indivíduos, entendida como o domínio que eles são capazes de exercer sobre si mesmos é indispensável a todos o Estado." Na mesma perspectiva, insiste Foucault: "A atitude do indivíduo em relação a si mesmo, a maneira pela qual ele garante sua própria liberdade no que diz respeito aos seus desejos, a forma de soberania que ele exerce sobre si, são elementos constitutivos da felicidade e da boa ordem da cidade."[480]

[479] Opinião exposta por Michel Karkeits após a conferência de Hubert Dreyfus e inserida anexa na resenha de discussões, ver: DREYFUS, Hubert L. **Sobre el ordenamiento de las cosas. El ser y el poder en Heidegger y en Foucault**. Michel Foucault, filosófo. (trad. Alberto Luis Bixio) Barcelona: Gedisa, 1999 p. 103.

[480] FOUCAULT, Michel. **História da sexualidade II: o uso** ..., p. 74.

É a partir desse resgate grego, que Foucault reformula o atual conceito de liberdade, e, defende que o indivíduo que é capaz de se opor de maneira resistente ao domínio de seus prazeres e ao domínio de seus desejos, torna-se apto a encontrar sua liberdade, no domínio que exerce sobre os outros. Nesse sentido, Foucault cita os exemplo dos grandes tiranos, como Pisistrátides de Atenas e Periandro de Ambrácia, que por abusarem de seu próprio poder e de fazer violência, especialmente sexuais, sobre seus súditos, num claro exemplo de incapacidade de exercitar a temperança e do estrito poder sobre si na autoridade que exerce sobre os outros, demonstra a total ausência de domínio de si, e, portanto, de ser livre. Para fugir a essas formas de intemperança, que conduziram o homem grego no mau uso de seus prazeres, bem como para fugir do modo como os indivíduos atualmente mau exercitam sua resistência aos prazeres, Foucault defende que seria indispensável que existisse um domínio de si, uma forma de conduzir os indivíduos à soberania de si. Dessa maneira, pensar a liberdade atualmente seria retornar ao modo como os gregos a exercitavam, enquanto práticas, no modo como se vestiam, no modo como andavam, na calma como enfrentavam os problemas, nas práticas sexuais, etc.

## 3.4. Immanuel Kant e a atualidade do presente

Immanuel Kant, filósofo do séc. XVIII e início do séc. XIX tem uma importância significativa na obra foucaultiana, pois, como visto anteriormente, ao expor sua tese sobre a história da loucura, Foucault apresentara uma interpretação sobre a "Antropologia de Kant", manuscrito esse que, embora contendo significativas 130 grandes páginas, defendido igualmente no dia 20 de maio de 1961, perante Jean Hyppolite (que aceitara ser orientador deste ensaio, ao contrário da tese principal, como visto) e Maurice de Candillac, jamais será publicado em vida, segundo a vontade do próprio Foucault.[481]

É nessa apresentação que Foucault traça sua influência sobre a teoria kantiana, procurando encontrar na "antropologia" uma perspectiva fundada numa análise estrutural e numa análise genética. Busca fazer uma "arqueologia do texto kantiano", isto é, fazer uma escavação da geologia kantiana,

[481] Em 2008, contudo, apesar de sua decisão, esta obra *Genèse et sctructure de l'anthropologie de Kant*, acabou sendo publicada pela editora Vrin sob o título: *Kant. Anthropologie du point de vue pragmatique. Foucault, Introduction à l'Anthropologie.*

e a posição correta do referido texto na epistemologia crítica de Immanuel Kant.[482] A importância da base kantiana vem expressa em vários outros textos, já que, como dissera em em julho de 1966, "somos todos neokantianos"[483].

Inicialmente, é necessário observar que, após a publicação de *Les Mots et les Choses*, a primeira vez que Foucault fez referência ao pensamento de Kant foi em abril de 1979, por ocasião de suas reflexões sobre as críticas que sofrera ao ir ao Irã, como visto acima, na Revista *Le Nouvel Observateur*. Nesta matéria, Foucault faz suas primeiras alusões à clássica pergunta kantiana *Was ist Aufklärung?*, antes mesmo de publicar *Qu'est-ce que les lumières?*, no qual esmiuça o tema do kantismo em sua obra.[484] Convém alerta, como faz Sérgio Adorno, que a Foucault interessava muito mais as obras políticas do que as robustas obras kantianas, pois representavam a possibilidade de um Kant marginal.[485]

Todavia, para melhor estudar o assunto, convém investigar dois textos principais, sem embargo as inúmeras entrevistas em que Foucault se refere ao pensamento kantiano, ou mesmo em *Les Mots et les Choses*, ainda que de maneira ambígua, segundo Béatrice Han,[486] especialmente: *Qu'est-ce que las lumières?*,[487] publicado na Revista *Magazine Littéraire*, em abril de 1994, que foi logo esgotado e, posteriormente, reeditado na mesma revista no ano de 1993 (de fato se trata de um curso proferido por Foucault no dia 05 de janeiro de 1983 no *Collège de France*), e *Qu'est-ce que la critique? Critique et Aufklärung*,[488]

[482] ERIBON, Didier. **Michel Foucault.**, p. 119.

[483] FOUCAULT, Michel. **Une histoire restée muette**. Dits et Écrits (org. Daniel Defert et François Ewald). v. 1 Paris: Gallimard, 1994, p. 546. "... en ce sens, nous sommes tous néo-kantiens." [trad. do autor]

[484] FOUCAULT, Michel. **Pour une morale de l'inconfort**. Dits et Écrits (org. Daniel Defert et François Ewald). v. 3 Paris: Gallimard, 1994, p. 783-787.

[485] ADORNO, Sérgio. **Dor e sofrimento: presenças ou ausências na obra de Foucault?** Cadernos da Faculdade de Filosofia e Ciência de Marília "Michel Foucault: histórias e destinos de um pensamento (org. Fávia Biroli e Marcos César Alvarez), Marília, Ed. da Unesp, v. 9, n. 1, p. 26, 2000.

[486] HAN, Béatrice. **L'ontologie manquée de Michel Foucault: entre l'historique et le transcendantal**. Grenoble: Millon, 1998, p. 31-37.

[487] FOUCAULT, Michel. **Qu'est-ce que les lumières?** Magazine Littéraire, Paris, n. 09, avril, p. 61-73, 1993. [trad. al. **Was ist aufklärung?**. Ethos der Moderne: Foucaults Kritik der Aufklärung. (org. Eva Erdmann, Rainer Forst e Axel Honneth) Frankfurt: Campus Verlag, 1990, p. 35-54.]

[488] FOUCAULT, Michel. **Qu'est-ce que la critique? Critique et Aufklärung**. Bulletin de la Société Française de Philosophie, Paris, abr./jun., 1990, n. 2, p. 35-63. [trad. br. **O que é a crítica? Crítica e Aufklärung**. (trad. Antônio C. Galdino) Cadernos da Faculdade de Filosofia e Ciência de Marília "Michel Foucault: histórias e destinos de um pensamento (org. Fávia Biroli e Marcos César Alvarez), Marília, Ed. da Unesp, v. 9, n. 1, p. 169-189, 2000.]

publicado no *Bulletin de la Société Française de Philosophie*, no segundo trimestre de 1990, sem que Foucault fizesse a sua revisão.

É importante também ressaltar que Foucault fez parte de um importante debate em torno da concepção kantiana em março de 1983, quando, como visto, este intelectual e Jürgen Habermas se conheceram, fizeram parte de um seminário para discutir o bicentenário da aparição do clássico artigo *Was ist Aufklärung?*, escrito por Immanuel Kant, e publicado em 1784 no jornal *Berlinische Monatsschrift*, tal como dispõe Habermas, num artigo intitulado *Une flèche dans le coeur du temps présent*, publicado na renomada edição da *Critique* de agosto/setembro de 1986.[489] Dessa maneira, a presença das reflexões kantianas na obra de Michel Foucault se faz evidente, todavia, essa relação não é simplesmente amistosa, posto que inúmeras diferenças o levam a se distanciar da teoria de Kant. É nesse sentido que as linhas que se seguem procuram enfrentar o problema das proximidades, através da questão da atualidade, e dos distanciamentos, pelo tema da ontologia crítica, entre a teoria kantiana e a do intelectual francês.

A questão kantiana em Foucault perpassa, antes de tudo, por um debate que convém ser aqui investigado, referente à posição das concepções foucaultianas, especialmente através de sua ontologia crítica em relação ao tema da modernidade. Antes de se ingressar propriamente nas semelhanças entre o pensamento de Foucault e as considerações teóricas elaboradas pelas orientações kantianas, sobretudo no que tange ao tema da atualidade e da crítica da razão moderna, é necessário investigar a relação entre a teoria de Foucault e a modernidade, isto é, seria Foucault um filósofo moderno, ou um teórico pós-moderno, ou mesmo, tal afirmara Habermas (como se verá adiante), numa clássica palestra proferida no dia 11 de setembro de 1980, por ocasião da recepção do Prêmio Adorno da Cidade de Frankfurt, e publicado como artigo, intitulado *La Modernité: Un Projet Inachevé*, em outubro de 1981 na *Revue Critique*, um *jeune conservateur* [jovem conservador], de um *anti-modernisme impitoyable*? [anti-modernismo impiedoso].[490] É nesse sentido que se faz indispensável investigar a posição de suas críticas.

[489] HABERMAS, Jürgen. **Une flèche dans le coeur du temps présent**. Critique: Revue générale des publications françaises et étrangère, Paris, n. 471-472, p. 794, août/septembre, 1986. "Je n'ai fait la connaissance de Foucault qu'en mars 83." [trad. do autor. "Eu só conheci Foucault em março de 1983."]

[490] HABERMAS, Jürgen. **La modernité: un projet inachevé**. Critique: Revue générale des publications françaises et étrangère, Paris, n. 413, p. 950-967, oct. 1981.

Apesar de Foucault estabelecer horizontes críticos em relação à razão moderna, a partir de seu método arqueológico na constituição dos saberes, pela implicação direta entre a relação saber e poder, isso não poder levar jamais ao entendimento de que o autor teria se afastado claramente das orientações da modernidade. Quando questiona os princípios da razão iluminista, e toda a sua capacidade de realizar os ideais do homem em busca de sua autonomia econômica, política, individual, intelectual, etc., abandonando evidentemente as filosofias do sujeito e analítica da finitude não o torna pós-moderno, ou, como dissera Habermas, um "anti-modernista impiedoso". Tal Adorno e Horkheimer, Foucault estabelece uma atitude crítica em relação à modernidade de dentro de suas próprias estruturas, do ponto em que a razão moderna não foi capaz de atingir seus objetivos emancipatórios, isto é, na sua inabilidade para realizar os valores da universalidade, da autonomia e da individualidade liberta. A sua atitude crítica em relação à razão moderna não o afasta da modernidade, quer dizer, ao criticar a sua instrumentalidade não o distancia evidentemente da tradição deixada pela crítica moderna. Quando questiona a razão instrumental, e também autônoma, em suma, a razão unitária, na produção de um sujeito transcendental da metafísica clássica, quando se afasta das considerações de Kant, não o faz de maneira exterior, niilista, tal quisera José Guilherme Merquior, ao afirmar que Foucault acabava por 'lançar farpas' à sua identidade intelectual e por jogar Kant contra Kant, já que seria impossível fazer uma ontologia do presente longe do saber científico,[491] mas sim, para permitir que uma crítica constante permanecesse ao presente.

A crítica de suas estruturas, especialmente da razão e as formas de sujeição, dá a Foucault necessariamente uma feição iluminista, posto que sua atitude crítica é própria do "esclarecimento", e não há como negar isso. Nesse sentido, defende Boaventura de Souza Santos: "A última grande tentativa de produzir uma teoria crítica moderna coube a Foucault, tomando precisamente como alvo o conhecimento totalizante da modernidade, a ciência moderna. Ao contrário da opinião corrente, Foucault é para mim um crítico moderno e não um crítico pós-moderno. Ele representa o clímax e, paradoxalmente, a derrocada da teoria crítica moderna. (...) O grande mérito de Foucault foi ter mostrado as opacidades e os silêncios produzidos pela ciência moderna, conferindo credibilidade à busca de 'regimes da verdade' alternativos, outras formas de conhecer marginalizadas, suprimidas e desacreditadas pela ciência

[491] MERQUIOR, José Guilherme. **Michel Foucault ou o niilismo de cátedra**. (trad. Donaldson M. Garschagen). Rio de Janeiro: Nova Fronteira, 1985, p. 230-232.

moderna."[492] Essa questão da modernidade, que deve ser investigada mais detalhadamente, leva, portanto, aos dois pontos que aqui serão questionados para verificar a relação entre Foucault a Kant: a) uma crítica da razão moderna, unitária, autônoma, universal, e instrumental, que os distancia; b) e uma ontologia do presente; que aproxima ambos intelectuais. Para tanto, em busca da defesa de um Foucault moderno, convém investigar com mais afinco os textos supra mencionados em que Foucault se afirma enquanto na linha direta dos teóricos modernos, bem como o próprio texto kantiano utilizado por Foucault, a fim de investigar sua atitude crítica.

a) Num primeiro aspecto, a diferença da crítica empreendida por Foucault à razão kantiana, enquanto uma razão universal é evidente, e não convém aqui ser detalhada, já que não se trata de exclusividade do intelectual francês. A partir do instante que Foucault passa a investigar a noção de episteme e, portanto, de historicizar o conhecimento e a razão, destacando-lhes as condições de verdade nas suas particularidades, certamente se distancia de qualquer forma de ver a razão de maneira unitária, mas sim fragmentada, específica, particular e perspectiva.

b) Convém, todavia, demorar-se pelo ponto de encontro entre os dois autores, já que se está tentando buscar as bases do pensamento foucaultiano. O texto kantiano, que fora questionado por Foucault, por ocasião do bicentenário de sua publicação, ao longo do curso de 1983 no *Collège de France*, é o artigo publicado por Immanuel Kant, no jornal *Berlinische Monatsschrift*, em 05 de dezembro de 1783, intitulado *Beantwortung der Frage: Was ist Aufklärung?*[493]

Esse texto leva à compreensão de duas questões primordiais que aqui precisam ser revisitadas: primeiro, que a filosofia kantiana, tal como Foucault defenderá posteriormente, ao assemelhar o seu projeto crítico, é certamente um ontologia do presente, uma crítica da atualidade, do momento em que se vive; segundo, que é possível fazer uma crítica interna, quer dizer, é possível no próprio iluminismo encontrar a possibilidade de se fazer críticas à sua estrutura, sem que, com isso, possa-se desnaturalizar um pensamento como "moderno", quer dizer, o próprio Kant permitirá rescender de seu texto que os homens não devem jamais aceitarem num domínio externo, senão que devem estar em constante posicionamento crítico, já que é a maioridade de

[492] SANTOS, Boaventura de Souza. **A crítica da razão indolente: contra o desperdício da experiência**. São Paulo: Cortez, 2000, p. 26-27.

[493] KANT, Immanuel. **Beantwortung der frage: was ist aufklärung?** Schriften zur anthropologie geschichtsphilosophie, politik und pädagogik 1. Frankfurt: Suhrkamp, 1991, p. 53-61.

suas possibilidades, de sua autonomia e independência é que lhe permitem atingir seu "esclarecimento".

Dirigindo-se às bases de questionamento do pensamento foucaultiano, seria preciso reconhecer até que ponto teria realmente o texto elaborado por Kant um conteúdo exclusivamente filosófico, ou até que ponto poderia existir uma relação com o jornalismo e a afirmação política através de seus meios de comunicação. Esse texto trata, em breves palavras, da necessidade que os homens devem ter de ser libertarem de seu estado de menoridade e passarem a um estado de autonomia, para que se tornem livres e esclarecidos. Inicia-se com a seguinte afirmação, que importa ser transcrita dado seu caráter sintomático: "Esclarecimento é a saída do homem de sua menoridade, da qual ele próprio é culpado. A menoridade é a incapacidade de fazer uso de seu entendimento sem a direção de outro indivíduo."[494] Essa passagem, por consequência, destaca três reflexões interdependentes que precisam ser investigadas: primeira, é a questão do "esclarecimento" [*Aufklärung*], segunda, é questão da definição da "menoridade" [*Unmündigkeit*], e, terceira, uma passagem intercorrente ao longo do texto, que lhe dá um sentido especial, que é de "culpa" [*Shuld*].

Consoante Kant, a menoridade dos homens se verifica na dependência que algumas pessoas têm de outros, isto é, grande parte dos homens, em razão, sobretudo, de sua preguiça e de sua covardia, causas essas supremas, que importam na referida culpa, verificam-se incapazes de servirem a si mesmo sem a direção de outrem, e, aqui, Kant utiliza tipicamente a expressão latina *Sapere aude* (saber ousar, ousar saber), para demonstrar que os homens devem ser capazes de tentar, de ousar, em suma, de se aventurarem no exercício de seu próprio entendimento, como forma de sair desse estado de menoridade para atingir a maioridade, o esclarecimento. Se de um lado a perseguição e a covardia representam a culpa dessa menoridade, que Kant refere-se ao menos quatro vezes em sete páginas, na necessidade de demonstrar que os homens estariam presos a esse estado de inacapacidade de fazer uso de seu próprio entendimento, de serem, portanto, esclarecidos, por conta própria, há também um outro lado, há outras causas que não atuam exclusivamente sobre os "menores", mas que atuam sobre os outros, que se pretendem ser os guias na busca individual pelo esclarecimento. Há causas externas que fazem também

[494] KANT, Immanuel. **Beantwortung der frage ...**, p. 53. "Aufklärung ist der Ausgang des Menschen aus seiner selbst verschuldeten Unmündigkeit. Unmundigkeit ist das Unvermögen, sich seines Verstandes ohne Leitung eines anderen zu bedienen. " [trad. do autor.]

que uns se constituam como tutores [*Vormündern*] de outros, ou seja, há causas que fazem com que alguns indivíduos submetam o pensamento individual ou de um povo mesmo ao seu poder tutelar. Entretanto, Kant não vai além nesse ponto, embora esboce a necessidade que alguns têm de fazer de outros rebanho, ensinando-lhes os perigos de andarem sozinhos, pois seu interesse é refletir a questão individual na incapacidade de atingir o esclarecimento.

Nessa linha, de maneira sintética, Kant se utiliza de uma oração reduzida de infinitivo para afirmar, até de maneira jocosa e simples a sensação que experimentam aqueles que se encontram na dependência de outros: "É tão cômodo ser menor."[495] Para os covardes e os preguiçosos, há sempre um livro que faz as vezes do entendimento, há sempre um diretor espiritual (nesse tópico Kant se estende em seguida) que conduz a consciência individual; há sempre um médico que decide sobre a dieta do próprio indivíduo, etc., o que conduz os indivíduos a não se esforçarem. Existindo sempre alguém para reger seus negócios e pensar por ele, o indivíduo tardará sempre em encontrar seu esclarecimento, em suma, sua independência. "Um homem sem dúvida poder, no que diz com a sua pessoa, e mesmo assim só por algum tempo, na parte que lhe incumbe, adiar o esclarecimento."[496]O que decorre dessa intepretação que Kant estabelece inicialmente, é que há um processo de naturalização da menoridade no indivíduo, de tal maneira que ele chega até a "criar amor por ela", tornando-se fato de sua própria natureza, e o impedindo de utilizar seu próprio entendimento. É através dos preceitos [*Satzungen*] e das fórmulas [*Formeln*], instrumentos mecânicos da razão, que se induzem o indivíduo a permanecer nesse estado de menoridade. O público, em virtude de preceitos e fórmulas, também encontra resistência em atingir sua maioridade, e só o faz de maneira lenta e gradual, jamais de maneira brusca, nesse sentido, alerta Kant, que isso, pois, poderia ocasionar "a queda do despotismo pessoal ou da opressão ávida de lucros ou de domínios, porém nunca produzirá a verdadeira reforma do modo de pensar. Apenas novos preconceitos, assim como os velhos, servirão como cintas para conduzir a grande massa destituída de pensamento."[497]

[495] KANT, Immanuel. **Beantwortung der frage** ..., p. 53. "Es ist so bequem, unmündig zu sein." [trad. do autor.]

[496] KANT, Immanuel. **Beantwortung der frage** ..., p. 58. "Ein Mensch kann zwar für seine Person, und auch alsdann nur auf einige Zeit, in dem, was ihm zu wissen obliegt, die Aufklärung aufschieben." [trad. do autor.]

[497] KANT, Immanuel. **Beantwortung der frage** ..., p. 54. "... ein Abfall von persönlichem Despotism und gewinnsüchtiger oder gerrschsüchtiger Bedrückung, aber niemals wahre Reform der

Essa necessidade de se lutar contra a covardia e a preguiça na permanência da menoridade pela busca da maioridade, representa em Kant, sem dúvida, no modo de exercício da liberdade, posto que para o esclarecimento nada mais se exige que a liberdade. Nesse sentido, a liberdade diz respeito ao uso público da razão, pois somente ela é capaz de levar o indivíduo ao seu estágio de esclarecimento. Kant, então, pergunta-se qual a limitação que impede o esclarecimento [*Aufklärung*], e por resposta se lhe concede: o uso público da razão (aquele que qualquer homem, enquanto sábio, faz dela diante do grande público do mundo letrado) deve ser sempre livre e só ele pode realizar o esclarecimento, em contrapartida, o uso privado da razão (aquele que o sábio pode fazer de sua razão em um certo cargo público ou função a ele confiada), embora seja certamente limitado, também permite o progresso do esclarecimento.

Nesse sentido, o funcionário não só tem o direito, mas tem o dever de questionar a si próprio, a fim de expor as fraquezas da hierarquia em que trabalha, adquirindo, assim, sua independência; do mesmo modo, o militar, embora sirva, pode expor suas obserservações ao público para que as julguem; igualmente, ainda, o sacerdote, que deve ter completa liberdade para dar conhecimento ao público de todas as suas ideias, porpostas para melhorar a instituição da religião e da Igreja. O seu esclarecimento pressupõe a mudança lenta e gradativa que permite reconhecer as falhas e expô-las, isto é, fazendo o uso público e privado de sua razão possa libertar-se dos erros institucionais e da menoridade em que se encontrava. Se no uso privado encontra-se preso à obediência, à razão nos seus limites, que também podem ser questionados, no uso público goza de liberdade ilimitada.

Nesse sentido, Kant afirma que os homens, no uso público e privado de suas razões, deixando de lado sua preguiça e sua coragem, devem deixar seu estado de minoridade, tornando-se autônomos para fazerem uso de seu próprio entendimento. Trata-se de um dever, e não de um destino – que é dado ao indivíduo escolher se permanece na dependência de tutores ou não –, antes, um dever com a humanidade: "Mas renunciar a ele (*Aufklärung*), singifica ferir e calcar aos pés os sagrados direitos da humanidade."[498] Nesse sentido, os indivíduos não podem de modo algum serem sujeitados ou impedidos de

Denkungsart zu Stande kommen; sondern neue Vorurteile werden, eben sowhol als die alten, zum Leitbande des gedankenlosen grossen Haufens dienen." [trad. do autor.]

[498] KANT, Immanuel. **Beantwortung der frage** ..., p. 58. "Aber noch für die Nachkommenschaft, hei⊠t die heiligen Rechte der Menschheit verletzen und mit Füssen treten." [trad. do autor.]

saírem de sua menoridade, nem mesmo um monarca pode fazê-lo, já que nem o indivíduo tem o direito de decidir se se esclarece ou não. A esta altura, Kant então se questiona: "Vivemos agora em uma época esclarecida?, a resposta será: não, vivemos em uma época de esclarecimento".[499] Os homens só atingiriam efetivamente uma época esclarecida, se fossem capazes de, em conjunto, fazer uso seguro de seu próprio entendimento, sem serem dirigidos por outrem, especialmente em matéria religosa (é o momento da laicização do Estado moderno). Todavia, embora se caminhasse para esse esclarecimento, reduzindo sensivelmente a cada dia os obstáculos, Kant alertava que os homens ainda não haviam conseguido tal feito, por suas próprias culpas, razão porque viviam em busca do rompimento da menoridade, é o século de Frederico.

Para encerrar, então, afirma que os homens não só têm o dever buscarem o esclarecimento, como têm a vocação ao "penamento livre" [*reien Denken*], capaz conduzi-los a um maior grau de liberdade, e, por conseguinte, ao esclarecimento, a partir do instante em que não são mais meros joguetes de tutores ou simples máquinas, eis suas derradeiras palavras: "Se, portanto, a natureza por baixo desse duro envoltório desenvolveu o germe de que cuida delicadamente, a saber, a tendência e a vocação ao pensamento livre, este atua em retorno progressivamente sobre o modo de sentir do povo (com o que este se torna capaz cada vez mais de agir de acordo com a liberdade), e finalmente, até mesmo sobre os princípios do governo, que acha conveniente para si próprio tratar o homem, que agora é mais do que simples máquina, de acordo com a sua dignidade."[500]

Feitas tais considerações, não há deixar de visualizar que as próprias linhas kantianas, no seio do iluminismo, afirmam claramente a possibilidade, ou melhor dizendo, a necessidade que os homens têm de deixarem seu estado de necessidade e atingirem seu esclarecimento, tornando-se independentes de um tutor ou de outrem, podendo fazer o uso próprio do entendimento. Essa perspectiva kantiana demonstra que o próprio autor defende um uso "crítico" de seu tempo, o próprio iluminismo abre aqui espaço para pensar

[499] KANT, Immanuel. **Beantwortung der frage** ..., p. 59. "Leben wir jetzt in einem aufgeklärten Zeitalter? So ist die Antwort: Nein, aber wohl in einem Zeitalter der Aufklärung." [trad. do autor.]
[500] KANT, Immanuel. **Beantwortung der frage** ..., p. 61. "Wenn denn die Natur unter dieser harten Hülle den Keim, für den sie am zärtlichsten sorgt, nämlich den Hang und Beruf zum freien Denken, ausgewichkelt hat: so wirkt dieser allmählich zurück auf die Sinnesart des Volks (wordurch dieses der Freiheit zu handeln nach und nach fähiger wird), und endlich auch sogar auf die Grundsätze der Regierung, die es ihr selbst zuträglich findet, den Menschen, der nun mehr als Machine ist, seiner Würde gemä⊠ zu behandeln." [trad. do autor.]

uma atitude crítica, tal como faz de outro modo Foucault, sem que, com isso, anule-se o seu caráter iluminista. Pensar o contrário, engessando os próprios horizontes do iluminismo, significa nada menos do que, como visto neste crítico texto sobre a necessidade de afirmação da liberdade e do uso público da razão, deixar o próprio Kant fora da modernidade.[501]

De outro lado, essa interpretação do texto kantiano, leva a um questionamento que Foucault esboça, na defesa de seu projeto na linha neokantiana: a questão da atualidade. Para Foucault, o que havia realmente de interessante no curto texto *Was ist Aufklärung?* era o fato de ser a primeira vez que um filósofo se propunha como tarefa filosófica a análise não somente dos sistemas ou dos fundamentos metafísicos do saber científico, mas, especialmente, pelo fato de se perguntar sobre um acontecimento histórico, algo de atualidade, tal como expressa em *Pourquoi étudier le pouvoir: la question du sujet.*[502]

Ademais, Foucault afirma que Kant, ao se perguntar sobre o que seria o esclarecimento, queria de fato se perguntar: "O que está acontecendo neste momento? O que está chegando até nós? Qual é este mundo, este período, este momento preciso em que vivemos? Quem somos nós? Quem somos enquanto *Aufklärer* [esclarecedores], enquanto testemunhas deste século das Luzes?"[503] Foucault entendia que a questão da atualidade estava intimamente presente nas considerações kantianas. Nesse sentido, Foucault destaca que a pergunta kantiana é justamente oposta à concepção cartersiana de: quem sou eu?, como sujeito único, universal e não histórico, isto é, para Descartes não importava em que período, nem onde, nem todos, mas simplesmente o sujeito racional.

Foucault se mostra claramente kantiano quando afirma, no referido texto sobre o porquê em se estudar o poder para estudar o sujeito, que a tarefa filosófica deveria ser aquela que se pergunta sobre o que "somos" nesse preciso

501 Sobre as considerações kantianas da *Aufklärung*, convém ler: TERNES, José. **Analítica da finitude: Kant, Heidegger, Foucault**. Revista Φιλοσοφος, Goiás, Ed. da UFG, v. 3, n. 2, p. 47-59, jul./dez. 1998. e KÖGLER, Hans-Herbert. **Fröhliche subjektivität: historische ethik und dreifache ontologie beim späten Foucault**. Ethos der Moderne: Foucaults Kritik der Aufklärung. (org. Eva Erdmann, Rainer Forst e Axel Honneth) Frankfurt: Campus Verlag, 1990, p. 202-228. e ROUANET, Sérgio Paulo. **As razões do iluminismo**. São Paulo: Companhia das Letras, 1987, p. 222-228.

502 FOUCAULT, Michel. **Pourquoi étudier le pouvoir: la question du sujet**. DREYFUS, Hubert; RABINOW, Paul. Michel Foucault: un parcours philosophique, au-delà de l'objectivité et de la subjetivité. (trad. Fabienne Durand-Bogaert) Paris: Gallimard, 1984, p. 307.

503 FOUCAULT, Michel. **Pourquoi étudier le pouvoir** ..., p. 307. "Qu'est-ce qui se passe en ce moment? Qu'est-ce qui nous arrive? Quel est ce monde, cette période, ce moment précis où nous vivons? Qui sommes-nous? Qui sommes-nous en tant qu'*Aufklärer*, en tant que témoins de ce siècle des Lumières?" [trad. do autor]

momento, não pelo que se descobre dos homems, mas pelo que se recusa em si próprio.[504] É a necessidade de se impor o próprio presente como objeto da atitude crítica, que sua relação com Kant se estabelece no âmbito da ontologia. A modernidade está, dessa maneira, ainda mais viva nos questionamentos que Foucault se lhe impõe na historicidade das práticas de subjetivação que ele utiliza em seu método arqueogenealógico.[505] Nesse sentido, igualmente ressalta o professor da Universidade de Paris XII, Frédéric Gros: "o que se descobre nos anos oitenta é um Foucault reivindicando sua inscrição numa tradição 'moderna', aberta por Kant, um Foucault que tenta dar à filosofia a dimensão de uma tarefa histórico-crítico."[506] A par das considerações do ilustre professor Gros, que pela passagem indica somente ver um Foucault kantiano a partir de sua viragem ética, é oportuno verificar que o Foucault de *Surveiller et Punir*, bem como o ambivalente em *Les Mots et les Choses*, também já se constituíra na linha direta da modernidade kantiana. Dessa mamenria, toda a obra foucaultiana se inscreve na modernidade, não epistêmica, mas ontológica. Nesse sentido, segundo Guillaume le Blanc, num artigo intitulado *Le Conflit des Modernités Selon Foucault*, publicado na Revista *Magazine Littéraire* em abril de 1993, para Foucault, Kant estaria situado em sua obra no cruzamento de duas figuras da modernidade: uma epistêmica, que ele procura incansavelmente negar; e, outra, *ontológica*, que ele valoriza na sua ontologia crítica.[507]

A exposição foucaultiana sobre o tema do esclarecimento, que permite aproximá-lo quanto a essa perspectiva ontológica crítica de Kant, mas que ao mesmo tempo permite distanciá-lo do autor alemão, a razão moderna, é fartamente tratada por Foucault em *Qu'est-ce que les lumières?*, no curso proferido por Foucault em 05 de janeiro de 1983 no *Collège de France*, e no artigo não revisado *Qu'est-ce que la critique? Critique et Aufklärung*, publicado no *Bulletin de la Société Française de Philosophie*, entre abril e junho de 1990. No primeiro texto, a temática kantiana aparece na interpretação que Foucault faz desse artigo, a fim de demonstrar a passagem da crítica à antropologia. Embora

[504] FOUCAULT, Michel. **Pourquoi étudier le pouvoir** ..., p. 308.

[505] Nesse ponto, sem dúvida, Foucault se aproxima de Kant, ao conceber a necessidade do duplo empírico-transcendental como condição de possibilidade do conhecimento. Para tanto, convém ver as verticais observações em: HAN, Béatrice. **L'ontologie manquée de Michel Foucault** ..., p. 72.

[506] GROS, Frédéric. **Foucault et le projet critique**. Revue Raison Presénte, Paris, Centre National du Livre, n. 114, p. 03, avr./jun. 1995. "Ce qui se découvre dans les années quatre-vingt, c'est un Foucault revendiquant son inscription dans une tradition 'moderne' ouverte par Kant, un Foucault qui tente de donner à la philosophie la dimension d'une tâche historico-critique." [trad. do autor.]

[507] LE BLANC, Guillaume. **Le conflit des modernités selon Foucault**. Magazine Littéraire, Paris, n. 09, p. 56-60, avril 1993.

para Foucault parecesse um texto menor, seria indispensável para explicar uma temática que até hoje traria diversos questionamentos, especialmente ao propor a definição do que seria *Aufklärung*.

A importância, como visto, reside no fato de se questionar sobre o "presente", todavia, alerta Foucault que não teria sido a primeira vez que isso havia sido feito, ao menos sob outras três formas já o teriam: i) já havia buscado se representar o presente como inerente a uma certa idade do mundo, dotado de características; ii) interrogar o presente para tentar encontrar nele os signos anunciadores de um acontecimento futuro; iii) analisar o presente como um ponto de transição em direção à aurora de um novo mundo. Entretanto, o pensador francês entende que o feito de Kant era totalmente distinto dos questionamentos até então feitos nessas linhas. Seu objetivo era definir o *Auklärung* não a partir de uma totalidade ou de um acontecimento futuro, mas de maneira quase inteiramente negativa, como uma saída, uma partida, que o caracteriza como um processo capaz de livrar o homem de seu estado de minoridade.[508] O entendimento de minoridade residiria, segundo sua interpretação, em "um certo estado de nossa vontade que nos faz aceitar a autoridade de qualquer um para nos conduzir nos domínios onde convém fazer uso da razão."[509] Segundo Foucault, estariam presentes nesse texto algumas considerações indispensáveis: a imbricação preexistente entre vontade, autoridade, e uso da razão; a *Aufklärung* como um fato, uma processo, mas também uma obrigação que representaria uma mudança que o próprio homem deveria operar em si mesmo. Nesse sentido, destaca que a *Aufklärung*, atingida pela coragem e pela audácia de saber, seria tanto um processo individual, quanto um processo coletivo.

De outro lado, Foucault defende, no percurso em busca do esclarecimento, que Kant teria definido duas condições essenciais para que o homem saísse de sua minoridade, condições essas espirituais e institucionais, éticas e políticas. A primeira seria aquela que permite distinguir o que se destaca na obediência e o que se destaca no uso da razão, e que Kant o faz a partir da diferenciação entre o uso público, que deve ser livre, e o uso privado da razão, que, por sua vez, deve ser submisso, contrariamente à liberdade de consciência. Consoante Foucault, Kant entendia que homem fazia um uso privado da razão, sempre

508 FOUCAULT, Michel. **Qu'est-ce que les lumières?** ..., p. 64.

509 FOUCAULT, Michel. **Qu'est-ce que les lumières?** ..., p. 64. "... un certain état de notre volonté qui nous fait accepter l'autorité de quelque'un d'autre pour nous conduire dans les domaines où il convient de faire usage de la raison." [trad. do autor.]

que se tornasse uma peça de funcionamento da sociedade, como: ser um soldado, pagar impostos, ser sacerdote; etc. (o importante seria que os homens obedecem segundo um uso adaptado às circunstâncias); em contrapartida, fazer um uso público da razão seria, como condição para o esclarecimento, fazer um uso universal, um uso livre do entendimento.

Entretanto, Foucault se pergunta: como assegurar um uso público da razão? O esclarecimento não deve ser alcançado simplesmente como um processo geral afeto de toda a humanidade, ou como uma obrigação prescrita aos indivíduos, mas como um problema político, por isso, o questionamento se impõe da seguinte maneira: como o uso da razão pode ter a forma pública que lhe é necessária? Como a audácia de saber pode se exercer em pleno dia, enquanto que os indivíduos estão a obedecer?[510] Nesse sentido, entende Foucault que Kant, ao resgatar Frederico II, estabelece que o uso público e livre da razão autônoma seria a melhor garantia de obediência. Dessa maneira, a *Aufklärung* se define como o momento em que a humanidade fará uso de sua própria razão, sem se submeter a nenhuma autoridade, isto é, o momento que em o uso da razão é legítimo para valorizar a *crítica*, para determinar: o que se pode conhecer, o que é necessário fazer, e o que é permitido esperar.

É nessa linha, que Foucault entende que esse breve texto kantiano se impõe como uma reflexão sobre o que seria a modernidade em si. Para o autor, antes de ser simplesmente um período histórico, precedido da pré-modernidade, inocente e arcaica, e procedido da pós-modernidade, enigmática e inquieta, seria uma atitude, essencialmente crítica, posto que seria antes de que um processo histórico uma maneira de pensar e de sentir, de agir e de se conduzir, um *ethos*, enfim, uma maneira de pensar o presente. Nesse sentido, o texto kantiano se inscreve como uma tarefa filosófica sobre a atualidade, e faz recender uma "atitude de modernidade". Essa atitude se demonstraria, sobretudo, no texto de Baudelaire, e sua definição como um sentimento de ruptura e novidade, ao mesmo tempo que de transitoriedade, de fugacidade e contingência, seguindo ao lema: "Você não tem o direito de desprezar o presente!"[511] Nesse sentido, a modernidade baudelariana, para Foucault, seria um exercício em que a extrema atenção ao real seria confrontada a uma prática de liberdade, que respeita, ao mesmo tempo, o real e a sua violação; algo que lhe garantisse a característica de voluntariedade, um ascetismo indispensável.

[510] FOUCAULT, Michel. **Qu'est-ce que les lumières?** ..., p. 66.
[511] FOUCAULT, Michel. **Qu'est-ce que les lumières?** ..., p. 67.

Entretanto, Foucault alerta que o seu propósito não é nem resumir o acontecimento histórico que foi a *Aufklärung*, nem tampouco dissecar as diferentes formas da atitude da modernidade, mas tão-somente inserir a *Aufklärung* como um tipo de interrogação filosófica capaz de problematizar a relação entre o presente, o modo de ser histórico e a constituição de si mesmo como sujeito autônomo; como uma espécie de reativação permanente de uma atitude, de um *ethos* filosófico. Para caracterizar esse *ehtos* como crítica permanente do ser histórico, Foucault o faz essencialmente sob duas maneiras: uma negativa, e outra positiva.

Negativamente, Foucault defende que esse *ethos* no texto kantiano, ao representar, enfim, o *ethos* da modernidade filosófica, deveria ser representado como um modo de filosofar, não ser nem a favor nem contra a *Aufklärung*, mas antes uma maneira de recusar tudo o que se apresenta sob a forma de uma alternativa simplista e autoritária, em que se deve aceitar o esclarecimento como modo de continuar no racionalismo ou recusá-lo, criticando-o e buscando escapar aos seus princípios racionais, aquilo que Foucault chama de "chantagem". "Esse *ethos* implique, inicialmente, que se recusa o que eu chamarei de 'chantagem' da *Aufklärung*. Eu acredito que a *Aufklärung* como um conjunto de acontecimentos[512] políticos, econômicos, sociais, institucionais, culturais, dos quais nós dependemos ainda, para uma grande parte constitui um domínio de análise privilegiada."[513] Entretanto, alerta Foucault que a *Aufklärung* não se trata de um humanismo, posto que é um acontecimento ou um conjunto de acontecimentos e processos históricos complexos, situados num determinado desenvolvimento da sociedade europeia, contendo elementos de transformações sociais, das instituições políticas, das formas de saber, dos projetos de racionalização, etc. É, pois, uma forma de reflexão filosófica referente ao presente, em contrapartida, o humanismo é um conjunto de temas que reaparecem no tempo constantemente nas sociedade europeias, ligados aos julgamentos variados de valor, ora como críticos do cristianismo, ora como

512 Sobre a noção de acontecimento em Foucault, é indispensável a leitura da Professora de Sociologia da USP Irene Cardoso, que repensa o acontecimento como uma problematização que permite o questionamento sobre a atualidade. Ver: CARDOSO, Irene de Arruda Ribeiro. **Foucault e a noção de acontecimento**. Revista de Sociologia Tempo Social, São Paulo, Edusp, a. 7, n. 1-2, p. 53-66, out. 1995.

513 FOUCAULT, Michel. **Qu'est-ce que les lumières?** ..., p. 69. "Cet *ethos* implique d'abord qu'on refuse ce que j'appellerai volontiers le 'chantage' à l'*Aufklärung*. Je pense que l'*Aufklärung* comme ensemble d'événements politiques, économiques, sociaux, institutionnels, culturels dont nous dépendons encore pour une grande partie constitue un domaine d'analyse privilégiée." [trad. do autor.]

críticos do ascetismo, ora como crítico do teocentrismo, etc. Há várias formas de humanismo na história: marxismo, existencialismo, personalismo... Todavia, todos são incapazes de se compreender como uma "atitude crítica".

De outro lado, positivamente, Foucault defende que a *Aufklärung*, enquanto um *ethos* filosófico, teria um sentido positivo a partir do instante em que ele se coloca como uma crítica do que se diz, do que se pensa e se faz, por meio de uma ontologia histórica do próprio homem. Trata-se de uma 'atitude-limite': "Não se trata de um comportamento de recusa. Deve-se escapar à alternativa do exterior e do interior; é necessário estar na fronteira. A crítica é precisamente a análise dos limites e a sua reflexão. Mas se a questão kantiana era de saber quais limites o conhecimento deveria renunciar a transpor, parece-me que a questão crítica de hoje deve ser revista como questão positiva: nisto que nos é dado como universal, necessário, obrigatório, qual é a parte desse que é singular, contingente e sujeito a coações arbitrárias. Trata-se, em suma, de transformar a crítica exercida na forma de limitação necessária numa crítica prática na forma da transposição possível."[514] Essa crítica, segundo Foucault, não é transcendental nem tampouco metafísica, mas genealógica na sua finalidade e arqueológica em seu método. E, nesse sentido, a crítica genealógica "não deduzirá da forma do que somos o que nos é impossível de fazer ou de conhecer; mas ela se desenvolverá da contingência que nos fez ser o que nós somos, a possibilidade de não ser, fazer ou pensar o que somos, fazemos ou pensamos."[515]

Para Foucault, essa atitude filosófica, liberta do pensamento kantiano, deve ser, no que couber, uma atitude experimental, isto é, "no que couber" significa dizer que há um conteúdo essencialmente crítico, que interroga os limites do próprio homem, mas também há todo um outro domínio, que se refere à realidade, à atualidade. Nesse sentido, a atitude crítica deve se

[514] FOUCAULT, Michel. **Qu'est-ce que les lumières?** ..., p. 70. "Il ne s'agit pas d'un comportement de rejet. On dois échapper à l'alternative du dehors et du dedans; il faut être aux frontières. La critique, c'est bien l'analyse des limites et la réflexion sur elles. Mais si la question kantienne était de savoir quelles limites la connaissance doit renoncer à franchir, il me semble que la question critique aujourd'hui doit être retournée en question positive: dans ce qui nous est donné comme universel, nécessaire, obligatoire, quelle est la part de ce qui est singulier, contingent et dû à des contraintes arbitraires. Il s'agit en somme de tranformer la critique exercée dans la forme de la limitations nécessaire en une critique pratique dans la forme du franchissement possible." [trad. do autor.]

[515] FOUCAULT, Michel. **Qu'est-ce que les lumières?** ..., p. 71. "... elle ne déduira pas de la forme de ce que nous sommes ce qu'il nous est impossible de faire ou de connaître; mais elle dégagera de la contingence qui nous a fait être de ce que nous sommes, la possibilité de ne plus être, faire ou penser ce que nous sommes, faisons ou pensons." [trad. do autor.]

distanciar de qualquer projeto que deseja se inscrever como global e radical, e se aproximar do projeto que se situe no limbo entre a atitude histórica e a atitude prática, isto é, que seja capaz de examinar vários campos de domínio de saber (o saber aqui deve ser visto tal a definição oferecida por Foucault, como o conjunto de procedimentos e efeitos que um campo específico está disposto a aceitar em um determinado momento),[516] como os modos de ser e de pensar, as relações de autoridade, entre os sexos, entre a normalidade e a loucura, entre a disciplina e a prisão, etc. Esse é, para Foucault, portanto, o *ethos* filosófico próprio da 'ontologia crítica' do próprio homem como uma prova histórico-prática dos limites a se transpor: "como trabalho de nós-mesmos sobre nós-mesmos enquanto somos seres livres."[517]

Essa "atitude da modernidade", por seu um *ethos* filosófico cujo legado kantiano impõe ao presente, no repensar da atualidade, reveste-se de quatro características ou domínios essenciais: de um lado, a ideia de cena, de jogo, a partir do instante que coloca lado-a-lado a capacidade técnica e a liberdade dos indivíduos, quer dizer, ao cruzamento das capacidades e o cruzamento da autonomia, que leva à seguinte pergunta: "Como desconectar o cruzamento das capacidades e a intensificação das relações de poder?";[518] de outro lado, a homogeneidade, que se refere ao que os homens fazem do que eles fazem, isto é, as formas de racionalidade que organizam as maneiras de se fazer; a sistematicidade, cujo conjunto de práticas são capazes de destacar as relações de domínio sobre as coisas, as relações de ação sobre os outros, e as relações sobre si mesmo; e, por fim, a generalidade, pelo fato de se debruçarem sempre sobre um material, uma época, um conjunto de práticas e de discursos determinados.

Na releitura do texto kantiano, que leva certamente à possibilidade de defesa de um Foucault moderno, tal como se propusera no início, o intelectual francês se questiona sobre o fato do homem atual não ser "maior", no sentido da *Mündigkeit*, e que o acontecimento da *Aufklärung* certamente não foi capaz de levar o homem a esse estágio ainda, mas seria indispensável colocar essa questão no presente, pois a *Aufklärung* seria uma maneira de filosofar. Esse *ethos* filosófico, essa ontologia crítica do próprio homem não é uma teoria, uma doutrina ou um *corpus* permanente de saber, mas uma "atitude", em que

[516] FOUCAULT, Michel. **Qu'est-ce que la critique?** ..., p. 57. [trad. br. **O que é a crítica?** ..., p. 183]
[517] FOUCAULT, Michel. **Qu'est-ce que les lumières?** ..., p. 72. "... comme travail de nous-mêmes sur nous-mêmes en tant qu'être libres." [trad. do autor.]
[518] FOUCAULT, Michel. **Qu'est-ce que les lumières?** ..., p. 72. "Comment déconnecter la croissance des capacités et l'intensification des relations de pouvoir?" [trad. do autor.]

a crítica se traduz de diversas formas, especialmente na linha entre arqueologia e genealogia, na compreensão da coerência entre as práticas concretas, as tecnologias de racionalidade e os jogos estratégicos de liberdade.

Anos mais tarde, a presença das reflexões kantianas em Foucault se tornam evidentes. Num artigo intitulado *Qu'est-ce la critique? Critique et Aufklärung* Foucault volta e se perguntar sobre a "atitude da modernidade", mas sob outro enfoque, então direcionado numa perspectiva histórica, quando se propõe brevemente fazer uma arqueologia da atitude crítica, e numa perspectiva política, quando se impõe uma investigação genealógica dos conjuntos de práticas. Para o intelectual francês, ao fazer uma arqueologia da atitude crítica, entende que esta teria seus horizontes limiares na pastoral cristã ou na igreja cristã, isto é, como atitude de recusa dos magistérios eclesiásticos, do retorno à Escritura, mas que sua reformulação, num espaço e de atualidade teria sido com a questão da *Aufklärung* retomada por Kant. De outro lado, Foucault relaciona a "atitude crítica" com a governamentalização, isto é, para o autor, a questão da *Auklärung* vem buscar respostas ao questionamento contínuo: "Como não ser governado?".[519] A atitude crítica, como a arte de não ser excessivamente governado, situa-se no problema da autoridade, como movimento através do qual o sujeito reconhece o direito de interrogar a verdade nos seus efeitos de poder e discursos de verdade, implica, portanto, no des-sujeitamento. Nesse sentido kantiano, para Foucault, a atitude crítica representa o modo pelo qual a humanidade pode fugir de qualquer direção, fugir ao excesso de autoridade. Nesse sentido, a *Aufklärung*, nas particularidades das experiências que teve, especialmente na França e na Alemnha, como ontologia do presente se difere da crítica anteriormente realizada, pois a ela não interessa saber os limites do conhecimento, ou seja, a linha divisória da legitimidade como determinação do momento do erro ou da ilusão, mas as relações que podem ser estabelecidas e assinaladas entre os mecanismos de coerção e os elementos de conhecimento, em suma, a relação entre saber e poder, este visto como mecanismos particulares, definíveis e indefinidos na determinação ou discursos.

Para Foucault, a atitude crítica, como ontologia do presente, é capaz de restituir ao acontecimento, ao conjunto histórico de práticas e discursos uma positividade, que não devem ser analisados de maneira universal, mas nas suas particularidades, nas suas singularidades, como a loucura no mundo moderno, a sexualidade ou o sistema jurídico-moral nos mecanismos penais. É preciso

[519] FOUCAULT, Michel. **Qu'est-ce que la critique?** ..., p. 37. [trad. br. **O que é a crítica?** ..., p. 171.]

praticar uma *événementalisation*, uma "acontencimentalização", isto é, uma consciência do acontecimento, capaz de colocar em evidência as singularidades e as condições de aceitabilidade no jogo das interações e das estratégias múltiplas. Nessa relação entre saber e poder, neste tornar acontecimento e não quererem ser governados, é que a atitude crítica, na distância da questão crítica, que vê a *Aufklärung* como um *ethos*, é que se poder ver num Foucault a modernidade presente. Eis o que aproxima Foucault de uma ontologia kantiana do presente.

# 4.
# Algumas relações essenciais

Neste tópico, ao contrário do anterior, em que se buscava encontrar as bases filosóficas que fundaram o pensamento foucaultiano, procura-se colocar Foucault lado a lado de outros grandes intelectuais, que, de um certo modo estiveram numa relação direta com o pensador, dialogando com suas observações, ou, então, se não próximos, cuidaram-se de investigar as mesmas temáticas, preocuparam-se com os mesmos problemas e, às vezes, assemelharam-se nas respostas. Há também autores que jamais fizeram parte do círculo de amizade ou mesmo do conhecimento de Michel Foucault, tal como Weber ou Hannah Arendt, contudo, por suas construções teóricas, permitem delimitar o pensamento foucaultiano, isto é, permitem demonstrar, muitas vezes na mesma linha de análise, até onde o pensamento de Foucault pode alcançar, especialmente no entrechoque de suas diferenças e semelhanças.

Para tanto, aprouve-se por bem escolher alguns teóricos significativos e capazes de demarcar os horizontes filosóficos de Foucault, entre eles: Weber, em razão de sua problemática da condução da vida; Marx, e a ruptura do pensamento foucaultiano com a tradição francesa; Habermas, e a polêmica oferecida por suas críticas; Poulantzas, e o resgate crítico de Foucault; Gramsci, e suas considerações sobre o papel do intelectual; Sartre, e a questão da liberdade; Derrida, e as críticas sobre *Histoire de la Folie*; Arendt no terreno do violência e da liberdade pública; e Ewald, nos limites da filosofia do direito. Certamente essa escolha não quer dizer que outros tantos autores não possam ser colocados em tribuna para serem investigados em conjunto, como Paul Ricoeur, Jean Wahl, Maurice Clavel, Claude Mauriac, Pierre Victor, Pierre Bourdieu, Norbert Elias,[520] etc.

[520] Sobre a interrelação do pensamento de Michel Foucault e Norbert Elias, convém que seja lido um belo artigo de Guerra Manzo, na Revista de Estudios Sociológicos: MANZO, Enrique Guerra.

Todavia, tal como lhe foram escolhidos alguns pensadores para formularem a base filosófica de seu pensamento, entendeu-se por bem escolher outros que foram indispensáveis simplesmeste para delimitar o pensamento foucaultiano, isto é, para permitir dizer, ainda que sob fracas luzes, quem foi Foucault? Quais foram suas temáticas? Até que ponto se podem entender seus conceitos primordiais? etc. Evidentemente, outros, ainda, embora importantes, não serão aqui mencionados pela sua menor interlocução com Foucault e a sua obra, a ver pela figura de Raymond Aron, que o convidara certa vez para proferir seminários na Sorbonne, em 27 de fevereiro de 1967,[521] ou mesmo, o grande intelectual Roland Barthes, que embora não seja capaz de abrir um espaço à parte, em virtude da especificidade de suas construções teóricas, que por vezes fogem ao discurso filosófico-jurídico, restando no campo da literatura, tal como Dumézil, Blanchot e Bataille, que não interessam diretamente nesse ensaio.

Em contrapartida, não há como negar, por exemplo, a inesquecível relação entre Michel Foucault e Roland Barthes, certamente um dos capítulos indispensáveis da história do pensamento de Michel Foucault, na linha direta da história da teoria literária e da semiologia francesa após Saussure. A relação entre Foucault e Roland Barthes começou muito cedo, pois como se lembra Madame Foucault, em conversa com Didier Eribon, diz tê-lo recebido em sua casa em Vendeuvre algumas vezes, quando Foucault ia passar suas férias.[522] Foucault e Barthes se conheceram no fim de 1955, quando Foucault fora passar as férias de Natal em Paris, por intermédio de Robert Mauzi, ex-colega da Rue d'Ulm. Barthes, nessa época, não era muito conhecido, pois, além de ter publicado somente *Le Degré Zéro de l'Écriture* e *Michelet par lui-même*, havia ingressado tarde na *agrégation*, já que passara parte de sua infância num sanatório.[523] Mais tarde, por duas vezes Barthes é convidado para dar palestras em Uppsala, quando lá restara Foucault na função de leitor.[524] E, também, no ano de 1962, após a morte de Georges Bataille, como já visto, Foucault se torna

**El problema del poder en la obra de Michel Foucault y Norbert Elias.** Revista Estudios Sociológicos, México, v. XVII, n. 49, p. 95-120, ene./abr. 1999.

521 ERIBON, Didier. **Michel Foucault.**, p. 183.

522 ERIBON, Didier. **Michel Foucault.**, p. 30.

523 MACEY, David. **Michel Foucault...**, p. 101.

524 PIEL, Jean. **Foucault à Uppsala.**, p. 751. "Quels furent les invités? (...) et bien entendu Roland Barthes qui était un invité presque habituel." [trad. do autor "Quais foram os convidados? (...) e, especialmente, Roland Barthes que foi um dos convidados mais habituais."] e ERIBON, Didier. **Michel Foucault.**, p. 92.

editor responsável da Revista *Critique*, e acaba por convidar Roland Barthes para participar do conselho editorial.[525]

A amizade que se estabelece nesse período, a custa de constantes jantares no *Quartier Latin* e de boates de Saint-Germain, nunca foi tão tranquila, pois segundo Didier Eribon, sempre existiu uma certa rivalidade entre os dois pensadores, bem como viva discrepância de temperamentos. David Macey, seu outro grande biógrafo, arrisca afirmar que a separação ocorrida entre Barthes e Foucault pode ter tido três razões distintas: primeiro, porque, segundo Sollers, Foucault e Barthes teriam um ciúme recíproco; segundo, em virtude de um incidente que ocorrera, quando Barthes, Foucault e Jean-Paul Aron, passavam juntos suas férias em Tanger (consoante Macey, Foucault teria ficado chateado com Barthes que o havia caçoado ao vê-lo triste por não ter recebido nenhuma carta de Daniel Defert); e, em terceiro, na visão do próprio Defert, a separação teria sido simplesmente em virtude de sua presença na vida de Foucault e das mudanças de trabalho que lhe teriam sido provocadas (conforme Macey, em virtude das preocupações de Foucault com *Les Mots et les Choses*, teriam ambos deixado de jantar juntos como usualmente o faziam, acabando por esfriar a relação). Terão um relacionamento meio conflituoso e escasso, que só se resgatará, de modo mais sereno, estranhamente para alguns, em 1975, quando Foucault sustenta a sua eleição para o ingresso no *Collège de France*.[526] Nesse ano, quando Barthes é eleito para o *Collège de France*, publica o livro *Roland Barthes par Roland Barthes*, uma espécie de autobiografia, que o aproxima muito dos problemas vividos pelo Foucault (como a homossexualidade),[527] como a infância complexa, daquele que vivera num sanatório, e, salvo o ópio, certamente a homossexualidade lhes trazia problemas comuns, segundo à época. Muitos afirmam que teria sido em nome da velha amizade que Foucault teria ajudado Barthes, entretanto, a verdade é que Foucault a faz de modo brilhante, que marca a vida de Barthes, até a sua morte, por atropelamento, na frente da Sorbonne em 26 de março de 1980.[528] Por ocasião da morte de seu amigo, Foucault escreve um necrológio para o anuário do *Collège de France*, reconhecendo o brilhantismo de seu colega: "Há alguns anos, quando eu lhes propunha que o acolhessem em nosso meio, a originalidade

[525] ERIBON, Didier. **Michel Foucault**., p. 156.

[526] ERIBON, Didier. **Michel Foucault**., p. 92-93.

[527] Em *Roland Barthes par Roland Barthes*, o autor fala de suas duas deusas H, o haschisch e a homossexualidade. BARTHES, Roland. **Roland Barthes par Roland Barthes**. Paris: Éditions du Seuil, 1975, p. 68.

[528] ERIBON, Didier. **Michel Foucault e seus ...**, p. 138.

e a importância de um trabalho que prosseguira durante mais de vinte anos, com um brilho reconhecido, me autorizavam a não recorrer, para apoiar o meu pedido, à amizade que eu tinha por ele. Eu não tinha que esquecê-lo. Podia fazer abstração disso. A obra estava ali. Desde então, essa obra está sozinha. Ela ainda falará, outros a farão falar, e falarão sobre ela. Então permitam que nesta tarde fale apenas a amizade, que, com a morte que ela detesta, deveria ter ao menos uma semelhança: ser silenciosa."[529]

Aquém da relação pessoal, certamente se poderia perceber uma relação acadêmica, especialmente no que tange à questão da linguagem e do mito, que Foucault retoma em *A Verdade e as Formas Jurídicas*. Barthes compreendia o mito como uma fala, um modo de significação, uma forma, que buscava a a-historicidade, a eternidade, a naturalização, a universalização.[530] Assim *toda a unidade ou toda a síntese significativa, quer seja verbal ou visual*. Para Barthes, o mito consistia num momento semiológico segundo, após o fechamento do ciclo de sua constituição, de significantes e significados, até chegar-se ao signo final, onde o mito se concretizava. Da conclusão de Barthes, sobre a constituição do mito como um sistema semiológico segundo, originário da linguagem, poder-se-ia, na medida do possível, tentar-se fazer uma analogia do mito, nessa visão com a constituição do princípio. Em Barhtes, o mito constitui-se, enquanto linguagem – em significado, significante que se fecham num signo – e enquanto mito – em significante (signo da linguagem), significado que se encerram no mito[531], então finalmente construído. Barhtes se refere à flor passionada, que tem seu signo fechado posteriormente.[532] E igualmente cita o exemplo de um negro, vestido de um uniforme francês, fazendo reverência à

[529] FOUCAULT, Michel. **Roland Barthes (12 novembre 1915 – 26 mars 1980)**. Dits et Écrits (org. Daniel Defert et François Ewald). Paris: Gallimard, v. 4, 1994, p. 124-125. "Il y a quelques années, quand je vous proposais de l'accueillir parmi vous, l'originalité et l'importance d'un travail que s'était pouisuivi pendant plus de vingt ans dans un éclat reconnu me permettaient de n'avoir pas recours, pour appuyer ma demande, à l'amitié que j'avais pour lui. Je n'avais pas à l'oublier. Je pouvais en faire abstraction. L'oeuvre était là. Cette oeuvre est seule, désormais. Elle parlera encore; d'autres la feront parler et parleront sur elle. Alors, permettez-moi, cet après-midi, de faire jour à la seule amitié. L'amité qui, avec la mort qu'elle déteste, devrait avoir la moins cette ressemblance de n'être pas bavarde." [trad. do autor.]

[530] BARTHES, Roland. **Mythologies**. Paris: Éditions du Seuil, 1957, p. 194-196. "... le mythe est une parole. Naturellement, ce n'est pas n'importe quelle parole: il faut au langage des conditions particulières pour devenir mythe, on va les voir à l'instant. Mais ce qu'il faut poser fortement dès le début, c'est que le mythe est un système de communication, c'est un message... " [trad. br. **Mitologias**. Rio de Janeiro: Bertrand, 1993, p.131-133.]

[531] BARTHES, Roland. **Mythologies**. Paris: Éditions du Seuil, 1957, p. 199.

[532] BARTHES, Roland. **Mythologies**. Paris: Éditions du Seuil, 1957, p. 197-198.

bandeira francesa, como a constituição de um mito semiológico secundário.[533] O mito como elemento semiológico certamente poderia ganhar significativas raízes no discurso de Michel Foucault. Ademais, Barthes, assim como Foucault, da ênfase na ideia do corpo como foco de atenção, quando afirma que as pessoas teriam vários corpos, um corpo digestivo, um corpo mareado, um corpo sensual, um corpo muscular, um corpo humoral (nas mãos do escritor), e um corpo emotivo.[534] Insiste na mesma ideia no texto *Encore le corps*, publicado na *Critique.*[535] Certamente a prevalência pelo corpo encontra guarida no biopoder de Michel Foucault, especialmente na sua espacialidade como inserção de práticas disciplinares.

Ou mesmo, a indispensável relação entre Michel Foucault e Gilles Deleuze. Deleuze, juntamente com François Châtelet, foi aprovado para École Normale Supérieure em 1948.[536] O primeiro encontro entre Foucault e Deleuze se dá no início dos anos cinquenta, quando aquele era professor em Lille, e Deleuze, na época lecionando no Liceu de Amiens, por acaso levado por um amigo, Jean-Pierre Bamberger, assiste a uma de suas aulas, e após vai jantar com Foucault. Entretanto, como afirma Didier Eribon, a profícua relação de alguns anos mais tarde não se concretizou neste momento,[537] começa a retomar seu curso quando Foucault sugere o nome de Deleuze, para substituir Jules Vuillemin, que tinha sido eleito para o *Collège de France*, embora isso não venha ocorrer, e Deleuze perca a eleição para Roger Geraudy, candidato do Partido Comunista, o qual Foucault, em represália, incomoda até o seu pedido de transferência,[538] surge, então, em 1962, em Clermont-Ferrand, uma intensa amizade entre Foucault e o casal Deleuze.

Segundo Didier Eribon, Foucault, quando ingressa na Universidade de Vincennes, e deve indicar professores para o auxiliar, chega a indicar o nome de Deleuze, o qual não aceita, visto que estava muito doente,[539] mas ambos também se encontram por ocasião da publicação de dois livros de Deleuze, *Différence et Répetition*[540] e *Logique du Sens* sobre os quais Foucault escreverá seu

[533] BARTHES, Roland. **Mythologies**. Paris: Éditions du Seuil, 1957, p. 201-202.

[534] BARTHES, Roland. **Roland Barthes par Roland Barthes**. Paris: Éditions du Seuil, 1975, p. 65.

[535] BARTHES, Roland. **Encore le corps**. Critique: Revue générale des publications françaises et étrangère, Paris, n. 423-424, p. 645, août/septembre, 1982.

[536] ERIBON, Didier. **Michel Foucault**., p. 47.

[537] ERIBON, Didier. **Michel Foucault**., p. 75.

[538] ERIBON, Didier. **Michel Foucault**., p. 142.

[539] ERIBON, Didier. **Michel Foucault**, p. 189.

[540] DELEUZE, Gilles. **Différence et répétition**. 4 ed. Paris: Presses Universitaires de France, 1981.

último artigo redigido para a Revista *Critique*, da qual era chefe do conselho editorial, intitulado *Theatrum Philosophicum*;[541]e por ocasião do GIP, pois para auxiliar Foucault na luta pelas condições penitenciárias da França[542], Gilles Deleuze passa a fazer parte do grupo, contribuindo, especialmente, no final de novembro de 1971, quando protestaram contra o racismo.[543]

A amizade sempre foi muito intensa, escreveram e debateram textos juntos, como foi o caso da "introdução" que redigiram para a tradução francesa da obra de Nietzsche, *Introduction générale aux œuvres philosophiques complètes de F. Nietzsche*,[544] como também participaram do famoso debate sobre o poder, intitulado *Un dialogue sur le pouvoir*[545]; com Pierre Victor, sobre a justiça popular, denominado *Sur la justice populaire: débat avec les maos*[546]; e sobre a relação entre os intelectuais e o poder, intitulado *Les intellectuels et le pouvoir*.[547]

Gilles Deleuze, no começo do ano de 1970, publicou na revista *Critique*, um famoso ensaio intitulado *Un nouvel Archiviste*,[548] no qual procurou comentar detalhadamente *L'Archéologie du Savoir*. Igualmente em 1975, após a publicação de Foucault denominada *Surveiller et Punir*, Gilles Deleuze faz uma clássica resenha, também publicada na revista *Critique*, intitulada *Écrivain non: un nouveau cartographe*.[549] Em meados da década de setenta ambos participam, juntamente com outros filósofos e políticos, como Sarte, Simone de Beauvoir,

[541] ERIBON, Didier. **Michel Foucault**., p. 156.

[542] ERIBON, Didier. **Michel Foucault** ..., p. 213.

[543] ERIBON, Didier. **Michel Foucault** ..., p. 223.

[544] FOUCAULT, Michel; DELEUZE, Gilles. **Introduction générale aux œuvres philosophiques compètes de F. Nietzsche**. Dits et Écrits (org. Daniel Defert et François Ewald). v. 1 Paris: Gallimard, 1994, p. 561-564.

[545] FOUCAULT, Michel; DELEUZE, Gilles. **Un diálogo sobre el poder**. Michel Foucault: un diálogo sobre el poder y otras conversaciones. (org. Miguel Morey) Madri: Alianza, 1997, p. 7-19.

[546] FOUCAULT, Michel; DELEUZE, Gilles; VICTOR, Pierre. **Sur la justice populaire: débat avec les maos**. Dits et Écrits (org. Daniel Defert et François Ewald). Paris: Gallimard, v. 2, 1994, p. 340-369. [trad. es. **Sobre la justicia popular: debate con los maos**. Michel Foucault: un diálogo sobre el poder. (trad. Miguel Morey) Madri: Alianza, 1997, p. 20-58.]. [trad. br. **Sobre a justiça popular**. Microfísica do poder. (trad. Roberto Machado) 13 ed. Rio de Janeiro: Graal, 1998, p. 39-68.]

[547] DELEUZE, Gilles. **Les intellectuels et le pouvoir: entretien avec Michel Foucault**. Dits et Écrits (org. Daniel Defert et François Ewald). Paris: Gallimard, v. 2, 1994, p. 306-315. [trad. br. **Os intelectuais e o poder.** Microfísica do poder. (trad. Roberto Machado) 13 ed. Rio de Janeiro: Graal, 1998, p. 69-78.]

[548] DELEUZE, Gilles. **Un nouvel archiviste**. Critique: Revue générale des publications françaises et étrangère, Paris, v. XXXI, n. 274, p. 195-209, mars 1970.

[549] DELEUZE, gilles. **Ecrivain non: un nouveau cartographe. Michel Foucault: Surveiller et punir**. Critique: Revue générale des publications françaises et étrangère, Paris, v. XXXI, n. 343, p. 1207-1228, déc. 1975.

François Mitterrand, Michel Rocard, Lionel Jospin, Jean-Pierre Chevènement, Yves Montand e Claude Mauriac, do Comitê pela Defesa dos Prisioneiros Políticos Iranianos.[550]

Apesar da contígua amizade, a ver-se pelas constantes publicações de artigos de ambos comentando suas recentes publicações, Foucault, talvez muito mais do que o próprio Deleuze, após as suas opções políticas de 1975, em que deixava gradativamente sua fase esquerdista, sem qualquer ruptura, acabou se afastando deste grande pensador, que segundo Didier Eribon, seria muito mais por razões políticas, que por uma autocrítica pela qual Foucault passava após a publicação de *La Volonté du Savoir*. Ambos se distanciaram por duas significativas razões: primeiro, porque Foucault, em 1977, durante a militância contra a extradição do advogado alemão Klaus Croissant, que estava sendo acusado de auxiliar materialmente um grupo denominado "Bando de Baader", rechaçou a atitude de Deleuze, ao defender, além do advogado, também seus clientes, os quais Foucault considerava 'terroristas'. Foucault, ao escrever seu manifesto, restringe-se aos temas exclusivamente jurídicos, aos direitos de defesa e à recusa da extradição, enquanto Deleuze fora mais amplo, apresentando, juntamente com Felix Guatarri a Alemanha Ocidental como um país que caminhava para a ditadura policial; em segundo, porque discordavam da figura dos "novos filósofos", em especial André Glucksmann, com os quais Deleuze tinha grande antipatia, porque entendia que esses não passavam de animadores de programa de televisão,[551] enquanto Foucault defendia a importância de suas ideias, e já havia escrito um texto, intitulado *La grande colère des faits*, em que reconhecia a inserção no discurso filosófico de temas como o Gulag.[552]

Segundo Didier Eribon, após 1977, a amizade nunca mais foi a mesma, embora Foucault tivesse sempre continuado a bem comentar aos seus colegas as produção de Deleuze, o qual considerava "o único espírito filosófico na França", e Deleuze ter reconhecido cotidianamente a importância de Foucault para a filosofia. Tanto isso é verdade, que no dia 14 de dezembro de 1981, como já visto, por ocasião da violenta repressão do movimento sindical *Solidariedade na Polônia* pelo general Jaruzelski, quando Foucault e Bourdieu escreveram um manifesto para publicarem no *Libération*, e foram atrás de

550 ERIBON, Didier. **Michel Foucault.**, p. 262.

551 ERIBON, Didier. **Michel Foucault** ..., p. 243.

552 FOUCAULT, Michel. **La grande colère des faits.** Dits et Écrits (org. Daniel Defert et François Ewald). v. 3 Paris: Gallimard, 1994, p. 277-281.

grandes personalidades francesas para ganhar assinaturas, Deleuze se recusara, pois dizia não querer embaraços para um governo socialista que acabava de se instalar.[553] No campo intelectual, há inúmeras possibilidades de encontrar temáticas comuns, segundo a maioria dos autores: desejo, enunciado, multiplicidade,[554] todavia, o pensamento Deleuze se trata de uma teoria limí-

[553] ERIBON, Didier. **Michel Foucault...**, p. 277.

[554] Sobre o pensamento de Foucault e Deleuze, há uma vasta quantidade de referências que convém ser lida: HRISTOFOLETTI, Rogério. **Multiplicidades, arqueologia e análise do discurso.** Revista de Ciências Humanas, Florianópolis, Ed. da UFSC, n. 25, p. 117-132, abr. 1999.; FOUCAULT, Michel. **Anti-Édipo: uma introdução à vida não-fascista.** Dossier Deleuze (org. Carlos Henrique Escobar). Rio de Janeiro: Hólon, 1991, p. 81-84.; FOUCAULT, Michel; DELEUZE, Gilles. **Introduction générale aux œuvres philosophiques complètes de F. Nietzsche.** Dits et Écrits (org. Daniel Defert et François Ewald). v. 1 Paris: Gallimard, 1994, p. 561-564; FOUCAULT, Michel.; DELEUZE, Gilles. **Un diálogo sobre el poder.** Michel Foucault: un diálogo sobre el poder y otras conversaciones. (org. Miguel Morey) Madri: Alianza, 1997, p. 7-19; FOUCAULT, Michel; DELEUZE, Gilles; VICTOR, Pierre. **Sur la justice populaire: débat avec les maos.** Dits et Écrits (org. Daniel Defert et François Ewald). Paris: Gallimard, v. 2, 1994, p. 340-369. [trad. es. **Sobre la justicia popular: debate con los maos.** Michel Foucault: un diálogo sobre el poder. (trad. Miguel Morey) Madri: Alianza, 1997, p. 20-58.]. [trad. br. **Sobre a justiça popular.** Microfísica do poder. (trad. Roberto Machado) 13 ed. Rio de Janeiro: Graal, 1998, p. 39-68.]; RABOUIN, David. **Entre Deleuze et Foucault: penser le désir.** Critique: Revue générale des publications françaises et étrangère, Paris, n. 637-638, p.475-490, juin/juil., 2000.; JANNOUD, C. **Michel Foucault et Gilles Deleuze veulent rendre à Nietzsche son vrai visage.** Dits et Écrits (org. Daniel Defert et François Ewald). v. 1 Paris: Gallimard, 1994, p. 549-552; ORLANDI, Luiz B. L. **Do enunciado em Foucault à teoria da multiplicidade em Deleuze.** Foucault Vivo (org. Ítalo Tronca) Campinas: Pontes, 1987, p. 11-42; REVEL, Judith. **Foucault lecteur de Deleuze: de l'écart à la différence.** Critique: Revue générale des publications françaises et étrangère, Paris, v. LII, n. 591/592, p. 727-735, aout./sept., 1996; EWALD, François. **Foucault, Deleuze: um diálogo fecundo e ininterrupto.** Dossier Deleuze (org. Carlos Henrique Escobar). Rio de Janeiro: Hólon, 1991, p. 79-81; BENSMAIA, Reda. **Um filósofo no cinema.** Dossier Deleuze (org. Carlos Henrique Escobar). Rio de Janeiro: Hólon, 1991, p. 98-103; BUCI-GLUCKSMANN, Christine. **O plissado barroco da pintura.** Dossier Deleuze (org. Carlos Henrique Escobar). Rio de Janeiro: Hólon, 1991, p. 93-97; CARDOSO JÚNIOR, Hélio Rebello; GIRO, Mirian; SILVA, Claudia da. **Problemas de filosofia prática no pensamento de Gilles Deleuze: criação de conceitos e conceito de "acontecimento".** Crítica: Revista de Filosofia da UEL, Londrina, v. 4, n. 15, p. 371-388, abr./jun. 1999; DELAUNAY, Marc B. **Deleuze e Nietzsche ou o inverso...** Dossier Deleuze (org. Carlos Henrique Escobar). Rio de Janeiro: Hólon, 1991, p. 69-72; GALETA, R.; PASSERONE, G; POLAN, Uno D.; TOMLINSON, H. **Deleuze no mundo.** Dossier Deleuze (org. Carlos Henrique Escobar). Rio de Janeiro: Hólon, 1991, p. 104-114; GUIMARÃES, Léa M.; MENDES, Murilo. **Um dia o século será deleuziano.** Dossier Deleuze (org. Carlos Henrique Escobar). Rio de Janeiro: Hólon, 1991, p. 138-143; MACHADO, Roberto. **Deleuze e a filosofia.** Rio de Janeiro: Graal, 1990, 242p; MACHEREY, Pierre. **Pensar em Espinoza.** Dossier Deleuze (org. Carlos Henrique Escobar). Rio de Janeiro: Hólon, 1991, p. 62-68; PARADIS, Bruno. **Leibniz: um mundo único e relativo.** Dossier Deleuze (org. Carlos Henrique Escobar). Rio de Janeiro: Hólon, 1991, p. 31-39; PASSERONE, Giorgio. **O último curso?** Dossier Deleuze (org. Carlos Henrique Escobar). Rio de Janeiro: Hólon, 1991, p. 40-51; RAJCHMAN, John. **Lógica do sentido, ética do**

trofe, capaz de identificar o pensamento de Foucault nas duas delimitações, isto porque, tal como François Ewald, ambos conviveram diretamente com o intelectual francês e compartilharam de suas teorias.

Certamente, também se poderiam questionar as relações entre a teoria foucaultiana e a tradição marxista, todavia, através do questionamento de Althusser, Gramsci e Poulantzas, de certa maneira já se excluem as premissas foucaultinas. Em rápidas palavras, é preciso afirmar que a explicação vulgar do marxismo, segundo a qual as relações de classe determinam a cultura, era insuficiente para Foucault, de tal modo, como visto na obra *Naissance de la Clinique*, que o desemprego permite a nova instituição hospitalar, que, por conseguinte, permite a formação do conceito de tecido, mas não se pode falar em conclusão que o conceito médico seja uma expressão da situação econômica. As leituras de Foucault sobre a obra de Marx começaram cedo, já no período da École Normale Supérieure.[555] Segundo Deleuze, Foucault não chega a negar a existência de classes ou de suas lutas, mas, sobretudo, procura questionar uma poder exercitável, isto é, um poder que perpassa as classes e outros níveis ontológicos.[556] Tanto que alguns autores, como a ilustre jurista Simone Goyard-Fabre, salientam que Foucault muito se aproxima das teorias marxistas de um enfraquecimento do direito, a partir do momento que tudo no direito é feito de cortes, de falhas, de descontinuidades e de redistribuições, muito mais ausência que conteúdo, muito mais negações do que positividades.[557]

**acontecimento**. Dossier Deleuze (org. Carlos Henrique Escobar). Rio de Janeiro: Hólon, 1991, p. 56-61 REGNAULT, François. **A vida filosófica**. Dossier Deleuze (org. Carlos Henrique Escobar). Rio de Janeiro: Hólon, 1991, p. 40-51; ROGOZINSKI, Jacob. **A fissura do pensamento**. Dossier Deleuze (org. Carlos Henrique Escobar). Rio de Janeiro: Hólon, 1991, p. 73-78; TOURNIER, Michel. **Gilles Deleuze: une théorie d'autrui (autrui, Robinson et le pervers)**. Critique: Revue générale des publications françaises et étrangère, Paris, v. L, n. 591-592 p. 675-700, août/sept., 1996; VASCONCELOS, Jorge. **Os cristais do tempo: o pensamento do cinema de Gilles Deleuze**. Crítica: Revista de Filosofia da UEL, Londrina, v. 3, n. 12, p. 373-404, jul./set. 1998; VAUDAY, Patrick. **Ecrit à vue: Deleuze-Bacon**. Critique: Revue générale des publications françaises et étrangère, Paris, n. 426, p.956-964, nov., 1982; EWALD, François. **A esquizo-análise**. Dossier Deleuze (org. Carlos Henrique Escobar). Rio de Janeiro: Hólon, 1991, p. 89-92

555 ERIBON, Didier. **Michel Foucault**., p. 44.

556 DELEUZE, Gilles. **Foucault**. Paris: Les Éditions de Minuit, 1986, p. 27. [trad. br. **Foucault**. (trad. Claudia Sant'Anna Martins) São Paulo: Brasiliense, 1988, p. 35.

557 GOYARD-FABRE, Simone. **L'ordre juridique et la question de son fondement dans la philosophie du droit contemporaine en France**. L'évolution de la philosophie du droit en Allemagne et en France depuis la fin de la seconde guerre mondiale. (org. Guy Planty-Bonjour e Raymond Legeais) Paris: Presses Universitaires de France, 1991, p. 105. "Tout dans le droit, comme dans

Destaque-se, que quando Foucault sustenta que as micro-instituições, ou seja, as 'instituições de sequestro', estabelecem sua própria epistemologia, seja a partir da criminologia, seja da psiquiatria ou mesmo da clínica e da pedagogia, acaba por desqualificar a distinção realizada por Marx entre a superestrutura e a infraestrutura, haja vista que o poder, não de modo reflexo como no filósofo alemão, mas de modo inciso, produz-se em relação direta com o poder, e, por conseguinte, acaba por constituir o próprio sujeito. Estas são as palavras do penalista Zaffaroni[558], quando sustenta que não basta a troca de uma estrutura oligárquica ou mesmo capitalista por uma estrutura socialista, visto que o poder e o saber estão ainda mais intrínsecos nas relações sociais.[559] É necessário ressaltar que as críticas de Foucault ao longo da vida, especialmente em Túnis a Marx, muitas vezes lhe renderam a alcunha de um filósofo de direita, segundo Didier Eribon.[560]

Para Foucault, os acontecimentos de maio de 1968 foram fundamentais para a sociedade, entretanto, produziram um duplo aspecto paradoxal: de um lado houve um esforço enorme para colocar na política uma série de questões que antes não tinham o seu devido valor, como a questão feminina, as relações entre os sexos, a medicina, a doença mental, o meio ambiente, a delinquência, etc.; de outro, uma vontade de retranscrever todos os problemas de vocabulário de uma teoria descendente do marxismo, o que, segundo o autor, seria indispensável para a doutrina política, que mostrava suas deficiências em lidar com uma teoria marxista.[561]

l'histoire, est fait de 'coupures, de failles, de béances', de discontinuités et de redistribuitions: bref, il y a en lui plus de vides que de pleins, plus de négations que de positivité." [trad. do autor. "Tudo no direito, como na história, é feito de rupturas, de falhas, de grandes aberturas, de descontinuidades e de redistribuições: em suma, há no direito mais de vazios que de cheios, mais de negações que de positividades."]

558 ZAFFARONI, Eugenio Raúl. **Em busca das penas perdidas: a perda de legitimidade do sistema penal.** (trad. Vânia Romano Pedrosa e Amir Lopes da Conceição) Rio de Janeiro: Revan, 1991, p. 62.

559 Sobre o tema entre Foucault e Marx, há outros textos que explicitam: FOUCAULT, Michel. **De l'archéologie à la dynastique**. Dits et Écrits (org. Daniel Defert et François Ewald). Paris: Gallimard, v. 2, 1994, p. 405-416.; LAZZARATO, Maurizio; NEGRI, Antonio. **Trabalho imaterial: formas de vida e produção de subjetividade**. (trad. Mônica Jesus) Rio de Janeiro: DP&A, 2001, p. 84; BELLOUR, Raymond. **Sur les façons d'écrire l'histoire**. Dits et Écrits (org. Daniel Defert et François Ewald). v. 1 Paris: Gallimard, 1994, p. 585-600; POSTER, Mark. **Foucault, el marxismo y la historia**. (trad. Ramón Alcalde) Barcelona: Paidós, 1987, 228p.

560 ERIBON, Didier. **Michel Foucault** ..., p. 176-177.

561 RABINOW, Paul. **Polémique** ..., p. 595. "M.F. – (...) Il m'a semblé qu'on pouvait y reconnaître des élements tout à fait contradictoires: d'une part, un effort très largement affirmé de poser à la

Poderia, também, abrir-se um tópico à parte para se falar da frutífera relação de François Ewald com Michel Foucault, mas tal como dito em Deleuze, suas teorias têm a marca do trabalho foucaultiano, e impediriam o referido propósito de delimitar o pensamento. É salutar destacar, brevemente, que Ewald, além de aluno de Foucault no *Collège de France*, exerceu uma importante atividade junto ao seu mestre, entre os anos de 1977 e 1980, como assistente titular, sendo posteriormente substituído por Éliane Allo, de 1981 até 1983, quando Foucault já começa a se retirar por causa da doença e das fortes dores de cabeça que sentia. Igualmente, contribui na fundação do *Centre Michel Foucault*, em 31 de maio de 1986, juntamente com outros trinta universitários, tornando-se presidente dela, e com Daniel Defert e Jacques Lagrange compilou as famosas entrevistas e os artigos produzidos ao longo da vida por Foucault nos volumes já tão citados *Dits et Écrits.*

No âmbito acadêmico, certamente poderiam ser sucitadas algumas questões, especialmente no âmbito da filosofia do direito. As teorias de Foucault se apresentam de modo marcante para o discípulo, que, imbuído pelas formulações foucaultianas, procura refletir a filosofia do direito, remetendo-a a um novo campo em que o direito não seria mais institucional, mas discursivo, dinâmico, e exercitado através de práticas, isto é, não uma essência em si mesmo,

politique toute une série de questions qui ne relevaient pas traditionnellement de son domaine statutaire (questions des femmes, des relations entre les sexes, de la médecine, de la maladie mentale, de l'environnement, des minorités, de la délinquance); et, d'autre part, une volonté de retranscrire tous ces problèmes dans le vocabulaire d'une théorie qui relevait plus ou moins directement du marxisme. Or le processus qui s'est marqué à ce moment a conduit non pas à la confiscation des problèmes posés para la doctrine marxiste, mais, au contraire, à une impuissance de plus en plus manifeste du marxisme à affronter ces problèmes. De sorte qu'on s'est trouvé devant des interrogations adressées à la politique sans qu'elles soient nées elles-mêmes d'une doctrine politique. De ce point de vue, une telle libération du questionnement me paraît avoir joué un rôle positif: pluralité des questionnement dans le cadre d'une doctrine politique." [trad. do autor. "Pareceu-me que se podia nele reconhecer elementos totalmente contraditórios: de uma lado, um esforço muito amplamente afirmado de colocar à política uma série de questões que não se destacam tradicionalmente de seu domínio estatutário (questões das mulheres, das relações entre os sexos, da medicina, da doença mental, do meio ambiente, das minoridades, da delinquência); e, de outro lado, uma vontade de restranscrever todos esses problemas no vocabulário de uma teoria que destacava mais ou menos diretamente o marxismo. Ora, o processo que se relevou neste momento conduziu não ao confisco dos problemas postos pela doutrina marxista, mas, ao contrário, a uma impotência cada vez mais manifesta do marxismo em afrontar esses problemas. De tal modo que se encontra diante de interrogações direcionadas à política sem que elas mesmas sejam nascidas numa doutrina política. Deste ponto de vista, uma tal liberação do questionamento me parece ter um papel positivo: a pluralidade de questionamentos no curso de uma doutrina política."]

mas práticas em movimento.[562] Para Ewald, nesse sentido, o direito não existe enquanto tal, mas somente se estiver sendo exercitado, como práticas essencialmente discursivas, de modo que a sua compreensão não pode se restringir a uma interpretação de conceitos vagos, que sejam tão-somente formas genéricas, como, por exemplo, da figura do sujeito de direito, da propriedade, da liberdade, mas sim, devem ser estudados e investigados por um método que os tome na sua dinamicidade, no seu exercício, portanto, uma epistemologia genealógica. Dessa maneira, para Ewald, somente através de uma genealogia é que se pode apreender a dimensão dos institutos jurídicos, quer dizer, para lhes render clareza, é preciso fugir de suas clássicas evidências, é preciso "pensá-los diferentemente", é necessário visualizá-los no seu exercício, o que leva ao entendimento de que o sujeito de direito não é nada se não investido em sua prática de resistência nas relações de trabalho, nos contratos, etc., que a liberdade de nada adianta se não revestida de seu exercício nas obrigações e garantida pelos instrumentos, como o *habeas corpus*, que a propriedade não é simplesmente um direito protegido constitucionalmente, em abstrato, mas tão somente no seu exercício, isto é, se estiver sendo adequadamente utilizada, se estiver, por conseguinte, cumprindo com a sua função social.

Tal como fizera drasticamente Foucault em relação à necessidade de desconstrução do discurso psiquiátrico, que procurou defender para si o estatuto da grande libertação e do modelo terapêutico, Ewald o faz, nas suas proporções, em relação ao discurso jurídico, desestabilizando-o, retirando-lhe as bases mais seguras em que seus institutos permaneceram residindo por anos e séculos. Para tanto, Ewald insiste no fato de que os conceitos jurídicos são sempre vagos e indeterminados, e não podem ser compreendidos senão inseridos na realidade, no caso concreto, quer dizer, estão intimamente ligados às suas práticas, já que não passam de meros reflexos desses exercícios. Dessa maneira, tal o costume de Foucault, Ewald defende que a filosofia do direito deve ser positivista, mas não na teoria do direito propriamente dita, quer dizer, não como uma teoria que hipostasia o fato jurídico e se baseia em rígidos e ingênuos pressupostos: que a realidade seria dotada de exterioridade; que o conhecimento seria a representação idêntica do real; que fatos e valores estariam dissociados; que a sociedade seria regida por leis naturais, invariáveis, independente da vontade e da ação humanas e na vida social reinaria uma harmonia natural; que a sociedade poderia, portanto, ser epistemologicamente assimilada pela natureza, e ser estudada pelos mesmos métodos e

[562] EWALD, François. **L'Etat providence**. Paris: Bernard Grasset, 1986, p. 30.

processos das ciências naturais; que as ciências naturais deveriam limitar-se à explicação causal dos fenômenos de forma objetiva, neutra, livre de juízos de valor ou ideologia, descartando-se todas as noções prévias e os preconceitos; mas sim, nas suas práticas, na busca pela dimensão maior de seu fundamento e de seu exercício.

Para Ewald, o direito tende a se reduzir, tal o pensamento foucaultiano, a uma "técnica", isto é, um meio de dirimir conflitos, que não pode administrar para a si a prerrogativa de um estatuto científico de verdade, quer dizer, o direito, segundo as concepções ewaldianas está submerso a um contingente de práticas, as quais, por conseguinte, não existem senão na "dobra" entre saber e poder, e, portanto, a uma vontade de potência e de saber. De outro lado, Ewald impõe a necessidade que então se demonstrava em 1986 na França, de pensar a filosofia do direito como a própria filosofia, não podendo ser destacada, tal como o é há tempos, posto que se trata não de uma linguagem, uma problemática ou um método específico, mas antes, de uma auto-instituição, tal como expressa em *L'État Providence*[563]. Todavia, como dito, não convém que se vá adiante neste propósito em particular.

Outros pontos de encontro poderiam ser ressaltados, como a questão autobiografada por Barthes, em seu porta-retrato como entendem alguns[564], ao fazer referência à ideia de transgressão sexual, afirmando que a liberação política da sexualidade seria uma dupla transgressão, tanto do político pelo sexual, quanto reciprocamente,[565] o que, de certa maneira, também se aproximaria do pensamento foucaultiano dos anos cinquenta e sessenta. Todavia, deixam de receber, como dito, um tratamento mais vertical, tendo em vista a temática se distanciar significativamente das análises que neste texto se empreendem.

[563] EWALD, François. **L'Etat ...**, p. 27.

[564] MARIN, Louis. **Roland Barthes par Roland Barthes ou l'autobiographie au neutre**. Critique: Revue générale des publications françaises et étrangère, Paris, n. 423-424, p. 735, août/septembre, 1982.

[565] BARTHES, Roland. **Roland Barthes par Roland Barthes**. Paris: Éditions du Seuil, 1975, p. 70. "Libération politique de la sexualité: c'est une double transgression, du politique par le sexuel, et réciproquement. Mais cela n'est rien: imaginons maintenant de réintroduire dans le champ politico-sexuel ainsi découvert, reconnu, parcouru et libéré ... un brin de sentimentalité: ne seriat-ce pas la dernière des transgression? La transgression de la transgression? Car en fin de compte ce serait l'amour: qui reviendrait: mais à une autre place."[trad. do autor. "A liberação política da sexualidade é uma dupla transgressão: do político pelo sexual e reciprocamente. Mas isso não é nada: imaginemos agora reintroduzir no campo político-sexual assim a descoberta, reconhecida, percorrida e liberada .... um toque de sentimentalidade: isso não seria a última das trangressões? A transgressão das transgressões? Pois no final isso seria o amor: que retornaria: mas num outro lugar."]

## 4.1. Max Weber, a condução da vida e do poder

Apenas meio século separa a produção de dois grandes intelectuais da cultura europeia, que apesar de não muito distantes no tempo e nos questionamento teóricos, presenciaram momentos históricos distintos, nos quais um vivenciou a reunificação da Alemanha, antes mesmo das grandes guerras mundiais, outro, quase a reunificação da Alemanha e das potenciais mundiais, ocorridas pouco depois de sua morte.

Max Weber e Michel Foucault constituem paradigmas teóricos nas Ciências Humanas, mas muito além disso, foram pensadores que ultrapassaram a dimensão do teórico, a dimensão do estritamente conjectural, para ingressarem no campo das imperfeições das ações humanas, das descrenças e das imprevisões, em suma, dos modos e da operação da racionalização e do poder nas sociedades modernas e contemporâneas.

Representam, cada um ao 'seu gosto', formas de se interpretar os processos de racionalização e disciplina operadas na sociedade, modelos de análise das relações intersubjetivas, espectros de investigações sobre a função do intelectual e da condução dos homens em suas diversas manifestações.

Muitos autores da atualidade sustentariam a imperfeita e inviável relação que se poderia estabelecer entre Foucault e Weber, outros, quando muito sustentariam a sua total oposição, sobretudo quando partem de alguns únicos aspectos, reducionistas e legitimadores metodológicos. Entretanto, poucos, de forma profícua e acurada, perceberiam que a relação entre estes autores é inevitável, desde seus argumentos mais distantes, nos quais o desencontro refuta qualquer tentativa de aproximação, até pontos de convergência, nos quais o diálogo, mesmo que tácito, ressalta evidências e coerências quantos aos questionamentos maiores da filosofia.

Certamente não se poderia estabelecer uma perfeita análise da obra de Foucault e dos escritos de Weber, especialmente, levando-se em conta que Weber jamais conheceu Foucault, e que este raríssimas vezes fez referências ao intelectual de Heiddelberg, mas isso não poderia impedir o relato e a interpretação de um indispensável capítulo da história do pensamento humano.

Alguns pontos teóricos levam à total discordância entre os dois autores, outros, no entanto, esboçam terem ambos as mesmas preocupações com o mundo, sobretudo, com a direção da vida. Eis a chave de abertura deste campo solitário, por vezes reportado infecundo, que permite estabelecer uma correlação entre Weber e Foucault.

É precisamente a partir da compreensão da condução da vida, juntamente com a história da ciência moderna, que motivou Weber a entender o desenvolvimento da humanidade, como bem ressalta Francisco Ortega[566]. Igualmente, sob outros caminhos teóricos, preocupou-se Foucault, a partir de sua análise sobre o governo.

Diametralmente opostos, Foucault e Weber se distanciam quanto à concepção de poder, de racionalização,[567] de valores, de ética, de ação política, e, principalmente, de Estado, contudo, o encontro pode ser estabelecido sutilmente a partir da compreensão da burocracia, dos processos disciplinares, da ideia de resistência, e, efetivamente, a partir de um tema em comum, que motivou ambos os autores ao longo de suas existências, ou seja, as tecnologias do governo, a *Lebensführung*.[568]

[566] ORTEGA, Francisco. **Amizade e estética da existência em Foucault**. Rio de Janeiro: Graal, 1999, p. 48.

[567] FOUCAULT, Michel. **Table ronde du 20 mai 1978**. Dits et Écrits (org. Daniel Defert et François Ewald). Paris: Gallimard, v. 4, 1994, p. 26-27. "Si on appelle 'webériens ceux qui ont voulu relayer l'analyse marxiste des contradictions du capital par celle de la rationalité irrationnelle de la société capitaliste, je ne crois pas que je sois webérien, car mon problème n'est pas, finalement, celui de la rationalité, comme invariant anthropologique. (...) Je ne pense pas que votre comparaison avec Max Weber soit exacte. On peut dire schématiquement que l''ideal type' est une catégorie de l'interprétation historienne; c'est une structure de compréhension pour l'historien qui cherche, après coup, à lier entre elles un certain nombre de données: elle permet de ressaisir une 'essence' (du calvinisme, ou de l'État, ou de l'entreprise capitaliste) à partir des principes généraux qui ne sont pas ou plus présents à la pensée des individus dont le comportement concret se comprend cependant à partir d'eux. Quand je m'efforce d'analyser la rationalité propre à l'emprisionnement pénal, ou à la psychiatrisation de la folie ou à l'organisation du domaine de la sexualité, et que j'insiste sur le fait que, dans leur fonctionnement réel, les institutions ne se bornent pas à dérouler ce shcéma rationnel à l'état pur, est-ce que c'est là une analyse en termes de type idéal? Je ne pense pas, pour plusieurs raisons." [trad. do autor. "Se se chamam weberianos os que quiseram substituir a análise marxista das contradições do capital pela da racionalidade irracional da sociedade capitalista, eu não penso que eu seja weberiano, pois o meu problema não é, finalmente, aquele da racionalidade, como invariante antropológico (...) Eu não acho que a sua comparação com Max Weber seja exata. Pode-se dizer, esquematicamente, que o 'tipo ideal' é uma categoria da interpretação historiadora, é uma estrutura de compreensão para o historiador que busca, em seguida, ligar entre elas um certo número de dados: ela permite retomar uma 'essência' (do calvinismo, ou do Estado, ou da empresa capitalista) a partir dos princípios gerais que não estão, ou não estão mais, presentes no pensamento dos indivíduos, cujo comportamento concreto se compreende, entretanto, a partir destes. Quando eu me esforço em analisar a própria racionalidade no encarceramento penal, ou na psiquiatrização da loucura, ou na organização do domínio da sexualidade, e que eu insisto sobre o fato que, no seu funcionamento real, as instituições não se limitam a desenrolar este esquema racional no seu estado puro, seria isto uma análise em termos de tipo ideal?"]

[568] HONNETH, Axel. **Einleitung zur philosophisch-soziologischen diskussion um Michel Foucault**. Ethos der Moderne: Foucaults Kritik der Aufklärung. (org. Eva Erdmann, Rainer Forst

A direção da vida manifesta-se em Weber, como enfatiza Ortega, nas obras *Wirtschaft und Gesellschaft*, mas, principalmente, em sua obra de peso para a história ocidental, *Die Protestantische Ethik und der Geist des Kapitalismus*, na qual a organização racional do trabalho, as ideias de predestinação, trabalho, hábito e vocação, operadas pela ascese protestante, mostraram-se como a verdadeira essência do surgimento do capitalismo ocidental, a nova direção da vida do homem e da sociedade moderna.

De outro compasso, Foucault se preocupou com as tecnologias de governo, sobremaneira após o des-dobramento de sua analítica do poder confeccionadas nos últimos anos de sua vida; indagou-se sobre a repressão propiciada pelas instituições, mas, ainda mais, questionou-se sobre a autoconstituição subjetiva no espaço de liberdade, até chegar à sua saída principal, que, se em Weber foi a formação de um modo de viver consciente, de uma responsabilidade quanto às consequências de suas ações, de uma personalidade autêntica resistente à lógica do cotidiano, para ele foi a formação de personalidades que não permitissem que as relações de poder se transformassem em estados de dominação, foi, enfim, a opção pela ética da amizade.

O aporte surge, desse modo, da preocupação esboçada em ambos, de compreender a dominação subjetiva na sociedade, a especial servidão, a criação de processos disciplinares afim de garantir o avanço estatal, a opção pela liberdade de escolha humana, e não simplesmente política, de uma liberdade de consciência na constituição de uma ética própria, em suma, da autojustificação da condução consciente da vida.

Preocupado com a sociologia política, na qual insere o estudo das religiões, do direito e dos modos de dominação, Max Weber procura compreendê-la a partir do fenômeno moderno e ocidental que denominou de racionalização. Pelo parâmetro da racionalização, e não meramente das estruturas materiais do capitalismo, pode-se dizer que Weber se orientou ao longo da vida pela busca da compreensão racional do mundo, isto é, em especial pelo entendimento da lógica e da racionalidade que o mundo moderno consagrou às concepções de mundo e às práticas sociais, denominadas por ele de *Lebensführung* (condução da vida).[569]

Deixando-se de lado, aqui, as possíveis concepções de racionalidade que se orientem para um aspecto técnico-científico, ou mesmo para um aspecto

e Axel Honneth) Frankfurt: Campus Verlag, 1990, p. 22-23.

569 COLLIOT-THELENE, Catherine. **Max Weber e a história**. (trad. Eduardo Biavati Pereira) São Paulo: Brasiliense, 1995, p. 74.

ético-metafísico, por tratarem-se de compreensões certamente necessárias, mas fugidias ao escopo destas linhas, a racionalidade que Weber visualiza na *Lebensführung*, isto é, uma racionalidade com referência a comportamentos práticos, pode ser compreendida como a capacidade do mundo moderno de dominar a realidade através da precisão das condutas, do cálculo, da adequação dinâmica entre meios e fins, da previsibilidade, da espacialização cartografada das práticas sociais, que em sentido genérico, como bem ressalta Katie Argüello, permite dominar a realidade dentro e fora do homem, na busca de uma conduta de vida metódica.[570]

Para Weber, o surgimento do capitalismo moderno só foi possível em virtude de uma compreensão dos fundamentos religiosos da conduta racional da vida, isto é, uma espécie de racionalização da personalidade, uma interiorização de concepções de mundo e de valores. Entenda-se aqui, por racional, a conduta da vida como um tipo ideal de comportamento, cujo significado maior é sempre relativo a um outro modelo afirmado[571]. Para tanto, Weber vai buscar compreender este modo de direção racional da vida a partir da influência significativa e decisiva da ética e da ascese protestante, em especial do calvinismo, na constituição do capitalismo.

Na obra *Die Protestantische Ethik und der Geist des Kapitalismus*, afirma Weber que o espírito do capitalismo se fundamentou em alguns princípios, os quais embasaram a consciência e a atitude dos que se revestiam dessa maneira de pensar. Tais princípios, como: honestidade nos negócios, pontualidade no trabalho, a laboriosidade, a frugalidade e a ética nas relações comerciais, constituíram, para quem estava inserido neste espírito, não apenas virtudes, mas tipos de conduta necessários ao seu desenvolvimento. Vê-se, aqui, além da industriosidade e da inexistência de créditos como princípios informantes do sistema, a preocupação com o modo de direção de vida imposto pelo capitalismo.

Para Weber, o espírito do capitalismo seria caracterizado pela obtenção interminável de riqueza, pelo afastamento do gozo espontâneo da vida, pela satisfação material (princípio orientador) e pela destituição do caráter hedonista da vida. Entretanto, essa ética capitalista, e este modo de dirigir a vida, somente teriam sido realizáveis, em virtude da ascensão da ascese calvinista. A ética calvinista, que teria trazido as bases ao modelo capitalista,

[570] ARGÜELLO, Katie Silene Cáceres. **O ícaro da modernidade: direito e política em Max Weber**. São Paulo: Acadêmica, 1997, p. 69-70.
[571] ARGÜELLO, Katie Silene Cáceres. **O ícaro da ...**, p. 78.

fundamentava-se no dever profissional; na visão do trabalho como forma de se chegar à perfeição, a Deus; na exclusão do ócio, da sensualidade e do sono como formas de não se atingir à glória de Deus. "toda hora perdida no trabalho redunda uma perda de trabalho para a glorificação de Deus... a perda de tempo, portanto, é o primeiro e o principal de todos os pecados."[572] Foi uma ética que propôs a ideia de vocação (*Beruf*) e de valorização do trabalho, bem como da inevitabilidade do acúmulo de capital e da riqueza, pois, segundo tal entendimento, o trabalho duro e constante seria o único meio necessário para se chegar mais próximo de Deus... "o trabalho constitui, antes de mais nada, a própria finalidade da vida."[573] Cria-se, então, um novo modo de conduzir a vida, como bem ressalta Jessé de Souza ".... a noção de vocação ganha, assim, um novo entendimento, na medida em que passa a contar como sinal da salvação a partir do desempenho diferencial. O objetivo da salvação e o caminho da salvação passam a exercer uma influência recíproca de forma a propiciar uma condução de vida metódica religiosamente determinada"[574].

Tanto a divisão, quanto a especialização do trabalho seriam decorrentes dos planos divinos, segundo o calvinismo. A vocação para o trabalho era predestinada por Deus, de modo que o indivíduo que estivesse fora de sua vocação natural "gasta mais tempo na vadiagem do que no trabalho."[575] Ao homem sem ofício, seja ele pobre ou rico, faltaria o caráter sistemático e metódico, consequência do trabalho humano. Mudar de ofício não era condenável, desde que estivesse apoiado numa reflexão e numa vontade de Deus. "Querer ser pobre, como repetidas vezes... era reprovável do ponto de vista ... de Deus."[576]

Portanto, a ética protestante legitimou e deu fundamento, segundo Weber, para certos princípios do capitalismo. A conduta ascética dos puritanos, como a aversão ao esporte, a indisciplina e o impulsivo ao gozo, às artes, à superstição, era a maneira de agradar a Deus, e logo, coadunou com as ideias daquele incipiente capitalismo. Ademais, havia, como Weber destaca, a teoria da predestinação, segundo a qual alguns homens seriam eleitos para a vida eterna, e outros se deixariam à morte, todos escolhidos por Deus, portanto, quem o

[572] WEBER, Max. **A ética protestante e o espírito do capitalismo**. (trad. M. Irene de Q. F. Szmrecsányi e Tamás J. M. K. Szmrecsányi) 2 ed. São Paulo: Livraria Pioneira, 1981, p. 112.

[573] WEBER, Max. **A ética protestante** ..., p. p.113.

[574] SOUZA, Jessé de. **A ética protestante e a ideologia do atraso brasileiro**. *in* O malandro e o protestante: a tese weberiana e a singularidade cultural brasileira. (org. Jessé de Souza) Brasília: Edumb, 1999, p. 27.

[575] WEBER, Max. **A ética protestante** ..., p. 115.

[576] WEBER, Max. **A ética protestante** ..., p. 116.

agradasse, fosse pelo sucesso econômico, fosse pela dedicação metódica ao trabalho, teria sua chance de ser escolhido, e obter a salvação eterna.

Nesse sentido, dizia Weber que o homem era apenas um guardião dos bens que lhe foram confiados pela graça de Deus, não lhe sendo, pois, nem um pouco imaginável gastar o que quer que fosse sem uma finalidade. O acúmulo de riqueza era necessário, segundo a ética puritana, uma vez que evitava gastos sem utilidade, e, havia no puritanismo uma luta contra as tentações da carne e a dependência dos bens materiais, para evitar o uso irracional da riqueza. Instituía-se ao capitalismo, desta maneira, um modo de conduzir a vida racionalizado no trabalho, na glorificação de suas conquistas, que privilegiou a riqueza, a honestidade, a vocação, a renúncia aos prazeres, a disciplina e o esforço profissional como formas de se chegar a Deus; o que, reflexamente, permitiu o desenvolvimento e a expansão do espírito do capitalismo.

De outra parte, a partir deste fenômeno da racionalização, que Weber bem destaca na condução racional da vida, expressado pelo agir humano no ambiente capitalista, pode-se perceber, já numa racionalização da sociedade, que outros conceitos ganham relevo, sobretudo, o conceito de burocracia. Por burocracia pode-se compreender a dominação racional em virtude de conhecimento, ou seja, um conhecimento racional e profissional dos fatos e de interesses, que tendem ao nivelamento no recrutamento de profissionais mais qualificados, à plutocratização na extensão da qualificação profissional, e à impessoalidade, conceito de dever sem considerações pessoais, isto é, deveres formalmente iguais para cada um que efetivamente se encontra em mesma posição, uma espécie de progresso da 'burocracia das massas', em suma, uma organização social baseada em uma orientação *Zweckrational*, consistente num dos critérios de opção da ação humana baseada na expectativa de comportamento de objetos da situação externa e de outros indivíduos. Deste modo, a burocracia constitui-se por um espírito formalista, isto é, a busca de proteção de oportunidades pessoais de vida, e pela execução materialmente utilitarista de tarefas administrativas.[577]

Como ressaltam as compreensões weberianas, a administração burocrática e seu desenvolvimento constitui "a célula germinativa do moderno Estado ocidental"[578], ela é inevitável para a administração das massas, na qual podem ser inseridos pessoas e objetos. Nesse sentido, o aparelho burocrático, oriundo

[577] WEBER, Max. **Economia e sociedade**. (trad. Regis Barbosa e Karen Elsabe Barborsa) v. 1. Brasília: Edunb, 1991, p. 147.

[578] WEBER, Max. **Economia e** ..., p. 146.

deste processo de racionalização da sociedade, em que a formação da empresa capitalista se vincula à constituição do estado, entende Weber, mostrou-se como o elemento indispensável para a ação política nas sociedades ocidentais, isto porque, sendo essencialmente superior às demais formas de organização, carrega consigo a enorme capacidade de gerir e administrar as populações.

Desta análise da organização burocrática do capitalismo moderno, certamente ressalta uma compreensão de poder muito peculiar destacada por Weber, ou seja, um poder orientado em sua verticalidade, que estabelece hierarquia de comandos, posições e especializações; um poder que se exerce seja na forma carismática (crença afetiva às características exemplares de uma pessoa, à qual atribuem poderes e qualidades sobrenaturais, extracotidianas, exercida pelo grande profeta ou pelo grande demagogo)[579], seja na forma tradicional (crença na beatitude dos costumes e da organização dos poderes presentes nas sociedades medievais, crença na santidade de ordens e poderes senhoriais 'existentes desde sempre')[580], ou seja na forma legal (crença na validade de um estatuto jurídico-legal, crença na impessoalidade e na racionalidade da instituição de todo o direito)[581], baseado sempre na figura de uma instituição, e, por isso, um poder que pode ser qualificado como institucional.

Afirma Weber que a forma burocrática é a forma mais racional do exercício da dominação, sobretudo, porque através dela é possível alcançar-se tecnicamente o máximo de rendimento em virtude de precisão, continuidade, disciplina, rigor e confiabilidade, ou seja, "calculabilidade tanto para o senhor quanto para os demais interessados, intensidade e extensibilidade dos serviços, e aplicabilidade formalmente universal a todas as espécies de tarefas."[582]

É por isso que Weber fala em "autoridade institucional", isto é, um complexo de forças corporificadas ou institucionalizadas que se pautam num exercício contínuo, vinculado a determinadas regras, com funções oficiais que se destinam, muitas vezes (mas nem sempre) com poder de mando, a fixar limites

579 WEBER, Max. **Economia e** ..., p. 155-156. "... Denominamos carisma uma qualidade pessoal considerada extracotidiana (na origem, magicamente condicionada, no caso tanto dos profetas quanto dos sábios curandeiros ou jurídicos, chefes de caçadores e heróis de guerra) e em virtude da qual se atribuem a uma pessoa poderes ou qualidades sobrenaturais, sobre-humanos ou, pelo menos, extracotidianos específicos ou então se a toma como enviada por Deus, como exemplar e, portanto, como lider."

580 WEBER, Max. **Economia** ..., p. 148. "... Denominamos uma dominação tradicional quando sua legitimidade repousa na crença na santidade de ordens e poderes senhoriais tradicionais (existentes desde sempre)."

581 WEBER, Max. **Economia e** ..., p. 142.

582 WEBER, Max. **Economia e** ..., p. 142. "

de condutas e de meios coercitivos para normalizá-las, emprestando aqui, o termo foucaultiano, representado ora pelas grandes empresas privadas, ora pelos partidos, pelos exércitos, pela igreja, pelos ministros de estado, pelo presidente, e até mesmo, pelo Estado.[583]

A burocracia estatal do capitalismo moderno, sendo o modo mais puro de dominação legal[584], tem como escopo primordial a organização e a administração do poder, uma espécie de instrumentalidade do agir racional dirigido a fins e não a valores, ou seja, um constituição da racionalidade formal. Esta racionalidade que se mede não pelas exigências éticas, políticas, utilitaristas ou igualitárias, mas pela ideia de calculabilidade, de eficiência, de maior previsibilidade, de objetividade, e, por conseguinte, de desumanidade, levou Weber, segundo Katie Argüello[585], a uma visão pessimista de que mesmo o processo de democratização na condução social da vida tenderia a uma maior burocracia, e, consequentemente, a uma aniquilação da liberdade e da autonomia individual de poder escolher o sentido de seu agir, do seu ser, e a construção de sua própria personalidade.

É nessa perspectiva, que Weber em seu texto *Die Politik als Beruf*, tendo também como tema central a preocupação da condução racional da vida do homem no campo político, analisa a importância do aparto burocrático nas formações políticas, e, sobretudo, prove a constituição de uma personalidade essencial à política, que paute suas condutas segundo valores supremos, e não somente em valores individuais.

Segundo Weber, diferentes tipos de sociedade apresentam distintas formas de liderança política, e a manutenção dessas lideranças depende de organizações administrativas que realizem a "expropriação" política. Tais organizações são as que determinam a "racionalidade" do sistema político, isto é, são elas as responsáveis pelo monopólio do poder de uma sociedade. Nesse sentido, a

583 WEBER, Max. **Economia e ...**, p. 142. "Autoridade institucional existe, neste sentido, naturalmente em grandes empresas privadas, partidos, exércitos, do mesmo modo que no Estado e na igreja. Assim, também, no sentido desta terminologia o presidente eleito do Estado (ou o colégio dos ministros ou dos representantes do povo eleitos) é uma autoridade institucional. Nem toda autoridade institucional tem poderes de mando neste mesmo sentido."

584 WEBER, Max. **Economia e ...**, p. 142. "A dominação legal pode assumir formas muito diversas, das quais falaremos mais tarde em particular. Limitar-nos-emos, em seguida, à análise típico-ideal da estrutura de dominação mais pura dentro do quadro administrativo: do funcionalismo, ou seja, da burocracia."

585 ARGÜELLO, Katie Silene Cáceres. **O mundo perfeito: nem possível, nem desejável. Ética e racionalidade na sociologia jurídica de Max Weber.** *in* O malandro e o protestante: a tese weberiana e a singularidade cultural brasileira. (org. Jessé de Souza) Brasília: Edumb, 1999, p. 169.

racionalidade de semelhantes organizações depende, antes de tudo, de uma distinção entre "viver para a política" e "viver da política"[586].

Essa distinção ajuda levar Weber a compreender as motivações da ação política, pois nessa linha, a racionalidade aumenta na medida em que ocorre uma diferenciação de *status*, de papéis, além de uma especialização funcional das organizações administrativas. A diferenciação ocorre quando há uma especialização entre a administração (que deve ser exercida sem fúria e com dedicação) e a liderança política (cuja ação é por natureza, fundamentada na ira e no gosto pela política). Com esta ideia de especialização, os critérios de alocação de *status* deixam de ser plutocráticos e passam a se basear no desempenho e no conhecimento especializado.

No que tange à vocação política, Weber se propõe a estudá-la em si mesma, além dos sentimentos sobre os quais ela se manifesta. Primeiramente, pode-se perceber que Weber entende que o conceito de política resulta numa concepção bastante ampla e abrangeria todas as espécies de atividade diretiva autônoma. Por isso, é que trata apenas da política como a direção do agrupamento político denominado Estado, o qual não se deixa definir pelos seus fins, mas apenas pelo meio de direção que lhe é próprio, qual seja, o monopólio da coerção física, isto quer dizer que a sua relação de dominação se baseia na violência legitimada. Consequentemente, a política também se definirá como a atividade ou luta pelo poder no âmbito do Estado.

Tem-se, deste modo para Weber, que o Estado é uma associação política relativa ao poder, ou seja, fundada numa relação de dominação do homem sobre o homem, através de um quadro administrativo burocrático, o qual se torna o único detentor legítimo da coerção física, que, em suma, leva ao entendimento de que a atividade política seria a transferência ou a manutenção deste poder. Mas essa dominação para existir, como já *supra* mencionado, fundamenta-se em três princípios de legitimidade ou três formas "puras" de poder: o poder tradicional, o poder carismático e o poder racional-legal.

Desse modo, a política como vocação, em Weber, nada mais é do que uma forma carismática de dominação (própria do Ocidente é a figura do livre "demagogo"). Mas o fator decisivo da dominação não reside apenas ou somente no fato do carisma, ela está centrada na natureza dos meios de que dispõem os homens políticos, independente do seu tipo de dominação. Sendo assim, "...a dominação organizada, necessita, por um lado, de um estado-maior

[586] WEBER, Max. **A política como vocação.** Ensaios de Sociologia. (trad. Waltensir Dutra) Rio de Janeiro: Zahar, 1987, p. 102.

administrativo (em que a obediência aos detentores do poder baseia-se, além das concepções de legitimidade, na retribuição material e prestígio social), e por outro lado, necessita dos meios materiais de gestão"[587]. A partir destas características, pode-se perceber duas categorias de administrações: uma, em que o estado-maior e os funcionários são subordinados ao poder estabelecido, mas detêm os bens materiais; outra, o estado-maior e funcionários são expropriados destes bens, passando a administração ao domínio pessoal do chefe. É nesta última categoria que se alia o Estado burocrático, base do Estado moderno. Tem-se então que a origem do Estado Moderno está em relação com aquela "expropriação", na direção de todo o aparato estatal concentrado em torno do soberano.

Este processo de expropriação, juntamente com o monopólio da violência legítima, caracteriza o Estado moderno, que ao longo de seu desenvolvimento, possibilitou o aparecimento dos "políticos profissionais", cuja principal atividade é a política não ocasional, isto é, são os que vivem 'da política' e não 'para a política' . A diferença está basicamente no fato de se fazer da política uma fonte de renda (que é o caso dos profissionais).

Remontando às origens dos políticos profissionais percebem-se traços característicos que tornaram possível separar os seus principais tipos. Inicialmente, têm-se os *clérigos* (essencialmente contratados por saberem ler e por não estarem comprometidos com as ordens às quais o príncipe se opunha); os *letrados de formação humanística* (que obtiveram êxito político somente na China); a *nobreza da corte;* o *patriciado* (na figura inglesa de *gentry*, preservaram a Inglaterra da burocratização ao assumirem todos os encargos da administração); os *juristas* (tipo ocidental peculiar, determinaram toda a estrutura política europeia na sua forma estatal racional). E, própria do Ocidente, tem-se a figura do *demagogo*, representado pelo publicista político e, particularmente, pelo jornalista.

O destino político dos jornalistas não se caracteriza pela fácil ascensão ao poder. Devido à sua dependência aos limitados recursos monetários que a profissão oferece, o jornalista perde, cada vez mais, sua influência política. Entretanto, esta carreira é ainda uma das vias mais importantes da atividade política profissional (devido ao seu campo de ação, de possibilidades de influência e de responsabilidade).

Por fim, há a figura do *funcionário de partido político*. Esta figura é a que mais claramente irá representar o indivíduo que vive 'da política' não-ocasional

[587] WEBER, ax. **A política como vocação** ..., p. 108.

com posições fixas dentro dos partidos (que começaram a sentir a necessidade de uma maior coesão no interior dos partidos, democratizando, então, a participação nas decisões gerais). Aparece a figura dos "permanentes" e das personalidades dominantes em detrimento do antigo sistema de influência dos homens em prol nas decisões, e da condução do programa e conduta pelos grupos parlamentares. Deve-se citar então, o fato da existência de um poder "carismático" na estrutura do partido, incorporado pelas personalidades dominantes (o chefe).

Deste modo, pode-se perceber que, para Weber, a estrutura partidária varia entre o domínio do chefe e o domínio do corpo de funcionários, e que estes domínios estão baseados na vocação (carisma) e na burocratização respectivamente. A partir desta diferenciação, tem em vista, como exemplo o modelo de administração política da Alemanha.

Este modelo, consoante Weber, baseia-se em três aspectos principais: a impotência do Parlamento, no sentido da falta de uma personalidade de chefe duradoura, a grande importância do funcionário de carreira, ou seja, o político burocrata, e o princípio de alguns partidos de se manterem minoritários, constituindo um obstáculo à 'parlamentarização'. Assim, o destino dos políticos profissionais neste país limita-se a papéis subalternos, burocráticos, reforçando a dominação dos funcionários sem vocação.

Este exemplo demonstra as decepções a que está sujeito aquele indivíduo que tem a atividade política como vocação. Assim, para perseverar neste caminho, que, além das decepções, encerra o sentimento do poder e da influência na História, somente os possuidores das qualidades que Weber enumera, quais sejam: a paixão ou, a total dedicação à causa que se deseja realizar; o senso de responsabilidade, que complementa a paixão; e, a noção de proporção, que determina que "faz-se política usando a cabeça e não as demais partes do corpo"[588]. Além disso, há a necessidade de se lutar contra o maior inimigo do homem político que é a vaidade. É ela que o conduz às exaltações do ego, que resulta numa desesperada busca do "poder pelo poder", como meio de colocar-se em primeiro plano. É o que acontece quando há falta de senso de responsabilidade e de paixão por uma causa (ou melhor, há uma paixão de causa, mas a de si próprio).

Questões essas que dão ensejo à discussão da ética na atividade política. Inicialmente, para Weber há a afirmação de que toda atividade, que se orienta segunda a ética, pode ser enquadrada ou como ética de convicção, ou como

[588] WEBER, Max. **A política como vocação** ..., p. 141.

ética de responsabilidade. Pela primeira tem-se o individuo que, por um sentimento de obrigação para com uma causa, age sem cogitar das consequências do seu ato, é quase que a posição da clássica máxima de que 'os fins justificam os meios'. Já na outra, o individuo avalia os melhores meios para atingir seu objetivo, levando em conta as consequências e a sua responsabilidade para com outras pessoas.

Como bem ressalta Katie Argüello, "a 'ética da convicção' é uma ética do 'tudo ou nada'. Trata-se da ética do sermão da montanha, fundada somente na dimensão valorativa dos objetivos, na 'pureza das intenções', sem se importar com as condições objetivas para a realização da causa. É uma ética a-histórica e a-cósmica por estar descontextualizada e, portanto, indiferente às particularidades de conjuntura às quais a política está submetida. Ela não se importa com o resultado da ação; se algo der errado, atribuirá a responsabilidade ao mundo ou à vontade de Deus, e não ao agente da ação. A 'ética da responsabilidade', por sua vez, é compatível com a atividade política. Admite a violência como o instrumento específico da política, expondo-se às consequências, muitas vezes incontroláveis, que tal instrumento possa acarretar. Ela reúne racionalidade orientada a fins e valores e o cálculo das conseqüências."[589]

Como o principal meio de ação política é a violência legítima, os indivíduos que se habilitam neste campo, por mais nobres que sejam os fins que desejam alcançar, irão estar sujeitos às consequências do instrumento utilizado, que é a violência. Neste sentido, por se valer de um meio em que a "moral" considera como "ilícito", o político convicto, por mais que vise a nobres resultados, não conseguirá justificar seus métodos pelo fim a atingir. Então, neste caso, aquele que deseje a salvação da própria alma, deve evitar os caminhos da política, que por vocação, só pode realizar suas tarefas através da violência.

Weber vê, então, na união destas duas éticas o ideal caminho do verdadeiro homem político, da real vocação política. Pois, ao mesmo tempo em que se vale de uma forte convicção para alcançar um objetivo, tem a noção da responsabilidade no sentido de, consciente dos meios utilizados, poder arcar com as consequências de seus atos não colocando a culpa de qualquer desastre, na irracionalidade do mundo.

Diante dessa envergadura do aparato burocrático no Estado Moderno, é que Weber, às avessas do otimismo iluminista de uma ideia de progresso, encontra uma possível saída, a necessidade da formação de um modo de viver consciente, de uma responsabilidade quanto às consequências de suas ações,

[589] ARGÜELLO, Katie Silene Cáceres. **O mundo perfeito...**, p. 147.

de uma personalidade autêntica resistente à lógica do cotidiano, à "gaiola de aço" das instituições burocráticas, de uma neutralidade axiológica, enfim, de uma *Lebensführung* orientada pela liberdade de escolha e do agir.

Certamente a crise burocrática do estado moderno, supra mencionada, e a saída encontrada por Weber, estão longe de possibilitar uma aproximação com as teorias do poder de Foucault. Weber afirma que, em virtude da essencial superioridade da burocracia como instrumento para lidar com as massas no estado moderno, esta ganha especial autonomia em relação ao campo da política, o que compromete o desenvolvimento do próprio estado e dos administrados. O perigo da perda da liberdade levou Weber a compreender que a saída seria o confronto da burocracia estatal em correlação com a burocracia privada, e a burocracia estatal e o Parlamento, pois isto permitira conter a tendência à burocratização excessiva do Estado.

É, portanto, como bem destaca Katie Argüello, a partir de uma concorrência dinâmica e da possibilidade de luta, exceptuando-se a reserva do monopólio da violência legítima ao Estado, que se poderia conter a burocratização. Saída essa que Weber, na Alemanha fragilizada pela primeira guerra, propõe a escolha de um presidente, um líder carismático, detentor de um poder de mando incondicionado, que fosse, então, capaz de romper com a burocracia e as resistências parlamentares.[590] Eis aqui a saída proposta por Weber que permite distanciá-lo ainda mais de Foucault, porque para este autor jamais se poderia pensar na escolha de um líder carismático, que detivesse o poder, pois o poder, a despeito da existência de um uma formação jurídico-discursiva presente nas estruturas estatais, é um conjunto de relações de forças, dispersas nas práticas, que não se encontra instituído ou localizado num lugar privilegiado, mas disseminado em toda a estrutura social, a tal ponto de jamais ser possível defini-lo, nem sequer determiná-lo, pois "são múltiplos, num espaço onde as atividades, as tensões, os conflitos, são numerosos, onde eles se desenvolvem de acordo com várias dimensões, e onde os equilíbrios são obtidos por meio de transações variadas."[591]

De outro lado, a análise de Weber da Alemanha burocrática de Weimer permite Foucault presenciar o surgimento de uma política estatal, capaz de monitorar as condições de vida da população, através de um aparato médico-policial e de um aparato administrativo. Nessa linha, nos anos de 1978/1979, Foucault confere aos seus ouvintes no *Collège de France* um curso sobre o Nascimento da

[590] ARGÜELLO, Katie Silene Cáceres. **O ícaro da ...**, p. 36-37.

[591] FOUCAULT, Michel. **História da Sexualidade I**. 3 ed. Rio de Janeiro: Graal, 1980, p. 89.

Biopolítica, a que dá o sentido de um instrumental discursivo e prático pelo qual se buscou já no século XVIII racionalizar os problemas que se expuseram às práticas governamentais, em razão de uma determinada 'biblioteconomia' dos fenômenos particulares de uma dada comunidade, tais como: critérios e anagramas sobre saúde, higiene, natalidade, raças, empregos/desempregos, mortalidade.

Nessa linha, Foucault passa a compreender o poder sob um novo espectro, mais dinâmico, mais intenso, mais perceptível, enfim, mais visível se assim pudesse ser qualificado, não, evidentemente, no sentido literal de sua raiz; isto é, um poder que se transfigura no conceito de "governo". É sobre esse tema que Foucault vai tratar no curso do biênio 1979/1980, cujas características já se esboçavam nos anos precedentes. Traçando linhas gerais, que adiante serão interrogadas com mais cautela e profundidade, é possível entender que Michel Foucault passa a dar ao conceito de governo o conteúdo de um conjunto de técnicas, de dispositivos, de arquivos e de procedimentos que objetivam abranger, controlar e direcionar a condução da vida dos homens.

Nasce, com isso, uma visão de poder não mais como simples normalização de condutas particulares, mas um poder que se insere nos corpos, nos seus gestos, nas suas atitudes concretas, no seu comportamento cotidiano, sobretudo, como um arsenal teórico e estatístico que permite ao Estado controlar uma determinada coletividade, mediante o conhecimento de dados específicos; nasce, portanto, a concepção de biopoder. Nesse sentido, afirma Foucault numa entrevista concedida a Alessandro Fontana e P. Pasquino, em junho 1976, quando perguntado sobre a possibilidade de se estabelecer a relação entre os dois corpos: o corpo molar da população e os micro corpos dos indivíduos: "A partir dos séculos XVII e XVIII, viu-se nascer um poder que começou a se exercer através da produção e da prestação. Ele procurou obter dos indivíduos, nas suas vidas concretas, prestações produtivas. E, para isto, foi necessário realizar uma verdadeira incorporação do poder, no sentido que ele teve de chegar até os corpos dos indivíduos, nos seus gestos, nos seus comportamentos cotidianos; daí a importância de proceder como as disciplinas escolares, que conseguiram fazer do corpo das crianças um objeto de manipulação e de condicionamentos bastante complexos. Mas, de um outro ponto de vista, essas novas técnicas de poder deviam dar conta dos fenômenos da população. Brevemente, tratar, controlar, dirigir a acumulação dos indivíduos (um sistema econômico, que favorecia a acumulação do capital, e um sistema de poder, que comandava a acumulação dos homens, tornaram-se, a partir do século XVII, dois fenômenos correlativos e indissociáveis um do outro); daí a aparição dos problemas de demografia, de saúde pública, de higiene, de moradia, de longevidade, de fecundidade..."[592]

Para Foucault, especialmente a partir do texto *La Naissance de La Medecine Social* (1974), quando analisa a evolução da medicina social na Alemanha do século XVIII, percebe-se o surgimento de algumas teses que engendram o conceito de biopoder. Por esse termo, procura Foucault defini-lo como a forma de controle e disciplina das imensas populações num determinado espaço físico, uma espécie de um instrumental de controle do Estado, que a partir de uma ampliação da vigilância que existia nas prisões, anteriormente questionada em *Surveiller et Punir*, agora ganham dimensões maiores, não limitadas ao espaço de uma cela, uma espécie de monitoramento celular, cujos sistemas reguladores e disciplinares atingirão outros níveis de formação e de atuação.

Através da medicina social e da investigação penal colhem-se informações mais eficazes que permitem ao Estado disciplinar melhor as condutas individuais. De um lado, a interrogação judiciária, mediante as informações sobre criminalidade, sobre policiamento, investigações, inquéritos, e doutro, a medicina, pelos questionamentos médicos, exames clínicos, pesquisa de

[592] FONTANA, Alessandro; PASQUINO, P. **Vérité et pouvoir**. Dits et Écrits (org. Daniel Defert et François Ewald). Paris: Gallimard, v. 3, 1994, p. 153. "A.F e P.P. - Comment peut-on penser, même s'il ne s'agit peut-être que d'un début de recherche pour vous aujourd'hui, les types de relations qui s'établissent si c'est le cas, entre ces deux corps: le corps molaire de la population et les microcorps des individus? M.F. - ....À partir des XVIIe et XVIIIe siècles, on a eu affaire à un pouvoir qui a commencé à s'exercer à travers la production et la prestation. Il s'est agi d'obtenir des individus, dans leur vie concrète, des prestations productives. Et pour cela, il a été nécessaire de réaliser une véritable incorporation du pouvor, en ce sens qu'il a dû arriver jusqu'au corps des individus, à leurs gestes, à leurs attitudes, à leurs comportements de tous les jours; de là l'importance de procédés comme les disciplines scolaires qui ont réussi à faire du corps des enfants un objet de manipulations et de conditionnements très complexes. Mais, par ailleurs, ces nouvelles techniques de pouvoir devaient prendre en compte les phénomènes de populations. Bref, traiter, contrôler, diriger l'accumulation des hommes (un système économique qui favorisait l'accumulation du capital et un système qui commandait l'accumulation des hommes sont devenus, à partir du XVIIe siècle, deux phénomènes corrélatifs et indissociables l'un de l'autre); de là apparition des problèmes de démographie, de santé publique, d'hygiène, d'habitat, de longévité et de fécondité..." [trad. do autor. A.F. e P.P – Mesmo que talvez se trate somente de um começo de pesquisa para você hoje, como se pode pensar os tipos de relações que se estabelecessem, se for o caso, entre os dois corpos: o corpo molar da população e os micro corpos dos indivíduos? M.F...."]. Observe-se que a tradução contida na coletânea: [FOUCAULT, Michel. **Verdade e poder**. Microfísica do poder. (trad. Roberto Machado) 13 ed. Rio de Janeiro: Graal, 1998, p. 01-14.] **não condiz com os originais de** *Dits et Écrits*, razão pela qual, neste particular, ao contrário da metodologia adotada neste ensaio, optou-se por arriscar a tradução.

antecedentes e narrações biográficas. A medicina urbana, propugna Foucault, objetiva o controle da saúde e do corpo das classes mais pobres, não simplesmente com o intuito de garantia de vida mais seguras e saudáveis aos administrados, mas, certamente, para garantir uma vida útil mais prolongada e com mais qualidade no trabalho, e menos perigosa às classes mais ricas.[593]

Com a noção de biopoder, procura Foucault, a partir do nascimento da medicina social, questionar e afirmar a tese de que o objetivo primordial do ente público seria o de seu próprio crescimento, o controle de suas populações, através de exames criteriosos, bancos de dados e registros funcionais, que garantiriam ao poder estatal uma forma de "tecnologia do corpo social", na qual evitaria epidemias, preveniria de grandes catástrofes coletivas, que poderiam acabar com o contingente de seu exército e sua mão-de-obra.

Em semelhança à burocracia destacada por Weber na Alemanha pré-guerra, Foucault destaca que havia na França, igualmente o desejo de se esquadrinhar a população urbana, a fim de conhecer melhor as pessoas, que o poder estatal mantinha sob o domínio. Percebe-se, aqui, em Foucault, um desdobramento do poder, pois se de um lado havia um poder normalizador que se inseria nos corpos individuais, e um poder disperso e pulverizado nas ínfimas relações sociais, surgia no Estado um poder, não gerenciador, mas efetivamente conhecedor de sua população, não para geri-los, mas, sobretudo, para controlá-los, através de arquivos, classificações, inventários, enquetes, etc. Nas palavras de Foucault ".... a conservação cada vez mais completa do escrito, a instauração de arquivos, sua classificação, a reorganização das bibliotecas, o estabelecimento de catálogos, de repertórios, de inventários representam no fim da idade clássica, mais que uma sensibilidade nova ao tempo, ao seu passado, à espessura da história, uma forma de introduzir na linguagem já depositada e nos vestígios por ela deixados um ordem que é do mesmo tipo da que se estabelece entre os seres vivos. E é nesse tempo classificado, nesse devir quadriculado e espacializado que os historiadores do século XIX se empenharão em escrever uma história enfim 'verdadeira' – isto é, liberada

[593] FOUCAULT, Michel. **La naissance de la médecine sociale**. *in* Dits et Écrits (org. Daniel Defert et François Ewald). v. 3 Paris: Gallimard, 1994, p. 227. "... apparaît une médecine qui consistait principalement en un contrôle de la santé et du corps des classes nécessiteuses, pour qu'elles soient plus aptes au travail et moins dangereuses pour les classes riches." [trad. br. **O nascimento da medicina social**. *in* Microfísica do poder. (trad. Roberto Machado) 13 ed. Rio de Janeiro: Graal, 1998, p.97. "... aparece uma medicina que é essencialmente um controle da saúde e do corpo das classes mais pobres para torná-las mais aptas ao trabalho e menos perigosas às classes mais ricas."]

da racionalidade clássica, de sua ordenação e da sua teodicéia, uma história restituída à violência irruptiva do tempo"[594]

Nesse sentido, claramente resgata Marco Aurélio Peri Guedes, de que, para Foucault, este era o momento que todo o armazém de informações seria, não simplesmente para identificar os perigos de moléstia, de contágio, de fome, de revolta, de um estado social emergente, mas para transformar os indivíduos em simples números e dados estatísticos, e, sobretudo, para justificar a existência de 'dispendiosas' estruturas administrativas, policiais, que normalizavam e monitoravam a conduta dos administrados.[595] É, portanto, o fortalecimento do aparato estatal que Foucault identificava ter nascido nesse contexto, como um despropósito e um disfarce, e que Weber propugnava pelo aparato burocrático alemão.

Se para Weber, o aparato burocrático, como supra argumentado, caracterizava-se pela calculabilidade, pela disciplina, pela organização e administração rígidas do poder, numa dominação organizada, capaz de controlar os novos aspectos do corpo social, originados pelos inúmeros recortes territoriais, bem como a falta de regulação e regras para inúmeras áreas da administração, para Foucault o saber necessário a essa estrutura deveria ser aquele apto a diagnosticar os problemas sociais, e, sobretudo, radiografar e registrar todos os dados; uma tecnologia governamental que se dominasse pelo princípio da razão de Estado, que levasse em consideração os problemas da população.[596]

594 FOUCAULT, Michel. **Les mots et ...**, p. 143-144. "La conservation de plus en plus complète de l'écrit, l'instaurations d'archives, leur classement, la réorganisation des bibliothèques, l'établissement de catalogues, de répertoires, d'inventaires représentent, à la fin de l'âge classique, plus qu'une sensibilité nouvelle au temps, à son passé, à l'épaisseur de l'histoire, une manière d'introduire dans le langage dejà déposé et dans les traces qu'il a laissées un ordre qui est du même tupe que celui qu'on établit entre les vivants. Et c'est dans ce temps classé, dans ce devenir quadrillé et spatialisé que les historiens du XIXe siècle entreprendront d'écrire une histoire enfin 'vraie'- c'est-à-dire libérée de la rationalité classique, de son ordonance et de as théodicée, une hisoire restituée à la violence irruptive du temps." [trad. br. **As palavras e ...**, p. 145-146.]

595 GUEDES, Marco Aurélio Peri. **Pensar o biopoder: Foucault em Weimar**. *in* Revista da Faculdade de Direito Cândido Mendes. Rio de Janeiro: SBI, v. 1, n. 1, p. 111, 1999.

596 FOUCAULT, Michel **Naissance de la biopolitique**. *in* Dits et Écrits (org. Daniel Defert et François Ewald). v. 3 Paris: Gallimard, 1994, p. 819. "... La *Polizeiwissenschaft* **développée par les Allemands au XVIIIe** siècle, soit parce qu'il leur manquait une grande forme étatique, soit encore et aussi parce que l'étroitesse des découpages teritoriaux leur donnait accès à des unités beaucoup plus facilment observables étant donné les instruments techniques et conceptuels de l'époque, se plaçait toujours sous le principe: on ne fait pas assez attention, trop de choses échappent, des domaines trop nombreux manquent de régulation et de règlement, l'ordre et l'administration sont en défaut – bref, on gouverne trop peu. La *Polizeiwissenschaft* est la forme prise par une technologie gouvernementale dominée par le principe de la raison d'État: et c'est 'tout naturellement' en

Como ressalta Guedes, a partir de 1880 surgiram na Alemanha constantes leis de cunho social, que vieram a reconhecer as demandas da população, tais como leis à previdência, à assistência à velhice, à saúde pública, etc...., o que acabou por exigir um conhecimento próprio para os novos problemas, exigir bancos de dados de registros estatais, tabelas, gráficos, eis o nascimento da biopolítica.[597]

De outro lado, se a estrutura política se apresentava, desde o nascimento da medicina social (disciplina) e do aparato burocrático (monitoramento) como o lugar onde os indivíduos deveriam ser portar, surge, então, outro questionamento, que diz respeito à *Lebensführung*, isto é, o modo como os administrados deveriam conduzir, desde a modernidade, racionalmente a vida. Surge, evidentemente, o problema do "portar-se" e do "agir" diante dessa estrutura, ora que buscava controlar as condutas individuais, normalizando os seus gestos e as suas atitudes pelo aparato burocrático, ora pelo saber e pelo conhecimento de uma biopolítica, que inseria a sua estrutura nos corpos individuais.

O que Michel Foucault admite como o problema maior que se demonstra aos caracteres do governo, às suas práticas de disciplinamento e aos seus discursos pragmáticos, produz-se em consonância com a ideia supra tratada, referente à *Lebensführung*, que Weber dedicou alguns de seus maiores escritos. Se para Weber, na condução da vida, a referência se fazia ao modo como o homem moderno deveria disiciplinar-se e incorporar a ascese calvinista para ser escolhido entre os predestinados, para Foucault, nos seus últimos escritos, como bem ressalta Wolfgang Eβbach, o que importava para a constituição de

quelque sorte qu'elle prend en compte les problèmes de la population ....." [trad. br. **Nascimento da biopolítica.** *in* Resumo dos cursos do Collège de France (1970-1982). (trad. Andréa Daher e Roberto Machado). Rio de Janeiro: Jorge Zahar, 1997, p. 90. "... A *Polizeiwissenschaft* desenvolvida pelos alemães no século XVIII – seja porque lhes faltava uma grande forma estatal, seja ainda porque a estreiteza dos recortes territoriais lhes dava acesso a unidades muito mais facilmente observáveis, considerando os instrumentos técnicos e conceituais da época – se situava sempre sob o seguinte princípio: não se dedica atenção suficiente, muita coisa está fora de controle, faltam regulação e regra para inúmeras áreas, a ordem a administração estão em falta – em suma, governa-se muito pouco. A *Polizeiwissenschaft* é a forma tomada por uma teconologia governamental dominada pelo princípio da razão de Estado e, num determinado sentido, ela leva em conta 'naturalmente' os problemas da população ...."]

[597] GUEDES, Marco Aurélio Peri. **Pensar o biopoder** ..., p. 113. "A história da República de Weimar, sob a ótica do biopoder foucaultiano, pode ser narrada pelos que a conhecem através de uma série de tabelas de dados estatísticos, onde o corpo social mostra-se radiografado ao limite de suas 'entranhas'."

uma personalidade livre era, na condução da vida, uma *Selbstdisziplin* (autodisciplinamento).[598]

Nesse sentido, percebe-se grande influência das palavras de seu pai, o renomado médico de Poitiers, Dr. Michel Foucault, as quais são resgatadas por Didier Eribon no que se refere ao lema essencial da vida humana: "governar-se a si mesmo"[599]. É nessa perspectiva, que Foucault encara como o grande desafio de sua vida, perquirir-se sobre os comandos da direção da vida, quer dizer, indagar-se sobre o governo das crianças, das personalidades, dos núcleos familiares, e, até mesmo, do próprio Estado.[600]

É a partir da ideia de servidão, de consciência e de confissão que Foucault se deixa interrogar sobre a necessidade do homem contemporâneo da busca de uma condução de vida, igualmente autêntica a que Weber propunha (embora sobre uma outra estética), que permitisse os indivíduos se portarem com liberdade e consciência diante das formações cotidianas de saber, poder e relações. Se Weber prescrevia que os homens deveriam conduzir racionalmente suas vidas com liberdade diante do aparato burocrático, mas com responsabilidade de suas consequências, Foucault prescreve uma nova

[598] ESBAHC, Wolfgang. **Durheim, Weber, Foucault. Religion, Ethos und Lebensführung**. *in* Max Webers protestantische Ethik und der Geist der Moderne. L'éthique protestante de Max Weber et l'esprit de la modernité. (org. Textes réunis par le groupe de recherche sur la culture de Weimar). Paris: Editions de la Maison des Sciences de l'Homme Imprimé en France, 1997, p 274. "Damit ist jedoch die Frage: welche Lebensführung ist mit der europäischen Moderne vereinbar, nur unzureichend beantwortet. Foucaults Fragestellung wird sich Ende der 70er Jahre von der Analyse der Machformen zur Analyse der Weisen von Selbstdisziplin verschieben." [trad. do autor. "Com isto, há porem uma pergunta: qual 'condução da vida' é compatível com a modernidade européia, somente uma insuficiente resposta. O questionamento de Foucault se deslocará no final dos anos 70 de uma análise das formas dos poder para uma análise das maneiras de autodisciplina"]

[599] DIDIER, Eribon. **Michel Foucault**. (trad. Hildegard Feist). São Paulo: Companhia das Letras, 1990, p. 26

[600] FOUCAULT, Michel. **Du gouvernement des vivants**. *in* Dits et Écrits (org. Daniel Defert et François Ewald). Paris: Gallimard, v. 4, 1994, p. 125. "Le cours de cette année a pris appui sur les analyses faites les années précédentes à propos de la notion de 'gouvernement': cette notion étant entendue au sens large de techniques et procédures destinées à diriger la conduite ses hommes. Gouvernement des enfants, gouvernement des âmes ou des consciences, gouvernement d'une maison, d'un État ou de soi-même." [trad. br. **Do governo dos vivos**. *in* Resumo dos cursos do Collège de France (1970-1982). (trad. Andréa Daher e Roberto Machado). Rio de Janeiro: Jorge Zahar, 1997, p. 101. "O curso deste ano apoiou-se nas análises feitas nos anos precedentes sobre a noção de 'governo', entendida no sentido amplo de técnicas e procedimentos destinados a dirigir a conduta dos homens. Governo das crianças, governo das almas ou das consciências, governo de uma casa, de um Estado ou de si mesmo."]

forma de vida social, numa dimensão de um poder pulverizado, microfísico, através da ética da amizade, não sendo, necessariamente, o melhor caminho.

Diante de uma estrutura de luta e incitação mútua, em que o poder é essencialmente estratégico, Foucault entende que a ética da amizade permite aos sujeitos garantirem sua liberdade uns em relação aos outros, uma autonomia e uma negação à submissão externa do outro, admitindo, apenas, uma dominação mínima necessária, sem se transformar em estados de dominação. Como bem ressalta Francisco Ortega[601], nas relações de amizade que Foucault prepondera, ao contrário do pensamento usual de que se tratam de relações transparentes e com verdade de informação, há relações completamente, às vezes, avessas, em que reinam a desigualdade, a hierarquia, e inúmeras rupturas.

Inspirado nos movimentos feministas, anti-raciais e, no homessexualismo, como uma possibilidade de resistência (pois as formas homossexuais poderiam criar novas comunidades e opor-se às formas prescritas e normalizadas), sobretudo a partir dos movimentos de maio 68, Foucault admite que a única saída para uma forma livre de sociedade seria a amizade, não meramente fechada, como os ciclos da tradição impuseram aos homens, mas formas livres, irrestritas, que permitissem o crescimento de relações possíveis, não institucionalizadas.

Desta forma, haveria uma *Lebensführung*, frente a sociedade, que garantiria uma auto-elaboração individual, que reduziria a tensão entre indivíduo e sociedade, e, como bem ressalta Ortega[602], uma criação de novos lugares de produção de subjetividades, enfim, que permitiria a liberdade individual. Eis, a conclusão que Foucault traça à humanidade, como um dos possíveis modos de dirigir a vida, e, cuja preocupação, evidentemente, ao seu tempo, inquietou Weber, e o instigou a estabelecer caminhos para conduzir a vida.

## 4.2. Jürgen Habermas e os horizontes da teoria crítica

Antes de se ingressar no objeto central destas próximas linhas, qual seja a análise das relações entre o pensamento de Foucault e o pensamento de Habermas, isto é, entre as críticas incisivas deste em relação ao pensador francês, é necessário analisar, ainda que brevemente, um esboço da relação

601 ORTEGA, Francisco. **Amizade e estética** ..., p. 168.

602 ORTEGA, Francisco. **Amizade e estética** ..., p. 171.

entre Foucault e a Escola de Frankfurt, a fim de que se possa buscar as bases que demonstram os encontros e os desencontros das duas teorias, que permitiram Habermas formular sua descrença sobre a teoria foucaultiana.

Quase três décadas separam as teorias de Michel Foucault e os neofreudomarxistas da Escola de Frankfurt, entretanto, há, sem dúvida alguma, uma importante similitude entre os escritos de Foucault dos anos 70 e a dialética do esclarecimento dos frankfurtianos, até mesmo pelo fato do próprio epistemólogo ter reconhecido a importância da Escola para o universo acadêmico, ainda que tardia, pois como afirmara numa entrevista intitulada *Structuralisme et Poststructuralisme*, concedida a Gérard Raulet na primavera de 1983, "... quando eu fiz meus estudos, posso garantir que eu nunca ouvi nenhum dos meus professores pronunciarem o nome da Escola de Frankfurt".[603] Após ler *Punishment and Social Structures*, de Georg Rusche e Otto Kirchheimer, quando escrevia sua obra *Surveiller et Punir*, Foucault voltou significativamente sua atenção para as obras de Adorno e Horkheimer, e reconheceu a profundidade das análises realizadas em torno do artigo kantiano *Was ist Aufklärung?*, tal como afirmara numa exposição feita na *Société Française de Philosophie*, em maio de 1978.[604]

A Escola de Frankfurt, em breves linhas explicativas, foi uma orientação filosófica alemã, originada em 1923, através da contribuição de Félix Weil, filho de um negociante de grãos de trigo na Argentina, que a sustentou por longos anos. A filosofia e a linha característica da Escola surgiu com a criação do *Institut für Sozialforschung* (Instituto de Pesquisa Social), inicialmente vinculado à Universidade de Frankfurt, embora dela respondesse independentemente e conservasse uma autonomia financeira. Após Carl Gruenberg, historiador e marxólogo de Viena, o Instituto passou a ser dirigido por Max Horkheimer, filósofo formado na própria universidade, e professor da disciplina de Filosofia Social.

Horkheimer, além de pesquisador, era também professor da Faculdade de Filosofia, o que fez garantir o vínculo com a Universidade de Frankfurt. Horkheimer escreveu seu nome na história da filosofia alemã, e, em especial,

[603] FOUCAULT, Michel. **Structuralisme et post-structuralisme.** Dits et Écrits (org. Daniel Defert et François Ewald). Paris: Gallimard, v. 4, 1994, p. 439. "... quand j'ai fait mês études, je peux vous assurer que je n'ai jamais entendu prononcer par aucun des professeurs le nom d'école de Francfort." [trad. do autor.]

[604] FOUCAULT, Michel. **Qu'est-ce que les lumières?** Magazine Littéraire, Paris, n. 09, avril, p. 61-73, 1993. [trad. al. **Was ist aufklärung?**. Ethos der Moderne: Foucaults Kritik der Aufklärung. (org. Eva Erdmann, Rainer Forst e Axel Honneth) Frankfurt: Campus Verlag, 1990, p. 35-54.]

da Escola, visto que fora o grande precursor dos "frankfurtianos", ao conseguir aglutinar inúmeros pensadores e cientistas sociais a seu redor. Doutor e livre-docente, Horkheimer aproximou nomes deste século como: Friedrich Pollock, Karl August Wittfogel, Fromm, Gumperz, Adorno, Marcuse, Benjamim e outros que tinham o mesmo interesse de pesquisa do Instituto.

O Instituto teve várias filiais: Genebra, Londres, Paris, pois Horkheimer temia o crescimento descontrolado do movimento nazista, bem como seu anti-semitismo que avançava a cada dia. Em 1933, colimando a reação nazista, o Instituto tem suas portas fechadas, por ser considerado como uma instituição que realizava pesquisas e atividades hostis ao Estado Alemão de Hitler. Somente anos mais tarde, a partir de 1950, voltou o Instituto para as proximidades da Universidade de Frankfurt, e, em 1947, com o livro *Dialetik der Aufklärung*, Adorno e Horkheimer iniciam a *Teoria Crítica*, com a afirmação do caráter negativo do movimento Iluminista. "... o Iluminismo incinerou os últimos restos de sua própria (do homem) consciência de si..."[605] A reação negativa ao Iluminismo, que desencadeou a *Teoria Crítica*, dizia que o Iluminismo era um saber que promovia a dimensão de calculabilidade e da utilidade; um saber de essência técnica; que retirava do mundo a ideia de gratuito (arte); bem como se tornava uma nova forma de dominação.

Juntamente com *Dialetik der Aufklärung*, outro livro foi marco referencial da *Teoria Crítica*, *Personalidade Autoritária* sob coordenação de Adorno, que procurava evidenciar a dinâmica psíquica do indivíduo e as condições sociais e políticas da sociedade em que o indivíduo vivia. A partir da década de 60, o Instituto passou a ser criticado pelos movimentos estudantis, que segundo Barbara Freitag, assumiam feições neonazistas, ao criticarem as estruturas autoritárias da universidade e terem com um de seus objetivos a invasão do *Institut für Sozialforschung*.[606] Momento semelhante, conservadas às devidas particularidades, como visto, nas discussões de Foucault com os estudantes de *Vincennes*. Os frankfurtianos combateram o movimento estudantil, cada qual com sua arma: Adorno mandou chamar a polícia; Habermas procurou debater com textos críticos o que ele chamava de "fascismo de esquerda"; e Ludwig von Friedburg e Herbert Marcuse procuraram, "corpo-a-corpo", enfrentar as massas estudantis, através de debates e constantes reflexões.

[605] HORKHEIMER, M.; ADORNO, T. W.; HABERMAS, J. **Conceito de iluminismo**. Textos escolhidos. Coleção os pensadores. São Paulo: Abril Cultural, 1975, v. XLVIII.

[606] FREITAG, Barbara. **A teoria crítica: ontem e hoje**. Campinas: Papiros, 1986.

A primeira geração, ou fase, da Escola de Frankfurt foi composta pelas figuras de Max Horkheimer, nascido em 1885; Theodor Adorno, nascido em 1903; Herbert Marcuse, nascido no início do século; e Walter Benjamim, nascido em 1882; a segunda geração se compõe de Jürgen Habermas, A. Schmidt e Rolf Tiedemann, enquanto que a terceira geração compõe-se por Carl Dahlhaus, Peter Buerger, Ruediger Bubner e Ullrich Oevermann; todavia, é preciso destacar que outros autores, emboram não tivessem aderido aos seus ideais, aproximaram-se da Escola de Frankfurt por sua *Teoria Crítica*, como Niklas Luhmann.

O *Institut für Sozialforschung* tinha como feição essencial a preocupação de analisar os problemas modernos do capitalismo, até então visado por sua valorização sobre a superestrutura. As reflexões eram dirigidas para a compreensão da especificidade do capitalismo moderno nas condições históricas da Europa, e quando muito, principalmente sobre a Alemanha do pós-guerra. Sob a obra *Estudos sobre a Autoridade e a Família* de Horkheimer e Eduard Fromm, a Escola de Frankfurt passou a delimitar algumas de suas características de pesquisa, tais como a integração entre a teoria marxista e o freudismo, que, segundo Raymond Geuss, seriam ambas teorias críticas. Propuseram, também, a importância de se relacionar o "nível macroteórico (produção capitalista) e o nível microteórico (indivíduo sexualmente reprimido)"[607]. Com os livros anteriormente citados, *A Personalidade Autoritária* e *Dialetik der Aufklärung*, lançaram-se questionamentos a respeito da crença da humanidade sobre a razão kantiana que se dizia "libertadora". Eis uma das proximidades com Foucault: a crítica da razão kantiana. Para os frankfurtianos, as origens da produção capitalista, concomitantemente com o Iluminismo, definiam o homem como sendo asfixiado pelas relações de produção, e tendo na razão não a libertação, mas a imposição de uma racionalidade aos indivíduos sem reconhecimento de sua realidade.

Através da Escola de Frankfurt, houve um abandono definitivo dos paradigmas do materialismo histórico, desconsiderando, portanto, a ideia de que o único fator determinante da vida humana era real, não podendo coexistir fatores psicológicos também fundantes do pensamento humano. Abandonou-se também a luta de classes como motor da história. De outro lado, tendo em vista a rebeldia estudantil supracitada, alguns debates entre os estudantes e os membros da Escola de Frankfurt produziram até hoje os seus efeitos, pois muitos dos que não partiram para a luta armada fundaram linhas teóricas

[607] FREITAG, Barbara. **A teoria crítica** ..., p. 14.

próprias. Nesse sentido, Claus Öffe, Preuss, Brandt, Senghaas, Altvater, Buerger e Sloterdijk foram e são grandes pensadores que, em virtude dos constantes debates que travaram com os frankfurtianos, permanecem atuando na realidade, sob forte influência da Escola de Frankfurt.

No compasso da genealogia de Foucault, a Escola de Frankfurt desenvolveu a paradigmática *Teoria Social Crítica*, ou de modo mais abrangente, a *Teoria Crítica*, ao repensar a teoria social. Os frankfurtianos, a partir do modelo de que uma teoria social era um conjunto de convicções que certo agente tinha sobre a sociedade, construíram uma relevante distinção entre as teorias científicas e as teorias críticas, cuja diferenciação se processava em três distintas e importantes dimensões: a) a primeira dimensão diz respeito ao propósito, ou ao fim a que as teorias se dedicam. As teorias científicas têm como *telos* principal a manipulação satisfatória do mundo exterior, sendo, portanto, de uso instrumental; enquanto que as teorias críticas se preocupam com a emancipação, o esclarecimento do indivíduo, ou seja, conforme Raymond Geuss, preocupam-se em tornar os agentes cientes de coerções ocultas; b) a segunda dimensão condiz com a estrutura lógica ou cognitiva das teorias, isto é, quando se conhece uma teoria científica se verifica que tais são "objetificantes", ou seja, em sua estrutura resgatam uma distinção clara entre a teoria e os objetos; enquanto que uma teoria crítica se diz reflexiva ou autoreferente, uma vez que esta faz também parte da esfera do objeto domínio; c) por fim, uma terceira dimensão diferencial se localiza no campo dos tipos de evidência ou dos tipos de confirmação, quer dizer, as teorias científicas possuem uma confirmação empírica para seus pressupostos, por meio da observação e do experimento, enquanto que as teorias críticas são apenas "cognitivamente aceitáveis", pois, na esteira do pensamento habermasiano, a teoria é cognitivamente aceitável quando ela gozar do acordo universal de todos os agentes na situação ideal de fala, ou seja, na legitimação por uma situação ideal.

A *Teoria Crítica*, segundo Habermas, tem como fundamento básico, a exemplo da teoria marxista, a capacidade de abordar sobre sua própria gênese e origem, bem como de antecipar o seu próprio uso ou aplicação na realidade. Retira-se daí a característica principal e diferencial da *Teoria Crítica*, o fato de ser uma teoria dotada de uma estrutura cognitiva reflexiva. Os efeitos primeiros da existência e aplicação dos aportes da *Teoria Crítica* mostram-se pela emancipação e pelo esclarecimento que produzem no indivíduo social. A emancipação se descreve pela passagem, que a *Teoria Crítica* permite, de um estado inicial para um estado final. O estado inicial se caracteriza por apresentar uma falsa consciência, uma existência sem liberdade, bem como por uma dependência e uma ilusão, enquanto que o estado final se caracteriza por haver um esclarecimento, uma emancipação, assim como um desapego aos erros da consciência, às ideologias legitimadoras e às existências enclausuradas e massificadas.

Tendo em vista que a *Teoria Crítica* possui uma estrutura cognitiva reflexiva, Habermas diria que a consciência é ideologicamente falsa e que a coerção que sofre é auto-imposta, cabendo a si próprio levar os agentes à auto-reflexão. Nessa tendência, na interpretação de Raymond Geuss do pensamento habermasiano, há três tipos de auto-reflexão: num primeiro estágio a *Teoria Crítica* "dissolve a objetividade autogerada e a ilusão objetiva,"[608] ou seja, a *Teoria Crítica*, incorporada pelos membros da Escola de Frankfurt, desestrutura o poder ou a objetividade das ocultas coerções, levando os indivíduos a uma maior liberdade e conhecimento de seus verdadeiros interesses, eis um significativo enlace com a teoria foucaultina; numa segunda visão a *Teoria Crítica* "torna o indivíduo cônscio de sua própria gênese ou origem,"[609] ou seja, cabe-lhe a função de direcionar a reflexão humana sobre seu próprio ponto inicial, seu próprio surgimento; por fim, num último estágio, a *Teoria Crítica* "opera ao trazer à consciência os determinantes inconscientes da ação ou da consciência,"[610] isso quer dizer que, ela desperta o indivíduo para certos elementos que são inconscientes, mas que ao mesmo tempo conseguem moldar a consciência humana. Na concepção da Escola de Frankfurt, qualquer indivíduo possui um conjunto de princípios epistêmicos que o permite não apenas criticar, mas também avaliar suas próprias convicções. Tais princípios representam um conjunto de convicções secundárias, consoante Raymond Geuss, que permitem o indivíduo reconhecer a aceitabilidade ou inaceitabilidade de suas convicções. Nesse sentido, a *Teoria Crítica* se insere no instante em que mostra ser uma consciência falsa, inerente ao indivíduo, quanto essa se faz reflexivamente inaceitável. Ou seja, os princípios epistêmicos dos indivíduos o fazem despertar um espírito crítico sobre sua configuração de mundo, quando tal configuração não admite reflexão. Eis que se esboça um conceito de ideologia, sob orientação marxista, que não pode ser visto em Foucault.

Além de uma *Teoria Crítica*, outros tantos elementos foram investigados pelos frankfurtianos, como a arte e a cultura, que, ao mesmo tempo em que

[608] GEUSS, Raymond. **Teoria crítica: Habermas e a Escola de Frankfurt**. Campinas: Papirus, 1988, p. 100.

[609] GEUSS, Raymond. **Teoria crítica** ..., p 100.

[610] GEUSS, Raymond. **Teoria crítica** ..., p. 101.

assumem um papel importantíssimo em suas reflexões a ver por suas contestações presentes na maioria dos livros, admitem desde o início uma postura profundamente positiva. Profundamente positiva, ainda que "ideologicamente" falando, pois se posta num lugar eminentemente de crítica e de negação da ordem social vigente, ao se oporem cada qual com seus fundamentos contrários. Na acepção dos frankfurtianos, a arte se opõe à cultura de massa, a cultura se opõe à civilização, enquanto que a *Teoria Crítica* se opõe constantemente ao positivismo. Essa última oposição pode ser facilmente verificada nos textos de Walter Benjamin, quando se refere contrariamente às teorias e às formas de análise do positivismo histórico ou do historicismo. "O historicista apresenta a imagem eterna do passado ... O historicismo culmina legitimamente na história universal ... Seu procedimento é aditivo ... Ao contrário, a historiografia marxista tem em sua base um princípio construtivista ... O historicismo se contenta em estabelecer um nexo causal entre vários momentos da história. Mas nenhum fato, meramente por ser causa, é só por isso um fato histórico."[611]

Em busca de ir contra as novas tendências positivista e neopositivista que afloravam na época, os frankfurtianos resolveram distanciar a teoria da praxis, pois viam essa relação como sendo estreita e coercitiva. Segundo Renato Ortiz, "O pensamento do Instituto leva ao extremo a polarização entre o espaço da liberdade e a sociedade".[612] Nessa linha, para a Escola de Frankfurt, a realidade social é dotada de uma qualidade que degenera a cultura autêntica da sociedade, levando-a a um nível de exclusiva utilidade pública. Todavia, ainda que pareça paradoxalmente confuso, mesmo assim Herbert Marcuse afirma a necessidade de se existirem universidades de elite que se ocupariam unicamente das teorias puras, ou seja, das teorias que se encontram completamente desvinculadas da prática social.

Ressalta, ainda, um aspecto significativo da *Teoria Crítica* da Escola de Frankfurt, que em muito a diferencia de Michel Foucault, que diz respeito ao tema da ideologia, tanto criticado pelo intelectual francês[613] (Ressalte-se,

611 BENJAMIN, Walter. **Sobre o conceito de história**. Obras escolhidas: magia, técnica, arte e política. São Paulo: Brasiliense, 1987, p. 231-232.

612 ORTIZ, Renato. **A Escola de Frankfurt e a questão da cultura**. RBCS. São Paulo, n. 1, v. 1, p. 50, jun. 1986.

613 FONTANA, Alexandro; PASQUINO, P. **Vérité et pouvoir**. Dits et Écrits (org. Daniel Defert et François Ewald). Paris: Gallimard, v. 3, 1994, p. 148 "La notion d'idélogie me paraît difficilement utilisable pour trois raisons. La première, c'est, qu'on le veuille ou non, qu'elle est toujours en opposition virtuelle avec quelque chose qui serait la vérité. Or je crois que le problème, ce n'est pas de faire le partage entre ce qui, dans un discours, relève de la scientificité et de la vérité et puis ce qui relèverait d'autre chose, mais de voir historiquement comment se produisent des effets de

a contragosto, que alguns autores, como Thomas McCarthy, afirmam que até nesse ponto poderia se reconhecer uma identidade entre os frankfurtianos e o pensamento de Foucault: "É certo que Foucault recusou persistentemente as noções de ideologia e de crítica ideológica, e negou que a genealogia pudesse ser entendida nesses termos. Todavia, as concepções da ideologia que criticou eram bastante toscas, e as críticas que realizou estavam longe de colocar por água abaixo as versões mais sofisticadas propostas por alguns membros da Escola de Frankfurt. De fato, é difícil ver porque os esforços de Foucault em analisar 'como nos governamos a nós mesmos e aos outros através da produção da verdade', ou sobre como 'contribuir para que as pessoas mudem sua forma de perceber e fazer as coisas', não pertencem ao mesmo gênero.")[614]. Nesse ponto, os frankfurtianos mais se aproximam de Max Weber do que Karl Marx, ao ser configurada também com uma característica essencial da época, o pessimismo e a noção de um mundo desencantado. O desencanto do mundo, bem como o pessimismo estarão constantemente presentes na obra de Adorno e de Benjamin, o qual resgata amiúde através das obras do poeta Charles Baudelaire, ultra-romantista característico do "*spleen*" (mau humor, melancolia), do séc. XIX: "Nada iguala o arrastar-se dos trôpegos dias/Quando,

vérité à l'intérieur de discours qui ne sont en eux-mêmes ni vrais ni faux. Deuxième inconvénient, c'est que'elle se réfère je crois nécessairement à quelque chose comme un sujet. Et, troisièmement, l'idélogie est en position seconde par rapport à quelque chose qui doit fonctionner pour elle comme infrastructure ou déterminant économique, matériel, etc. Pour ces trois raisons, je crois que c'est une notion qu'on ne peut pas utiliser sans précaution". [trad. br. **Verdade e poder**. Microfísica do poder. (trad. Roberto Machado) 13 ed. Rio de Janeiro: Graal, 1998, p. 7. "A noção de ideologia me parece dificilmente utilizável por três razões: A primeira é que, se se queira ou não, sempre está em oposição virtual com algo que seria a verdade. E eu penso que o problema não está em dividir entre o que em um discurso responde à cientificidade e à verdade, e o que responde a outra coisa, senão em ver historicamente como se produzem efeitos de verdade no interior de discursos que não são em si mesmos nem verdadeiros nem falsos. O segundo inconveniente é que se refere necessariamente, penso, a algo como o sujeito. E, em terceiro lugar, a ideologia está em posição secundária com relação a algo que debe funcionar para ela como infraestrutura ou determinante econômico, material, etc. Por essas razões acredito que é uma noção que não se pode utilizar sem precaução."]

[614] McCARTHY, Thomas. **Ideales e ilusiones: reconstrucción y desconstrucción en la teoría crítica contemporánea**. (trad. Ángel Rivero Rodríguez) Madri: Tecnos, 1992, p. 54-55. "Es cierto que Foucault rechazó persistentemente las nociones de ideología y de crítica ideológica, y negó que la genealogía pudiera entenderse en esos términos. Pero las concepciones de la ideología que criticó eran bastante toscas, y las críticas que hizo estaban lejos de echar por tierra las versiones más sofisticadas propuestas por algunos miembros de la Escuela de Francfort. De hecho, es difícil ver por qué los esfuerzos de Foucault por analizar 'cómo nos governamos a nossostros mismos y a los otros mediante la producción de la verdad', o sobre cómo 'contribuir a que la gente cambie su forma de percibir y hacer las cosas', no pertenecen al mismo género." [trad. do autor.]

sob o rigor das brancas invernias/O tédio, taciturno exílio da vontade/Assume as proporções da própria eternidade/–Doravante hás de ser, ó pobre e humano escombro."[615] Tal desencanto surge ao perceberem, os intelectuais da época – talvez sem se dar conta, o povo em geral – que a realidade social sofria de um mal imprestável, o desenvolvimento dos ideais capitalistas, culminados com as grandes guerras. O pessimismo se fazia presente diante do reconhecimento de um processo de uniformização das consciências humanas, de uma manipulação corrente, bem como de uma ocultação da realidade. A ideologia surge desse desencanto, que se põe na posição de perceber as forças ocultas e coercitivas da realidade. Para Renato Ortiz, a ideologia frankfurtiana se apresenta em dois níveis: um nível histórico e um nível categorial: num nível histórico, pela busca dos textos dos autores, cria-se uma relação constante entre a sociedade passada e a sociedade presente, ou seja, entre a sociedade tradicional e a sociedade moderna (conforme o texto de Horkheimer *Teoria Tradicional e Teoria Crítica*, percebe-se a ideologia em seu nível histórico, ao confrontar as teorias presentes nas sociedades apenas conceituais, com as teorias da praxis social."[616] Horkheimer procura distinguir entre um "agir racional-com-respeito-a-fins" e um "agir comunicativo"); num nível categorial, por uma redefinição de conceitos, a ideologia, distantemente da concepção marxista, pressupõe uma existência de um mundo autônomo, e desligado da realidade.

Em virtude da racionalidade moderna, cujo crivo essencial é o da dominação e o da manipulação, surgem a arte e a tecnologia como um nível de ideologia. A arte, para os frankfurtianos é uma ideologia que se opõe à realidade dada, pois é uma forma de alienação, uma vez que transcende constantemente o mundo real. Conforme Renato Ortiz, "... a arte é um ideologia que foge ao processo de ideologização total."[617] Para os membros da Escola de Frankfurt, a arte, antes de ela mesma ser uma ideologia que rompe com uma dada sociedade, não pode pertencer ao povo, pois para eles não há arte popular, uma vez que os indivíduos estão completamente inseridos num sistema de dominação. Uma proximidade com Foucault no que tange à problemática da

[615] BAUDELAIRE, Charles. **Flores do Mal**. (trad. Ivan Junqueira). 6 ed. Rio de Janeiro: Nova Fronteira, 1985. p. 292-293. "Rien n'égale en longueur les boiteuses journées/Quand sous les lourds flocons des neigeuses années/L'ennui, fruit de la morne incuriosité/Prend les proportions de l'immortalité/- Désormais tu n'es plus, ô maitère vivante!"

[616] MATOS, Olgária C. F.. **A Escola de Frankfurt: luzes e sombras do iluminismo**. São Paulo: Moderna, 1993, p. 86.

[617] ORTIZ, Renato. **A Escola** ..., p. 46.

dominação, embora sob outras preocupações. Conceitualmente, Ideologia para os frankfurtianos é o travestimento de uma dada realidade, em que se insere uma confusão entre o real e o ilusório.

A crítica à ideologia particular, na Escola de Frankfurt, assume dois aspectos distintos, um na figura de T. Adorno e o outro na figura de J. Habermas. A perspectiva adorniana é do tipo contextualista, ou seja, para Adorno a *Teoria Crítica* se dirige a um grupo particular de indivíduos, contribuindo para o seu auto-conhecimento, nesse sentido, portanto, para Adorno, a *Teoria Crítica* desvela a ideologia ao encontrar, nas atividades individuais, experiências de sofrimento e de frustração, que fazem com que os agentes sociais reconheçam e tomem consciência da realidade em que vivem, ou seja, aquele nível de distinção entre teorias científicas e teorias críticas, em que na dimensão que diz respeito aos fins, insere-se a emancipação dos indivíduos. As teorias críticas visam à emancipação e ao esclarecimento, ao tornar os agentes cientes de coerções ocultas. Por outro lado, após a década de 60, Habermas busca uma explicação para o desvendar da ideologia pela *Teoria Crítica*, baseada num tipo de transcendentalismo. Habermas assume a posição transcendentalista ao afirmar que a ideologia pode ser desmascarada pela *Teoria Crítica*, quando conclui que os indivíduos "devem" aceitar a consideração de que qualquer forma consciência, advinda de condições de coerção, são reflexivamente inaceitáveis (nesse ponto se pode perceber uma concordância com Foucault); ou seja, como interpela o pensamento habermasiano, ser um agente humano é participar ao menos potencialmente de uma comunidade de fala. Em sua opinião, qualquer agente humano, quando em qualquer ação, deve "pressupor" uma situação ideal de fala, ou ao menos agir como se a situação real fosse ideal. Para Habermas, conforme R. Guess, "a verdade consiste num consenso na situação ideal de fala."[618] Por haver uma situação ideal de fala, tendo-se em vista que é na linguagem em que se encontram as pré-condições, é que se percebe o critério de verdade. Em suma, ao contrário do contextualismo, a veracidade da realidade, ou a negação de uma realidade ideológica, não parte de experiências recorridas em erro, mas sim, de situações ideais de fala.

Juntamente com as formulações da *Teoria Crítica*, os frankfurtianos se preocuparam, ainda, com a relação entre a ideologia e a tecnologia, bem como com a cultura de massas, tão fundamentais na constituição de indivíduos automatizados por uma razão instrumental, quer dizer, indivíduos dóceis, na concepção foucaultiana. Na esteira do pensamento de Herbert Marcuse,

[618] GUESS, Raymond. **Teoria crítica** ..., p. 109.

a tecnologia, na atual sociedade industrializada, fez com que as dominações, presentes nas relações sociais, tornassem-se perenes e quando muito dotadas de legitimação. Nesse sentido, a "técnica", para a Escola de Frankfurt, na presente sociedade capitalista e "desenvolvida", desempenha um papel equivalente às ideologias presentes nas sociedades tradicionais. Consoante as palavras de Renato Ortiz, "o espírito da racionalidade transborda os limites da fábrica (esfera do trabalho) e se transforma em racionalidade tecnológica que subjugará até mesmo a própria subjetividade."[619] A legitimação, já visto, faz-se, sob as ideias da Escola de Frankfurt, um tanto complexa, a fim de que a ideologia se torne algo comum a todos numa determinada realidade social. Nessa perspectiva, segundo a interpretação do pensamento habermasiano por Raymond Geuss, haveria quatro estágios históricos da legitimação social: um primeiro estágio, o "arcaico", em que os agentes sociais legitimavam suas ideologias nas narrações míticas; um segundo estágio histórico, "tradicional", que além dos mitos, as ideologias eram legitimadas por figurações religiosas, metafísicas ou até mesmo através de algumas opiniões sobre a realidade; um terceiro estágio, "moderno", as ideologias passam a ser legitimadas por normas e princípios universais, que se dizem ideologias científicas; e um quarto estágio, que se pretendem "pós ideológicas", pois legitimam suas ideologias com referência à sua eficiência técnica. Para Habermas, ao compreender a finalidade da *Teoria Crítica*, como uma teoria que critica um conjunto de convicções de mundo ideológicas, define Ideologia como sendo "fundamentalmente falsa consciência", mas também, conceitua Ideologia como sendo "uma forma aparentemente autônoma de consciência que é, contudo, realmente ligada a algum interesse particular".[620] Caso não se desmascarem as consciências falsas, continua-se a promover uma falsa legitimação das ideologias. Da mesma forma, ideologicamente, as Instituições Sociais também legitimam suas práticas, por vezes exageradamente repressivas.

Nesse rumo, percebe-se que é através da Ideologia dominante que se estabelece a legitimação. É da contradição entre realidade e ilusão que arte se reconhece, enquanto uma alienação positiva. Conforme as ideias de Marcuse, nas sociedade atuais há o "fim das ideologias", pois é preciso que se perceba na sociedade capitalista o extermínio da contradição entre ilusão e realidade. Para Marcuse, a ideologia não mais remonta à esfera dos conceitos, do mundo das ideias, mas sim, ao universo do processo produtivo, de modo a não mais

[619] ORTIZ, Renato. **A Escola ...**, p. 46.

[620] GEUSS, Raymond. **Teoria crítica ...**, p.113-121.

permitir a existência de um espaço autônomo e isolado das dominações sociais, para que a ilusão e a ideologia se insiram. A sociedade capitalista, conforme diz Marcuse em sua obra, *Idéias Sobre Uma Crítica da Sociedade*, impede aos indivíduos de poderem ter uma consciência livre, a ponto de poder ser corrompida por uma nova ilusão de mundo. Todavia, contrariamente ao que se pensava na época, os frankfurtianos afirmavam que o "fim das ideologias" nada mais poderia ser que uma situação ideologizada.

Nessa perspectiva ideológica, que em parte difere os frankfurtianos de Foucault, visto que para o intelectual francês o conceito de ideologia não encontra qualquer guarida nas suas teorias, o conceito de cultura ressalta como extremamente relevante, uma vez que é sobre esse módulo que os alemães se debruçam. Cultura, para os membros da Escola de Frankfurt, está longe de ser apenas práticas, hábitos ou modos de vida. Conforme Renato Ortiz, os pensadores frankfurtianos assemelham a cultura à arte, à filosofia, à literatura e à musica. Assim, de acordo com as ideias de Marcuse, cultura é "o conjunto de fins morais, estéticos, intelectuais que uma sociedade considera objetivo de organização, da divisão e da direção do trabalho."[621] É nesse ponto que a orientação marxista ressalta aos olhos, no que diz com a conceituação do termo de origem alemã, *Kultur*, cultura. Tal como para Marx, em que o conhecimento não era um ato, mas sim um processo de abstração-particularidade-generalização, a cultura para o frankfurtianos é um processo, que se estende por toda a sociedade. E por ser um processo, permite a diferenciação com a ideia de civilização, uma vez que aquela se insere num universo essencialmente espiritual, de dimensão universal, enquanto que a civilização se insere num mundo material, assim sendo, a civilização funciona como amarras ao processo de universalização da cultura.

Dessa concepção de cultura como o conjunto de fins morais, éticos, estéticos e intelectuais, os frankfurtianos formularam o indispensável conceito de *Cultura de Massa*. Na concepção de Adorno e Horkheimer, a cultura de massa é "uma psicanálise ao revés"[622], ou seja, conforme Olgária Matos, a cultura de massa não pode ser nem uma cultura e nem produzida pela massa, mas sim, um busca pela lei da "novidade", que seja de fácil acesso a todos e ao maior números de expectadores. "A luta contra a cultura de massa só pode ser levada adiante se mostrada a conexão entre a cultura massificada e a persistência da

[621] ORTIZ, Renato. **A Escola** ..., p. 49.

[622] MATOS, Olgária C. F.. **A Escola de Frankfurt** ..., p. 69.

injustiça social."[623] Nessa afirmação, Olgária mostra que Adorno e Horkheimer acreditavam que a mídia transmitia uma cultura "agramatical e desortográfica", bem como admitem que a cultura não mais serve às massas, mas apenas a uma elite educada. Nessa perspectiva, houve para esses autores uma "abolição do privilégio educacional", que resultou num regresso educacional e numa ascensão da barbárie. A cultura de massa, conforme Renato Ortiz, é um termo contraditório, pois a massificação significa a integração do espaço da liberdade na engrenagem da vida social.

Adorno e Marcuse acreditavam ser necessária uma universidade das elites, como anteriormente referida, pois embora se apresente um pouco dicotômica, o que almejavam os dois pensadores era evitar que especialistas da cultura fossem comprometidos com a ordem administrativa e mercadológica. Embora para Lenin, o termo cultura de massa, como partido de massa tenha ressonado bem, para os frankfurtianos o conceito adquire necessariamente um caráter negativo. A ideia de cultura de massa leva Adorno a fazer um estudo sobre a " regressão da audição humana", para comprovar que o homem teria perdido a sua habilidade de ouvir o que nunca foi tocado pelas mãos, de modo a fazê-lo perceber que o homem da atualidade não mais percebe, conforme Renato Ortiz, o que se encontra além dele. Com essas formulações sobre a cultura de massa, impõe-se um outro e tão prestigiado conceito, o de *Indústria Cultural*. O termo Indústria Cultural surge especificamente com o texto de *Dialetik der Aufklärung*, quando Adorno e Horkheimer afirmam que na vida humana da atualidade tudo se transforma em artigo de consumo, dados os ideais capitalistas insurgentes. A cultura é, assim, promovida pela indústria, bem como a particularidade da arte se reproduz tecnicamente. Na concepção de Adorno, a "indústria cultural criou uma barbárie estilizada ... A arte ligeira tem sido a sombra da arte autônoma. É a má consciência social da arte séria"[624], ao definir uma oposição entre alta cultura e cultura popular. Assim, a passagem da civilização à barbárie se faria pela busca de um sonho, depois declinar e morrer, como diria Renato Ortiz.

Feitas algumas singelas considerações sobre a Escola de Frankfurt, a título exclusivo de introdução às suas teorias, é oportuno ressaltar algumas inevitáveis afinidades entre a genealogia da dupla ontológica saber/poder e o

623 MATOS, Olgária C. F.. **A Escola de Frankfurt** ..., p. 70.
624 MATOS, Olgária C. F.. **A Escola de Frankfurt** ..., p. 70.

programa da teoria social crítica, principiadas por Horkheimer seguido de Adorno, e, recentemente de Habermas, devem ser ressaltadas:[625]

Inicialmente, a identidade entre as duas correntes se apresenta por um aspecto singular, que se poderia identificar na transformação por uma incisiva radicalização do enfoque kantiano da crítica. Kant, tanto para Foucault, como visto, quanto para a Escola de Frankfurt, em especial, para Habermas, foi de vital importância para repensar a modernidade, visto que nesse ponto ambos concordavam, segundo Hubert Dreyfus e Paul Rabinow: "Foucault, como Habermas, pensa que a nossa modernidade começou com Kant, através da formulação de uma razão crítica, isto é, por ter fixados os fundamentos e os usos legítimos da razão."[626] É evidente que tanto Foucault quanto os intelectuais frankfurtianos, ao mesmo tempo que possuem uma posição próxima no que tange à empresa kantiana, de que as ideias se admitem tanto como pressupostos do pensamento reconstruídos, quanto fontes de ilusões e de desconhecimento da realidade que devem ser inevitavelmente destruídos, propugnam uma transformação radical do enfoque kantiano da "crítica", quer dizer, ambas as correntes abandonam a postura transcendental adotada por Kant, ao conceber a crítica e a razão, e se definem numa análise supraindividual da crítica da razão, com uma interpretação eminentemente sociocultural.

Nessa perspectiva, tanto Foucault quanto os teóricos da Escola de Frankfurt procuram encontrar uma indigesta e intrínseca impureza na razão, quer dizer, ambos procuraram demonstrar que a razão, em virtude de sua imbricação na sociedade e na sua cultura, e por possuir relações adversas com o poder e os inúmeros interesses, sejam do capital, do político, do individual, torna-se falha para a compreensão ideal de seu fenômeno, ou seja, a existência de um comprometimento dos indivíduos com suas relações de poder e saber, bem como de cultura, de massa, e de classe faz com que a crítica da razão exija uma análise mais ampla que a simples individualidade, isto é, é preciso executar e operar formas de investigação sociohistóricas, para além dos limites exclusivamente filosóficos, para se compreender o papel da razão na humanidade. Ambas

[625] Nesse sentido ver: McCARTHY, Thomas. **Ideales e ilusiones: reconstrucción y desconstrucción en la teoría crítica contemporánea.** (trad. Ángel Rivero Rodríguez) Madri: Tecnos, 1992, 236p.

[626] DREYFUS, Hubert L.; RABINOW, Paul. **Was ist mündigkeit? Habermas und Foucault über "was ist aufklärung?"**. Ethos der Moderne: Foucaults Kritik der Aufklärung. (org. Eva Erdmann, Rainer Forst e Axel Honneth) Frankfurt: Campus Verlag, 1990, p. 57. "Foucault meint wie Habermas, dass unsere Moderne mit Kants Versuch beginnt, die Vernunft kritisch zu machen, d. h.. die Granzen und den legitimen Gebrauch der Vernunft festzulegen ..." [trad. do autor.]

não visualizavam, nem sequer nas teorias do giro linguístico, possibilidades concretas, vez que repousavam em abstrações insustentáveis e idealistas das práticas sociais.[627] Do mesmo modo, consoante a genealogia de Michel Foucault, as práticas fundamentalmente racionais não podem, de modo algum, serem visualizadas e entendidas de maneira adequada, isoladas dos contextos sociais e históricos em que surgiram e efetivam o seu funcionamento, posto que, se assim se olvidar, as relações de poder que atravessam as práticas racionais passam despercebidas, e produções de verdades ganham forma e espaço, coagindo discursos, sob ares científicos. Foucault atenta, como se verá adiante, para o fato de que a crítica da razão deve levar em consideração a existência dessas diversas coerções sob o manto da verdade, isto é, para se elaborar um pensamento em torno do papel que a razão desempenha é indispensável pensá-la sobre seus aspectos políticos, de suas normas e regulações internas, como também de suas práticas discursivas e de suas relações externas com outros discursos.

No mesmo compasso da crítica da razão kantiana, outros temas também permitem que se estabeleça uma aproximação de Foucault com os teóricos da Escola de Frankfurt. Primeiro, a perspectiva da recusa do sujeito racional autônomo de Descartes, que encontra guarida nas duas linhas teóricas, isto é, ambos estabelecem que o sujeito ao conhecer e agir socialmente, bem como ao realizar todas as suas reflexões e suas construções mentais carregam inevitavelmente as marcas rígidas e perpétuas das situações vivenciadas e, por conseguinte, de seus interesses. Assim sendo, o sujeito livre e atomístico do modelo cartesiano, ao fixar-se em seu individualismo e seu egocentrismo, fundante de uma expectativa dominante, possessiva e excludente, precisa ser rechaçado, ou melhor, deve ser retirado do centro epistemológico e moral, a fim de se evitar as mazelas operadas no racionalismo moderno ocidental, e garantir que o "diferente" ganhe espaço na humanidade e no saber, sem que passe necessariamente pelo seu filtro.

Segundo, igualmente aos frankfurtianos, Foucault estabelece uma significativa primazia do prático sobre o teórico, quer dizer, a partir do momento que a ontologia kantiana sofreu de críticas permanentes, no sentido de mostrar que o conhecimento do indivíduo seria um produto social e não exclusivamente

[627] McCARTHY, Thomas. **Ideales e ilusiones**..., p. 52. "Tampoco el giro hacia el lenguaje o hacia los sistemas de signos es una respuesta adecuada a esta concepción modificada de la razón" [trad. do autor. "Nem mesmo o giro até a linguagem ou até os sistemas de signos é uma resposta adequada a essa concepção modificada da razão."]

transcendental, ambas correntes teóricas, seja a *Teoria Crítica* seja a *Genealogia*, passaram a afirmar que a teoria do conhecimento estava intimamente ligada com a teoria da sociedade, à medida que aquela estaria imbricada, segundo Thomas McCarthy,[628] nos contextos práticos e de múltiplas formas. Nesse sentido, a própria história deveria ser escrita com base nas formações práticas, e não exclusivamente teóricas, com fizera até então a historiografia tradicional. Terceiro, como decorrência da relação acima vislumbrada, empreende-se também outra relação entre as teorias, no que diz respeito à existência de uma hermenêutica filosófica, essencialmente fundada na ideia de que a razão se encontra imbricada nos contextos socioculturais. Através da apresentação de linguagens naturais e intrinsecamente unidas à ação, vislumbram que o discurso tem, portanto, uma transformação e uma variação histórica e cultural, de tal modo que impede a possibilidade do homem compreender-se e compreender seus objetos de conhecimento com plena e total consciência. Pode-se dizer que tanto a *Teoria Crítica* quanto a *Genealogia* de maneira alguma afirmar ou garante aos seus participantes a última palavra sobre o significado das práticas que realizam, mas é preciso vê-las de fora, para além de seus pressupostos intrínsecos, através de uma hermenêutica. Deste modo, a compreensão e a interpretação das ideias por uma hermenêutica filosófica só pode ser realizada tomando-se que tais formulações teóricas estão imbricadas nos seus contextos reais, isto é, nas suas práticas sociais. Quarto, tanto as formulações dos frankfurtianos quanto as impelidas por Foucault passam pela crítica do método das ciências humanas, quer dizer, ambas procuram demonstrar o erro da construção empreendida pelas ciências humanas dos homens como sujeitos, e, ao mesmo tempo, objetos de conhecimento. Para os frankfurtianos, as ciências humanas seriam, em grande parte, as causadoras de inúmeras crises e desentendimentos os quais o homem atualmente está vivenciando, sobretudo, no que tange ao processo de racionalização. Tanto a *Teoria Crítica* quanto a *Genealogia* compreendem que a racionalidade, dentro do sistema capitalista, transformou-se num instrumental para estender o domínio sobre os mundos físico e social, uma racionalidade que se voltou para o desenvolvimento da técnica e do cálculo, bem como da regulação e da administração da dominação. Nessa perspectiva, as ciências humanas teriam exercido um papel fundamental ao possibilitar que os homens fossem forjados, aprisionados em sua "gaiola", isto é, fossem domesticados, normalizados, tornando-os dóceis. Quinto, e, por suficiente, no que tange ao poder, apesar

[628] McCARTHY, Thomas. **Ideales e ilusiones** ..., p. 53.

dos frankfurtianos partirem de outra linha histórica, além das críticas à cultura de massa e à indústria cultural, reconhecem que o poder representa importante estrutura na disseminação de um controle social, seja através da mídia, seja através das produções sociais, eis o que ecoa da *Dialetik der Auflärung* "... quando a filosofia da história transpôs as ideias humanas como forças ativas para dentro da própria história e fez com que esta terminasse com o triunfo dessas ideias, elas foram privadas da ingenuidade que faz parte de seu conteúdo. O papel ridículo que fizeram, quando a economia, isto é, a força, não estava de seu lado é o ridículo de todos os fracos, e é nele que os autores, sem querer, se identificam com a opressão que pretendiam abolir. Na filosofia da história repete-se o que aconteceu no cristianismo: o bem, que na verdade permanece entregue ao sofrimento, é disfarçado como uma força determinando o curso da história e triunfando no final. Ele é divinizado como espírito do mundo ou, pelo menos, como uma lei imanente. Mas, desse modo, não apenas a história se vê diretamente convertida em seu contrário, mas a própria ideia, que devia romper a necessidade, o curso lógico do acontecer, é desfigurada. O risco do desvio é evitado. A impotência erroneamente tomada pelo poder é mais uma vez denegada mediante essa elevação e, por assim dizer, subtraída à lembrança. Assim, o cristianismo, o idealismo e o materialismo, que, a rigor, também contêm a verdade, têm também a sua culpa pelas patifarias cometidas em seu nome. Como mensageiros do poder (ainda que do poder do bem), eles se tornaram eles próprios potências históricas dotadas da força de organização e desempenharam enquanto tais seu papel sanguinolento na história real da espécie humana: o papel de instrumentos da organização."[629] Reflexão, ainda que sob fundamentos diversos, efetivada por Foucault em sua microfísica.

[629] ADORNO, Theodor; HORKHEIMER, Max. **Dialektik der aufklärung: philosophische fragmente**. 4 ed. Frankfurt: Suhrkamp, 1984, p. 255. "Indem Geschichtsphilosophie die humanen Ideen als wirkende Mächte in die Geschichte selbst verlegte und diese mit deren Triumph endigen ließ, wurden sie der Arglosigkeit beraubt, die zu ihrem Inhalt gehört. Der Hohn, daß sie sich immer blamiert hätten, wenn die Ökonomie, das heißt, die Gewalt nicht mit ihnen war, ist der Hohn gegenüber allem Schwachen, in ihm haben die Autoren sich wider Willen mit der Unterdrückung identifiziert, die sie abschaffen wollten. In der Geschictsphilosophie wiederholt sich, was im Christentum geschah: das Gute, das in Wahrheit dem Leiden ausgeliefert bleibt, wird als Kraft verkleidet, die den Gang der Geschicte bestimmt und am Ende triumphiert. Es wird vergöttert, als Weltgeist oder doch als immanentes Gesetz. So aber wird nicht bloß Geschichte unmittelbar in ihr Gegenteil verkehrt, sondern die Idee selbst, welche die Notwendigkeit, den logischen Gang des Geschehens brechen sollte, entstellt. Die Gefahr des Seitensprungs wird abgewandt. Die als Macht verkannte Ohnmacht wird durch solche Erhöhung noch einmal verleugnet, gleichsam der Erinnerung entzogen. So tragen Christentum, Idealismus und Materialismus, die an sich auch die Wahrheit enthalten, doch auch ihre Schuld an den Schurkereien, die in ihrem

Igualmente às semelhanças, outras tantas e argutas diferenças devem ser ressaltadas entre as perspectivas de Michel Foucault e da Escola de Frankfurt, até mesmo nos temas que diversas vezes os aproximam. Primeiro, no que tange ao questionamento sobre a possibilidade de se realizar uma crítica da razão kantiana, nas concepções foucaultianas existia uma espécie de refutação e não de negação, tal como salienta Thomas McCharty, quer dizer, Foucault procurava atacar as raízes do racionalismo moderno, destacando suas deficiências e suas ingenuidades, ao passo que os frankfurtianos, na esteira do pensamento de Hegel e de Marx, buscavam exclusivamente repensar o modelo de racional existente, através de uma crítica das produções ideológicas e tecnológicas. Segundo, ainda que ambos procurem ir além da centralidade do sujeito refletido pelo pensamento moderno, para Foucault o fim do homem precisava ser questionado, assim como todas as concepções humanistas, visto que, apesar do sujeito ter um papel indispensável no saber humano, por sua constituição passavam relações de potência e de vontade que precisavam ser desvendadas, o que, de certo modo, impedia ao mesmo tempo e sempre o sujeito de tomar seu posto no centro da humanidade e do conhecimento. Já para os frankfurtianos, a subjetividade poderia regressar à sua centralidade, desde que a sua autonomia em relação aos instrumentos sociais, culturais e econômicos de dominação fossem repensados, assim como a própria subjetividade fosse revista com base na dimensão social da identidade individual e da própria ação social. Terceiro, no que se refere à existência de uma primazia do prático sobre o teórico, como visto, Foucault defendia, segundo McCarthy,[630] que a inevitável inflexibilidade da investigação social, seria incompatível com a transcendência do contexto das afirmações verdadeiras e com a própria pretensão da existência de teorias sociais globais; em contrapartida, os teóricos de Frankfurt procuravam formular relatos, com base na correlação do contextualismo e do universalismo, para encontrar as origens, as estruturas e as tendências das ordens sociais existentes, o que para Foucault seria impossível, sob o ponto de vista da simples existência de invenções e não origens, como pode ser visto na *Verdade e as Formas Jurídicas*.[631] Quarto, no que diz respeito

Namen verübt worden sind. Als Verkünder der Macht – und sei es der des Guten – wurden sie selbst zu organisationskräftigen Geschichtsmächten und haben als solche ihre blutige Rolle in der wirklichen Geschichte der Menschengattung gespielt: die von Instrumenten der Organisation." [trad. br. **Dialética do esclarecimento: fragmentos filosóficos**. (trad. Guido Antonio de Almeida) Rio de Janeiro: Zahar, 1985, p. 209.]

630 McCARTHY, Thomas. **Ideales e ilusiones** ..., p. 56.

631 FOUCAULT, Michel. **A verdade** ..., p. 15. [trad fr. **La vérité** ..., p. 543.]

à formação e à construção das ciências sociais, apesar de ambas as correntes acreditarem que tais formulações científicas acabaram por reduzir o homem exclusivamente à condição contraditória de objeto, uma diferença ressalta: Foucault acredita que o percurso crítico das ciências humanas acabou por estar intimamente implicado numa rede cada vez mais complexa de disciplinas e dominação, que permitiram, até certo ponto, efetivar e garantir um controle normalizador dos indivíduos, de tal modo que a genealogia seria não uma forma nova de pensar o homem, mas uma 'anticiência', cujo objetivo central se demonstraria numa forma de 'acusação geral', de outra banda, os frankfurtianos fundamentam suas críticas às ciências humanas no nível das práticas, no ambiente concreto, e procuram desenvolver novas formas livres dos males de uma racionalidade técnica. Por fim, embora ambas as correntes considerem que as críticas das práticas aparentemente racionais tenham o propósito de acabar com a dominação de uns contra os outros, Foucault, de certa forma, demonstra, através de seu método genealógico, que não existe uma forma possível de se fugir a essa dominação, quer dizer, em todas as relações há malhas e efeitos de poder, porque onipresentes; todavia, de modo diverso, os frankfurtianos procuram tão-somente desconstruir através de uma teoria social crítica a ideologia de massa existente e seu caráter instrumental.

Feitas tais considerações entre o relacionamento das teorias de Michel Foucault com as teorias dos filósofos da Escola de Frankfurt, com o intuito de servir de base e compreensão para as reflexões que se pretendem alçar a partir de então, é oportuno e indispensável ressaltar que Michel Foucault e Jürgen Habermas só foram efetivamente se conhecer no início dos anos oitenta, embora já tivesse o intelectual alemão dispendido algumas elocubrações sobre o pensamento foucaultiano, tal como fizera numa clássica palestra no dia 11 de setembro de 1980, por ocasião da recepção do Prêmio Adorno da Cidade de Frankfurt, e publicado como artigo, intitulado *La Modernité: Un Projet Inachevé*, em outubro de 1981 na *Revue Critique*, classificando Foucault, e ao mesmo tempo demonstrando sua real compreensão sobre a obra do autor, juntamente com Georges Bataille e Derrida, na categoria denominada *jeunes conservateurs*, em oposição às outras duas: *vieux conservateurs* e *néo-conservateurs*. Enquanto os velhos conservadores, entre eles Léo Strauss, Hans Jonas e Robert Sapemann, não se deixando contaminar pela modernidade cultural, afirmam um retorno a posições anteriores à modernidade; bem como os neoconservadores, entre eles Wittgenstein, Carl Schmitt e Gottfried Benn, revitalizando as conquistas da modernidade, afirmam o desenvolvimento da ciência moderna e o progresso técnico e racional; os jovens conservadores, por sua vez, seriam aqueles que, segundo Habermas, fazem da sua experiência fundamental a modernidade estética, através da manifestação de uma subjetividade descentralizada, liberada de todas as limitações da cognição e a atividade finalizada de todos os imperativos do trabalho e da utilidade.[632]

O encontro teria ocorrido especificamente quinze meses antes da morte do filósofo francês, em virtude da realização do bicentenário da aparição do clássico artigo *Was ist Aufklärung?*, escrito por Immanuel Kant, e publicado em 1784 no jornal *Berlinische Monatsschrift*, tal como afirma o próprio Habermas, num artigo intitulado *Une flèche dans le coeur du temps présent*, publicado na renomada edição da *Critique* de agosto/setembro de 1986.[633] Segundo Paul Veyne, em entrevista concedida a Didier Eribon,[634] ao contrário do que se usualmente acreditou, não fora realmente Foucault que havia decidido convidar Habermas para as conferências em 1983 no *Collège de France*, mas o próprio historiador, que no dia 30 de setembro de 1981 enviara uma carta a Habermas a contragosto de muitos presentes na reunião da instituição, segundo informações da ata do departamento. Consoante Didier Eribon, Foucault, que até então havia lido somente a obra *Erkentnisse und Interesse* do filósofo frankfurtiano, na verdade também não gostara muito do convite feito por Paul Veyne, pois em nada simpatizava com seu itinerário filosófico, e, por essa razão, igualmente não assistira às palestras de Habermas, tendo ido, no início, apenas comprimentá-lo, conforme mandava o protocolo, no meio da sala dos professores que, aproveitando o momento para passar despercebido, estava lotada. Todavia, a irritação maior de Foucault se dera após as quatro conferências feitas por Habermas (as quais posteriormente integrariam o livro *Der Philosophische Diskurs der Moderne*) quando atacara insistentemente as teorias "anarquizantes" de alguns filósofos franceses, que estariam procurando ultrapassar sem sucesso a modernidade em busca de um pós-modernismo, bem como a Nietzsche e ao nietzschianismo. Relata Eribon as palavras de Paul Veyne sobre o jantar na noite do dia 07 de março de 1983, por ocasião do fim das discussões: "Foucault não podia deixar de convidar Habermas para jantar. Éramos quatro; Daniel Defert era o quarto. Falávamos em inglês.

[632] HABERMAS, Jürgen. **La modernité: un projet ...**, p. 966. [trad. do autor.]

[633] HABERMAS, Jürgen. **Une flèche dans le coeur du temps présent**. Critique: Revue générale des publications françaises et étrangère, Paris, n. 471-472, p. 794, août/septembre, 1986. "Je n'ai fait la connaissance de Foucault qu'en mars 83." [trad. do autor. "Eu só conheci Foucault em março de 1983."]

[634] ERIBON, Didier. **Michel Foucault e seus contemporâneos**. (trad. Lucy Magalhães) Rio de Janeiro: Jorge Zahar, 1996, p. 169.

A conversação, de uma polidez glacial, começou com uma discussão em que Habermas fez um protesto contra não sei mais que atitude política de Mitterrand naquela semana (...). Depois, falamos de filosofia, e a tensão latente era tão visível que no fim, depois de uma frase de Habermas, Foucault fez uma pausa, voltou-se para ele, mostrou, com um largo sorriso mais devorador e feroz do que amável, a sua dupla fileira de dentes de tubarão e disse: 'Será que sou um anarquista?', insistindo sarcasticamente na palavra 'anarquista'."[635] Foucault, igualmente, numa entrevista concedida a M. Jay, L. Löwenthal, Paul Rabinow, Richard Rorty e C. Taylor, na Universidade de Berkeley, em abril de 1983, um mês após o incidente do jantar, respondendo a uma pergunta dos entrevistadores, afirma que teria realmente discutido durante muito tempo com Habermas, em especial, sobre a importância do pensamento de Heidegger e a questão do nazismo.[636]

Apesar das críticas que se seguem de Habermas a Foucault, não se pode deixar de ressaltar uma importante e ao mesmo tempo curiosa homenagem de Habermas, feita por belas palavras sobre Foucault e sobre a morte de um filósofo, quando este falecera, num artigo intitulado, como visto, *Une flèche dans le coeur du temps présent*, o que demonstra, sem sombra de dúvida, a importância de seu pensamento para a humanidade, e mesmo para seus críticos, segundo a observação habermasiana. Eis as suas palavras: "A morte de Foucault sobreveio de uma maneira tão imprevisível e tão repentina, que quase não se pode impedir de pensar que aqui, 'a vida e a obra' de um filósofo encontrou sua matéria quase na eventualidade e na brutal contingência de seu rápido desaparecimento. Mesmo à distância, a morte deste homem de 57 anos, como um acontecimento intempestivo, no qual a violência e a inexorabilidade do tempo se destacam – poder da fatualidade que ofende sem triunfo e de uma maneira absurda o sentido arduamente costurado da vida humana. A experiência da finitude se transformou para Foucault num estímulo do pensamento filosófico. O poder do contingente (que acabara por identificar no poder *tout court*) Foucault o observou antes com o olho do estóico do que com o olhar da experiência cristã, e, entretanto, o que nele havia de estóico, o que o fazia um observador enfurecido de imparcialidade, distante até o excesso, estava ligado, de um modo íntimo e singular, a uma tomada apaixonada e dovorante

[635] ERIBON, Didier. **Michel Foucault e seus** ..., p. 170.

[636] JAY, M.; LÖWENTAL, L.; RABINOW, P. RORTY, R.; TAYLOR, C. **Politique et étique: une interview**. Dits et Écrits (org. Daniel Defert et François Ewald). Paris: Gallimard, v. 4, 1994, p. 584. "C'est un fait. Quand Habermas était à Paris, nous avons longuement discuté, et ..." [trad. do autor "É um fato. Quando Habermas esteve em Paris, nós discutimos longamente..."]

da atualidade do instante histórico. Entre os filósofos de minha geração preocupados em diagnosticar nossa época, Foucault é aquele que influenciou o espírito do tempo, da maneira mais durável."[637]

Indo ao encontro da relação Habermas-Foucault, apesar da temática comum, como bem ressalta Francisco Guerrero Ortega, falar da relação teórica entre esses dois pensadores é falar de uma discussão que nunca teve lugar, um certo "debate impossível", primeiro, com visto, porque Foucault nunca escreveu sobre Habermas, e tinha, segundo Eribon, certa aversão aos posicionamentos do autor frankfurtiano, pois com a sua teoria do agir comunicacional e da concepção da "palavra ideal", operada pela "guinada linguística", trazia a Foucault uma espécie de retorno da filosofia universitária, das filosofias do universal abstrato, do pensamento essencialista, tão por ele incessantemente refutadas;[638] em segundo, e aí sem dúvida o principal, porque Habermas nunca teria proposto um debate com Foucault, pois o que tentou fazer, ao escrever *Der Philosophische Diskurks der Moderne* foi antes lhe declarar guerra do que realmente abrir um espaço para uma elucidação recíproca.

Ademais, ambos partiam de situações filosóficas totalmente antagônicas. Foucault acreditava que a sociedade moderna só existiria se tivesse como base seus próprios conflitos, pois estes lhe retiravam o teor da continuidade, levando-a a uma melhor compreensão; já Habermas defendia uma democria consensual, livre de conflitos, fundada numa moral de validade universal, o que certamente Foucault negava. Realidades distintas, de concepções contraditórias, em que o consenso e o dissenso são, às suas próprias sensações, constituintes e excludentes. Para Foucault, ao contrário da proposta habermasiana, jamais existiria consenso, nem mesmo no âmbito científico, posto

[637] HABERMAS, Jürgen. **Une flèche** ..., p. "La mort de Foucault est survenue d'une manière tellement imprévisible et tellement soudaine, qu'on peut à peine s'empêcher de penser qu'ici 'la vie et l'oeuvre' d'un philosophe a trouvé sa matière jusque dans l'événementialité et la brutale contingence de sa soudaine disparition. Même à distance, la morte de cet homme de 57 ans est ressentie comme un événement intempestif dans lequel la violence et l'inexorabilité du temps se mettent en relief – pouvoir de la factualité qui outrage sans triomphe et d'une manière absurde le sens péniblement tissé de la vie humaine. L'expérience de la finitude s'est transformée pour Foucault, en un aiguillon de la pensée philosophique. Le pouvoir du contingent (qu'il avait fini par identifier au pouvoir tout court), Foucault l'a observé avec l'oeil du stoïcien plutôt qu'il ne l'a interprété dans l'horizon de l'expérience chrétienne. Et cependant, ce qu'il y avait en lui de stoïque, ce qui faisait de lui un observateur enragé d'impartialité, distant jusqu'à l'excès, était lié, de manière intime et singulière, à une prise de partie passionnée et dévorante à l'actualité de l'instant historique. (...) Parmi les chroniqueurs philosophiques (attachés au temps qui est le leur) de ma génération, Foucault est celui qui a agi sur l'esprit du temps de la manière la plus durable." [trad. do autor.]

[638] ERIBON, Didier. **Michel Foucault e seus** ..., p. 172.

que a busca pela confiança, na comunicação, estaria sempre subordinada aos balanços entre intimidade e estratégias. Nesse sentido, o professor holandês da Faculdade de Wijsbegeerte, Harry Kunneman, defende a correção de Foucault: "... essa citação leva-me ao núcleo da minha argumentação neste ponto. Onde Habermas parece recomendar que as relações sejam reguladas entre os cientistas sociais e os seus clientes, pelos potenciais críticos da ação comunicativa, destaca legitimamente Foucault, como eu penso, e também como Horkheimer e Adorno, o caráter assimétrico das relações em questão e o caráter estratégico da comunicação, que é incitada pelos especialistas. Foucault é bastante exato, quando se refere ao 'fato de forçar a confiança', porque nessa expressão exatamente dois elementos, aos quais eles se referem, são elucidados: de um lado, a confiança, a intimidade, a comunicação, e, de outro, uma comunicação desnaturada e uma confiança forçada, a qual é produzida pelas intenções (de maneira latente) estratégicas e pelos seus objetivos que não são apresentados, eles próprios, como tais sobre o plano usado pela comunicação."[639]

É preciso reconhecer que as concepções do autor frankfurtiano certamente se distanciam muito em relação à Foucault, sobretudo, a partir de algumas premissas, que fundamentaram o resgate weberiano e a crítica ao pós-modernismo,[640] bem como de algumas conceituações acerca do poder e das relações sociais. O modelo crítico de Foucault é, sem sobra de dúvida,

[639] KUNNEMAN, Harry. ***Dialektik der aufklärung*, mikrophysik der macht und die theorie des kommunikativen handelns. Die Aktualität der 'dialektik der aufklärung: awischen moderne und postmoderne**. (org. Harry Kunneman e Hent de Vries) Frankfurt: Campus Verlag, 1989, p. 150-167. "... Dieses Zitat bringt mich zum Kern meiner Argumentation na dieser Stelle. Wo Habermas nahezulegen scheint, dass die Beziehungen zwischen Sozialwissenschaftlern und ihren Klienten durch die kritischen Potentiale des kommunikativen Handelns reguliert werden, betont Foucault berechtigterweise, wie ich meine, und mit Horkheimer und Adorno, den asymmetrischen Charakter der betreffenden Beziehungen und den strategischen Charakter der Kommunikation, der durch die Experten angeregt wird. Foucault ist sehr genau, wenn er von einem 'Erzwingen des Vertrauens' spricht, weil in diesem Ausdruck genau die zwei Elemente, um die es geht, beleuchtet werden: einerseits Vertraeun, Intimität, Kommunikation und andererseits eine verfälschte Kommunikation und ein erzwungenes Vertrauen, welches durch (latent)-strategische Absichten hervorgebracht wird und für Zwecke, die als solche nicht auf der Ebene der Kommunkation selbst anwesend sind, instrumentalisiert wird." [trad. do autor.]

[640] É indispensável ressaltar, nesse ponto, a posição de Luiz Fernando Coelho, que entende poder se realizar uma aproximação entre Foucault e Habermas até mesmo no que tange ao pós-modernismo, através de uma crítica dos discursos políticos. Ver: COELHO, Luiz Fernando. **Saudade do futuro: transmodernidade, direito e utopia**. Florianópolis: Boiteux, 2001, p. 143. "Pode-se então detectar uma analogia entre essas noções foucaultianas e a teoria do discurso de Habermas, pois entende Foucault que a legitimidade dos discursos políticos da pós-modernidade radica na sua

como afirmara John Rajchman,[641] uma interpretação distinta do neokantismo de Jürgen Habermas, pois sua teorias críticas não objetivam o uso de normas racionais para melhor compreender e analisar a sociedade ou mesmo o Estado, é tão mais uma 'desobediência civil' dentro de uma experiência constituída.

Entretanto, ausentar-se das críticas que Habermas formulou a Foucault seria acreditar que suas formulações não teriam respostas, que as críticas daquele encontrariam a finitude deste pensador, o qual, acima de tudo, admirava-se com a sua eterna e constante automutabilidade, sua possibilidade de contradizer-se e alternar suas posições sobre o mundo, sua capacidade de aterrorizar-se com suas próprias constituições, e de transformá-las à medida que a *praxis*, sua eterna companheira, fizesse-lhe negar a si e às suas concepções. O ingresso nas incoerências do pensamento de Habermas sobre Foucault, requer uma breve análise dos pontos chaves, que aqui importam diretamente da teoria de Habermas.

Habermas parte da interpretação da sociedade como algo mais aberto, mais dinâmico, sujeita, certamente, às relações de dominação, mas também capaz de singularizar situações extremas, e de criar mecanismos de autopreservação e convívio, sem significar, necessariamente, crise ou complexidade ideal. Entende que a sociedade é um conjunto, um todo, que se constitui pela intersubjetividade, isto é, pelo reconhecimento mútuo de valores, de normas de convívio e de disciplina, assim como de tradições comuns, que evolui, a partir de um aumento de complexidade das respostas às necessidades materiais, dando origem a funções cada vez mais específicas. Tais necessidades de reprodução material surgem, evidentemente, de subsistemas que compõe a sociedade, sejam eles econômico, administrativo, militar, ou mesmo jurídico. Entretanto, concomitantemente a essa reprodução material, processa-se, na evolução da sociedade, uma reprodução simbólica, operada na cultura, na própria sociedade, na personalidade, ou seja, no mundo da vida.

A sociedade representa, para Habermas, o elemento responsável pela coesão do todo social, isto é, o responsável pela aglutinação das relações sociais, viabilizada pela linguagem; é um conceito conexo ao conceito de mundo vital, coordenando ações. Tal expressão da sociedade é fruto de uma análise habermasiana do movimento estudantil de 68 e a relação com os filósofos

capacidade de convencimento, na sua vocação para funcionar como verdade em todos os níveis, especialmente o ético e o político."

[641] RAJCHMAN, John. **Foucault: a liberdade da filosofia**. (trad. Álvaro Cabral). Rio de Janeiro: Zahar, 1987, p. 11.

frankfurtianos. Para o pensador alemão, em especial a partir do livro *Technik und Wissenschaft als Ideologie*, é preciso compreender criticamente o paradigma da era Marx da relação entre o valor e o trabalho, e sua mudança para o paradigma de um novo capitalismo, não mais tão politizado, quanto às massas das décadas de trinta e quarenta do século XIX, mas talvez ainda mais distante da realiadade crítica, em virtude de uma ideologia tecnológica.

É por isso que Habermas, percebendo essa "alienação" pública, não dos meios de produção, mas de uma orientação política, mais tarde irá se indagar a respeito do conceito de opinião pública, como a possibilidade de sua existência a partir de uma mudança estrutural da esfera pública, desde que esta fosse imbuída de sentido histórico, e de elementos normativos capazes de atender às exigências de uma constituição social e democrática. Surge, desse modo, uma teoria do agir comunicativo, caracterizada pela interação de dois sujeitos hábeis, através da linguagem e da ação, por meios verbais ou extraverbais, a estabelecerem relações interpessoais. A teoria do agir comunicativo aparece como uma espécie de crítica à ontologia e ao transcendentalismo apriorístico (de demonstração tomista ou mesmo kantiana), refutando tudo o que está além do sujeito. Foi justamente através da teoria do agir comunicativo que Habermas procurou, segundo seu entendimento, fugir à destruição da razão prática empreendida nas filosofias do sujeito: "... por essa razão, eu resolvi encetar um caminho diferente, lançando mão da teoria do agir comunicativo: substituo a razão prática pela comunicativa."[642]

A teoria do agir comunicativo não procurou, simplesmente, desmascarar uma possível ideologia tecnocrata, mas construir uma teoria da sociedade, a partir de uma reestruturação do materialismo histórico, isto é, dar-lhe o seu próprio sentido, seu sentido verdadeiro, que outrora teria abandonado, pelos modernos, uma teoria da comunicação. Habermas entende que o abandono de uma teoria do agir comunicativo, a partir da compreensão hegeliana de que o agir em busca da intercomunicação seria simples meio de se realizar o processo de formação do espírito autoconsciente, foi justamente o que impediu o materialismo histórico de alcançar os seus objetivos, graças a um transcendentalismo natural. Tal resgate deveria se dar não pela busca de uma teoria cognitiva que se interessa pela origem do conhecimento, mas pela busca da validade deste, isto é, abandonar a ideia de origem, de conhecimento puro. Opera, assim, uma reconfiguração do materialismo histórico, adaptando-o a

[642] HABERMAS, Jürgen. **Direito e democracia: entre facticidade e validade.** Rio de Janeiro: Tempo Brasileiro, 1997, p. 16-17.

uma nova realidade oferecida pela do capitalismo tardio. Mantém em parte as ideias originais de Marx, sobretudo as que dizem respeito à sua posição iluminista, ou seja, a sua posição de intelectual preocupado com a emancipação do homem a partir de sua práxis, mas se distancia em muitos aspectos, como a relocação da ideologia para libertar a comunicação da dominação.

Com a teoria do agir comunicativo, Habermas dá vazão à importância da razão comunica, a partir da racionalização do mundo da vida, ou seja, da aplicação da razão à vida como forma de rediscutir o domínio. Aparece, assim, uma teoria sociológica não simplesmente compreensiva, mas uma teoria que visualiza a sociedade como um sistema e como mundo vital, como teoria e como praxis. Entretanto, Habermas reformula a teoria weberiana da burocracia, assim como fizera com o materialismo histórico, abrindo espaço para a concepção de uma sociedade em que o mundo da vida permite a coexistência de entendimentos puros, isto é, sem dominação, numa espécie de "situação ideal de fala". Conceito esse que, consoante o preciso entendimento de Celso Luiz Ludwig, reflete-se pela existência de pressupostos transcendentais em todo discurso, que impõe aos participantes construções racionais e *a priori* comuns como "o princípio de que todos devem ter a possibilidade de participar de uma dada situação de fala, de se admitir que os conteúdos transmitidos são inteligíveis sob pena de se negar o *telos* linguístico do entendimento; o princípio de que os interlocutores agem com sinceridade, sob pena de quebra da confiança; que o proferimento dos agentes se adaptem ao mundo fático-objetivo, expressando o mundo de forma verdadeira; que há condições de validade necessárias para supor a admissão de um consenso prévio."[643] Nesse sentido, a razão é, enfim, condição de emancipação do homem, pois não é meramente uma razão abstrata ou um princípio de direito natural, que se revelava ou se descobria, mas uma razão que interfere no dia-a-dia social. Opera-se, para Habermas, portanto, uma passagem de uma simples racionalidade para uma racionalidade comunicativa, em que a ciência não é mais sociologicamente compreensiva, como mera descrição ou mesmo análise do que ocorre na sociedade, mas uma interpretação que se concretiza, e contribui concorrentemente, na constituição de uma realidade como praxis objetivada.

É a partir da liguagem que ocorre a alteração da racionalização do mundo moderno para uma racionalização comunicativa, pois ela passa a ser o elemento formador de uma "situação ideal de fala", em que a única diferença

[643] LUDWIG, Celso Luiz. **Razão comunicativa e direito em Habermas**. A escola de Frankfurt no direito. (org. Sérgio Said Staut Jr. e Laércio Alexandre Becker) Curitiba, Edibej, 1999, p. 116.

será estabelecida pela coação válida da melhor argumentação, mantendo sempre a unidade de interesse e conhecimento. A "situação ideal de fala" é uma espécie de parâmetro para o questionamento das diversas tentativas fáticas de consenso, pois embora gere coações dentro da sociedade aos seus indivíduos, permite, a partir de sua própria estrutura, gerar oportunidades de escolha e de execução dos atos de fala distribuídas simetricamente entre todos os participantes.[644] A linguagem é o meio, para a busca dessa "situação ideal de fala" como modelo de ação comunicativa, entre a compreensão e o entendimento, os quais, agregados ao consenso, constituem-lhe a finalidade principal, resultando numa concepção de verdade, ao contrário de Foucault, como mera questão de convenção, existente no contexto da ação (comunicativa ou não).[645] Entretanto, essa linguagem, que constitui um agir comunicativo, sujeita-se também a normas que regulam suas formações, de tal modo que as suas violações, embora indesejáveis sob o ponto de vista da "situação ideal de fala", estão dispostas à sanção jurídica, estas, normas de segundo grau, aplicáveis somente em caso de falência dos meios usuais de comunicação e coordenação das ações. Aparece, assim, um repúdio tácito à juridicização do mundo da vida, haja vista que o Estado teria seus princípios fundamentados no direito natural racional.

O Direito surge para Habermas não como Marx o quisera, sua total aniquilação em virtude de sua única qualidade: a opressão, mas como algo a ser recuperado, sobretudo, para a Filosofia. Esse resgate modificado do Direito, dá-se a partir de uma alteração estrutural da esfera pública, em que Habermas analisa o surgimento do direito positivo, como o auge do direito burguês, especialmente do direito privado, que se resumiu a traçar regras de dominação, inviabilizando a liberdade de tutelar. Habermas critica, então, o direito moderno, como sendo autolegitimador, bem como por constituir uma incontrolável tendência à juridicização, isto é, a criação cada vez mais excessiva de regras escritas, que acabam por levar a Administração Pública à profissionalização do Direito, e, por conseguinte, do Estado. Entretanto, no mesmo compasso que critica essa juridicização do Estado moderno, procede a uma crítica aos estados providências do ocidente, pois entende que a criação excedente de leis para a proteção dos mais fracos, isto é, a criação de

644 HABERMAS, Jürgen. **Teorías de la verdad**. (trad. N. Smilg; J. Rodríguez; M. J. Frápolli e J. A. Nicolás). Teorías de la verdad en el siglo XX. (org. Juan Antonio Nicolás e María José Frápolli ) Madri: Tecnos, 1997, p. 589.

645 HABERMAS, Jürgen. **Teorías** ..., p. 595.

normas para garantir-lhes a total liberdade põe igualmente em perigo os seus supostos beneficiários (vislumbra-se aqui um esboço da crítica futuramente feita à Foucault). O direito, a partir dessa crítica de Habermas, não tem a função de justiça, mas de criar um sistema simbólico e de ação, num equilíbrio entre autonomia privada e autonomia pública (o constitucionalismo), ou seja, uma função instrumental de integração. O direito conserva, para o filósofo alemão, a ideia de instrumentalidade, nascendo da atividade política, de tal modo que o legislador ganha especial importância em face do juiz ou do jurista. Através do legislador a vontade geral, empírica e hipotética, ganha seu discurso ético, e se estabiliza como condição de comunicação, através de um auto-entendimento hermenêutico coletivo. Enfim, o direito, através de suas normas coativas, impõe-se como meio de controle do agir social, e quando não podem suficientemente ser legitimadas através do procedimento ou da simples legalidade, tornam-se instituições jurídicas.

A partir dessas concepções, é possível esboçar o relacionamento entre Habermas e Foucault. A crítica de Habermas, existente, sobretudo, no seu livro *Der Philosophische Diskurs der Moderne*, expressa-se genericamente pela imputação de inúmeros equívocos que teriam sido cometidos por Michel Foucault, bem como pela sua impossibilidade de construir uma teoria filosófica que pudesse romper com a razão moderna, permanecendo, como a grande maioria dos autores contemporâneos, numa ambiguidade sistemática e numa inviabilidade das conferir novas saídas. Essa crítica à historiografia genealógica, por encontrar-se no mesmo caminho e destino das ciências humanas, ou seja, constituir-se de práticas de poder que variariam como o próprio Habermas diz tal um "caleidoscópio",[646] formando uma pseudo-ciência, que se auto-apropriaria, poderia ser resumida, como o faz o autor em três horizontes principais: 1) Presentismo; 2) Relativismo; e 3) Cripto-normativismo.

Habermas afirma que Michel Foucault, ao buscar demonstrar que a história foi narrada e escrita ao longo do tempo de modo linear e historicizado, ao invés de ressaltar pontos de crise, desmarcarando a discursividade imprimida pelo poder dentro das práticas historiografadas, acaba por cair num "subjetivismo", e não conseguindo atingir a objetividade desejada para desnudar essa discursividade interna, e ao propor uma nova historiografia, deixa-se

[646] HABERMAS, Jürgen. **O discurso filosófico da modernidade**. (trad. Ana Maria Bernardo, José Rui Meirelles Pereira, Manuel José Simões Loureiro, Maria Antónia Espadinha Soares, Maria Helena Rodrigues de Carvalho, Maria Leopoldina de Almeida e Sara Cabral Seruya) Lisboa: Dom Quixote, 1990, p. 259.

levar num mesmo historicismo, pois seu olhar continua a julgar o passado a partir do presente.

Esse *Presäntismus* leva Foucault ao que Dominique Janicaud traduz como uma "atualização induzida"[647] Para Habermas, Foucault estaria sempre preso ao seu ponto de partida, isto é, em razão de sua autoreferencialidade, jamais conseguiria explicar os objetos por si só, posto que para o genealogista as tecnologias do poder só teriam suas razões nas práticas de dominação, quando comparadas umas com as outras. Dessa maneira, Foucault, ao fazer utilizar seu método genealógico, estaria sempre a fazer comparações de maneira narcísica: "Assim, a tentativa de explicar sob o olhar rigoroso e objectivante do analista que vem de longe e opõe a toda a realidade indígena a sua não-compreensão, as formações do discurso e do poder a partir de si mesmas, redunda no seu oposto. O desmascarar das ilusões objectivistas de qualquer vontade de saber conduz ao acordo com uma historiografia narcisisticamente orientada para a posição do historiador que instrumentaliza a contemplação do passado para as necessidades do presente: a 'história real' cai 'na vertical do lugar onde se encontra'."[648]

Diante dessa mesma ótica presentista, outra crítica induzida por Habermas à luz desta última que ganha especial relevo diz respeito à sua autoreferencialidade, isto é, ao seu relativismo interno. Habermas afirma que quando Foucault, através de sua historiografia genealógica, critica e afirma a inexistência de validez interna dos discursos em virtude das impressões de poder neles contidas, e quando propõe a formação de um contra-discurso para fazer resistência às práticas de poder e relevar o discurso das minorias (homossexuais, loucos, delinquentes, oprimidos, pervertidos, etc....) cai num relativsimo, posto que esse mesmo contra-poder atua e se desembrulha dentro da mesma racionalidade do poder e sua discursividade que ele pretende criticar. Foucault, segundo o tentado elogio de Habermas na ocasião da homenagem de sua morte, teria realizado uma "contradição instrutiva".[649]

647 JANICAUD, Dominique. **Racionalidad, fuerza y poder. Foucault y las críticas de Habermas.** Michel Foucault, filosófo. (trad. Alberto Luis Bixio) Barcelona: Gedisa, 1999 p. 283.

648 HABERMAS, Jürgen. **O discurso filosófico** ..., p. 262.

649 HABERMAS, Jürgen. **Une flèche** ..., p. 799. "De même, lorsque Foucault oppose sa critique du pouvoir, atteinte par l'actualité, à l'analytique du Vrai (tant et si bien que la première perd les critères normatifs qu'elle devrait, en principe, emprunter à la seconde), on peut dire qu'il s'empêtre dans une contradiction instructive." [trad. do autor. "Ao mesmo tempo, quando Foucault opõe sua crítica do poder, alcançada pela atualidade, à analítica do Verdadeiro (tanto e ainda que a primeira perca os critérios normativos que ela deveria, em princípio, tomar emprestado da segunda), pode-se dizer que ele se posta numa contradição instrutiva."]

Por fim, em tom mais agressivo e mesmo contundente, afirma Habermas que Foucault, ao procurar fugir dos conceitos fundamentais (sobretudo dos "valores"), através de uma análise puramente descritiva ou através de um estilo e um vocabulário próprios, em especial para fugir do modelo tradicional como em Weber, que separa o trabalho do homem da ciência e o trabalho do homem que decide, ou como em Marx, que separa os dominados e os dominadores; recai, em sua história genealógica, na mesma necessidade da eleição de valores, ao preferir e afirmar que melhor seria resistir à dominação ou que melhor seria a luta à submissão (em consonância com as perguntas de Fraser: *Why is struggle preferable to submission? Why ought domination to be resisted?*)[650] Nessa esteira, Habermas é discrente à tentativa de Foucault de buscar uma saída a esse cripto-normativismo próprio das ciências humanas, que o intenta fazê-lo explicando que nos próprios complexos de força haveria uma assimetria, na qual se produziria não por uma luta entre burgueses e expropriados, mas, sim, uma tensão entre poderes disciplinadores e corpos mudos. Enfim, nesse sentido, Habermas afirma que Foucault, ao justificar-se por uma referência ao corpo, confessa um vitalismo da auto-experiência do corpo.

Bucando um contraponto, é oportuno, nestas próximas linhas, demonstrar, sim, os equívocos da leitura habermasiana efetuada sobre as posições e as orientações filosóficas de Foucault. Segundo Dominique Janicaud, estas críticas realizadas por Habermas, sobretudo a Nietzsche e obliquamente a Foucault (ou mesmo diretamente) não podem ser recepcionadas, pois o próprio Foucault admitira muitas vezes a imperfeição e a indeterminação de suas teorias.[651] Seria muitas vezes, como diria Ortega, um "camaleão", um pensamento inquieto e intenso.[652]

Quando Habermas encerra suas críticas a Foucault, a partir da recusa das ideias de Nietzsche, isso acaba, sem dúvida, desfigurando ambos os pensamentos. Para Habermas, Nietzsche se reduziria a uma tendência antiracionalista que encontraria seu fim em si mesma, não propondo qualquer saída ao homem atual. Entretanto, tal crítica deve ser refutada, Nietzsche jamais criticou incisivamente a razão, mas sim, o seu caráter prescritivo, a sua manifestação social e científica, isto é, criticou seus modos de aparição e seus contextos de recepção e realização. Nietzsche, como já visto, não refutou a racionalidade em si,

[650] HABERMAS, Jürgen. **O discurso filosófico** ..., p. 266.

[651] JANICAUD, Dominique. **Racionalidad** ..., p. 294.

[652] ORTEGA, Francisco Guerrero. **Habermas versus Foucault: apontamento para um debate impossível**. Revista Síntese Nova Fase, Belo Horizonte, v. 26, n. 85, p. 244, maio/ago. 1999.

pois admirava os enciclopedistas, dedicou *Menschliches, Allzumenschliches: Ein Buch für Freie Geister* a Voltaire, e propugnava por estudos científicos a serem realizados em Paris, mas deflagrava o exercício da vontade de poder por trás de toda vontade de verdade científica. Não preteria a objetividade pela subjetividade, mas interrogava as formações de poder na formação da verdade, pois afirmar que Nietzsche negava a existência da verdade se estaria insinuando que ele afirmava, então, a não-verdade, e, portanto, estaria interpelando essa não-verdade pela racionalidade, e, logo, instituiria na vontade de poder ou de potência um componente racional.

Procurando direcionar-se em busca dos pontos cruciais atacados por Habermas em Foucault, isto é, suas reduções metodológicas como visto anteriormente: presentismo, relativismo e criptonormavismo, cumpre analisá-las e traçar algumas considerações a fim de refutá-las. A primeira linha de ataque habermasiana, o *präsentismus*, aquilo que o permite dizer ter sido Foucault sempre autoreferencial em sua historiografia, encontra seus limites, se se interpretar a teoria foucaultiana numa única direção, a direção global, e, principalmente, final de seus escritos. A genealogia se serve das práticas não como comparação, mas a fim de demonstrar a imensa trama de poder que se estabelece nos arquivos de determinadas epistemes. Ademais, as teorias de Foucault, tal à construção outrora dedicadas algumas linhas, diz respeito ao encontro entre filosofia e atualidade, ou seja, é no sentido de uma compreensão do presente na sua estrutura ontológica que importa a Foucault, o que não significa que ele simplesmente caia no presente, sem qualquer referência ou fundamento.

Em relação à sua segunda redução metodológica, o relativismo, de que a análise foucaultiana de poder como resistência não teria outra base epistêmica senão a mesma de sua análise do poder como dominação, deve ser de plano refutada, por não encontrar guarida na leitura de Foucault. Num primeiro momento, poder-se-ia pensar que Foucault sucumbiria às críticas de Habermas, pois em seus primeiros escritos, especialmente *La Volonté de Savoir*[653] e o *Cours de 07.01.76*[654], quando a dupla ontológica saber/poder encontra seu auge epistêmico, efetivamente o conceito de poder não permitiria um conceito de

[653] FOUCAULT, Michel. **História da sexualidade I: a vontade de saber**. (trad. Maria Thereza da Costa Albuquerque) 13 ed. Rio de Janeiro: Graal, 1999, 152p.

[654] FOUCAULT, Michel. **Em defesa da sociedade**. (trad. Maria Ermentina Galvão) São Paulo: Martins Fontes, 1999, p. 3-26. "*Tema*: Que é um curso? – Os saberes sujeitados. – O saber histórico das lutas, as genealogias e o discurso científico. – O poder, o que está em jogo nas genealogias. – Concepção jurídica e econômica do poder. – O poder como represssão e como guerra. – Inversão do aforismo de Clausewitz."

resistência, vez que esta encontra naquele seu próprio horizonte, de tal modo que não haveria resistência para além das relações de poder.

Entretanto, consoante a indispensável interpretação de Francisco Ortega, essa crítica deixa de ter qualquer sentido, ao se perceber que a análise do poder de Foucault sofreria uma profunda alteração a partir do final da década de 70. Segundo Francisco Ortega, o próprio Foucault reconhecera a sua incapacidade no artigo intitulado *La Vie des Hommes Infâmes*[655] publicado em *Les Cahiers du Chemin*. A primeira visão de poder de Foucault, que reconhece a vida e a própria subjetividade exclusivamente como objetos do bio-poder, certamente poderia ser alvo de crítica de Habermas, entretanto, o intelectual germânico deixou de lado toda uma essencial reformulação que ocorreu com Foucault, em especial como o texto *Le Sujet et le Pouvoir*,[656] quando o tema do sujeito passou a se inserir no centro de sua analítica do poder.

Com a desdobra do poder, a concepção monista e nietzscheana de Foucault cede lugar a uma interpretação mais abrangente, em que o governo dos outros dá lugar ao governo de si mesmo. A partir da redefinição metodológica que Foucault realiza em sua história da sexualidade, desvalorizando a sua origem como objeto de saber para reconstruir uma análise da história da sexualidade como experiência, a subjetividade ética, que se verá adiante, permite conceder ao próprio sujeito uma autonomia e uma possibilidade de resistência, antes não vista. Quando Foucault repensa sua história da sexualidade, redefinindo uma nova subjetividade, o cuidado de si e não dos outros, longe das formas modernas de poder, permite que o conceito de resistência apareça, sem ser relativo exclusivamente as mesmas bases epistêmicas do poder que ele criticava. Dessa maneira, quando a governabilidade surge, para orientar a nova visualização do poder, que deixa de ser mera relação de força, para ser relações de poder móveis, transformáveis e reversíveis, desde o Estado ao "si mesmo", o conceito de resistência em Foucault encontra seu lugar, e a crítica habermasiana é esvaziada de sentido.

A partir dessa mesma conversão do poder, desse mesmo desdobramento, é possível refutar a terceira crítica direta que Habermas dirige a Foucault, e diz respeito ao que ele chama de *kriptonormativismo*, isto é, de que o intelectual francês, ao estabelecer que os homens deveriam lutar a se deixarem ser oprimidos, teria ficado vinculado a mesma escolha de valores universais, a mesma

[655] FOUCAULT, Michel. **La vie des hommes infâmes**. Dits et Écrits (org. Daniel Defert et François Ewald). v. 3 Paris: Gallimard, 1994, p. 237-252.

[656] FOUCAULT, Michel. **Le sujet et le pouvoir**. Dits et Écrits (org. Daniel Defert et François Ewald). Paris: Gallimard, v. 4, 1994, p. 222-243.

escolha de normas, a qual ele criticava incisivamente. Na esteira do ilustre pensamento de Francisco Ortega, a maneira mais fácil de se demonstrar que a crítica de Habermas não teria sentido, seria buscar compreender que toda a teoria de Foucault se constitui necessariamente pela ausência de qualquer referência a normas fundamentais, e a normas gerais, visto que estas são meras fachadas ideológicas para esconder relações de poder. Para responder àquela pergunta de Fraser: *Why is struggle preferable to submission? Why ought domination to be resisted?* haveria de se afirmar que para Foucault, quem deveria dizer se seria preferível lutar a ser dominado seria exclusivamente no caso concreto, e não de modo a referendar uma 'moral universal', isto é, somente os envolvidos diretamente na luta é que devem decidir.

A evidência do pensamento antinormativo de Foucault se dá com a sua "viragem ética", ou seja, quando novas formas de subjetividade são propostas e a resistência ao poder se evidencia. É a partir da renúncia a qualquer pretensão teórica de 'prescritividade', e de 'universalidade' por uma análise de elementos de 'descritividade' e de 'particularidade', que a normatividade pode ser excluída, através do que muito bem chama Francisco Ortega, de um "apelo retórico". Segundo esse filósofo, é preciso perceber que o que Foucault realizou em seus últimos escritos foi certamente um "apelo retórico", isto é, uma arte de dissuadir de uma determinada posição, mostrando outras posições como sendo mais atrativas. Através de um apelo retórico, Foucault conseguiu fugir ao normativismo, criando o que chamaria de "programa vazio", quer dizer, a partir do momento que Foucault passou a afirmar que seu objetivo era constituir não um programa definido de existência, que excluiria outras formas de sociabilidade, um programa pré-fixado, que universalizaria um determinado tipo de relação, mas um "programa vazio", que garantisse novas formas de subjetividade, ou seja, que simplesmente encorajasse à experimentação, a antinormatividade reaparece com força e com fundamentos em sua teoria.

Nesse passo, a genealogia, enquanto "apelo retórico", "estratégia retórica", tal como afirmara Ortega, permite que Foucault fuja ao normativismo, fuja, por exemplo, ao seu tema da homossexualidade como "relação universal", induzindo simplesmente que o indivíduo crie uma disposição para dissuadir, isto é, para problematizar as ideias e crenças convencionais. Desse modo, Foucault possibilita que a sociedade crie novas relações difíceis de serem administradas e controladas,[657], ainda que os vínculos conjugais e de amizade

[657] ORTEGA, Francisco Guerrero. **Amizade e estética da existência em Foucault**. Rio de Janeiro: Graal, 1999, 184p.

sejam repensados, no caso concreto, e não de maneira universal. O que faz Foucault, como já dito anteriormente, é oferecer conceitos, "ferramentas", para que em cada luta se possa escolher, quando diretamente envolvido, o que é mais importante: resistir ou dominar. Eis o limite que a crítica de Habermas encontra em Foucault.[658]

## 4.3. Nicos Poulantzas e a positividade relacional

Não há como se falar numa relação entre Nicos Poulantzas e Michel Foucault propriamente dita, haja vista que jamais se relacionaram pessoalmente, e, tampouco este intelectual se dirigira qualquer vez em suas entrevistas e seus artigos à personalidade de Poulantzas. Entretanto, ao contrário de Foucault, Poulantzas procurou realizar um debate, especialmente com o surgimento de seu livro *L'État, le Pouvoir et le Socialisme*, que publicado em 1978, resgatou as posições foucaultianas de um poder microfísico e disciplinar, mas, ao mesmo tempo, refuta seu caráter imanente e de desprestígio da figura do Estado.

Convém ressaltar que Poulantzas, dez anos mais novo que Foucault, e, apesar dos contragostos de alguns teóricos, enquadrou-se à sua época, a partir dessa publicação, à categoria dos denominados *Nouveaux Philosophes* [Novos Filósofos], isto é, um grupo de intelectuais que, abandonando os mestres da moda intelectual até então, especialmente Althusser, Mao e Marx, passou a valorizar novos ícones acadêmicos, novos "padrões teóricos", sobretudo Lacan (e sua figura do mestre), Soljénitsyne (e suas provas sobre o ardor messiânico),

[658] Sobre a relação entre Foucault e Habermas, convém ainda ler: LUDWIG, Celso Luiz. **Razão comunicativa e direito em Habermas.** A escola de Frankfurt no direito. (org. Sérgio Said Staut Jr. e Laércio Alexandre Becker) Curitiba, Edibej, 1999, p. 115-121.; HONNETH, Axel. **Kritik der macht: reflexionsstufen einer kritischen gesellschafstheorie.** Frankfurt: Suhrkamp Verlag, 1986, 382p.; FLYVBJERG, Bent. **Habermas y Foucault: ¿pensadores de la sociedad civil?.** Revista Estudios Sociológicos, México, v. XIX, n. 56, p. 295-324, mayo./ago 2001.; DREYFUS, Hubert L.; RABINOW, Paul. **Habermas et Foucault: qu'est-ce que l'âge d'homme?** Critique: Revue générale des publications françaises et étrangère, Paris, n. 471-472, p. 868-885, août/septembre, 1986.; DREYFUS, Hubert L.; RABINOW, Paul . **Was ist mündigkeit? Habermas und Foucault über "was ist aufklärung?"** Ethos der Moderne: Foucaults Kritik der Aufklärung. (org. Eva Erdmann, Rainer Forst e Axel Honneth) Frankfurt: Campus Verlag, 1990, p. 55-69.; MENKE, Christoph. **Zur kritik der hermeneutischen utopie Habermas und Foucault**. Ethos der Moderne: Foucaults Kritik der Aufklärung. (org. Eva Erdmann, Rainer Forst e Axel Honneth) Frankfurt: Campus Verlag, 1990, p. 101-132.

e Foucault (e sua imagem do Panóptico).[659] Os novos filósofos, inicialmente Bernard-Henri Lévy, Jean-Marie Benoist, Michel Guérin, Christian Jambet e Guy Lardreau, foram assim denominados num artigo reunido por Lévy na Revista *Les Nouvelles Littéraires*, em junho de 1976. Entretanto, um mês após, na revista *Le Nouvel Observateur*, um outro longo artigo de Gérard Petitjean, sob o título *Les Nouveaux Gourous* acrescentou outros nomes, especialmente Jean-Paul Dollé, André Glucksmann, Jean Baudrillard, Hocquenghem e, curiosamente, segundo Davida Macey, o marxista Poulantzas.[660]

Essa flexibilidade marxista de Poulantzas o fez aproximá-lo ainda uma derradeira vez de Foucault, que no início dos anos setenta, ao assinar uma série de protestos denunciando o engajamento americano no Vietnã, foi seguido, juntamente com inúmeras personalidades, como Yves Montand, Brigitte Bardot e Eugène Ionesco, especialmente Nicos Poulantzas, o único marxista assinar uma dessas petições, sobretudo a publicada em 9 de novembro de 1970 no renomado *Le Monde*. Enfim, a relação entre os intelectuais, tendo em vista a vívida feição marxista de Poulantzas, que às vezes parecia se pulverizar, só pode ser visualizada sob o campo pragmático e teórico em breves passagens. Eis o que se pretende doravante.

Com base nessas considerações convém entrelaçar o pensamento de Poulantzas e de Foucault em duas considerações principais, isto é, em torno do conceito de Estado e de Poder, nas suas semelhanças e nos seus distanciamentos. Essas linhas, portanto, procuram verificar o encontro dos intelectuais em torno do conceito de poder como relação e positividade, bem como do conceito de normalização e de disciplina, mas, ao mesmo tempo, busca distanciá-los no que tange ao fundamento do poder e à valorização do papel do Estado, razão porque convém fazer um escorço na obra poulantziana.

A relação oscilante tem início quando Nicos Poulantzas, no célebre livro intitulado *L'État, le Pouvoir et le Socialisme*, publicado em Paris na década de 1970, traz inúmeras considerações, muitas vezes permeadas pela presença foucaultiana, com vistas a ir de encontro à sua própria formação intelectual, marcada essencialmente pelo marxismo e o estruturalismo de Althusser. Desde uma perspectiva inovadora, Poulantzas segue em direção a uma reformulação do Estado a partir dos conceitos de um poder pulverizado e relacional. Essa diferenciação que toma doravante em relação aos seus trabalhos anteriores,

[659] Nesse sentido, ver: UTUDJI, Alain. **Les nouveaux philosophe ont-ils raison contre la raison?** Revue Raison Presénte, Paris, Centre National du Livre, n. 45, p. 07-28, jan./mars. 1995.

[660] MACEY, David. **Michel Foucault** ..., p. 391.

especialmente *Pouvoir Politique et Classes Sociales*, e o concomitante *Fascisme et Ditadure*, traz consigo uma série de questões que criticavam o marxismo tradicional, tais como: a renúncia da concepção de Estado como um ente distinto e exterior às classes sociais e às suas relações econômicas; a renúncia à concepção que privilegiava em demasia a noção de estrutura para ressaltar a noção de relações, quer dizer, desloca o centro de atenção das práticas e das lutas de classe cravadas no Estado para o seu aspecto relacional (como relação de produção, relação estatal, relação de poder); o abandono de uma concepção que visualizava os agrupamentos ideológicos, políticos e econômicos sob uma virtualidade invariante e fixa, que marcava os diferentes modos de produção; e, especialmente, a abjuração da metáfora predial da super e da infraestrutura, que expurgava para fora do Estado, do ponto de vista exterior, a sua base econômica, uma vez que acabava por engessar a figura do Estado e concedia à economia a imensa capacidade autopoiética, quer dizer, de se auto regular, de se auto reproduzir, exclusivamente por fatores internos.

Nesse sentido, entende Poulantzas que as relações de produção e, inevitavelmente, de exploração, como relações fechadas, auto suficiente e auto reproduzíveis, não podem ser assim refletidas nem no cerne do capitalismo, nem tampouco em qualquer outro modo de produção, uma vez que o Estado, do mesmo modo que a ideologia, sempre esteve presente nas relações de produção e, consequentemente, nas suas reproduções. Dessa maneira, o econômico, o ideológico e o político, visto como algo inerente às relações e não simplesmente algo exterior, isto é, não mais como um produto de combinação entre diversas instâncias em que cada uma possuiria previamente ao se relacionar, algo intangível, mas sim, como uma unidade de um conjunto de determinações econômicas, políticas e ideológicas. O modo de produção, portanto, não está somente relacionado às determinações políticas e econômicas do Estado, mas no papel desempenhado pelas relações de produção, de consequência, o lugar do econômico, em Poulantzas, está disposto, então, de modo diverso, é repensado e atualizado, numa espécie de superação dialética, em que as relações de produção assumem o lugar de destaque. São as relações de produção que estabelecem o ambiente do Estado e da Ideologia, e, ao mesmo tempo, estes se apresentam interligados na formação e na reprodução das próprias relações de produção.

No capitalismo, a estrutura das relações de produção, isto é, a constituição social e política das relações produtivas, é aquela que "transforma a força de trabalho em mercadoria e o excedente de trabalho em mais-valia, delimita os espaços relativos à economia e ao Estado e dá lugar, nas relações entre estes dois campos, a uma separação relativa que é a base da ossatura institucional própria ao Estado capitalista."[661] A separação relativa, à que faz menção a teoria poulantziana já do final da década de setenta, tem, de certa forma, uma proximidade com a perspectiva desenvolvida em *Pouvoir Politique et Classes Sociales*, especificamente de uma autonomia relativa, em que o econômico e o político estão institucionalmente distanciados na estrutura do modo de produção capitalista. Entretanto, ao contrário do que fora enunciado na obra anterior, essa autonomia entre o político e o econômico não significa que esteja a se falar numa relação de exterioridade, isto é, de exterioridade do Estado no que tange à economia, mas, sim, como uma forma para que o capitalismo presencie a constituição do político nas relações de produção, quer dizer, na própria economia. Dessa maneira, em Poulantzas, para pensar qualquer mudança na relação entre Estado e economia, nas diferentes etapas evolutivas do capitalismo, é preciso refleti-las como 'formas transformadas', quer dizer, como ações do Estado nas relações de produção. Assim, ao resgatar a presença indispensável das relações de produção, sob novas vestes, Poulantzas afirma que a existência de uma prevalência das relações de produção sobre as forças produtivas, o que implica dizer que as relações políticas e ideológicas estariam indissociadas das relações de produção.

Para Poulantzas, portanto, a partir da valorização das relações de produção, inevitável seria pensar as classes sociais sob um novo aspecto, isto é, refleti-las como classes presentes no âmago das relações de produção, e, de consequência, como relações de poder e de luta. Dessa maneira, uma linha significativa de análise aparece em *L'État, le Pouvoir et le Socialisme*, ou seja, uma perspectiva que valoriza as relações de produção, e, portanto, o poder como relação. As relações de produção são indispensáveis para definir exatamente os diferentes lugares de classe, que nada mais são que poderes de classes, consistentes no íntimo das relações de produção em lutas de classe.[662] Isto significa dizer que as relações de produção estão no próprio seio das lutas de classe, são atuais e não anteriores; não são exteriores e nem tampouco estranhas ao poder e às lutas de classe. Nesse sentido, presente o político no econômico e vice-versa, o processo de produção passa a ser entendido como um processo de reprodução das relações de dominação e de subordinação política e ideológica.

[661] POULANTZAS, Nicos. **O estado, o poder, o socialismo**. (trad. Rita Lima) Rio de Janeiro: Graal, 1980, p. 22.

[662] POULANTZAS, Nicos. **O estado, o poder** ..., p. 32.

Desse entendimento, decorre que o próprio Estado passa a estar presente e a se manifestar nas relações de produção, materializando-as e as concentrando, formando-as, e, ao mesmo tempo, reproduzindo-as. Assim, para Poulantzas, ao contrário do marxismo tradicional, o Estado deixa de ser o lugar exclusivo do poder, já que este não se identifica unicamente com ele, posto que as relações de um poder 'pulverizado' não se resumem à sua própria estrutura. Poulantzas defende, então, que as relações de poder não se concentram no Estado, primeiro, porque podem estar presentes nas fábricas e nas empresas, segundo, porque, apesar do poder ter sempre uma correlação classista, não se limitam apenas a se materializar nas relações de classe, podendo claramente sobrepujá-las. Todavia, isso não significa afirmar que o Estado tem um papel secundário na existência material do poder, mas sim, que ele também constitui o poder, isto é, ele também favorece a formação e a reprodução dos poderes de classe, bem como tem um papel decisivo nas lutas de classe, mas papel esse não exclusivo. O Estado se constitui, assim como um elemento diminuto, mas existente, e que tem a função primordial de conferir às relações de poder o atributo classista. Nesse ponto, sem dúvida, começam se delinear uma pequena aproximação, e também, diferenciação com as teorias foucaultianas, que adiante serão traçadas.

As relações de poder, que estão no Estado e também além deste, isto é, nos aparelhos da família, do casal, das relações de trabalho, encontram-se, igualmente, nos aparelhos do Estado, sejam eles repressivos ou ideológicos, tal Gramsci quisera. Nessa perspectiva, afirma Poulantzas[663] que para se compreender efetivamente o papel constitutivo do Estado nas relações de produção, nas lutas de classe, bem como nas relações de poder, convém vislumbrar que, primeiro, o poder político, ainda que fundamentado no poder econômico e nas relações de exploração é indispensável à medida que sua transformação condiciona toda modificação essencial dos demais campos do poder, todavia, esta modificação exclusiva do Estado não é suficiente; segundo, que no modo de produção capitalista, o poder político, a despeito da existência de conexão com outros campos do poder, possui um campo e um lugar específico; terceiro, que o Estado é o lugar por excelência onde se concentra este poder; e quarto, porque o Estado, não um Estado no sentido único de concentrar o poder fundamentado nas relações de classe, mas igualmente como algo em que se propaga tendencialmente em todo o poder, apoderando-se dos dispositivos do poder, que entretanto o suplanta constantemente. Dessas considerações,

663 POULANTZAS, Nicos. **O estado, o poder** ..., p. 50.

Poulantzas deixa evidenciar, sob fortes configurações foucaultianas, que o poder e o Estado devem ser visto como relações, ou seja, as lutas e as relações de poder assumem um grau hierárquico e epistemológico superior em relação aos aparelhos do Estado, tal como não se verificava no marxismo tradicional. Nesse sentido, percebe-se que as relações de produção são determinantes nas concepções poulantzianas à medida que, por serem relações de poder, permitem o surgimento de lutas, as quais são postas em evidência em relação ao próprio Estado. Nessa perspectiva, ressalta em Poulantzas, que as lutas de classes são indispensáveis para o processo histórico, tão mais que a própria estrutura do Estado, razão pela qual ressaltam significativas alterações da obra estruturalista do final da década de setenta em relação a *L'État, le Pouvoir et le Socialisme*. O poder, portanto, para Poulantzas, sob robusta influência foucaultiana, é um poder relacional: "Por poder se deve entender a capacidade, aplicada às classes sociais, de uma, ou de determinadas classes sociais em conquistar seus interesses específicos. O poder referido às classes sociais é um conceito que designa o campo de sua luta, o das *relações de forças* e das *relações* de uma classe com uma outra: os interesses de classe designam o horizonte de ação de cada classe em relação às outras. A capacidade de uma classe em realizar seus interesses está em oposição à capacidade (e interesses) de outras classes: *o campo do poder é portanto estritamente relacional*. O poder de uma classe (da classe dominante por exemplo) não significa uma substância que ela tenha em mãos: o poder não é uma grandeza quantificável que as diversas classes partilhariam ou trocariam entre si segundo a velha concepção de poder-soma-zero".[664]

Nesse contexto, pode-se verificar uma significativa influência do pensamento foucaultiano nas concepções adotadas por Poulantzas sobre um poder relacional e disperso na sociedade. Convém, portanto, traçar breves considerações, que adiante serão desenvolvidas em capítulo à parte, a respeito das formulações de Foucault sobre um poder microfísico, isto é, um poder que se exerce em níveis e lugares da sociedade diversos, cuja existência é própria e específica no nível mais molecular da sociedade. Nesse compasso, o poder, segundo Foucault, especialmente nas suas argumentações surgidas na década de setenta, é uma rede de relações, que se encontra disseminado na sociedade, pulverizado nas mais "insignificantes" relações sociais, a romper com a sua centralização. Nesse sentido, há uma luta de forças que não faz parte da estrutura estatal, mas que é tão relevante, pois capaz das significativas alterações

[664] POULANTZAS, Nicos. **O estado, o poder** ..., p. 168.

e legitimações das políticas estatais e dos anseios individuais. Ao invés das meta-narrativas, num campo acadêmico ou das teorias macroscópicas, como o liberalismo, o marxismo, o keynesianismo, quer Foucault uma busca pelos entraves de poder constituídos desde os aparelhos estatais até as relações interpessoais, entre mulher e marido, filho e pai, patrão e empregado. Todavia, isto não significa que Foucault, ao conceber modernamente um poder disciplinado e disperso na sociedade, afirme que o poder contido dentro dos aparelhos dos estados sejam menos importantes ou esquecidos em sua função, entretanto, o que Foucault insiste em argumentar é que o poder não está localizado somente na estrutura do Estado, mas por toda a tessitura social.

Isto é o que revela, para além de seus livros, especialmente numa entrevista intitulada *Pouvoir et Corps* e concedida à Revista *Quel Corps?*, em setembro de 1975, por ocasião da publicação de *Surveiller et Punir*, quando perguntado se o seu estudo sobre os micro poderes ao nível do cotidiano não acabaria por negligenciar o aparelho do Estado: "Eu não estou querendo dizer que o aparelho de Estado não seja importante, mas me parece que, entre todas as condições que se deve reunir para não recomeçar a experiência soviética, para que o processo revolucionário não seja interrompido, uma das primeiras coisas a compreender é que o poder não está localizado no aparelho de Estado e que nada mudará na sociedade se os mecanismos de poder funcionam fora, abaixo, ao lado dos aparelhos de Estado a um nível muito mais elementar, quotidiano, não forem modificados."[665] Igualmente, retorna a afirmar no ano seguinte, num curso proferido em 21 de janeiro no *Collège de France*, quando seu livro sobre as prisões já estava sendo consagrado: "Eu não quero dizer, é claro, que não há, ou que não se pode atingir nem descrever os grandes aparelhos do poder. Mas eu creio que estes funcionam sempre sobre a base desses dispositivos de dominação."[666]

[665] FOUCAULT, Michel. **Pouvoir et corps**. Dits et Écrits (org. Daniel Defert et François Ewald). Paris: Gallimard, v. 2, 1994, p. 757. "Je ne prétends pas du tout que l'appareil d'État ne soit pas important, mais il me semble que parmi toutes les conditions qu'on doit réunir pour ne pas recommencer l'expérience soviétique, pour que le processus révolutionnaire ne s'ensable pas, l'une des premières choses à comprendre, c'est que le pouvoir n'est pas localisé dans l'appareil d'État et que rien ne sera changé dans la société si les mécanismes de pouvoir qui fonctionnent en dehors des appareils d'État, au-dessous d'eux, à côté d'eux, à un niveau beaucoup plus infime, quotidient, ne sont pas modifiés." [trad. br. **Poder-corpo**. Microfísica do poder. (trad. Roberto Machado) 13 ed. Rio de Janeiro: Graal, 1998, p. 149.]

[666] FOUCAULT, Michel. **Em defesa da sociedade**. (trad. Maria Ermentina Galvão) São Paulo: Martins Fontes, 1999, p. 51.

Dessa concepção foucaultiana, ressalta que há, portanto, dois modelos de poder, um que representa a visão jurídica do poder, e outro que tem como função a normalização, ou como ele mesmo propõe, a disciplina. Neste primeiro modelo, há um poder compreendido como 'jurídico-discursivo', porque o modo de ação por excelência de tal poder é o enunciado da regra ou da lei, e de outro lado, mais atual do poder, segundo a leitura foucaultiana, uma forma disciplinar fundada na normalização, "supondo um certo tipo de empreendimento sobre o corpo"[667]. O poder, portanto, encontra-se em cada vão comunicativo humano, pois constitui táticas de dominação e repressão locais[668], estratégia e artimanhas, eis porque deve ser sempre objeto de entendimento dos que buscam a transformação. Esses poderes distribuídos nas relações sociais foram o foco da burguesia, uma vez que estes processos passaram a ter significado economicamente lucrativos e politicamente úteis, eis o que Foucault afirma em seu curso de 14 de janeiro de 1976 no *Collège de France*: "foram os mecanismos de exclusão, foi a aparelhagem de vigilância, foi a medicalização da sexualidade, da loucura, da delinquência, foi tudo isso, isto é, a micromecânica do poder, que representou, constituído pela burguesia, a partir de certo momento, um interesse, e foi por isso que a burguesia se interessou."[669]

Segundo Foucault, este poder deve ser estudado em rompimento com o primado da soberania ou de uma instituição jurídico-estatal, mas principalmente, segundo os mecanismos de dominação existentes na rede social. "É preciso estudar o poder colocando-se fora do modelo do Leviatã, é preciso estudá-lo a partir das técnicas e táticas de dominação."[670] Isto porque, ao longo da história, e se possível fosse datar, desde os teóricos do Estado Moderno, a concepção de poder que sempre se tivera em mente seria resumida na esfera estatal, uma vez que não simplesmente representava a figura do Estado Absolutista, mas porque era o poder em si, um dos elementos indispensáveis e constitutivos do Estado. Fora nesse sentido, ao longo dos anos, que os revolu-

[667] LOSCHAK, Danièle. **A questão do direito**. Michel Foucault: dossier (org. Carlos Henrique de Escobar) Rio de Janeiro: Livraria Taurus, 1984, p. 123. "A um modelo de poder 'jurídico', essencialmente apto a colocar limites à liberdade, funcionando pela lei, pela proibição, pela repressão, e visando simplesmente a obediência, Foucault opõe um modelo ... sistemas de micro-poder essencialmente desiguais e assimétricos..."

[668] FOUCAULT. Michel. **Em defesa** ..., p. 52. "Portanto, se vocês quiserem, encarar as estruturas de poder como estratégias globais que perpassam e utilizam táticas locais de dominação..."

[669] FOUCAULT. Michel. **Em defesa** ..., p. 38.

[670] FOUCAULT, Michel. **Soberania e disciplina**. Microfísica do poder. (trad. Roberto Machado) 13 ed. Rio de Janeiro: Graal, 1998, p. 186.

cionários de cunho marxista, como o próprio Marx, Lênin, Rosa Luxemburgo, Gramsci e outros, lutaram pela sua posse, lutaram por dele se apoderar, como sendo a única forma da verdadeira subversão da ordem existente, como única maneira de se combater a exploração e a expropriação das classes oprimidas. Todavia, a leitura foucaultiana vem por romper com essa visão do poder, que além de elemento constitutivo do Estado, mostra-se ainda mais vivo e mais sagaz em sua forma pulverizada nas relações sociais, em seu modo interiorizado nas relações intersubjetivas.

Nesse sentido, interpreta Inês Araújo Lacerda "...Para Foucault, o poder é localizável, tece tramas, cria relações, produz saberes, permite e provoca a individualização, induz a prazeres. Sua tessitura é microfísica, funciona de baixo para cima, e, se fosse limitada a reprimir, seria fácil demovê-lo. O poder sempre foi analisado, ou como força criada pela lei, poder jurídico, ou poder econômico que reforça, e, ao mesmo tempo, está a serviço do poder estatal. Foucault não nega essas forças sociais, políticas, jurídicas, mas salienta que, provavelmente sem o poder microfísico que conduz aquelas forças até os fios mais tênues da sociedade, aqueles poderes não se reproduziriam e nem se fortaleceriam do modo como o fazem, sem desperdícios e quase sem violência. A vantagem de não analisar o poder somente em seu topo mais visível (Estado, principalmente) é enxergar as múltiplas ramificações que, na sociedade disciplinar, acabam por fortalecer e sustentar o poder central."[671]

Este poder, exercitável, portanto, não se encontra instituído ou localizado num lugar privilegiado, mas disseminado em toda estrutura social, a tal ponto de jamais ser possível defini-lo, nem sequer determiná-lo, pois "são múltiplos, num espaço onde as atividades, as tensões, os conflitos, são numerosos, onde eles se desenvolvem de acordo com várias dimensões, e onde os equilíbrios são obtidos por meio de transações variadas."[672] Enfim, a leitura foucaultiana evidencia a possibilidade de ruptura com uma concepção de Estado como lugar exclusivo do poder, ou como a fonte da rede de relações presente na sociedade. Nessa perspectiva, a relação de poder é pensada com vistas num poder disseminado, um conjunto de estratégias e dispositivos, que ao estarem presentes nas relações sociais das formas mais variadas possíveis, permitem a constituição de uma resistência. O poder visto como resistência, portanto, traz a Foucault a possibilidade de pensar no poder uma certa positividade, quer

[671] ARAÚJO, Inês Lacerda. **Foucault e a crítica ...**, p. 189.

[672] FOUCAULT, Michel. **História da Sexualidade I: a vontade de saber**. 3 ed. Rio de Janeiro: Graal, 1980, p. 89.

dizer, o poder não serve exclusivamente para estabelecer limites, proibições, restrições, castigos, dominações, tal sua forma jurídica, mas, também, para produzir, para transformar, para formar e incitar discursos, prazeres, saberes.

A partir dessas considerações de Foucault sobre o poder, Poulantzas expressamente as recepciona em seu livro *L'État, le Pouvoir et le Socialisme* para repensar o Estado, especialmente no que tange às noções de poder como relação e positividade, mas, também, no poder como normalização e disciplina. Todavia, a posição poulantziana diverge claramente das interpretações foucaultianas quanto à imanência do poder, quer dizer, se para Foucault o poder tinha uma realidade imanente, cujo fundamento, portanto, estaria nele mesmo enquanto relação, de tal modo que não poderia subsistir fora de si, para Poulantzas isto não ocorre, posto que o poder só teria sentido se imerso nas relações de produção. "O poder não é portanto uma qualidade imanente à uma classe em si no sentido de uma reunião de agentes, mas depende e provém de uma sistema relacional de lugares materiais ocupados por tais ou quais agentes."[673] É, pois, em torno da noção de imanência do poder que Foucault passa a ser criticado por Poulantzas.

Poulantzas entende que a teoria foucaultiana, ao conceber que o poder teria seu fundamento e sua finalidade na sua própria ação ou mesmo no seu próprio resultado, não aquém de sua substância relativa e móvel, acabaria por induzir o poder a uma absolutização inevitável, que reduziria, portanto, o poder como fator de resistência nas relações de produção. Essa noção de poder, para Poulantzas, fazia Foucault recair num idealismo e num neo-funcionalismo (onifuncionalidade do poder) intransponível.[674] Igualmente, discorda Poulantzas das concepções de Foucault por sua excessiva ênfase nas relações microfísicas, sem valorizar que a constituição política da corporalidade, da individualização, da relação entre o saber e o poder, teriam seu fundamento maior na própria figura do Estado e seus aparelhos, apesar de existirem nas relações sociais. Nesse sentido, vê-se nascer em Poulantzas uma concepção positiva do papel do Estado, o que Foucault não conseguia visualizar,[675] ou

673 POULANTZAS, Nicos. **O estado, o poder** ..., p. 168-169.

674 POULANTZAS, Nicos. **O estado, o poder** ..., p. 76.

675 POULANTZAS, Nicos. **O estado, o poder** ..., p. 87. "Daí se deduz inelutavelmente que há em Foucault a subestimação do papel da lei, ao menos no exercício do poder no seio das sociedades modernas, e também subestimação do papel do Estado, acompanhada de desconhecimento do lugar, no Estado moderno, dos aparelhos repressivos (exército, política, justiça, etc.) enquanto dispositivos de exercício da violência física. São considerados somente como peças do dispositivo disciplinar que molda a interiorização da repressão pela normalização."

mesmo não o queria, já que não o negava por completo, e tampouco o aniquilava na sua instância. Desta maneira, fugindo à concepção tradicional marxista, bem como se oferecendo como crítico e discípulo de Foucault, ao mesmo tempo, afirma Poulantzas "o papel do Estado, porém, não é o de inculcar a ideologia dominante, mesmo materializada em práticas; não se trata simplesmente da concretização dos direitos e obrigações, da distinção privado e público, etc. na vida cotidiana. O Estado contribui para fabricar essa individualidade por um conjunto de *técnicas de saber* (ciência) e de *práticas de poder*, a que Foucault chamou de *disciplinas* ('que se pode caracterizar em poucas palavras dizendo que são uma modalidade do poder para a qual a diferença individual é pertinente'), procedimento designado pelo termo normalização'."[676]

O Estado, para Poulantzas tem, dessa maneira, um papel essencial e positivo, posto que é o lugar, embora não único, por excelência de constituição e reprodução das relações de produção e das classes sociais. É ao Estado que compete intervir também nas relações de poder da sociedade, mas não num viés exclusivamente repressivo e ideológico, tal como Althusser o formulara. Segundo Poulantzas, quando Althusser propõe a autonomia relativa da superestrutura em relação à base, bem como a existência de uma ação recíproca da superestrutura sobre a infraestrutura, mesmo tendo transcendido a leitura marxista, ao afirmar que a superestrutura deveria ser observada sob um ponto de vista do funcionamento e não da instrumentalidade (isto é, a superestrutura como um instrumento de dominação, uma vez que há, além da função repressiva, uma função ideológica), esta permaneceu numa percepção em que o Estado serviria tão-somente a limitar, inculcar seus ideais, não capaz de perceber e compreender as ações econômicas do Estado, nem sua função de organização da hegemonia da classe dominante.

Ao contrário da diminuição foucaultiana do papel do Estado, Poulantzas concede a este um lugar de destaque, não mais aos moldes do marxismo tradicional, nem tampouco do althusseriano, mas impõe uma visão em que o papel do Estado está presente na reprodução da dominação de classe, já que ele dá início às relações de classe e à dominação; transforma seus ideais e seus rumos, e lhe garante eventual hegemonia. Apesar do Estado não ser o centro do poder, este coordena as lutas sociais e seus poderes microfísicos: "o Estado é o lugar de organização estratégica da classe dominante em sua relação com as classes dominadas. É um *lugar* e um *centro* de exercício do poder, mas que não possui poder próprio. Eu insistia no fato de que as lutas políticas, que

[676] POULANTZAS, Nicos. **O estado, o poder** ..., p. 74.

se referem ao Estado e que atuam sobre eles (pois as lutas populares não se esgotam nunca no Estado) não lhes são exteriores mas estão inscritas em seu arcabouço, motivando conclusões políticas."[677] O Estado, dessa maneira, como materialidade institucional, assume em Poulantzas uma função primordial na separação relativa do ordem estatal e da ordem econômica, sob o capitalismo, especialmente na especificidade das relações de produção e na divisão social do trabalho nela existente. Nesse sentido, a condição de possibilidade do Estado é a própria divisão capitalista e social do trabalho, mas ele não pode ser refletido exclusivamente sob esse viés, como fruto da divisão entre trabalho manual e intelectual, mas como intervenção direta nas relações de produção e na própria sociedade.

Nessa perspectiva, apesar de outros tantos temas terem sido desenvolvidos por Poulantzas em sua obra *L'État, le Pouvoir et le Socialisme*, tais como a questão da autonomia relativa, da unidade, de bloco de poder, das instituições estatais e da configuração dos aparelhos do Estado, são nessas considerações sobre a imanência do poder, o aspecto positivo do Estado, a existência de um poder microfísico e relacional é que a reflexão sobre Foucault se encerra na obra poulantziana.

## 4.4. Louis Althusser e o debate marxista

Foucault conhece Althusser quando em 1948 é nomeado caïman de filosofia, e se encarrega de preparar os alunos para a *agrégation*, tornando-se então grandes amigos.[678] Althusser também será responsável pelo ingresso de Foucault no PCF, e mesmo depois de sua retirada, em 1953, mantém uma grande amizade com "le Tus" ou "le vieil Alt", como assim chamava Althusser, apesar de suas críticas a *Les Mots et Le Choses*, em virtude de seus ataques ao marxismo.[679] Althusser é também um dos primeiros amigos a ter conhecimento de sua tese.[680] Dessa maneira, estabelece-se uma importante relação para ambos os autores, até a morte de Althusser.

A despeito das semelhanças entre Foucault e Althusser que podem ser traçadas, sobretudo em virtude de suas aproximações pessoais, bem como

[677] POULANTZAS, Nicos. **O estado, o poder** ..., p. 169.
[678] ERIBON, Didier. **Michel Foucault.**, p. 47.
[679] ERIBON, Didier. **Michel Foucault.**, p. 71.
[680] ERIBON, Didier. **Michel Foucault.**, p. 135.

sem embargo as considerações de muitos autores como Mark Poster, que no mesmo ano da morte de Foucault, publicara um livro dedicando-se a estudá-lo na relação com o marxismo, e defendendo que a simetria intelectual entre os autores residiria em torno das formulações sobre a ideia de "totalização",[681] convém destacar que o conceito que efetivamente distingue os autores gira em torno da concepção marxista de "ideologia", que Althusser se utiliza e a transcende, enquanto que Foucault insiste incessantemente em rechaçá-la em prol da formação discursiva.

O apego althusseriano ao termo ideologia, bem como aos seus aparelhos de reprodução estatal, como se verá adiante, tem como fundamento duas considerações principais que devem ser evidenciadas. Primeiro, a experiência que o autor estava vivendo na época, quer dizer, o marxismo dos anos 60 já não era mais a doutrina econômica confiável que alguns acreditaram que fosse, sobretudo, em parte, este descrédito estava ligado ao fenômeno "falho" de passagem da teorização para a doutrina do Estado Soviético, já que este não representava todo aquele caráter vigoroso de antes e era objeto de fartas críticas dos seus opositores, quer dizer, quando o PCURSS se reuniu no Congresso em 1956, percebeu-se os elementos que estavam a obstruir a aplicação em termos adequados daquele que havia sido o pensamento da igualdade real e satisfação completa dos indivíduos, sobretudo, o dogmatismo stalinista e "as tentativas de superação, feitas a custo de alianças com certas antropologias existencialistas e com certas filosofias do homem."[682] O estruturalismo, surgido na época, por seu turno, vinha criticando a incapacidade da tese central marxista de elaborar uma concepção estrutural atenta aos isomorfismos, por estar demasiado ligada ao econômico. Neste momento de tumulto e crítica generalizada ao marxismo, a figura de Althusser toma conta do cenário e assume o papel de renovador. Apesar de, num primeiro momento, parecer estar ao lado de estruturalistas confiantes, Althusser aproveita a "moda" para desvencilhar o marxismo de velhas filosofias e dar-lhe um rejuvenescimento, proporcionando um novo começo do materialismo histórico. Para tanto, Althusser procura elaborar a sua teoria da ideologia, aprofundando o que Marx havia silenciado, já que, segundo o intelectual francês, o intelectual do capital não teria deixado senão rápidas e meras indicações sobre o conceito

[681] POSTER, Mark. **Foucault, el marxismo y la historia**. (trad. Ramón Alcalde) Barcelona: Paidós, 1987, p. 61-62.

[682] ALTHUSSER, Louis. **Freund e Lacan; Marx e Freud**. 2 ed. Rio de Janeiro: Graal, 1989, p. 9.

de ideologia, sem que se dedicasse a explorar os seus fundamentos fáticos e os meios de sua reprodução, propriamente dita.

Este aporte althusseriano, então, consubstancia-se na elaboração marxista da ideologia da surgida no séc. XIX, que veio carregado de uma necessidade de superar duas importantes concepções até o momento formuladas, as quais seriam incapazes, segundo Marx, de abarcar as necessidades da classe operária ascendente à época: a) de um lado, a tradicional visão empreendida por Antoine Destutt de Tracy, que na passagem do séc. XVIII para o séc. XIX, em sua obra Éléments d'Idéologie, formulara um conceito de ideologia como "ciência das ideias", quer dizer, um enunciado que buscava questionar a forma pela qual as ideias se originavam e se faziam presentes no pensamento humano, numa construção da gênese para os fenômenos naturais e para as ideias (nesse sentido, a ideologia tinha por objeto a análise das sensações e das ideias, consoante o modelo teórico de Condillac); b) de outro lado, as orientações proporcionadas pelas afirmações empreendidas por Napoleão[683] contra os hegelianos, membros do *Institut de France*, denominados *idéologues*[684], ao defender que a ideologia deveria ter íntima ligação com a realidade, pois de forma alguma poderia encontrar-se num campo hipostasiado, ou divorciado do real, deste modo, acabava por criticar os sociólogos anteriores, dizendo que as leis dos povos deveriam surgir dos corações humanos, e não simplesmente das ideias dos legisladores, quer dizer, não deveriam ser apenas "especulações abstratas, falsas e irresponsáveis"[685].

Assim, buscando romper com essas duas orientações, o conceito marxista de ideologia recebe um novo sentido, logo tão mais próximo das concepções atuais, em que se apresentaria, para Karl Marx, sob duas orientações: uma visão epistemológica, referente ao método cognitivo de inversão da realidade; e uma visão sociológica, de poder, referente à ideia de dominação. É oportuno destacar, antes de ingressar nas reflexões marxistas propriamente ditas, que estão em jogo duas considerações: primeiro, o que vem a ser a ideologia marxiana, quer dizer, qual o conjunto de ideias e poderes que se impõe pela

683 **FÚKS, Mário. Ideologias**. Visões da análise do conceito de ideologia propostas na aula da disciplina de *Teoria das Ideologias*, proferida na Faculdade de Ciências Sociais, Departamento de Sociologia, da Universidade Federal do Paraná, em 21/10/98.

684 **LÖWY, Michel. Ideologia e ciência social: elementos para uma análise marxista**. São Paulo: Cortez, 1985, p. 11. "para Napoleão, ...., os ideólogos são metafísicos, que fazem abstração da realidade, que vivem em um mundo especulativo.

685 WOLKMER, Antônio Carlos. **Ideologia, estado e direito**. 2 ed. São Paulo: Revista dos Tribunais, 1995, p. 93.

visão das teorias de Marx; (o que interessa aqui brevemente) segundo, qual o conceito de ideologia para Marx, este que efetivamente Althusser vai se apoiar para transcendê-lo. Nessa perspectiva, objetivando demonstrar o substrato teórico de Marx, ou seja, a sua ideologia, para a posterior formulação do conceito de ideologia, convém afirmar que o autor alemão, seguindo as críticas de Napoleão, vai de encontro, também, aos neo-hegelianos, ao afirmar que as ideias dos homens seriam determinadas pelas condições reais de existência, pela realidade social[686], ao mesmo tempo em que se fundaria nas práticas sociais. É, pois, das relações materiais de existência e da materialidade do real, que se originariam as ideias. Deste modo, indispensável seria afirmar, segundo o pensamento marxista, que a história dos homens ocorreria concomitantemente com a história natural, jamais de modo separado. Nesse sentido, a filosofia de Marx, em crítica à filosofia alemã, parte de premissas que inserem o homem na realidade social, sendo o indivíduo dotado de uma existência empírica, e não existente apenas na imaginação ou na razão pura dos idealistas. Esse homem, na visão marxista, deve ser observado dentro de seu contexto sócio-político-cultural, ou numa efetiva dimensão conídica (conjuntista-identitária), tal o pensamento de Castoriadis[687], posto que, para Marx, os homens, uma vez inseridos na realidade social, distinguem-se dos animais não porque simplesmente pensam, mas porque são capazes de produzir os seus próprios meios de existência: eis o fundamento da ideologia.

Torna-se importante reconhecer, segundo Marx, que a realidade é que determina o comportamento do ser humano, e não ao contrário, ou seja, é necessário mostrar que a vida determina a consciência humana, e não que a consciência determina a vida.[688] Desse modo, estabelece-se a ideia de que a condição material do homem, ou mais, a sua produção determinam o que o indivíduo realmente é, além de se admitir a noção de que as próprias relações humanas são determinadas pela produção. Marx, portanto, critica a filosofia alemã por esta não possuir uma estreita ligação com a realidade, e por ela

[686] LÖWY, Michel. **Ideologia e ciência** ..., p. 15. "As ideologias ..... as utopias ... todas elas são produtos sociais. Todas elas têm que ser analisadas em sua historicidade, no seu desenvolvimento histórico, na sua transformação histórica."

[687] CASTORIADIS, Cornelius. **Feito e a ser feito: as encruzilhadas do labirinto V**. (trad. Lílian do Valle). Rio de Janeiro: DP&A, 1999, p. 18

[688] ENGELS, Friedrich; MARX, Karl. **A ideologia alemã: crítica da filosofia alemã mais recente na pessoa dos seus representantes Feuerbach, B. Bauer e Stirner, e do socialismo alemão na dos seus diferentes profetas**. 3 ed. Portugal: Presença, p. 26. " Não é a consciência que determina a vida, mas sim a vida que determina consciência ... A consciência social é determinada pela existência social."

acreditar que a filosofia parte do céu para a terra e não o contrário. Os homens, conforme Marx, só seriam capazes de mudar a realidade através de suas relações sensíveis, ou seja, através de suas produções materiais (e não meramente intelectuais) e relações materiais. As abstrações alemãs, para o autor, não têm o menor sentido, uma vez que se encontram destacadas da história real, do desenvolvimento real. Como pondera Marx, a libertação do homem só é possível por meios materiais, ou seja, por um fato histórico e não por um fato intelectual, através do progresso da indústria, do comércio ou da agricultura[689].

Nesse sentido, em críticas diretas a Feuerbach, Marx afirma, que na história, o pensamento neo-hegeliano jamais chega a atacar o estado das coisas, como os materialistas práticos, ou comunistas, pois vive de intuições isoladas. Para Marx, Feuerbach, ao conceber o mundo sensível, apenas o contempla, através de um simples sentimento, ou seja, capta somente "o que é visível a olho nu"[690], numa visão simplificada, ou capta a "verdadeira essência das coisas", numa visão mais elevada ou filosófica, vivendo em busca de uma "certeza sensível", ao invés de captar as contradições na natureza e na história, as contradições entre a consciência humana e o sentimento humano, os quais perturbam a harmonia das coisas. "Não capta a própria atividade humana como atividade objetiva."[691] Segundo a leitura marxista, Feuerbach não percebe a relação entre a história e a natureza, nem tampouco percebe a relação entre a indústria, o comércio, a produção e a distribuição ou a estrutura das diferentes classes sociais, de tal modo que, a visão feuerbachiana acreditava poder separar o homem da natureza, de maneira pura e abstrata, esquecendo que os homens "devem estar em condições de poder viver a fim de fazer história"[692]. Assim, para Marx, a filosofia alemã jamais teve uma base terrestre, uma base sensível, logo jamais tiveram grandes historiadores, ao invés dos ingleses e franceses, os quais faziam sua historiografia a partir da própria sociedade civil, do comércio e da indústria; os alemães nunca souberam ligar de forma consciente e importante a antiguidade ao presente. Conforme Marx, "os homens têm uma história pelo facto de serem obrigados a produzir a sua vida e de terem de o

[689] ENGELS, Friedrich; MARX, Karl. **A ideologia alemã: crítica da filosofia** ..., p. 32.

[690] ENGELS, Friedrich; MARX, Karl. **A ideologia alemã: crítica da filosofia** ..., p. 35.

[691] MARX, Karl. **Teses contra Feurbach: o egoísta divino em oposição ao homem egoísta; o engano no que respeita à revolução sobre o estado antigo; o 'conceito' e a 'substância'; a revolução: história do nascimento do estado moderno**. (trad. José Arthur Giannotti). (col. Os pensadores). 4 ed. São Paulo: Nova Cultural, 1987, p.161.

[692] ENGELS, Friedrich; MARX, Karl. **A ideologia alemã: crítica da filosofia** ..., p. 52.

fazer de um determinado modo." (...) "Desde sempre pesa sobre o espírito a maldição de estar imbuído de uma matéria..."[693]

Feitas tais considerações sobre o reconhecimento de uma ideologia marxista, que fundamenta o pensamento althusseriano, convém investigar as visões epistemológicas e sociológicas do conceito de ideologia para Marx, a fim de que se compreenda a passagem operada pelo intelectual francês. A visão epistemológica, para Marx, confere ao termo ideologia, o conceito de um conjunto de ideias que invertem a realidade, representando-a de maneira distorcida e mascarada. Nessa visão, Marx se utiliza da metáfora da câmara obscura[694], quando compara a ideologia ao olho humano, isto é, tal como as imagens dos objetos se projetam de modo invertido na retina, a ideologia projeta as representações do real de maneira também invertida, ao virá-la de cabeça para baixo. Assim, diz-se ideologia em concepção epistemológica, porque está se analisando a veracidade do conhecimento humano, não sendo abordados aspectos de poder e exploração. A ideologia, portanto, nega a realidade, em Marx.[695]

693 ENGELS, Friedrich; MARX, Karl. **A ideologia alemã: crítica da filosofia** ..., p. 54.

694 ENGELS, Friedrich; MARX, Karl. **A ideologia alemã: crítica da filosofia** ..., p. 58.

695 Poder-se-ia fazer, aqui, um paralelo entre essa concepção marxista epistemológica de ideologia com as proposições feitas por Francis Bacon em seu *Novum Organum*. Bacon propusera algumas ideias iniciais que mais tarde viriam a ser as bases epistemológicas de um positivismo filosófico, calcado numa neutralidade científica, numa objetividade por parte do cientista e num rigor linguístico e metodológico, posteriormente também presente no neopositivismo. O texto baconiano, além de pôr em vista uma não refutação dos princípios, conceitos e formas de demonstração, como a inquestionabilidade dos pontos de origem, expõe a impossibilidade do conhecer humano de forma verdadeira, sem uma metodologia disciplinada e científica. Segundo Bacon, tal impossibilidade se daria em virtude de falsas noções, ou ídolos, a que o pensamento incorreria, tendo em vista a falibilidade dos sentidos e das representações da razão. O remédio para excluir essas falácias consistiria, portanto, na formação de axiomas originados da verdadeira indução, e preocupados mais com as antinomias dos conceitos, do que com os próprios conceitos. Esses ídolos, consoante Bacon, poderiam ser ídolos da tribo, os quais seriam fundamentados na própria natureza (tribo) humana (tendo em vista a ideia de que o conhecimento humano seria um espelho que refletiria imagens distorcidas); ídolos da caverna, inerentes ao homem enquanto indivíduo, ou seja, todo indivíduo teria uma caverna interior que interceptaria e corromperia a luz da natureza – causando diferentes impressões; ídolos do foro, provenientes da associação do homem, ou seja, surgiriam do homem em relação, a qual seria feita pela linguagem e pelo discurso; e os ídolos do teatro, insurgentes de reflexões filosóficas, as quais representariam mundos fictícios e teatrais. Deste modo, o intelecto humano, para Bacon, estaria sempre em constante transformação, o que facilitaria a existência desses ídolos, e, ao mesmo tempo, através da observação, impossibilitaria o homem de ver o que haveria por detrás, o que haveria de invisível, uma vez que só exporia o que seria realmente sensível. Assim, Bacon critica o empirismo, ao assumir que os sentidos seriam débeis e enganadores, ou capazes de inverter a realidade, que, conservadas as devidas proporções, encontram a mesma

Numa visão sociológica, eis o que mais importa para Althusser, a ideologia em Marx significa a manipulação da realidade pelos frutos da exploração, da coerção, do poder, isto é, a ideologia, enquanto artifício do poder, consiste na fonte de dominação e expropriação dos explorados, do conhecimento dos meios de produção, que, concretamente, incumbir-se-ia de construir uma visão deturpada da realidade, tendo por objetivo claro e evidente esconder e mascarar as relações de exploração e dominação, ou seja, para Marx, a ideologia pretende legitimar a dominação, bem como manter o *statu quo* da burguesia se sobrepondo ao proletariado, quer dizer, da classe dominante se deleitando à classe explorada. Portanto, a ideologia de Marx, bem como a ideologia em Marx, confirmam uma conceituação imprescindível do termo, como "a forma de representação, que serve para mascarar a realidade fundamental, ..., a classe social dominante oculta seus verdadeiros propósitos. A ideologia se constitui de representações ilusórias do real objetivo, apresentadas como correspondendo aos interesses universais, mas correspondendo de fato aos interesses particulares."[696]

Assim, partindo deste conceito de ideologia, Althusser mantém-se fiel à sua meta principal, que seria desenvolver essas considerações elaboradas por Marx. Nesse sentido, a ideologia teria um caráter material, quer dizer, estaria presente no dia-a-dia dos indivíduos, os quais seriam levados a ter determinadas ações, mesmo que ofuscados pela inversão da realidade sem perceberem, já que ela agiria nos atos mais cotidianos e imperceptíveis, como assistir à missa, ajoelhar-se, rezar, confessar-se, quer dizer, insignificantes atitudes, reais e materiais, capazes de reproduzir a ideologia (vista aqui num enfoque pessimista, tal o conceito marxista).

A ideologia, também, teria por função interpelar os homens enquanto sujeitos, além de não ter história[697], além de ser uma representação da relação imaginária dos indivíduos com suas condições reais de existência[698], ela tem um caráter material[699], ela se dissemina na vida real, na sociedade, através de práticas cotidianas, de atos normalmente indissociáveis. Nesse sentido, afirma Althusser: "O indivíduo porta-se tal ou qual maneira, adota tais e tais comportamentos práticos e, mais importante, participa de algumas práticas

guarida no pensamento marxista. *in* BACON, Francis. ***Novum organum* ou verdadeiras indicações acerca da interpretação da natureza**. 3 ed. São Paulo: Victor Civita, 1984, p. 26.

696 WOLKMER, Antônio Carlos. **Ideologia, estado** ..., p. 96.

697 ALTHUSSER, Louis. **Freund e Lacan** ..., p. 124.

698 ALTHUSSER, Louis. **Freund e Lacan** ..., p. 126.

699 ALTHUSSER, Louis. **Freund e Lacan** ..., p. 128.

submetidas a regras, que são as do aparelho ideológico de que "dependem" as ideias que ele, com plena consciência, livremente escolheu como sujeito. Se acredita em Deus, ele vai à igreja assistir à missa, ajoelha, reza, confessa-se, faz penitência (em certa época, ela era material, no sentido comum do termo) e, naturalmente, arrepende-se, e continua etc. Se acredita no dever, ele tem as atitudes correspondentes, inscritas em práticas rituais "de acordo com os princípios corretos". Se acredita na Justiça, submete-se sem discussão às normas do Direito e pode até protestar quando elas são violadas, assinar petições, participar de manifestações etc."[700]

Esta ideologia que já não deforma o mundo real, pelo contrário, deforma, sim, a relação entre o indivíduo com este mundo concreto, para Althusser, tem uma existência material, quer dizer, a ideologia se apresenta de forma substancial ao sujeito e o "interpela", quer dizer, os ritos de uma religião, as atitudes dos militares, tudo revela uma materialização, uma consubstanciação da ideologia em atos materiais. Nesse sentido, pode-se afirmar que a prática dos *Aparelhos Ideológicos* legitima esta explicação.

Marx compreendia a existência de uma infraestrutura e uma superestrutura que agiam conjuntamente (demonstrava isto através do clássico exemplo da base e dos andares do edifício), embora, a prevalência da infraestrutura fosse flagrante no seu pensamento, quer dizer, a superestrutura marxista tinha como principal elemento o Estado. Em contrapartida, Althusser, na ampliação da figura estatal da linha gramsciana, procura transcender essa relação proposta por Marx, afirmando que existiriam duas questões não percebidas pelo intelectual alemão: uma autonomia relativa da superestrutura em relação à base, bem como uma ação recíproca da superestrutura sobre a infra-estrutura, estas fundamentais para verificar que a superestrutura deveria ser observada sob um ponto de vista do funcionamento e não da instrumentalidade (a superestrutura como um instrumento de dominação), uma vez que há, além da função repressiva, uma função ideológica. É, pois, neste centro de atenções que Althusser se dedica a evoluir as teorizações marxistas, posto que, para ele, haveria outras determinações na superestrutura, que não só a econômica, existindo, assim, um imaginário hábil à reprodução social. Nesse sentido, a força de trabalho estaria submetida a uma manifestação ideológica, que teria por objetivo principal obrigar os indivíduos a aceitarem naturalmente a passagem da qualidade para a quantidade das atividades laborais. Assim, o efeito ideológico, então, estaria em reconhecer na diversidade da remuneração

[700] ALTHUSSER, Louis. **Freund e Lacan** ..., p. 129.

da força de trabalho um equivalente justo da diversidade da qualificação do trabalho humano.

Segundo o ponto de vista althusseriano, as forças produtivas e as relações de produção precisam se reproduzir a fim de que um modo de produção se perpetue, isto levou o intelectual ao seguinte questionamento: se o principal objetivo da classe dominante é manter o modo de produção existente, como se garantiria a reprodução dos elementos constituintes? A resposta dada por Althusser é clara, quer dizer, o próprio Estado se encarregaria de tal feito. Este ente é o responsável por manter e por reproduzir as condições propícias à manutenção de forças produtivas e relações de produção, para tanto, ele age por de dois modos: ora através da repressão, ora através da ideologia. A atuação destas formas de agir se dá através de um *Aparelho Repressivo do Estado* – aqui compreendidos governo, polícia, exército, etc – e *Aparelhos Ideológicos do Estado*.

Brevemente, observe-se que os *Aparelhos Repressivos do Estado* compreendem todas as instituições repressivas e as mantêm sobre um mesmo comando (são os únicos que têm natureza coercitiva e estão no topo do governo, representados pela polícia, e, sobretudo, pelas forças armadas, funcionando, essencialmente, pela violência), já os *Aparelhos Ideológicos do Estado* disseminam ideologias próprias "sob forma de instituições distintas e especializadas"; pertencem ao domínio privado, e defendem uma ideologia maior que os une: a ideologia da classe dominante, quer dizer, a unicidade ideológica se faz pela ideologia dominante. Nessa classe de aparelhos estão o religioso, o escolar, o familiar, o jurídico, o político, o sindical, o de informação e o cultural, que se encontram relativamente dispersos pela sociedade civil e, aparentemente, são autônomos em suas atitudes e posições. Nesse sentido, reflete Althusser: "designa-se pelo nome de Aparelhos Ideológicos do Estado um certo número de realidades que se apresentam ao observador imediato sob a forma de instituições distintas e especializadas."[701] Portanto, os tais aparelhos podem ser de diversos tipos e podem agir de diversas maneiras, entretanto, se num primeiro momento parece ser disforme a ideologia entre eles, importante é ressaltar que há um objetivo final que os une, atuando neste sentido, uma ideologia dominante que influencia e comanda a atuação das supostas diversas ideologias dos aparelhos. Para Althusser, inexiste um aparelho que aja só por repressão, ou só por ideologia; considera sim, a existência de tipos híbridos, nos quais há a prevalência de um determinado tipo de conduta. Desta maneira, a atuação desta organização estatal configura-se da seguinte maneira: os *Aparelhos Repres-*

[701] ALTHUSSER, Louis. **Aparelhos ideológicos de estado.** 6 ed. Rio de Janeiro: Graal, 1992, p. 68.

*sivos do Estado* garantem as condições políticas da reprodução das relações de produção e até mesmo da atuação dos *Aparelhos Ideológicos do Estado*, que, de fato, atuam de forma mais significativa na perpetuação das condições do modo de produção desejado, assim, a ideologia dominante seria o elemento capaz de preencher as lacunas entre os aparelhos repressivos e os ideológicos, os mesmo entre a diversidade destes, tendo por fim maior a reprodução das relações de produção e forças produtivas.

Indo um pouco além na reprodução ideológica, é oportuno destacar que, após explicar a necessidade de reprodução das condições de produção e seus devidos meios, que neste ensaio não interessam diretamente, Althusser trata das instituições "distintas e especializadas" apresentadas ao observador, designadas por ele de *Aparelhos Ideológicos do Estado*[702]. Nesse compasso, a despeito da existência dos demais aparelhos ideológicos, ressalta em Althusser importantes considerações sobre a constituição e o exercício do aparelho ideológico jurídico, que aqui refletem de maior interesse. Nas teorizações do intelectual marxista, o direito se regula no direito privado, de consequência, sendo o direito civil o marco primeiro, o eixo dos outros direitos em última análise, estaria ligado antes ao próprio interesse de proteção da propriedade e suas garantias, quer dizer, dos fatos de reprodução das relações de produção.

Nesse sentido, Althusser busca na *Crítica do Programa de Gotha* de Marx e Engels as características do Direito, que seriam, resumidamente: a sistematicidade, a formalidade, e a repressividade. Nessa linha, o Direito regula a formatação, e não se preocupa com o conteúdo, sendo que as relações de produção se encontram fora do Direito, cabendo a este a consecução dessas relações. Do mesmo modo, o Direito só existe porque haveria relações de produção que precisariam ser configuradas, não se importando diretamente com o conteúdo das regras e das relações de produção, mas tão somente com a sua organização. Assim, a propriedade privada, enquanto troca mercantil regulada pelo Direito, passaria para a propriedade coletiva, enquanto ausente da dominação jurídica, tal qual a visão da revolução socialista. Neste compasso, como o pensamento de Marx, o Direito para Althusser seria burguês, e presente especialmente na propriedade privada, de consequência, por estar fundado na estrutura privada e não pública, o Direito atuaria não através da violência exclusivamente, mas somente num segundo momento, e, sim, antes, através de uma ideologia jurídica, quer dizer, todos os indivíduos são iguais e livres, não pelo Direito propriamente dito, mas porque seria natural. Assim,

[702] ALTHUSSER, Louis. **Aparelhos ideológicos** ..., p. 68.

as obrigações se fazem cumpridas de maneira ideológica, posto que, como o seu cumprimento não é natural, a ideologia jurídica atua, de forma suplementar, no cumprimento das obrigações, como suplementariedade da ideologia moral, isto é, o Direito se vale de uma ideologia jurídica para o cumprimento de sua regras (o dever, a consciência), de tal modo que a ideologia jurídica moral atua num primeiro momento, como forma preventiva, e o Direito atua, como repressão, num segundo instante.

Na mesma perspectiva, o direito regula a infra-estrutura, e, por conseguinte, tende ao universalismo, posto que guarda a ideia avessa ao comum, permitindo a existência de uma tendência de todas as pessoas em serem sujeitos de direitos. Desta maneira, o fato acaba transformando tudo em mercadoria, já que ao Direito cumpre regular, essencialmente, o direito de propriedade; logo, a força de trabalho também é tratada como mercadoria, para Althusser. Assim, em suma, conclui o autor que o Direito deveria ser visto em duas orientações principais: como aparelho repressivo do Estado que atua preventivamente, e como ideologia jurídica que atua como complementação da repressão, garantindo o funcionamento das relações de produção, ao contrário dos outros aparelhos ideológicos, que garantem a reprodução das relações de produção.

Numa relação outra, Foucault procura refletir diferentemente a questão referente à ideologia, termo esse indispensável, como visto, na concepção marxista de inúmeros autores, como Gramsci, Lukács, Sartre e, sobretudo, Althusser, que, apesar de algumas mudanças e alguns aprofundamentos, mantém a importância de sua formulação, dando a ela um lugar de destaque nas suas reflexões filosóficas e sociológicas. Para tanto, defendem que só se poderia compreender o papel unânime das ideias da classe dominante, através do nacionalismo como dissolução de conflitos, da raça na divisão da classe trabalhadora, do consumismo para assegurar a aliança dos trabalhadores, do sistema educacional na transformação da contradição em consenso, etc., desde que evidenciada a existência de um aparato ideológico capaz de levar a consciência a uma falsa ciência da realidade. Entretanto, ao contrário das interpretações althusserianas, que conferiam ênfase à ideologia como elemento capaz de proporcionar ao sujeito a ilusão de ser um centro de significados, bem como de construí-lo mediante mecanismo de práticas que gerariam a ideologia, e apesar de uma incipiente semelhança, situações distintas e brutalmente opostas se configuram. Partindo de outra análise, que não a ideológica, para "desmascarar"[703] o sistema de dominação, Foucault releva maior destaque à questão do

[703] POSTER, Mark. **Foucault, el marxismo** ..., p. 61.

discurso, isto é, para o pensamento foucaultiano o que é mais apropriado para compreender essa dominação seria investigar mais concretamente as formas específicas da subjetividade constituída pelo discurso.[704]

Nesse sentido, Foucault, numa entrevista concedida em junho de 1976 a Alexandre Fontana e P. Pasquino, intitulada *Vérité et Pouvoir*, rechaça claramente o emprego do termo ideologia: "A noção de ideologia me parece dificilmente utilizável por três razões: A primeira é que, se se queira ou não, sempre está em oposição virtual com algo que seria a verdade. E eu penso que o problema não está em dividir entre o que em um discurso responde à cientificidade e à verdade, e o que responde a outra coisa, senão em ver historicamente como se produzem efeitos de verdade no interior de discursos que não são em si mesmos nem verdadeiros nem falsos. O segundo inconveniente é que se refere necessariamente, penso, a algo como o sujeito. E, em terceiro lugar, a ideologia está em posição secundária com relação a algo que deve funcionar para ela como infraestrutura ou determinante econômico, material, etc. Por essas razões acredito que é uma noção que não se pode utilizar sem precaução."[705]

Desse modo, três oposições são ressaltadas por Foucault na inviabilidade do uso do termo ideologia:

[704] Convém destacar que para alguns autores, como a professora paranaense Inês Lacerda Araújo, poder-se-á encontrar em Foucault, antes das obras da década de setenta, logo, antes da formulação propriamente dita do método genealógico, a presença das noções de repressão e ideologia, posteriormente substituídas definitivamente pela noção de discurso. Todavia, pelas razões que o próprio Foucault afirmara na entrevista com Fontana e Pasquino, após a publicação de *Surveiller et Punir*, entende-se por melhor interpretar a inexistência de qualquer referência do pensamento foucaultiano à noção de ideologia, tal como o fizera Althusser, já que a utilização seria incompatível com as suas formulações sobre o conceito de verdade. Ver: ARAÚJO, Inês Lacerda. **Foucault e a crítica** ..., p. 57.

[705] FONTANA, Alexandro; PASQUINO, P. **Vérité et pouvoir**. Dits et Écrits (org. Daniel Defert et François Ewald). Paris: Gallimard, v. 3, 1994, p. 148 "La notion d'idélogie me paraît difficilement utilisable pour trois raisons. La première, c'est, qu'on le veuille ou non, qu'elle est toujours en opposition virtuelle avec quelque chose qui serait la vérité. Or je crois que le problème, ce n'est pas de faire le partage entre ce qui, dans un discours, relève de la scientificité et de la vérité et puis ce qui relèverait d'autre chose, mais de voir historiquement comment se produisent des effets de vérité à l'intérieur de discours qui ne sont en eux-mêmes ni vrais ni faux. Deuxième inconvénient, c'est qu'elle se réfère je crois nécessairement à quelque chose comme un sujet. Et, troisièmement, l'idélogie est en position seconde par rapport à quelque chose qui doit fonctionner pour elle comme infrastructure ou déterminant économique, matériel, etc. Pour ces trois raisons, je crois que c'est une notion qu'on ne peut pas utiliser sans précaution". [trad. br. **Verdade e poder**. Microfísica do poder. (trad. Roberto Machado) 13 ed. Rio de Janeiro: Graal, 1998, p. 7.]

a) A primeira se concentra na existência da oposição entre ciência e ideologia, quer dizer, a ideologia, na tradição marxista do termo, já que outras tantas existem,[706] como bem destaca Foucault, consiste numa forma de ofuscar a realidade, impedindo, assim, que o conhecimento e a ciência se formem para o ser cognoscente. Deste modo, estudar a ideologia é estudar a ideias que foram distorcidas pelo uso da dominação, e, que, em princípio, precisariam ser negadas. Todavia, entende Foucault, na linha nietzscheana, que todos os discursos são meras perspectivas, e nenhum é dotado de um valor maior ou mais digno do que outro, de fato, a existência de diferenças discursivas não se deve às suas propriedades intrínsecas enquanto verdade, ou o que se prefere

[706] Convém destacar que o conceito de ideologia que Foucault se atém em questionar é o marxista, apesar de outros tantos existirem, como bem ressalta o intelectual Terry Eagleton. Para o autor, numa visão "descritiva" ou antropológica, a ideologia é um sistema de crenças – visão de mundo – de um determinado grupo ou classe; numa perspectiva "pejorativa", a ideologia é um conjunto de valores, signos e crenças, sustentado pela motivação (consciente ou inconsciente) de escorar uma forma de poder opressiva – ideias contaminadas na raiz portadoras de uma deficiência genética – eis o seu caráter negativo, de falsas ideias; e numa visão positiva, como afirma Eagleton: "um conjunto de crenças que reúne e inspira um grupo ou classe específico a perseguir interesses políticos considerados desejáveis." Todavia, há vários sentidos concedidos ao termo, sem um enquadramento em categorias, mas dispersos, também de relevada importância. Uma outra visão de ideologia é aquela inserida num processo contínuo, que vai da ideologia, passando pela tradição, até o senso comum, vista como um elemento integrante do sistema cultural (infra desenvolvido). Dentro dessa concepção, a ideologia define-se por ser um sistema de crenças bem articulado, autoconsciente, que tem por objetivo propor uma visão de mundo, cuja função é a de buscar uma transformação da realidade social. A ideologia, após um certo tempo "encubada" na população, pode virar tradição, a partir do instante que passa a ser assimilada de forma inconsciente pelo grupo social, em que as pessoas nem sequer sabem da influência ideológica que estão sofrendo. Por fim, um estágio em que a ideologia vira senso comum, num processo de cristalização da tradição, em que as pessoas, de um modo geral, mais do que inconscientemente assimilam as ideias, pois passam a acreditar que a anterior ideologia é a única realidade existente. Uma última, por enquanto, visão de ideologia, refere-se à maneira crítica de ideologia, tida como: fenômeno enganador ou ilusório; elemento de produção de um sentido a serviço do poder; como algo que deve ser combatido e eliminado. De forma holística, as visões de ideologia seguem um rumo pré-determinado, tais como: a ideologia enquanto uma determinação social do pensamento; enquanto uma situação qualquer que represente um conflito entre discurso e interesses políticos; enquanto conjunto de falsas ideias a serviço da classe dominante; e enquanto discurso secular, racionalista, que ao invés de se apoiar em recursos religiosos ou metafísicos como modo de legitimar-se, rejeitou-os. Eagleton sugere definições que estão em "circulação" para o termo ideologia: "o processo de produção de significados, signos e valores na vida social; um corpo de ideias característico de um grupo ou classe social; ideias (falsas) que ajudam a legitimar um poder político dominante; comunicação sistematicamente distorcida; aquilo que confere certa posição a um sujeito; pensamento de identidade; a conjuntura de discurso e poder; oclusão semiótica; conjunto de crenças orientadas para a ação, etc." EAGLETON, Terry. **Ideologia: uma introdução**. São Paulo: Unesp, 1997, p. 15, 49 e 50.

denominar de ciência, mas, sim, a fundamento extra epistemológico, isto é, que está além do campo teórico, fulcrado no ambiente das práticas. Segundo as críticas foucaultianas, o marxismo, ao se designar como ciência, acaba por se outorgar a legitimidade falsa e fácil, consoante Mark Poster,[707] que habilita o marxista para se postar sobre as massas como portador do discurso universal, o discurso da revolução proletária. Assim, o marxismo como ciência se demonstra claramente tão só mais uma ciência, destinada a gerar uma prática subjugada, isto é, para Foucault, o conceito de ideologia é tão-somente mais um dos inúmeros exemplos que a razão acaba por dominar seu objeto de investigação que pretendia libertar, quer dizer, o próprio homem.

b) A segunda oposição está fundamentada em seu possível antihumanismo (que não significa a inexistência de formas de subjetivação, como se verá adiante), isto é, a noção de ideologia pressupõe como fonte de suas ideias os sujeitos, especialmente, a classe governante, quer dizer, a classe detentora dos meios e modos de produção e reprodução do trabalho e do capital, bem como das ideias da classe dominante. Segundo o conceito de ideologia adotado por Marx, como visto na perspectiva sociológica acima, o sujeito acaba por impedir que as ideias sejam descolonizadas, isto é, sejam esvaziadas em seu conteúdo emissor subjetivo, para serem revisitadas e reconstituídas como discursos, cuja intangibilidade não diz respeito aos sujeitos propriamente ditos.

c) A terceira oposição, por sua parte, refere-se ao fato de que as ideias são irredutíveis aos modos de produção, em virtude da relação imanente entre saber e poder, isto é, para Foucault, as ideias estão intimamente ligadas com as suas práticas, já que os discursos são, por si próprios, manifestações de poderes, não exigindo qualquer outra forma de justificação ou força material propriamente dita. Desta maneira, deixam de ter importância no pensamento foucaultiano as ideias da elite intelectual, e passam a ser valorizados os discursos das instituições disciplinares que acabam por atingir, de maneira mais viva e concreta a vida das pessoas, e, por conseguinte, das massas, a que a 'ideologia' dominante objetiva. Nesse sentido, a ideologia não é capaz de ingressar nas pequenas relações, especialmente, entre carcerários e presos, entre pais e filhos, trabalhadores e empregadores, doentes mentais e terapeutas. Assim, Foucault acaba por refutar, consequentemente, a importância da divisão entre infra e superestrutura, mesmo as concepções mais modernas, como visto a de Althusser, que propõe a existência de uma ação recíproca da superestrutura

[707] POSTER, Mark. **Foucault, el marxismo** ..., p. 122.

sobre a infra-estrutura, uma vez que ela continua a ser incapaz de explicar as relações de poder existentes na "superestrutura", em virtude de sua totalidade.

Desta maneira, Foucault impede que o seu pensamento se aproxime das ideias de Althusser, que ainda se mantém ligado ao marxismo, posto que, embora não tradicional, como se expunha na década de vinte e trinta, por ocasião da Segunda e Terceira Internacionais, não consegue se afastar da relação entre super e infraestrutura, bem como da importância da noção de ideologia, a ver-se pela sua ampliação do Estado na criação de aparelhos repressivos e ideológicos. A necessidade de compreender as relações internas de poder que se estabelecem entre saberes e práticas, sobretudo dentro das instituições, leva Foucault, portanto, a refutar a questão da ideologia para dar ênfase à noção de discurso. Assim, Foucault afirma que com ideia de discurso é possível, ao contrário da ideologia, entender os mecanismos de sua atuação dentro das instituições, bem como compreender os vastos mecanismos de seu controle e sua redistribuição pela exclusão social, especialmente nos seus três sistemas básicos: a loucura (o discurso se relaciona a quem pode e é permitido utilizar-se da interdição do louco), a palavra proibida (o discurso não se destina, como se quisera, para desvendar tabus), e a distinção entre o verdadeiro e o falso (o discurso não a opera de forma arbitrária, modificável, mas interroga qual a forma exterior dada à verdade, quem pode dizê-la e a quem).[708]

## 4.5. Jean-Paul Sartre e as angústias do humanismo e do existencialismo

Foucault assistiu às aulas de Sartre na Rue d'Ulm, e dirigiu suas peças de teatro, realizadas pelos alunos de Uppsala, entre os anos de 1955 e 1957, sobretudo *Les Mains Sales*, de Sartre.[709] Entretanto, no início de sua vida acadêmica, antes de reconhecer o brilhantismo e a importância do grande filósofo, Foucault procurou lutar e negar imensamente a contribuição de Sartre, a tal ponto que chegara a afirmar, na manhã de 19 de abril de 1980 para Catherine von Bülow, no funeral de Sartre, que "quando eu era moço queria me livrar dele de tudo que ele representava, do terrorismo de *Les Temps Modernes*."[710] Foucault também tinha ficado decepcionado com a revista, quando não publicaram

[708] FOUCAULT, Michel. **L'ordre** ..., p. 21. [trad. br. **A ordem** ..., p. 19.]

[709] ERIBON, Didier. **Michel Foucault**., p. 91.

[710] ERIBON, Didier. **Michel Foucault**., p. 260.

nenhuma nota por ocasião da publicação de sua clássica obra *Histoire de la Folie*, o que marcara profundamente.

Entretanto, como afirma Didier Eribon, apesar das aulas da Rue d'Ulm e do encontro casual do dia 10 de fevereiro de 1969, entre Foucault e Jean-Paul Sartre, durante o comício na *Mutualité*, após a evacuação de *Vincennes*, que acabou não sendo profícuo dado o contingente de pessoas, foi somente no dia 27 de novembro de 1971, enquanto Foucault discutia com Claude Mauriac e Jean Genet os preparativos para uma movimentação pública em prol da luta contra o racismo, que o velho grande filósofo e o jovem grande filósofo se encontraram pela primeira vez.[711] O encontro teria sido em virtude do assassinato do jovem Djellali Ben Ali, um argelino que teria maltratado uma vigia de um prédio na Goutte d'Or, um bairro de Paris, e em seguida morto por um amigo desta. Apesar da pequena comoção inicial, alguns grupos se reuniram no bairro para protestar, e Foucault resolveu criar uma comissão de inquérito sobre as condições de vida no bairro, juntamente com Gilles Deleuze, Jean Genet, Claude Mauriac, Jean-Claude Passeron e outros. Junto ao grupo, outros intelectuais, como Michel Leiris, Yves Montand, Simone Signoret, e, especialmente, Sartre, protestaram pelas ruas parisienses. Sobretudo Foucault e Sartre, que com megafones, tal a foto que imortalizou este momento, anunciaram que no dia seguinte estariam de vigília na Igreja Saint-Bruno, para ajudar aos imigrantes ilegais a preencher os formulários necessários. Ambos defenderam os mesmos objetivos, como a preferência pelos israelense aos palestinos, em suma, a "liberdade".

Após serem vistos Foucault e Sartre nas lutas políticas em defesa da realidade da União Soviética, sobretudo nos debates com os dissidentes dos países do Leste, juntamente com outros intelectuais franceses, Raymond Aron, André Glucksmann, Simone de Beauvoir, Sartre e Foucault se encontram pela última vez em 20 de junho de 1979, antes de sua morte, para compactuar com uma última discórdia internacional, em prol dos *boat people*, refugiados vietnamitas que fugiam de seu país, pelos quais vão brigar junto às autoridades francesas para lhes exigir que aumentem o número de refugiados autorizados a se instalar na França. Em 19 de abril de 1980 Sartre é sepultado, terminando, ao menos no campo político e afetivo, a profícua relação entre os dois grandes filósofos.[712]

[711] ERIBON, Didier. **Michel Foucault**., p. 222-223.

[712] ERIBON, Didier. **Michel Foucault**., p. 259.

As discórdias e as semelhanças de pensamento, tal fora o caminho de vida, marcam as relações intelectuais entre Michel Foucault e Jean-Paul Sartre, dois filósofos de renome que foram capazes de escrever a história da segunda metade do século passado. Deste modo, inúmeros aportes teóricos podem ser feitos entre Foucault e Sartre, tal como muitos autores o fazem, a ver Mark Poster, John Rajchman, Elkabbach, etc.

Mark Poster,[713] ao estudar a presença do marxismo questionado na obra foucaultiana, deixa-se formular vastas considerações sobre a relação entre Sartre e Foucault, demonstrando princípios de coincidência e desavenças teóricas. Nesse sentido, elenca vários, a começar pelos negativos, isto é, pontos de desencontro: a) para o autor, no início dos anos sessenta, a aproximação da corrente estruturalista por Foucault era inconciliável com as concepções teóricas de Sartre, cuja figura central residia justamente no homem e seus modos de exercício; b) destaca que as concepções iniciais de Foucault se opunham radicalmente às tendências do existencialismo sartreano, uma verdadeira antítese de todas as filosofias da consciência, já que Foucault entendia ser necessário evitar uma noção de sujeito transcendental e alheio às mudanças ao longo do tempo, noção essa visível nas últimas obras sartreanas; c) o problema da totalização os diferenciava significativamente, posto que, enquanto Foucault estava tão preocupado em limitar o alcance da posição epistemológica, que se negava a sistematizar a sua própria posição, bem como desenvolvia seus próprios conceitos para se negar a analisar de qualquer modo a posição que ele chegava ao conhecimento, de maneira excessivamente positivista; Sartre se postava de maneira diametralmente oposto, isto é, considerando o marxismo tão necessitado de claridade epistemológica, baseou todo o edifício da teoria crítica sobre o ato do conhecimento, de tal modo, que, como a consciência é livre ou indeterminada, o indivíduo totaliza seu projeto, com o qual o esforço do conhecimento retorna em última instância à necessidade que tem o indivíduo de eleger um curso de ação;[714] d) por fim, destaca que outra diferença é a questão do objeto, ou seja, o interesse principal de Sartre está situado na subjetividade, isto é, de que maneira os seres humanos podem reconhecer e realizar sua liberdade dentro da totalização que se cumpre na história; o que

[713] POSTER, Mark. **Foucault, el marxismo** ..., p. 13-98.

[714] É importante destacar que o próprio Foucault, quatro anos após o movimento estudantil, mesmo reconhecendo a importância do grande Sartre, não podia deixar de ver algumas diferenças, tanto que, nesse sentido, juntamente com Deleuze, opõe à ideia de um intelectual total de Sartre uma visão de um intelectual específico: DELEUZE, Gilles. **Les intellectuels et** ..., p. 306-315. [trad. br. **Os intelectuais e** ..., p. 69-78.].

importa, de fato, é o destaque aos obstáculos que os sujeitos encontram no seu esforço por autoreconhecer-se; de outro lado, Foucault privilegia a objetividade como campo e investigação, ao procurar tornar inteligíveis os modos de dominação ou as tecnologias de poder que haviam escapado da atenção do marxismo clássico (todavia, o autor alerta para o fato de a preocupação pela resistência e a análise da dominação serem complementares e não necessariamente contraditórias);[715]

Em contrapartida, o autor americano também ressalta alguns pontos positivos, que devem ser elencados: a) para o autor, a crítica da razão ocidental oferecida por Foucault em *Histoire de la Folie* estava muito próxima do modo como se estabelecia o anticientificismo de Sartre e Merleau-Ponty, especialmente pela proximidade do Partido Comunista nos primeiros anos do pós-guerra; b) destaca que, igualmente a Foucault, Sartre questionou o conceito cartesiano de sujeito racional enquanto fundamento epistemológico e ontológico da realidade, quer dizer, tal os estruturalistas, o autor de *Le Mur* se mostrava na mesma oposição que o filósofo francês se pôs contra a tradição metafísica ocidental; c) o resgate de Nietzsche operado por Sartre, especialmente no que tange à ideia de um conhecimento limitado à perspectiva que cada indivíduo brinda com sua posição histórica e social, fazia Foucault creditar as opiniões intelectuais do autor; d) ambos concordam, apesar da diferença da totalização, supra abordada, que o teórico tinha uma posição decisiva par ao conhecimento que desenvolvia; e) por fim, destaca que o grande questionamento de semelhança seria em relação ao *status* do sujeito, quer dizer, enquanto para Foucault a consciência individual é metodicamente excluída enquanto objeto de conhecimento, Sartre também se opõe ao idealismo acadêmico francês, para o qual o sujeito racional era um centro metafísico; tal como Foucault, Sartre emprega categorias sociais e históricas para destacar as transformações nos modos de subjetividade.

A polêmica entre os autores, entretanto, começa a ser suscitada no início da década de sessenta, desde que *Les Temps Modernes* não comentara a aparição de *Histoire de la Folie*. Assim, começa, todavia, consoante Eribon, já na tese menor não publicada em 1961 de Foucault sobre a antropologia de Kant, a qual continha, em parte, um ataque direto às tentativas contemporâneas de fundar uma antropologia, especialmente na esteira de Sartre e Merleau-Ponty,[716] do mesmo modo, segundo Raymond Bellour, que teve a chance de

[715] POSTER, Mark. **Foucault, el marxismo** ..., p. 45.

[716] ERIBON, Didier. **Michel Foucault**...., p. 160.

ler o manuscrito de *Les Mots et les Choses* antes de sua publicação, afirmou que, nas discussões sobre a palestra de Gérard Lebrun, durante o famoso seminário intitulado *Michel Foucault, Philosophe*, realizado em Paris (janeiro de 1988), e coordenado por Canguilhem, havia inúmeras críticas de Foucault a Sartre, mas que foram suprimidas, para evitar maiores polêmicas.[717]

Foucault tem oportunidade de responder em *La Quinzaine Littéraire* da primeira metade de março de 1968 as críticas efetuadas por Sartre, trançando-lhe iguais desavenças. Segundo Foucault Sartre erra em vários pontos: primeiro, quando o coloca junto aos estruturalistas, o que seria incoerente, já que o estruturalismo não era um grupo único e coeso, de mesmas perspectivas; em segundo, que Sartre é um homem imensamente mergulhado na suas diversidades teóricas, como a literatura, a filosofia, a política, etc., e que não teria tido tempo de ler a obra de Foucault; e, por fim, que Sartre, no próprio Partido Comunista, era visto como o último dos imperialistas burgueses, não tendo tanta importância como se via.[718] De outro lado, Eribon comenta a postura de Sartre ao desconsiderar a opinião de Foucault sobre a justiça popular como um ato de violência: "Não concordamos, os maoístas e eu por um lado e ele por outro. Achamos que o povo pode muito bem criar uma corte de justiça ... Foucault é radical: toda forma de justiça burguesa ou feudal pressupõe o tribunal, a corte, os juízes atrás de uma mesa ... A justiça implica primeiro um imenso movimento que derruba as instituições. Mas, se durante esse grande movimento aparece a forma de justiça revolucionária, ou seja, se se pergunta às pessoas, em nome da justiça, que prejuízos sofreram, não vejo que mal há em se fazer isso com gente sentada atrás de uma mesa ou não."[719]

Todavia, a par das constantes polêmicas que envolveram os intelectuais, aprouve-se por bem demonstrar duas grandes questões capazes de ora distanciar os intelectuais, especialmente no que tange a uma filosofia humanista, ora de aproximar, no que se refere à temática da liberdade. É, nessa perspectiva, que doravante se debruça este texto. Dessa maneira, a relação

[717] BELLOUR, Raymond. *in* LEBRUN, Gérard. **Nota sobre la fenomenología contenida en las palabras y las cosas**. Michel Foucault, filosófo. (trad. Alberto Luis Bixio) Barcelona: Gedisa, 1999 p. 47. "Raymond Bellour señala a manera de respuesta que páginas referentes a Sartre fueron suprimidas de la versión definitiva de *Las palabras y las cosas*" [trad. do autor "Raymond Bellour destaca em sua resposta que páginas referentes a Sartre foram suprimidas da versão definitiva de As Palavras e as Coisas."]

[718] ELKABBACH, Jean-Pierre. **Foucault répond à Sartre**. Dits et Écrits (org. Daniel Defert et François Ewald). v. 1 Paris: Gallimard, 1994, p. 662-668.

[719] ERIBON, Didier. **Michel Foucault**., p. 229.

entre o pensamento de Sartre e Foucault pode ser estabelecida em torno de dois conceitos fundamentais, aproximativos e distanciadores: "humanismo" e "liberdade". O tema do humanismo, tanto criticado por Foucault, faz distanciá-lo significativamente de Sartre, a ponto de tecer-lhe duras críticas, tal como se verá adiante, já que o autor, com seu método existencialista, sobretudo na clássica conferência *L'Existentialisme est un Humanisme*, defende a inserção de sua teoria junto a essa tendência. Coincidentemente, esse é o momento em que o magistral filósofo está completamente distante pessoalmente de Foucault, até porque Foucault havia recém-ingressado na École Normale quando o texto fora publicado em 1946. Em contrapartida, o tema da liberdade, que constitui sem dúvida o cerne do pensamento sartriano, destacado a partir de 1943, com *L'Être et le Néant*, traz profundas correlações ao conceito de liberdade que Foucault desenvolveu nos seus últimos anos de vida, especialmente a partir de seus derradeiros volumes da história da sexualidade e a do cuidado de si. Já nessa época, um pouco antes destes últimos ensaios saírem, e antes da morte de Sartre, é o momento em que, na vida pessoal, o jovem filósofo reconhece a magnitude do pensamento sartriano e sua importância nas lutas políticas.

Entretanto, antes de abordar mais detalhadamente esse encontro feliz, que aproxima os filósofos da École, em torno do conceito de liberdade, convém compreende o embate inicial em torno da filosofia humanista, isto porque Foucault criticara sensivelmente a perspectiva humanista, especialmente em *Les Mots et les Choses*, enquanto Sartre defendia claramente, na referida conferência proferida no *Club Maintenant* em 1946, a identidade do existencialismo como uma forma de humanismo. Nesse texto, Sartre afirma que o existencialismo se encontra apegado à ideia de projeto, isto é, sua filosofia estaria ligada à realidade natural, e, por conseguinte, à realidade humana. Segundo o autor, o humanismo estaria, na década de 40, vivendo uma situação múltipla, pois era uma palavra capaz de designar as correntes filosóficas em vários sentidos, isto é, para ele, as pessoas eram humanista, até mesmo alguns marxistas, que, sendo racionalistas clássicos, acabavam por ser humanistas numa forma de liberalismo.[720] Todavia, apesar da imensa quantidade de filosofias se afirmarem humanistas, Sartre afirma que o existencialismo seria uma forma de humanismo, posto que, tal outras correntes, que reivindicavam este estatuto, fá-lo

[720] SARTRE, Jean-Paul. **O existencialismo é um humanismo**. 2 ed. (trad. Vergílio Ferreira) Lisboa: Presença, 1964, p. 313.

de duas formas principais: recusa de comprometer-se, num ponto de vista político e social; mas recusa de comprometer-se filosoficamente.

O existencialismo, consoante Sartre, "reivindica para si o homem em geral, porque não chega a formular essa posição exigida pelos acontecimentos, e a única posição progressiva que conhecemos é a do marxismo."[721] Nesse sentido, aproxima-se imensamente do marxismo. Todavia, é a apartir do conceito de liberdade que a diferenciação em relação ao marxismo se operou (embora não convenha ressaltar neste ensaio). É preciso afirmar que o existencialismo, segundo Sartre, tem por objetivo dar ao homem uma dignidade, isto é, uma possibilidade, através da afirmação do conceito de liberdade, uma capacidade de autodeterminação, uma capacidade de legislar sobre si próprio, na valorização do "eu" no mundo, nesse sentido, segundo o autor, o existencialismo seria um humanismo, a partir do instante que defende a recusa total à submissão a valores impostos. Nessa perspectiva, o existencialismo é humanismo, para Sartre, assim que valoriza o conteúdo da liberdade do homem, não do seu agir, de seu fazer, tal como o marxismo tradicional, mas do seu querer, num âmbito não das relações entre os homens (questão que lhe foi certamente muito cara na aproximação com o marxismo, desejado a partir da década de cinquenta).

Convém, antes de ingressar diretamente no conceito chave do pensamento sartriano, a liberdade, investigar os questionamento formulados por Foucault: em contrapartida, para o intelectual francês do *Collège de France*, o humanismo representava tão somente uma forma de se encontrar no mundo filósofico, uma espécie de identidade capaz de garantir a qualquer teoria o *status* devido no âmbito acadêmico, posto que se dedica à compreensão efetiva do homem na realidade, todavia, para Foucault, o humanismo não consegue fugir, ao contrário do que sempre se acreditou, das mesmas indagações e dos mesmos obstáculos epistemológicos existentes no campo do pensamento, cujo marxismo lhe representou a essencia teórica. Nesse sentido, Foucault, em 16 de maio de 1966, por ocasião da publicação de sua clássica obra *Les Mots et les Choses*, concedera uma entrevista a Madeleine Chapsal de *La Quinzaine Littéraire*, afirmando drásticamente suas críticas a esse modelo de pensamento: "O humanismo foi uma maneira de resolver, em termos morais, axiológicos, reconciliatórios, os problemas que não se podia de modo algum resolvê-los. Você conhece a palavra Marx? A humanidade somente se coloca problemas que ela pode resolver. Eu penso que se pode dirzer: o humanismo finge

[721] SARTRE, Jean-Paul. **O existencialismo** ..., p. 315.

resolver os problemas que ele não pode se colocar,"[722] isto é, os problemas de relacionamento do homem e do mundo, o problema da realidade, o problema da criação artística, da felicidade, e de todas as obsessões que não merecem absolutamente ser problemas teóricos.

De outro lado, noutra entrevista, intitulada *L'homme est-il mort?*[723] Foucault questiona de maneira igualmente incisiva a questão das filosofias da consciência, e, sobretudo, do humanismo. Entende que o humanismo seria uma noção muito antiga, que remonta à época de Montaigne, e que perpassou a história ocidental como se só tivesse nela ocorrido, a tal ponto de utilizar o humanismo como forma de distinguir a cultura dos outros, as culturas orientais ou islâmicas da cultura ocidental. Esse fato, segundo Foucault, afirma que o homem ocidental é capaz de se assustar quando encontra traços deste humanismo alhures. O humanismo, tal como ensinado no segundo grau, originado no séc. XVI, numa visão continuísta, acabava por gerar inúmeros maus entendidos. Segundo o autor, em razão dessa historiografia tradicional, em que os classisistas teriam desenvolvido os temas da natureza humana, e que as ciências positivas permitiram conhecer o homem de maneira positiva, científica e racional, especialmente, pela biologia, a psicologia e a sociologia, sempre se imaginou que ao mesmo tempo o humanismo tinha sido a grande força que animava o desenvolvimento histórico e que ele, então, estaria sendo recompensado por esse desenvolvimento.

Todavia, Foucault entende que tudo isso faz parte da ordem da ilusão,[724] quer dizer, o movimento humanista data somente do final do séc. XIX, e quando se olha mais detalhadamente os séculos XVI, XVII e XVIII, percebe-se que o homem não tem literalmente nenhum lugar, já que a cultura é ocupada por Deus, pelo mundo, pela semelhança das coisas, pelas leis do espaço, pelos corpos, pela imaginação, etc., mas o homem, mesmo, estaria ausente nesses séculos. O homem, ao contrário do que sempre se pensou, segundo Foucault, apesar de um cuidado moral, só se tornou um objeto de saber quando

[722] CHAPSAL, Madeleine. **Entretien avec Michel Foucault**. Dits et Écrits (org. Daniel Defert et François Ewald). v. 1 Paris: Gallimard, 1994, p. 516. "L'humanisme a été une manière de résoudre, dans des termes de morale, de valeurs, de réconciliation, des problèmes que l'on ne pouvait pas résoudre du tout. Vous connaissez le mot de Marx? L'humanité ne se pose que de problèmes qu'elle peut résoudre. Je crois qu'on peut dire: l'humanisme feint de résoudre des problèmes qu'il ne peut pas se poser!" [trad. do autor]

[723] BONNEFOY, C. **L'homme est-il mort?**. Dits et Écrits (org. Daniel Defert et François Ewald). v. 1 Paris: Gallimard, 1994, p. 540-544.

[724] BONNEFOY, C. **L'homme** ..., p.540.

o conhecimento científico o tornou possível, e todos os temas de morais do humanismo contemporâneo apareceram.[725] Nesse sentido, Foucault entende que o humanismo de Sartre, especialmente em sua obra *Critique de la Raison Dialectique* seria um esforço magnífico, mas patético do homem do séc. XIX em pensar o séc. XX, sendo o último hegeliano e o último marxista.

Num belo texto publicado na *Magazine Littéraire* em 1984 e reeditado em 1993, já outrora referido na temática sobre as bases filosóficas ontológicas de Foucault, o autor defende que o humanismo, totalmente distinto da *Aufklärung*, seria uma constante na história, ora marxisma, ora existencialista, ora personalista, e que serviria para dar cor e para justificar simplesmente as concepções do homem ao qual ele se encontra 'obrigado' a recorrer. Dessa maneira, o humanismo não se poderia escrever sua singularidade como uma atitude crítica, tal como a *Aufklärung*. É nessa perspectiva, que ao denominar a sua filosofia como uma 'ontologia do presente', que Foucault rejeita o humanismo e se coloca na linha de Kant.[726]

É nesse sentido, portanto, que se pode pensar que as teorias de Foucault se opuseram, no início, aos questionamentos elaborados por Sartre, numa espécie até de rebeldia intelectual, em razão do domínio que o marxismo exercícia na França, mas que nem mesmo o próprio Sartre conseguia definir-se claramente enquanto tal, especialmente a partir de seu conceito de liberdade. Dessa maneira, Foucault opõe um contrahumanismo, afirmando que seria indispensável se libertar dessa forma de humanismo até então praticada: "Nosso sistema não se ocupa de modo algum dos problemas referentes às relações do homem com o mundo, etc. Nosso objetivo principal atualmente é de nos libertar definitivamente do humanismo, e, nesse sentido, nosso trabalho é um trabalho político."[727]

Todavia, é indispensável ressaltar que alguns autores, como o biógrafo de Sartre, Bernard-Henri Lévy, defendem que a questão humanista em seu autor pode ser garantida e excluída das manifestações políticas muito mais que as teorias de Foucault, que sucumbira claramente aos movimentos da época. Nesse sentido, defende uma versatilidade de Sartre em fugir dos modismos, ao contrário do próprio Foucault: "Isso quer dizer que esse Sartre nos anuncia a

[725] Nessa linha, ver: BEVIR, Mark. **A humanist critique of the archaeology of the human sciences**. Rivista Storia della Storiografia, Milão, n. 32, p. 17-32, 1997.

[726] FOUCAULT, Michel. **Qu'est-ce que les lumières?** ..., p. 70.

[727] CHAPSAL, Madeleine. **Entretien avec** ..., p. 516. "M-F.: Notre système ne s'en occupe absolutment pas. Notre tâche actuellement est de nous affranchir définitivement del'humanisme, et, en ces sens, notre travail est un travail politique." [trad. do autor]

tempos de paz eterna? Isso significa a volta, por intermédio desse anti-racismo e da des-essencialização dos conflitos a que ele permite proceder, dos velhos sonhos da humanidade pacificada, sem qualquer conflito, que sabemos terem ligação com a vontade de pureza e, portanto, com o crime? Não. Pois é essa a força desse primeiro Sartre. É sua extrema originalidade e o inapreciável valor do seu discurso. Ele historiciza os conflitos, o que é bom. Ele os relativiza, o que é essencial. Ele consegue, melhor que Foucault, no momento mesmo em que Foucault cede a turvo fascínio do discurso da 'guerra das raças' à maneira de Boulainvillies, desfazer-se do enfeitamento do discurso naturalista, e, portanto, extremicionistas."[728]

Entretanto, a relação entre Foucault e Sartre se ameniza, até que os dois se encontram em 10 de fevereiro de 1969, como visto, por ocasião das drásticas medidas de expulsão e perseguição dos alunos 'sobreviventes' de 68 da Universidade de Vincennes, para protestar contra o governo.[729] Esse é o momento que se pode verificar além do reconhecimento foucaultiano da figura de Sartre, como também a valorização de ambos pelo conceito de liberdade. Segundo Poster, depois de maio de 68 a gélida hostilidade de Foucault contra Sartre e o marxismo ocidental de um modo geral foi se desfazendo, a ponto do novato intelectual reconhecer a importância de Sartre, chegando mesmo a adotar a sua posição no campo intelectual e político parisiense.[730] Nesse sentido, ambos os autores, começam a se questionar sobre o conceito de liberdade, o que, de certa forma os aproxima, mas não é capaz de conceder uma identidade de pensamento, em virtude de uma sutil diferença sobre o fundamento da liberdade.

Regressando, assim, ao conceito de liberdade, é indispensável visualizá-lo em Sartre como uma "liberdade engajada" [*engagée*], isto é, a partir do instante em que o indivíduo reconhece sua liberdade, única, acaba por reconhecer implicitamente a liberdade dos outros, no mundo, nas situações, nessa linha, afirma o autor: "a liberdade é única, mas ela se manifesta diversamente conforme as circunstâncias".[731] Ao contrário dos deterministas, o ato livre, em Sartre, somente o será quando não houver motivo anterior para provocá-lo, ou seja, a decisão entre dois motivos de iguais valores não admite qualquer manifestação de resistência, e sempre será livre a partir do momento em que

[728] **LÉVY, Bernard-Henri. O século de Sartre: inquérito filosófico.** (trad. Jorge Bastos) Rio de Janeiro: Nova Fronteira, 2001, p. 347.

[729] ERIBON, Didier. **Michel Foucault**...., p. 191.

[730] POSTER, Mark. **Foucault, el marxismo** ..., p. 17.

[731] SARTRE, Jean-Paul. **Situations, I: essais critiques**. Paris: Gallimard, 1947, p. 289.

se firma uma afirmação de si, uma escolha de instante desligado do passado e de todas as suas relações causais. Nesse sentido, a liberdade existe no exato instante em que ele se exercita, é, pois, uma autonomia do querer, ou seja, para Sartre, a liberdade não está nem relacionada à causalidade do passado, nem do que se deseja, mas sim, ao querer autonomamente, isto é, na capacidade de determinar o querer por si mesmo. Nessa perspectiva, é possível pensar em Sartre certos paradoxos, como, por exemplo, ser livre enquanto confinado, pois para o autor, uma vez que a liberdade está na autonomia do querer, o simples fato de procurar querer projetar sua fuga já o torna livre, posto que, embora não consiga, essa impossibilidade não diz com o campo da liberdade do querer e do projetar, mas com o campo material, da realidade absoluta. Dessa maneira, qualquer resistência que a liberdade encontre, qualquer adversidade não é capaz de limitar a liberdade humana, a liberdade do 'querer', já que esta se refere antes à impossibilidade ao 'poder'. Isso poderia fazer sugerir que a liberdade é indeterminada para Sartre, mas convém que outras questões sejam observadas.

Para o autor, não cabe aos homens escolherem a sua liberdade, uma vez que ele é nela lançado, e 'condenado a ser livre',[732] condenado a existir para sempre além de sua essência, tal a máxima, desta maneira, a liberdade, embora fundamentada na autonomia do querer pode sempre encontrar uma única resistência, que não lhe vem do mundo exterior, mas de si própria. Nesse sentido, a liberdade no seu reconhecimento individual implica o reconhecimento da liberdade dos outros, quer dizer, a liberdade não é indeterminada, mas engajada e só é livre porque cria uma determinada situação para o sujeito, mas não totalmente, pois, e sendo engajada, está na dependência dos outros, de um outro estado de coisas. O sujeito é livre para determinar a si próprio, e só o é nesse caso em particular, na sua liberdade, no seu ato libre está limitado por uma situação anterior, na situação de ligação do homem com o mundo. Nessa perspectiva, é necessário destacar que o homem é livre, porque não aceita um constrangimento externo, isto é, o constrangimento das coisas, da situação, mas porque exercita no mundo sua liberdade, escolhe seu ser, mas porque aceita o constrangimento de ser, sim, livre, de estabelecer fins, de agir, etc. A respeito dessa limitação anterior, o filósofo português Virgílio bem esclarece: "se eu nasci burguês ou proletário, a minha 'liberdade' determina-se pelo horizonte que se abre à minha condição de proletário ou

[732] SARTRE, Jean-Paul. **L'être et le néant**. Paris: Gallimard, 1943, p. 515.

burguês. Passo a reagir desta ou daquele maneira, mas é como burguês ou proletário que reajo.[733]

A partir do instante que não cabe à liberdade se escolher, uma vez que antes de escolher, o indivíduo já se escolhe para a escolha que iria fazer, pois quando a vontade intervém a decisão em ser livre já está tomada,[734] verifica-se uma escolha anterior lançada no mundo; a sua limitação se encontra justamente no fato do indivíduo estar sempre em situação de não poder se ver livre da realidade, realidade essa de ser engajado. Dessa maneira, a liberdade só pode ser pensada, consoante Sartre, numa relação com o mundo, numa relação concreta,[735] quer dizer, a liberdade não é, tal defendem os contratualistas, um direito, como outros tantos: de vida, à saúde, de propriedade, etc., ou mesmo uma qualidade, mas um exercício, igual a todos,[736] uma arte que só tem sentido no mundo, numa situação, por isso, segundo Virgílio, a liberdade 'é sendo'.[737] A liberdade, não sendo uma propriedade do homem, é sua condição de possibilidade, vez que é justamente a liberdade que estrutura o homem, "é o único fundamento do ser",[738] porque o homem livre é aquele que exerce atos no mundo, na possibilidade de negar-se enquanto ser, transcender, projetar-se

[733] FERREIRA, Virgílio. **Da fenomenologia a Sartre**. Lisboa: Presença, 1964, p. 138.

[734] SARTRE, Jean-Paul. **L'être et** ..., p. 527.

[735] ROSENTHAL, Gérard; ROUSSET, David; SARTRE, Jean-Paul. **Entretien sur la politique**. Paris: Gallimard, 1949, p. 106. "Sartre – Pour moi la liberté de penser abstraitement – que l'on concède aux électeurs et aux militants – n'est qu'une liberté abstraite. La seule liberté concrète de penser, c'est la liberté de penser concrètement (...) En un mot, la pensée concrète, c'est la pensée d'un groupe de producteurs ou de consommateurs, qui prend comme départ les nécessités et les exigences de la production dans l'entreprise dont ils font partie et de la consommation dans le cadre de leurs besoins et de leur pouvoir d'achat." [trad. do autor. "Sartre – Para mim, a liberdade de pensar abstratamente – que se concede aos eleitores e aos militares – é somente uma liberdade abstrata. A única liberdade concreta de pensar é a liberdade de pensar concretamente (...) numa única palavra, o pensamento concreto é o pensamento de um grupo de produtores ou consumidores que partem das necessidades e das exigências da produção na empresa das quais eles fazem parte, e o consumo na esteira de suas necessidades e seu poder aquisitivo."]

[736] SARTRE, Jean-Paul. **Situations, I** ..., p. 293. "Cette entière liberté, précisément parce qu'elle ne comporte pas de degrès, il est visible qu'elle apartient également à tout homme. Or plutôt – car la liberté n'est pas une qualité parmi d'autres – il est visible que tout homme est liberté." [trad. do autor "É visível que essa liberdade completa, precisamente porque não comporta níveis, é que pertence igualmente a todo homem. Ora, preferencialmente, pois a liberdade não é uma qualidade entre outras, é visível que todo homem é livre.]

[737] FERREIRA, Virgílio. **Da fenomenologia** ..., p. 141.

[738] SARTRE, Jean-Paul. **Situations, I** ..., p. 308. "l'unique fondement de l'être était la liberté." [trad. do autor. "... o único fundamento do ser era a liberdade."]

além de si próprio; a liberdade, portanto, na relação com o mundo, implica no próprio ato intensional de ser.

Essas concepções acerca da liberdade certamente adquirem o *status* central dentro dos questionamentos do autor, seja no âmbito filosófico, seja, sobretudo, no âmbito literário. Sartre se dedicou durante toda a década de quarenta a escrever, além de outros textos como seu clássico *L'Être et le Néant*, *L'Existencialisme est un Humanisme*, a trilogia intitulada *Les Chemains de la Liberté*, composta pelos volumes *La Mort dans l'Âme*, *Le Sursis*, e sobretudo, na metade da década, *L'Âge de Raison*. Esses textos foram, de fato, romances em torno da busca, da definição e da 'delimitação' da liberdade, que convêm agora serem ressaltados. Dessa maneira, adotando-se para análise o primeiro dos volumes da trilogia *L'Âge de Raison*, por ser, sem dúvida, o mais significativo, dado que surgira no ano seguinte ao final da Segunda Guerra Mundial, e toda a necessidade de contestação, bem como para não se delongar muito na investigação da obra sartriana, convém fazer uma breve interpretação do texto, afim de que o tema da liberdade ressalte aos olhos do leitor. Ademais, *L'Âge de Raison* traz em seu núcleo quase que as linhas mestras do conceito de liberdade em Sartre: a questão da ausência de motivos, da liberdade no mundo, da liberdade da escolha marcada, etc.

*L'Âge de Raison* é um livro que demonstra a situação vivida pelo intelectual francês no período recém pós-guerra, tratando de temas até então inexplorados, como a homossexualidade, o uso de drogas, o aborto, a família monoparental, o engajamento político, etc., temas polêmicos que permitem os dezoito capítulos vivenciarem a teoria existencialista e as questões da política e da liberdade na sua máxima extensão e como "liberdade engajada", como visto. A obra gira em torno da personagem Mathieu Delarue, um jovem filósofo e professor que vai em busca da liberdade última, a liberdade sem presas, sem resistências, mas tem seu destino entrecruzado com Marcelle, sua companheira. O grande problema da liberdade se coloca para a personagem a partir do instante que Mathieu descobre estar ela grávida, o que significaria, para a época, a necessidade do casamento e a dedicação ao filho, formas que representariam, de fato, a negação de seu 'projeto', de sua liberdade. Dessa maneira, após se questionar excessivamente, Mathieu propõe a Marcelle que faça o aborto, todavia, falta-lhe dinheiro para tanto. É em busca do dinheiro que a questão da liberdade começa a se desvencilhar.

Mathieu então inicia a sua busca pelo dinheiro, que, no fundo, é a busca de sua liberdade. Inicialmente, encontra-se com um antigo amigo, Brunet, a pessoa que lhe representa na vida o engajamento político, já que é essencialmente um proletário, uma pessoa direcionada para o questionamento da situação concreta em que vive. A liberdade está, pois, intimamente ligada ao engajamento, personificado em Brunet, a partir do instante que está comprometida com a ação. Apesar de titubear em seguir seu amigo, Mathieu não consegue fugir à sua condição primeira, àquilo que à pouco se fez citar Virgílio sobre a única limitação da liberdade, a impossibilidade de negar sua origem burguesa, sua classe. Nada conseguindo com Brunet, Mathieu segue ao encontro de outro "amigo", Daniel, um homossexual que também acaba por não ajudá-lo. Todavia, as passagens em torno da personagem de Daniel trazem à lume as teorias *supra* referidas da liberdade como ausência de motivo, como liberdade pura, isto é, trata-se de uma personagem que representa a oposição sartriana aos deterministas. Isso é verificado quando Daniel estando em passeio com seus gatos, decide matá-los sem motivo algum, mas após pensar, desiste, demonstrando, assim, que tinha liberdade para fazer o que quisesse, a sua "autonomia do querer", outrora mencionada. Mais tarde, Mathieu descobre que, no fundo, Daniel tinha o dinheiro para lhe emprestar, mas não o fizera, pois queria ver seu "amigo" se casar com Marcelle e renunciar a sua própria liberdade.

Em virtude da negativa de Daniel, Mathieu segue sua busca, e, no caminho, encontra-se com Ivich, com quem descobre uma imensa paixão. Apesar da dúvida em relação a Marcelle, Mathieu não tem tempo de fazer sua escolha, embora tenha declarado abertamente o seu amor, já que Ivich tem de deixar a cidade por haver reprovado no *Bac.* Nesse ínterim, vai pedir ajuda a Jacques, seu irmão, um burguês que permanecera estritamente fiel às suas origens, quando, então, este, indignado, responde-lhe que não o ajudaria, uma vez que ele já estaria na "idade da razão", logo, deveria se livrar de seu sonho adolescente de "liberdade", trabalhar, cuidar sozinho de sua vida, casar, e criar seu filho e todas as responsabilidades inerentes. Mesmo tendo repensado nas ideias de seu irmão, Mathieu não consegue seguir seu exemplo, pois isso lhe representaria a sua própria morte, e a morte para seus amigos, Brunet e Daniel, que fizeram da liberdade as suas condições de possibilidade no mundo.

É nesse instante que aparece Lola, uma cantora de relativo sucesso, que desperta a paixão de Mathieu, e de quem, por um ato desesperado pelo aborto, chega a lhe roubar algum dinheiro. Sem embargo toda a confusão com Lola, que suspeitara de seu amante Boris, Mathieu continua a procurar o dinheiro, mas com insucesso. Embora tenha se resignado e decidido casar-se com Marcelle, Mathieu, após lhe comunicar e dizer que não mais a amava, ela o põe para fora de casa e decide ter o filho sozinho. Todavia, nesse contexto, surge Daniel, que se propõe à Marcelle em ocupar o lugar de seu amigo, o que demonstra, para Mathieu, a maior de todas as renúncias, a renúncia de alguém que viveu pela busca da liberdade. Assim, termina *L'Âge de Raison*.

Em meio a essa narrativa, como já esboçado, ressaltam inúmeros monólogos elucubrados pelo professor de filosofia no seu choque com as personagens, que convêm serem revisitados aqui, para a melhor compreensão do tema da liberdade em Sartre. Nesse sentido, no terceiro capítulo, quando o verão vem brindar a vida de Mathieu, e ele está com Marcelle grávida, sem dinheiro algum para lhe tirar o filho, então se pergunta num solilóquio angustiante: "Mas quer ser livre, como outros desejam uma coleção de selos. A liberdade é seu jardim secreto. Sua pequena convivência para comigo mesmo"[739]. Adiante, quando Mathieu refletia, cansado, e com as mãos sobre os olhos, uma bola de tênis rolara aos seus pés, que a devolvera, num calor 'abafante', e, preocupado com a sua situação financeira, repetia incalsavelmente: "Ser livre. Ser causa de si próprio, poder dizer: sou porque quero; ser o próprio começo."[740] Ainda num lamento desvairado, Mathieu se pergunta quase que desistindo novamente: "Por que não tive vontade de lutar? Poderia escolher outro mundo? Sou ainda livre?",[741] e aqui se apresenta, neste texto literário, o questionamento feito em 1943 por Sartre em sua clássica obra, sobre os indivíduos estarem lançados no mundo e na liberdade, sem poder refutá-los.

A presença da vontade de liberdade, em Mathieu, demonstrava-se nas situações mais simples da vida, sobretudo, na possibilidade de contestação, quando, em conversa com Brunet, já cansado pela busca cotidiana em ser livre, questiona-se a liberdade: "Não tenho nada a defender; não me envaideço de minha vida e não tenho nenhum dinheiro. Minha liberdade? Ela me pesa. Há anos sou livre à toa. Morro de vontade de trocá-la por convicção. (...) Recusei porque quero ser livre."[742] Todavia, o grande questionamento acerca da

[739] SARTRE, Jean-Paul. **Les chemins de la liberté: l'âge de raison**. Paris: Gallimard, 1945, p. 54. "il veut être libre, comme d'autres veulent une collection de timbres. La liberté, c'est son jardin secret. Sa petite connivence avec lui-même." [trad. do autor]

[740] SARTRE, Jean-Paul. **Les chemins de la liberté: l'âge** ..., p. 55-56. "Être libre. Être libre cause de soi, pouvoir dire: je suis parce que je le veux; être mon propre commencement." [trad. do autor]

[741] SARTRE, Jean-Paul. **Les chemins de la liberté: l'âge** ..., p. 120. "Pourquoi n'ai-je pas eu envie d'aller me battre? Est-ce que j'aurais pu choisir un autre monde? Est-ce que je suis encore libre?" [trad. do autor]

[742] SARTRE, Jean-Paul. **Les chemins de la liberté: l'âge** ..., p. 131. "Je n'ai rien à défendre: je ne suis pas fier de ma vie et je n'ai pas le soi. Ma liberté? Elle me pèse: voilà des années que je suis libre pour rien. Je crève d'envie de la troquer un bon coup contre une certitude. (...) J'ai reffusé parce que je veux rester libre." [trad. do autor]

liberdade primeira, sem motivos, natural, responsável e do querer autônomo, surge quando a personagem Boris, ao recusar o comunismo na Faculdade por conta de Mathieu, constrói sua vida sobre a liberdade, segundo a narrativa de Sartre: "Na aula de Filosofia, sentira-se atraído pelo comunismo, mas Mathieu o desviara ensiando-lhe o que era a liberdade. Boris compreendera imediatamente: é um dever fazer o que se quer, pensar o que se bem entende, ser responsável perante si próprio apenas, analisar permanentemente o que se pensa e todo mundo. Boris construíra sua vida sobre esses alicerces. Era escrupulosamente livre (...) Quanto à liberdade, não era recomendável analisá-la em demasia, porque a gente deixava então de ser livre."[743] Por fim, a última grande questão da liberdade, a liberdade como mito, coloca-se para Sartre, quando Mathieu, tendo a possibilidade de pegar o dinheiro e desistido, reflete insistentemente: "Não pude pegar o dinheiro, minha liberdade é um mito e minha vida constrói-se por debaixo desse mito com um rigor mecânico, um vazio, o sonho orgulhoso e sinistro de não ser nada de ser sempre outra coisa diferente do que sou."[744]

A relação de Sartre com Foucault, em torno da liberdade, pode ser conduzida pela interpretação feita por Gerd Bornheim, em 1971, de que "a negação interna do para-si fez da liberdade um incondicionado e absoluto: a liberdade se torna sinônimo de libertação da subjetividade".[745] Nesse sentido, a necessidade da liberdade como forma de subjetivação em Sartre, permite aproximar-se de Foucault, ou ao contrário, a partir do instante que a liberdade neste autor, como outrora visto, impõe-se como requisitos para a constituição de uma nova forma de subjetividade, uma subjetividade igualmente livre, sem dominação, sem efeitos da normalização, ou seja, se Sartre defende a liberdade na situação, no mundo, Foucault da mesma forma a concebe, em exigências concretas, como dos amotinados em prisões francesas ou como a

[743] SARTRE, Jean-Paul. **Les chemins de la liberté: l'âge** ..., p. 146. "... en classe de philosophie, il avait eu de vives sympathies pour le communisme et Mathieu l'en avait détourné en lui expliquant ce que c'était que la liberté. Boris avait tout de suite compris: on a le devoir de faire tout ce qu'on veut, de penser tout ce qui vous semble bon, de n'être responsable que devant soi-même et de remettre en question, constamment, tout ce qu'on pense et tout le monde. Boris avait bâti sa vie là-dessus et il était scrupuleusement libre. (...) Quant à la liberté, il n'était pas bon non plus de s'interroger sur elle, parce qu'alors on cessait d'être libre." [trad. do autor]

[744] SARTRE, Jean-Paul. **Les chemins de la liberté: l'âge** ..., p. 224. "Je n'ai pas pu prendre l'argent; ma liberté c'est um mythe. Un mythe et ma vie se construit par en dessous avec une rigueur mécanique. Un néant, le rêre orgueiller et sinistre de n'être rien, d'être toujours autre chose que ce que je suis." [trad. do autor]

[745] BORNHEIM, Gerd. **Sartre**. São Paulo: Perspectiva, 1971, p. 113-114.

oposição existencialista dos dissidentes do leste europeu, etc.. Todavia, há uma pequena diferença que os distancia novamente, que diz respeito exatamente à ordem em razão da opção inicial do humanismo, pois para Foucault – e de certa forma há aqui uma aproximação maior com Heidegger – a liberdade não como escolha fundamental sobre quem somos, mas como libertação das possibilidades de uma época.

A liberdade em Foucault, como visto outrora, e como se verá adiante em capítulo à parte, está intimamente relacionada ao cuidado de si, quer dizer, às tecnicas de dominação de si, o que leva ao seguinte entendimento: a liberdade não deve ser vista como um fim da dominação ou como a remoção da história, mas a revolta pela qual a história pode ser a cada passo transformada[746] de maneira real e não funcional. Ao contrário do humanismo de Sartre, em que a liberdade só existe no mundo, tanto que a ela indivíduo é lançado e se encontra condenado, para Foucault, a liberdade se exercita, mas antes no próprio indivíduo do que no mundo, antes um bom uso de seus prazes, que o uso e o prazer dos outros, antes um tecnologia de si, do que um cuidado do outros, que só ocorre em segundo plano. A liberdade, embora política, não é necessariamente engajada, posto que existe no próprio indivíduo com relação aos outros. É política porque são práticas de liberdade, enquanto que a liberação, como da sexualidade, é condição política para a existência dessas práticas. A liberdade não é um modo de condução de vida, ligado ao exercício da funções políticas, mas é antes uma ética que visão à responder a seguinte pergunta: Como se pode praticar a liberdade? A liberdade é, portanto, um *ethos*, uma maneira de ser e de se conduzir que está antes dirigida ao indivíduo que ao seu âmbito político propriamente dito. Se enquanto a liberdade para Sartre, de raízes evidentemente marxistas, implica o reconhecimento da liberdade dos outros ao estabelecer a liberdade individual, não sendo jamais indeterminada, mas engajada, já que cria uma determinada situação para o sujeito na dependência direta dos outros ou do estado de coisas, para Foucault a liberdade é um exercício antes individual, no uso de seus prazeres, num âmbito micro, não relacionado diretamente às massas.

Adiante se farão maiores considerações sobre o tema da liberdade e do cuidado de si em Foucault, porque certo que há diferenças em torno desse tema e a postura humanista sartriana, mas igualmente há muitos pontos de encontro, que fazem ambos terem certas proximidades, até mesmo na perspectiva da liberdade, especialmente em virtude do marxismo de Sartre, nesse

746 RAJCHMAN, John. **Foucault: a liberdade** ..., p. 40.

tópico em particular, ter seguras dificuldades de se fazer presente, já que retorna ao sujeito como seu fundamento.

## 4.6. Antonio Gramsci e a organicidade do intelectual

A relação entre Antonio Gramsci e Michel Foucault é praticamente inviável, sobretudo, porque o intelectual italiano morrera enquanto Foucault era ainda muito jovem, tendo vivido numa época muito distinta e árida, e, também, porque o pensador francês, na sua ânsia em negar a vulgata marxista que se apoderava da França já há alguns anos, especialmente com as figuras de Althusser e Sartre, em nenhum momento, seja em suas clássicas obras, seja em seus artigos e entrevistas já consagrados, remeteu-se às teorias formuladas por Gramsci, ou mesmo ao seu nome.

Antonio Gramsci, nascido em 1891 na Itália e falecido em 1937, foi um dos intelectuais mais ativistas do começo do século XX ,e, também, mais dedicado ao questionamento das massas operárias e dos intelectuais na sociedade contemporânea. Após ter feito letras na Universidade de Turim, dedica-se incansavelmente, desde 1917, a atuar nos conselhos e nas ocupações das fábricas, bem como auxiliar na criação do Partido Comunista Italiano. Tendo representado o partido italiano na Internacional Comunista (1922), dedica-se, em seguida, à maestria de jornalista e à política propriamente dita, tendo sido eleito deputado no ano de 1924. Todavia, com o endurecimento do regime fascita, Gramsci é condenado a 20 anos, 4 meses e 5 dias de prisão, tendo permanecido "somente" dez desses anos, em virtude de um acidente vascular que o levara à morte. É, pois, nesse período, que escreve seus 34 volumes dos *Cadernos do Cárcere,* dedicados, além da análise da "filosofia da praxis", à reflexão sobre o intelectual.

Desta maneira, em princípio, poder-se-ia afirmar, com uma certa segurança, que qualquer aporte entre Gramsci e Foucault seria impossível, posto que fazer o contrário seria não somente aproximar dois intelectuais que seguiram caminhos metodológicos distintos, mas, também, uma espécie de agressão ao pensador francês, que tanto lutara para desligar a academia francesa de um hegelianismo e um marxismo de moda. Todavia, embora divergentes desde o início, ambos se preocuparam com problemáticas que, por vezes, aproximam-se sensivelmente, sobretudo, pela necessidade em repensar o político e o social, em virtude das relações de dominação, bem como se mostraram, ao seu tempo, pensadores do presente e engajados. Apesar do âmbito político distinto, da estrutura de classe à microestrutura, ambos se dedicaram a repensar exaustivamente a figura subjetiva do intelectual, quer dizer, cada um à sua filosofia questionou a conceituação, a constituição, e o papel que o intelectual deveria desenvolver na sociedade e na ciência. Eis, portanto, o ponto de intersecção entre o intelectual de Sardenha e o filósofo de Poitiers.

Gramsci, com suas considerações a respeito do Estado, fê-la claramente aos moldes marxistas, quer dizer, a partir da criação de uma visão ampliada do Estado, que se constituía de uma *sociedade política* e uma *sociedade civil*, isto é, a sociedade política no âmbito estatal, ou Estado em sentido estrito (conjunto de aparelhos de repressão, em que o Estado exerce o monopólio legítimo da violência); e a sociedade civil (conjunto de aparelhos privados de hegemonia que não estão necessariamente ligados organicamente ao aparelho burocrático do Estado a exemplo das universidades) impôs ao mundo uma redimensionamento dos questionamentos e das problemáticas vividas em seu momento. A partir das formulações conceituais como *bloco histórico* (enquanto relação entre política e sociedade, cuja hegemonia se faz pelos partidos políticos), *hegemonia* (enquanto predominância ideológica da classe dominante na sociedade civil) e *guerra de posição* (revolução gradual, processual, lenta, luta de hegemonias para ganhar espaço dentro desses aparelhos aos poucos) como a forma ideal para a transformação do estado nas sociedades ocidentais, que não pela revolução violenta, Gramsci se levou a refletir sobre a o papel dos intelectuais e da política.

A problemática dos intelectuais e seus papéis sociais constitui um tema de verdadeira apreciação por Gransci, a demonstrar-se, segundo muitos autores, pela presença constante em seus *Cadernos do Cárcere*. Usualmente se fala que cerca de 46% de suas páginas tratam de reflexões sobre os intelectuais, e por sete volumes ocupa um percentual de 75 pontos. Dessa maneira, investigar a obra de Gramsci pressupõe necessariamente passar por essa temática.

A grande questão gira em torno da relação entre os intelectuais e a política propriamente dita, e tal fato se evidencia pelos questionamentos gramscianos sobre a influência dos intelectuais na grande maioria dos movimentos políticos que marcaram a história. Entretanto, entende Gramsci, que as influências foram distintas, de ordens diferentes e imprimiram figuras de intelectuais totalmente diversas, fosse na Reforma Protestante, na figura essencial de Lutero, fosse na Revolução Francesa, com Danton, Marrat e Roberspierre, fosse na Revolução Russa, com Lênin, ora demonstrando a existência de *intelectuais cosmopolitas*, ora de intelectuais nacionais, ligados às suas lutas regionais. Consoante Gramsci, os intelectuais orgânicos são os pensadores que datam de períodos mais remotos, envolvidos desde as questões sociais, culturais mais simples às questões de ordem política; a ver-se pelo imperador romano Júlio Cesar, e sua criação da corporação de intelectuais contíguos ao regime e ao poder político imperial e estatal. Gramsci, ainda, na reflexão desta categoria, ressalta que, com a ascensão do cristianismo, os intelectuais buscaram levar ao mundo uma cosmovisão católica,[747] quer dizer, uma forma de "mundividência" ou visão de mundo [*Weltanschaung*] que negava outra culturas em nome da fé e da comunidade cristã.

Todavia, com o aparecimento dos hereges no séc. XII, e a presença de etnias e grupos distintos como os bárbaros, o cosmopolitismo dos intelectuais foi abalado, uma vez que a grande maioria da classe seguia aos ideais cristãos. Segundo Gramsci, apesar do surgimento de literaturas populares, como Dante Alighieri e Boccaccio, a *Respublica Christiana* manteve seu poder, especialmente em virtude de sua estratégia política de aproximação dos movimentos rebeldes, como o "franciscanismo". De consequência, a Igreja manteve seu poder, mas os intelectuais cosmopolitas, propriamente ditos só surgiram no séc. XIV, especialmente com Francesco Petrarca, que ao retirarem a ênfase dada aos intelectuais eclesiásticos, permitiram o aparecimento do "humanismo".[748]

Os "humanistas", em especial Guido Cavalcanti, antropocêntricos e resgatadores de uma cultura clássica, apareceram no cenário intelectuais como capazes de transcenderem suas culturas sociais, e, como figuras críticas das visões burguesas do mundo, essencialmente materialista e individualista, fortalecendo, deste modo, uma cosmovisão universalista medieval. Esse movimento, para Gramsci, que marcou o surgimento do humanismo, foi, por si próprio, um acontecimento antidemocrático, porque permitiu o regresso do controle da cultura ao clero,[749] bem como anti-herético, posto que fez robusta a hegemonia ideológica eclesiástica. Consequentemente, a ascensão do humanismo provocou o aparecimento da Reforma Protestante, e, concomitantemente, o aparecimento de uma tipologia de intelectuais, então, denominados por Gramsci de *intelectuais nacionais*. Nacionais porque, através de sangrentas lutas, passaram a compartilhar de um sentimento popular-nacional, fundado nas classes sociais mais baixas, que refutavam o universalismo

[747] GRAMSCI, Antonio. **Os intelectuais e a organização da cultura**. (trad. Carlos Nelson Coutinho) 9 ed. Rio de Janeiro: Civilização Brasileira, 1995, p. 17.
[748] GRAMSCI, Antonio. **Os intelectuais e a** ..., p. 44.
[749] GRAMSCI, Antonio. **Os intelectuais e a** ..., p. 48.

medieval. Nessa perspectiva, surge para Gramsci o primeiro grande movimento de massas do mundo moderno, dirigido para revolucionar e produzir mudanças culturais, políticas e sociais na realidade. Nasce, portanto, de dentro dos estratos sociais menos favorecidos: intelectuais nacionais. Consagrado o intelectual que defendia os objetivos locais, Gramsci sente a necessidade de estabelecer uma subdivisão, isto é, haveria de se distinguir: os *intelectuais nacionais cristalizados* e os *intelectuais popular-nacionais*. Aqueles possuíam um sentimento essencialmente subjetivo e autocentrado, enquanto estes estavam inseridos na realidade social, através da atuação em movimentos de opiniões e de organização, e da instituição.[750]

Para Gramsci, somente os intelectuais popular-nacionais é que são capazes de agir positivamente na história, especialmente por estarem ligados às classes sociais historicamente progressivas (e não esquerdistas, mas moderadas e capazes de estabelecer uma hegemonia intelectual e moral), permitindo, assim, que se proliferassem uma educação intelectual e moral dos diversos clãs sociais, e a sua organização política. Esses intelectuais, presentes na fundação do Estado unitário italiano no início do séc. XIX, teriam, portanto, conseguido estabelecer essa hegemonia do comando político.

Inobstante as considerações históricas, detalhadamente elaboradas por Gramsci, que vão desde a Roma antiga às formações modernas da Inglaterra, Alemanha, França, e, evidentemente, da Itália, é preciso interpretar na sua obra *Gli Intellettuali e l'Organizzazione della Cultura*, a conceituação que o autor constitui para a figura ideal do intelectual, quer dizer, a figura subjetiva que o intelectual deve assumir em contrapartida aos intelectuais tradicionais, incapazes de formarem uma contra-hegemonia. Para Gramsci, qualquer pessoa poderia ser um intelectual orgânico, posto que o verdadeiro (intelectual orgânico) seria aquele capaz de se encontrar numa determinada posição e apto a ponto de defender a sua classe. (ex. um trabalhador que passa a ocupar um cargo de chefia.) Intelectual orgânico, segundo Gramsci, é quem está dentro dos aparelhos do Estado e milita a favor da visão de mundo da sua classe. São os líderes políticos de sindicatos, que além do poder devem ter uma decisão.

Os intelectuais, para Gramsci, seriam as pessoas responsáveis para construir e costurar a hegemonia, quer dizer, seriam os indivíduos capazes de manter coeso o bloco histórico e, assim, capazes de elaborar a hegemonia da

[750] Por "sentimento nacional" e não popular-nacional, Gramsci define como sentimento puramente subjetivo, não correlacionado à realidade, a fatores e a instituições objetivas, um sentimento exclusivamente de intelectuais. Ver GRAMSCI, Antonio. **Os intelectuais e a** ..., p. 58.

classe dominante. Não se referindo essencialmente às pessoas cultas, quer dizer, pessoas destinadas à transformação da realidade acadêmica, o intelectual seria o dirigente da sociedade, do quadro social, quer dizer, um cabo do exército, ainda que analfabeto, pode sê-lo, posto que comanda seus subalternos; pode igualmente ser um chefe das ligas de assaliariados agrícolas, ainda que analfabeto, já que é capaz de dirigir e educar os trabalhadores.

As escolas formam intelectuais, que defendem a ideologia capitalista, mas também forma os que originaram a contra-hegemonia. Seriam, portanto, de três tipos principais: a) *tradicional*: o rural das pequenas cidades que não sofre influência capitalista, ou o que foi dominante e deixou de ser dominante, tais como os advogados da pequena cidade e os que não têm causa; b) *orgânico mantenedor*: tem como função a manutenção do *status quo*, estando comprometido com a manutenção, isto é, é um militante sem saber que é, tal o empresário, o técnico, etc.; c) *orgânico transformador*: é aquele que integra a superestrutura e a infra-estrutura, criando uma consciência crítica e tendo relação orgânica com o movimento revolucionário.

O intelectual para Michel Foucault estaria passando por um processo de alteração significativa de sua autoconstituição e de seu papel no mundo. Ao contrário do que teria sido no passado, no qual era considerado como o representante do universal, aquele que administrava e controlava a verdade e a justiça, o que lhe impunha grande proximidade às questões jurídicas, o intelectual seria aquele específico, marcado pela oposição às figuras claras e individuais de uma universalidade, cujo proletariado seria a forma coletiva, constituído por uma consciência mais concreta e imediata das lutas sociais e individuais.

Ao invés de ser um "pouco a consciência de todos", o intelectual ganhou o hábito de trabalhar com setores determinados, não simplesmente com as grandes questões que sempre envolveram os "grandes" intelectuais, mas com microestruturas, com alojamentos, hospitais, asilos, laboratórios, universidades, relações familiares e sexuais[751]. Nesse sentido, as diferenças são grandes, e adiante se argumentará mais sobre o papel do intelectual na sociedade.

[751] FONTANA, Alessandro; PASQUINO, P. **Entretien avec Michel Foucault**. (trad. C. Lazzeri) Dits et Écrits (org. Daniel Defert et François Ewald). Paris: Gallimard, v. 3, 1994, p. 154.

## 4.7. Jacques Derrida e o *cogito* cartesiano

A relação entre Jacques Derrida e Michel Foucault certamente é muito controvertida, e teve suas origens num período em que Foucault acabava de ingressar no mundo acadêmico propriamente dito das publicações. A despeito de seu ensaio *Maladie Mentale et Psychologie*, como visto anteriormente, foi com *Histoire de la Folie*, e, quatro anos mais tarde, com *Les Mots et les Choses* que Foucault ganha seu destaque, ao tornar-se, então, doutor em filosofia na *Faculté de Lettres* da Sorbonne. É preciso afirmar, que em meio a esse turbilhão que consiste no aparecimento de um intelectual, ao menos o era na época e na França, Foucault estava num período de certa aflição, pois, como *supra* analisado, seus escritos sobre a loucura não haviam ganhado a dimensão que ele realmente gostaria, já que tampouco as revistas de peso da época haviam se preocupado em lançar notas, como *Les Temps Modernes* e *Esprit*, mas tão somente poucos autores haviam se dedicado, como Barthes e Blanchot. Esse descaso acaba por marcar profundamente Foucault nessa época, tanto que, quando pode, anos mais tarde, em 1974, numa entrevista concedida a D'Eramo, intitulada *Prisons et asiles dans le mécanisme du pouvoir*,[752] insiste em demonstrar porque então a segunda edição de *Histoire de la Folie* havia obtido sucesso, quando o governo começava a verificar os problemas dos manicômios e das prisões, enquanto que a primeira nem sequer fora citada, visto contrariar a corrente intelectual marxista que imperava na França.

É nesse contexto de silêncio sobre a obra de Foucault que, este ao mesmo tempo o deixara irritado, surge uma incipiente debatedor, em especial de algumas das passagens que realizara em *Histoire de la Folie*, fazendo nascer, assim, no meio acadêmico, a importância e a dimensão de sua obra (o que talvez explique anos mais tarde a reaproximação entre os dois intelectuais). Esse novo debatedor, quatro anos mais novo, preocupado com as considerações de Foucault, era um jovem intelectual, à época começando como professor da Sorbonne, chamado Jacques Derrida, ex-aluno de Foucault e assistente Jean Wahl, mas que, embora novo, já havia ganhado o prêmio Jean Cavaillès, em virtude de sua tradução e introdução à clássica obra de Husserl, *l'Origine de la Géometrie*.

[752] D'ERAMO, M. **Prisons et asiles dans le mécanisme du pouvoir: entretien avec Michel Foucault**. (trad. A. Chizzardi) Dits et Écrits (org. Daniel Defert et François Ewald). Paris: Gallimard, v. 2, 1994, p. 524.

O confronto teve lugar durante uma conferência no *Collège de Philosophie*, dirigido por Jean Wahl, no dia 04 de março de 1963, na presença do próprio Foucault, quando então Derrida passou a sustentar severas críticas à análise da *Histoire de La Folie*. O debate, apesar de não ter existido, já que Foucault assistira silenciosamente à exposição, sem dar nenhuma atenção, já era por este esperado, pois o convite se dera através de uma carta redigida por Derrida no dia 03 de fevereiro de 1963, que assim dizia, segundo Daniel Defert e François Ewald: "Eu o li durante as férias de fim de ano com uma alegria renovada e sem interrupção. Eu acredito que tentarei, a grosso modo, mostrar que a sua leitura de Descartes é legítima e iluminante num nível de produndidade histórica e filosófica, mas que não me parece poder ser imediatamente significada ou assinalada pelo texto que você utiliza, e, que, eu penso, eu não leria totalmente como você".[753] Se as críticas tivessem se restringido àquela aula para a qual Foucault fora convidado, certamente o enlace entre os dois intelectuais não teria ocorrido, pois Foucault, dentro de seu peculiar jeito, jamais teria respondido às agressões do então novato Derrida[754]. Todavia, este acaba publicando suas críticas sob o título *Cogito e Histoire de La Folie*,[755] na *Revue de Métaphysique et de Morale* do último trimestre de 1963, e, para a fúria de Foucault, são relançadas num livro de grande sucesso de Derrida *L'écriture et la Différence*, em 1967. Então, tendo em vista o alcance e o público da análise de Derrida, Foucault, em 1971, publica na Revista *Paideia*, sua memorável resposta, sob o título *Mon Corps, Ce Papier, Ce Feu*,[756] malsinando as palavras e a inocência de Derrida.

[753] DEFERT, Daniel; EWALD, François. **Chronologie**. Dits et Écrits (org. Daniel Defert et François Ewald). v. 1 Paris: Gallimard, 1994, p. 25. "Je t'ai relu pendant les vacances de Noël avec une joie sans cesse renouvelée. Je crois que j'essaierai en gros de montrer que ta lecture de Descartes est légitime et illuminante à un niveau de profondeur historique et philosophique qui ne me paraît pas pouvoir être immédiatement signifié ou signalé par le texte que tu utilises et que, je crois, je ne lirai pas tout à fait comme toi." [trad. do autor.]

[754] Derrida, um sujeito de pouca exposição pública ao longo de sua vida, mas incisivo e extraordinariamente reflexivo e crítico, como me dissera Pierre Legrand (no Café Lilou em nov/19), Professor da Sorbonne, que o conheceu pessoalmente e cuja obra lhe serve de base para pensar o *comparativismo* entre racionalidades jurídicas.

[755] DERRIDA, Jacques. **Cogito et histoire de la folie**. Revue de Métaphysique et de Morale, Paris, Armand Colin, a. 68, n. 4, p. 460-494, oct./déc. 1963. [trad. br. **Cogito e história da loucura**. Três Tempos Sobre a História da Loucura (org. Maria Cristina Franco Ferraz). Rio de Janeiro: Relume Dumará, 2001, p. 9-67.]

[756] É preciso destacar que o artigo de verdadeira resposta de Foucault a Derrida, foi este intitulado *Mon Corps, Ce Papier, Ce Feu*, publicado em apêndice na segunda edição de *Histoire de la Folie* em 1972. Todavia, não se deve deixar de mencionar que há uma primeira versão de sua indignação

Após a publicação da resposta de Foucault, como não era de se esperar, por quase dez anos se fez silêncio entre ambos intelectuais, cuja relação só foi reestabelecida em 1981, quando Derrida fora preso sob a acusação de tráfico de entorpecentes, enquanto participava em Praga de um seminário para dissidentes. Diante das injustiças, Foucault saiu em sua defesa nas rádios, o que, por certo, rendera-lhe os sinceros agradecimentos de seu ex-aluno.[757] Deve-se salientar, entretanto, que mesmo com a briga, alguns anos antes da resposta de Foucault, Derrida fora convidado a participar do conselho editorial da Revista *Critique*, o que, certamente, pode demonstrar que Foucault sempre reconhecera, apesar da 'petulância' de seu aluno, a importância e a capacidade deste intelectual para o mundo acadêmico.[758] Tanto o deve ter importado, que Foucault, na sua edição resumida de *Histoire de la Folie* de 1964 retirara a passagem tão questionada por Derrida, por acreditar que não era essencial à economia geral do livro. Convém destacar, segundo David Macey, que *Cogito et Histoire de la Folie* foi, sem dúvida, uma célebre data na carreira de Derrida, já que contribuíra significativamente para a sua reputação de mestre, não de discípulo. Para Macey, 03 de março de 1963 é a data que marca em Derrida o abandono do estatuto de discípulo pela morte simbólica do mestre.[759]

Por fim, é indispensável destacar que a relação entre os autores só teve realmente fim sete anos após a morte de Foucault, quando Jacques Derrida, por ocasião do *IXᵉ Colóquio da Sociedade Internacional de História da Psiquiatria e da Psicanálise*, a convite de Elisabeth Roudinesco e de René Major, pronunciou a célebre conferência *Fazer Justiça a Freud: a História da Loucura na Era da Psicanálise*,[760] em que, apesar de não ingressar diretamente no fatídico dia em

contra Derrida, num artigo intitulado *Réponse à Derrida*, entregue em 1º de fevereiro de 1971 à revista japonea *Paideia*, por ocasião da reunião dos textos foucaultianos que seriam publicados em reconhecimento da relação entre a filosofia de Foucault e sua literatura. Estão são os dois artigos: FOUCAULT, Michel. **Mon corps, ce papier, ce feu**. Dits et Écrits (org. Daniel Defert et François Ewald). v. 2 Paris: Gallimard, 1994, p. 245-268. e FOUCAULT, Michel. **Réponse à Derrida**. Dits et Écrits (org. Daniel Defert et François Ewald). Paris: Gallimard, v. 2, 1994, p. 281-295. [trad. br. **Resposta a Derrida**. Três Tempos Sobre a História da Loucura (org. Maria Cristina Franco Ferraz). Rio de Janeiro: Relume Dumará, 2001, p. 69-90.], todavia, adota-se neste trabalho especialmente *Mon Corps, Ce Papier, Ce Feu.*

757 ERIBON, Didier. **Michel Foucault**., p. 129.

758 ERIBON, Didier. **Michel Foucault**., p. 156.

759 MACEY, David. **Foucault**..., p. 163.

760 DERRIDA, Jacques. **Fazer justiça a Freud: a história da loucura na era da psicanálise**. Foucault: leituras da história da loucura. (trad. Maria Ignes Duque Estrada) Rio de Janeiro: Relume-Dumará, 1994, p. 53-107.

que surgira a polêmica no *Collège de Philosophie*, procurou resgatar as argumentações de Foucault em direção ao encontro das teorias de Freud.

Dessa maneira, as linhas que se seguem buscam tão-somente analisar essa polêmica em torno de *Histoire de la Folie*, especialmente das passagens cartesianas, isto é, o embate dos próprios autores, não se excluindo, todavia, que outras tantas aproximações entre o pensamento de Derrida e Foucault possam ser formuladas. Nesse sentido, é oportuno destacar, por exemplo, a aproximação clara e feliz empreendida por Francisco Guerrero Ortega, que, num texto, intitulado *Para uma Política da Amizade: Arendt, Derrida, Foucault*[761] faz uma abordagem sobre o tema da amizade na junção dos dois intelectuais. Segundo Ortega, Foucault e Derrida, assim como Hanna Arendt e Deleuze, procuram estabelecer uma alternativa para além de uma política partidária, a qual propõe uma recuperação do espaço público, isto é, a política vista como atividade de criação e de experimentação, de tal modo que a 'amizade' representaria um 'exercício do político', quer dizer, uma maneira de experimentar novas formas de sociabilidade e de comunidade distintamente das tradicionais já existentes. Ademais, ambos, Foucault e Derrida, contrariamente a Habermas, descontruiriam qualquer possibilidade de consenso formado numa situação ideal de fala, já que a justiça, o dom, a hospitalidade, a responsabilidade e a democracia só se realizariam de modo muito contrário, quer dizer, através do conflito, da luta, da assimetria, da não-reciprocidade, e de todas as falhas do entendimento.

Noutra perspectiva, Edward W. Said, professor de inglês e literatura da *Columbia University*, publicou no verão de 1978, na revista *Critical Inquiry*, um consagrado artigo intitulado *The Problem of Textuality: Two Exemplary Positions*,[762] defendendo uma aproximação entre Derrida e Foucault a partir dos caminhos contemporâneos da textualidade, e em direção a uma crítica da "soberania do método sistemático".

Edward Said, objetivando ir de encontro aos autores e caracterizar uma crítica exemplar e consciente como algo situado entre a hegemonia da cultura dominante e essa soberania, salienta que ambas as teses defendidas pelos autores, isto é, a *mise en abîme* derridiana e a *mise en discours* foucaultiana, as quais procuram reivindicar que um trabalho crítico seria uma atividade realmente

[761] ORTEGA, Francisco Guerrero. **Para uma política da amizade: Arendt, Derrida e Foucault**. Rio de Janeiro: Relume-Dumerá, 2000, p. 23, 52 e segs.

[762] SAID, Edward. W. **The problem of textuality: two exemplary positions**. Critical Inquiry, Chicago, v. 4, n. 4, p. 673-714, summer 1978.

cognitiva, um meio de descoberta; de fato, seria justamente o contrário, quer dizer, nas circunstâncias atuais, o criticismo seria muito mais uma atividade adversária, uma opositora, do que algo efetivamente crítico. A tese sustentada por Edward Said é que, apesar dos autores se distanciarem na compreensão da textualidade, especialmente a partir do conceito foucaultiano de "pensamento do exterior", o qual não admite que um texto seja por si próprio interpretado, sem que se leve em consideração a história, o poder, o conhecimento, a sociedade como elementos significativos em qualquer hermenêutica, ambos estariam presos a um mesmo problema, isto é, a crítica se resumiria a acreditar que se seria capaz de mudar a cultura e aparentemente seus poderes soberanos da atividade intelectual, mas que, de fato, restringir-se-ia a um "método", a um "sistema" em que a literatura desapareceria no campo cultural, e se transformaria numa auto-retórica humanista.

A querela aqui analisada, em tese, gira em torno das interpretações que Foucault realizara em sua clássica obra sobre a loucura, especialmente nas três primeiras páginas que abre o segundo capítulo da primeira parte, intitulado, *Le Grand Renfermement*. Pode-se dizer que o grande questionamento operado por Derrida nas interpretações foucaultianas reside no resgate cartesiano feito por Foucault para fundamentar sua crítica da razão como excludente da loucura, sobretudo através de uma passagem inserida no quarto parágrafo da primeira meditação de Descartes, especificamente: "Contudo, ainda que por vezes os sentidos nos enganem quanto às coisas pouco sensíveis e muito distantes, talvez se encontrem muitas outras, das quais não se pode razoavelmente duvidar, ainda que as conheçamos por meio delas, como: que aqui eu esteja, sentado junto ao fogo, vestido com um roupão, tendo esse papel entre as mãos, e outras coisas dessa natureza. Estas mãos e este corpo como poderia eu negar que são meus? Talvez se me comparasse a esses insensatos, cujo cérebro está de tal maneira contumaz debilitado pelos negros vapores da bílis, que eles constantemente asseguram que são reis, quando são paupérrimos; que estão vestidos de ouro e de púrpura, quando estão nus, ou imaginam serem jarros ou ter um corpo de vidro. Mas estes são loucos e eu não o seria menos se me guiasse por seus exemplos."[763]

[763] DESCARTES, René. **Meditationum de prima philosophia**. (org. Charles Adam e Paul Tannery) Paris: J. Vrin, 1983, p.18. "Sed forte, quamvis interdum sensus circa minuta quædam & remotiora nos fallant, pleraque tamen alia sunt de quibus dubitari plane non potest, quamvis ab iisdem hauriantur: ut jam me hîc esse, foco assidere, hyemali togâ esse indutum, chartam istam manibus contrectare, & similia. Manus verò has ipsas, totumque hoc corpus meum esse, quâ ratione posset negari? Nisi me forte comparem nescio quibus infanis, quorum cerebella tam contumax

Em singelas páginas, Foucault resgata brevemente essa passagem das *Meditationes* de Descartes, que ao buscar formular seu *cogito*, acaba por recair no questionamento da dúvida, já que ela seria a condição objetiva de possibilidade do próprio sujeito cognoscente. Segundo Foucault, Descartes encontra a loucura ao lado do sonho e de todas as formas de erro, mas de uma maneira um tanto diferente. Os sentidos e os sonhos, apesar de fantasiarem e fazerem crer em coisas diversas por suas imagens, não poderiam alterar nada além das coisas muito pouco sensíveis e muito distantes, deixando, sempre, um vestígio de verdade (já que a verdade aparece, ainda assim, como condição de possibilidade do sonho), em contrapartida, a loucura estaria à margem, ela é excluída pelo sujeito que duvida, pois os perigos das imagens e das fantasias não comprometem o desempenho nem o essencial da verdade, já que o que está no pensamento do louco não é pensamento, já que o sujeito normal que pensa o verdadeiro não está louco, e assim conclui Foucault, na sua trágica leitura cartesiana, de consequência, que "logo será excluído o fato de que ele (o louco) não pensa, que ele não existe".[764] Nesse sentido, entende Foucault que Descartes acabou por expurgar a dúvida, quando expulsou a loucura, quer dizer, a loucura não pode mais relacionar-se com a certeza de não ser louco, pois se se acreditasse que se é louco, seria ainda mais louco tal fato. A loucura no projeto cartesiano, portanto, é banida em nome daquele que duvida, pois se se está duvidando, está-se porque pensa, e porque existe, e caso venha pensar em ser louco, não o poderia, pois o louco não duvida na sua Razão, *demens non cogitat*. Entende Foucault que Descartes acaba por excluir imediatamente a hipótese da loucura, ao contrário do sonho (que é uma radicalização da hipótese do engano pelos sentido, isto é, um exagero hiperbólico), nem sequer considerá-la verdadeira, pois a loucura que existiria no fato de crer que se tem um corpo de vidro não seria sequer uma eventualidade a ser tomada seriamente, uma vez que o sujeito pensa, logo, o fato de pensar exclui de pronto a loucura. Por conseguinte, Foucault argumenta que a loucura foi exilada; foi colocada fora do domínio da razão, no qual o sujeito detém seus direitos à verdade, isto é, a razão irrazoável ou uma razoável desrazão foi tornada impossível na Renascença, e lhe imposta a "camisa de força do silêncio". Em suma, Foucault entende que o decreto de exclusão da loucura pelo *cogito* cartesiano

vapor ex atrâ bile labefactat, ut constanter asseverent vel se esse reges, cùm sunt pauperrimi, vel purpurâ indutos, cùm sunt nudi, vel caput habere fictile, vel se totos esse cucurbitas, vel ex vitro conflatos; sed amentes sunt isti, nec minùs ipse demens viderer, si quod ab iis exemplum ad me transferrem." [trad. do autor.]

[764] FOUCAULT, Michel. **História da loucura** ..., p. 46.

dá causa ao decreto político do grande internamento, isto é, o surgimento da *ratio* repressiva do diferente, do outro, caracteriza a idade clássica. Tal como médico impõe do exterior sua terapia, o racionalista impõe uma exclusão da desrazão, numa divisão inicial, segundo Billouet.[765]

Com base nessas interpretações foucaltianas, Derrida, como visto, expõe no *Collège de Philosophie* um longo texto, intitulado *Cogito et Histoire de la Folie*, em que procura questionar essa leitura ingênua[766] realizada por Foucault sobre o *cogito* cartesiano, tal como fizera Henri Gouhier na defesa da tese.[767] Após uma breve interlocução sobre a sua necessidade em dialogar com o mestre, argumenta Derrida que a impressão que 'parece' poder ser retirada das linhas escritas pelo intelectual da loucura diz respeito à existência de uma loucura "exilada, banida, excluída, voltada ao ostracismo, fora do círculo de dignidade filosófica, privadas da carta de cidadania filosófica, revogadas tão logo convocadas por Descartes diante do tribunal, diante da última instância do *cogito* que, por essência, não teria como ser louco."[768] Nessa perspectiva, Derrida faz suas considerações críticas em duas linhas de análise: primeiro, no que tange à *interpretação*, em torno do signo e da estrutura histórica total; em segundo, no que diz com o próprio *cogito* cartesiano e a possibilidade de fundamentação filosófica e metodológica da história da loucura.

A partir do gênero do comentário, Derrida faz duras incisões na possibilidade prevista por Foucault de escrever a história da loucura a partir dela mesma, isto é, segundo as críticas derridianas, o que Foucault incoerentemente procurou fazer foi escrever uma história da própria loucura, quer dizer, ela própria escrever, devolvendo-lhe a palavra; dando-lhe o posto de sujeito de sua história; permitindo que a loucura falasse de si, o que, certamente não seria possível. Para Derrida, a leitura foucaultiana buscou fugir às armadilhas do atual discurso psicanalítico, em suma, do discurso da própria razão sobre

765 BILLOUET, Piere. **Figures du** ..., p. 26.

766 DERRIDA, Jacques. **Cogito et histoire** ..., p. 464. "Parmi tous les titres de Foucault à ma reconnaissance, il y a donc aussi celui de m'avoir mieux fait pressentir, mieux par son livre monumental que par la lecture naïve des *Méditations*." [trad. br. **Cogito e história** ..., p. 60. "Dentre todos os títulos de minha gratidão a Foucault, há então também o de me fazer pressentir melhor, melhor por seu livro monumental do que pela leitura ingênua das *Meditações*."]

767 ROUDINESCO, Elisabeth. **Leituras da história** ..., p. 29.

768 DERRIDA, Jacques. **Cogito et histoire** ..., p. 461. "... l'extravagance, la démence, l'insanité semblent, je dis bien *semblent* congédiées, exclues, ostracisées hors du cercle de dignité philosophique, privées du droit de cité philosophique, du droit à la considération philosophique révoquées aussitôt que convoquées par Descartes devant le tribunal, devant la dernière instance d'un Cogito qui, par essence, ne pourrait être fou." [trad. br. **Cogito e história** ..., p. 12]

a loucura, evitando, assim, a "agressão racionalista".[769] Entretanto, argumenta Derrida que essa premissa metodológica da tese foucaultiana é, pois, o seu primeiro equívoco, isto é, a tentativa de devolver à loucura seu discurso e fazer uma arqueologia do seu silêncio é condição mesma de sua impossibilidade, já que a revolução contra a razão, sob a forma histórica da razão clássica, só se pode fazer nela mesma, pois o conceito de história, é, por si só, um conceito racional. Assim, conclui inicialmente Derrida, que ao esbarrar inúmeras vezes nos obstáculos instransponíveis do percurso da 'loucura' foucaultiana, a solução dessa dificuldade seria muito mais praticada que formulada, ou seja, "... quero com isso dizer que o silêncio da loucura não é dito, não pode ser dito no *logos* desse livro mas tornado presente indiretamente, metaforicamente, se assim posso dizer, no *pathos*."[770]

No que tange ao pensamento de Descartes propriamente dito, entende Derrida que a loucura estava presente no *cogito* cartesiano, e a sua divisão era interna à própria razão, posto que o *genium malignum*, enquanto artifício psicológico para impressionar a imaginação, antes mesmo que um Deus, afim de levar o sujeito a considerar sensivelmente a dúvida, era afastado para melhor perceber a verdade do *cogito*. A razão cartesiana, para Derrida, antes de excluir o que seria diferente dela, tal como propusera Foucault, reconhece incessantemente a presenta ameaçadora da loucura em si contida, isto é, a separação da loucura é interna à própria razão. Segundo Derrida, a refutação da hipótese do sonho permanece silenciosa no que se refere ao tratamento da hipótese da loucura, e esse silêncio, ao contrário do que compreendera Foucault, como um signo de exterioridade absoluta entre razão e loucura, pois quem pensa não é louco, trata-se, de fato, de um silêncio planejado, que mais tarde o pensamento cartesiano o retoma através da hiperbolização da hipótese da loucura sob a forma ficcional do *genium malignum*. Através deste, a teoria cartesiana permite demonstrar a existência de uma loucura total, de tal modo que, o que se mostra parcial na eventualidade dos devaneios desarrazoados (como ter o corpo feito de vidro e estar vestido de ouro, quando se está nú), tornam-se sem qualquer exceção absolutos, a partir do momento que o *genium malignum*[771] serve para enganar o sujeito que pensa. Para Derrida,

[769] DERRIDA, Jacques. **Cogito et histoire** ..., p. 464. [trad. br. **Cogito e história** ..., p. 16]

[770] DERRIDA, Jacques. **Cogito et histoire** ..., p. 467. "...Je veux dire que le silence de la folie n'est pas dit, ne peut pas être dit dans le logos de ce livre mais rendu présent indirectement, métaphoriquement, si je puis dire, dans le *pathos*." [trad. br. **Cogito e história** ..., p. 21]

[771] DESCARTES, René. **Meditationum de** ..., p. 22. "Supponam igitur non optimum Deum, fontem veritatis, sed genium aliquem malignum, eundemque summe potentem & callidum, omnem

quando Descartes retoma os mesmos exemplos de desvarios é indício claro de que a loucura não está exilada, muito pelo contrário, está inserida na própria hipótese do *genium malignum*. Nesse sentido, concebe a crítica derridiana que nas *Meditationes* de Descartes o *cogito* vale até mesmo se o sujeito é louco, já que existe um valor próprio do *cogito* que escapa à loucura e à razão, isto é, a certeza da existência não está distante da loucura, pelo contrário, a existência está assegurada no interior da própria loucura, e o que diferencia loucos e normais é possibilidade de reflexão e expressão do *cogito*. Não há como se imputar ao *cogito* cartesiano o aprisionamento filosófico da loucura, isto é, não há como estabelecer uma hermenêutica que preveja a expulsão sumária da possibilidade da loucura fora do próprio pensamento.

Consoante Derrida, o próprio Foucault se contradiz nas interpretações cartesianas, ao colocar, muitas vezes, o delírio e a loucura ao lado da sensibilidade e dos sonhos, quando afirma que é da própria interioridade do pensamento que a loucura seria expulsa, recusada, denunciada em sua própria possibilidade, já que a 'impossibilidade de ser louco, essencial não ao objeto do pensamento, mas ao sujeito que pensa'. Essa leitura foucaultiana, então, insinua Derrida, ou é a sua originalidade ou é algo que os clássicos intérpretes não tinham julgado por desatenção. Diante da impossibilidade de verificar uma exclusão da loucura no *cogito* cartesiano, Derrida afirma que a loucura excluída não tinha seu início com Descartes, mas seu nascimento residia muito antes, no próprio sobrepujar de Sócrates sobre os pré-socráticos, isto é, para se formular uma história da loucura, distante de uma totalidade estrutural, indispensável é se demonstrar que a separação entre loucura e razão não advém do *cogito*, mas de tempos outros, numa espécie de presença original, e ultrapassava, assim, a visão estrutural foucaultiana, que acabava por se tornar excessivamente restritiva. Nesse sentido, afirma Derrida, quando está retomando o logos grego e a possibilidade de um contrário: "... se a dialética socrática é tranquilizadora, no sentido em que a entende Foucault, é porque ela já expulsou, excluiu, objetivou ou, o que é curiosamente a mesma coisa, assimilou e dominou como um de seus momentos, 'envolveu' o outro da razão, e porque ela tornou a si mesma serena, tranquilizada em uma certeza pré-cartesiana."[772]

suam industriam in eo posuisse, ut me falleret:" [trad. do autor. "Suporei, então, que não há um verdadeiro Deus, fonte de verdade, mas um certo gênio maligno, não menos ardiloso e astuto do que poderoso, que usou todo o seu empenho em me enganar."]

[772] DERRIDA, Jacques. **Cogito et histoire** ..., p. 470. "... si la dialectique socratique est rassurante, au sens ce qui est curieusement la même chose, assimilé à soi et maîtrisé comme un de ses

Para muitos autores, especialmente Bernard Flynn, num artigo intitulado *Derrida and Foucault: Madness and Writing*, a essência de toda a crítica de Derrida estaria em torno do método estruturalista adotado por Foucault, a que ele chama de totalitário, que acaba por conduzi-lo a uma interpretação errônea do *cogito* cartesiano. Segundo Flynn, a visão derridiana sobre Descartes vai muito além da visão excludente de Michel Foucault: "... a essência da crítica derridiana de Foucault. O método estruturalista, chamado por Derrida de totalitário, é o único capaz de se trabalhar com a loucura, para entender o que reduz este momento de uma indeterminação radical, de excesso, para um aspecto de uma totalidade específica e historicamente determinada."[773]

Anos mais tarde, como visto, quando o texto derridiano já havia ganhado certo espaço no mundo acadêmico, Foucault, numa espécie de declaração de guerra, em que o mestre julga o ex-aluno, segundo as palavras de Didier Eribon,[774] escreve sua tardia resposta às críticas elaboradas por Derrida em 1963, num artigo intitulado *Mon Corps, Ce Papier et Ce Feu*, publicado na revista *Critique* e inserido na segunda edição de sua *História sobre a Loucura*. Foucault inicia seu texto traçando os argumentos que foram contra ele formulados por Derrida, especialmente sobre os seus erros e sobre a sua interpretação original no que diz com o *cogito* cartesiano como expressão do confinamento filosófico da loucura. Após essa espécie de "fixação dos pontos controvertidos", afirma Foucault que a argumentação de Derrida seria realmente notável, tanto por sua profundidade, quanto por sua franqueza, entretanto, como ele mesmo notara na edição revista de sua resposta *Réponse à Derrida* seria "inexata, pois para poder mostrar que essas três páginas de meu texto arrastavam com elas as mais de 650 outras, para poder criticar a totalidade de meu livro sem dizer uma única palavra de seu conteúdo histórico, de seus métodos, de seus conceitos, de suas hipóteses (que, com toda certeza, são nelas próprias bem criticáveis), parece-me que Derrida foi levado a deturpar sua própria leitura de Descartes, e também a leitura que faz de meu texto."[775] Segundo Foucault,

moments, 'enveloppé' l'Autre de la raison, et qu'elle s'est elle-même rassérénée, rassurée en une certidue pré-cartésienne." [trad. br. **Cogito e história** ..., p. 25.]

[773] FLYNN, Bernard. **Derrida and Foucault: madness and writing**. Derrida and Deconstruction (org. Hugh J. Silverman). New York/London, Routledge, 1989, p. 209 e 210. ".. the essence of Derrida's critique of Foucault. It is that Foucault's structuralist method, called totalitarian by Derrida, is only capable of dealing with madness, to the extent that it reduces this moment of radical indeterminacy, of excess, to an aspect of a specific historically determined totality." [trad. do autor.]

[774] ERIBON, Didier. **Michel Foucault**., p. 128.

[775] FOUCAULT, Michel. **Réponse à Derrida**..., p. 285. "... inexacte. Pour pouvoir montrer que ces trois pages de mon texte emportaient avec elles les six cent cinquante autres, pour pouvoir critiquer

a leitura derridiana recaía num paradoxo intangível, e se resumia ao seguinte ponto de debate: "Saberia ele ver qualquer coisa de anterior ou de exterior no discurso filosófico? Pode ele ter sua condição numa exclusão, numa recusa, num risco iludido, e, porque não, num medo?"[776]

O retorno de Foucault acontece de modo sutil mas ao mesmo tempo incisivo, e busca questionar a pequena pedagogia historicamente determinada da crítica derridiana, que, sob vestes diversas, procura, no ensino aos alunos, demonstrar que nada existe para além do texto, isto é, que não há nada no exterior e fora das linhas escritas, não há mundo fora do texto, e que a única interpretação possível de ser efetivada é dentro do próprio texto, buscando, sim, as palavras não ditas ou mal intepretadas. Entende Foucault, nesse sentido, já retomando um conceito que formulara em *Les Mots et Les Choses*, que ao contrário do que postula Derrida, não se pode compreender qualquer texto, em especial a citada passagem cartesiana, sem que se o insira, enquanto prática discursiva, nas próprias transformações que ele opera, isto é, não há como fazer uma hermenêutica das palavras do autor sem que se observe a 'episteme' em que ele está inserido, quer dizer, o sistema de saber global de sua época, com seus códigos, suas estruturas, sua cultura, sua cientificidade. Fazer de modo contrário, ficando recluso à exterioridade, tal como Derrida, significa compreendê-lo de modo parcial, e afastar-se sempre mais do verdadeiro alcance do texto.

Nesse sentido, entende igualmente Foucault, que a sua referência ao extrato cartesiano só pode ser compreendida dentro da episteme que caracterizara a época em que fora escrita, só lá é que haveria o verdadeiro sentido de interpretar Descartes na relação de suas *Meditationes* com o seu exterior. A episteme da época, para poder ser amplamente intepretada, exige uma análise que encontre nela o que se fala, sobretudo, o não-dito, quer dizer, através de uma análise genealógica, é preciso verificar o não-dito cartesiano, de acordo com o saber de seu momento. Nessa perspectiva, entende Foucault que as críticas derridianas estão inseridas na armadura tradicional da filosofia na França, quer dizer, o pensamento filosófico se demonstra como

la totalité de mon livre sans dire un seul mot de son contenu historique, de ses méthodes, de ses concepts, de ses hypothèses (qui, à coup sûr, sont en elles-mêmes bien critiquable), il me semble que Derrida a été amené à fausser sa propre lecture de Descartes, et la lecture aussi qu'il fait de mon texte." [trad. br. **Resposta a Derrida**..., p. 75.]

[776] FOUCAULT, Michel. **Mon corps, ce papier** ..., p. 247. "Saurait-il y avoir quelque chose d'antérieur ou d'extériuer au discours philosophique? Peut-il avoir sa condition dans une exclusion, un refus, un risque éludé, et, pourquoi pas, dans une peur?" [trad. do autor.]

crítica universal de todo o saber, como uma injunção moral sem análise real do conteúdo do saber, e como cotidiana reduplicação de seus conceitos, num comentário infinito incapaz de se relacionar com a exterioridade. Assim, opõe Foucault que a sua *História sobre a Loucura* seria uma espécie de história que, antes de ter a logicidade do conhecimento como fundamento, estaria submetida ao discurso de cada época, tal como qualquer forma de discurso de pretensão científica.

Quanto à interpretação das *Meditationes* operada por Derrida, salienta Foucault, resgatando o próprio título cartesiano, que o sujeito falante não pára de se deslocar, de se modificar, de alternar suas convicções, de avançar em suas certezas, de assumir riscos, de fazer tentativas, logo, ao contrário de um texto dedutivo, por si próprio fixo e invariante, o texto fundado na meditação pressupõe um sujeito instável, móvel e capaz de se expor às suas próprias convicções. Nesse sentido, indica Foucault o modo como deve ser lido Descartes: "resolução de não se fiar nos sentidos (já que lhes aconteceu de me enganarem); tentativa de salvar, entretanto, um domínio de certeza sensível (minha situação presente, com as coisas em torno de mim). Esse domínio, de fato, como atacá-lo? Quem se engana a propósito daquilo que é, daquilo que está fazendo e do lugar onde está senão os loucos e aqueles que dormem?"[777] Foucault afirma que Derrida esquece de analisar outros tantos aspectos dos sonhos, que acabam por distanciar o sujeito que sonha do louco que devaneia; igualmente induz pensar que para Descartes o sonho é natural e universal, o que seria errado, já que o homem, apesar de estar acostumado a dormir e a sonhar pode se enganar, e, sonhar, ao mesmo tempo que é costumeiro, para Descartes, não significa que seja mais universal do que a loucura, mas que dividem momentos diversos, assim afirmando: "É extraordinariamente difícil não ouvir aqui a simetria das duas frases e não reconhecer que a loucura desempenha o papel da possibilidade impossível, antes que o sonho apareça por sua vez, como uma possibilidade tão possível, tão imediatamente possível, que ela já está aqui, agora, no momento em que falo."[778] Para Foucault, Derrida concede excessiva ênfase à palavra 'extravagância' da última linha do citado parágrafo cartesiano, quando, no fundo, não o deveria existir (especialmente

[777] FOUCAULT, Michel. **Réponse à Derrida**..., p. 286. "... résolution de ne pas se fier aux sens (puisqu'il leur est arrivé de me tromper); tentative pour sauver cependant un domaine de certitude sensible (ma situation présente, avec les choses autour de moi). Ce domaine, en effet, comment l'attaquer? Qui se trompe à propos de ce qui'il est, de ce qu'il est en train de faire et du lieu où il est? sinon les fous et ceus qui dorment." [trad. br. **Resposta a Derrida**..., p. 77.]

[778] FOUCAULT, Michel. **Réponse à Derrida**..., p. 286.

porque no original a palavra traduzida é *demens*, louco, mas de conotação jurídica, ao contrário do inicial *amentes*, louco, no sentido leigo), posto que o que Descartes queria era justamente demonstrar que o sujeito que pensa, e sonha, pode meditar e refletir sem induzir a dúvidas fatais, enquanto o louco não o faz, senão cria figuras fantásticas.

Os exemplos citados por Descartes, segundo Foucault, impedem essa aproximação do louco e do sonhador visualizada por Derrida, pois as imagens da loucura escolhidas pelo texto cartesiano, distintamente daquelas evocadas para demonstrar o sonhar, são incompatíveis com o sistema de atualidade que o indivíduo por si mesmo assinala falando. A liberdade do sonho está submetida pela atualidade do sujeito meditanto, enquanto a loucura está longe, e acaba por explodir numa exclamação: *Sed amentes sunt isti*. Nesse sentido afirma: "O louco está alhures, em outro momento, com um outro corpo e com outras roupas. Ele está em uma outra cena. Aquele que está ali junto à lareira, olhando seu papel, não tem por que se enganar. Descartes marcou as cartas do jogo: se o meditador devia tentar fazer-se de louco, como há pouco ele simulava sonhar, seria preciso propor-lhe a imagem tentadora de um louco acreditanto em sua loucura, acreditanto que no momento está aqui sentado junto à lareira, olhando seu papel e se tomando por um homem a meditar sobre um louco sentado neste momento, junto à lareira, etc."[779] Nessa perspectiva, após criticar o *a priori*, Foucault interpõe uma argumentação defendendo a exclusão da loucura, pois para ele, ao contrário do Derrida não queria ver, o momento do exílio da loucura no sujeito em busca de verdade é ocultado de modo consciente e claro, do 'ponto de vista da ordenação arquitetônica do sistema'. Entende Foucault que Descartes, ao contrário do que fizera com os erros dos sentidos e dos sonhos, desde o início põe à prova da dúvida os mecanismos da loucura: "cérebro está de tal maneira contumaz debilitado pelos negros vapores da bílis", ou seja, a loucura desde aí aparece em sua impossibilidade para o sujeito a meditar, no momento em que é rejeitado o risco de um filósofo louco. E, assim, conclui afirmando que, imbuído de uma igenuidade de interlocutor fictício e totalmente exterior, Derrida percebe no

[779] FOUCAULT, Michel. **Réponse à Derrida**..., p. 285. "Le fou est aulleurs, en un autre moment, avec un autre corps et d'autres vêtements. Il est sur une autre scène. Celui qui est là au coin du feu, regardant son papier, n'a pas à s'y tromper. Descartes a pipé le jeu: si le méditant devait essayer de feindre d'être fou, comme tout à l'heure il feindra e rêver, il faudrait lui proposer l'image tentante d'un fou croyant en as folie qu'il est ici actuellement assis au coin du feu, regardant son papier et se prenant pour un homme en train de méditer sur un fou assis à l'heure qu'il est auprès du feu, etc." [trad. br. **Resposta a Derrida**..., p. 83.]

discurso cartesiano um texto fechado a qualquer acontecimento estranho à grande interioridade da filosofia.

A polêmica certamente pode suscitar inúmeras vozes apaixonadas, ora pelas interpretações derridianas, ora pelas leituras foucaultianas, nesse sentido, convém destacar, que tampouco este ensaio procura responder qual teria sido, em si, a melhor hermenêutica do texto cartesiano; se, realmente o *cogito* cartesiano teria ou não excluído a loucura e a distanciado dos sonhos e da própria possibilidade do pensamento, já que, como bem disseram Luc Ferry e Alain Renaut: "... no fundo, em certo sentido, tanto um como outro não têm razão."[780]

Após a resposta foucaultiana, o embate acabou, e entre ambos se fez silêncio por anos, até o momento já mencionado do ato público de Foucault para libertar Derrida, preso por incentivar dissidentes em Praga. Alguns anos mais tarde, por ocasião do *IXº Colóquio da Sociedade Internacional de História da Psiquiatria e da Psicanálise*, Jacques Derrida, a convite de Elisabeth Roudinesco e de René Major, pronunciou uma célebre conferência intitulada *Fazer Justiça a Freud: a História da Loucura na Era da Psicanálise*, resgatando a sua leitura sobre a história da loucura de Foucault. Todavia, esse texto, apesar de substituir Descartes por Freud, numa mesma posição crítica, não se propõe a ressucitar a marcante polêmica em torno das interpretações do *cogito* cartesiano, pois, pelo que evoca Derrida, parece ter-lhe sido duro e drmático o obscurecimento da amizade, talvez um reconhecimento de sua imaturidade, mas tão somente a resgatar a perspectiva freudiana no trabalho de Foucault, razão pela qual não se analisa nestas linhas esta conferência.[781]

[780] FERRY, Luc; RENAUT, Alain. **Pensamento 68** ..., p. 113.

[781] DERRIDA, Jacques. **Fazer justiça a Freud** ..., p. 53. "Quando Élisabeth Roudinesco e René Major me fizeram a honra – ea prova de amizade – de convidar-me para uma comemoração que era também uma reflexão, para uma dessas verdadeiras homenagens, dessas que o pensamento faz à fidelidade, ou que estimulam a fidelidade pelo pensamento, não hesitei um segundo. Primeiro, porque gosto da memória, o que não é original, e como se pode gostar de outro modo? Ora, esse grande livro de Foucault foi, há trinta anos, um acontecimento que nem mesmo tento identificar, e muito menos medir, no fundo de mim, a repercussão, tanto ela foi intensa e múltipla em suas figuras. Depois, porque amo a amizade e porque, há trinta anos, durante longos anos, a afeição confiante que Foucault me testemunhou foi ainda mais preciosa pois, compartilhada, respondia à minha admiração declarada. Finalmente, porque o que veio obscurercer essa amizade, depois de 1972, sem alterar a minha admiração, não é alheio precisamente a esse livro e a um certo debate que se seguiu – pelo menos a seus efeitos distantes, retardados e desviados. Houve então uma espécie de encadeamento dramático, de precipitação compulsiva e repetida, que não quero descrever aqui, porque não quero estar sozinho, falando sozinho depois da morte de Michel Foucault – senão para dizer que esta sombra que nos tornou invisíveis um para o outro durante quase dez anos, insociáveis

## 4.8. Hannah Arendt e os limites da liberdade e da política

Divididos por imenso oceano, a relação entre Michel Foucault e Hannah Arendt é provavelmente impossível, quer dizer, se não totalmente, já que inúmeros temas desenvolvidos pelos intelectuais fazem-nos aproximar repentinamente, como é a questão do poder, da dominação, do autoritarismo, e, sobretudo a temática da liberdade, é seguramente indissolúvel, e serve tão-somente como uma espécie de delimitação de campos epistemológicos, quer dizer, serve a tracejar as fronteiras entre o pensamento francês e o "americano", considerando-se que a autora judia, quase vinte anos mais velha que Foucault, escrevera grande parte de seus ensaios na América do Norte.

Além desse atlântico afastamento de problemáticas entre Foucault e Arendt, é preciso reconhecer que a autora em nenhum momento se referiu ao pensamento ou às ideias do intelectual francês, sobretudo porque, a principal influência de Foucault sobre os autores americanos, especialmente Paul Rabinow e Hubert Dreyfus, foi em relação à problemática das prisões, já que, como visto anteriormente, seus livros sobre o nascimento da clínica e da vontade de saber não foram muitos bem recepcionados na América. Além do mais, nem o próprio Foucault chegou a se referir ao pensamento de Arendt alguma vez em seus livros, o que leva à conclusão de que ambos traçaram caminhos diversos.

Convém observar, todavia, que Foucault somente uma única vez em todas as suas entrevistas e os seus artigos, como ressalta a compilação *Dits et Écrits*, esboçou alguma ideia sobre o pensamento de Hannah Arendt, que foi a clássica entrevista *Politique et éthique: une interview*, realizada, sobretudo, por Paul Rabinow e Richard Rorty, em abril de 1983, na Universidade de Berkeley. Nesta entrevista, Foucault se refere às concepções arendtianas em duas respostas, especialmente quando perguntado sobre a sua visão antipolítica da inexistência de um consenso, bem como sobre as suas divergências com a autora em relação à concepção de poder. Entretanto, como se verá em seguida, as respostas concedidas por Foucault não demonstram que o autor possuísse grandes conhecimentos sobre as teorias de Hannah Arendt, uma vez que as suas respostas não se referem a nenhum escrito da autora propriamente dito,

um com o outro (até 1º de janeiro de 1982, quando eu voltava de uma prisão theca) faz parte aina de uma história de que gosto tanto quando da vida, (...) pois o drama que acabo de evocar surgiu também de um certo posfácio (...) Desta forma, ao mesmo tempo que respondi sim, de coração aberto, a um convite generoso, afstei entretanto a sugestão a ele associada, de voltar à discussão que começou há vite e oito anos."

bem como se resumem a explicitar as suas diferenças com autores levando em conta a destinação efetuada na pergunta (convém, entretanto, lembrar que a Foucault nunca foi difícil afirmar que não sabia realmente do que se tratava determinado assunto, já que, embora fosse por vezes pedante, quanto a isso se mostrara sempre muito humilde). Todavia, afirmar se Foucault conhecia ou desconhecia as teorias profundamente da autora, não pode ser aqui revelado, especialmente por falta de conhecimento em livros que isso indique, entretanto, apenas por essas poucos palavras não se pode extrair muito.

A primeira pergunta, elaborada pelos autores, que faz Foucault referir-se ao pensamento de Arendt, gira em torno da noção de poder e de consenso, nos seguintes termos: pergunta-se, inicialmente, se Foucault poderia ser visto como um pensador antipolítico, uma vez suas teorias se dissociam seguramente de dois outros pensadores, Hannah Arendt, nos Estados Unidos, e Jürgen Habermas, na Alemanha, os quais defendem, antes mesmo de considerar o poder como uma relação de dominação, a possibilidade da ação comum, isto é, formulada a partir da ideia de que o poder pode ser um consenso, uma esfera de intersubjetividade. Diante disso, após fazer uma breve consideração sobre a justiça penal e as suas novas formas, informal e societária, Foucault afirma que "a ideia de uma política consensual pode, de fato, num certo momento, servir seja de princípio regulador, seja, sobretudo, de princípio crítico em relação a outras formas políticas; mas eu não penso que isso liquide o problema da relação de poder."[782]

A outra pergunta é mais incisiva, razão pela qual se a expõe agora, e procura demonstrar a divergência entre Arendt e Foucault no que tange ao tema do poder: "Nesse tema, eu posso lhe colocar uma questão a partir de Hannah? Arendt reservava o uso da palavra 'poder' num único sentido de duas margens, mas o utilizava num sentido mais amplo, diz-se que ela entreviu as duas versões possíveis do poder. Existe, entre as pessoas, relações que as permitem de satisfazer as coisas que não puderam fazer outrora; as pessoas são ligadas pelas relações de poder num sentido em que elas têm, juntas, uma capacidade que não teriam sozinhas; e isso supõe, entre outras coisas, uma comunidade de vidas, que pode também implicar em relações de subordinação, porque uma das condições necessárias desta ação comum pode, talvez, ter cabeças, ou

[782] JAY, M.; LÖWENTAL, L.; RABINOW, P. RORTY, R.; TAYLOR, C. **Politique et étique: une interview**. Dits et Écrits (org. Daniel Defert et François Ewald). Paris: Gallimard, v. 4, 1994, p. 588. "... l'idée d'une politique consensuelle peut en effet, à un moment donné, servir soit de principe régulateur, soit surtout de principe critique par rapport à d'autres formes politiques; mais je ne crois pas que ça liquide le problème de la relation de pouvoir." [trad. do autor.]

líderes – mas, para Hannah Arendt, não seriam constituídas relações de dominação; em seguida, existe um outro aspecto do poder, um aspecto de qualquer modo subentendido nessas mesmas relações: aquele que coloca em jodo, da maneira inequívoca, as relações de dominação de alguns indivíduos sobre os outros. Você reconhece estes dois aspectos do poder? Ou melhor, o poder se define, preferencialmente, para você, em termos do segundo aspecto? M.F. – Você tem total razão de me colocar este problema da relação de dominação, porque, de fato, parece-me que, em muitas análises feitas pela Arendt ou, em todo caso, nessa perspectiva, dissociava-se muito constantemente a relação de dominação da relação de poder; mas eu me pergunto se esta distinção não é um pouco verbal; pode-se muito bem, de fato, reconhecer que algumas relações de poder funcionam de tal maneira que globalmente elas constituem um efeito de dominação, mas a rede constituída pelas relações de poder não permite muito a distinção recortada. Eu penso que a partir deste tema geral é necessário ser, ao mesmo tempo, extremamente prudente e empírico. Nada prova, que, por exemplo, na relação pedagógica – eu quero dizer, na relação de ensino, essa passagem que vai daquele que sabe mais àquele que sabe menos – seja a autogestão que dão os melhores resultados; nada prova, ao contrário, que isso não bloqueia as coisas. Então, eu diria sim, a grosso modo, sob a reserva que é necessário olhar todos os detalhes."[783]

[783] JAY, M.; LÖWENTAL, L.; RABINOW, P. RORTY, R.; TAYLOR, C. **Politique et étique**..., p. 588-589. "Puis-je, à ce sujet, vous poser une question, partant de Hannah Arendt? Arendt réservait l'emploi du mot 'pouvoir' à un seul des deux bords, mais utilisons-le dans un sens plus large, disons qu'elle a entrevu les deux versants possibles du pouvoir. Il existe, entre les gens, des rapports qui leur permettent d'accomplir des choses qu'ils n'auraeint pas pu accomplir autrement; les gens sont liés par des rapports de pouvoir au sens où ils ont, ensemble, une capacité dont ils ne disposeraient pas seuls; et cela suppose, entre autres choses, une communauté de vues, qui peut aussi impliquer des rapports de subordination, parce quel'une des conditions nécessaires de cette action commune peut être d'avoir des têtes, ou des leaders – mais cela, pour Hannah Arendt, ne saurait constituer des rapports de domination; ensuite, il exist un autre aspect du pouvoir, un aspect en quelque sorte sous-entendu dans ces mêmes rapport: celui qui met en jeu, de manière non équivoque, des rapports de domination de certains individus sur d'autres. Reconnaissez-vous ces deux aspects du pouvoir? Ou bien le pouvoir se défínti-il plutôt, pour vous, en termes du second aspect?" M.F. – Vous avez tout à fait raison de poser ce problème du rapport de domination parce que, en effet, il me semble que, dans beaucoup d'analyses qui ont été faites par Arendt ou, en tout cas, dans cette perspective-là, on dissociait assez constamment la relation de domination de la relation de pouvoir; mais je me demande si cette distinction n'est pas un peu verbale; on peut bien en effet reconnaître que certaines relations de pouvoir fonctionnent de telle manière que globalement elles constituent un effet de domination, mais le réseau constitué par les relations de pouvoir ne permet guère de distinction tranchée. Je pense qu'à partir de ce thème général il faut être à la fois extrêmement prudent et empirique. Rien ne prouve, par exemple, que dans la relation pédagogique – je veux

Todavia, apesar das ricas diferenças entre os dois autores, não há como afastar a existência de uma problemática comum que os rodeia, quer dizer, há toda uma série de questionamentos que são efetuados pela intelectual judia e o autor francês, que acaba por aproximá-los, a ver-se, sobretudo, pelo tema do poder e da liberdade. O tema do poder, não os distancia rigidamente, como visto há pouco, de tal modo que não serve ao propósito dessas linhas, qual seja, "delimitar" os horizontes do pensamento de Foucault, entretanto, o tema da liberdade é muito frutífero nesse ponto, já que, embora tendo sido uma temática viva entre os autores, especialmente nos últimos anos de suas vidas, ambos divergem, como se verá, em dois pontos principais, que convém adiante serem investigados: o retono aos gregos como lugar das soluções às relações de dominação; e o espaço de construção dessa liberdade.

O ponto de encontro entre os dois autores é, portanto, a necessidade de se descobrir caminhos para que o homem possa ser efetivamente "livre", quer dizer, que o homem possa, através de um cuidado de si e de um espaço público, construir sua liberdade, para delimitar sua existência e recuperar a totalidade de sua vontade. A liberdade, imbuída dos mesmos significados, ao mesmo tempo que aproxima os dois intelectuais, distancia-os nos espaços e meios de sua constituição, quer dizer, se a liberdade se demonstra como um objetivo comum dos autores, como modo de devolver a essência ao homem e fugir às práticas dominantes, seja de um totalitarismo inóspito, seja de uma normalização onipresente, ela se demonstra igualmente antagônica, no que tange aos pressupostos e caminhos escolhidos para constituí-la. O pensamento de Hannah Arendt segue caminhos diversos aos de Foucault, não apenas do ponto de vista da temática abordada ao longo da vida acadêmica, como também das conclusões que os autores arriscam chegar em suas obras. Nesse sentido, pensar o ponto de encontro entre os dois intelectuais, isto é, pensar o tema da liberdade, exige reconhecer a diversidade dos argumentos que separam a autoria judia, dezenove anos mais velha, do intelectual francês, falecido nove anos mais tarde. Nesse sentido, John Rajchman bem destaca que a questão do discurso livre em Foucault é formulada de maneira diferente de Arendt, posto que sua exposição não se articulara na grande distinção arendtiana entre o privado e o público.[784]

dire, dans la relation d'enseignement, ce passage qui va de celui qui sait le plus à celui qui sait le moins – ce soit l'autogestion qui donne les meilleurs résultats; rien ne prouve au contraire que ça ne bloque pas les choses. Donc je dirais oui en gros, sous réserve qu'il faut regarder tous les détails. [trad. do autor.]

784 RAJCHMAN, John. **Eros e verdade** ..., p. 138.

A temática da liberdade em Arendt aparece em diversos textos e livros, especialmente *The Human Condition*, *The Life of the Mind*, *Between Future and Past* e *Einleitung: der Sinn von Politik*, todavia, antes de se analisar esses ensaios, sobretudo o primeiro, que marcou o pensamento arendtiano em 1958, no seu surgimento público, e o último, numa conferência proferida e arquivada nos documentos do Congresso Americano, convém que se compreenda o nascimento e as origens para que tal problemática se insira na trajetória intelectual de Arendt, quer dizer, é preciso demonstrar por que o conceito e a sua construção da liberdade aparecem como requisitos indispensáveis em seus últimos escritos, à guisa das reflexões foucaultianas. Para tanto, é oportuno observar a problemática que dá origem ao seu primeiro livro propriamente dito, isto é, salvo um estudo publicado sobre a obra de Santo Agostinho, referente ao seu doutoramento em 1929, deve-se compreender na obra arendtiana os temas refletidos em *The Origins of Totalitarianism*, editado pela primeira vez em 1951, menos de uma década após a derrota alemã pelos americanos.

Segundo Celso Lafer,[785] e livro seguinte de Arendt, publicado sete anos mais tarde, *The Humain Condition*, é uma forma de responder às problemáticas alçadas nas reflexões sobre o nazismo e as políticas totalitárias, uma espécie de "desdobramento de inquietações" suscitadas pela obra anterior, que já apresentava, em seus últimos capítulos, o gérmen das construções teóricas sobre a condição humana, e, por conseguinte, da política e da liberdade. Essas ideias evocadas pelas inflexões no conjunto político do nazismo, especialmente do aparecimento e das origens desse surgimento do totalitarismo, bem como do desenraizamento, premissas fundantes para o nascimento do movimento nacionalista, levam Arendt a se questionar pelas possíveis saídas a serem encontradas, capazes de levar o homem a construir sua liberdade, isto é, a se questionar sobre quais seriam os passos e o espaço de constituição da liberdade, como maneira de se opor a uma forma de governo e de dominação, cujo centro, cuja estrutura, carrega consigo toda uma exacerbação do aparato burocrático das massas, da ideologia fulcrada na pureza e superioridade étnica, e na tecnologia do terror (como tão bem expressa em *On Violence*)[786]. *The Origins of Totalitarianism* evidencia que o *princípio do isolamento*, de que se utiliza o nazismo, sobretudo, induz a perda súbita da capacidade política,

[785] LAFER, Celso. **A política como condição humana**. Pósfácio *in* ARENDT, Hanna. A condição humana. 10 ed. Rio de Janeiro: Forense, 2001, p. 346-347.

[786] ARENDT, Hannah. **Sobre a violência**. (trad. André Duarte) Rio de Janeiro: Relume-Dumará, 1994, 114p.

quer dizer, rompe com a volição humana e sua capacidade de agir, seja em que espaço de possível ação for. O princípio do isolamento atua diretamente sobre a "esfera pública", quer dizer, leva os indivíduos a um impasse, que os torna incapazes de estabelecer um interesse comum e agir por esse objetivo.[787] Dessa maneira, portanto, o totalitarismo assegura a si próprio a condição de sua sustentação e sua reprodução ao desagregar o indivíduo, ao condená-lo a um silêncio coletivo e intracoletivo, substituindo-o por uma ideologia comum, a ideologia nazista. De outro lado, o totalitarismo atua sobre os indivíduos sob novas vestes e sobre um outro ponto de partida, que é o *princípio do desenraizamento*, quer dizer, o princípio que age nas origens dos indivíduos, e, portanto, na "esfera privada". Sob nova fonte de dominação, o totalitarismo aniquila a liberdade da vida privada e rompe com a existência de todas as ramificações sociais, levando os indivíduos a não reconhecerem mais o seu pertencimento ao mundo, isto é, a sua identidade e seu lugar reconhecido na realidade.[788]

A consecução dessa ideologia nazista e das práticas totalitárias, através do jogo e fundamento exclusivo alternado entre o princípio do isolamento e o princípio do enraizamento, levam o homem moderno, segundo Arendt, a aceitarem uma prática de dominação, como diria Foucault, de "assujeitamento" [*assujettissement*], de comungarem valores outros que não os seus nas origens, e de transigirem em torno de sua liberdade. Diante disso, Arendt, a partir de *The Humain Condition*, sente a necessidade de defender a fuga àquilo que já esboçara nas linhas derradeiras de *The Origins of Totalitarianism*, isto é, de mostrar as mazelas que as práticas totalitárias impuseram ao homem moderno, ao isolá-lo e desenraizá-lo enquanto homem, quer dizer, ao fato de terem-lhe retirado a *ação*, requisito indispensável à constituição de uma qualidade de *homo faber*, deixando de ser tratado como homem, para sê-lo, como força mecânica animal. A problemática da liberdade, portanto, como necessidade de encontrar respostas ou fugas às práticas totalitárias, passa a ser repensada por Arendt a partir do final da década de cinquenta. Em busca de defender seu conceito-chave de exercício de liberdade, isto é, um exercício que só pode ser construído pela reafirmação do espaço público, capaz de conduzir as pessoas a encontrarem suas identidades individuais, Arendt defende a necessidade de devolver ao homem a palavra ação e a ação vivida, inseridas, indispensavelmente, numa comunidade política apta a reconhecer-lhes a

[787] ARENDT, Hannah. **Origens do totalitarismo: anti-semitismo, imperialismo, totalitarismo.** (trad. Roberto Raposo) São Paulo: Companhia das Letras, 1989, p. 243.
[788] ARENDT, Hannah. **Origens do totalitarismo** ..., p. 244.

liberdade. Para tanto, buscando verificar a palavra e a ação na esfera pública como condição de liberdade, Hannah Arendt examina a constituição humana na reflexão política do século passado, através de três elementos centrais, em *The Humain Condition*: a) *labor*; b) *work*; c) *action*.

Concentrando-se na terceira perspectiva analisada por Arendt, da ação, já que as reflexões sobre o *labor*, como atividade indispensável para qualificar, tristemente, a homem como *animal laborans* (meio de fazê-lo compartilhar com os outros animais o seu processo biológico)[789] e as argumentações sobre o trabalho, como atividade positiva pela qual o homem domina seu universo, modificando a natureza, e cria seu espaço de vida[790] não interessam aqui diretamente, a intelectual reconhece que a liberdade exige um espaço próprio, quer dizer, o espaço da ação e da palavra, único capaz de reconhecer a pluralidade da ação humana. Para a autora, é justamente a pluralidade criada pela diversidade na ação e na palavra que se permite a sustentação da vida política,[791] isto é, a pluralidade e a alteridade são condições básicas da ação e do discurso.[792] Nesse sentido, a ação não é tão-somente um meio pelo qual os homens podem atingir a liberdade, mas é, sim, um caminho indispensável para que os indivíduos exerçam seus destinos e reconheçam, na prática, suas identidades e suas singularidades: é, pois, a capacidade de revelarem a sua identidade, pressuposto inexpurgável da liberdade. Nessa perspectiva, afirma Celso Lafer: "O campo da política é o do diálogo no plural que surge no espaço da palavra e da ação – o mundo público – cuja existência permite o aparecimento da liberdade."[793]

Dessa maneira, pensar a liberdade em Arendt é pensar sobre a ação, sobre o exercício pelo encontro da identidade, mas é também, pensar as questões da palavra e da política, como condições de existência. A autora defende, em 1958, que a liberdade estaria intensamente ligada à *respublica* e à *polis*,[794] o que, certamente, esboça um significativo distanciamento de Michel Foucault. A liberdade não simplesmente se exercita na *respublica*, como rigidamente

789 ARENDT, Hannah. **The humain condition**. Chicago: University of Chicago Press, 1958, p. 79-135. [trad. br. **A condição humana**. (trad. Roberto Raposo) 10 ed. Rio de Janeiro: Forense, 2001, p. 90-148.]

790 ARENDT, Hannah. **The humain** ..., p. 136-174 [trad. br. **A condição** ..., p. 149-187.]

791 ARENDT, Hannah. **The humain** ..., p. 7. [trad. br. **A condição** ..., p. 15.].

792 ARENDT, Hannah. **The humain** ..., p. 175. [trad. br. **A condição** ..., p. 188.]

793 LAFER, Celso. **Hannah Arendt: pensamento, persuasão, poder**. Rio de Janeiro: Paz e Terra, 1979, p. 72.

794 ARENDT, Hannah. **The humain** ..., p. 9. [trad. br. **A condição** ..., p. 20.].

insiste Arendt, ela só existe no espaço público da palavra e da ação, já que a liberdade da vida privada não lhe interessa diretamente. Na mesma linha, a intelectual defende que a liberdade exige: primeiro, a palavra, condição de seu exercício, que, como tal, empreende um agir comum e a resistência ao poder, posto que o totalitarismo justamente operou na destruição do espaço público de sua manifestação; segundo, espaço público, que, através de sua construção pela ação humana, garante o exercício da democracia, e, portanto, da política. É nessa perspectiva que se abre a questão política em Hanna Arendt, na configuração do conceito de liberdade.

Nessa linha, feitas as considerações sobre o binômio isolamento/desenraizamento, que expulsou da *polis* a liberdade dos indivíduos pelo totalitarismo, bem como da palavra, e, sobretudo, da ação como condição, convém investigar o espaço público, e, por conseguinte da política, como requisito inevitável e único para a constituição da liberdade. Observe-se, todavia, como bem destaca o professor da escola filosófica de Recife, João Maurício Adeodato, que o espaço político no pensamento arendtiano, apesar da própria autora tomar por vezes como sinônimo, constitui apenas um dos aspectos do espaço público, não se confundindo com a esfera social.[795]

A questão da liberdade se apresenta em Arendt, especialmente, no quarto capítulo de sua reconhecida obra *Between Future and Past,* quando se dedica a investigar a relação entre o tema da liberdade e da política. Nessas linhas, entende a autora que o campo da liberdade sempre fora conhecido como um fato da vida cotidiana, e, de consequência, da política propriamente dita.[796] Dito de outro modo, a aporte entre liberdade, política e ação constituem fatores indispensáveis para o seu aparecimento enquanto elementos separados e em comunhão. Nesse sentido, afirma Arendt que "ação e política são as únicas coisas que não poderíamos sequer conceber sem ao menos admitir a existência da liberdade,"[797] tal a relação de condição de possibilidade que se estabelecem mutuamente. Diante da indispensabilidade entre política e liberdade, como identidade construída na Antiguidade, Arendt se leva a argumentar que a própria "*raison d'être* da política é a liberdade, e seu domínio de experiência é

[795] ADEODATO, João Maurício Leitão. **O problema da legitimidade: no rastro do pensamento de Hanna Arendt.** Rio de Janeiro: Forense, 1989, p. 126.

[796] LAFER, Celso. **Hannah Arendt: pensamento** ..., p. 73. "Política e liberdade, portanto, são coincidentes, porém só se articulam quando existe mundo público."

[797] ARENDT, Hannah. **Entre o presente e o passado.** (trad. Mauro W. Barbosa de Almeida) São Paulo: Perspectiva, 1972, p. 191-192.

a ação".[798] Desta maneira, Arendt se atenta para um novo problema na constituição da liberdade, qual seja, a defesa de um novo sentido da política, ou, ao menos, uma nova compreensão para o sentido da política, que não abre espaço, senão, para uma perspectiva vivamente positiva e crente na construção de milagres, tal como expressa em seu texto sem data *Einleitung: der Sinn von Politik*: "Se o sentido da política é a liberdade, então isso significa que nós, nesse espaço, em nenhum outro, temos de fato o direito de ter a expectativa de milagres. Não porque acreditemos [religiosamente] em milagres, mas porque os homens, enquanto puderem agir, são aptos a realizar o improvável e o imprevisível, e realizam-no continuamente, quer saibam disso, quer não."[799]

Nesta conferência, proferida por Arendt nos Estados Unidos e arquivada na Biblioteca do Congresso de Washington, abre desde o início a relação intrínseca entre liberdade e política, quando se pergunta sobre a resposta para o sentido da política: "o sentido da política é a liberdade"[800]. O grande problema, segundo Arendt, é o grande estrago que a atualidade, especialmente este século, com o totalitarismo, fez na esfera política, hoje sinônimo de desconfiança. "É precisamente essa coincidência de política e liberdade que não podemos dar por assente à luz de nossa experiência política presente."[801] E, por essa razão de desconfiança, "inclinamo-nos a crêr que a liberdade começa onde a política termina".[802] Todavia, na Antiguidade, quando política e liberdade eram idênticas, o sentido da política como não construção da liberdade era evidente, o que hoje não se possibilita mais. Para Arendt, desde a Antiguidade, a liberdade e a política se tornaram inconciliáveis, especialmente na modernidade, quando passou a ser a política considerada, tanto no aspecto prático quanto teórico, não o meio de exercício da liberdade, mas o meio para garantir e assegurar as provisões vitais da sociedade e a produtividade do livre desenvolvimento social.[803] (Destaque-se que esse mesmo posicionamento já fora defendido em *Between Future and Past*, quando afirmara que o declínio da liberdade e a sua separação da política teria existido em razão do aparecimento

[798] ARENDT, Hannah. **Entre o presente** ..., p. 192.

[799] ARENDT, Hannah. **Será que a política ainda tem de algum modo um sentido?** A dignidade da política: ensaios e conferências. (trad. Helena Martins *et alii*) Rio de Janeiro: Relume-Dumará, 1993, p. 122.

[800] ARENDT, Hannah. **Será que a política** ..., p. 117.

[801] ARENDT, Hannah. **Entre o presente** ..., p. 195.

[802] ARENDT, Hannah. **Entre o presente** ..., p. 195.

[803] ARENDT, Hannah. **Será que a política** ..., p. 119.

no final da Antiguidade das noções de poder, dominação e propriedade)[804] Portanto, Arendt entende que desde a modernidade, e, de maneira mais exacerbada com o totalitarismo, que visou à sua aniquilação, a política deixou de ser condição de possibilidade da liberdade, para se resguardar à condição própria da preservação da vida da humanidade.

Todavia, defende a autora que a política é possibilidade de fazer a liberdade encontrar seu fundamento na esfera pública, como necessidade de fazer agir, que não exclusivamente no interior de si. Segundo Arendt, desde o fim da Antiguidade, a liberdade passou a ser idêntica à escolha primeira, e não como processo, direcionando-se, portanto, ao próprio homem, ao seu isolamento, à sua retirada da esfera pública. "Essa idéia de que a liberdade é idêntica ao iniciar, ou, como diz Kant, à espontaneidade, nos é muito estranha, porque na linha de nossa tradição do pensamento conceitual e de suas categorias encontram-se a identificação da liberdade com o livre arbítrio e a compreensão do livre arbítrio como a liberdade de escolher entre coisas dadas de antemão (entre o bem e o mal, falando *grosso modo*), mas não a liberdade de querer simplesmente que isso ou aquilo seja assim ou assado. Essa tradição tem suas boas razões, que não podemos aqui abordar, defendida desde o fim da Antiguidade, de que a liberdade não apenas não se encontra no agir e na esfera política, mas, ao contrário, só é possível se o homem abre mão do agir, retira-se do mundo em direção a si mesmo e evita a esfera política."[805]

A liberdade, portanto, em Arendt, exige o espaço político da ação e da palavra, bem como exige, ainda mais, o campo da política, tanto para que atinja seu grau aberto de manifestação, bem como para que permita os indivíduos atingirem, dentro da comunidade política, sua identidade. "Sem um âmbito público politicamente assegurado, falta à liberdade o espaço concreto onde aparecer."[806] A liberdade, nesse sentido, segundo Arendt, é também requisito de identidade do indivíduo, que só pode estabelecer a sua singularidade no espaço público, já que em si mesmo, contrariamente à concepção foucaultiana, isso jamais é possível. O próprio conhecimento do indivíduo, para a autora, na consecução da liberdade só se faz pela existência do outro, da pluralidade humana. Nesse sentido, afirma Arendt numa conferência proferida em 18 de abril de 1975 na cidade de Copenhague, poucos meses antes de sua morte, intitulada *The Great Play of the World*:: "... sempre acreditei que ninguém pode

[804] ARENDT, Hannah. **Entre o presente** ..., p. 194.
[805] ARENDT, Hannah. **Será que a política** ..., p. 121.
[806] ARENDT, Hannah. **Entre o presente** ..., p. 195.

conhecer-se a si mesmo, porque ninguém aparece para si do modo como aparece para os outros; somente o pobre Narciso deixa-se iludir por sua imagem refletida."[807]

De outro lado, a liberdade para Foucault, como visto anteriormente na referência ao pensamento heideggeriano (razão por que aqui não se estenderá mais linhas, tão-somente em capítulo à parte), está na íntima relação com o cuidado de si, isto é, embora o intelectual francês, igualmente à Arendt, retorne aos gregos e aos latinos para encontrar o fundamento da liberdade, que o faz através da apreensão da existência de um cuidado de si como realização da liberdade, quer dizer, cuidando-se de si, cuida-se dos outros, e, por conseguinte, realiza-se a sua identidade e a liberdade, a sua compreensão se faz de maneira totalmente distinta, posto que, para ela, foi justamente o modo de vida grego que permitiu a realização da liberdade. Como visto, Arendt afirma que o fim da Antiguidade marcou também o fim do espaço público, em que os indivíduos livres eram aqueles que "cuidavam" dos outros, já que só através dos outros é que se poderia conhecer a si mesmo, em contrapartida, Foucault afirma que o cuidado de si, como tecnologia de sua temperança e de sua existência, era a única "fórmula" de definir a sua particularidade, e, de consequência, a sua individualidade e a sua liberdade, o que significa dizer que, a liberdade só existe no encontro consigo mesmo.

Isso leva à seguinte conclusão, que por ora convém brevemente se chegar neste ensaio: se ambos os intelectuais se preocupam com a liberdade como questionamento central em seus últimos escritos, bem como revelam a necessidade de resgatá-la e preservá-la, seja para evitar a dominação normalizadora, seja para evitar um totalitarismo, não há como aproximar Foucault e Arendt em dois aspectos primordiais na questão da liberdade: 1) enquanto para a intelectual judia a liberdade, propriamente dita, só pode ser exercitada se inserida no espaço público, especialmente, no espaço político, fato esse cuja inexistência foi a razão da desconfiança da esfera pública;[808] para o autor francês, a liberdade está justamente voltada para o indivíduo, que só a encontrará em si próprio, quando de seu exercício moderado e cauteloso, quer dizer, numa ascese contínua; 2) do mesmo modo, enquanto para Arendt seria preciso retornar ao pensamento grego para restituir a confiança perdida pela

[807] ARENDT, Hannah. **O grande jogo do mundo**. A dignidade da política: ensaios e conferências. (trad. Helena Martins *et alii*) Rio de Janeiro: Relume-Dumará, 1993, p. 172.

[808] ARENDT, Hannah. **Entre o presente** ..., p. 197. "Toda a idade moderna separou liberdade da política."

política no caminho histórico da humanidade, quando liberdade e política se identificavam na *polis*, para Foucault, os textos gregos e latinos deveriam igualmente ser retomados, mas não pela existência de uma espaço público do exercício da liberdade, mas pela existência à época de um "cuidado de si", capaz de garantir o indivíduo o encontro no exercício de suas virtudes, e, por conseguinte, de sua liberdade.

# II – O “Saber” e sua Reflexão Inicial

A obra de Michel Foucault é usualmente dividida pela doutrina em três partes principais: a questão do saber, a questão do poder, e a questão ético-subjetiva. Nesse sentido, o próprio autor, na introdução do segundo volume de sua história da sexualidade, *L'Usage de Plaisirs*, ao fazer uma reflexão sobre sua obra, pouco tempo antes de sua morte, afirmou que a partir de então haveria um deslocamento em suas pesquisas, deixando para trás a questão do *saber*, e sua indagações sobre as formas de práticas discursivas, e as manifestações do *poder*, e suas interrogações sobre as múltiplas relações estratégicas; para dedicar-se, então, ao *sujeito* e as suas modalidades de relação consigo e de sua ética.[809] Nesse sentido, também contribui de maneira mais detalhada e menos linear, Hans-Herbert Kögler: num artigo intitulado *Fröhliche Subjektivität: Historische Ethik und Dreifache Ontologie beim Späten Foucault*, defende que estas três subdivisões na obra foucaultiana deveriam ser analisadas de acordo com o seguinte quadro sinótico: dividido entre perspectiva, objeto e ontologia. Dessa maneira, o quadro fica: a) Perspectiva: *Archéologie du Savoir* – Objeto: episteme – Ontologia: verdade; b) Perspectiva: *Généalogie du Pouvoir* – Objeto: dispositivo – Ontologia: poder; c) Perspectiva: *Hermeneutique du Sujet* – Objeto: ética/ascese – Ontologia: sujeito.[810]

Convém observar, como bem destacam a historiadora Flávia Biroli e o sociólogo Marcos César Alvarez,[811] na apresentação do volume dedicado a

[809] FOUCAULT, Michel. **História da sexualidade II: o uso** ..., p. 11.

[810] KÖGLER, Hans-Herbert. **Fröhliche subjektivität: historische ethik und dreifache ontologie beim späten Foucault**. Ethos der Moderne: Foucaults Kritik der Aufklärung. (org. Eva Erdmann, Rainer Forst e Axel Honneth) Frankfurt: Campus Verlag, 1990, p. 216.

[811] ALVAREZ, Marcos César; BIROLI, Flávia. **Apresentação**. Cadernos da Faculdade de Filosofia e Ciência de Marília "Michel Foucault: histórias e destinos de um pensamento" (org. Fávia Biroli e Marcos César Alvarez), Marília, Ed. da Unesp, v. 9, n. 1, p. i, 2000.

Michel Foucault, que é, no entanto, preciso ter uma certa cautela nessa simples periodização da obra foucaultiana, primeiro, porque há vários temas que se entrecruzam, segundo, porque ao final de sua vida Foucault afirmou, que, de fato, seu grande questionamento teria sido sempre o sujeito, sob formas de subjetivação diversas. No entanto, segue-se a metodologia usual apenas de maneira didática, mas tendo em vista que as temáticas se intercalam.

Certamente caberia aqui deflagrar um outro problema, que diz respeito as essas alterações no curso da obra foucaultiana. Muitos autores criticaram o modo como Foucault teria ultrapassado essas diferentes temáticas do saber ao poder e do poder ao sujeito, José Guilherme Merquior, Jean Baudrillard, mas, especialmente aqui no Brasil, com maestria o Prof. André Queiroz. Resumidamente, é oportuno fazer uma breve incursão, somente para situar a problemática.

Jean Baudrillard, de maneira categórica e mordaz, em 1977, publica um pequeno excerto pela Éditions Galilée, atacando as alterações e as concepções foucaultianas, especialmente empreendidas a partir de *Surveiller et Punir* e *La Volonté de Savoir*. Segundo Munir Sodré, o texto escrito por Baudrillard, à época amigo de Foucault, teria sido entregue ao criticado, para que ele escrevesse uma réplica, e juntos publicassem numa revista. Todavia, apesar do aceite inicial, Foucault não só acabou não escrevendo para a revista, como ligou ao seu diretor e disse para que não imprimisse o artigo. Baudrillard, irritado, decide, então, publicar como livro, indo à referida editora e o tornando público com o nome *Oublier Foucault*. Baudrillard, assim, denuncia aquilo que considerava uma incoerência nas obras de Foucault: o fato de tudo em sua análise recaía no poder; o que chamou de "divina surpresa",[812] pela existência da multiplicidade de correlações de forças, que resultavam em "resistências" sem fundamento; e o "engodo do poder". O livro *Oublier Foucault* inicia ironicamente falando da existência de uma espiral na obra foucaultiana: "A escrita de Foucault é perfeita, já que o próprio movimento do texto traduz admiravelmente aquilo a que se propõe: esta espiral generativa do poder, que não é mais uma arquitetura despótica, mas um encadeamento em abismo, uma voluta e uma estrofe sem origem."[813] Baudrillard acreditava que Foucault jamais conseguia

[812] BAUDRILLARD, Jean. **Oublier Foucault**. Paris: Éditions Galilée, 1977, p. 51. [tr. bras. **Esquecer Foucault**. Rio de Janeiro: Rocco, 1984, p. 57]

[813] BAUDRILLARD, Jean. **Oublier** ..., p. 9. "L'éscriture de Foucault est parfaite en ce que le mouvement même du texte rend admirablement compte de ce qu'il propose: cette spirale générative du pouvoir, qui n'est plus une architecture despotique, mais une filiation en abysme, un enroulement et une strophe sans origine." [tr. bras. **Esquecer** ..., p. 11.]

se desvenciliar da questão do poder e não fazia outra coisa em suas obras senão um "malabarismo".[814] Ademais, quanto à resistência, Baudrillard afirma: "Ora, se o poder fosse esta infiltração magnética infinita do campo social, há muito tempo ele não encontraria mais nenhuma resistência."[815] Dessa maneira, Baudrillard realiza severas críticas ao desdobramento de Foucault, que para o autor não passava de uma espiral que retornava sempre ao mesmo ponto: o poder.

Já o filósofo André Queiroz afirma numa bela linguagem literária a existência de um "paradoxo" nas alterações entre as temáticas foucaultianas, formando o que denomina de "silêncios intersticiais". Para o autor, sem que se desqualifique a obra do intelectual francês, seria preciso verificar esses momentos de silêncio, isto é, os impasses que se estabelecem nas duas grandes passagens do percurso intelectual de Foucault: do saber ao poder, e do poder ao sujeito, ou seja, da arqueologia à genealogia; e da genealogia à estética da existência.[816]

814 BAUDRILLARD, Jean. **Oublier** ..., p. 79 "... phase du pouvoir à la Foucault, conducteur, inducteur et stratège de la parole – mais le renversement opéré par Foucault de la centralité répressive à la positivité mouvante du pouvoir n'est qu'une péripétie." [tr. bras. **Esquecer** ..., p. 88-89. "... fase do poder **à la** Foucault, condutor, indutor e estrategista da fala – mas a mudança operada por Foucault da centralidade repressiva à positividade móvel do poder é somente um malabarismo."]

815 BAUDRILLARD, Jean. **Oublier** ..., p. 58. "Or, si le pouvoir était cette infiltration magnétique à l'infini du champ social, il y a longtemps qu'il ne rencontrerait plus aucune résistance." [tr. bras. **Esquecer** ..., p. 65-66]

816 QUEIROZ, André. **Foucault: o paradoxo das passagens**. Rio de Janeiro: Pazulin, 1999, p. 10.

# 5.
# História e historiografia no direito

## 5.1. Discurso, saber e episteme: o ponto de partida

Antes de ingressar propriamente nas críticas que Foucault empreende em relação à história, seria oportuno traçar as premissas das quais parte para fundar seus questionamentos. Para tanto, em busca de estabelecer sua metodologia na história geral, seria possível formular, tal como fizera à época, Angèle Kremer-Marietti[817], quatro hipóteses centrais:

1) Diferentes enunciados, dispersos no tempo, agrupam-se em torno de um único objeto, formando um conjunto. Unidades são estabelecidas (como o termo 'loucura') provisoriamente, a partir disso, os conceitos que se referem a essa unidade não se organizam em razão da existência de seu objeto, mas a partir das transformações, das rupturas, da descontinuidade de vários objetos, à medida que se dispersam, que se distanciam, que se reparte. Quer dizer, compreender o termo loucura, ou escrever sua história, não significa mostrar sua evolução ou seu mero caminho conceitual, mas compreender como o conceito de loucura se diferencia em momentos distintos da história, compreender o que lhe permite instituir uma unidade, o que lhe define enquanto diferentes objetos para diferentes discursos. Assim, a unidade seria conceituada e descrita historicamente, ou melhor, narrada a partir da cisão e da diferenciação entre enunciados. Concluindo, o que permite reconhecer uma unidade de enunciados não se dá em razão da unidade do discurso ou da unidade do objeto, mas das regras de seu aparecimento e das regras de sua transformação. Ao contrário da historiografia tradicional, estabelece Foucault uma importante compreensão, na qual não é a simples existência de um objeto

[817] KREMER-MARIETTI, Angèle. **Introdução ao pensamento de Michel Foucault**. (trad. César Augusto Chaves Fernandes). Rio de Janeiro: Zahar, 1977, p. 13-34.

a ser narrado e descrito pela história, que constitui a sua história, mas, é, noutro tanto, a compreensão de suas vicissitudes no tempo e no espaço, de suas negações intrínsecas, internas e externas, a visualização de sua ausência de linearidade;

2) É preciso definir um grupo de relações de diferentes enunciados, a partir de sua forma e de seu encadeamento. Essa hipótese concede à teoria de Foucault uma certa realidade, pois para definir um grupo de relação entre enunciados é indispensável buscar pelo encadeamento dos conceitos. De consequência, esse encadeamento de conceitos não se realiza apenas por percepções ou conjunto de regras, mas também, por razão de descrições a partir de protocolos de experimentos, cálculos estatísticos, constatações epidemológicas, etc. ...;

3) A unidade conceitual se dá pelo afastamento, por sua distância mútua, pela sua incompatibilidade. Desse modo, a unidade discursiva deve ser buscada junto à emergência sucessiva e simultânea dos conceitos, e não de sua coerência. A partir dessa hipótese, a pesquisa imprime como sua condição de possibilidade o jogo da aparição, da dispersão, da transformação eventual;

4) Os enunciados não podem ser reagrupados em torno de um tema, pois estes exigem outros discursos e exigem uma reflexão platônica e ideal, mas o devem ser a partir de suas próprias dispersões abertas a possibilidades estratégicas. Concluindo, o que orienta as pesquisas de Foucault na historiografia são as séries lacunares que se estabelecem entre as formulações de níveis diferentes, são as possibilidades estratégicas diversas nos enunciados e suas regras de utilização, e não o que está dado, o objeto, o estilo, o tipo de encadeamento dos enunciados, a identidade e persistência dos temas, a coerência e os conceitos privilegiados.

A primazia concedida aos enunciados dá ensejo a Gilles Deleuze[818] de lhe denominar o "novo arquivista", que reúne enunciados, que os diferencia da

[818] DELEUZE, Gilles. **Foucault**. Paris: Les Éditions de Minuit, 1986, p. 11-12. "Un nouvel archiviste est nommé dans la ville. Le nouvel archiviste annonce qu'il ne tiendra plus compte que des énoncés. Il ne s'occupera pas de ce qui faisait, de mille manières, le soin des archivistes précédents: les propositions et les phrases. Il négligera la hiérarchie verticale des propositions qui s'étagent les unes sur les autres, mais aussi la latéralité des phrases où chacune semble répondre à une autre. Mobile, il s'installera dans une sorte de diagonale, qui rendra lisible ce qu'on ne pouvait pas appréhender d'ailleurs, précisément les énoncés. ... l'archiviste fait exprès de ne pas donner d'exemples." [trad. br. **Foucault**. (trad. Claudia Sant'Anna Martins) São Paulo: Brasiliense, 1988, p. 13-14. "Um novo arquivista surgiu na cidade. O novo arquivista anuncia que só vai se ocupar dos enunciados. Ele não vai tratar daquilo que era, de mil maneiras, a preocupação dos arquivistas anteriores: as proposições e as frases. Ele vai negligenciar a hierarquia vertical das proposições,

visibilidade, que os inscreve nas práticas sociais e científicas. Para Foucault, os enunciados ganham relevância em relação às frases ou proposições, tão fundamentais na historiografia tradicional. Os enunciados são multiplicidades, por serem dotados de um espaço de raridade, opõem-se às frases; referem-se ao que realmente é dito, e por não se proliferarem por contradições e abstrações, jamais se ampliam, tal como as proposições, com conteúdo virtual ou latente, que multiplica seu sentido e que se oferece à interpretação, formando um 'discurso oculto'. O que importa à Foucault é a regularidade dos conceitos, suas curvas, e não suas médias[819]. Nos enunciados tudo é real, pois "nele toda a realidade se manifesta: importa apenas o que foi formulado ali, em dado momento". Os enunciados possuem uma forma lacunar e retalhada, por isso permitem movimentos, transportes, dimensões e recortes inusitados. Para a produção dos enunciados não há necessidade de ser original, pois um enunciado sempre representa uma emissão de singularidades, mostra sempre uma 'regularidade', o que não exige diferenciação se está sendo criado ou reproduzindo. Há, desse modo, "lugares do sujeito para cada enunciado."[820] O enunciado se conserva em si, em seu espaço, e vive enquanto esse espaço durar ou for reconstituído. Em torno do espaço há três espaços: o espaço colateral - *l'espace collatéral* – (é um espaço formado por outros enunciados, que fazem parte do mesmo grupo, associado ou adjacente. Dentro dos enunciados 'jamais paramos de passar de um sistema a outro', por isso o enunciado não é uma estrutura ou um sistema, mas uma multiplicidade), o espaço correlativo - *l'espace correlatif* – (trata-se da relação do enunciado não com outros enunciados, mas com seus sujeitos, objetos e conceitos. Um mesmo enunciado pode ter várias posições, vários lugares de sujeito: um autor e um narrador, um signatário e um autor, um nar-

que se dispõem umas sobre as outras, e também a lateralidade das frase, onde cada uma parece responder a outra. Móvel, ele se instalará numa espécie de diagonal, que tornará legível o que não podia ser apreendido de nenhum outro lugar, precisamente os enunciados ... o arquivista, de propósito, não dá exemplos."].

819 DELEUZE, Gilles. **Foucault**. Paris: Les Éditions de Minuit, 1986, p. 14. "L'énoncé en effet ne se confond pas avec l'émission de singularités qu'il suppose, mais avec l'allure de la courbe qui passe à leur voisinage, et plus généralement avec les règles du champ où elles se distribuent et se reproduisent." [trad. br. **Foucault**. (trad. Claudia Sant'Anna Martins) São Paulo: Brasiliense, 1988, p. 16] "O enunciado, com efeito, não se confunde com a emissão de singularidades que ele supõe, mas com o comportamento da curva que passa na vizinhança delas, e mais geralmente com as regras do campo em que elas se distribuem e se reproduzem."

820 DELEUZE, Gilles. **Foucault**. Paris: Les Éditions de Minuit, 1986, p. 14. "Il y a bien des 'places' de sujet pour chaque énoncé, d'ailleurs très variables." [trad. br. **Foucault**. (trad. Claudia Sant'Anna Martins) São Paulo: Brasiliense, 1988, p. 16]

rador e um narrado) e o espaço complementar - *l'espace complémentaire* – (fatia extrínseca de espaço, também conhecido como 'formações não-discursivas').

Os enunciados, distintamente das frases ou proposições, têm a particularidade de poderem ser repetidos, embora difíceis. Deleuze dá exemplo disso, quando diz que 'as espécies evoluem', é fato distinto para Darwin e para Simpson, do mesmo modo 'o lugar dos loucos é no hospício', fato distinto para o séc. XVIII e para o séc. XIX[821]. As frases, ao contrário, não podem ser repetidas, mas recomeçadas, reevocadas, tal como as proposições, que só podem ser reatualizadas. Um enunciado se define sempre através de uma relação específica com uma outra coisa de mesmo nível que ele, que pode ser um enunciado, mas que no limite é necessariamente outra coisa que não um enunciado: é um 'lado de fora'. O enunciado é, portanto, em si mesmo repetição. Dos enunciados, surge um grande problema a Foucault: em que consistem essas singularidades que o enunciado supõe? Há que se destacar que a *Archéologie du Savoir* não trata desse problema, pois isso ultrapassa o limite do saber, indo a um novo domínio, o do poder enquanto está combinado com o saber. As singularidades dos enunciados constituem focos de poder; um conjunto de relações de força. Os enunciados são anteriores às frases ou proposições que os supõem implicitamente, são formadores de palavras e objetos. Na esteira de Deleuze, as formações discursivas são verdadeiras práticas. "Há multiplicidades raras nos enunciados, com pontos singulares, lugares vagos para aqueles que vêm, por um instante, ocupar a função de sujeitos"[822].

[821] DELEUZE, Gilles. **Foucault**. Paris: Les Éditions de Minuit, 1986, p. 20. "Et même de Darwin à Simpson il n'est pas sûr que l'énoncé reste le même, suivant que la description pourra mettre en valeur des unités de mesure, des distances et des distribuitions, et aussi des institutions tout à fait différentes. Une même phrase-slogan, 'les fous à l'asile!', peut appartenir à des formations discursives entièrement distinctes, suivant qu'elle proteste, comme au XVIII^e, contre la confusion des prisonniers avec les fous; ou réclame, au contraire, comme au XIX^e, des asiles qui sépareraient les fous des prisionniers; ou encore s'élève aujourd'hui contre une évolution du milieu hospitalier." [trad. br. **Foucault**. (trad. Claudia Sant'Anna Martins) São Paulo: Brasiliense, 1988, p. 22] "E mesmo de Darwin a Simpson não é certo que o enunciado permaneça o mesmo, pois a descrição poderá enfatizar unidades de medida, de distância e distribuição, e até instituições, completamente diferentes. Um mesmo *slogan*, 'o lugar dos loucos é no hospício!', pode pertencer a formações discursivas completamente distintas, conforme proteste, como no século XVIII, contra a confusão dos presos; ou reclame, ao contrário, como no século XIX, asilos que separem os loucos dos prisioneiros; ou, ainda, se for levantada, hoje, contra uma evolução do meio hospitalar."

[822] DELEUZE, Gilles. **Foucault**. Paris: Les Éditions de Minuit, 1986, p. 23. "Il y a seulement des multiplicités rares, avec des points singuliers, des places vides pour ceux qui viennent un moment y fonctionner comme sujets, des régularités cumulables, répétables et qui se conservent en soi." [trad. br. **Foucault**. (trad. Claudia Sant'Anna Martins) São Paulo: Brasiliense, 1988, p. 25.]

Em debate com Maurice Blanchot, Foucault mostra que o cerne da atual discussão não reside tanto no estruturalismo enquanto tal, mas no lugar e estatuto que cabem ao sujeito dentro de dimensões que supõe não estarem inteiramente estruturadas. O enunciado (a maneira de dizer) não é imediatamente visível; não se dá de forma tão manifesta quanto uma estrutura gramatical ou lógica. A análise de uma língua se efetua a partir de um *corpus* de falas e textos. Esse *corpus* é formado por palavras, frases e proposições escolhidas em torno dos focos difusos de poder (e de resistência) acionados por algum problema. A linguagem só se agrega a um *corpus* para ser um meio de distribuição ou de dispersão de enunciados. Como diria Deleuze, é a partir dos enunciados, que o conhecimento se distancia do saber, "assim, o saber não é ciência, nem mesmo conhecimento: ele tem por objeto as multiplicidades anteriormente definidas, ou melhor, a multiplicidade exata que ele mesmo descreve, com seus pontos singulares, seus lugares e suas funções."[823] Essas multiplicidades, discursivas ou não, são essencialmente históricas, eis porque Foucault parte dos enunciados, para reconstruir discursos, e por fim, para escrever história.

Em suma, o enunciado, base dos discursos, difere-se sensivelmente da noção de frase gramatical e de proposição lógica, isto é, a frase é uma unidade gramatical de elementos ligados por regras linguísticas; a proposição somente permite uma única interpretação, uma vez que lógicos só podem afirmar se ela é verdadeira ou falsa, se ela é correta ou incorreta; ao contrário, o enunciado é um conjunto de signos, que pode ser uma frase, uma proposição, mas visto não sob a sua forma de juízos ou regras de intepretação, e, sim, exclusivamente por sua existência. A definição dada por Foucault em *L'Archéologie du Savoir*, de que "o enunciado não é, pois, uma estrutura (isto é, um conjunto de relações entre elementos variáveis, autorizando assim um número talvez infinito de modelos concretos); é uma função de existência que pertence, exclusivamente, aos signos, e a partir da qual se pode decidir, em seguida, pela análise ou pela intuição, se eles 'fazem sentido' ou não, segundo que regra se sucedem ou se justapõem, de que são signos, e que espécie de ato se encontra realizado por sua formulação (oral ou escrita),"[824] leva Foucault a se diferenciar claramente dos lógicos, dos gramáticos e dos filósofos que se dedicam a um pensamento analítico, isto porque o enunciado não é uma proprosição lógica, uma frase

[823] DELEUZE, Gilles. **Foucault**. Paris: Les Éditions de Minuit, 1986, p. 28. "Le savoir n'est pas science ni même connaissance, il a pour objet les multiplicités précédemment définies, ou plutôt la multiplicité précise qu'il décrit lui-même, avec ses points singuliers, ses places et ses fonctions." [trad. br. **Foucault**. (trad. Claudia Sant'Anna Martins) São Paulo: Brasiliense, 1988, p. 30.]
[824] FOUCAULT, Michel. **Arqueologia do** ..., p. 98-99.

ou mesmo um ato interlocutório, e, o sujeito que o enuncia não pode ser identificado como alguém que intencionalmente o pronuncia por diferentes elementos de significação.

O estabelecimento deste conceito de enunciado leva Foucault a compreender que, num determinado romance, é necessário sempre distinguir narrador e autor, segundo as posições enunciativas, ao contrário de um tratado de matemática ou física, em que a posição do sujeito da frase do prefácio não pode ser ocupada senão pelo próprio autor, que se dirige ao leitor a tão-somente explicitar as circunstâncias teóricas, pedagógicas, de nota de roda pé, etc. do livro, posto que as proposição admitem indistintamente qualquer sujeito. Em contrapartida, os enunciados admitem diversos sujeitos de "enunciação", por assim dizer, ou seja, o sujeito de um determinado enunciado não pode ser definido *a priori*, de modo único e imutável, tal o sujeito das proposições lógico-matemáticas, mas sempre, segundo suas circunstâncias pessoais, bem como segundo um conjunto de requisitos e de possiblidades. O lugar do sujeito do enunciado é determinado e vazio ao mesmo tempo, podendo ser tomado por diferentes indivíduos, distintamente do sujeito das proposições, que só admitem um único espaço. Do mesmo modo, o pensamento foucaultiano esboçado na sua obra de 1969, entende que o sujeito do enunciado deve ser visto não em seu lugar de memória, mas de função, isto é, o "enunciador" não pode ser descrito como o indivíduo que teria efetuado concretamente as operações, sem rupturas e descontinuismos, mas sob suas diferentes manifestações, de acordo com o lugar que exerce.

Dessa maneira, a função enunciativa não pode ser exercida sem a existência de um domínio associado, enquanto que a frase ou a proposição podem existir isoladamente, sem qualquer contexto, isto é, um enunciado está sempre numa série, jamais se encontra de maneira geral, livre, neutra, independente, todavia, a mesma frase não é sempre o mesmo enunciado se ela for pronunciada numa conversação ou for escrita num romance. Nessa linha, uma importante distinção convém ser feita, segundo Foucault, isto é, entre 'enunciação' e 'enunciado', ou seja, aquela é um acontecimento singular, enquanto este significa que os diferentes exemplares de um livro são o mesmo jogo de enunciado, ou seja, independentemente da edição ou do exemplar o enunciado é sempre o mesmo, ao contrário da enunciação, quer dizer, uma Constituição, um testamento, ou uma simples revelação religiosa serão sempre enunciados, enquanto que suas reproduções são somente novas enunciações dos mesmos enunciados. Entende Foucault que um enunciado existe numa materialidade repetível, enquanto que uma enunciação é um acontecimento espaco-temporal, quer dizer, essa repetibilidade supõe um campo de estabilização ou, então, um campo de utilização. Por conseguinte, o enunciado não é muito visível, ou é quase-visível, logo, ele não caracteriza o que se dá nas frases ou nas proposições, mas ele também as faz no momento em que são dadas, e da maneira que elas são. O enunciado, é, portanto, este fato que há da linguagem, isto é, ele requer um referencial, uma posição de sujeito, um campo associado e uma materialidade, logo, de consequência, a formação discursiva se define a partir dele, quer dizer, como um grupo de enunciados, cujas ligações não são simplesmente gramaticais, lógicas ou psicológicas. Assim, as quatro direções da análise das formações discursivas visam à formação dos objetos, das posições subjetivas, dos conceitos e das escolhas estratégicas.

Nesse sentido, os enunciados servem remotamente ao método que Foucault procura desenvolver: a arqueologia. Foucault afirma que, através da palavra arqueologia, buscada no grego *αρχή*, para dar a ideia de início, início não original das fundações, mas sempre relativo das instaurações e das tranformações desses fundamentos, seu objetivo foi de encontrar o discurso na sua existência manifesta, como uma prática que está a obedecer determinadas regras. Nesse sentido, o discurso adquire uma conceituação extremamente peculiar no seu pensamento, e se define como o lugar em que se depõem e se superpõem objetos *a priori*, sendo, assim, uma prática, quer dizer, não uma simples atividade subjetiva, mas uma existência objetiva e material de determinadas regras às quais o sujeito deve obedecer quando está na iminência de participar de um discurso, ou seja, por objetos devem ser entendidos os efeitos dessas regras que submetem o indivíduos.[825]

Do discurso e das práticas discursivas, pode-se chegar à sua definição de saber, como aquilo de que se pode falar numa prática discursiva, isto é, o domínio constituído pelos distintos objetos que podem adquirir ou não um estatuto científico, quer dizer, o saber é um campo de coordenação e subordinação dos enunciados em que os conceitos aparecem, definem-se, aplicam-se e se transformam. De consequência, o conceito de arquivo e de episteme se esboçam para formular as premissas do método historiográfico foucaultiano: por arquivo,[826] Foucault entende ser um conjunto de discursos efetivamente

[825] FRANK, Manfred. **Sobre el concepto de discurso en Foucault**. Michel Foucault, filosófo. (trad. Alberto Luis Bixio) Barcelona: Gedisa, 1999 p. 107-115.

[826] Sobre o conceito de arquivo, convém ler: VALDINOCI, Serge. **Les incertitudes de l'archéologie: archè et archive**. Revue de métaphysique et de morale, Paris, Armand Colin, a. 83, n. 1, p. 73-101, jan./mar. 1978.

pronunciados, isto é, não um conjunto de acontecimentos que teriam lugar uma única vez para todos, e, que seriam suspensos no purgatório ou no limbo da história, mas, sim, um conjunto que continua a funcionar, a se transformar através da história, e, permitindo se aparecer em outros discursos.[827] Por sua vez, em suma, a episteme é a ordem específica do saber, a disposição que o saber assume numa determinada época que lhe confere certa positividade; serve, enfim, como ordenadora e produtora dos saberes que fundamentam sua época.[828] Por último, já na transição dos enunciados aos dispositivos, que permitem Foucault fugir ao campo exclusivo do saber e ingressar de maneira mais concreta na realidade, entende-se estes, distintamente da episteme, que se restringem aos elementos discursivos, como os elementos que pertencem tanto ao dito como ao não dito, isto é, tem uma função essencialmente estratégica, que permite a historiografia compreender tanto os efeitos das práticas discursivas quanto das relações de poder nelas inseridas. Abre-se, então, o método arqueogenealógico.

## 5.2 A arqueogenealogia e a crítica historiográfica

Com bases nos fundamentos anteriormente expostos: enunciado, discurso, arquivo, episteme e saber, pode-se seguir em busca das concepções foucaultianas da história. Pensar, dentro de uma subdivisão da obra foucaultiana referente ao saber, a questão da historiografia, é de suma importância, primeiro, porque Foucault ficou largamente conhecido por suas críticas à narrativa histórica tradicional; segundo, porque inúmeras de suas pesquisas trazem importantes considerações no que diz respeito ao discurso jurídico. Tal é a relação entre as teorias foucaultianas e o discurso jurídico, que o próprio Foucault teria afirmado a uma de suas assistentes na Universidade de Clermont-Ferrand, Francine Patriente, segundo Didier Eribon, que gostaria de lecionar durante um ano a disciplina de História do Direito.[829] Nesse sentido

[827] BROCHIER, J.-J. **Michel Foucault explique ...**, p. 772.

[828] Sobre o conceito de episteme em Foucault, convém serem lidos os ensaios: GOMES, João Carlos Lino. **Nota sobre o conceito de episteme em Michel Foucault**. Revista Síntese Nova Fase, Belo Horizonte, v. 18, n. 53, p. 225-231, abr./jun. 1991 e GALLO, Sílvio. **O conceito de episteme e sua arqueologia em Foucault**. Foucault e a destruição das evidências (org. Márcio Mariguela) Piracicaba: Unimep, 1995, p. 13-27.

[829] ERIBON, Didier. **Michel Foucault.**, p. 144. “Este ano vou dar um curso sobre a história do direito. E dá.”

é que se pretende investigar as argumentações foucaultianas sobre a história, para repensar o modelo de historiografia jurídica tradicional.

Os fundamentos epistemológicos da história em Foucault já foram outrora analisados, de uma lado, os temas recém indagados sobre a constituição do saber e da episteme; de outro a influências das ideias de Georges Canguilhem, Gaston Bachelard e Frederich Nietzsche também o foram de maneira mais detalhada, razão pela qual não se estendem as linhas aqui. Nesse sentido, todavia, é preciso verificar que Foucault em parte se distancia da epistemologia francesa, para formular seu método historiográfico. Seu distanciamento das suas origens filosóficas fica evidente ao partir de bases distintas, como afirma Roberto Machado, no famoso colóquio intitualado *Michel Foucault Philosophe*: "A existência de dois níveis leva Foucault a criticar uma história contínua que descreva o itinerário da psiquiatria como a passagem linear de uma percepção social a um conhecimento científico da loucura. Discípula da epistemologia, a arqueologia critica as história continuístas, mas as descontinuidades que ela estabelece são de outra índole. Na história da loucura, as rupturas são gerais, verticais e parciais"[830].

Tomando-se como verdadeiras as ideias de Machado[831], não se pode falar no termo arqueologia propriamente dito antes de *Les Mots et Les Choses*, visto que *Surveiller et Punir* não se refere com efeito ao saber enquanto sistema de conhecimentos organizados, senão que trata das condições de possibilidade do saber. Todavia, independentemente de seu exato nascimento, o termo arqueologia surge como o elemento central da *démarche* foucaultiana. Foucault, quando entrevistado por Raymond Bellour, define claramente o que vem a ser o seu projeto arqueológico, ou seja, um domínio de pesquisa, que parte de uma sociedade em que os conhecimentos existentes implicam um saber implícito, distintamente do saber simplesmente científico, que permitem o aparecimento de teorias, a partir de um conceito e seu não-conceito, o que possibilita, igualmente aos epistemólogos franceses, fugir da inevitável recorrência entre conceitos. É a busca de um saber ativo, um saber em

[830] MACHADO, Roberto. **Arqueología y epistemología**. *in* Michel Foucault, filósofo. (trad. Alberto Luis Bixio) Barcelona: Gedisa, 1999 p. 19. "La existencia de dos niveles lleva a Foucault a criticar una historia continua que describa el itinerario de la psiquiatría como el paso lineal de una percepción social a un conocimiento científico de la locura. Discípula de la epistemología, la arqueología critica las historias continuistas, pero las discontinuidades que ella establece son de outra índole. En la Historia de la Loucura, las rupturas son generales, verticales, y parciales" [trad. do autor]

[831] [824] MACHADO, Roberto. **Arqueologia** ..., p. 29.

movimento, cogitado a partir de um grupo de conceitos, que formam discursos, constituindo o arquivo de uma determinada época. "... a arqueologia é, num sentido estrito, a ciência deste arquivo."[832] Nessa mesma linha, Foucault

[832] BELLOUR, Raymond. **Michel Foucault: 'les mots et les choses'**. *in* Dits et Écrits (org. Daniel Defert et François Ewald). v. 1 Paris: Gallimard, 1994, p. 498-499. R. B. "On retrouve, dans le sous-titre que vous avez donné au livre, ce mot d''archélogie' qui figurait déjà en sous-titre à Naissance de La Clinique, et qui apparaissait déjà dans la préface de l'Histoire de La Folie.": M. F.: "Par archéologie, je voudrais désigner non pas exactement une discipline, mais un domaine de recherche, qui serait le suivant. Dans une société, les connaissances, les idées philosophiques, les opinions de tous les jours, mais aussi les institutions, les pratiques commerciales et policière, les mœurs, tout renvoie à un certain différent des connaissances que l'on peut trouver dans les livres scientifiques, les théories philosophiques, les justifications religieuses, mais c'est lui qui rend possible à un moment donné l'apparition d'une théorie, d'une opinion, d'une pratique. Ainsi, pour que s'ouvrent à la fin du XVIIe siècle les grands centres d'internement dans toute l'Europe, il a falllu un certain savoir de la folie opposée à la non-folie, de l'ordre et du désordre, et c'est ce savoir-là que j'a ai voulu interroger, comme condition de possibilité des connaissances, des institutions et des pratiques. Ce style de recherche a pour moi l'intérêt suivant: il permet d'éviter tout problème d'antériorité de la théorie par raport à la pratique, et inversement. Je traite en fait sur le même plan, et selon leurs isomorphismes, les pratiques, les institutions et les théories, et je cherche le savoir commun qui les a rendues possibles, la couche du savoir constituant et historique. Plutôt que de chercher à expliquer ce savoir du point de vue du practico-inerte, je cherche à formuler une analyse de ce qu'on pourrait appeler le 'théorico-actif'". - R.B.: "Comment se posent à vous les problèmes du chois ou du non-choix?" M.F.: Je vous répondrai qu'en fait il ne doit pas y avoir de choix privilégié. Il faut pouvoir tout lire, connaître toutes les institutions et toutes les pratiques. Aucune des valeurs reconnues traditionnellement dans l'histoire des idées et de la philosophie ne doit être acceptée comme telle. ... On devrait tout lire, tout étudier". [trad. do autor "Acha-se, no subtítulo que você deu ao livro, esta palavra 'arqueologia' que já figurava no subtítulo do Nascimento da Clínica, e que já aprecia no prefácio da 'História da Loucura': M. F. Por arqueologia, eu designaria não exatamente uma disciplina, mas um domínio de âmbito da pesquisa, que será o seguinte: em uma sociedade, os conhecimentos, as ideias filosóficas, as opiniões de todos os dias, mas também as instituições, as práticas comerciais e policiais, os costumes, tudo leva a uma certa diferença de conhecimentos que se pode achar nos livros científicos, nas teorias filosóficas, nas justificativas religiosas, mas é aquele que torna possível a um determinado momento a aparição de uma teoria, de uma opinião, de uma prática. Assim, para que se abrissem ao final do séc. XVII os grandes centros de internamento em toda a Europa, foi necessário um certo saber da loucura em oposição à não-loucura, da ordem e da desordem, e foi este saber que eu quis interrogar, como condição de possibilidade de conhecimentos, de instituições e de práticas. Este estilo de pesquisa tem para mim o seguinte interesse: ele permite evitar todo problema de anterioridade da teoria com relação à prática, e vice-versa. Eu trato, de fato, sobre o mesmo plano, e segundo os seus isomorfismos, as práticas, as instituições e as teorias, e eu procuro o saber comum que as transformou possíveis, a classe do saber constitutivo e histórico. Mais que procurar explicar esse saber do ponto de vista prático-inerte, eu procuro formular uma análise daquilo que se poderia chamar o 'teórico-ativo'. R.B. – Como se colocam para você os problemas da escolha e da não escolha? M. F. – Eu lhe responderei que, de fato, não deverá haver escolha privilegiada. É necessário poder ler tudo, conhecer todas as instituições e todas as práticas. Nenhum dos valores reconhecidos

entende que a história não deve ser uma história geral, uma história dos edifícios filosóficos, mas uma história de tudo que contém pensamento numa cultura (não somente na Filosofia, mas num romance, numa jurisprudência, no direito, num sistema administrativo, numa prisão)[833]. Eis o que Foucault tanto se preocupou em reinscrever em seus livros, a história dos discursos[834], a história desses conhecimentos produzidos e existentes na sociedade, pelos quais a ciência nem sequer se dá conta, tal como se vê em *La Naissance de La Clinique*[835], na *Histoire de La Folie*[836], em *Moi, Pierre Rivière, qui ayant egorgé ma mère, ma sœur et mon frère.*[837]

tradicionalmente na história das ideias e da filosofia não devem ser aceitos como tais ... dever-se-ia tudo ler, tudo estudar."]

833 BELLOUR, Raymond. **Michel Foucault** ..., p. 503-504. "...l'histoire non pas de la pensée en général que de tout ce qui 'contient de la pensée' dans une culture, de tout ce en quois il y a de la pensée. Car il y a de la pensée dans la philosophie, mais aussi dans un roman, dans une jurisprudence, dans le droit, même dans un système administratif, dans une prison." [trad. do autor "... não a história do poder em geral senão de tudo que contém pensamento numa cultura, de tudo em que há pensamento. Pois há pensamento na Filosofia, mas também num romance, numa jurisprudência, no direito, até mesmo num sistema administrativo, numa prisão."]

834 DREYFUS, Hubert; RABINOU, Paul. **Michel Foucault: un parcours philosophique, au-delà de l'objectivité et de la subjectivité**. (trad. Fabienne Durand-Bogaert) Paris: Gallimard, 1984, p. 35-36. "Au lieu de chercher un code susceptible de couvrir tout l'ensemble des pratiques sociales, politiques, institutionnelles et discursives, il aurait pu limiter son archéologie à une tentative plus plausible – quoique indéfendable en dernière analyse – visant à mettre en évidence les règles structurales qui régissent exclusivement le discours. .." [trad. do autor "Ao invés de procurar um código suscetível de englobar todo o conjunto das práticas sociais, políticas, institucionais e discursivas, ele poderia ter limitado a sua arqueologia a uma tentativa mais plausível – apesar de indefensável em última anáiise – visando pôr em evidência as regras estruturais que regem exclusivamente o discurso ..."]

835 FOUCAULT, Michel. **O nascimento da clínica**. (trad. Roberto Machado) 5 ed. Rio de Janeiro: Forense Universitária, 1998, p. VII. "Este livro trata do espaço, da linguagem e da morte; trata do olhar."

836 FOUCAULT, Michel. **História da loucura**. (trad. José Teixeira Coelho Netto) 6 ed. São Paulo: Perspectiva, 2000, 551p.

837 FOUCAULT, Michel. **Eu, Pierre Rivière, que degolei minha mãe, minha irmã e meu irmão.** (trad. Denize Lezan de Almeida) 4 ed. Rio de Janeiro: Graal, 1988, p. IX-XV. "Queríamos estudar a história das relações entre psiquiatria e justiça penal. ... Creio que, se decidimos publicar esses documentos, todos esses documentos, é fazer de algum modo o plano dessas lutas diversas, restituir esses confrontos e essas batalhas, reencontrar o jogo desses discursos, como armas, como instrumentos de ataque e defesa em relações de poder e de saber. ... Reunimos um certo número de notas: algumas dizem respeito ao saber psiquiátrico que opera nas análises dos médicos; outras, ao aspecto jurídico do caso (as circunstâncias atenuantes, a jurisprudência do parricídio); outras, às relações entre os extratos documentários (depoimentos, relatórios, pareceres); outras, à narração dos crimes."

Procurando demonstrar uma íntima relação entre o poder e a narrativa histórica, reflete Foucault, em críticas à historiografia tradicional: "Parece-me que se pode compreender o discurso do historiador como uma espécie de cerimônia, falada ou escrita, que deve produzir na realidade uma justificação do poder e, ao mesmo tempo, um fortalecimento desse poder. Parece-me também que a função tradicional da história, desde os primeiros analistas romanos até tarde na Idade Média, e talvez no século XVII e mais tardiamente ainda, foi a de expressar o direito do poder e de intensificar seu brilho"[838]. Nesse sentido se poderia dizer que a narrativa histórica teria uma função genealógica, um eixo genealógico, a genealogia vista aqui como "um empreendimento para libertar da sujeição os saberes históricos, isto é, torná-los capazes de oposição e de luta contra a coerção de um discurso teórico, unitário, formal e científico. Enquanto a arqueologia é o método próprio à análise da discursividade local, a genealogia é a tática que, a partir da discursividade local assim descrita, ativa os saberes libertos da sujeição que emergem desta discursividade."[839]

O método genealógico,[840] como visto, inspirado nas ideias nietzscheanas, é um método capaz de verificar o caráter histórico de certas ideias, especialmente aquelas surgidas nos séc. XVII e XIX, mas que se recobriram, com o passar dos anos, com o caráter do que é obvio e natural. É uma nova proposta de intervenção política, a partir do instante em que Foucault transcende o campo da inteligibilidade histórica para ingressar na intervenção política, propondo a possibilidade de um novo tipo de análise política capaz de evitar as cumplicidades habituais. O método genealógico permite que as multiplicidades, tal como afirma Deleuze, 'delinquente', 'sexo', 'sexualidade', 'normalidade', entre outras, sejam analisados de maneira crítica, abandonando a existência

[838] FOUCAULT, Michel. **Em defesa da sociedade**. (trad. Maria Ermantina Galvão) São Paulo: Martins Fontes, 1999, p. 76-77. "Duplo papel: de uma parte, ao narrar a história, a história dos reis, dos poderosos, dos soberanos e de suas vitórias (ou, eventualmente, de suas derrotas provisórias), trata-se de vincular juridicamente os homens ao poder mediante a continuidade da lei, que se faz aparecer no interior desse poder e em seu funcionamento; de vincular, pois, juridicamente a continuidade do poder. De outra parte, trata-se também de fasciná-los pela intensidade, apenas suportável, da glória, de seus exemplos e de suas façanhas. O jugo da lei e o brilho da glória, essas me parecem ser as duas faces pelas quais o discurso histórico visa a certo efeito de fortalecimento do poder. A história, como os rituais, como as sagrações, como os funerais, como as cerimônias, como os relatos legendários, é um operador, um intensificador de poder."

[839] FOUCAULT , Michel. **Genealogia e poder**. *in* Microfísica do poder. (trad. Roberto Machado) 13 ed. Rio de Janeiro: Graal, 1998, p. 172..

[840] Nesse sentido, ver melhor em: MUCHAIL, Salma Tannus. **Sobre o conceito de genealogia em Michel Foucault**. Revista do Curso de Filosofia, Curitiba, Ed. da PUC-PR, a. XIII, n. 12, p. 07-33, jan./jul. 2001.

de conhecimentos e práticas eternas de uma historiografia tradicional que descrevia evoluções, para avanços e retrocessos. Em suma, a genealogia é o abandono da imagem continuista e progressista da história, ao mesmo tempo que é o cuidado com os cortes, as rupturas, as descontinuidades, os jogos de saber e poder envolvidos nas práticas, e, por conseguinte, nos discursos e no saber de uma determinada episteme. Através do abandono do sujeito da história, do homem genérico, Foucault desmascara com sua genealogia a existência de uma figura que se mantém ao longo do tempo. Nesse sentido, a genealogia seria um método que daria conta da constituição dos saberes, dos discursos, dos objetos, das tramas do poder e de suas relações que se inserem, por exemplo, no "corpo", sem a referência explícita e direta a um sujeito, transcendendo ao campo dos acontecimentos, e fazer dizer a verdade da história, ou melhor, a história das inúmeras verdades.

A história tradicional, quando perguntada sobre a historiografia das ideias, para Foucault, conhecia apenas dois métodos: o método da analogia, no qual se seguia o espírito de uma época, as vias de difusão no tempo (gêneses, filiações, parentescos, influências), e o método psicológico, no qual se negavam os conteúdos, uma espécie de psicanálise dos pensamentos.[841] No entanto, a crítica de Foucault a esse modo de se refletir a história se evidencia desde o momento de *Surveiller et Punir*, pois como salienta Ítalo Tronca[842], este não é um livro qualquer de história, mas um livro que não utiliza mais grandes historiadores, senão ensaios de arquivos pouco conhecidos, um abandono das evidências na construção da história das prisões. Diz Tronca que o livro chocou muitos cientistas sociais, além dos historiadores, visto que não lá se buscou, de modo algum, encontrar um culpado ao longo da história para as condições e origens do enclausuramento, um responsável ao menos, pois se negou em grande parte a ideia de um sujeito visível. Foucault não busca apenas narrar a história, mas demonstrar sua prática, seu saber informante, não quer simplesmente construir linhas evolutivas de um dado objeto, mas estabelecer suas regras de produção e funcionamento. Nessa linha, a história não é mera narrativa fática, mas o reescrever espaço-temporal de um conceito em movimento, a sua fundação e suas transformações, é, pois, desse modo, que a Foucault não interessa, na historiografia da prisão e do crime, a simples descrição fria dos estabelecimentos prisionais, nem tampouco importa a sua

[841] FOUCAULT, Michel. **O nascimento da clínica** ..., p. XVI.

[842] TRONCA, Ítalo A. **Foucault e a história: um espaço em branco.** *in* Foucault Vivo (org. Ítalo Tronca) Campinas: Pontes, 1987, p. 8.

evolução em termos estritamente teóricos ao Direito Penal e à Criminologia, interessa, sim, estudar os crimes e o comportamento criminoso a partir das práticas punitivas e do modelo disciplinar. A Foucault carece de importância na história do conceito da loucura os seus aspectos exclusivamente científicos, mas sobretudo, seu aspecto cultural, sua representação artística, seu elemento divisor em relação à não-loucura, a diferença entre a razão e a desrazão, entre o normal e o patológico.

A Foucault não importa a construção de uma linha temporal da "clínica"[843], mas o seu aparecimento na história, seu conteúdo de exclusão e desenvolvimento científico, sua alteração no modo de olhar e perceber, a sua alteração na experiência medida, seu novo recorte das coisas, seus princípios de articulação com o doente e a doença, eis a sua historiografia. Não lhe interessa a sexualidade como simples forma de representação da prostituição nos cabarés e os cafeicultores, e hoje nas casas noturnas e a burguesia, como meio de estabelecer-lhe um conteúdo histórico, mas a sexualidade enquanto experiência do saber, da moralidade, suas formas de subjetividade, enfim, na esteira de Tronca, a constituição do objeto explicado por aquilo que foi a sua prática. Em suma, Foucault se refere a esse método historiográfico com uma 'história das problematizações' (*histoires des 'problématiques'*), isto é, uma historiografia contra uma história das ideias, das mentalidades, dos comportamentos, como afirmara certa vez a Paul Rabinow: "Por muito tempo eu procurei saber se seria possível caracterizar a história do pensamento em contraposição à história das ideias – isto é, da análise dos sistemas de representação – e da história das mentalidades – ou seja, da análise das atitudes e dos esquemas de comportamento. Parece-me que havia um elemento inerente à caracterização da história do pensamento: ou seja, era o que se poderia chamar os problemas, ou mais exatamente, as problematizações."[844]

O campo da arqueologia só se abre através de uma rede de relações entre enunciados. O enunciado é, como já refletido, a unidade suprema, espécie

[843] FOUCAULT, Michel. **O nascimento da clínica**. (trad. Roberto Machado) 5 ed. Rio de Janeiro: Forense Universitária, 1998, p. XVII.

[844] RABINOW, Paul. **Polémique** ..., p. 597. "P.R. – Vous parlez, depuis peu, d'une 'histoires des problématiques' Qu'entendez-vous au juste par là? – M.F. – J'ai longtemps cherché à savoir s'il serait possible de caractériser l'histoire de la pensée en la distinguant de l'histoire des idées – c'est-à--dire de l'analyse des système de représentations – et de l'histoire des mentalités – c'est-à-dire de l'analyse des atitudes et des schémas de comportement. Il m'a semblé qu'il y avait un élément qui était de nature à caractériser l'histoire de la pensée: c'était ce qu'on pourrait appeler les problèmes ou plus exactement les problématisations." [trad. do autor. "P.R. – Há pouco, você falou de uma história das problematizações. O que isso significa para você? . M.F. – ..."]

de átomo do discurso[845], como diria Annie Guedez, não mera proposição lógica, frase gramatical ou conversa, é uma função de existência que pertence de direito aos signos e a partir da qual se pode decidir pela análise ou pela intuição. Encontra-se sujeito à apreciação de uma análise linguística. "Sua relação com o discurso não é comparável nem à relação do significante com o significado, nem à do nome com a coisa designada, nem ainda à da frase com o sentido, visto que ele só pode ser determinado numa relação enunciativa precisa."[846] A arqueologia, a partir dessa primazia conceitual, nada busca "que uma reescrita, ela se pretende a transformação regulamentada do que já foi escrito, a descrição sistemática de um objeto."[847] A arqueologia critica, segundo Annie Guedez, a história tradicional, estudada durante muito tempo para servir de guia ao pensamento político, depois pretendida ciência exata à maneira das ciências naturais, mais tarde ainda, no século XIX (Comte, Hegel, Groce) concebida sob a forma de um desenvolvimento lógico. A história geral parte à procura de um ritmo mais amplo e esta ondulação lenta da continuidade opõe-se à teoria corpuscular da história das ideias. Para Foucault, a História nunca pôde prescindir de um fio pelo qual se ligam os acontecimentos esparsos. A arqueologia, ao contrário, opta por romper este fio e assume deliberadamente as brechas, descobrindo, especialmente na cultura, o descontínuo, isto é, o fato de na cultura, em alguns anos, às vezes, deixar de pensar como o tinha feito até então e começar a pensar outra coisa e de modo diferente.[848] Como diz Annie Guedez, "o que empreende o arqueólogo é definir, não os pensamentos, as representações, as imagens, os temas, as obsessões que se ocultam ou se manifestam no discurso, mas os próprios discursos, enquanto práticas que obedecem a regras."[849] A arqueologia, nessa interpretação dada por Annie Guedez, não deve relacionar-se senão com uma população de acontecimentos, acontecimentos estes que serão inscritos nos corpos[850], que

[845] GUEDEZ, Annie. **Foucault.** (col. Iniciação e Debate) (trad. Edson Braga de Souza). São Paulo: Edusp, 1977, p. 66.

[846] GUEDEZ, Annie. **Foucault**..., p. 66.

[847] GUEDEZ, Annie. **Foucault**..., p. 65.

[848] GUEDEZ, Annie. **Foucault**..., p. 34.

[849] GUEDEZ, Annie. **Foucault** ..., p. 58.

[850] FOUCAULT, Michel. FOUCAULT, Michel **Nietzsche, la généalogie, l'histoire**. *in* Dits et Écrits (org. Daniel Defert et François Ewald). Paris: Gallimard, v. 2, 1994, p. 143. "... sur le corps, on trouve le stigmate des événements passés, tout comme de lui naissent les désirs, les défaillances, et les erreurs. Le corps: surface d'inscription des événements. Elle (la généalogie) doit montrer le corps tout imprimé d'histoire, et l'histoire ruinant le corps." [trad. br. **Nietzsche, a genealogia, a história**. *in* Microfísica do poder. (trad. Roberto Machado) 13 ed. Rio de Janeiro:

caberá ao arqueológo desvelar[851]. O arqueólogo precisa renunciar a qualquer conjunto de noções pelas quais o discurso que quer analisar, em vez de ser manifestado em sua singularidade, é simbolizado numa continuidade que nada fundamenta, a não ser a subjetividade do analista. O arqueólogo está sempre preocupado em expulsar as últimas 'sujeições antropológicas'.

A arqueologia, na esteira de Roberto Machado, distancia-se das teses epistemológicas, mas as tem em consideração. É preciso destacar que Foucault nunca criticou, implícita ou explicitamente, a epistemologia:[852] em contraposição a Bachelard (física e química – as ciências da natureza) a Canguilhem (biologia, anatomia, patologia, fisiologia – ciências da vida), busca a história dos discursos (arqueologia – constituição histórica das ciências do homem). A arqueologia, buscando independência de qualquer ciência, quer ser uma crítica da própria racionalidade. Abandonando a questão da cientificidade, que tanto preocupou os epistemólogos franceses, faz uma história dos saberes (em que não há progresso da razão), apenas reflete as ciências do homem enquanto saberes. Reflete as ciências, investiga os saberes (reflexão das ciências) pelo que dizem, como dizem, e porque dizem (foge, assim, da recorrência). Não há um único conceito para a arqueologia, afirma Roberto Machado[853], há vários, tanto que se pode falar numa trajetória da arqueologia. Distintamente de uma história das ideias, consiste num deslocamento da região do conhecimento para a região do saber. A arqueologia, para Foucault, tem sua razão de existir, sobretudo, em função de seu objeto (a medicina e psiquiatria exigem um método capaz de esclarecer e reconstruir sua história), sendo, nessa linha, essencialmente um modo de aproximação[854], um método para o olhar, a per-

Graal, 1998, p. 22. "Sobre o corpo se encontra o estigma dos acontecimentos passados do mesmo modo que dele nascem os desejos, os desfalecimentos e os erros. O corpo: superfície de inscrição dos acontecimentos. A genealogia deve mostrar o corpo inteiramente marcado de história e a história arruinando o corpo."]

[851] DELEUZE, Gilles. **Conversações.** (trad. Peter Pál Pelbart). Rio de Janeiro: editora 34, 1992, p. 109. "Precisamente em Foucault, a superfície torna-se essencialmente superfície de inscrição: é todo o tema do enunciado ao mesmo tempo não visível e não oculto. A arqueologia é a constituição de uma superfície de inscrição."

[852] MACHADO, Robeto. **Ciência e saber** ..., p. 11.

[853] MACHADO, Robeto. **Ciência e saber** ..., p. 14.

[854] FOUCAULT, Michel. **Répondres des questions sur la géographie.** *in* Dits et Écrits (org. Daniel Defert et François Ewald). v. 3 Paris: Gallimard, 1994, p. 30. "...Vouz me demandiez si la géographie a une place dans l'archéologie du savoir. Oui, à condition de changer la formulation. Trouver une place pour la géographie, cela voudrait dire que l'archéologie du savoir a un projet de recouvrement total et exhaustif de tous les domaines du savoir, ce qui n'est pas du tout ce que j'ai en tête. L'archéologie du savoir n'est jamais qu'un mode d'approche." [trad. do autor: " Você me

cepção e o saber. Foucault, distancia-se[855], embora se aproxime da epistemologia francesa, e sobretudo de Canguilhem, na ideia que este propõe sobre conceito, visto que a história das ciências deve ser, igualmente, conceitual. A mobilidade do conceito de arqueologia representa, em si mesma, uma crítica à ideia de um método imutável, sistemático e universalmente aplicável.

Apesar de tudo o que já se esboçou acerca da originalidade e da vasta reflexão histórica realizada por Foucault, seja no âmbito das ciências, seja no âmbito da filosofia, a questão que ainda se poderia ainda pensar diz respeito a ser ou não Foucault um historiador. Para tal compreensão, é preciso alertar que Foucault, saudado por grandes nomes como Robert Mandrou e Fernand

perguntava se a geografia tem um lugar na arqueologia do saber. Sim, com a condição de modificar a formulação. Encontrar um lugar para a geografia significaria dizer que a arqueologia do saber tem um projeto de redescobrimento total e exaustivo de todos os domínios do saber, o que não é definitivamente o que tenho em mente. A arqueologia do saber não é mais que um modo de aproximação."]

855 MACHADO, Robeto. **Arqueologia** ..., p. 26-27. "Al analizar la historicidad de la ciencia en el nivel de los conceptos, la epistemología niega las continuidades de las historias retrospectivas que asignala importancia a los temas y a las teorías. Historia conceptual, la arqueología, lo mismo que la epistemología, es discontinua, pero el tipo de discontinuidad que descubre es de otra índole. La epistemología, recordémosla, tiene por objeto las ciencias en su historicidad. Procede partiendo de la constitución histórica de sus conceptos, del tipo de progreso que los caracteriza, de la conquista de la objetividad que las ciencias manifiestan, de su producción de verdad y de los criterios de racionalidad que ellas instauran. La arqueología, que tiene el saber como objeto, reivindica su independencia respecto del proyecto epistemológico al afirmar la anterioridad del saber en relación con las ciencias. Verdad es que Foucault nunca puso el acento sobre la cuestión de la cientificidad, y la idea de arqueología es inherente a la preocupación de escapar a la tarea epistemológica. La historia arqueológica no es ni evolutiva ni retrospectiva, ni siquiera recurrente: es epistémica. No postula la existencia de un proceso continuo o discontinuo, sino que concibe la discontinuidad al neutralizar la cuestión del progreso." [trad. do autor "Ao analisar a historicidade no nível dos conceitos, a epistemologia nega as continuidades das histórias retrospectivas que assinala importância aos temas e às teorias. História conceitual, a arqueologia, da mesma forma que a epistemologia, é descontínua, mas o tipo de descontinuidade que descobre é de outra índole. A epistemologia, recordemos, tem por objeto as ciências em sua historicidade. Procede partindo da constituição histórica de seus conceitos, do tipo de progresso que os caracteriza, da conquista da objetivadade que as ciências manifestam, de sua produção de verdade e dos critérios de racionalidade que elas instauram. A arqueologia, que tem o saber como objeto, reivindica sua independência em respeito do projeto epistemológico ao afirmar a anterioridade do saber em relação com as ciências. A verdade é que Foucault nunca pôs a devida atenção sobre a questão da cientificidade, e a ideia de arqueologia é inerente à preocupação de escapar à tarefa epistemológica. A história arqueológica não é nem evolutiva, nem retrospectiva, nem sequer recorrente: é epistêmica. Não postula a existência de um processo contínuo ou descontínuo, senão que concebe a descontinuidade ao neutralizar a questão do progresso."]

Braudel[856], juntamente com outros historiadores, Arlette Farge e Michelle Perrot, essencialmente engajados em suas teorizações, realizou trabalhos em comum, sobretudo, a favor de seu principal propósito, a história dos excluídos pelos pensadores tradicionais, quais sejam das mulheres, dos homossexuais, dos marginais ou dos prisioneiros. A relação complicada com os historiadores clássicos se deu em virtude de Foucault ter dado fundamental importância à epistemologia, segundo as palavras de François Dosse[857]. Apesar de muitas das ironias foucaultianas[858] e debates infecundos, como os realizados com seus críticos, em especial Jean Léonard, o método historiográfico de Foucault ganha relevo, e algumas vezes, responde críticas duras, como expõe em "*La Poussière et le Nuage*"[859]. Foucault afirma que o seu objeto não é o campo da história social, mas está localizado em outro nível, o das práticas discursivas, esta é, pois, a resposta que dá aos historiadores tradicionais, quando diz que a história que buscou realizar em "*Surveiller et Punir*" não foi a mera narrativa da sociedade francesa nos séculos XVIII e XIX, nem tampouco uma história das

[856] ERIBON, Didier. **Michel Foucault e seus contemporâneos**. (trad. Lucy Magalhães) Rio de Janeiro: Jorge Zahar, 1996, p. 101. "O historiador (Braudel), efetivamente, se interessou pelos trabalhos de Foucault desde a publicação de *Folie et déraison*.. Publicará, nos *Annales*, em 1962, uma 'nota' muito elogiosa sobre a obra, depois de uma longa resenha, igualmente elogiosa, de Robert Mandrou."

[857] DOSSE, François. **História do estruturalismo: o canto do cisne de 1967 aos nossos dias**. (trad. Álvaro Cabral) v. 2. São Paulo: Ensaio, 1994, p. 288.

[858] FOUCAULT, Michel. **Non au sexe roi**. *in* Dits et Écrits (org. Daniel Defert et François Ewald). Paris: Gallimard, v. 3, 1994, p. 257-258. "B. H. – Une nouvelle révolution dans le concept d'histoire? L'aurore d'une autre 'nouvelle histoire'. M. F. – Les historiens, il y a des années, ont été très fiers de découvrir qu'ils pouvaient faire non seulement l'histoire des batailles, des rois et des institutions, mais celle de l'économie. Les voilà tout éberlués parce que les plus malins d'entre eux leur ont appris qu'on pouvait faire aussi l'histoire des sentiments, des comportements, des corps ...". [trad. br. **Não ao sexo rei**. *in* Microfísica do poder. (trad. Roberto Machado) 13 ed. Rio de Janeiro: Graal, 1998, p. 230. "B.H. – Uma nova revolução no conceito de história? A aurora de uma outra 'nova história'." M. F. – Há anos, os historiadores ficaram muito orgulhosos quando descobriram que podiam fazer não somente a história das batalhas, dos reis e das instituições, mas também a história da economia. Ei-los todos estupefatos por terem os mais maliciosos dentre eles mostrado que também se podia fazer a história dos sentimentos, dos comportamentos, dos corpos. ..."]

[859] FOUCAULT, Michel. **La poussière et le nuage**. *in* Dits et Écrits (org. Daniel Defert et François Ewald). Paris: Gallimard, v. 4, 1994, p. 19. ". C'est pourquoi il faut être reconnaissant à M. Léonard d'avoir fait apparaître ces problèmes avec une telle lucidité. Il a saisi parfaitment l'importance méthodologique de tout un lot de notions dont on fait un usage de plus en plus étendu: stratégie, tactique, objectif, etc." [trad. do autor "... É porque é preciso reconhecer ao Senhor Leonard de ter feito aparecer estes problemas com uma tal lucidez. Ele pegou perfeitamente a importância metodológica de todo um lote de noções das quais se faz um uso cada vez mais estendido: estratégia, tática, objetivo, etc..."]

prisões, mas sim, "um capítulo da história da razão punitiva."[860] Nas palavras de François Dosse: "Foucault punha a história na berlinda, interrogando-se, como toda sua geração estruturalista, para entender como, no próprio berço da civilização ocidental, ela tinha podido dar origem ao monstro nazista e ao totalitarismo stalinista. No âmago de sua relação com a história existe, sem dúvida, esse traumatismo que o leva a não se contentar com aparências enganadoras, a revelar o avesso e a apreender, por trás das proclamações do iluminismo, o estabelecimento de dispositivos de submissão: por trás da liberdade, a grande reclusão; por trás da igualdade, a escravidão do corpo; por trás da fraternidade, a exclusão. É uma visão sombria da história que nos oferece Foucault, uma crítica radical da modernidade."[861] Insiste Dosse, que é a partir do encontro de Foucault com outros historiadores, como Pierre Nora e como Arlette Farge, com a qual publica "*La Désordre des Familles*", bem como através de "*Surveiller et Punir*" que surge a sua aproximação efetiva com os historiadores da Escola dos Annales.[862]

A Escola dos Annales surgiu em 1929, em função da revista "Annales", composta inicialmente por March Bloch e Lucien Fèbvre. March Bloch, em seu livro "Os reis taumaturgos", relata sobre um novo modo de ver a sociedade da Idade Média, enquanto Lucien Fèbvre, em seu livro "O problema da descrença", em que comenta François Rabelais, inicia a história das mentalidades, afirmando que jamais se pode olhar o passado com os olhos do presente. Um movimento exclusivamente historiográfico, que tinha por objetivo maior, combater a história tradicional ou, a então conhecida, história positivista, através de uma visão histórica completamente contrária. Tinha características centrais: 1) Contra a história narração, a favor da história problema; 2) Valorização da história presente para a compreensão do momento, e não uma história morta sobre um passado morto; 3) Uso de recursos quantitativos (serial), uma história demográfica, através de gráficos; 4) A geohistória, não como um determinismo geográfico, porém como reconhecimento de mudanças estruturais e lentas. 5) Uma história comparativa, tal como a antropologia a faz. Divide-se essencialmente em três períodos: 1º) Vai de 1929 a 1945, quando M. Bloch, escreve "*Introdução à história*"; e Lucien. F., "*Combates pela história*", no qual se iniciam os grandes combates à antiga história; 2º) Vai de 1945 a 1968, quando

[860] DOSSE, François. **História** ..., p. 290.
[861] DOSSE, François. **História** ..., p. 290.
[862] DOSSE, François. **A história à prova do tempo: da história em migalhas ao resgate do sentido.** (trad. Ivone Castilho Benedetti) São Paulo: Unesp, 2001, p. 214.

Fernand Braudel, escreve *"A civilização material"*, um dos maiores nomes da história mundial, absorvendo e resumindo ideias da nova história, criando a clássica tripartição da temporalidade: para Braudel, a temporalidade se dividia em três níveis: um nível inicial, chamado 'factual', no qual está presente a ideia dos fatos; um nível secundário denominado 'conjuntural', no qual se afirma a ideia de conjunturas como espaços que duram um certo tempo; e um último nível 'estrutural', o mais importante, no qual se representa a ideia de uma longa duração; 3º) enfim, um período que vai de 1968, do estouro do movimento estudantil, e sobretudo, a evidente crise da história mundial, até os dias de hoje. Com o afastamento de Braudel, começa a escola, tomar rumos distintos, em busca da 'história em migalhas', da história "eclética, dilatada no sentido das curiosidades, às quais não cumpre recusar,"[863] e da história das mentalidades (enfatizando-se a história da sexualidade, a morte, a família, o medo). Perde-se a síntese, retorna-se ao fato, entretanto não se resgata um positivismo, pois havia algo além dos fatos. Nomes importante surgem, como: Jaques Le Goff, Emmanuel Le Roy Ladurie e Georges Duby.

É com essa escola, em seu último período, que Foucault, a partir de 1969, e efetivamente com a publicação de *"Surveiller et Punir"*, passa a dialogar. Foucault, então, da difícil tarefa da desconstrução, da fragmentação dos historiadores, passa a falar de histórias, e não mais na História, dilata, estende, amplia o território da história, multiplica seus objetos, bem como recepciona a divisão antropológica entre história e diacronia. Nessa perspectiva, afirma Axel Honneth: "Quase nesse mesmo sentido, Foucault pode preferir um conceito revisto da história do pensamento às suas reflexões sobre a teoria científica; com a noção de "monumento" os títulos correspondentes da "Arqueologia" devem destacar sua particularidade. De todas as estimulações terminológicas da epistemologia de Gaston Bachelard, bem como das ideias históricas da Escola dos Annales, Foucault escolhe as formulações para caracterizar seu novo modelo de historiografia; a loucura negativa de sua caracterização representa novamente o modelo filosófico de suas reflexões históricas, desta vez sob o aspecto diacrônico da 'história global'."[864] Dessa relação de Fou-

[863] DOSSE, François. **História ...**, p. 296.

[864] HONNETH, Axel. **Kritik der macht: reflexionsstufen einer kritischen gesellschafstheorie**. Frankfurt: Suhrkamp Verlag, 1986, p. 143. "In diesem ungefähren Sinn kann Foucault ein revidiertes Konzept der Geistesgeschichte seinen wissenschaftstheorietischen Überlegungen voranstellen; der mit dem Begriff des 'Monuments' korrespondierende Titel der 'Archäologie' soll dessen Eigenart signalisieren. In die Formulierungen, die Foucault wählt, um sein neues Modell der geschichtsschreibung zu kennzeichnen, sind vor allem die terminologischen Anregungen der

cault com a Escola dos Annales inúmeras obras vívidas estréiam no cenário da historiografia, *Faire de l'histoire, Bibliothèque des Histoires*, com Jacques Le Goff, Pierre Nora e Emmanuel Le Roy Ladurie[865]. Em razão da abertura da história a novos ramos das ciências humanas, como a filosofia e a sociologia, e a perda dos limites da unidade da história, constitui-se um novo momento para a historiografia, um desafio importante, ou seja, o desconstrucionismo, nas palavras de Dosse[866]. A fragmentação da história renuncia drasticamente à construção hegeliana, e, em decorrência, o sujeito passa a ser relativizado no pensamento historiográfico. Como se verá adiante, apesar de alguns pensadores indicarem Foucault para o centro do próprio estruturalismo, como é o caso de François Dosse, François Wahl, e, especialmente Hubert Lepargneur, o próprio Foucault se nega enquanto estruturalista, e esse posicionamento do sujeito excêntrico não decorre de uma concepção estruturalista, para a qual o homem estaria morto, mas, sobretudo, de uma desvalorização do sujeito como único momento da história, ou seja, passou a se questionar outras formas de história, muitas vezes distante da 'humanidade' como é o caso de Le Roy Ladurie que publica um estudo sobre o clima desde o ano 1000 "*Histoire du climat depuis l'an 1000*". Há, evidentemente, a crítica feita ao 'olhar onde se posiciona o historiador': rompe-se com a temporalidade homogênea da história, com um saber histórico total, uma significação global, para ir-se em busca de uma nova construção histórica, em que os objetos se articulem, tornem-se saber, mas, ainda mais, tornem-se práticas. Nessa mesma linha desconstrutivista da história, encampanada por Foucault e esmiuçada pela Escola dos Annales e a epistemologia francesa, no âmbito da história das ciências, outro historiador de destaque vem agregar forças a esse movimento, Paul Veyne.

Epistemologie Gaston Bachelards und des Geschichtsbegriffs der 'Annales' Schule eingeflossen; die Negativfolie seiner Charakterisierung stellt wiederum das reflexionsphilosophische Modell der Geschichtsbetrachtung dar, diesmal unter dem diachronen Aspekt der 'globalen Geschichte'." [trad. do autor.]

865 Foucault numa entrevista a G. Gauthier, ressalta a importância de Le Roy Ladurie. GAUTHIER, G. **Le retour de Pierre Rivière.** *in* Dits et Écrits (org. Daniel Defert et François Ewald). v. 3 Paris: Gallimard, 1994, p. 119. "C'est là l'une des choses intéressantes qui se passent actuellement: l'un des livres d'histoire qui a eu le plus de succès ces derniers mois, c'est le livre de Le Roy Ladurie sur Montaillou." [trad. do autor "Está aí, uma das coisas interessantes que se passam atualmente: um dos livros de história que teve o maior sucesso estes últimos meses, é o livro de Le Roy Ludurie sur Montaillou."]

866 DOSSE, François. **História** ..., p. 294-295. "O campo que ela (a história) ocupava sozinha como sistema de explicação das sociedades pelo tempo é invalidado por outras ciências de fronteiras mal definidas, que ameaçam aspirá-la e dissovolvê-la."

Para Paul Veyne, o historiador não pode deixar de ser um positivista, porque a sua disciplina depende da ideografia, nas afirmações de Dosse[867], "a história com maiúscula não existe, apenas o que existe são histórias de ...". Veyne, em aditamento posterior a seu livro *"Comment on écrit l'histoire"*, acrescentando sua incorporação do método foucaultiano "*... et Foucault révolutionne l'histoire*", faz uma breve interpretação de um dado momento histórico, a suspensão dos combates de gladiadores[868] a partir das práticas do poder político, e não da mera descrição ou narração fática, para mostrar e buscar as fontes da explicação para o seu desaparecimento. Diz Veyne, que a visão proposta pela história tradicional é que o fim dos combates de gladiadores teria ocorrido em razão da primazia do pensamento cristão, e consequentemente, da humanização do pensamento e do poder, todavia, analisando as práticas de poder, pelo método foucaultiano, descobre o historiador da era clássica que por razões muitos distintas se deu tal fim. Afirma Veyne, que os imperadores adotaram uma outra prática do poder que, ao virarem paternais, este modo de ser era incompatível com a existência dos gladiadores. Embora se costumasse pensar que o fim se dera pelo fortalecimento do cristianismo até o século IV, entende Veyne que a gladiatura passou a ser condenada, do mesmo modo que a prostituição[869], pois ao mesmo tempo que trazia para muitos prazer e atração, a outros, mais atentos, trazia, sobretudo, medo e horror. Horror não por sentimentalismo, mas evidentemente porque o próprio organizador desses espetáculos era o poder público, o soberano, o qual havia, na concepção contratualista, sido criado justamente para proteger os homens do estado de natureza, onde reinava a fúria e a animalidade. Enfim, entende Veyne, que a cessação dos combates de gladiadores no século dos imperadores cristãos não se deu em razão de alteração na concepção de poder, na qual este se teria humanizado ou cristianizado, contudo, porque houve uma nova forma de perceber tal comportamento público, que passava a complicar até mesmo a vida dos súditos. Com isso, o historiador procura demonstrar que outras questões que permitem melhor compreender o momento histórico estão para além da mera evidência, encontram-se na parte oculta (do *iceberg*), não ideológica, e

[867] DOSSE, François. **História ...**, p. 297.

[868] VEYNE, Paul. **Como se escreve a história e Foucault revoluciona a história**. 3 ed. Brasília: Edunb, 1997, p. 240.

[869] VEYNE, Paul. **Como ...**, p. 241. "Os gladiadores tinham, na Antigüidade, precisamente, a reputação ambivalente das vedetes do cinema pornô: quando não fascinavam como vedetes de arena, causavam horror, porque esses voluntários da morte lúdica eram, ao mesmo tempo, assassinos, vítimas, candidatos ao suicídio e futuros cadáveres ambulantes."

por isso, exigem um método capaz de 'escavar' o que está por detrás, a prática que se esconde por detrás do objeto que a reificou, "é preciso desviar os olhos dos objetos naturais para perceber uma certa prática, muito bem datada, que os objetivou sob um aspecto datado como ela."[870] De consequência, há que se atentar ao fato de que o historiador deve compreender as objetivações realizadas ao longo do tempo, perceber o que está 'além da objetividade', as práticas que a envolvem, pois só assim se poderia, então, visualizar o que está para além da visibilidade, o que é invisível. Reconhece-se aqui, o que Deleuze resgata em suas interpretações de Foucault, a existência de "estratos ou formações históricas, camadas sedimentares, feitas de coisas e de palavras, de ver e de falar, de visível e de dizível, de regiões de visibilidade e campos de legibilidade, de conteúdos e de expressões."[871].

Ainda na esteira de Paul Veyne, é destas invisibilidades de que fala Foucault; ele "fala sobre o mesmo que nós, ou seja, por exemplo, da conduta prática de um governo, somente a mostra como é verdadeiramente, arrancando-lhe a veste drapeada."[872] Eis o que tanto buscou fazer Foucault ao longo de seus livros, eis o seu método arqueogenealógico. Com a obra *Naissance de la Clinique*, como inicialmente visto, Foucault buscou fazer uma "reorganização em profundidade não só dos conhecimentos médicos, mas da própria possibilidade de um discurso sobre a doença", procurou mostrar o nascimento da clínica, como uma prática que trazia consigo algo para além da visibilidade, a reestruturação do saber médico – a substituição da salvação pela saúde, a localização da doença no corpo, as práticas políticas de tratamento dos doentes, a construção dos hospitais como meio de exclusão dos enfermos para além do seio social, procurou questionar o nascimento de um novo olhar médico, escrever uma historiografia não da evolução técnica do tratamento familiar do

870 VEYNE, Paul. **Como** ..., p. 243.

871 DELEUZE, Gilles. **Foucault** ..., p. 55. "Les strates sont des formations historiques, positivités ou empiricités. Couches sédimentaires, elles sont faites de choses et de mots, de voir et de parler, de visible et de dicible, de plages de visibilité et de champs de lisibilité, de contenus et d'expressions." [trad. br. **Foucault**. (trad. Claudia Sant'Anna Martins) São Paulo: Brasiliense, 1988, p. 57.]

872 VEYNE, Paul. **Como** ..., p. 251."A prática não é uma instância (como o id freudiano) nem um primeiro motor (como a relação de produção), e, aliás, não há em Foucault nem instância nem primeiro motor (há, em contrapartida, uma matéria, como veremos). É por isso que não há inconveniente grave em denominar provisoriamente essa prática de parte oculta do *iceberg*, para dizer que ela só se apresenta à nossa visão espontânea sob amplos drapeados e que é grandemente preconceptual; pois a parte escondida de um *iceberg* não é um instância diferente da parte emersa: é de gelo, como esta, também não é o motor que faz movimentar-se o *iceberg*; está abaixo da linha de visibilidade, isso é tudo."

doente às clínicas da nova era, mas de sua consequente relação com o saber, e sobretudo, com sua evidente e indissociável ligação com o poder. Escreve Foucault, às palavras de Deleuze, uma cartografia dos focos de poder pelas quais passou o surgimento do tratamento médico hospitalizado e científico. Evidencia Foucault a espacialização terciária da doença[873], suas implicações que vão para além do corpo, da clínica, do vísivel, vão em direção aonde as práticas se ocultam, estão atrás do *iceberg*, descrito por Veyne, que tampouco se encontram naquela linha de visibilidade, são ainda enunciados, arquivos que se estabelecem, uma espécie de bio-história[874], que até então não se valorizava. Reescrever a história da medicina, significa olhá-la como um fenômeno interligado e igualmente dominado por enunciados colaterais, como diria Foucault: "é preciso testemunhar com a mesma modéstia e mesmo orgulho, e afirmar que a medicina não deve ser rejeitada nem adotada como tal, mas que a medicina faz parte de um sistema histórico, que ela não é uma ciência pura, mas que ela faz parte de um sistema econômico, e de um sistema de poder, o qual deve ser necessariamente posto entre a medicina, a economia,

[873] FOUCAULT, Michel. **O nascimento ....**, p. 16. "Chamar-se-á espacialização terciária o conjunto dos gestos pelos quais a doença, em uma sociedade, é envolvida, medicamente investida, isolada, repartida em regiões privilegiadas e fechadas, ou distribuídas pelos meios de cura, organizados para serem favoráveis. Terciária não significa que se trate de uma estrutura derivada e menos essencial do que as precedentes; ela implica um sistema de opções que diz respeito à maneira como um grupo, para se manter e se proteger, pratica exclusões, estabelece as formas de assistência, reage ao medo da morte... ela é, porém o lugar de dialéticas diversas, lutas políticas, reivindicações e utopias, pressões econômicas, afrontamentos sociais. Nela, todo corpo de práticas e instituições médicas articula as espacializações primária e secundária com as formas de um espaço social de que a gênese, a estrutura e as leis são de natureza diferente. E no entanto, ou melhor, por isso mesmo, ela é o ponto de origem dos questionamentos mais radicais. A partir dela, a experiência médica oscilou e definiu, para suas percepções, dimensões mais concretas e um novo solo."

[874] FOUCAULT, Michel. **Crise de la médecine ou crise de l'antimédecine**. (trad. D. Reynié) *in* Dits et Écrits (org. Daniel Defert et François Ewald). v. 3 Paris: Gallimard, 1994, p. 48. "Ce phénomène qui caractérise l'histoire de la médecine moderne acquiert aujourd'hui une nouvelle dimension dans la mesure où, jusqu'à ces dernières décennies, le risque médical concernait seulemente l'individu soigné (la découverte des anesthésiques). Aujourd'hui, avec les techniques dont dispose la médecine, la possibilité de modifier la structure génétique des cellules n'affecte pas seulement l'invidivu ou sa descendace, mais l'espèce humaine tout entière. Apparaît alors une nouvelle dimension des possibilités médicales que j'appellerai la question de la bio-histoire." [trad. do autor "Este fenômeno que caracteriza a história da medicina moderna aceita hoje uma nova dimensão na medida em que, até estas últimas décadas, o risco médico envolvia somente o indivíduo tratado (a descoberta dos anestésicos). Hoje, com as técnicas de que dispõe a medicina, a possibilidade de modificar a estrutura genética das células não afeta apenas o indivíduo, ou sua descendência, mas a espécie humana inteira. Aparece então, uma nova dimensão das possiblidades médicas que eu chamaria a questão da bio-história."]

o poder e a sociedade para determinar em qual medida é possível de retificar ou aplicar o modelo."[875].

Quando Foucault fala sobre o nascimento da medicina em *La Naissance de la Médecine Social*, está a refletir não sobre a abordagem privada da medicina, com o desenvolvimento do capitalismo, mas ao contrário, fala sobre uma certa tecnologia que se instaura no corpo social, que está para além da relação paciente-médico[876], diz "... pode-se dizer – como dizem alguns, em uma perspectiva que pensam ser política, mas que não é por não ser histórica – que a medicina moderna é individual porque penetrou no interior das relações de mercado? Que a medicina moderna, na medida em que é ligada a uma economia capitalista, é uma medicina individual, individualista, conhecendo unicamente a relação de mercado do médico com o doente, ignorando a dimensão global, coletiva, da sociedade. Procurarei mostrar o contrário: que a medicina moderna é uma medicina social que tem por *background* uma certa tecnologia do corpo social; que a medicina é uma prática social que somente em um de seus aspectos é individualista e valoriza as relações médico-doente. Minha hipótese é que com o capitalismo não se deu a passagem de uma medicina coletiva para uma medicina privada, mas justamente o contrário; que o capitalismo, desenvolvendo-se, socializou um primeiro objeto que foi o corpo

[875] FOUCAULT, Michel. **Crise de la médecine** ..., p. 58. "Il faut témoigner de la même modestie et du même orgueil et affirmer que la médecine ne doit pas être rejetée ni adoptée comme telle, que la médecine fait partie d'un système historique, qu'elle n'est pas une science pure, qu'elle fait partie d'un système économique et d'un système de pouvoir, qu'il est nécessaire de mettre au jour les liens entre la médecine, l'économie, le pouvoir et la société pour déterminer dans quelle mesure il est possible de rectifier ou d'appliquer le modèle." [trad. do autor.]

[876] FOUCAULT, Michel. **La naissance de la médecine sociale**. *in* Dits et Écrits (org. Daniel Defert et François Ewald). v. 3 Paris: Gallimard, 1994, p. 209-210. "Peut-on affirmer, comme le fonte certains, que la médecine moderne est individuelle parce qu'elle a pénétré à l'intérieur des relations de marché? Que la médecine moderne, dans la mesure où elle est liée à une économie capitaliste, est une médecine individuelle ou individualiste qui ne connaît que la relation de marché qui unit le médecin au malade et ignore la dimension globale, collective de la société? On pourrait montrer que ce n'est pas le cas. La médecine moderne est une médecine social dont le fondement est une certaine technologie du corps social; la médecine est une pratique sociale, et l'un de ses aspects seulement est individualiste et valorise les relations entre le médecin et le patient. Je soutiens l'hypothèse qu'avec le capitalisme on n'est pas passé d'une médecine collective à une médecine privée, mais que c'est précisément le contraire qui s'est produit; le capitalisme, qui se développe a d'abord socialisé un premier objet, le corps, en fonction de la force productive, de la force de travail. On pourrait reconstituer les trois étapes de la formation de la médecine sociale: d'abord, médecine d'État, puis médecine urbaine et, enfin, médecine de la force de travail." [trad. br. **O nascimento da medicina social**. *in* Microfísica do poder. (trad. Roberto Machado) 13 ed. Rio de Janeiro: Graal, 1998, p.79-80.]

enquanto força de produção, força de trabalho, reconstituindo-se três etapas na formação da medicina social: medicina de Estado, medicina urbana e, finalmente, medicina da força de trabalho." Este projeto foucaultiano se evidencia fartamente em outras obras: escavar o que está para além da mera construção física de prisões celulares, em *Surveiller et Punir*[877], o que não pertence ao campo da observação da *Histoire de la Folie*[878], em que os locais de exclusão dos leprosos cedeu lugar aos ainda excludentes hospícios, o que está na invisibilidade da sexualidade, refletida em *Histoire de la Sexualité*[879], na qual desmistifica o que até então se acreditava ser a transformação da sexualidade em discurso, a colocação do sexo em discurso um modo de repressão sexual, para escavar nos enunciados, ao compreender que a transformação em discurso contribuiu

[877] FOUCAULT, Michel. **Vigiar e punir.** (trad. Raquel Ramalhete) 11 ed. Petrópolis: Vozes, 1994, p. 26. "... O presente estudo obedece a regras: 1) Não centrar o estudo dos mecanismos punitivos unicamente em seus efeitos repressivos, só em seu aspecto de sanção, mas recolocá-los na série completa dos efeitos positivos que eles podem induzir, mesmo se à primeira vista são marginais. Consequentemente, tomar a punição como uma função social complexa; 2) Analisar os métodos punitivos não como simples consequências de regras de direito ou como indicadores de estruturas sociais; mas como técnicas que têm sua especificidade no campo mais geral dos outros processos de poder. Adotar em relação aos castigos a perspectiva da tática política; 3) Em lugar de tratar a história do direito penal e a das ciências humanas como duas séries separadas cujo encontro teria sobre uma ou outra, ou sobre as duas talvez, um efeito, digamos, perturbador ou útil, verificar se não há uma matriz comum e se as duas não se originam de um processo de formação epistemológico-jurídica; em resumo, colocar a tecnologia do poder no princípio tanto da humanização da penalidade quanto do conhecimento do homem; 4) Verificar se esta entrada da alma no palco da justiça penal, e com ela a inserção na prática judiciária de todo um saber científico não é o efeito de uma transformação na maneira como o próprio corpo é investido pelas relações de poder. Em suma, tentar estudar a metamorfose dos métodos punitivos a partir de uma tecnologia política do corpo onde se poderia ler uma história comum das relações de poder e das relações de objeto."

[878] FOUCAULT, Michel. **História da loucura na idade clássica.** (trad. José Teixeira Coelho Netto) 6 ed. São Paulo: Perspectiva, 2000, p. 6-7. "Desaparecida a lepra, apagado (ou quase) o leproso da memória, essas estruturas permanecerão. Frequentemente nos mesmo locais, os jogos da exclusão serão retomados, estranhamente semelhantes aos primeiros, dois ou três séculos mais tarde. Pobres, vagabundos, presidiários e 'cabeças alienadas' assumirão o papel abandonado pelo lazarento, e veremos que salvação se espera dessa exclusão, para eles e para aqueles que os excluem. Com um sentido inteiramente novo, e numa cultura bem diferente, as formas subsistirão – essencialmente, essa forma maior de uma partilha rigorosa que é a exclusão social, mas reintegração espiritual."

[879] FOUCAULT, Michel. **História da Sexualidade I: a vontade de saber**. (trad. Maria Thereza da Costa Albuquerque) 13 ed. Rio de Janeiro: Graal, 1999, p. 17. "... a colocação do sexo em discurso, em vez de sofrer um processo de restrição, foi, ao contrário, submetida a um mecanismo de crescente incitação; que as técnicas de poder exercidas sobre o sexo não obedeceram a um princípio de seleção das sexualidades polimorfas e que a vontade de saber não se detém diante de um tabu irrevogável, mas se obstinou ..."

ainda mais para a incitação sexual. Enfim, continua Veyne, que a história, interpretada por esse método arqueológico que Foucault estabelecera, não é a utopia, é o reinscrever das 'saliências e reentrâncias das práticas'. As coisas, os objetos não são senão os correlatos das práticas, e a "ilusão do objeto natural dissimula o caráter heterogêneo das práticas."[880] Os governantes, exemplo citado por Veyne, dependendo do momento histórico em que fossem inseridos, estabeleceriam signos diferentes, ora como aqueles que animam crianças, ora aquele que administra fluxos, quando o Senado não está mais presente. Reflete ainda mais longe o historiador: "a tese central de Foucault, e a mais original gira em volta desta questão: o que é feito, o objeto, se explica pelo que foi o fazer em cada momento da história; enganamo-nos quando pensamos que o fazer, a prática, se explica a partir do que é feito."[881]

Assim, para Foucault historiador, no entendimento de Veyne, "a cada momento, as práticas da humanidade são o que o todo da história as faz ser, de tal modo que, a qualquer instante, a humanidade é adequada a ela própria, o que não lhe é nada lisonjeiro."[882] Conclui que a importância de Foucault está no fato dele "afastar as banalidades tranquilizadoras, os objetos naturais em seu horizonte de prometedora originalidade, a fim de devolver à realidade a única, a nossa, sua originalidade irracional, rara, inquietante, histórica. Desnudar, assim a realidade para dissecá-la e explicá-la é uma coisa, acreditar descobrir, por detrás dela, uma segunda realidade que a telecomanda e a explica é uma outra coisa, bem mais ingênua. Foucault ainda é historiador? Não há resposta, verdadeira nem falsa, para essa pergunta, pois a própria história é um desses falsos objetos naturais: ela é o que se faz dela, não deixou de se modificar, ela não prospecta um horizonte eterno: o que Foucault faz chamar-se-á história e, ao mesmo tempo, será história, se os historiadores se apossarem do presente que ele lhes faz e não o considerarem como uvas verdes; em, todo caso, a herança não ficará sem dono, pois a elasticidade natural

[880] VEYNE, Paul. **Como** ..., p. 253.

[881] VEYNE, Paul. **Como** ..., p. 268-269. "Em resumo, em uma certa época, o conjunto das práticas engendra, sobre tal ponto material, um rosto histórico singular em que acreditamos reconhecer o que chamamos, com uma palavra vaga, ciência histórica ou, ainda, religião; mas, em uma outra época, será um rosto particular muito diferente que se formará no mesmo ponto, e, inversamente, sobre um novo ponto, se formará um rosto vagamente semelhante ao precedente. Tal é o sentido da negação dos objetos naturais: não há, através do tempo, evolução ou modificação de um mesmo objeto que brotasse sempre no mesmo lugar. Foucault não diz: 'De minha parte, prefiro o descontínuo, os cortes', mas: 'Desconfiem das falsas continuidades'."

[882] VEYNE, Paul. **Como** ..., p. 273.

(também chamada 'desejo de poder', mas essa expressão é tão equívoca...) tem horror ao vazio"[883].

## 5.3. Rediscutindo a história do direito

Em busca de tópicos para se traçar uma historiografia foucaultiana do discurso jurídico, com base nas teorizações supra esboçadas sobre a epistemologia francesa, sobre Nietzsche, e sobre a historiografia no pensamento de Michel Foucault, bem como, sobre o modo infértil e seletivo de se contar a história no direito, há que se apontar para possíveis contornos e estruturas, de uma nova historiografia jurídica.

A historiografia tradicional do direito, partiu sempre da premissa de um método historiográfico essencialmente narrativo, que se acostumou a celebrar datas e ser meramente descritivo ou factual, como se verificam nos manuais e brochuras jurídicas; pois quando se quer falar, por exemplo, da história dos tributos no Brasil, há 'historiadores' que partem desde os primórdios dos impostos no Brasil Colônia de '1500 a 1822', passando rigorosamente por momentos pontuais, quais sejam: a fase de arrendamento, as capitanias hereditárias, o Governo Geral, o domínio espanhol de '1581 a 1640', o Período da Restauração, os Tempos do Marquês de Pombal e a transferência da família real para o Brasil '1640-1808', o Brasil independente '1822-1889', o Brasil da República, na sua forma Velha '1889-1930', a Revolução de '1930', o Regime Constituicionalista de '1934', a Carta Magna de '1937', a de '1946' e a Redemocratização do País, a nova ordem tributária a partir de '1965', o Código Tributário Nacional, a Carta de '1967' e a Emenda de '1969', chegando, por fim à Constituição de '1988', e às últimas emendas constitucionais, sem quaisquer posicionamentos críticos ou interdisciplinares, sem qualquer.

Uma história que relatar descobertas, tal como se perceberá daqui algum tempo, quando historiadores começarem a narrar os grandes acontecimentos jurídicos do fim do século passado, então se perceberá, que exemplos serão citados como a Lei de Execuções Penais, a Lei dos Juizados Especiais, a Função Social da Propriedade, Penas Alternativas, Código de Hamurabi, Declaração de Direitos do Bom Povo da Virgínia. A história tradicional realizada no Direito foi sempre a história que traçou biografias, mal ou bem tenha acertado Roberto

[883] VEYNE, Paul. **Como** ..., p. 281.

Machado[884], partindo do âmbito filosófico, quando percebeu essa característica criticada por Foucault, eis o que tanto interessa aos juristas, citar nomes, torná-los eméritos, iminentes, doutos, clássicos.

Um história que usualmente fez apenas crônicas dos acontecimentos, que desde então e hoje tanto se vê nos corredores das Faculdades de Direito, seguirem histórias sem nexos, de acontecimentos sem qualquer relevância intrínseca, mas apenas aparente, 'espelhamente'.

Uma história que legitima a novidade do presente, buscando precursores no passado, tal como esforços foram buscados para legitimar, por exemplo, a especialização das Varas Federais, como nas matérias de lavagem de dinheiro. A história tradicional infértil de que se utilizam os processualistas penais quando para compreender o sistema inquisitorial que se apresenta aos olhos dos juristas, vão às sua "origens", pegam textos desde o Malleus Maleficarum, das Encíclicas, às Ordenações; ou como no caso dos penalistas, que para explicarem a evolução das alterações na parte especial do código de 1984, retomam os códigos do início do século, quando pior, da Primeira República, e por fim, os juristas que se voltam ao estudo do Direito Romano, infrutífero e casual, quando as ligações poderiam ser feitas de outra maneira.

A historiografia tradicional do direito, trata-o, ainda, como um ente, uma estrutura metafísica, algo supra-histórico, do qual tudo pode dar-se conta, do qual tudo por ser explicado. É uma história improdutiva, como diria Foucault, uma espécie de cerimônia, que busca justificar o presente pelo passado, esquecendo-se de ocultar um fortalecimento do poder, já que a interpretação é uma expressão da vontade de potência. Uma história que sempre se constituiu de modo estático, numa relação causal, contínua, linear, unitária, privilegiando um saber histórico total, uma significação global, e, pior, progressista. Uma história que esquece as suas migalhas, seus pormenores, seus erros, o que significa dizer, que é uma história que usualmente ressalta apenas as polêmicas de maior relevo Carnelutti x Chiovenda; Windscheid x Mutter; Savigny x Jhering, etc., mas esquece que para além dessas, outras inúmeras se travaram, mas que tampouco encontraram guarida na historiografia do discurso jurídico.

Dessa maneira, em virtude da falibilidade da historiografia tradicional do direito, seria preciso partir das premissas foucaultianas para repensar a escrita da história jurídica. Uma nova historiografia do direito, uma genealogia que tenha como método a arqueologia jurídica, parte, antes de mais nada, do entendimento de que antes de se falar em direito propriamente dito, mais

[884] MACHADO , Roberto. **Ciência** ..., p. 19.

apropriado, seria perceber que o que realmente existe, o que efetivamente se desvela é que o direito é essencialmente um discurso, ou melhor, discursos, nos quais se inserem práticas, saberes, diagramas, disciplinas, através dos quais se esvaecem lutas políticas, contornos inumanos, desentendimentos, desestruturas. É preciso compreendê-la sob um viés de desconstrutividade histórica, como afirmara Paul Veyne, é necessário romper com o modelo tradicionalista, que não vê para além da visibilidade, que não interpreta, sabendo que limita, e se delimita. É indispensável uma arqueologia jurídica que admita ser, nas palavras de Foucault, perspectiva[885], que identifique o lugar de onde olha, o lugar para onde vai, propositadamente, às claras.

Uma nova historiografia do discurso jurídico não quer retirar a importância, como citado, das contribuições da Lei de Execuções Penais, da Lei dos Juizados Especiais, da Função Social da Propriedade, do Código de Hamurabi, Das Penas Alternativas, ou da Declaração de Direitos do Bom Povo da Virgínia, mas de outra parte, quer escavar, abandonar as evidências, demonstrar a suas práticas, seus saberes informantes, suas regras de produção e funcionamento, pois só com o caminhar atento, minucioso, paciente, preocupado com

[885] FOUCAULT, Michel **Nietzsche, la généalogie, l'histoire.** *in* Dits et Écrits (org. Daniel Defert et François Ewald). Paris: Gallimard, v. 2, 1994, p. 150. "... dernier trait de cette histoire effective. Elle ne craint pas d'être un savoir perspectif. Les historiens cherchent dans toute la mesure du possible à effacer ce qui peut trahir, dans leur savoir, le lieu d'où ils regardent, le moment où ils sont, le parti qu'ils prennent, l'incontournable de leur passion. Le sens historique, tel que Nietzsche l'entend, se sait perspective, et ne refuse pas le système de sa propre injustice. Il regarde sous un certain angle, avec le propos délibéré d'apprécier, de dire oui ou non, de suivre toutes les traces du poison, de trouver le meilleur antidote. Plutôt que defendre un discret effacement devant ce qu'il regarde, plutôt que d'y chercher sa loi et d'y soumettre chacun de ses mouvements, c'est un regard qui sait d'où il regarde aussi bien que ce qu'il regarde. Le sens historique donne au savoir la possibilité de faire, dans le mouvement même de sa connaissance, sa généalogie. La *wirkliche Historie* effectue, à la verticale du lieu où elle se tient, la généalogie de l'histoire." [trad. br. **Nietzsche, a genealogia, a história.** *in* Microfísica do poder. (trad. Roberto Machado) 13 ed. Rio de Janeiro: Graal, 1998, p. 30. "... última característica desta história efetiva: ela não teme ser um saber perspectivo. Os historiadores procuram, na medida do possível, apagar o que pode revelar, em seu saber, o lugar de onde eles olham, o momento em que eles estão, o partido que eles tomam – o incontrolável de sua paixão. O sentido histórico, tal como Nietzsche o entende, sabe que é perspectivo, e não recusa o sistema de sua própria injustiça. Ele olha determinado ângulo, com o propósito deliberado de apreciar, de dizer sim ou não, de seguir todos os traços do veneno, de encontrar o melhor antídoto. Em vez de fingir um discreto aniquilamento diante do que ele olha, em vez de aí procurar sua lei e a isto submeter cada um de seus movimentos, é um olhar que sabe tanto de onde olha quanto o que olha. O sentimento histórico dá ao saber a possibilidade de fazer, no movimento de seu conhecimento, sua genealogia. A *Wirkliche Historie* efetua, verticalmente ao lugar em que se encontra, a genealogia da história."]

as diversas singularidades, e sobretudo cauteloso, pode evitar inúmeros erros de interpretação, que tanto conduzem os historiadores do direito a traçarem suas linhas no tempo, de Hamurabi, necessariamente e logicamente, chegaria às Penas Alternativas. Parece-se estar diante do exemplo citado por Veyne, quando demonstra que a suspensão dos combates entre gladiadores não se deu em razão da presença dos cristãos, mas em razão de uma mudança de postura, de um medo de ser sobrepujado por que os organizava, pelo medo do retorno ao estado natural.

Uma nova historiografia do discurso jurídico não significa não traçar biografias, como se poderia tirar de conclusão, mas estabelecer a efetiva contribuição de certos juristas para a ciência do direito, sua real participação na reestruturação de conceitos, de teorias, de posicionamentos e 'atitudes' práticas; fazer a escavação arqueológica a seu tempo percebendo que muitas contribuições de juristas famosos em projetos de lei, como na Constituinte da Magna Carta, foi mera atuação partidária, narcísica, em defesa de interesses pessoais, familiares, instituicionais, de vanguardas de suas universidades.

Uma arqueologia do discurso jurídico não abandonaria fatos, como a referida evolução dos tributos, mas procuraria demonstrar que a sua historiografia não foi assim tão linear, jogos políticos estiveram escondidos nas malhas do poder, o que antes era obrigatório, passou a ser facultativo, depois a obrigatório, e por fim um modelo misto, sem qualquer referência teórica, sem qualquer identidade política ou científica. Uma nova historiografia jurídica não abandonaria o estudo das inquisições, mas procuraria traçar paralelos, sem que fosse uma visão progressista, que fosse às fontes das *Lettres de Cachet*, nos Tribunais do Santo Ofício, as práticas judiciárias, mas não buscassem a sua origem, e sim o seu momento em que foram inventadas, assim como fizera Foucault na análise do inquérito: "não creio, no entanto, que o procedimento de inquérito seja simplesmente o resultado de uma espécie de progresso da racionalidade. Não foi racionalizando os procedimentos judiciários que se chegou ao procedimento do inquérito. Foi toda uma transformação política, um nova estrutura política que tornou não só possível, mas necessária a utilização desse procedimento no domínio judiciário. (...) Somente a análise dos jogos de força política, das relações de poder, pode explicar o surgimento do inquérito."[886] Do mesmo modo, uma arqueologia jurídica que, no momento

[886] FOUCAULT, Michel. **A verdade** ..., p. 72-73. [trad fr. **La vérité** ..., p. 584-585. "Je ne crois pas, cependant, que la procédure d'enquête soit simplement le résultat d'une espèce de progrès de la rationalité. Ce n'est pas en rationalisant les procédures judiciaires qu'on est arrivé à la procédure

de narrar e escavar seu suporte fático, percebesse, como referido, que a especialização de algumas Varas da Justiça Federal, para julgar sobretudo causas de lavagem de dinheiro não são simplesmente meio de divisão social do trabalho ou desburocratização da justiça, mas é, ainda mais, ofensa ao princípio do juiz natural, este que está para além do visível, mas no campo dos enunciados. Ou finalmente, uma arqueologia que auscultasse no Direito Romano não a evolução jurídica da recepção temporal das leis romans no direito germânico, nem tampouco que valorizassem institutos vagos e sem nexo, tais as formas de libertação dos escravos: *manumissio vindicta; censu, testamento, condicional, termo, inter amicos, per epistulam, ad mensam, fideicomissaria, in ecclesia*, mas que privilegiasse pontos inevitáveis, que se constituíram sobre acertos e retrocessos jurídicos e sociais, como a instituição política do Senado, os retrocessos da figura dos jurisconsultos da Monarquia ao Dominato.

Pode-se concluir, como bem ressalta Gerhard Köbel, que "a história do direito é uma ciência interdisciplinar"[887] e desta concepção, basicamente, não se pode fugir jamais, pois caso contrário, há de se construir uma historiografia jurídica infértil, positivista, e, sobretudo, despida de seu eminente sentido de existência: "A história como meio de crítica."[888]

d'enquête. C'est toute une transformation politique, une nouvelle structure politique qui a rendu non seulement possible, mais nécessaire l'utilisation de cette procédure dans le domaine judiciaire. (...) C'est seulement l'analyse des jeux de force politique, des relations de pouvoir qui peut expliquer le surgissement de l'enquête."]

[887] **KÖBLER, Gerhard. Rechtsgeschichte: ein systematischer grundriβ**. München: Vahlen, 1978, p. 03. "... die Rechtsgeschichte ist eine interdisziplinäre Wissenschaft." [trad. do autor.]

[888] **KÖBLER, Gerhard. Rechtsgeschichte** ..., p. 02. "Geschichte als Mittel der Kritik." [trad. do autor.]

# 6.
# As ciências humanas, psicanálise, direito

## 6.1. As ciências humanas e o discurso jurídico

As ciências humanas, segundo a crítica foucaultiana, não podem ser vistas como uma investigação da positividade do homem, quer dizer, do que o homem se resume, do que realmente é, tal a analítica da finitude, ou mesmo sobre qual seria a sua manifestação como sujeito transcendental, mas, antes, tratam-se de questionamentos que vão desde o que o saber sobre o que homem é na sua positividade, quer dizer, como ser que vive, trabalha, fala, etc ao saber que busca pelo conhecimento da vida, ou seja, o saber que consiste na essência do trabalho, de suas leis, e do modo como ele poder falar. Dessa maneira, as ciências humanas se distanciam seguramente das ciências empíricas, já que aquelas estariam numa posição de reduplicação, isto é, numa reduplicação que não está diretamente relacionada, para o método arqueológico, com a interioridade de um sujeito que deve a sua finitude a si mesmo, mas, antes, a uma exterioridade do conhecimento.

Foucault defende que o homem, a partir do final do séc. XIX, torna-se objeto de conhecimento, ao mesmo tempo em que as analíticas da finitude permitem o aparecimento das ciências humanas, que só se tornaram possíveis a partir de uma dobra interna do saber ocidental, fazendo com que a biologia abrisse espaço para a *psicologia*, a economia política para a *sociologia* e a filologia para a *crítica literária*. As ciências humanas, para o intelectual francês, teriam como fundamento um grande problema, que seria o fato de terem emprestado os conceitos das filosofias da finitude para se explicar o que seria o homem. Nesse sentido, apresentam-se em três dimensões: a matemática e a física (em que a ordem é sempre um encadeamento dedutivo e linear de proposições evidentes ou verificadas), as ciências da vida, do trabalho e da linguagem, e a reflexão filosófica do homem, e não num domínio próprio.[889] Dessa maneira, as ciências humanas estariam condenadas aos resquícios de uma "era da representação", sem embargo a escolha de fundamentos diversos: a norma, a regra e o sistema. As ciências humanas estão inseridas, portanto, no limbo do empirismo e da interpretação, e, por isso, teriam um lugar específico de saber, mas não científico, e sim de natureza discursiva, uma vez que coloca o homem na posição concomitante de sujeito e objeto. Para Foucault, as ciências humanas teriam perdido seu objeto, a partir do instante em que recusaram as ciências da vida, do trabalho e da linguagem, tornando-se incapazes de compreenderem o homem em sua existência, ao reduzirem não suas atitudes, mas seu ser em objeto de conhecimento, ao mesmo tempo em que se inscreveram na genealogia da relação saber e poder, por exercerem uma forma de subjetivação. "A 'antropologização' é, em nossos dias, o grande perigo interior do saber".[890] Esse perigo, traduz Foucault no papel que as ciências humanas exercem na produção de subjetividades, ao invés de servirem ao seu propósito: o conhecimento do homem.

É nesse espaço de crítica que Foucault vê nascer a psicanálise, que juntamente com a etnologia e a linguística teriam sido contra-ciências. "A psicanálise e a etnologia ocupam, no nosso saber, um lugar privilegiado. Não certamente porque teriam, melhor que qualquer outra ciência humana, embasado sua positividade e realizado enfim o velho projeto de serem verdadeiramente científicas; antes porque, nos confins de todos os conhecimentos sobre o homem, elas formam seguramente um tesouro inesgotável de experiências e de conceitos, mas, sobretudo, um perpétuo princípio de inquietude, de questionamento, de crítica e de contestação daquilo que, por outro lado, pôde parecer adquirido."[891] Essas ciências críticas, capazes de furtar as analíticas da finitude, valorizam o inconsciente, afirmando que o importante não seria tentar descobrir o que o homem seria em si, o seu significado, a sua representação, mas o que ele não seria, a sua morte empírica e transcendental. É, portanto,

[889] FOUCAULT, Michel. **Les mots** ..., p. 358. [trad. br. **As palavras** ..., p. 364.]

[890] FOUCAULT, Michel. **Les mots** ..., p. 359. "L''anthropologisation' est de nos jours le grand danger intérieur du savoir" [trad. br. **As palavras** ..., p. 365.]

[891] FOUCAULT, Michel. **Les mots** ..., p. 385. "La psichanalyse et l'ethnologie occupent dans notre savoir une place privilégiée. Non point sans doute parce qu'elles aurainet, mieux que toute autre science humaine, assis leur positivité et accompli enfin le vieux projet d'être véritablement scientifiques; plutôt parce qu'aux confins de toutes les connaissances sur l'homme, elles forment à coup sûr un trésor inépuisable d'expériences et de concepts, mais surtout un perpétuel principe d'inquiétude, de mise en question, de critique et de contestation de ce qui a pu sembler, par ailleurs, acquis." [trad. br. **As palavras** ..., p. 391.]

nessa linha que o discurso psicanalítico se apresenta em Foucault na crítica das ciências humanas, aqui sob um valor essencialmente positivo, que mais tarde se perde, por ocasião da genealogia do discurso e das relações de poder.

Convém, no entanto, antes de ingressar no percurso da psicanálise, trazer uma pequena problemática surtida após a obra foucaultiana de meados da década de sessenta. A questão das críticas às ciências humanas, efetuadas a partir de *Les Mots et les Choses*, bem como a assunção da teoria da morte nietzscheana de Deus, e, por conseguinte, do homem,[892] fê-lo aproximar, segundo muitos autores, da corrente estruturalista, e da qual terá imensa dificuldade de se desvinciliar. Nesse sentido, convém trazer algumas considerações. Com base nas críticas que realizara em relação às ciências humanas, Foucault se aproxima, pode-se dizer que em princípio, às concepções elaboradas pelos estruturalistas, especialmente Roland Barthes, Claude Lévi-Strauss e Jacques Lacan, que se fundamentavam em dois pontos princiais, isto é, a recusa do discurso antropológico e a ausência do sujeito falante. Essa aproximação de Foucault ao movimento estruturalista se deve ao fato que tal corrente estava muito em voga na França, e representava uma das maiores críticas ao pensamento marxista francês, ao qual Foucault esteve a vida inteira intimamente relacionado; ademais, porque, além de amigo dos referidos intelectuais, Foucault, não teria resistido suficientemente à sedução do vocabulário estruturalista em *Les Mots et les Choses*.[893] Dessa maneira, uma nebulosidade em torno da alcunha estruturalista de Foucault foi algo marcante em sua vida e em suas obras, e continua a ser até hoje, a ponto de se dedicar, especialmente em dois textos anteriormente citados: *Réponse à une question*[894] e o debate com o *Cercle d'Épistémologie*,[895] e, também, na conclusão em fórmula de diálogo, como visto, de *L'Archéologie du Savoir*, a refutar a sua aproximação ao ao pensamento estruturalista. Convém, portanto, analisar, doravante, quais seriam os argumentos formulados diversas vezes por Foucault em relação ao estruturalismo, e quais seriam as posições dos intelectuais em relação a tal fato.

A imensa maioria da doutrina defende que Foucault teria sido, ao menos na época da publicação de seus primeiros trabalhos, de vertente claramente

[892] FOUCAULT, Michel. **Les mots ...**, p. 396. [trad. br. **As palavras ...**, p. 404.]

[893] ERIBON, Didier. **Michel Foucault.**, p. 172.

[894] FOUCAULT, Michel. **Réponse à une question.** Esprit, Paris, n. 5, p. 850-874, mai 1968. [trad. br. **Resposta a uma questão.** Revista Tempo Brasileiro: Epistemologia, Rio de Janeiro: JUERP, n. 28, p. 57-61, jan./mar. 1972.]

[895] FOUCAULT, Michel. **Sur l'archéologie des sciences: réponse au cercle d'épistémologie.** Dits et Écrits (org. Daniel Defert et François Ewald). v. 1 Paris: Gallimard, 1994, p. 696-731.

estruturalista, a partir do momento que acaba por pronunciar a morte do homem em seu livro *Les Mots et les Choses*. Essa desvalorização do homem para conceder prero, senão às estruturas, mas às suas práticas discursivas, ou melhor, às práticas que permitem que os argumentos sejam exteriorizados, fez de Foucault um teórico muito próximo das concepções francesas contramarxistas, tal Lacan, Lévi-Strauss, Dumézil e Barthes. Nesse sentido, alguns autores insistiram em localizá-lo na descendência direta da teoria das estruturas, especialmente François Dosse e François Wahl.

François Dosse escrevera dois significativos volumes intitulados *História do estruturalismo: o canto do cisne de 1967 aos nossos dias*, nos quais reconta a história de uma das correntes teóricas que dominara o pensamento pós-hegeliano na França: o estruturalismo. Esse livro situa Foucault claramente junto aos citados pais do estruralismo, fazendo uma análise do lançamento das principais obras do autor e o seu engajamento nas lutas políticas e acadêmicas. Este livro, no qual Foucault é claramente o autor mais citado, até mesmo superando o próprio Claude Lévi-Strauss, traz uma evidente compreensão de que Foucault, mesmo negando sê-lo, não conseguira usurpar-se da qualificação de estruturalista.[896] De outro lado, igualmente severo, François Wahl (professor da École Normale Supérieure, cujas aulas Foucault assistira assim que ingressa na instituição, e também orientando de Jacques Derrida, no ano em que este lhe opusera a famosa crítica já mencionada), num livro publicado em 1968 e intitulado *Qu'est-ce que le structuralisme?*, antes mesmo do lançamento das explicações foucaultianas do ano seguinte, faz indispensáveis colocações sobre o estruturalismo de Michel Foucault. Wahl se inicia perguntando se haveria uma episteme estruturalista em Foucault ou uma filosofia além do estruturalismo, e, após fazer afiadas críticas à interpretação do signo linguístico utilizado pelo autor, especialmente das relações entre representação e signo, e à noção de sistema, argumenta que seria possível compreender uma episteme estruturalista em oposição da uma episteme romântica, como uma censura, e o demonstra justamente a partir das orientações foucaultianas.[897]

No Brasil, o grande intelectual Hubert Lepargneur, em 1972, no livro intitulado *Introdução aos Estruturalismos*, ao referir-se a Foucault, que acabava de despontar nas fileiras da academia francesa, defendeu claramente, e a próprio

[896] DOSSE, François. **História** ..., p. 295.

[897] WAHL, François. **La philosophie entre l'avant et l'après du structuralisme**. Qu'est-ce que le structuralisme? (org. François Wahl) Paris: Éditions du Seuil, 1968, p. 377. [trad. br. **Estruturalismo e filosofia** (trad. Alfredo Bosi). São Paulo: Cultrix, 1971, p. 93.] **Estruturalismo e filosofia** (trad. Alfredo Bosi). São Paulo: Cultrix, 1971, 167p.

contra-gosto do pensador francês, a sua vertente estruturalista: "Michel Foucault não se reconhece pessoalmente como estruturalista. Pouco importa, pois os limites do estruturalismo não são nítidos; além disso, M. Foucault pertence seguramente à mesma orientação metodológica e ideológica, e a opinião comum costumou juntar seu nome ao dos mestres do estruturalismo."[898] Todavia, o renomado professor de São Paulo anos mais tarde claramente reconhece as originalidades das ideias de Michel Foucault, talvez em virtude de uma interpretação mais madura, permitida após outras publicações foucaultianas, em seu livro *Antropologia do Prazer*.[899]

Os intelectuais de língua inglesa foram ainda mais retóricos na qualificação de Foucault como estruturalista, nesse sentido, pode-se verificar as interpretações de Hubert Dreyfus e Paul Rabinow, em seu livro *Michel Foucault: Beyond Structuralism and Hermeneutics*, que, sob as vistas e a relutância de Foucault em aceitar a designação de estruturalista, insistem num capítulo a falar de sua fase estruturalista e o problema que dela resultou.[900]

Igualmente, o filósofo americano Robert Scholes classifica Foucault, no ano de 1974, como um verdadeiro estruturalista, enquadrando-o, juntamente como Barthes, Lévi-Strauss, Jacques Lacan e Jacques Derrida, numa categoria que ele denominou causticamente de *alto estruturalismo*, em contraposição aos teóricos do *baixo estruturalismo*, como Saussure, Propp, Shklovsky e Boris Eichenbaum. Nesse sentido, resgatando Barthes, afirma Scholes: "Barthes, junto com Lévi-Strauss, Michel Foucault, Jacques Lacan e Jacques Derrida, é um protagonista, um indivíduo que deve ser estudado em si como um sistema, e compreendido por causa de seu próprio processo mental. Por mais que as contribuições desses homens sejam absorvidas pela cultura geral, seus textos não sofrerão a mesma absorção, mas ficarão – como textos filosóficos, os quais são, e textos literários, os quais alguns deles desejam ser – como objetos únicos para que mais tarde os pensadores a eles deverão retornar, com o objetivo de lhes tomar as ideias e os métodos desenvolvidos. Isto é o que nós podemos chamar de 'alto estruturalismo' – alto em suas aspirações e em seu notório prestígio. Há também um 'baixo estruturalismo', praticado por homens, cuja inteligência e conhecimento são consideráveis – frequentemente

[898] LEPARGNEUR, Hubert. **Introdução aos estruturalismos**. São Paulo: Herder, 1972, p. 75.

[899] LEPARGNEUR, Hubert . **Antropologia do prazer**. Campinas: Papirus, 1985, p. 77-90.

[900] DREYFUS, Hubert; RABINOW, Paul. **Michel Foucault: un parcours philosophique, au-delà de l'objectivité et de la subjetivité**. (trad. Fabienne Durand-Bogaert) Paris: Gallimard, 1984, 364p. [tr. bras. **Michel Foucault: uma trajetória filosófica, para além do estruturalismo e da hermenêutica**. Rio de Janeiro: Forense, 1995, 224p.]

não inferiores aos alto estruturalistas – mas cujas aspirações são mais humildes, cujas façanhas são menos deslumbrantes aos olhos contemporâneos."[901]

Por fim, outro grande intelectual americano, Frederic Jameson, no ano de 1972, num clássico livro intitulado *The prison-house of language: a critical account of structuralism and Russian Formalism*, defende igualmente uma similaridade entre o estruturalismo e a historiografia foucaultina: "Mas é o trabalho de Michel Foucault que é talvez o mais sintomático deste processo, em que a 'história' se torna meramente uma forma de pensamento entre tantas outras formas igualmente privilegiadas. O seu livro *Les Mots et les Choses* aumenta, de fato, um interesse em nós por ser uma tentativa explícita de se resolver de acordo com o tipo de história dos modelos, como nós já vimos, que a posição estruturalista parece indicar."[902]

Em contrapartida, no mesmo ano em que Hubert Lepargneur lança *Introdução aos Estruturalismos*, outros tantos autores parecerem serem seduzidos pelas argumentações de Foucault, a ver-se, por exemplo, Jean-Marie Auzias que publica *Les Clèfs du Structuralisme*, e defende claramente a posição não estruturalista de Foucault no sétimo capítulo, intitulado sugestivamente: *Le Non-Structuralisme de Michel Foucault*, argumentado que fazer uma analogia do autor de *L'Archéologie du Savoir* aos intelectuais do estruturalismo seria uma maneira de reduzir a importância de suas concepções, especialmente na história, quando a riqueza de suas análises de sincronia o leva a formular

[901] SCHOLES, Robert. **Structuralism in literature: an introduction**. Nova York: Yale University Press, 1974, p. 157-158 "Barthes, along with Lévi-Strauss, Michel Foucault, Jacques Jacan, and Jacques Derrida is a star performs, an individual who must be approached as a system in himself, and understood for the sake of his own mental process. Whatever contributions of these men are absorbed by the general culture, their texts will not suffer the same absorption but will remain – like philosophical texts, which they are, and literary texts, which some of them aspire to be – as unique objetcts to which later thinkers must return in order to grasp the ideas and methods that have been developed therein. This is what we may call 'high structuralism' – high in its aspirations and its current prestige. There is also a 'low structuralism', practiced by men whose intelligence and learning is considerable – often not inferior to that of the high structuralists – but whose aspirations are more humble, whose achievement is less dazzling to the contemporary eye." [trad. do autor]

[902] JAMESON, Frederic. **The prison-house of language: a critical account of structuralism and russian foramalism**. Princeton: Princeton University Press, 1972, p. 191. "But it is the work of Michel Foucault which is perhaps the most symptomatic of this process in which 'history' becomes merely one form of mind among many other equally privileged forms. His book *Les Mots et les Choses* has indeed the added interest for us of being an explicit attempt to work out the kind of history of models which, as we have already seen, the Structuralist position seemed to promise." [trad. do autor]

originariamente suas concepções sobre o método arqueológico.[903] Nesse sentido, muitos autores procuraram realmente encontrar em Foucault uma visão estruturalista da realidade, sobretudo, com a publicação de *Les Mots et les Choses*. Esta obra clássica de Foucault, como visto anteriormente, vindo à tona em abril de 1966, no mesmo ano que os Écrits, de Jacques Lacan, reunindo textos estruturalistas, foram publicados, e no mesmo momento em que a *Anthropologie Structurale* e *La Pensée Sauvage* de Claude Lévi-Strauss estavam no auge de sua repercussão, isso, juntamente com algumas características da obra, sem dúvida alguma contribuiu para que inúmeras pessoas associassem o nome de Foucault ao reflexo da nova escola filosófica que surgia na França.[904] Entretanto, por inúmeras entrevistas que Foucault concede aos jornais, revistas e televisão sobre a obra *Les Mots et les Choses*, Foucault procura refutar a sua aproximação com o pensamento estruturalista. É importante salientar, que Michel Foucault não tinha entretanto nenhuma vontade de aderir às fileiras estruturalistas às quais se houvera pensado poder compeli-lo; ora, o estudo das estruturas epistêmicas tinha feito nascer o equívoco,[905] mas cuja inquietação foi respondida em 1969, com a publicação de *L'Archéologie du Savoir*. Ademais, segundo Didier Eribon, o próprio Claude Lévi-Strauss teria dito há pouco que Foucault tinha imensa razão em recusar a sua assimilação ao movimento estruturalista, pois suas obras em nada se assemelhavam.[906]

Foucault inúmeras vezes se nega radicalmente enquanto estruturalista, a ver-se em abril de 1969, numa entrevista concedida a *Magazine Littéraire*, por ocasião da publicação de *L'Archéologie du Savoir*, quando responde as perguntas feitas por J.J.- Brochier: "J.B – Você se defende de ser estruturalista, mesmo se, para a consciência comum, você faça parte dos estruturalistas. Mas o seu método tem dois pontos comuns com o método estruturalista: a recusa do discurso antropológico e a ausência do sujeito falante. À medida que o que está em questão é o lugar e o estatuto do homem, quer dizer, do sujeito, você não versaria automaticamente do lado dos estruturalistas? M.F. – Eu penso que o estruturalismo se inscreve atualmente no interior de uma grande transformação do saber das ciências humanas, que esta transformação tem por cume menos a análise das estruturas do sujeito, do privilégio do homem. E o meu método se inscreve nos limites dessa transformação do mesmo modo que o

903 AUZIAS, Jean-Marie. **Chaves do estruturalismo**. (trad. Nathanael C. Caixeiro). Rio de Janeiro: Civilização Brasileira, 1972, p. 88-100.

904 ERIBON, Didier. **Michel Foucault**., p. 164.

905 GUEDEZ, Annie. **Foucault** ..., p. 63.

906 ERIBON, Didier. **Michel Foucault**., p. 171.

estruturalismo – ao lado dele, e não nele."[907] Igualmente, anos mais tarde, em resposta a N. Meienberg, numa entrevista realizada em março de 1972 para a revista *Tages Anzeiger Magazin*, intitulada *Die Grosse Einsperrung*, Foucault assim se manifesta: "N. M. - Existe uma relação entre seus trabalhos filosófico-estruturalistas e seu engajamento no GIP? – M.F. – Inicialmente, eu não sou estruturalista, eu jamais disse que eu era estruturalista, eu até mesmo sempre insisti no fato de que eu não sou estruturalista, eu o tenho lembrado muitas vezes ... N. M. – De onde vem então a convicção geral que você é estruturalista? – M.F.: Eu suponho que é um produto da idiotice ou da ingenuidade."[908]

Do mesmo modo, ironicamente, Foucault rejeita a sua assunção ao estruturalismo em maio de 1969 ao *Le Monde*: "Jean Palmier – Frequentemente se aproximam os seus trabalhos de pesquisa aos de Claude Lévi-Strauss e Jacques Lacan, sob a etiqueta de estruturalismo. Até que ponto o Sr. aceita essa aproximação? Há uma verdadeira convergência de seus trabalhos?. M.F – Cabe aos que utilizam para designar trabalhos distintos a mesma etiqueta de estruturalistas dizer em que o somos. Você conhece a brincadeira: qual é a diferença entre Bernard Shaw e Charlie Chaplin? Nenhuma, pois os dois usam barba, menos Chaplin, claro!"[909] Do mesmo modo, Foucault insiste em se

[907] BROCHIER, J.-J. **Michel Foucault explique** ..., p. 778-779. "Vous vous défendez d'être structuraliste, même si, pour la conscience commune, vous faites partie des structuralistes. Mais votre méthode a, avec la méthode structurale, deux points communs: le refus du discours anthropologique et l'absence du sujet parlant. Dans la mesure où ce qui est en questionn c'est la place et le statut de l'homme, c'est-à-dire du sujet, est-ce que vous ne versez pas automatiquement du côté du structuralisme? M.F – Je pense que le structuralisme s'inscrit actuellement à l'intérieur d'une grande transformation du savoir des sciences humaines, que cette transformation a pour cime moins l'analyse des structures que la mise en question du statut anthropologique, du statut du sujet, du privilège de l'homme. Et ma méthode s'inscrit dans le cadre de cette transformation au même titre que le structuralisme – à côtê de lui, pas en lui." [trad. do autor.]

[908] MEIENBERG, N. **Le grand enfermement**. (trad. J. Chavy) *in* Dits et Écrits (org. Daniel Defert et François Ewald). Paris: Gallimard, v. 2, 1994, p. 296. "'N. M. – Existe-il un rapport entre vos travaux philosophique-structuralistes et votre engagement dans le GIP? – M. F. – D'abord, je ne suis pas structuraliste, je n'ai jamais dit que j'étais structuraliste, j'ai même toujours insisté sur le fait que je ne suis pas structuraliste, et je l'ai rappelé à plusieurs reprises.... N.M – D'où vient alors la conviction générale que vous êtes structuraliste? – M. F. – Je suppose que c'est un produit de la bêtise ou de la naïveté." [trad. do autor]

[909] PALMIER, Jean. **Entretien avec Foucault. La naissance d'un monde**. Dits et Écrits (org. Daniel Defert et François Ewald). v. 1 Paris: Gallimard, 1994, p. 788. "Jean Palmier – On a souvent rapproché vos travaux des recherches de Claude Lévi-Strauss et de Jacques Lacan, amalgamées sous l'étiquette de 'structuralisme'. Dans quelle mesure acceptez-vous ce rapprochement? Y a-t-il une réelle convergence dans vos recherches?. MF. – C'est à ceux qui utilisent, pour désigner des travaux divers, cette même étiquette de 'structuralistes' de dire en quoi nous le sommes. Vous

defender de sua aproximação do estruturalismo, em três momentos principais, como já citado, isto é, num texto intitulado *Réponse à une question*[910], no debate com o *Cercle d'Épistémologie*,[911] bem como ao longo do texto, e, principalmente, na conclusão em fórmula de diálogo, como visto, de *L'Archéologie du Savoir*. Igualmente, antes mesmo de *L'Archéologie du Savoir*, Foucault, numa entrevista concedida em 1968 à *La Quinzaine Littéraire*, afirma o que entende sobre o estruturalismo: "Quando se interroga estes que são classificados pela rubrica "estruturalista", se se interrogasse Lévi-Strauss, ou Lacan, ou Althusser, ou os linguistas, etc, eles lhe responderiam que eles não têm nada em comum uns com os outros, ou pouca coisa de comum entre si. O estruturalismo é uma categoria que existe para os outros, para aqueles que não o são. É do exterior que se pode dizer, fulano, cicrano, beltrano, e um tal são estruturalistas. É a Sartre que se deve perguntar o que são os estruturalistas, já que ele considera que os estruturalistas constituem um grupo coerente (Lévi-Strauss, Althusser, Dumézil, Lacan e eu), um grupo que constitui uma espécie de unidade, mas essa unidade, você bem disse que, nós, nós não a percebemos."[912]

Por fim, já em 1969, Foucault se defende em *L'Archéologie du Savoir*, ao resgatar que o conceito de enunciado não lhe poderia render a primazia da estrutura, tal Lacan, Barthes e Lévi-Strauss: "o enunciado não é, pois, uma estrutura (isto é, um conjunto de relações entre elementos variáveis, autorizando assim um número talvez infinito de modelos concretos); é uma função de existência que pertence, exclusivamente, aos signos, e a partir da qual se pode decidir, em seguida, pela análise ou pela intuição, se eles 'fazem sentido'

connaissez la devinette: quelle différence y a-t-il entre Bernard Shaw et Charlie Chaplin? Il n'y en a pas, car ils ont tous les deux une barbe, à l'exception de Chaplin, bien entendu!" [trad. do autor.]

910 FOUCAULT, Michel. **Réponse à une question**. Esprit, Paris, n. 5, p. 850-874, mai 1968. [trad. br. **Resposta a uma questão**. Revista Tempo Brasileiro: Epistemologia, Rio de Janeiro: JUERP, n. 28, p. 57-61, jan./mar. 1972.]

911 FOUCAULT, Michel. **Sur l'archéologie des sciences: réponse au cercle d'épistémologie**. Dits et Écrits (org. Daniel Defert et François Ewald). v. 1 Paris: Gallimard, 1994, p. 696-731.

912 ELKABBACH, Jean-Pierre. **Foucault répond à Sartre**. Dits et Écrits (org. Daniel Defert et François Ewald). v. 1 Paris: Gallimard, 1994, p. 665. "Quand on interroge ceux qui sont classés sous la rubrique 'structuralist', si on interrogeait Lévi-Strauss, ou Lacan, ou Althusser, ou les linguistes, etc., ils vous répondrait qu'ils n'ont rien de commun les uns avec les autres, ou peu de chose de commun les uns avec les autres. Le structuralisme, c'est une catégorie qui existe pour les autres, pour ceux qui ne le sont pas. C'est de l'extérieur qu'on peut dire untel, untel et untel sont des structuralistes. C'est à Sartre qu'il faut demander ce que c'est que les structuralistes, puisqu'il considère que les structuralistes constituent un groupe cohérent (Lévi-Strauss, Althusser, Dumézil, Lacan et moi), un groupe qui constitue une espèce d'unité, mais cette unité, dites-vous bien que, nous, nous ne la percevons pas." [trad. do autor.]

ou não, segundo que regra se sucedem ou se justapõem, de que são signos, e que espécie de ato se encontra realizado por sua formulação (oral ou escrita). Não há razão para espanto por não se ter podido encontrar para o enunciado critérios estruturais de unidade; é que ele não é em si mesmo uma unidade, mas sim uma função que cruza um domínio de estruturas e de unidades possíveis e que faz com que apareçam, com conteúdos concretos, no tempo e no espaço."[913]. Já nas conclusões afirma calorosamente: "Não quis, portanto, levar além de seus limites legítimos o empreendimento estruturalista. Você há de convir que não empreguei uma única vez o termo estrutura em *Les Mots et les Choses*. Mas deixemos as polêmicas a respeito do 'estruturalismo'; elas sobrevivem, com dificuldade, em regiões hoje abandonadas pelos que trabalham; esta luta, outrora fecunda, só é conduzida agora pelos farsantes e pelos forasteiros."[914]

Dessa maneira, a concepção foucaultiana se coloca antes como um contra-humanismo, e não como um estruturalismo. Noutra entrevista, concedida a Madeleine Chapsal de *La Quinzaine Littéraire*, em 16 de maio de 1966, por ocasião da publicação de *Les Mots et le Choses*, Foucault afirma: "O humanismo foi uma maneira de resolver, em termos morais, axiológicos, reconciliatórios, os problemas que não se podia de modo algum resolver. Você conhece a palavra Marx? A humanidade somente se coloca problemas que ela pode resolver. Eu penso que se pode dirzer: o humanismo finge resolver os problemas que ele não se pode colocar,"[915] isto é, os problemas de relacionamento do homem e do mundo, o problema da realidade, o problema da criação artística, da felicidade, e de todas as obsessões que não merecem absolutamente ser problemas teóricos. Em suma, Foucault opõe um contra-humanismo. Na referida entrevista concedida à Madeleine Chapsal, Foucault esboça a necessidade de libertar essa forma de humanismo até então praticada, afirmando: "Nosso sistema não se ocupa de modo algum dos problemas referentes às relações do homem com o mundo, etc. Nosso objetivo principal atualmente é de nos

913 FOUCAULT, Michel. **Arqueologia do ...**, p. 98-99.

914 FOUCAULT, Michel. **Arqueologia do ...**, p. 227.

915 CHAPSAL, Madeleine. **Entretien avec Michel Foucault**. Dits et Écrits (org. Daniel Defert et François Ewald). v. 1 Paris: Gallimard, 1994, p. 516. "L'humanisme a été une manière de résoudre, dans des termes de morale, de valeurs, de réconciliation, des problèmes que l'on ne pouvait pas résoudre du tout. Vous connaissez le mot de Marx? L'humanité ne se pose que de problèmes qu'elle peut résoudre. Je crois qu'on peut dire: l'humanisme feint de résoudre des problèmes qu'il ne peut pas se poser!" [trad. do autor]

libertar definitivamente do humanismo, e, nesse sentido, nosso trabalho é um trabalho político."[916]

Das críticas ao humanismo e às ciências humanas, é possível verificar as construções teóricas elaboradas por Foucault sobre o direito. O direito, melhor dizer o discurso jurídico, insere-se, a partir do pensamento foucaultiano, numa perspectiva extremamente crítica, e, tantas vezes, desanimadora. Em virtude da influência de Foucault nas teorias jurídicas francesas ocorridas na década de sessenta e setenta, segundo as palavras da respeitável jurista Simone Goyard-Fabre, estaria a filosofia do direito na França doente de um dogmatismo [*malade de dogmatisme*],[917] que se expressaria pela excessiva participação do pensamento filosófico 'puro' (uma espécie de falha que estaria viciando a filosofia do direito) no pensamento jurídico, evidente, sobretudo, através de três grandes influências que ocorreram na história da filosofia jurídica francesa: a tendência genealógica de Michel Foucault (que estaria pela autora em declínio), a partir das teorias de Nietzsche; a tendência fenomenológica de Husserl; e, finalmente, a tendência, ou 'tentação' heideggeriana nos últimos anos.

É evidente que algumas críticas poderiam ser feitas à análise de Simone Goyard-Fabre, sobretudo, quando afirma que a influência de uma filosofia 'pura' na filosofia do direito francesa levaria a uma doença de dogmatismo, pois esta parece ser, em certa medida, inoportuna, visto que separar a filosofia do direito da própria filosofia como se fosse uma disciplina autônoma, ou mesmo entender que os questionamentos desta em nada influenciariam aquela, é, sem sombra de dúvida, um pouco complicado, já que são justamente a mobilidade e a abertura com vistas à dialética de seu próprio estatuto, através das abordagens filosóficas, que permite a própria filosofia do direito 'progredir'. Limitar a filosofia do direito ao seu próprio campo, isto é, refletir tão-somente a origem

[916] CHAPSAL, Madeleine. **Entretien avec** ..., p. 516. "Notre système ne s'en occupe absolutment pas. Notre tâche actuellement est de nous affranchir définitivement del'humanisme, et, en ces sens, notre travail est un travail politique." [trad. do autor]

[917] GOYARD-FABRE, Simone. **L'ordre juridique** ..., p. 103. "... notre philosophie du droit est, dans son ensemble, malade de dogmatisme. Dire cela, c'est intenter un procès à un style philosophique et, par conséquent, mettre en accusation non seulement une méthode de penser, mais, corrélativement, la manière dont elle formule la problématique de l'univers juridique. Je voudrais mettre à jour cette faille qui vicie nos philosophies du droit des dernières décennies..." [trad. do autor. "... nossa filosofia do direito é, no seu conjunto, doente de dogmatismo. Dizer isso, é intentar um estilo filosófico e, deste modo, colocar em cheque não somente um método de pensamento, mas, correlativamente, a maneira através da qual esse método formula a problemática do universo jurídico. Eu gostaria de enfatizar essa falha que vicia a nossa filosofia do direito dos últimos decênios..."]

do mandado de segurança, suas interposições filosóficas e políticas, ou mesmo do nascimento do Estado de Direito, significa engessá-la em sua própria estrutura, acreditando que os movimentos intelectuais externos independem de sua estruturação. É preciso reconhecer que à filosofia do direito certamente cabe a análise dos institutos jurídicos e das correntes de pensamento que a ela diretamente se dirigiram, mas, mais ainda, cabe-lhe integrar-se nos movimento políticos, sociais e filosóficos, a fim de contribuir na construção de um determinado momento da história na própria ciência humana.

Sem embargo tal reflexão, bem como outras tendências, cabe analisar a exata localização do direito no posto nas ciências humanas, isto é, a correta e precisa parte que cabe ao direito no latifúndio das ciências humanas, como muito bem destaca a jurista francesa. A ciência do direito nasce, segundo Tércio Sampaio Ferraz Júnior, marcada pelo desaparecimento da *mathesis universalis*, da relação de representação que havia entre sujeito e objeto, fruto da episteme anterior. Nesse sentido, a partir do séc. XIX, surge a positivação que caba por exigir do homem um papel ambíguo: ser fundamento de todas as positividades e objeto dessa positivação.[918] Junto com a ciência do direito, uma série de dispositivos e diagramas, especialmente disciplinares, nascem concomitantemente, tal as instituições, com o intuito de gerarem seu próprio modo de saber e poder.[919] As instituições como bem ressalta Foucault, no prefácio à *Enquête dans Vingt Prisons*, manifesto do GIP, publicado pela *Champ Libre*, exercem sempre uma terrível e audaz opressão, que se encontra em todos os lugares, especialmente, na sua própria raiz política: "Os tribunais, as prisões, os hospitais, os hospitais psiquiátricos, a medicina do trabalho, as universidades, os organismos de imprensa e de informação: através de todas essas e sob todas essas máscaras diferentes, há uma opressão que se exerce, e que está na raiz da opressão política."[920]

A tendência foucaultiana do direito pode ser definida como a perspectiva genealógica, através da qual as influências marxista e nietzscheana vieram à tona na compreensão do direito. O direito, especialmente na obra *La Volonté*

[918] FERRAZ JÚNIOR, Tércio Sampaio. **Direito, retórica e comunicação: subsídios para um pragmática do discurso jurídico**. 2 ed. São Paulo: Saraiva, 1997, p. 18 e 159

[919] EWALD, François. **L'Etat** ..., p. 51.

[920] FOUCAULT, Michel. **Préface à l'enquête dans vingt prisons.** Dits et Écrits (org. Daniel Defert et François Ewald). Paris: Gallimard, v. 2, 1994, p. 195. "Les tribunaux, les prisons, les hôpitaux, les hôpitaux psychiatriques, la médecine du travail, les universités, les organismes de presse et d'information: à travers toutes ces institutions et sous des masques différents, une oppression s'exerce qui est à sa racine une oppression politique." [trad. do autor]

*du Savoir*, situa-se na linha epistemológica de uma arqueologia das ciências humanas para Foucault, e, segundo Fabre, é justamente a partir dessa inserção do direito numa arqueologia da reflexão que indaga o próprio homem é que surge uma nova compreensão da filosofia do direito, como se verifica em *L'État Providence*[921] e num belo texto intitulado *Justice, Égalité. Jugement*,[922] de François Ewald. O direito, nessa perspectiva foucaultiana, certamente segue as mesmas regras pelas quais ele tanto questiona as demais ciências humanas, como fruto das relações de saber e de poder que conduzem as suas reflexões. É na linha de um pensamento um tanto pessimista que permite Foucault enxergar as ciências humanas e suas características de cientificidade conduzida e interpretada segundo vontades de poder, que o próprio autor qualifica e reinscreve o direito no seu campo. Para Foucault a lei, através da qual se manifesta o fenômeno jurídico, tem um lugar de destaque, que é, infelizmente, a lei do estado, a lei nascida na monarquia medieval, que traz consigo os caracteres da estratégia da guerra em atos, e o triunfo dos dominantes sobre os dominados, uma maneira de exercício da violência, eis uma influência marxista, como anteriormente visto. Nesse sentido, insiste François Ewald, em *L'État Providence*, que "isso que se chama direito, é uma categoria do pensamento, que não designa nenhuma essência, mas serve para qualificar algumas práticas".[923]

Nesse sentido, há de se concordar com as teorias de Simone Goyard-Fabre, especialmente no que concerne à impossibilidade de uma transposição

[921] EWALD, François. **L'Etat providence**. Paris: Bernard Grasset, 1986, p. 27. "De quelle discipline relève un tel type de travail? Sociologie, histoire, philosophie du droit? La réponse est difficile: en France, ni la philosophie ni la sociologie du droit n'existent comme discipline. On ne connaît que des travaux dispersés qui n'ont en commun ni la problématique, ni le langage, ni la méthode. La présence de quelques individualités marquantes ne peut masquer ce fait: on n'est pas philosophe ou sociologue du droit par affiliation ou cooptation, mais par une sorte d'auto-institution. Dans ces conditions, vouloir se rattacher à l'une de ces disciplines n'a pas grand sens. En revanche, cela oblige chacun à s'expliquer sur sa méthode." [trad. do autor. "De qual disciplina se destaca um tipo de trabalho como esse. Sociologia, história, filosofia do direito?. A resposta é difícil: na França, nem a filosofia, nem a sociologia existem como disciplina. Conhece-se senão trabalhos dispersos que não têm em comum nem a problemática, nem a linguagem, nem o método. A presença de algumas individualidades marcantes não podem ocultar este fato: nós não somos filósofos ou sociólogos do direito por filiação ou cooptação, mas em virtude de um tipo de auto-instituição. Nessas condições, querer se apegar a uma dessas disciplinas não tem muito sentido. Entretanto, isso obriga a cada um de se explicar sobre o seu método."]

[922] EWALD, François. **Justice, égalité, jugement**. Cahiers de Philosophie Politique et Juridique. L'égalité. Caen, Centre de Publications de l'Université de Caen, 1985, p.217-244.

[923] EWALD, François. **L'Etat** ..., p. 30. "Ce qu'on appelle droit est une catégorie de la pensée qui ne désigne aucune essence, mais sert à qualifier certaines pratiques". [trad. do autor.]

total das teorias de Foucault para a ciência do direito. Aqui há, sem dúvida alguma, certamente porque Foucault não era jurista, uma crítica que se poderia empreender aos foucaultianos e às compreensões do próprio autor, não num radicalismo desnecessário e de mau tom como fizera José Guilherme Merquior, em *Michel Foucault ou le Nihilisme de Cathedra*,[924] apesar de seu brilhantismo intelectual, mas especialmente no sentido de evidenciar que o pensamento de Foucault não poderia alcançar situações cotidianas, que demandariam respostas imediatas do poder público. Aqui verte o seguinte questionamento, como destaca a jurista francesa: "Desde então, nós não podemos nos perguntar: em que esta negação do direito, numa ordem jurídica, pode ser o objeto de uma filosofia do direito? Apesar do incontestável talento retórico que se manifesta a favor do anti-humanismo, que caracteriza a derivação genealógica do pensamento do direito, não há nessa tentiva, em razão da postulação dogmática da morte do homem que a sustenta de ponta à ponta, senão uma vã especulação incapaz de jogar a menor claridade sobre os fundamentos de uma ordem de direito."[925]

## 6.2. A topografia da psicanálise

Antes de se fazer qualquer reflexão em torno das críticas foucaultianas ao discurso psicanalítico, e da sua aproximação com o movimento que procura deflagrar os nefastos objetivos de uma ciência da doença mental, isto é, do aparecimento da antipsiquiatria, convém buscar, dentro do pensamento formulado por Michel Foucault, o lugar possível de ser encontrado o discurso psicanalítico, quer dizer, é indispensável estudar o papel ou a situação que a psicanálise desempenha e constitui no projeto foucaultiano, para que melhor se compreenda a interface do seu pensamento filosófico-histórico com as orientações políticas e intelectuais do séc. XIX e XX.

[924] MERQUIOR, José Guilherme. **Michel Foucault ou o niilismo de cátedra**. (trad. Donaldson M. Garschagen). Rio de Janeiro: Nova Fronteira, 1985, 277p.

[925] GOYARD-FABRE, Simone. **L'ordre juridique** ..., p. 106. "Dès lors, ne pouvons-nous nous demander en quoi cette négation du droit dans un ordre juridique peut être l'objet d'une philosophie du droit? Malgré l'incontestable talent rhétorique qui se déploie au service de l'anti-juridisme qui caractérise la dérive généalogique de la pensée du droit, il n'y a dans cette tentative, à raison de la postulation dogmatique de la 'mort de l'homme' qui la sous-tend de bout en bout, qu'une spéculation vaine incapable de jeter la moindre clarté sur les fondements d'un ordre de droit." [trad. do autor.]

Inúmeras abordagens poderiam sugerir uma interlocução do pensamento de Foucault com o discurso psicanalítico, a fim de mapeá-lo num 'sistema de pensamento', todavia, não se pode esquecer da impossibilidade de se estabelecer uma presença contínua da psicanálise nas teorizações foucaultianas, seja porque alguns temas perpassam além do próprio discurso psicanalítico, salvo orientações mais recentes, sobretudo nos séculos anteriores ao seu aparecimento (centrando-se na psiquiatria), seja porque Foucault fala muito pouco de Freud, como visto, e, por conseguinte, da própria psicanálise, senão cenas de um filme fragmentadas e entrecortadas. Como ressalta Derrida, Foucault ora quer, ora não quer situar Freud em seu discurso, ora estabelece uma relação estabilizável, identificável e aberta a uma apreensão unívoca, ora se demonstra de modo inquieto, dividido e móvel em relação ao discurso psicanalítico.[926] Por essas razões, não há como formular uma estrutura psicanalítica de pensamento nas obras de Foucault, mas tão-somente fazer uma reflexão em torno de "figuras" de pensamento, isto é, em torno de recortes epistemológicos que as imagens das elucubrações foucaultianas permitem desenhar, e que são indispensáveis de serem repensadas para a compreensão de suas considerações. Dessa maneira, a psicanálise que aparece para Foucault, e que nesta pesquisa convém investigar, diz respeito exclusivamente ao seu aspecto filosófico, isto é, enquanto seu modo de compreender e conhecer a realidade, e, não propriamente na sua estrutura interna. Não se pretende, nessas linhas, fazer uma investigação detalhada da obra psicanalítica, mas tão-somente quando essa se lhe mostra como um discurso competente.

Inicialmente, convém trazer algumas notas sobre a relação entre Foucault e, em especial, Jacques Lacan, com o qual fará dialogar as suas concepções. Sem dúvida, a questão da psicanálise em Foucault passa por uma especial relação com os textos de Freud e de Lacan.[927] Todavia, caberia agora apenas colher algumas referências sobre o particular aporte entre as teorias foucaultianas e as concepções lacanianas, a título analítico, já que, o que de fato importa neste ensaio, é o ponto em que a psicanálise é vista como um discurso competente, isto é, um discurso eminentemente filosófico, enquanto corrente de pensamento e modo de interpretar a realidade, e não em seus meandros. Isso porque Foucault, apesar

[926] DERRIDA, Jacques. **Fazer justiça a Freud** ..., p. 61.

[927] Segundo Joel Birman, a psicanálise em Foucault não foi apenas representada pelas formulações de Freud, mas, sobretudo, pelas considerações de Lacan, "Foi certamente por esse viés que o diálogo de Foucault com a psicanálise se estabeleceu. Os enunciados de Lacan foram, com certeza, os disparadores de diversos e incansáveis comentários de Foucault sobre o discurso piscanalítico". BIRMAN, Joel. **Entre cuidado e saber de si** ..., p. 16.

de sua formação de psicologia, não investigou diretamente nenhuma teoria, nem tampouco lançou críticas a algum método interpretativo ou a algum teste de psicologia experimental, que ele havia estudado e aplicado algumas vezes. Seu objetivo na psicanálise se resumia ao seu conteúdo filosófico, isto é, de *ethos* na condução do olhar sobre a realidade e sobre o homem. A psicanálise se lhe surge com maior visibilidade como um discurso filosófico e político.

Nesse sentido é que o discurso psicanalítico aqui se impõe na análise. Certamente, poder-se-ia abrir um tópico à parte para falar de Freud e de Lacan na imbricação com o pensamento foucaultiano. Quanto ao primeiro, especialmente no que tange à hipótese repressiva, fruto de questionamentos de Foucault em *La Volonté de Savoir*,[928] como se verá adiante, bem como em relação às leituras que fizera na análise do complexo edipiano, em *A Verdade e As Formas Jurídicas*[929] (nesse texto Foucault procura dar uma nova interpretação a obra de Sófocles Édipo-Rei. Para o intelectual francês, a civilização atual passaria, ainda, por um complexo edipiano, mas não referente ao inconsciente ou ao desejo tampouco num nível exclusivamente individual, mas, sobretudo, coletivo, a respeito da relação entre saber e poder, um novo perfilar do complexo). Quanto ao segundo, indispensável seria investigar a noção do estágio do espelho e sua inflexão mais direta com o intelectual.[930]

[928] Segundo Didier Eribon, o livro de Foucault *Histoier de la Sexualité: La Volonté de Savoir* representa uma ruptura com a psicanálise lacaniana, embora também fosse uma crítica às doutrinas críticas de Lacan, como as ideologias da liberação, o freudo-marxismo, as teorias do desejo, os legados de Sade e de Bataille, é uma forma de negação de todas essas teorias, incluída a lacaniana, que teriam as mesmas bases de saber e poder. ERIBON, Didier. **Michel Foucault**., p. 253. Do mesmo modo, Didier Eribon, relembra a vontade de Foucault em relação aos escritos de Freud: "Todo mundo fala de sexo para dizer que é recalcado, reprimido pela moral burguesa, pelo modelo conjugal e familiar. Talvez Freud tivesse nos libertado um pouco dessa moral, dizem uns. Mas tão pouco, rebatem outros, com tanta prudência, de um jeito tão conformista, que seria preciso denunciar também as funções normalizadoras da própria psicanálise. Todos, porém, não importa o modo, querem que se fale de sexo, pois este desvendaria a verdade do homem ou lhe ofereceria as possibilidades de ser feliz. " ERIBON, Didier. **Michel Foucault**., p. 251.

[929] FOUCAULT, Michel. **A verdade** ..., p. 31. "Parece-me, que há realmente um complexo de Édipo na nossa civilização. Mas ele não diz respeito ao nosso inconsciente e ao nosso desejo, nem às relações entre desejo e inconsciente. Se existe complexo de Édipo, ele se dá não ao nível individual, mas coletivo; não a propósito de desejo e inconsciente, mas de poder e de saber." [trad fr. **La vérité** ..., p. 554. "Il me semble qu'il y a réellement un complexe d'Œdipe dans notre civilisation. Mais il ne concerne pas notre insconscient et notre désir, ni les relations entre désir et inconscient. Si complexe d'Œdipe il y a, il ne se joue pas au niveau individuel, mais collectif; non pas à propos du désir et de l'inconscient, mais à propos du pouvoir et du savoir."]

[930] BIRMAN, Joel. **Entre cuidado e saber de si: sobre Foucault e a psicanálise**. Rio de Janeiro: Relume-Dumará, 2000, p. 95. "... o olhar do poder funcionaria como crítica à concepção de olhar

A relação entre Lacan e Foucault se dera de maneira um tanto singular. É da época da École Normale Supérieure, quando Foucault está cursando suas disciplinas de psicologia clínica, que ele passa a se interessar por Lacan.[931] Sua predisposição pelo psicanalista já existia muito antes do psicanalista se tornar célebre, sobretudo nos anos de 1953 a 1954, quando Foucault, por influência de Hyppolite, assistia aos seus seminários no hospital Sainte-Anne, onde sua platéia se acomodava. Segundo David Macey, Foucault se referia muito bem aos seminários de Lacan, e certa vez dissera: "... a um jornalista que lhe perguntara sobre o que pensava a respeito das aulas de Lacan, Foucault explicou que era praticamente impossível desvendar o sentido esotérico dessa linguagem. Para ter acesso a todas as alusões de Lacan, acrescenta, seria necessário ter lido tudo. Ninguém entende, mas todo mundo se sente envolvido, e isso é que é prodigioso. Num momento ou noutro, cada ouvinte tem o sentimento de tê-lo compreendido, e de sê-lo o único nesse caso. Cada semana, Lacan cumpre um verdadeiro grande esforço diante de um anfiteatro, desenvolvendo um gênero de análise abstrata, que age sobre cada um de seus ouvintes.[932]

Isso se torna evidente, alguns anos após, quando Foucault expressa suas leituras de Lacan por ocasião da publicação, em 1961, de *Folie et Déraison*,[933] fazendo referência ao seu nome, juntamente com outros grandes intelectuais: Dumezil, Blanchot, etc..[934] No exílio, Foucault, antes de deixar Vincennes, torna-a um dos grandes centros de referências do pensamento lacaniano, chegando a convidar o ilustre psicanlista (que foi, mas se recusou a dar a segunda conferência, por desgostar dos alunos), para que continuasse seus seminários, visto que a École Normale Supérieure, não mais lhe permitia.[935] Entretanto, a relação só começa a se estreitar, quando em 1963, Foucault publica sua obra

presente no estágio do espelho, de Lacan, como sendo fundante da subjetividade, já que desnaturalizaria de fato o encantamento do olhar refratando-o agora no campo dos micropoderes."

[931] ERIBON, Didier. **Michel Foucault**., p. 59.

[932] MACEY, David. **Michel Foucault**..., p. 505. "À un journaliste qui lui demandait son sentiment sur le cours de Lacan, Foucault expliqua qu'il était pratiquement impossible de dégager le sens de ce langage ésotérique. Pour saisir toutes les allusions de Lacan, ajoute-t-il, il faudrait avoir tout lu. Personne ne comprend, mais tout le monde se sent concerné, et c'est cela qui est prodigieux. À un moment ou à un autre, chaque auditeur a les sentiment d'avoir compris, et d'être le seul dans ce cas. Chaque semaine, Lacan accomplit un véritable tour de force devant un amphithéâtre en développant un genre d'analyse abstraite qui agit sur chacun de ses auditeurs." [trad. do autor.]

[933] MAFRA, Taciana de Melo. **A estrutura na obra lacaniana**. Rio de Janeiro: Companhia de Freud, 2000, p. 154. "Entre o filósofo que interroga a história da loucura e Lacan existe um magnetismo que, simultaneamente, aproxima e repele."

[934] ERIBON, Didier. **Michel Foucault**., p. 84.

[935] ERIBON, Didier. **Michel Foucault**., p. 196.

*Naissance de la Clinique*, que foi de muito boa acolhida por Lacan, ao ponto do psicanalista francês passar a comentá-la em seus seminários. A partir de então, Foucault é convidado para fazer parte de inúmeros jantares na casa dos Lacan, mas jamais chegam a ter um contato muito íntimo.[936]

É claro que o distanciamento dos dois é evidente, enquanto para "Foucault, Hyppolite é tido como o mestre absoluto, para Lacan essa aproximação é marcada por uma oposição essencial. Hyppolite costumava defender que a Psicanálise era a substituta da obra hegeliana e da Filosofia. Para ele, o freudismo era um estágio constituinte do *logos*, ao que Lacan se contrapõe afirmando que Freud é o futuro de Hegel." É evidente que essa diferença não pode deixar de se contrapor, ademais, no que tange ao tema do espelho. Antes de ingressar na topografia propriamente dita da psicanálise na obra foucaultiana, seria indispensável fazer uma breve interpretação sobre o olhar do poder e o olhar na concepção do estádio do espelho lacaniano, ainda sob um viés epistemológico.[937]

Feitas tais considerações inciais sobre a relação de Foucault com Freud e Lacan, especialmente no que tange ao ponto de encontro e de distanciamento do psicanalista francês com o intelectual do *Collège de France*, conviria analisar de maneira ampla o modo como a psicanálise interpela a obra foucaultiana, isto é, a sua maneira de interpelá-la sob diversas facetas, ora sendo retomada como fonte de questionamento e fundamento para as suas pesquisas, ora sendo desconstituída como discurso autêntico, posto que se colocaria simplesmente na linha direta e lógica da evolução da psiquiatria. Segundo Joel Birman,[938] a psicanálise na obra foucaultiana apareceria sob uma certa oscilação, variando de livro a livro. Nos seus primeiros volumes, especialmente durante a década de cinquenta e sessenta, seria ela fonte fundante de seu pensamento, um alicerce teórico possível para o seu projeto filosófico. Nessa perspectiva, apesar de avanços e retrocessos, a psicanálise surgiria para Foucault, sobretudo nas obras *Maladie Mentale et Psychologie, Histoire de la Folie, La Naissance de la Clinique, Les Mots et les Choses*, e *L'Archéologie du Savoir*, ligadas à sua arqueologia do saber, demonstrando-se de maneira positiva e emprestando muitos conceitos a

[936] ERIBON, Didier. **Michel Foucault.**, p. 158.

[937] FOUCAULT, Michel. **Lacan, le 'libérateur de la psychanalyse'**. Dits et Écrits (org. Daniel Defert et François Ewald). Paris: Gallimard, v. 4, 1994, p. 204-205. Ver também: ROUDINESCO, Elisabeth. **Leituras da história da loucura (1961-1986)**. Foucault: leituras da história da loucura. (trad. Maria Ignes Duque Estrada) Rio de Janeiro: Relume-Dumará, 1994, p. 07-32.

[938] BIRMAN, Joel. **Entre cuidado e saber de si: sobre Foucault e a psicanálise**. Rio de Janeiro: Relume-Dumará, 2000, p. 73.

servirem de ferramentas para o seu pensamento. Em contrapartida, já em seus escritos da década de setenta, especialmente *Surveilleir et Punir* e *La Vonlonté de Savoir*, bem como a imensa gama de artigos e entrevistas publicada nesse ínterim, com o aparecimento de sua genealogia do poder, a psicanálise se apresenta como um saber inscrito nos registros da micropolítica e do poder capilar, isto é, sob um viés negativo, sem informar diretamente as categorias epistemológicas pensadas por Foucault, salvo com objetivos críticos. Por fim, nos seus últimos escritos, já da década de oitenta, sobretudo em *L'Usage des Plaisirs* e *Le Souci de Soi*, na formação de um outro campo do saber, quer dizer, o das formas de subjetivação, a psicanálise permanece sob um viés crítico, já que o seu rompimento no primeiro volume da história da sexualidade o impede de lhe devolver o mesmo estatuto de outrora.

Nesse sentido, aprouve-se, por bem, ou por mal, estabelecer inicialmente duas linhas de análise em torno do tema da psicanálise: 1) uma *filosófico-política*, que se preocupa com as raízes da psicanálise enquanto disciplina relacionada com os poderes e o Estado, e que permite mais tarde reformular o conceito de culpabilidade antes utilizado exclusivamente pela psiquiatria positiva, isto é, consiste em visualizar na obra foucaultiana o surgimento da psicanálise dentro das manifestações políticas que perseguiram o seu nascimento, sobretudo o fascismo; e, 2) outra *científica*, que se destina a traçar na obra foucaultiana a posição da psicanálise intercorrente em seus textos, quer dizer, grifar o seu aparecimento no percurso histórico e 'evolucionista' da psiquiatria. Nessa última perspectiva, é oportuno refletir, doravante, três figuras essenciais do pensamento foucaultiano, que tangenciam o discurso psicanalítico, e que 'melhor' permitem traçar tanto os conceitos que lhe são recorrentes em suas reflexões, quanto demonstrar as variações de seu pensamento e de sua crítica em torno da psicanálise, quer dizer, que possibilitam encontrar no zoneamento foucaultiano tanto o discurso psicanalítico de modo abstrato, como os seus progressos, os retrocessos e as suas alterações no decorrer do percurso do saber de Michel Foucault, quanto aos postulados mais elementares e significativos da psicanálise propriamente dita a partir de suas considerações. Diante disso, dentro da linha *científica*, pode-se afirmar que as três figuras indispensáveis para repensar Foucault e a psicanálise são: a) a *loucura*, isto é, o quadro estabelecido pelo delineamento entre a loucura e a sua linguagem ao longo da história; b) a *clausura*, como discurso da proibição e a possibilidade da transgressão (o internamento dos pervertidos e a reclusão do discurso); e, c) a *sexualidade*, quer dizer, como elemento para repensar a liberdade e a cultura de si. É, portanto, em torno desses três quadros mentais, em relação com sua dimensão prática, que o discurso psicanalítico se faz presente e fala nas teorizações foucaultianas.

1) *Linha filosófico-política.*[939] Sob um viés filosófico, a psicanálise para Foucault teve um surgimento linear e decorrente das próprias formas de tratamento da doença mental e da sexualidade, operada pela psiquiatria desde o século XIX. Trata-se de um aparecimento que se posta inevitavelmente na tradição do saber psiquiátrico surgido com o aparecimento dos asilos ideais e dos hospitais terapêuticos, como se verá adiante. Nesse sentido, eis o ponto maior da crítica foucaultiana, a psicanálise teria se inscrito na tradição do alienismo, isto é, o dispositivo transferencial de que ela se utiliza seria um simples aperfeiçoamento do dispositivo do tratamento moral, de tal modo que o terapeuta teria tão-somente cedido lugar no seu ofício ao psicanalista, ao taumaturgo apto a conferir a cura aos adoentados. Para Foucault, o tratamento moral estaria presente na experiência psicanalítica, que através de seus métodos, como a identificação do doente à sua realidade, pelo dispositivo do 'espelho', e de suas operações estratégicas faria da psicanálise algo não inovador, que se encontraria na contituidade dos discursos. Dessa maneira, o mito da autenticidade da psicanálise seria insustentável em seus argumentos, não existindo qualquer forma de ruptura ao saber já existente. A relação particular entre paciente e terapeuta, que a psicanálise quis guardar para si como inovação, não passaria de mera incorporação da experiência transferencial por derivação do dispositivo clínico; nesse sentido, a experiência psicanalítica estaria escrita na continuidade da clínica moderna, tal como insiste refletir Foucault em *La Naissance de la Clinique*. A psicanálise, enquanto um dos desdobramentos das ciências humanas, teria como base, portanto, a medicina

[939] Convém destacar que a relação entre Foucault e a psicanálise foi sempre conturbada, marcada por uma necessidade constante de ora se aproximar de suas teorias, ora de se distanciar gradativamente de suas construções teóricas. Certamente inúmeras razões poderiam ser abordadas, tais como a sua valorização da temática do sujeito; a sua crítica às ciências humanas; a sua negativa de um discurso autêntico e inovador; ou então, como de maneira diversa e instigante afirma Taciana de Melo Mafra, poderia ser a sua necessidade de negar o pai, que era um reconhecido médico: "Mas a maior fonte das hesitações de Foucault com a Psicanálise e, particularmente, com Jaques Lacan vem das questões atravessadas com o Nome-do-Pai. A negação do Nome-do-Pai é um elemento biográfico que mina todo tempo, de maneira contraditória, a sua obra a começar pelo seu prenome, que é herança paterna, Foucault irá destituir, obstinadamente, o valor da paternidade como elemento constitutivo da subjetividade. Afirmava a inexistência de uma verdade do sujeito no discurso. Combater a imperiosidade da paternidade é um propósito de Michel Foucault que é por ele mesmo destituído, sem que se dê conta, recaindo sempre em temas e investigações teóricas que sublinham a posição da autoridade , principalmente a ênfase no poder." MAFRA, Taciana de Melo. **A estrutura na ...**, p. 155.

moderna estabelecida pelo olhar clínico, logo, juntamente com a antropologia social de Lévi-Strauss, o discurso sobre o inconsciente se enquadraria na fundação das ciências humanas modernas.

No mesmo horizonte, a modernidade, e suas disciplinas, especialmente a psicanálise, ao deslocar o fundamento do espírito para o lugar do inconsciente, empreendeu-se numa perspectiva anti-humanista, isto é, pela sustentação de um discurso que sinaliza a morte do homem, bem como paralelamente a morte de Deus, de tal forma que o inconsciente foi valorizado, enquanto que o sujeito, seu eu e sua consciência foram renegados. De consequência, houve uma descentralização do sujeito, e as técnicas representativas, da ênfase à identidade, cederam lugar às técnicas interpretativas, especialmente da semiologia e da hermenêutica. A psicanálise, para Foucault, é enquadrada numa categoria denominada "contra-ciências", que surge essencialmente a partir de suas críticas às formulações das "ciências humanas" no século XIX, como visto acima. É nessa perspectiva, quando a representação cede lugar à interpretação, que a psicanálise nasce, a partir de uma temática peculiar, fundada na loucura e na sexualidade para Foucault, como uma ciência crítica aos fundamentos das ciências humanas, e de toda a analítica da finitude: o homem, sua vida, seu trabalho e sua linguagem. A partir de seu método arqueológico, como um "bisturi", na expressão de Márcio Mariguela,[940] que procura realizar cortes epistemológicos nos saberes atuais, tecendo os limites indecifráveis da analítica da finitude, Foucault iguala os feitos de Freud com a sua teoria do inconsciente aos questionamentos de outros dois grandes críticos: Marx, ao seu tempo e à sociedade; Nietzsche, e às falibilidades dos conceitos científicos e do uso da razão.

Em seu artigo *Nietzsche, Freud et Marx*,[941] célebre conferência proferida entre os dias 04 e 08 de julho de 1964, num colóquio realizado em Royamont sobre Nietzsche, Foucault, analisando as técnicas de interpretação, destaca a grande importância do primado da linguagem no mundo ocidental, eis a semelhança que se ressaltara inicialmente no debate com Habermas, sobretudo quando admite que a linguagem, em si, apresenta sempre duas grandes suspeitas: de uma lado, de que não diz exatamente o que diz, seja sob um aspecto ideológico,

[940] MARIGUELA, Márcio. **A psicanálise na arqueologia das ciências humanas**. Foucault e a destruição das evidências (org. Márcio Mariguela) Piracicaba: Unimep, 1995, p. 104. "Foucault procurou construir um bisturi genealógico para o seu exercício filosófico."

[941] FOUCAULT, Michel. **Nietzsche, Freud e Marx**. Dits et Écrits (org. Daniel Defert et François Ewald). v. 1 Paris: Gallimard, 1994, p. 564. [trad. br. **Nietzsche, Freud e Marx**. (trad. Jorge Lima Barreto e Maria Cristina Guimarães Cupertino) São Paulo: Landy, 2000, p. 49.]

de poder, ou mesmo de inconsciência; de outro lado, que nem sempre sua expressão será verbal, podendo haver linguagem em qualquer coisa, pois "a natureza, o mar, o sussurro do vento nas árvores, os animais, os rostos, os caminhos que se cruzam, tudo isto fala, pode ser que haja linguagens que se articulem em formas não verbais."[942]

Sob um ponto de vista político, é oportuno afirmar, que não há como negar que para Foucault a psicanálise não tenha seu lado positivo, ou ao menos não encontre fundamentos a serem valorizados e mantidos. Na leitura foucaultiana, como bem observa a grande intelectual lacaniana Elisabeth Roudinesco, a psicanálise tem um significativo "valor político",[943] haja vista o momento histórico em que aparecera, bem como seus dignos propósitos. Assim, a psicanálise nasce, para Foucault, sob diversos fundamentos, especialmente das interrogações provocadas pelo declínio do patriarcado, e, então, também, pelo anti-semitismo, o feminismo e o antifeminismo, ao mesmo tempo que surge marcada pela tentativa de responder a todas essas manifestações de ordem política, através de uma nova disposição da família e da revalorização do lugar do pai. Nesse sentido, na interpretação de Roudinesco, a psicanálise em Foucault serviria essencialmente tanto como oposição teórica e prática ao fascismo, quanto, através da elevação da sexualidade como lei, de afastar o racismo, o hereditarismo e a desigualdade, fazendo com que os homens fossem capazes de desconfiar de todos os procedimentos de controle e de gestão da sexualidade cotidiana. De consequência, a leitura foucaultiana da psicanálise destaca a sua importância num fator essencialmente político, isto é, a partir das teorizações de Freud, especialmente da horda primitiva, da selvageria e do incesto (instituir o pai como objeto de amor no interior da família, mas do mesmo modo destitui-lo pela lei, caso viesse a ser incestuoso), e da valorização da teoria da sedução, a psicanálise tem nessa sua condição de surgimento uma possibilidade antes histórica e jurídica. Assim, Foucault ressalta a importância freudiana, através da aproximação desta com a noção de Estado de Direito, e, portanto, em oposição ao fascismo e a todas as formas contemporâneas e políticas de normalização.[944]

942 FOUCAULT, Michel. **Nietzsche** ..., p. 565. "... la nature, la mer, le bruissement des arbres, les animaux, les visages, les masques, les couteaux en croix, tout cela parle, peut-être y a-t-il du langage s'articulant d'une manière qui ne serait pas verbale." [trad. br. **Nietzsche** ..., p. 48.]

943 ROUDINESCO, Elisabeth. **Genealogias**. (trad. Nelly Ladvocat Cintra) Rio de Janeiro: Relume-Dumará, 1995, p. 100.

944 ROUDINESCO, Elisabeth. **Genealogias** ..., p. 101.

Nesse mesmo sentido, num livro memorável, intitulado *Foucault tel que je l'imagine*, como visto, Maurice Blanchot,[945] ao tratar do tema do racismo assassino, salienta que para Foucault a psicanálise teria um duplo papel, ora positivo, ora negativo. Sob um viés positivo, igualmente, ressalta a importância das contribuições psicanalíticas de Freud para Foucault, que segundo suas palavras, teriam o condão maior de impedir a proliferação dos mecanismos de poder, dos quais o racismo se utilizava e deles abusava de maneira monstruosa, através do controle integral da sociedade, especialmente, da cor de seu membros, de seus trajes, de seus costumes, de suas amizades, de suas profissões, e de sua sexualidade. Segundo Foucault, Freud teria pressentido a necessidade de retornar em seu projeto, "o que fez dele o adversário privilegiado do fascismo"[946], ao resgatar a antiga lei da aliança: a consanguinidade proibida, o Pai-Soberano, etc., isto é, ao reformular temas em torno da sexualidade, Freud deu à Lei, em detrimento da norma, os seus antigos direitos, sem com isso desdizer o estatuto repressivo, já que procurara mostrar sua origem, fosse através da censura, do recalcamento, do superego. Sob um viés negativo, a psicanálise, ao mesmo tempo que fez frente à uma política como o fascismo, mostrou-se sacralizar a sexualidade e a própria psicanálise em direção a um progressismo histórico. Esse foi, por sinal, o grande mote entrelaçado pelos membros da Escola de Frankfurt na luta contra o nazismo e o facismo.

2) *Linha científica*. Noutro compasso, é inevitável analisar não simplesmente as questões políticas e de história da filosofia na relação com o surgimento da psicanálise, como um novo discurso hábil a ir de encontro às manifestações sociais, mas, investigar o modo como a psicanálise se apresenta na obra foucaultiana, quer dizer, convém investigar os pontos de tangenciamento da teoria psicanalítica com as considerações feitas por Foucault em suas obras, seja através de simples remissões, seja através de expressos resgates acadêmicos. Nesse sentido, certamente as figuras que podem trazer melhor a compreensão sobre a inserção de Foucault na psicanálise é a da *loucura*, a da *clausura* e a da *sexualidade*, especialmente no que tange ao seu dispositivo. Todavia, uma vez que tais figuras se tratam de temáticas abordadas de maneira mais detalhadas em outras partes deste ensaio, deixam-se aqui apenas elencadas as suas figuras que permitem costurar o pensamento psicanalítico de Michel Foucault.

[945] BLANCHOT, Maurice. **Foucault como o imagino**. (trad. Miguel Serras Pereira e Ana Luísa Faria). Lisboa: Relógio d'Água, 1986, p. 64.

[946] BLANCHOT, Maurice. **Foucault como** ..., p. 64.

## 6.3. O lugar do movimento antipsiquiátrico

A interlocução do pensamento de Foucault com a psicanálise[947] surge ora de maneira positiva, ora negativa. É nessa perspectiva de negação da psicanálise e seu suposto caráter humanitário, que Foucault acaba por se envolver com o movimento antipsiquiátrico. Às vésperas de sua morte, Michel Foucault, segundo relatos insertos no personagem fictício Muzil, retratado por Guibert Hervé em seu livro À l'ami qui ne m'a pas sauvé la vie, como visto, traz uma afirmação significativa em torno da psicanálise, que parece refletir todo o seu relacionamento filosófico e complicado com o discurso psicanalítico ao longo de sua vida. O grande jornalista e escritor Hervé, que à época estava com Aids, sem saber exatamente os motivos, as causas e a verdadeira doença,

[947] Sobre essa temática, convém ler: FOUCAULT, Michel. **La psychologie de 1850 à 1950**. Dits et Écrits (org. Daniel Defert et François Ewald). v. 1 Paris: Gallimard, 1994, p. 120-137.; FOUCAULT, Michel. **La recherche scientifique et la psychologie**. Dits et Écrits (org. Daniel Defert et François Ewald). v. 1 Paris: Gallimard, 1994, p. 137-158.; FOUCAULT, Michel. **Table ronde sur l'expertise psychiatrique**. Dits et Écrits (org. Daniel Defert et François Ewald). Paris: Gallimard, v. 2, 1994, p. 664-675.; FOUCAULT, Michel. **Crise de la médecine ou crise de l'antimédecine**. (trad. D. Reynié) Dits et Écrits (org. Daniel Defert et François Ewald). v. 3 Paris: Gallimard, 1994, p. 40-58.; FOUCAULT, Michel. **Le pouvoir psychiatrique**. Dits et Écrits (org. Daniel Defert et François Ewald). Paris: Gallimard, v. 2, 1994, p. 676. [trad. br. **A casa dos loucos**. Microfísica do poder. (trad. Roberto Machado) 13 ed. Rio de Janeiro: Graal, 1998, p. 118.]; FOUCAULT, Michel. **Folie, une question de pouvoir**. Dits et Écrits (org. Daniel Defert et François Ewald). Paris: Gallimard, v. 2, 1994, p. 660-664.; FOUCAULT, Michel. **L'évolution de la notion d'"individu dangereux" dans la psychiatrie légale du XIXe siècle**. Dits et Écrits (org. Daniel Defert et François Ewald). v. 3 Paris: Gallimard, 1994, p. 443-464.; FOUCAULT, Michel. **Le monde est un grand asile**. (trad. R. G. Leite e P. W. Prado Jr.) Dits et Écrits (org. Daniel Defert et François Ewald). Paris: Gallimard, v. 2, 1994, p. 433-434.BIRMAN, Joel. **Entre cuidado e saber de si: sobre Foucault e a psicanálise**. Rio de Janeiro: Relume-Dumará, 2000, 105p.; CATONNÉ, Jean-Philippe. **Michel Foucault et l'histoire de la sexualité: de la psychanalyse à l'esthétique de l'existence**. Revue Raison Presénte, Paris, Centre National du Livre, n. 105, p. 71-91, jan./mar. 1994.; CHAVES, Ernani. **A constituição histórica da psiquiatria no "Vigiar e Punir" de Michel Foucault**. Revista Cadernos do Centro de Filosofia e Ciências Humanas, Belém, Ed. da UFPA, n. 9, março 1985.; CHAVES, Ernani. **Foucault e a psicanálise**. Rio de Janeiro: Forense Universitária: 1988, 149p.; EWALD, François. **L'anti-psychologue**. Critique: Revue générale des publications françaises et étrangère, Paris, n. 346, p.307-310, mar. 1976.; MAJOR, René. **Crises de razão, crises de loucura ou "a loucura" de Foucault**. Foucault: leituras da história da loucura. (trad. Maria Ignes Duque Estrada) Rio de Janeiro: Relume-Dumará, 1994, p. 37-52.; MILLER, Jacques-Alain. **Michel Foucault y el psicoanálisis**. Michel Foucault, filosófo. (trad. Alberto Luis Bixio) Barcelona: Gedisa, 1999 p. 67-73.; CASTEL, Robert. **A instituição psiquiátrica em questão**. Sociedade e doença mental (coord. Sérvulo Augusto Figueira) Rio de Janeiro: Campus: 1978, p. 149-203.; CASTEL, Robert. **Génesis y ambigüedades de la noción del sector en psiquiatría**. (trad. Julia Varela y Fernando Alvarez-Uría) Espacios de Poder (col. Genealogía del poder) 2 ed. Madrid: Endymion, 1991, p. 143-165.

já que se tratava de algo tão desconhecido, relata que após ter feito uma consulta com um médico local, visando a descobrir os verdadeiros males de sua enfermidade, obteve respostas insensatas e imprescritíveis do médico, que lhe receitara alguns remédios e uma tábua de dietas e exercícios físicos. Narra, que, após sair do consultório do Dr. Aron e rasgar a receita, foi relatar para Foucault, seu vizinho e íntimo amigo, o ocorrido, e este de súbito lhe dissera furiosamente: "É inacreditável, esses clínicos gerais de bairro', já estão tão saturados dos escarros e das diarréias de seus pacientes, que se voltam para a psicanálise e fazem os diagnósticos mais disparatados."[948]

Essa crítica lançada por Foucault, diante da doença do amigo, e que pouco tempo depois descobre ser sua também, ao uso indiscriminado da psicanálise, bem como aos fins a que ela sempre se prestara, demonstra, certamente, toda uma crise pessoal e filosófica que Foucault constituíra ao longo de seu percurso acadêmico e pessoal. Deste modo, tendo em vista as reflexões foucaultianas sobre o surgimento político da psicanálise enquanto disciplina filosófica e científica, como há pouco expressado, é preciso, a partir de agora, procurar, então, investigar quais foram as formas de seu relacionamento com a psicanálise, e quais foram as formas da demonstração deste pensamento crítico que o corrompera por toda a vida em degradação de um saber psicanalítico, especialmente através de seu engajamento acadêmico ao movimento da antipsiquiatria do séx. XX.

Com a tradução de *Histoire de La Folie*, sob o título *Madness and Civilization*, ao contrário do que ocorreu inicialmente na França, as teorias de Foucault ganharam devida reflexão nos Estados Unidos, em especial diante do movimento da antipsiquiatria, liderados por Roland Laing e David Cooper.[949] A esse exemplo, vê-se que em 1975, quando esteve em Nova York, para um colóquio 'contracultural' sob os cuidados da revista *Semiotexts*, Foucault pronunciou palestras sobre a sexualidade nas dependências do *Teacher's College* e dialogou, então, com Ronald Laing, que, como visto, segundo Didier Eribon, seria um dos pais fundadores do movimento antipsiquiátrico.[950]

Foucault sofre, também, o impacto das crítica dos adeptos de uma psiquiatria progressista, que segundo o autor, resumia-se num positivismo empenhado em reduzir, como sempre, a loucura ao silêncio. É nessa rejeição, que alguns seminários ocorreram, em especial o da *Evolution Psychiatrique*, em

[948] GUIBERT, Hervé. **Para um ...**, p. 29.
[949] ERIBON, Didier. **Michel Foucault.**, p. 130.
[950] ERIBON, Didier. **Michel Foucault.**, p. 291.

Toulouse nos dias 06 e 07 de dezembro de 1969, compostos por uma platéia de grandes intelectuais, como Lucien Bonnafé, Henri Ey e Henry Baruk, que procuraram "excomungar a concepção ideológica de *Histoire de La Folie*."[951]

O clássico Henri Ey, então secretário geral da *Association Mondiale de Psychiatrie*, numa conferência proferida no dia 04 de setembro de 1964, no *Rencontres Internationales de Genève*, procurou denunciar a crítica sobre a loucura elaborada dois anos antes por Foucault, afirmando que, ao contrário da perspectiva repensada pelo intelectual francês, a loucura, apesar de ter sido separada pela razão, não o fora excluída sob o efeito de um *genium malignum*, mas sim, em virtude de seu nascimento como fato psiquiátrico, como doença propriamente dita, e não simples estratégia. Nesse sentido ressalta: "Frequentemente, eu destaco que a *aparição do fato psiquiátrico* é contemporânea de um certo humanismo, de um certo liberalismo. Sem dúvida, pode-se verificar, com Michel Foucault, o resgate do racionalismo que explodiu no século das Luzes; sem dúvida, pode-se pretender com ele que a doença mental respondeu às exigências táticas e artificiais de um tipo de gênio médico maligno? Todavia, parece-me mais justo tomar esse surgimento pelo que ele é: a exigência de uma patologia da liberdade no seio de uma civilização que deseja liberdade e fundamentar suas instituições sobre os direito da pessoa humana. O fato psiquiátrico surge não como um fogo de artifício, mas como uma estrutura real do ser humano na sua originalidade e, num certo sentido, na sua fatalidade. (...) M. Foucault interpreta a própria definição do alienado pelo estatuto de seu internamento, como um tipo de reflexo de defesa da sociedade; e, ele tem razão em acusar a razão de querer se separar da loucura, mas o nascimento da psiquiatria não é justificável neste processo intencional: ela é fundada sobre a própria realidade do fato psicopatológico. E, isto é capital, pois a loucura aparece nas Sociedades modernas tão-somente para se impor como doença."[952]

[951] ERIBON, Didier. **Michel Foucault**., p. 132.

[952] EY, Henri. **Folie et monde moderne**. Comment Vivre Demain? (org. Rencontres Internationales de Genève), Neuchâtel, La Baconnière, 1964, p. 74-75. "J'ai souvent fait remarquer que *l'apparition du fait psychiatrique* est contemporain d'un certain humanisme, d'un certain libéralisme. Sans doute peut-on y voir avec Michel Foucault la rançon du rationalisme qui a éclaté au siècle des Lumières; sans doute peut-on prétendre avec lui que la maladie mentale a répondu aux exigences tactiques et artificielles d'une sorte de mauvais génie médical? Mais il me paraît plus juste de saisir cette apparition pour ce qu'elle est: l'exigence d'une pathologie de la liberté au sein d'une civilisation éprise de liberté et basant ses institutions sur les droits de la personne humaine. Le fait psychiatrique jaillit alors non pas comme un feu d'artifice mais comme une structure réelle de l'être humain dans son originalité et, en un certain sens, sa fatalité. (...) M. Foucault interprète la définition même de l'aliéné par le statut de son internement, comme une sorte de réflexe de défense

Convém ressaltar, também, que o próprio Baruk, dois anos antes do seminário de 1969, num livro lançado sob o sugestivo título *La Psychiatrie Française: de Pinel à nos Jours*, resgata disfarçadamente, utilizando-se de algumas considerações foucaultianas, a clássica importância de Pinel e a sua tradição para o humanismo da psiquiatria, justamente o que Foucault tanto criticava; e em agudas e breves palavras descontrói a leitura foucaultiana dada a Pinel: "Foucault escrevera que a loucura antes do isolamento terapêutico não era tratada, e que os alienados eram o objeto da eliminação, do desprezo, da raiva, e de todos o tipos de sevícias. Sabe-se que cada vez que um grupo de homens se encontra à parte por qualquer razão que seja, ele se torna rapidamente o objeto do desprezo, de raiva e de maus tratos. Ribot comparou no que tange a esse aspecto o estado de espírito não somente dos doentes mentais, mas dos fanáticos e dos judeus. É justamente contra semelhantes maus hábitos que começou a se postar contrariamente em grande parte o século XVIII, e, em seguida, o internamento dos doentes mentais, o qual era uma medida de proteção para impedir que os doentes mentais fossem objeto de sevícias ou do arbitrário, e para os colocar sob a garantia da autoridade pública."[953] É nesse contexto que Foucault, apesar de não concordar com muitos de seus membros, e não se engajar diretamente, como fizera com o movimento de crítica penitenciária, aproxima-se do movimento antipsiquiátrico, e marca sua relação definitivamente com a psicanálise.[954]

de la société; et il a raison d'accuser la raison de vouloir se séparer de la folie, mais la naissance de la psychiatrique n'est pas justiciable de ce procès d'intention: elle est fondée sur la réalité même du fait psychopathologique. Et ceci est capital, car la folie n'apparaît dans les Sociétés modernes qu'en s'imposant comme une maladie." [trad. do autor.]

[953] BARUK, Henri. **La psychiatrie française: de Pinel à nos jours**. Paris: Presses Universitaires de France, 1967, p. 6. "Quoi qu'en ait écrit Foucault à la période où la folie n'était pas traitée par un isolement thérapeutique, les aliénés étaient l'objet de l'élimination, du mépris, de la haine et des sévices de toutes sortes. On sait que chaque fois qu'un groupe d'hommes se trouve à part pour quelque raison que ce soit, il devient très vite l'objet du mépris, de la haine et des mauvais traitements. Ribot a comparé à ce sujet cet état d'esprit à l'égard, non seulement des malades mentaux, mais des cagots et des juifs. C'est justement contre de pareils errements qu'a commencé de s'élever le XVIII$^{e}$ siècle en grande partie et, ensuite, l'internement des malades mentaux était une mesure de protection pour empêcher que les malades mentaux soient l'objet de sévices ou d'arbitraire et pour les placer sous la garantie de l'autorité publique." [trad. do autor]

[954] Apesar do movimento antipsiquiátrico no Brasil ter ganhado certo fôlego, a ponto de estabelecermos uma legislação antimanicomial no início dos anos 2000, fato é que ainda estamos atrelados ao pensamento da anormalidade e exclusão do louco, e ler Foucault nestes termos pode nos ajudar a pensar caminhos.

# III – O "Poder" e a Viragem do Pensamento

# 7. A analítica do poder e o direito

## 7.1. Analítica histórica e a normalização

A temática do poder certamente é a mais conhecida de todos os que se aventuram ou desejam estudar a obra e as orientações intelectuais de Michel Foucault, todavia, não passa de um mero instrumento para investigar a questão do sujeito, como dissera em 1982 à Paul Rabinow e Hübert Dreyfus.[955] Nesse sentido, convém analisar o capítulo do poder de maneira mais detalhada, já que ele se constitui como um dos três eixos anteriormente referidos dentro da obra foucaultiana.

Todavia, estudar o tema do poder em Foucault requer um certo cuidado em razão das inúmeras fontes: artigos, livros, entrevistas, cursos, etc., que permitem reacender as ideias foucaultianas, tratando ora sobre a existência de um poder normalizador, ora de um poder jurídico, ora de um poder soberano, ora de um poder disciplinar, ora de um poder repressor.... Dessa maneira, a leitura de algumas das vastas referências pode levar a uma compreensão unívoca ou mesmo errônea da concepção foucaultiana de poder, por isso, é necessário determinar uma metodologia de abordagem para investigar o tema do "poder" nas concepções de Michel Foucault. Para tanto, em razão do próprio Foucault estabelecer diferentes horizontes de sua "analítica do poder", aprouve-se desmembrar a sua temática em três vetores epistemológicos, com o intuito de tornar inteligível as dimensões que o referido assunto foi tratado na obra do autor:

a) Num primeiro momento, seria preciso verificar na obra foucaultiana uma perspectiva *histórica* do poder, isto é, faz-se necessário demonstrar que

[955] FOUCAULT, Michel. **Le sujet et le pouvoir.** Dits et Écrits (org. Daniel Defert et François Ewald). Paris: Gallimard, v. 4, 1994, p. 222.

Foucault, antes de propor suas orientações para repensar a temática do poder sob um viés microfísico, fez uma série de estudos, especialmente em meados da década de setenta, sobre as diferentes manifestações do poder ao longo do tempo. Foucault procurou demonstrar, com suas obras *Surveiller et Punir*, *La Volonté de Savoir* e os cursos do biênio de 1975/1976 e seguintes no *Collège de France*, bem como em outras tantas conferências e artigos, que a história teria experimentado uma significativa alteração do poder, sobretudo, entre os séculos XVII e XVIII em razão da constituição de um poder disciplinar e um biopoder. Dessa maneira, Foucault pretende investigar essa mudança no modo como o poder passou a ser exercido, e que fora até então renegado pelos intelectuais, fruto dos constantes equívocos na análise do poder, tanto sob um viés filosófico, quanto político pelo marxismo. Todavia, finda-se aqui na analítica do poder, especialmente numa perspectiva histórica, com o intuito de demonstrar as investigações foucaultianas sobre as formas de exercício do poder jurídico-estatal, e a formação de um direito legal; e do poder disciplinar, e a sua constituição de um direito normalizador; bem como as suas vicissitudes nos séculos.

b) Num segundo momento, que se abrirá no próximo tópico, pretende-se ingresar numa perspectiva *filosófica*, a fim de esmiuçar a "analítica do poder" foucaultiana propriamente dita, isto é, investigar o modo como Foucault pensava o poder, não mais em seu caráter histórico, trazendo contribuições para demarcar momentos distintos, mas numa linha epistemológica. Pretende-se demonstrar quais seriam os horizontes da concepção foucaultiana do poder; delimitar as suas especificidades de abordagem da temática do poder; sua visualização como relação de forças, de microfísica, pulverização, dinamicidade, estratégia, etc. Demonstrar, em suma, o que Foucault entende sobre o poder, qual o âmbito de suas contribuições, como verificava um valor positivo em suas relações, quais as suas críticas ao modelo tradicional de concebê-lo, etc.

c) Por fim, num terceiro e último momento, ingressa-se noutra dimensão, de cunho *político*, pois se pretende visualizar dentro da obra foucaultiana novas perspectivas para repensar o poder, novas orientações apoiadas na resistência, na amizade e nos direitos humanos, bem como a constituição, ou ao menos, o esboço do que Foucault pretendia com a sua afirmação sobre um direito a construir, denominado "direito novo".

Assim, antes de ingressar propriamente na perspectiva histórica, convém traçar algumas considerações sobre o aparecimento da problemática do poder na obra foucaultiana.

A questão do poder surge para Foucault inicialmente em 1971, como visto anteriormente, no seu famoso discurso de sucessão de Jean Hyppolite e de ingresso no *Collège de France*, intitulado *L'Ordre du Discours*. Nessa obra, a referida temática aparece ainda arraigada à noção negativa do poder, mas nas suas entrelinhas já se verificam os horizontes de seu projeto genealógico. Foucault percebe nesse discurso o exercício de um poder como limitação ao discurso. Para Foucault, a produção do discurso na sociedade seria controlada, organizada e selecionada por vastos processos, cujo objetivo principal residiria em fazer desaparecer os poderes e os perigos e evitar a materialidade do acontecimento. Dessa maneira, começa a se esboçar o nascimento de uma genealogia do poder, na superação do método arqueológico, através de uma limitação ao discurso imposta sob três processos principais: a interdição da palavra, a partilha da loucura e a vontade de verdade. Nesse sentido, entretanto, Foucault ainda estava nitidamente marcado por uma concepção jurídica do poder, isto é, uma concepção tradicional para a qual o poder seria um mecanismo de atuação negativa, destinado a interditar, a excluir, e impor recalques, etc. Assim afirmara a L. Finas, em janeiro de 1977 à *La Quinzaine Littéraire*, reconhecendo que sua concepção de poder havia sido alterada: "Eu penso nesta *Ordre du discours* ter misturado duas concepções, ou, melhor, eu propus uma resposta inadequada a uma questão que eu penso legítima (a articulação de fatos discursivos sobre os mecanismos de poder). É um texto que eu escrevi num momento de transição. Até lá, parece-me que eu aceitava o poder na concepção tradicional, o poder como mecanismo essencialmente jurídico, o que diz a lei, o que proíbe, o que diz não, com toda uma série de efeitos negativos: exclusão, rejeição, barreiras, negações, ocultações ..."[956]

Todavia, com o aparecimento de *Surveiller et Punir*, bem como de *La Volonté de Savoir*, o poder deixa de ser o mecanismo que simplesmente interditava o discurso para ser aquele que age positivamente, ou seja, as obras de meados da década de setenta marcam a superação da concepção negativa para uma concepção mais concreta, em que o poder passa a ser visualizado como tática

[956] FINAS, L. **Les rapport de pouvoir passent à l'intérieur des corps**. Dits et Écrits (org. Daniel Defert et François Ewald). v. 3 Paris: Gallimard, 1994, p. 228-229. "Je crois dans cet *Ordre du discours* avoir mêlé deux conceptions ou, plutôt, à une question que je crois légitime (l'articulation des faits de discours sur les mécanismes de pouvoir) j'ai proprosé une réponse inadéquate. C'est un texte que j'ai écrit à un moment de transition. Jusque-là, il me semble que j'acceptais du pouvoir la conception tradictionnelle, le pouvoir comme mécanisme essentiellement juridique, ce qui dit la loi, ce qui interdit, ce qui dit non, avec toute une kyrielle d'effets négatifs: exclusion, rejet, barrage, dénégations, occultations..." [trad. do autor.]

discursiva, como tecnologia, como estratégia e não como rarefação. Essa alteração, demonstrada nestes escritos, teria sido possível a partir do envolvimento de Foucault com o GIP nos anos de 1971 e 1972, quando afirma ter realmente percebido o exercício concreto do poder. Nesse sentido argumentou em junho de 1977 a A. Fontana e P. Pasquino: "foi aí que o caráter concreto do poder apareceu e, ao mesmo tempo, a fecundidade destas análises acerca do poder, que se propunham dar conta destas coisas que tinham, até agora, permanecido fora do campo da análise política".[957] De consequência, ao mudar de enfoque sobre a investigação do poder, também se opôs rigidamente às concepções marxistas e fenomenológicas que dominavam o cenário francês, pois o seu contato com as instituições penais destacou que essas visões acabavam sendo muito limitadas ao se restringirem na busca pelo significado econômico do poder, de um lado, e de outro pela referência a um sujeito constituinte, deixando de lado toda uma série de engrenagens que não poderiam ser esquecidas. Ademais, rejeita a prevalência do conceito de ideologia e de repressão cravados na análise histórica, porque funcionam como verdadeiros obstáculos, primeiro, porque pressupõe um saber que seria transparente a si mesmo e que funcionaria sem erro e ilusão no seu contrário, em segundo, porque pressupõem a existência de um poder que funcionaria sem constrangimento, sem disciplina e normalização na sua ausência.

Dessa maneira Foucault inicia suas investigações históricas sobre o poder. Em *La Vonlonté de Savoir* afirma a existência de uma concepção jurídico-discursiva do poder, especialmente na sua relação com os sexos, da seguinte maneira:[958] a) Trata-se de uma noção que pensa o poder como relação essencialmente negativa, como exclusão, rejeição, interdição, barragem, ocultação,

[957] FONTANA, Alexandre; PASQUINO, P. **Vérité et pouvoir**. Dits et Écrits (org. Daniel Defert et François Ewald). Paris: Gallimard, v. 3, 1994, p. 146. "C'est là où le concret du pouvoir est apparu et en même temps la fécondité vraisemblable de ces analyses du pouvoir pour se rendre compte de ces choses qui étaient restées jusque-là hors du champ de l'analyse politique." [trad. br. **Verdade e poder**. Microfísica do poder. (trad. Roberto Machado) 13 ed. Rio de Janeiro: Graal, 1998, p. 6.].

[958] Trata-se de uma concepção bastante investigada por Foucault no final da década de setenta, nesse sentido, faz menção: FOUCAULT, Michel. **Cours du 14 janvier 1976**. Dits et Écrits (org. Daniel Defert et François Ewald). v. 3 Paris: Gallimard, 1994, p. 176-178 e 184-185; Na entrevista: RANCIÈRE, J. **Pouvoirs et stratégies**. Dits et Écrits (org. Daniel Defert et François Ewald). v. 3 Paris: Gallimard, 1994, p. 423-424.; Na conferência realizada na UFBA: FOUCAULT, Michel. **Les mailles du pouvoir**. (P. W. Prado Jr.) Dits et Écrits (org. Daniel Defert et François Ewald). Paris: Gallimard, v. 4, 1994, p. 183-186; e Na conferência realizada em Tóquio: FOUCAULT, Michel. **Sexualité et pouvoir**. Dits et Écrits (org. Daniel Defert et François Ewald). v. 3 Paris: Gallimard, 1994, p. 557-558.

como um mecanismo que diz não ao sexo, razão pela qual a única maneira de se opor seria através da transgressão. b) Trata-se uma maneira particular de conceber o poder como aquilo que dita ao sexo a sua lei, de tal modo que o sexo passa a ser disposto na latência do binômio lícito/ilícito, permitido/proibido. O ponto central se encontra na enunciação da lei, há a formação da imagem do poder-lei, do poder-soberania,[959] noutro compasso, o poder prescreve ao sexo uma ordem, que funciona como forma de inteligibilidade, em que o sexo se decifra a partir da sua relação com a lei, e que o poder atua pronunciando a regra, em que o domínio do poder sobre o sexo se faria pela linguagem, por um ato do discurso num estado de direito. Dessa maneira, a forma pura do poder seria encontrada na função do legislador, e o seu modo de exercício em relação ao sexo seria de tipologia jurídico-discursiva. c) Trata-se de uma concepção em que o poder funciona exclusivamente conforme a lei da proibição, verificada concretamente em três modalidades: de um lado, na insistência em afirmar aquilo que não é permitido, impedir que aquilo seja dito e negar que aquilo exista; de outro a existência de uma relação lógica em cadeia característica dos mecanismos de censura, em que o interdito não deve falar até que seja anulado no real, isto é, o que é inexistente não tem direito a se manifestar, nem mesmo na ordem da palavra que é capaz de enunciar a sua existência, de tal modo que o que se deve calar se encontra banido do real como o que é interdito. Nesse sentido, a lógica do poder sobre o sexo seria paradoxal, vez que a lei poderia enunciar-se como injunção de inexistência e de não-manifestação ou de mutismo. d) Trata-se de uma concepção em que, num esquema necessariamente homogêneo, o nível em que o poder se exerce na relação familiar, na relação entre o Estado e os indivíduos, na relação educativa ou de produção, a lei, a interdição, a censura, seriam suas formas primordiais de manifestação. Haveria, nesse sentido, uma dupla subjetivação: de um lado, o poder se exerce, o poder é concebido como uma espécie de grande sujeito absoluto, real, imaginário ou jurídico, que é responsável por articular o interdito; de outro, o poder é sofrido, que tende a subjetivar, determinando o ponto onde se diz sim ou não ao poder; em suma, haveria um poder legislador e um sujeito obediente de outrem.[960]

Nesse sentido, Foucault entende que essa maneira de compreender o poder certamente não se reduz às meras relações entre o poder e o sexo, entre o poder e o prazer, mas que ela é mais ampla e estaria enraizada na

[959] FOUCAULT, Michel. **História da sexualidade I: a vontade** ..., p. 86-87.

[960] RANCIÈRE, J. **Pouvoirs et stratégies** ..., p. 423.

história do Ocidente, a ponto de resistir até hoje, uma vez que os aparelhos de poder são numerosos e seus rituais visíveis e seus instrumentos seguros. Para Foucault, apesar dos monarcas terem se esforçado para relevar o domínio jurídico da instituição monárquica, bem como para liberar o político do domínio do jurídico, a noção de poder teria permanecido ligada a esse sistema. Nesse sentido, Foucault salienta que o movimento crítico da instituição régia, especialmente na França do séc. XVIII, não foi operado contra um sistema jurídico-monárquico; mas, ao contrário, ela se utilizou de um sistema jurídico puro para denunciar as infrações cometidas pelo poder monárquico à soberania das leis. Entretanto, essa crítica não foi capaz de destacar o princípio de que o direito deve ser a forma do poder e de que o poder devia exercer-se sempre sob a forma do direito. Nesse sentido, tem-se Rousseau, que ao elaborar a sua teoria estatal, demonstrou o nascimento de um soberano, um soberano coletivo a partir dos direitos individuais e das leis de interdição que cada indivíduo deveria respeitar, uma vez que ele mesmo seria o membro da soberania. Assim, Foucault ressalta que até mesmo as ideias inovadoras de Rousseau estariam ligadas a um instrumento teórico utilizado pela monarquia.

Foucault também faz referência à crítica estabelecida contra as instituições políticas surgidas no séc. XIX. Par ao autor, esse movimento crítico seria surpreendente sob o ponto de vista do rigor e do radicalismo, uma vez que demonstra o modo como o poder do monarca escapa aos ditames da lei, e do modo como ele se exercia na violência, embora ocultas sob as vestes da lei genérica. Nessa linha, a representação jurídica do poder acaba agindo nas investigações contemporâneas sobre as relações de poder e o sexo. A psicanálise (especialmente), embora não visualize o poder como forma total, mas como relação, que penetra no psiquismo,[961] todavia, mantém-se como uma teoria que conserva no poder, através da lei da interdição, a ideia de poder como função e papel, de impor barreiras, excluir, recalcar, etc.

Nesse sentido, durante os séc. XIII até o séc. XIX, o modelo jurídico do poder foi essencial, ainda que até hoje continue. Todavia, Foucault acredita que esse modo de conceber o poder acaba por desconhecer uma série de relações de força, de domínios que atingem os corpos, as existências, as relações intersubjetivas, etc. A essa visão tradicional e jurídica do poder escapam um biopoder e um poder essencialmente disciplinar. Foucault, no Curso de 14 janeiro de de 1976, realiza uma investigação dos papéis desempenhados pela

[961] FOUCAULT, Michel. **Sexualité et pouvoir.** Dits et Écrits (org. Daniel Defert et François Ewald). v. 3 Paris: Gallimard, 1994, p. 568.

teoria jurídico-política da soberania ao longo daqueles séculos, afirmando que ela teria gerado quatro papéis principais: a) em primeiro, a teoria jurídico-política sempre se referiu a um mecanismo de poder efetivo que era a monarquia; b) segundo, que ela serviu de instrumento e de justificação para a construção das grandes monarquias administrativas; c) terceiro, foi o grande instrumento de luta política e teórica dos sistemas de poder dos séculos XVI e XVII; d) quarto, que a teoria da soberania, restaurada pelo Direito Romano, foi utilizada como instrumento de crítica às monarquias administrativas, autoritárias e absolutas, permitindo o surgimento de um modelo alternativo, as denominadas democracias parlamentares.[962]

Foucault argumenta que, enquanto a sociedade feudal existiu, a teoria da soberania dava conta da mecânica do poder, a partir do instante em que a relação de força era única, entre soberano e súdito. Entretanto, a partir do séc. XVII e início do séc. XVIII, um novo fenômeno começou a aparecer incompatível com a teoria da soberania, isto é, nasce uma nova mecânica do poder, que não mais é centralizada, mas investida em práticas, em procedimentos particulares e novos instrumentos. Trata-se do aparecimento de uma prática difusa e microfísica embora não consciente de si e de todos os seus efeitos.[963] Nesse sentido, Foucault entende que o rei acabou sendo decapitado, no nível da teoria política, a partir do instante que uma nova mecânica do poder nasce, quer dizer, um poder disciplinar, que age nas relações entre os indivíduos, bem como concomitantemente de um biopoder, que a serviço do Estado, garante os mesmos efeitos de vigilância e normalização. Para Foucault, a partir do séc. XVIII, essa nova mecânica do poder deixa as estruturas exclusivas do Estado e começa a se inerir nos corpos e nas suas atitudes. Nesse sentido, inicia-se um poder que através da vigilância ostensiva, por meio de impostos e deveres de ordem pública, em lugar do soberno, supõe um regime prático, e se insere nos corpos de maneira positiva, isto é, para produzir forças, fazê-las crescer e ordená-las.[964] Esse poder microfísico e disciplinar abandona a punição do corpo pelos suplícios, mas o controla pelo prazer e pelo domínio, em espirais que se exercem positivamente sobre a vida, ao buscar geri-la, fazê-la crescer e multiplicar, através de um conjunto definido e regulamentar. Foucault afirma claramente em *Surveiller et Punir*, quando está examinando a constituição das

[962] FOUCAULT, Michel. **Cours du 14 janvier 1976.** Dits et Écrits (org. Daniel Defert et François Ewald). v. 3 Paris: Gallimard, 1994, p. 185.

[963] BODEI, Remo. **Pouvoir, politique et maîtrise de soi**. Critique: Revue générale des publications françaises et étrangère, Paris, n. 471-472, p. 907, août/septembre, 1986.

[964] FOUCAULT, Michel. **Cours du 14 janvier** ..., p. 179.

disciplinas e seus recursos para o adestramento, isto é, a vigilância hierárquica, a normalização e o exame, que "as disciplinas marcam o momento em que se efetua o que se poderia chamar a troca do eixo político da individualização". Para o autor, enquanto no regime feudal a individualização é máxima do lado de que a soberania é exercida: nas regiões superiores do poder, num procedimento ascendente; no regime disciplinar a individualização é descendente, a partir do instante em que o poder se torna anônimo e funcional, e sobre quem exerce tende a ser mais forte em relação aos mais fracos: "a criança é mais individualizada que o adulto, o doente o é antes do homem são, o louco e delinquente mais que o normal e o não-delinquente."[965]

Foucault, em 1975, relaciona o aparecimento das disciplinas a uma espécie de 'contradireito', afirmando: "Aparentemente as disciplinas não constituem nada mais que um infradireito. Parecem prolongar, até um nível infinitesimal das existências singulares, as formas gerais definidas pelo direito; ou ainda, aparecem como maneiras de aprendizagem que permitem aos indivíduos se integrarem a essas exigências gerais. Constituiriam o mesmo tipo de direito, fazendo-o mudar de escala, e assim tornando-o mais minucioso e sem dúvida mais indulgente. Temos antes que ver nas disciplinas uma espécie de contradireito. Elas têm o papel preciso de introduzir assimetrias insuperáveis e de excluir reciprocidades."[966] Nesse sentido, Foucault salienta que o exercício das disciplinas cria entre os indivíduos um laço privado, diferentemente das obrigações contratuais, e estabelece uma relação de mais-poder, em que os sujeitos de direito não são simplesmente qualificados por normas universais, mas são caracterizados, classificados, especializados e distribuídos. Operam, em suma, uma suspensão do direito; são, pois, "contra-direito".

Nessa perspectiva, salienta que na sociedade feudal o poder político, o poder econômico e o poder religioso se exerciam sobre o corpo de três formas distintas: a) primeiro, exigia-se que o corpo, através de gestos e modos de vestir, colocasse em circulação determinados sinais de respeito, devoção, submissão e servilhismo; b) segundo, que o corpo era objeto de poder à medida que se tinha o direito de exercer violência sobre ele, até mesmo a morte; o direito de vida e de morte faziam parte da estrutura da soberania; c) terceiro, podia se lhe impor o trabalho.[967] Todavia, tudo que não estava contido nessas

[965] FOUCAULT, Michel. **Vigiar e ...**, p. 171.

[966] FOUCAULT, Michel. **Vigiar e ...**, p. 195.

[967] WATANABE, Mariaki. **La scène de la philosophie**. Dits et Écrits (org. Daniel Defert et François Ewald). v. 3 Paris: Gallimard, 1994, p. 586.

três formas de atuação lhe era indiferente, como o fato das pessoas terem ou não saúde, o modo como conduzem suas vidas, etc. Entretanto, a partir do séc. XVII a tecnologia do poder acaba se transformando, e o poder começa a se interessar sobre o corpo não exclusivamente individual, como nas disciplinas, mas um corpo social, na população, denominado biopoder. Tanto na França quanto na Alemanha há o desenvolvimento de técnicas para formar e para vigiar os indivíduos nos seus comportamentos corporais, uma nova ciência capaz de produzir corpos dóceis e úteis. A disciplina[968] se dissemina pela sociedade, formando o que Foucault denomina de "arquipélago carcerário"[969], isto é, um conjunto de dispositivos que representam e exercem essa disciplina: ateliers, casernas, escolas, hospitais, prisões, etc.. A partir dessa anátomo-clínica do corpo humano, Foucault ressalta que surgem no séc. XVIII etnologias que visam ao controle da população, ou seja, a população é colocada como problema central, dando origem a uma biopolítica, através do controle de seus nascimentos, de suas mortalidades, do nível de saúde e longevidade, etc.

Convém observar, como o faz Luiz Fernando Coelho, em relevante ensaio, no qual escreve sobre a formação do Estados modernos e o império da norma e do poder, naquela tendência de um conhecimento sobre a governamentalidade: "Com efeito, os Estados modernos caracterizam-se pela ordem da norma, pela produção de práticas disciplinares de vigilância e controle constantes, com o objetivo final de convencer os destinatários da lei. O indivíduo moderno é disciplinado para garantir o funcionamento dessas formas difusas de poder, sendo a disciplina uma técnica de poder que implica uma vigilância perpétua sobre os indivíduos, a qual ocorre através das organizações institucionalizadas para esse fim, como os hospícios, fábricas, estabelecimentos prisionais e outras, além da vigilância que se exerce entre os próprios indivíduos."[970] Do mesmo modo, consoante salienta Zaffaroni, na esteira de Foucault, "o poder social não é algo estático, que se tem, mas algo que se exerce – um exercício –, e o sistema penal quis mostrar-se como um exercício de poder planejado racionalmente."[971] Todavia, não há como deixar de evidenciar todo um outro discurso que se formula em torno desse planejamento racional. O discurso penal, assim como os demais jurídicos, tem se demonstrado ao longo da história, ao contrário do que deveria ou desejaria ser, menos um

[968] FERRAZ JÚNIOR, Tércio Sampaio. **Introdução ao estudo do direito: técnica, decisão, dominação.** 2 ed. São Paulo: Atlas, 1994, p. 178 e 225.

[969] FOUCAULT, Michel. **Vigiar e** ..., p. 260.

[970] COELHO, Luiz Fernando. **Saudade do futuro** ..., p. 143.

[971] ZAFFARONI, Eugenio Raúl. **Em busca** ..., p. 16.

exercício planejado e racional do poder, no sentido emancipatório dos termos, e mais num sentido depreciativo, destinado a, de modo discursivo e relacional, normalizar condutas e fiscalizar as ações dos indivíduos e da sociedade. Tal fato, como demonstrado há pouco, teve seu nascimento numa política formativa do poder, propiciada pelo aparecimento de um biopoder, que se exercia, especialmente, pelo poder de polícia.

É no século da transição que Foucault destaca, por exemplo, o funcionamento das *lettres de cachet*, como práticas do poder disciplinar e do biopoder que se inserem nos corpos, publicizando a vida privada. Nesse contexto, sob a égide de um regime monárquico, está presente outro indispensável mecanismo de ingerência na vida privada e de controle dos indivíduos: a *lettre de cachet*. Para melhor compreender a formação de uma poder panótico, e, ao mesmo tempo, do surgimento de uma "arte de governar" é indispensável trazer a lume algumas importantes reflexões que Foucault faz acerca do nascimento e do desaparecimento do instituto administrativo francês das *lettres de cachet*.

As *lettres de cachet* eram cartas escritas por ordem real, exclusivamente na França,[972] referendadas por um secretário de Estado e lacrada com o selo do Rei. Eram uma espécie de ordem de confinamento administrativo, ou mais precisamente, de mandado de prisão extrajudicial, anterior espécie similar à petição de internamento moderna, cujo objetivo se verificava na intervenção régia na vida íntima das famílias. "A *lettre de cachet* não era uma lei ou um decreto, mas uma ordem do rei que concernia a uma pessoa, individualmente, obrigando-a a fazer alguma coisa. Podia-se até mesmo obrigar alguém a se casar pela *lettre de cachet*. Na maioria das vezes, porém, ela era um instrumento de punição."[973] Tratava-se de um instrumento utilizado não exclusivamente pelo rei, mas igualmente pela polícia, que dele se favorecia para ingerir nas famílias, facilitando o seu serviço de vigilância e organização da vida social. Segundo as palavras de Foucault, na obra *Le Désordre de Familles*, eram "direcionadas tanto ao comissário de polícia, quanto ao palácio do rei para obter do soberano uma 'ordem' de restrição da liberdade do indivíduo (que pode ser uma residência forçada, um exílio, mas o mais comum, um confinamento)."[974]

[972] FOUCAULT, Michel. **La vie des hommes** ..., p. 247.

[973] FOUCAULT, Michel. **A verdade** ..., p. 95. [trad fr. **La vérité** ..., p. 601. "La lettre de cachet n'était pas une loi ou un décret, mais un ordre du roi qui concernait une personne, individuellement, l'obligeant à faire quelque chose. On pouvait même obliger quelqu'un à se marier par lettre de cachet. Dans la plupart des cas, néanmoins, elle était un instrument de punition."]

[974] FOUCAULT, Michel; FARGE, Arlette. **Le désordre** ..., p. 9. "... des suppliques adressées soit au lieutenant de police, soit directement à la Maison du roi pour obtenir du souverain un 'ordre'

Segundo as palavras de Foucault, em *A Verdade e as Formas Jurídicas*, as *lettres de cachet*, vistas não como lei ou decreto, mas como uma ordem do rei, apesar da existência de grande quantidades expedidas pelo monarca nos assuntos de Estado, a maioria delas eram solicitadas por indivíduos diversos: "maridos ultrajados por suas esposas, pais de família descontentes com seus filhos, famílias que queriam se livrar de um indivíduo, comunidades religiosas perturbadas por alguém, uma comuna descontente com seu cura".[975]

Segundo Foucault, as *lettres de cachet* poderiam ser dividias em três categorias: a) condutas de imoralidade, quer dizer, através da *lettre de cachet* as condutas imorais, em especial, a devassidão, o adultério, a sodomia e a bebedeira eram reprimidas pelo pedido das famílias e das comunidades, impondo, assim, uma repressão moral; b) condutas religiosas julgadas perigosas e dissidentes, isto é, por meio das *lettres de cachet* se prendiam os feiticeiros que já não eram mortos nas fogueiras; e c) conflitos no trabalho, ou seja, utilizavam-se as *lettres de cachet*, sempre que os empregadores não estivessem satisfeitos com seus aprendizes ou operários nas corporações, expulsando-os do local de trabalho.[976] É através de seu uso que surge a ideia de prisão.[977] Convém tão somente destacar, que apesar de Foucault assim não mencionar, alguns autores, como o clássico Thomas Szasz, entende que o uso da *lettre de cachet* teria uma relação com o nascimento da medicina mental, especialmente porque ela, na ideia de controle social, enquadrava-se num estágio intermediário entre o controle através da antiga Inquisição religiosa e o novo, feito pela Psiquiatria, assim afirmando: "Os processo dessas três instituições repousam nos mesmo princípios de paternalismo; difere apenas a identidade do pai, em cujo nome se exerce o controle. No caso da Inquisição é o Santo Padre, o Papa; no da *lettre de cachet*, é o Pai Nacional, o Rei; no da Psiquiatria Institucional, é o Pai Científico, o Médico."[978]

resteignant la liberté de l'individu (il peut s'agir d'une résidence forcée, d'un exil, mais le plus souvent d'un enfermement)." [trad. do autor.]

975 FOUCAULT, Michel. **A verdade** ..., p. 96. [trad fr. **La vérité** ..., p. 601. "... maris outragés par leurs épouses, pères de famille mécontents de leurs enfants, familles qui voulaient se débarrasser d'un individu, communautés religieuse troublées par quelqu'un, communes mécontentes de leur curé."]

976 FOUCAULT, Michel. **A verdade** ..., p. 97. [trad fr. **La vérité** ..., p. 602.]

977 FOUCAULT, Michel. **A verdade** ..., p. 98. [trad fr. **La vérité** ..., p. 602.]

978 SZASZ, Thomas. **A fabricação da loucura: um estudo comparativo entre a inquisição e o movimento de saúde mental**. (trad. Dante Moreira Leite) Rio de Janeiro: Jorge Zahar, 1980, p. 78. "Na evolução dos métodos religiosos (inquisitoriais) para os métodos médicos (psiquiátricos) de controle social, houve uma etapa intermediária, que era o uso ostensivamente terapêutico do poder do rei como déspota benevolente ou governante: exemplificada pela *lettre de cachet* francesa, essa

O seu procedimento, embora longe de todas as despesas que uma demanda judicial já na época consumia, era simples, mas o seu uso exigia alguns requisitos de ordem formal. Quem desejasse fazer com que a ordem familiar fosse estabelecida em sua casa pela força do rei, quer dizer, se alguém desejasse mandar um de seus membros para a prisão, por estar conturbando o seio familiar, necessário seria que fosse até um escritor público para que este, através das formas habituais de respeito à Majestade, pudesse concretizar o seu interesse, após a realização de todo um dossiê sobre a vida agitada e desarrumada da família, com interrogatórios e testemunhas. Através da polícia, em especial nas desavenças existentes entre os pais e os filhos, o procedimento exigia novos requisitos. A própria mãe poderia fazer o pedido junto a um secretário do estabelecimento geral policial, que enviava a reclamatória a um policial e ao inspetor de polícia do bairro, para que este, então, verificasse os fatos e fizesse uma espécie de inquérito. Após a oitiva das testemunhas, dos vizinhos e dos signatários, o policial e o inspector redigiam um resumo e o enviavam ao secretário do rei, que logo formalizava o pedido e obtinha a assinatura do Rei determinando a execução da ordem de prisão. É preciso destacar, segundo as palavras de Foucault em *Le Désordre de Familles*, que todas as despesas da prisão realizadas pelo procedimento das *lettres de cachet* deveriam ser pagas pelos próprios membros da família que desejavam encarcerar os outros, não restando nenhum encargo financeiro ao soberano, salvo o pagamento de seus funcionários. "Com a *lettre de cachet* de família, destaca-se a legalização da repressão privada: o poder real concorda com a autorização legal de prender alguém sob o pedido de sua família, mas não suporta de modo algum os custos da detenção do prisioneiro. Se se quer punir um de seus próximos sem passar pelo aparelho ordinário e público da justiça, é necessário, de um lado, suplicar ao rei e convencê-lo de suas desgraças para que ele aquiesça a dar a ordem oficial, mas, de outro lado, é necessário ajudar o rei financeiramente, não tendo os custos de detenção de serem suportados pela administração

forma intermediária – real – de controle social era simultaneamente religiosa e secular, mágica e científica. (...) Uma *lettre de cachet* (literalmente, uma carta com um selo) era um documento com um selo do rei, ou de um de seus funcionários, e que autorizava a prisão, sem processo, da pessoa ou pessoas nela indicadas. (...) Ao mesmo tempo que serviam ao Governo como uma arma silenciosa contra inimigos políticos e escritores perigosos, e como um meio para castigar réus de famílias importantes sem o escândalo de um processo, as *lettres de cachet* tinham ainda outros usos. Eram empregadas pela polícia para lidar com prostitutas, e com sua autoridade os lunáticos eram encarcerados. Eram também usadas por chefes de família como um meio de correção, por exemplo, para proteger a honra da família da conduta irregular ou delinquente de seus filhos; também as mulheres as empregvam para dominar o desregramento dos maridos, e vice-versa."

real. A assinatura da ordem tem seu preço: o dinheiro acostado ao resumo das desgraças é uma peça de peso na convicção das alegações."[979]

Por essa definição, verifica-se facilmente que as *lettres de cachet* tiveram seu nascimento juntamente com o Estado de Polícia, quando a ideia de "arte de governar", como descrito por Foucault em outros e melhores textos, ganha seu espaço e seu caráter de governabilidade, com regras, métodos e objetivos bem definidos. O Estado de Polícia tem seu nascimento marcado pela necessidade de se ordenar e conhecer a população, e a ele se alargavam as funções de cuidar da religião, da disciplina, dos costumes, da saúde da população, dos mantimentos, da segurança, das vias públicas e da tranquilidade social.

A *lettre de cachet* é essencialmente uma instituição de natureza monárquica, cujo nascimento data no séc. XVIII e vige até o final do *Ancien Régime*, quando se dá margem ao surgimento dos estados republicanos, momento em que determinadas questões que nela estavam envolvidas perdem o interesse para o Estado. Segundo Foucault, a *lettre de cachet* se traduzia numa intervenção policial e real para reprimir a desordem social e urbana instaurada, bem como para, através de sua utilização nos casos de polícia, garantir a interferência do poder público no controle da população. Era um instrumento de controle, de certa maneira espontâneo, realizado desde baixo, em que a sociedade, a comunidade exercia sobre si mesma, bem como o poder régio o fazia. Era através de seu uso que se facilitava a correção das almas dos criminosos, isto é, era através de sua escritura que se concedia ao poder público a possibilidade de determinar e impor comportamentos, bem como transformar e melhorar os indivíduos. "A *lettre de cachet* consistia, portanto, em uma forma de regulamentar a moralidade cotidiana da vida social, uma maneira do grupo ou dos grupos – familiares, religiosos, paroquiais, regionais, locais, etc. – assegurarem seu próprio policiamento e sua própria ordem."[980] Nesse sentido, as *lettres de*

[979] FOUCAULT, Michel; FARGE, Arlette. **Le désordre** ..., p. 16. "Avec la lettre de chachet de famille, est mise en place la légalisation de la répression privée: le pouvoir royal accorde l'autorisation légale d'enfermer telle personne sur demande de sa famille mais ne supporte d'aucune façon les frais de détention du prisonnier. Si l'on veut punir un de ses proches sans passer par l'appareil ordinaire et public de la justice, il faut d'une part supplier le roi et le convaincre de ses malheurs pour qu'il daigne envoyer l'ordre officiel, il faut d'autre part aider le roi financièrement, les frais de détention n'ayant pas à être supportés par l'administration royale. La signature de l'ordre se monnaie: l'argent ajouté au récit du malheur est une pièce à conviction de poids." [trad. do autor.]

[980] FOUCAULT, Michel. **A verdade** ..., p. 97. [trad fr. **La vérité** ..., p. 601. "La lettre de cachet consistait donc en une façon de régler la moralité quotidienne de la vie sociale, une manière pour le groupe ou les groupes – familiaux, religieux, paroissiaux, locaux – d'assurer leur prope contrôle policier et leur propre ordre."]

*cachet* serviam tanto às famílias quanto ao Estado na busca pela paz pública, pois, a ordem pública era entendida como um prolongamento da ordem privada. Igualmente, afirma a própria Arlette Farge, numa entrevista concedida a Y. Hersant do *L'Express*, em novembro de 1982, "os arquivos da Bastilha mostram muito bem que a coisa pública e a coisa privada não se distinguiam tal como hoje. A tranquilidade e a ordem pública se identificavam à ordem familiar. A família era um caso público."[981] Segundo as palavras de Foucault, a *lettre de cachet* era "uma carta escrita por ordem do Rei, referendada por um secretário de Estado e lacrada com o selo do Rei,"[982] uma espécie de ato público que procurava eliminar sem outra forma de processo o inimigo do poder.[983]

Através de sua utilização, o poder público, em especial as autoridades policiais, poderia alcançar os seus objetivos mais rapidamente, dispensando-se, assim, o controle judicial das medidas de confinamento. Essa rapidez, em descompasso com a lentidão do trâmite judicial, fica muito bem evidenciada, quando Foucault, em seu livro *Le Désordre des familles*, ressalta que os pais franceses, durante os anos de 1728 a 1758, preferiam utilizar-se das *lettres de cachet* ao invés de ingressar com um procedimento judicial para que o Estado interviesse no seio familiar: "entre seus filhos e entre eles mesmos, os pais não podem e não querem fazer com que a máquina judiciária intervenha: ela é pesada e lenta; ela é sempre dispendiosa, e frequentemente infamante; e de qualquer maneira, ela poderia ter sentido para reprimir as pequenas discórdias?"[984] O absolutismo monárquico, por meio de sua lavratura, pôde buscar a realização da paz pública, através da prisão dos "marginais" que arruaçavam a cidade. Como diria Cristina Neme, as *lettres de cachet* serviam para sanear o espaço da *polis* reprimindo as desordens instauradas. O uso régio das *lettres de cachet* se evidenciava através da interdição de associação, e se tornava um caso de polícia, logo, os documentos juntados pelos autores demonstram que

[981] HERSANT, Y. **L'âge d'or de la lettre de cachet: entretien avec Michel Foucault et Arlette Farge**. Dits et Écrits (org. Daniel Defert et François Ewald). Paris: Gallimard, v. 4, 1994, p. 352. "... les archives de la Bastille guaient pas alors comme aujourd'hui. La tranquillité et l'ordre publics s'identifiaient à l'ordre familial. La famille était une affaire publique." [trad. do autor.]

[982] FOUCAULT, Michel; FARGE, Arlette. **Le désordre** ..., p. 364. "... une lettre écrite par ordre du Roi, contresignée par un secrétaire d'État et cachetée du cachet du Roi" [trad. do autor.]

[983] FOUCAULT, Michel; FARGE, Arlette. **Le désordre** ..., p. 10. [trad. do autor.]

[984] FOUCAULT, Michel; FARGE, Arlette. **Le désordre** ..., p. 158. "Entre leurs enfants et eux-mêmes, les parents ne peuvent ni ne veulent faire intervenir la machine judiciaire: elle est lourde et lente; elle est coûteuse toujours, et souvent infamante; et de toute façon, pourrait-elle avoir prise sur les minces discordes qu'il s'agit de réprimer?" [trad. do autor.]

inúmeras desavenças, em especial os conflitos laborais, deixaram de ingressar no Poder Judiciário.[985]

Assim, esses verdadeiros mandados de prisão extrajudicial articulavam dois grandes interesses, segundo Cristina Neme: "o da família, que buscava preservar a sua honra, e o da polícia, que agia em função da manutenção da boa ordem pública,"[986] em especial, o controle da prostituição.[987] Nesse ponto, afirma Foucault que as *lettres de cachet* existiam a serviço desses dois interesses: do público e do privado. "A honra, para as famílias, e a ordem pública, para a administração, constituem duas maneiras de buscar o mesmo resultado: estabelecer uma regulação permanente do comportamento dos indivíduos, e, particularmente dos jovens turbulentos, pelos mecanismos que funcionam por baixo e nos interstícios do aparelho de justiça, máquina que do ponto de vista do Estado é lenta, incerta, e cuja independência a demonstra insubordinável; máquina que do ponto de vista dos pais é perigosa, custosa e frequentemente infamante. O procedimento das *lettres de cachet* pode ser visto como o jogo e o ajuste entre estes dois cuidados."[988]

[985] FOUCAULT, Michel; FARGE, Arlette. **Le désordre** ..., p. 11. "Cet usage manifeste de la lettre royale explique en partie le peu de conflits ouvriers qui transparaissent dans les archives judiciaires; et donne a contrario l'intuition (qu'il faudrait prouver) d'une masse de conflits vite comouflés sous l'hermétique chape de plomb des lettres de cachet." [trad. do autor. "Este uso manifesto da carta régia explica em parte o pouco número de conflitos de trabalhadores que transparessem nos arquivos judiciários; e dão ao contrário, a intuição (que seria necessário provar) de uma massa de conflitos rápida camuflados sob a hermética capa de chumbo das *lettres de cachet*."]

[986] NEME, Cristina. **O poder em exercício: o caso das 'lettres de cachet'**. Revista Brasileira de Ciências Criminais, São Paulo, Revista dos Tribunais, a. 4, n. 14, p. 319, abr./jun. 1996.

[987] FOUCAULT, Michel; FARGE, Arlette. **Le désordre** ..., p. 11. "Troubler le bon ordre est un autre motif suffisant d'expédition de lettre: la prostitution par exemple est un désordre sur la voie publique, les lettres de cachet remédieront à cette débauche dite scandaleuse, et c'est grâce à elles que pourront se faire des rafles régulières de femmes emmenées en tombereaux à l'hôpital de la Salpêtrière sous la risée de la foule." [trad. do autor. "Perturbar a boa ordem é um outro motivo suficiente de expedição de *lettre*: a prostituição, por exemplo, é uma desordem sobre a via pública, as *lettres de cachet* corrigirão a essa devassidão dita escandalosa, e é graças a elas que poderão ser feitas regularmente batidas policiais de mulheres levadas de charrete ao Hospital de Salpêtrière sob o riso da loucura."]

[988] FOUCAULT, Michel; FARGE, Arlette. **Le désordre** ..., p. 169. "L'honneur, pour les familles, et l'ordre public pour l'administration, constituent deux manières de viser le même résultat: établir une régulation permanente du comportement des individus, et particulièrement des jeunes turbulents, par de mécanismes qui fonctionnent au-dessous et dans les interstices de l'appareil de justice, machine qui du point de vue de l'État est lourde, incertaine, d'autant qu'une relative indépendance la rend parfois rétive; machine qui du point de vue des parents est dangereuse, coûtese et souvent infamante. La procédure de la lettre de cachet peut être vue comme le jeu et l'ajustement entre ces deux soucis." [trad. do autor.]

Em suma, por meio da emissão das *lettres de cachet*, Foucault demonstrou que o poder de polícia não estava presente tão-somente nas estruturas e nos aparelhos estatais, mas sobretudo, demonstrou que no próprio seio da família e da sociedade lá estava este presente, demonstrou, como diria muito bem a autora, que o poder de polícia estava além de uma simples tecnologia de poder estatal, que a *lettre de cachet* era uma tecnologia que se articulava com outras formas de poder disseminados na sociedade, em especial, o poder policial dos grupos sociais e das famílias.[989]

Nessa linha, Foucault afirmara, num texto anterior ainda à obra *Le Désordre de Familles*, como visto, intitulado *La Vie des Hommes Infâmes*, publicado em *Les Cahiers du Chemin*, em 15 de janeiro de 1977, que as *lettres de cachet* eram a "vontade expressa e particular do rei de enclausurar um de seus sujeitos, fora das vozes da justiça regular, uma resposta a essa demanda vinda de baixo"[990], isto é, que o sistema *lettres de cachet*-aprisionamento não representava simplesmente o abuso do absolutismo, mas sim, num curto período não maior que um século na França, representava, preferencialmente, a distribuição segundo circuitos complexos de um jogo de perguntas e respostas, quer dizer, que cada um utilizava por si próprio, aos seus próprios fins e contra os outros, a grandeza do poder absoluto, uma espécie de resgate dos mecanismos da soberania para o atingimento dos fins pessoais. Desse modo, uma vez que o setor privado se utilizava dessa modalidade de poder para cada um se fazer interferir nas vidas alheias, permitiu-se que o poder público tivesse um controle e uma ingerência ainda mais significativa na vida particular. Assim, a intervenção de um poder político sem limites nas relações quotidianas se tornou não somente aceitável, mas familiar, profundamente desejada, a ponto, como dissera Foucault, dos próprios controles administrativos e políticos se tornarem influenciados por relações de dependência, tal como no seio familiar. É por essa razão que o uso indiscriminado da *ordres du roi* e das *lettres de cachet* fez com que as pessoas de pouco em pouco perdessem o seu poder tradicional em proveito de um poder administrativo. Segundo as palavras de Foucault: "... a soberania política acaba de se inscrever no nível mais elementar das relações sociais, de sujeito em sujeito, entre os membros de uma mesma família, nas relações de vizinhança, de interesse, de profissão, nas relações de ódio, de amor ou de

[989] NEME, Cristina. **O poder** ..., p. 319-320.

[990] FOUCAULT, Michel. **La vie des hommes** ..., p. 246. "La lettre de cachet qui se donnait comme la volonté expresse et particulière du roi de faire enfermer l'un de ses sujets, hors des voies de la justice régulière, n'était que la réponse à cette demande venue d'en bas." [trad. do autor.]

rivalidade, pode-se valorar, além das armas tradicionais da autoridade e da obediência, as fontes do poder 'absoluto', se ao menos se tenha sabido captar e lhes inflexionar na direção que se deseja. Uma corrente política acaba se intercruzando com a trama do quotidiano. Mas ao mesmo tempo, dessa vida de todos os dias, a administração se constitui, fora da justiça, arbitrária e, para uma parte ao menos, responsável. O 'privado', permancecendo privado e na medida que lhe resta, não pode mais ficar indiferente à ordem pública. Os documentos que são apresentados aqui testemunham este 'engajamento' da instituição familiar sobre o grande aparelho administrativo."[991]

Nesse sentido, as *lettres de cachet* demonstraram que a sua prática permitia se ver funcionar concretamente um mecanismo de poder, uma espécie de poder que policiava as vidas privadas, não simplesmente como um poder anônimo, opressivo e misterioso, mas, sobretudo, como um "tecido complexo" de relações entre parceiros diversos, quer dizer, tornaram visível uma instituição de controle e de sanção, que possuía seus próprios instrumentos, suas próprias regras, uma espécie de tecnologia própria, investida por práticas e táticas distintas segundo os objetivos que lhes serviam ou de que eram servidas, seus efeitos de transformação.[992] Em contrapartida, esse mesmo uso singular das *lettres de cachet* que permitiu as pessoas se livrarem de seus desafetos familiares, fez com que a ingerência soberana em suas vidas fosse tamanha, que houve um momento que passaram a não mais ser usadas, para evitar o uso excessivo e arbitrário que tomava rumos perigosos, tal como ocorrera com o embate dos gladiadores que o historiador Paul Veyne afirmara (anteriormente visto). Claras são as palavras de Foucault: "O rei protetor e juiz das atividades familiares, essa imagem de simbolismo evidente é ao mesmo tempo realidade quotidiana, onde o sentimento de segurança se desdobra em uma inquietude cada vez mais viva diante da arbitrariedade infinita, capaz de surgir em todos

[991] FOUCAULT, Michel; FARGE, Arlette. **Le désordre** ..., p. 346-347. "... la souveraineté politique vient s'inscrire au niveau le plus élémentaire des relations sociales; de sujet à sujet, entre les membres d'une même famille, dans les rapports de voisinage, d'intérêt, de métier, dans les relations de haine, d'amour ou de rivalité, on peut faire valoir, outre les armes traditionnelles de l'autorité et de l'obéissance, les resources du pouvoir 'absolut', si du moins on a su les capter et les infléchir dans la direction qu'on souhaite. Toute une chaîne politique vient s'intrecroiser avec la trame du quotidien. Mais en même temps, de cette vie de tous les jours, l'administration se constitue, en dehors de la justice, arbitre et, pour une part au moins, responsable. Le 'privé', tout en demeurant privé et dans la mesure même où il le reste, ne peut plus rester indifférent à l'ordre public. Les documents qui sont présentés ici témoignent de cet 'enclenchement' de l'institution familiale sur le grand appareil administratif." [trad. do autor.]

[992] FOUCAULT, Michel; FARGE, Arlette. **Le désordre** ..., p. 347-348.

os momentos, que explica o efeito de saturação provocado pela *lettre de cachet* familiar no fim do *Ancien Régime*."[993] Vê-se, portanto, já no final do século XVIII, desmoronar um uso contínuo da *lettre de cachet*, que antes possuía uma vida ideal, pois criava a harmonia nascida da bondade do rei, da humanidade da polícia e do cuidado da tranquilidade familiar. O seu equilíbrio começa a ruir e o seu uso a ser fissurado pouco a pouco, a ponto de se tornar insuportável. Igualmente, o abuso das *lettres de cachet* fez com que fossem influenciados não somente o seu espírito, mas o fundamento de sua prática, a ponto de uma tendência política liberal, ajudada por muitos juristas como Moreau, fazer frente a seu uso arbitrário, e poder bem criticar a monarquia. O fim da *lettre de cachet*, como salienta Foucault já em *Histoire de la Folie* é marcado também pela constante miséria e as inexoráveis medidas de repressão do reinado de Luís XV, bem como pelo consequente esvaziamento das casas de internamento.[994]

Destaque-se, entretanto, que apesar do que possa parecer, e de muitos autores retirarem conclusões precipitadas do uso da *lettre de cachet*, o problema não foi simplesmente a fuga à legalidade e a facilidade das *lettres* em servirem ao aprisionamento, que permitiu o seu desuso, posto que, segundo as palavras de Foucault e Arlette Farge, a sua utilização não era assim tão simples, haja vista que os custos cabiam ao próprio requerente, bem como se exigia toda a realização de um dossiê, com testemunhos e interrogatórios. É preciso afirmar que o declínio de sua utilização junto com o *Ancien Régime*, fora tão mais pelo uso arbitrário e pelo seu abuso, do que pela ilegalidade de seu procedimento. Percebe-se, assim, que o fim do uso das *lettres de cachet*, enquanto demonstraram o nascimento e a permanência de um poder que a tudo pretendia auscultar e governar, deve-se ao surgimento de uma orientação política e jurídica de não ser cúmplice com as injustiças provocadas pelo o seu uso, vista então como "favorecer a tirania privada pelo despotismo público".[995] É o momento em que a manutenção da honra das famílias, postas à disposição das *lettres de cachet*, e, portanto, da arbitrariedade do rei e da polícia, quando muitos vêem seus

[993] FOUCAULT, Michel; FARGE, Arlette. **Le désordre** ..., p. 348. "Le roi protecteur et juge des activités familiales, cette image au symbolisme évident, est en même temps réalité quotidienne où le sentiment de sécurité ressenti se double d'une inquiétude de plus en plus vive devant l'arbitraire infini, capable de surgir à tous moments, qui explique l'effet de saturation provoqué par la lettre de cachet de famille à la fin de l'Ancien Régime." [trad. do autor.]

[994] FOUCAULT, Michel. **Folie et déraison. Histoire de la folie** ..., p. 387. [trad. br. **História da loucura** ..., p. 381.]

[995] FOUCAULT, Michel; FARGE, Arlette. **Le désordre** ..., p. 350. "... favoriser la tyrannie privée par le despotisme public." [trad. do autor.]

filhos passarem anos encarcerados quase que à toa, deixa de ter o seu espaço, e passa a ser revista. "Paralelamente, este lugar onde a força do rei se traduz dia após dia em arbitrariedade não parece mais necessária, mas odiosa."[996] Nasce, enfim, um momento em que a honra das famílias sede lugar às necessidades da sociedade, e a correção moral aos procedimentos judiciais.

Seguindo na análise do poder, pode-se afirmar que Foucault entende que essa transformação do poder acabou tendo consequências significativas, especialmente no âmbito científico, a partir do instante que a problemática da vida e do homem acabou se atravessando na ordem epistêmica clássica. Dessa nova relação entre a história e a vida, deram-se as condições necessárias para o aparecimento das ciências humanas, bem como toda uma série de discursos de controle, como a psiquiatria e a medicina moderna. Ademais, o biopoder acaba por tornar a própria lei uma norma, o que significa dizer que para Foucault o poder jurídico-discursivo ainda persiste na sociedade, mas consigo uma série de micropoderes começam a ser relevados. É nesse momento que a instituição penal se torna, de certa forma, dependente da institução psiquiátrica, especialmente na constituição de laudo sobre loucura, a fim de se averiguar a imputabilidade do agente de determinado delito.[997] Nesse sentido, aparece uma sociedade normalizadora, a partir de seus instrumentos de controle, de vigilância, e, sobretudo, de tecnologia sobre a vida. Ademais, o biopoder, segundo Foucault, estaria relacionado com sua resistência, isto é, concomitantemente ao seu nascimento uma série de lutas procuram se inscrever na sua própria situação; contra esse poder novo do séc. XIX as forças resistem e se apoiam nos seus próprios fundamentos: a vida e o corpo.

Foucault salienta, entretanto, que um fenômeno ainda mais significativo ocorre com o surgimento do biopoder, que foi a possilidade de desenvolvimento do capitalismo: "Este bio-poder, sem a menor dúvida, foi elemento indispensável ao desenvolvimento do capitalismo, que só pode ser garantido à custa da inserção controlada dos corpos no aparelho de produção e por meio de um ajustamento dos fenômenos de população aos processos econômicos."[998] O biopoder facilitou o desenvolvimento do capitalismo, a partir do instante que contribuiu para tornar os indivíduos dóceis e, ao mesmo tempo,

996 FOUCAULT, Michel; FARGE, Arlette. **Le désordre** ..., p. 356. "Parallèlement, ce lieu où la force du roi se traduit jour après jour en arbitraire ne semblera plus nécessaire mais odieux..." [trad. do autor.]

997 OSORIO, M. **Le pouvoir, une bête magnifique**. Dits et Écrits (org. Daniel Defert et François Ewald). v. 3 Paris: Gallimard, 1994, p. 373.

998 FOUCAULT, Michel. **História da sexualidade I: a vontade** ..., p. 132.

úteis; a partir do momento que forneceu métodos de poder suscetíveis de fazerem crescer as forças, as aptidões, e a própria sujeição. A vigilância do corpo, do comportamento individual, surge no momento em que se pretende uma sociedade capitalista, de uma produção mais intensa e eficaz e de evitar revoltas pelos efeitos da produção. De um lado, a preocupação com o corpo, a saúde, etc., foi cuidado da própria burguesia, para a sua descendência, mas também para a população e sua máxima produção.

Concomitantemente a essa modalidade de poder, Foucault destaca que a teoria da soberania permaneceu no cenário político, já que ela servia também a um propósito: garantir que a monarquia estabelece códigos jurídicos para garantir o exercício de seu funcionamento e de suas práticas de disciplina; enfim, de seu próprio direito.[999] Dessa maneira, Foucault investiga, numa perspectiva histórica, que para além do exercício do poder jurídico-discursivo, há uma série de mecanismos numerosos, microfísicos e eficazes, que nos meandros da lei, funcionam consoante modalidades heterogênas ao direito não em relação à legalidade, mas à ordem e à regularidade.

## 7.2. Analítica filosófica e a dimensão relacional

Foucault destaca em *La Volonté de Savoir*: "É preciso construir uma analítica do poder que não tome mais o direito como modelo e código."[1000] Cabe, doravante, investigar as contribuições foucaultianas num âmbito filosófico, isto é, que repensa o modo de se olhar o poder. Foucault destaca que, normalmente, quando se fala de poder, seus efeitos são investigados sob o ponto de vista estatal, seja à sua figura central, seja aos seus aparelhos de atuação. Entretanto, o intelectual francês é categórico ao afirmar que o poder não existe,[1001] logo, não é único, não tem uma estrutura, um lugar exclusivo, por isso, não é capaz de ser compreendido pelas análises tradicionais. O poder, nesse sentido, é uma relação ou relações, um feixe mais ou menos organizado e coordenado de relações, que estão, muitas vezes, para além da estrutura estatal. Nesse sentido, Foucault afirma que o poder existe entre um homem e uma mulher, entre o que sabe e o que não sabe, ente os pais e as crianças, na família, etc,

[999] FOUCAULT, Michel. **Cours du 14 janvier** ..., p. 187.

[1000] FOUCAULT, Michel. **História da sexualidade I: a vontade** ..., p. 87.

[1001] COLAS, D.; GROSRICHARD, Alain; GAUFEY, G. LE.; LIVI, J.; MILLER, G.; MILLER.; J. A.; WAJEMAN., G. **Le jeu de Michel Foucault**. Dits et Écrits (org. Daniel Defert et François Ewald). v. 3 Paris: Gallimard, 1994, p. 302.

ou seja, há milhares de relações de poder na sociedade e relações de força, que provocam pequenos confrontos, 'microlutas'. Nesse sentido, Foucault, numa entrevista em 1978, concedida ao Instituto Franco-Japonês de Kansai em Kyoto, quando perguntado sobre a relação entre a sua teoria e a teoria clássica do poder, afirmou: "Não é a teoria que seja diferente, mais o objeto, o ponto de vista. Geralmente, fala-se na teoria do poder em termos de direito e se coloca a questão de sua legitimidade, de seu limite de sua origem. Minha pesquisa se baseia na busca pelas técnicas do poder, pela tecnologia do poder. Ela consiste em estudar como o poder domina e se faz obedecer. Desde os séculos XVII e XVIII a tecnologia se desenvolveu muito; entretanto, nenhuma pesquisa foi realizada. Na sociedade atual, diversas resistências, como o feminismo, os movimentos estudantis, nasceram, e suas relações entre estas resistências e as técnicas do poder constituem um objeto de pesquisa interessante."[1002] Insiste Foucault em afirmar que, dessa razão, a sua teoria parte de uma teoria microfísica do poder, pois ao contrário do que sempre se afirmou, o próprio poder do Estado derivaria dos micropoderes e nele se fundaria, e não, como normalmente, o oposto.[1003]

[1002] FOUCAULT, Michel. **La société disciplinaire en crise.** Dits et Écrits (org. Daniel Defert et François Ewald). v. 3 Paris: Gallimard, 1994, p. 532. "D. – Quels sont les rapports entre la théorie du pouvoir classique et la vôtre? Et qu'y a-t-il de nouveau dans votre théorie? M.F. – Ce n'est pas la théorie qui est différente, mais l'objet, le point de vue. En général, la théorie du pouvoir en parle en termes de droit et pose la question de sa légitimité, de sa limite et de son origine. Ma recherche porte sur les techniques du pouvoir, sur la technologie du pouvoir. Elle consiste à étudier comment le pouvoir domine et se fait obéir. Depuis les XVIIe et XVIIIe siècles, cette technologie s'est énormément développée; pourtant, aucune recherche n'a été réalisée. Dans la société actuelle, diverses résistances, telles que le féminisme, des mouvements d'étudiants, sont nées, et les rapports entre ces résistances et les techniques du pouvoir constituent un objet de recherche intéressant." [trad. do autor. "D. – Quais são as relações entre a teoria clássica do poder e a sua teoria? O que há de novo na sua teoria? . M.F. ..."]

[1003] FOUCAULT, Michel. **La société disciplinaire** ..., p. 533. "En général, on privilégie le pouvoir d'État. Beaucoup de gens pensent que les autres formes du pouvoir en dérivent. Or je pense que, sans aller jusqu'à dire que le pouvoir d'État dérive des autres formes du pouvoir, il est au moins fondé sur elles, et ce sont elles qui permettent au pouvoir d'État d'exister. Comment peut-on dire que dérivent du pouvoir d'État l'ensemble des rapports de pouvoir qui existent entre les deux sexes, entre les adultes et les enfants, dans la famille, dans les bureaux, entre les malades et les bien-portants, entre les normaux et les anormaux? Si l'on veut changer le pouvoir d'État, il faut changer les divers rapports du pouvoir qui fonctionnent dans la société." [trad. do autor. "Geralmente, privilegia-se o poder do Estado. Muitas pessoas pensam que as outras formas de poder derivam dele. Ora, eu penso que, sem dizer necessariamente que o poder do Estado deriva das outras formas do poder, ele é ao menos fundado sobre elas, e são elas que permitem o poder do Estado de existir. Como se pode dizer que derivam do poder do Estado o conjunto da relações poder que existem entre os dois sexos, entre os adultos e as crianças, nas famílias, no trabalho, entre

Para Foucault, o poder tem um caráter positivo, e seu aspecto disciplinar destaca a necessidade de se rejeitar as teorias políticas dos séculos XVII e XVIII: "Temos que deixar de descrever sempre os efeitos de poder em termos negativos: ele 'exclui', 'reprime', 'recalca', 'censura', 'abstrai', 'mascara', 'esconde'. Na verdade o poder produz; ele produz realidade; produz campos de objetos e rituais da verdade. O indivíduo e o conhecimento que dele se pode ter se originam nessa produção."[1004] Nessa linha, seu objetivo não é fundar uma teoria geral do poder, nem tampouco estabelecer-lhe uma definição, uma origem, justamente o que refuta nas teorias tradicionais, eis o grande erro: "De onde vem o poder, ou para onde vai? Mas: por onde passa e como é que isso se passa, quais são todas as relações de poder, como é que se podem descrever algumas da principais relações de poder que se exercem na nossa sociedade."[1005] Em relação ao modo de exercício desse poder, Foucault se dedica por várias vezes, incialmente em *Surveillet et Punir*, e, em seguida, em *La Volonté de Savoir*. Neste último livro, Foucault define sua analítica do poder através de cinco grandes proposições:[1006]

A primeira se refere ao fato de que o poder se exerce a partir de um cem número de pontos e num mecanismo de relações não igualitárias e móveis. Nesse sentido, o poder não é um atributo, uma qualidade ou uma substância que possa ser adquirida, arrebatada, mas um modo de funcionamento de tecnologias políticas através do corpo social. O poder, assim, instaura relações não igualitárias e móveis, isto é, que atuam espacial e temporalmente.[1007] Por não ser um objeto, o objetivo de Foucault é isolar, descrever e analisar a rede das relações desiguais efetuadas pela tecnologia política. Nessa linha, escapa-se à representação jurídica do poder, já que a análise de sua dinamicidade exige que se desça às micropatias do poder, as tecnologias das políticas a partir das quais as próprias ações se constituem. Assim, o poder não pode

os doentes e os saudáveis, entre os normais e os anormais? Se se quiser mudar o poder do Estado, é necessário mudar as diversas relações do poder que funcionam na sociedade."]

1004 FOUCAULT, Michel. **Vigiar e ...**, p. 172.

1005 FOUCAULT, Michel. **Sexualité et pouvoir.** Dits et Écrits (org. Daniel Defert et François Ewald). v. 3 Paris: Gallimard, 1994, p. 567. "D'où vient le pouvoir, où va-t-il?, mais: Par où passe-t-il et comment cela se passe-t-il, quelles sont toutes les relations de pouvoir, comment est-ce qu'on peut décrire certaines des principales relations de pouvoir qui s'exercent dans notre société." [trad. do autor.]

1006 FOUCAULT, Michel. **História da sexualidade I: a vontade ...**, p. 88-93.

1007 DREYFUS, Hubert; RABINOW, Paul. **Michel Foucault: un parcours philosophique, au-delà de l'objectivité et de la subjetivité.** (trad. Fabienne Durand-Bogaert) Paris: Gallimard, 1984, p. 265.

ser conquistado, tal como uma propriedade, o que acaba refutando a teoria marxista da conquista do proletariado. Foucault retoma essa questão anos mais tarde, quando afirma num clássico artigo intitulado *Omnes et Singulatim: vers une critique de la raison politique*, pronunciado em Stranford em outubro de 1979: "O poder não é uma substância. Não é um misterioso atributo de que precisaríamos esquadrinhar as origens. O poder não é senão um tipo particular de relações entre os indivíduos. E tais relações são específicas: por outras palavras, elas nada têm a ver com a troca, a produção e a comunicação, mesmo que lhes estejam associadas."[1008]

A segunda proposição afirma que as relações de poder não se encontram em posição de exterioridade em relação aos demais processos: econômicos, sexuais, etc., ou seja, as relações de poder são imanentes a esses processos[1009], não estão em posição de superestruturas, como as proibições, as interdições, nem tampouco subordinadas. O poder é essencialmente difuso, serial e o método de análise de Foucault tem como características a imanência do seu campo, sem unificação transcendente, a continuidade da sua linha, sem uma centralização global, a contiguidade dos seus segmentos sem totalização distinta.[1010]O poder importante para Foucault é aquele fruto de relações intrínsecas às outras relações, assim, o poder não age por ideologia ou violência, mas é um poder produtivo, que produz o real, antes mesmo de reprimi-lo. Nesse sentido, indo em busca dos efeitos do poder, Luiz Fernando Coelho, ao recuperar o pensamento de foucaultiano de Roberto Machado para visualizar que a legitimação racional é inseparável da dominação, afirma: "A partir de Foucault, podemos conceber essa dominação como um fenômeno difuso, não propriamente espelhando uma hierarquia de poder, mas imbricando-se nas relações sociais desde suas manifestações mais atomizadas até as que ultrapassam o âmbito dos povos e nações (...) no nível molecular do exercício do poder prescinde da ideia de que ele ocorre do micro para o macro, do centro

[1008] FOUCAULT, Michel. **Omnes et singulatim: vers une critique de la raison politique**. Dits et Écrits (org. Daniel Defert et François Ewald). Paris: Gallimard, v. 4, 1994, p. 160 "Le pouvoir n'est pas une substance. Il n'est pas non plus un mystérieux attribut dont il faudrait fouiller entre individus. Le pouvoir n'est qu'une type particulier de relations entre individus. Et ces relations sont spécifiques: autrement dit, elles n'ont rien à voir avec l'échange, la production et la communication, même si elles leur sont associées." [trad. do autor.].

[1009] FOUCAULT, Michel. **Le pouvoir, comment s'exerce-t-il?**. DREYFUS, Hubert; RABINOW, Paul. Michel Foucault: un parcours philosophique, au-delà de l'objectivité et de la subjetivité. (trad. Fabienne Durand-Bogaert) Paris: Gallimard, 1984, 364p.

[1010] DELEUZE, Gilles. **Foucault**. Paris: Les Éditions de Minuit, 1986, p. 35 [trad. br. **Foucault**. (trad. Claudia Sant'Anna Martins) São Paulo: Brasiliense, 1988, p. 37.]

para a periferia; não se trata de minimizar o papel do Estado nas relações de poder, mas desmistificar o papel que a ideologia lhe atribui de que, ou é ele o poder central e único, ou que a rede de poder nas sociedades modernas seja uma extensão, simples prolongamento do poder do Estado."[1011]

A terceira proposição afirma que o poder vem de baixo; não existe no princípio das relações de poder, e como matriz geral, uma posição binária e global entre os dominadores e os dominados. Nesse sentido, se deve antes supor que as relações de força múltiplas que se formam e atuam nos aparelhos de produção, nas famílias, nos grupos restritos, nas instituções, etc. Essa regra leva Foucault à compreensão de que o poder não é um fenômeno maciço e homogêneo de domínio ou de indivíduos, mas circula, está em cadeia, discursa, opera, etc. A quarta prosição leva Foucault a enunciar que: "as relações de poder são, ao mesmo tempo, intencionais e não subjetivas. Se, de fato, são inteligíveis, não é porque sejam efeitos, em termos de causalidade, de uma outra instância que as explique, mas porque atravessadas de fora a fora por um cálculo: não há poder que se exerça sem uma série de miras e objetivos."[1012] Haveria, para Foucault, uma espécie de "cinismo local do poder", isto é, o poder se manifesta no nível local e em todo um conjunto de decisões conscientes, naquilo que é. Há uma lógica estratégica em seu próprio contexto. Por fim, refere-se ainda a uma quinta proposição, de que onde há poder há resistência, ou seja, Foucault, ao dissolver a unidade do poder, isto é, ao lhe retirar a sua situação e sua identificação, coloca o indivíduo diante de um poder que é da ordem da relação, da tática, da estratégia de poder e contra-poder, e que suas manifestações não são isoladas, autônomas, mas fazem parte de uma economia do poder: "as relações de poder sucitam necessariamente, desafiam em cada instante, abrem a possiblidade a uma resistência, e é porque há resistência e resistência real que o poder daquele que domina procura manter-se com tanto mais força, com tanto maior astúcia, quanto a resistência é maior."[1013]

Com base nessas argumentações, a analítica do poder de Michel Foucault revela que o poder é para o autor um conjunto de relações sobre ações possíveis, que se exerce nas microestruturas e nas mais ínfimas relações, através de toda uma série de mecanismos de controle, dispersão, interdição e, ao mesmo tempo, produção. Não se restringido ao seu caráter discursivo-jurídico, o

[1011] COELHO, Luiz Fernando. **Teoria crítica do** ..., p. 362.

[1012] FOUCAULT, Michel. **História da sexualidade I: a vontade** ..., p. 90.

[1013] HASUMI, Shiguéhiko. **Pouvoir et savoir: entretien avec Michel Foucault**. Dits et Écrits (org. Daniel Defert et François Ewald). v. 3 Paris: Gallimard, 1994, p. 407.

poder, em não tendo substância alguma, deve ser compreendido na sua dinamicidade, no seu exercício circunstancial, pois só assim é que uma revolução poderia ser empreendida, caso a capilaridade do poder fosse vivenciada e praticada.

## 7.3. Analítica política e a resistência

Todavia, a analítica do poder de Foucault admite uma vertente política, se pensada na possibilidade dos temas da resistência, dos direitos humanos e da constituição de um "direito novo". Nesse sentido, fazer uma análise do tema do poder na obra foucaultiana, por constituir-se, como dito, um elemento central até mesmo para repensar a questão do sujeito, requer devidas diligências no exame, que, se não estiverem presentes, por mais óbvias que possam parecer muitas vezes, tendem a levar a uma incompreensão de suas palavras e de suas investigações filosóficas. Assim, é preciso afirmar, como notório em sua teoria, que a partir da década de setenta, mais especificamente a partir do texto *Le Sujet et le Pouvoir*,[1014] quando o tema do sujeito se insere no centro de sua analítica do poder, uma transformação significativa de suas teorizações ocorreu, acontecendo uma espécie de "desdobra" do poder, quer dizer, a interpretação monista e essencialmente nietzscheana dos primeiros escritos, em que a microfísica se colocava na função de vigilância, cede lugar a uma concepção mais abrangente, direcionada ao sujeito, cujo foco de análise passa a ser o governo de si mesmo e não dos outros; isto é, a microfísica como formadora de disciplinas e essencialmente normalizadora cede lugar a uma microfísica que privilegia a governabilidade, e, por conseguinte, a figura do sujeito e do cuidado de si na autoconstituição subjetiva.

Foucault insiste na questão de que, onde há poder há necessáriamente resistência, mas não se trata de algo exterior ao poder, mas próprio das relações de poder, razão pela qual não é única, mas está em todos os lugares, presentes em toda a rede de poder, e são múltiplas. Tratam-se de resistências no plural e que só podem existir no campo estratégico das relações de força. "Elas são o outro termo nas relações de poder; inscrevem-se nestas relações como o interlocutor irredutível."[1015] Nesse sentido, estão distribuídas de maneira

[1014] FOUCAULT, Michel. **Le sujet et le pouvoir.** Dits et Écrits (org. Daniel Defert et François Ewald). Paris: Gallimard, v. 4, 1994, p. 222-243.

[1015] FOUCAULT, Michel. **História da sexualidade I: A vontade ...**, p. 91.

irregular, pulverizadas em vários pontos, como nós, focos, com suas naturezas dispersas no tempo e no espaço e ora estão em pontos do corpo, ora em comportamentos, ora em grupos ou indivíduos. Em razão de suas multiplicidades, as resistências formam um campo igual ao do poder, uma trama de relações que atravessam as estratificações sociais e inidividuais. Assim, portanto, é que Foucault entende que uma revolução só seria possível se se codificassem estrategicamente esses pontos de resistências.

Tentando-se ir em busca de uma reflexão sobre a possibilidade de resistência a essa decodificação do poder, com vistas aos direitos humanos, é possível melhor compreender, a partir dessas considerações a respeito da constituição do estado de polícia e da existência de toda uma arte de governar, iniciada na Idade Média, mas especialmente reformulada com o fim dos regimes monárquicos, questionamentos esses que atingiram tanto o âmbito administrativo do Estado, como também a esfera judiciária, a triste constatação feita por Foucault, de que todas as pessoas seriam não mais do que simples "governadas", por uma imensa trama de poder e de relações de obediência e dominação que se estabeleceriam na sociedade. Dessa constatação, Foucault ressalta uma importante necessidade no atual Estado Democrático de Direito, de que as pessoas procurem formular contra-posições a esses poderes disseminados pela sociedade, mas, sobretudo, que procurem, portanto, constituírem um poder como resistência.

Foucault, em junho de 1981, numa coletiva durante o *Comité International Contre la Piraterie* fala sobre a questão dos governados, que segundo Daniel Defert e Fraçois Ewald seria uma espécie de 'declaração dos direitos do homem': "Existe uma cidadania internacional que tem seus direitos, que tem seus deveres e que obriga a se levantar contra todos os abusos de poder, seja quem for o autor sejam quais forem as vítimas. Afinal, somos todos uns governados e por isso solidários. Porque pretendem se ocupar da felicidade das sociedades, os governos se arrogam o direito de incluir na conta de lucros e perdas a infelicidade dos homens provocada por suas decisões ou permitida por suas negligências. Constitui um dever dessa cidadania internacional sempre fazer valer aos olhos e aos ouvidos dos governos a infelicidade dos homens pela qual não é verdade que não são responsáveis. A infelicidade dos homens nunca deve ser um resto mudo da política. Ela fundamenta um direito absoluto de se levantar e dirigir-se aos que detêm o poder. É preciso recusar a divisão de tarefas que com demasiada frequência nos propõem: cabe aos indivíduos se indignar e falar; aos governos, pensar e agir. É verdade, os bons governos gostam da santa indignação dos governados, desde que continue sendo lírica. Eu penso que é necessário prestar atenção que frequentemente são os governantes que falam, não podem e não querem senão falar. A experiência mostra que se pode e que se deve recusar o papel teatral da pura e simples indignação que nos propõem. *Amnesty International, Terre des Hommes, Médecins du monde* [organizações não-governamentais de luta pelas vítimas dos conflitos internacionais, criadas a partir de 1970] são iniciativas que criaram um novo direito: aquele dos indivíduos privados de intervir efetivamente na ordem das políticas e das estratégias internacionais. A vontade dos indivíduos deve se inscrever numa realidade cujo monopólio os governos quiseram reservar para si, monopólio que se deve arrancar pouco a pouco, todos os dias."[1016]

Nessa linha, percebe-se que Foucault propõe a existência de um direito novo, isto é, um direito antidisciplinar, que age no plano das práticas, capaz de lutar e opor-se como resistência a um poder essencialmente pulverizado, cuja norma incide para normalizar. Nesse sentido, Foucault destaca que para lutar contra as disciplinar seria indispensável construir através da resistência e dos direitos humanos um "direito novo", tais são suas palavras no curso de 14 de janeiro de 1976, no *Collège de France*: "De fato, soberania e disciplina, legislação, direito da soberania e mecânicas discipinares são duas peças absolutamente constitutivas dos mecanismos gerais de poder em nossa sociedade.

[1016] FOUCAULT, Michel. **Face aux gouvernements: les droits de l'homme**. Dits et Écrits (org. Daniel Defert et François Ewald). Paris: Gallimard, v. 4, 1994, p. 707-708. "Il existe une citoyenneté internationale qui a ses droits, qui a ses devoirs et qui engage à s'élever contre tout abus de pouvoir, quel qu'en soit l'auteur, quelles qu'en soient les victimes. Après tout, nous sommes tous gouvernés et, à ce titre, solidaires. Parce qu'ils prétendent s'occuper du bonheur des sociétés, les gouvernements s'arrogent le droit de passer au compte du profit et des pertes le malheur des hommes que leurs décisions provoquent ou que leurs négligences permettent. C'est un devoir de cette citoyenneté internationale de toujours faire valoir aux yeux et aux oreilles des gouvernements les malheurs des hommes dont il n'est pas vrai qu'ils ne sont pas responsables. Le malheur des hommes doit jamais être un reste muet de la politique. Il fonde un droit absolu à se lever et à s'adresser à ceux qui détiennent le pouvoir. Il faut refuser le partage des tâches que, très souvent, on nous propose: aux individus de s'indigner et de parler; aux gouvernements de réfléchir et d'agir. C'est vrai: les bons gouvernement aiment la sainte indignation des gouvernés, pourvu qu'elle reste lyrique. Je crois qu'il faut se rendre compte que très souvent ce sont les gouvernants qui parlent, ne peuvent et ne veulent que parler. L'expérience montre qu'on peut et qu'on doit refuser le rôle théâtral de la pure et simple indignation qu'on nous propose. Amnesty International, Terre des Hommes, Médecins du monde sont des initiatives qui ont créé ce droit nouveau: celui des individus privés à intervenir effectivement dans l'ordre des politiques et des stratégies internationales. La volonté des individus doit s'inscrire dans une réalité dont les gouvernements ont voulu se réserver le monopole, ce monopole qu'il faut arracher peu à peu et chaque jour." [trad. do autor.]

Para dizer a verdade, para lutar contra as disciplinas, ou melhor, contra o poder disciplinar, na busca de um poder não disciplinar, não é na direção do antigo direito da soberania que se deveria ir; seria antes na direção de um direito novo, que seria antidisciplinar, mas que estaria ao mesmo tempo liberto do princípio da soberania."[1017]

Todavia, para pensar essa questão de um "direito novo" na obra foucaultiana, certamente se deve buscar a recente obra *Michel Foucault e o Direito*, do ilustre Professor Márcio Alves da Fonseca, que defende a constituição de um novo direito na oposição entre normalização e direito. Para o autor, seria preciso constituir um direito livre de qualquer mecanismo de normalização, como uma forma essencial de resistência às disciplinas e aos dispositivos de seguranças.[1018] Um direito novo, como resistência, só se realizaria no abandono teórico da noção de soberania, e da noção de sua estaticidade, devendo ser buscado no âmbito das práticas, dos usos e referências, de fontes discursivas e práticas de saberes que digam, de alguma forma, respeito ao direito. É preciso, portanto, no plano das práticas, pensar numa abordagem do direito "separada dos agenciamentos concretos de poder-saber",[1019] isto é, pensar um direito que escape à normalização a partir de práticas que estariam próximas da autonomia da liberdade dos indivíduos.

Nesse sentido, Márcio Alves defende a existência de duas posturas a serem pensadas na questão de um direito novo na obra foucaultiana: uma *negativa*, a partir do instante que seria necessário sempre desconfiar de todas as formas do direito, usualmente normalizado-normalizador, isto é, desconfiar da forma da lei, da produção legislativa, da forma das instâncias de julgamento, da aplicação de regras do direito, da forma da organização e reprodução do saber jurídico, etc., com o objetivo de desconfiar de "um domínio de saberes e de práticas em que os mecanismos da normalização e a estrutura formal decorrente de um princípio da soberania formam uma unidade"[1020], a exemplo da desconfiança que Foucault realiza em relação ao tribunal de justiça popular;[1021] de outro lado, uma postura *positiva*, que permite a renovação do direito em suas práticas, ou seja, que permite visualizar as resistências operando em cada

[1017] FOUCAULT, Michel. **Em defesa da sociedade**. (trad. Maria Ermentina Galvão) São Paulo: Martins Fontes, 1999, p. 47.

[1018] FONSECA, Márcio Alves da. **Michel Foucault e o direito**. São Paulo: Max Limonad, 2002, p. 242.

[1019] FONSECA, Márcio Alves da. **Michel Foucault** ..., p. 247.

[1020] FONSECA, Márcio Alves da. **Michel Foucault** ..., p. 248.

[1021] FONSECA, Márcio Alves da. **Michel Foucault** ..., p. 255.

forma do direito, apontando para a "valorização das possiblidades concretas de certos saberes e de certas práticas do direito constituírem um 'direito novo', ou seja, um direito liberado simultaneamente do princípio da soberania e dos mecanismos da normalização."[1022]

[1022] FONSECA, Márcio Alves da. **Michel Foucault** ..., p. 248.

# 8.
# Exclusão e normalização

## 8.1. A exclusão do louco e o criminoso

O último tema, ao menos que se põe como necessário para a reflexão em torno do discurso jurídico, que envolve significativamente a estrutura da relação saber-poder, diz respeito ao modo como a doença mental, o louco, e, por conseguinte, o inimputável e o criminoso foram vistos pela humanidade, sobretudo nos seus reflexos jurídicos, isto é, como o saber médico, psiquiátrico, psicanalítico e jurídico e a governamentalidade foram capazes de construir o binômio normal-patológico na sociedde; porque razões, através de que modelos espaciais e científicos, para que fins foi objetivado demarcar e separar radicalmente a tênue linha entre a loucura e normalidade; eis o que se pretende investigar nas próximas linhas dentro do pensamento foucaultiano.

A doença mental e a questão da loucura, como já superficialmente abordadas nos resumos iniciais, foi amplamente refletida por Foucault, tanto em seus artigos, entrevistas, quanto em seus primeiros trabalhos institulados *Maladie Mentale et Psychologie* e *Histoire de La Folie à L'Âge Classique.* Trata-se de um tema central nos primeiros anos de vida acadêmica de Foucault, enquanto tinha sua formação essencialmente na área da psicologia, que vai se transformar lentamente na problemática do encarcerado, e, por fim, na potencialidade normalizadora do poder, tanto nos cidadãos pelo Estado em suas condutas, quanto nos homens em sua sexualidade, como visto acima. Em *Maladie Mentale et Psychologie,* Foucault realiza, após uma radical transformação em sua pesquisa anterior *Maladie Mentale et Personnalité,* um estudo estrutural e perspectivo da doença mental, analisando as suas dimensões psicológicas, isto é, seus aspectos evolucionistas, individualistas e existenciais, e sua configuração como elemento cultural, bem com sua posição dentro da história da humanidade, ensaiando, ainda, a possibilidade de uma futura fuga à psicologização do ser humano e das doenças mentais, através de uma postura que compreendesse a patologia em sua estrutura global. Nesse sentido, entende Foucault que um erro fatal ocorria anteriormente no estudo das doenças mentais, isto é, o seu posicionamento igualitário às doenças orgânicas. A partir do conceito de totalidade orgânica, essa "metapatologia", que se caracterizava por ser geral e abstrata, equiparava a medicina mental à medicina orgânica, de tal modo que, utilizando-se de uma mesma sintomatologia e de uma mesma nosografia (estudo das próprias formas da doença; descrição de suas fases e de sua evolução; observação de suas variantes; análise de suas manifestações episódicas e da alternância de sintomas e suas evoluções), procurava encontrar a relação entre a causa orgânica e a psicológica da doença, com vistas à compreensão e apreensão de seus sintomas, sua evolução, seus efeitos, suas variações, suas curas, etc. Dentro dessa concepção, destaca Foucault as orientações de Bleuler e de Kraepelin, que procuravam, a partir de um conceito abstrato de doença orgânica, manifestado como uma entidade específica indicada pelos sintomas,[1023] conferir à doença mental um privilégio à existência de uma unidade real, isto é, um prero às reações globais dos indivíduos. Nesse sentido, com base num patologia mental abstrata, fundada nas respostas globais do organismo atacado, Foucault afirma que as doenças mentais seriam alterações intrínsecas da personalidade, ou melhor, desorganizações internas de suas estruturas, caracterizadas por um desvio progressivo de seu desenvolvimento. É por essa razão, que, então, as doenças mentais se classificavam somente em neuroses e psicoses, dada a amplitude das perturbações da personalidade. As psicoses eram perturbações da personalidade global, engendrando um distúrbio do pensamento, por vezes maníaco e esquizofrênico (porque salta e ultrapassa os intermediários) e uma alteração geral da vida afetiva e do controle da consciência. Por sua vez, as neuroses atacavam não a globalidade, mas um setor da personalidade, caracterizando o indivíduo acometido por ritualismos, angústias, fobias, mas conservando a sua lucidez crítica com relação a seus fenômenos mórbidos.[1024] Com base nessa dúplice divisão, as doenças mentais da psicose e da neurose, que englobavam assim, as síndromes paranóides, hebefrênicas, e catatônicas, bem como a psicastenia, a histeria e a obsessão tinham como elemento central, no qual se desenvolvia a doença, a personalidade, que reunia, em si, a totalidade e a unidade do domínio do corpo, equiparando-as à patologia orgânica.

[1023] FOUCAULT, Michel. **Doença mental e ...**, p. 12.
[1024] FOUCAULT, Michel. **Doença mental e ...**, p. 15.

Todavia, afirma Foucault, que a partir da interpretação de Goldstein em 1933, tendo como base a síndrome neurológica da afasia, recusando, assim, as explicações orgânicas da existência de uma lesão local, bem como as interpretações psicológicas por um déficit global da inteligência, é que se procurou separar a patologia mental da patologia orgânica. Aprouve-se, então, a partir de Goldstein, demonstrar que a patologia mental exigia métodos de análise e estruturas lógicas diferentes da patologia orgânica, e a sua relação, antes imperiosa, só seria possível por um artifício de linguagem.[1025]

Essa diferenciação teve seu fundamento em três recortes epistemológicos distintos: a abstração, o binômio normalidade/patologia, e o binômio doente/meio. Primeiro, no que tange à abstração, consoante Foucault, a medicina orgânica permite que se considere a totalidade material do indivíduo, isto é, a anatomia e a fisiologia possibilitam a realização de abstrações sobre o fundo da totalidade orgânica, a fim de tanto compreender elementos isolados, quanto elementos inseridos no conjunto, ao compasso que a medicina mental, através da psicologia, não obteve o mesmo êxito em demonstrar, através de um estudo delimitado do distúrbio, a totalidade da doença que afeta a personalidade. Deste modo, o âmbito de abstração exige especificações e amplitude distintas. Segundo, no que se refere à relação entre o normal e o patológico, destaca Foucault que a diferenciação entre esses dois parâmetros, no universo da patologia orgânica se dá, na grande maioria das vezes, de maneira nítida, separando-se claramente os fatos anormais das reações adaptativas de um organismo funcionando segundo a sua norma, enquanto que, na patologia mental, a passagem dessa linha se demonstra sempre muito tênue, tornando difícil demonstrar a ruptura do contato com a realidade produzida pela doença mental. Por fim, no que diz respeito à correlação entre o doente e o louco, Foucault afirma que o doente mental não pode receber um tratamento similar ao doente orgânico, pois cada patologia mental exige que seja tratada sendo observadas as particularidades de cada caso clínico, ao contrário dos doentes orgânicos, que, diagnosticada a mesma doença, permitem o mesmo tratamento, assim, afirma que "a dialética das relações do indivíduo e seu meio não se faz, então, no mesmo estilo em fisiologia patológica e em psicologia patológica."[1026]

A partir dessas três ordens de diferenciação, em que se refuta, portanto, a existência de uma metapatologia, desligando-se quaisquer relações entre a

[1025] FOUCAULT, Michel. **Doença mental e ...**, p. 17.
[1026] FOUCAULT, Michel. **Doença mental e ...**, p. 20.

doença orgânica e a mental, já que a unidade seria meramente teórica, linguística, estimativa e artifical, entende Foucault que a doença mental deveria ser sempre refletida sob suas dimensões psicológicas, para a real compreensão do doente mental, ou, ao que aqui interessa, do louco. Essas dimensões seriam, portanto, a doença e seu aspecto evolutivo, a doença e sua relação de passado e presente, e a doença como fenômeno material.

Na primeira dimensão, sob um plexo evolutivo, argumenta Foucault que a partir de uma análise da doença como fato de evolução da personalidade, é que se pode compreender, em parte, a doença mental, isto é, a partir de uma investigação sobre o indivíduo adoentado, procura-se identificar no seu regresso à fase evolutiva os sintomas e as causas remotas de sua patologia, a fim de compreender as suas reais especificidades. Desse modo, destaca Foucault que todo doente mental tem suas funções primárias abolidas, deixando um vazio funcional, no qual aparecem reações exageradas e violentas, destacando caracteres de automatismos de repetição, interiorização da linguagem, monólogos desordenados e fragmentários, ausência de coerência espaço-temporal, e substituição das funções complexas, instáveis e voluntárias, por funções simples, estáveis e automáticas.[1027] Percebe-se, consoante as leituras foucaultianas, um contexto em que o indivíduo mentalmente acometido apresenta sinais de regresso a tempos arcaicos, quer dizer, à vida infantil, em que as sublimações, o controle das emoções, e o contato da realidade se tornam frágeis e de difícil consecução. É, portanto, a partir de um estudo do caráter evolutivo da doença, procurando-se demonstrar na vida inicial possíveis eventos causadores da patologia mental, que se evidencia, segundo Foucault, a importância de se refletir a doença mental em seu aspecto evolutivo. Tal reflexão está presente na obra foucaultina, principalmente, através de sua análise sobre a neuropatologia e psicopatologia de Jackson, bem como das teorizações sobre a evolução das neuroses de Freud, e dos ensinamentos sociológicos de Janet.

Em Jackson, Foucault aborda a questão da evolução como forma de se atingir o fato patológico, interpretando a loucura como elemento que coloca temporária ou permanentemente fora de funcionamento uma parte dos centros cerebrais superiores. Com Freud, Foucault procura fazer uma arqueologia da história da libido no desenvolvimento do indivíduo[1028] a fim de conseguir chegar às origens particulares da neurose. Segundo as concepções freudianas interpretadas por Foucault, todas as pessoas passariam por quatro fases

[1027] FOUCAULT, Michel. **Doença mental e ...**, p. 25.

[1028] FOUCAULT, Michel. **Doença mental e ...**, p. 29.

principais em sua evolução da libido, que, para compreender o fenômeno neurótico eventualmente no indivíduo, deveriam ser analisadas, quais sejam: a fase do erotismo bucal, em que a criança procura os alimentos como forma de prazer no seio da mãe e obtém suas primeiras frustrações; a fase ou o estágio sádico-anal, que se caracteriza pela disciplina esfincteriana, em que a presença paterna sob sua forma repressiva e sua relação com o mundo começam a aparecer e sofrer limites; a fase do espelho, que marca o reconhecimento do indivíduo na sua experiência com o corpo próprio, e a identificação do narcisismo como figura central na estrutura da sexualidade para o descobrimento do corpo como objeto sexual; e a fase da escolha objetal ou do complexo de Édipo, que se caracteriza pela fixação heterossexual, numa identificação com o pai do mesmo sexo, e na relação de ciúme e erotismo pelo desejo irresoluto da mãe. É a partir dessa arqueologia da libido, que Foucault afirma ter Freud contribuído para a compreensão do aspecto evolutivo da doença mental, em especial, das neuroses, já que, na grande maioria das vezes, tem sua causa em momentos infantis, perdidas em uma dessas fases descritas. Por fim, defende Foucault uma perspectiva evolucionista da doença mental, a partir das lições de Janet, em que a doença se demonstra como uma queda de energia psicológica hábil a impedir os homens de ter um convívio social, marcando o regresso de comportamentos sociais primitivos, uma vez que o diálogo, o universo do simbólico, passa a ser destituído de seu centro, e em seus lugares surgem patologias da crença, em que o critério social da verdade (o que todos crêem) deixa de ter sentido para o doente mental. Entretanto, entende Foucault que quaisquer perspectivas estruturais e descritivas que se adotem, dentro desse eixo evolutivo, nenhuma é capaz de apreender o fenômeno patológico por si só, exigindo que se analise outra dimensão psicológica da doença mental, qual seja, a individualista.

Nesse compasso, acredita Foucault que a sua melhor compreensão se dá através de uma análise da relação entre passado e presente na história individual da doença mental, isto é, apenas pelo enlace desses dois momentos, é que a compreensão do "devir psicológico" poderia ser concretizada, permitindo uma historiografia da patologia dentro de sua individualidade, a fim de explicar seus diversos fenômenos e suas mais remotas causas. A partir desse relato historiográfico da doença mental no tempo, verifica Foucault que seria possível compreender como determinadas neuroses e paranóais teriam suas origens traumáticas e suas fixações ocorridas em momentos anteriores na vida individual, na infância, na adolescência ou na juventude. É a partir do deslocamento do passado para o presente, que a partir da teoria freudiana, Foucault acredita ser possível descobrir os verdadeiros sentidos de uma doença mental, haja vista que os medos e as angústicas estariam sempre "regressando" ao presente, fazendo com que o indivíduo criasse mecanismos atuais de defesa contra seu próprio passado e seu próprio presente, numa espécie de círculo vicioso do devir psicológico.[1029] Todavia, somente com a compreensão das dimensões entre o anterior e o posterior, ou mesmo entre o passado e o presente, a doença mental não adquiriria sua eficácia argumentativa e explicativa, haja vista que restaria interpretar a dimensão psicológica existencial da patologia, isto é, compreender a própria manifestação isolada da doença mental.

Nessa linha, uma terceira perspectiva psicológica se abre para as teorias foucaultianas, que diz respeito à manifestação existencial da doença mental, ou seja, para compreendê-la seria indispensável analisar o fato patológico não exclusivamente em seu âmbito estrutural, mas especialmente buscar apreender a totalidade da doença na situação histórica do homem. Nessa interpretação, afirma Foucault: "... não basta dizer que o mêdo da criança é a causa das fobias no adolescente, mas é preciso reencontrar, sob êste aspecto originário e sob êstes sintomas mórbidos, o mesmo estilo de angústia que lhes confere sua unidade significativa."[1030] Para Foucault, a partir das teorizações de Minkowski e de Binswanger,[1031] tendo com base uma metodologia fenomenológica, é indispensável penetrar na própria existência da doença, compreender suas fases, suas faces, e, em especial, o modo como o próprio indivíduo acometido é capaz de interpretar o seu estado mórbido, isto é, o modo como ele aceita e recusa a doença mental em suas fugas temporais, haja vista que haveria sempre um momento em que o doente, apesar das subtrações que a doença impõe, compreenderia o conjunto dos sinais históricos, hipocondríacos e os sintomas psicossomáticos frequentes em seu estado de doente mental, em suma, haveria sempre uma espécie de consciência da doença. "A doença mental, quaisquer que sejam suas formas, os graus de obnubilação que comporta, implica sempre numa consciência da doença; o universo mórbido não é jamais um absoluto no qual se aboliriam todas as referências ao normal; pelo contrário, a consciência doente desdobra-se sempre, por si mesma, numa dupla referência, quer ao

[1029] FOUCAULT, Michel. **Doença mental e** ..., p. 51.

[1030] FOUCAULT, Michel. **Doença mental e** ..., p. 56.

[1031] Nesse sentido, veja-se a introdução feita por Michel Foucault para o livro *Traum und Existenz* de Biswanger em 1954 em: FOUCAULT, Michel. **Introduction à Biswanger**. Dits et Écrits (org. Daniel Defert et François Ewald). v. 1 Paris: Gallimard, 1994, p. 65-119.

normal e ao patológico, quer ao familiar e ao estranho, seja ainda ao singular e ao universal, seja, finalmente, à vigília e ao onirismo."[1032]

A partir da reflexão das dimensões da doença, Foucault também desenvolve em seus ensaios a necessidade de se repensar a doença mental em direção ao modo através do qual o conceito de louco foi efetivado pela humanidade, em especial, através da existência de uma ciência objetiva e singular. Nesse sentido, então, Foucault entende que, para melhor compreender este processo que resulta na completa exclusão do louco e a manifestação de soberania da razão em relação à desrazão, necessário é visualizar a loucura sob dois aspectos fundamentais, quais sejam: a loucura como objeto cultural, e a loucura na sua constituição ao longo da história (recorte esse que permite Foucault fazer a relação entre a maioria de seus escritos de sua primeira fase, enquanto se dedicava incessantemente à psicologia e seus escritos posteriores, que encontra guarida em suas concepções historiográficas e filosóficas).

Nesse sentido, em *Maladie Mentale et Psychologie* Foucault lança três questionamentos essenciais que parecem resumir o sentido finalístico de suas pesquisas sequenciais e o objeto de pesquisa que procura: "Não há na doença todo um núcleo de significações que releva do domínio no qual ela apareceu – e inicialmente o simples fato de que ela aí é caracterizada como doença?"[1033]; mais adiante salienta: "Como chegou nossa cultura a dar à doença o sentido do desvio, e ao doente um *status* que o exclui?"[1034] e acrescenta "Como, apesar disso, nossa sociedade exprime-se nas formas mórbidas nas quais recusa reconhecer-se?"[1035]

O primeiro questionamento é enfrentado por Foucault em dois momento principais nas linhas de *Maladie Mentale et Psychologie* e *Histoire de la Folie*. Segundo as concepções foucaultianas, indispensável é investigar como o conceito de anormalidade e loucura foram vistos na história da civilização como elementos culturais, isto é, para Foucault a constituição do conceito de louco está intimamente relacionada à própria formação cultural da humanidade, referido em cada particularidade, quer dizer, em cada comunidade e em cada sociedade a partir da experiência comum e do julgamento com base em valores únicos e historicizados, conforme o estágio civilizatório em que se encontrassem os seus membros. Nesse sentido, afirma: " ... o que há de

1032 FOUCAULT, Michel. **Doença mental e** ..., p. 61.
1033 FOUCAULT, Michel. **Doença mental e** ..., p. 69.
1034 FOUCAULT, Michel. **Doença mental e** ..., p. 74.
1035 FOUCAULT, Michel. **Doença mental e** ..., p. 74.

positivo e de real na doença, tal como se apresenta numa sociedade. Há, de fato, doenças que são reconhecidas como tais, e que têm, no interior de um grupo, *status* e função; o patológico não é mais então, em relação ao tipo cultural, um simples desvio; é um dos elementos e uma das manifestações deste tipo."[1036] Assim, Foucault conclui que a doença, antes de ser um elemento exclusivo da psicologia ou da psicanálise, é um fenômeno cultural, preso aos padrões de cada época, de cada sociedade e de cada estado evolutivo.[1037] Nesse sentido, Hubert Lepargneur entende que é preciso ver em Foucault a loucura antes como cultura que fato natural, isto é, a doença mental precisa ser vista como sendo ligada a um sistema de práticas, isto é, todo um conjunto de dispositivos de uma determinada cultura, de formas de organização da rede médica, de um sistema de detecção e profilaxia, de formas de assistências e distribuição de cuidados, "critérios de cura, definição da incapacidade civil do doente e de sua irresponsabilidade penal; em resumo, todo um conjunto que define, numa cultura dada, a vida concreta do louco. (...) a loucura é um fenômeno cultural, muito mais do que fisiológico."[1038]

O segundo e o terceiro questionamentos, que dizem respeito ao modo como a cultura excluiu o desviante, procuram ser respondidos por Foucault através de uma análise da formação e da constituição histórica do conceito de louco. Afirma Foucault, que somente numa época recente é que o Ocidente deu à loucura um *status* de doença mental, isto é, somente com o surgimento de uma medicina positiva é que o louco saiu de sua condição de "possuído" para ingressar no campo das patologias mentais,[1039] quer dizer, tornou-se 'doente mental', em razão da obra da Psiquiatria, o monólogo da razão sobre a loucura. Para a historiografia psiquiátrica tradicional, o louco da era medieval e do renascimento eram considerados doentes ignorados, em especial pelas malhas do poder religioso, que lhe impunham significações e classificações místicas.

[1036] FOUCAULT, Michel. **Doença mental e ...**, p. 73.

[1037] FOUCAULT, Michel. **La folie et la société**. Dits et Écrits (org. Daniel Defert et François Ewald). Paris: Gallimard, v. 2, 1994, p. 130. "Dans tous ces cas (travail, sexualité, famille, langage, parole, jeux et fêtes), ceux qui sont exclus diffèrent d'un domaine à l'autre, mais il arrive que la même personne soit exclue dans tous les domaines: c'est le fou. Dans toutes les sociétés ou presque, le fou est exclu en toute chose et, suivant les cas, il se voit accorder un statut religieux, magique, ludique ou pathologique." [trad. do autor. "Em todos esses casos (trabalho, sexualidade, família, linguagem, palavra, jogos e festas), os que são excluídos distintamente de um domínio ao outro são os loucos. Em todas as sociedades ou quase todas, o louco é excluído em todas as coisas e, de acordo com o caso, ele se vê concordar com um estatuto religioso, mágico, lúdico ou patológico."]

[1038] LEPARGNEUR, Hubert. **Introdução aos ...**, p. 76 e 78.

[1039] FOUCAULT, Michel. **Doença mental e ...**, p. 75.

Desse modo, a história dos loucos não diz respeito à própria cientificidade, como se quisera sempre afirmar, mas, antes disso, constitui uma história das ideias religiosas. Foucault ressalta, por exemplo, que a própria Igreja católica teve duas formas bem distintas de relacionamento com a loucura, sempre com vistas à manutenção de seu poder régio e social: num primeiro momento, procurou a interferência da medicina, por volta de 1560 a 1640, a pedido dos parlamentos, dos governos e das hierarquias eclesiásticas, para prosseguir com as Inquisições, comprovando que os loucos eram, na verdade, pessoas que através de suas imaginações desregradas demonstravam pactos e ritos diabólicos, que precisavam ser contidos e excluídos; num segundo instante, por volta de 1680 a 1740, quando houvera a explosão do misticismo protestante e jansenista, em virtude das perseguições do final do reinado de Luís XIV, novamente tornou a Igreja católica a procurar a medicina, convocando inúmeros médicos para demonstrar, então, que todos os atos e movimentos violentos dos humores dos espíritos eram, na verdade, manifestações do êxtase, da inspiração, do profetismo, da possessão pelo Espírito-Santo.[1040]

A partir dessa interpretação, afirma Foucault que o nascimento do "olhar" da medicina positivista esteve, inicial e lateralmente, ligado ao episódio histórico recente[1041] das malhas do poder das autoridades reais e eclesiásticas, razão pela qual o louco foi, desse modo, permeado na sua configuração por tais tramas. Nessa perspectiva, a loucura, enquanto fenômeno cultural, apresenta-se sob diversas formas, ora de maneira restritiva, em que se buscava internar os doentes mentais, sem qualquer preocupação médica, mas exclusivamente como forma de enjaular os furiosos para interná-lo, demonstrando-se invisíveis aos olhares comuns; ora de modo amplo e aberto, na Idade Média, visível a todos e às manifestações culturais. A partir do século XV, e por todo o Renascimento, a loucura se transforma num ponto essencial de linguagem, e tal como a morte, precisa ser retratada, para que todos a temessem. Nesse sentido, inúmeras obras literárias, artísticas e manifestações festivas são produzidas a fim de não fazer a loucura calar, como: *A Dança Macabra*, no cemitérios dos Inocentes, o *Triunfo da Morte* dos muros de Campo Santo de Pisa, bem como as cotidianas festas dos loucos, o *Navio Azul* em Flandres, a *Nave dos Loucos*, de Bosch, a *Margot a Louca* de Breughel, a *Stultifera Navis* de Brant ou mesmo o *Elogio da Loucura* de Erasmo de Roterdam. É nessa orientação que

[1040] FOUCAULT, Michel. **Doença mental e** ..., p. 76.

[1041] FOUCAULT, Michel. **Doença mental e** ..., p. 80. "A loucura é muito mais histórica do que se acredita geralmente, mas muito mais jovem também."

muitos escritos trarão a loucura como tema central, sobretudo Shakespeare e Cervantes.[1042]

Esse período se caracteriza, como afirma Foucault, pela existência das *Naus dos Loucos*, isto é, antes da loucura ser colocada no centro dos internamentos em substituição aos leprosários como forma de exclusão, foi ela posta diante dos olhares distantes das famílias, mas não sob a forma do enclausuramento, e sim, através de barcas destinadas a carregar os loucos para fora da cidade, como forma de purificação. Annie Guedez claramente se pergunta: "Não seria o primeiro passo de nossa sociedade para o 'grande aprisionamento'?"[1043] Certamente que sim. A *Stultifera Navis*, tanto retratada nas obras artísticas, como se vê na *Narrenschiff* de Brant, em 1947, constituía-se num 'dispositivo', inicialmente imaginário, mas que ganhou sua concretude nas paisagens europeias da época, para realizar o anseio social de, ao mesmo tempo, retirar de vista os furiosos que ameaçavam a paz pública, e fazer com que esses 'errantes' pudessem encontrar no horizonte suas próprias verdades e seus destinos. Eram barcos loucos, que deslizavam ao longo dos calmos rios da Renânia e dos canais de flamengos, destinados a levar a carga insana de uma cidade para a outra. Barcos que, ao invés de confiar os loucos e os criminosos a celas de retenção, para que se encontrassem com o divino, confiava-os aos marinheiros, para que fossem excluídos da vida familiar, e, como verdadeiros e míticos heróis, tal a disposição de *Blauwe Schute* de Jacob Van Oestvoren de 1943, fossem levados prisioneiros de suas próprias ações e de seus próprios rumos.

Retratadas tantas vezes, além de Oestvoren, mas por Josse Bade em sua *Stultiferae naviculae scaphae fatuarum mulierum*, e por Sumphorien Champier em sua *Nau dos Príncipes e das Batalhas da Nobreza* ou *Nau das Damas Virtuosas*, do começo do séc. XVI, estas naus do desatino se resumiam no objetivo primordial de torná-los prisioneiros de sua própria partida, isto é, ao levar-lhes de um lugar incerto a outro nenhum, fazê-los prisioneiros no interior do exterior, prendê-los em sua própria passagem, retirar-lhes de circulação, eis as palavras poéticas de Foucault: ".. confiar o louco aos marinheiros é com certeza evitar que ele ficasse vagando indefinidamente entre os muros da cidade, é ter a certeza de que ele irá para longe, é torná-lo prisioneiro de sua própria partida. Mas a isso a água acrescenta a massa obscura de seus próprios valores: ela leva embora, mas faz mais que isso, ela purifica. Além do mais, a navegação entrega o homem à incerteza da sorte: nela, cada um é confiado

[1042] FOUCAULT, Michel. **Doença mental e** ..., p. 77.

[1043] GUEDEZ, Annie. **Foucault** ..., p. 17.

a seu próprio destino, todo embarque é, potencialmente, o último. É para o outro mundo que parte o louco em sua barca louca, é do outro mundo que ele chega quando desembarca. Esta navegação do louco é simultaneamente a divisão rigorosa e a Passagem absoluta. Num certo sentido, ela não faz mais que desenvolver, ao longo de uma geografia semi-real, semi-imaginária, a situação *liminar* do louco no horizonte das preocupações do homem medieval – situação simbólica e realizada ao mesmo tempo pelo privilégio que se dá ao louco de ser *fechado* às *portas* da cidade; sua exclusão deve encerrá-lo; se ele não pode e não deve ter outra prisão que o próprio limiar, seguram-no no lugar de passagem. (...) É um prisioneiro no meio da mais livre, da mais aberta das estradas: solidamente acorrentado à infinita encruzilhada. É o passageiro por excelência, isto é, o Prisioneiro da passagem (...) Sua única verdade e sua única pátria são essa extensão estéril entre duas terras que não lhe podem pertencer."[1044] Além da existência das naus, a loucura antes de ser simplesmente excluída, era liberta aos discursos poéticos e artísticos, representando tantas vezes uma forma geral de crítica, isto é, através das farsas e das tramas que envolviam personagens loucos, fosse o Bobo, o Simplório. Igualmente se manifestava a loucura, através das Festas e das Danças dos loucos, realizadas, sobretudo, na região de Flandres e no Norte da Europa, a ver-se nas sátiras de Corroz *Contre Fol Amour* e de Louse Labé *Débat de Folie et D'Amour*, a pintura de Jerônimo Bosch *A Cura da Loucura* e a *Nau dos Loucos*, a de Brueghel *Dulle Grete*, as danças dos mortos na música, e, especialmente, na obra Bosch *Nau dos Loucos* e de Erasmo de Roteram, *O Elogio da Loucura*, apesar da sutil diferença existente entre estas duas últimas visões da loucura, ora como punição cósmica do saber, ora no relacionamento do homem consigo. Nesse sentido, pode-se

[1044] FOUCAULT, Michel. **Folie et déraison. Histoire de la folie** ..., p. 22-23. "... confier le fou à des marins, c'est éviter à coup sûr qu'il ne rôde indéfiniment sous les murs de la ville, c'est s'assurer qu'il ira loin, c'est le rendre prisonnier de son propre départ. Mais à cela, l'eau ajoute la masse obscure de ses propres valeurs; elle emporte, mais elle fait plus, elle purifie; et puis la navigation livre l'homme à l'incertitude du sort; là chacun est confié à son propre destin, tout embarquement est, en puissance le dernier. C'est vers l'autre monde que part le fou sur as folle nacelle; c'est de l'autre monde qu'il vient quand il débarque. Cette navigation du fou c'est à la fois le partage rigoureux, et l'absolu Passage. Elle ne fait, en un sens, que développer, tout au long d'une géographie mi-réelle, mi-imaginaire, la situation *liminaire* du fou à l'horizon du souce de l'homme médiéval – situation symbolisée et réalisée à la fois par le privilège qui est donné au fou d'être *enfermé* aux *portes* de la ville: son exclusion doit l'enclore; s'il ne peut et ne doit avoir d'autre *prison* que le *seuil* lui-même, on le retient sur le lieu du passage. (...) Il est prisonnier au milieu de la plus libre, de la plus ouverte des routes: solidement enchaîné à l'infini carrefour. Il est le Passager par excellence, c'est-à-dire le prisonnier du passage (...) Il n'a sa vérité et sa patrie que dans cette étendue inféconde entre deux terres qui ne peuvent lui appartenir." [trad. br. **História da loucura** ..., p. 11-12.]

afirmar que a loucura na época das naus, tão próxima da morte, do nada, em continuação ao mal da lepra, representa um dos estágios colocados na hierarquia dos vícios, quer dizer, é colocada como um espetáculo a ser reconhecido satiricamente pelos homens. Nasce, nesse período, o que Foucault chama de uma "consciência crítica da loucura", isto é, um confronto entre a consciência crítica e a experiência trágica da loucura, que posteriormente com os internamentos desaparece, salvo nas ricas obras de Nietzsche, Van Gogh e Artaud.

No mesmo compasso que a loucura passa a ser posta em discurso, em linguagem, demonstrando o relapso dos estudos sobre os loucos, então mera manifestação artística, surgem, ainda por volta do séc. XV, os primeiros estabelecimentos reservados aos loucos, nos quais estes eram submetidos a rígidos tratamentos, especialmente na Espanha, em Saragossa, e na Itália. Todavia, apesar da existência incipiente desses internamentos, o louco continuou a fazer parte da experiência cotidiana, circulando pelas peças de teatro e pelas ruas das cidades. É nesse contexto que surgem, enfim, já no séc. XVII os grandes internamentos como forma de exclusão, criando-se por toda a Europa estabelecimentos comuns, chamados de "casas de internamento" (as *Workhouses* na Inglaterra, as *Zuchthäusern* na Alemanha, o agrupamento dos hospitais franceses de *Salpêtrière* e *Bicêtre* em torno do *Hôpital Général*, etc.),[1045] destinados a inúmeros indivíduos, que não só os loucos, como os pobres, os velhos na miséria, os mendigos, os desempregados opiniáticos, os portadores de doenças venéreas, os libertinos de toda espécie, as pessoas a quem a família ou o poder real queria evitar um castigo público, os pais de família dissipadores, os eclesiásticos em infração, em suma, como bem expressou Annie Guedez, no mesmo ano da publicação de *Histoire de la Folie*, os "espelhos deformantes" da sociedade.[1046] Tratam-se de estabelecimentos, segundo Foucault, sem qualquer vocação médica,[1047] cujo único objetivo se caracteriza na exclusão, quer dizer, retirar dos olhos da população o acometido pela loucura. Nestes lugares, procura-se, quando possível, submeter os doentes e os excluídos a regimes de trabalho forçado a preços baixos, para que incitem desde o início o espírito do capitalismo, que na época reinava, e que tanto Weber já afirmara, como visto acima. É, por isso, que certamente os primeiros internamentos se deram na Inglaterra, berço

[1045] FOUCAULT, Michel. **Folie et déraison. Histoire de la folie** ..., p. 53. [trad. br. **História da loucura** ..., p. 48.]

[1046] GUEDEZ, Annie. **Foucault** ..., p. 19.

[1047] FOUCAULT, Michel. **Doença mental e** ..., p. 79.

da sociedade industrial, que precisava colocar nos espaços vagos da lepra outro elemento de exclusão. Por essa razão, as casas de internamentos se convertiam em verdadeiros mecanismos de reestruturação do espaço social, a partir da exclusão dos que estivessem fora do padrão de conduta, em suma, fora do mercado de trabalho, como bem ressalta Annie Guedez: "é também quando se desenvolve a ideologia da *produtividade* que a marginalização e a anormalidade se definem em relação aos modos de produção e que a loucura é, em primeiro lugar, uma forma de improdutividade."[1048] Eis as palavras de Foucault: "A exclusão a que são condenados está na razão direta desta incapacidade e indica o aparecimento no mundo moderno de um corte que não existia antes. O internamento foi então ligado nas suas origens e no seu sentido primordial a esta reestruturação do espaço social."[1049]

A época clássica começa a nascer, e o louco é gradativamente excluído, assim como tantos outros, pela razão da sociedade. Considerado um erro descartiano a loucura é uma espécie de ofuscamento e de perturbação da razão por "negros vapores da bílis,"[1050] isto é, o sujeito que erra é louco, e deve ser excluído por aquele que duvida. Foi com o renascimento que a loucura se separou da razão, constituindo, tal a visão de Descartes, como uma imaginação, retirando, então, dos loucos o seu direito à palavra. Para excluí-la, são criadas por toda Europa essas casas de internamento, como se vê com o *Hôpital Général* surgido no dia 07 de maio de 1757, que a partir do Édito Real, substituiu os leprosários, na função maior de retirar dos olhos da sociedade os vagabundos, pobres, desempregados, correcionários e até os insanos.[1051] Convém observar que, a criação do *Hôpital Général*, e seus internamentos, e posteriormente a libertação dos acorrentados de Bicêtre, em 1794, com o advento do saber psiquiátrico, são certamente, dentro da obra de Foucault, os dois momentos mais importantes na construção da separação da loucura e da razão. Retornando, naquele sentido, afirma Foucault que com os internamento, "a experiência clássica da loucura nasce. A grande ameaça surgida no horizonte do século XV se atenua, os poderes inquietantes que habitavam a pintura de Bosch perderam sua violência. Algumas formas subsistem, agora transparentes e dóceis, formando um cortejo, o inevitável cortejo da razão. A loucura deixou de ser, nos confins do mundo, do homem e da morte, uma

[1048] GUEDEZ, Annie. **Foucault** ..., p. 20.

[1049] FOUCAULT, Michel. **Doença mental e** ..., p. 79.

[1050] FOUCAULT, Michel. **Folie et déraison. Histoire de la folie** ..., p. 49. [trad. br. **História da loucura** ..., p. 45.]

[1051] FOUCAULT, Michel. **História da loucura** ..., p. 533-534.

figura escatológica; a noite na qual ela tinha os olhos fixos e da qual nasciam as formas do impossível se dissipou. O esquecimento cai sobre o mundo sulcado pela livre escravidão de sua Nau: ela não irá mais de um aquém para um além, em sua estranha passagem; nunca mais ela será esse limite fugidio e absoluto. Ei-la amarrada, solidamente, no meio das coisas e das pessoas. Retida e segura. Não existe mais a barca, porém o hospital."[1052]

Destaca Foucault que essas casas de internamento, a ver-se pelo *Hôpital Général*, não eram casas para tratamento da doença ou do corpo, mas verdadeiros instrumentos do monarca para controlar esse contingente 'desregrado' e 'anômico'. Dessa maneira, pode-se dizer que os estabelecimentos destinados ao internamento não detinham somente apenas poderes administrativos burocráticos e policiais, porém especialmente poderes judiciários em relação a esses excluídos, aptos a julgar, condenar, executar e fiscalizar o cumprimento das penas impostas. Diante das crises econômicas que assolavam a Europa, em especial do desemprego e da miséria, que permitirá mais tarde uma ideologia protestante do capitalismo fulgurar, os internamentos representam verdadeiros mecanismos de poder destinados a reconduzir a inutilidade social ao trabalho, devolvendo aos loucos a sua sanidade. Mas ao mesmo tempo em que o internamento vai lentamente se restringindo ao loucos, que serão abordados pelo olhar médico do final do séc. XVIII, restringe-se a punir todos aqueles que estavam distantes do comportamento modal da sociedade. Eis as palavras de Foucault: "o Hospital Geral não é um estabelecimento médico. É antes uma estrutura semijurídica, uma espécie de entidade administrativa que, ao lado dos poderes já constituídos, e além dos tribunais, decide, julga e executa. Soberania quase absoluta, jurisdição sem apelações, direito de execução contra o qual nada pode prevalecer – o Hospital Geral é um estranho poder que o rei estabelece entre a polícia e a justiça, nos limites da lei: é a terceira ordem da

[1052] FOUCAULT, Michel. **Folie et déraison. Histoire de la folie** ..., p. 50. "L'expérience classique de la folie naît. La grande menace montée à l'horizon du XVe siècle s'atténue, les pouvoirs inquiétants qui habitaient la peinture de Bosch ont perdu leur violence. Des formes subsistent, maintenant transparentes et dociles, formant cortège, l'inévitable cortège de la raison. La folie a cessé d'être, aux confins du monde, de l'homme et de la morte, une figure d'eschatologie; cette nuit s'est dissipée sur laquelle elle avait les yeux fixés et d'où naissaient les formes de l'impossible. L'oubli tombe sur le monde que sillonnait le libre esclavage de sa Nef: elle n'ira plus d'un en-deça du monde à un au-delà, dans son étrange passage; elle ne sera plus jamais cette fuyante et absolue limite. La voilà amarrée, solidement, au milieu des choses et des gens. Retenue et maintenue. Non plus barque mais hôpital." [trad. br. **História da loucura** ..., p. 42.]

repressão (...) É uma instância da ordem, da ordem monárquica e burguesa que se organiza na França nessa mesma época."[1053]

Nessas casas administrativas, médicas (saliente-se que o médico somente era requisitado em casos extremos de fúria nessa época) e judiciais de internamento, adota-se uma terapêutica singular de tratamento de loucos e pobres, ingressando a medicina a incorporar o tratamento moral e, servindo, de certa maneira, aos ideais da Igreja católica para insculpir o sagrado na espiritualidade de cada doente. Apesar do que se possa imaginar, a Igreja não esteve de fora desses internamentos, ainda que subsumidas ao poder real: "Ainda que tenha deliberadamente ficado à margem da organização dos hospitais gerais – sem dúvida, de cumplicidade entre o poder real e a burguesia – a Igreja, no entanto, não permanece estranha ao movimento. Ela reforma suas instituições hospitalares, redistribui os bens de suas fundações; cria mesmo congregações que se propõem a finalidades análogas às dos hospitais gerais."[1054]

Essa terapêutica se caracteriza por uma série de procedimentos médicos e administrativos que se destinavam, à época da 'grande internação', a estruturar uma forma de vigilância dos loucos, que mais tarde se estenderá às prisões e para além da loucura a toda a sociedade (como se percebe na interpretação do panóptico que Foucault, analisando Bentham, descreve em *Surveiller et Punir*). Seu objetivo, segundo Pierre Billouet, traduz-se em fazer da loucura um não-ser, um conteúdo essencialmente negativo.[1055] A partir da classificação das doenças do espírito, reinante na época, em frenesi, mania, melancolia e imbecilidade, segundo a interpretação de Doublet, os internamentos possuíam uma estrutura rígida, e não dispensavam a formas de trabalho e culto como ortopedia social de medicamento. Em busca de seu objetivo

[1053] FOUCAULT, Michel. **Folie et déraison. Histoire de la folie** ..., p. 56. "l'Hôpital général n'est pas un établissement médical. Il est plutôt une structure semi-juridique, une sorte d'entité administrative qui, à côté des pouvoirs déjà constitués, et en dehors des tribunaux, décide, juge et exécute. Souveraineté quasi absolue, juridiction sans appel, droit d'exécution contre lequel rien ne peut prévaloir – l'Hôpital général est un étrange pouvoir que le roi établit entre la police et la justice, aux limites de la loi: le tiers-ordre de la répression. Il est une instance de l'ordre, de l'ordre monarqchique et bourgeois qui s'organise en France à cette même époque." [trad. br. **História da loucura** ..., p. 50.]

[1054] FOUCAULT, Michel. **Folie et déraison. Histoire de la folie** ..., p. 58. "Même si elle a été assez délibérément tenue à l'écart de l'organisation des hôpitaux généraux – de complicité sans doute entre le pouvoir royal et la bourgeosie – l'Église pourtant ne demeure pas étrangère au mouvement. Elle réforme ses institutions hospitalières, redistribue les biens de ses fondations; elle crée même des congrégations qui se proposent des buts assez analogues à ceux de l'Hôpital Général" [trad. br. **História da loucura** ..., p. 51.]

[1055] BILLOUET, Pierre. **Figures du** ..., p. 29-30.

fatal, isolar para excluir, cujo gesto não se restringe a uma significação mais simples, mas à tentações políticas, sociais, religiosas, econômicas e morais, os internamentos se demonstravam como obra de religião e de ordem pública, mas, especialmente, de punição e 'normalização' dos corpos indóceis,[1056] eis o que Foucault tão bem ressalta no capítulo do *Mundo Correcional* de *Histoire de la Folie*, ao caracterizar o aspecto correcional dos internamentos, com vista à associação entre a sociedade e o aparato policial. Nesse sentido, uma série de caminhos lógicos e coordenados eram estabelecidos para o tratamento dos loucos na era clássica, eis o que Foucault traz acostado à segunda edição de seu manuscrito de *Histoire de la Folie*, ao resgatar os regulamentos do *Hôpital Général* e da *Maison de Saint-Louis de la Salpêtrière*: a) os *horários*: 5h era dado o toque de despertar, em seguida, os oficiais, as oficiais, os domésticos, e todos os pobres deveriam se levantar, salvo os enfermos e as crianças com menos de 5 anos – ia-se à missa, e, após, começavam os trabalhos até às 6h, quando novamente se faziam orações e se fechavam em seus dormitórios; b) *plano de trabalho*: era indispensável que nesses locais existisse um ar puro e que a água fosse salubre, bem como era preciso que se praticassem passeios – haveria um departamento dividido em vários corpos de alojamento, tendo cada um pátio, etc.; c) *medicamentos*: para o frenesi, por ser a doença menos difícil de curar dentre as afecções do cérebro, utilizavam-se sangrias, purgantes, e, se necessário, raspavam-se as cabeças e as umedecia – para a mania, banhos e duchas – para a melancolia, tisanas leves, soro e banhos tépidos – e para a imbecilidade, infusão com aguardente, banhos frios e duchas.[1057]

Enfim, os internamentos, na análise foucaultiana, a partir de toda essa disposição do saber sobre a loucura e de uma terapêutica excludente da razão como não-ser, servem como instituições morais, isto é, não são meros refúgios para aqueles que assim necessitam, mas instituições destinadas a castigar e corrigir esses indivíduos considerados laboral e socialmente inúteis; servem como forma de ascese, lugar de coação moral, e, desta maneira, determinam um novo estatuto da experiência da loucura em relação à alta e à baixa Idade Média. Assim, muito bem sintetiza Foucault: "A internação é uma criação institucional própria ao século XVII. Ela assumiu, desde o início, uma amplitude

[1056] FOUCAULT, Michel. **Folie et déraison. Histoire de la folie** ..., p. 59. "Les grands hospices, les maisons d'internement, oeuvres de religion et d'ordre public, de secours et de punition, de charité et de prévoyance gouvernementale sont un fait de l'âge classique ..." [trad. br. **História da loucura** ..., p. 53. "Os grandes hospícios, as casas de internamento, obras de religião e de ordem pública, de auxílio e punição, caridade e previdência governamental são um fato da era clássica..."]
[1057] FOUCAULT, Michel. **História da loucura** ..., p. 536-540.]

que não lhe permite uma comparação com a prisão tal como esta era praticada na Idade Média. Como medida econômica e precaução social, ela tem valor de invenção. Mas na história do desatino, ela designa um evento decisivo: o momento em que a loucura é percebida no horizonte social da pobreza, da incapacidade para o trabalho, da impossibilidade de integrar-se no grupo; o momento em que começa a inserir-se no texto dos problemas da cidade. As novas significações atribuídas à pobreza, a importância dada à obrigação do trabalho e todos os valores éticos a ele ligados determinam a experiência que se faz da loucura e modificam-lhe o sentido."[1058]

Com o surgimento das casas de internamento, um fenômeno significativo passa a nascer, quer dizer, a loucura, antes solta, pública e loquaz, restringe-se então em seus espaços arquitetônicos, excluída, ingressando num tempo de silêncio, sendo despojada de sua linguagem por um vasto tempo, até que Freud, já no séc. XX, abriu espaço para a razão e a desrazão se comunicassem. Nesse sentido, afirma Foucault em maio de 1964: "... a loucura é a língua do excluído – , aquele que, contra o código da língua, pronuncia palavras sem significações (os 'insensatos', os 'imbecis', os 'dementes'), ou aquele que pronuncia palavras sacralisadas ('os violentos', os 'furiosos'), ou aquele ainda que faz passar significações proibidas (os 'libertinos', os 'teimosos'). Essa repressão da loucura como palavra proibida."[1059] Esse período de internamento, em que a loucura é calada, fez surgir concomitantemente um acontecimento extraordinário, que foi a aproximação da loucura com outros parentescos, isto é, com os doentes venéreos, os pobres, os libertinos, os idosos, os criminosos, etc. É, pois, nesse ínterim que os loucos e os criminosos se tocam, a ver-se pelos

[1058] FOUCAULT, Michel. **Folie et déraison. Histoire de la folie** ..., p. 80. "L'internement est une création institutionnelle propre au XVII^e siècle. Il a pris d'emblée une ampleur qui ne lui laisse aucune commune dimension avec l'emprisionnement tel qu'on pouvait le pratiquer au Moyen Âge. Comme mesure économique et précaution sociale, il a valeur d'invention. Mais dans l'histoire de la déraison, il désigne une événement décisif: le moment où la folie est perçue sur l'horizon social de la pauvreté, de l'incapacité au travail, de l'impossibilité de s'intégrer au groupe; le moment où elle commence à former texte avec les problèmes de la cité. Les nouvelles significations que l'on prête à la pauvreté, l'importance donnée à l'obligation du travail, et toutes les valeurs éthiques qui lui sont liées déterminent de loin l'expérience qu'on fait de la folie en infléchissent le sens." [trad. br. **História da loucura** ..., p. 78.]

[1059] FOUCAULT, Michel. **La folie, l'absence d'œuvre**. Dits et Écrits (org. Daniel Defert et François Ewald). v. 1 Paris: Gallimard, 1994, p. 417. "... la folie, c'est le langage exclu –, celui que, contre le code de la langue, prononce des paroles sans signification (les 'insensées', les 'imbéciles', les 'déments'), ou celui qui prononce des paroles sacralisées ('les violents', les 'furieux'), ou celui encore qui fait passer des significations interdites (les 'libertins', les 'entêtés'). Cette répression de la folie comme parole interdite." [trad. do autor.]

aportes realizados entre os loucos e os criminosos passionais,[1060] numa relação que conservará, de certo modo, ao menos do ponto de vista de um poder de normalização, uma relação indispensável, como se verá adiante.

No entanto, o internamento não tem sua duração muito estável, e tampouco consegue atingir seus objetivos, isto é, manter especialmente a loucura silenciosa,[1061] de tal maneira que, a partir da metade do século XVIII, a inquietude renasce pelo medo de que todos passam a ter em relação às suas estruturas, haja vista a deturpação de sua ideia tradicional de assistência, e o louco retorna às paisagens públicas, restituindo, assim, a antiga liberdade à loucura. "Bruscamente, em alguns anos no meio do século XVIII, surge um medo. Medo que se formula em termos médicos mas que é animado, no fundo, por todo um mito moral. Assusta-se com um mal muito misterioso que se espalhava, diz-se, a partir das casas de internamento e logo ameaçaria as cidades. Fala-se em febre de prisão..."[1062] Nesse sentido, interpreta Foucault, que as casas de internamento não simplesmente assumem o lugar da lepra na exclusão, mas a colocam diante da própria cidade. Os internamentos se transformam em verdadeiros espaços de punição e controle social, carregando consigo, segundo a leitura foucaultiana, todos os males e as deturpações existentes na época do contágio da lepra. Nessa perpectiva, através de uma linguagem poética, Foucault argumenta que o mal da lepra, enterrados sob a pavimentação dos internamentos, vem novamente à tona, e se espalha por toda a cidade, mas não sob a forma contagiosa da doença orgânica, mas sob a forma do desatino, que toma os espaços e liberta a loucura na sua linguagem: "... o mal entra em fermentação nos espaços fechados do internamento. Tem todas as virtudes atribuídas ao ácido na química do século XVIII: suas finas partículas, cortantes como agulhas, penetram nos corpos e nos corações tão facilmente como se fossem partículas alcalinas, passivas e firáveis. Essa mistura logo entra em ebulição, soltando vapores nocivos e líquidos corrosivos.

[1060] FOUCAULT, Michel. **Doença mental e ...**, p. 80. "Não nos espantemos que se tenha desde o século XVIII descoberto uma espécie de filiação entre a loucura e todos os 'crimes de amor', que a loucura tenha-se tornado, a partir do século XIX, a herdeira dos crimes que encontram, nela, ao mesmo tempo sua razão de serem, e de não serem crimes; que a loucura tenha descoberto no século XX, em seu próprio centro, um núcleo primitivo de culpa e de egressão."

[1061] FOUCAULT, Michel. **Doença mental e ...**, p. 80.

[1062] FOUCAULT, Michel. **Folie et déraison. Histoire de la folie ...**, p. 204-205. "Brusquement, en quelques années au milieu du XVIIIe siècle, surgit une peur. Peur qui se formule en termes médicaux, mais qui est animée au fond par tout un mythe moral. On s'effraye d'un mal assez mystérieux qui se répandrait, dit-on, à partir des maisons d'internement et menacerait bientôt les villes. On parle des fièvres des prisons..." [trad. br. **História da loucura ...**, p. 353.]

Esses vapores ferventes elevam-se a seguir, espalham-se pelo ar e acabam por cair nas vizinhanças, impregnando os corpos, contaminando as almas (...) o círculo está fechado: todas essas formas do desatino que haviam ocupado, na geografia do mal, o lugar da lepra e que se havia banido para bem longe das distâncias sociais, tornaram-se agora lepra visível, e exibem suas chagas comidas à promiscuidade dos homens"[1063] (essa é, certamente, segundo Foucault, a primeira das causas de reforma ocorrida na segunda metade do século XVIII: reduzir a contaminação, destruindo as impurezas e os vapores, impedindo que o mal se dissipe).

O grande medo da loucura retoma seu lugar na problemática do século XVIII, antes resolvido com os internamentos, de consequência, a loucura entra num novo ciclo, separa-se do desatino (que se dedica a partir de então à experiência poética ou filosófica, como em Sade, Hölderlin, Nerval e Nietzsche), e se tranforma, numa visão médico-positivista, meramente fisiológica, naturalista e anti-histórica, que permite o homem encontrar sua verdade imediata. A loucura, segundo Foucault, retorna à discussão, faz o desatino falar as velhas obsessões, e se desprende dos internamentos, que, conseguiram, por certo tempo, mantê-la enclausurada. Nesse sentido, aquém do medo da loucura, o retorno dos loucos às ruas é marcado pelos ideais políticos dos reformadores, uma espécie de luta contra a opressão e o anti-assistencialismo das casas de internamento. Ao mesmo tempo em que os loucos são libertados de suas correntes de Bicêtre, como dissera Annie Guedez, são feitos prisioneiros de um domínio científico, pois, classificados como 'doente mentais', são enclauruados num lugar privilegiado, espaço de cura e terra de verdades.[1064] Entretanto, igualmente precisam ser contidos, a fim de que não se tornem verdadeiros perigos públicos, razão pela qual surge a ideia de imposição de uma sanção penal, aplicável tanto aos que deixam errar os loucos e os animais perigosos. Nessa perspectiva, durante a Revolução Francesa e o império napoleônico, as casas de internamento acabam sendo paulatinamente restringidas somente aos loucos, tornando, assim, o internamento uma medida de caráter médico.

[1063] FOUCAULT, Michel. **Folie et déraison. Histoire de la folie** ..., p. 206-207. "...le mal entre en fermentation dans les espaces clos de l'internement. Il a toutes les vertus qu'on prête à l'acide dans la chimie du XVIII$^{e}$ siècle: ses fines particules, coupanes comme des aiguilles, pénètrent les corps et les coeurs aussi facilement que s'ils étaient des particules alcalines, passives et firables. Les mélange aussitôt bouillonne, dégageant vapeurs nocives et liquides corrosifs. Ces vapeurs brûlantes s'élèvent ensuite, se répandent dans l'air et finissent par retomber sur le voisinage, imprégnant les corps, contaminant les âmes." [trad. br. **História da loucura** ..., p. 354-355.]

[1064] GUEDEZ, Annie. **Foucault** ..., p. 23.

É nesse momento que a loucura e desatino se consolidam na divisão. Esse período, de restrição dos estabelecimentos de internamento exclusivamente aos loucos, em especial pelas contribuições de Philippe Pinel na França, de Willian Tuke na Inglaterra, e de Wagnitz e Riel na Alemanha, marcam uma reviralvolta tanto em direção ao humanismo, quanto em direção a uma ciência médica positiva. É o momento em que o Ocidente efetivamente separa o senso do contra-senso, e surge, com os ideais revolucionários, para fazer triunfar o princípio da liberdade, a necessidade de se destacar a responsabilidade individual. Nesse compasso, medicina e direito caminham juntos na exclusão do louco. Saber e práticas se misturam nas malhas do poder.

Nessa época, surgem, portanto, concepções em torno de internamentos ideais, isto é, de "asilos ideais"[1065], uma espécie de reconstrução da própria família ao redor do alienado, sendo esse submetido imediatamente a um controle social e moral ininterrupto. A partir dessa noção, a noção de "cura" da doença mental passa pela ideia de reinculcar no indivíduo acometido os sentimentos de dependência, humildade, culpa e reconhecimento, de consequência, surgem diversos modelos de cura, como privações alimentares, humilhações, ameaças, castigos, mas todos se resumem na ideia de "vigilância moral" do louco: "... o louco tinha que ser vigiado nos seus gestos, rebaixado nas suas pretensões, contradito no seu delírio, ridicularizado nos seus êrros: a sanção tinha que seguir imediatamente qualquer desvio em relação a uma conduta normal. E isto sob a direção do médico que está encarregado mais de um contrôle ético que de uma intervenção terapêutica. Êle é, no asilo, o agente das sínteses morais."[1066] Os asilos se tornam, portanto, novas formas de exclusão no interior da anterior exclusão operada pelos internamentos, mas então, sob os olhares de uma medicina positiva.

Todavia, ao mesmo tempo em que esses novos tratamentos do louco aparecem, mantinham-se, ainda, sob o ponto de vista teórico, as mesmas cartilhas médicas de estudos sobre a loucura, de tal modo que, a partir dos estudos dos sintomas de uma metapatologia, procurava-se, assim, não distinguir tão claramente, já que o raciocínio cartesiano não havia atingido as práticas médicas, os tratamentos psicológicos e os orgânicos ou físicos, submetendo-se, inevitavelmente, os pacientes acometidos por doenças de pele, por exemplo, e os esquizofrênicos a banhos de água fria, a fim de lhes resfriar o espírito e

[1065] FOUCAULT, Michel. **Doença mental e ...**, p. 81.
[1066] FOUCAULT, Michel. **Doença mental e ...**, p. 82.

lhe impondo "impressões vivas para modificar o curso da sua imaginação".[1067] Com o passar dos anos, esses mecanismos que objetivavam a cura, como as máquinas rotatórias e as gaiolas móveis, são substituídos pela ideia de punição por erros eventualmente cometidos, tendo seus usos restringidos. Portanto, a partir das práticas médicas da época de Pinel, a loucura deixa de ser considerada um fenômeno global relativo, para se tornar, nesse universo dos "asilos", um "ato que concerne essencialmente à alma", isto é, um fato que precisa ser punido, para inculcar a culpa e a liberdade, razão pela qual adquire, assim, um *status* de doença mental sob o ponto de vista científico. A loucura surge, desta maneira, enquanto fato a ser estudado, ligada diretamente à existência de um sistema de valores e de repressões morais, inserida num sistema punitivo, em que o louco passa a ser equiparado à criança e os seus erros. Nesse sentido, afirma Michel Foucault ".. toda esta psicologia não existiria sem o 'sadismo moralizador' no qual a 'filantropia' do século XIX enclausurou-a, sob os modos hipócritas de uma 'liberação'."[1068]

O desatino, no início do séc. XIX, definitiviamente se distancia da loucura, e se reserva a rotular os libertinos, como Sade, que faziam do corpo e da sexualidade a linguagem de seus delírios.[1069] Separaram os alienados e os insensatos, antes confusos na mentalidade do séc. XVIII. Dessa maneira, o alienado seria aquele que havia perdido completamente a verdade, entregue à ilusão de seus sentidos, enquanto o insensato, rescende sua loucura, e se transforma numa razão pervertida, desviada em seus movimentos do espírito. Portanto, a loucura, tal como ficara recôndita no internamento do séc. XVII, isola-se no asilo e retoma a linguagem que havia conquistado no silêncio de sua clausura. É o momento em que humanitarismo da psiquiatria clássica, que vai de Pinel a Bleuler ressente, provocando a reforma das instituições e o destaque de Esquirol e da ciência da loucura. A loucura, portanto, para ser compreendida pela ciência médica, ao mesmo tempo em que ganha seu lugar, precisa ser afastada, e, esse lugar, certamente, é o lugar de seu exílio. "O louco não é a primeira e a mais inocente vítima do internamento, porém

1067 FOUCAULT, Michel. **Doença mental e** ..., p. 82.

1068 FOUCAULT, Michel. **Doença mental e** ..., p. 84.

1069 Nesse sentido, ver uma entrevista de Foucault, concedida a G. Dupont, em 1975: DUPONT, G. **Sade, sergent du sexe.** Dits et Écrits (org. Daniel Defert et François Ewald). Paris: Gallimard, v. 2, 1994, p. 818-822.; e também um artigo de Eliane Moraes sobre a concepção foucaultiana de Sade: MORAES, Eliane Robert. **Sade: uma proposta de leitura**. Foucault Vivo (org. Ítalo Tronca) Campinas: Pontes, 1987, p. 43-52.

o mais obscuro e o mais visível, o mais insistente dos símbolos do poder que interna."[1070]

Para Foucault, ao contrário do que o humanitarismo sempre havia pregado, o deslocamento dos loucos encarcerados como criminosos para os 'asilos ideais', a fim de que a medicina lhes compusesse seus problemas, na verdade, seria efeito de um fenômeno muito mais complexo, que só uma consciência política do internamento é que poderia explicar. Nas orientações foucaultianas, a libertação da loucura acorrentada como criminosa não teria sido simples atenção filantrópica ou médica, mas, pelo contrário, a crítica política dos anteriores internamentos que havia se estabelecido, tinha por escopo maior a própria união entre a loucura e o internamento, num duplo elo: "um fazia dela o próprio símbolo do poder que encerra e seu representante irrisório e obsedante no interior do mundo do internamento; o outro, que a designava como o objeto por excelência de todas as medidas de internamento."[1071] A segunda metade do séc. XVIII, salienta Foucault, teria sido marcada, desde a guerra dos sete anos, por uma crise imensa, advinda de más colheitas, e do comércio, provocando desemprego e miséria. Os vintes anos que precederam a Revolução, a qual tem esta como um de seus estopins, é marcado por uma recessão abrupta, aumentando significativamente a população das casas de internamento (poderoso instrumento sobre o mercado da mão-de-obra), razão política que jamais pode ser esquecida como propulsor das teorias humanitárias de Pinel. Foucault entende que a formação dos asilos, e, consequentemente, a constituição de uma medicina positiva, só teria sido possível porque essa indesejada alteração econômica havia acometido os horizontes mundiais do comércio, e internar a mão-de-obra, tal como se fazia nas casas de internamento, seria um contra-senso, já que deixá-la em plena liberdade, serviria a uma potencialidade de mão-de-obra barata necessária para desenvolver as indústrias que começam a polular o ambiente rural.

Essa consciência política da loucura, que pode ser encontrada em Foucault, é melhor ressaltada pelo intelectual em seu livro *Naissance de la Clinique*, quando dois anos mais tarde à publicação de *Folie et Désaison*, como visto,

[1070] FOUCAULT, Michel. **Folie et déraison. Histoire de la folie** ..., p. 230. "Le fou n'est pas la première et la plus innocente victime de l'internement, mais le plus obscur et le plus visible, les plus insistant des symboles de la puissance qui interne." [trad. br. **História da loucura** ..., p. 396.]

[1071] FOUCAULT, Michel. **Folie et déraison. Histoire de la folie** ..., p. 233. "l'un qui faisait d'elle le symbole même de la puissance qui enferme, et son représentant dérisoire et obsédant à l'intérieur du monde de l'internement; l'autre qui la désignait comme l'objet par excellence de toutes les mesures d'internement." [trad. br. **História da loucura** ..., p. 399.]

interpreta por uma arqueologia do olhar médico o nascimento dos hospitais e da medicina positiva, como forma de reforma das práticas médicas não simplesmente operada pelos ideais humanitários dos revolucionários, mas como fruto da própria reforma burocrática do Estado. Para Foucault, o surgimento do hospital, a grosso modo, visto como tecnologia médica, é recente e marcado por uma ruptura essencial com a anterior forma de medicina hospitalar existente no regime imperial. Nesse sentido, convém trazer à lume uma conferência proferida por Foucault em outubro de 1974 na Universidade Estadual do Rio de Janeiro intitulada *L'Incorporation de l'Hôpital dans la Technologie Moderne*,[1072] quando afirma: "O hospital como instrumento terapêutico é uma invenção relativamente nova, uma vez que data do final do séc. XVIII. É em torno de 1760 que apareceu a ideia de que o hospital podia e devia ser um instrumento destinado a curar a doença. Isso se produz através de uma nova prática: a visita e a observação sistemática e comparada dos hospitais."[1073] O hospital terapêutico e asilar vem por substituir o hospital da época dos grandes internamentos, que era configurado como uma instituição de assistência aos pobres, uma espécie de "institucionalização da miséria", isto é, uma forma de impedir que existissem focos de desordem econômica e social[1074],

[1072] Essa conferência, que segundo Daniel Defert e François Ewald teria sido proferida no ano de 1974 na UERJ, o que é fruto de algumas controvérsias entre os biógrafos, como anteriormente salientado; há duas versões distintas, uma, acostada na compilação feita por esses intelectuais no terceiro volume do *Dits et Écrits*, sob o título *L'Incorporation de l'Hôpital dans la Technologie Moderne*, de tradução de D. Reynié [Ver: FOUCAULT, Michel. **L'incorporation de l'hôpital dans la technologie moderne**. (trad. D. Reynié) Dits et Écrits (org. Daniel Defert et François Ewald). v. 3 Paris: Gallimard, 1994, p. 508-521.]; outra, intitulada *O Nascimento do Hospital*, colhida junto à compilação brasileira feita por Roberto Machado na clássica *Microfísica do Poder* [Ver: FOUCAULT, Michel. **O nascimento do hospital**. Microfísica do poder. (trad. Roberto Machado) 13 ed. Rio de Janeiro: Graal, 1998, p. 99-112.]. Desconhece-se nesta pesquisa a razão da existência de duas versões, embora talvez seja fruto de duas anotações ou gravações distintas da conferência, já que fora proferida aqui no Brasil. Todavia, opta-se nas citações pela edição francesa, já que tem sido o escopo deste ensaio desde o início.

[1073] FOUCAULT, Michel. **L'incorporation de l'hôpital** ..., p. 508. "L'hôpital en tant qu'instrument thérapeutique est en effet un concept relativement moderne, puisque'il date de la fin du XVIII$^e$ siècle. C'est autour de 1760 qu'est apparue l'idée que l'hôpital pouvait et devait être un instrument destiné à guérir le malade. Cela se produit a travers d'une nouvelle pratique: la visite et l'observation systématique et comparée des hôpitaux." [trad. do autor.]

[1074] FOUCAULT, Michel. **Naissance de** ..., p. 15-16. "L'hôpital, comme la civilisation, est un lieu artificiel où la maladie transplantée risque de perdre son visage essentiel. Elle y rencontre tout de suite une forme de complications que les médecins appellent fièvre des prisons ou des hôpitaux: asthénie musculaire, langue sèche, saburale, visage plombé, peau collante, dévoiement digestif, urine pâle, oppression des voies respiratoires ..." [trad. br. **O nascimento** ..., p. 17. "O hospital,

bem como fonte de separação e exclusão social, já vez que a pobreza seria portadora de doença (tal é a miséria que assombrava os internamentos, que os próprios montanheses no período revolucionário declaravam em altos brados seus ideais: "não mais indigentes, não mais hospitais").[1075]

Nessa perspectiva, salienta Foucault que os asilos vêm por compor a situação emergente da Europa dos internamentos, que eram antes de instituições filantrópicas verdadeiros espaços de igual exclusão, de mortes coletivas, "templos de morte"[1076], em que os leitos, ou melhor, as celas de clausura não eram organizadas por médicos, tal como hodiernamente o são, mas por leigos, normalmente religiosos e caridosos, que procuravam auxiliar os doente a fim de que obtivessem não a mera cura orgânica, mas a salvação eterna. Era uma espécie de passagem, quer dizer, um lugar de transição entre a condição viva e o estado da morte, entre a população sã e os indivíduos desregrados e perigosos à sociedade e à sua saúde. Nesse sentido, congregando loucos, doentes, libertinos, prostitutas, pobres e devassados, como organização de assistência e transformação espiritual, os hospitais das "correntes" serviam à época, até o momento em que precisaram ser extintos ou modificados, aos desígnios da política estatal: "proteção das pessoas sadias contra a doença; proteção dos doentes contra as práticas das pessoas ignorantes."[1077] Eram, enfim, instituições que se destinavam antes aos pobres que aos doentes, tanto que os funcionários desses hospitais de internamento buscavam não a cura, mas a própria salvação dos doentes; e isso porque o pobre como miserável possuía a necessidade de que o Estado o excluísse do seio social para que os demais membros da sociedade fossem preservados.[1078]

como a civilização, é um lugar artificial em que a doença, transplantada, corre o risco de perder seu aspecto essencial. Ela logo encontra nele um tipo de complicação que os médicos chamam febre das prisões ou dos hospitais: astenias muscular, língua seca, saburra, rosto lívido, pele pegajosa, diarréia, urina descorada, opressão nas vias respiratórias....."]

1075 FOUCAULT, Michel. **Naissance de** ..., p. 66. "Plus d'indigents, plus d'hôpitaux." [trad. br. **O nascimento** ..., p. 75.]

1076 FOUCAULT, Michel. **Naissance de** ..., p. 16. "Et puis, peut-on effacer les fâcheuses impressions que fait sur un malade, arraché à sa famille, les spectacle de ces maisons qui ne sont pour beaucoup que 'le temple de la mort.'" [trad. br. **O nascimento** ..., p. 17. "... e, além disso, pode-se apagar as desagradáveis impressões que causam ao doentes, afastado de sua família, o espetáculo dessas casas que não são para muitos senão 'o templo da morte'."]

1077 FOUCAULT, Michel. **Naissance de** ..., p. 41. "Protection des gens sains contre la maladie; protection des malades contre les pratiques des gens ignorants." [trad. br. **O nascimento** ..., p. 45.]

1078 FOUCAULT, Michel. **L'incorporation de l'hôpital** ..., p. 511. "Avant le XVIII$^{e}$ siècle, l'hôpital était essentiellement une institution d'assistance aux pauvres. Il était en même temps une institution de séparation et d'exclusion. Le pauvre, en tant que tel, avait besoin d'assistance; comme

Nesse sentido, os asilos eram, sem dúvida, uma forma de exclusão, um espaço que, conservadas as inovações propiciadas pelo olhar da medicina positiva, permanecia em seu objetivo maior, que era retirar do centro das atenções sociais a figura do louco, e recolocá-lo sob um novo dispositivo de internamento supostamente mais democrático. É necessário destacar que alguns autores foram de encontro a essa posição foucaultiana da exclusão, especialmente Alain Renault e Luc Ferry, que em 1985, num clássico livro intitulado *La Pensée 68: Essai sur l'Anti-Humanisme Contemporain*, quando, assumindo uma crítica fantástica, impuseram a Foucault os tristes predicados de "confuso", já que resgatava a *Nau dos Loucos* ao invés da abertas camisas-de-força e incorria em inúmeros equívocos de registro; e de "discrente", porque, utilizando-se da vulgata do pensamento de 68 (a "cancioneta anti-repressiva": isto é, asilos, prisões, escolas, etc.) entendia ser o asilo um instrumento da lógica de exclusão da razão e do estado, e não uma utopia democrática, que procurava tratar a loucura não sob banhos de aguardente, choques e sangrias, mas por um tratamento moral.[1079] Todavia, tal pensamento está, certamente, dentro da lógica a que muito bem se propuseram os autores, entretanto, acabam por atribuir uma abordagem um tanto restrita e diferente a que o próprio Foucault havia dado, colocando-o na linha dos niilistas, o que evidentemente não se pode dizer, já que seus quesitonamentos são imbuídos de uma crítica fundamentada na própria ciência, embora precisasse ser repensada (como visto outrora na relação com Nietzsche).

malade, il était porteur de maladie qu'il risquait de propager. En résumé, il était dangereux. De là l'existence nécessaire de l'hôpital, tant pour les recueillir que pour protéger les autres du danger qu'ils représentaient. Jusqu'au XVIII^e^ siècle, le personnage idéal de l'hôpital n'était donc pas le malade, celui qu'il fallait soigner, mais le pauvre, qui était déjà moribond. Il s'agit ici d'une personne qui nécessite une assistance matérielle et spirituelle, qui a besoin de recevoir les ultimes secours et les derniers sacrements. C'était là la fonction essentielle de l'hôpital. On disait alors – et avec raison – que l'hôpital était un lieu où l'on venait mourir." [trad. do autor "Antes do século XVIII, o hospital era essencialmente uma instituição de assistência aos pobres. Ele era, ao mesmo tempo, uma instituição de separação e de exclusão. O pobre, como pobre, tinha necessidade de assistência; como doente, ele era portador de doença que poderia se propagar. Em suma, ele era perigoso. Por estas razões, os hospital é necessário tanto para recolher os pobres quanto para proteger os outros do perigo que eles representavam. Até o século XVIII, o personagem ideal do hospital não era o doente, que era preciso ser curado, mas o pobre que estava morrendo. Trata-se aqui de uma pessoa que necessita uma assistência material e espiritual, que tem necessidade de receber os últimos socorros e os últimos sacramentos. Era essa a função essencial do hospital. Dizia-se, então – e com razão – que o hospital era um lugar onde se morria."]

1079 FERRY, Luc; RENAUT, Alain. **Pensamento 68** ..., p. 108-109.

Destaca Foucault, então, que uma das principais razões para a modificação dos hospitais-assistência para os hospitais-terapêutica, isto é, dos internamentos para os asilos, foi antes uma busca pela anulação dos efeitos prejudiciais ao desenvolvimento de novas doenças,[1080] que fervilhavam da miséria do povo, e, logo, antes uma tentativa de controlar a desordem institucional e econômica que assolava a Europa, especialmente a França da pré-revolução, do que simples atuação para melhorar as condições dos hospitais e dos doentes mentais (eis a crítica aos ideais puros de Pinel). Nesse sentido, acrescenta Foucault, que um fato signo-presuntivo da necessidade de se ter uma consciência política do nascimento dos hospitais terapêuticos e dos asilos que não a humanização, diz respeito ao nascimento dos primeiros regulamentos do Estado, que, na busca pela ordem hospitalar, teriam surgido inicialmente nos hospitais marítimos e das bases militares, lugares esses marcados por uma desordem abominável, vez que havia um tráfico incontrolável de mercadorias trazidas das colônias: "Foi nos hospitais militares que se organizou primeiramente o ensino clínico".[1081] Segundo Foucault, na citada conferência proferida na Bahia, toda a organização hospitalar da Europa no século XVII havia começado nos hospitais marítimos e militares: "O ponto de partida da reforma hospitalar não foi o hospital civil, mas o hospital marítimo. A razão é que o hospital marítimo era um lugar de desordem econômica. De fato, era a partir dele que se organizava o tráfico de mercadorias, objetos preciosos e outras matérias raras provenienteS das colônias. O traficante se fazia doente e era levado para o hospital no momento do desembarque. Aí, ele dissimulava os objetos que escapavam, assim, do controle econômico da alfândega."[1082]

Paralelamente aos asilos, esses hospitais terapêuticos, ou hospitais-exclusão, e a formação da nova clínica, surgidos no final do séc. XVIII e expostos aos mesmos ideais do Estado, representam uma espécie de tecnologia política, quer dizer, são construções novas, substitutivas das formas de internamento

[1080] FOUCAULT, Michel. **Naissance de** ..., p. 18. "L'hôpital, créateurs de la maladie par le domaine clos et pestilentiel qu'il dessine, l'est une seconde fois dans l'espace social où il est placé." [trad. br. **O nascimento** ..., p. 20. "O hospital, criador de doença, pelo domínio fechado e pestilento que representa, também o é no espaço social em que etá situado."]

[1081] FOUCAULT, Michel. **Naissance de** ..., p. 57. [trad. br. **O nascimento** ..., p. 64.]

[1082] FOUCAULT, Michel. **L'incorporation de l'hôpital** ..., p. 513. "Le point de départ de la réforme hospitalière n'a pas été l'hôpital civil, mais l'hôpital maritime que était un lieu de désordre économique. En effet, c'est à partir de lui que s'organisait le trafic de marchandises, d'objets précieux et autres matières rares provenant des colonies. Le trafiquant feignant d'être malade était conduit à l'hôpital dès son débarquement." Là, il dissimulait les objets qu'il soustrayait ainsi au contrôle économique de la douane." [trad. do autor.]

e dos antigos leprosários, e representam um deslocamento, sob três pontos de vista: primeiro, *administrativo*, uma vez que são retirados da periferia e relocados nos centros urbanos, a fim de que os doentes possam melhor serem mapeados (o internos passaram a utilizar pulseiras, como forma de identificação, permitindo, assim, que bancos de dados e registros fossem construídos, transformando o hospital para além da terapia, isto é, em cadastros documentais, de acúmulo de saber e informação); segundo, *arquitetônico*, porque sofrem uma alteração estrutural, passando a integrar leitos individuais e isolados, com o objetivo primordial de permitir que a intervenção especializada seja sobre o doente e não sobre a doença, tal como se fazia; terceiro, *acadêmico*, decorrente da alteração das demais, já que o médico, numa perspectiva clínica, é inserido entre os corredores da instituição, em substituição aos leigos benevolentes e aos religiosos. "Esta nova definição da clínica estava vinculada a uma reorganização do domínio hospitalar."[1083] Dessa maneira, nos hospitais terapêuticos, os médicos, insertos entre leitos, servindo-se antes de garantia que verdadeira ação real,[1084] avizinham-se de seus doentes, e passam a acompanhar-lhes a vida, os sintomas da doença, a sua evolução e seus efeitos, não mais exclusivamente dos ricos, que assim podia pagar-lhes o serviço em domicílio, mas de toda uma população, recolocada pela miséria não 'da economia', mas da doença. Com o aparecimento da medicina positiva, os médicos, como visto, ganham destaque, isto é, ganham uma espécie de dimensão institucional e política: "A primeira tarefa do médico é, portanto, política: a luta contra a doença deve começar por uma guerra contra os maus governos; o homem só será total e definitivamente curado se for primeiramente liberto."[1085]

Concomitantemente ao nascimento dos hospitais terapêuticos e dos asilos, dois fatos ascendem igualmente: primeiro, a *hierarquia institucional*, isto é, tal como a valorização administrativa do médico, apareceram novas fontes de emprego organizadas: enfermeiros, assistentes, alunos, aprendizes de

[1083] FOUCAULT, Michel. **Naissance de** ..., p. 82. "Cette nouvelle définition de la clinique était liée à une réorganisation du domaine hospitalier." [trad. br. **O nascimento** ..., p. 93.]

[1084] FOUCAULT, Michel. **L'incorporation de l'hôpital** ..., p. 519. "On appelait le médecin pour s'occuper des malades les plus gravement atteints. Moins qu'une action réelle, il s'agissait en fait d'une garantie, d'une simples justification." [trad. do autor. "Chamava-se o médico para cuidar dos doentes mais graves. Menos que uma ação real, tratava-se, de fato, de uma garantia, de uma simples justificação."]

[1085] FOUCAULT, Michel. **Naissance de** ..., p. 33-34. "La première tâche du médecin est donc politique: la lutte contre la maladie doit commencer par une guerre contre les mauvais gouvernements: l'homme ne sera totalement et définitivement guéri que s'il est d'abord liberé." [trad. br. **O nascimento** ..., p. 37.]

enfermaria; de outro lado, a *medicina clínica*, que pela abertura do saber nos corredores dos hospitais, através de aulas práticas, sai dos livros e se demonstra no aparecimento da experiência clínica.[1086] Nesse sentido, a clínica é, no final do séc. XVIII e início do séc. XIX, um espaço de organização do hospital e um espaço de formação e transmissão do saber médico: "... o lugar em que se forma o saber não é mais o jardim patológico em que Deus distribui as espécies; é uma consciência médica generalizada, difusa no espaço e no tempo, aberta e móvel, ligada a cada existência individual, mas também à vida coletiva da nação, sempre atenta ao domínio indefinido em que o mal trai, sob seus aspectos diversos, sua grande forma."[1087] Portanto, a clínica é o lugar de acumulação positiva do saber médico, quer dizer, é constante olhar sobre o doente, uma espécie de atenção milenar,[1088] determinada pela maneira de dispor a verdade adquirida ao longo da sintomatologia e da nosografia, bem como apresentada, como um caso a ser estudado pelo alunos futuros médicos. A partir da clínica, a medicina positiva singulariza os doentes e suas doenças, escutando e permitindo, assim, que a doença fale sua língua através do corpo do doente. Sobre os doentes, estabelece-se toda uma técnica de identificação dos doentes, como por exemplo: amarra-se no pulso do doente uma etiqueta que permite distingui-lo dos demais e separá-lo na sua eventual morte. Fichas são colocadas em cima dos leitos, bem como uma série de registros começam a ser praticados e suas informações anotadas; colhem-se registros de entradas, saídas, visitas, diagnósticos dos médicos, razões de internamento e de cura, dos medicamentos e dos tratamentos terapêuticos, de farmácia e de diagnósticos. Estabelece-se, assim, todo uma aparato de registro, quer dizer, todo um campo documental no interior do hospital que não é somente um lugar de cura, mas também de registro, acúmulo e formação de saber, o que, por si, confere ao saber médico, antes recluso nos livros, uma espécie de "jurisprudência médica",[1089] que toma seu lugar no cotidiano dos registros hospitalares. Nessa orientação, a clínica, como lugar não só de cura, mas de formação de médicos, estabelece um novo código de saber para a medicina, longe do

[1086] FOUCAULT, Michel. **Naissance de** ..., p. 68. [trad. br. **O nascimento** ..., p. 77.]

[1087] FOUCAULT, Michel. **Naissance de** ..., p. 31. "Le lieu où se forme le savoir, ce n'est plus ce jardin pathologique où Dieu avait distribué les espèces, c'est une conscience médicale généralisée, diffuse dans l'espace et dans le temps, ouverte et mobile, liée à chaque existence individuelle, mais aussi bien à la vie collective de la nation, toujours éveillée sur le domaine indéfini où le mal trahit, sous ses aspects divers, sa grande forme massive." [trad. br. **O nascimento** ..., p. 35.]

[1088] FOUCAULT, Michel. **Naissance de** ..., p. 53. [trad. br. **O nascimento** ..., p. 59.]

[1089] FOUCAULT, Michel. **L'incorporation de l'hôpital** ..., p. 521.

simples olhar observador, mas um olhar fundamentado no conhecimento e na instituição, que garantem ao médico o poder de estudar, decidir e intervir. É um novo olhar médico, baseado num nova análise do visível e do invisível e numa nova luminosidade,[1090] um olhar não de internamento, mas científico, um olhar clínico e analítico, que disseca cadáveres, um olhar que escuta e que fala, como a anátomo-clínica de Bichat e Broussais, um olhar que conjuga o domínio hospitalar da prática e um domínio hospitalar da pedagogia, que busca conhecer, para dominar. Uma forma de interpor a doença pela razão, tal como no asilo se faz da loucura um monólogo pela razão.

Apesar de ater-se adiante no que tema que diz respeito à verdade, é preciso afirmar que a prática médica do profissional que vai construir o verdadeiro da doença tem início, segundo Foucault, no mesmo período em que os hospitais expurgam os pobres e se debruçam sobre os doentes e os loucos. O nascimento dos asilos e dos hospitais do século XVIII, ao romper com a ideia de simples internamento e trazer à lume a ciência positiva, estabeleceu um novo regime de verdade em torno da doença, fato significativo que dá ao olhar médico a natureza científica e de único discurso capaz de abordar o doente e o louco. Começa, pois, então, sob as arcadas do bacharelismo, toda uma série de novas exclusões que passam a ser praticadas pelos médicos dos hospitais terapêuticos e dos asilos ao redor do conceito de verdadeiro. Eis aí, segundo Foucault, o grande equívoco nascido junto com a hospitalização, quer dizer, o hospital, então estrutura de acolhimento da doença, transfomou-se num espaço de conhecimento e de lugar de prova.[1091] O hospital terapêutico passou a ser visto como o lugar de eclosão da verdadeira doença, quer dizer, acreditava-se que se deixando livre o paciente, em meio à sua família, em seus hábitos, preconceitos e ilusões, poder-se-ia retirar todos os empecilhos de qualquer internamento, garantindo-se que a verdadeira doença pudesse se produzir na autenticidade de sua natureza. Nesse sentido, o hospital aprisionava a verdade da doença, e a fazia manifestar-se na sua própria realidade; em suma, o hospital-exclusão, tal como o asilo dos loucos, permitiu que as condições ideais fossem criadas para que a verdade do mal viesse à tona, tranformando-se num lugar de observação e de prova. "Constituía uma espécie de aparelhagem complexa que devia ao mesmo tempo fazer aparecer e produzir realmente a doença. Lugar botânico

[1090] FOUCAULT, Michel. **Naissance de ...**, p. 202. [trad. br. **O nascimento ...**, p. 229.]

[1091] FOUCAULT, Michel. **La maison des fous.** Dits et Écrits (org. Daniel Defert et François Ewald). Paris: Gallimard, v. 2, 1994, p. 697. [trad. br. **A casa dos loucos**. Microfísica do poder. (trad. Roberto Machado) 13 ed. Rio de Janeiro: Graal, 1998, p. 118.]

para a contemplação das espécies, lugar ainda alquímico para a elaboração das substâncias patológicas."[1092] Nesse sentido, tal como os hospitais terapêuticos, os asilos adquiriram, segundo Foucault, as mesmas funções no início do século XIX em relação aos loucos, quer dizer, permitir que a verdade da doença mental fosse descoberta. Assim, a loucura, vista ora como vontade perturbada, ora paixão pervertida, passa a encontrar uma verdade vista pelo médico, uma vontade reta e de paixões ortodoxas.

Nessa perspectiva, tendo em mente essa concepção política do surgimento dos hospitais terapêuticos e da clínica, bem como dos asilos, isto é, dessa consciência política da loucura, destaca Foucault, que toda uma nova formulação da loucura dentro dos asilos se forma, mas, especialmente, na própria Justiça Criminal, que através das audiências públicas nos processos pós-revolução, demonstram que duas formas de loucura precisariam sob o ponto de vista jurídico serem separadas: de um lado uma loucura boa, que está dentro dos ditames da razão, e de outro, uma loucura má, que se posta do lado de toda imoralidade. A loucura, embora ganhe nova liberdade nas mãos de Pinel, segundo Foucault, já tinha adquirido a sua liberdade pouco tempo antes, diante deste aspecto da criminalidade, nesse sentido, teria ocorrido um duplo movimento de liberação e sujeição, que teria permitido o nascimento dos asilos. É com Pinel, consoante as interpretações foucaultianas, que a loucura efetivamente teria se tornado objeto, mas não simplesmente um objeto alienado, mas um estigma da existência alienada.

Convém esclarecer, que o fato da liberação da loucura pelas mãos humanitárias de Pinel, criticado por Foucault e questão de tantas polêmicas, como visto anteriormente, diz respeito ao seguinte: até 1793, quando Pinel é então

[1092] FOUCAULT, Michel. **Le pouvoir psychiatrique**. Dits et Écrits (org. Daniel Defert et François Ewald). Paris: Gallimard, v. 2, 1994, p. 676. "Il constituait une sorte d'appareillage complexe qui devait à la fois faire apparaître et produire réellement la maladie: lieu botanique pour la contemplation des espèces, lieu encore alchimique pour l'élaboration de substances pathologiques." [trad. do autor]. Obs: Convém esclarecer que, segundo Daniel Defert e François Ewald, no segundo volume de *Dits et Écrits*, o resumo elaborado para o curso do biênio 1973/1974, intitulado *Le Pouvoir Psychiatrique* vem indicado como continuação do artigo escrito por Foucault sob o título *La Maison des Fous*. Todavia, não se utilizou a tradução já existente dos artigos citados (metodologia usualmente empregada neste trabalho), uma vez que a tradução brasileira de *Le Pouvoir Psychiatrique*, publicada sob o título *O Poder Psiquiátrico* nos Resumos dos Cursos do Collège de France [FOUCAULT, Michel. **O poder psiquiátrico**. Resumo dos cursos do Collège de France (1970-1982). (trad. Andréa Daher e Roberto Machado). Rio de Janeiro: Jorge Zahar, 1997, p. 45-59] se trata apenas de um texto resumido, distinto do original, bem como a tradução de *Le Maison des Fous*, sob o título *A Casa dos Loucos*, inserta na compilação de Roberto Machado *Microfísica do Poder*, é bem mais ampla, abarcando os dois textos do original, sob um único título.

nomeado diretor das enfermarias de Bicêtre, sua estrutura era vista como a 'casa dos pobres', posto que nela se encontravam misturados indigentes, velhos, condenados, libertinos, loucos, a massa colocada por força da revolução, e prisioneiros políticos. Nesse sentido, como usualmente sempre se colocou, teria sido Pinel responsável por retirar o louco deste lugar, bem como, por rever os anteriores internamentos e separar aqueles realmente doentes mentais e os que o fossem por força de posicionamentos políticos contrários. Para Foucault, sob o ponto de vista intelectual, pensar a liberação de Pinel de maneira a ter sido capaz de contornar o anterior estatuto do louco, é, pois, um grande preconceito,[1093] uma vez que, de fato, ela teria contribuído para constituir o imenso abismo que separa a razão e a loucura, especialmente pelo império desta sobre a loucura, e sob o ponto de vista institucional, a construção dos asilos ideais teriam sido fruto muito mais dos acontecimentos políticos, como a proteção dos aristocratas e sacerdotes, do que a simples substituição dos internamentos.[1094]

Para Foucault, a partir da separação dos loucos e dos pobres, com o nascimento de um olhar médico no final do séc. XVIII, com Tuke e Pinel, especialmente, a loucura passa a integrar um momento fundamental, em que se estabelece um rígido elo entre a loucura internada, loucura tratada e a razão. Nessa perspectiva, salientam as interpretações foucaultianas, que os asilos são criados, e as novas práticas de internamento são trazidas à lume com o intuito de tratar dessa nova visualização da loucura, como dissera em seu prefácio

1093 FOUCAULT, Michel. **La folie et la société**. Dits et Écrits (org. Daniel Defert et François Ewald). Paris: Gallimard, v. 2, 1994, p. 131.

1094 Essa liberação de Pinel, é oportuno esclarecer, para evitar confusões sobre a noção foucaultiana, não se trata realmente de um ato físico realizado por Pinel, mas antes um ato intelectual e institucional, quer dizer, um mito ao redor da abolição das correntes, que Foucault não desconhecia, mas o criticava na sua humanidade mítica. Isto porque, para alguns autores, como Glays Swain, no ensaio *Le Sujet et la Folie* (1977), segundo Elisabeth Roudinesco, teria Foucault 'levado ao pé da letra esse mito', dando a entender que acreditava realmente ter acontecido, razão porque o havia criticado. Para Swain, consoante Roudinesco, o mito da abolição era fundamental, pois servia antes para eliminar Pussin (que era o enfermeiro responsável pelos loucos) do que realmente para liberar os doentes mentais, demonstrando, assim, o ingresso da medicina positiva, e, portanto, o reinado de Esquirol sobre os manicômios e o de Philippe Pinel. Todavia, não há como encontrar no texto passagens capazes de expressar o que a autora interpretara, mas, pelo contrário, é evidente, segundo suas linhas, que o que estava sendo criticado era não um verdadeiro ato material, até porque Foucault não se ateve a esse detalhe em sua obra, mas uma concepção política que nascia de um jacobino. Nesse sentido ver: ROUDINESCO, Elisabeth. **Leituras da história** ..., p. 21-22. Obs.: Sobre a crítica da pensadora Gladys Swain ver também: FERRY, Luc; RENAUT, Alain. **Pensamento 68** ..., p. 117-135.

*autre tour* da loucura.[1095] Assim, as correntes destinadas a acalmar os loucos bestados são desvencilhadas e substituídas pelas camisas de força, tal como descreve Foucault a liberação dos acorrentados de Bicêtre, e se destinam não ao objetivo único de evitar que a natureza animal viesse à tona, mas de conduzir e limitar sua liberdade e seu espaço social. Afirma Foucault que é, justamente, o momento em que a consciência política do internamento, antes do que assistencial e filantrópica, demonstra-se nas crises do internamento e no aparecimento dos asilos. Nesse sentido, critica de maneira rígida Pinel: "Num único e mesmo movimento, o asilo, nas mãos de Pinel, se torna um instrumento de uniformização moral e de denúncia social. Trata-se de fazer reinar sob as espécies do universal uma moral que se imporá do interior às que lhe são estranhas e onde a alienação já é dada antes de manifestar-se nos indivíduos."[1096] Elisabeth Roudinesco, por ocasião do IX Colóqio da Sociedade Internacional de História da Psiquiatria e da Psicanálise, no dia 23 de novembro de 1991, é ainda mais enfática em relação à perspectiva foucaultiana contra Pinel: "Ele destroçava a prolongada persistência do humanismo pineliano e declarava guerra a todas as formas de reformismo institucional."[1097]

A partir dessa compreensão, afirma Foucault que o asilo impôs um silêncio à loucura, ao contrário do incessante diálogo entre a razão e loucura da Renascença. Para substituir os olhares de vigilância e julgamento dos juízes de fato dos Tribunais do Júri, que se dedicavam a condenar os loucos por seus crimes, e, dessa maneira os excluir, tal como às medidas administrativas dos hospitais gerais, os asilos aparecem no limiar do século XIX, trazendo consigo a loucura na sua forma vigiada e tornada objeto, quer dizer, portando os olhares de uma medicina positiva, que faz da loucura seu objeto cognoscível, e, ao mesmo tempo em que a liberta, aprisiona-a, objetivando, assim, pela primeira vez, o próprio homem, como forma de saber (questionamento esse que Foucault retoma alguns anos mais tarde da publicação sobre a loucura, em *Les Mots et les Choses*). Foucault afirma que os asilos e toda a medicina que

[1095] FOUCAULT, Michel. **Folie et déraison. Histoire de la folie à l'âge classique**. Paris: Plon, 1962, p. 07. "Pascal: 'Les hommes sont si nécessairement fous que ce serait être fou par un autre tour de folie de n'être pas fou'" [trad. do autor. "Pascal: 'Os homens são tão necessariamente loucos que seria ser louco por um outro 'modo' de loucura não ser louco'."] Questão outrora argumentada.

[1096] FOUCAULT, Michel. **Folie et déraison. Histoire de la folie** ..., p. 269. "En un seul et même mouvement, l'asile, entre les mains de Pinel, devient un instrument d'uniformization morale et de dénonciation sociale. Il s'agit de faire régner sous les espèces de l'universel lui sont étrangères et où l'aliénation est déjà donnée avant de se manifester chez les individus." [trad. br. **História da loucura** ..., p. 488.]

[1097] ROUDINESCO, Elisabeth. **Leituras da história** ..., p. 07.

o acompanhou, transformaram-se em verdadeiras formas de punição e não de libertação da loucura: "O asilo da era positivista, por cuja fundação se glorifica a Pinel, não é um livre domínio de observação, de diagnóstico e de terapêutica; é um espaço judiciário onde se é acusado, julgado e condenado e do qual só se consegue a libertação pela versão desse processo nas profundezas psicológicas, isto é, pelo arrependimento. A loucura será punida no asilo, mesmo que seja inocentada fora dele. Por muito tempo, e pelo menos até nossos dias, permanecerá aprisionada num mundo moral."[1098] Com os asilos e as teorias humanistas, o positivismo se impõe à medicina e à psiquiatria, trazendo destaque aos médicos e dando poder aos psiquiatras, bem como constituindo uma nova e fundamental relação: o par médico-doente.

Diante do nascimento dos asilos, e desenrolar do séc. XIX, destaca Foucault que a psicanálise não permitiu um debate com a loucura, somente impôs o seu olhar e sua razão, transformando o debate incansável do renascimento num tácito monólogo com a loucura, uma espécie de olhar absoluto do vigilante.[1099] Nesse sentido, foi com o surgimento da psicologia,[1100] datada dessa época, que a verdade do homem pôde vir à tona e formular a terrível e excludente distinção entre loucura, então como problema médico, e razão. Momento em que a liberdade do louco é fato exclusivo da razão. Do mesmo modo, a psicologia, através de suas práticas no tratamento do doente, como levar o louco a percepções artificiais da realidade, para que, através do choque 'desperte' sua razão, ou como dá-lo aos passeios e aos retiros, para que se reencontre com sua natureza, acaba por fechar a loucura num círculo racional, continuando a impor-lhe o silêncio. O médico, desta maneira, assume um papel indispensável de levar os doentes mentais à suas próprias razões, conduzindo-os através

[1098] FOUCAULT, Michel. **Folie et déraison. Histoire de la folie** ..., p. 280. "L'asile de l'âge positiviste, tel qu'on fait gloire à Pinel de l'avoir fondé, n'est pas un libre domaine d'observation, de diagnostic et de thérapeutique; c'est un espace judiciaire où on est accusé, jugé et condamné, et dont on ne se libère que par la version de ce procès dans la profondeur psychologique, c'est-à-dire par le repentir. La folie sera punie à l'asile, même si elle est innocente au-dehors. Elle est pour longtemps, et jusqu'à nos jours au moins emprisionnée dans un monde moral." [trad. br. **História da loucura** ..., p. 496.]

[1099] FOUCAULT, Michel. **Folie et déraison. Histoire de la folie** ..., p. 259. [trad. br. **História da loucura** ..., p. 482.]

[1100] Para uma justa interpretação foucaultiana da relação entre a medicina mental, através do poder social da psiquiatria e a necessidade do isolamento asilar, ver: BIRMAN, Joel; SERRA, Antônio. **Os descaminhos da subjetividade: um estudo da instituição psiquiátrica no Brasil**. Rio de Janeiro: Ed. da UFF, 1988, p. p. 233-236.

da ordem jurídica e moral.[1101] A loucura se torna, então, em virtude da razão, a coisa mais rigorosamente regrada, eis as palvras de Foucault em 1975 ao comentar o filme *Histoire de Paul*, de R. Féret.[1102] Esse tratamento, que engloba não mais o espaço religioso,[1103] mas moral, permanece no olhar médico da loucura, através da psicologia e da psiquiatria até o surgimento das teorias psicanalíticas de Freud, quando, então, retira da objetividade do positivismo médico a condenação moral existente na loucura. A partir desse momento, a loucura se torna escrava da razão, e só encontra sua linguagem na linguagem falada pela razão, pela razão médica.[1104] Nessa perspectiva, entende Foucault que um círculo antropológico se instaura, quer dizer, a partir do momento que a razão impera sobre a loucura, a verdade do louco se sujeita à verdade que o médico impõe e procura recriar, mas, ao reconhecê-la, acaba por perdê-la nesse mesmo momento, uma vez que acaba igualmente por torná-la objeto, não se tornando mais simplesmente a sua própria verdade, quer dizer, a verdade do alienado, mas a verdade do racional. Por isso, para Foucault, há sempre uma intimidade entre loucura e verdade.[1105] Nesse sentido, a verdade

[1101] FOUCAULT, Michel. **Naissance de** ..., p. 41. "Outre son rôle de technicien de la médecine, il joue un rôle économique dans la répartition des secours, un rôle moral et quasi judiciaire dans leur attribuition; le voilà devenu le 'surveillant de la morale, comme de la santé publique'." [trad. br. **O nascimento** ..., p. 45. "Além do papel de técnico da medicina, ele desempenha um papel econômico na repartição dos auxílios, um papel moral e quase judiciário em sua atribuição: ei-lo convertido no 'vigilante da moral e da saúde pública'."]

[1102] FOUCAULT, Michel. **Faire les fous.** Dits et Écrits (org. Daniel Defert et François Ewald). Paris: Gallimard, v. 2, 1994, p. 805. "... la folie, cette chose du monde la plus rigoureusement réglée." [trad. do autor. "... a loucura, a coisa mais rigorosamente regrada do mundo."]

[1103] FOUCAULT, Michel. **Folie et déraison. Histoire de la folie** ..., p. 267. "L'asile, domaine religieux sans religion, domaine de la morale pure, de l'uniformisation éthique. Tout ce qui pouvait conserver en lui la marque des vieilles différences vient à s'effacer. (...) L'asile doit figure maintenant la grande continuité de la morale sociale. Les valeurs de la famille et du travail, toutes les vertus reconnues, règnent à l'asile...." [trad. br. **História da loucura** ..., p. 486. "O asilo, domínio religioso sem religião, domínio da moral pura, da uniformização ética. Tudo o que nele podia conservar a marca das velhas diferenças acaba por sumir. As últimas recordações do sagrado se extinguem. (...) O asilo deve figurar agora a grande continuidade da moral social. Os valores da família e do trabalho, todas as virtudes reconhecidas, imperam no asilo..."]

[1104] FOUCAULT, Michel. **Folie et déraison. Histoire de la folie** ..., p. 09. "Le langage de la psychiatrie, qui est monologue de la raison *sur* la folie, n'a pu s'établir que sur un tel silence." [trad. do autor. "A linguagem da psiquiatria, que é monólogo da razão sobre a loucura, não pode se estabelecer senão sobre tal silêncio."]

[1105] FOUCAULT, Michel. **Folie, littérature, société**. Dits et Écrits (org. Daniel Defert et François Ewald). Paris: Gallimard, v. 2, 1994, p. 112. "On peut alors tenter une histoire panoramique de la culture occidentale: cette coappartenance de la vérité et de la folie, cette intimité entre la folie et la vérité, qu'on pouvait reconnaître jusqu'au début du XVII^e siècle, ont été, par la suite, pendant

do homem acaba por ser a loucura, a não-razão, presa pela própria razão, de tal modo que, o louco e o homem dizem a si suas próprias verdades, e o homem para indagar sua verdade, precisa fazer-se objeto, aprisionando, assim, sua razão em seu determinismo e seus condicionamentos. Para se conhecer o que o homem é, sua posição de sujeito, seria necessário saber o que o homem não é (o que se apresenta em sua loucura), o que o separa, através do conhecimento médico, da sua negação, de sua loucura, só possível por expressões máximas da literatura, enquanto formas livres, como de Nietzsche, Van Gogh e Artaud.

Nesse sentido, uma nova perspectiva para reler a loucura se abre para Foucault em *Histoire de la Folie*, pois somente através dos desatinos desses autores, é que a loucura se torna ausência de obra[1106], quer dizer: "... a loucura ocidental se tornou uma não-linguagem, posto que se tornou uma linguagem dupla (linguagem que apenas existe nesta palavra, palavra que não diz senão sua língua) –, isto é, uma matriz da linguagem que, em sentido estrito, não diz nada. Uma dobra do falado que é uma ausência de obra",[1107] ruptura absoluta da obra, um momento de abolição, que fundamenta o seu tempo e sua obra, e que permite, na sua ausência, demonstrar-se e estabelecer sua própria linguagem, sem o 'não-senso' da razão impositiva. É preciso ressaltar ainda, que Foucault, apesar do que muitos críticos procuram mistificar, tenta lançar as bases para um correto pensamento sobre a loucura, isto é, busca encontrar saídas para se repensar a doença mental como maneira de fuga ao projeto disciplinar e excludente, através do conceito de estrutura global. No último capítulo de *Maladie Mentale et Psychologie* Foucault salienta que se deveria procurar

un siècle et demi ou deux siècles, niées, ignorées, refusées et cachées. Or, dès le XIX^e siècle, d'un côté, par la littérature et, de l'autre, plus tard, par la psychanalyse, il est devenu clair que ce dont il était question dans la folie était une sorte de vérité et que quelque chose qui ne peut être que la vérité apparaît sans doute à travers les gestes et les comportements d'un fou." [trad. do autor. "Pode-se tentar, então, uma história panorâmica da cultura ocidental: esta coexistência da verdade e da loucura, esta intimidade entre a loucura e a verdade, que se podia reconhecer até no início do século XVII, foi, desse modo, durante um século e meio ou dois séculos, negada, ignorada, recusada e escondida. Ora, desde o século XIX, de um lado, pela literatura, e, de outro, mais tarde, pela psicanálise, tornou-se clara que na loucura havia verdade, e que, qualquer coisa que só pode ser verdade aparece, sem dúvida, através dos gestos e dos comportamentos de um louco."]

1106 FOUCAULT, Michel. **Folie et déraison. Histoire de la folie** ..., p. 302. [trad. br. **História da loucura** ..., p. 529.]

1107 FOUCAULT, Michel. **La folie, l'absence** ..., p. 418. "... la folie occidentale est devenue un non-langage, parce qu'elle est devenue un langage double (langage qui n'existe que dans cette parole, parole qui ne dit que sa langue) –, c'est-à-dire une matrice du langage qui, au sens strict, ne dit rien. Pli du parlé qui est une absence d'oeuvre" [trad. do autor]

realizar um estudo que se fundasse numa "loucura alienada,"[1108] quer dizer, a melhor maneira de se compreender a loucura seria a partir de sua configuração livre e desalienada, restituindo-lhe, de certo modo, sua linguagem de origem, a partir de uma reflexão que demonstrasse ser através de sua forma que a própria civilização procuraria exprimir-se positivamente em seu fenômeno. Todavia, mantém-se aqui esse questionamento de Foucault, tal como ele o deixara, sem ir adiante, por se tratar de tema específico e complexo, que não condiz com as dimensões e tampouco os objetivos deste ensaio. Ademais, porque, para muitos autores, como Pierre Macherey, a posição intelectual defendida em 1954 teria sido substancialmente alterada pela de 1961, tanto que as críticas que lhe foram feitas na publicação de *Folie et Déraison,* não o poderiam ser feitas igualmente à *Maladie Mentale et Psychologie,* já que a loucura, antes vista numa perspectiva evolucionista e latente na história, teria sido abordada de outra maneira, totalmente diferente, renunciando ao seus continuísmo históricos. Nesse sentido, afirma: "Ao contrário, porém, no seu livro de 62 Foucault mostra que o conceito de doença mental só tem sentido contra o fundo desse procedimento de exclusão, cujas origens ou razões não se devem procurar numa forma qualquer de saber positivo, procedimento este que, antes mesmo de reconhecê-la e descrevê-la como alienação, instala entre a doença e as demais formas da existência humana uma intransponível fronteira, uma separação que já basta para conferir aos fenômenos patológicos a sua realidade de objetos oferecidos ao saber. (...) não está mais em questão propor-se, a qualquer nível que seja, uma explicação psicológica da doença: pois fica evidente que psicologia alguma jamais conseguirá dar conta do fenômeno cujas condições de surgimento ela precisa, justamente, fazer esquecer. (...) E, para nos convencermos de que essa retificação não tem mais que o valor limitado, e não definitivamente fundador ou instaurador, de um ato discursivo inscrito no movimento de conjunto de um dispositivo de conhecimento do qual a *História da loucura* constitui apenas o primeiro passo, basta lermos a conclusão de *Maladie mentale et psychologie*: pois nessas páginas aparecem de maneira evidente o caráter heurístico e também os limites da nova problemática que Foucault definiu no começo dos anos 60, e que devia servir de ponto de partida, mas somente de ponto de partida, para suas investigações futuras."[1109]

[1108] FOUCAULT, Michel. **Doença mental e ...**, p. 87.

[1109] MACHEREY, Pierre. **Aux sources de l'Historie de la folie: une rectification et ses limites.** Critique: Revue générale des publications françaises et étrangère, Paris, n. 471-472, p. 772 e 773,

Apesar de Foucault ter se concentrado sobre o modo como o conceito de louco fora construído pela cientificidade da medicina, e principalmente pelas malhas do poder, não deixou o intelectual de mencionar em dispersas, mas instigantes páginas, a relação que o anormal e o patológico estabeleceram com o discurso jurídico, isto é, sem embargo preocupações da ordem do discurso e do saber, Foucault trouxe contribuições significativas sobre o modo como o "olhar" jurídico estendeu seus horizontes a fim de dominar esse "objeto", fosse enquanto simplesmente homem, núcleo das ciências humanas, fosse como um sujeito desviante da sociedade, sob o ponto de vista estatal da repressão social e penal.

Tendo em vista as considerações já realizadas, e antes de se construir um paralelo entre o louco e o criminoso como "anormais", como cidadãos "patológicos", é oportuno investigar a título exclusivo de esclarecimento para posteriores questionamentos sobre as prisões e os manicômios brasileiros, ainda que brevemente, e fungindo exclusivamente às concepções de Foucault, o modo como o "louco" foi tratado pelo ordenamento jurídico nacional. Apesar da relação entre a loucura e o discurso jurídico ter suas bases em tempos arcaicos, nos quais o Direito Romano já procurava interpretá-la e delimitá-la em sua própria externalização, de tal modo que os jurisconsultos romanos, numa disposição entre *mente captus* e *mentis alienatione*, dedicavam-se, por exemplo, a classificar as diferentes formas de manifestação da loucura em: *furiosus*, assim denominados porque apresentavam momentos de intensa raiva entrecortados por espaços de total lucidez, reconhecidos como *sensu saniore*,

août/septembre, 1986. "Dans son livre de 62, Foucault montre au contraire que le concept de maladie mentale n'a de sens que sur le fond de cette procédure d'exclusion, dont les origines ou les raisons ne sont pas à chercher dans une quelconque forme de savoir positif, procédure qui, avant même de la reconnaître et de la décrire comme aliénation, installe entre la maladie et les autres formes de l'existence humaine une infranchissable frontière, cette séparation à elle seule conférant aux phénomènes pathologiques leur réalité d'objets offerts au savoir (...) il n'est plus question, à quelque niveau que ce soit, de proposer une explication psychologique de la maladie: car il est évident qu'aucune psychologie jamais ne parviendra à rendre compte du phénomène dont elle doit justement faire oublier les conditions d'apparition. (...) Et pour se convaincre que cette rectification n'a elle même que la valeur limitée, et non pas définitivement fondatrice ou instauratrice, d'un acte discursif qui s'insère lui-même dans le mouvement d'ensemble d'un dispositif de connaissance dont *l'Histoire de la folie* n'est que le premier jalon, il suffit de lire la conclusion de *Maladie mentale et psychologie*: car dans ces pages apparaissent de manière éclatante le caractère euristique et aussi les limites de la problématique nouvelle que Foucault a définies au début des années soixante, et qui devait servir de point de départ, mais de point de départ seulement, à ses investigations ultérieures." [trad. br. **Nas origens da história da loucura: uma retificação e seus limites.** Recordar Foucault (org. Renato Janine Ribeiro). São Paulo: Brasiliense, 1985, p. 69-70.]

em *dementia*, caracterizada pela loucura plena e sem intervalos, ou mesmo em *imbecilitas*, pela ausência total de capacidade para gerir seus bens, o ordenamento brasileiro conferiu ao "louco" seu *status non dignatatis*, se assim puder ser dito, sempre sob duas vertentes nas legislações, isto é, no direito civil e no direito penal.

No Brasil, o primeiro tratamento que se deu aos loucos foi por força das Ordenações Filipinas, também chamadas de Ordenações do Reino, datadas de 11 de janeiro de 1603. Apesar dessa disposição legal não trazer claramente a particularização do "louco", tendo em vista que se estava ainda sob o império da Igreja católica, como mesmo invocado por Foucault, havia um tratamento direcionado aos indivíduos que possuíssem desenvolvimento mental incompleto no tópico da responsabilidade penal, em especial, quando se referia à menoridade, isto é, aos loucos se aplicava, ao critério do juiz, as mesmas penalidades que competia aos menores de 20 anos ou entre 17 e 20 anos quando assim entendesse o magistrado, podendo, segundo as circunstâncias e a personalidade do agente atribuir-se diversas sanções. Havia, portanto, naquele período, uma certa restrição a algumas sanções aos que possuíssem desenvolvimento mental incompleto, tal como, por exemplo, a morte natural, existente na época para os plenamente capazes, como bem salientam Almeida Júnior e J. B. de O. Costa Júnior: "A pena de morte, nas 'Ordenações do Reino', era chamada 'morte natural' distinta da 'morte civil' ou privação dos direitos civis. Havia a pena de morte 'atroz' (depois da morte, o condenado era açoitado, queimado ou esquartejado, seus bens eram confiscados, etc.); e a pena de morte 'cruel' (que tinha por fim fazer sofrer antes da execução capital, mediante tenazes ardentes, esquartejamento, etc.). Servindo-se os juízes, na sentença, da expressão 'morte natural', o réu era executado, mas logo enterrado. Quando a sentença condenava a 'morte natural para sempre', ele a sofria na forca, onde o cadáver ficava pendente até decompor-se."[1110]

Após a vigência das Ordenações Filipinas, o Código Criminal do Império de 16 de dezembro de 1824, embora ainda não tivesse tratado exclusivamente do "louco", como figura específica, trouxe em seu art. 10, §§ 1º e 2º, uma intensão de excluir os doentes mentais da imputabilidade da prática de crimes, deixando a critério do juiz, em seu livre arbítrio, já que vigia na época o princípio do livre e absoluto convencimento, ou da convicção íntima, a possibilidade de determinar ao louco, autor do fato punível, a internação ou a entrega em

[1110] ALMEIDA JÚNIOR, A.; COSTA JÚNIOR, J. B. de O. **Lições de medicina legal**. 16 ed. São Paulo: Companhia Editora Nacional, 1979, p. 236.

confiança da família para tratamento. Em seguida, o Código Republicano, chamado Código Penal dos Estados Unidos do Brasil – Decreto nº 847, de 11 de outubro de 1890 – com todos os ideais políticos que albergava em seu bojo, os quais não convêm nestas linhas serem alongados, trazia uma nova disposição, não mais como mero esboço tal a legislação anterior, a respeito dos loucos. Além dos menores de 9 anos, os que tivessem entre 9 e 14 anos sem discernimento, o referido Código, em seu art. 27, também afastava a configuração de crime para os que fossem portadores de imbecilidade nativa, enfraquecimento senil, os privados totalmente dos sentidos e da inteligência e os surdos-mudos sem discernimento.[1111] Alguns autores entendiam que o Código Republicano havia albergado uma redação errônea ao dispor "privação" em relação aos alienados, ao invés de "perturbação", como é o caso de Alvarenga Netto,[1112] em suas anotações, todavia, hoje já ficou consagrada a redação de melhor técnica a de "privação", para evitar discriminações. Desse modo, tendo em vista a "humanização" pela qual passava o direito penal, uma importante alteração de tratamento ocorreu, ou seja, além de vir expressamente na redação legal a previsão do louco como inimputável, através da figura do "imbecil", passou-se a determinar que o juiz não simplesmente aos seus sabores e dissabores aplicasse qualquer pena, mas que, através de uma exigência de fundamentar o seu convencimento, com base na doença mental do autor do delito, verificasse a periculosidade do agente para a aplicação da medida de internamento ou de entrega aos familiares,[1113] tendo em vista a segurança pública.

Todavia, o próprio Código Republicano já nascera marcado por inúmeras críticas, tanto dos oposicionistas monárquicos quanto dos liberais republicanos, sofrendo algumas alterações por conta da publicação do Decreto

[1111] NETTO, Alvarenga. **Código penal brasileiro (1890) e leis penaes subsequentes annotado**. Rio de Janeiro: Freitas Bastos, 1929, p. 30-31. "Título III: Da responsabilidade criminal; das causas que derimem a criminalidade e justificam os crimes". "Art. 27. Não são criminosos: § 1º Os menores de nove annos completos; § 2º Os maiores de nove e menores de quatorze, que obrarem sem discernimento; § 3º Os que, por imbecilidade nativa; ou enfraquecimento senil, forem absolutamente incapazes de imputação; § 4º Os que se acharem em estado de completa privação de sentidos e de intelligencia no acto de commetter o crime; ... § 5º Os surdos-mudos de nascimento, que não tiverem recebido educação nem instrucção, salvo provando-se que obraram com discernimento."

[1112] NETTO, Alvarenga. **Código penal brasileiro (1890)** ..., p. 31. "A redação deste paragrapho, que durante muitos annos serviu de thema a discussões estereis, foi assim substituida pelo art. 38, do Dec. 4.780, de 27 de dezembro de 1921: No artigo 27 § 4, do Código Penal, em vez de 'privação, leia-se 'perturbação'."

[1113] NETTO, Alvarenga. **Código penal brasileiro (1890)** ..., p. 33. "Art. 29. Os indivíduos isentos de culpabilidade em resultado de affecção mental, serão entregues às suas famílias, ou recolhidos a hospitaes de alienados, si o seu estado mental assim exigir para segurança do público."

nº 22.213, de 14 de dezembro de 1934, que no governo getulista deu azo à famosa Consolidação das Leis Penais, por influência do Des. Vicente Pirangibe. Essa compilação, além dos menores de 14 anos e dos surdos-mudos, também excluiu o louco da capacidade para cometer delitos e serem considerados penalmente responsáveis, tornando inimputáveis os portadores de imbecilidade nativa, os portadores de enfraquecimento senil e os que se achassem em estado de completa perturbação dos sentidos e da inteligência; e determinou que esses fossem remetidos a asilos públicos, enquanto não fossem construídos manicômios estaduais.

Após as consolidações, veio o Código Penal de 1940, trazendo novas ideias para a própria ciência do direito penal, como a concepção de isenção de pena no que tange à culpabilidade e inexistência de crime no que diz com a antijuridicidade. Deste modo, todo aquele indivíduo portador de doença mental ou desenvolvimento mental incompleto ou retardado, seria considerado inteiramente incapaz de entender o caráter criminoso do fato ou de determinar-se de acordo com esse entendimento se assim fosse no tempo da ação ou da omissão. É assim, que, pela primeira vez no ordenamento jurídico pátrio surgiu, em substituição à antiga sanção republicana da internação para segurança do público,[1114] a "medida de segurança". Essa medida, segundo dispunha o art. 78, seria aplicada nos casos em que a periculosidade era absolutamente presumida por lei, em especial, nos portadores de doença mental ou desenvolvimento mental incompleto ou retardado inteiramente incapaz de entender o caráter criminoso do fato ou de determinar-se de acordo com este entendimento, e aos agentes que, em virtude de perturbação da saúde mental ou por desenvolvimento mental incompleto ou retardado, estava privado da plena capacidade de entender o caráter criminoso do fato ou de determinar-se de acordo com esse entendimento. Além do mais, a despeito de invocar com a criação da "medida de segurança", em virtude do princípio da legalidade, que se impunha como preceito fundamental no ordenamento jurídico penal, essa passou a ser obrigatória de ser imposta pelo juiz, sempre que previstas as disposições a que remete o art. 91, não deixando, mais, como o era no período imperial – a cargo da convicção íntima do juiz –, ou no período republicano – a cargo da convicção facultativa mas motivada do juiz.

No entanto, o Código Penal de 1940, por influência do ordenamento italiano, em especial do Código Rocco, com a publicação da Lei nº 6.416/77,

[1114] NETTO, Alvarenga. **Código penal brasileiro (1890)** ..., p. 33. "... assim exigir para segurança do público."

sofreu um significativa alteração nos elementos caracterizadores daquela periculosidade a que se referia o art. 77 na redação original, quais sejam: personalidade do agente, antecedentes, motivos, e circunstâncias do fato, passando, assim, com a adoção do sitema binário da pena, a admitir a possibilidade de aplicação sucessiva de pena e de medida de segurança, bem como de elastecer os critérios formadores do juízo de periculosidade em: antecedentes, personalidade, motivos determinantes, circunstâncias de fato, meios empregados para o crime, modos de execução, intensidade do dolo e o grau de culpa.

É válido ainda mencionar, adotando-se uma arqueologia foucaultiana, o Código Penal de 1969, de influência doutrinária do ilustre penalista Nelson Hungria, que embora nem sequer tenha entrado em vigor, 'revogado' ainda em sua *vaccatio legis*, apesar de ter sofrido algumas vãs alterações por força da Lei nº 6.016 de 1973, trouxe indispensável tratamento para o tema do "louco" no ordenamento nacional. Segundo a redação original, o Código de 1969 abandonou o sistema do duplo-binário no que dizia respeito aos semi-imputáveis em prol do sistema vicariante, cessando, então, a aplicação sucessiva de pena e medida de segurança, de tal modo que a pena sofreria uma diminuição ou então seria substituída pela medida de segurança. Ademais, o referido Código fez frente à presunção de periculosidade absoluta contida na redação original da legislação de 1940, prevendo a possibilidade de não internação do louco caso não houvesse a periculosidade (a qual era medida e classificada pelo juiz na sentença, com base na perícia médica, em três graus: periculosidade "acentuada", periculosidade "escassa" e periculosidade "nenhuma"), ou seja, caso o inimputável não mostrasse oferecer perigo à incolumidade alheia, consoante disposição do art. 92, não poderia ser internado em manicômio judiciário. A ideia do tratamento através da medida de segurança, foi, sem dúvida, o grande avanço do Código Penal de 1969, ou, ao menos, o que o fez distinguir-se dos demais, todavia, a despeito da opinião de muitos autores, que entendem que o "aprisionamento" nos manicômios seria uma forma de regeneração e cura pela medida de segurança, é oportuno sempre tecer críticas, sobretudo do ponto de vista prático e normalizador dos hospitais psiquiátricos, como ser verá adiante, realidade essa triste no Brasil.

Por fim, houve a reforma de 1984, por força da Lei nº 7.209, de 11 de julho de 1984, que alterou significativamente a parte geral do Código de 1940. Pela nova redação, em especial no que tange ao tratamento do louco, viu-se extinguir definitivamente o sistema do duplo-binário para os imputáveis e semi-imputáveis, aplicando-se a estes o sistema vicariante, cabendo ao juiz a possibilidade de aplicar a pena com ou sem a redução de um a dois terços, consoante disposição do art. 26, § único, ou substituí-la por medida de segurança, caso venha o semi-imputável necessitar de um tratamento considerado curativo, tal como prevê o art. 98, igualando-se aos inimputáveis. A exposição de motivos da nova parte geral põe como ideal o fim "preventivo" e "assistencial" da medida de segurança, em especial a partir do fim da presunção de periculosidade, ainda que formalmente; todavia, na prática o que existe é verdadeiramente uma presunção total, absoluta e inafastável da periculosidade dos doentes mentais, que sofrem a medida de segurança sem qualquer forma de exame, e somente podem ter sua pena substituída por tratamento ambulatorial, conforme redação do art. 98, nos casos que se tratar de pena de detenção.

No âmbito civil,[1115] convém informar que a regulação expressa, e que aqui importa, só se deu com o Código Civil de 1916, outrora vigente (substituído pelo Código Reale – Lei. 10.406/02), que buscou fazer uma distinção entre os absolutamente e os relativamente incapazes para praticar atos civis, trazendo em seu art. 5º, II, uma disposição significativa ao afirmar que "os loucos de todo o gênero" seriam incapazes para exercer pessoalmente, o que significa dizer que exigem uma representação, os atos da vida civil, sob pena de serem quaisquer de suas ações consideradas nulas, isto é, juridicamente sem efeito.[1116] Do mesmo, atualmente, no direito penal, a percepção da "doença mental" e do "louco" está relacionada ora no próprio conceito de crime, ora na ideia de responsabilidade penal, através da noção de inimputabilidade. Destaque-se, por fim, que as incoerências exauridas pelo novo código certamente poderiam ser questionadas, mas não se põem como escopo desse trabalho, tão somente algumas reflexões, para se repensar os modelos de tratamento do louco e também do criminoso pelo ordenamento jurídico, ainda marcados pelo modelo normalisador sobre o qual Foucault se debruçara.

Feitas essas considerações, é inevitável deixar de investigar, dentro da genealogia foucaultiana, o modo como foi construído o conceito de criminoso, análogo ao louco na ideia de exclusão, pelo discurso jurídico, isto é, como se dera a relação entre o fato criminoso, o seu agente e a resposta empreendida pelo

[1115] O Código Napoleônico de 1804, inspiração do código brasileiro, e o que fora referido por Foucault, trata da questão dos loucos entre os arts. 488 e 515, referindo-se ao estado habitual de imbecilidade, demência ou de furor. *in* **Código Napoleão ou Código Civil dos Franceses**. (org. Souza Diniz) Rio de Janeiro: Record, 1962, p. 109-111.

[1116] Destaque-se que o NCCB, o código realeano, alterou a equivocada expressão "loucos de todos gênero", - uma das hipóteses de absoluta incapacidade – prevista no Código Beviláqua (Código Civil de 1916), pela redação mais correta e apropriada: "os que, por enfermidade ou deficiência mental, não tiverem o necessário discernimento para a prática desses atos." (art. 3º, II).

discurso jurídico, desde o momento de seu cometimento até a sua punição pelas prisões. Em *Surveiller et Punir*, Foucault reflete claramente a situação do criminoso e sua situação de exclusão, tal como o internamento dos loucos. Como visto anteriormente, é especialmente no modelo francês que o internamento do século XIX, contrariamente ao que havia no século XVIII, demonstra que todas as instituições – "fábrica, escola, hospital psiquiátrico, hospital, prisão – têm por finalidade não excluir, mas, ao contrário, fixar os indivíduos. A fábrica não exclui os indivíduos; liga-os a um aparelho de produção. A escola não exclui os indivíduos; mesmo fechando-os; ela os fixa a um aparelho de transmissão do saber. O hospital psiquiátrico não exclui os indivíduos; liga-os a um aparelho de correção, a um aprelho de normalização dos indivíduos. O mesmo acontece com a casa de correção ou com a prisão. Mesmo se os efeitos dessas instituições são a exclusão do indivíduo, elas têm como finalidade primeira fixar os indivíduos em um aparelho de normalização dos homens."[1117] A relação dos criminosos está relacionada ao surgimento das prisões no séc. XVIII, como casas de correção e punição, como se verá em seguida.

Estabelecida a impiedosa relação, no campo exclusivo do saber, entre a formação, a constituição e o conceito de louco e de criminoso a partir de paradigmas sociais e científicos de normalidade, bem como no campo governamental das políticas públicas entre a forma de encarceramento e isolamento, que aprisionou loucos e criminosos sob os mesmos motivos, convém refletir, então, alguns questionamentos, diretamente ligados à essa necessidade de exclusão e de tratamento, isto é: através de que dispositivos se procurou normalizar os corpos indóceis dos criminosos, e readaptar os recorrentes de patologias mentais?; sob que fundamentos e finalidades se constituíram mecanismos de poder em torno dos loucos e dos criminosos? São essas indagações referentes às prisões e aos manicômios, e conduzido pelas crises carcerárias que estavam ocorrendo no mundo pós-guerra, em especial na França, que Foucault, a partir da ideia de vigilância e punição se propôs a respondê-las, alçando temas críticos como punibilidade, pena de morte e abolicionismo.

[1117] FOUCAULT, Michel. **A verdade** ..., p. 114. [trad fr. **La vérité** ..., p. 614. "... usine, école, hôpital psychiatrique, hôpital, prison – ont pour finalité non pas d'exclure mais, au contraire, de fixer les individus. L'usine n'exclut pas les individus, elle les attache à un appareil de production. L'école n'exclut pas les individus, même en les enfermant; elle les fixe à un appareil de transmission du savoir. L'hôpital psychiatrique n'exclut pas les individus, il les attache à un appareil de correction, à un appareil de normalisation des individus. Il en va de même de la maison de correction ou de la prision. Même si les effets de ces instituions sont l'exclusion de l'individu, elles ont comme finalité preimière de fixer les individus dans un appareil de normalisation des hommes...."]

## 8.2. O abolicionismo penal

A relação de Foucault com as prisões ocorreu, em especial, a partir de sua mudança de problemática, e com a fundação do *GIP – Group d'Information sur les Prisons*, em 1971.[1118] O GIP foi, como já visto, um grupo criado no dia 8 de fevereiro de 1971, na capela Saint-Bernard, na Montparnasse, tendo como endereço, inicialmente, a residência do próprio Foucault, na rue de Vaugirard, n. 285, Paris, XVe, posteriormente rue de Grenelle, Paris, VIIe, formado inicialmente por Foucault, Pierre Vidal-Naquet, historiador da Grécia Antiga, e Jean-Marie Domenach, diretor da revista *Esprit*, como objetivo central de denunciar a situação das prisões, tais como o que seria o sistema carcerário da época, quem lá se encontrava, que iria para lá, como, por quê, qual a realidade diária dos presos, como comida, higiene, saúde, etc.[1119] Além de intelectuais, como o próprio grupo se manifestara no dia 15 de março de 1971, era composto por 'ex-detentos, familiares de prisioneiros, advogados, médicos e militantes, todos que estavam decididos a não tolerar mais o então regime prisional'.[1120] O estudo das prisões, da penalidade, das disciplinas foi empreendido por Foucault, especialmente, como ele mesmo afirma, com a abertura política realizada a partir de maio de 68[1121], isto porque, com as excessivas prisões realizadas nesse período, Foucault se incomodou em procurar saber a realidade dos presídios, em especial, dos inúmeros presos políticos que sofriam a drástica situação carcerária, comandada pelo então Ministro da Justiça, Sr. René Pleven. Iniciado com o movimento de presos políticos de esquerda, pelos ideais de melhoria das condições internas dos presídios, o GIP, que também se apoiou nesses ideais, embora mais amplos, como o questionamento da própria condição penitenciária em Paris, ganha grande apoio na França, com grande nomes como Daniel Defert, Yves Montand, Maurice Clavel, François Mitterrand, então deputado

1118 ERIBON, Didier. **Michel Foucault**., p. 133.

1119 ERIBON, Didier. **Michel Foucaul**t., p. 209.

1120 FOUCAULT, Michel. **Sur les prisons.** Dits et Écrits (org. Daniel Defert et François Ewald). Paris: Gallimard, v. 2, 1994, p. 176. "Des groupes se forment, réunissant des ex-détenus, des familles de prisonniers, des avocats, des médecins, des militants, tous ceux qui sont décidés à ne plus tolérer l'actuel régime de la prison." [trad. do autor.]

1121 FONTANA, Alessandro; PASQUINO, P. **Vérité et** ..., p. 142. "Sans l'ouverture politique réalisée ces années-là, je n'aurais sans doute pas eu le courage de reprendre le fil de ces problèmes et de poursuivre mon enquête du côté de la pénalité, des prisons, des disciplines." [trad. br. **Verdade e** ..., p. 3. "Sem a abertura política realizada naqueles anos, sem dúvida eu não teria tido coragem para retomar o fio destes problemas e continuar minha pesquisa no domínio da penalidade, das prisões e das disciplinas"]

da Nièvre, o qual lutava pelos presos, Jean-Claude Passeron, Robert Castell, Gilles Deleuze, Jacques Rancière, Jacques Danzelot e Claude Mauriac.

Seu objetivos são lançados já no primeiro manifesto público sobre a criação do GIP, na Revista *Esprit*, assinado por Domenach, Vidal-Naquet e o próprio Foucault, sob o título: *Création d'un Groupe d'Information sur les Prisons* e assim prescrevia: "Ninguém de nós é capaz de escapar da prisão. Hoje, menos do que nunca. A vigilância policial se intensifica sobre nossa vida de cada dia: na rua e nas estradas; com relação aos estrangeiros e aos jovens reaparece o delito de opinião; as medidas antidroga multiplicam a arbitrariedade. Estamos sob o signo de 'guarda à vista'. Dizem-nos que a justiça está sobrecarregada. Isso já sabemos. Mas se foi a polícia que a sobrecarregou? Dizem-nos que as prisões estão superpovoadas. Mas se foi a população que foi superprisionada? Publicam-se poucas informações sobre as prisões; são regiões escondidas de nosso sistema social, uma das zonas de sombra de nossa vida. Temos o direito de saber. Queremos saber. Por isso formamos com magistrados, advogados, jornalistas, médicos, psicólogos um Grupo de Informação sobre as Prisões. Nós nos propomos divulgar o que é a prisão: quem vai para lá, como e por quê; o que acontece no cárcere; que vida levam os prisioneiros e o pessoal da vigilância; como são os prédios, a comida, a higiene; como funcionam o regulamento interno, o controle médico, as oficinas; como se sai da prisão e o que é ser, em nossa sociedade, um dos que de lá saíram. Não encontraremos essas informações nos relatórios oficiais. Vamos pedi-las a quem, por um motivo ou outro, tem uma experiência de prisão ou uma relação com ela. Pediremos que entrem em contato conosco e nos comuniquem o que sabe. Foi redigido um questionário que podem solicitar. Assim que se tornarem bastante numerosos, os resultados serão publicados. Nós não sugerimos uma reforma. Nós tão-somente queremos conhecer a realidade. E conhecê-la imediatamente, dia-a-dia; pois o tempo exige. Trata-se de alertar a opinião e tê-la em alerta. Nós tentaremos utilizar todos os meios de informação: quotidianos, semanais, mensais. Deste modo, nós buscaremos fazer todas as tribunas possíveis. Enfim, é bom saber o que nos ameaça, mas é também importante saber como se defender. Um dos nossos primeiros objetivos será publicar um pequeno *Manuel du parfait arrêté*, dobrado evidentemente de um *Avis aux arrêteurs*."[1122]

[1122] FOUCAULT, Michel; DOMENACH, Jean-Marie; VIDAL-NAQUET, Pierre. **Création d'un Groupe d'Information sur les Prisions**. Esprit, Paris, n. 3, p. 531-532, mars 1971. "Nul de nous n'est sûr d'échapper à la prision. Aujourd'huy moins que jamais. Sur notre vie de tous les jours le quadrillage policier se resserre: dans la rue et sur les routes; autour des étrangers et des jeunes; le délit d'opinion est réapparu: les mesures anti-drogués multiplient l'arbitraire. Nous sommes sous

Inúmeras enquetes são realizadas, cujo objetivo central se resume na deflagração das terríveis condições prisionais, e na oblíqua forma através da qual o poder público improvisa breves soluções para acalmar os ânimos. Assim se descrevem os objetivos das enquetes num manifesto do grupo: "1) Estas pesquisas não se destinam a melhorar, abrandar, tornar mais suportável um sistema opressivo. Destinam-se a atacar o ponto em que tal sistema se expressa sob outro nome – o da justiça, da técnica, do saber, da objetividade. Cada um desses deve, portanto, ser um ato político; 2) Elas visam a alvos precisos, instituições que têm nome e endereço, administradores, responsáveis, dirigentes – que fazem vítimas e suscitam revoltas, mesmo entre os que são encarregados de mantê-las. Cada uma, portanto, deve ser o primeiro episódio de uma luta; 3) Elas reagrupam em torno desses alvos camadas diversas que a classe dirigente manteve separadas pelo jogo das hierarquias sociais e dos interesses econômicos divergentes. Cabe-lhes derubar essas barreiras indispensáveis ao poder reunindo detentos, advogados e magistrados. Ou ainda médicos, doentes e pessoal hospitalar. Cada uma deve constituir uma frente, e uma frente de ataque, em cada ponto estratégico importante; estas pesquisas foram feitas não de fora por um grupo de técnicos; aqui os pesquisadores são os próprios pesquisados. Cabe a eles tomar a palavra, derrubar a reclusão,

le signe de la 'garde à vue'. On nous dit que la justice est débordée. Nous le voyons bien. Mais si c'était la police qui l'avait débordée? On nous dit que les prisons sont surpeuplées. Mais si c'était la population qui était suremprisionnée? Peu d'informations se publient sur les prisons; c'est une des régions cachées de notre système social, une des cases noires de notre vie. Nous avons le droit de savoir, nous voulons savoir. C'est pourquoi, avec des magistrats, des avocats des journalistes, des médecins, des psychologues, nous avons formé un 'Groupe d'information sur les prisons'. Nous nous proposons de faire savoir ce qu'est la prison: qui y va, comment et pourquoi on y va, ce qui s'y passe, ce qu'est la vie des prisonniers et celle, également, du personnel de surveillance, ce que sont les bâtiments, la nourriture, l'hygiène, comment fonctionnent le règlement intérieur, le contrôle médical, les ateliers; comment on en sort et ce que c'est, dans notre société, d'être l'un de ceux qui en sont sortis. Ces renseignements, ce n'est pas dans les rapports officiels que nous les trouverons. Nous les demandons à ceux qui, à un titre quelconque, ont une expérience de la prison ou un rapport avec elle. Nous les prions de prendre contact avec nous et de nous communiquer ce qu'ils savent. Un questionnaire a été rédigé qu'on peut nous demander. Dès qu'ils seront assez nombreux, les résultats en seront publiès. Ce n'est pas à nous de suggérer une réforme. Nous voulons seulement faire connaître la réalité. Et la faire connaître immédiatement, presqu'au jour le jous; car le temps presse. Il s'agit d'alerter l'opinion et de la tenir en alerte. Nous essaierons d'utiliser tous les moyens d'informations: quotidiens, hebdomadaires, mensuels. Nous faisons donc appel à toutes les tribunes possibles. Enfim, il est bon de savoir ce qui nous menace; mais il est bon aussi de savoir comment se défendre. Une de nos premières tâches sera de publier un petit *Manuel du parfait arrêté,* doublé évidemment d'un *Avis aux arrêteurs.*" [trad. do autor.]

dizer o que é intolerável e não se deve mais tolerar. Cabe a eles empreender a luta que impedirá o exercício da opressão."[1123]

Os objetivos do grupo são fundamentados em pesquisas e entrevistas realizadas com presos de mais de 20 penitenciárias, a esse exemplo, traz Jean-Marie Domenach um questionário respondido por um dos detentos e uma carta de um antigo preso, assim brevemente esboçado: "GIP: Você tem visitas? – Não, porque minha família vive em Paris. GIP: O seu advogado vem até à prisão? – Não. GIP: Há quanto tempo está preso? – Há quatro meses de prevenção. GIP: As pessoas que você mais gostaria de ver obtiveram permissão para visitá-lo? – Não..., os amigos de M., o tio de meu colega de cela não pode entrar. GIP: Eles lhe entregam todas as cartas que você recebe? – Não, por exemplo a de meu irmão. GIP: Você conhece as regras da prisão? – Não. GIP: Por que não? – Eles não nos deixar lê-las, nós a apreendemos com os outros detentos. GIP: Eles lhe disseram quais são os seus direitos na prisão? – Não. GIP: Você tem alguma observação a fazer sobre as regras da prisão? – Sim, as perguntas na audiência diante do juiz de instrução me foram recusadas. GIP: Você escolheu o seu advogado ou ele foi imposto de ofício? – De ofício. GIP: Você está numa cela? – Sim. GIP: Com quantos detentos? – Três por dez a doze metros quadrados. GIP: Quantos banhos você pode tomar na semana? – Um só, de dois ou três minutos. GIP: Quantas desinfectações foram feitas em sua cela? – Nenhuma nos quatro meses. GIP: A cada quanto tempo as roupas de cama são trocadas? – Os lençóis a cada 15 dias e as toalhas de rosto e as luvas a cada oito dias. GIP: Quantas vezes por semana você come carne? – Duas vezes. GIP: Frutas? – Uma vez e podres. GIP: Você já teve problemas por causa da alimentação? – Dores no estomacais e intestinais. GIP: Você viu um instrutor

[1123] FOUCAULT, Michel. **Préface à l'enquête** ..., p. 195. "1) Ces enquêtes ne sont pas destinées à améliorer, à adoucir, à rendre plus supportable un pouvoir oppressif. Elles sont destinées à l'attaquer là où il s'exerce sous un autre nom – celui de la justice, de la technique, du savoir, de l'objectivité; 2) Elles visent des cibles précises, des institutions qui ont un nom et un lieu, des gestionnaires, des responsables, des dirigeants – qui font des victimes, aussi, et qui suscitent des révoltes, même chez ceux qui les ont en charge. Chacune doit donc être *le premier épisode d'une lutte*; 3) Elles regroupent autour de ces cibles des couches diverses que la classe dirigeante a tenues séparées par le jeu des hiérarchies sociales et des intérêts économiques divergents. Elles doivent faire tomber ces barrières indispensables au pouvoir, en rassemblant détenus, avocats et magistrats; ou encore, médecins, malades et personnel hospitalier. Chacune doit, en chaque point stratégiquement important, constituer *un front, et un front d'attaque*; 4) Ces enquêtes sont faites non pas de l'extérieur par un groupe de techniciens: les enquêteurs, ici, sont les enquêtés eux-même. À eux de prendre la parole, de faire tomber le cloisonnement, de formuler ce qui est intolérable, et de ne plus le tolérer. **À eux de prendre en charge la lutte qui empêchera l'oppression de s'exercer.**" [trad. do autor].

ou um educador? – Não. GIP: Como são as visitas médicas? – Eles olham nossas gargantas, e perguntam se tudo está certo, e, o 'próximo!'. GIP: O que você tem a dizer sobre a disciplina? – Há proibição de se alongar durante o dia, de apostar durante a sesta, de cantar. GIP: E os vigias? – Não muito disciplinados e particularmente arrogantes, etc..."[1124]

Não tardam em surtirem os efeitos das pesquisas realizadas pelo *GIP*, tanto que, três meses após a sua criação, acabam incomodando as autoridades administrativas penitenciárias na França, pois inúmeros policiais impedem que tais questionários cheguem às mãos dos detentos, como impedem também o acesso aos volumes da Revista *Esprit* que tratam do assunto. O próprio Foucault, no dia 1º de maio de 1971, diante das prisões parisienses de *La Santé* e de *Fresnes*, foi barrado, insultado e agredido pela polícia. A motivação das ações, informadas pelos policiais, era exclusivamente formulada em respostas evasivas e sem nexos, de que no fundo as prisões eram muito boas, tanto que as maioria dos detentos, quando saíam, voltavam a praticar delitos para regressar às celas. Os resultados obtidos são desatrosos, pois através de tais enquetes e publicação de folhetos, decobre-se uma realidade pela qual o próprio sistema judiciário era responsável, bem como pela exploração excessiva dos presos pela prática de trabalhos forçados, a constante discriminação de homossexuais, e

[1124] DOMENACH, Jean-Marie. **Des détenus parlent**. Esprit, Paris, n. 6, p. 1284-1290, juin 1971. "GIP: Avez-vous de visites? – Non, parce que ma famille habite à Paris. GIP: Votre avocat vient-il à la prision? – Não. GIP: Depuis combien de temps êtes-vous détenu? – Quatre mois de prévention. GIP: Les personnes que vous désirez le plus voir ont-elles obtenu des permis de visite? – Non, des amis de M., oncle de mon co-détenu, n'ont pu obtenir l'autorisation de visite. GIP: Recevez-vous toutes les lettres qu'on vous adresse? – Non, par exemple celle de mon frère. GIP: Avez-vous connaissance du règlement de la prision? – Non. GIP: Comment? – On ne nous permittait pas de le lire, on s'est rensigné auprès des autres détenus. GIP: Vous a-t-on dit quels étaient vos droits en prison? – Non. GIP: Avez-vous des observations à faire concernant le règlement? – Les demandes d'audience auprès du juge d'instruction m'ont été refusées. GIP: Êtes-vous en cellule? – Oui. GIP: À combien? – Trois, diz à douze m$^2$. GIP: Combien pouvez-vous prendre de douches par semaine? – 1 seule et en deux à trois minutes seulement. GIP: Tous les combien désinfecte-t-on les cellules? – Aucune en quatre mois. GIP: Tous les combien le linge est-il changé? – Tous les 15 jours pour les draps, tous les 8 jours pour les gants et serviettes. GIP: Combien de fois par semaine mangez-vous de la viande? – Deux fois. GIP: Des fruits? – Une fois, et des pourris. GIP: Avez-vous eu des maladies dues à l'alimentation? – Maux d'estomac, trobules intestinaux. GIP: Avez-vous vu un instituteur ou un éducateur? – Non. GIP: Comment se passe une visite médicale? – Ils nous regardent la gorge et nous demandent si on est en forme, et 'au suivant'!. GIP: Qu'avez-vous à dire de la discipline? – Interdiction de s'allonger dans la journée, de parier pendant la sieste, de chanter. GIP: Des surveillants? – Pas tellement disciplinés et particulièrment arrogants, etc..." [trad. do autor]

que a ideia de reeducação não passava de uma grande hipocrisia.[1125] Além dessa atuação de pesquisas, o GIP tem imensa atuação prática, em especial, diante do vastos movimentos de revolta prisional que começaram a explodir na França, em Lille, Nîmes, Fleury-Mérogis, Nancy, e, em especial, na carceragem de Ney, em Toul, entre os dias 5 e 13 de dezembro de 1971, que, segundo o próprio Foucault, entraria para história como um acontecimento importante para a instituição penitenciária e psiquiátrica, uma espécie de modelo de revolta contra o regime repressivo.[1126]

Entretanto, após dois anos de funcionamento o grupo começa a se autodesintegrar, para tristeza de Foucault, mas seus reflexos guardam significativas marcas, como bem ressaltou Philippe Meyer, tal foi a importância do GIP, por exemplo, na audiência correcional do dia 8 de junho de 1972, quando foram democraticamente julgados, em Nancy, seis dos trezentos participantes da revolta da prisão Charles III,[1127] além dos inúmeros comitês criados por toda a França para discutir a situação carcerária.[1128]

A questão das prisões em Foucault foi sobretudo tratada em *Surveiller et Punir*. Nessa obra, destaca o autor que com a reforma humanitária da ciência penal, com Beccaria, Verri e outros, um novo olhar sobre a criminalidade foi estabelecido. Uma série de técnicas de punição foram substituindo paulatinamente os suplícios do período anterior, frutos de um regime da Inquisição. Dessa maneira, a punição deixou de ser o exercício arbitrário do soberano, para ser um exercício moderado, uniforme e modulado pelo regime da gravidade da infração. Nessa linha, destaca Foucault que uma série de regras foram estabelecidas para quantificar a pena, uma espécie de semiotécnica do poder de punir: a regra de quantidade mínima; a regra da idealidade suficiente; a regra dos efeitos laterais; a regra da certeza perfeita; a regra da verdade comum (é o aparecimento do inquérito para a íntima convicção do juiz); e a regra da especificação ideal. A confissão deixa de ser a rainha das provas para ingressar um novo regime de busca pela verdade, o exame, a prova empírica, os laudos, as perícias científicas que começavam a ganhar espaço. Entretanto, Foucault salienta que a prisão exercia um duplo papel na sociedade do final do século

1125 DOMENACH, Jean-Marie. **Des détenus ...**, p. 1283.

1126 FOUCAULT, Michel. **Le discours de Toul.** Dits et Écrits (org. Daniel Defert et François Ewald). Paris: Gallimard, v. 2, 1994, p. 238.

1127 MEYER, Philippe. **La justice telle qu'on la rend**. Esprit, Paris, n. 10, p. 524-525, oct. 1972.

1128 Convém ler: DOMENACH, Jean-Marie; DONZELOT, J.; JULLIARD, J.; MEYER, P.; PUCHEU, R.; THIBAUD, P.; TRÉANTON, J. R.; VIRILIO, P. **Table ronde**. Esprit, Paris, n. 4-5, p. 678-703, avril/mai. 1972.

XVIII, ao mesmo tempo que servia para proteger os que possuíam patrimônio, era claramente questionada pelos reformadores, que nela visualizavam uma forma de trazer prejuízos à sociedade, em razão dos custos e dos vícios que fermentava.

Junto com as prisões, como visto outrora, há a constituição da disciplina para cuidar do criminoso. A *disciplina* investiga o exercício do poder nos dispositivos, especialmente no controle dos presos, de suas atividades, da normalização, etc. Assim, o século XIX vê o aparecimento de uma ciência penal, e a utilização de penas quantificadas com bases em regras fixas de atenuações e circunstâncias agravantes. Nesse sentido, tal como ressaltara em *Les Mots et les Choses*, as ciências humanas contribuíram para fazer com que o criminoso deixasse seu posto de corpo supliciado para ser o corpo de um estudo científico. Por essa razão, o indivíduo criminoso tem seu corpo posto à prova de inúmeros relatórios e exames de psicólogos, psiquiatras, educadores, a fim de trazerem elementos para que o juiz exerça o poder *legal* de punir. Antes um modo de acalmar a angústia dos juízes do que efetivamente contribuir para o laudo pessoal.

Nesse contexto, portanto, quando as ciências penais começam a aparecer é que surgem as prisões como forma de correção e não lugar exclusivo de exclusão. Trata-se de um novo dispositivo, como visto, pelo qual o poder passa a ser exercido, e a sociedade verificada sob um novo olhar, já no começo do capitalismo. Cria-se um incipiente laço entre a criminalidade, a prisão, o trabalho e o capitalismo. Desta forma, a duração da pena só passa a ter sentido em relação a uma possível correção e a uma utilização econômica dos criminosos corrigidos. No mesmo sentido, salienta Foucault que o crescimento desordenado da população no final do séc. XVIII, bem como o desenvolvimento atroz do capitalismo acabam por exigir uma nova forma de coordenar os indivíduos, e sobre eles fazer gerir um poder de controle. É nesse contexto, portanto, que a prisão, essencialmente um instrumento administrativo, torna-se um indispensável instrumento para alterar os espíritos e construir corpos dóceis.[1129] O corpo deixa de ser o lugar da violência e da expiação par sê-lo do eixo de inserção das forças produtivas. De consequência, o indivíduo deixa de ter seu conteúdo resumido à sua individualidade para tornar-se um objeto a serviço do público e do econômico, por isso, precisa ser disciplinado para melhor render os lucros da produção. Nesse período, os dispositivos, especialmente as fábricas, e suas normas de conduta interna, os hospitais e seus regimentos

[1129] FOUCAULT, Michel. **Vigiar e** ..., p. 111.

de saúde, as escolas e a continuidade dos códigos de sinais, o exército e as normas de comportamento, passam a induzir à obediência, e o 'tempo' se torna um dos elementos mais importantes para a disciplina do corpo. "O corpo disciplinado é a base de um gesto eficiente."[1130] Assim, uma série de regras surge na sociedade: há regras no controle da atividade: horário, elaboração temporal do ato, corpo e gestos correlacionados, articulação corpo-objeto, utilização exaustiva, etc.[1131]

Tratam-se, de fato, de recursos destinados ao bom adestramento, para que a disciplina fabrique indivíduos, como uma técnica específica de um poder que toma os indivíduos ao mesmo tempo como objetos e como instrumentos de seu exercício, isto é, o olhar hierárquico, a sanção normalizadora e a sua combinação num procedimento específico: o exame (que inverte a economia da visibilidade no exercício do poder; que faz a individualidade entrar num campo documentário; que com sua técnicas documentárias faz de cada indivíduo um caso).[1132] Dessa maneira, uma vez agindo sobre o corpo, a disciplina das prisões e da sociedade produz uma série de individualidades: a *celular*, em razão do jogo da repartição espacial; a *orgânica*, pela codificação das atividades; a *genética*, pela acumulação do tempo, e a *combinatória*, pela composição das forças.[1133] Essas práticas disciplinares nas prisões teriam seus fundamentos já nas práticas militares, contudo, a partir do séc. XVIII houve uma alteração significativa, quando o tempo se reconhece como valor indispensável na sociedade disciplinar. Nesse sentido, em busca de uma sociedade ideal para governar, disciplinada e dócil, para conseguir fazer exercer a vigilância, a norma, e o exame, elementos todos cerimonializados, cria-se toda uma nova arquitetura na sociedade, em que a ostentação dos palácios cede lugar às estruturas definidas e planejadas das prisões. A arquitetura destacada por Foucault é aquela representada pelo Panopticon de Bentham, que, em 1791, estabeleceu um tipo ideal, "um laboratório de poder":[1134] na periferia uma construção em anel; no centro uma torre; esta possui grandes janelas que se abrem para a parte interior. A construção periférica é dividida em celas, cada uma ocupando toda a largura da construção. Estas celas têm duas janelas: uma abrindo-se para o interior, permite que a luz atravesse a cela de uma lado a outro. Basta então colocar um vigia na torre central e em cada cela trancafiar

1130 FOUCAULT, Michel. **Vigiar e** ..., p. 139.

1131 FOUCAULT, Michel. **Vigiar e** ..., p. 136-141.

1132 FOUCAULT, Michel. **Vigiar e** ..., p. 166-170.

1133 FOUCAULT, Michel. **Vigiar e** ..., p. 150.

1134 FOUCAULT, Michel. **Vigiar e** ..., p. 180.

um louco, um doente, um condenado, um operário ou um estudante. Devido ao efeito de contraluz, pode-se perceber da torre, recortando-se na luminosidade, as pequenas silhuetas prisioneiras nas celas periféricas. Em suma, inverte-se o princípio da masmorra; a luz e o olhar de um via captam melhor que o escuro que, no fundo, protegia. O efeito do panóptico é destacado por Foucault: "induzir no detento um estado consciente e permanente de visibilidade que assegura o funcionamento do poder. Fazer com que a vigilância seja permanente em seus efeitos, mesmo se é descontínua em sua ação; que a perfeição do poder tenda a tornar inútil a atualidade de seu exercício; que esse aparelho aquitetural seja um máquina de criar e sustentar uma relação de poder independente daquele que o exerce."[1135]

Esse poder disciplinar que age nas prisões, segundo Foucault, tem sua forma de atuação centrada na produção da delinquência. Dessa maneira, a prisão constitui para Foucault num dispositivo que, embora recente na sua existência, sempre teria feito parte do aparelho judiciário, ainda que não fosse utilizado como pena. Na concepção foucaultiana, a prisão no seu duplo fundamento: jurídico-econômico e técnico-disciplinar vem por atender às necessidades das disciplinas, do poder disciplinar, a partir do momento que priva os indivíduos de sua liberdade, através de todo um aparato tecnológico e disciplinar, tornando-se verdadeiras empresas de modificação dos indivíduos. É a maneira por excelência de um aparelho discplinar onidisciplinar', incessante e despótico, capaz de levar os encarcerados à educação total pelos princípios do isolamento (pena individual e isoladora para evitar que realiza associações misteriosas para conspirar na criminalidade); do silêncio (para que o indivíduo encontre na sua clausura a sua consciência moral, o remorso); do trabalho (para que retribua a recompensa do estado); etc. As prisões se tornam, nesse sentido, consoante as conclusões foucaultianas, verdadeiros "quartéis do crime", que para além da estrutura judiciária envolvida na sua punição, faz agir sobre o corpo dos indivíduos, tal os hospitais terapêuticos fizeram com os loucos nos séc. XVII e XVIII, criando novas figuras temáticas da prisão: os delinquentes institucionais. A prisão acaba por agravar as desigualdades sociais, transformando-se em rígida pena para os crimes de menor potencial ofensivo, geralmente praticados pelas classes mais baixas, e mais tênue, em relação às classes mais altas, que muitas vezes nem sofrem as penas. "A prisão fabrica também delinquentes impondo aos detentos limitações violentas; ela se destina a aplicar as leis, e a ensinar o respeito por elas; ora, todo

[1135] FOUCAULT, Michel. **Vigiar e** ..., p. 177-178.

o seu funcionamento se desenrola no sentido do abuso de poder arbitrário da administração: corrupção, medo e incapacidade dos guardas; exploração por um trabalho penal, que nessas condições não pode ter nenhum caráter educativo. Foucault, então, atesta o fracasso das prisões.[1136] Elas, ao contrário de seu propósito, tornam-se visíveis, marcadas, úteis e irredutíveis as ilegalidades: "é a forma da delinquência propriamente dita. (...) Nesse sentido, o sistema carcerário substituiu o infrator pelo 'delinquente'."[1137] A prisão torna possível, ou melhor, favorece a organização de um meio de delinquentes, solidários entre si, hierarquizados, prontos para todas as cumplicidades futuras."[1138] Dessa maneira, Foucault critica incansavelmente as prisões, especialmente as francesas, em virtude dos inúmeros desvios de subjetivações que provocam. O carcerário permite o recrutamento dos grandes delinquentes, tornando natural o poder de punir e sobre o corpo dos delinquentes uma série de captações reais acabam atuando através da vigilância constante, o que certamente atesta o seu fim: a prisão, "essa pequena invenção desacreditada desde o nascimento."[1139]

As principais preocupações de Foucault em relação às prisões estão claramente centradas no momento, já anteriormente citado, da passagem da punição à vigilância, ou seja, do abandono de uma perspectiva de retribuição e vingança no momento de reprimir os atos contrários aos costumes e ao ordenamento jurídico, para ir em direção a uma nova economia do poder, mais intrínseca e avassaladora da supervisão. Este momento, que Foucault faz remontar ao fim do séc. XVIII e início do séc. XIX, que será adiante melhor abordado, desdobra-se através de uma nova concepção do poder, de um novo modo de exercício do poder, mais abrangente e numa forma mais "capilar de existir".[1140] Segundo Foucault, a prisão se torna a grande punição do século XIX, originária, sobretudo, a partir das *lettres-de-cachet*, como anteriormente referido, que utilizadas pelo poder real permitia o controle dos grupos.[1141]

Segundo Zaffaroni as prisões pertencem à categoria das "instituições de sequestro" (prisões, manicômios, asilos, hospitais, escolas), assim nomeadas por Foucault, pois sua função essencial, tendo em vista seus constantes

1136 FOUCAULT, Michel. **Vigiar e** ..., p. 240.

1137 FOUCAULT, Michel. **Vigiar e** ..., p. 243-244.

1138 FOUCAULT, Michel. **Vigiar e** ..., p. 235.

1139 FOUCAULT, Michel. **Vigiar e** ..., p. 267.

1140 FOUCAULT, Michel. **Sobre a prisão**. Microfísica do poder. (trad. Roberto Machado) 13 ed. Rio de Janeiro: Graal, 1998, p. 131.

1141 FOUCAULT, Michel. **A verdade** ..., p. 98. [trad fr. **La vérité** ..., p. 601.]

maus-tratos, torturas, vexames e ameaças, resume-se, em parte, a uma instituição que se comporta como uma máquina servente à destruição e à deterioração do ser humano, contribuindo tanto menos à ressocialização ou à punição, que a uma teoria da regressão ao estágio infantil, posto que os prisioneiros sofrem inúmeras privações, como ver televisão, beber, fumar, falar ao telefone, receber correspondências ou mesmo, no mais rude dos presídios, manter relações sexuais.[1142] Foucault, em 10 de junho de 1983 publica indignado, no jornal *Libération*, um manifesto, intitulado *Vous êstes dangereux*, por ocasião da prisão de Roger Knobelspiess, um sujeito que havia sido condenado abusivamente e, ao acabar de sair da prisão fora novamente encarcerado de modo exagerado também, que publicara já alguns livros sobre sua situação, deflagrando a terrível função que as prisões exerciam nos homens, tanto dos que lá se encontram quanto dos que se acreditavam seguros pela suas existências, e suas concepções de justiça, afirmando: "... Libertado, ele acaba de ser incriminado novamente por outros fatos. E toda imprensa fala de erro, de trapaça, de intoxicação. E fala contra quem? Contra quem pediu uma justiça mais proporcional, contra quem afirmou que a prisão, por sua própria natureza, não serve para transformar um condenado. Façamos algumas perguntas simples: Onde está o erro? Há anos os que tentaram abordar seriamente o problema da prisão dizem: a prisão foi criada para punir e emendar. Ela pune? Talvez. Emenda? Certamente não. Nem reintegração, nem formação, mas constituição e fortalecimento de um 'meio delinquente'. Quem entra na prisão por um roubo de alguns milhões de francos tem mais chance de sair gânster que homem de bem. (...) Onde estão os perigos? Os perigos estão na delinquência. Eles estão no abuso do poder. E estão na espiral que os une. É necessário atentar-se a tudo que pode reforçar a delinquência. Ater-se a tudo que, como maneira de punição, corre o risco de reforçá-la. (...) Quanto a vocês, que pensam que um crime de hoje justificaria uma punição de ontem, vocês não sabem raciocinar. Pior, vocês são perigosos para nós e para si mesmos, se, como nós, não querem um dia ser golpeados por uma justiça que dorme sob seus arbítrios. Vocês também são um perigo histórico. Pois uma justiça deve se questionar sempre, assim como uma sociedade só pode viver do trabalho que exerce sobre si mesma e sobre suas instituições."[1143]

[1142] ZAFFARONI, Eugenio Raúl. **Em busca ...**, p. 135.

[1143] FOUCAULT, Michel. **Vous êtes dangereux**. Dits et Écrits (org. Daniel Defert et François Ewald). Paris: Gallimard, v. 4, 1994, p. 522-525. "Libéré, il vient d'être inculpé à nouveau pour d'autres faits. Et voilà que toute la presse crie à l'erreur, à la duperie, à l'intoxication. Et elle crie contre qui? Contre ceux qui avaient demandé une justice mieux mesurée, contre ceux qui avaient

Mais fortes são as palavras de Zaffaroni, quando afirma que "a prisão não deteriora por deteriorar, mas o faz para condicionar: 'invade' o indivíduo com suas exigências do papel que também lhe são formuladas pelas outras agências do sistema – e que a prisão apenas exacerba – em uma continuidade deteriorante realizada por todas as agências, incluindo a judicial. Trata-se de uma verdadeira 'lavagem cerebral', da qual fazem parte, inclusive, os demais prisioneiros que interagem com aquele submetido ao tratamento criminalizante"[1144]. Vê-se, portanto, nas confissões do ilustre penalista, os felizes e ao mesmo tempo trágicos desvelos realizados por Foucault, ao destacar, de um lado, o aspecto deteriorante do sistema carcerário, e, de outro, a inserção de um poder normalizante nos corpos aprisionados. É essa terrível postura que Foucault alerta nos modelos penais de repressão, cujos tristes afazeres se reduzem a "produzirem sua clientela por um processo de seleção e condicionamento criminalizante que se orienta por estereótipos proporcionados pelos meios de comunicação de massa".[1145] Tal é o resultado, que os prisioneiros se convertem em "sujeitos" essenciais à reprodução desse mesmo sistema de destruição.[1146] Nesse sentido, pode-se encontrar na obra de Foucault uma íntima relação entre o discurso jurídico penal e a prisão, aquele como forma de expressão, de decidibilidade, de enunciação de regras, enquanto esta, como forma de visibilidade, de definição de lugares onde a repressão e a disciplina atuam. É nesse sentido que a prisão em Foucault tem muito mais o objetivo intrínseco de disciplinamento do que punição, como se quer acreditar. Eis as

affirmé que la prison n'était pas de nature à transformer un condamné. Poson quelquer questions simples: Où est l'erreur? Ceux qui ont essayé de poser sérieusement le problème de la prison le disent depuis des années: la prison a été instaurée pour punir et pour amender. Elle punit? Peut-être. Elle amende? Certainement pas. Ni réinsertion ni formation, mais constitution et renforcement d'un 'milieu délinquant'. Qui entre en prison pour vol de quelques milliers de francs a bien plus de chances d'en sortir gangster qu'honnête homme. (...) Où sont les dangers? Les dangers sont dans la délinquance. Les dangers sont dans les abus de pouvoir. Et ils sont dans la spirale qui les lie entre eux. Il faut s'en prendre à tout ce qui peut renforcer la délinquance. S'en prendre aussi à tout ce qui, dans la manière de la punir, risque de la renforcer. (...) Quant à vous, pour qui un crime d'aujourd'hui justifierait une punition d'hier, vous ne savez pas raisonner. Mais, pis, vous êtes dangereux pour nous et pour vous-même, si du moins, comme nous, vous ne voulez pas vous trouver un jour sous le coup d'une justice endormie sous ses arbitraires. Vous êtes aussi un danger historique. Car une justice doit toujour s'interroger sur elle-même tout comme une société ne peut vivre que du travais qu'elle exerce sur elle-même et sur ses institutions.'" [trad. do autor.]

[1144] ZAFFARONI, Eugenio Raúl. **Em busca** ..., p. 136.

[1145] ZAFFARONI, Eugenio Raúl. **Em busca** ..., p. 133.

[1146] ZAFFARONI, Eugenio Raúl. **Em busca** ..., p. 134. "Ao assumir o papel demandado pelos órgãos penais, o indivíduo converte-se em importante colaborador para a manutenção do sistema penal."

palavras da ilustre jurista Mireille Delmas-Marty, na esteira do pensamento de Foucault: "sabe-se da análise de Michel Foucault que, partindo da vocação mais disciplinar que punitiva da prisão, sublinha a oposição entre o direito penal, como forma de expressão ("dicidibilidade"), a qual enuncia regras, e a prisão como forma de conteúdo (visibilidade), que define um lugar".[1147] Do mesmo modo, Gilles Deleuze interpretando o pensamento de Foucault afirma: "... a prisão como visibilidade do crime não deriva do direito penal como forma da expressão; ela vem de uma perspectiva totalmente diferente, 'disciplinar'e não jurídica; e o direito penal, por sua vez, produz enunciados de 'delinquência' independentemente da prisão, como se fosse sempre levado a dizer, de certa forma, isto não é uma prisão ... As duas formas não têm a mesma formação, a mesma gênese ou genealogia, no sentido arqueológico de *Gestaltung*. E no entanto há encontro, ainda que por um passe de mágica: dir-se-ia que a prisão substituiu o delinquente penal por outro personagem, e, graças a essa substituição, produz ou reproduz delinquência, ao mesmo tempo que o direito produz e reproduz presos."[1148]

Nessa análise das prisões, poder-se-ia pensar, de início, que Foucault se enquadraria, juntamente com Nils Christie, Louk Hulsman ou mesmo Thomas Mathiesen, numa teoria abolicionista, que defenderia a radical substituição do sistema penal por outras instâncias de soluções de conflitos, como assim bem interpreta o ilustre professor de Buenos Aires, ou seja, edificar-se-ia em correspondência com uma teoria que objetiva, para alguns, o fim da concepção de crime e a resolução dos conflitos pelo direito civil, para outros, mais moderados como Christie e Mathiesen, o fim de uma intervenção exagerada, quer

[1147] DELMAS-MARTY, Mireille. **Pensée moderne et réformes pénales**. L'évolution de la philosophie du droit en Allemagne et en France depuis la fin de la seconde guerre mondiale. (org. Guy Planty-Bonjour e Raymond Legeais) Paris: Presses Universitaires de France, 1991, p. 130-131. "On connaît l'analyse de Michel Foucault qui partant de la vocation disciplinaire plus que punitive de la prison souligne l'opposition entre le droit pénal comme forme d'expression (dicibilité), qui énonce des règles, et la prison comme forme de contenu (visibilité), qui définit un lieu." [trad. do autor.]

[1148] DELEUZE, Gilles. **Foucault**. Paris: Les Éditions de Minuit, 1986, p. 69. "... la prison comme visibilité du crime ne dérive pas du droit pénal comme forme d'expression; elle vient d'un tout autre horizon, disciplinaire et non juridique; et le droit pénal, de son côté, produit des énoncés de délinquance indépendamment de la prision, comme s'il était toujours amené à dire, d'une certaine façon, ceci n'est pas une prison... Les deux formes n'ont pas la même fonction, la même genèse ou généalogie, au sens archéologique de Gestaltung. Et pourtant il y a rencontre, même si c'est à la vaveur d'un tour de passe-passe: on dirait que la prison substitue un autre personnage au délinquant pénal, et, à la faveur de cette substitution, produit ou reproduit de la délinquance, en même temps que le droit produit et reproduit des prisonniers." [trad. br. Foucault. (trad. Claudia Sant'Anna Martins) São Paulo: Brasiliense, 1988, p. 71.]

dizer, uma intervenção reduzida, minimalista, em que houvesse um "encolhimento" do sistema penal.[1149] Para os abolicionistas, segundo as palavras de Nils Christie, o sistema judicial ideal seria "uma organização penal orientada para a vítima. Não um estágio inicial. O primeiro estágio seria o tradicional, onde se verificaria se a lei foi mesmo infringida e se aquela determinada pessoa foi mesmo quem a infringiu. Então, estabelecida a materialidade e autoria, viria o segundo estágio, muito importante nesse sistema. A situação da vítima seria considerada. Cada detalhe relacionado ao que aconteceu, ainda que juridicamente irrelevante, seria analisado. Particularmente importante aqui seria considerar o que poderia ser feito para a vítima principalmente pelo ofensor. Depois, o que poderia ser feito pela vizinhança e depois o que poderia ser feito pelo Estado. (...) só depois de respondida toda esta indagação e superado este estágio – o que pode levar horas ou dias – é que viria a decisão acerca da punição, formada por um tribunal, com alguma orientação leiga também. A pena seria um sofrimento adicional àquele sofrimento construtivo pelo qual o ofensor passará nas suas ações restitutivas *vis-à-vis* com a vítima. Um quarto estágio precisa ser adicionado. É o estágio de prestação de serviços ao ofensor."[1150]

Entretanto, verifica-se na obra de Foucault, uma outra perspectiva metodológica, que não pode ser preterida em favor de análises restritas, não na sua depreciação do termo, mas sintética, que considerem tão-somente alguns de seus textos. É preciso comprender Foucault dentro de sua magnitude, onde os escritos ora são silenciosos, ora retumbantes, como um historiador do presente, antes de ser um pensador a caminho de novas saídas aos sistemas carcerários. O eminente Professor Zaffaroni, apesar de defender com maestria sua teoria a respeito de Foucault, parece reconhecer em parte o perigo de nomeá-lo um abolicionista, quando tece as seguintes considerações: "... como já se observou, é possível que esta não tenha sido a intenção de Foucault, limitado tão-somente a descrever uma forma de conhecimento da sociedade industrial e não a tratar a questão em si,"[1151] mas, é, talvez nessa especial deixa,

[1149] FONSECA, André Isola; OLIVEIRA, Ana Sofia Schmidt de. **Conversa com um abolicionista minimalista.** Revista Brasileira de Ciências Criminais, São Paulo, Revista dos Tribunais, a. 6, n. 21, p. 13-14, jan./mar. 1998. "Nils Christie – O que o abolicionismo quer é encolher o sistema penal. Alguns querem encolhê-lo tanto até o ponto da não existência. Outros, tanto quanto politicamente possível em uma sociedade leniente. O meu interesse pessoal é propiciar o desenvolvimento de um senso crítico em relação ao sistema penal para que não se torne opressivo."

[1150] FONSECA, André Isola; OLIVEIRA, Ana Sofia Schmidt de. **Conversa com** ..., p. 15-16.

[1151] ZAFFARONI, Eugenio Raúl. **Em busca** ..., p. 102.

que se pode melhor introduzir Foucault e sua genealogia. Tem-se escrito em defesa de um Foucault abolicionista, e nesse sentido vários textos foram muito bem confeccionados,[1152] no entanto, é preciso compreender textos como *Sur la Prison, Surveiller et Punir, Sur les Prisons, La Prison Partout, La société Punitive, Contre les Peines de Substitution, Du Bon Usage du Criminel, Toujours les Prisons*, etc., sobre um outra dinâmica, senão num *corpus*, visto que o próprio autor assim refutaria, mas dentro de toda a extensão de sua obra. Ressalte-se, também, que o próprio criminólogo holandês Louk Hulsman, em entrevista a Juan Felix Marteau, defende existir em Foucault apenas um abolicionismo acadêmico, isto é, uma recusa aos discursos dominantes sobre crime e justiça criminal, em virtude de sua falta de indepedência em relação às práticas sociais existentes e às suas teorizações sobre uma justiça criminal natural e necessária, e não propriamente um abolicionismo institucional, que objetiva se "livrar da justiça criminal da mesma forma que, no passado, as pessoas quiseram se livrar da escravidão e, hoje em dia, querem se livrar de práticas que consideram discriminatórias quanto à raça e ao gênero (apartheid)". Neste ponto, entende o criminólogo que o objetivo principal do abolicionismo acadêmico se resume na abolição de uma determinada linguagem prévia sobre a justiça criminal, para a instauração de uma nova linguagem, que admita a possibilidade de submeter a justiça criminal a uma hipótese crítica, "que desafie a sua naturalidade e necessidade".[1153]

São claras as críticas que Foucault empreende em relação ao discurso da punição e da criminologia, mas isso tão-somente se faz como um modo de desnudar as fraquezas de um sistema e de um discurso que procura embasar e corroborar a aplicação das punições pelos juízes penais, eis o que se encontra apregroado no primeiro folheto do referido GIP, segundo as palavras de Didier Eribon: "O GIP não se propõe falar em nome dos detentos de diferentes prisões: ao contrário, propõe-se a dar a eles a possibilidade de falar sobre o que acontece nas prisões. O objetivo do GIP não é reformista, não sonhamos com uma prisão ideal: desejamos que os prisioneiros possam dizer o que é intolerável no sistema de repressão penal. Devemos difundir o mais rápido possível e o mais amplamente possível essas revelações feitas pelos próprios prisioneiros. É o único modo de unificar o combate político e o combate judiciário

[1152] Nesse sentido, ver: SANT'ANNA, Aline Albuquerque. **O abolicionismo penal e Michel Foucault**. Cadernos da Pós-Graduação. Rio de Janeiro, Ed. da UERJ, n. 4, p. 12-33, jul./dez. 1998.

[1153] MARTEAU, Juan Felix. **Práticas punitivas: um pensamento diferente. Uma entrevista com o abolicionista penal Louk Hulsman**. (trad. Helena Singer) Revista Brasileira de Ciências Criminais, São Paulo, Revista dos Tribunais, a. 4, n. 14, p. 13-14, abr./jun. 1996.

numa mesma luta interna e externa à prisão".[1154] O próprio Foucault, como visto, juntamente com Domenach e Vidal-Naquet, ao lançarem o manifesto do GIP na Revista *Esprit*, deixou claro que seu objetivo não era acabar com as prisões ou reformá-la, mas tão-somente conhecer a sua realidade: "Nós nos propomos divulgar o que é a prisão. (...) Nós não sugerimos uma reforma."[1155] Para Foucault, em particular, confirmando a pergunta da *Magazine Littéraire*,[1156] a própria criminologia se resume em sua utilidade, em sua função precípua de dar boa consciência aos juízes, isto é, um modo de justificar, com o peso de um discurso científico e todas as suas credibilidades, a aplicação da pena, mas se trata de acabar com as prisões, mas, especialmente, 'limpar os antecedentes' dos presos, evitando que muitos retornem para o sistema carcerário pelo simples fato de uma polícia extensiva.[1157] Nessa mesma orientação, ao contrário daqueles que defendem um abolicionismo penal em Foucault, e o fim das prisões, o autor mesmo alerta, no final de sua magnífica obra *Surveiller et Punir*: "... a prisão, tal como funciona num regime panóptico. O que não quer dizer que não possa ser modificada ou dispensável definitivamente para um tipo de sociedade como a nossa."[1158]

Seus objetivos ficam claros, quando em entrevista a Roger Pol Droit, ao ser perguntado se a ideia de humanização das prisões não seria um engodo, Foucault responde, ressaltando o problema carerário: "Parece-me que o que está verdadeiramente em jogo na política, não é que os detentos tenham uma barra de chocolate no dia de Natal, ou que eles possam sair para comemorar suas Páscoas. O que é necessário denunciar, é menos o caráter 'humano' da prisão que o seu funcionamento social real, como elemento de constituição de um meio delinquente que as classes do poder se esforçam em controlar. O verdadeiro problema é saber se o fechamento deste meio em si próprio poderá ter um fim, se ele permanecerá ou não distanciado das massas populares. Em outros termos, o que deve ser objeto da luta é o funcionamento do sistema penal e do aparelho judiciário na sociedade, pois, são eles que geram os

1154 ERIBON, Didier. **Michel Foucault** ..., p. 211.

1155 FOUCAULT, Michel; DOMENACH, Jean-Marie; VIDAL-NAQUET, Pierre. **Création d'un** ..., p. 531-532. "Nous nous proposons de faire savoir ce qu'est la prison (...). Ce n'est pas à nous de suggérer une réforme." [trad. do autor.]

1156 FOUCAULT, Michel. **Sobre a prisão**. Microfísica do poder. (trad. Roberto Machado) 13 ed. Rio de Janeiro: Graal, 1998, p. 139. "M.L – Em suma, o discurso criminológico é útil apenas para dar boa-consciência aos juízes?; M.F. – Sim, ou antes indispensável para permitir que se julgue."

1157 ERIBON, Didier. **Michel Foucault** ..., p. 212.

1158 FOUCAULT, Michel. **Vigiar e** ..., p. 268.

ilegalismos que os fazem lutar uns contra os outros."[1159] Nesse mesmo sentido, Foucault afirma em *Surveiller et Punir* que deveria existir uma reestruturação das prisões e não o seu fim propriamente dito. Pensa em algo distinto, que ele hesita em dizer o que é, já que seu objetivo é apenas trazer críticas às suas estruturas, e não ser um "conselheiro", como sempre alertou: "Portanto, se há um desafio político global em torno da prisão, este não é saber se ela será não corretiva; se os juízes, os psiquiatras ou os sociólogos exercerão nela mais poder que os administradores e guardas; na verdade ele está na alternativa prisão ou algo diferente de prisão. O problema atualmente está mais no grande avanço desses dispositivos de normalização e em toda a extensão dos efeitos de poder que eles trazem, através da colocação de novas objetividades."[1160]

## 8.3. As prisões hoje

Essa mesma posição se vê no Brasil na constituição de subjetividades pela prisão. É oportuno afirmar que ainda inexistem, felizmente, na realidade brasileira, as malsinadas prisões privadas, o que certamente faz do país um paradigma extremamente evoluído na luta pelos direitos humanos, embora haja tanto ressentimento para com suas situações carcerárias. Sem embargo das inúmeras críticas que podem ser traçadas à realidade prisional do Brasil, é necessário destacar que o Brasil 'milagrosamente' tem conseguido escapar à terrível indústria das prisões, quando os particulares passam a tomar conta da execução penal dos condenados. O país tem fugido, apesar da crescente política de privatizações que agridem os pilares do estado nacional, a esse modo de conduzir a execução e o cumprimento das penas pelos condenados, que, consoante as brilhantes palavras de Nils Christie, poderiam conduzir,

[1159] DROIT, Roger Pol. **Des supplices** ..., p. 718. "R.D. – Tout ce qui se trame et s'agite autour des 'réformes', de l''humanisation' des prisons serait donc un leurre? MF. – Il me semble que le véritable en jeu politique, ce n'est pas que les détenus aient un bâton de chocolat le jour de Nöel, ou qu'ils puissent sortir pour faire leurs Pâques. Ce qu'il faut dénoncer, c'est moins le caractère 'humain' de la prison que son fonctionnement social réel, comme élément de constitution d'un milieu délinquant que les classes au pouvoir s'efforcent de contrôler. Le vrai problème, c'est de savoir si la fermeture de ce milieu sur lui-même pourra prendre fin, s'il demeuerera ou non coupé des masses populaires. En d'autres termes, ce qui doit être l'objet de la lutte, c'est le fonctionnement du système pénal et de l'appareil judiciaire dans la société. Car ce sont eux qui gèrent les illégalismes qui les font jouer les uns contre les autres." [trad. do autor. "Tudo o que se trama e diz respeito às reformas, da humanização das prisões, seria um engodo? M. F. – "]

[1160] FOUCAULT, Michel. **Vigiar e** ..., p. 268.

sobretudo no Brasil, marcado por intensas desigualdades sociais, a uma situação semelhante da Segunda Guerra Mundial, onde a desumanização atingiria as pessoas das classes mais baixas, porque seriam mais vulneráveis, chegando ao ponto de, no pior, simplesmente surgir a necessidade de eliminá-los.[1161] Esta realidade, segundo Eric Lotke, tem se difundido pelos Estados Unidos, como uma forma magistral de fazer negócios. Isto é, está ocorrendo um "*boom* das prisões", pois estas não se destinam mais estritamente a serem lugares de cumprimento da pena, mas um modo de fazer dinheiro a grandes companhias, pois consigo vem toda uma avalanche de novas relações comerciais, como os serviços de alimentação prisional, lavanderia, planos de saúde, softwares para o rastreamento e colheita de dados de visitas, etc. Estes programas de computadores, que, graças às condições econômicas das grandes empresas, existem nas prisões privadas, demonstram claramente as teorizações foucaultianas acerca de um poder gerencial e vigilante, pois com esta realidade, surgem bancos de dados que reúnem todas as informações "referentes ao preso, como classificação de risco, horário de visitas, movimentações, plano de preenchimento de vagas e cálculo de sentenças". E o pior, são estabelecimentos que, com baixa qualidade social, e com alta tecnologia, restringem-se, a despeito da situação dos presos, a observá-los, com "menos guardas e mais câmeras de vídeo";[1162] e seu lema deixa de ser o controle da criminalidade, para ser, "é preciso manter as prisões cheias", pois além de gerarem dinheiro, geram também, em grandes casos, trampolins políticos, para lançarem aos cargos do Executivo, poderosos guardas de presídios.

Entretanto, apesar da fuga a esta realidade industrial das prisões, a que sensivelmente retarda o Brasil em chegar, vive-se uma triste realidade carcerária, como bem ressaltara o Dr. Drauzio Varella, em seu livro *Estação Carandiru,* escrito a partir de seu convívio com o presos da Casa de Detenção, no recém-extinto Complexo do Carandiru em São Paulo, desde 1989, num trabalho voluntário para tentar combater a AIDS através de pesquisas epidemológicas sobre a prevalência do HIV, bem como de palestras, vídeos e revistas em quadrinhos. De sua vivência no maior presídio do país, algumas terríveis constatações exalam, e que bem demonstram a que servem as prisões no Brasil, senão ao confinamento e ao incitamento à criminalidade – eis a situação muito bem descrita pelo oncologista: *1)* Uma verdade ainda permanece, pois a

[1161] FONSECA, André Isola; OLIVEIRA, Ana Sofia Schmidt de. **Conversa com** ..., p. 19.

[1162] LOTKE, Eric. **A indústria das prisões**. Revista Brasileira de Ciências Criminais, São Paulo, Revista dos Tribunais, a. 5, n. 18, p. 30, abr./jun. 1997.

grande maioria das pessoas que lá se encontram são pobres;[1163] *2)* Dado número de pessoas que ingressam no presídio, o controle das drogas se torna ineficaz;[1164] *3)* Há uma raiva acumulada que exala nos momentos mais insensatos e sem nexos;[1165] *4)* A superlotação é uma realidade constante;[1166] *5)* Existe um código de ética próprio;[1167] *6)* E pior, constata que há um controle próprio da

1163 VARELLA, Drauzio. **Estação Carandiru.** São Paulo: Companhia das Letras, 1999, p. 14 "Diretor Geral: É mais fácil um camelo passar pelo buraco de uma agulha do que um rico entrar preso na Casa de Detenção."

1164 VARELLA, Drauzio. **Estação** ..., p. 15 e 40. "Humanamente impossível revistar tudo o que entra. Paralisaria o presídio". – "... além de bancos toscamente construídos com a madeira que aparece ninguém sabe de onde."

1165 VARELLA, Drauzio. **Estação** ..., p. 19, 20,115, 146 e 147. "Velho Jeremias: Tantos anos na cadeia, doutor, e nunca vi ninguém matar alguém sozinho. Chega a juntar vinte, trinta, para meter a bicuda naquele que vai morrer. Pode ser forte que for, não tem defesa. A cadeia perversa a mente do sentenciado num tanto tal, que o cara está levando os golpes e muitos que não têm nada a ver com a fita pegam carona na desgraça do alheio e soltam a faca também, só de maldade. Isso aqui, é a maior covardia!" – "Lourival: Duvido que alguém faça concurso para guarda de presídio só para bater em detento. É o ambiente daqui que deixa a pessoa assim." – "Estuprador: Me fizeram segurar uma lâmpada na mão e encostaram um fio descascado na grade. A água que jogaram era para conduzir melhor a corrente. Choque de 220. Só desligavam quando a luz acendia na minha mão. Dava um tranco horrível no corpo, a língua enrolava, depois aquele clarão da lâmpada. Quando se cansaram da brincadeira, o vendedor desabou semiconsciente, cheio de sangue e com o rosto deformado. Nessa hora, urinaram em cima dele." – "Detento: Muitas vezes, ao estuprador é dada a oportunidade de conviver pacificamente com a massa por longos períodos. Um dia, no anonimato de uma rebelião, a turba enfurecida descarrega nele o ódio represado."

1166 VARELLA, Drauzio. **Estação** ..., p. 22. "Funcionários: Isso aqui é pior do que coração de mãe, sempre cabe mais gente."

1167 VARELLA, Drauzio. **Estação** ..., p. 10, 28, 36, 43, 44, 45, 46, 49, 63, 71, 99, 100, 113, 164. "... este processo adaptativo é regido por um código penal não escrito, como na tradição anglo-saxônica, cujas leis são aplicadas com extremo rigor..."(Autor, p. 10). "A experiência recomenda colocar os estupradores junto com os justiceiros, para que os dois grupos se protejam em caso de vingança da massa carcerária, que não perdoa o estupro e odeia caçadores de ladrões." – "Juscelino: O companheiro gasta o dele no melhoramento do barraco. Depois, a polícia vai querer colocar outro lá para morar de graça. Cadê a justiça?" – "...é preciso muita confiança para entrar sem convite na cela de um companheiro. Sem o proprietário estar lá, você não entra. Por mais intimidade que teja ou não teja. É mancada grave! Já vi nego morrer por um pão." – "Detento: Ladrão que rouba ladrão tem cem anos de perdão, só que quando a gente pega é problema." – "Sem-Chance: Acordar vagabundo é sem chance, tem que mudar de xadrez." – "Lá pelas nove, hora do almoço, a presença na galeria neste momento delicado é interpretada como um atentado à higiene alimentar e punida com severidade." – "Lupércio: As regras de comportamento no horário da comida eram rígidas: nessa hora não podia usar banheiro, escarrar, tossir e muito menos chupar dente, que tomava paulada no ato." – "Detento: Homem que chora na cadeia não merece respeito." – "É preciso saber proceder: jamais cobiçar a mulher do próximo e manter impecável a ordem geral. Não há falta considerada pequena, qualquer deslize é gravíssimo." – "Hernani: Durante as palestras: - O senhor, o Luís e o pc vêm fazer uma coisa boa para nós. Se algum mano criar caso, um acerto de conta, uma palhaçada,

detenção, que foge à administração do presídio;[1168] Há, talvez, somente uma característica boa que possa ser ressaltada no estabelecimento prisional, em especial o Carandiru, que seria a solidariedade desenvolvida, mas que é bem provável que exista em qualquer forma de confinamento humano[1169], como nos programas televisivos de *Casa dos Artistas, Big Brother*, e afins.

No Brasil, o panoptismo benthamiano destacado por Foucault ainda permanece vivo, vê-se estruturas reais que em plena virada de milênio guardam ainda os princípios do séc. XVIII, e todas as constituições de dispositivos e diagramas, que se dispõem a vigiar o preso na sua dimensão microfísica, em seu próprio corpo. Nesse sentido, muito bem ressalta o Professor e Presidente do Conselho Penitenciário do Rio Grande do Sul, Salo de Carvalho, ao resgatar o sistema prisional gaúcho e nele identificar as regras universais da boa condição carcerária e os princípios da correção, que tanto foram questionados na visão foucaultiana para a produção de corpos dóceis: Salo de Carvalho, ao investigar os fundamentos e o tratamento dado pelas autoridades brasileiras à Lei de Execuções Penais, resgatando a imensa quantidade de dispositivos que representam a vigilância que Foucault alertava, salienta: "Não obstante

vai se colocar contra o bem geral. Aí é problema! Precisa desprezar o apego na vida." – "Na escolha de faxineiros, para ser aceito, o candidato não pode ter delatado companheiro nem ter sido responsável pela prisão de alguém, não pode estar endividado, não pode ter ameaçado de morte um desfeto e não cumprir, não pode ter levado um tapa na cara nem assumido o papel de 'laranja', ou seja, ter se responsabilizado pela ação cometida por outro." – "Luisão: Quando aparece um alcagueta, procuro ver se a informação que ele traz vale a vantagem que ele quer tirar. Alcaguetagem é qualidade inata. – Ele já nasce alcagueta, doutor. É atividade de alto risco no mundo do crime; passível de execução sumária." – "Seu Luís: É o seguinte, minha senhora, se não trouxer o dinheiro no fim de semana que vem, seu filho vai morrer! Diante desta inadmissível contravenção às leis da malandragem, segundo as quais um preso, por mais intimidade que tenha com o companheiro, só pode se dirigir a um familiar do outro se convidado a fazê-lo."

1168 VARELLA, Drauzio. **Estação** ..., p. 29, 34, 36, 37, 99. "...o Cinco, além de tradicional produtor de 'maria-louca', a pinga destilada clandestinamente, é considerado o pavilhão mais armado: é a fábrica de faca da cadeia." – "O direito de posse da moradia, como dissemos, é dos ladrões há muito tempo." – "Há muitos anos a direção da Casa perdeu o direito de posse nos pavilhões maiores. Os preços variam de 150 a 2.000 reais." – "Dr. Walter: Há xadrez em que o dono é libertado e deixa um inquilino pagando aluguel ou um amigo morando de graça. Se o proprietário voltar para a Detenção, o outro tem que devolver o imóvel." – "Aos funcionários não cabe escolher faxineiros, é a corporação que recruta seus membros."

1169 VARELLA, Drauzio. **Estação** ..., p. 25 e 26. "Os paraplégicos são muito respeitados pelos companheiros, que costumam auxiliá-los nas tarefas diárias." – "A situação desses presos – doentes mentais do Quatro – só não é pior por causa da dedicação comovente de um cearense de cabelo ondulado convertido a pastor do Exército da Salvação, ..., que chefiou por muito tempo um grupo de auxiliares encarregados da higiene, da medicação e de dar comida na boca dos que não conseguiam se alimentar."

os problemas derivados da adoção normativa de um regime disciplinar de controle da massa carcerária, despersonalizando o cidadão pela substituição do seu 'ser' pelo padrão imposto, os efeitos das faltas e recompensas administrativas disciplinadas em lei denunciam claramente as relações intramuros. A conduta do preso é verificada conforme o maior ou menor grau de adaptação às regras disciplinares que regulam sua permanência no estabelecimento penal. Segundo o artigo 44 da LEP, a disciplina consiste na colaboração com a ordem, na obediência às determinações das autoridades e seus agentes e no desempenho do trabalho."[1170]

Que os sistemas carcerários estão falhos no controle, isso certamente não é novidade no Brasil, sobretudo nos dias atuais, como se tem visto nas rebeliões de Bangu no Rio de Janeiro, em que fuzis e celulares fazem parte da rotina dos presídios. Como estrutura de punição, portanto, servem a fins totalmente diversos do que o cumprir pena. Do mesmo modo, estão servindo para constituir personalidades criminosas e para a formação de subjetividades externas com medo e incapazes. A estrutura disciplinar da prisão toma conta das demais estruturas, irradiando os seus efeitos como estruturas totais.

[1170] CARVALHO, Salo de. **Pena e garantias: uma leitura do garantismo de Luigi Ferrajoli no Brasil**. Rio de Janeiro: Lumen Juris, 2001, p. 204.

# IV – O "Sujeito" como Obra Final

# 9. Do cuidado de si à amizade

## 9.1. Tecnologias e estética de si

Como o arqueólogo que se apresentara na década de sessenta e setenta, Foucault vai buscar na Antiguidade Clássica, especialmente, a Grega, algumas novas soluções ou novas saídas para os problemas que encontrava com a formulação de um poder ostensivo e disciplinar na sociedade. Para tanto, deixando de lado as questões exclusivamente relacionadas ao poder e ao saber, em sua manifestação filosófica e política, tal como refletira até então, Foucault vai procurar em tempos remotos novas reflexões em direção à sexualidade, aos prazeres mais simples e à constituição da subjetividade. Em torno do sujeito, como visto outrora, uma temática concomitante surge nos horizontes filosóficos de Foucault, sobretudo a partir de suas últimas obras intituladas *La Volonté de Savoir*, *L'Usage de Plasir* e *Le Souci de Soi*, bem como de seus derradeiros cursos no *Collège de France*, dos biênios de 1980/81, 1981/82, 1982/83 e 1983/84.

Num breve resumo, para que se possa compreender o enlace dos temas, pode-se dizer que a sexualidade, num primeiro momento, é repensada num ambiente mais político que propriamente filosófico-científico. Momento esse mais próximo da cultura contemporânea. Em *La Volonté de Savoir*, argumenta Foucault que a sexualidade, ao contrário do que usualmente sempre se teve como verdade, isto é, tema constante e bruscamente reprimido pela sociedade, foi posta em discurso, quer dizer, desde o século XVI, ao contrário da clausura, teve de se manifestar, ora diante do confessionário, ora no divã. Nesse sentido, abre-se o capítulo seguinte. Num segundo momento, em *L'Usage de Plaisir*, a sexualidade, fulcrada especialmente nos meandros do século IV, mas também desde o pensamento grego clássico até a doutrina e a pastoral cristã da carne, é repensada a partir da constituição de uma moral cristã, isto é, nos seus limites, são-lhe traçados a recomendação da virgindade, a condenação do amor pederástico, a defesa da fidelidade conjugal, ou seja, toda uma nova ética, toda uma nova moral da conduta sexual, a partir da experiência da "austeridade sexual", nasce e passa a dominar a sexualidade, através de um conjunto de práticas denominadas 'técnicas de si' ou 'práticas de si'. Por fim, num terceiro momento, em *Le Souci de Soi*, ainda em seu projeto da ética ocidental, a sexualidade é repensada em torno do 'cuidado de si', quer dizer, ao analisar as experiências do século II, Foucault formula uma nova interpretação da subjetividade, não mais em torno dos prazeres e códigos ou do exercício do poder, mas ao redor de temas como da atividade sexual, a partir do casamento, a moral da renúncia, a valorização da mulher, a reciprocidade, a fidelidade, quer dizer, não mais a condenação dos excessos do sexo, como realizado pela auteridade sexual, mas valorização dos modos de condução da vida, a *Lebensführung* da frágil vida individual.

É, pois, em torno dessas duas últimas compreensões, que Foucault se investe num novo projeto, não o derradeiro, mas sem dúvida o penúltimo, em direção à constituição das sociedades modernas. Ao regressar à cultura grega, interpõe Foucault, em seu projeto arqueogenealógico, uma nova leitura da constituição da família, dos prazeres e das virtudes. Quer dizer, nas malhas de suas obras de 1984, bem como nos referidos cursos, um tema indispensável se demonstra na obra de Foucault, isto é, as construções filosóficas em torno da ascese, da *philia*, das tecnologias de si, da estética da existência, enfim, em torno dos cuidados e das práticas subjetivantes. Eis o assunto presente na obra foucaultiana que se debruçam essas próximas linhas.

Michel Foucault, no curso intitulado *Subjectivité et Vérité*, proferido no biênio de 1980-1981 no *Collège de France*, afirma categoricamente que, para se buscar um profundo conhecimento do cuidado consigo, para autodeterminar-se e ter o pleno conhecimento de si próprio, como forma de melhor entender como o homem foi posto na posição de objeto de saber e de poder, é indispensável buscar uma enquete sobre os modos instituídos de conhecimento de si e sobre a sua história, quer dizer: "Como o sujeito foi posto, em diferentes momentos e distintos contextos institucionais, como um objeto de conhecimento possível, desejável ou mesmo indispensável? Como a experiência e o saber que se podem fazer de si mesmo foram organizados através de certos esquemas? Como esses esquemas foram definidos, valorizados, recomendados, impostos? É claro que nem o recurso a uma experiência originária, nem o estudo das teorias filosóficas da alma, das paixões ou do corpo podem servir de eixo central numa pesquisa como essa. O fio condutor que parece ser o mais útil, nesse caso, é constituído por aquilo que poderia se chamar de 'técnicas de si', isto é, os procedimentos, que, sem dúvida, existem em toda civilização, pressupostos ou prescritos aos indivíduos para fixar sua identidade, mantê-la ou transformá-la em função de determinados fins, e isso graças a relações de domínio de si sobre si ou de conhecimento de si por si. Em suma, trata-se de recolocar o imperativo do 'conhecer-se a si mesmo', que nos parece tão característico de nossa civilização, na interrogação mais ampla e que lhe serve de contexto mais ou menos explícito: que fazer de si mesmo? Que trabalho operar sobre si? Como 'se governar', exercendo ações onde se é o objetivo dessas ações, o domínio em que elas se aplicam, o instrumento ao qual podem recorrer e o sujeito que age?"[1171]

Para essas respostas, Foucault estuda o período clássico retornando ao momento em que estabeleceu um "cuidado de si", ora a partir do bom uso dos prazers, ora a partir do domínio sobre o próprio corpo. Nesse sentido, convém fazer algumas reflexões sobre as investigações foucaultianas. Foucault, em busca do encontro de um "cuidado de si" no período clássico, procura reconstituir o modo como os indivíduos se relacionavam com a sexualidade, a fim de demonstrar que ao longo do tempo, especialmente pela inserção de uma poder pastoral, os temas da virgindade, da monogamia, da heterossexualidade, do casamento legítimo deixaram de ser relacionados ao "desejo" para serem relocados na questão do "prazer". Para seguir os seus objetivos, como se verá adiante numa entrevista dada pouco antes de sua morte, de resgatar o "cuidado de si" greco-latino para repensar a sexualidade de hoje com vistas

[1171] FOUCAULT, Michel. **Subjectivité et vérité**. Dits et Écrits (org. Daniel Defert et François Ewald). Paris: Gallimard, v. 4, 1994, p. 213. "... comment le sujet a-t-il été établi, à différents moments et dans différents contextes institutionnels, comme un objet de connaissance possible, souhaitable ou même indipensable? Comment l'expérience qu'on peut faire de soi-même et le savoir qu'on s'en forme ont-ils été définis, valorisés, recommandés, imposés? Il est clair que ni le recours à une expérience originaire ni l'étude des théories philosophiques de l'âme, des passions ou du corps ne peuvent servir d'axe principal dans une pareille recherche. Le fil directeur qui semble le plus utile pour cette enquête est constitué par ce qu'on pourrait appeler les 'techniques de soi', c'est-à--dire les procédures, comme il en existe sans doute dans toute civilisation, qui sont proposées ou prescrites aux individus pour fixer leur identité, la maintenir ou la transformer en fonction d'un certain nombre de fins, et cela grâce à des rapports de maîtrise de soi sur soi ou de connaissance de soi par soi. En somme, il s'agit de replacer l'impératif du 'se connaître soi-même', qui nous paraît si caractéristique de notre civilisation, dans l'interrogation plus vaste et qui lui sert de contexte plus ou moins explicite: que faire de soi-même? quel travail opérer sur soi? comment 'se gouverner'en exerçant des actions où on est soi-même l'objectif de ces actions, le domaine où elles s'appliquent, l'instrument auquel elles ont recours et le sujet qui agit?" [trad. br. **Subjetividade e verdade**. Resumo dos cursos do Collège de France (1970-1982). (trad. Andréa Daher e Roberto Machado). Rio de Janeiro: Jorge Zahar, 1997, p. 109-110.]

à formação de personalidades autênticas, Foucault investiga cautelosamente os textos dos séc. I, II, III e IV, antes de ingressar na era cristã, de cujo período ainda restam hoje os princípios informantes.

Para Foucault, apesar das diferenças usualmente colocadas entre pagãos e cristãos, e a despeito do modo drástico como o ato sexual fora constituído pelo cristianismo, a filosofia moral da Antiguidade também permitia que existisse uma certa associação entre a atividade sexual e o mal, bem como a presença de regras de monogamia procriadora, a condenação de relações do mesmo sexo e a exaltação da continência. Nesse sentido, Foucault destaca que já estavam presentes à época greco-latina inúmeros dos temas que se fizeram responsáveis para constituir uma ética cristã, típica das sociedades europeias. Todavia, a grande distinção residia que no pensamento clássico o comportamento sexual, bem como suas práticas, estariam constituídos num outro domínio, diferente do "desejo" dos cristãos, mas no "prazer", isto é, no domínio de uma prática moral, no bom "uso dos prazeres". É, portanto, em torno do comportamento sexual dos gregos, em busca de demonstrar a existência de uma tecnologia de si, que Foucault se envereda, especialmente em *L'Usage de Plaisir*. Para tanto, Foucault vai buscar o conceito elaborado pelos gregos das *aphrodisia*, isto é, a relação dos atos de prazer com um campo agonístico de forças difíceis de serem dominadas, o comportamento sexual deveria estar relacionado a um verdadeiro "domínio de si", em que o sujeito seria mais forte do que ele mesmo no uso do poder que exerceria sobre os outros, operacionalizado através de condutas e estratégias de medida, de tempo, de quantidade, de oportunidade, etc. Os *aphrodisia* gregos, segundo Foucault, estavam na história clássica ligados com os prazeres da mesa, isto é, com os prazeres da apetite e da comida.

Nesse sentido, Foucault salienta que os gregos afirmavam a necessidade de se saber dominar estes atos, gestos, contatos, que proporcionavam uma forma de prazer, não para evitar o controle do espírito pelo desejo (temor característico da experiência cristã da carne), mas para evitar o poder surdo, ágil e temível das manifestações da sexualidade que controlam os homens. Aqui Foucault começa a demonstrar, então, a existência de um cuidado de si. Foucault argumenta que para os gregos, na experiência dos *aphrodisia*, não importavam quais seriam os desejos, quais os atos, e quais os prazeres moralmente aceitos pela sociedade, mas sim, a relação, a dinâmica que relacionava ato, desejo e prazer num aporte circular, em que o desejo levava ao ato, que era ligado ao prazer, e, por conseguinte, o prazer que suscitava o desejo. Em suma, o que interessava à reflexão ética grega da sexualidade era com que força se poderia ser levado pelos prazeres e pelos desejos, quais os seus limites e seus sucessos. Dessa maneira, a prática do ato sexual deveria estar relacionada a uma série de fatores: quantitatidade, número, frequência dos atos; o papel ou a polaridade a ser exercida, etc.

Os *aphrodisia*, consoante Foucault, induzia os gregos a se indagarem sobre aquilo que chamavam de *chresis aphrodision*, isto é, o "uso dos prazeres". Não interessava aos gregos instituir um código sistemático sobre os atos sexuais e sobre os prazeres, como os cristãos mais tarde se dedicaram a fazer, na distinção entre o proibido e permitido, entre o moral e o imoral, mas estipular as condições e as moralidades de um uso, isto é, a maneira pela qual os indivíduos dirigiam sua vida sexual. Havia para os gregos todo um conjunto de preocupações que levavam os indivíduos a estabelecerem qual o regime de sexualidade eles deveriam se impor, quer dizer, quais as condições com que ele realizava seus atos sexuais e qual a importância que a eles dava em sua vida.

A reflexão sobre o uso dos prazeres não estaria, assim, submetida a um rígido código de leis e costumes, mas a uma tripla estratégia: a *necessidade*, isto é, o ato e o prazer deveriam estar fundamentados por uma necessidade provocada pelo desejo; o *momento*, quer dizer, era indispensável se reconhecer o momento oportuno para a prática do ato sexual, dever-se-ia responder à pergunta: "quando convém?"[1172]; e o *status*, ou seja, a arte de usar o prazer deveria se modular levando em consideração aquele que a usa, conforme seu estado, quer dizer, a conduta sexual escolhida pelo agente, no uso de seus prazeres, estaria pautada na idade, no sexo, na condição dos indivíduos, nas suas obrigações e nas suas interdições. Nesse sentido, o "bom uso dos prazeres", com base na necessidade, no controle do momento e do *status*, não seria, tal o cristianismo, um forma de austeridade e sujeição dos indivíduos a uma mesma forma, a uma mesma lei universal, mas sim, uma *techne*, uma prática de um "saber-fazer", que levava em conta princípios gerais, capazes de guiar o sexo no seu próprio momento, de acordo com o seu contexto, e em função de seus próprios fins. O sujeito ético era aquele que, no uso de sua temperança [*sophrosune*] e no domínio de si, e de seus atos, era capaz de modular sua atividade sexual conforme sua necessidade, seu momento e seu *status*.[1173]

No caminho do "uso dos prazeres", que diferenciou gregos e cristãos, uma historiografia tão única não pode ser assim formulada, pois, segundo Foucault,

1172 FOUCAULT, Michel. **História da sexualidade II: o uso** ..., p. 55.

1173 FOUCAULT, Michel. **História da sexualidade II: o uso** ..., p. 59. "Portanto, não é universalizando a regra de sua ação que, nessa forma de moral, o indivíduo se constitui como sujeito ético; é, ao contrário, por meio de uma atitude e de uma procura que individualizam sua ação, que modulam e que até podem dar um brilho singular pela estrutura racional e refletida que lhe confere."

a evolução usual e comum de uma exterioridade pagã a uma interioridade cristã, quer dizer, de uma interiorização progressiva da regra, do ato e da falta, não se pode reduzir a tal fato, posto que foi antes uma reestruturação das formas de relação consigo e uma transformação das práticas e das técnicas de apoio dessa relação. Através do resgate do termo *enkrateia* (que quer dizer atitude), Foucault demonstra que os gregos estavam constantemente preocupados com a atitude, isto é, como condição de temperança necessária à moral dos prazeres para o bom uso que se poderia deles fazer. Nesse sentido, afirma que para os sábios gregos, o bom uso dos prazeres estava intimamente relacionado a uma dinâmica de uma dominação de si por si, e ao esforço que ela exigiria. Dessa maneira, havia toda uma *askesis* sob diferentes formas na modulação do comportamento sexual, quer dizer, havia exercícios, meditações, provas de pensamentos, exames de consciência, controles de representações, que passaram a constituir as disciplinas de ensino, indispensáveis para a direção das almas.[1174]

Foucault afirma que os gregos, no controle de suas próprias atitudes, através da tempernaça como estado que se tende alcançar pelo exercício do domínio de si e pelo condicionamento na prática dos prazeres, seria caracterizada como uma liberdade,[1175] isto é, seria vista como um dos aspectos da "soberania sobre si", de tal forma que o mais real dos homens seria aquele "rei de si mesmo". Deste modo, a liberdade passa a ser vista não como negação de escravidão, mas como poder de exercício sobre si, estando no limiar da moral dos prazeres. A intemperança, por conseguinte, implicaria na passividade típica das mulheres, de tal modo que haveria um estado de não-resistência, isto é, uma posição de fraqueza e de submissão em relação à força dos prazeres. A temperança, essencialmente masculina, permite ao homem encontrar-se com a sua verdade, e, logo, ao contrário de uma hermenêutica do desejo, tal os moldes cristãos, observa-se toda uma estética de existência do mundo grego. "Deve-se entender, com isso uma maneira de viver cujo valor moral não está em sua conformidade a um código de comportamento nem em um trabalho de purificação, mas depende de certas formas, ou melhor, certos princípios formais gerais no uso dos prazeres, na distribuição que deles se faz, nos limites

[1174] FOUCAULT, Michel. **História da sexualidade II: o uso** ..., p. 69. "embora seja tão importante governar desejos e prazeres, e apesar do uso que se faz deles constituir um alvo moral de tal preço, não é para conservar ou reencontrar uma inocência de origem; não é, em geral – salvo, evidentemente, na tradição pitagórica – para conservar uma pureza; é para ser livre e poder permanecê-lo."
[1175] FOUCAULT, Michel. **História da sexualidade II: o uso** ..., p. 73.

que se observa, na hierarquia que se respeita."[1176] Desse modo, Foucault afirma que a reflexão moral da Antiguidade em torno dos prazeres não se orientava em direção de uma codificação de atos, tampouco para uma hermenêutica do sujeito, mas, antes, para uma estilização da atitude e uma estética da existência.

Em torno do comportamento sexual dos gregos, Foucault afirma que no séc. IV teriam existido as denominadas "técnicas de si", que singularizavam a conduta sexual, desenvolvidas no pensamento grego e estudadas pela medicina e a filosofia, capazes de lhes modular singularmente a conduta sexual, sem que se tornasse um sistema inexorável de preceitos e sanções ao corpo e à alma desviante, isto é, através de três grandes tecnologias, apoiando-se em práticas existentes e reconhecidas, que chamara de "artes de se conduzir", especificamente a *Dietética*, a *Econômica* e a *Erótica*, Foucault procura demonstrar o modo como os gregos travavam o conhecimento com a sua sexualidade, num domínio de si e dos outros, como "estilizavam" as suas condutas.

Em resumo, a *Dietética* se define como a prática de si através da qual os gregos procuravam dar forma à sua conduta, especificamente, a partir do regime, isto é, ela se apresentava aos clássicos como uma tecnologia de si e se evidenciava como uma arte da relação cotidiana do indivíduo com o próprio corpo. Era, pois, uma forma de temperança em que o indivíduo deveria fazer um uso comedido e oportuno dos *aphrodisia*, quer dizer, através de uma atenção centrada na questão do momento oportuno ao sexo e na correlação entre os estados variáveis do corpo e das propriedades das estações, manifestavam-se o medo da violência, o temor do esgotamento e o duplo cuidado com a sobrevivência do indivíduo e a manutenção da espécie. Para tanto, Foucault se dedica ao estudo do regime em geral, da dieta dos prazeres, dos risco e perigos, bem como do ato sexual, do dispêndio de energia vital e na ascensão da morte. Através de exercícios, do cuidado com os alimentos, com as bebidas, com os sonos, com as relações sexuais (*aphrodisia*), impunha-se um dever de cuidado, de temperança, quer dizer, de medidas para o bom uso do corpo em busca dos prazeres. Do mesmo modo, uma série de traços deveriam ser observados com vistas ao regime dos prazeres, tais como o problema das relações sexuais e dos exercícios, o contexto de suas práticas, a frequência, a sua existência, etc., e não propriamente, tal os cristãos, a posição natural, as práticas indevidas, o coito interrompido, a contracepção, etc.[1177] Nesse sentido, afirma Foucault: "O ato sexual não é considerado como uma prática lícita ou

[1176] FOUCAULT, Michel. **História da sexualidade II: o uso** ..., p. 82.
[1177] FOUCAULT, Michel. **História da sexualidade II: o uso** ..., p. 104-105.

ilícita, segundo os limites temporais no interior dos quais ele se inscreve: ele é encarado como uma atividade que, no ponto de interseção entre o indivíduo e o mundo, o temperamento e o clima, as qualidades do corpo e as da estação, pode provocar consequências mais ou menos nefastas, e portanto deve obedecer a uma economia mais ou menos restritiva. É uma prática que demanda reflexão e prudência."[1178] Por outro lado, a *Econômica* se demonstrava, enquanto "arte de se conduzir", como a prática do governo doméstico, isto é, como a relação do indivíduo na estilização de sua conduta; como a arte da conduta do homem enquanto chefe de família. Para tanto, Foucault parte para investigar a sabedoria do casamento, a casa de Isômaco e as três políticas da temperança. Nesse sentido, afirma que a fidelidade recíproca não se constituía para os gregos, já que o adultério só haveria para o ordenamento jurídico no caso de infração da mulher casada que tivesse relação com um homem que não fosse o seu esposo. Entretanto, havia uma forma de obrigação do homem para com a mulher e vice-versa, de tal forma que a mulher não deveria ter relacionamento fora do casamento, posto que estava sob o domínio do marido, enquanto este deveria se manter nas relações sexuais do casamento porque seria a mais bela maneira de exercer seu poder sobre a mulher. Dessa maneira, uma espécie de fidelidade se estabelece parcialmente, mas não sob o fundamento divino, e, sim, como exercício do domínio de si, quer dizer, enquanto arte de bem conduzir-se e conduzir seus prazeres. Por fim, a última arte de se conduzir, com vistas ao bom uso dos prazeres, destacada por Foucault é a *Erótica* que se estabelece como a prática da corte no comportamento amoroso, isto é, como a arte da conduta recíproca entre o homem e o rapaz na relação de amor. Para tanto, investiga Foucault a existência de uma relação problemática em torno do ato sexual, a questão da honra de um rapaz e o objeto do prazer. Dessa maneira, para os gregos, ressalta o texto foucaultiano que a oposição entre um homem temperante e senhor de si e aquele que se entregava aos prazeres era muito mais importante, do ponto de vista moral, do que as divergências entre as categorias sexuais, isto é "ter costumes frouxos consistia em não saber resistir nem às mulheres nem aos rapazes, sem que este último caso fosse mais grave do que o outro." Isso significa dizer que o comportamento homossexual e bissexual era comum, já que amar os rapazes era uma prática livre, isto é, não somente pelas leis, mas também pela opinião pública. Através do resgate da *Erótica*, Foucault demonstra que o respeito devido à virilidade do adolescente e ao seu *status* futuro de homem livre, numa percepção do tempo diversa, não

[1178] FOUCAULT, Michel. **História da sexualidade II: o uso** ..., p. 106.

se trataria simplesmente para o homem ser senhor de seu prazer; mas, sim, de saber de que maneira se poderia dar à liberdade do outro no domínio que se exerce sobre si mesmo e no amor verdadeiro que se tem por ele.[1179] Nesse sentido, Foucault defende que para os gregos, no que tange ao regime dos prazeres, havia uma "estética da existência", em que a história da ética deve ser compreendida como a elaboração de uma forma de relação consigo, capaz de permitir ao indivíduo de se constituir como sujeito de uma conduta moral.

Noutro compasso, ainda no período clássico, mas no séc. II, Foucault destaca que, para além de um bom uso dos prazeres, havia entre os gregos uma outra maneira dos indivíduos se constituírem como sujeitos morais de suas próprias condutas sexuais, distintas da moral dos prazeres, mas igualmente diversa da moral da carne, a qual marca os anos cristãos posteriores. Foucault argumenta, a partir do texto de Artémidore *La Clef des Songes*, que havia entre os gregos uma "arte de existência", isto é, uma arte da existência do cuidado de si, não tanto dos limites e dos excessos aos quais os indivíduos poderiam se entregar na condução sexual para o bom uso dos prazeres, referente à fragilidade dos indivíduos diante dos diversos problemas suscitados eventualmente pela atividade sexual. Nesse sentido, Foucault também afirma que entre os gregos havia todo um pensamento voltado à necessidade e à importância de se desenvolver práticas e exercícios pelos quais os indivíduos pudesse manter um controle sobre si e atingir um "puro gozo de si"[1180]; isto é, o objetivo não seria tanto as diversas formas de interdição, mas, antes, a presença de uma arte de existência que girava em torno do cuidado de si, do vínculo que se pode estabelecer em torno de si e com os outros, dos procedimentos e das práticas cotidianas que permitem os indivíduos a exercerem e estabelecerem um controle sobre si próprio, quer dizer, a maneira pela qual se pode estabelecer a "plena soberania sobre si".

Nessa perspectiva, Foucault repensa o tema dos *aphrodisia*, afirmando que havia um vasta quantidade de práticas sexuais que garantiam uma "arte da existência do cuidado de si", especialmente se fossem verificados o papel do matrimônio, do regime dos prazeres e do corpo, do monopólio e do vínculo conjugal na questão feminina, e da erótica em torno do amor pelos rapazes, etc. Nesse sentido, Foucault destaca que um novo papel surge para os casamentos, em que tanto o homem quanto as mulheres deveriam cuidar de si, nas suas

[1179] FOUCAULT, Michel. **História da sexualidade II: o uso** ..., p. 219.

[1180] FOUCAULT, Michel. **História da sexualidade III: o cuidado de si**. (trad. Maria Thereza da Costa Albuquerque) 4 ed. Rio de Janeiro: Graal, 1985, p. 239.

particularidades, constituindo, assim, uma "estilística da existência".[1181] Nessa perspectiva, Foucault entende que o casamento no período clássico era um ato exclusivamente privado, um negócio entre o pai da moça e o futuro marido, independente dos poderes públicos, destinada somente a assegurar a permanência do *oikos*. Todavia, esse casamento foi sendo paulatinamente tornado público, isto é, deixou de ter seu lugar restrito nas instituições familiares, para se tornar uma instituição cívica, com o aparecimento da figura do funcionário ou do padre, para sancionar o ato. Esse é, certamente, o período em que as leis passam a figurar, dar conta do casamento, especialmente a *lex adulteriis*, que marcou o domínio da autoridade pública sobre a instituição matrimonial. Há, portanto, progressivamente, a presença da autoridade através da institucionalização do casamento, e, por conseguinte, uma nova definição para a sua figura, que marca o homem como sujeito moral da casa e da cidade.[1182] Nesse sentido, Foucault destaca que o problema de si mesmo, o desenvolvimento da cultura de si no decorrer do período helenístico e o apogeu de reelaboração de uma ética do domínio de si foi significativo, de maneira que a reflexão sobre o uso dos prazeres, que até então se relacionava à estreita correlação entre os três domínios: sobre si, sobre a casa e sobre os outros, foi transformada, em virtude de uma crise das formas de subjetivação, numa dificuldade do sujeito em se constituir como sujeito moral de suas condutas, e num esforço para encontrar na aplicação a si o que poderia lhe permitir sujeitar-se a regras e finalizar a sua existência.[1183]

Noutra banda, Foucault argumenta que no período clássico havia, sobretudo para a medicina, um propósito de que os prazeres sexuais deveriam ter tanto valorações positivas, como a questão do sêmen e do esperma (substâncias preciosas para a formação da natureza, da vida, da transmissão da vida, etc.), quanto negativas, já que representa a perda da substância vital, pelas doenças, mutas vezes pela responsabilidade de crises epiléticas, etc. Os prazeres aparecem, portanto, sob dois grandes cuidados: a violência involuntária da tensão, e o dispêndio indefinido que esgota, o que leva à conclusão de que os atos sexuais deveriam ser submetidos a um regime extremamente cauteloso.

[1181] FOUCAULT, Michel. **História da sexualidade III: o cuidado** ..., p. 77.

[1182] FOUCAULT, Michel. **História da sexualidade III: o cuidado** ..., p. 87. "Ora, se é verdade que a reflexão moral sobre a boa conduta do casamento tinha, por muito tempo, procurado seus princípios numa análise da 'casa' e de suas necessidades intrínsecas, compreende-se o surgimento de um novo tipo de problema, em que se trata de definir a maneira pela qual o homem poderá constituir-se enquanto sujeito moral na relação de conjugalidade.

[1183] FOUCAULT, Michel. **História da sexualidade III: o cuidado** ..., p. 101.

Para tanto, quatro variáveis devem ser observadas no regime dos prazeres: a) o regime dos *aphrodisia* na atividade procriadora (visto que há momentos mais favoráveis à procriação que outros); b) a idade dos indivíduos (posto que não se deveriam praticar atos sexuais nem muito cedo e nem quando muitos idoso); c) o momento favorável (devendo-se observar que o ato sexual deveria ser melhor realizado no inverno e na primavera, embora houvesse discussões); d) e os temperamentos individuais (já que há naturezas aptas ao coito mais do que outras, por serem mais ou menos quentes e úmidas). Foucault também demonstra a atenção que surgira nesse período da civilização helênica em relação ao trabalho da alma, afirmando que havia três fontes principais que impediam a temperança, e, por conseguinte, impediam o bom uso dos prazeres e do domínio de si, que precisariam ser controladas: a) o movimento do desejo; b) a presença das imagens eróticas; c) o apego demasiado ao prazer.

Todavia, poder-se-ia pensar que a mulher, por estar em posição de dependência do homem, não teria um cuidado de si. No entanto, Foucault afirma que de fato a mulher também deve estabelecer para si uma estilística de existência, ainda que voltada ao bom cumprimento de suas funções no casamento, especialmente no exercício de sua conjugalidade. Nessa linha, Foucault salienta que até mesmo o adultério tinha uma função diferente no período clássico em relação à ética cristã, isto é, era visto uma fraqueza que homem deveria limitar, tanto mais porque a mulher o tolera por uma concessão e por sua honra, tornando-se uma prática indispensável em ser evitada para o bom regime dos prazeres. Assim, o adultério é condenado, mas não por ferir o outro, nem tampouco, como no período cristão, por ser crime e pecado, mas por não representar o cuidado de si como liberdade, e, consequentemente, com o mau uso dos prazeres e de intemperança.

O tema do cuidado de si é, talvez, um dos únicos assuntos em que Foucault deixa seu modo tradicional de fazer filosofia, abandonando seu aspecto de intelectual que não pretende dar soluções ou traçar conselhos para o futuro da sociedade, e propõe o resgate dessa prática dos gregos, como forma de exercício das próprias convicções, e como forma de 'alcançar' a sua liberdade, como se verá em seguida. Esse assunto vem abordado entre outros ao longo do curso de 1982, *L'Hermeneutique du Sujet*, ao longo de algumas palestras, e, sobretudo, no último volume da história da sexualidade.[1184]

1184 Sobre a questão do cuidado de si, convém ler: FOUCAULT, Michel. **Sexualité et solitude.** Dits et Écrits (org. Daniel Defert et François Ewald). Paris: Gallimard, v. 4, 1994, p. 168-177.; FOUCAULT, Michel. **Les techniques de soi.** (trad. F. Durant-Bogaert) Dits et Écrits (org. Daniel Defert

## 9.2. O cuidado de si e a questão da liberdade

A relação entre o cuidado de si, vista como uma ética propriamente dita, está intimamente relacionada à questão da liberdade, segundo Foucault. Ao retomar o pensamento grego em sua última fase, Foucault passa a defender que o exercício da liberdade, enquanto prática, é antes uma ética do que simplesmente um modo de construção histórica e de tranformações políticas, tal outros tantos pensadores, como visto anteriormente. A ética, nesse sentido, para Foucault, é antes uma prática de liberdade, uma prática reflexiva da liberdade, pois visa a responder ao seguinte questionamento: Como se pode praticar a liberdade?[1185] A questão da liberdade, antes de ser tematizada propriamente como uma ética e atualizada ao pensamento contemporâneo, tal como o fizera Foucault numa entrevista em 20 de janeiro de 1984, intitulada *L'éthique du souci de soi comme pratique de la liberté*, concedida a Helmut Becker, Raul Fornet-Betancourt e Alfredo Gomez-Müller, que se verá em seguida, encontra seus fundamento no pensamento grego, quando questiona o problema da moral dos prazes em *L'Usage de Plaisir.*

Consoante Foucault, a liberdade no pensamento grego não era simplesmente a independência de toda a cidade, mas, antes, a liberdade individual, numa relação do indivíduo para consigo, isto é, embora seja igualmente importante a questão da liberdade dos cidadãos no seu conjunto, para o Estado também indispensável é a liberdade dos indivíduos entendida como o domínio de que eles são capazes exercer sobre si mesmos.[1186] Para o autor, as atitudes dos indivíduos, o modo como se relacionam consigo mesmos, a maneira pela qual exercem sua própria liberdade no que tange ao seus desejos, são requisitos

et François Ewald). Paris: Gallimard, v. 4, 1994, p. 783-812.; FOUCAULT, Michel. **Le combat de la chasteté**. Dits et Écrits (org. Daniel Defert et François Ewald). Paris: Gallimard, v. 4, 1994, p. 295-308.; FOUCAULT, Michel. **L'herméneutique du sujet**. Dits et Écrits (org. Daniel Defert et François Ewald). Paris: Gallimard, v. 4, 1994, p. 353-366. [trad. br. **A hermenêutica do sujeito**. Resumo dos cursos do Collège de France (1970-1982). (trad. Andréa Daher e Roberto Machado). Rio de Janeiro: Jorge Zahar, 1997, p. 117-133]; FOUCAULT, Michel. **L'écriture de soi**. Dits et Écrits (org. Daniel Defert et François Ewald). Paris: Gallimard, v. 4, 1994, p. 415-430.; FOUCAULT, Michel. **Usage des plaisirs et techniques de soi**. Dits et Écrits (org. Daniel Defert et François Ewald). Paris: Gallimard, v. 4, 1994, p. 539-562.; e ERDMANN, Eva. **Die literatur und das schreiben "l'écriture de soi" bei Michel Foucault**. Ethos der Moderne: Foucaults Kritik der Aufklärung. (org. Eva Erdmann, Rainer Forst e Axel Honneth) Frankfurt: Campus Verlag, 1990, p. 260-279.

1185 BECKER, Helmut.; FORNET-BETANCOURT, Raul; GOMEZ-MÜLLER, Alfredo. **L'éthique du souci de soi comme pratique de la liberté**. Dits et Écrits (org. Daniel Defert et François Ewald). Paris: Gallimard, v. 4, 1994, p. 708-729.

1186 FOUCAULT, Michel. **História da sexualidade II: o uso ...**, p. 74.

indispensáveis para a felicidade e a boa ordem da cidade. Todavia, essa liberdade não deve ser vista como a independência de um livre arbítrio, isto é, ela é mais do que uma não-escravidão, ela é mais do que uma liberação que tornaria o indivíuo independente de qualquer coerção exterior ou interior, é, de fato, o poder que se exerce sobre si, a partir do poder que se exerce sobre os outros, a *encrateia*, o autocontrole.[1187]

Convém abrir um parênteses para trazer algumas considerações importantes em relação à expressão, que o próprio Foucault utilizou em *L'Usage de Plaisir*, no que tange à busca pelo conceito de liberdade a partir de um "poder" que se exerce sobre si, no poder que se exerce sobre os outros. Isso porque, apesar da própria utilização do termo "poder" pelo intelectual, e sem embargo outros autores também assim muito bem interpretem, como Sérgio Paulo Rouanet,[1188] que fez algumas entrevistas com o autor, entende-se que outro posicionamento se deveria ter a esse período de "autoconstituição" subjetiva, em contraposição ao período disciplinar. O que singulariza o período clássico é justamente o fato de inexistir um poder que se exerce sobre o indivíduo na sua constituição subjetiva (é evidente que não se está aqui negando a existência do poder jurídico, aquele exercido pelo tirano, já que o próprio Foucault utiliza-o como exemplo da intemperança e jamais negou a dualidade do poder, mas o que ressalta é a ausência de um poder exercido), ou seja, enquanto na modernidade há uma normalização dos indivíduos, no sentido de que um poder impõe-lhes uma forma de conduta, e, portanto, constitui suas subjetividades; em contrapartida, no período dos séculos IV e V, há um fenômeno totalmente diverso, que não poderia utilizar a expressão "poder" para designá-lo. O poder de que Foucault fala, salvo o jurídico-estatal, é um poder relacional, um modo de ação, necessariamente, de alguns sobre outros, tanto que Foucault claramente afirma: "não há poder a não ser exercido por 'uns' sobre 'outros'."[1189] E quando fala que seria uma ação que se exerce sobre a sua própria ação, está se referindo à arte de governar, ao campo de ação eventual dos outros, e que não existe se não for em relação aos demais. Dessa maneira, nem mesmo a conceituação de poder em Foucault admitira que seu

[1187] ROUANET, Sérgio Paulo. **As razões do iluminismo**. São Paulo: Companhia das Letras, 1987, p. 177.

[1188] ROUANET, Sérgio Paulo. **As razões do ...**, p. 178.

[1189] FOUCAULT, Michel. **Le pouvoir, comment s'exerce-t-il?**. DREYFUS, Hubert; RABINOW, Paul. Michel Foucault: un parcours philosophique, au-delà de l'objectivité et de la subjetivité. (trad. Fabienne Durand-Bogaert) Paris: Gallimard, 1984, p. 312. "... il n'y a de pouvoir qu'exercé par les 'uns' sur les 'autres'." [trad. do autor.]

uso fosse utilizado para se referir a esse período da história, em que o "cuidado de si" se formava como uma ética. Nesse sentido, as tecnologias de si, ainda que tenham suas ações irrefletidas nos outros, não são formas ou manifestações do poder, mas são, sim, exercícios que conduzem o indivíduo nas suas atitudes em busca de 'liberdade': a vida é uma obra de arte, não pelo fato do homem exercer um poder sobre si mesmo, mas porque o homem exerce uma ascese, uma regulação de condutas que está muito além das relações, das ações sobre os outros, são, antes, relações consigo, na boa condução de seus prazeres, na resistências às suas apetites sexuais, no modo como resolve 'com calma seus problemas', na maneira como se veste e conduz sua vida; é, pois, antes um cuidado de si, um domínio de si próprio, independentemente dos demais. Se o homem não comete adultério, não o faz porque exerce um poder, tal a definição foucaultiana, sobre outrem, mas porque exerce um *ehtos* próprio, uma maneira de ser e de agir que lhe conduz à liberdade. Isso não significa, evidentemente, que o homem, nesse período, não exerça poder, ele o faz, e se impõe claramente na condução da polis, do lar e sobre a mulher no matrimônio, mas aqui, sim, há poder, no sentido foucaultiano, não quando o homem cuida de si para governar a si mesmo. Nesse sentido, portanto, melhor seria deixar o termo do poder para designar exclusivamente o poder político e o poder microfísico, das relações, da ação sobre a ação dos outros, do governo dos homens uns pelos outros, mas não a esse modo de conduzir a vida dos textos gregos, caracterizados pelo "cuidado de si".

Retornando, a liberdade, para os gregos, portanto, está dirigida ao exercício e o cuidado sobre si, pois sempre a autoridade perfeita sobre si mesma é exercida, o indivíduo é capaz de satisfazer facilmente todos os seus desejos, podendo a eles se entregar, e conduzir a própria cidade, a sua felicidade, uma vez que a sua má conduta tem efeitos sobre todos e na vida coletiva da cidade. "Para não ser excessivo e não fazer violência, para escapar à dupla constituída pela autoridade tirânica (sobre os outros) e pela alma tiranizada (por seus próprios desejos), o exercício do poder político exigirá como seu próprio princípio de regulação interna o poder sobre si."[1190] Dessa maneira, a temperança, vista como um dos aspectos indispensáveis aos indivíduos para que atinjam a soberania sobre si, é um valor indispensável para que a cidade tome seus rumos certos, tanto quanto outros valores o são: justiça, coragem, prudência, etc. Da mesma forma, o indivíduo que pretende governar a cidade, deve, antes, governar a si mesmo, ou seja, antes de exercer o domínio sobre

[1190] FOUCAULT, Michel. **História da sexualidade II: o uso** ..., p. 75.

os outros, deve exercer o domínio sobre si, pois o "mais real dos homens é rei de si mesmo".[1191]

Para os clássicos, segundo Foucault, a moral dos prazeres era uma das formas indispensáveis para o indivíduos conduzirem fielmente sua vida, atingirem sua liberdade, pois só o exercício da temperança, do bom uso dos prazeres, é que permitia o domínio de si e dos outros, da aquisição e da manutenção da liberdade e da verdade. Contrariamente a isso, Foucault cita dois grandes exemplos que demonstram as diversidades do exercício da liberdade, ora pelo mau uso das técnicas de si, ora de maneira positiva: de um lado, o chefe indigesto da *polis*, o tirano, que é incapaz de dominar suas próprias paixões, uma vez que está constantemente abusando de seu poder e da violência para conduzir os seus súditos nos desígnios que lhe convêm. Assim, o tirano induz a cidade à infelicidade, a partir do instante que perturba a ordem, incitanto a revolta entre os cidadãos. Do mesmo modo, o seu mau uso dos prazeres o torna prisioneiro de si mesmo, e seus abusos sexuais o fazem ser desonrado perante os filhos (nesse sentido cita Pisistrátides em Atenas, Periandro em Ambrácia, etc.) De outro lado, há o verdadeiro *rei*, aquele que é capaz de exercer um estrito poder sobre si na autoridade que exerce sobre os outros, isto porque, o seu uso moderado e temperado nas atitudes conduzem-no às perfeitas técnicas de si, que, por conseguinte, permitem moderar o seu domínio sobre os outros, isto é, o verdadeiro governante, que exerce sua temperança, é aquele que, antes, sabe governar a si mesmo, comandar em si próprio os prazeres e os desejos (nesse sentido cita Ciro de Xenofonte).

É evidente que para os gregos, tal como destaca Foucault, a ideia de temperança e perfeito domínio de si estava ligada ao homem, pois ele deveria saber definitivamente usar perfeitamente as técnicas, desde as relações sexuais às atitudes em casa. Nesse sentido, já que a cidade não reflete nada além do que o próprio domínio privado representava, o domínio de si, para o bom domínio do lar e da *polis*, era visto como uma maneira de ser do homem em relação a si próprio, a partir do instante que ele é capaz de comandar o que deve ser comandado, posto que este é incapaz de dirigir a si próprio. A partir do instante em que o indivíduo consegue controlar e dominar a sua atividade de homem, que se exerce sobre os outros especialmente pela prática sexual,[1192] ele é capaz de controlar seus desejos, e, portanto, de exercer sua temperança. Foucault ressalta que certamente as mulheres também deveriam

[1191] FOUCAULT, Michel. **História da sexualidade II: o uso** ..., p. 75.
[1192] FOUCAULT, Michel. **História da sexualidade II: o uso** ..., p. 77.

ser temperantes, mas a temperança é vista de maneira institucional, isto é, está relacionada à ideia de dependência em relação à família e ao marido, bem como à sua funções procriadora e de submissão à cidade, ou seja, a sua temperança se exercia nas suas funções e na relação direta com o marido: "Portanto, a temperança e a coragem são no homem virtude plena e completa 'de comando'; quanto à temperança ou à coragem da mulher, são virtudes 'de subordinação', o que significa que elas encontram no homem, ao mesmo tempo, seu modelo perfeito e acabado e o seu princípio de funcionamento."[1193]

Todavia, o que ressalta na diferença entre a temperança das mulheres e a temperança viril, por excelência a sua estrutura essencial, é que para os gregos a temperança, a par de suas diversidades, era o exercício ideal para que o indivíduo, dominando a si próprio, pudesse tornar-se "livre". Ou seja, para os gregos, pouco importava a opção sexual que a pessoa escolhesse, desde que ele fosse ativo na relação sexual e no domínio de si, isto é, fosse dono de seus prazeres, seria considerado como tendo temperança, posto que, caso não a tivesse, seria considerado feminino. O feminino representava para os gregos o mau uso dos prazeres, de tal forma que mesmo aquele que dedicasse excessivamente seu amor às mulheres, também o seria. Nesse sentido, a intemperança, vista como o estado de não-resistência e em posição de fraqueza e de submissão diante da força dos prazeres, tornariam a liberdade algo irrealizável.

Partindo dessas concepções de liberdade, na referida entrevista, quando Foucault atualiza o pensamento grego e o torna objetivo de nossa época, afirma que, de fato, a liberdade seria uma espécie de ética, de modo que os homens deveriam saber cuidar de si próprios para terem uma conduta ética durante a vida. E as sociedades modernas teriam paulatinamente convertido o cuidado de si em algo suspeito, como visto. Isso significa dizer, consoante o pensamento foucaultiano, que o exercício da liberdade se demonstra nas práticas, já que a prática de liberdade é, antes, uma prática ética.[1194]

É preciso afirmar que o projeto foucaultiano em torno da liberdade atravessa um objetivo central, que marca os delineamentos das suas pesquisas nos anos oitenta, qual seja, procurando estabelecer a necessidade no "cuidado de si" como condição prévia e inerente para um verdadeiro exercício de liberdades, que não possa ser a qualquer hora reformulada por novas diretrizes políticas, tal como na teoria da posse, Foucault retoma o antigo lema ético

[1193] FOUCAULT, Michel. **História da sexualidade II: o uso** ..., p. 78.

[1194] Nesse sentido, ver: TAYLOR, Charles. **Philosophy and the human sciences: philosophical papers 2**. Cambridge: University of Cambridge Press, 1995, p 152-184..

do período grego, fugindo, assim, das formulações nefastas do período absolutista, isto é, resgata que a arte de levar uma vida digna seria, antes, a arte de ser livre ou de tornar-se livre, do mesmo modo como defende em *Le Souci de Soi*. Em suma, a empresa foucaultiana repensa a liberdade, tal as orientações do período clássico, antes como prática individual, como prática de um cuidado de si, do que um verdadeiro direito positivado, que sob os signos políticos, garantem tão-somente como um interesse positivado, de maneira rígida, estática e imutável (ao menos até que novos rumos políticos do Estado o alterem). Procurando recuperar a concepção grega de liberdade como *ethos*, isto é, como maneira de ser e de agir, Foucault buscou defini-la a partir de sua própria historicidade, quer dizer, para exercer uma reflexão crítica sobre a liberdade deve-se colocá-la na sua singularidade e na sua especificidade histórica, como uma "experiência" (tal como fizera o autor com o tema da loucura e da desrazão, apesar das críticas), e não como uma "essência", que caberia ao homem descobri-la ou delimitar juridicamente os seus conteúdos.

Essa ideia de liberdade como *ethos* Foucault a formula com base no pensamento grego, da seguinte maneira: a liberdade dos indivíduos é um problema ético, e, por conseguinte, diz respeito a uma maneira de ser e de se conduzir; um modo de se comportar que acaba por ser suscetível aos demais indivíduos, ou seja, nesse sentido, o *ethos* de uma determinada pessoa é expressado pela maneira como anda, como se veste, por sua estética, por seu estilo de enfrentar os problemas, etc. Nessa perspectiva, este modo de se conduzir consistia para os gregos a forma concreta da liberdade, e o modo como problematizavam essa liberdade. O indivíduo que fosse capaz de dominar a si mesmo na condução de sua vida, e, consequentemente se tornasse um exemplo de honra e dignidade, era certamente alguém que praticava a sua liberdade.[1195]

Esse retorno à Antiguidade clássica, leva Foucault a defender que a liberdade precisa ser pensada dentro de sua perspectiva antropológica e não exclusivamente jurídica. Para Foucault, há tantas liberdades quantas forem as formas de constituição dos indivíduos, de tal maneira que uma negativa institucional se impõe, portanto, numa tripla face:

a) Não há como pensar e defender a existência de uma "liberdade geral", isto é, o sujeito da liberdade é constituído diferentemente do outro, posto que não havendo porquê se falar no princípio da generalidade ou indiscriminação da lei, a liberdade há de ser diferentemente manifestada, de acordo com o

[1195] BECKER, Helmut.; FORNET-BETANCOURT, Raul; GOMEZ-MÜLLER, Alfredo. **L'éthique du souci de** ..., p. 714.

modo como cada um, cuidando de si, exercita-a e com ela historicamente se relaciona (nesse sentido, ser livre é ser distintamente livre de outrem, segundo suas tecnologias específicas do modo como conduz sua maneira de ser e agir, seu *ethos* de liberdade). Ou seja, os indivíduos livres são aqueles que encontram suas próprias tecnologias, suas próprias maneiras de cuidarem de si, e, portanto, de encontrarem o domínio de seus prazeres, de encontrarem a sua conduta sexual, estabelecendo-lhes uma ética, uma ética de liberdade, que acaba, por conseguinte, condicionando a liberdade cívica.[1196]

b) Não há possibilidade de defesa, segundo as orientações foucaultianas, argumentar a liberdade como experiência de "sujeição a um signo de uma necessidade única", isto é, para Foucault, a liberdade é uma condição e não uma essência presa na história, e, por ser condição, é elemento caracterizador e delimitador do próprio ser, quer dizer, do *Dasein* heideggeriano, e apresenta suas "condições" particulares. A singularidade da liberdade, além de impossivelmente geral, é igualmente irrealizável sob o signo de uma única necessidade. A liberdade se exercita, e, por colocar-se em movimento na constituição dos indivíduos, elabora sua própria história, mas não uma história genérica ligada aos momentos da própria humanidade, e, sim, uma história individual, escrita a partir das experiências de cada indivíduo, quer dizer, a liberdade está, assim, ligada aos comportamentos específicos empreendidos pelos indivíduos nos seus cotidianos para se tornarem "livre". Ser livre é, pois, libertar-se a cada minuto nas suas próprias ações. Libertar-se é, nesse sentido, um verbo propriamente intransitivo e reflexivo, e, atente-se a isso, que não encontra seus limites num predicado ou complemento qualquer; que não exige Outro. Falar que a liberdade não está posta sob o "signo de uma necessidade única" significa dizer que não há determinação absoluta do ser, isto é, a liberdade se constrói, constitui-se como experiência, e se reformula e se delimita a cada acontecimento a que se expõe o sujeito; a liberdade está intimamente ligada à prática que o indivíduo, na sua singularidade, realiza para fazer-se livre, e não a uma liberdade imanente ou ao signo de uma necessidade única. É, pois, nesse sentido, que Foucault prefere falar em "práticas de liberdade".

A liberdade não está, não é, mas se exercita; é indefinível e incontida, mas um "trabalho indefinido", é uma condição que constitui os indivíduos e está ligada ao modo como os indivíduos se constituem a partir de suas práticas. Justamente por não haver um signo único é que Foucault acredita poder

[1196] BECKER, Helmut.; FORNET-BETANCOURT, Raul; GOMEZ-MÜLLER, Alfredo. **L'éthique du souci de ...**, p. 712.

questionar o modo como a história procura definir os homens. Através de um "cuidado de si" seria, portanto, possível fugir às formas subjetivantes de dominação, e delimitar um novo conceito de liberdade a partir de uma ascese libertária. Nessa perspectiva é que Foucault defende que a liberdade para o gregos, distintamente da atual, é um problema essencialmente político, porque relacionada com a questão da não-escravidão, enquanto que a liberdade é pois em si mesma política, já que o indivíduo que é escravo de si mesmo e dos próprios desejos não é "livre".[1197] Foucault, num texto anterior a *L'Usage de Plasir*, quando questiona o exercício do poder, afirma que a liberdade não seria simplesmente uma qualidade, mas a condição do poder, posto que, sempre que as determinações forem saturadas não haverá relações de poder, por isso, não há tampouco exercício do poder sobre homens escravos, mas, somente, sobre homens livres.[1198]

c) Por fim, numa terceira face da negativa institucional, não há, igualmente para Foucault, a possibilidade de se defender "liberdade total", isto é, uma libertação absoluta, livre de toda dominação (eis aqui uma das fontes também de crítica do niihilismo foucaultiano). Nas leituras de Foucault, nada é absolutamente libertário, pois, em sendo algo incompleto e em movimento, por ser um exercício, a liberdade nunca é completa. Nesse sentido, a liberdade não deve ser pensada com base nas leis que garantem a sua existência, mas como práticas, e, como tanto, não são absolutizáveis no âmbito pessoal, tal como o seriam no âmbito jurídico, isto é, ser livre é, pois, "estar sendo livre". Aqui, evidentemente, Foucault traz significativas contribuições para poder fugir ao modelo jurídico tradicional de pensar a liberdade. É oportuno tecer algumas formulações: sob as rígidas considerações de liberdade no âmbito jurídico, pode-se afirmar que um sujeito é livre na sua determinação e nas suas práticas, sempre dentro dos limites da lei. Até mesmo quando se invoca a liberdade do administrador em agir juridicamente, segundo critérios de conveniência e oporturnidade do serviço público, isto é, de uma discricionariedade, esta encontra claramente seus limites na lei. Logo, ser livre atualmente é ser, sempre, livre segundo os ditames da lei, eis o legado do contratualismo. Feitas tais considerações, pode-se perceber claramente a necessidade que Foucault tem em romper com essa modalidade de liberdade, que permite pensar na liberdade contida, e, por conseguinte, na liberdade "total".

[1197] BECKER, Helmut.; FORNET-BETANCOURT, Raul; GOMEZ-MÜLLER, Alfredo. **L'éthique du souci de** ..., p. 714.

[1198] FOUCAULT, Michel. **Le pouvoir, comment** ..., p. 314.

Em suma, a liberdade, segundo Foucault, demonstra-se polo domínio do eu, através de práticas pelas quais os indivíduos tentam fazer de si, quando experimentam a existência da liberdade na história, não uma essência, mas da singularidade historicamente contingente. Nesse sentido, a liberdade não pode ser vista como o fim do poder, mas um limite que lhe é inerente, um exercício contínuo que desaparece sempre que o poder é exercido. Ser livre, portanto, por tratar-se de uma questão ética, é uma uma trabalho indefinido, que se constitui, tal o modelo grego, como um *ethos* visível pelo modo como o indivíduo cuida de si, do uso de seus prazeres, do controle dos riscos, dos abusos e dos excessos no domínio dos outros, e do exercício de sua temperança. A *eleutheria*, assim, trata-se de uma virtude da auto-estima, uma relação consigo mesmo, e se verifica pelo particular modo como homem conduz sua vida em face dos outros na afirmação de si próprio.

## 9.3. As práticas de liberdade e a amizade

Formuladas as considerações em torno do tema do sujeito, com vistas à percepção historiográfica e constitutiva da sexualidade, das tecnologias e do conhecimento de si, bem como de um estética da existência, uma última questão em torno do sujeito ressalta na obra foucaultiana, isto é, o tema da 'amizade', que se demonstra inacabada, em virtude da morte do intelectual, mas de significativa importância.[1199] Trata-se de um tema não relacionado diretamente com os últimos livros de Foucault *L'Usage de Plaisir* e *Le Souci de Soi*, mas antes com seus cursos da década oitenta, bem como às suas derradeiras entrevistas compiladas no volume organizado por François Ewald e Daniel Defert.

Foucault vai procurar no ambiente cultural grego as respostas para os problemas que via nascer na sociedade contemporânea, quer dizer, procura refletir a sexualidade a partir do passado, com vistas ao presente. É nesse sentido que reflete a questão do cuidado de si e o seu resgate atualmente. Apesar de não acreditar que se deva falar num cuidado de si como resposta a todos os problemas de hoje-em-dia,[1200] Foucault afirma que o cuidado de si foi esque-

[1199] GALLAGHER, B.; WILSON, A. **Michel Foucault, une interview: sexe, pouvoir et la politique de l'identité**. (trad. F. Durand-Bogaert) Dits et Écrits (org. Daniel Defert et François Ewald). Paris: Gallimard, v. 4, 1994, p. 744. "S'il est une chose qui m'intéresse aujourd'hui, c'est le problème de l'amitié." [trad. do autor. "Se há algo que hoje me interessa é o problema da amizade."]
[1200] BECKER, Helmut.; FORNET-BETANCOURT, Raul; GOMEZ-MÜLLER, Alfredo. **L'éthique du souci de** ..., p. 723.

cido pelas sociedades, e convertido a partir de um determinado momento em algo suspeito. Tornou-se uma forma de amor a si mesmo, uma forma de egoísmo ou de interesse individual em contradição com o interesse que seria necessário prestar aos outros ou com o necessário sacrifício de si mesmo.[1201] Talvez tivesse sido com o cristianismo, arrisca Foucault, que o cuidado de si deixou de ter sentido, posto que a salvação estaria na renúncia de si. Dessa maneira, um resgate do cuidado de si conduziria homens ao exercício de sua ascese, e, portanto, ao transformar num modo de conduzir a vida, um *ethos*, seria antes uma ética da liberdade.

O tema da amizade aparece, assim, em Foucault, como uma maneira de revalorizar as suas práticas, e lhe reconceder o *status* de virtude máxima. Nesse sentido, a amizade para os gregos era vista como a forma por excelência das relações humanas, num compasso entre reciprocidade pura e generosidade sem contrapartida. Tendo isso em vista, Maurice Blanchot afirmara que "a amizade foi talvez prometida a Foucault como um dom póstumo, para além das paixões, dos problemas de pensamento, dos perigos da vida que ele sentia mais pelos outros do que por si próprio."[1202]

No curso de 3 de fevereiro de 1982, reunido na coletânia *L'Herméneutique du Sujet*, ao falar dos assuntos em torno da subjetividade e da verdade, bem como do cuidado de si e dos outros, Foucault faz uma reflexão para seus ouvintes sobre a questão da amizade, especialmente, em torno das problemáticas interpretativas da concepção epicurista. Para Foucault, o conceito de amizade era um tema indispensável nos ensinamentos de Epicuro e seus discípulos, sobretudo, nas suas famosas Sentenças Vaticanas. Segundo o intelectual francês, inicialmente se pode ser tentado a pensar a amizade epicurista num lugar longínquo do que deveria ser, qual seja, o lugar em que a amizade deriva exclusivamente da utilidade. Nesse sentido, na Sentença Vaticana nº 23, por certo Epicuro resgata o caráter inevitável da utilidade, que faria da própria amizade algo desejável, todavia, essa utilidade que o pensamento epicurista presencia na amizade não é de toda simples e imediata de ser extraída, e não se reduz, tampouco, ao caráter da necessidade que um amigo desempenha ao outro no âmbito concreto. Por essa interpretação a amizade útil é antes um cuidado de si: "De fato, seria necessário mostrar que, ao mesmo tempo, a amizade epicurista não é nada além que uma forma de cuidado de si, mas

1201 BECKER, Helmut.; FORNET-BETANCOURT, Raul; GOMEZ-MÜLLER, Alfredo. **L'éthique du souci de** ..., p. 722.

1202 BLANCHOT, Maurice. **Foucault como** ..., p. 72.

que este cuidado de si não é tanto a preocupação da utilidade."[1203] É preciso, segundo as interpretações foucaultianas, perceber que evidentemente a amizade serve a um regime de trocas sociais e de serviços, mas que, consoante a Sentença Vaticana nº 39, um amigo não busca somente a utilidade, nem tampouco procura aquele que somente a busca, posto que seria indispensável ter um certo equilíbrio entre a utilidade e qualquer coisa distinta da utilidade. Nessa perspectiva, o amigo, no pensamento de Epicuro, não pode simplesmente buscar no outro a utilidade, mas não pode, igualmente, bani-la por completo de suas relações, pois, aquele que a exclui, aquele que a expurga, neste momento, fere toda boa esperança de futuro.

A utilidade, desde que não se mostre constrictora e onipresente, tem um papel fundamental na amizade, consoante as considerações epicuristas, pois é um pêndulo que, ao aparecer ocasionalmente, permite que a felicidade se estabeleça nas relações interindividuais, uma vez que, no interior dessa alegria, a confiança se demonstra indispensável para vigorar a reciprocidade, um dos elementos de sabedoria e felicidade. Nessa linha, a utilidade serve, através da confiança recíproca buscada no contato, a produzir ou a desvendar a felicidade nas relações, razão pela qual não pode ser esquecida, ou, então, apagada. A utilidade, portanto, pertence à ordem do cuidado; aperfeiçoa a relação de amizade e a constitui como um cuidado de si, ou melhor, um cuidado de si como um cuidado dos outros, dos amigos, pois "todo homem que tem realmente cuidado de si deve fazer amigos."[1204] A utilidade, nesse horizonte, que pode ser retirada das amizades contraídas pelos indivíduos, uns dos outros, na linha da reciprocidade, constitui antes o próprio interior da busca da amizade por si própria. O cuidado de si deve ser o cuidar dos outros, posto que a utilidade se constitui como garantia necessária da felicidade presente nas relações de amizade.

Numa entrevista concedida em abril de 1981 à Revista *Gai Pied*, Foucault aproxima o tema da amizade à questão da homossexualidade.[1205] Dessa maneira, Foucault define a amizade como a soma de todas as coisas pelas quais um ao outro pode se dar prazer, é, nitidamente homossexual, a partir do instante

[1203] FOUCAULT, Michel. **L'herméneutique du sujet**..., p. 186. "Il faudrait en effet montrer à la fois que l'amitié épicurienne n'est rien d'autre qu'une forme du souci de soi, mais que ce souci de soi n'est pas pour autant la préoccupation de l'utilité." [trad. do autor.]

[1204] FOUCAULT, Michel. **L'herméneutique du sujet** ..., p. 187. "Tout homme qui a réellement souci de soi doit se faire des amis." [trad. do autor.]

[1205] FOUCAULT, Michel. **De la amitié comme mode de vie**. Dits et Écrits (org. Daniel Defert et François Ewald). Paris: Gallimard, v. 4, 1994, p. 163-167. "Ce vers quoi vont les dévéloppements du problème de l'homosexualité, c'est le problème de l'amitié." [trad. do autor.]

em que pode ser livre, pode ser uma tecnologia de si. Nesse sentido, homossexualidade seria uma forma de ascese, isto é, um exercício sobre si mesmo e uma forma de inventar uma maneira de ser improvável. A homossexualidade permite então escapar as fórmulas feitas do puro encontro sexual e da fusão amorosa das identidades. Nessa perspectiva, Foucault pensa na possibilidade de ser criar um "modo de vida homossexual", em que a amizade encontraria efetivamente seu espaço. Assim, define que "ser gay é, eu penso, não se identificar às estipulações psicológicas e às máscaras visíveis do homossexual, mas buscar definir e desenvolver um modo de vida."[1206] Para Foucault, a questão da amizade, portanto, estava cravada na temática da homossexualidade, e, por conseguinte, na da liberdade: "ao longo dos séculos que seguiram a Antiguidade, a amizade constituiu uma relação social muito importante: uma relação social no interior da qual os indivíduos dispunham de uma certa liberdade, de um certo tipo de escolha (limitada, bem entendida), e que os permitia também de viver as relações afetivas muito intensas."[1207] Nesse sentido, portanto, ao resgatar a amizade no período pós-antiguidade, Foucault repensa a amizade como uma forma de liberdade, em que cada indivíduo teria a liberdade de formar a sua própria ética, formando-se, assim, novas formas de vida.[1208]

[1206] FOUCAULT, Michel. **De la amitié comme ...**, p. 165. "Être gay, c'est, je crois, non pas s'identifier aux traits psychologiques et aux masques visibles de l'homosexuel, mais chercher à définir et à développer un mode de vie." [trad. do autor.]

[1207] GALLAGHER, B.; WILSON, A. **Michel Foucault, une interview: sexe ...**, p. 744. "Au cours des siècles qui ont suivi l'Antiquité, l'amitié a constitué un rapport social très important: un rapport social à l'intérieur duquel les individus disposainet d'une certaine liberté, d'un certain type de choix (limité, bien entendu), et qui leur permiettait aussi de vivre des rapports affectifs très intense." [trad. do autor.]

[1208] Sobre o assunto ver: FONTANA, Alessandro. **Une esthétique de l'existence**. Dits et Écrits (org. Daniel Defert et François Ewald). Paris: Gallimard, v. 4, 1994, p. 730-735.; JOECKER, J. P.; OVERD, M.; SANZIO, A. **Entretien avec Michel Foucault**. Dits et Écrits (org. Daniel Defert et François Ewald). Paris: Gallimard, v. 4, 1994, p. 286-295.; SURZUR, R. **Foucault: non aux compromis**. Dits et Écrits (org. Daniel Defert et François Ewald). Paris: Gallimard, v. 4, 1994, p. 336-337.; BARBEDETTE, Gilles. **Le triomphe social du plaisir sexuel: une conversation avec Michel Foucault**. Dits et Écrits (org. Daniel Defert et François Ewald). Paris: Gallimard, v. 4, 1994, p. 308-315.; FOUCAULT, Michel. **Des caresse d'hommes considérées comme un art**. Dits et Écrits (org. Daniel Defert et François Ewald). Paris: Gallimard, v. 4, 1994, p. 315-317.; FOUCAULT, Michel. **Choix sexuel, acte sexuel**. Dits et Écrits (org. Daniel Defert et François Ewald). Paris: Gallimard, v. 4, 1994, p. 320-336.; e, especialmente, ORTEGA, Francisco Guerrero. **Amizade e estética da existência em Foucault**. Rio de Janeiro: Graal, 1999, 184p.; ORTEGA, Francisco Guerrero. **El último proyecto de Foucault: una rehabilitación de la amistad**. Veritas, Porto Alegre: PUCRS, v. 42, n. 1, p. 105-116, mar. 1997.; e ORTEGA, Francisco Guerrero. **Para uma política da amizade: Arendt, Derrida e Foucault**. Rio de Janeiro: Relume-Dumerá, 2000, 118p.

# 10.
# Sexualidade e discurso jurídico penal dos costumes

## 10.1. A sexualidade moderna e a discursividade do sexo

Inicialmente, Foucault pensava a sexualidade a partir dos conceitos de proibição e de transgressão, numa vertente nitidamente freudiana, como visto acima, sobretudo no início da década de sessenta, tal como esboçara no prefácio de sua *Histoire de la Folie*, 1960, e em *Préface à la Transgression*, publicado em 1963 na revista *Critique*.[1209] Entretanto, a concepção da sexualidade a partir da segunda metade da década de sessenta, mas especialmente a partir de suas experiências pós-maio de sessenta e oito, sofreu profunda alteração, e passou a vestir-se de aspectos tanto diferentes quanto questionadores. Foucault interpreta a sexualidade, já no início de seu clássico livro *La Volonté de Savoir*, em 1976, (sem ressaltar os dois volumes seguintes, que tratam antes da própria constituição do sujeito) para opor-se à vulgata freudiana da hipótese repressiva, que tomava lugar em todas as discussões após as ideologias de liberação e da formação de 'psicanalismos' recorrentes, não como um instituto reprimido pela moral burguesa, pelo capitalismo, pelo recalque, ou pelo modelo conjugal e familiar, mas algo totalmente distinto.

A partir de uma interpretação arqueológica e genealógica, Foucault lança críticas incisivas às pessoas que, de um modo geral, insistiam em falar em repressão à sexualidade, e, sobretudo, aos intelectuais freudianos *soixante-huitards*, a ver-se naquela obra: "Trata-se, em suma, de interrogar o caso de uma sociedade que desde há mais de um século se fustiga ruidosamente por sua hipocrisia, fala prolixamente de seu próprio silêncio, obstina-se em detalhar

[1209] FOUCAULT, Michel. **Préface à la transgression**. Critique: Revue générale des publications françaises et étrangère, Paris, v. XIX, n. 1963, p. 751-769, août/septembre, 1963.

o que não diz, denuncia os poderes que exerce e promete liberar-se das leis que a fazem funcionar ..."[1210]

A hipótese repressiva é vastamente criticada por Foucault no início de sua obra. Para Foucault, a interpretação usual da psicanálise, de que a sexualidade legítima seria tão-somente aquela do quarto dos pais, em razão de um puritanismo do séc. XIX, e que as demais formas teriam sido cotidianamente reprimida, por um decreto tríplice: da interdição, da inexistência e do mutismo, estaria equivocada.[1211] O intelectual francês, que outrora havia visto o caráter positivo da psicanálise como contra-ciência às ciências humanas, juntamente com a etnologia e a linguística, agora passa a criticar as interpretações "cômodas" de Freud. Para Foucault, ao contrário do que a sociedade burguesa procurou inculcar, a hipótese repressiva não teria sentido, uma vez que um fenômeno totalmente contrário e diverso estaria ocorrendo em torno da sexualidade, que seria o seu colocar em discurso. Nesse sentido, afirma que se deveria responder a três questões: "A questão que gostaria de colocar não é por que somos reprimidos mas, por que dizemos, com tanta paixão, tanto rancor contra nosso passado mais próximo, contra nosso presente e contra nós mesmos, que somos reprimidos?" "A mecânica do poder e, em particular, a que é posta em jogo numa sociedade como a nossa, seria mesmo, essencialmente, de ordem repressiva?." E nesse mesmo sentido, questiona-se quanto à capacidade crítica do discurso da psicanálise: "o discurso crítico que se dirige à repressão viria cruzar com um mecanismo de poder, que funcionara até então sem contestação, para barrar-lhe a via, ou faria parte da mesma rede histórica daquilo que denuncia (e sem dúvida disfarça) chamando-o repressão?"[1212]

Foucault defende que a sexualidade estaria passando por uma verdadeira "explosão discursiva",[1213] ou seja, ao invés de ficar condenada ao silêncio por interditos e barras recalques, a sexualidade estaria sendo verbalizada, institucionalmente incitada e colocada em discurso, ao contrário de uma tradição burguesa, cujas raízes residiriam na pastoral da carne cristã. Todavia, mesmo na confissão cristã, havia a necessidade de se falar do sexo, de colocar a sexualidade em palavras, fosse para o encontro com as Escrituras, fosse para impor supostamente a interdição da fala. Era preciso dizer tudo, desde os olhares impuros até os próprios pensamentos consentidos e pervertidos sobre o sexo.

[1210] FOUCAULT, Michel. **História da Sexualidade I: a vontade de saber**. (trad. Maria Thereza da Costa Albuquerque) 13 ed. Rio de Janeiro: Graal, 1999, p. 14.

[1211] FOUCAULT, Michel. **História da sexualidade I: a vontade** ..., p. 10.

[1212] FOUCAULT, Michel. **História da sexualidade I: a vontade** ..., p. 14 e 15.

[1213] FOUCAULT, Michel. **História da sexualidade I: a vontade** ..., p. 21.

Para além da incitação do pudor vitoriano, Foucault verifica que a partir do século revolucionário teria existido, para além da Igreja, uma incitação política, técnica e econômica do discurso, através de pesquisas, análises, relatórios, diagnósticos, registros contábeis, classificações científicas, regulamentos administrativos, inúmeros dispositivos que permitiram a sexualidade falar. Dessa maneira, o sexo acabou se tornando uma questão de ordem pública, indispensável para o controle e vigilância da população, razão pela qual, ao servir os desígnios da população, servira antes a liberá-la em práticas discursivas do que efetivamente reprimi-la.

Dessa maneira, a partir de *La Volonté de Savoir*, a sexualidade ganha um novo sentido para Foucault, e se demonstra na contramão do pensamento psicanalítico, posto que, ao argumentar sobre a existência de uma liberação em oposição à tese repressiva, reflete a sexualidade como objeto cultural, que teve seu discurso instruído a partir das formulações psiquiátricas do séc. XVIII. Com base no conceito de *Scientia Sexualis*, oriunda daquele século e desenvolvida especialmente nos séc. XIX e XX, Foucault indaga a constituição de um novo saber, que, ancorado num biopoder, como outrora visto, procurou analisar as manifestações individuais e sociais em torno do sexo. A *scientia sexualis* seria, assim, definida como um conjunto de disciplinas científicas, que, através de conceitos formulados e teorias apropriativas, procuraria estabelecer técnicas relativas ao comportamento sexual, especialmente, a pedagogia, o direito, a psiquiatria, a medicina, a psicanálise, a economia, a demografia, isto é, toda uma série de conhecimentos que visaria à dispor as manifestações sexuais segundo seus olhares científicos. Nesse sentido, a *scientia sexualis* estaria condenada, consoante as construções foucaultianas, a opor-se insatisfatoriamente a uma outra instituição, de caráter essencialmente oriental, qual seja: a "arte erótica". A arte erótica é um conjunto de técnicas e conhecimentos obscuros, guardados aos segregos de uma mística qualquer, e todos os seus rituais de inserção e adestramento dos indivíduos no sexo, que objetiva a formação e a satisfação das pessoas na plenitude do sexo, quer dizer, através de uma arte erótica, os homens e as mulheres são levados a buscar o domínio do próprio corpo, domínio esse corporal e não intelectual, ou seja, no relaxamento dos músculos e no controle orgásmico, para que, em direção ao gozo pleno, permitisse o alcance do prazer perfeito e do distanciamento da realidade.

Na *scientia sexualis*, consoante Foucault, ao contrário de uma arte erótica, o sexo como ato, como gesto, tranforma-se em sexo falado, e acaba por dividir a sexualidade a partir do controle do próprio corpo, isto é, através do regulamento do tempo, do prazer, do espaço. Nesse sentido, resgatando as teorizações foucaultianas, muito bem expressa a insígne filósofa Marilena Chauí: "Na arte erótica, se faz sexo. Na ciência sexual, se fala de sexo."[1214] Enquanto na arte erótica os ensinamentos se guardam numa região secreta do saber, na *scientia sexualis* estes ensinamentos são verbalizados, e a sociedade, contrariamente à hipótese repressiva reinante, conforme as interpretações foucaultianas, procura falar do sexo, e ao mesmo tempo escutá-lo e esmiuçá-lo, dar-lhe os signos da dicção e entregar-lhe aos devaneios da sonoridade. O sexo, na sociedade, não está preso à censura (eis o próprio ponto de ruptura de Foucault à teoria da inibição, da proibição e da transgressão de outrora) ou à clausura e seus ensinamentos sigilosos, confidenciais e reservados, mas a uma verborréia ilimitada. Nesse sentido, a ciência sexual se demonstra, portanto, acorrentada à relação poder-prazer, posto que, tornada como discurso, garante existir internamente um desejo obscuro, um prazer insensato em se deter o poder sobre o movimento do sexo, quer dizer, há um prazer envolvido em torno da vigilância, da fiscalização, do flagra, da regulação, da punição e, ao mesmo tempo, há todo um poder constituído sobre o prazer do sexo, quer dizer, a fuga à vigília, ao inesperado, à transgressão, à resistência, ao escândalo, etc. O sexo, assim, posto em discurso, tranforma-se no objeto de toda uma estratégia, uma estratégia de uma sexualidade vigiada, quer dizer, circula livremente entre os corredores e esquinas, na constituição da relação entre poder e prazer, isto é, o discurso da sexualidade se pulveriza nas relações mais capilares, e a sedução atinge os círculos sociais, as escolas, os quartéis, dos pais aos filhos, dos jovens aos idosos, dos professores aos alunos. O sexo está solto, livre de suas amarras, livre de suas formas fixas, permite-se ser coagido por diagramas mono-afetivos, por bigamias, etc.

A *sciencia sexualis*, marcada pelo limiar do novo século, o século XIX, traz consigo toda uma estrutura do Estado, que cada vez mais procura estabelecer um conhecimento social, um biopoder, isto é, procura resolver os problemas da população, esquadrinhando-a e delimitando seus horizontes. Nesse sentido, através de suas disciplinas, a *scientia sexualis* se apresenta ora ao lado da biologia, e os fatores reprodutivos, ora ao lado da medicina, e a higiene sexual. O combate às doenças venéreas, à frigidez e à impotência trazem a sexualidade de seu recôndito abandono à baila; permite o nascimento da proibição do incesto e o aparecimento da cultura. Nessa perspectiva, o Estado cria recursos e estratégias para, através de estudos demográficos e biopsicosociais, controlar os indivíduos, especialmente por meio de uma codificação, isto é, o surgimento

[1214] CHAUÍ, Marilena. **Repressão sexual: essa nossa (des) conhecida**. 7 ed. São Paulo: Brasiliense, 1984, p. 183.

da era napoleônica, consagrada à legislação sobre a população e os casamentos. O Estado se apresenta, então, como a figura onipresente que administra a sexualidade, através de todo um aparato intelectual e material, e não mais como figura estática e gigantesca. Os recursos criados para a constituição de um biopoder são: primeiro, a codificação das técnicas de 'fazer falar', isto é, um número excessivo de perguntas e inquéritos destinados à fala, às lembranças, às associações, etc.; segundo, a caracterização de uma causalidade difusa e geral, já que o sexo está presente como causa em tudo; terceiro, o princípio da clandestinidade ou da latência do sexo; e, quarto, a medicalização do sexo pela diferenciação entre normais e patológicos, bem como entre anomalias, disfunções e moléstias. As estratégias criadas para a existência de uma *sicencia sexualis* são: primeira, uma histerização do corpo feminino, quer dizer, a mulher se encontra no cruzamento de dois centros, o de mãe e o de histérica; segunda, a pedagogia do sexo *infans*, isto é, a criança polimorfa sexualmente, ao desconhecer-se como tal, deve ser iniciada no conhecimento do sexo, dos riscos de sua vida, da masturbação e de sua procriação; terceira, a socialização de condutas de procriação ou regulação demográfica, através da proibição das práticas anticoncepcionais; e, quarta, uma psiquiatrização do prazer perverso, isto é, do prazer viciado.

Com base nessas estratégias e nesses recursos, a *scientia sexualis*, ao invés de reprimir a sexualidade nos indivíduos, contribuiu para a sua própria constituição e difusão. A sexualidade foi, então, produzida e reproduzida, sob discursos outros que a repressão, isto é, os olhares de uma técnica estatal de controle demográfico, de gestão familiar e maximização da vida. Nesse sentido, dentre suas disciplinas, coube à pedagogia o cuidado pelo desenvolvimento sexual da criança, atendo-se às manifestações de sua sexualidade; à psiquiatria coube o dever de se preocupar com a velhice e a incapacidade sexual; à medicina impôs-se-lhe a preocupação com a sexualidade feminina e suas transformações hormonais; à economia lhe ocorreu a injunção de se dedicar às variantes sexuais da população, da sexualidade coletiva; e ao Estado, propriamente dito, restou-lhe o dever de moralizar os costumes sexuais dos pobres, especialmente. A *scientia sexualis* traz ao Estado deveres na formação e formatação dos corpos, em torno de suas manifestações e de suas práticas da sexualidade, sobretudo ao reduzir o espaço legítimo de sexualidade ao íntimo da família. Sob o tríplice decreto da interdição, da inexistência e do mutismo, a sexualidade saiu das casas de prostituição para encontrar sua legitimidade no seio da família burguesa.[1215]

1215 FOUCAULT, Michel. **História da sexualidade I: a vontade** ..., p. 10.

Esse é o momento em que Foucault afirma também ter nascido o conceito freudiano do complexo de Édipo, concomitantemente com a retirada do pátrio poder, e, portanto, da lei do pai, do Código Napoleônico.[1216] Estabelece-se, assim, a caracterização de um "dispositivo da sexualidade", quer dizer, a sociedade burguesa ao substituir o critério familiar anterior, fundamentado no sangue, pelo critério do sexo, impõe ao sexo uma simbolização, isto é, um mecanismo do poder para dirigir o corpo, a proliferação, a vida, a raça, etc. É a partir desse dispositivo da sexualidade que o sexo passa a ser construído, passa a ser visto como objeto, definido sob quatro situações distintas: todo-parte, presença-ausência, excesso-deficiência, função e instinto. O dispositivo da sexualidade "tem, como razão de ser, não o reproduzir, mas o proliferar, inovar, anexar, inventar, penetrar nos corpos de maneira cada vez mais detalhada e controlar as populações de modo cada vez mais global. Devem-se admitir, portanto, três ou quatro teses contrárias à pressuposta pelo tema de uma sexualidade reprimida pelas formas modernas da sociedade: a sexualidade está ligada a dispositivos recentes de poder; esteve em expansão crescente a partir do século XVII; a articulação que a tem sustentado, desde então, não se ordena em função da reprodução; esta arituclação, desde a origem, vinculou-se a uma intensificação do corpo, à sua valorização como objeto de saber e como elemento nas relações de poder."[1217] Através de uma psiquiatrização das perversões, o sexo como instinto; de uma socialização das condutas procriadoras, o sexo como lei social; de uma histerização da mulher e a sexualização da infância, o sexo passou, para além da vigilância e da proibição, a fazer parte da sociedade, formando, de fato, uma verdadeira "monarquia do sexo". Nesse sentido, entende Foucault, diante da liberação sexual, que o que realmente precisa ser abandonado é o discurso da sexualidade e o coisificação do sexo e visualizar que, de fato, a sexualidade foi posta em discurso.

## 10.2. A criminalização dos contra-costumes

Antes de buscar evidências para a teoria de Michel Foucault sobre a repressão à sexualidade no discurso jurídico penal, como modo de contribuir para uma investigação sobre a relação existente nas práticas do poder jurídico-estatal e do poder microfísico na relação com a constrição sexual, é oportuno refletir

[1216] FOUCAULT, Michel. **História da sexualidade I: a vontade** ..., p. 122.
[1217] FOUCAULT, Michel. **História da sexualidade I: a vontade** ..., p. 101-102.

sobre a ordem objetiva dos crimes contra a sexualidade, isto é, refletir sobre a tipificação das condutas que o direito penal reprime no que tange ao aspecto sexual da sociedade, mostrando-lhes a sua formatação, a sua historiografia, a sua repressão no direito comparado, e, finalmente, a sua tratativa na prática judiciária, ou seja, sua construção diária, sua interpretação pelos tribunais.

Há tempos, os crimes contra os costumes representam, sem sombra de dúvida, pilar importante a ser tratado pelo direito penal. Outrora houve momentos em que a repressão aos crimes contra a paz, a incolumidade da ordem pública e da administração se constituíram em fatos constantes e necessários de serem reprimidos pelos ordenamentos jurídicos, tais como os crimes contra a segurança dos meios de comunicação e transporte, os crimes contra os serviços públicos, contra a saúde pública, os crimes praticados por funcionários públicos e mesmos contra a própria administração da justiça, sobretudo em épocas em que o poder estatal exigia uma certa segurança e tranquilidade para agir, como nos estados de sítio, de defesa, de períodos ditatoriais, e, até mesmo, régios e sublevares. De outro tempo, crimes contra o patrimônio fizeram parte da ilegalidade em evidência, tais como os crimes de furto, roubo, dano, apropriação indébita, receptação ou mesmo estelionato, períodos em que o direito se afirmava e protegia com robustez e eficácia a ofensa ao patrimônio privado, sob o princípio do liberalismo, do individualismo e do patrimonialismo. Atualmente, os crimes contra o sistema financeiro e a ordem econômica representam papel fundamental de atuação da repressão estatal, dada as contingências desde período histórico, em que a corrupção e a falibilidade do poder de polícia se constituem na regra, tais como os crimes de lavagem de dinheiro, de enriquecimento ilícito, de sonegação fiscal, de impressão e reprodução de documento falso, de gerenciamento fraudulento de instituição privada ou pública, etc. Vive-se, ainda, neste momento, a repressão, mesmo contraditória à presente corrente do princípio da insignificância e da descriminalização de condutas, aos crimes "celulares", como os crimes no trânsito, contra os consumidores, contra o meio ambiente, ou mesmo contra o patrimônio genético.

Entretanto, nenhuma espécie de crime, perfez-se ao longo da história de modo tão contínuo, ainda que houvesse interrupções, avanços e retrocessos no seu tratamento, como abrandamentos ou agravamentos de penas, representa melhor a maneira de atuação do poder estatal e do poder microfísico que os crimes contra a ordem sexual, isto é, os crimes contra os costumes, tipificados por diversas legislações brasileiras e europeias (pela proximidade com o ordenamento nacional), e que marcaram a presença incisiva de um discurso jurídico penalizante e repressor, sob os véus de um contratualismo ou de um regramento necessário à manutenção da sexualidade.

A repressão aos crimes que atentem contra a moralidade pública passou a ser fortemente regulada no direito penal brasileiro, em especial pelo Código Penal de 1940 (Decreto-Lei nº 2.848, de 7 de dezembro de 1940, de acordo com a reforma da Lei nº 7.209, de 11 de julho de 1984), no Título VI, artigos 213 (estupro) a 214 (atentatado violento ao pudor), quando se referiu aos crimes contra os costumes. Apesar de há dez anos, pela L. 12.015/09, algumas mudanças significativas terem ocorrido, como a equiparação de ambos etc, fato é que a nossa doutrina e a nossa jurisprudência penal se construiu em torno da lógica formulada em 1940, e, talvez, seja possível dizer que até hoje de certo modo ainda assim se mantém. A repressão à sexualidade foi construída no século passado a partir de algumas figuras chaves: Estupro, Atentado violento ao pudor, Posse sexual mediante fraude, Atentado ao pudor mediante fraude, Sedução e Corrupção de menores, Rapto vilento ou mediante fraude, Rapto consensual, Mediação para servir à lascívia de outrem, Favorecimento da Prostituição, Casa de prostituição, Rufianismo, Tráfico de mulheres, Ato obsceno, Escrito ou Objeto obsceno. Há, ainda, hoje em dia, o crime de assédio sexual, regulado pela Lei nº 10.224, de 15 de maio de 2001 e também o recentemente criado de "importunação sexual" (L. 13.718/18).

O mesmo padrão repressivo ocorreu e se mantém (talvez até de modo mais conservador, já que alguns países, como a Alemanhã, ainda criminalizam o 'incesto') no direito europeu continental, sob a mesma estrutura do ordenamento nacional, que tem as condutas atentatórias aos costumes de uma determinada época previstas legalmente em tipos penais, que as incriminam e as reprimem de modo vivo e condizente com pensamentos políticos. Os crimes contra os costumes são atual e claramente recepcionados pelas legislações dos países europeus, em especial, na Itália, que prevê os crimes de *Violenza Carnale, Congiunzione carnale commessa com abuso della qualità di pubblico ufficiale, Atti di libidine voilenti, Ratto a fine di matrimonio, Ratto a fine di libidine, Ratto di persona minore degli anni quattordici o inferma, a fine di libidine o di matrimonio, Seduzione con promessa di matrimonio commessa da persona coniugata, Atti osceni, Pubblicazioni e spettacoli osceni, Corruzione di minorenni, Istigazione alla prostituzione e favoreggiamento, Costrizione alla prostituzione, Sfruttamento di prostitute,* e *Tratta di donne e di minori*[1218]; a França, tipifica os seguintes crimes sexuais: *Agressions*

[1218] A Itália, com grande influência no Código Penal Brasileiro, ao contrário de outros países europeus, ainda mantém em seu código penal (aprovado pelo Decreto nº 1.398, de 19 de outubro de

*Sexuelles, Viol, Harcèlement Sexuel*[1219]; a Espanha, na repressão aos crimes de *Agresiones sexuales, Abusos sexuales, Acoso sexual, Delitos de exhibicionismo y provocación sexual*, e os *Delitos relativos a la prostitución*;[1220] a Suiça, dispõe sobre os crimes sexuais de: *Viol, Attentat à la pudeur avec violence ou d'une personne inconsciente ou incapable de résistance, Attentat à la pudeur des enfants, Débauche contre nature, Séduction, Abus de la détresse ou de la dépendance où se trouve une femme, Excitation à la débauche et exploitation de la débauche, Proxénétisme, Outrages publique à la pudeur, Publications obscène, Racolage, Trouble causé au voisinage par la prostitution, Mise en danger de mineurs par de images ou écrits immoraux, Sollicitations déshonnêtes*[1221]; Portugal, nos crimes de *Coacção sexual, Violação, Abuso sexual de pessoa incapaz de resistência, Abuso sexual de pessoa internada, Fraude sexual, Procriação artificial não consentida, Tráfico de pessoas, Lenocínio, Actos exibicionistas, Abuso sexual de crianças, Abuso sexual de menores dependentes, Actos sexuais com adolescentes, Actos homossexuais com adolescentes, Lenocínio e tráfico de menores.*[1222]

1930, e em vigor em 1º de julho de 1931), nos artigos 518 a 555, uma rede extensa de dispositivos que incriminam os atos que atentem contra os costumes, desde o estupro, passando pelo crime de sedução, chegando, igualmente ao ordenamento nacional, ao crime ligado à prostituição. *in* BARAZZETTA, Aurelio; *et alli*. **Commentario breve al codice penale italiano.**(Decreto nº 1.398, 19 ott. 1930, vigente em 1º lug. 1931) Padova: Cedam, 1986.

1219 Os crimes contra os costumes na França sofreram uma recente mudança, imprimida pela alteração da parte especial do código penal, que entrou em vigor no dia 1º de março de 1994, pela Lei nº 93.913, alteração da Lei nº 92.1336, de 16 dezembro 1992. Por esta, houve uma sensível redução da incriminação, como o crime de atentado violento ao pudor, que deixou de ser figura típica autônoma, integrando o dispositivo da agressão sexual. Entretanto, adiantou-se, assim como o ordenamento americano, a incriminar o assédio sexual. Os crimes contra os costumes estão definidos nos arts. 222-22 a 222-33. *in* MAYAUD, Yves. **Annotations du code pénal français**. (Lei nº 92.1336 de 16 dez. 1992, modificado pela Lei nº 93.913, de 1er mars 1994). 24 ed. Lyon: Dalloz, 1999, p. 225. "Le code pénal entré en vigueur le 1er mars 1994 a supprimé la qualification d'attentat à la pudeur et créé celle d'agression sexuelle."

1220 **Código Penal Espanhol**. (Ley Orgánica nº 10, de 23 de noviembre de 1995, del Código Penal). Os delitos contra a liberdade sexual estão previstos nos arts. 178 a 194.

1221 A Suíça prevê, no seu código penal (21 de dezembro de 1937, revisto pela lei de 5 de outubro de 1950), ainda, igualmente ao modelo italiano, um enorme rol de crimes considerados sexuais, incriminando várias condutas e prescrevendo um rígida sanção contra aqueles que forem de encontro com a moralidade pública. Os crimes contra os costumes estão previstos nos artigos 187 a 212. LOGOZ, Paul. **Commentaire du code pénal suisse**. Neuchatel: Delachaux et Niestlé, 1955, p. 293-371.

1222 **Código Penal Português**. (Decreto-Lei nº 48, de 15 de Março de 1995 – Atualizado recentemente de acordo com: L 65/98 de 2/9; L 7/2000 de 27/05; 77/2001 de 13/07; L 97/2001 de 25/08; L 98/2001 de 25/08; L 99/2001 de 25/08; L 100/2001 de 25/08; L 108/2001 de 28/11 e DL 323/2001 de 17/12). Os crimes contra liberdade e a autodeterminação sexual estão previstos nos arts. 163 a 179.

Os crimes contra os costumes representam, antes de tudo, (à exceção da recente conquista do movimento feminista pela criminalização da "importunação sexual") a repressão à publicização da sexualidade, isto é, o que realmente interessa no crime é a exteriorização da conduta ao público, posto que se resguardados aos indivíduos relacionados ao fato, não configura a criminalidade necessária. E aí a violência contra a mulher encontra seu ambiente favorável. Esta expressão se evidencia nos comentários ao regime francês do atentado violento ao pudor, segundo as palavras de Yves Mayaud, pois deve, ainda que realizado em lugar público, manter certa publicidade.[1223] Deste modo, percebe-se a atuação, ao menos de maneira mais incisiva na realidade brasileira, de uma repressão aos crimes contra os costumes do ponto de vista jurídico, que serve como sintoma da realidade. Todavia, é preciso a partir de agora demonstrar que essa atuação de um poder jurídico não é exclusiva, e junto a ela atua uma série de dispositivos que visam ao controle da sexualidade, dispositivos infra-jurídicos, igualmente eficazes da determinação da moralidade de uma época.

## 10.3. A sexualidade penalmente reprimida

A repressão à sexualidade, na esteira do pensamento de Michel Foucault, revela que apesar da existência da coerção estatal penal às condutas atentatórias aos costumes, como visto acima, outra modalidade de repressão se expressa ainda mais evidente, que não passa pelos órgãos do poder público, mas se exerce, sobretudo, através de progamas escolares, e programas televisivos, como aulas sobre sexualidade. Esta são as palavras de François Ost e Michel van Kerchove: "Este fato se insere numa perspectiva mais global de controle social e ético da sexualidade, a qual procede hoje, sem dúvida, menos pelas proibições legais que pela educação e regulação, como testemunham os programas escolares e televisivos de educação sexual, a tolerância (sucedendo à regulamentação) da prostituição ou ainda a ênfase, cada vez mais frequente, pelos organismos de segurança social, e múltiplas formas de terapia sexual e regulação de nascimentos."[1224] Entretanto, na esteira do

[1223] MAYAUD, Yves. **Annotations du code pénal français**. (Lei nº 92.1336 de 16 dez. 1992, modificado pela Lei nº 93.913, de 1er mars 1994). 24 ed. Lyon: Dalloz, 1999, p. 236-237.

[1224] KERCHOVE, Michel van de; OST, François. **Bonnes mœurs, discours pénal et rationalité juridique: essai d'analyse critique**. Bruxelles: Facultés Universitaires Saint-Louis, 1981, p. 48. "Ce faisant, il s'inscrit dans une entreprise plus globale de contrôle social et éthique de la sexualité qui

pensamento de Foucault, antes de existir uma repressão à sexualidade, através de instrumentos outros que os jurídicos, existe, sem dúvida, um colocar em discurso esta sexualidade, uma constituição dos sujeitos pela sexualidade. A sexualidade, portanto, longe das teorias de Freud, como visto, sofre um processo de verbalização constante, permitindo que ao mesmo tempo que exista uma repressão jurídica, exista um debate intenso ao seu redor. Essa tem sido a tendência da humanidade, segundo Foucault: criar instrumentos jurídicos que tendam a despenalizar as condutas e colocar a sexualidade em discurso, o que se evidencia, hoje em dia, por inúmeros meios:

Os *chats* eróticos, ou mesmo a *internet*, que otimizou o sexo e globalizou desejos. Os manuais sobre sexo, que procuram ensinar as pessoas sobre como fazer sexo anal ou oral, ou qual a melhor maneira, etc. A explosão dos sex's shops. Os seminários e as palestras em todo o mundo sobre a terceira idade e a sexualidade. Os programas culinários que apresentam receitas constantes para saciar a apetite sexual, ensinando pratos apimentados e afrodisíacos. As rodas de amigos, que contam suas peripécias sexuais (quase sempre de natureza "machista"), enquanto os outros se excitam, ou insistem em reprimir. Jogos como o "jogo-da-verdade", ou "gira-colher", nada mais sugestivo, ou mesmo brincadeiras como "eu nunca fiz ....". As casas de shows para executivos ou mesmo a existência de "clubes de mulheres", alcançando um público feminino. Os amigos secretos e os presentes envolvendo o tema da sexualidade. As revistas que falam sobre sexo e incentivam a masturbarção, como forma de conhecimento do corpo. As capas de livros que exploram uma sexualidade amorfa. Os livros de como amar e enlouquecer o parceiro (igualemente quase sempre com cunho sexista). As enquetes de revistas, que qualificam as pessoas em quentes, taradas, normais, frias, desorgásmicas ou mesmo frígidas. Os remédios como "viagra" ganham espaço na mídia e nas rodas de cafezinho. Programas que envolvem música e erotismo, como o famoso programa "erótica mtv". As propagandas televisivas "em especial as de cerveja", que exploram o sexo (e a humilhação das mulheres). As roupas que trazem a beleza do corpo e o fazem falar a sua sexualidade. Os grandes eventos como "Mercado Mundo Mix", que trazem à lume, por meio de salões coletivizadores da sexualidade, o discurso sobre o prazer. As fotografias que exploram o "nú artístico" ou

procède aujourd'hui sans doute moins par interdits que par éducation et régulation, comme en témoignent les programmes scolaires et télévisés d'éducations sexuelle, la tolérance (succédant à la réglementation) de la prostitution ou encore la prise en charge, de plus en plus fréquente, par les organismes de sécurité sociale, des multiples formes de thérapie sexuelle et de régulation des naissances." [trad. do autor.]

erotizado. As revistas pornográficas que ganham público, mas um público publicizado e desvelado. As músicas que abordam temas pronográficos. Os filmes eróticos, que hoje ganham significativos espaços nas narrativas feministas. A existência de bares LGBT's. Revistas cujo público alvo é os adolescentes, tais como "Capricho", que trazem a discussão da sexualidade. As aulas de sexualidade aos estudantes do ensino médio, muitas vezes incentivadas pelo próprio Estado, como nas escolas públicas. Enfim, programas *reality shows*[1225] como "Big Brother", "Casa dos Artistas", "Fama" ou "Amor a Bordo", "Acorrentados" que, ao transmitirem o dia-a-dia das pessoas confinadas numa casa repleta por câmeras de vídeos, filmando cada passo que dão, procuram como objetivo central, além de mostrar brigas e intrigas, deixar transparecer a sexualidade das pessoas, filmando seus carinhos, suas relações extraconjugais, seus desejos irresolúveis, suas relações amorosas, etc.

Nesse compasso, ao mesmo tempo que a sexualidade tem sido posta em linguagem, e de uma certa maneira, hoje em dia sobretudo, a mídia contribui para a constituição de determinadas subjetividades, através de todo um diagrama de forças, discursos e dispositivos que determinam e controlam a sexualidade, a repressão jurídica aos crimes contra os costumes tem ao longo

[1225] Sobre o tema, logo que surgiram os *Reality Schows*, foram publicados na revita *Esprit*, cinco importantes textos dedicados aos efeitos desses programas na atual sociedade, que convêm serem lidos para que se tenha a dimensão da reflexão sobre a discursividade da sexualidade: CHAMBAT, Pierre; EHRENBERG, Alain. **Les reality shows, un nouvel âge télévisuel?**. Esprit, Paris, p. 05-12, jan. 1993. [Sinopse: Os autores procuram demonstrar que o aparecimento dos *reality shows* convidam a investigar as metamorfoses respectivas da vida privada e da esfera pública, mas também sobre a utopia por excelência da comunicação – fazer o indivíduo acreditar que ele só tem a ganhar em sendo transparente]; EHRENBERG, Alain. **La vie en direct ou les shows de l'authenticité**. Esprit, Paris, p. 13-35, jan. 1993.; [Sinopse: O autor entende que, ao remexer os manuais de civilidade, a televisão se torna uma técnica de massa para viver um indivíduo, para ajudar cada um a se tornar um profissional de sua vida; o que, certamente, não acontecerá sem antes existir uma forte coação na autonomia.] LEBLANC, Gérard. **Happy ending: scénarios de la vie ordinaire**. Esprit, Paris, p. 36-48, jan. 1993.; [Sinopse: O autor entende que, com os *Reality Shows*, a televisão significa que não tem mais necessidade de inventar ficções, de imaginar história, já que ela se revela capaz de agir sobre o real, com a participação daqueles que concordam diretamente e que poderia ser qualquer um.] AMIEL, Vincent. **Image publique et consommation privée**. Esprit, Paris, p. 49-53, jan. 1993.; [Sinopse: O autor entende que, com a confusão entre privado e público, que favorecem os novos espetáculos televisivos, é também a uma evolução da publicidade que se assiste. Esta está mais à vontade que nunca para propor ao grande público seus produtos de grande consumação, como os eróticos] e CHAMBAT, Pierre. **La place du spectateur (de Rousseau aux reality shows)**. Esprit, Paris, p. 54-81, jan. 1993. [Sinopse: O autor defende que, antes que do nascimento da televisão, a república imaginara espetáculos a fim de dar um lugar ao cidadão; mas qual lugar ela lhe poder dar se ela acabou por renunciar à sua função cívica?]

dos séculos despenalizado muitas condutas, e reduzindo penas. Isso se verifica nas atuais legislações, sobretudo nas leis do período pós-guerra e no tempo marcado pelos confrontos de maio de 1968, que incorporaram uma visão cada vez menos repressora da sexualidade, sendo inúmeras convenções sociais, de cunho político e moral, superadas e evoluídas ao seu modo.[1226] O aparelho repressivo à sexualidade, antes mesmo de ser um instrumento de controle produz uma nova subjetividade, uma subjetividade menos reprimida, e, por conseguinte, um discurso jurídico menos repressor. Na esteira de Foucault, o discurso jurídico penal constitui uma subjetividade, a partir do momento em que não apenas penaliza e reprime, mas quando vigia e normaliza os corpos a uma mesma determinação de pudor. Nesse sentido, pode-se verificar o exemplo resgatado por Foucault em *Le Désordre de Familles*, quando tange ao tema das *lettres de cachet*, como visto, utilizadas no século XVIII na França, especialmente em Paris, como ordens régias para reprimir a prostituição, agindo como verdadeiros instrumentos públicos extrajudiciais de preservação da boa ordem pública.[1227] Havia, portanto, à época, uma dupla constituição do sujeito a partir do dispositivo da sexualidade: no mesmo instante em que sofria a coação de poderes infraestatais, frutos de um *scientia sexualis* que começava a traçar os rumos da medicina sexual, havia uma rede de poderes, especialmente o poder jurídico estatal, que se inseria nas condutas, e determinava uma moralidade sexual.

O discurso jurídico penal se obriga também a construir essa subjetividade, delimitando condutas e tipos ideais, a tal ponto, consoante as palavras de François Ost e Michel van Kerchove, na esteira de Foucault, de que o casal legítimo e procriador seria a lei, enquanto que o casal estéril seria anormal;

1226 MAZZANTI, Manlio. **L'osceno e il diritto penale**. Milano: Giuffrè, 1956, p. 383. "L'oscenità, considerata – naturalmente – nelle sue manifestazioni obiettive, occupa un posto abbastanza notevole nella vita del nostro tempo. E ciò non perchè l'Italia possa dirsi fra le nazioni più tolleranti e libere in materia di costumi, ma perchè, specialmente dopo la guerra, ed anche in conseguenza di essa, si sono verificati, nel nostro paese, un certo rilassamento del costume corrente e sopratutto un indiscutibile superamento di molte convenzioni etiche e sociali, per effetto di modificate consuetudini di vita, oggi assai meno rigide che in passato." [trad. do autor. "A obscenidade, considerada – naturalmente – nas suas manifestações objetivas, ocupa um posto notabilíssimo na vida do nosso tempo. E isso não porque a Itália possa se dizer entre as nações mais tolerantes e liberais em matéria de costume, mas porque, especialmente após a guerra, e também em consequência dessa, verificaram-se, no nosso país, um certo relaxamento do costume corrente e sobretudo uma indiscutível superação de muitas convenções éticas e sociais, em virtude das modificações consuetudinárias de vida, hoje assaz menos rígida que no passado."]

1227 FOUCAULT, Michel; FARGE, Arlette. **Le désordre** ..., p. 11.

e isso tem se reproduzido na doutrina e na jurisprudência.[1228] Entretanto, apesar de todo esse discursar a sexualidade pelos meios de comunicação e pela linguagem diária, que, de uma certa forma deveria substituir, bem ou mal (juízo este subjetivo) a repressão jurídica, o discurso jurídico penal brasileiro parece andar na contra-mão, pois é ainda mais repressor que a própria sociedade e seus meios de reprodução cultural, quando não o deveria, tampouco se pensado na função normalizadora do discurso sobre a sexualidade. Isso se evidencia, em especial, nas atuais legislações e interpretações jurisprudenciais brasileiras, que tenderam a reanimar a punição severa à sexualidade, como o referido crime de 'assédio sexual' da Lei nº 10.224/01. Assim como nos Estados Unidos a repressão à sexualidade atinge muitas vezes níveis fantásticos de controle, como é o caso do Estado de São Francisco, que procurava realizar 'flagrantes preparados' para apanhar aqueles que buscam manter relações com prostitutas, o Brasil igualmente envereda pelo mesmo caminho, revitalizando e robustecendo legislações, interpretações e entendimentos de controle dos crimes contra os costumes. Do mesmo modo, como se verifica no Código Penal Francês, alguns crimes antes inexistentes hoje passaram a fazer parte da tipificação penal, permitindo, assim, que o discurso jurídico alargasse seu alcance, como é o caso do novo tipo penal do crime de assédio sexual,[1229] igualmente previsto, como visto, no Código Penal Espanhol.

O dispositivo da sexualidade vive, atualmente, portanto, uma dupla face: de uma lado, uma rede ínfima e capilar de poderes que constituem os sujeitos, a partir de programas de televisão, pedagogia sexual, medicina geriátrica e seus incentivos à sexualidade, e fazem a sexualidade efetivamente falar cada vez mais alto; de outro, um poder jurídico que atua na contramão do processo histórico, que, tendente a despenalizar as condutas e seguir os rumos da sociedade, suas novas posturas diante da sexualidade, incide cada vez mais de maneira repressora, negativa, igualmente constituindo personalidades dóceis e úteis. Em suma, o paradoxo está instaurado, a ponto do indivíduo ora

[1228] KERCHOVE, Michel van de; OST, François. **Bonnes mœurs** ..., p. 76.

[1229] MAYAUD, Yves. **Annotations** ..., p. 238. "Art. 222-33. Le fait de harceler autrui en donnant des orderes, proférant des menaces, imposant des contraintes ou exerçant des pressions graves, dans le but d'obtenir des faveurs de nature sexuelle, par une personne abusant de l'autorité que lui confèrent ses fonctions, est puni d'un an d'emprisionnement et de 100.000 F d'amende." [trad. do autor "Art. 222-33. O fato de assediar outrem, dando-lhe ordens, proferindo ameaças, impondo coações ou exercendo pressões graves, com o objetivo de obter favores de natureza sexual, por uma pessoa abusando da autoridade que as suas funções lhe conferem, é punido com um ano de reclusão e multa de 100.000. F."]

se ver incitado à liberdade sexual, pelo controle disciplinar, cada vez menos ostensivo, e constituindo uma determinada forma de subjetividade; ora se ver reprimido pelo poder jurídico-estatal, que embora esteja caminhando para a despenalização, aos trôpegos tem demonstrado a ânsia de reprimir ainda mais a sociedade, na constituição de uma outra subjetividade.

Essa incongruência se verifica facilmente nas legislações nacionais e internacionais, que, como no código francês e no espanhol, o brasileiro acaba de inserir mais uma figura típica de controle à sexualidade: o delito de assédio sexual, disciplinando excessivamente a conduta sexual da população. Convém que não se lei o "delito de importunação sexual" nesses termos, porque a lógica aqui é diversa, já que fruto de uma conquista contra a violência praticado contra a mulher. Ademais, no caso brasileiro, em específico, é conveniente observar algumas polêmicas jurisprudenciais, para se verificar essa onipresença do poder jurídico na demarcação das condutas sexuais juridicamente lícitas. Com relação aos crimes contra os costumes, a jurisprudência brasileira teve sempre uma tendência em agravar as suas penas, ainda que tecnicamente tal conduta fosse absolutamente contestável.

Evidentemente algumas questões mudaram nos últimos vinte anos, quando passaram a equiparar estrupo e atentado ao pudor, quando retiraram as expressões como "mulher honesta" da legislação etc, contudo, não se pode negar que ainda a lógica da repressão penal, mesmo com esses avançõs e mesmo com as críticas do movimento feminista, continua a mesma, que a manutenção da moralidade pública e a repressão da sexualidade.

Todavia, para fugir a esse impasse, seria preciso repensar uma saída para esse paradoxo: ou fazer o dispositivo da sexualidade atuar de maneira onipresente e rígida, a fim de que se constitua uma subjetividade reprimida; ou fazer um discurso jurídico menos normalizador e repressor. Acreditando-se que a melhor saída seja a segunda a hipótese, já que pensar a primeira significa fazer os argumentos retornarem a maio de 68, a questão que se coloca é: como? Procurando encontrar a resposta dentro do próprio pensamento foucaultiano, a saída possível seria na esteira daquilo que outrora fora investigado, a perspectiva de um "direito novo", capaz de regular as condutas conforme a sociedade, sem que se dedique a constituir subjetividades com seus discursos de ciência penal e seus instrumentos estatais e legais de repressão.

Inúmeros autores, ao afirmarem, como o ilustre penalista italiano Manlio Manzzanti, que embora existam saídas à repressão, essa repressão se insere inavariavelmente nos corpos das pessoas vigiando seus atos, e, controlando, com o auxilio da polícia, as exceções tão-somente à normalidade, e nesse sentido deve atuar o direito.[1230] A inexistência de repressão, evidentemente nos dias de hoje, não tem como resistir, talvez porque inexistam meios adequados de manter o convívio social. Parece que a não punição, embora ideal, não se constitui como a melhor saída, servindo para reprimir excdssos, como professorou Manzzanti. Claro que nessa frase do autor italiano, cabe questionar o que define esse limite, ou seja, o que distingue o que é normal do que é, como dissera Foucault, patológico. Entretanto, é provável que uma saída seja, antes de se definir o que venha a ser normal, para evitar futura normalização, uma compreensão do pudor de cada época para reajustar situações, e permitir que se constituam relações livres e autênticas, como quisera Foucault. Isto quer dizer, através de uma compreensão global, que leve em conta um discurso filosófico da moralidade do momento, uma análise historiográfica dos costumes, uma abordagem psicanalítica individual e coletiva, é que o discurso jurídico penal poderia construir um conceito de desviante, sem outorgar a si próprio o estatuto da verdade, e evitando buscar construir um discurso sobre a sexualidade, ou mesmo reprimi-la de modo desvairado e exacerbado.

Convém destacar, que os países têm buscado, sobretudo ao longo do século passado, construir legislações cada vez mais adaptadas à realidade atual no que concerne aos costumes e aos pudores de cada localidade. Certamente, sempre se considerou indispensável analisar o pudor[1231] como forma de defender a intervenção legislativa, e, sob os argumentos de que seria preciso vê-lo dentro de seu momento histórico. Nesse sentido, sempre se afirmou que era preciso visualizar o que a média de uma sociedade entendia como ofensa aos costumes locais, pois pode não mais ser hoje visto como um escândalo ou uma indecência, quando talvez não se poderia nem mesmo dizer se tratar de uma atitude incentivada pelo Estado e pela própria sociedade. Como afirma o jurista Mazzanti "É certo e, assim, é plasticamente evidente que o costume atual está bem longe do costume do século XIX ou mesmo daquele dos primórdios do séxulo XX, de tal modo que é correta a afirmação de que os trajes de banho feminimos do final do século XIX fariam hoje sorrir o mais sofrido dos puritanos, enquanto que o traje atual faria gritar desvairadamente o mais

[1230] MAZZANTI, Manlio. **L'osceno e il diritto penale**. Milano: Giuffrè, 1956, p. 401. "Senza cadere negli eccessi di un puritanismo, tanto inutile quanto inoperante (...) dovrebbe essere disposta una maggiore sorveglianza, a cura degli organi di polizia..... [trad. do autor. "Sem cair no excesso de um puritanismo, tanto inútil quanto inoperante (...) deveria ser disposta uma maior vigilância , controlada pelos órgãos de polícia."]

[1231] Sobre o pudor, convém ler a obra: BOLOGNE, Jean-Claude. **História do pudor**. (trad. Telma Costa) Lisboa e Rio de Janeiro: Teorema e Elfos, 1990, 443p.

libertino do século passado."[1232] Todavia, esse modo de pensar estaria errado para Foucault, uma vez que ao defender a visualização de um pudor, por mais humanitário que se possa parecer, haveria sempre que se pensar: e quais excessos a reprimir? Talvez aqueles que a interpretação histórica, filosófica, geográfica e jurídicas assim define? A resposta seria, portanto, pensar numa maneira de intervenção menos rígida e não no pudor de uma época.

Foucault, em abril de 1979, numa entrevista, intitulada *La Loi de la Pudeur*,[1233] concedida a J. Danet, advogado em Nantes, a P. Hahn, jornalista em Gai Pied, e a Guy Hocquenghem, escritor e fundador do *Front homosexuel d'action révolutionnaire – F.H.A.R.*, por ocasião de ter sido requisitado pela Comissão de Reforma do Código Penal Francês, a fim de contribuir com suas reflexões sobre as teses conflituosas referentes à sexualidade após o movimento de liberação sexual, procurou demonstrar suas opiniões, tentanto abarcar situações tão diversas, suscitadas pós-maio de 68, como os anseios feministas de criminalização do *Viol*, a vontade dos homossexuais de descriminalisação da homossexualidade, ou mesmo a existência de confrontos entre lésbicas e pedófilos com a noção, desenvolvida pelos psicanalistas, de perigo ligado à sexualidade. Nesse sentido, Foucault afirma que as legislações têm sido cada vez mais severas, estabelecido cada vez um número maior de tipos legais, mas jamais definiram exatamente o conteúdo dos atos que entendiam ser necessários punir: "Ora, essa legislação tinha exatamente essa característica que ela jamais foi capaz de dizer exatamente o que ela punia. Pune-se os atentados, o atentado jamais foi definido. Pune-se os ultrajes, jamais se soube o que era um ultraje. A lei era destinada a defender o pudor, jamais se soube o que era o pudor."[1234] Foucault salienta que sempre que se exigiu a intervenção de uma legislação no domínio da sexualidade se evocou o direito do pudor: "é necessário defender o pudor

1232 MAZZANTI, Manlio. **L'osceno e il diritto penale**. Milano: Giuffrè, 1956, p. 384. "È certo ed, ainzi, è plasticamente evidente che il costume presente è ben lontano dal costume dell'ottocento od anche da quello dei primi del novecento sicchè è esatta l'affermazione che l'abbigliamento balneare femminile della fine ottocento farebbe oggi sorridere il più castigato puritano, laddove quello attuale farebbe gridar allo scandalo il più libertino del secolo scorso." [trad. do autor.]

1233 DANET, J; HAHN, P. e HOCQUENGHEM, Guy. **La loi de la pudeur: entretien avec Michel Foucault**. Dits et Écrits (org. Daniel Defert et François Ewald). v. 3 Paris: Gallimard, 1994, p. 763-777.

1234 DANET, J; HAHN, P. e HOCQUENGHEM, Guy. **La loi de ...**, p. 767. "Or cette législation avait tout de même cette caractéristique qu'elle n'a jamais été capable de dire exactement ce qu'elle punissait. On punissait des attentats, l'attentat n'a jamais été défini. On punissait des outrages, on n'a jamais su ce que c'était qu'un outrage. La loi était destinée à défendre la pudeur, on n'a jamais su ce que c'était que la pudeur." [trad. do autor.]

universal da humanidade",[1235] ou então, especialmente a partir da metade do séc. XX, a ideia de periculosidade "há pessoas para as quais a sexualidade dos outros pode se tornar um perigo permanente."[1236] Todavia, isso sim, foi para Foucault, algo realmente perigoso.

Sem propor novos tipos legais, por não ser seu propósito, Foucault salienta ao menos que se deveria fazer uma restrição aos excessivos artigos que condenam a sexualidade, bem como em relação às crianças, no caso específico de abuso pelos pais ou próximos, que o ideal seria ouvir até que ponto poderia existir na criança um trauma, e lhes dar crédito. Essa, certamente, é a compreensão mais sensata à sexualidade, menos reprimida social e juridicamente, mais colocada em discurso e menos tornada discurso, para que produza subjetividades autênticas, na expressão de Foucault, ou seja, como bem demonstra José Luis Diez Ripolles, a sexualidade deve exigir do discurso jurídico penal uma intervenção seguramente reduzida, atendendo-se ao que o postulado moderno do Direito Penal incitou de "intervenção mínima".[1237] O grande problema também reside da definição dessa intervenção mínima, que não encontra lugar senão na atenção dada às formas livres da sociedade, ou seja, senão no prero à liberdade de cada época. Não se pode esquecer que o Direito Penal, tanto quanto outros ramos do Direito, teve por função essencial na sociedade, e, ainda o tem, o de coação de sua realidade, bem como o papel de formular todo um discurso sobre a sexualidade. E Foucault certamente não desconsiderava isso, embora deslocasse o foco central às práticas normalizadoras. É, pois, esse discurso da sexualidade e da coisificação do sexo que precisa ser necessariamente rechaçado, para que o império do discurso jurídico despadronize condutas e libere efetivamente o sexo, resgatando-lhe o lugar da autenticidade. Nessa perspectiva, o direito, numa interpretação foucaultiana, deveria antes se destinar a dialogar com a sexualidade, e para tanto, deveria imbuir-se de uma interpretação arqueogenealógica, que levassem em seu

1235 DANET, J; HAHN, P. e HOCQUENGHEM, Guy. **La loi de** ..., p. 767. "Il faut défendre la pudeur universelle de l'humanité" [trad. do autor.]

1236 DANET, J; HAHN, P. e HOCQUENGHEM, Guy. **La loi de** ..., p. 767. "Il y a des gens pour qui la sexualité des autres peut devenir un ganger permanent." [trad. do autor.]

1237 RIPOLLES, José Luis Diez. **El derecho penal ante el sexo: límites, criterios de concreción y contenido del derecho penal sexual**. Barcelona: Bosch, 1981, p. 259. " ... y respecto a que el Derecho Penal sexual debe atenerse al principio de la última ratio, nada que oponer tal postulado, inserto en el más amplio del principio de intervención mínima del Derecho Penal, ha de aceptarse sin reservas." [trad. do autor. " e no que se refere à ideia de que o Direito Penal sexual deve estar atento ao princípio da *ultima ratio*, não tenho nada para contradizer, inserto no mais amplo do princípio da intervenção mínima do Direito Penal, é necessário aceitá-lo sem reservas."]

bojo todas as considerações doutrinárias, bem como todas as manifestações latentes na sociedade, do que construir o seu discurso autoritário em torno de seu objeto.

# Conclusões
## Em busca do *jurista curador de si*

Os horizontes estão sempre longes, ainda que se mostrem tão próximos e tão concretos aos olhos afoitos de qualquer indivíduo, especialmente do pesquisador, que no labirinto de suas ideias e nas tramas insólitas de seus argumentos, parece perder-se em seu próprio espaço e no seu próprio tempo, a ponto de acreditar que sua realidade poliédrica e irregular faz-se-lhe a razão suprema e dominadora do mundo.

Dessa maneira, o pesquisador deve estar em permanente questionamento, sobretudo no "fim" provisório que estigmatiza em seu trabalho, para evitar que suas conclusões se lhe obscureçam a possibilidade de interpretações diversas e completude de análise. É nesse sentido da atitude crítica perspectiva que este trabalho pretende se impor, numa singularidade estreita, com vistas a trazer ao leitor seguro de suas convicções tão-somente um ensaio capaz de investigar, ainda que parcialmente, ao menos aos olhos de um autor de formação jurídica, alguns aspectos da obra do ilustre pensador Michel Foucault. Enquanto intelectual, Foucault jamais procurou formular saídas, sistemas seguros de pensamento, dar conselhos, indicar condutas, razão pela qual foi severamente criticado em todos os âmbitos, mas sim, preferiu antes demonstrar as mazelas de um mecanismo qualquer, fosse da loucura, fosse da prisão, fosse subjetivação, antes fazer uma história de constantes exclusões, a fim desmascarar as relações e o exercício do poder, uma história da atualidade, do presente, tal as palavras do filósofo da *Scuola Normale di Pisa*, Rino Genovese: "Foucault não diz nada sobre como deveria ser o mundo: descreve como nos tornamos aquilo que somos, mas, em seguida, não indica alguma estrada para andar além do que somos. De fato, ele procura não se apresentar com um profeta, evita dar conselhos sobre aquilo que se deveria fazer ou não fazer, e recusa, no fundo, também a etiqueta de filósofo. Apresenta-se, ao invés, como um historiador, embora um historiador peculiar."[1238]

Pretende-se ressucitar ou suscitar mais uma vez as teorias desse intelectual que se mostrou muito profícuo e muito crítico ao seu tempo e às suas manifestações acadêmicas e políticas de sua atualidade. Nesse sentido, postar-se o pensamento de Michel Foucault às luzes de uma visão analítica significa deixá-lo vivo e solto nas discussões de qualquer modo, descompromissado e também preso às raízes cadêmicas distintas, e, ao mesmo tempo, dar segurança a Senhora Anne Foucault, que na morte de seu filho, como visto, quisera fosse escrito na lápide que ele houvera sido professor no *Collège de France*, pois tinha medo que seu filho fosse em vinte anos esquecido. A quase trinta anos de sua morte, seu pensamento parece estar talvez mais vivo do que o fora no seu tempo, quando se envolvia em polêmicas de grandes repercussões intelectuais e políticas. A cada estudo que hoje se produz sobre o filósofo francês significa recolocá-lo nos púlitos das entrevistas jornalísticas e diante dos megafones nas suas ruas do *Quartier Latin*.

Esta pesquisa pretende deixar os olhos e a razão percorrerem, ainda que por vezes sorrateiramente, as formulações e os horizontes do pensamento foucaultiano. Se de um lado Foucault foi um jovem de vida complexa sob o ponto de vista psicológico, não o foi menos, certamente, na vida adulta, quando a complexidade psicológica se transformara em filosófica e política, como esboçado inicialmente. Essa complexidade teórica se abriu ao mundo acadêmico de diferentes maneiras, ora sob a perspectiva dos questionamento sobre o saber e suas manifestações discursivas; ora sob o limiar do poder e suas relações e práticas; ora, enfim, sob as indagações sobre a subjetividade-ética e seu *ehtos*, como visto. Assim, este estudo sobre o pensamento foucaultiano encerra, ou pretende encerrar, mais um novo questionamento da obra deste insígne filósofo, cuja importância se deflagra em diversas áreas do saber, especialmente no direito, com suas contribuições críticas ao discurso jurídico. Dessa maneira, se hoje estivesse vivo, poderia regozijar-se com a dimensão que o seu pensamento adquiriu em relação à ciência do direito, e suas ideias estariam, provavelmente, cada vez mais vivas e instigantes; ou então, como dissera

[1238] GENOVESE, Rino. **Micropoteri e comunicazione**. Rivista dal Centro Ricerche Psicoanalitiche di Gruppo di Roma, Roma, p. 04, feb. 1999. "Foucault non dice niente su come dovrebbe essere il mondo: descrive come siamo diventati quello che siamo, ma poi non indica alcuna strada per andare oltre quello che siamo. Egli ci tiene infatti a non presentarsi come un profeta, evita di dare consigli su quello che si dovrebbe fare o non fare, e rifiuta in fondo anche l'etichetta di filosofo. Si presenta come uno storico, piuttosto, sebbene come uno storico di tipo particolare." [trad. do autor]

Didier Eribon, talvez Foucault estivesse participando de algum ato público e acadêmico, quem sabe, uma comissão de reforma do Código Penal.[1239]

Entretanto, resta ainda um questionamento indispensável, que deve vir à luz para ser investigado, já com a bagagem das considerações anteriores, que diz respeito à postura do intelectual na obra foucualtiana. Tratam-se de linhas, inicialmente analíticas, como de resto sempre o fora, mas, também, algumas perspectivas, para a constituição ou possível reflexão, do que aqui se chamaria: um "jurista curador de si". Nesse sentido, Foucault entende que o intelectual estaria passando por um processo de alteração significativa de sua autoconstituição e de seu papel no mundo. Ao contrário do que teria sido no passado, no qual era considerado como o representante do universal, aquele que administrava e controlava a verdade e a justiça, o que lhe impunha grande proximidade às questões jurídicas, o intelectual seria aquele intelectual específico, marcado pela oposição às figuras claras e individuais de uma universalidade, cujo proletariado seria a forma coletiva, constituído por uma consciência mais concreta e imediata das lutas sociais e individuais. Ao invés de ser um "pouco a consciência de todos", o intelectual ganhou o hábito de trabalhar com setores determinados, não simplesmente com as grandes questões que sempre envolveram os "grandes" intelectuais, mas com microestruturas, com alojamentos, hospitais, asilos, laboratórios, universidades, relações familiares e sexuais.[1240]

Em 11 e 12 de maio de 1979, numa entrevista intitulada *Inutile de se soulever*, publicada no *Le Monde*, como já anteriormente visto, Foucault, respondendo críticas que teria sofrido por estar supostamente "a favor" do Irã, quando lá esteve no final da década de setenta, traça algumas observações de qual seria, em suma, a função dos intelectuais: "Hoje em dia os intelectuais não têm muito bom 'cartaz': acho que posso usar essa palavra num sentido bastante preciso. Portanto não é hora de dizer que não se é intelectual. Eu provocaria sorrisos. Eu sou intelectual. Se me perguntassem como concebo o que faço eu responderia: se o estrategista é o homem que diz: 'que importa tal morte, tal grito, tal revolta em comparação com a grande necessidade do conjunto e que importa tal princípio geral na situação específica em que nos encontramos', pois bem, para mim tanto faz que o estrategista seja político, historiador, revolucionário, partidário do xá ou do aiatolá; minha moral teórica é inversa.

1239 ERIBON, Didier. **Michel Foucault.**, p. 287.

1240 FONTANA, Alessandro; PASQUINO, P. **Entretien avec Michel Foucault**. (trad. C. Lazzeri) Dits et Écrits (org. Daniel Defert et François Ewald). Paris: Gallimard, v. 3, 1994, p. 154.

É 'antiestratégica': ser respeitoso quando uma singularidade se levanta, intransigente quando o poder infringe o universal. Escolha simples, tarefa difícil: pois é preciso ao mesmo tempo ver um pouco abaixo da história o que a rompe e a agita e vigiar um pouco atrás da política o que deve limitá-la incondicionalmente. Afinal, é meu trabalho: não sou nem o primeiro nem o último que o faz. Mas eu o escolhi."[1241]

Suas reflexões sobre o papel do trabalho intelectual e das pesquisas tem especial relevo em Foucault no início dos anos 80, quando se questiona sobre o papel dos jornais na circulação das ideias e na confusão dos valores.[1242] Segundo Poster, a partir dos anos setenta Foucault começou a propugnar palas causas de distintos grupos de oposição e a escrever ensaios políticos, falando, especialmente, a favor da reforma carcerária e dos direitos dos homossexuais, apoiando o movimento da antipsiquiatria e do feminismo, o que era, de certa forma, uma ironia, especialmente pelo fato de que, nesse anos, sendo um dos intelectuais mais eminentes e conhecidos na política da esquerda, criticava paralelamente o papel e a função do intelectual tradicional.[1243] O papel do intelectual, segundo a função do intelectual específico, que atue segundo uma ética.

Perguntado pela Revista *Quel Corps*, em junho de 1975, sobre o papel do intelectual na prática militante, Foucault assim respondeu claramente: "O intelectual não tem mais que desempenhar o papel daquele que dá conselhos. Cabe àqueles que se batem e se debatem encontrar, eles mesmos, o projeto, as táticas, os alvos de que necessitam. O que o intelectual pode fazer é fornecer os intrumentos de análise, e é este, hoje, essencialmente, o papel do historiador. Trata-se, com efeito, de ter do presente uma percepção densa, de

1241 FOUCAULT, Michel. **Inutile de se ...**, p. 794. "Les intellectuels, ces temps-ici, n'ont pas très bonne 'presse': je crois pouvoir employer ce mot en un sens assez précis. Ce n'est donc pas le moment de dire qu'on n'est pas intellectuel. Je ferais d'ailleurs sourire. Intellectuel, je suis. Me demanderait-on comment je conçois ce que je fais, je répondrais, si le stratège est l'homme qui dit: 'Qu'importe telle mort, tel cri, tel soulèvement par rapport à la grande nécessité de l'ensemble et que m'importe en revanche tel principe général dans la situation particulière où nous sommes', eh bien, il m'est indifférent que le stratège soit un politique, un historien, un révolutionnaire, un partisan du chah ou de l'ayatollah; ma morale théorique est inverse. Elle est 'antistratégique': être respectueux quand une singularité se soulève, intransigeant dès que le pouvoir enfreint l'universel. Choix simple, ouvrage malaisé: car il faut tout à la fois guetter, un peu au-dessous de l'histoire, ce qui la rompt et l'agite, et veiller un peu en arrière de la politique sur ce qui doit inconditionnellement la limiter. Après tout, c'est mon travail; je ne suis ni le premier ni le seul à le faire. Mais je l'ai choisi." [trad. do autor.]

1242 ERIBON, Didier. **Michel Foucault.**, p. 273.

1243 POSTER, Mark. **Foucault, el marxismo ...**, p. 18.

longo alcance, que permita localizar onde estão os pontos frágeis, onde estão os pontos fortes, a que estão ligados os poderes – segundo uma organização que já tem cento e cinquenta anos – onde eles se implantaram. Em outros termos, fazer um sumário topográfico e geológico da batalha ... Eis aí o papel do intelectual. Mas de maneira alguma, dizer: eis o que vocês devem fazer.[1244]

Foucault defende que o papel do intelectual é o de modificar o próprio pensamento e na modificação do pensamento dos outros, isto é, o trabalho do intelectual não é de dizer o que se deve ou não fazer, nem tampouco modelar uma vontade política dos demais, mas, pelo contrário, é de questionar, através de suas análises em terrenos próprios, as evidências e os postulados, sacudir os hábitos, os modos de agir e de pensar, em dissipar as familiaridades admitidas, e partir para uma reproblematização participando da formação da vontade política.[1245] Nesse sentido, entende que o intelectual, assim como todas as formas de subjetividades, ao cuidar de si mesmo, acaba pensando no outro: "Aquele que cuida de si, a ponto de saber exatamente quais são seus deveres como senhor da casa, como esposo, ou como pai será também capaz de manter com sua mulher e seus filhos a relação devida."[1246]

Feitas as considerações sobre a perspectiva do intelectual,[1247] tendo atrás toda a bagagem das reflexões efetuadas, seria preciso, agora, como afirmara

1244 FOUCAULT, Michel. **Pouvoir et corps**. Dits et Écrits (org. Daniel Defert et François Ewald). Paris: Gallimard, v. 2, 1994, p. 759. "*Quel Corps* – Quel est le rôle de l'intellectuel dans la pratique militante? M.F. – L'intellectuel n'a plus à jouer le rôle de donneur de conseils. Le projet, les tactiques, les cibles qu'il faut se donner, ce sont à ceux-là mêmes qui se battent et se débattent de les trouver. Ce que l'intellectuel peut faire, c'est donner des instruments d'analyse, et, actuellement, c'est essenctiellement le rôle de l'historicien. Il s'agit, en effet, d'avoir du présent une perception épaisse, longue, qui permette de repérer où sont les lignes de fragilité, où sont les points forts, à quoi se sont rattachés les pouvoirs – selon une organisation qui a maintenant cent cinquante ans –, où ils se sont implantés. Autrement dit, faire un relevé topographique et géologique de la bataille ... Voilà le rôle de l'intellectuel. Mais quant à dire: voilà ce qu'il faut que vous fassiez, certainement pas." [trad. br. **Poder-corpo**. Microfísica do poder. (trad. Roberto Machado) 13 ed. Rio de Janeiro: Graal, 1998, p. 151.]

1245 ALVAREZ-URIA, Fernando. **La cuestión del sujeto**. Hermeneutica del sujeto, Madri: Ediciones de la Piqueta, 1994, p. 09.

1246 BECKER, Helmut.; FORNET-BETANCOURT, Raul; GOMEZ-MÜLLER, Alfredo. **L'éthique du souci de ...**, p. 716. "Celui que se soucie de soi, au point de savoir exactement quels sont ses devoirs comme maître de maison, comme époux ou comme père, se trouvera avoir avec sa femme et ses enfants le rapport qu'il faut." [trad. do autor.]

1247 Sobre a questão do intelectual, convém ler: ALVAREZ-URIA, Fernando. **La cuestión del sujeto**. Hermeneutica del sujeto, Madri: Ediciones de la Piqueta, 1994, p. 09.; ELKABBACH, Jean-Pierre. **Foucault répond à Sartre**. Dits et Écrits (org. Daniel Defert et François Ewald). v. 1 Paris: Gallimard, 1994, p. 665.; LOSSOWSKY, E. **À quoi rêvent les philosophes?: entretien avec**

Billouet a respeito da consecução teórica elaborada pelo filósofo francês em relação ao psiquiatra, fazer uma espécie de reconstrução da figura mágica do jurista,[1248] ou melhor, indicar espectros para investigar a figura do jurista, ainda que tracejando horizontes inseguros e desprovidos do rigor filosófico-científico, em suma, uma investigação sobre a figura do *homo juridicus*,[1249] uma maneira de indicação para a sua ontologia, desvendando seus mistérios, por tanto lançado ao acaso e ao obscurantismo de seus milagres. Ressalte-se que se tratam apenas de algumas perspectivas, já que um exame como esse exigiria outras tantas páginas, por tratar-se simplesmente de uma ontologia. Nesse sentido, convém ressaltar que Foucault jamais refletiu diretamente a figura subjetiva do jurista, tampouco se debruçou insistentemente sobre o direito propriamente dito, tal como o fizera em relação ao psicanalista, mas tão-somente, como visto outrora, investigou alguns temas de teoria geral do direito, como as questões da verdade, do processo, das práticas judiciais, dos laudos periciais, do poder de internamento, etc.

Todavia, seria oportuno lançar alguns questionamentos ontológicos da figura subjetiva do *homo juridicus*, algumas problematizações, não sobre as

**Michel Foucault**. Dits et Écrits (org. Daniel Defert et François Ewald). Paris: Gallimard, v. 2, 1994, p. 704-707.; KOERNER, Andrei. **Foucault: o intelectual e a política**. Cadernos da Faculdade de Filosofia e Ciência de Marília "Michel Foucault: histórias e destinos de um pensamento (org. Fávia Biroli e Marcos César Alvarez), Marília, Ed. da Unesp, v. 9, n. 1, p. 1-10, 2000.; FOY, M.-G. **Qu'est-ce qu'un philosophe?** Dits et Écrits (org. Daniel Defert et François Ewald). v. 1 Paris: Gallimard, 1994, p. 552-553.; BLACKER, David. **Foucault e a responsabilidade intelectual**. O sujeito da educação: estudos foucaultianos. (org. Tomaz Tadeu da Silva) 3 ed. Petrópolis: Vozes, 1994, p. 155-172.; FOUCAULT, Michel. **Est-il donc important de penser?** Dits et Écrits (org. Daniel Defert et François Ewald). Paris: Gallimard, v. 4, 1994, p. 178-181.; FOUCAULT, Michel. **Le philosophe masqué**. Dits et Écrits (org. Daniel Defert et François Ewald). Paris: Gallimard, v. 4, 1994, p. 104-110.; FOUCAULT, Michel. **La fonction politique de l'intellectuel**. Dits et Écrits (org. Daniel Defert et François Ewald). v. 3 Paris: Gallimard, 1994, p. 109-114.; PANIER, C.; WATTÉ, C. **L'intellectuel et les pouvoirs: entretien avec Michel Foucault**. Dits et Écrits (org. Daniel Defert et François Ewald). Paris: Gallimard, v. 4, 1994, p. 747-752.; DELEUZE, Gilles. **Les intellectuels et ...**, p. 306-315. [trad. br. **Os intelectuais e ...**, p. 69-78.]

1248 BILLOUET, Pierre. **Foucault: figures ...**, p. 32. "Et, paradoxe ou vérité profonde, c'est la figure *magique* du médecin 'thaumaturge' – le psychiatre puis le psychanalyste –, qui assure ce rôle normalisateur de la sollicitude humaniste ..." [trad. do autor "E, paradoxo ou verdade profunda, é a figura *mágica* do médico 'taumaturgo' – o psiquiatra depois o psicanalista –, que assume esse papel normalisador da solicitude humanista ..."]

1249 Destaque-se que o termo *homo juridicus*, como se verá adiante, tem referência ao pensamento do jusfilósofo Gustav Radbruch, e dessa maneira ele passa a ser utilizado. Todavia, para evitar confusões, deixam-se de se fazer as declinações latinas para os casos necessários, adotando-se, de modo genérico, ao contrário das línguas sintéticas, a expressão *homo juridicus*, para representar todas as funções sintáticas.

suas manifestações históricas, mas sim, sobre sua constituição, sua topografia, sua relação com os demais entes, isto é, a sua ontologia presente. Enfim, o que estas linhas tentam esboçar, doravante, retomando a teoria foucaultiana e seus métodos de análise filosófica e histórica, é uma investigação ontológica da figura subjetiva do jurista, isto é, envereda-se por um estudo do *homo juridicus* na atualidade, objetivando construir, demarcar, traçar seus passos e suas transformações, circunscrever seus horizontes, definir sua essência, topografar seu lugar nas ciências humanas, quer dizer, analisar os caracteres fundamentais dos juristas, enquanto ser propriamente dito, demonstrando-lhe as diversas formas de sua subjetivação possíveis, seja como autor, intérprete, institucional, educador, etc. Observe-se que o seu destaque convém ser realizado aqui não como forma a dar-lhe supremacia, mas justamente pelo contrário, destacar significa, neste caso, por suposto, colocá-lo aos olhos de seus algozes, aos olhos de si próprio, para que sua figura seja repensada e restituída de seu espaço ético, hoje tão renegado.

Dessa maneira, um questionamento como esse pode ter inúmeras razões, e se justifica pelo seguinte modo: o jurista da atualidade, enquanto uma das formas de subjetivação do homem, seja como operador direto do ordenamento jurídico na realidade, seja como pensador de conceitos e institutos na academia, trata-se de uma das figuras subjetivas de maior importância para a civilização, sobretudo nas modificações que se têm operado recentemente, em virtude de sua capacidade de ingerir-se na vida pública, e gerir, de maneira indireta e mediata, a vida privada dos indivíduos, ao determinar-lhe conceitos de moralidade, justiça, não-violência, repressão, normalização, etc. Essa onipresença, se assim puder ser dita do jurista, dá-lhe, ou deveria lhe dar lugar de prero nas considerações filosóficas do pensamento moderno, uma vez que a sua capacidade de alternar-se ao longo do tempo, e de mesclar-se em outras formas de subjetivação, impõe-lhe a responsabilidade de ser um ente capaz de alterar os rumos políticos e filosóficos do país, tendo em vista o alcance de suas atitudes e de seus pensamentos.

É preciso verificar que o *homo juridicus*, não menos que as outras figuras subjetivas, como do *homo theoreticus*, do *homo œconomicus*, etc., conservadas cada uma em suas devidas singularidades, inscreve-se, e como sempre se inscreveu, na episteme determinada de uma época, como a que se vive atualmente, ou seja, sempre se localizara como uma figura indispensável na ordem intrínseca à lógica interna do conhecimento, que permitiu construir todo o arcabouço de saber de seu momento histórico. Deste modo, o jurista, independentemente das escolhas específicas que cada um estabelece para si, insere-se nessa configuração do saber, nessa disposição que o saber assume em determinada época e que lhe confere uma certa positividade. Não há como negar, portanto, que o tributarista, o constitucionalista, o penalista, o sociólogo e o filósofo do direito, o civilista, o administrativista, os processualistas em geral, etc, tantas quanto forem as formas especializadas da figura do jurista, que nesta pesquisa não interessam diretamente, já que caberia a uma análise jurídica propriamente dita, representam figuras imprescindíveis para a configuração do saber de uma determinada época.

É inevitável averiguar que as manifestações intelectuais e concretas de cada especialização do jurista, aqui compreendido na sua integralidade, enquanto *homo juridicus*, importam significativas alterações na realidade, ou melhor, contribuem para a própria constituição da realidade, posto que, cada vez, por exemplo, que uma limitação tributária é expandida no universo jurídico constitucional, toda uma modificação seja *a priori*, seja *a posteriori* se opera na civilização, já que muitos valores mudam ou se robustecem, visto que determinada atividade ou pessoa jurídica passa a ser considerada beneficente de uma prerrogativa que o Estado deve atentar; ou, por exemplo, quando uma construção teórica sobre a conduta se opera no campo penal, tal a clássica passagem do causalismo para o finalismo, cuja mudança demonstrou as alterações dos paradigmas da humanidade, que passou a manifestar-se pela compreensão de que as atitudes dos homens sempre visariam a um fim, jamais sendo mera decorrência lógica, tal os fenômenos naturais, etc. Ou seja, as diferentes manifestações jurídicas do *homo juridicus* implicam novas configurações do saber de uma época, e, por conseguinte, uma nova episteme.

Entretanto, deixando-se de lado as perspectivas históricas que poderiam ser analisadas, uma vez que para cada episteme o *homo juridicus* contribui de maneiras diversas para estabelecer a ordenação histórica dos saberes, bem como deixando de lado as especializações dos juristas, nas figuras já vistas de acordo com a disciplina de escolha, o que importa necessariamente é demonstrar, portanto, que o *homo juridicus* constitui uma figura essencial na identidade de uma época, ou seja, constitui-se como uma figura subjetiva que, apesar de se alterar ao longo da história, em cada momento está sempre presente a fim de delimitar e constituir o saber.

Todavia, é oportuno salientar que a figura subjetiva do jurista tem sido gradativamente esquecida nas reflexões da filosofia, da história, da sociologia e da antropologia do direito, ao contrário de outras tantas figuras, que não perderam seu espaço nas suas respectivas disciplinas, tal como o médico, que constantemente é colocado em questão, especialmente na sua constituição ético-subjetiva; tal como o cientista político, na sua implicação concreta, a ver-se no período das eleições; tal como o próprio filósofo. Esta figura do filósofo, aliás, é certamente a mais questionada de todos, já que perpassa a categoria do intelectual. Nesse sentido, diversos autores se preocuparam, desde a Antiguidade até os dias de hoje, especialmente desde a modernidade, tal como fizera Karl Mannhein, na delimitação de seu intelectual da *intelligentsia*, tal como Antonio Gramsci, como visto anteriormente em relação ao filósofo cosmopolita, ao filósofo nacional, mas, sobretudo, ao intelectual orgânico; e, igualmente, tal como Michel Foucault, que diagnosticou, recentemente, como visto, estar o filósofo passando por um processo de significativa alteração na sua autoconstituição e no seu papel no mundo.

Em contrapartida, como dito, a figura subjetiva do jurista tem sido negligenciada nas reflexões filosófico-jurídicas, em prol de temas certamente importantes, como o sujeito de direito, a função social da propriedade, as teorias da soberania, as mudanças do estado contemporâneo, etc. Sem embargo a essencialidade dos questionamentos feitos sobre tais temas, que não caberiam ressaltar, há, contudo, que se refletir a figura subjetiva do *homo juridicus*; há que se fazer uma ontologia de sua constituição, quer dizer, há que se fazer um estudo filosófico do que ele seria em si, sua identidade e sua delimitação, para poder, então, primeiro, entender muitos problemas que decorrem de uma má compreensão do papel desempenhado pelo jurista, em segundo, para permitir uma exata delimitação de suas manifestações concreta e abstrata; enfim, para conduzir um melhor entendimento de sua figura subjetiva, com vistas a estabelecer deveres e direitos na condução moral e prática da vida humana. Em suma, é, pois, nesse sentido, que se justificaria uma investigação sobre a temática da figura subjetiva do *homo juridicus* na atualidade. De consequência, seria indispensável que hoje em dia existissem reflexões que colocassem o jurista em destaque, que investigassem sua ontologia, a fim de solucionar estes problemas. Nesse sentido, convém formular, despretensiosamente, algumas linhas de análise, a partir da metodologia foucaultiana já esboçada durante este ensaio.

Seria preciso, então, delimitar, primeiro, quais são os objetivos que esta reflexão institui desde o início, isto é, quais são as metas, as finalidades, o alvo propriamente dito que uma determinada reflexão sobre o jurista pretende alcançar; em seguida, quais seriam as conclusões que tal pesquisa poderia deixar-se antever, quer dizer, quais seriam as possíveis delimitações que esta investigação poderia atingir a título de conclusão, a fim de satisfazer a formulação do problema. Desta maneira, pode-se afirmar com segurança, mais quanto aos objetivos do que às conclusões, que uma tal investigação deveria partir das conclusões que o método arqueogenealógico de Michel Foucault e os temas centrais de suas orientações permitem configurar. O objetivo seria, portanto, definir as diversas formas de subjetivação do jurista na atualidade; definir e demarcar as figuras, as diferentes vestes que o *homo juridicus* se lhe coloca diante das circunstâncias concretas e abstratas da vida a partir das considerações foucaultianas anteriormente argumentadas.

Para tanto, indica-se que se deveria partir de uma epistemologia conceitual de descontinuidades e rupturas, vontades de verdade, saber e potência, para se poder fazer uma análise da estrutura ôntica do jurista nos dias de hoje, quer dizer, um estudo filosófico da essência própria do seu ente, ou seja, um exame daquilo que o *homo juridicus* é em si mesmo, sua identidade, sua diferença em face de outros entes, suas relações com os demais, sua delimitação e investidura na realidade. Dessa maneira, este estudo da situação hodierna do jurista levaria a possíveis respostas aos seguintes questionamentos, hoje tão barulhentos: Quem é o *homo juridicus*? Quais são suas posições no mundo das coisas e dos fenômenos? Quais as suas relações? Quais as suas dimensões abstratas e concretas? Enfim, quais as suas formas de subjetivação?

Para perquirir pelas respostas, oportuno, então, adotar o método arqueogenealógico foucaultiano, isto é: partir do conhecimento da arqueologia, como um domínio de pesquisa, que busca a existência de um saber ativo, um saber em movimento, cogitado a partir de um grupo de conceitos, que formam discursos, constituindo o arquivo de uma determinada época; um domínio que tem o objetivo de evitar todo problema de anterioridade da teoria com relação à prática, e vice-versa, quer dizer, sobre o mesmo plano, e segundo os seus isomorfismos, as práticas, as instituições e as teorias, são tratadas igualmente, buscando o saber comum que as transformou possíveis, a classe do saber constitutivo e histórico, do ponto de vista das dinamicidades, do "teórico-ativo", e não do "prático-inerte"; bem como do conhecimento da metodologia dos anos setenta, a genealogia, como um domínio capaz de compreender, então, não somente as formações discursivas de uma determinada episteme, mas algo que fosse além, que tentasse compreender o presente, a sua história, através das relações dos homens com os saberes, bem como com as suas práticas e consigo mesmo, em suma, um método empreendimento para libertar da sujeição os saberes históricos; torná-los capazes de oposição e de luta contra a coerção de um discurso teórico, unitário, formal e científico.

Somente nesse sentido, é que se poderia fazer uma ontologia do *homo juridicus*. Para tanto, dois questionamentos aparecem de súbito, e cujas respostas convêm serem aqui elaboradas, ainda que o meio de análise esteja apenas esboçado: Mas quem é o *homo juridicus* que precisa aqui ser apontado como uma figura? Como deveria constituir-se, para fugir às crises de sua identidade e de sua função atual na sociedade? À primeira resposta, recorre-se ao pensamento de Gustav Radbruch; a segunda leva às interrogações de Foucault.

Quanto à primeira pergunta, assim, convêm trazer à lume alguns aportes da filosofia do direito, sem dúvida os primeiros questionamentos a serem formulados no século passado, sobre a constituição do *homo juridicus*. Nesse sentido, destaque-se que a definição primeira sobre o *homo juridicus* efetivado na filosofia do direito, quando Freud recém investigava o homem na teoria moderna, foi oferecida primordialmente pelo jusfilósofo Gustav Radbruch, no décimo terceiro parágrafo de sua clássica obra *Rechtsphilosophie*. Radbruch (1878-1949) foi um dos maiores representantes da filosofia alemã do início do século. Intelectual, que, nascido em Lübeck, fora professor de Heidelberg, Könnisberg e Kiel. Entre 1920 e 1924 participara ativamente do governo, figurando como membro do *Rechstag* e ministro de Justiça. Então, desde o ano seguinte, tornou-se professor de Heidelberg. Quando, doravante, começara a sua magistral carreira filosófica.

A reflexão empreendida pelo autor alemão sobre a figura do jurista, contida na referida obra de 1932, um ano antes de ser demitido pelo Nacional Socialismo da cátedra de Heidelberg, e que só a viria reintegrar em 1945, inicia suas argumentações fazendo uma investigação analógica da figura do *homo iuridicus* a partir das concepções psicológicas do alemão Eduard Spranger, que, no início do século passado houvera estabelecido em sua obra *Lebensform* as diferentes estruturas anímicas, ou formas de vida, indispensáveis para as diversas realizações espirituais da alma humana. Segundo Radbruch, Spranger, ao classificar as figuras subjetivas do *homo theoreticus, homo œconomicus, homo aestheticus, homo socialis, homo politicus*, e o *homo religiosus*, acabara por negligenciar um espaço autônomo para a figura subjetiva do *homo juridicus*, em virtude de sua constituição como um tipo psicológico complexo.[1250] Para Spranger, o *Rechtsmensch* não teria uma estrutura simples, mas sim mista, ora entre a figura do *homo socialis*, ora entre o *homo theoreticus*. Todavia, Radbruch defende a necessidade de se definir o *homo juridicus* como uma figura subjetiva à parte; como uma forma subjetiva autônoma, independentemente de sua proximidade com as demais formas, e, independentemente da complexidade

1250 SPRANGER, Eduard. **Formas de vida: psicología y ética de la personalidad**. (trad. Ramón de la Serna) 4 ed. Madri: Revista de Occidente, 1954, p. 369.

de sua constituição.[1251] A defesa de um *status* autônomo para o *homo juridicus*, segundo Radbruch, justifica-se pela relação direta que o jurista experimenta pelos valores da justiça e da paz social. Para o autor, apesar de serem três os fundamentos a que a ideia de direito se encontre ligada: justiça, segurança, e fim, este último, ao contrário dos demais, não se mostra como valor jurídico específico, redutível a outros valores. Dessa maneira, pensar a figura subjetiva do jurista de modo autônomo exige investigá-lo especialmente pelos ideais de justiça e segurança, únicos e inerentes ao universo jurídico, ou seja, graças a esses dois valores irredutíveis é que a figura do *homo juridicus* merece ser independentemente estruturada, devendo constituir-se como integrado às outras seis formas de vida elencadas por Spranger.

Para Radbruch, mantendo-se, evidentemente fiel às suas origens, quer dizer, permanecendo na linha direta de Windelband, Rickert e Lask, da filosofia dos valores, a ideia de justiça e segurança conduzem à constituição do *homo juridicus*, sob uma visão objetiva, quer dizer, diante dos homens e do conceito generalizador da lei,[1252] e, sob uma perspectiva subjetiva, então, diante da existência de um sentimento jurídico,[1253] como sentimento do próprio direito, de maneira independente. Para tanto, chega até a esboçar, ainda que brevemente, as duas variações do *homo juridicus*: o *homo juridicus comunis*, que seria o dedicado às causas simples e cotidianas, e o *homo juridicus* lutador, o *Kämpfer ums Recht*, homem violento (*Machttypus*) capaz de lutar pelo direito com a força a serviço de seu interesse, por exemplo, na exequibilidade de uma sentença irreformável (deixando-se levar por *neuroses jurídicas*).[1254] Esse é, pois o jurista que se pretende ontologizar.

De outro lado, feitas as conceituações na teoria de Radbruch, pode-se ir em direção a uma possível construção da figura do *homo juridicus* a partir das considerações de Michel Foucault. Sem embargo a possibilidade de se fazer, num subtrato histórico, toda uma topografia do jurista nas ciências humanas; visualizá-lo enquanto uma dobra epistêmica, que tem um lugar reservado e imbricado nas formações e práticas discursivas, bem como nas instituições e nas malhas do poder. Uma figura que, apesar de presente desde os textos clássicos, com Platão, Aristóteles, Plotino, etc., só se tornou um objeto de questionamento, assim como o próprio homem, após o nascimento da modernidade,

[1251] RADBRUCH, Gustav. **Filosofia do direito**. (trad. Cabral de Moncada) 6 ed. Coimbra: Arménio Amado, 1979, p. 208.

[1252] RADBRUCH, Gustav. **Filosofia do ...**, p. 211.

[1253] RADBRUCH, Gustav. **Filosofia do ...**, p. 214.

[1254] RADBRUCH, Gustav. **Filosofia do ...**, p. 219.

na "era da história", apraz-se questionar o *homo psicologicus* da atualidade, isto é, adotando-se o modo de pesquisa *supra* mencionado, é necessário fazer uma história do presente, uma constituição ontológica do jurista dos dia de hoje, do *homo juridicus*, aqui denominado, "curador de si".

A par das inúmeras formas de subjetivação do jurista, seja em torno da problemática do saber e a sua constituição como autor, comentador, intérprete e historiador; bem como seja em relação à temática do poder e a sua configuração como normalizado, normalizador e institucional; é necessário centrar-se num último nível epistêmico, que corresponde à última fase foucaultiana, o período subjetivo, ou melhor, o período que aqui permite relacionar a figura subjetiva do *homo juridicus* à sua dimensão ética, definindo seu *ethos*, as suas conformações, e o seu espaço de liberdade, para tornar-se, efetivamente, um "jurista curador de si".

Nesse sentido, pode-se afirmar que o jurista da atualidade, assim como próprio intelectual, deve ser alguém que "cuide de si", que exerça um bom uso de seus prazeres, de sua temperança, que tenha um domínio de si, para que, tal o pai em relação aos filhos, tenha uma condução correta de vida. O jurista deve então cuidar de si, para que nessa medida cuide do outros, e, ao invés de modelar condutas políticas e científicas, delas participe na sua construção, garantindo o exercício da liberdade, e fazendo de sua filosofia uma ética, ou melhor, um *ethos*. Nesse sentido, Foucault, em abril de 1984, pouco antes de sua morte, ao comentar a opção política de Heidegger pelo Nazismo, deixa claramente que a atitude filosófica pessoal de um intelectual é essencial, e não é a suas ideias que seria necessário perguntar, como se sua atitude política pudesse deduzir, mas é à sua filosofia, como vida, como vida filosófica, em suma, como *ethos*.[1255]

[1255] JAY, M.; LÖWENTAL, L.; RABINOW, P. RORTY, R.; TAYLOR, C. **Politique et étique: une interview**. Dits et Écrits (org. Daniel Defert et François Ewald). Paris: Gallimard, v. 4, 1994, p. 587-588.

# REFERÊNCIAS

## I – Textos Básicos

### A – Michel Foucault

FOUCAULT, Michel. À la recherche du présent perdu. Dits et Écrits (org. Daniel Defert et François Ewald). v. 1 Paris: Gallimard, 1994, p. 504-505.

____. À propos des faiseurs. Dits et Écrits (org. Daniel Defert et François Ewald). Paris: Gallimard, v. 4, 1994, p. 412-415.

____. À propos de l'enfermement pénitentiaire. Dits et Écrits (org. Daniel Defert et François Ewald). Paris: Gallimard, v. 2, 1994, p. 435-445. [trad. es. **A propósito del encierro penitenciario**. Michel Foucault: un diálogo sobre el poder. (trad. Miguel Morey) Madri: Alianza, 1997, p. 59-72.]

____. À propos de la généalogie de l'éthique: un aperçu du travail en cours. Dits et Écrits (org. Daniel Defert et François Ewald). Paris: Gallimard, v. 4, 1994, p. 383-411.

____. À quoi rêvent les iraniens? Dits et Écrits (org. Daniel Defert et François Ewald). v. 3 Paris: Gallimard, 1994, p. 688-694.

____. **A verdade e as formas jurídicas**. Rio de Janeiro: Nau, 1996, 160p. [trad fr. **La vérité et les formes juridiques**. (trad. J. W. Prado Jr.) Dits et Écrits (org. Daniel Defert et François Ewald). Paris: Gallimard, v. 2, 1994, p. 538-646.]

____. **Alexandre Koyré: la révolution astronomique, Copernic, Kepler, Borelli**. Dits et Écrits (org. Daniel Defert et François Ewald). v. 1 Paris: Gallimard, 1994, p. 170-171.

____. **Aller à Madrid**. Dits et Écrits (org. Daniel Defert et François Ewald). Paris: Gallimard, v. 2, 1994, p. 760-762.

____. **Anti-Édipo: uma introdução à vida não-fascista**. Dossier Deleuze (org. Carlos Henrique Escobar). Rio de Janeiro: Hólon, 1991, p. 81-84.

____. **Archéologie d'une passion**. Dits et Écrits (org. Daniel Defert et François Ewald). Paris: Gallimard, v. 4, 1994, p. 599-609.

____. **Ariane s'est pendue**. Dits et Écrits (org. Daniel Defert et François Ewald). v. 1 Paris: Gallimard, 1994, p. 767-771.

____. **Arqueologia do saber**. (trad. Luiz Felipe Baeta Neves) 6 ed. Rio de Janeiro: Forense, 2002, 239p.

____. **Bio-histoire et bio-politique**. Dits et Écrits (org. Daniel Defert et François Ewald). v. 3 Paris: Gallimard, 1994, p. 95-97.

____. Ça ne m'intéresse pas. Dits et Écrits (org. Daniel Defert et François Ewald). Paris: Gallimard, v. 4, 1994, p. 412-412.

____. **Ceci n'est pas une pipe**. Dits et Écrits (org. Daniel Defert et François Ewald). v. 1 Paris: Gallimard, 1994, p. 635-650 [trad. br. **Isto não é um**

**cachimbo**. 2 ed. Rio de Janeiro: Paz e Terra, 1988, 86p.]

____. **Choix sexuel, acte sexuel**. Dits et Écrits (org. Daniel Defert et François Ewald). Paris: Gallimard, v. 4, 1994, p. 320-336.

____. **Conférence: la folie et la société**. Dits et Écrits (org. Daniel Defert et François Ewald). v. 3 Paris: Gallimard, 1994, p. 477-499.

____. **Contre les peines de substitution**. Dits et Écrits (org. Daniel Defert et François Ewald). Paris: Gallimard, v. 4, 1994, p. 205-208.

____. **Conversation avec Werner Schroeter**. Dits et Écrits (org. Daniel Defert et François Ewald). Paris: Gallimard, v. 4, 1994, p. 251-261.

____. **Cours du 7 janvier 1976**. Dits et Écrits (org. Daniel Defert et François Ewald). v. 3 Paris: Gallimard, 1994, p. 160-

____. **Cours du 14 janvier 1976**. Dits et Écrits (org. Daniel Defert et François Ewald). v. 3 Paris: Gallimard, 1994, p. 175-189.

____. **Crise de la médecine ou crise de l'antimédecine**. (trad. D. Reynié) Dits et Écrits (org. Daniel Defert et François Ewald). v. 3 Paris: Gallimard, 1994, p. 40-58.

____. **Croître et multiplier**. Dits et Écrits (org. Daniel Defert et François Ewald). Paris: Gallimard, v. 2, 1994, p. 99-104.

____. **De la amitié comme mode de vie**. Dits et Écrits (org. Daniel Defert et François Ewald). Paris: Gallimard, v. 4, 1994, p. 163-167.

____. **De l'archéologie à la dynastique**. Dits et Écrits (org. Daniel Defert et François Ewald). Paris: Gallimard, v. 2, 1994, p. 405-416.

____. **De la nature humaine: justice contre pouvoir: discussions avec Noam Chomsky et F. Elder** . Dits et Écrits (org. Daniel Defert et François Ewald). Paris: Gallimard, v. 2, 1994, p. 471-512.

____. **Débat sur la poésie**. Dits et Écrits (org. Daniel Defert et François Ewald). v. 1 Paris: Gallimard, 1994, p. 390-406.

____. **Débat sur le roman**. Dits et Écrits (org. Daniel Defert et François Ewald). v. 1 Paris: Gallimard, 1994, p. 338-390.

____. **Défi à l'opposition**. Dits et Écrits (org. Daniel Defert et François Ewald). v. 3 Paris: Gallimard, 1994, p. 704-706.

____. **Des caresse d'hommes considérées comme un art**. Dits et Écrits (org. Daniel Defert et François Ewald). Paris: Gallimard, v. 4, 1994, p. 315-317.

____. **Des espaces autres**. Dits et Écrits (org. Daniel Defert et François Ewald). Paris: Gallimard, v. 4, 1994, p. 752-762.

____. **Des travaux**. Dits et Écrits (org. Daniel Defert et François Ewald). Paris: Gallimard, v. 4, 1994, p. 366-367.

____. **Dialogue sur le pouvoir: entretien avec des étudiants de Los Angeles**. (trad. F. Durand-Bogaert) Dits et Écrits (org. Daniel Defert et François Ewald). v. 3 Paris: Gallimard, 1994, p. 464-477.

____. **Dire et voir chez Raymond Roussel**. Dits et Écrits (org. Daniel Defert et François Ewald). v. 1 Paris: Gallimard, 1994, p. 205-215.

____. **Discussion: la situation de Cuvier dans l'histoire de la biologie**. Dits et Écrits (org. Daniel Defert et François Ewald). Paris: Gallimard, v. 2, 1994, p. 27-30.

____. **Distance, aspect, origine**. Critique: Revue générale des publications françaises et étrangère, Paris, v. XIX, n. 198, p. 931-945, nov., 1963.

____. **Doença mental e psicologia**. (trad. Lilian Rose Shalders) 6 ed. Rio de Janeiro: Tempo Brasileiro, 2000, 99p.

____. **Du bon usage du criminel**. Dits et Écrits (org. Daniel Defert et François Ewald). v. 3 Paris: Gallimard, 1994, p. 657-662.

_____. **Du gouvernement des vivants.** Dits et Écrits (org. Daniel Defert et François Ewald). Paris: Gallimard, v. 4, 1994, p. 125-129. [trad. br. **Do governo dos vivos.** Resumo dos cursos do Collège de France (1970-1982). (trad. Andréa Daher e Roberto Machado). Rio de Janeiro: Jorge Zahar, 1997, p. 101-106.]

_____. **Em defesa da sociedade.** (trad. Maria Ermentina Galvão) São Paulo: Martins Fontes, 1999, 382p.

_____. **En guise de conclusion.** Dits et Écrits (org. Daniel Defert et François Ewald). Paris: Gallimard, v. 2, 1994, p. 416-419.

_____. **Enquête sur les prisons: brisons les barreaux du silence.** Dits et Écrits (org. Daniel Defert et François Ewald). Paris: Gallimard, v. 2, 1994, p. 176-182.

_____. **Espace, savoir et pouvoir.** Dits et Écrits (org. Daniel Defert et François Ewald). Paris: Gallimard, v. 4, 1994, p. 270-286.

_____. **Est-il donc important de penser?** Dits et Écrits (org. Daniel Defert et François Ewald). Paris: Gallimard, v. 4, 1994, p. 178-181.

_____. **Eu, Pierre Rivière, que degolei minha mãe, minha irmã e meu irmão.** (trad. Denize Lezan de Almeida) 4 ed. Rio de Janeiro: Graal, 1988, 294p.

_____. **Face aux gouvernements: les droits de l'homme.** Dits et Écrits (org. Daniel Defert et François Ewald). Paris: Gallimard, v. 4, 1994, p. 707-708.

_____. **Faire les fous.** Dits et Écrits (org. Daniel Defert et François Ewald). Paris: Gallimard, v. 2, 1994, p. 802-805.

_____. **Folie et déraison. Histoire de la folie à l'âge classique.** Paris: Plon, 1962, 309p. [trad. br. **História da loucura na idade clássica.** (trad. José Teixeira Coelho Netto) 6 ed. São Paulo: Perspectiva, 2000, 551p.]

_____. **Folie, littérature, société.** Dits et Écrits (org. Daniel Defert et François Ewald). Paris: Gallimard, v. 2, 1994, p. 104-128.

_____. **Folie, une question de pouvoir.** Dits et Écrits (org. Daniel Defert et François Ewald). Paris: Gallimard, v. 2, 1994, p. 660-664.

_____. **Foucault étudie la raison d'État.** Dits et Écrits (org. Daniel Defert et François Ewald). Paris: Gallimard, v. 4, 1994, p. 37-40.

_____. **Genealogia e poder.** Microfísica do poder. (trad. Roberto Machado) 13 ed. Rio de Janeiro: Graal, 1998, p. 167-178.

_____. **Guetter le jour qui vient.** Dits et Écrits (org. Daniel Defert et François Ewald). v. 1 Paris: Gallimard, 1994, p. 261-268.

_____. **Herculine Barbin dite Alexina B.** Paris: Gallimard, 1978, 160p.

_____. **Hermenéutica del sujeto.** (Fernando Alvarez-Uría) Madri: La Piqueta, 1987, 142p.

_____. **História da sexualidade I: a vontade de saber.** (trad. Maria Thereza da Costa Albuquerque) 13 ed. Rio de Janeiro: Graal, 1999, 152p.

_____. **História da sexualidade II: o uso dos prazeres.** (trad. Maria Thereza da Costa Albuquerque) 8 ed. Rio de Janeiro: Graal, 1998, 232p.

_____. **História da sexualidade III: o cuidado de si.** (trad. Maria Thereza da Costa Albuquerque) 4 ed. Rio de Janeiro: Graal, 1985, 246p.

_____. **Il faut défendre la société.** Dits et Écrits (org. Daniel Defert et François Ewald). Paris: Gallimard, v. 3, 1994, p. 124-130. [trad. br. É preciso defender a sociedade. Resumo dos cursos do Collège de France (1970-1982). (trad.

Andréa Daher e Roberto Machado). Rio de Janeiro: Jorge Zahar, 1997, p. 69-79]

_____. **Il y aura scandale, mais ....** Dits et Écrits (org. Daniel Defert et François Ewald). Paris: Gallimard, v. 2, 1994, p. 74-75.

_____. **Introduction à Biswanger**. Dits et Écrits (org. Daniel Defert et François Ewald). v. 1 Paris: Gallimard, 1994, p. 65-119.

_____. **Introduction à grammaire générale et raisonnée**. Dits et Écrits (org. Daniel Defert et François Ewald). v. 1 Paris: Gallimard, 1994, p. 732-752.

_____. **Introduction à Rousseau juge de Jean-Jacques**. Dits et Écrits (org. Daniel Defert et François Ewald). v. 1 Paris: Gallimard, 1994, p. 172-188.

_____. **Introduction au normal et le patologique**. Dits et Écrits (org. Daniel Defert et François Ewald). v. 3 Paris: Gallimard, 1994, p. 429-442.

_____. **Inutile de se soulever?** Dits et Écrits (org. Daniel Defert et François Ewald). v. 3 Paris: Gallimard, 1994, p. 790-794.

_____. **Je perçois l'intolérable**. Dits et Écrits (org. Daniel Defert et François Ewald). Paris: Gallimard, v. 2, 1994, p. 203-205.

_____. **Jean Hyppolite. 1907-1968**. Revue de métaphysique et de morale, Paris, a. 74, n. 2, p. 129-136, avril/juin 1969.

_____. **L'armée, quand la terre tremble**. Dits et Écrits (org. Daniel Defert et François Ewald). v. 3 Paris: Gallimard, 1994, p. 662-669.

_____. **L'arrière-fable**. Dits et Écrits (org. Daniel Defert et François Ewald). v. 1 Paris: Gallimard, 1994, p. 506-513.

_____. **L'asile illimité**. Dits et Écrits (org. Daniel Defert et François Ewald). v. 3 Paris: Gallimard, 1994, p. 271-275.

_____. **La folie et la société**. Dits et Écrits (org. Daniel Defert et François Ewald). Paris: Gallimard, v. 2, 1994, p. 128-136.

_____. **La folie, l'absence d'œuvre**. Dits et Écrits (org. Daniel Defert et François Ewald). v. 1 Paris: Gallimard, 1994, p. 412-420. [trad. ing. **Madness, the absence of work**. Critical Inquiry, Chicago, v. 21, n. 02, p. 290-298, winter 1995.]

_____. **La fonction politique de l'intellectuel**. Dits et Écrits (org. Daniel Defert et François Ewald). v. 3 Paris: Gallimard, 1994, p. 109-114.

_____. **La force de fuir**. Dits et Écrits (org. Daniel Defert et François Ewald). Paris: Gallimard, v. 2, 1994, p. 401-405.

_____. **La gouvernementalité**. Dits et Écrits (org. Daniel Defert et François Ewald). v. 3 Paris: Gallimard, 1994, p. 635-657. [trad. es. **La gubernamentalidad**. (trad. Julia Varela y Fernando Alvarez-Uría) Espacios de Poder (col. Genealogía del poder) 2 ed. Madrid: Endymion, 1991, p. 9-26.]. [trad. br. **A governamentalidade**. Microfísica do poder. (trad. Roberto Machado) 13 ed. Rio de Janeiro: Graal, 1998, p. 277-293]

_____. **La grande colère des faits**. Dits et Écrits (org. Daniel Defert et François Ewald). v. 3 Paris: Gallimard, 1994, p. 277-281.

_____. **La langage à l'infini**. Dits et Écrits (org. Daniel Defert et François Ewald). v. 1 Paris: Gallimard, 1994, p. 250-261.

_____. **La maison des fous**. Dits et Écrits (org. Daniel Defert et François Ewald). Paris: Gallimard, v. 2, 1994, p. 693-698. [trad. br. **A casa dos loucos**. Microfísica do poder. (trad. Roberto Machado) 13 ed. Rio de Janeiro: Graal, 1998, p. 113-128.]

_____. **La mort du père**. Dits et Écrits (org. Daniel Defert et François Ewald). Paris: Gallimard, v. 2, 1994, p. 734-739.

_____. **La naissance de la médecine sociale**. Dits et Écrits (org. Daniel Defert et François Ewald). v. 3 Paris: Gallimard,

1994, p. 207-228. [trad. br. **O nascimento da medicina social**. Microfísica do poder. (trad. Roberto Machado) 13 ed. Rio de Janeiro: Graal, 1998, p.79-98.]

_____. **La peinture photogénique**. Dits et Écrits (org. Daniel Defert et François Ewald). Paris: Gallimard, v. 2, 1994, p. 707-715.

_____. **La pensée du dehors**. Critique: Revue générale des publications françaises et étrangère, Paris, v. XXII, n. 229, p. 523-546, juin 1966. [trad. br. **O pensamento do exterior**. (trad. Nurimar Falci) São Paulo: Princípio, 1990, 76p.]

_____. **La pensée, l'émotion**. Dits et Écrits (org. Daniel Defert et François Ewald). Paris: Gallimard, v. 4, 1994, p. 243-251.

_____. **La philosophie analytique de la politique**. Dits et Écrits (org. Daniel Defert et François Ewald). v. 3 Paris: Gallimard, 1994, p.534-551.

_____. **La politique de la santé au XVIII^e siècle**. Dits et Écrits (org. Daniel Defert et François Ewald). v. 3 Paris: Gallimard, 1994, p. 13-27. [trad. br. **A política da saúde no século XVIII**. Microfísica do poder. (trad. Roberto Machado) 13 ed. Rio de Janeiro: Graal, 1998, p. 193-208.]

_____. **La poussière et le nuage**. Dits et Écrits (org. Daniel Defert et François Ewald). Paris: Gallimard, v. 4, 1994, p. 10-19.

_____. **La prison partout**. Dits et Écrits (org. Daniel Defert et François Ewald). Paris: Gallimard, v. 2, 1994, p. 193-194.

_____. **La prose d'Actéon**. Dits et Écrits (org. Daniel Defert et François Ewald). v. 1 Paris: Gallimard, 1994, p. 326-337.

_____. **La prose du monde**. Dits et Écrits (org. Daniel Defert et François Ewald). v. 1 Paris: Gallimard, 1994, p. 479-497.

_____. **La psychologie de 1850 à 1950**. Dits et Écrits (org. Daniel Defert et François Ewald). v. 1 Paris: Gallimard, 1994, p. 120-137.

_____. **La recherche scientifique et la psychologie**. Dits et Écrits (org. Daniel Defert et François Ewald). v. 1 Paris: Gallimard, 1994, p. 137-158.

_____. **La révolte iranienne se propage sur les rubans des casettes**. Dits et Écrits (org. Daniel Defert et François Ewald). v. 3 Paris: Gallimard, 1994, p. 709-713.

_____. **La situation de Cuvier dans l'histoire de la biologie**. Dits et Écrits (org. Daniel Defert et François Ewald). Paris: Gallimard, v. 2, 1994, p. 30-67.

_____. **La société disciplinaire en crise**. Dits et Écrits (org. Daniel Defert et François Ewald). v. 3 Paris: Gallimard, 1994, p. 532-534.

_____. **La société punitive**. Dits et Écrits (org. Daniel Defert et François Ewald). Paris: Gallimard, v. 2, 1994, p. 456-470. [trad. br. **A sociedade punitiva.** Resumo dos cursos do Collège de France (1970-1982). (trad. Andréa Daher e Roberto Machado). Rio de Janeiro: Jorge Zahar, 1997, p. 25-45]

_____. **La stratégie du pourtour**. Dits et Écrits (org. Daniel Defert et François Ewald). v. 3 Paris: Gallimard, 1994, p. 794-797.

_____. **La technologie politique des individus**. (trad. F. Durant-Bogaert) Dits et Écrits (org. Daniel Defert et François Ewald). Paris: Gallimard, v. 4, 1994, p. 813-828.

_____. **La vie: l'expérience et la science**. Revue de Metaphysique et de Moral, Paris, Armand Colin, a. 90, n. 1, p. 3-14, janv./mars 1985.

_____. **La vie des hommes infâmes**. Dits et Écrits (org. Daniel Defert et François Ewald). v. 3 Paris: Gallimard, 1994, p. 237-252.

_____. **La volonté de savoir**. Dits et Écrits (org. Daniel Defert et François Ewald).

Paris: Gallimard, v. 2, 1994, p. 240-244. [trad. br. **A vontade de saber**. Resumo dos cursos do Collège de France (1970-1982). (trad. Andréa Daher e Roberto Machado). Rio de Janeiro: Jorge Zahar, 1997, p. 9-17]

_____. **Lacan, le 'libérateur de la psychanalyse'**. Dits et Écrits (org. Daniel Defert et François Ewald). Paris: Gallimard, v. 4, 1994, p. 204-205.

_____. **Le chah a cent ans de retard**. Dits et Écrits (org. Daniel Defert et François Ewald). v. 3 Paris: Gallimard, 1994, p. 679-683.

_____. **Le chef mystique de la révolte de l'Iran**. Dits et Écrits (org. Daniel Defert et François Ewald). v. 3 Paris: Gallimard, 1994, p. 713-716.

_____. **Le cycle des grenouilles**. Dits et Écrits (org. Daniel Defert et François Ewald). v. 1 Paris: Gallimard, 1994, p. 203-205.

_____. **Le citron et le lait**. Dits et Écrits (org. Daniel Defert et François Ewald). v. 3 Paris: Gallimard, 1994, p. 695-698.

_____. **Le combat de la chasteté**. Dits et Écrits (org. Daniel Defert et François Ewald). Paris: Gallimard, v. 4, 1994, p. 295-308.

_____. **Le discours de Toul**. Dits et Écrits (org. Daniel Defert et François Ewald). Paris: Gallimard, v. 2, 1994, p. 236-238.

_____. **Le discours ne doit pas être pris comme ....** Dits et Écrits (org. Daniel Defert et François Ewald). v. 3 Paris: Gallimard, 1994, p. 123-124.

_____. **Le dossier 'peine de mort': ils ont écrits contre**. Dits et Écrits (org. Daniel Defert et François Ewald). Paris: Gallimard, v. 4, 1994, p. 168.

_____. **L'eau et la folie**. Dits et Écrits (org. Daniel Defert et François Ewald). v. 1 Paris: Gallimard, 1994, p. 268-272.

_____. **L'écriture de soi**. Dits et Écrits (org. Daniel Defert et François Ewald). Paris: Gallimard, v. 4, 1994, p. 415-430.

_____. **L'évolution de la notion d'"individu dangereux" dans la psychiatrie légale du XIX^e^ siècle**. Dits et Écrits (org. Daniel Defert et François Ewald). v. 3 Paris: Gallimard, 1994, p. 443-464.

_____. **L'herméneutique du sujet**. (org. François Ewald, Alessandro Fontana e Frédéric Gros) Paris: Gallimard – Seul, 2001, 540p.

_____. **Le langage de l'espace**. Dits et Écrits (org. Daniel Defert et François Ewald). v. 1 Paris: Gallimard, 1994, p. 407-412.

_____. **Le Mallarmé de J.-P. Richard**. Dits et Écrits (org. Daniel Defert et François Ewald). v. 1 Paris: Gallimard, 1994, p. 427-437.

_____. **Le monde est un grand asile**. (trad. R. G. Leite e P. W. Prado Jr.) Dits et Écrits (org. Daniel Defert et François Ewald). Paris: Gallimard, v. 2, 1994, p. 433-434.

_____. **Le "non"du père**. Critique: Revue générale des publications françaises et étrangère, Paris, v. XVIII, n. 178, p. 195-209, mars 1962.

_____. **L'obligation d'écrire**. Dits et Écrits (org. Daniel Defert et François Ewald). v. 1 Paris: Gallimard, 1994, p. 437.

_____. **L'occident et la vérité du sexe**. Dits et Écrits (org. Daniel Defert et François Ewald). v. 3 Paris: Gallimard, 1994, p. 101-106.

_____. **Le philosophe masqué**. Dits et Écrits (org. Daniel Defert et François Ewald). Paris: Gallimard, v. 4, 1994, p. 104-110.

_____. **Le poster de l'ennemi public nº 1**. Dits et Écrits (org. Daniel Defert et François Ewald). v. 3 Paris: Gallimard, 1994, p. 253-256.

_____. **Le pouvoir, comment s'exerce-t--il?**. DREYFUS, Hubert; RABINOW,

Paul. Michel Foucault: un parcours philosophique, au-delà de l'objectivité et de la subjetivité. (trad. Fabienne Durand--Bogaert) Paris: Gallimard, 1984, 364p.

____. **Le pouvoir psychiatrique**. Dits et Écrits (org. Daniel Defert et François Ewald). Paris: Gallimard, v. 2, 1994, p. 675-686. [trad. br. **O poder psiquiátrico**. Resumo dos cursos do Collège de France (1970-1982). (trad. Andréa Daher e Roberto Machado). Rio de Janeiro: Jorge Zahar, 1997, p. 45-59]

____. **Le quatre cavaliers de l'Apocalypse et les vermisseaux quotidiens**. Dits et Écrits (org. Daniel Defert et François Ewald). Paris: Gallimard, v. 4, 1994, p. 102-104.

____. **Le souci de la vérité**. Dits et Écrits (org. Daniel Defert et François Ewald). Paris: Gallimard, v. 4, 1994, p. 646-649.

____. **Le style de l'histoire**. Dits et Écrits (org. Daniel Defert et François Ewald). Paris: Gallimard, v. 4, 1994, p. 649-656.

____. **Le sujet et le pouvoir**. Dits et Écrits (org. Daniel Defert et François Ewald). Paris: Gallimard, v. 4, 1994, p. 222-243.

____. **Le supplice de la vérité**. Dits et Écrits (org. Daniel Defert et François Ewald). v. 3 Paris: Gallimard, 1994, p. 331-332.

____. **Le terrorisme ici et là**. Dits et Écrits (org. Daniel Defert et François Ewald). Paris: Gallimard, v. 4, 1994, p. 318-320.

____. **Le vrai sexe**. Dits et Écrits (org. Daniel Defert et François Ewald). Paris: Gallimard, v. 4, 1994, p. 115-123.

____. **L'herméneutique du sujet**. Dits et Écrits (org. Daniel Defert et François Ewald). Paris: Gallimard, v. 4, 1994, p. 353-366. [trad. br. **A hermenêutica do sujeito**. Resumo dos cursos do Collège de France (1970-1982). (trad. Andréa Daher e Roberto Machado). Rio de Janeiro: Jorge Zahar, 1997, p. 117-133]

____. **L'imagination du XIXe siècle**. Dits et Écrits (org. Daniel Defert et François Ewald). Paris: Gallimard, v. 4, 1994, p. 11-114.

____. **L'incorporation de l'hôpital dans la technologie moderne**. (trad. D. Reynié) Dits et Écrits (org. Daniel Defert et François Ewald). v. 3 Paris: Gallimard, 1994, p. 508-521.

____. **Lettre à quelques leaders de la gauche**. Dits et Écrits (org. Daniel Defert et François Ewald). v. 3 Paris: Gallimard, 1994, p. 388-390.

____. **Lettre de M. Michel Foucault**. Dits et Écrits (org. Daniel Defert et François Ewald). Paris: Gallimard, v. 2, 1994, p. 209-214.

____. **Lettre de Michel Foucault à Jacques Proust**. Dits et Écrits (org. Daniel Defert et François Ewald). v. 1 Paris: Gallimard, 1994, p. 670-673.

____. **Lettre ouverte à Mehdi Bazargan**. Dits et Écrits (org. Daniel Defert et François Ewald). v. 3 Paris: Gallimard, 1994, p. 780-782.

____. **Les anormaux**. Dits et Écrits (org. Daniel Defert et François Ewald). Paris: Gallimard, v. 2, 1994, p. 822-828. [trad. br. **Os anormais**. Resumo dos cursos do Collège de France (1970-1982). (trad. Andréa Daher e Roberto Machado). Rio de Janeiro: Jorge Zahar, 1997, p. 59-69]

____. **Les déviations religieuses et le savoir médical**. Dits et Écrits (org. Daniel Defert et François Ewald). v. 1 Paris: Gallimard, 1994, p. 624-635. [trad. es. **Las desviaciones religiosas y el saber médico**. Herejías y sociedades en la Europa preindustrial siglos XI~XVIII. (org. Jacques Le Goff) Madri, Siglo Veintiuno, 1987, p. 9-16.]

____. **Les grandes fonctions de la médecine dans notre société**. Dits et Écrits (org. Daniel Defert et François Ewald). Paris: Gallimard, v. 2, 1994, p. 380-382.

_____. **Les mailles du pouvoir**. (P. W. Prado Jr.) Dits et Écrits (org. Daniel Defert et François Ewald). Paris: Gallimard, v. 4, 1994, p. 182-201; 317-318.

_____. **Les matins gris de la tolérance**. Dits et Écrits (org. Daniel Defert et François Ewald). v. 3 Paris: Gallimard, 1994, p. 269-271.

_____. **Les monstruosités de la critique**. Dits et Écrits (org. Daniel Defert et François Ewald). Paris: Gallimard, v. 2, 1994, p. 214-223.

_____. **Les mots et les choses: une archéologie des sciences humaines**. Paris: Gallimard, 1966, 400p. [trad. br. **As palavras e as coisas: uma arqueologia das ciências humanas**. (trad. Salma Tannus Muchail) 6 ed. São Paulo: Martins Fontes, 1992, 407p.] [trad. ing. **The order of things: an archaeology of the human sciences**. (trad. R. D. Laing) London: Tavistock Publications Limited, 1970, 387p.].

_____. **Les mots et les images**. Dits et Écrits (org. Daniel Defert et François Ewald). v. 1 Paris: Gallimard, 1994, p. 620-623.

_____. **Les mots qui saignent**. Dits et Écrits (org. Daniel Defert et François Ewald). v. 1 Paris: Gallimard, 1994, p. 424-427.

_____. **Les 'reportages'd'idées**. Dits et Écrits (org. Daniel Defert et François Ewald). v. 3 Paris: Gallimard, 1994, p. 706-707.

_____. **Les suivantes**. Dits et Écrits (org. Daniel Defert et François Ewald). v. 1 Paris: Gallimard, 1994, p. 464-478.

_____. **Les techniques de soi**. (trad. F. Durant-Bogaert) Dits et Écrits (org. Daniel Defert et François Ewald). Paris: Gallimard, v. 4, 1994, p. 783-812.

_____. **Les têtes de la politique**. Dits et Écrits (org. Daniel Defert et François Ewald). v. 3 Paris: Gallimard, 1994, p. 10-13.

_____. **Linguagem e literatura**. MACHADO, Roberto. Foucault: a filosofia e a literatura. Rio de Janeiro: Jorge Zahar, 2000, p. 137-174.

_____. **Linguistique et sciences sociales**. Dits et Écrits (org. Daniel Defert et François Ewald). v. 1 Paris: Gallimard, 1994, p. 821-842.

_____. **L'ordre du discours**. Paris: Gallimard, 1971, 82p. [trad. br. **A ordem do discurso**. (trad. Laura Fraga de Almeida Sampaio). 5ed. São Paulo: Loyola, 1999, 79p.]

_____. **Manières de justice**. Dits et Écrits (org. Daniel Defert et François Ewald). v. 3 Paris: Gallimard, 1994, p. 755-759.

_____. **Maxime Defert**. Dits et Écrits (org. Daniel Defert et François Ewald). v. 1 Paris: Gallimard, 1994, p. 766-767.

_____. **Médecins, juges et sorciers au XVII^e siècle**. Dits et Écrits (org. Daniel Defert et François Ewald). v. 1 Paris: Gallimard, 1994, p. 753-766.

_____. **Meeting vérité-justice: 1.500 grenoblois accusent**. Dits et Écrits (org. Daniel Defert et François Ewald). Paris: Gallimard, v. 2, 1994, p. 383-385.

_____. **Message ou bruit?** Dits et Écrits (org. Daniel Defert et François Ewald). v. 1 Paris: Gallimard, 1994, p. 557-560.

_____. **Michel Foucault: il faut tout repenser, la loi et la prison**. Dits et Écrits (org. Daniel Defert et François Ewald). v. 4 Paris: Gallimard, 1994, p. 202-204.

_____. **Microfísica do poder**. (trad. Roberto Machado) 13 ed. Rio de Janeiro: Graal, 1998, 295p.

_____. **Mon corps, ce papier, ce feu**. Dits et Écrits (org. Daniel Defert et François Ewald). v. 2 Paris: Gallimard, 1994, p. 245-268.

_____. **Naissance de la biopolitique**. Dits et Écrits (org. Daniel Defert et François Ewald). v. 3 Paris: Gallimard,

1994, p. 818-825. [trad. br. **Nascimento da biopolítica**. Resumo dos cursos do Collège de France (1970-1982). (trad. Andréa Daher e Roberto Machado). Rio de Janeiro: Jorge Zahar, 1997, p. 87-99]

_____. **Naissance de la clinique**. 6 ed. Paris: Presses Universitaire de France, 2000, 214p. [trad. br. **O nascimento da clínica**. (trad. Roberto Machado) 5 ed. Rio de Janeiro: Forense Universitária, 1998, 241p.] [trad. in. **The birth of the clinic: an archaeology of medical perception**. (trad. A. M. Sheridan Smith) Nova York: Pantheon Books, 1973, 215p.]

_____. **Nous nous sentions comme une sale espèce**. (trad. J. Chavy) Dits et Écrits (org. Daniel Defert et François Ewald). v. 3 Paris: Gallimard, 1994, p. 415-418.

_____. **Nietzsche, la généalogie, l'histoire**. Dits et Écrits (org. Daniel Defert et François Ewald). Paris: Gallimard, v. 2, 1994, p. 136-157. [trad. es. **Nietzsche, la genealogía, la história**. (trad. José Vázquez Pérez) Valencia: Pré-textos, 75p.]. [trad. br. **Nietzsche, a genealogia, a história**. Microfísica do poder. (trad. Roberto Machado) 13 ed. Rio de Janeiro: Graal, 1998, p. 15-38.]

_____. **Nietzsche, Freud e Marx**. Dits et Écrits (org. Daniel Defert et François Ewald). v. 1 Paris: Gallimard, 1994, p. 564-579. [trad. br. **Nietzsche, Freud e Marx**. (trad. Jorge Lima Barreto e Maria Cristina Guimarães Cupertino) São Paulo: Landy, 2000, p. 47-62]

_____. **Non au sexe roi**. Dits et Écrits (org. Daniel Defert et François Ewald). Paris: Gallimard, v. 3, 1994, p. 256-269. [trad. es. **No al sexo rey**. Michel Foucault: un diálogo sobre el poder. (trad. Miguel Morey) Madri: Alianza, 1997, p. 146-164.]. [trad. br. **Não ao sexo rei**. Microfísica do poder. (trad. Roberto Machado) 13 ed. Rio de Janeiro: Graal, 1998, p. 229-242]

_____. **Notes sur ce qu'on lit et entend**. Dits et Écrits (org. Daniel Defert et François Ewald). Paris: Gallimard, v. 4, 1994, p. 211-212.

_____. **Notice historique**. Dits et Écrits (org. Daniel Defert et François Ewald). v. 1 Paris: Gallimard, 1994, p. 288-293.

_____. **Omnes et singulatim: vers une critique de la raison politique**. Dits et Écrits (org. Daniel Defert et François Ewald). Paris: Gallimard, v. 4, 1994, p. 134-161. [trad. es. **Omnes et singulatim: hacia una crítica de la razón política**. (trad. Mercedes Allendesalazar) Tecnologías del yo y otros textos afines. (org. Miguel Morey) Barcelona: Paidós, 1996, p. 95-140]

_____. **O nascimento do hospital**. Microfísica do poder. (trad. Roberto Machado) 13 ed. Rio de Janeiro: Graal, 1998, p. 99-112.

_____. **Os anormais**. (trad. Eduardo Brandão) (org. François Ewald, Alessandro Fontana, Valerio Marchetti e Antonella Salomoni) São Paulo: Martins Fontes, 2001, 479p.

_____. **Piéger sa propre culture**. Dits et Écrits (org. Daniel Defert et François Ewald). Paris: Gallimard, v. 2, 1994, p. 382-383.

_____. **Pierre Boulez, l'écran traversé**. Dits et Écrits (org. Daniel Defert et François Ewald). Paris: Gallimard, v. 4, 1994, p. 219-222.

_____. **Points de vue**. Dits et Écrits (org. Daniel Defert et François Ewald). v. 3 Paris: Gallimard, 1994, p. 93-94.

_____. **Pour une chronique de la mémoire ouvrière**. Dits et Écrits (org. Daniel Defert et François Ewald). Paris: Gallimard, v. 2, 1994, p. 399-400.

_____. **Pour une morale de l'inconfort**. Dits et Écrits (org. Daniel Defert et

François Ewald). v. 3 Paris: Gallimard, 1994, p. 783-787.

_____. **Pourquoi étudier le pouvoir: la question du sujet**. DREYFUS, Hubert; RABINOW, Paul. Michel Foucault: un parcours philosophique, au-delà de l'objectivité et de la subjetivité. (trad. Fabienne Durand--Bogaert) Paris: Gallimard, 1984, p. 297-308. [trad. ing. **Why study power? The question of the subject**. (trad. Leslie Sawyer) Critical Inquiry, Chicago, v. 08, n. 04, p. 777-796, summer, 1982.]

_____. **Pourquoi réédite-t-on l'œuvre de Raymond Roussel? Un précurseur de notre littérature moderne**. Dits et Écrits (org. Daniel Defert et François Ewald). v. 1 Paris: Gallimard, 1994, p. 421-424.

_____. **Pouvoir et corps**. Dits et Écrits (org. Daniel Defert et François Ewald). Paris: Gallimard, v. 2, 1994, p. 754-760. [trad. br. **Poder-corpo**. Microfísica do poder. (trad. Roberto Machado) 13 ed. Rio de Janeiro: Graal, 1998, p. 145-152.]

_____. **Préface à l'anti-Œdipus**. (trad. F. Durand-Bogaert) Dits et Écrits (org. Daniel Defert et François Ewald). Paris: Gallimard, v. 3, 1994, p. 133-136.

_____. **Préface à la deuxième édition. De la stratégie judiciaire**. Dits et Écrits (org. Daniel Defert et François Ewald). Paris: Gallimard, v. 4, 1994, p. 130-133.

_____. **Préface à l'enquête dans vingt prisons**. Dits et Écrits (org. Daniel Defert et François Ewald). Paris: Gallimard, v. 2, 1994, p. 195-197.

_____. **Préface à la folie et déraison**. Dits et Écrits (org. Daniel Defert et François Ewald). v. 1 Paris: Gallimard, 1994, p. 159-167.

_____. **Préface à la transgression**. Critique: Revue générale des publications françaises et étrangère, Paris, v. XIX, n. 1963, p. 751-769, août/septembre, 1963.

_____. **Préface à les juges kaki**. Dits et Écrits (org. Daniel Defert et François Ewald). Paris: Gallimard, v. 3, 1994, p. 138-140.

_____. **Préface à my secret life**. Dits et Écrits (org. Daniel Defert et François Ewald). Paris: Gallimard, v. 3, 1994, p. 131-132.

_____. **Préface de la prison à la révolte**. Dits et Écrits (org. Daniel Defert et François Ewald). Paris: Gallimard, v. 2, 1994, p. 394-399.

_____. **Préface à leurs prisons. autobiographies de prisonniers américains**. Dits et Écrits (org. Daniel Defert et François Ewald). Paris: Gallimard, v. 2, 1994, p. 687-692.

_____. **Présentation**. Dits et Écrits (org. Daniel Defert et François Ewald). v. 3 Paris: Gallimard, 1994, p. 275-276.

_____. **Présentation in Herculine Barbin**. Dits et Écrits (org. Daniel Defert et François Ewald). v. 3 Paris: Gallimard, 1994, p. 499-502.

_____. **Punir est la chose la plus difficile qui soit**. Dits et Écrits (org. Daniel Defert et François Ewald). Paris: Gallimard, v. 4, 1994, p. 208-210.

_____. **Qu'appelle-t-on punir?**. Dits et Écrits (org. Daniel Defert et François Ewald). Paris: Gallimard, v. 4, 1994, p. 636-646.

_____. **Qu'est-ce que la critique? Critique et Aufklärung**. Bulletin de la Société Française de Philosophie, Paris, abr./jun., 1990, n. 2, p. 35-63. [trad. br. **O que é a crítica? Crítica e Aufklärung**. (trad. Antônio C. Galdino) Cadernos da Faculdade de Filosofia e Ciência de Marília "Michel Foucault: histórias e destinos de um pensamento (org. Fávia Biroli e Marcos César Alvarez), Marília, Ed. da Unesp, v. 9, n. 1, p. 169-189, 2000.]

_____. **Qu'est-ce que les lumières?** Magazine Littéraire, Paris, n. 09, avril, p. 61-73, 1993. [trad. al. **Was ist aufklärung?**. Ethos der Moderne: Foucaults Kritik der Aufklärung. (org. Eva Erdmann, Rainer Forst e Axel Honneth) Frankfurt: Campus Verlag, 1990, p. 35-54.]

_____. **Qu'est-ce qu'un auteur?** Dits et Écrits (org. Daniel Defert et François Ewald). v. 1 Paris: Gallimard, 1994, p. 789-821.

_____. **Rapports de la commission d'information sur l'affaire Jaubert**. Dits et Écrits (org. Daniel Defert et François Ewald). Paris: Gallimard, v. 2, 1994, p. 199-203.

_____. **Raymond Roussel**. (trad. Manoel Barros da Motta e Vera Lucia Avellar Ribeiro) Rio de Janeiro: Forense Universitária, 1999, 147p.

_____. Répondres des questions sur la géographie. Dits et Écrits (org. Daniel Defert et François Ewald). v. 3 Paris: Gallimard, 1994, p. 28-40. [trad. br. **Sobre a geografia**. Microfísica do poder. (trad. Roberto Machado) 13 ed. Rio de Janeiro: Graal, 1998, p.153-166.]

_____. **Réponse à Derrida**. Dits et Écrits (org. Daniel Defert et François Ewald). Paris: Gallimard, v. 2, 1994, p. 281-295. [trad. br. **Resposta a Derrida**. Três Tempos Sobre a História da Loucura (org. Maria Cristina Franco Ferraz). Rio de Janeiro: Relume Dumará, 2001, p. 69-90.]

_____. **Réponse à une question**. Esprit, Paris, n. 5, p. 850-874, mai 1968. [trad. br. **Resposta a uma questão**. Revista Tempo Brasileiro: Epistemologia, Rio de Janeiro: JUERP, n. 28, p. 57-61, jan./mar. 1972.]

_____. **Revenir à l'histoire**. Dits et Écrits (org. Daniel Defert et François Ewald). Paris: Gallimard, v. 2, 1994, p. 268-281.

_____. **Rêver de ses plaisirs. Sur l'"Onirocritique" d'Artémidore**. Dits et Écrits (org. Daniel Defert et François Ewald). Paris: Gallimard, v. 4, 1994, p. 462-488.

_____. **Roland Barthes (12 novembre 1915 – 26 mars 1980)**. Dits et Écrits (org. Daniel Defert et François Ewald). Paris: Gallimard, v. 4, 1994, p. 124-125.

_____. **Sécurité, territoire et population**. Dits et Écrits (org. Daniel Defert et François Ewald). Paris: Gallimard, v. 3, 1994, p. 719-724. [trad. br. **Segurança, território e população**. Resumo dos cursos do Collège de France (1970-1982). (trad. Andréa Daher e Roberto Machado). Rio de Janeiro: Jorge Zahar, 1997, p. 79-87]

_____. **Sept propos sur le septième ange**. Dits et Écrits (org. Daniel Defert et François Ewald). Paris: Gallimard, v. 2, 1994, p. 13-25.

_____. **Sexualité et politique**. Dits et Écrits (org. Daniel Defert et François Ewald). Paris: Gallimard, v. 2, 1994, p. 536-537.

_____. **Sexualité et pouvoir**. Dits et Écrits (org. Daniel Defert et François Ewald). v. 3 Paris: Gallimard, 1994, p. 552-570.

_____. **Sexualité et solitude**. Dits et Écrits (org. Daniel Defert et François Ewald). Paris: Gallimard, v. 4, 1994, p. 168-177.

_____. **Sexualité et vérité**. (trad. J. Chavy) Dits et Écrits (org. Daniel Defert et François Ewald). Paris: Gallimard, v. 3, 1994, p. 136-137.

_____. **Soberania e disciplina**. Microfísica do poder. (trad. Roberto Machado) 13 ed. Rio de Janeiro: Graal, 1998, p. 179-192.

_____. **Sobre a prisão**. Microfísica do poder. (trad. Roberto Machado) 13 ed. Rio de Janeiro: Graal, 1998, p. 129-144.

_____. **Subjectivité et vérité**. Dits et Écrits (org. Daniel Defert et François Ewald). Paris: Gallimard, v. 4, 1994, p. 213-219. [trad. br. **Subjetividade e verdade**. Resumo dos cursos do Collège de France (1970-1982). (trad. Andréa Daher e Roberto Machado). Rio de Janeiro: Jorge Zahar, 1997, p. 107-117]

____. **Sur les prisons**. Dits et Écrits (org. Daniel Defert et François Ewald). Paris: Gallimard, v. 2, 1994, p. 175-176.

____. **Sur histoire de Paul: entretien avec R. Féret**. Dits et Écrits (org. Daniel Defert et François Ewald). v. 3 Paris: Gallimard, 1994, p. 58-62.

____. **Sur l'archéologie des sciences: réponse au cercle d'épistémologie**. Dits et Écrits (org. Daniel Defert et François Ewald). v. 1 Paris: Gallimard, 1994, p. 696-731.

____. **Structuralisme et post-structuralisme**. Dits et Écrits (org. Daniel Defert et François Ewald). Paris: Gallimard, v. 4, 1994, p. 431-458.

____. **Table ronde du 20 mai 1978**. Dits et Écrits (org. Daniel Defert et François Ewald). Paris: Gallimard, v. 4, 1994, p. 20-34.

____. **Table ronde sur l'expertise psychiatrique**. Dits et Écrits (org. Daniel Defert et François Ewald). Paris: Gallimard, v. 2, 1994, p. 664-675.

____. **Tecnologías del yo**. (trad. Mercedes Allendesalazar) Tecnologías del yo y otros textos afines. (org. Miguel Morey) Barcelona: Paidós, 1996, p. 45-94.

____. **Téhéran: la foi contre le chah**. Dits et Écrits (org. Daniel Defert et François Ewald). v. 3 Paris: Gallimard, 1994, p. 683-688.

____. **Theatrum philosophicum**. Critique: Revue générale des publications françaises et étrangère, Paris, v. XXVI, n. 282, p. 885-908, nov., 1970. [trad. es. **Theatrum philosophicum**. (trad. Francisco Monge) Barcelona: Anagrama, 1999, p. 7-47.]. [trad. br. **Theatrum philosoficum**. (trad. Jorge Lima Barreto e Maria Cristina Guimarães Cupertino) São Paulo: Landy, 2000, p. 77-118.]

____. **Théories et institutions pénales**. Dits et Écrits (org. Daniel Defert et François Ewald). Paris: Gallimard, v. 2, 1994, p. 389-393. [trad. br. **Teorias e instituições penais**. Resumo dos cursos do Collège de France (1970-1982). (trad. Andréa Daher e Roberto Machado). Rio de Janeiro: Jorge Zahar, 1997, p. 17-25]

____. **Titres et travaux**. Dits et Écrits (org. Daniel Defert et François Ewald). v. 1 Paris: Gallimard, 1994, p. 842-846.

____. **Toujours les prisons**. Dits et Écrits (org. Daniel Defert et François Ewald). Paris: Gallimard, v. 4, 1994, p. 96-99.

____. **Un fantastique de bibliothèque**. Dits et Écrits (org. Daniel Defert et François Ewald). v. 1 Paris: Gallimard, 1994, p. 293-325.

____. **Un 'nouveau roman' de terreur**. Dits et Écrits (org. Daniel Defert et François Ewald). v. 1 Paris: Gallimard, 1994, p. 285-287.

____. **Un plaisir si simple**. Dits et Écrits (org. Daniel Defert et François Ewald). v. 3 Paris: Gallimard, 1994, p. 777-779.

____. **Un pompier vend la mèche**. Dits et Écrits (org. Daniel Defert et François Ewald). Paris: Gallimard, v. 2, 1994, p. 698-702.

____. **Un problème m'intéresse depuis longtemps, c'est celui du système pénal**. Dits et Écrits (org. Daniel Defert et François Ewald). Paris: Gallimard, v. 2, 1994, p. 205-209.

____. **Un si cruel savoir**. Critique: Revue générale des publications françaises et étrangère, Paris, v. XVIII, n. 182, p. 597-611, juillet, 1962.

____. **Un système fini face à une demande infinie**. Dits et Écrits (org. Daniel Defert et François Ewald). Paris: Gallimard, v. 4, 1994, p. 367-383.

_____. **Une énorme surprise**. (trad. J. Chavy) Dits et Écrits (org. Daniel Defert et François Ewald). v. 3 Paris: Gallimard, 1994, p. 698-700.

_____. **Une érudition étourdissante**. Dits et Écrits (org. Daniel Defert et François Ewald). v. 3 Paris: Gallimard, 1994, p. 503-505.

_____. **Une giclée de sang ou un incendie**. Dits et Écrits (org. Daniel Defert et François Ewald). Paris: Gallimard, v. 2, 1994, p. 385-389.

_____. **Une histoire restée muette**. Dits et Écrits (org. Daniel Defert et François Ewald). v. 1 Paris: Gallimard, 1994, p. 545-549.

_____. **Une mise au point de Michel Foucault**. Dits et Écrits (org. Daniel Defert et François Ewald). v. 1 Paris: Gallimard, 1994, p. 669-670.

_____. **Une mobilisation culturelle**. Dits et Écrits (org. Daniel Defert et François Ewald). v. 3 Paris: Gallimard, 1994, p. 329-331.

_____. **Une pudrière appelée islam**. Dits et Écrits (org. Daniel Defert et François Ewald). v. 3 Paris: Gallimard, 1994, p. 759-761.

_____. **Une révolte à mains nues**. Dits et Écrits (org. Daniel Defert et François Ewald). v. 3 Paris: Gallimard, 1994, p. 701-704.

_____. **Usage des plaisirs et techniques de soi**. Dits et Écrits (org. Daniel Defert et François Ewald). Paris: Gallimard, v. 4, 1994, p. 539-562.

_____. **Va-t-on extrader Klaus Croissant**. Dits et Écrits (org. Daniel Defert et François Ewald). v. 3 Paris: Gallimard, 1994, p. 361-365.

_____. **Veilleur de la nuit des hommes**. (trad. J. Chavy) Dits et Écrits (org. Daniel Defert et François Ewald). v. 1 Paris: Gallimard, 1994, p. 229-233.

_____. **Vigiar e punir**. (trad. Raquel Ramalhete) 11 ed. Petrópolis: Vozes, 1994, 280p.

_____. **Vivre autrement le temps**. Dits et Écrits (org. Daniel Defert et François Ewald). v. 3 Paris: Gallimard, 1994, p. 788-790.

_____. **Vous êtes dangereux**. Dits et Écrits (org. Daniel Defert et François Ewald). Paris: Gallimard, v. 4, 1994, p. 522-525.

_____.; DELEUZE, Gilles. **Introduction générale aux œuvres philosophiques complètes de F. Nietzsche**. Dits et Écrits (org. Daniel Defert et François Ewald). v. 1 Paris: Gallimard, 1994, p. 561-564.

_____. **Un diálogo sobre el poder**. Michel Foucault: un diálogo sobre el poder y otras conversaciones. (org. Miguel Morey) Madri: Alianza, 1997, p. 7-19.

_____.; DELEUZE, Gilles; VICTOR, Pierre. **Sur la justice populaire: débat avec les maos**. Dits et Écrits (org. Daniel Defert et François Ewald). Paris: Gallimard, v. 2, 1994, p. 340-369. [trad. es. **Sobre la justicia popular: debate con los maos**. Michel Foucault: un diálogo sobre el poder. (trad. Miguel Morey) Madri: Alianza, 1997, p. 20-58.]. [trad. br. **Sobre a justiça popular**. Microfísica do poder. (trad. Roberto Machado) 13 ed. Rio de Janeiro: Graal, 1998, p. 39-68.]

_____.; DOMENACH, Jean-Marie; VIDAL-NAQUET, Pierre. **Création d'un Groupe d'Information sur les Prisions**. Esprit, Paris, n. 3, p. 531-532, mars 1971.

_____.; FARGE, Arlette. **Le désordre des familles: lettres de cachet des archives de la Bastille**. Paris: Gallimard, 1982, 363p.

_____.; LANDAU, A.; PETIT, J. Y. **Convoqués à la P. J.**. Dits et Écrits (org. Daniel

Defert et François Ewald). Paris: Gallimard, v. 2, 1994, p. 445-447.

_____.; VIDAL-NAQUET, Pierre. **Les réponses de Pierre Vidal-Naquet et de Michel Foucault**. Dits et Écrits (org. Daniel Defert et François Ewald). Paris: Gallimard, v. 4, 1994, p. 210.

### B – Sobre Michel Foucault

ABREU, Sérgi França Adorno de; CASTRO, Myriam M. Pugliese de. **A arte de administrar a pobreza: assistência social institucionalizada em São Paulo no séc. XIX**. Foucault Vivo (org. Ítalo Tronca) Campinas: Pontes, 1987, p. 101-110.

ADORNO, Sérgio. **Dor e sofrimento: presenças ou ausências na obra de Foucault?** Cadernos da Faculdade de Filosofia e Ciência de Marília "Michel Foucault: histórias e destinos de um pensamento (org. Fávia Biroli e Marcos César Alvarez), Marília, Ed. da Unesp, v. 9, n. 1, p. 11-33, 2000.

ALAIN; FRÉDÉRIC; JEAN-FRANÇOIS; PIERRE; PHILIPPE; SERGE. **Par-delà le bien et le mal**. Dits et Écrits (org. Daniel Defert et François Ewald). Paris: Gallimard, v. 2, 1994, p. 223-236.

ALBUQUERQUE, José Augusto Guilhon. **Michel Foucaul e a teoria do poder**. Revista de Sociologia da USP Tempo Social, São Paulo, v. 7, n. 1-2, p. 105-110, out. 1995.

ALCOBA, Manuel Luna. **Foucault, Cuvier y la Biologia**. Thémata. Revista de Filosofia, Sevilla, n. 20, p. 229-240, 1998.

ALFORD, C. Fred. **What would it matter if everything Foucault said about prison were wrong? Descipline and punish after twenty years.** Theory and Society: Renewal and Critique in Social Theory. Boston, London: Kluwer Academic Publishers, v. 29, p. 124 -146, 2000.

ALMEIDA, M.; CHNEIDERMAN, R.; FAERMAN, M.; MORENO, R.; TAFFAREL-FAERMAN, R. **Asiles. sexualité. Prisons**. (trad. P. W. Prado Jr.) Dits et Écrits (org. Daniel Defert et François Ewald). Paris: Gallimard, v. 2, 1994, p. 771-782.

ALMEIDA, Rogério Miranda de. **Foucault, Nietzsche e a interpretação**. Foucault e a destruição das evidências (org. Márcio Mariguela) Piracicaba: Unimep, 1995, p. 69-79.

ALMIRA, J.; LE MARCHAND, J.; **La fête de l'écriture: entretien avec Michel Foucault**. Dits et Écrits (org. Daniel Defert et François Ewald). Paris: Gallimard, v. 2, 1994, p. 731-734.

ALVAREZ, Marcos César; BIROLI, Flávia. **Apresentação**. Cadernos da Faculdade de Filosofia e Ciência de Marília "Michel Foucault: histórias e destinos de um pensamento (org. Fávia Biroli e Marcos César Alvarez), Marília, Ed. da Unesp, v. 9, n. 1, p. i-iv, 2000.

ALVAREZ-URIA, Fernando. **La cuestión del sujeto**. Hermeneutica del sujeto, Madri: Ediciones de la Piqueta, 1994, p. 07-32.

AMSELLE, Jean Loup. **Michel Foucault et la guerre des races**. Critique: Revue générale des publications françaises et étrangère, Paris, v. LIII, n. 606, p. 787-800, nov., 1997.

ANQUETIL, G. **Michel Foucault: L'expérience morale et sociale des polonais ne peut plus être effacée.** Dits et Écrits (org. Daniel Defert et François Ewald). Paris: Gallimard, v. 4, 1994, p. 343-350.

ARAÚJO, Inês Lacerda. **Foucault e a crítica do sujeito**. Curitiba, Ed. da UFPR, 2000, 220p.

ARNAU, Pau. **Ciencias humanas y cuidado de si: el conde de Sahftesbury. Una**

**aproximación foucaultiana**. Thémata: Concepciones y narrativas del yo. Sevilla: Universidad de Sevilla, n. 22, p. 9-15, 1999.

AUZIAS, Jean-Marie. **Chaves do estruturalismo**. (trad. Nathanael C. Caixeiro). Rio de Janeiro: Civilização Brasileira, 1972, 152p.

BADIEU, A. **Philosophie et psychologie: entretien avec Michel Foucault**. Dits et Écrits (org. Daniel Defert et François Ewald). v. 1 Paris: Gallimard, 1994, p. 438-448.

_____.; CANGUILHEM, Georges; DREYFUS, D.; HYPPOLITE, Jean; RICOEUR, Paul. **Philosophie et vérité: entretien avec Michel Foucault**. Dits et Écrits (org. Daniel Defert et François Ewald). v. 1 Paris: Gallimard, 1994, p. 448-464.

BADINTER, R.; LAPLANCHE, J. **L'angoisse de juger: entretien avec Michel Foucault**. Dits et Écrits (org. Daniel Defert et François Ewald). v. 3 Paris: Gallimard, 1994, p. 282-297.

BAKER, C. **Entretien avec Michel Foucault**. Dits et Écrits (org. Daniel Defert et François Ewald). Paris: Gallimard, v. 4, 1994, p. 688-696.

BALIBAR, Etienne. **Foucault y Marx: la postura del nominalismo**. Michel Foucault, filosófo. (trad. Alberto Luis Bixio) Barcelona: Gedisa, 1999 p. 48-66.

BALL, Stephen. **La gestión como tecnología moral**. (trad. Pablo Manzano) Foucault y la educación: disciplinas y saber. (org. S. J. Ball) 3 ed. Madri: Morata e La Coruña: Paideia, 1997, p. 155-168.

____. **Presentación de Michel Foucault**. (trad. Pablo Manzano) Foucault y la educación: disciplinas y saber. (org. S. J. Ball) 3 ed. Madri: Morata e La Coruña: Paideia, 1997, p. 5-12.

BARBEDETTE, Gilles. **Le triomphe social du plaisir sexuel: une conversation avec Michel Foucault**. Dits et Écrits (org. Daniel Defert et François Ewald). Paris: Gallimard, v. 4, 1994, p. 308-315.

_____.; SCALA, André. **Le retour de la morale (entretien avec Michel Foucault)**. Dits et Écrits (org. Daniel Defert et François Ewald). Paris: Gallimard, v. 4, 1994, p. 696-707. [trad. al. **Die rückkehr der moral (ein interview mit Michel Foucault)**. (Eva Erdmann) Ethos der Moderne: Foucaults Kritik der Aufklärung. (org. Eva Erdmann, Rainer Forst e Axel Honneth) Frankfurt: Campus Verlag, 1990, p. 131-145.]

BARBOSA, Elyana. **Espaço-tempo e poder-saber: uma nova epistéme?**. Revista de Sociologia da USP Tempo Social, São Paulo, v. 7, n. 1-2, p. 111-120, out. 1995.

BAROU, Jean Pierre; PERROT, Michelle. **L'œil du pouvoir**. Dits et Écrits (org. Daniel Defert et François Ewald). v. 3 Paris: Gallimard, 1994, p. 190-207. [trad. br. **O olho do poder**. Microfísica do poder. (trad. Roberto Machado) 13 ed. Rio de Janeiro: Graal, 1998, p. 209-227.]

BARROS, Antônio Teixeira de. **Saber e poder no discurso ecológico da comunidade científica no Brasil**. Revista de Ciências Sociais Unisinos, São Leopoldo, Ed. Da Universidade Vale do Rio dos Sinos, v. 37, n. 158, p. 205-220, 2001.

BARRET-KRIEGEL, Blandine. **Michel Foucault y el estado de policía**. Michel Foucault, filosófo. (trad. Alberto Luis Bixio) Barcelona: Gedisa, 1999 p. 186-192.

BAUDRILLARD, Jean. **Oublier Foucault**. Paris: Éditions Galilée, 1977, 88p. [tr. bras. **Esquecer Foucault**. Rio de Janeiro: Rocco, 1984, 99p.]

BAUER, J. **Michel Foucault: Conversation sans complexes avec le philosophe qui analyse les 'structures du pouvoir'**. (trad. A. Ghizzardi) Dits et Écrits (org.

Daniel Defert et François Ewald). v. 3 Paris: Gallimard, 1994, p. 669-678.

BENATTI, Antonio Paulo; HARA, Tony. **Nietzsche, Foucault: a genealogia e a história**. Cadernos da Faculdade de Filosofia e Ciência de Marília "Michel Foucault: histórias e destinos de um pensamento (org. Fávia Biroli e Marcos César Alvarez), Marília, Ed. da Unesp, v. 9, n. 1, p. 117-130, 2000.

BERTHERAT, Yves. **La pensée folle**. Esprit, Paris, n. 5, p. 862-881, mai 1967.

BECKER, Helmut.; FORNET-BETANCOURT, Raul; GOMEZ-MÜLLER, Alfredo. **L'éthique du souci de soi comme pratique de la liberté**. Dits et Écrits (org. Daniel Defert et François Ewald). Paris: Gallimard, v. 4, 1994, p. 708-729. [trad. es. **La ética del cuidado de uno mismo como práctica de la libertad**. (trad. Fernando Alvarez-Uría) Heméutica del sujeto. Madri: Ediciones de la Piqueta, 1994, p. 105-141.]

BELLOUR, Raymond. **Michel Foucault: 'les mots et les choses'**. Dits et Écrits (org. Daniel Defert et François Ewald). v. 1 Paris: Gallimard, 1994, p. 498-504.

_____. **Sobre la ficción**. Michel Foucault, filosófo. (trad. Alberto Luis Bixio) Barcelona: Gedisa, 1999 p. 145-152.

_____. **Sur les façons d'écrire l'histoire**. Dits et Écrits (org. Daniel Defert et François Ewald). v. 1 Paris: Gallimard, 1994, p. 585-600.

BERNAUER, James. **Más allá de la vida y de la muerte. Foucault y la ética después de Auschwitz**. Michel Foucault, filosófo. (trad. Alberto Luis Bixio) Barcelona: Gedisa, 1999 p. 254-276.

_____. **Por uma política do espírito de Heidegger a Arendt e Foucault**. Revista Síntese Nova Fase, Belo Horizonte, v. 21, n. 66, p. 319-336, jul./set. 1994.

BEVIR, Mark. **A humanist critique of the archaeology of the human sciences.** Rivista Storia della Storiografia, Milão, n. 32, p. 17-32, 1997.

BILLOUET, Pierre. **Foucault: figures du savoir**. Paris: Les Beles Lettres, 1999, 220p.

BIRMAN, Joel. **Demanda psiquiátrica e saber psicanalítico**. Sociedade e doença mental (coord. Sérvulo Augusto Figueira) Rio de Janeiro: Campus: 1978, p. 205-226.

_____. **Entre cuidado e saber de si: sobre Foucault e a psicanálise**. Rio de Janeiro: Relume-Dumará, 2000, 105p.

_____.; SERRA, Antônio. **Os descaminhos da subjetividade: um estudo da instituição psiquiátrica no Brasil**. Rio de Janeiro: Ed. da UFF, 1988, 259p.

BLACKER, David. **Foucault e a responsabilidade intelectual**. O sujeito da educação: estudos foucaultianos. (org. Tomaz Tadeu da Silva) 3 ed. Petrópolis: Vozes, 1994, p. 155-172.

BLANCHET, Pierre; BRIÈRE, Claire. **L'esprit d'un monde sans esprit: entretien avec Michel Foucault**. Dits et Écrits (org. Daniel Defert et François Ewald). v. 3 Paris: Gallimard, 1994, p. 743-755.

BLANCHET, Pierre; KOUCHNER, B.; SIGNORET, S. **En abandonnant les polonais, nous renonçons à une part de nous-mêmes. Entrerien avec Michel Foucault**. Dits et Écrits (org. Daniel Defert et François Ewald). Paris: Gallimard, v. 4, 1994, p. 340-343.

BLANCHOT, Maurice. **Foucault como o imagino**. (trad. Miguel Serras Pereira e Ana Luísa Faria). Lisboa: Relógio d'Água, 1986, 72p.

BODEI, Remo. **Pouvoir, politique et maîtrise de soi**. Critique: Revue générale des publications françaises et étrangère, Paris, n. 471-472, p. 900-925, août/septembre, 1986.

BOESER, K. **La torture, c'est la raison.** (trad. J. Chavy) Dits et Écrits (org. Daniel Defert et François Ewald). v. 3 Paris: Gallimard, 1994, p. 390-398.

BOJUNGA, C.; LOBO, R. **Michel Foucault: les réponses du philosophe.** (trad. P. W. Prado Jr) Dits et Écrits (org. Daniel Defert et François Ewald). Paris: Gallimard, v. 2, 1994, p. 805-817.

BONITZER, P.; TOUBIANA, S. **Anti-rétro: entretien avec Michel Foucault.** Dits et Écrits (org. Daniel Defert et François Ewald). Paris: Gallimard, v. 2, 1994, p. 646-660.

BONNEFOY, C. **C'était un nageur entre deux mots.** Dits et Écrits (org. Daniel Defert et François Ewald). v. 1 Paris: Gallimard, 1994, p. 554-557.

_____. **L'homme est-il mort?.** Dits et Écrits (org. Daniel Defert et François Ewald). v. 1 Paris: Gallimard, 1994, p. 540-544.

BONNET, Jean Claude. **Des mots pour le dire.** Critique: Revue générale des publications françaises et étrangère, Paris, t. LVI, n. 637-638, p. 581-593, juin/juillet., 2000.

BOTWINICK, Aryeh. **Nietzsche, Foucault and the prospects of postmodern political philosophy.** Revista Internacional de Filosofia Manuscrito, Campinas, Ed. da Unicamp, v. XII, n. 2, p. 117-154, out. 1989.

BOUCHINDOMME, Christian. **Foucault, la moral, la crítica.** Michel Foucault, filosófo. (trad. Alberto Luis Bixio) Barcelona: Gedisa, 1999 p. 313-322.

BOULEZ, Pierre. **Michel Foucault: la musique contemporaine et le public.** Dits et Écrits (org. Daniel Defert et François Ewald). Paris: Gallimard, v. 4, 1994, p. 488-496. [trad. br. **A música contemporânea e o público.** O Estado de São Paulo, São Paulo, 5 de dezembro de 1999, cad. 4, a. 19, n. 997, p. D13.]

BRANCO. Guilherme Castelo. **Saber e poder em Foucault.** Revista Brasileira de Filosofia, São Paulo, n. 179, out/dez., 1995, v. XLII.

_____. **As resistências ao poder em Michel Foucault.** palestra proferida Colóquio: O conceito de Estado na filosofia política moderna e contemporânea, em 20/04/00, no Edifício Dom Pedro II, Reitoria, Universidade Federal do Paraná.

BRANDÃO, Helena H. Nagamine. **Introdução à análise do discurso.** Campinas: Editora da Unicamp, 1991, 95p.

BRENER, Neil. **Foucault's new functionalism.** Theory and Society: Renewal and Critique in Social Theory. New York: Washington University, v. 23, n. 5, p. 679-709, oct. 1994.

BROCHIER, J.-J. **Entretien sur la prison: le livre et sa méthode.** Dits et Écrits (org. Daniel Defert et François Ewald). Paris: Gallimard, v. 2, 1994, p. 740-753.

_____. **Michel Foucault explique son dernier livre: entretien avec Michel Foucault.** Dits et Écrits (org. Daniel Defert et François Ewald). v. 1 Paris: Gallimard, 1994, p. 771-779.

BROYELLE, Claude. **Michel Foucault et l'Iran.** Dits et Écrits (org. Daniel Defert et François Ewald). v. 3 Paris: Gallimard, 1994, p. 762.

BRUNI, José Carlos. **Foucault: o silêncio dos sujeitos.** Revista de Sociologia da USP Tempo Social, São Paulo, v. 1, n. 1, p. 199-207, jan./mar. 1989.

BÜLLOW, Katharina von. **A arte de dizer a verdade.** Michel Foucault: dossier (org. Carlos Henrique de Escobar) Rio de Janeiro: Livraria Taurus, 1984, p. 100-102.

_____. **O que é iluminismo.** Michel Foucault: dossier (org. Carlos Henrique de

Escobar) Rio de Janeiro: Livraria Taurus, 1984, p. 103-112.

BURGELIN, Pierre. **L'archéologie du savoir**. Esprit, Paris, n. 5, p. 843-861, mai 1967.

CANGUILHEM, Georges. **Abertura ao IX colóqio da sociedade internacional de história da psiquiatria e da psicanálise**. Foucault: leituras da história da loucura. (trad. Maria Ignes Duque Estrada) Rio de Janeiro: Relume-Dumará, 1994, p. 33-36.

_____. **Introduction to Penser la folie: essais sur Michel Foucault**. Critical Inquiry, Chicago, v. 21, n. 02, p. 287-289, winter, 1995.

_____. **Mort de l'homme ou épuisement du cogito?**. Critique: Revue générale des publications françaises et étrangère, Paris, n. 242, p. 599-618, juillet 1967.

_____. **On Histoire de la folie as an event**. Critical Inquiry, Chicago, v. 21, n. 02, p. 282-286, winter, 1995.

_____. **Presentación**. Michel Foucault, filosófo. (trad. Alberto Luis Bixio) Barcelona: Gedisa, 1999 p. 11-12.

_____. **Reported from Mr. Canguilhem on the manuscript filed by Mr. Michel Foucault, in order to obtain permission to print his principal thesis for the doctor of letters**. Critical Inquiry, Chicago, v. 21, n. 02, p. 276-281, winter, 1995.

CARDOSO, Irene de Arruda Ribeiro. **Foucault e a noção de acontecimento**. Revista de Sociologia Tempo Social, São Paulo, Edusp, a. 7, n. 1-2, p. 53-66, out. 1995.

CARDOSO JÚNIOR, Hélio Rebello. **Deleuze *leitor* de Foucault: multiplicidades, ontologia, história em con-funcionamento no plano conceitual**. Cadernos da Faculdade de Filosofia e Ciência de Marília "Michel Foucault: histórias e destinos de um pensamento (org. Fávia Biroli e Marcos César Alvarez), Marília, Ed. da Unesp, v. 9, n. 1, p. 81-108, 2000.

CARMO, Miguel Ângelo do. **A est-ética foucaultiana**. Revista Ideação, Feira de Santana, n. 4, p. 169-192, jul./dez. 1999.

CARRION, Rejane M. M.. **Decisão racional e diálogo. Da epistemologia à genealogia**. Revista do Instituto de Filosofia e Ciências Humanas, Porto Alegre, v. 13, p. 50-59, 1985.

CARUSO, P. **Qui êtes-vous professeur Foucault**. (trad. C. Lazzeri) Dits et Écrits (org. Daniel Defert et François Ewald). v. 1 Paris: Gallimard, 1994, p. 601-620.

CARVALHO, José Carlos de Paula. **A corporeidade outra**. RIBEIRO, Renato Janine (org.) Recordar Foucault. São Paulo: Brasiliense, 1985, p. 72-93.

CATONNÉ, Jean-Philippe. **Michel Foucault et l'histoire de la sexualité: de la psychanalyse à l'esthétique de l'existence**. Revue Raison Presénte, Paris, Centre National du Livre, n. 105, p. 71-91, jan./mar. 1994.

CESAR, Maria Rita de Assis.**Por uma genealogia da adolescência**. Cadernos da Faculdade de Filosofia e Ciência de Marília "Michel Foucault: histórias e destinos de um pensamento (org. Fávia Biroli e Marcos César Alvarez), Marília, Ed. da Unesp, v. 9, n. 1, p. 131-148, 2000.

CHALUMEAU, Jean-Luc. **La pensée en France: de Sartre à Foucault**. Paris: Fernand Nathan e Alliance Française, 1974, 190p.

CHANCEL, J. **Radioscopie de Michel Foucault**. Dits et Écrits (org. Daniel Defert et François Ewald). Paris: Gallimard, v. 2, 1994, p. 783-802.

CHAPSAL, Madeleine. **Entretien avec Michel Foucault**. Dits et Écrits (org.

Daniel Defert et François Ewald). v. 1 Paris: Gallimard, 1994, p. 513-518.

CHÂTELET, François. **Pourquoi le crime de Pierre Rivière?** Dits et Écrits (org. Daniel Defert et François Ewald). v. 3 Paris: Gallimard, 1994, p. 106-108.

CHAVES, Ernani. **A constituição histórica da psiquiatria no "Vigiar e Punir" de Michel Foucault.** Revista Cadernos do Centro de Filosofia e Ciências Humanas, Belém, Ed. da UFPA, n. 9, março 1985.

____. **Foucault e a psicanálise.** Rio de Janeiro: Forense Universitária: 1988, 149p.

CHRISTOFOLETTI, Rogério. **Multiplicidades, arqueologia e análise do discurso.** Revista de Ciências Humanas, Florianópolis, Ed. da UFSC, n. 25, p. 117-132, abr. 1999.

CIXOUS, H. À propos de Marguerite Duras. Dits et Écrits (org. Daniel Defert et François Ewald). Paris: Gallimard, v. 2, 1994, p. 762-771.

COCHARD, D.; HAROCHE, CL. **Uma política da indiferença.** Foucault Vivo (org. Ítalo Tronca) Campinas: Pontes, 1987, p. 89-100.

COLAS, D.; GROSRICHARD, Alain; GAUFEY, G. LE.; LIVI, J.; MILLER, G.; MILLER.; J. A.; WAJEMAN., G. **Le jeu de Michel Foucault.** Dits et Écrits (org. Daniel Defert et François Ewald). v. 3 Paris: Gallimard, 1994, p. 298-329.

COLCOMBET, F.; LAZARUS, A.; APPERT, L. **Luttes autour des prisons.** Dits et Écrits (org. Daniel Defert et François Ewald). v. 3 Paris: Gallimard, 1994, p. 806-818.

COOPER, David; FAYE, Jean-Pierre; FAYE, Marie-Odile; ZECCA, Marine. **Enfermement, psychiatrie, prison.** Dits et Écrits (org. Daniel Defert et François Ewald). v. 3 Paris: Gallimard, 1994, p. 332-360. [trad. es. **Encierro, psiquiatría, prisón.** Michel Foucault: un diálogo sobre el poder. (trad. Miguel Morey) Madri: Alianza, 1997, p. 87-127.]

CORDOVIL, Cláudio. **Foucault: o fim da cisão entre a razão e a loucura.** O Estado de São Paulo, São Paulo, 5 de dezembro de 1999, cad. 4, a. 19, n. 997, p. D1.

COSTA, Jurandir Freire. **O sujeito em Foucault: estética da existência ou experimento moral.** Revista de Sociologia da USP Tempo Social, São Paulo, v. 7, n. 1-2, p. 121-138, out. 1995.

CUNHA, Maria Clementina Pereira. **Persuasão e violência: o alienismo e suas artes de curar.** Foucault e a destruição das evidências (org. Márcio Mariguela) Piracicaba: Unimep, 1995, p. 43-68.

DANET, J; HAHN, P. e HOCQUENGHEM, Guy. **La loi de la pudeur: entretien avec Michel Foucault.** Dits et Écrits (org. Daniel Defert et François Ewald). v. 3 Paris: Gallimard, 1994, p. 763-777.

DARAKI, Maria. **Le voyage en grèce de Michel Foucault.** Esprit, Paris, n. 4, p. 55-83, avril 1985.

DAVIDSON, Arnold I. **Georges Canguilhem on Michel Foucault's Histoire de la folie.** Critical Inquiry, Chicago, v. 21, n. 02, p. 275-276, winter, 1995.

DEACON, Roger; PARKER, Bem. **Educação como sujeição e como recusa.** O sujeito da educação: estudos foucaultianos. (org. Tomaz Tadeu da Silva) 3 ed. Petrópolis: Vozes, 1994, p. 97-110.

DEFERT, Daniel; EWALD, François. **Chronologie.** Dits et Écrits (org. Daniel Defert et François Ewald). v. 1 Paris: Gallimard, 1994, p. 13-64.

DELEUZE, Gilles. **Conversações.** (trad. Peter Pál Pelbart). Rio de Janeiro: editora 34, 1992, 232p.

____. **Ecrivain non: un nouveau cartographe. Michel Foucault: Surveiller et punir.** Critique: Revue générale des publications françaises et étrangère, Paris, v. XXXI, n. 343, p. 1207-1228, déc. 1975.

_____. **Foucault**. Paris: Les Éditions de Minuit, 1986, 141p. [trad. br. **Foucault**. (trad. Claudia Sant'Anna Martins) São Paulo: Brasiliense, 1988, 142p.]

_____. **Foucault, historiador do presente**. Dossier Deleuze (org. Carlos Henrique Escobar). Rio de Janeiro: Hólon, 1991, p. 85-89.

_____. **Les intellectuels et le pouvoir: entretien avec Michel Foucault**. Dits et Écrits (org. Daniel Defert et François Ewald). Paris: Gallimard, v. 2, 1994, p. 306-315. [trad. br. **Os intelectuais e o poder**. Microfísica do poder. (trad. Roberto Machado) 13 ed. Rio de Janeiro: Graal, 1998, p. 69-78.]

_____. **Qué es un dispositivo?**. Michel Foucault, filosófo. (trad. Alberto Luis Bixio) Barcelona: Gedisa, 1999 p. 155-163.

_____. **Un nouvel archiviste**. Critique: Revue générale des publications françaises et étrangère, Paris, v. XXXI, n. 274, p. 195-209, mars 1970.

_____.; GUATARRI, Félix. **Arrachés par d'énergiques interventions à notre euphorique séjour dans l'histoire, nous mettons laborieusement en chatier des 'catégories logiques'. Entretien avec Michel Foucault**. Dits et Écrits (org. Daniel Defert et François Ewald). Paris: Gallimard, v. 2, 1994, p. 452-456.

D'ERAMO, M. **Prisons et asiles dans le mécanisme du pouvoir: entretien avec Michel Foucault**. (trad. A. Chizzardi) Dits et Écrits (org. Daniel Defert et François Ewald). Paris: Gallimard, v. 2, 1994, p. 521-525.

DERRIDA, Jacques. **Cogito et histoire de la folie**. Revue de Métaphysique et de Morale, Paris, Armand Colin, a. 68, n. 4, p. 460-494, oct./déc. 1963. [trad. br. **Cogito e história da loucura**. Três Tempos Sobre a História da Loucura (org. Maria Cristina Franco Ferraz). Rio de Janeiro: Relume Dumará, 2001, p. 9-67.] [trad. ing. **Cogito and the history of madness**. Writing and Difference. 2 ed. London: London Express, 1995, p. 31-63.]

_____. **Fazer justiça a Freud: a história da loucura na era da psicanálise**. Foucault: leituras da história da loucura. (trad. Maria Ignes Duque Estrada) Rio de Janeiro: Relume-Dumará, 1994, p. 53-107.

DESAULNIERS, Julieta Beatriz Ramos **Sobre a controvérsia foucaultiana** Veritas, Porto Alegre: PUCRS, v. 37, n 145, p. 47-60, mar. 1992.

DESCAMPS, Christian. **As idéias filosóficas contemporâneas na França: 1960-1985**. (trad. Arnaldo Marques). Rio de Janeiro: Jorge Zahar, 1991, 164p.

DEWS, Peter. **Foucault und die *dialektik der aufklärung***. Die Aktualität der 'dialektik der aufklärung: awischen moderne und postmoderne. (org. Harry Kunneman e Hent de Vries) Frankfurt: Campus Verlag, 1989, p. 88-99.

DÍAZ, Esther. **La brujería: un invento moderno**. Revista Internacional de Filosofia Manuscrito, Campinas, Ed. da Unicamp, v. XII, n. 2, p. 65-82, out. 1989.

DILLON, M. **Foucault étudie la raison d'état**. (trad. F. Durand-Bogaert) Dits et Écrits (org. Daniel Defert et François Ewald). v. 3 Paris: Gallimard, 1994, p. 801-805.

DOMENACH, Jean-Marie. **Des détenus parlent**. Esprit, Paris, n. 6, p. 1282-1293, juin 1971.

_____. **Le système et la personne**. Esprit, Paris, n. 5, p. 771-780, mai 1967.

_____.; DONZELOT, J.; JULLIARD, J. MEYER, P.; PUCHEU, R.; THIBAUD, P.; TRÉANTON, J. R.; VIRILIO, P. **Table ronde**. Esprit, Paris, n. 4-5, p. 678-703, avril/mai. 1972.

DONNELLY, Michael. **Sobre los diversos usos de la noción de biopoder**. Michel Foucault, filosófo. (trad. Alberto Luis Bixio) Barcelona: Gedisa, 1999 p. 193-197.

DOSSE, François. **A história à prova do tempo: da história em migalhas ao resgate do sentido**. (trad. Ivone Castilho Benedetti) São Paulo: Unesp, 2001, 321p.

_____. **História do estruturalismo: o canto do cisne de 1967 aos nossos dias**. (trad. Álvaro Cabral) v. 2. São Paulo: Ensaio, 1994, 518p.

DOWBIGGIN, Ian; GOODSON, Ivor. **Cuerpos dóciles**. (trad. Pablo Manzano) Foucault y la educación: disciplinas y saber. (org. S. J. Ball) 3 ed. Madri: Morata e La Coruña: Paideia, 1997, p. 107-132.

DUPONT, G. **Sade, sergent du sexe**. Dits et Écrits (org. Daniel Defert et François Ewald). Paris: Gallimard, v. 2, 1994, p. 818-822.

DURING, Simon. **Foucault and literature: towards a genealogy of writing**. London: Routledge, 1992, 259p.

DREYFUS, Hubert L. **Sobre el ordenamiento de las cosas. El ser y el poder en Heidegger y en Foucault**. Michel Foucault, filosófo. (trad. Alberto Luis Bixio) Barcelona: Gedisa, 1999 p. 87-104.

_____.; RABINOW, Paul. À propos de la généalogie de l'éthique: un aperçu du travail en cours. Michel Foucault entretien avec Hubert L. Dreyfus et Paul Rabinow. Michel Foucault: un parcours philosophique, au-delà de l'objectivité et de la subjetivité. (trad. Fabienne Durand-Bogaert) Paris: Gallimard, 1984, 364p.

_____. **Habermas et Foucault: qu'est-ce que l'âge d'homme?** Critique: Revue générale des publications françaises et étrangère, Paris, n. 471-472, p. 868-885, août/septembre, 1986.

_____. **Michel Foucault: un parcours philosophique, au-delà de l'objectivité et de la subjetivité**. (trad. Fabienne Durand-Bogaert) Paris: Gallimard, 1984, 364p. [tr. bras. **Michel Foucault: uma trajetória filosófica, para além do estruturalismo e da hermenêutica**. Rio de Janeiro: Forense, 1995, 224p.]

_____. **O estudo do homem**. Michel Foucault: dossier (org. Carlos Henrique de Escobar) Rio de Janeiro: Livraria Taurus, 1984, p. 119-121.

_____. **Sobre a genealogia da Ética**. Michel Foucault: dossier (org. Carlos Henrique de Escobar) Rio de Janeiro: Livraria Taurus, 1984, p. 41-70.

_____. **Was ist mündigkeit? Habermas und Foucault über "was ist aufklärung?"** Ethos der Moderne: Foucaults Kritik der Aufklärung. (org. Eva Erdmann, Rainer Forst e Axel Honneth) Frankfurt: Campus Verlag, 1990, p. 55-69.

DROIT, Roger Pol. **Des supplices aux cellules: entretien avec Michel Foucault**. Dits et Écrits (org. Daniel Defert et François Ewald). Paris: Gallimard, v. 2, 1994, p. 716-720.

_____. **Funktionen der literatur: ein interview mit Michel Foucault** (trad. Eva Erdmann) Ethos der Moderne: Foucaults Kritik der Aufklärung. (org. Eva Erdmann, Rainer Forst e Axel Honneth) Frankfurt: Campus Verlag, 1990, p. 229-234.

ELKABBACH, Jean-Pierre. **Foucault répond à Sartre**. Dits et Écrits (org. Daniel Defert et François Ewald). v. 1 Paris: Gallimard, 1994, p. 662-668.

ERDMANN, Eva. **Die literatur und das schreiben "l'écriture de soi" bei Michel Foucault**. Ethos der Moderne: Foucaults Kritik der Aufklärung. (org. Eva Erdmann, Rainer Forst e Axel Honneth) Frankfurt: Campus Verlag, 1990, p. 260-279.

ERIBON, Didier. **Michel Foucault**. 2 ed. Paris: Champs Flammarion, 1991, 418p. [trad. br. **Michel Foucault**. (trad. Hildegard Feist). São Paulo: Companhia das Letras, 1990, 351p.]

_____. **Michel Foucault e seus contemporâneos**. (trad. Lucy Magalhães) Rio de Janeiro: Jorge Zahar, 1996, 244p.

_____; LÉVY-WILLARD, A. **Michel Foucault: il n'y a pas de neutralité possible**. Dits et Écrits (org. Daniel Defert et François Ewald). Paris: Gallimard, v. 4, 1994, p. 338-320.

ESBAHC, Wolfgang. **Durheim, Weber, Foucault. Religion, Ethos und Lebensführung**. Max Webers protestantische Ethik und der Geist der Moderne. L'éthique protestante de Max Weber et l'esprit de la modernité. (org. Textes réunis par le groupe de recherche sur la culture de Weimar). Paris: Editions de la Maison des Sciences de l'Homme Imprimé en France, 1997, p 261-278.

ESCOBAR, Carlos Henrique de. **Discurso científico e discurso ideológico**. O homem e o discurso: a arqueologia de Michel Foucault. Rio de Janeiro: Tempo Brasileiro, 1971, p. 67-90.

_____. **Alguns dos motivos deleuzianos**. Dossier Deleuze (org. Carlos Henrique Escobar). Rio de Janeiro: Hólon, 1991, p. 144-173.

ESCOBAR, Antonius Jack Vargas. **Genealogia e política**. RIBEIRO, Renato Janine (org.) Recordar Foucault. São Paulo: Brasiliense, 1985, p. 209-218.

EWALD, François. **A culpa civil, direito e filosofia**. Foucault: A norma e o Direito. (trad. António Fernando Cascais) Lisboa: Vega, 1993, p. 167-174.

_____. **A esquizo-análise**. Dossier Deleuze (org. Carlos Henrique Escobar). Rio de Janeiro: Hólon, 1991, p. 89-92.

_____. **Alexandre Kojève**. Magazine Littéraire, Paris, n. 275, p. 86-90, mars 1990.

_____. **Anatomie et corps politiques**. Critique: Revue générale des publications françaises et étrangère, Paris, v. XXXI, n. 343, p. 1228-1266, déc., 1975. [trad. pr. **Anatomia e corpos políticos**. Foucault: A norma e o Direito. (trad. António Fernando Cascais) Lisboa: Vega, 1993, p. 19-58.]

_____. **Defesa e ilustração do Estado-Providência**. Foucault: A norma e o Direito. (trad. António Fernando Cascais) Lisboa: Vega, 1993, p. 201-208.

_____. **De l'impossibilité d'être sujet**. Magazine Littéraire, Paris, n. 304, p. 34-36, nov. 1992.

_____. **Die philosophie als akt zum begriff des philosophischen akts**. Ethos der Moderne: Foucaults Kritik der Aufklärung. (org. Eva Erdmann, Rainer Forst e Axel Honneth) Frankfurt: Campus Verlag, 1990, p. 87-100.

_____. **Direito e história**. Foucault: A norma e o Direito. (trad. António Fernando Cascais) Lisboa: Vega, 1993, p. 155-166.

_____. **Direito: sistemas e estratégias**. Foucault: A norma e o Direito. (trad. António Fernando Cascais) Lisboa: Vega, 1993, p. 175-184.

_____. **Direito social e liberdades**. Foucault: A norma e o Direito. (trad. António Fernando Cascais) Lisboa: Vega, 1993, p. 185-200.

_____. **Elèves d'Althusser**. Magazine Littéraire, Paris, n. 304, p. 46-49, nov. 1992.

_____. **Foucault, Deleuze: um diálogo fecundo e ininterrupto**. Dossier Deleuze (org. Carlos Henrique Escobar). Rio de Janeiro: Hólon, 1991, p. 79-81.

_____. **Foucault e a norma**. Foucault: A norma e o Direito. (trad. António Fernando Cascais) Lisboa: Vega, 1993, p. 77-125.

_____. **Foucault, um pensamento sem compromissos**. Foucault: A norma e o Direito. (trad. António Fernando Cascais) Lisboa: Vega, 1993, p. 9-18.

_____. **Jean Baudrillard**. Magazine Littéraire, Paris, n. 323, p. 20-23, jui./août 1994.

_____. **Justice, égalité, jugement**. Cahiers de Philosophie Politique et Juridique. L'égalité. Caen, Centre de Publications de l'Université de Caen, 1985, p.217-244. [trad. pt. **Justiça, igualdade, juízo**. Foucault: A norma e o Direito. (trad. António Fernando Cascais) Lisboa: Vega, 1993, p. 129-154.]

_____. **Kant, penseur de la modernité**. Magazine Littéraire, Paris, n. 09, p. 18-22, avr. 1993.

_____. **L'anti-psychologue**. Critique: Revue générale des publications françaises et étrangère, Paris, n. 346, p.307-310, mar. 1976.

_____. **L'Etat providence**. Paris: Bernard Grasset, 1986, 608p.

_____. **La misanthropie selon Alceste**. Magazine Littéraire, Paris, n. 323, p. 43-44, jui./août 1994.

_____. **Le continent Sartre**. Magazine Littéraire, Paris, n. 282, p. 18-25, nov. 1990.

_____. **Le droit du droit**. Archives de Philosophie du Droit: le système juridique. Paris, Sirey, v. 31, p.245-259, 1986. [trad. pr. **O direito do direito**. Foucault: A norma e o Direito. (trad. António Fernando Cascais) Lisboa: Vega, 1993, p. 209-226.]

_____. **Le renouveau de la philosohie morale**. Magazine Littéraire, Paris, n. 361, p. 20-21, jan. 1998.

_____. **Le souci de la vérité**. Dits et Écrits (org. Daniel Defert et François Ewald). Paris: Gallimard, v. 4, 1994, p. 668-679.

_____. **Michel Foucault**. Michel Foucault: dossier (org. Carlos Henrique de Escobar) Rio de Janeiro: Livraria Taurus, 1984, p. 71-73.

_____. **O cuidado com a verdade**. Michel Foucault: dossier (org. Carlos Henrique de Escobar) Rio de Janeiro: Livraria Taurus, 1984, p. 74-85.

_____. **O fim de um mundo**. Michel Foucault: dossier (org. Carlos Henrique de Escobar) Rio de Janeiro: Livraria Taurus, 1984, p. 92-99.

_____. **Para um positivismo crítico: Michel Foucault e a filosofia do direito**. Foucault: A norma e o Direito. (trad. António Fernando Cascais) Lisboa: Vega, 1993, p. 59-66.

_____. **Pour une critique de la raison collective**. Critique: Revue générale des publications françaises et étrangère, Paris, v. XXXVII, n. 411-412, p. 797-811, août/septembre, 1981.

_____. **Presentation: justice, discipline, production**. Les Temps Modernes, Paris, p. 970-987, 1987.

_____. **Un poder sin un afuera**. Michel Foucault, filosófo. (trad. Alberto Luis Bixio) Barcelona: Gedisa, 1999 p. 164-169.

_____. **Une expérience foucaldienne: les principes généraux du droit**. Critique: Revue générale des publications françaises et étrangère, Paris, n. 471-472, p. 787-793, août/septembre, 1986. [trad. pr. **Uma experiência foucaultiana: os princípios gerais do direito**. Foucault: A norma e o Direito. (trad. António Fernando Cascais) Lisboa: Vega, 1993, p. 67-73.]

EZINE, J. L.; **Sur la sellette: entretien avec Michel Foucault**. Dits et Écrits (org. Daniel Defert et François Ewald). Paris: Gallimard, v. 2, 1994, p. 720-725.

FELLOUS, G. **La philosophie structuraliste permet de diagnostiquer ce qu'est "aujourd'hui"**. Dits et Écrits (org. Daniel Defert et François Ewald). v. 1 Paris: Gallimard, 1994, p. 580-584.

FERRAZ e FERRAZ, Maria da Graça Chamma. **Como se o navio fosse a dobra do mar**. Cadernos da Faculdade de Filosofia e Ciência de Marília "Michel Foucault: histórias e destinos de um pensamento (org. Fávia Biroli e Marcos César Alvarez), Marília, Ed. da Unesp, v. 9, n. 1, p. 109-116, 2000.

FERNANDES, Flávio M. **Acerca da noção de positividade em Foucault**. Sofia: Revista de Filosofia, Vitória, v. II, n. 02, p. 41-46, mar., 1996.

FIGUEIRA, Sérvulo Augusto. **Notas introdutórias ao estudo das terapêuticas II: Robert Castel e Michel Foucault**. Sociedade e doença mental (coord. Sérvulo Augusto Figueira) Rio de Janeiro: Campus: 1978, p. 87-148.

FIGUEIREDO, Luís Claudio. **Foucault e Heidegger: a ética e as formas históricas do habitar (e do não habitar)**. Revista de Sociologia da USP Tempo Social, São Paulo, v. 7, n. 1-2, p. 139-150, out. 1995.

FINAS, L. **Les rapport de pouvoir passent à l'intérieur des corps**. Dits et Écrits (org. Daniel Defert et François Ewald). v. 3 Paris: Gallimard, 1994, p. 228-236.

FITZPATRICK, Peter. **La construcción del sujeto jurídico en las genealogías de Michel Foucault**. Revista Lationamericana de Política, Filosofia y Derecho Crítica Jurídica, México, a. 5, n. 9, p. 25-35, 1988.

FLORENCE, Maurice. **Foucault**. Dits et Écrits (org. Daniel Defert et François Ewald). Paris: Gallimard, v. 4, 1994, p. 631-636.

FLYNN, Bernard. **Derrida and Foucault: madness and writing**. Derrida and Deconstruction (org. Hugh J. Silverman). New York/London, Routledge, 1989, p. 201-243.

FLYVBJERG, Bent. **Esboço de uma ética aplicada ao desenvolvimento sustentável: Aristóteles, Foucault e a phrónesis progressiva**. Revista Síntese Nova Fase, Belo Horizonte, v. 21, n. 66, p. 337-352, jul./set. 1994.

_____. **Habermas y Foucault: ¿pensadores de la sociedad civil?**. Revista Estudios Sociológicos, México, v. XIX, n. 56, p. 295-324, mayo./ago 2001.

FONSECA, Márcio Alves da. **Michel Foucault e o direito**. São Paulo: Max Limonad, 2002, 329p.

FONSECA, Angela. **Biopolítica e direito: fabricação e ordenação do corpo moderno**. Belo Horizonte, Arraes, 2016.

FONTANA, Alessandro. **Une esthétique de l'existence**. Dits et Écrits (org. Daniel Defert et François Ewald). Paris: Gallimard, v. 4, 1994, p. 730-735.

_____; PASQUINO, P. **Vérité et pouvoir**. Dits et Écrits (org. Daniel Defert et François Ewald). Paris: Gallimard, v. 3, 1994, p. 140-160. [trad. es. **Verdad y poder**. Michel Foucault: un diálogo sobre el poder. (trad. Miguel Morey) Madri: Alianza, 1997, p. 128-145.] [trad. br. **Verdade e poder**. Microfísica do poder. (trad. Roberto Machado) 13 ed. Rio de Janeiro: Graal, 1998, p. 1-14.].

FORST, Rainer. **Endlichkeit, freiheit, individualität: die sorge um das selbst bei Heidegger und Foucault**. Ethos der Moderne: Foucaults Kritik der Aufklärung. (org. Eva Erdmann, Rainer Forst e Axel Honneth) Frankfurt: Campus Verlag, 1990, p. 146-186.

FOURQUET, F.; GUATTARI, Félix. **Premières discussions, premiers balbutiements: la ville est-elle une force productive ou d'antiproduction**. Dits et Écrits (org. Daniel Defert et François Ewald). Paris: Gallimard, v. 2, 1994, p. 447-451.

FOY, M.-G. **Qu'est-ce qu'un philosophe?** Dits et Écrits (org. Daniel Defert et

François Ewald). v. 1 Paris: Gallimard, 1994, p. 552-553.

FRANÇOIS, Jean; WIT, Jean de. **Entretien de Michel Foucault.** Dits et Écrits (org. Daniel Defert et François Ewald). Paris: Gallimard, v. 4, 1994, p. 656-668.

FRANK, Manfred. **Sobre el concepto de discurso en Foucault.** Michel Foucault, filosófo. (trad. Alberto Luis Bixio) Barcelona: Gedisa, 1999 p. 107-115.

FRAYZE-PEREIRA, João Augusto. **A loucura antes da história.** RIBEIRO, Renato Janine (org.) Recordar Foucault. São Paulo: Brasiliense, 1985, p. 123-135.

____. **Do império do olhar à arte de ver.** Revista de Sociologia da USP Tempo Social, São Paulo, v. 7, n. 1-2, p. 151-162, out. 1995.

FREITAS, Carmelita Brito de. **Michel Foucault: por uma genealogia da verdade.** Revista Fragmentos de Cultura, Gioânia, v. 10, n. 6, p. 1087-1106, nov./dez. 2000.

____. **Resenha: Michel Foucault e a idade do homem.** Revista Fragmentos de Cultura, Gioânia, v. 9, n. 2, p. 413-421, mar./abr. 1999.

GALLAGHER, B.; WILSON, A. **Michel Foucault, une interview: sexe, pouvoir et la politique de l'identité.** (trad. F. Durand-Bogaert) Dits et Écrits (org. Daniel Defert et François Ewald). Paris: Gallimard, v. 4, 1994, p. 735-746.

GALLO, Sílvio. **O conceito de epistèmê e sua arqueologia em Foucault.** Foucault e a destruição das evidências (org. Márcio Mariguela) Piracicaba: Unimep, 1995, p. 13-27.

GARCÍA, Francisco Vázquez. **Foucault: la historia como crítica de la razón.** Barcelona: Montesinos, 1995, 157p.

GAUTHIER, G. **Le retour de Pierre Rivière.** Dits et Écrits (org. Daniel Defert et François Ewald). v. 3 Paris: Gallimard, 1994, p. 114-123.

GAUTHIER-DARLEY, Michel. **Michel Foucault: la grammaire générale et nous.** Revue Raison Presénte, Paris, Centre National du Livre, p. 139-158, 1995.

GENOVESE, Rino. **Micropoteri e comunicazione.** Rivista dal Centro Ricerche Psicoanalitiche di Gruppo di Roma, Roma, p. 04-08, feb. 1999.

GIACÓIA JÚNIOR, Oswaldo. **Filosofia como diagnóstico do presente: Foucault, Nietzsche e a genealogia da ética.** Foucault e a destruição das evidências (org. Márcio Mariguela) Piracicaba: Unimep, 1995, p. 81-100.

GIANNOTTI, José Arthur. **Filosofia miúda: e demais aventuras.** São Paulo: Brasiliense, 1985, 207p.

GIDDENS, Antony. **Notas críticas: Foucault sobre distribuição de tempo e espaço.** A constituição da sociedade. São Paulo: Martins Fontes, 1989, p. 118-128.

GIRARDIN, Jean-Claude. **Avec Michel Foucault, histoire, théorie politique et racisme.** Les Temps Modernes: Revue Bimestrielle, Paris, p. 178-196, 1997.

GLÜCKSMANN, André. **El nihilismo de Michel Foucualt.** Michel Foucault, filosófo. (trad. Alberto Luis Bixio) Barcelona: Gedisa, 1999 p. 332-334.

GOMES, João Carlos Lino. **Nota sobre o conceito de episteme em Michel Foucault.** Revista Síntese Nova Fase, Belo Horizonte, v. 18, n. 53, p. 225-231, abr./jun. 1991.

GONÇALVES NETO, João da Cruz. **O poder do caos: a verdade e as formas jurídicas. Uma abordagem crítica.** Revista Fragmentos de Cultura, Gioânia, v. 10, n. 6, p. 1107-1120, nov./dez. 2000.

GONZÁLEZ, Julián Sauquillo. **Para leer a Foucault.** Madri: Alianza, 2001, 199p.

GORDON, Colin. **Foucault en Angleterre.** Critique: Revue générale des publications françaises et étrangère, Paris, n. 471-472, p. 831-848, août/septembre, 1986.

GORE, Jennifer M. **Foucault e Educação: fascinantes desafios**. O sujeito da educação: estudos foucaultianos. (org. Tomaz Tadeu da Silva) 3 ed. Petrópolis: Vozes, 1994, p. 9-20.

GROS, Frédéric. **Foucault e a questão do quem somos nós?** Revista de Sociologia da USP Tempo Social, São Paulo, v. 7, n. 1-2, p. 175-178, out. 1995.

_____. **Foucault et la fonction de l'intellectuel: un jansénisme politique**. Revue La Pensée, Paris, n. 299, p. 79-86, juillet/septembre 1994.

_____. **Foucault et le projet critique**. Revue Raison Preséntе, Paris, Centre National du Livre, n. 114, p. 03-22, avr./jun. 1995.

GROSRICHARD, Alain. **Sobre a história da sexualidade**. Microfísica do poder. (trad. Roberto Machado) 13 ed. Rio de Janeiro: Graal, 1998, p. 243-276.

GUEDES, Marco Aurélio Peri. **Pensar o biopoder: Foucault em Weimar**. Revista da Faculdade de Direito Cândido Mendes. Rio de Janeiro: SBI, v. 1, n. 1, p. 106-117, 1999.

GUEDEZ, Annie. **Foucault**. (trad. Edson Braga de Souza). São Paulo: Edusp, 1977, 101p.

GUIBERT, Hervé. **Para um amigo que não me salvou a vida**. (trad. Mariza Campos da Paz) 2 ed. Rio de Janeiro: José Olympio, 1995, 142p.

GUICCIARDI, E. **Le mystérieux hermaphrodite: entretien avec Michel Foucault**. (trad. C Lazzeri) Dits et Écrits (org. Daniel Defert et François Ewald). v. 3 Paris: Gallimard, 1994, p. 624-625.

HABERMAS, Jürgen. **Une flèche dans le coeur du temps présent**. Critique: Revue générale des publications françaises et étrangère, Paris, n. 471-472, p. 794-799, août/septembre, 1986.

HADOT, Pierre. **Reflexiones sobre la noción de 'cultivo de si mismo'**. Michel Foucault, filosófo. (trad. Alberto Luis Bixio) Barcelona: Gedisa, 1999 p. 219-226.

HAHN, Roger. **Book review: 'The birth of clinic: an archaeology of medical perception**. Review American Journal of Sociology, Chicago, Ed. University of Chicago, v. 80, n. 6, p. 1503-1504, may 1975.

HAN, Béatrice. **L'ontologie manquée de Michel Foucault: entre l'historique et le transcendantal**. Grenoble: Millon, 1998, 325p.

HASUMI, Shiguéhiko. **Pouvoir et savoir: entretien avec Michel Foucault**. Dits et Écrits (org. Daniel Defert et François Ewald). v. 3 Paris: Gallimard, 1994, p. 399-415.

HELENA, Lúcia. **Resenha ao livro: 'Eu, Pierre Rivière, que degolei minha mãe, minha irmã e meu irmão'**. Revista Linguagem do Instituto de Letras, São Paulo, v. 2., n. 2, p. 111-112, 1979.

HERSANT, Y. **L'âge d'or de la lettre de cachet: entretien avec Michel Foucault et Arlette Farge**. Dits et Écrits (org. Daniel Defert et François Ewald). Paris: Gallimard, v. 4, 1994, p. 351-353.

HIRSCH, Eli. **Knowledge, power, ethics**. Revista Internacional de Filosofia Manuscrito, Campinas, Ed. da Unicamp, v. XII, n. 2, p. 49-64, out. 1989.

HOLLIER, Denis. **Las palabras de Dios: 'estoy morto'**. Michel Foucault, filosófo. (trad. Alberto Luis Bixio) Barcelona: Gedisa, 1999 p. 127-139.

HONNETH, Axel. **Einleitung zur philosophisch-soziologischen diskussion um Michel Foucault**. Ethos der Moderne: Foucaults Kritik der Aufklärung (org. Eva Erdmann, Rainer Forst e Axel

Honneth) Frankfurt: Campus Verlag, 1990, p. 11-34.

____. **Foucault et Adorno: deux formes d'une critique de la modernité**. Critique: Revue générale des publications françaises et étrangère, Paris, n. 471-472, p. 800-815, août/septembre, 1986.

____. **Kritik der macht: reflexionsstufen einer kritischen gesellschafstheorie**. Frankfurt: Suhrkamp Verlag, 1986, 382p.

HOSKIN, Keith. **Foucault a examen**. (trad. Pablo Manzano) Foucault y la educación: disciplinas y saber. (org. S. J. Ball) 3 ed. Madri: Morata e La Coruña: Paideia, 1997, p. 33-58.

HYNDESS, Barry. **Disertaciones sobre el poder: de Hobbes a Foucault**. (trad. Guillermo Solana) Madri: Talasa, 1997, 167p.

JACCARD, R. **Sorcellerie et folie**. Dits et Écrits (org. Daniel Defert et François Ewald). v. 3 Paris: Gallimard, 1994, p. 89-92.

JAMBET, Christian. **Constitución del sujeto u práctica espiritual: observaciones sobre la historia de la sexualidad**. Michel Foucault, filosófo. (trad. Alberto Luis Bixio) Barcelona: Gedisa, 1999 p. 227-241.

JANICAUD, Dominique. **Racionalidad, fuerza y poder. Foucault y las críticas de Habermas**. Michel Foucault, filosófo. (trad. Alberto Luis Bixio) Barcelona: Gedisa, 1999 p. 279-297.

JANNOUD, C. **Michel Foucault et Gilles Deleuze veulent rendre à Nietzsche son vrai visage**. Dits et Écrits (org. Daniel Defert et François Ewald). v. 1 Paris: Gallimard, 1994, p. 549-552.

JAY, M.; LÖWENTAL, L.; RABINOW, P. RORTY, R.; TAYLOR, C. **Politique et étique: une interview**. Dits et Écrits (org. Daniel Defert et François Ewald). Paris: Gallimard, v. 4, 1994, p. 584-590.

JOECKER, J. P.; OVERD, M.; SANZIO, A. **Entretien avec Michel Foucault**. Dits et Écrits (org. Daniel Defert et François Ewald). Paris: Gallimard, v. 4, 1994, p. 286-295.

JONES, David Martin **Foucault e a possibilidade de uma pedagogia sem redenção**. O sujeito da educação: estudos foucaultianos. (org. Tomaz Tadeu da Silva) 3 ed. Petrópolis: Vozes, 1994, p. 111-126..

____. **La genealogía del profesor urbano**. (trad. Pablo Manzano) Foucault y la educación: disciplinas y saber. (org. S. J. Ball) 3 ed. Madri: Morata e La Coruña: Paideia, 1997, p. 61-80.

JONES, Richard. **Las prácticas educativas y el saber científico**. (trad. Pablo Manzano) Foucault y la educación: disciplinas y saber. (org. S. J. Ball) 3 ed. Madri: Morata e La Coruña: Paideia, 1997, p. 81-106.

JOUHAUD, Christian. **Pouvoir, souveraineté, domination**. Critique: Revue générale des publications françaises et étrangère, Paris, n. 660, p. 368-380, mai 2002.

KANÉ, P. **Entretien avec Michel Foucault**. Dits et Écrits (org. Daniel Defert et François Ewald). v. 3 Paris: Gallimard, 1994, p. 97-101.

KAROL, K. S. **Michel Foucault: crimes et châtiments en URSS et ailleurs ...** Dits et Écrits (org. Daniel Defert et François Ewald). v. 3 Paris: Gallimard, 1994, p. 63-74.

____. **Sur 'la seconde révolution chinoise'**. Dits et Écrits (org. Daniel Defert et François Ewald). Paris: Gallimard, v. 2, 1994, p. 513-518.

KAUFFMANN, J.-P. **Michel Foucault: désormais, la sécurité est au-dessus des lois**. Dits et Écrits (org. Daniel Defert et François Ewald). v. 3 Paris: Gallimard, 1994, p. 366-368.

KENNEDY, Devereaux. **Michel Foucault: the archaelogy and sociology of knowledge**. Theory and Society: Renewal and Critique in Social Theory. New York: Washington University, v. 8, n. 2, p. 269-425, 1979.

KENWAY, Jane. **La educación y el discurso político de la nueva derecha**. (trad. Pablo Manzano) Foucault y la educación: disciplinas y saber. (org. S. J. Ball) 3 ed. Madri: Morata e La Coruña: Paideia, 1997, p. 169-207.

KNIGHT, John; SMITH, Richard; SACHS, Judyth. **La deconstrucción de la hegemonía**. (trad. Pablo Manzano) Foucault y la educación: disciplinas y saber. (org. S. J. Ball) 3 ed. Madri: Morata e La Coruña: Paideia, 1997, p. 135-154.

KOERNER, Andrei. **Foucault: o intelectual e a política**. Cadernos da Faculdade de Filosofia e Ciência de Marília "Michel Foucault: histórias e destinos de um pensamento (org. Fávia Biroli e Marcos César Alvarez), Marília, Ed. da Unesp, v. 9, n. 1, p. 1-10, 2000.

KÖGLER, Hans-Herbert. **Fröhliche subjektivität: historische ethik und dreifache ontologie beim späten Foucault**. Ethos der Moderne: Foucaults Kritik der Aufklärung. (org. Eva Erdmann, Rainer Forst e Axel Honneth) Frankfurt: Campus Verlag, 1990, p. 202-228.

KREMER-MARIETTI, Angèle. **Introdução ao pensamento de Michel Foucault**. (trad. César Augusto Chaves Fernandes). Rio de Janeiro: Zahar, 1977.

KUNNEMAN, Harry. ***Dialektik der aufklärung,* mikrophysik der macht und die theorie des kommunikativen handelns**. Die Aktualität der 'dialektik der aufklärung: awischen moderne und postmoderne. (org. Harry Kunneman e Hent de Vries) Frankfurt: Campus Verlag, 1989, p. 150-167.

KURZWEIL, Edith. **Abstract: the history of sexuality**. Theory and Society: Renewal and Critique in Social Theory. New York: Washington University, v. 8, n. 3, p. 422-425, nov. 1979.

____. **Ending the era of man**. Theory and Society: Renewal and Critique in Social Theory. New York: Washington University, v. 4, n. 3, p. 395-420, 1977.

LACOSTE, Jean. **A filosofia no século XX**. (trad. Maria Appenzeller). Campinas: Papirus, 1992, 225p.

LACROIX, Jean. **Panorama de la philosophie française contemporaine**. 2ed. Paris: Universitaires de France, 1968, 222-231.

LAGE, Telma da Graça de. **Verdade e paradigma**. Revista Direito, Estado e Sociedade da PUC/RJ-Direito, Rio de Janeiro, n. 14, p. 55-66, jan./jul. 1999.

LAPA, Cesar Roberto de Vasconcellos. **"Sorria, você está sendo controlado": a corporidade do poder**. Revista Fragmentos de Cultura, Gioânia, v. 10, n. 6, p. 1121-1134, nov./dez. 2000.

LARIVÉE, Annie. **Un tournant dans l'histoire de la vérité? Le souci de soi antique**. Critique: Revue générale des publications françaises et étrangère, Paris, n. 660, p. 335-353, mai 2002.

LAROSSA, Jorge. **Tecnologias do eu e educação**. O sujeito da educação: estudos foucaultianos. (org. Tomaz Tadeu da Silva) 3 ed. Petrópolis: Vozes, 1994, p. 35-86.

LE BLANC, Guillaume. **Le conflit des modernités selon Foucault**. Magazine Littéraire, Paris, n. 09, p. 56-60, avril 1993.

LEBRUN, Gérard. **Nota sobre la fenomenología contenida en las palabras y las cosas**. Michel Foucault, filosófo. (trad. Alberto Luis Bixio) Barcelona: Gedisa, 1999 p. 31-47.

_____. **Transgredir a finitude**. RIBEIRO, Renato Janine (org.) Recordar Foucault. São Paulo: Brasiliense, 1985, p. 9-23.

LECOURT, Dominique. **A arqueologia e o saber**. O homem e o discurso: a arqueologia de Michel Foucault. Rio de Janeiro: Tempo Brasileiro, 1971, p. 43-66.

LEFORT, R. **Michel Foucault: la sécurité et l'État**. Dits et Écrits (org. Daniel Defert et François Ewald). v. 3 Paris: Gallimard, 1994, p. 383-388.

LINDUNG, I. **Entretien avec Michel Foucault**. Dits et Écrits (org. Daniel Defert et François Ewald). v. 1 Paris: Gallimard, 1994, p. 651-662.

LÉVY, Bernard-Henri. **La politique est la continuation de la guerre par d'autres moyens: entretien avec Michel Foucault**. Dits et Écrits (org. Daniel Defert et François Ewald). Paris: Gallimard, v. 2, 1994, p. 702-703.

_____. **O século de Sartre: inquérito filosófico**. (trad. Jorge Bastos) Rio de Janeiro: Nova Fronteira, 2001, 570p.

LOBO, Lilia Ferreira. **Reflexões sobre o poder disciplinar e a psicopedagogia**. Revista do Departamento de Psicologia, Ed. da UFF, v. 3-4, n. 1-2, p. 93-100, jan./dez. 1991-1992.

LOPES, Eliane da Silva. **A trabalhadora normatizada: mãe e esposas reguladoras**. Foucault Vivo (org. Ítalo Tronca) Campinas: Pontes, 1987, p. 111-126.

LORRIOT, Pierre. **Le piège de Vincennes: entretien avec Michel Foucault**. Dits et Écrits (org. Daniel Defert et François Ewald). Paris: Gallimard, v. 2, 1994, p. 67-74.

LOSCHAK, Danièle. **A questão do direito**. Michel Foucault: dossier (org. Carlos Henrique de Escobar) Rio de Janeiro: Livraria Taurus, 1984, p. 122-124.

LOSSOWSKY, E. À quoi rêvent les philosophes?: entretien avec Michel Foucault Dits et Écrits (org. Daniel Defert et François Ewald). Paris: Gallimard, v. 2, 1994, p. 704-707.

LÜDEKING, Karlheinz. **Die wörter und die bilder und die dinge: Foucault und Magritte**. Ethos der Moderne: Foucaults Kritik der Aufklärung. (org. Eva Erdmann, Rainer Forst e Axel Honneth) Frankfurt: Campus Verlag, 1990, p. 280-308.

MACEY, David. **Michel Foucault**. (trad. Pierre-Emmanuel Dauzat) Paris: Gallimard, 1994, 577p.

MACHADO, Roberto Cabral de M. **A arqueologia do saber e a constituição das ciências humanas**. Revista Discurso, São Paulo, Edusp, a. V, n. 5, p. 87-118, 1975.

_____. **Arqueología y epistemología**. Michel Foucault, filosófo. (trad. Alberto Luis Bixio) Barcelona: Gedisa, 1999 p. 15-30.

_____. **Ciência e saber: a trajetória da arqueologia de Foucault**. 2 ed. Rio de Janeiro: Graal, 1981, 218p.

_____. **Foucault: a filosofia e a literatura**. Rio de Janeiro: Jorge Zahar, 2000, 187p.

_____. **Por uma genealogia do poder**. Microfísica do poder. (trad. Roberto Machado) 13 ed. Rio de Janeiro: Graal, 1998, p. VII-XXIII.

MACHEREY, Pierre. **Aux sources de l'Historie de la folie: une rectification et ses limites**. Critique: Revue générale des publications françaises et étrangère, Paris, n. 471-472, p. 753-774, août/septembre, 1986. [trad. br. **Nas origens da história da loucura: uma retificação e seus limites**. RIBEIRO, Renato Janine (org.) Recordar Foucault. São Paulo: Brasiliense, 1985, p. 47-71.]

_____. **Sobre una historia natural de las normas**. Michel Foucault, filosófo. (trad. Alberto Luis Bixio) Barcelona: Gedisa, 1999 p. 170-185.

MACRAE, Edward. **Afirmação da identidade homossexual: seus perigos e sua importância**. Foucault Vivo (org. Ítalo Tronca) Campinas: Pontes, 1987, p. 81-88.

MAGALHÃES, Theresa Calvet. **Da arqueologia do saber ao ensaio filosófico: a problemática de uma ontologia do presente em Foucault**. Revista Síntese Nova Fase, Belo Horizonte, v. XV, n. 40, p. 59-83, maio/ago. 1987.

MAIA, Antônio C. **Sobre a analítica do poder de Foucault**. Revista de Sociologia da USP Tempo Social, São Paulo, v. 7, n. 1-2, p. 83-104, out. 1995.

MAIDAN, Michael. **Michel Foucault on Bentham and Beccaria**. Rivista Internazionale di Filosofia del Diritto. Milano: Giuffrè, s. IV, n. LXV, p. 329-331, apr./giu. 1988.

MAJOR, René. **Crises de razão, crises de loucura ou "a loucura" de Foucault**. Foucault: leituras da história da loucura. (trad. Maria Ignes Duque Estrada) Rio de Janeiro: Relume-Dumará, 1994, p. 37-52.

MANZO, Enrique Guerra. **El problema del poder en la obra de Michel Foucault y Norbert Elias**. Revista Estudios Sociológicos, México, v. XVII, n. 49, p. 95-120, ene./abr. 1999.

MARCHETTI, Valerio. **La chair et les corps**. Critique: Revue générale des publications françaises et étrangère, Paris, n. 660, p. 354-367, mai 2002.

MARIGUELA, Márcio. **A psicanálise na arqueologia das ciências humanas**. Foucault e a destruição das evidências (org. Márcio Mariguela) Piracicaba: Unimep, 1995, p. 101-120.

MARSHALL, James. **Foucault y la investigación educativa**. (trad. Pablo Manzano) Foucault y la educación: disciplinas y saber. (org. S. J. Ball) 3 ed. Madri: Morata e La Coruña: Paideia, 1997, p. 15-32.

_____. **Governamentalidade e educação liberal**. O sujeito da educação: estudos foucaultianos. (org. Tomaz Tadeu da Silva) 3 ed. Petrópolis: Vozes, 1994, p. 21-34.

MARTEAU, Juan Felix. **Práticas punitivas: um pensamento diferente. Uma entrevista com o abolicionista penal Louk Hulsman**. (trad. Helena Singer) Revista Brasileira de Ciências Criminais, São Paulo, Revista dos Tribunais, a. 4, n. 14, p. 13-26, abr./jun. 1996.

MARTIN, Rux. **Vérité, pouvoir et soi: entretien avec Michel Foucault**. (trad. F. Durand-Bogaert) Dits et Écrits (org. Daniel Defert et François Ewald). Paris: Gallimard, v. 4, 1994, p. 777-783. [trad. es. **Verdad, individuo y poder**. (trad. Mercedes Allendesalazar) Tecnologías del yo y otros textos afines. (org. Miguel Morey) Barcelona: Paidós, 1996, p. 141-150.]

MARTINS, Carlos José. **Michel Foucault: filosofia como diagnóstico do presente**. Cadernos da Faculdade de Filosofia e Ciência de Marília "Michel Foucault: histórias e destinos de um pensamento (org. Fávia Biroli e Marcos César Alvarez), Marília, Ed. da Unesp, v. 9, n. 1, p. 149-168, 2000.

MARTON, Scarlett. **Foucault leitor de Nietzsche**. RIBEIRO, Renato Janine (org.) Recordar Foucault. São Paulo: Brasiliense, 1985, p. 36-46.

MEIENBERG, N. **Le grand enfermement**. (trad. J. Chavy) Dits et Écrits (org. Daniel Defert et François Ewald). Paris: Gallimard, v. 2, 1994, p. 296-306.

MEIRELES, Alfredo Ferreira. **A questão do poder**. Revista Portuguesa de Filosofia, Braga, v. LIII, n. 02, p. 291-322, abr./jun., 1997.

MEISTER, Martina. **Die sprache, die nichts sagt und die nie schweigt: lite-**

**ratur als übertretung**. Ethos der Moderne: Foucaults Kritik der Aufklärung. (org. Eva Erdmann, Rainer Forst e Axel Honneth) Frankfurt: Campus Verlag, 1990, p. 235-259.

MENKE, Christoph. **Zur kritik der hermeneutischen utopie Habermas und Foucault**. Ethos der Moderne: Foucaults Kritik der Aufklärung. (org. Eva Erdmann, Rainer Forst e Axel Honneth) Frankfurt: Campus Verlag, 1990, p. 101-132.

MERQUIOR, José Guilherme. **Michel Foucault ou o niilismo de cátedra**. (trad. Donaldson M. Garschagen). Rio de Janeiro: Nova Fronteira, 1985, 277p.

_____.; ROUANET, Sérgio Paulo. **Entrevista com Michel Foucault**. O homem e o discurso: a arqueologia de Michel Foucault. Rio de Janeiro: Tempo Brasileiro, 1971, p. 17-42. [trad. fr. **Entretien avec Michel Foucault**. Dits et Écrits (org. Daniel Defert et François Ewald). Paris: Gallimard, v. 2, 1994, p. 157-174]

MEYER, Philippe. **La justice telle qu'on la rend**. Esprit, Paris, n. 10, p. 524-525, oct. 1972.

MEZAN, Renato. **Uma arqueologia inacabada: Foucault e a psicanálise**. RIBEIRO, Renato Janine (org.) Recordar Foucault. São Paulo: Brasiliense, 1985, p. 94-125.

MIKLENITSCH, Wilhelm. **La pensée de l'épicentration**. Critique: Revue générale des publications françaises et étrangère, Paris, n. 471-472, p. 816-831, août/septembre, 1986.

MILLER, Jacques-Alain. **Michel Foucault y el psicoanálisis**. Michel Foucault, filosófo. (trad. Alberto Luis Bixio) Barcelona: Gedisa, 1999 p. 67-73.

MILLER, Stephen. **The future of disinterest and Foucault's regime of truth**. Partisan Review, Boston, Boston University, v. LXIV, n. 1, p. 28-36, 1997.

MONTEIRO, Maria Neusa; SILVA, Nady Moreira Domingues da. **História das ciências em Gaston Bachelard e Michel Foucault**. Revista Presença Filosófica, Rio de Janeiro, v. XIV, n. 1-2, p. 31-40, jan./jun. 1989.

MORAES, Antônio Carlos Robert. **Michel Foucault e a Geografia**. Foucault Vivo (org. Ítalo Tronca) Campinas: Pontes, 1987, p. 127-136.

MORAES, Eliane Robert. **A palavra insensata**. Revista Cult. São Paulo, a. VI, n. 81, p. 49-52, jun./04.

_____. **O jardim secreto: notas sobre Bataille e Foucault**. Revista de Sociologia da USP Tempo Social, São Paulo, v. 7, n. 1-2, p. 21-30, out. 1995.

_____. **Sade: uma proposta de leitura**. Foucault Vivo (org. Ítalo Tronca) Campinas: Pontes, 1987, p. 43-52.

MORAWE, B. **Prisons et révoltes dans les prisons: entretien avec Michel Foucault**. Dits et Écrits (org. Daniel Defert et François Ewald). Paris: Gallimard, v. 2, 1994, p. 425-432.

MORENO, Arley R. **Duas observações sobre a gramática filosófica**. Revista Internacional de Filosofia Manuscrito, Campinas, Ed. da Unicamp, v. XII, n. 2, p. 83-116, out. 1989.

MOREY, Miguel. **Sobre el estilo filosófico de Michel foucault: una crítica de lo normal**. Michel Foucault, filosófo. (trad. Alberto Luis Bixio) Barcelona: Gedisa, 1999 p. 116-126.

MOURAD JUNIOR, Roger. **Education after Foucault: the question of civility**. Review Teachers College Record, Nova York, Columbia University, v. 103, n. 5, p. 739-759, oct. 2001.

MUCHAIL, Salma Tannus. **Foucault e a história da filosofia**. Revista de Sociologia da USP Tempo Social, São Paulo, v. 7, n. 1-2, p. 15-20, out. 1995.

_____. **Foucault: uma introdução**. Revista de Filosofia Transformação, São Paulo, v. 3, p. 127-140, 1980.

_____. **O lugar das instituições na sociedade disciplinar**. RIBEIRO, Renato Janine (org.) Recordar Foucault. São Paulo: Brasiliense, 1985, p. 196-208.

_____. **O mesmo e o outro: faces da história da loucura**. Foucault e a destruição das evidências (org. Márcio Mariguela) Piracicaba: Unimep, 1995, p. 29-42

_____. **Sobre o conceito de genealogia em Michel Foucault**. Revista do Curso de Filosofia, Curitiba, Ed. da PUC-PR, a. XIII, n. 12, p. 07-33, jan./jul. 2001.

_____. **Um filósofo que pratica histórias**. Revista Cult. São Paulo, a. VI, n. 81, p. 47-48, jun./04.

MÜLLER-TUCKFELD, Jens Christian. **Wider die juridische konzeption der macht: Foucaults analyse der modernen gouvernementalität**. Archiv für Rechts und Sozialphilosophie, Stuttgart, Verlag, v. 84, p. 559-566, 1998.

MURICY, Katia. **O heroísmo presente**. Revista de Sociologia da USP Tempo Social, São Paulo, v. 7, n. 1-2, p. 31-44, out. 1995.

NÈGRE, Fabien. **L'esthétique de l'existence dans le dernier Foucault**. Revue Raison Presénte, Paris, Centre National du Livre, n. 120, p. 47-71, set./dec. 1996.

NEME, Cristina. **O poder em exercício: o caso das 'lettres de cachet'**. Revista Brasileira de Ciências Criminais, São Paulo, Revista dos Tribunais, a. 4, n. 14, p. 311-320, abr./jun. 1996.

NEMOTO, C.; WATANABE, Mariaki. **Sexualité et politique**. Dits et Écrits (org. Daniel Defert et François Ewald). v. 3 Paris: Gallimard, 1994, p. 522-531.

NUNES, Jordão Horta. **Apontamentos sobre uma leitura estética de Foucault**. Revista da Universidade Federal de Goiás, Goiânia, Ed. da UFG, v. 4, n. 1-2, p. 61-84, jan./dez. 1993.

O'HIGGINS, James. **Um diálogo sobre os prazeres do sexo**. (trad. Jorge Lima Barreto e Maria Cristina Guimarães Cupertino) São Paulo: Landy, 2000, p. 11-45.

OPHIR, Adi. **The semiotics of power: reading Michel Foucault's discipline and punish**. Revista Internacional de Filosofia Manuscrito, Campinas, Ed. da Unicamp, v. XII, n. 2, p. 09-34, out. 1989.

ORLANDI, Eni Pulcinelli. **Ilusões na (da) linguagem**. Foucault Vivo (org. Ítalo Tronca) Campinas: Pontes, 1987, p. 53-66.

ORLANDI, Luiz B. L. **Do enunciado em Foucault à teoria da multiplicidade em Deleuze**. Foucault Vivo (org. Ítalo Tronca) Campinas: Pontes, 1987, p. 11-42.

ORTEGA, Francisco Guerrero. **A questão da intersubjetividade em Michel Foucault**. Revista Φιλοσοφος, Goiás, Ed. da UFG, v. 1, n. 2, p. 03-24, jul./dez. 1996.

_____. **Amizade e estética da existência em Foucault**. Rio de Janeiro: Graal, 1999, 184p.

_____. **El último proyecto de Foucault: una rehabilitación de la amistad**. Veritas, Porto Alegre: PUCRS, v. 42, n. 1, p. 105-116, mar. 1997.

_____. **Habermas versus Foucault: apontamento para um debate impossível**. Revista Síntese Nova Fase, Belo Horizonte, v. 26, n. 85, p. 239-248, maio/ago. 1999.

_____. **Michel Foucault: una vuelta al sujeto?**. Revista Φιλοσοφος, Goiás, Ed. da UFG, v. 1, n. 1, p. 15-31, jan./jun. 1996.

_____. **Para uma política da amizade: Arendt, Derrida e Foucault**. Rio de Janeiro: Relume-Dumerá, 2000, 118p.

OSORIO, M. **Le pouvoir, une bête magnifique**. Dits et Écrits (org. Daniel Defert et François Ewald). v. 3 Paris: Gallimard, 1994, p. 368-382.

PALMIER, Jean. **Entretien avec Foucault. La naissance d'un monde.** Dits et Écrits (org. Daniel Defert et François Ewald). v. 1 Paris: Gallimard, 1994, p. 786-789.

PANIER, C.; WATTÉ, C. **L'intellectuel et les pouvoirs: entretien avec Michel Foucault.** Dits et Écrits (org. Daniel Defert et François Ewald). Paris: Gallimard, v. 4, 1994, p. 747-752.

PARENT, Lic. Juan. **El poder en Michel Foucault.** Revista de Filosofia, Mexico, a. XVIII, n. 52, p. 99-109, enero/abril, 1985.

PAQUINO, P. **Précisions sur le pouvoir: réponses à certaines critiques.** (trad. C. Lazzeri) Dits et Écrits (org. Daniel Defert et François Ewald). v. 3 Paris: Gallimard, 1994, p. 625-635.

PAUGAM, Guillaume. **Naissance de la clinique.** Critique: Revue générale des publications françaises et étrangère, Paris, n. 660, p. 381-390, mai 2002.

PENNA, João Camillo. **Um resistente nos estados unidos.** Revista Cult. São Paulo, a. VI, n. 81, p. 53-60, jun./04.

PERLONGER, Nestor. **O michê é homossexual? ou: a política da identidade.** Foucault Vivo (org. Ítalo Tronca) Campinas: Pontes, 1987, p. 67-80.

PETERS, Michael. **Governamentalidade neoliberal e educação.** O sujeito da educação: estudos foucaultianos. (org. Tomaz Tadeu da Silva) 3 ed. Petrópolis: Vozes, 1994, p. 211-224.

PIEL, Jean. **Foucault à Uppsala.** Critique: Revue générale des publications françaises et étrangère, Paris, n. 471-472, p. 748-752, août/septembre, 1986.

PIGNATELLI, Frank. **Que posso fazer? Foucault e a questão da liberdade e da agência docente.** O sujeito da educação: estudos foucaultianos. (org. Tomaz Tadeu da Silva) 3 ed. Petrópolis: Vozes, 1994, p. 127-154.

PINHEIRO, Ulysses; VIDEIRA, Antonio A. P.. **A ética do poder na história da sexualidade de Michel Foucault.** Revista Internacional de Filosofia Manuscrito, Campinas, Ed. da Unicamp, v. XII, n. 2, p. 35-48, out. 1989.

PIZZORNO, Alessandro. **Foucault y la concepción liberal del individuo.** Michel Foucault, filosófo. (trad. Alberto Luis Bixio) Barcelona: Gedisa, 1999 p. 198-206.

POLAC, Christian. **Propos recueillis. Michel Foucault et le zen: un séjour dans un temple zen.** Dits et Écrits (org. Daniel Defert et François Ewald). v. 3 Paris: Gallimard, 1994, p. 618-624.

PONCELA, Pierrette. **L'archéologie du savoir juridique.** Archives de Philosophie du Droit: la philosophie du droit aujourd'hui, Paris, Sirey, t. 33, p. 169-175, 1988.

POPKEWITZ, Thomas S. **História do currículo, regulação social e poder.** O sujeito da educação: estudos foucaultianos. (org. Tomaz Tadeu da Silva) 3 ed. Petrópolis: Vozes, 1994, p. 173-210.

POSTER, Mark. **Foucault, el marxismo y la historia.** (trad. Ramón Alcalde) Barcelona: Paidós, 1987, 228p.

_____. **Foucault, el presente y la historia.** Michel Foucault, filosófo. (trad. Alberto Luis Bixio) Barcelona: Gedisa, 1999 p. 298-312.

POTTE-BONNEVILLE, Mathieu. **Une pensée vouée au risque de Foucault.** Critique: Revue générale des publications françaises et étrangère, Paris, v. LIII, n. 606, p. 801,-810 nov., 1997.

PRADO FILHO, Kleber. **Controle social x subjetividade na genealogia do poder de Michel Foucault.** Revista de Sociologia da USP, São Paulo, Edusp, v. 2, p. 18-36, jan./mar. 1995.

_____. **Sobre o poder**. Revista de Ciências Humanas, Florianópolis, Ed. da UFSC, n. 28, p. 133-143, out. 2000.

PRETI, G. **Les problèmes de la culture: un débat Foucault-Preti**. Dits et Écrits (org. Daniel Defert et François Ewald). Paris: Gallimard, v. 2, 1994, p. 369-380.

QUEIROZ, André. **Foucault: o paradoxo das passagens**. Rio de Janeiro: Pazulin, 1999, 160p.

RABINOW, Paul. **Polémique, politique et problématisations**. Dits et Écrits (org. Daniel Defert et François Ewald). Paris: Gallimard, v. 4, 1994, p. 591-599.

RABOUIN, David. **Entre Deleuze et Foucault: penser le désir**. Critique: Revue générale des publications françaises et étrangère, Paris, n. 637-638, p.475-490, juin/juil., 2000.

RAGO, Margareth. **O efeito-Foucault na historiografia brasileira**. Revista de Sociologia da USP Tempo Social, São Paulo, v. 7, n. 1-2, p. 67-82, out. 1995.

RAJCHMAN, John. **Eros e verdade: Lacan, Foucault e a questão da ética**. (trad. Vera Ribeiro) Rio de Janeiro: Zahar, 1993, 170p.

_____. **Foucault: a liberdade da filosofia**. (trad. Álvaro Cabral). Rio de Janeiro: Zahar, 1987, 111p.

_____. **Foucault: la ética y la obra**. Michel Foucault, filosófo. (trad. Alberto Luis Bixio) Barcelona: Gedisa, 1999 p. 209-218.

RAMÍREZ, Alejandro. **Michel Foucault: la verdad y las formas jurídicas**. Revista de Filosofia, Santiago de Chile, v. XXIX-XXX, p. 105-106, nov., 1987.

RANCIÈRE, J. **Pouvoirs et stratégies**. Dits et Écrits (org. Daniel Defert et François Ewald). v. 3 Paris: Gallimard, 1994, p. 418-428. [trad. es. **Poderes y estrategias**. Michel Foucault: un diálogo sobre el poder. (trad. Miguel Morey) Madri: Alianza, 1997, p. 73-86.]

REDEKER, Robert. **La dernière peau philosophique de Michel Foucault**. Critique: Revue générale des publications françaises et étrangère, Paris, n. 660, p. 391-400, mai 2002.

REVEL, Judith. **Foucault lecteur de Deleuze: de l'écart à la différence**. Critique: Revue générale des publications françaises et étrangère, Paris, v. LII, n. 591/592, p. 727-735, aout./sept., 1996.

RIBEIRO, Renato Janine. **Do "eles" ao "nós"**. Revista Cult. São Paulo, a. VI, n. 81, p. 40-42, jun./04.

_____. **Foucault, político**. Revista Cult. São Paulo, a. VI, n. 81, p. 44-46, jun./04.

_____. **O discurso diferente**. RIBEIRO, Renato Janine (org.) Recordar Foucault. São Paulo: Brasiliense, 1985, p. 24-35.

_____. **O intelectual e seu outro: Foucault e Sartre**. Revista de Sociologia da USP Tempo Social, São Paulo, v. 7, n. 1-2, p. 163-174, out. 1995.

RIVERA, Javier Sánchez Díaz de. **Michel Foucault y la microfísica del poder**. Revista de Filosofia, Mexico, a. XVIII, n. 52, p. 109-126, enero/abril, 1985.

ROCHLITZ, Rainer. **Estética de la existencia. Moral posconvencional y teoría del poder en Michel Foucault**. Michel Foucault, filosófo. (trad. Alberto Luis Bixio) Barcelona: Gedisa, 1999 p. 242-253.

RORTY, Richard. **Essays on Heidegger and others**. v. 2 Cambridge: Cambridge University Press, 1997, 202p.

_____.**Identidad, moral y autonomía privada**. Michel Foucault, filosófo. (trad. Alberto Luis Bixio) Barcelona: Gedisa, 1999 p. 323-331.

_____. **Méthode, science sociale et espoir social**. Critique: Revue générale des publications françaises et étrangère, Paris, n. 471-472, p. 886-899, août/septembre, 1986.

ROUANET, Sérgio Paulo. **A gramática do homicídio**. O homem e o discurso: a arqueologia de Michel Foucault. Rio de Janeiro: Tempo Brasileiro, 1971, p. 91-139.

_____. **As razões do iluminismo**. São Paulo: Companhia das Letras, 1987, 349p.

_____. **Mal-estar na modernidade**. São Paulo: Companhia das Letras, 1993, 422p.

ROUDINESCO, Elisabeth. **Leituras da história da loucura (1961-1986)**. Foucault: leituras da história da loucura. (trad. Maria Ignes Duque Estrada) Rio de Janeiro: Relume-Dumará, 1994, p. 07-32.

ROVATTI, Pier Aldo. **D'une lieu risqué du sujet**. Critique: Revue générale des publications françaises et étrangère, Paris, n. 471-472, p. 926-945, août/septembre, 1986.

RÜB, Matthias. **Das subjekt und sein anderes zur konzeption von subjektivität beim frühen Foucault**. Ethos der Moderne: Foucaults Kritik der Aufklärung. (org. Eva Erdmann, Rainer Forst e Axel Honneth) Frankfurt: Campus Verlag, 1990, p. 187-201.

SAID, Edward. W. **The problem of textuality: two exemplary positions**. Critical Inquiry, Chicago, v. 4, n. 4, p. 673-714, summer 1978.

SALLA, Fernando. **A retomada do encarceramento: as masmorras high tech e a atualidade do pensamento de Michel Foucault**. Cadernos da Faculdade de Filosofia e Ciência de Marília "Michel Foucault: histórias e destinos de um pensamento (org. Fávia Biroli e Marcos César Alvarez), Marília, Ed. da Unesp, v. 9, n. 1, p. 35-58, 2000.

SANT'ANNA, Aline Albuquerque. **O abolicionismo penal e Michel Foucault**. Cadernos da Pós-Graduação. Rio de Janeiro, Ed. da UERJ, n. 4, p. 12-33, jul./dez. 1998.

SCHÄFER, Thomas. **Aufklärung und kritik: Foucaults geschichte des denkens als alternative zur "dialektik der aufklärung"**. Ethos der Moderne: Foucaults Kritik der Aufklärung. (org. Eva Erdmann, Rainer Forst e Axel Honneth) Frankfurt: Campus Verlag, 1990, p. 70-86.

SCHILLING, Flávia Inês. **Sobre homens e crimes: construindo um dialógo tenso entre Marx, Durkheim, e Foucault**. Revista Brasileira de Ciências Criminais, São Paulo, Revista dos Tribunais, a. 4, n. 13, p. 278-285, abr./jun. 1996.

SCIANNA, F.; **La prison vue par un philosophe français: entretien avec Michel Foucault**. (trad. A. Ghizzardi) Dits et Écrits (org. Daniel Defert et François Ewald). Paris: Gallimard, v. 2, 1994, p. 725-731.

SEITER, Walter. **Onirocríticas**. Michel Foucault, filosófo. (trad. Alberto Luis Bixio) Barcelona: Gedisa, 1999 p. 140-144.

SENELLART, Michel. **A crítica da razão governamental em Michel Foucault**. Revista de Sociologia da USP Tempo Social, São Paulo, v. 7, n. 1-2, p. 01-14, out. 1995.

SHERIDAN, Alan. **Michel Foucault: the will to truth**. London and New York: Tavistock Publications, 1980, 243p.

SICHÈRE, Bernard. **L'autre histoire: a partir de Michel Foucault**. Revue Tel Quel, Paris, n. 86, p. 71-95, hiver 1980.

SILVA, Tomaz Tadeu da. **O adeus às metanarrativas educacionais**. O sujeito da educação: estudos foucaultianos. (org. Tomaz Tadeu da Silva) 3 ed. Petrópolis: Vozes, 1994, p. 247-258.

SIMON, John. K. À propos de la prison d'Attica. (trad. F. Durand-Bogaert) Dits et Écrits (org. Daniel Defert et François

Ewald). Paris: Gallimard, v. 2, 1994, p. 525-536.

____. **Conversation avec Michel Foucault.** Dits et Écrits (org. Daniel Defert et François Ewald). Paris: Gallimard, v. 2, 1994, p. 182-193.

SIQUEIRA, Maria Juracy Toneli. **Corpo feminino e estratégias de poder: contribuições a partir de Foucault.** Revista de Ciências Humanas, Florianópolis, Ed. da UFSC, Edição Especial Temática, p. 129-142, 1999.

SLUGA, Hans. **Foucault à Berkeley: l'auteur et le discours.** Critique: Revue générale des publications françaises et étrangère, Paris, n. 471-472, p. 848-867, août/septembre, 1986.

SOUZA, Luís Antônio Francisco de. **Tendências atuais nas áreas de segurança pública e de polícia: revisitar Foucault ou uma nova sociedade do controle?** Cadernos da Faculdade de Filosofia e Ciência de Marília "Michel Foucault: histórias e destinos de um pensamento (org. Fávia Biroli e Marcos César Alvarez), Marília, Ed. da Unesp, v. 9, n. 1, p. 59-80, 2000.

SOUZA, Sandra Coelho de. **A ética de Michel Foucault: a verdade, o sujeito, a experiência.** Belém: Cejup, 2000, 846p.

SURZUR, R. **Foucault: non aux compromis.** Dits et Écrits (org. Daniel Defert et François Ewald). Paris: Gallimard, v. 4, 1994, p. 336-337.

TARRAB, G. **Michel Foucault: l'illégalisme et l'art de punir.** Dits et Écrits (org. Daniel Defert et François Ewald). v. 3 Paris: Gallimard, 1994, p. 86-89.

TAVARES, Ivan Gomes. **Moralidade e ideologia cientificista contra a cultura.** Foucault e a destruição das evidências (org. Márcio Mariguela) Piracicaba: Unimep, 1995, p. 121-135.

TAYLOR, Charles. **Philosophy and the human sciences: philosophical papers 2.** Cambridge: University of Cambridge Press, 1995, 340p.

TERAYAMA, S. **Le savoir comme crime: entretien avec Michel Foucault.** (trad. R. Nakamura) Dits et Écrits (org. Daniel Defert et François Ewald). v. 3 Paris: Gallimard, 1994, p. 79-86.

TERNES, José. **Analítica da finitude: Kant, Heidegger, Foucault.** Revista Φιλοσοφος, Goiás, Ed. da UFG, v. 3, n. 2, p. 47-59, jul./dez. 1998.

____. **Michel Foucault e a idade do homem.** Goiânia: Ed. da UFG, 1998.

____. **Michel Foucault e a idade do homem: o nascimento da modernidade.** Revista da Universidade Federal de Goiás, Goiânia, Ed. da UFG, v. 4, n. 1-2, p. 51-58., jan./dez. 1993.

____. **Michel Foucault e o nascimento da modernidade.** Revista de Sociologia da USP Tempo Social, São Paulo, v. 7, n. 1-2, p. 45-52, out. 1995.

TROMBADORI, D. **Entretien avec Michel Foucault.** Dits et Écrits (org. Daniel Defert et François Ewald). Paris: Gallimard, v. 4, 1994, p. 41-95.

TRONCA, Ítalo A. **Foucault e a história: um espaço em branco.** Foucault Vivo (org. Ítalo Tronca) Campinas: Pontes, 1987, p. 7-10.

____. **História e doença: a partitura oculta (a lepra em São Paulo, 1904-1940).** RIBEIRO, Renato Janine (org.) Recordar Foucault. São Paulo: Brasiliense, 1985, p. 136-143.

UNO, H. **Le problème des régugiés est un présage de la grande migration du XXI^e siècle.** Dits et Écrits (org. Daniel Defert et François Ewald). v. 3 Paris: Gallimard, 1994, p. 798-800.

VALDINOCI, Serge. **Les incertitudes de l'archéologie: archè et archive.** Revue de métaphysique et de morale, Paris, Armand Colin, a. 83, n. 1, p. 73-101, jan./mar. 1978.

VALLE, Paula Andréa Marques do. **A foça do desejo**. Revista Fragmentos de Cultura, Gioânia, v. 6, n. 21, p. 183-190, especial 1996.

VARELA, Julia. **O estatuto do saber pedagógico**. O sujeito da educação: estudos foucaultianos. (org. Tomaz Tadeu da Silva) 3 ed. Petrópolis: Vozes, 1994, p. 87-96.

VEGETTI, Mario. **Foucault et les Anciens**. Critique: Revue générale des publications françaises et étrangère, Paris, n. 471-472, p. 946-962, août/septembre, 1986.

VEIGA-NETO, Alfredo. **Foucault e educação: outros estudos foucaultianos**. O sujeito da educação: estudos foucaultianos. (org. Tomaz Tadeu da Silva) 3 ed. Petrópolis: Vozes, 1994, p. 225-246.

VENTURINO, Diego. À la politique comme à la guerre? À propos des cours de Michel Foucault au Collège de France (1976). Rivista Storria della Storiografia, Milão, n. 23, p. 135-152, 1993.

VERGUEIRO, Laura. **Presença foucaultiana**. Revista Discurso, São Paulo, Edusp, n. 10, p. 95-100, maio 1979.

VEYNE, Paul. **Como se escreve a história e Foucault revoluciona a história**. 3 ed. Brasília: Edumb, 1997, 256p.

____. **Foucault y la superación (o remate) del nihilismo**. Michel Foucault, filosófo. (trad. Alberto Luis Bixio) Barcelona: Gedisa, 1999 p. 335-340.

____. **Le dernier Foucault et sa morale**. Critique: Revue générale des publications françaises et étrangère, Paris, n. 471-472, p. 963-978, août/septembre, 1986. [trad. ing. **The final Foucault and his ethics**. Critical Inquiry, Chicago, v. 20, n. 01, p. 01-09, autumn.]

VIGARELLO, Georges. **Les derniers Foucault**. Esprit, Paris, n. 9, p. 98-100, septembre 1984.

WATANABE, Mariaki. **La scène de la philosophie**. Dits et Écrits (org. Daniel Defert et François Ewald). v. 3 Paris: Gallimard, 1994, p. 571-595.

WAHL, François. **La philosophie entre l'avant et l'après du structuralisme**. Qu'est-ce que le structuralisme? (org. François Wahl) Paris: Éditions du Seuil, 1968, p. 299-446. [trad. br. **Estruturalismo e filosofia** (trad. Alfredo Bosi). São Paulo: Cultrix, 1971, 167p.]

____. **Fuera de la filosofía o en la filosofía? La arqueología del saber. El uso de los placeres. La preocupación de sí mismo**. Michel Foucault, filosófo. (trad. Alberto Luis Bixio) Barcelona: Gedisa, 1999 p. 74-86.

WEBER, J.-P. **La folie n'existe que dans une société: entretien avec Michel Foucault**. Dits et Écrits (org. Daniel Defert et François Ewald). v. 1 Paris: Gallimard, 1994, p. 167-169.

WELLAUSEN, Saly. **Michel Foucault: parrhesía e cinismo**. Revista de Sociologia da USP Tempo Social, São Paulo, v. 5, n. 1-2, p. 113-125, maio 1996.

WERNER, P. **L'extension sociale de la norme**. Dits et Écrits (org. Daniel Defert et François Ewald). v. 3 Paris: Gallimard, 1994, p. 74-79.

WIELE, Jozef Van de. **L'histoire chez Michel Foucault: le sens de l'archéologie**. Revue Philosophique de Louvain. Louvain: Institut Supérieur de Philosophie, t. 81, n. 52, p. 601-633, nov. 1983.

WOLTON, Dominique. **Qui veut savoir?** Esprit, Paris, n. 7-8, p. 36-47, juillet/août 1977.

YOSHIMOTO, R. **Méthodologie pour la connaissance du monde: comment se débarrasser du marxisme. Entretien**

**avec Michel Foucault.** Dits et Écrits (org. Daniel Defert et François Ewald). v. 3 Paris: Gallimard, 1994, p. 595-618.

## C – Textos de Teoria Geral do Direito

ALMEIDA JÚNIOR, A.; COSTA JÚNIOR, J. B. de O. **Lições de medicina legal.** 16 ed. São Paulo: Companhia Editora Nacional, 1979, p. 236.

BARAZZETTA, Aurelio; *et alli.* **Commentario breve al codice penale italiano.** (Decreto nº 1.398, 19 ott. 1930, vigente em 1º lug. 1931) Padova: Cedam, 1986.

CARVALHO, Salo de. **Pena e garantias: uma leitura do garantismo de Luigi Ferrajoli no Brasil.** Rio de Janeiro: Lumen Juris, 2001, 314p.

COELHO, Luiz Fernando. **Lógica jurídica e interpretação das leis.** 2 ed. Rio de Janeiro: Forense, 1981.

_____. **Saudade do futuro: transmodernidade, direito e utopia.** Florianópolis: Boiteux, 2001, 175p.

_____. **Teoria crítica do direito.** 2 ed. Porto Alegre: SafE, 1991, 416p.

_____. **Teoria da ciência do direito.** São Paulo: Saraiva, 1974, 165p.

CORDEIRO, Franco. **Guida alla procedura penale.** Torino: Utet, 1986, 485p.

DELMANTO, Celso; *et alli.* **Código penal comentado.** 5 ed. Rio de Janeiro: Renovar, 2000, 978p.

DELMAS-MARTY, Mireille. **Pensée moderne et réformes pénales.** L'évolution de la philosophie du droit en Allemagne et en France depuis la fin de la seconde guerre mondiale. (org. Guy Planty-Bonjour e Raymond Legeais) Paris: Presses Universitaires de France, 1991, p. 129-143.

FERRAZ JÚNIOR, Tércio Sampaio. **Direito, retórica e comunicação: subsídios para um pragmática do discurso jurídico.** 2 ed. São Paulo: Saraiva, 1997, 188p.

_____. **Introdução ao estudo do direito: técnica, decisão, dominação.** 2 ed. São Paulo: Atlas, 1994, 368p.

FRAGOSO, Heleno Cláudio. **Lições de direito penal.** 3 ed. Rio de Janeiro: Forense, 1981, 601p.

_____.; HUNGRIA, Nélson; LACERDA, Romão Côrtes de. **Comentários ao código penal.** v. 8, 5 ed. Rio de Janeiro: Forense, 1981, 508p.

GOYARD-FRABRE, Simone. **Les fondements de l'ordre juridique.** Paris: Presses Universitaires de France, 1992.

_____. **L'ordre juridique et la question de son fondement dans la philosophie du droit contemporaine en France.** L'évolution de la philosophie du droit en Allemagne et en France depuis la fin de la seconde guerre mondiale. (org. Guy Planty-Bonjour e Raymond Legeais) Paris: Presses Universitaires de France, 1991, p. 95-126.

GRANIER, Jean. **Le désir du moi.** Paris: Presses Universitaires de Paris, 1983, 237p.

_____. **Le problème de la vérité dans la philosophie de Nietzsche.** (col. dirigida por Paul Rocœur e François Wahl) Paris: Éditions du Seuil, 1966, 650p.

LOGOZ, Paul. **Commentaire du code pénal suisse.** Neuchatel: Delachaux et Niestlé, 1955, 385p.

MACHADO, Roberto. **Nietzsche e a verdade.** Rio de Janeiro: Graal, 1999, 110p.

MARQUES NETO, Agostinho Ramalho. **Para a compreensão do sujeito jurídico: uma leitura transdiciplinar.** Seleções Jurídicas: Seminário Nacional Sobre o Uso Alternativo do Direito. Rio de Janeiro: Institutos dos Advogados Brasileiros, 1993, p. 23-28.

_____. **Sujeitos coletivos de direito: pode-se considerá-los a partir de uma referência à psicanálise?.** Revista de

Psicanálise Palavração, Curitiba, Biblioteca Freudiana, a. 2, n. 2, p. 149-167, out. 1994.

MAYAUD, Yves. **Annotations du code pénal français**. (Lei nº 92.1336 de 16 dez. 1992, modificado pela Lei nº 93.913, de 1er mars 1994). 24 ed. Lyon: Dalloz, 1999.

MAZZANTI, Manlio. **L'osceno e il diritto penale**. Milano: Giuffrè, 1956, 430p.

MESTIERI, João. **Do delito de estupro**. São Paulo: Revista dos Tribunais, 1982,120p.

MIAILLE, Michel. **Introdução crítica ao direito**. (trad. Ana Prata) 2 ed. Lisboa: Estampa, 1989.

NETTO, Alvarenga. **Código penal brasileiro (1890) e leis penaes subsequentes annotado**. Rio de Janeiro: Freitas Bastos, 1929, 412p.

PALAYRET, Guy. **La société, le droit, et l'État moderne**. Paris: Ellipses, 1998, 110p.

RIPOLLES, José Luis Diez. **El derecho penal ante el sexo: límites, criterios de concreción y contenido del derecho penal sexual**. Barcelona: Bosch, 1981, 291p.

ZAFFARONI, Eugenio Raúl. **Em busca das penas perdidas: a perda de legitimidade do sistema penal**. (trad. Vânia Romano Pedrosa e Amir Lopes da Conceição) Rio de Janeiro: Revan, 1991, 281p.

## II – Textos Complementares

ABATH, Guilherme Montenegro. **Nietzsche e o inconsciente**. Revista Basileira de Flosofia,São Paulo, v. 39, n. 158, p. 145-156, abr./jun. 1990.

ADORNO, Theodor; HORKHEIMER, Max. **Dialektik der aufklärung: philosophische fragmente**. 4 ed. Frankfurt: Suhrkamp, 1984, 335p. [trad. br. **Dialética do esclarecimento: fragmentos filosóficos**. (trad. Guido Antonio de Almeida) Rio de Janeiro: Zahar, 1985, 354p.]

_____; HABERMAS, J. **Conceito de iluminismo**. Textos escolhidos. Coleção os pensadores. 1 ed., São Paulo: Ed. Abril Cultural, 1975, v. XLVII.

ARENDT, Hannah. **Entre o presente e o passado**. (trad. Mauro W. Barbosa de Almeida) São Paulo: Perspectiva, 1972, 348p.

_____. **O grande jogo do mundo**. A dignidade da política: ensaios e conferências. (trad. Helena Martins *et alii*) Rio de Janeiro: Relume-Dumará, 1993, p. 169-177.

_____. **Origens do totalitarismo: anti-semitismo, imperialismo, totalitarismo.** (trad. Roberto Raposo) São Paulo: Companhia das Letras, 1989.

_____. **Será que a política ainda tem de algum modo um sentido?** A dignidade da política: ensaios e conferências. (trad. Helena Martins *et alii*) Rio de Janeiro: Relume-Dumará, 1993, p. 117-122.

_____. **Sobre a violência**. (trad. André Duarte) Rio de Janeiro: Relume-Dumará, 1994, 114p.

_____. **The humain condition**. Chicago: University of Chicago Press, 1958, 352p. [trad. br. **A condição humana**. (trad. Roberto Raposo) 10 ed. Rio de Janeiro: Forense, 2001, 338p.]

ARGÜELLO, Katie Silene Cáceres. **Decisionismo: um confronto entre Max Weber e Carl Schmitt**. Revista da Faculdade de Direito da Universidade Federal do Paraná, Curitiba, a. 32, v. 33, n. 17, p. 65-81, 2000.

_____. **Direito e democracia**. Florianópolis: Letras Contemporâneas, 1996, 237p.

_____. **O ícaro da modernidade: direito e política em Max Weber**. São Paulo: Acadêmica, 1997, 216p.

_____. **O mundo perfeito: nem possível, nem desejável. Ética e racionalidade**

**na sociologia jurídica de Max Weber**. O Malandro e O Protestante: A Tese Weberiana e A Singularidade Cultural Brasileira. (org. Jessé de Souza) Brasília: Edumb, 1999, p. 137-170.

BACHELARD, Gaston. **A filosofia do não: Filosofia do novo espírito científico**. (trad. Joaquim José Moura Ramos) 3 ed. Lisboa: Presença, 1984, 136p.

_____. **A formação do espírito científico**. Rio de Janeiro: Contraponto, 1998.

_____. **A poética do espaço**. São Paulo: Martins Fontes, 1996, 205p.

_____. **Epistemologia**. Rio de Janeiro: Edições 70, 1993, 220p.

_____. **Essai sur la connaissance approchée**. 4 ed. Paris: Jean Vrin, 1973, 310p.

_____. **La vocation scientifique et l'âme humaine**. Recontroe Internationale de Genève: L'homme devant la science. Neuchatel: La Baconnière, 1952, p. 11-30.

_____. **Le rationalisme appliqué**. 2 ed. Paris: Presses Universitaires de France, 1962, 215p.

_____. **O direito de sonhar**. 4 ed. Rio de Janeiro: Bertrand Brasil, 1994, 202p.

_____. **O materialismo racional**. Rio de Janeiro: Edições 70, 1990, 256p.

BARTHES, Roland. **Mythologies**. Paris: Éditions du Seuil[trad. br. **Mitologias**. (trad. Rita Buongermino e Pedro de Souza) 8 ed. Rio de Janeiro: Bertrand Brasil, 1989, 180p.]

BARUK, Henri. **La psychiatrie française: de Pinel à nos jours**. Paris: Presses Universitaires de France, 1967, 152p.

BENTHAM, Jeremy. **O panóptico ou a casa de inspeção**. O panóptico. (org. e trad. Tomaz Tadeu da Silva) Belo Horizonte: Autêntica, p. 11-74.

BOLOGNE, Jean-Claude. **História do pudor**. (trad. Telma Costa) Lisboa e Rio de Janeiro: Teorema e Elfos, 1990, 443p.

BORNHEIM, Gerd. **Sartre**. São Paulo: Perspectiva, 1971, 319p.

CANGUILHEM, Georges. **Fragments**. Revue de Metaphysique et de Moral, Paris, Armand Colin, a. 90, n. 1, p. 93-97, janv./mars 1985.

_____. **Le concept d'idélogie scientifique**. Revue Raison Presénte, Paris, Centre National du Livre, n. 46, p. 55-60, avr./jun..

_____. **O normal e o patológico**. (trad. Maria Thereza Redig de Carvalho Barrocas) Rio de Janeiro: Forense, 1978, 270p.

CASTEL, Robert. **A instituição psiquiátrica em questão**. Sociedade e doença mental (coord. Sérvulo Augusto Figueira) Rio de Janeiro: Campus: 1978, p. 149-203.

_____. **Génesis y ambigüedades de la noción del sector en psiquiatría**. (trad. Julia Varela y Fernando Alvarez-Uría) Espacios de Poder (col. Genealogía del poder) 2 ed. Madrid: Endymion, 1991, p. 143-165.

CHAUÍ, Marilena. **Repressão sexual: essa nossa (des) conhecida**. 7 ed. São Paulo: Brasiliense, 1984, 234p.

CLOZIER, Jean-Pierre. **La psychiatrie malade de la folie**. Esprit, Paris, n. 8-9, p. 67-70, août/sept. 1985.

COLLIOT-THELENE, Catherine. **Max Weber e a história**. (trad. Eduardo Biavati Pereira) São Paulo: Brasiliense, 1995, 158p.

_____. **Religion et quotidiennete: l'ethique protestante et l'esprit du capitalisme à la lumière de l'ethique économique des grandes religions du monde**. L'éthique protestante de Max Weber et l'esprit de la modernité. Max Webers protestantische Ethik und der Geist der Moderne. (org. Textes réunis par le gourpe de recherche sur la culture de Weimar). Paris: Editions de la Maison des Sciences de l'Homme Imprimé en France, 1997, p. 158-174.

COUTINHO, Carlos Nelson. **O estruturalismo e a miséria da razão**. Petrópolis: Paz e Terra, 1972, 224p.

DELEUZE, Gilles. **Différence et répétition**. 4 ed. Paris: Presses Universitaires de France, 1981.

_____. **Instintos e instituições**. Dossier Deleuze (org. Carlos Henrique Escobar). Rio de Janeiro: Hólon, 1991, p. 134-137.

_____. **La philosophie critique de Kant**. 2 ed. Paris: Presses Universitaires de France, 1998, 107p. [trad. es. **La filosofía crítica de Kant**. (trad. Marco Aurélio Galmarini) Madri: Cátedra, 1997, 134p.]

_____. **Le bergsonisme**. Paris: Presses Universitaires de France, 1966, 119p.

_____. *et alli*. **Mil platôs não formam uma montanha**. Dossier Deleuze (org. Carlos Henrique Escobar). Rio de Janeiro: Hólon, 1991, p. 115-126.

_____. **Nietzsche et la philosophie**. 9 ed. Paris: Presses Universitaires de France, 1994, 232p.

_____. **Peindre le cri**. Critique: Revue générale des publications françaises et étrangère, Paris, n. 408, p.506-511, mai., 1981.

_____. **Philosophie et minorité**. Critique: Revue générale des publications françaises et étrangère, Paris, n. 369, p.154-155, fev., 1978.

_____. **Sobre quatro fórmulas poéticas que poderiam resumir a filosofia de Kant**. Dossier Deleuze (org. Carlos Henrique Escobar). Rio de Janeiro: Hólon, 1991, p. 127-133.

_____. ; GUATTARI, Félix. **Mil platôs: capitalismo e esquizofrenia**. (v. 1). (trad. Aurélio Guerra Neto e Célia Pinto Costa). São Paulo: Ed. 34, 1995, 96p.

_____. **Mil platôs: capitalismo e esquizofrenia**. (v. 2). (trad. Ana Lúcia de Oliveira e Lúcia Cláudia Leão). São Paulo: Ed. 34, 1995, 112p.

_____. **Mil platôs: capitalismo e esquizofrenia**. (v. 3). (trad. Aurélio Guerra Neto, Ana Lúcia de Oliveira, Lúcia Cláudia Leão e Suely Rolnik). São Paulo: Ed. 34, 1996, 120p.

_____. **Mil platôs: capitalismo e esquizofrenia**. (v. 4). (trad. Suely Rolnik). São Paulo: Ed. 34, 1997, 176p.

_____. **Mil platôs: capitalismo e esquizofrenia**. (v. 5). (trad. Peter Pál Pelbart e Janice Caiafa). São Paulo: Ed. 34, 1997, 240p.

_____. **O que é a filosofia**. (trad. Bento Prado Jr. e Alberto Alonso Muñoz). Rio de Janeiro: editora 34, 1992, 288p.

DESCARTES, René. **Meditationum de prima philosophia**. (org. Charles Adam e Paul Tannery) Paris: J. Vrin, 1983, p.07-23.

DISSELKAMP, Annette. **L'éthique protestante de Max Weber**. Paris: Presses Universitaires de France, 1994, 217p.

ENGELS, Friedrich; MARX, Karl. **A ideologia alemã: crítica da filosofia alemã mais recente na pessoa dos seus representantes Feuerbach, B. Bauer e Stirner, e do socialismo alemão na dos seus diferentes profetas**. 3 ed. Portugal: Presença, p. 18-61.

_____. **A ideologia em geral**. Homem e sociedade: leituras básicas de sociologia geral (org. Fernando Henrique Cardoso e Octávio Ianni). 12 ed. São Paulo: Nacional, 1980, p.306.

EY, Henri. **Folie et monde moderne**. Comment Vivre Demain? (org. Rencontres Internationales de Genève), Neuchâtel, La Baconnière, 1964, p. 69-111.

FERREIRA, Virgílio. **Da fenomenologia a Sartre**. Lisboa: Presença, 1964, p. 5-230.

FERRY, Luc; RENAUT, Alain. **Pensamento 68: ensaio sobre o anti-humanismo**

**contemporâneo**. (trad. Roberto Markenson e Nelci do Nascimento Gonçalves) São Paulo: Ensaio, 1988, 270p.

FONSECA, André Isola; OLIVEIRA, Ana Sofia Schmidt de. **Conversa com um abolicionista minimalista**. Revista Brasileira de Ciências Criminais, São Paulo, Revista dos Tribunais, a. 6, n. 21, p. 13-22, jan./mar. 1998.

FREITAG, Barbara. **A teoria crítica: ontem e hoje**. Campinas: Papiros, 1986.

GASTHOPE, Antony. **British post-structuralism: since 1968**. London: Routledge, 1991, 255p.

GAUDEMAR, Jean Paul de. **Preliminares para una genealogía de las formas de disciplina en el proceso capitalista del trabajo**. (trad. Julia Varela y Fernando Alvarez-Uría) Espacios de Poder (col. Genealogía del poder) 2 ed. Madrid: Endymion, 1991, p. 85-122.

GEUSS, Raymond. **Teoria crítica: Habermas e a Escola de Frankfurt**. Campinas: Papiros, 1988, 160p.

GRAMSCI, Antonio. **Os intelectuais e a organização da cultura**. (trad. Carlos Nelson Coutinho) 9 ed. Rio de Janeiro: Civilização Brasileira, 1995, 252p.

GUATARRI, Félix. **Revolução Molecular: pulsações políticas do desejo**. 3 ed. São Paulo: Brasiliense, 1987, 229p.

HABERMAS, Jürgen. **Direito e democracia: entre facticidade e validade**. Rio de Janeiro: Tempo Brasileiro, 1997.

_____. **Erkenntnis und interesse**. Frankfurt: Suhrkamp, 1991, 420p. [trad. br. **Conhecimento e interesse**. (trad. José N. Heck) Rio de Janeiro: Zahar, 1982, 367p.]

_____. **La modernité: un projet inachevé**. Critique: Revue générale des publications françaises et étrangère, Paris, n. 413, p. 950-967, oct. 1981.

_____. **O centenário de Marcuse e os ritmos diversos da filosofia e da política**. Folha de São Paulo. Caderno Mais, São Paulo, p. 6, 09/ago./1998.

_____. **O discurso filosófico da modernidade**. (trad. Ana Maria Bernardo, José Rui Meirelles Pereira, Manuel José Simões Loureiro, Maria Antónia Espadinha Soares, Maria Helena Rodrigues de Carvalho, Maria Leopoldina de Almeida e Sara Cabral Seruya) Lisboa: Dom Quixote, 1990, 350p.

_____. **Teorías de la verdad**. (trad. N. Smilg; J. Rodríguez; M. J. Frápolli e J. A. Nicolás) Teorías de la verdad en el siglo XX. (org. Juan Antonio Nicolás e María José Frápolli ) Madri: Tecnos, 1997, p. 543-598.

HEIDEGGER, Martin. **A essência do fundamento**. (trad. Artur Morão) Lisboa: edições 70, 1988, 109p.

_____. **Carta sobre el humanismo**. (trad. Helena Cortés y Arturo Leyte) Madri: Alianza, 2000, 93p.

_____. **Conceptos fundamentales: curso del semestre de verano**. (trad. Manuel E. Vázquez García) Madri: Alianza, 1999, 182p.

_____. **De camino al habla**. (trad. Yves Zimmermann) Barcelona: Odós, 1997, 246p.

_____. **De la esencia de la verdad**. (trad. N. Smilg; J. Rodríguez; M. J. Frápolli e J. A. Nicolás) Teorías de la verdad en el siglo XX. (org. Juan Antonio Nicolás e María José Frápolli ) Madri: Tecnos, 1997, p. 399-418.

_____. **Die selbstbehauptung der deutschen universität**. Frankfurt am Main, Verlag Vittorio Klostermann, 1990, 21p.

_____. **Identidad y diferencia**. (trad. Helena Cortés y Arturo Leyte) Barcelon:Anthropos, 1990, 191p.

_____. **Introducción a la filosofía**. (trad. Manuel Jiménez Redondo) Madri: Frónesis Cátedra, 1999, 469p.

_____. **Ontología: hermenéutica de la facticidad.** (trad. Jaime Aspiunza) Madri: Alianza, 1999, 154p.

_____. **Sein und zeit.** 13 ed. Tübingen: Max Niemeyer Verlag, 1976, 437p. [trad. br. **Ser e tempo.** (trad. Márcia de Sá Cavalcante) v. 1. 7 ed. Petrópolis: Vozes, 1998, 325p. e **Ser e tempo.** (trad. Márcia de Sá Cavalcante) v. 2. 6 ed. Petrópolis: Vozes, 1998, 262p.]

HENNIS, Wilhem. **La problématique de Max Weber.** (trad. Lilyane Deroche--Gurcel) Paris: Presses Universitaires de France, 1996, 256p.

JAMESON, Frederic. **The prison-house of language: a critical account of structuralism and russian foramalism.** Princeton: Princeton University Press, 1972, 230p.

KANT, Immanuel. **Beantwortung der frage: was ist aufklärung?** Schriften zur anthropologie geschichtsphilosophie, politik und pädagogik 1. Frankfurt: Suhrkamp, 1991, p. 53-61.

KERCHOVE, Michel van de; OST, François. **Bonnes mœurs, discours pénal et rationalité juridique: essai d'analyse critique.** Bruxelles: Facultés Universitaires Saint-Louis, 1981, 160p.

LAFER, Celso. **A política como condição humana.** Pósfácio *in* ARENDT, Hanna. A condição humana. 10 ed. Rio de Janeiro: Forense, 2001, p. 341-352.

_____. **Hannah Arendt: pensamento, persuasão, poder.** Rio de Janeiro: Paz e Terra, 1979, 127p.

LEPARGNEUR, Hubert. **Introdução aos estruturalismos.** São Paulo: Herder, 1972, 171p.

_____. **Antropologia do prazer.** Campinas: Papirus, 1985, 185p.

LIMA, Abili **suas manifestações como instrumento de dominação.** Revista da Lázaro Castro de. **A linguagem política: uma leitura de algumas de** Faculdade de Direito, Porto Alegre, Síntese, v. 12, n. 31, p. 7-30, 1999.

_____. **Globalização econômica, política e direito: análise das mazelas causadas no plano político-jurídico.** Porto Alegre: SafE, 2002, 368p.

LOTKE, Eric. **A indústria das prisões.** Revista Brasileira de Ciências Criminais, São Paulo, Revista dos Tribunais, a. 5, n. 18, p. 27-31, abr./jun. 1997.

LUDWIG, Celso Luiz. **Razão comunicativa e direito em Habermas.** A escola de Frankfurt no direito. (org. Sérgio Said Staut Jr. E Laércio Alexandre Becker) Curitiba, Edibej, 1999, p. 115-121.

MACHADO, Roberto Cabral de M. **Deleuze e a filosofia.** Rio de Janeiro: Graal, 1990, 242p.

_____. **Deus, homem, super-homem.** Revista Kriterion da Faculdade de Filosofia e Ciências Humanas da UFMG, Belo Horizonte, n. 89, p. 21-32, jul. 1994.

_____. **Nietzsche e a verdade.** Rio de Janeiro: Graal, 1999, 110p.

MACHEREY, Pierre. **Pensar em Espinoza.** Dossier Deleuze (org. Carlos Henrique Escobar). Rio de Janeiro: Hólon, 1991, p. 62-68.

MAFRA, Taciana de Melo. **A estrutura na obra lacaniana.** Rio de Janeiro: Companhia de Freud, 2000, 226p.

MARCUSE, Herbert. **Idéias sobre uma teoria crítica da sociedade.** Rio de Janeiro: Zahar, 1972, 165p.

MARX, Karl. **Teses contra Feuerbach: o egoísta divino em oposição ao homem egoísta; o engano no que respeita à revolução sobre o estado antigo; o 'conceito' e a 'substância'; a revolução: história do nascimento do estado moderno.** (trad. José Arthur Giannotti). (col. Os pensadores).4 ed. São Paulo: Nova Cultural, 1987, p.161-163.

MATOS, Olgária C. F.. **A Escola de Frankfurt: luzes e sombras do iluminismo**. São Paulo: Ed. Moderna, 1993, 126p.

McCARTHY, Thomas. **Ideales e ilusiones: reconstrucción y desconstrucción en la teoría crítica contemporánea**. (trad. Ángel Rivero Rodríguez) Madri: Tecnos, 1992, 236p.

MILLER, Jacques-Alain. **A máquina panóptica de Jeremy Bentham**. O panóptico. (org. e trad. Tomaz Tadeu da Silva) Belo Horizonte: Autêntica, p. 75-108.

MORONI, Enrico. **Nietzsche e la giustizia**. Rivista Internazionale di Filosofia del Diritto, Milano, Giuffrè, s. 4, n. 53, p. 151-192, 1976.

MÜLLER-LAUTER, Wolfgang. **A doutrina da vontade de poder em Nietzsche**. (trad. Oswaldo Giacoia Junior) São Paulo: Annablume, 1997, 156p.

NIETZSCHE, Friedrich. **Also sprach Zarathustra**. München: Carl Hanser Verlag, 1994, p. 275-562. [trad. es. **Así habló Zaratrustra**. (trad. Andrés Sánchez Pascual) Madrid: Alianza, 1998, 498.]

_____. **Die fröhliche wissenschaft**. München: Carl Hanser Verlag, 1994, p.07-273. [trad. br. **A gaia ciência**. (trad. Márcio Pugliesi, Édson Bini e Norberto de Paula Lima) 3 ed. Rio de Janeiro: Ediouro, 2000, 221p.]

_____. **Humano, demasiado humano: um livro para espíritos livres**. (trad. Paulo César de Souza) São Paulo: Companhia das Letras, 2000, 349p.

_____. **Crépuscule des idoles: ou comment philosopher à coups de marteau**. (trad. Jean-Claude Hémery) Paris: Gallimard, 1974, 151p.

ORTEGA, Francisco Guerrero. **Maurice Blanchot: pensar a comunidade**. Revista Φιλοσοφος, Goiás, Ed. da UFG, v. 3, n. 1, p. 03-10, jan./jun. 1998.

ORTIZ, Renato. **A Escola de Frankfurt e a questão da cultura**. RBCS. São Paulo, n. 1, v. 1, jun., 1986, p. 43-65.

PEROT, Michelle. **O inspetor Bentham**. O panóptico. (org. e trad. Tomaz Tadeu da Silva) Belo Horizonte: Autêntica, p. 109-150.

POULANTZAS, Nicos. **O estado, o poder, o socialismo**. (trad. Rita Lima) Rio de Janeiro: Graal, 1980, 307p.

RADBRUCH, Gustav. **Filosofia do direito**. (trad. Cabral de Moncada) 6 ed. Coimbra: Armênio Amado, 1979, 430p.

_____. **Introducción a la filosofia del derecho**. México: Fondo de Cultura Económica, 1951, 192p.

RAJCHMAN, John. **Lógica do sentido, ética do acontecimento**. Dossier Deleuze (org. Carlos Henrique Escobar). Rio de Janeiro: Hólon, 1991, p. 56-61

RAULET, Gérard. **Einleitende Bemerkungen zur methodologischen problematik von webers protestantismus-kapitalismus-these**. L'éthique protestante de Max Weber et l'esprit de la modernité. Max Webers protestantische Ethik und der Geist der Moderne. (org. Textes réunis par le gourpe de recherche sur la culture de Weimar). Paris: Editions de la Maison des Sciences de l'Homme Imprimé en France, 1997, p. 9-25.

ROSENTHAL, Gérard; ROUSSET, David; SARTRE, Jean-Paul. **Entretien sur la politique**. Paris: Gallimard, 1949, 215p.

ROUDINESCO, Elisabeth. **Genealogias**. (trad. Nelly Ladvocat Cintra) Rio de Janeiro: Relume-Dumará, 1995, 303p.

_____. **Jacques Lacan: esboço de uma vida, história de um sistema de pensamento**. (trad. Paulo Neves) São Paulo: Comapnhia das Letras, 1994, 548p.

SALLA, Fernando. **Breves notas para a história do encarceramento em São**

**Paulo: a penitenciária do estado.** Revista Brasileira de Ciências Criminais, São Paulo, Revista dos Tribunais, a. 5, n. 20, p. 293-302, out./dez. 1997.

SANTOS, Boaventura de Souza. **A crítica da razão indolente: contra o desperdício da experiência.** São Paulo: Cortez, 2000, 415p.

SARTRE, Jean-Paul. **Critique de la raison dialectique: théorie des ensenbles pratiques.** v. I. Paris: Gallimard, 1960, 755p.

____. **L'être et le néant.** Paris: Gallimard, 1943.

____. **Les chemins de la liberté: l'âge de raison.** Paris: Gallimard, 1945, 315p.

____. **Situations, I: essais critiques.** Paris: Gallimard, 1947, 308p.

____. **O existencialismo é um humanismo.** 2 ed. (trad. Vergílio Ferreira) Lisboa: Presença, 1964, p. 231-330.

SCHOLES, Robert. **Structuralism in literature: an introduction.** Nova York: Yale University Press, 1974, 233p.

SEYFAHRT, Constans. **Die protestantische ethik und die entwicklung des berufsmenschentums in der modernen kultur.** L'éthique protestante de Max Weber et l'esprit de la modernité. Max Webers protestantische Ethik und der Geist der Moderne. (org. Textes réunis par le gourpe de recherche sur la culture de Weimar). Paris: Editions de la Maison des Sciences de l'Homme Imprimé en France, 1997, p. 26-47.

SOUZA, Jessé J. Freire de. **A ética protestante e a ideologia do atraso brasileiro.** O Malandro e O Protestante: A Tese Weberiana e A Singularidade Cultural Brasileira. (org. Jessé de Souza) Brasília: Edumb, 1999, p. 17-54.

SPRANGER, Eduard. **Formas de vida: psicología y ética de la personalidad.** (trad. Ramón de la Serna) 4 ed. Madri: Revista de Occidente, 1954, 463p.

SZASZ, Thomas. **A fabricação da loucura: um estudo comparativo entre a inquisição e o movimento de saúde mental.** (trad. Dante Moreira Leite) Rio de Janeiro: Jorge Zahar, 1980, 408p.

TERNES, José. **Bachelard e o novo espírito científico.** Revista Φιλοσοφος, Goiás, Ed. da UFG, v. 2, n. 1, p. 109-120, jan./jun. 1997.

____. **Tópicos da doutrina do direito de Kant.** Revista Φιλοσοφος, Goiás, Ed. da UFG, v. 4, n. 1, p. 67-86, jan./jun. 1999.

UTUDJI, Alain. **Les nouveaux philosophe ont-ils raison contre la raison?** Revue Raison Presénte, Paris, Centre National du Livre, n. 45, p. 07-28, jan./mars. 1995.

WEBER, Max. **A ciência como vocação.** Metodologia das Ciências Sociais. 2 ed. São Paulo: Cortez, 1995, 153p.

____. **A ética protestante e o espírito do capitalismo.** (trad. M. Irene de Q. F. Szmrecsányi e Tamás J. M. K. Szmrecsányi) 2 ed. São Paulo: Livraria Pioneira, 1981, 233p.

____. **A política como vocação.** Ensaios de Sociologia. (trad. Waltensir Dutra) Rio de Janeiro: Zahar, 1987, p. 97-153.

____. **Economia e sociedade.** (trad. Regis Barbosa e Karen Elsabe Barborsa) v. 1. Brasília: Edumb, 1991, 422p.

WERET, Simon. **Potemkim e o panóptico: Samuel Bentham e a arquitetura do absolutismo no Rússia do Século XVIII.** O panóptico. (org. e trad. Tomaz Tadeu da Silva) Belo Horizonte: Autêntica, p. 151-178.